Kohlhammer

Konfession und Gesellschaft

Beiträge zur Zeitgeschichte
Begründet von Anselm Doering-Manteuffel, Martin Greschat,
Jochen-Christoph Kaiser, Wilfried Loth und Kurt Nowak †

Herausgegeben von Wilhelm Damberg, Andreas Holzem,
Jochen-Christoph Kaiser (geschäftsführender Herausgeber),
Frank-Michael Kuhlemann und Wilfried Loth

Band 37

Roland Löffler

Protestanten in Palästina

Religionspolitik, Sozialer Protestantismus
und Mission in den deutschen evangelischen
und anglikanischen Institutionen des
Heiligen Landes 1917 – 1939

Verlag W. Kohlhammer

Meinen Eltern in Dankbarkeit gewidmet.

BR
1110
.L644
2008

Die vorliegende Arbeit ist die geringfügig für den Druck überarbeitete Fassung
der gleichlautenden Dissertation, die im Wintersemester 2005/2006 vom
Fachbereich Evangelische Theologie der Philipps-Universität Marburg
angenommen wurde (Erstgutachter: Prof. Dr. Jochen-Christoph Kaiser,
Marburg; Zweitgutachter: Prof. Dr. Werner Ustorf, Birmingham).

Gedruckt mit freundlicher Unterstützung
der Georg-Strecker-Stiftung, Bovenden,
des Evangelischen Vereins für die Schneller-Schulen, Stuttgart,
der Vereinigten Evangelisch-Lutherischen Kirche in Deutschland,
der Evangelischen Kirche in Deutschland,
der Evangelischen Kirche von Kurhessen-Waldeck
sowie der Deutschen Gesellschaft für Missionswissenschaft.

ISBN 978-3-17-019693-3

Inhaltsverzeichnis

Dank

Es gehört zu den angenehmsten Pflichten eines Autors, am Schluss einer mehr-jährigen Forschungsphase den Menschen zu danken, von deren engagierter, persönlicher wie akademischer Begleitung eine wissenschaftliche Studie wie die hier vorliegende profitiert hat.

Mein erster Dank gilt meinem Doktorvater, Prof. Dr. Jochen-Christoph Kaiser (Marburg) für seine individuelle Förderung, konstruktive Kritik und Ermutigung. Er hat mich mit den Methoden und Theorien der modernen Geschichtswissenschaften, besonders mit der Teildisziplin der *Kirchlichen Zeitgeschichte* vertraut gemacht und mir Freude am wissenschaftlichen Arbeiten vermittelt. Gleiches gilt für Prof. Dr. Werner Ustorf (Birmingham), der mich in die sozialhistorischen und theologischen Fragestellungen der Missionsgeschichte eingeführt hat, über den Kanal hinweg stets ein offenes Ohr für wissenschaftliche Nachfragen besaß und das Zweitgutachten übernahm.

Wichtige Impulse bei der eigenen (kirchen-)historischen Standortsuche ergaben Diskussionen, Gespräche und Tagungen mit Prof. Dr. Hans Schneider (Mar-burg), Prof. Dr. Helmut Mejcher (Hamburg), Prof. Dr. Dr. h.c. Hartmut Lehmann (Göttingen), Prof. Dr. Ruth Kark (Jerusalem), Prof. Dr. Martin Tamcke (Göttingen), PD Dr. Frank-Michael Kuhlemann (Bielefeld), Dr. Andrew Chandler (Birmingham), Dr. Ejal Jakob Eisler (Stuttgart) sowie in besonders freundschaftlicher Weise mit Prof. Dr. Haim Goren (Tel Hai College).

Dr. Dominique Trimbur (Paris), Dr. Barbara Haider-Wilson (Wien), Dr. Michael Marten (London/Edinburgh), Dr. Inger Marie Okkenhaug (Bergen), Dr. Markus Kirchhoff (Leipzig), Dr. Uwe Kaminsky (Berlin) und Dr. Heleen Murre-van den Berg (Leiden) haben mit Workshops, gegenseitigen Vortragseinladungen und Pu-blikationen einen wesentlichen Beitrag dazu geleistet, ein Netz junger Palästina-Forscher zu knüpfen, das die Möglichkeit zum wissenschaftlichen Austausch sowie zum gegenseitigen Lernen bot und das hoffentlich in den kommenden Jahren weitere Früchte tragen wird.

Besondere Einblicke vermittelten mir eine Reihe von Zeitzeugen: Frau Elisabeth Kappes-Watson (New York) hat mir die persönliche Situation ihres Vaters Heinz Kappes im Jerusalemer Exil geschildert. Dekan i.R. Dr. Christoph Rhein half mir, die Positionen seines Vaters Ernst Rhein als Propst in Jerusalem besser zu verstehen und der im Frühjahr 2007 verstorbene, erste Bischof der Evangelisch-Lutherischen Kir-che in Jordanien, Dr. h.c. Daoud Haddad (Beith Hania/Ostjerusalem) ließ mich nicht nur herzliche, orientalische Gastfreundschaft erleben, sondern führte mich auch in Vergangenheit und Gegenwart des Protestantismus in Palästina ein. Prof. Dr. Anne-marie Karnatz (Berlin) danke ich für kritische Kommentare zu meinen ersten Pu-blikationen und die uneigennützige Überlassung von Archivmaterial. Pfarrer Dr.

habil. Thomas H. Benner (Kassel), Dr. Martin Lückhoff (Hanau) und Dr. Frank Foerster (Syke) standen mir in den Anfängen meiner Forschungen mit zahlreichen Anregungen freundlich zur Seite. Prof. Dr. Alex Carmel (†) hat mich während meines Forschungsaufenthalts in Israel am Gottlieb-Schumacher-Institut der Universität Haifa aufgenommen.

Dr. Almuth Nothnagle, der Geschäftsführerin des Jerusalemsvereins im Berliner Missionswerk, bin ich für den unkomplizierten Zugang zum Vereinsarchiv, für die ersten zwei Publikationsmöglichkeiten ebenso verbunden wie für die großzügige Gewährung eines Druckkostenzuschusses. Mein Dank für die finanzielle Förderung dieser Publikation gilt ebenso der Georg-Strecker-Stiftung in Person von Frau Gisela Strecker (Bovenden), dem Evangelischen Verein für die Schneller-Schulen in Stuttgart, der Vereinigten Evangelisch-Lutherischen Kirche in Deutschland, der Evangelischen Kirche in Deutschland, der Evangelischen Kirche von Kurhessen-Waldeck sowie der Deutschen Gesellschaft für Missionswissenschaften.

Die Archivare und Bibliothekare folgender Institutionen waren so freundlich, mir bei der Recherche behilflich zu sein: Bundesarchiv Berlin, Politisches Archiv des Auswärtigen Amtes, Evangelisches Zentralarchiv Berlin, Landeskirchliche Archive in Stuttgart und Karlsruhe, Archiv der Evangelischen Kirche von Berlin-Brandenburg, Archiv des Jerusalemsvereins in Berlin, Public Record Office/The National Archives London, Lambeth Palace Library, School of Oriental and African Studies, alle London, Bodleian Library Oxford, Birmingham University Library, Israel State Archive und Orient Houses, beide Jerusalem, die Universitätsbibliotheken Marburg und Heidelberg sowie die Bibliotheken des Evangelischen Predigerseminars Hofgeismar und des Instituts für Europäische Geschichte in Mainz. Zudem freue ich mich, dass *The Church's Ministry Among Jewish People* und *The Jerusalem and the Middle East Church Association* die Erlaubnis gegeben haben, ihr Archivmaterial wissenschaftlich zu analysieren und die Ergebnisse zu veröffentlichen.

Für die Förderung meiner Forschungstätigkeit bin ich dem Deutschen Akademischen Auslandsdienst, der Minerva-Stiftung in Heidelberg sowie dem Institut für Europäische Geschichte verbunden, welche mir die Möglichkeit boten, meine Dissertation ungestört abzuschließen.

Den Freunden Jobst Köhler, Anne Köhler, Yossi Cohen in Genf und Jerusalem, sowie meinem Bruder Dipl.-Ing. Martin Löffler (Berlin) danke ich für ihre Gastfreundschaft während meiner Archivbesuche sowie die stets weiterführenden Diskussionen; Pastorin Sigrid Goldenstein (Göttingen) für ihre langjährige Unterstützung und Pfarrer Klaus-Dieter Inerle (Kassel) dafür, dass er den wissenschaftlichen Interessen seines damaligen Vikars Freiräume ermöglichte. Für die Übernahme letzter Korrekturen danke ich Herrn Dipl.-Kaufmann Robert Raude (Frankfurt/Main) und Frau Dipl.-Kauffrau Sabine Bauereiß (Düsseldorf).

Schließlich gilt mein besonderer Dank meinen Eltern, Annemarie und Dr. Siegfried Löffler, die über Jahre meine wissenschaftlichen Neigungen großzügig und mit bleibendem Interesse gefördert sowie die mühevolle Arbeit des Korrekturlesens übernommen haben. Deshalb ist ihnen dieses Buch gewidmet.

1 Einleitung

1.1 Leitfragen und methodische Überlegungen

Wer ein Buch über Palästina schreibt, muss sich um Gesprächspartner nicht besonders bemühen. Die fast tägliche Berichterstattung über den Nahostkonflikt im Fernsehen und der Presse, die enge Verbindung des christlichen Abendlands mit den Orten der Bibel, die komplexe Verquickung der deutschen Geschichte mit der Entstehung des Staates Israel und indirekt auch mit dem fehlenden palästinensischen Nationalstaat – das alles löst, wenn das Stichwort Palästina fällt, bei Kennern der Materie ebenso wie bei interessierten Laien nicht selten heftige Reaktionen aus beziehungsweise führt zu mal objektiven, mal einseitigen, religiös oder politisch motivierten Stellungnahmen.

Eine Arbeit zur Kirchlichen Zeitgeschichte Palästinas in der Zwischenkriegszeit darf deshalb weder der Scylla emotionaler beziehungsweise biblisch-visionärer Deutungen noch der Charybdis politischer Vereinnahmungen anheim fallen. Auch eine Betroffenheitsrhetorik zugunsten einer der beiden Konfliktparteien hilft bei der Aufklärung der oftmals politisch instrumentalisierten Vergangenheit nicht weiter. Deshalb kann nur eine nüchterne, methodisch angeleitete Analyse letztlich zu einem vertieften Verständnis der historischen Entwicklungen einen Beitrag leisten. Das ist nicht immer einfach, weil sich die gedächtnisgeschichtliche Aura des Heiligen Landes und die nicht zu unterschätzende historisch-politische Zäsur nach dem Ersten Weltkrieg zu einer ebenso reizvollen wie heiklen Melange verbanden, die schon damals leicht zu geschichtstheologischen Interpretationen verführte – und auch heute weiter verführt.

Zu einer solchen Sicht neigte (und neigt) vor allem der pro-zionistische, zumeist evangelikale Flügel der westlichen Christenheit – und das nicht etwa nur nach 1948, sondern schon 1917, als fast zur gleichen Zeit die Truppen des christlich geprägten Vereinigten Königreichs Jerusalem eroberten und der britische Außenminister Sir Arthur Balfour (1848–1930) dem Zionistenführer Lord Rothschild die Unterstützung der britischen Regierung beim Aufbau einer jüdischen Heimstätte in Palästina zusicherte. In den Ohren vieler gläubiger Juden und Christen schienen sich damit die biblischen Prophezeiungen von der Rückkehr des Volkes Israel aus dem Exil zu erfüllen.

Es war kein Zufall, dass die Briten den Machtwechsel im über 400 Jahre von den muslimischen Osmanen beherrschten Heiligen Land mit einem feinen Gespür für die historische Tragweite jener Tage inszenierten. Als der Oberkommandierende der britischen Truppen, General Sir Edmund Allenby, mit seinem Konvoi das Jaffa-Tor in Jerusalem erreichte, stieg er vom Pferd, um die Heilige Stadt – anders als der *friedliche Kreuzfahrer* Wilhelm II. 1898 – im Stile eines Pilgers und nicht eines

Eroberers zu betreten.[1] Die jüdische Bevölkerung begrüßte ihn mit Jubel, die Araber mit freundlicher Zurückhaltung. Da die Juden gerade das Chanukka-Fest feierten, das an die Befreiung Jerusalems von den Syrern 2.000 Jahre zuvor erinnerte, brachte das Ende der muslimisch-osmanischen Zeit und der Beginn einer judenfreundlichen, christlichen Besatzungsmacht geschichtsmetaphysische Saiten zum Klingen.

Euphorie herrschte nicht nur auf jüdischer Seite. Mit dem militärisch-politischen Machtwechsel schien auch für die christlichen Kirchen eine glorreiche Zeit anzubrechen, erlangten sie doch während des britischen Mandats endlich die gleiche rechtliche Anerkennung wie Muslime und Juden. Sie wurden gesellschaftlich, politisch und theologisch aufgewertet und sahen nun geradezu eschatologische Zeiten anbrechen. Der griechisch-orthodoxe Abtbischof des Katharinenklosters auf dem Sinai, Porphyrius II., ließ sich zu der Formulierung hinreißen, dass der Machtwechsel in Palästina ein „cosmohistorique event" und Großbritannien das „instrument of Providence to deliver the holy city and to give it to those who adore Jesus Christ" sei.[2] Selbst ein so nüchterner Politiker wie der pro-zionistische, konservative Colonial Secretary, Lord Alfred Milner, schrieb 1920 an Hamilton Baynes, damals Canon of Birmingham Cathedral: „You cannot imagine anything more interesting and *Biblical*! We are quite popular in Palestine, because we are still a novelty, and people there have not [...] had time to forget all the atrocities to which our coming has put an end."[3]

Das war die Euphorie der Anfangszeit. Die christlichen Kreise Englands wie Palästinas hielten zwar auch in den folgenden drei Jahrzehnten an dieser Sicht der politischen Entwicklungen fest. Im Blick auf die weitere politische Entwicklung sollten sich allerdings alle geschichtstheologischen Deutungsversuche als überoptimistische Fehleinschätzungen erweisen, denn der Jubel der Anfangszeit verging schnell, und ein Berg an Problemen konfrontierte Gläubige aller Religionen. Die bisweilen schillernde britische Palästinapolitik sorgte auf jüdischer wie arabischer Seite für bleibenden Ärger und Protest. Die Realpolitik verdrängte nach kurzer Zeit die Religionspolitik, die allerdings nie völlig in der Bedeutungslosigkeit verschwand.

Auslöser des politischen Palästina-Konflikts waren die unterschiedlichen Landversprechungen, die die Briten während des Ersten Weltkrieges Arabern wie Zionisten aus kriegstaktischen beziehungsweise geo-strategischen Gründen machten. Durch das Völkerbundsmandat für Palästina sanktionierte die internationale Staatengemeinschaft aber nur die in der Balfour-Erklärung gemachten pro-zionistischen Landzusagen. Hinzu kam die Verweigerung der politischen Mitbestimmung für die einheimische arabische Bevölkerung. So begann bereits in der Zwischenkriegszeit der bis heute ungelöste Streit um Palästina. Die nationalsozialistische Rassenpolitik bewirkte zudem in der Region eine verhängnisvolle Kettenreaktion, da dem Ex-

---

[1]   Vgl. Bild und Text in A.J. Sherman, *Mandate Days. British Lives in Palestine, 1918–1948*, Baltimore – London 1997, 17.

[2]   Vgl. *Bible Lands* Nr. 76 – April 1918, 249, wo die beiden Briefe Porphyrius' II. vom 12.11.1917 und 24.12.1917 abgedruckt sind.

[3]   So Lord Milner an H. Baynes vom 1.4.1920 – zitiert nach A.J. Sherman, *Mandate Days,* 36 (Hervorhebung im Text).

odus der Juden aus Europa nach Palästina der Exodus der Araber aus Palästina und schließlich der Exodus der orientalischen Juden aus den arabischen Ländern folgte.[4] 1948 wurde das britische Palästina-Mandat beendet und der Staat Israel ausgerufen. Der Hamburger Nahosthistoriker Helmut Mejcher bezeichnet die Jahre 1917 bis 1948 deshalb zutreffend als die *Inkubationzeit des Nahostkonflikts*.[5] Dieser ist fundamental eine politische und keine religiöse Auseinandersetzung zweier Nationalbewegungen, die beide Ansprüche auf das gleiche Territorium erheben. Eine geschichtstheologische Deutung, die den genannten Antagonismus von Juden und Arabern als dauerhafte Erscheinung legitimiert, entbehrt einer wissenschaftlichen Grundlage und disqualifiziert sich für jeden seriösen Diskurs.[6]

Die wichtigsten Epocheneinschnitte für die Geschichte des Nahen Ostens im 20. Jahrhundert bilden die beiden Weltkriege. Die Zwischenkriegszeit, auf die sich auch diese Arbeit bezieht, bietet deshalb einen gut abgrenzbaren Untersuchungszeitraum, in dem die Region verstärkt in die globalen Entwicklungen einbezogen wurde und unterschiedlichen politischen, ökonomischen und ideologischen Einflüssen ausgesetzt war, die Palästina innen-, sozial-, bildungs-, religions- und kulturpolitisch tiefgehend prägte.

Unter außen- und sicherheitspolitischen Gesichtspunkten gilt die Mandatszeit als ein *over-analyzed topic*.[7] Deshalb verfolgt diese Untersuchung nicht das Ziel, neue Thesen über die internationale Entstehung dieses Konflikts aufzustellen oder einen originären Beitrag zur Politikgeschichte Palästinas zu leisten. Sie wendet sich vielmehr dem ‚Innenleben' Palästinas zu und analysiert verschiedene Aspekte der christentums-, gesellschafts-, sozial-, und mentalitätshistorischen Entwicklungen während der Mandatszeit. Dieses Forschungsgebiet ist angesichts der Konzentration auf den politischen Konflikt zumeist übergangen worden und findet erst langsam die gebührende Aufmerksamkeit.[8] Konkret nimmt diese Studie die Entwicklungen innerhalb der anglikanischen und der deutschen evangelischen Kirche in den Blick, die aus unterschiedlichen Gründen von besonderem Interesse sind.

Sowohl im 19. Jahrhundert als auch während der Zwischenkriegszeit wurde das kirchliche Leben in Palästina von einer komplexen Mischung aus frömmigkeitstheo-

---

4   Vgl. A. Schölch, „Das Dritte Reich, die zionistische Bewegung und der Palästina-Konflikt", in: *VfZ* 30 (1982), 646–674, hier: 674.

5   So H. Mejcher (Hg.), *Die Palästina-Frage 1917–1948. Historische Ursprünge und internationale Dimensionen eines Nationalkonflikts*, Paderborn – München – Wien - Zürich ²1993.

6   Ähnlich H. Mejcher, „Vorwort zur zweiten Auflage", in: ders. (Hg.), *Die Palästina-Frage*, 8.

7   Vgl. J. Bunzels Vorwort zu A. El Sayed, *Palästina in der Mandatszeit. Der palästinensische Kampf um politische Unabhängigkeit und das zionistische Projekt. Zur Dynamik eines Interessenkonflikts vom Zerfall des Osmanischen Reichs bis zur Gründung des Staates Israel im Jahre 1948*, Frankfurt/Main – Berlin – Bern 1996, 13. Über den Stand der Diskussion informieren z.B. L. Schatkowski/C. Scharf, „Einleitung", in: dies. (Hgg.), *Der Nahe Osten in der Zwischenkriegszeit 1919–1939. Die Interdependenzen von Politik, Wirtschaft und Ideologie*, Stuttgart 1989, 1–25.

8   Vgl. etwa A. O'Mahony, „The Religious, Political and Social Status of the Christian Communities in Palestine c. 1800–1930", in: ders./G. Gunner/K. Hintlian (Hgg.), *The Christian Heritage in the Holy Land*, London 1995, 237–265. Unter der älteren Literatur gilt weiter als Standardwerk: A.L. Tibawi, *Arab Education in Mandatory Palestine. A Study in Three Decades of British Administration*. With a map and a bibliography, London 1956.

logischen, kirchlichen und religionspolitischen Motiven bestimmt. Zudem spielten die Besonderheiten der national-konfessionellen Diasporasituation eine Rolle. Gerade unter den Palästinadeutschen gewann das nationale Element nach 1918 erheblich an Bedeutung zur Verortung der eigenen Identität. In ähnlicher Weise lässt sich dies auch in den durch den Versailler Vertrag abgetrennten ehemaligen deutschen Ostgebieten oder bei anderen auslandsdeutschen Minoritäten beobachten. In welcher Weise die Kirche einen Beitrag zur Stabilisierung dieser fragilen Minderheitensituation leistete, soll im Folgenden gezeigt werden.

Diese Studie geht davon aus, dass die theologiegeschichtlichen beziehungsweise theologie-politischen Spezifika der Verpflanzung des Protestantismus in das Land der Bibel die deutschen evangelischen und die anglikanischen Christen bei der Deutung der politischen und kirchlichen Konflikte der Zwischenkriegszeit nachhaltig prägten. Die aus der Heimat importierten mentalen – theologischen wie politisch-nationalen[9] – Dispositionen prägten die Wahrnehmung und stellten mitunter eine Blockade bei der Suche nach angemessenen Lösungen der Probleme dar. Die Mentalitäten wurden zwar von den Entwicklungen der Zwischenkriegszeit nachhaltig beeinflusst, erwiesen sich dennoch als Phänomene der *longue durée*.[10] Wie sie sich im Detail ausprägten, soll in den einzelnen Kapiteln exemplarisch illustriert werden. Die Übertragung dieser Mentalitäten aus Europa auf die Welt des Orients resultierte aus dem regelmäßigen Austausch von Informationen, aber auch von Führungspersonal zwischen *Zentrum* und *Peripherie* sowie aus einer Nationalisierung der in Palästina dauerhaft lebenden deutschen und – mit Abstrichen – auch britischen Minderheiten.

Die Entwicklungen in den deutschen evangelischen und den anglikanischen Gemeinden lassen sich als Teil der Mentalitätsgeschichte ihrer jeweiligen Länder beziehungsweise als ein Segment der Formierungsprozesse des deutschen und englischen Protestantismus im 19. und frühen 20. Jahrhundert interpretieren.[11] Der Mentalitätsgeschichte, wie sie von Olaf Blaschke und Frank-Michael Kuhlemann weiterentwickelt wurde, geht es im Kontext der Kirchengeschichte darum, unausgesprochene oder auch reflektierte ideologische, religiöse, kulturelle und politische (Dis)Positionen und die daraus resultierenden Vergemeinschaftungsprozesse nach-

---

[9]   Zur Bedeutung von Nationalität und Nationalismus als identitätsstiftendes Moment vgl. D. Schirmer (Hg.), *Identity and Intolerance. Nationalism, Racism, and Xenophobia in Germany and the United States*, Cambridge 1998, bes. xviii-xxiv sowie E. Gellner, Nations and Nationalism, New York 1983, 19–35, B. Anderson, *Imagined Communities: Reflections on the Origin and Spread of Nationalism*, London [3]1996 und E. Hobsbawn, *Nations and nationalism since 1789. Programme, myths, reality*, Cambridge – New York – Melbourne 1990.

[10] Vgl. R. Föll, *Sehnsucht nach Jerusalem. Zur Ostwanderung schwäbischer Pietisten*, Tübingen 2002, 232.

[11] Für die Entwicklungen im Anglikanismus vgl. z.B. A. Hastings, *A History of English Christianity 1920–2000*, London 2001, ix.

zuzeichnen.[12] Dieser Ansatz scheint hilfreich zu sein, um das Profil der protestantischen Diasporagemeinden in Palästina nachzeichnen zu können.[13]

Zudem leistet diese Studie einen Beitrag zur Geschichte der internationalen Beziehungen, genauer gesagt zur Bedeutung der Kirchen im Kontext der auswärtigen Kulturpolitik und zu den kirchengeschichtlichen Sonderentwicklungen in transnationalen Diasporagemeinschaften.

Da in der protestantischen Diaspora Palästinas unterschiedliche Entwicklungen zusammentrafen, wurde die übergeordnete Leitthese – wie gerade angedeutet – relativ offen gefasst. In drei Fallstudien soll deshalb den spezifischen Phänomenen mit je eigenem methodisch-theoretischem Instrumentarium nachgegangen werden.[14] Für die Untersuchung der Anglikaner und deutschen Protestanten zwischen 1917 und 1939 ergeben sich folgende Fragestellungen:

1. Anglikaner und deutsche Protestanten leisteten in der Mitte des 19. Jahrhunderts mit der Gründung des gemeinsamen Anglo-Preußischen Bistums (1841–1886) einen gewichtigen Beitrag zur Modernisierung Palästinas und betrieben das erste ökumenische Experiment der Neuzeit und bildeten eine Art religiös-kulturelle Brücke zwischen Orient und Okzident. Doch spätestens seit der Gründung des Deutschen Reiches 1871 rissen die nationalen Zentrifugalkräfte das Bistum auseinander.[15] Während es eine Reihe Studien zum Werden und Vergehen des Bistums gibt, ist seine *Nachgeschichte* bisher kaum in den Blick genommen worden.[16] Gerade im Blick auf die Zwischenkriegszeit soll deshalb nach dem komplexen und unabgeschlossenen Inkulturationsprozess des reformatorischen Glaubens und seiner nationalen Implikationen im Heiligen Land gefragt werden.[17] Welche unterschiedlichen Wege beschritten Engländer und Deutsche nach dem Ende des gemeinsamen Bistums? Welche Rolle spielten die deutschen Protestanten im Kontext der Förderung des Deutschtums im Ausland während der Zwischenkriegszeit? Welches frömmigkeitstheologische und welches national-politische Profil prägten die deutschen evangelischen und die anglikanischen Gemeinden aus? Anglikaner und deutsche Pro-

---

[12]   Vgl. O. Blaschke/F.-M. Kuhlemann, „Religion in Geschichte und Gesellschaft. Sozialhistorische Perspektiven für die vergleichende Erforschung religiöser Mentalitäten und Milieus", in: dies. (Hgg.), *Religion im Kaiserreich. Milieus – Mentalitäten – Krisen. Religiöse Kulturen der Moderne*, Gütersloh 1996, 7–56.

[13]   Zum Diasporabegriff vgl. R. Cohen, *Global Diasporas*, London 1997 oder G. Sheffer (Hg.), *Modern Diasporas in International Politics*, New York 1986.

[14]   Methodisch ähnlich Th.K. Kuhn, *Religion und neuzeitliche Gesellschaft. Studien zum sozialen und diakonischen Handeln in Pietismus, Aufklärung und Erweckungsbewegung*, Tübingen 2003, 2. Vgl. auch H. Lehmann, „Von der Erforschung der Säkularisierung zur Erforschung der Dechristianisierung und der Rechristianisierung im neuzeitlichen Europa", in: ders. (Hg.), *Säkularisierung, Dechristianisierung, Rechristianisierung im neuzeitlichen Europa. Bilanz und Perspektive der Forschung*, Göttingen 1997, 9–16, hier 14 f.

[15]   Vgl. vor allem M. Lückhoff, *Anglikaner und Protestanten im Heiligen Land. Das gemeinsame Bistum Jerusalem (1841–1886)*, Wiesbaden 1998.

[16]   Ein sehr spezielles Thema in den Blick nimmt G. Mehnert, *Der englisch-deutsche Zionsfriedhof in Jerusalem und die deutsche evangelische Gemeinde Jerusalem*, Leiden 1971.

[17]   Vgl. T. Ahrens, „Missionswissenschaft", in: *ThR* 65 (2000), 38–77, hier: 63.

testanten bieten sich nicht nur wegen ihrer gemeinsamen Anfangsgeschichte als Untersuchungsgegenstand für die Zwischenkriegszeit an. Sie waren wegen ihres hohen Ansehens, ihrer Bedeutung als Repräsentanten des reformatorischen Erbes und ihrer bemerkenswerten Netzwerke im Heiligen Land, aber auch zu den an Palästina interessierten Kreisen ihrer Heimatländer ein wichtiger Resonanzboden für die politischen Entwicklungen. Da die Interaktion mit ihrem Umfeld für die Identität einer Minderheit prägend ist, stellten sich folgende Fragen: Wie reagierten die Kirchen- und Missionsvertreter auf den Palästina-Konflikt? Was berichteten sie in die Heimat? Engagierten sie sich für die Lösung des politischen Konflikts, nahmen sie Partei für eine der beiden Konfliktparteien oder verhielten sie sich völlig neutral? Welche Rolle wuchs dem anglikanischen Bischof als wichtigem Repräsentanten der Staatskirche der Mandatsmacht zu? Und wie reagierten insbesondere die palästinadeutschen Diaspora-Gemeinden in Palästina auf die Entwicklungen in Deutschland nach 1933?

2. Wie noch näher ausgeführt wird, war der Palästina-Mission bei der Bekehrung Andersgläubiger kein großer Erfolg beschieden. Ein hohes Maß an Anerkennung über religiöse und nationale Grenzen hinweg fanden die deutschen und englischen Missionen auf dem Gebiet des Bildungs-, Sozial- und Gesundheitswesens. Während im Bereich der Religionspolitik beziehungsweise der politischen Mentalitätsgeschichte ein Vergleich zwischen den Entwicklungen im anglikanischen und im deutschen evangelischen Sektor intendiert ist, wird auf dem Gebiet des Sozialen Protestantismus ein anderer Weg eingeschlagen. Die vorliegende Arbeit konzentriert sich auf eine einzige Institution, nämlich das Syrische Waisenhaus der Familie Schneller, und präsentiert einen Längsschnitt seiner Entwicklung von 1860 bis 1948. Dabei wird *erstens*, der Übertragung sozialer und theologischer Konzepte von Deutschland nach Palästina nachzugehen sein, *zweitens* sollen markante Veränderungsprozesse in der größten evangelischen Wohltätigkeitseinrichtung des Nahen Ostens nachgewiesen werden und *drittens* Strukturähnlichkeiten zwischen dieser sozialmissionarischen Institution in Jerusalem und den Großanstalten der Diakonie in Deutschland aufgezeigt werden. Da das Syrische Waisenhaus die bedeutendste deutsche evangelische Einrichtung in Palästina war, sie eine stringente pädagogisch-missionarische Konzeption und eine klare Organisationsstruktur hatte und es im Bereich des Anglikanismus in Palästina keine vergleichbare Einrichtung gab, ist es möglich, die Geschichte des Syrischen Waisenhauses im Kontext dieser Arbeit als singuläres Phänomen zu behandeln. Gleichzeitig ergeben sich durch die bereits erwähnte Vernetzung der gesamten protestantischen Palästina-Mission Berührungspunkte zu anglikanischen wie deutschen evangelischen Einrichtungen.

3. Nach Religionspolitik und sozial-missionarischen Konzepten soll es im dritten Schwerpunkt dieser Arbeit um die Entwicklung der aus der deutschen evangelischen und der anglikanischen Arbeit erwachsenen Missionsgemein-

den gehen. Bei der Bistumsgründung spielte die politische Einflussnahme Englands und Preußens auf den *kranken Mann vom Bosporus* eine zentrale Rolle, auch um die rechtliche Absicherung des Protestantismus im Osmanischen Reich und um den religionsrechtlichen Schutz der Mission zu gewährleisten. Doch die missionarischen Bemühungen um Muslime und Juden scheiterten ebenso wie die Versuche, die Ostkirchen im Geiste der Reformation zu erneuern. Trotz eines enormen materiellen und personellen Aufwands wandten sich nur wenige Tausend Glieder der östlichen Kirchen dem Protestantismus zu.[18] Andreas Feldtkeller ist deshalb zuzustimmen, dass die westlichen Missions-Initiativen im 19. Jahrhundert „hauptsächlich zu Verschiebungen von Gläubigen zwischen christlichen Konfessionen" geführt haben.[19] Die protestantisch-arabischen Gemeinden waren deshalb bis weit in das 20. Jahrhundert hinein fragile Größen, deren frömmigkeitstheologische Identität in der Zwischenkriegszeit untersucht werden soll: Wie stark war die Profilierung der Missionsgemeinden gediehen? Gab es eine konfessionelle Beständigkeit in den Gemeinden oder eine hohe Fluktuation? Welche Rolle spielten dabei Bildungsniveaus und soziale Faktoren? Die aus der Palästina-Mission entstandenen Missionsgemeinden reflektierten auch die innenpolitischen Entwicklungen der Zeitgeschichte. So kann es nicht überraschen, dass die kleinen arabisch-protestantischen Gemeinden unter dem Einfluss der politischen Entwicklungen der Zwischenkriegszeit für mehr Unabhängigkeit von den Missionsgesellschaften in Deutschland und England votierten, ohne jedoch damit auf Gegenliebe zu stoßen. Wie kam es zu diesen kirchenpolitischen Entwicklungen? Aus welchen Gründen reagierten die Missionsvorstände zurückhaltend? Welche Positionen entwickelten die Protestanten anglikanischer oder lutherischer Prägung zur arabischen Nationalbewegung – und konnten die arabischen Protestanten in der Nationalbewegung ihre Rolle als marginale sozioreligiöse Minderheit überwinden?

Neben einer ausführlichen Einführung (Kapitel 2 und 3) in die religiösen und politischen Entwicklungen in Palästina während des 19. und frühen 20. Jahrhunderts, ohne die die Zwischenkriegszeit unverständlich wäre, ergeben sich so die Hauptkapitel dieser Arbeit:
– Die Religionspolitik beziehungsweise die religionspolitische Mentalitätsgeschichte (Kapitel 4),
– der Soziale Protestantismus in Palästina am Beispiel des Syrischen Waisenhauses (Kapitel 5) sowie
– die Identitäts- und Autonomieprozesse in den anglikanischen und lutherischen Missionsgemeinden (Kapitel 6).

---

[18]   Vgl. dazu überblickartig zur Diskussion in der zeitgenössischen Missionswissenschaft A. Feldtkeller, „Die Zeit der Mohammedanermission im Oriente ist noch nicht gekommen. Motive eines Zögerns in der American Board und bei Gustav Warneck", in: D. Becker/A. Feldtkeller (Hgg.), *Es begann in Halle … Missionswissenschaft von Gustav Warneck bis heute*, Erlangen 1997, 87–105

[19]   Vgl. A. Feldtkeller, *Die „Mutter der Kirche" im „Haus des Islam". Gegenseitige Wahrnehmungen von arabischen Christen und Muslimen im West- und Ostjordanland*, Erlangen 1998, 9.

Die vorliegende Arbeit bietet also drei mikrohistorische Analysen in makrohistorischer Absicht.[20] Aufgrund der Quellenlage und der Komplexität der Materie liegt der Akzent auf dem deutschen evangelischen Engagement. Die anglikanischen Einrichtungen dienen vornehmlich als Vergleichsgröße.[21] Unterschiedliche theologische Prämissen, aber auch differente kirchenhistorische, gesellschaftliche und außenpolitische Entwicklungen in Deutschland und Großbritannien im Verlauf der ersten Hälfte des 20. Jahrhunderts führten, wie sich zeigen wird, auch zu unterschiedlichen Verhaltensweisen in Palästina.

Im Folgenden liegt der Fokus auf folgenden Institutionen beziehungsweise Organisationen, wobei eine institutionentheoretische Definition aufgrund der beschriebenen Fragestellung als entbehrlich erschien: Auf der anglikanischen Seite sind es Lambeth Palace, das Bistum in Jerusalem, die *Church Missionary Society* sowie die London Jews Society. Das deutsche Engagement wird am Beispiel der Erlöserkirche respektive der Evangelischen Jerusalem-Stiftung, dem Berliner Oberkirchenrat bzw. dem Kirchlichen Außenamt sowie missionsgeschichtlich anhand des Jerusalemsvereins (JV) und des Syrischen Waisenhauses (SyrW) untersucht. Die ohne Zweifel bedeutsame Kaiserswerther Orientarbeit[22] wurde ausgespart, weil jüngst ein Aspekt ihrer Arbeit, nämlich die Leitung der Kaiserin-Auguste-Viktoria-Stiftung auf dem Ölberg, von Heidemarie Wawrzyn[23] aufgearbeitet wurde und in absehbarer Zeit dazu Studien von Thorsten Neubert-Preine und von Uwe Kaminsky erscheinen werden. Die Einrichtungen der Herrnhuter und der aus der Gemeinschaftsbewegung erwach-

[20] Vgl. dazu z.B. J. Schlumbohm (Hg.), *Mikrogeschichte – Makrogeschichte: komplementär oder inkommensurabel?*, Göttingen 1998.
[21] Vgl. H. Kaelble/J. Schriewer (Hgg.), *Diskurse und Entwicklungspfade: der Gesellschaftsvergleich in den Geschichts- und Sozialwissenschaften*, Frankfurt/Main – New York 1999.
[22] Vgl. dazu auch Th. Fliedner, *Reisen in das heilige Land, nach Smyrna, Beirut, Constantinopel, Alexandrien und Cairo, in den Jahren 1851, 1856 und 1857*, 1. Theil: *Reise mit 4 Diakonissen in das h. Land, nach Smyrna, Beirut und Constantinopel im Jahre 1851*, Kaiserswerth 1858; S. Hanselmann, *Deutsche Evangelische Palästinamission*, 56–58, 67–77, 109–113, 143–146; N. Schwake, *Die Entwicklung des Krankenhauswesens der Stadt Jerusalem vom Ende des 18. bis zum Beginn des 20. Jahrhunderts*, 2 Bde., Herzogenrath 1983; Th. Neubert-Preine, „Fliedners Engagement in Jerusalem. Kaiserswerther Diakonie im Kontext der Orientmission", in: A. Feldtkeller/A. Nothnagle (Hgg.), *Mission im Konfliktfeld von Islam, Judentum und Christentums. Eine Bestandsaufnahme zum 150jährigen Jubiläum des Jerusalemsvereins*, Frankfurt/Main 2003, 57–70; E.J. Eisler, „Frauen im Dienste des Jerusalemsvereins im Heiligen Land", in: A. Feldtkeller (Hgg.), *Mission im Kontext von Islam, Judentum und Christentum*, 45–56, ders., „Charlotte Pilz und die Anfänge der Kaiserswerther Orientarbeit", in: K.-H. Ronecker/J. Nieper/T. Neubert-Preine (Hgg.), *Dem Erlöser der Welt zur Ehre. Festschrift zum hundertjährigen Jubiläum der Einweihung der evangelischen Erlöserkirche in Jerusalem*, Leipzig 1998, 78–95; R. Felgentreff, „Die Folgen einer ungewöhnlichen Begegnung. Kaiserswerther Diakonissen in Jerusalem und anderswo im Morgenland", in: K.-H. Ronecker u.a. (Hgg.), *Dem Erlöser der Welt zur Ehre*, 72–80. Allen Studien gemeinsam ist das Fehlen eines Bezugs zur aktuellen Gender-Debatte.
[23] Vgl. H. Wawrzyn, *Ham and Eggs in Palestine. The Auguste Victoria Foundation 1898–1939*, Marburg 2005.

senen Karmelmission[24] legen andere Leitfragen nahe, die den abgesteckten Rahmen sprengen würden.

1.2 Historiographische Diskurse: Kirchliche Zeitgeschichte und Missionsgeschichte

Die vorliegende Studie bemüht sich, in historiographischer Hinsicht einen Beitrag zu einer kulturgeschichtlich arbeitenden Kirchlichen Zeitgeschichte zu leisten,[25] der es um die Interaktion von „Sozial- und Frömmigkeitsgeschichte, kirchlicher Institutions- und religiöser Alltagsgeschichte, von politischer Geschichte und Konfessionsgeschichte"[26] und weniger um theologisch-heilsgeschichtliche Deutungen geht.[27] Zudem wird der Versuch unternommen, die zumeist nationalhistorisch arbeitende kirchlich-zeitgeschichtliche Forschung in Richtung einer *transnationalen*[28] Christentumsgeschichte zu erweitern, indem der Blick auf die Interaktionsprozesse zwischen europäischem Zentrum und seiner Peripherie gelenkt wird.

Zudem möchte die vorliegende Arbeit zu einer modernen Missionsgeschichte beitragen, die sich als Regionalgeschichte eines bestimmten, von Mission geprägten Territoriums versteht. Dass die Forschung mittlerweile Missionsgeschichte nicht

---

[24] Vgl. z.B. K. Schäfer, Art. „Karmelmission, Evangelische", in: *RGG*[4]Bd. 4 (2001), 824 und W. Sziel, *Zeugendienst im Heiligen Lande und im Nahen Osten. Die Evangelische Karmelmission, ihr Werden und Wachsen*, Schorndorf [2]1956 sowie jüngst R. Löffler, „Das Aussätzigenasyl Jesushilfe. Zur Geschichte einer Herrnhuter Wohltätigkeitseinrichtung in Jerusalem", in: Unitas Fratrum 59/60 (2007), 37–89.

[25] Zur Methodendiskussion vgl. auch A. Döring-Manteuffel/K. Nowak (Hgg.), *Kirchliche Zeitgeschichte. Urteilsbildung und Methoden*, Stuttgart – Berlin – Köln 1996; J.-Chr. Kaiser, „Kirchliche Zeitgeschichte. Ein Thema ökumenischer Kirchengeschichtsschreibung", in: B. Jaspert (Hg.), *Ökumenische Kirchengeschichte. Probleme, Visionen, Methoden*, Paderborn - Frankfurt/Main 1998, 197–209; K. Nowak, „Allgemeine Zeitgeschichte und kirchliche Zeitgeschichte. Überlegungen zur Integration historiographischer Teilmilieus" in: ders., *Kirchliche Zeitgeschichte interdisziplinär. Beiträge 1984–200,*. hg.v. J.-Chr. Kaiser, Stuttgart 2002, 445–463. Vgl. auch W. Hardtwig/H.-U. Wehler, *Kulturgeschichte heute*, Göttingen 1996; H.-U. Wehler, *Die Herausforderung der Kulturgeschichte*, München 1998 und F.-M. Kuhlemann, „Die neue Kulturgeschichte und die kirchlichen Archive", in: *Der Archivar*. Mitteilungsblatt für das deutsche Archivwesen 53 (2000), 230–237.

[26] Vgl. K. Nowak, „Wie theologisch ist die Kirchengeschichte? Über die Verbindung und die Differenz von Kirchengeschichtsschreibung und Theologie", ders., *Kirchliche Zeitgeschichte interdisziplinär*, 464–473, hier: 471.

[27] So J. Mehlhausen, „Zur Methode kirchlicher Zeitgeschichtsforschung", in: ders., *Vestigia Verbi. Aufsätze zur Geschichte der evangelischen Theologie*, Berlin – New York 1999, 321–335, hier: 330 f. gegen G. Besier u.a. (Hgg.), „Einführung der Herausgeber", in: *KZG* 1 (1988), 5.

[28] Die historischen Sozialwissenschaften unterscheiden seit einiger Zeit zwischen Internationalität und Transnationalität. Während ersteres allein auf die Beziehungen zwischen Staaten bezogen, bezeichnet der zweite Begriff die Interaktionen zwischen Individuen, Gruppen, Organisationen, Gesellschaften. Vgl. H. Kaelble/M. Kirsch/A. Schmidt-Gernig, „Zur Entwicklung transnationaler Öffentlichkeiten und Identitäten im 20. Jahrhundert. Eine Einleitung", in: dies. (Hgg.), *Transnationale Öffentlichkeiten und Identitäten im 20. Jahrhundert*, Frankfurt/Main – New York 2002, 9 f. Zu einer globalen oder transnationalen Christentumsgeschichte vgl. auch W. Ustorf, *Sailing on the Next Tide. Missions, Missiology, and the Third Reich*, Frankfurt/Main – Berlin – Bern 2000, 15 f.

mehr als „Fortsetzung europäischer Kirchentraditionen außerhalb Europas"[29] betrachtet, ist begrüßenswert. In Aufnahme von Rudolf von Albertinis Dekolonialisierungsansatz[30] hat sich auch in der Missionsgeschichte eine Trendwende vollzogen. Aus der traditionellen, oft eurozentrischen Missionsgeschichte ist mittlerweile eine Kirchengeschichte der nicht-westlichen Christenheit geworden.[31] Damit ist auch der Abschied von einer Sicht der Mission verbunden, in der sie nur aus kolonialgeschichtlicher Perspektive, als Eroberung und Zerstörung fremder religiöser Vorstellungen, „kurz, als Alliierte des ‚westlichen Projektes' aufgefasst und entsprechend abgebucht wurde."[32] Gerade Werner Ustorf hat die *Obsession* vieler Historiker kritisiert, die westliche Missionstätigkeit – letztlich wissenschaftlich zu vordergründig naiv – aus einer *Kolonial-* und *Conquista*-Mentalität verstehen zu wollen. So sehr die Kritik an der Verbindung von Mission und Imperialismus ihr Recht habe, so unzureichend sei sie als einzige Methode zur Analyse der Missionsgeschichte, argumentiert Ustorf. Auf diese Weise ignoriere die wissenschaftliche Analyse nämlich – ähnlich wie bereits der koloniale Prozeß im 19. Jahrundert selber – die Aktivität der einheimischen Christen, die unabhängig ihre Position zum Evangelium gewannen und sich auf einen jahrzehntelangen Weg der Selbständigkeit machten, und überwinde gerade nicht eine kolonialistische Disposition zu den Einheimischen.

Im Kontext dieser Arbeit lässt sich der Dekolonialisierungsprozeß an der Genesis der lutherischen und anglikanischen Missionsgemeinden in Palästina hin zu *Jungen Kirchen* exemplifizieren. Dieser Prozess hatte, wie bereits angedeutet, nicht nur ekklesiologische Motive, sondern wurde auch von der arabischen Nationalbewegung geprägt, deren Gedankenwelt sich wiederum aus unterschiedlichen Quellen der europäischen Philosophie und Nationalismus-Diskussion, aber auch aus konkreten politischen Forderungen speiste. Die Mission in Palästina war also Teil eines komplexen transnationalen, religiösen und politischen Transformationsprozesses.[33]

Ein letzter Aspekt darf schließlich für die Gesamtbetrachtung des Protestantismus im Heiligen Land nicht übersehen werden: Im Vergleich zu anderen Missionsgebieten bestand die Besonderheit des Heiligen Landes darin, dass es primär Ursprungsland des Evangeliums und erst sekundär Ziel der westlichen, pietistisch-

---

[29] Vgl. W. Ustorf, „Dornröschen, oder die Missionsgeschichte wird entdeckt", in: U. van der Heyde/H. Liebau (Hgg.), *Missionsgeschichte-Kirchengeschichte-Weltgeschichte. Christliche Mission im Kontext nationaler Entwicklungen in Afrika, Asien, Ozeanien*, Stuttgart 1996, 19–37, hier: 26.

[30] Vgl. R. von Albertini, *Europäische Kolonialherrschaft 1880–1940*, Zürich 1976, 9.

[31] Vgl. D. Ritschl/W. Ustorf, Ökumenische Theologie/Missionswissenschaft, Stuttgart – Berlin – Köln 1994, 107 und das Vorwort der Herausgeber in: K. Müller/W. Ustorf (Hgg.), Einleitung in die Missionsgeschichte. Tradition, Situation und Dynamik des Christentums, Stuttgart – Berlin – Köln 1995, 9 sowie Vgl. W. Ustorf, „Dornröschen, oder die Missionsgeschichte wird entdeckt", 30. Ähnlich auch C.F. Hallencreutz, „Third World Church History – An Integral Part of Theological Education", in: *Studia Theologica* 47 (1993), 29–47, der vorgeschlagen hat, die Christentumsgeschichte der nicht-westlichen Welt als Teil der allgemeinen Religionsgeschichte und Gesellschaftsgeschichte in den verschiedenen Regionen der Welt zu sehen. Nach einer Phase der Europäisierung wird das Christentum, das aus dem Nahen Osten und damit nicht aus der Ersten Welt stammt, wiederum zu einer Religion der Dritten Welt und zunehmend auch so wahrgenommen.

[32] T. Ahrens, „Missionswissenschaft", 64.

[33] Vgl. W. Ustorf, „Dornröschen, oder die Missionsgeschichte wird entdeckt", 30–36.

erwecklichen Bekehrungs- beziehungsweise Glaubenserneuerungsbemühungen war. Die einheimischen Christen lebten und leben mit dem Selbstbewusstsein, zu den direkten Nachfahren der Urgemeinde zu gehören. Die protestantischen Missionen gewannen Anhänger vornehmlich nicht unter den Muslimen, sondern unter den Angehörigen der Ost-Kirchen. Der Protestantismus partizipierte also an der fast zweitausendjährigen christlichen Tradition des Heiligen Landes. Deshalb kann auch die Palästinamission nicht als kulturell-religiöse Einbahnstraße oder als „ideologische und rituelle" Begleiterscheinung des westlichen Imperialismus[34], sondern „als eine Form von Kulturbegegnung mit ihren spezifischen Ausprägungen von Annäherung und Abgrenzung, von Adaption und Distanz"[35] verstanden werden. Historiographisch muss es deshalb mit Horst Rzepkowski heute darum gehen, „über die Darstellung der missionarischen Leistungen und des missionarischen Wirkens hinaus auch die Kulturgeschichte der einheimischen Bevölkerung, des Adressaten der Missionsarbeit, einzufangen".[36] Deshalb kommt den Entwicklungen der arabischen protestantischen Gemeinden besondere Bedeutung zu. Eine Kirchliche Zeitgeschichte, die die Missionsgeschichte zu integrieren versucht, steht also vor der Aufgabe, sich mit Hilfe angemessener, geschichtswissenschaftlicher Methoden und Theorien in eine globale Christentumsgeschichte zu verwandeln.[37]

---

[34] Die Formulierung findet sich im Epilog zu H. Gründer, *Welteroberung und Christentum. Ein Handbuch zur Geschichte der Neuzeit*, Gütersloh 1992, 595.

[35] So K. Roeber in seinem Grußwort zu U. von der Heyden/H. Liebau (Hgg.), *Missionsgeschichte-Kirchengeschichte-Weltgeschichte*. Vgl. dort auch die instruktiven Aufsätze von I. Geiss, „Mission, Imperialismus und Kolonialismus", 69–87 und N.-P. Moritzen, „Warum und wie schreibt man heute Missionsgeschichte?", 463–469.

[36] So H. Rzepkowski, „Missionsgeschichte im Wandel der Motivationen und Perspektiven", in: K. Müller/W. Ustorf (Hgg.), *Einleitung in die Missionsgeschichte*, 272. Vgl. auch W. Ustorf. *Die Missionsmethode Franz Michael Zahns und der Aufbau kirchlicher Strukturen in Westafrika. Eine missionsgeschichtliche Untersuchung*, Erlangen 1989. Zur älteren Diskussion, von der sich Ustorf, Rzepkowski und andere abgrenzen, vgl. z.B. K.J. Bade, *Friedrich Fabri und der Imperialismus in der Bismarckzeit. Revolution – Depression – Expansion*, Freiburg i.Br. 1975; ders., *Imperialismus und Kolonialmission. Kaiserliches Deutschland und koloniales Imperium*, Wiesbaden 1982; H. Gründer, *Christliche Mission und deutscher Imperialismus. Eine politische Geschichte ihrer Beziehungen während der Kolonialzeit (1884 bis 1914) unter besonderer Berücksichtigung Afrikas und Chinas*, Paderborn 1982.

[37] So schon G. Warneck, „Das Studium der Mission an der Universität", in: *AMZ* 4 (1877), 145 ff., 209 ff. Problematisch erscheinen die Ustorf und Rzepkowski nur auf den ersten Blick ähnlichen, methodisch aber nicht realisierbaren Forderungen von A. Feldtkeller, *Sieben Thesen zur Missionsgeschichte*, Berliner Beiträge zur Missionsgeschichte, H. 1, September 2000. Auch Feldtkeller versteht Missionsgeschichte als Geschichte kultureller und religiöser Grenzüberschreitung, auch er will sie in einen politischen Rahmen einbetten. Die Forschung zur Missionsgeschichte des 19. und 20. Jahrhundert ist für Feldtkeller aber erst überzeugend, wenn (16 f.) „ihr Zusammenhang und Stellenwert innerhalb der gesamten Missionsgeschichte" bewertet werden könne. Nur dann sei ein echtes Verständnis der jüngsten Missionsgeschichte möglich. Ich halte eine solche universalgeschichtliche, geradezu geschichtstheologische Gesamtsicht für a-historisch und für argumentativ inkonsistent. Feldtkellers Thesen erwecken den Eindruck, der Komplexität der Missionsgeschichte gerecht zu werden, ohne allerdings zu zeigen, wie eine solche historische Gesamtanalyse methodisch-theoretisch realisierbar sein könnte. Für jede Epoche stellen sich unterschiedliche methodische Fragen, die nicht einfach durch das gemeinsame Prinzip einer kulturellen und religiösen

1.3 Literaturbericht

In die Forschung zur Christentumsgeschichte Palästinas der letzten Jahre ist ein neuer Schwung gekommen. Zahlreiche Forscher der jüngeren Generation aus unterschiedlichen Disziplinen, Ländern und Konfessionen haben neue Themen und Theorieansätze aufgegriffen, um so den wissenschaftlichen Diskurs voranzubringen. Sie vernetzen sich langsam mit Hilfe von Tagungen und Publikationen. Auf die Vielzahl der Forschungsbeiträge soll nicht im Einzelnen, wohl aber punktuell eingegangen werden.[38]

Auffallend ist, dass die ältere religionshistorische Palästina-Forschung über weite Strecken ihre auf intensive Quellenarbeiten basierenden Forschungsergebnisse positivistisch präsentiert und kaum in einen umfassenderen theoretischen Diskurs eingebettet hat. Das gilt nicht zuletzt für die Arbeiten der beiden Altmeister der Disziplin, die israelischen (Geographie-)Historiker Yehoshua Ben-Arieh und Alex Carmel. Beiden kommt aber das Verdienst zu, den ‚christlichen Beitrag zum Wiederaufbau Palästinas'[39] gegen anfangs nicht unerhebliche Widerstände zionistischer

---

Grenzüberschreitung überbrückt werden dürfen. Die Konstruktion eines historischen Kontinuums würde meines Erachtens durch völlig unspezifische Urteile keine wertvolle Analyse ermöglichen.

[38] In den letzten zweieinhalb Jahrzehnten erschien eine Fülle von Forschungsartikeln, Dissertationen und Sammelbänden zum religiösen und sozialen Engagement unterschiedlichster Nationen und Konfessionen, die hier – neben den bereits oben und auch weiter untern erwähnten – nur in Auswahl wiedergegeben werden kann: M. Prior/W. Taylor (Hgg.), *Christians in the Holy Land*, London 1985; Y. Ben-Artzi, *Mi-Germanyah le-Erets ha-kodesh: hityashunt ha-Templerim be-Erets Yisra'el*, Jerusalem 1996; Y. Perry/E. Petry (Hgg.), *Das Erwachen Palästinas im 19. Jahrhundert* (FS Alex Carmel), Stuttgart – Berlin – Köln 2001; D. Trimbur/R. Aaronsohn (Hgg.), *De Bonaparte à Balfour. La France, l'Europe occidentale et la Palestine 1799–1917*, Jerusalem - Paris 2001; A. Nothnagle/H.-J. Abromeit/F. Foerster (Hgg.), *Seht, wir gehen hinauf nach Jerusalem. Festschrift zum 150jährigen Jubiläum von Talitha Kumi und des Jerusalemsvereins*, Leipzig 2001; H. Goren (Hg.), *Germany and the Middle East. Past, Present and Future*, Jerusalem 2003; E.J. Eisler/N. Haag/S. Holtz (Hgg.), *Kultureller Wandel in Palästina im frühen 20. Jahrhundert. Eine Bilddokumentation. Zugleich ein Nachschlagewerk der deutschen Missionseinrichtungen von ihrer Gründung bis zum Zweiten Weltkrieg*, Epfendorf 2003; D. Trimbur (Hg.), *Europäer in der Levante. Zwischen Politik, Wissenschaft und Religion (19.-20. Jahrhundert)/Des Européens au Levant. Entre politique, science et religion (XIXe–XXe siècles)*, München 2004.

[39] Vgl. A. Carmel, „Research into German Christian Contributions to the Rebuilding of Eretz Israel: A Personal Record", in: M. Davies/Y. Ben-Arieh (Hgg.), *With Eyes Toward Zion III. Western Societies and the Holy Land*, New York – Westport – London 1991, 186–188; ders., *Christen als Pioniere im Heiligen Land. Ein Beitrag zur Geschichte der Pilgermission und des Wiederaufbaus Palästinas im 19. Jahrhundert*, Basel 1981; ders., „Der christliche Beitrag zum Wiederaufbau Palästinas im 19. Jahrhundert", in: A. Nothnagle/H.-J. Abromeit/F. Foerster (Hgg.), *Seht, wir gehen hinauf nach Jerusalem*, 17–30; ders., „Der deutsch-evangelische Beitrag zum Wiederaufbau Palästinas im 19. Jahrhundert", in: U. van der Heyden/H. Liebau (Hgg.), *Missionsgeschichte-Kirchengeschichte-Weltgeschichte*, 249–257 sowie seine Edition „Palästina-Chronik 1853–1882. Deutsche Zeitungsberichte vom Krimkrieg bis zur ersten jüdischen Einwanderungswelle", Ulm 1978 und „Palästina-Chronik 1883–1914. Deutsche Zeitungsberichte von der ersten jüdischen Einwanderungswelle bis zum Ersten Weltkrieg", Ulm 1983. Vgl. z.B. die Einleitungen zu Y. Ben-Arieh, *The Rediscovery of the Holy Land in the Nineteenth Century*, Jerusalem-Detroit 1979, 5–7 und 12–17; ders., *Jerusalem in the 19th century. Bd. 1: The Old City*, Jerusalem – New York 1984, bes. v-vii sowie Bd. 2: *The Emergence of the New City*, Jerusalem – New York 1986, bes. v-vii. Ähnlich auch M. Davies (Hg.), *With Eyes Toward Zion. Scholars Colloquium on America Holy Land-Studies*, New York

Historiker auf die Agenda der israelischen und auch der internationalen Geschichtswissenschaften gesetzt zu haben. Auch in Moshe Davies' und Lloyd P.
Gartners Zwischenbilanzen[40] der internationalen ‚Holy Land'-Forschung von 1991 fehlt der
Versuch einer Konzeptualisierung der interdisziplinären und multiperspektivischen
Forschungsergebnisse. Zumindest Davies macht sich für eine komparatistische Perspektive der Forschung stark, wie sie auch die vorliegende Arbeit versucht. Er nennt
dafür vier Ansatzpunkte: Diplomatie/Politik, das Christentum und das Judentum in
ihrem jeweiligen Verhältnis zum Heiligen Land sowie kulturelle Aspekte, zu denen
die auf Palästina bezogene Literatur und Kunst, aber auch Pilgerschaft und Tourismus zählen.[41] Gartner würdigt einerseits die Vielzahl der an Palästina interessierten
akademischen Disziplinen und wirbt für Studien aus den Bereichen Recht und Wirtschaft. Andererseits wünscht er sich einige definitorische „boundaries, or at least to
define the field by what lies outside it."[42] Andernfalls drohe die fruchtbare interdis-
ziplinäre Atmosphäre in „undisciplined roaming and speculation"
footnote Ebd. auszuarten. Da Gartner selbst aber keinen klaren Definitionsvorschlag
macht, was er nun in die ‚Holy Land'-Studies integriert sehen will und was nicht,
ist sein Vorschlag wenig weiterführend. Es scheint vielmehr notwendig zu sein, die
bisherigen Forschungszweige stärker als bisher in über Palästina hinausgehende historiographische Diskurse einzubetten.

Die ältere Forschung ist durch eine intensive Analyse des kirchlichen Engagements im Kontext der internationalen und regionalen Politik gekennzeichnet, wobei
besonders der Konkurrenzkampf der europäischen Staaten um das Erbe des Osmanischen Reiches eine wichtige Rolle spielte. Der technologische und wissenschaftliche Transfer von Westeuropa nach Palästina durch die christlichen Organisationen
ist mit Hilfe eines funktionalen, jedoch oftmals nicht reflektierten Modernisierungs-
theorems reflektiert worden,[43] ohne aber größere transnationale Veränderungsprozesse und sozialhistorische Fragestellungen zu berücksichtigen. Selbst die Einbet-

1977; ders. (Hg.), *With Eyes Toward Zion* II: *America Holy Land Studies: Themes and sources in
the archives of the United States, Great Britain, Turkey and Israel*, New York 1986; ders./Y. Ben
Arieh (Hgg.), *With Eyes Toward Zion* III; ders. (Hg.), *With Eyes Toward Zion* IV: *America and the
Holy Land*, Westport 1994; ders./Y. Ben Arieh (Hgg.), *With Eyes Toward Zion* V: *Jerusalem in the
Mind of the Western World, 1800–1848*, Westport – London 1997.

40   Vgl. M. Davies, „Introduction: From America-Holy Land Studies to Western Societies and the
Holy Land", in: ders./Y. Ben-Arieh (Hgg.), *With Eyes Toward Zion* III, 3–9 und L.P. Gartner, „Some
Reflections on the Present State of Holy Land Studies", in: M. Davies/Y. Ben Arieh (Hgg.), *With
Eyes Toward Zion* III, 245–249.

41   Vgl. M. Davies, „Introduction: From America-Holy Land Studies to Western Societies and the
Holy Land", in: ders./Y. Ben-Arieh (Hgg.), *With Eyes Toward Zion* III, 4 ff.

42   Vgl. L.P. Gartner, „Some Reflections on the Present State of Holy Land Studies", in: M. Davies/Y.
Ben Arieh (Hgg.), *With Eyes Toward Zion* III, 246.

43   Zur Diskussion der Modernisierungstheorie vgl. z.B. H.-U. Wehler, *Modernisierungstheorie und
Geschichte*, Göttingen 1975; M.R. Lepsius, „Soziologische Theoreme über die Sozialstruktur der
‚Moderne' und die ‚Modernisierung'", in: R. Kosselleck (Hg.), *Studien zum Beginn der modernen Welt*, Stuttgart 1977, 10–29; H. Resasade, *Zur Kritik der Modernisierungstheorien*, Opladen
1984; F. Bajohr, „Detlev Peukerts Beiträge zu Sozialgeschichte der Moderne", in: F. Bajohr/W.
Johe/U. Lohalm (Hgg.), *Zivilisation und Barbarei. Die widersprüchlichen Potentiale der Moderne*, Hamburg 1991, 7–16; G. Eley, „Die deutsche Geschichte und die Widersprüche der Moderne.

tung der Geschichte der Templer in die Geschichte des Pietismus[44] beziehungsweise der Erweckungsbewegung und auch die Entwicklungen in den evangelischen, katholischen[45] oder anglikanischen Diasporagemeinden in die Kirchen-, Politik[46]-, Architektur[47]- und Bildungsgeschichte ihres jeweiligen Heimatlandes sind unterschiedlich intensiv betrieben worden.[48] Im Bereich der Wissenschaftsgeschichte haben Markus Kirchhoff und Haim Goren gezeigt, welchen Ertrag innovative geschichtswissenschaftliche Diskurse für die Palästina-Forschung erbringen können.[49]

Gänzlich unberührt zeigte sich die einschlägige Literatur von der von Edward Said angestoßenen Orientalism-Debatte, die ihren Zenit bereits überschritten hat und auf die auch in dieser Studie aufgrund anderer methodisch-theoretischer Weichenstellungen nicht weiter eingegangen wird.[50] Insgesamt sind in den letzten zehn

Das Beispiel des Kaiserreichs", in: F. Bajohr/W. Johe/U. Lohalm (Hgg.), *Zivilisation und Barbarei*, 17–65.

[44]   Einen instruktiven mentalitätsgeschichtlichen Ansatz, der theologie- und gesellschaftsgeschichtliche Aspekte umfasst, bietet R. Föll, *Sehnsucht nach Jerusalem*. Ohne übergeordneten Theoriebezug arbeiten dagegen P. Sauer, *Uns rief das Heilige Land. Die Tempelgesellschaft im Wandel der Zeit*, Stuttgart 1985 und A. Carme, *Die Siedlung der württembergischen Templer in Palästina 1868–1918*, Stuttgart ³2000.

[45]   Vgl. z.B. M. Wrba (Hg.), *Austrian Presence in the Holy Land in the 19th and early 20th century. Proceedings of the Symposium in the Austrian Hospice in Jerusalem on March 1–2, 1995*, Tel Aviv 1996; R.N. Swanson (Hg.), *The Holy Land, Holy Lands, and Christian History*, Woodbridge 2000; B.A. Böhler (Hg.), *Mit Szepter und Pilgerstab. Österreichische Präsenz im Heiligen Land seit den Tagen Kaiser Franz Josephs*, Wien 2000.

[46]   Vgl. T.H. Benner, *Die Strahlen der Krone. Die religiöse Dimension des Kaisertums unter Wilhelm II. vor dem Hintergrund der Orientreise 1898*, Marburg 2001; H. Gründer, *Welteroberung und Christentum*, 339–367; A. Carmel, „The Political Significance of German Settlement in Palestine 1868–1918", in: J.L. Wallach (Hg.), *Germany and the Middle East 1835–1939. International Symposium*, Tel Aviv 1975, 45–71; ders., „The Activities of the European Powers in Palestine, 1799–1914", in: *AAS(J)* 19 (1985), 43–91; D. Hopwood, *The Russian Presence in Syria und Palestine 1843–1914. Church and Politics in the Near East*, London 1969; G. Krämer, *Geschichte Palästinas. Von der osmanischen Eroberung bis zur Gründung des Staates Israel*, München ³2002 und B. Wasserstein, *Jerusalem. Der Kampf um die Heilige Stadt*, München 2002 gehen den umgekehrten Weg, indem sie religionshistorische Phänomene in einen politikhistorischen Ansatz einbetten. Das gilt auch für A. Schölch, *Palästina im Umbruch 1856–1882. Untersuchungen zur wirtschaftlichen und sozio-politischen Entwicklung*, Stuttgart 1986.

[47]   Innovativ: J. Krüger, *Rom und Jerusalem: Kirchenbauvorstellungen der Hohenzollern im 19. Jahrhundert*, Berlin 1995; ders., „Die Erlöserkirche – eine protestantische Gedächtniskirche?", in: K.-H. Ronecker (Hgg.), *Dem Erlöser der Welt zur Ehre*, 163–182.

[48]   Vgl. z.B. die methodisch eher traditionellen Studien von S. Akel, *Der Pädagoge und Missionar Johann Ludwig Schneller und seine Erziehungsanstalten*, Maschinenschriftliches Manuskript Diss. phil. Bielefeld 1978; H.-J. Abromeit, „Der Beitrag der evangelischen Schularbeit zur Entwicklung Palästinas", in: *ZMiss* 20 (1994), 166–177 und V. Raheb, „,Bildung ist ein Weg zur Veränderung'. Der Einfluß der Politik auf das Bildungswesen in Palästina", in: U. Bechmann/M. Raheb (Hgg.), *Verwurzelt im Heiligen Land. Einführung in das palästinensische Christentum*, Frankfurt/Main 1995, 216–227.

[49]   Vgl. M. Kirchhoff, *Text zu Land. Palästina im wissenschaftlichen Diskurs 1865–1920*, Göttingen 2005 und H. Goren, *„Zieht hin und erforscht das Land": Die deutsche Palästinaforschung im 19. Jahrhundert*, Göttingen 2003.

[50]   Vgl. E.W. Said, *Orientalism. Western Conceptions of the Orient. Reprinted with a new afterword*, London – New York 1995; einen Überblick über die Diskussion bietet A.L. Macfie, *Orientalism. A Reader*, New York 2001. Saids Thesen aufgenommen haben I.M. Okkenhaug, „Maternal Impera-

Jahren Veränderungen wahrnehmbar, etwa wenn die norwegische Historikerin Inger Marie Okkenhaug anglikanische Mädchenschulen,[51] ihre amerikanischen Kolleginnen Nancy Stockdale und vor allem Ellen L. Fleischmann die Rolle von Frauen in der Mission[52] mit Hilfe des Gender-Ansatzes zu analysieren oder die israelische Historikerin Ruth Kark Geographiegeschichte und Identitätstheorien miteinander zu verbinden versuchen[53] – oder der schottische Nahost- und Kirchenhistoriker Michael Marten interkulturelle Kommunikations- und Post-Imperialismustheorien fruchtbar verbindet.[54] Innovativ ist der Ansatz von Lester I. Vogel, der die Faszination der westlichen Christenheit für Palästina im Anschluss an den amerikanischen Geographen John Kirtland Wright als *geopiety* bezeichnet hat.[55]

Mit dieser Kritik an gewissen Theoriedefiziten soll nicht die Lebensleistung einzelner Forscher kritisiert, sondern die Frage nach der Anschlussfähigkeit der bisherigen Forschungsergebnisse gestellt werden. Auch Kark hat auf die theoretischen

lism or Colonialism as a 'Multi-Faced Experience'", in: *Historisk Tidsskrift* 1 (1998), 51–61 und R. Kark, „The Impact of Early Missionary Enterprises on Landscape and Identity in Palestine, 1820–1914", in: *Islam and Christian-Muslim Relations* 15/2 (2004), 209–235. Die jüngst abgeschlossene Arbeit von M. Småberg, *Ambivalent Friendship – Anglican Conflict Handling and Education for Peace in Jerusalem 1920–1948*, Maschinenschriftliches Manuskript Diss. phil. Lund 2005 arbeitet zwar intensive mit dem Saidschen Ansatz, rezipiert ihn aber m.E. zu unkritisch und auf eine historiographisch problematische Weise.

[51] Vgl. Grundlegend für die hier behandelte Thematik I.M. Okkenhaug, *The Quality of Heroic Living, of High Endeavour, and Adventure. Anglican Mission, Women and Education in Palestine, 1888–1948*, Leiden – Boston – Köln 2002 die methodisch-theoretisch auf der allgemeiner gehaltenden, aber überaus vielschichtigen und grundlegenden Arbeit von E.L. Fleischmann, *The Nation and Its „New" Women. The Palestinian Women's Movement, 1920–1948*, Berkeley 2003 fußt.

[52] Vgl. N. Stockdale, „An Imperialist Failure: English Missionary Women and Palestinian Orphan Girls in Nazareth, 1864–1899", in: M. Marten/M. Tamcke (Hgg.), *Christian Witness Between Continuity and New Beginnings. Modern historical mission the Middle East*, Berlin - Münster 2006, 213–232; dies., „Danger and the Missionary Encounter: The Murder of Miss Matilda Creasy" in: H. Murre-van den Berg (Hg.), *New Faith in Ancient Lands. Western Missions in the Middle East in the Nineteenth and Early Twentieth Century*, Leiden – Boston 2006, 113–132; dies., *Gender and Colonialism in Palestine, 1800–1948: Encounters Among English, Arab, and Jewish Women*, MS PhD-Thesis University of California, Santa Barbara 2000 sowie E.L. Fleischmann, „Evangelization or Education: American Protestant Missionaries, the American Board, and the Girls and Women of Syria", in: H. Murre-van den Berg (Hg.), *New Faith in Ancient Lands*, 263–280; dies., „,Our Moslim Sisters' Women of Greater Syria in the Eyes of American Protestant Missionary Women", in: *Islam and Christian-Muslim Relations* 9,3 (1998), 307–323;

[53] Vgl. R. Kark, „The Contributions of Nineteenth Century Protestant Missionary Societies to Historical Cartography", in: *Imago Mundi* 45 (1993), 112–119; dies./Yaakov Ariel, „Messianism, Holiness, and Community: A Protestant American-Swedish Sect in Jerusalem. 1881–1933", in: *Church History* 65 (1996), 641–657.

[54] Vgl. z.B. M. Marten, *Attempting to Bring the Gospel Home: Scottish Missions to Palestine, 1839–1917*, London – New York 2006; ders., „Communication home: Scottish missionary publications in the 19th and early 20th century", in: ders./M. Tamcke (Hgg.), *Christian Witness*, 81–98; ders., „Imperialism and evangelism: Scottish missionary methods in late 19th and early 20th century Palestine", in: *Holy Land Studies* 5.2 (2006), 105–186.

[55] Vgl. L.I. Vogel, *To See a Promised Land. Americans and the Holy Land in the Nineteenth Century*, University Park 1993, bes. 6–10. Vgl. auch J.K. Wright, *Human Nature in Geography*, Cambridge 1965, 250–285. Ähnlich: R.L. Wilken, *The Land called Holy: Palestine in Christian History & Thought*, Hartford 1992.

Defizite vor allem der israelischen geographie-historischen Forschung der unmittelbaren Nachkriegszeit aufmerksam gemacht und sieht darin ein Generationenproblem. Die Forschergeneration um Yehoshua Ben-Arieh hätte einen „inductive approach" adaptiert, um Verallgemeinerungen und Vergleiche nur nach einer tiefgründigen Analyse von partikularen Ereignissen und größeren Entwicklungsprozessen vorzunehmen.[56] Kark erkennt in einer theoretischen Aufbereitung des von der älteren Forschergeneration aufgearbeiteten Materials eine wichtige Zukunftsaufgabe, auch um das Problem der oft beklagten, ausbleibenden Rezeption israelischer und arabischer Forschungsliteratur in Europa und Amerika zu beheben.

Weniger vielfältig zeigt sich die Wissenschaft, wenn man den Fokus auf das deutsche evangelische und das anglikanische Engagement legt. Die Gründungsgeschichte des Bistums und seine Wirkung im 19. Jahrhundert haben Kurt Schmidt-Clausen, Martin Lückhoff und Abdel-Raouf Sinno erforscht.[57] Die Nachgeschichte des Bistums im 20. Jahrhundert blieb dagegen ein Desiderat, um das sich Ende der 1980er, Anfang der 1990er Jahre Mitri Raheb[58] und Frank Foerster bemüht haben.[59] Allerdings bezogen sie in ihrer Analyse nur eine Auswahl der zur Verfügung stehenden Quellen ein und versuchten auch nur bedingt – Foerster noch stärker als Raheb – ihre Ergebnisse in weiterführende historiographische Fragestellungen einzubetten. Dieses Problem wird auch in Siegfried Hanselmanns präzise argumentierender, aber quellenarmer Erlanger Dissertation *Deutsche Evangelische Palästinamission* von 1971 sowie in dem Überblickswerk von Hans Wilhelm Hertzberg / Johannes Friedrich, *Jerusalem - Geschichte einer Gemeinde,* deutlich, die beide aber einen zuverlässigen Überblick gewähren.[60] Gleiches gilt für Paul Sauers Geschichte der Templer, die zahlreiche Berührungspunkte zu den deutschen evangelischen Gemein-

---

[56] So R. Kark, „Preface" zu dies. (Hg.), *The Land that became Israel. Studies in Historical Geography*, New Haven – London – Jerusalem 1990, viii.

[57] Vgl. M. Lückhoff, *Anglikaner und Protestanten im Heiligen Land*; ders., „Die Wiederentdeckung des Heiligen Landes – Anfänge des Jerusalemer Bistums im Spannungsfeld von Orient und Okzident", in: A. Feldtkeller/A. Nothnagle (Hgg.), *Mission im Konfliktfeld*, 34–44; ders., „Voraussetzungen deutscher Gemeindearbeit. Das anglikanische Bistum in Jerusalem", in: K.-H. Ronecker u.a. (Hgg.), *Dem Erlöser der Welt zur Ehre*, 37–51; ders., „Prussia and Jerusalem: Political and Religious Controversies Surrounding the Foundation of the Jerusalem Bishopric", in: M. Davis/Y. Ben-Arieh (Hgg.), *With Eyes Toward Zion V: Jerusalem in the Mind of the Western World, 1800–1848*, 173–181; ders., „Anglikanisierung des deutschen Protestantismus in Palästina. Die Gründung des protestantischen Bistums in der zeitgenössischen Kritik", in: M. Kohlbacher/M. Lesinski (Hgg.), *Horizonte der Christenheit* (FS F. Heyer), Erlangen 1994, 167–175; R. Blake, „The Origins of the Jerusalem Bishopric", in: A.M. Birke/K. Kluxen (Hgg.), *Kirche, Staat und Gesellschaft im 19. Jahrhundert. Ein deutsch-englischer Vergleich*, München 1984, 87–98; A.-R. Sinno, *Deutsche Interessen in Syrien und Palästina 1841–1898. Aktivitäten religiöser Institutionen, wirtschaftliche und politische Einflüsse*, Berlin 1982; K. Schmidt-Clausen, *Vorweggenommene Einheit. Die Gründung des Bistums Jerusalem im Jahre 1841*, Berlin - Hamburg 1965.

[58] Vgl. M. Raheb, *Das reformatorische Erbe unter den Palästinensern. Zur Entstehung der Evangelisch-Lutherischen Kirche in Jordanien*, Gütersloh 1990.

[59] Vgl. F. Foerster, *Mission im Heiligen Land. Der Jerusalems-Verein zu Berlin 1852–1945*, Gütersloh 1991.

[60] Vgl. S. Hanselmann, *Deutsche evangelische Palästinamission. Handbuch ihrer Motive, Geschichte und Ergebnisse*, Erlangen 1971 und H.W. Hertzberg/J. Friedrich (Hgg.), *Jerusalem – Geschichte einer Gemeinde*, Jerusalem ²1990.

den – kurz ‚Kirchler' genannt – nachzeichnet.[61] Ejal Jakob Eislers Tübinger Disser-
tation zu Jaffa weist ebenfalls Bezüge zu den Kirchlern auf, doch stehen sie nicht im
Zentrum seiner Arbeit, die zudem 1914 endet. Dagegen bietet die von ihm, Norbert
Haag und Sabine Holtz herausgegebene Bilddokumentation einen präzisen, in dieser
Form noch nicht vorhandenen, auch optisch ansprechenden Überblick über die deut-
schen Missionseinrichtungen, der aber auf historische Interpretationen verzichtet.[62]

Die deutsche und auch die englische Orientpolitik seit dem letzten Drittel des 19.
Jahrhundert – in deren Kontext auch die Kirchen eine Rolle spielten – ist umfassend
erforscht.[63] Das Verhältnis der Palästinadeutschen zum Nationalsozialismus beziehungsweise die NS-Palästina-Politik haben vor allem Helmut Dan Schmidt, David
Yisraeli, Friedrich Neubert, Francis Nicosia und jüngst Ralf Balke erforscht.[64]

---

[61] Vgl. P. Sauer, *Uns rief das Heilige Land* und E.J. Eisler, „‚Kirchler' im Heiligen Land. Die evangelischen Gemeinden in den württembergischen Siedlungen Palästinas (1886–1914)", in: K.-H.
Ronecker u.a. (Hgg.), *Dem Erlöser der Welt zur Ehre*, 81–100.

[62] Vgl. E.J. Eisler, *Der deutsche Beitrag zum Aufstieg Jaffas 1850–1914*, Wiesbaden 1997. Vgl. auch
ders./N. Haag/S. Holtz (Hgg.), *Kultureller Wandel in Palästina im frühen 20. Jahrhundert. Eine Bilddokumentation. Zugleich ein Nachschlagewerk der deutschen Missionseinrichtungen und
Siedlungen von ihrer Gründung bis zum Zweiten Weltkrieg*, Epfendorf 2003.

[63] Vgl. F. Scherer, *Adler und Halbmond. Bismarck und der Orient, 1878–1890*, Paderborn 2001; I.
Friedman, *Germany, Turkey, and Zionism 1897–1918*, Oxford 1977; ders., *The Question of Pa-
lestine, 1914–1918: British-Jewish-Arab-Relations*, London – New York 1973; G. Schöllgen, *Im-
perialismus und Gleichgewicht. Deutschland, England und die orientalische Frage 1871–1914*,
München ³2000; E. Kedourie, *England and the Middle East: The Destruction of the Ottoman
Empire, 1914–1921*, London 1978; ders., *In the Anglo-Arab Labyrinth: The McMahon-Husayn-
Correspondence and its Interpretations, 1914–1939*, Cambridge 1976; ders., *The Chatham House
Version and other Middle Eastern Studies*, London 1970; M. Ma'oz (Hg.), *Studies on Palestine
during the Ottoman Period*, Jerusalem 1975; E. Monroe, *Britain's Moment in the Middle East*,
Baltimore 1981; M. Kent (Hg.), *The Great Powers and the End of the Ottoman Empire*, London
1984; M.J. Cohen, *Churchill and the Jews*, London 1985; ders., *Palestine and the Great Powers,
1945–48*, Princeton 1982; J. Hajjar, *L'Europe et les Destinées du Proche-Orient (1815–1848)*, Paris 1970; A.L. Tibawi, *Anglo-Arab Relations and the Question of Palestine, 1914–1921*, London
²1978; ders., *British Interests in Palestine 1800–1901. A Study of Religious and Educational Enterprise*, London 1961; ders., *A Modern History of Syria Including Lebanon and Palestine*, London
1969.

[64] Vgl. H.D. Schmidt, „The Nazi Party in Palestine and the Levant 1932–39", in: *International Affairs* 28 (1952), 460–469; D. Yisraeli, „The Foreign Policy of the ‚Third Reich' Toward Eretz
Israel", in: M. Kaddari (Hg.), *Bar Illan Volumes in Humanities and Social Sciences II*, Ramat Gan
1969, 186–206; ders., „The Third Reich and the Palestine Question", in: *MES* 7 (1971), 343–206;
ders., „The Third Reich and the Transfer-Agreement", in: *Journal of Contemporary History* 6/2
(1971), 129–148; ders., „Germany and Zionism", in: J. Wallach (Hg.), *Germany and the Middle
East 1835–1939*, 42–166; F.P.H. Neubert, *Die deutsche Politik im Palästinakonflikt 1937–1938*,
Diss. phil. Universität Bonn 1977; F. Nicosia, *The Third Reich and the Palestine-Question*, Austin
1985; ders., „Für den Statuts quo: Deutschland und die Palästinafrage in der Zwischenkriegszeit",
in: L. Schatkowski-Schilcher/C. Scharf (Hgg.), *Der Nahe Osten in der Zwischenkriegszeit 1919–
1939*, 90–108; ders., „Arab Nationalism and National Socialist Germany, 1933–1939: Ideological
and Strategic Incompatibility", in: *International Journal of Middle East Studies* 12 (1980), 351–
372; ders., „National Socialism and the Demise of the German-Christian Communities in Palestine
during the Nineteen Thirties", in: *Canadian Journal of History* 14/1 (1979), 235–255; R. Balke,
Hakenkreuz im Heiligen Land. Die NSDAP-Landesgruppe Palästina, Erfurt 2001, beruhend auf
ders., *Die NSDAP-Landesgruppe in Palästina*, MS Diss. phil. Essen 1997, die ausführlicher ist

Sowohl Nicosia als auch Balke berühren zwar das Verhältnis der deutschen evangelischen Institutionen zum Nationalsozialismus und beschreiben die offenkundigen politischen Anpassungsprozesse der Protestanten im Kontext der NSDAP-Landesgruppe. Beide konzentrieren sich aber in der Hauptsache auf die Templer und lassen praktisch die gesamte kirchliche Überlieferung außer Acht. Diese Lücke versucht die vorliegende Arbeit zu schließen.

Dominique Trimbur arbeitet in seinen Studien zur deutschen und französischen Kulturpolitik in Palästina während der Zwischenkriegszeit die Bedeutung der kirchlichen Einrichtung für die kulturpolitischen Ziele der Pariser und Berliner Außenministerien heraus.[65] Gerade die konfessionellen Schulen waren ein wichtiges Instrument der auswärtigen Kulturpropaganda. Dort wurde den einheimischen Schülern - quasi subkutan – deutsche beziehungsweise französische Bildung und Werte vermittelt und somit die Grundlage für eine potentiell lebenslange Bindung an das Ursprungsland der jeweiligen Schule gelegt. Wie Okkenhaug gezeigt hat, findet sich dieser Ansatz auch in der Konzeption der anglikanischen Mädchenschulen. Sie ist auch den Veränderungen der politischen Positionen der anglikanischen Schulleiterinnen im Laufe der Mandatszeit nachgegangen.[66]

Für die Untersuchung der deutschen Diaspora-Mentalität spielen die auswärtige Kulturpolitik und die Schulen deshalb eine wichtige Rolle. Sie werden im Folgenden einen größeren Raum einnehmen, um zu dokumentieren, wie sich mit dem Aufstieg des Dritten Reiches die palästinadeutsche Diaspora veränderte.

Im Gegensatz zum deutschen Sektor bildete das anglikanische Palästina-Engagement beinahe eine forschungsgeschichtliche *terra incognita*. Das gilt kurioserweise besonders für die Zeit des britischen Mandats, als Kirche und Staat – wie noch zu zeigen sein wird – zu einer engen Kooperation fanden. Das einzige Über-

---

und deshalb gelegentlich herangezogen wird sowie ders., „Die NSDAP in Palästina – Profil einer Auslandsorganisation", in: *TAJB* XXVII (1998), 221–250.

[65]   Vgl. D. Trimbur, „La politique culturelle extérieure de l'Allemagne, 1920–1939: Le Cas de la Palestine", in: *Francia* 28/3 (2001), 35–73 sowie ders., „L'ambition culturelle française en Palestine dans l'entre-deux-guerres", in: ders. (Hg.), Entre rayonnement et réciprocité - contributions à l'histoire de la diplomatie culturelle, Paris 2002, 41–72; ders., „Les Français et les communautés nationales de Palestine au temps du mandat britannique", in P. Sluglett/N. Méouchy (Hg.), *The British and French Mandates in Comparative Perspectives/Les mandats français et anglais dans une perspective comparative*, Leiden 2004, 269–301; ders., „Une université juive allemande? L'Allemagne et l'Université hébraïque dans les premières années", in M. Zimmermann (Hg.), *L'Allemagne et la Palestine – Une rencontre culturelle*, Jerusalem 2004, 55–73; ders., *„Entre émancipation et entrisme: l'Allemagne et l'édification de la culture sioniste"*, à paraître dans les actes du colloque Les usages du passé juif, Institut interuniversitaire d'études et de culture juives, Aix-en-Provence 2004; ders., *„Une lecture politique de la mission pour l'Union: la France et la mise en place de la Sacrée Congrégation Orientale, 1917–1922"*, à paraître dans les actes des journées d'études „Littératures missionnaires, missions et littératures", Groupe de recherches interdisciplinaires sur les écritures missionnaires de l'Institut catholique de Paris, Paris, 2004.

[66]   Vgl. I.M. Okkenhaug, „ ,She Loves Books & Ideas, & Strides along in Low Shoes Like an Englishwoman': British models and graduates from the Anglican girls' secondary schools in Palestine, 1918–1948", in: *Islam and Christian-Muslim Relations* 13 (2002), 461–479 sowie dies., „From Neutrality to Critic of British Mandate Policy: Anglican Women Teachers and the Arab-Jewish Conflict in Palestine, 1936–48", in: *Chronos. Revue d'Histoire de L'Université de Balamand* 6 (2002), 113–143.

blickswerk zur anglikanischen Kirchengeschichte des Heiligen Landes ist die knappe Publikation des langjährigen Jerusalemer Archdeacon Rafiq A. Farah, das stark aus einer anglikanischen Innenperspektive geschrieben wurde. Nur geringe kirchenhistorische Informationen bieten Darstellungen der Mandatszeit wie die von A.J. Sherman, Gudrun Krämer, Tom Segev und Naomi Shepherd.[67] Saul P. Colbi Christentumsgeschichte des Heiligen Landes[68] handelt die anglikanischen Aktivitäten nur knapp ab. Ausführlicher wird das Verhältnis von Mandatsregierung und britischen Missionsgesellschaften im Kontext der arabisch-jüdischen Spannungen in Gordon Hewitts Geschichte der *Church Missionary Society* und in John H. Proctors Studie zu den schottischen Missionaren dargestellt. Ähnlich wie Raheb für die arabischen Lutheraner, widmet sich Hewitts dem von kirchenoffizieller Seite zum Teil behinderten, zum Teil geförderten Emanzipationsprozess der arabischen Anglikaner. Allerdings gehen beide Forscher rein deskriptiv-positivistisch vor. Proctors Beobachtungen sind aufschlussreich, berühren aber nur indirekt das Thema dieser Untersuchung.[69] Hewitt wiederum konzentriert sich nur auf eine der drei anglikanischen Missionen, nämlich die *Church Missionary Society*, während er die Judenmission und die *Jerusalem and the East Mission* nur kurz erwähnt. Die Geschichte der englischen Judenmission in Palästina haben der israelische Historiker Yaron Perry[70], der wie sein Doktorvater Alex Carmel stark positivistisch arbeitet, für das 19. Jahrhundert sowie der evangelikale australische Historiker und Publizist Kelvin Crombie für das 19. und 20. Jahrhundert erforscht. Allerdings sind die Arbeiten Crombies nicht unproblematisch, da er einen dezidiert heilsgeschichtlichen Ansatz vertritt.[71]

---

[67] Vgl. R.A. Farah, *In troubled waters. A history of the Anglican Church in Jerusalem 1841–1998*, Leicester 2002 sowie A.J. Sherman, *Mandate Days*, G. Krämer, *Geschichte Palästinas*, T. Segev, *Es war einmal in Palästina. Juden und Araber vor der Staatsgründung Israels*, München 2005 und N. Shepherd, *Ploughing Sand. British Rule in Palestine 1917–1948*, New Brunswick 2000.

[68] Vgl. S.P. Colbi, *A History of the Christian Presence in the Holy Land*, Lanham 1988, 143–151. Aufgrund seiner Kürze bleibt der Beitrag von R.A. El-Assal, „The Birth and Experience of the Christian Church: The Protestant/Anglican Perspective. Anglican Identity in the Middle East", in: M. Prior/W. Taylor (Hgg.), *Christians in the Holy Land*, 131–140 ohne tieferen Erkenntnisgewinn.

[69] Vgl. G. Hewitt, *The Problems of Success. A History of the Church Missionary Society 1910–1942*, Bd. 1, London 1971, 350–372 und J.H. Proctor, „Scottish Missionaries and the Struggle for Palestine, 1917–1948", *MES* 33 (1997), 613–629. Ausführlicher zur schottischen Mission vgl. M. Marten, *Attempting to bring the gospel home: Scottish missions to Palestine, 1839–1917*, London 2006; ders./M. Tamcke (Hgg.), *Christian Witness Between Continuity and New Beginnings: Modern Historical Mission the Middle East*, Hamburg 2006; ders., „Imperialism and evangelism: Scottish missionary methods in late 19th and early 20th century Palestine", in: *Holy Land Studies* 5.2 (2006), 105–186; ders., „Anglican and Presbyterian Presence and Theology in the Holy Land", in: *The International Journal for the Study of the Christian Church*, 5.3 (2005), 182–199; ders., „The Free Church of Scotland in 19th-century Lebanon", in *Chronos. Revue d'Histoire de L'Université de Balamand*, 5 (2002), 51–106.

[70] Vgl. Y. Perry, *British Mission to the Jews in Nineteenth-Century Palestine*, London – Portland 2003.

[71] Vgl. K. Crombie, *Anzacs, Empires and Israel's Restoration. 1798–1948*, Osborne Park 1998; ders., *For the Love of Zion. Christian witness and the restoration of Israel*, London – Sydney – Auckland – Toronto 1991; ders., *A Prophetic Property. The story of one of modern Jerusalem's most famous properties, 82 Prophets Street – The English Mission Hospital – which offered sanctuary to the Palestine Exploration Fund (PEF); where hundreds of Jewish Russian refugees worked in the first*

Daphne Tsimhonis Untersuchung zur Situation der arabischen Christen in den ersten Jahren des Mandats geht zwar auch auf soziale und politische Positionen der anglikanisch-arabischen Christen ein, wendet sich aber stärker den orthodoxen und katholischen Christen zu.[72]

Ausschließlich den Fokus auf den Anglikanismus während der Mandatszeit legt bisher nur Inger Marie Okkenhaug in ihrer Analyse der anglikanischen Mädchenschulen in Jerusalem und Haifa, ohne jedoch andere Facetten des anglikanischen Engagements zu untersuchen. Okkenhaug ist methodisch wiederum von Ellen L. Fleischmanns für die Gender-Geschichte Palästinas wegweisendem Buch beeinflusst, die sich zwar ebenfalls der Mandatszeit widmet, aber die protestantischen Kirchen nur am Rande in den Blick nimmt.[73]

Wenige Skizzen zur Bedeutung der arabischen Christen innerhalb des arabischen Widerstands finden sich auch in Yehoshua Poraths schon klassischer, zweibändiger Studie zur palästinensisch-arabischen Nationalbewegung.[74]

Damit ergibt sich also, dass Untersuchungen zur theologischen wie politischen Deutung des Palästina-Konflikts durch deutsche und englische Protestanten, zum Transfer sozial-religiöser Konzepte und zur Einbettung der Unabhängigkeitsbemühungen in den arabischen Missionsgemeinden in die Geschichte der arabischen Nationalbewegung und mentalitäts- und identitätstheoretische, post-kolonialistische Diskurse bisher fehlen. Die hier vorliegende komparatistische Betrachtung des deutschen evangelischen und des anglikanischen Palästina-Engagements in der Zwischenkriegszeit versucht, diese Lücke zu füllen.

1.4 Quellenlage

Die Quellenlage für das hier zu behandelnde Thema ist insgesamt gut, wenn auch die Überlieferung der verschiedenen Organisationen quantitative und qualitative Unterschiede aufweist.[75] Das Archiv des Jerusalemsvereins im Berliner Missionswerk

---

aliyah; where General Allenby visited and stayed; where Hadassah Hospital was located; and which today hosts the Anglican International School of Jerusalem. MS Jerusalem 2001.

[72] Vgl. D. Tsimhoni, *The British Mandate and the Arab Christians in Palestine 1920–1925*, Ph.D.-Thesis, School of Oriental and Asian Studies, University of London 1976; dies., „The Status of the Arab Christians under the British Mandate", in: *MES* 20 (1984), 166–192; dies., „The Arab Christians and the Palestine Arab National Movement During the Formative Stage", in: G. Ben-Dor (Hg.), *The Palestinians and the Middle East conflict*, Ramat Gan 1978, 73–98.

[73] Vgl. E.L. Fleischmann, *The Nation and Its „New" Women*.

[74] Vgl. Y. Porath, *The Emergence of the Palestinian-Arab National Movement*, Bd. 1, 1918–1929, London 1974 und ders., *The Palestinian Arab National Movement. From Riots to Rebellion*, Bd. 2, 1929–1939, London 1977.

[75] Eine prägnante Einführung in die Quellenlage – allerdings mit dem Schwerpunkt 19. Jahrhundert – gibt für die deutsche Seite H. Goren, „Sources for Germany-Holy Land Studies in the Late Ottoman Period: German Libraries and Archives", in: M. Davies/Y. Ben Arieh (Hgg.), *With Eyes Toward Zion* III, 170–185. Für die englischen Quellen des 20. Jahrhunderts vgl. P. Jones (Hg.), *Britain and Palestine 1914–1948. Archival Sources for the History of the British Mandate*, Oxford 1979 und für die des 19. Jahrhunderts vgl. V.D. Lipman, „Britain and the Holy Land: 1830–1914", in: M. Davies/Y. Ben-Arieh (Hgg.), *With Eyes Toward Zion* III, 195–207, bes. 203 f.

hat den Krieg praktisch ohne Schäden überstanden, während der mittlerweile katalogisierte Bestand des Schneller-Archivs im Landeskirchlichen Archiv des württembergischen Oberkirchenrats in Stuttgart Lücken aufweist. Das liegt an Kriegsverlusten, an der komplizierten Überlieferungsgeschichte des Nachlasses sowie – nach Auskunft der zuständigen Archivare –wohl auch an der Vernichtung kompromittierender Unterlagen aus der NS-Zeit.[76] Sollte diese Einschätzung stimmen, so haben die Schnellers allerdings nur halbe Arbeit geleistet. Durch Parallelüberlieferungen in Akten des Kirchlichen Außenamtes, des Deutschen Generalkonsulats, der NSDAP-Landesgruppe, des Auswärtigen Amtes und des britischen Foreign Office sind einige – aber keineswegs alle – aussagekräftige Briefwechsel und Stellungnahmen erhalten geblieben.

Gattungsgeschichtlich steht recht unterschiedliches Material zur Verfügung. Diese Darstellung stützt sich in erster Linie auf unveröffentlichtes Material. Dabei erwiesen sich die Korrespondenzen zwischen den Missionaren beziehungsweise Pfarrern und den Missionsvorständen respektive den zuständigen Kirchenbehörden als ertragreichste Quelle, weil die jeweilige Interessenlage am deutlichsten zum Vorschein kam. Das gilt auch für die zumeist vertraulichen Protokolle der Evangelischen Jerusalem-Stiftung und des Syrischen Waisenhaus-Vorstandes sowie die Protokolle der anglikanischen Missionen, die bisher noch nicht oder nur wenig analysiert wurden. Die Niederschriften der Jerusalemsvereins-Vorstandssitzungen hat dagegen bereits F. Foerster untersucht.[77]

Eine weitere wichtige Quelle sind die Quartals- beziehungsweise Jahresberichte der deutschen und englischen Pfarrer beziehungsweise Missionsleiter, bei denen aber stets kritisch zu fragen ist, inwiefern die jeweiligen Absender ihrer eigenen Arbeit ein gutes Zeugnis ausstellen wollten. Dank der ausführlichen Beschreibungen des Gemeindelebens und der politischen Entwicklungen im Lande lassen sich an ihnen leicht mentalitätsgeschichtliche Prozesse ablesen.

Die wichtigsten Archivalien sind über drei Länder verteilt. Sie finden sich neben den bereits erwähnten in folgenden Archiven: im Evangelischen Zentralarchiv Berlin, Bundesarchiv Berlin, Landeskirchlichen Archiv Berlin-Brandenburg, Landeskirchlichen Archiv Karlsruhe und in den Israel State Archives (ISA), wo der Nachlass des Deutschen Generalkonsulats in Jerusalem lagert.[78] Wenig ertragreich war

---

[76] Das Schneller-Archiv hat nach längerer Wanderschaft über Köln, Erpfingen und Reutlingen erst in jüngster Zeit im Landeskirchlichen Archiv Stuttgart (LKA Stuttgart) seinen endgültigen Ort gefunden und ist dort wissenschaftlich aufgearbeitet worden. Die Unterlagen der Jerusalemer Anstalten gelten als verschollen. Neben den vollständig überlieferten Sitzungsprotokollen des Kuratoriums und des Vorstandes des *Evangelischen Vereins Syrischen Waisenhauses e.V.* mit Sitz in Köln-Marienburg und allen Jahrgängen der Vierteljahreszeitschrift *Bote aus Zion* sind umfangreiche Geschäftsakten, offizielle und private Korrespondenzen sowie eine Fotosammlung überliefert.

[77] Vgl. F. Foerster, *Mission im Heiligen Land.*

[78] Der heute als Record Group (R.G.) 90 geführte Bestand der Generalkonsulatsakten ist umfangreich, aber keineswegs vollständig überliefert. Mikrofilmkopien existieren auch im BArchBerlin. Während die Korrespondenz zu kirchliche Frage von begrenztem Wert ist, haben sich die Unterlagen zu Schulfragen als ertragreich erwiesen. Ein Problem für die Zitation ergibt sich durch die Doppelklassifizierung der Akten. Leiht man die Originale in Jerusalem aus, bestellt man sie über die Aktensignatur, recherchiert man im Bundesarchiv, so bestellt man über die Filmsignatur, so

die Recherche im Politischen Archiv des Auswärtigen Amtes, dessen Überlieferung vor allem für die Zeit vor 1918 von Interesse ist, und im Londoner Public Record Office (PRO).[79] Da es kein dezidiertes britisches Gegenstück zur auswärtigen Kulturpolitik des Deutschen Reiches im Heiligen Land gab und der Austausch zwischen Lambeth Palace und Whitehall in einem hohen Maße informell erfolgte, finden sich im PRO nur wenige interessantere Materialen zum Verhältnis von Staat und Kirche. Die Akten der britischen Mandatsverwaltung sind sowohl im PRO als auch in den ISA überliefert. Sie fallen durch einen technokratischen Duktus auf, der wenig Aufschluss über inhaltliche Einschätzungen der kirchlichen Belange durch die britischen Behörden gibt. Das britische Staats-Kirchen-Verhältnis in Palästina lässt sich aber aufgrund der vorzüglich aufbereiteten Akten besser aus kirchlichen Quellen erschließen. In der Lambeth Palace Library finden sich die Briefwechsel zwischen dem Erzbischof von Canterbury und seinen politischen bzw. kirchlichen Beratern sowie mit den Missionsgesellschaften, den zionistischen, den arabischen und den ökumenischen Organisationen sowie mit den staatlichen Stellen. Die Bodleian Library Oxford besitzt das Archiv der *London Society for Promoting Christianity among the Jew/Church Missions to Jews* und die Birmingham University Library das Archiv der *Church Missionary Society*.

Eine weitere wichtige, gleichzeitig problematische Quelle sind die Zeitschriften der Missionsgesellschaften beziehungsweise der Kirchengemeinden. Ihr Wert besteht in der Fülle der geschilderten religiösen, kulturellen, sozialen und wirtschaftlichen Themen. Sie erschienen in recht hoher Auflage, waren durch einen erbaulichen Duktus und eine theologiepolitische, strategische Ausrichtung gekennzeichnet, um Freunde, Förderer und Spender an die jeweilige Missionsgesellschaft zu binden. Nüchtern-objektive Darstellungen darf man deshalb von diesem *grauen Schrifttum* nicht erwarten. Für die religionspolitische und mentalitätsgeschichtliche Analyse des *Zeitgeistes* sind sie dagegen aufschlussreich. Für das hier behandelte Thema wurden vor allem folgende Publikationen herangezogen: Die *Neuesten Nachrichten aus dem Morgenlande* (Jerusalemsverein), *Der Bote aus Zion* (Das Syrische Waisenhaus), das *Evangelische Gemeindeblatt für Palästina* (Erlöserkirchengemeinde) sowie auf anglikanischer Seite die Diözesanzeitschrift *Bible Lands*. Selten wurde das Organ der Tempelgesellschaft, *Die Warte des Tempels*, konsultiert, das bereits von Sauer und Balke einer intensiven Analyse unterzogen wurde.

Sofern sich in den Akten Ausschnitte von regionalen oder überregionalen Publikationen zu den Entwicklungen in Palästina fanden, wurden diese herangezogen. Mitunter publizierten die Pröpste Aufsätze, die sich für eine Analyse ihrer politischen Sicht heranziehen lassen. Das gilt punktuell auch für die anglikanischen Geistlichen. Auf eine Analyse der überregionalen deutschen oder englischen Kirchen-

---

dass die Klassifizierung der Akten zweitrangig wird. Ich habe mich dafür entschieden, in den Anmerkungen nur die Aktensignatur anzugeben, in der Bibliographie aber zusätzlich die Filmnummer anzugeben. Vgl. Prime Minister's Office/State Archives (Hg.), *The German Consulates in Palestine 1842–1939*, Jerusalem 1976, v-vii.

[79]   Aus Gründen der Praktikabilität bleibe ich bei der Zitation der Quellen bei der Abkürzung PRO, auch wenn mir bekannt ist, dass das Archiv jüngst in „The National Archives" umbenannt wurde.

Publizistik der Zwischenkriegszeit wurde verzichtet.[80] Insgesamt steht für den Untersuchungsgegenstand also gattungsgeschichtlich wie inhaltlich vielfältiges Material zur Verfügung.

---

[80] Einige Verweise zu Palästina finden sich bei I. Arndt, *Die Judenfrage im Licht der evangelischen Sonntagsblätter von 1918–1933.* MS Diss. theol. Tübingen 1960 und W. Altmann, *Die Judenfrage in evangelischen und katholischen Zeitschriften zwischen 1918 und 1933.* MS Diss. theol. Münster 1971.

2 Religion und Politik im Kontext der Orientalischen Frage des 19. Jahrhunderts

2.1 Allgemeine Vorüberlegungen

Die historiographische Periodisierung der Zeitgeschichte im Nahen Osten ist eine noch immer offene, weil umstrittene Frage der Forschungsgeschichte.[81] Epochengrenzen werden von den Historikern unterschiedlicher Nationalitäten nicht selten identitätspolitisch gesetzt. Sie rufen mitunter kontroverse Diskussionen hervor, die hier aber nur am Rande interessant sind.[82]

Im Blick auf das 19. Jahrhundert besitzt die Epocheneinteilung Alexander Schölchs hohe Plausibilität, da er überzeugend die Entwicklungsstadien der *Orientalischen Frage* als Orientierungspunkte für die Periodisierung des 19. Jahrhunderts aufzeigte.[83] Unter der *Orientalischen Frage* lässt sich nach Abdel-Raouf Sinno jener komplexe politische Prozess verstehen, der den innen- und außenpolitischen Zerfall des Osmanischen Reiches beschreibt. Dabei sind die verzögerte beziehungsweise fehlende Anpassung des Vielvölkerstaats an die westlichen Modernisierungsprozesse, das nationale Erwachen der von den Türken beherrschten Völker sowie das massive politische Eingreifen der europäischen Großmächte gemeint.[84] Die Entwicklung Palästinas – inklusive des religiösen Sektors – ist ohne einen Blick auf diese politischen Entwicklungen unverständlich.

2.1.1 Zu den Grenzen und der Benennung des Landes

Bevor auf die Etappen der Orientalischen Frage und ihre Bedeutung für das Heilige Land eingegangen wird, stellt sich zunächst die Frage nach der terminologischen Bestimmung der zu behandelnden Region im 19. Jahrhundert, denn eine eigenständige

---

[81] Vgl. L.P. Gartner, „Some Reflections on the Present State of Holy Land Studies", in: M. Davies/Y. Ben Arieh (Hgg.), *With Eyes Toward Zion* III: *Western Societies and the Holy Land*, New York – Westport – London 1991, 246; B.B. Doumani, „Rediscovering Ottoman Palestine: writing Palestinians into history", in: I. Pappé (Hg.), *The Israel/Palestine Question*, London – New York 1999, 11–40, bes. 31. Das Problem der Periodisierung und Historisierung der Nahost-Geschichte trifft auf das 19. und besonders auf das 20. Jahrhundert zu, für das der Historiker vor der schwierigen Frage steht, so U. Haarmann (Hg.), *Geschichte der arabischen Welt*, München ²1991, 432, wie die „Ergebnisse eines archivalisch erforschbaren Epochenabschnitts [...] mit den kaum erhärteten Einsichten und schillernden Projektionen aus einer erlebten und erlittenen Gegenwart zu einem Gesamtbild gefügt oder gar Kontinuitätssträge geknüpft werden können."

[82] Vgl. z.B. G. Krämer, *Geschichte Palästinas*, 9; A. Schölch, *Palästina im Umbruch*, 11 f. und 47 Anm. 75.

[83] Vgl. A. Schölch, *Palästina im Umbruch*, 11–14.

[84] Vgl. A.-R. Sinno, *Deutsche Interessen in Syrien und Palästina*, 3.

administrative Entität mit dem Namen *Palästina* gab es in osmanischer Zeit noch nicht.

Seit 1516 gehörte die spätere Region Syrien/Palästina zum Osmanischen Reich und war bis zur Eroberung durch den ägyptischen Statthalter Muhammed Alis 1831 in die vier Provinzen Aleppo, Tripoli, Damaskus und Sidon aufgeteilt. Nach Muhammed Alis Rückzug löste die Zentralregierung in Konstantinopel die Provinz Tripoli auf und gliederte sie der Provinz Sidon ein. Hauptstadt wurde Beirut. Der Libanon wurde 1861 eine Art reichsunmittelbarer Sandschak und direkt von der Pforte verwaltet. 1864 löste die Pforte die Provinz Sidon auf und unterstellte sie dem Wilajet Damaskus, das nun den Namen *Syrien* erhielt, ehe weitere Umstrukturierungen folgten.[85] 1874 erhielt Jerusalem ebenfalls den Status eines direkt der Pforte unterstellten Sandschaks, der strategisch als Pufferzone gegen das seit 1882 britisch besetzte Ägypten diente.[86] Vom Ende des 19. Jahrhunderts bis zum Ersten Weltkrieg gehörte das spätere Mandatsgebiet Palästina im Süden zum Sandschak Jerusalem und im Norden zu den Sandschaks Nablus und Akko, das Ostjordanland zum Wilajet Syrien.[87]

Mitte des 19. Jahrhunderts lebten in Palästina etwa zwei Millionen, um die Jahrhundertwende etwa drei Millionen Menschen.[88] Jerusalem entwickelte sich in dieser Zeit von einem verschlafenen Provinznest zu einem Zentrum der Region. Hatte die Stadt 1850 nur 15.000 Einwohner (davon: 6.000 Juden, 5.400 Muslime und 3.600 Christen), so waren es 1910 schon 69.900 (45.000/12.000/12.900) und im Jahre 1922 – durch die Auswirkungen des Krieges – 62.100 (34.000/13.500/14.600).[89]

Auch wenn das Heilige Land im 19. Jahrhundert keine administrative Einheit bildete, sprechen nach Alexander Schölch und Rashid Khalidi einige Gründe dennoch dafür, von *Palästina* zu sprechen:

---

[85] Zum osmanischen Verwaltungssystem vgl. J. Matuz, *Das Osmanische Reich. Grundlinien seiner Geschichte*, Darmstadt ²1990, 35, 84–114, 234 f.; A. Hourani, *Geschichte der arabischen Völker*, Frankfurt/Main ²1996, 267–276 oder A.L. Tibawi, *A Modern History of Syria Including Lebanon and Palestine*, London 1969, 23 ff., 180 ff. Traditionell entsprach der Aufbau der jeweiligen Provinzverwaltungen exakt dem der Zentralverwaltung in Istanbul. Zivil- und Militärverwaltungen waren eng miteinander verbunden. Größere Verwaltungseinheiten bildeten die *Wilajets* und die *Sandschaks*. Ein Wilajet war eine Großprovinz, die aus mehreren Sandschaks bestand. Während ein Wilajet von einem Großgouverneur mit dem Titel eines *Beglerbeg* regiert wurde, stand dem *Sandschak* ein *Sandschakbeg* vor, die beide zumeist hohe Offiziere waren und das Kommando über die *Sandschak*-Truppen führten. In der Reformphase der zweiten Hälfte des 19. Jahrhunderts wurde die Territorialverwaltung nach französischem Vorbild umgestaltet: Ein *Wilajet* sollte nun einem französischen Département entsprechen, ein *Sandschak* einem Arrondissement. Ein *Wilajet* wurde anstelle des *Beglerbeg* von einem *Wali* geführt, während die Sandschaks einem *Mutassarif*, einem selbständigen Gouverneur unterstellt wurden. In manchen Publikationen findet sich sowohl die Bezeichnung *Mutassarifliq* als auch *Sandschak* Jerusalem.

[86] Vgl. B. Abu-Manneh, „The rise of the sanjak of Jerusalem in the late nineteenth century", in: I. Pappé (Hg.), *The Israel/Palestine Question*, 41–51.

[87] Vgl. z.B. auch die Karte 3: „Die Verwaltungsbezirke von Syrien und Palästina am Vorabend des Ersten Weltkrieges", in A. Schölch, *Palästina im Umbruch*, 160.

[88] Vgl. A.-R. Sinno, *Deutsche Interessen in Syrien und Palästina*, 2.

[89] Vgl. B. Wasserstein, *Jerusalem*, 62.

Erstens geht es um die Vorgeschichte des Territoriums, aus dem das britische Mandatsgebiet Palästina in den Grenzen von 1923 bis 1948 (ohne Transjordanien) wurde. *Zweitens* waren die Grenzen des Mandatsgebiets „kein willkürliches, künstliches Reißbrett-Produkt der Kolonialmächte"[90]. Palästina scheint im Laufe des 19. und des frühen 20. Jahrhunderts im Bewusstsein seiner Bewohner und der Istanbuler Zentralregierung langsam Gestalt angenommen zu haben.

Nicht ohne Einfluss für diesen Identitätsbildungsprozess war das biblisch-historische Denken der europäischen Kirchenmänner, Missionare, Archäologen und Philanthropen, das sich an der alten Formel *von Dan bis Beerscheba* orientierte.[91] Eine derartige politische Einheit gab es zwar – mit Ausnahme der frühen Königszeit von Saul bis Salomo – auch in biblischer Zeit nicht. Doch diese historische Verzerrung irritierte weder die an der Penetration des Landes interessierten Europäer noch die für die Gründung eines Judenstaates eintretenden Zionisten. Die biblische Formel erzielte eine historisch nicht zu unterschätzende Breitenwirkung und prägte die christlich-europäische Gedächtnisgeschichte nachhaltig. Im Lande selbst wurde sie nur von den arabischen Christen rezipiert, während sie für die Muslime und die alteingesessenen Juden keinen erinnerungsgeschichtlichen Bezugsrahmen darstellte.

Herausragende politische Bedeutung gewann die Formel *von Dan bis Beerscheba* nach dem Ersten Weltkrieg bei der Festlegung der Grenzen des Mandatsgebiets respektive der jüdischen Heimstätte. Englands Premierminister David Lloyd George ließ sich während der Versailler Friedenskonferenz ein Exemplar von George Adam Smiths *Historical Geography of the Holy Land*[92] aus London kommen, um die biblischen Grenzziehungen zu studieren und zionistische Ansprüche auf den Südlibanon abzuweisen.

2.1.2 Juden und Christen im Osmanischen Reich

Die Geschichte des Osmanischen Reiches war durch ein relativ friedliches Mit- beziehungsweise Nebeneinander unterschiedlicher Religionen geprägt. Der sunnitische Islam, die Religion der Bevölkerungsmehrheit und der Sultane, besaß die

[90]   A. Schölch, *Palästina im Umbruch*, 17.
[91]   Danach reichte Palästina von Dan im Norden bis Beerscheba im Süden und vom Mittelmeer im Westen bis zum Jordan oder einem Streifen besiedelten Landes jenseits des Jordans. Vgl. J. Boehmer, „Von Dan bis Berseba", ZAW 29 (1909), 134–142. Zur Begriffsgeschichte vgl. B. Lewis: „Palestine: On the History and Geography of a Name", in: *The International History Review* 11 (1980), 1–12. Sogar ein wissenschaftliches Großprojekt wie der britische *Palestine Exploration Fund* nahm diese Formel in den 1860er auf und popularisierte mit seinen Veröffentlichungen über *Western Palestine* die am Jordan verlaufende Einteilung in Ost- und Westpalästina. Vgl. A. Schölch, *Palästina im Umbruch*, 17 sowie R. Khalidi, *Palestinian Identity. The Construction of Modern National Consciousness,* New York 1997, 32 sowie 35–62. Er verweist auf die besondere, identitätsstiftende Bedeutung Jerusalems, das nach 1874 als Hauptstadt des gleichnamigen Sandschaks an Strahlkraft gewann. Allerdings hält Khalidi fest, dass der sich in Palästina entwickelnde Lokalpatriotismus „could not yet be described as nation-state nationalism, for the simple reason that the prerequisites for modern nationalism did not exist [...]". Noch zurückhaltender urteilt G. Krämer, *Geschichte Palästinas*, 28.
[92]   Vgl. G.A. Smith, *Historical Geography of the Holy Land*, London ¹1894, Reprint der 25. Auflage von 1931, New York 1966 sowie A. Schölch, *Palästina im Umbruch*, 18.

unangefochtene Prärogative und setzte seine religiösen, kulturellen und politischen Grundwerte legislativ durch.

Das Judentum war im Vorderen Orient die Religion einer verschwindenden Minderheit, die erst mit der zionistischen Einwanderung religionspolitisches Gewicht erhielt.[93] In Palästina wurde das religiöse Erbe von den orthodoxen Juden des alten Yishuv gepflegt, also des seit Jahrhunderten im Lande ansässigen Judentums. Sie lebten vor allem in den vier heiligen Städten Hebron, Safed im galiläischen Bergland, Tiberias am See Genezareth und Jerusalem.

Rund ein Viertel der Bewohner des Vielvölkerstaates gehörte dem christlichen Glauben griechisch-orthodoxer oder römisch-katholischer Konfession an.[94] Die Christen hatten sich zumeist in der Nähe ihrer Heiligen Stätten in Jerusalem, Bethlehem, Nazareth und Tiberias angesiedelt, doch auch Ramallah, Akko und Haifa besaßen starke christliche Bevölkerungsgruppen.[95]

Im Heiligen Land waren 1830 etwa 90 % aller Christen der Jurisdiktion des Griechisch-Orthodoxen Patriarchen unterstellt, der bis 1860 – trotz seiner Verantwortung für Jerusalem – in Konstantinopel residierte. Am Ende des 19. Jahrhunderts gehörte als Resultat der katholischen und protestantischen Mission nur noch ein Drittel der einheimischen Christenheit zur Griechisch-Orthodoxen Kirche, die bis heute den Anspruch erhebt, als *Mutter der Kirchen* in unmittelbarer Kontinuität der Jerusalemer Urgemeinde zu stehen.

Sozialgeschichtlich gehören die Christen praktisch allen Schichten an. Mehrheitlich lebten sie jedoch als Bauern in den Bergdörfern von Syrien, Palästina und dem Libanon. In christlich geprägten Städten wie Bethlehem oder Nazareth fanden sie sich vom Handwerker bis zum Bürgermeister in allen Berufen. Lediglich in größeren Städten wie Beirut, Damaskus, Kairo oder auch in Jerusalem konnte sich ein christliches Bürgertum herausbilden.

Im städtischen Kontext waren es nicht zuletzt arabische Christen, die sich für die aus Europa importierten Ideen von Freiheit, Gleichheit und nationaler Unabhängigkeit zu interessieren begannen, so zu den Vordenkern des arabischen Nationalismus wurden und nicht selten sogar säkulare Positionen vertraten.[96]

---

[93] Die Juden besaßen – ähnlich wie die Christen – Einfluss im Handel und im Finanzwesen. Vgl. z.B. A. Hourani, *Geschichte der arabischen Völker*, 293, 299; B. Braude/B. Lewis (Hgg.), *Christians and Jews in the Ottoman Empire. The Functioning of a Plural Society*, 2 Bde., New York – London 1982 und B. Lewis, *Die Juden in der islamischen Welt*, München 1987.

[94] Einen Überblick über die für den Laien irritierende konfessionelle Vielfalt des östlichen Christentums bietet P. Löffler, „Christliche Präsenz in Palästina. Zur Vielfalt der Konfessionen", in: U. Bechmann/M. Raheb (Hgg.), *Verwurzelt im Heiligen Land*, 13–27 oder auch Wolfgang Hage, *Das orientalische Christentum*, Stuttgart 2007. Zur Geschichte der Kirchen des Heiligen Landes im 19. Jahrhundert vgl. F. Heyer, *Kirchengeschichte des Heiligen Landes*, Stuttgart 1984, 168–218.

[95] Vgl. A. O'Mahony, „Church, State and the Christian Communities and the Holy Places of Palestine", in: M. Prior/W. Taylor (Hgg.), *Christians in the Holy Land*, London 1994, 19.

[96] Vgl. A. Hourani, *Arabic Thought in the Liberal Age, 1789–1939*, Oxford 1962, 245–260 u. 263, 273–279, 283 ff., 309–323. Dass diese politisierten Christen nicht selten zum Protestantismus übertraten, hat seinen Grund nach A. Hourani, *Geschichte der arabischen Völker*, 376 darin, dass diese Konfession in einer Gesellschaft, „in der die Identität sich durch Zugehörigkeit zu einer religiösen Gesellschaft definierte, einer Säkularisierung am nächsten kam."

Da sich die westlichen Missionare in den Bereichen Bildung, Wissenschaft, Medizin und Soziales engagierten und ein verlockendes Angebot zur Modernisierung des Orients offerierten, brachte ihnen vor allem die christliche Mittelschicht Interesse entgegen, das aber nur selten zu Übertritten führte.

2.1.3 Das Millet-System

Die juristische Grundlage für die relativ friedliche Koexistenz der Religionen bildete das *Millet*-System.[97] Millet bedeutet im Koran Religion, Nation, Gemeinschaft oder schlicht Ritus. Nach islamischem Recht wurden Juden und Christen als *Völker des Buches* toleriert. Die christlichen und jüdischen Gemeinschaften bildeten folglich unterschiedliche Millets, denen die administrative und jurisdiktionelle Selbstverwaltung unter einem selbsternannten, von der Pforte anerkannten Oberhaupt zustand.

Die Regelungen der inneren Angelegenheiten erstreckten sich auf den Ritus, das kulturelle Erbe und den gesamten Bereich des Ehe-, Erb- und Familienrechts. Die Millets durften eigene Schulen und Krankenhäuser, ein eigenes Gerichtswesen und sogar in einem begrenzten Rahmen ein eigenes Polizeiwesen aufbauen. Außerdem hatten die Millets die Aufgabe, die Steuern einzutreiben. Daraus entstand eine verhältnismäßig große Macht nach innen, während der Einfluss nach außen begrenzt blieb. Die Millets waren also quasi Mini-Kirchenstaaten im muslimischen Superreich.[98]

In der ersten Hälfte des 19. Jahrhunderts gab es nur wenige Millets, zu denen das Judentum, die Griechisch-Orthodoxe Kirche, die Armenisch Apostolische Kirche, ab 1831 auch die Römisch-Katholische Kirche, die mit Rom unierten orientalischen Kirchen und die Kopten gehörten.[99] 1851 wurde der Protestantismus als Millet anerkannt. Aufgrund der politischen Veränderungen des 19. Jahrhunderts wuchs die Zahl der Millets, die alle von ausländischen Mächten protegiert wurden, bis 1914 auf 13 an.[100]

Kennzeichnend und identitätsstiftend für das nahöstliche Christentum war und ist die enge Verbindung von Ethnizität und Konfession. Durch die Verbindung von Konfession, Heimat und Sprache transformierten sich die Millets von rein religiösen zu ethnisch-politischen Institutionen. Die Bedeutung des Millet-Systems kann für die gesellschaftliche, religions- und auch außenpolitische Entwicklung kaum überschätzt werden. Sozialwissenschaftlich betrachtet bildeten die Millets relativ homo-

---

[97]   Vgl. K.S. Abu Jaber, „The Millet System in the 19th Century Ottoman Empire", in: *Muslim World* 3 (1967), 212–223 und B. Braude, „Foundation Myths of the Millet System", in: ders./B. Lewis (Hgg.), *Christians and Jews in the Ottoman Empire: The Functioning of a Plural Society*, Bd. 1, New York – London 1982, 69–88.

[98]   Vgl. K.S. Abu-Jaber, „The Millet System", 213.

[99]   Ebd., 214 und M. Lückhoff, *Anglikaner und Protestanten*, 19.

[100] Zur unterschiedlichen Zählung vgl. K.S. Abu-Jaber, „The Millet System", 214. Die Anerkennung als Millet besaßen 1914 auf jeden Fall die Griechisch-Orthodoxe Kirche, die Römisch-Katholische Kirche, die Armenisch-Apostolische Kirche, die katholischen Armenier, die syrischen Katholiken, die Chaldisch-katholische Kirche, die bulgarischen Katholiken, die Syrisch-Orthodoxe Kirche, die Melkiten, Maroniten, die Protestanten sowie das Judentum mit seinem sephardischen und seinem askenasischen Flügel.

gene Milieus[101], die jeweils eigene konfessionelle und ethnische Mentalitäten hervorbrachten. Die Millet- und damit auch die Milieugrenzen waren klar gezogen und wurden auch nach den gesellschaftspolitischen Reformen im Osmanischen Reich kaum durchlässiger. Die Prägekraft des Millet-Systems darf auch unter mentalitätsgeschichtlichen Gesichtspunkten als Phänomen der *longue durée* verstanden werden.[102] An den mentalitätsgeschichtlichen und damit verbundenen sozialen Barrieren des Millet-Systems scheiterten letztlich die Bekehrungsversuche der protestantischen Missionare.

Für das Osmanische Reich wiederum war ein subsidiäres Minderheiten-Konzept vorteilhaft. Die Pforte brauchte den andersgläubigen Minoritäten keine neue religiöse Identität aufzuzwingen oder sie umzuerziehen. Sie musste sich nicht um die komplexen dogmatischen, kirchenrechtlichen und liturgischen Traditionen kümmern, erhielt jedoch für den gewährten Handlungsspielraum politische Loyalität und Steuern. Aus Sicht der Mehrheitsgesellschaft waren die nicht-muslimischen Religionsgemeinschaften dennoch Ungläubige und konnten niemals gleichwertige Mitglieder im *Haus des Islams* werden. Sie blieben – und darin lag die Ambivalenz des Millet-Systems – letztlich Bürger zweiter Klasse.[103] Die Christen und Juden zahlten meist mehr Steuern als Muslime, durften keinen Militärdienst ableisten, waren damit gesellschaftlich desintegriert und wurden bis 1854 nicht als Zeugen vor einem osmanischen Gericht akzeptiert.[104] Mission und ein Religionswechsel vom Islam zum Christen- oder Judentum war verboten, während ein Übertritt zum Islam durchaus gesetzeskonform war und gefördert wurde. Lediglich der Wechsel zwischen den christlichen Millets – sei es durch Konversion oder durch Heirat – war möglich. Erst 1856 wurde de jure im gesamten Reich die allgemeine Religionsfreiheit eingeführt, was aber keineswegs die soziale Ächtung von Konvertiten beendete.

Religionspolitisch bemerkenswert ist die Tatsache, dass die Millets nur intraterritoriale Privilegien besaßen, während extra-territoriale Jurisdiktion allein den ausländischen Großmächten durch die sogenannten *Kapitulationen* zugestanden wurde.[105] Die jeweiligen Großmächte „adoptierten" praktisch osmanische Staatsbürger. Übernahm ein europäisches Land den Schutz eines Orientalen, war er dem Zugriff der osmanischen Rechtsprechung entzogen. Diese Form der Schutzherrschaft, die weitreichende Folgen für das Osmanische Reich hatte, ging auf ein Bündnis von 1535 zwischen Franz I. mit der Pforte zurück. Sie war zunächst nur Frankreich ge-

---

[101] Vgl. O. Blaschke/F.-M. Kuhlemann, „Religion in Geschichte und Gesellschaft. Sozialhistorische Perspektiven für die vergleichende Erforschung religiöser Mentalitäten und Milieus", 7–56 sowie klassisch: M. R. Lepsius, „Parteiensystem und Sozialstruktur. Zum Problem der Demokratisierung der deutschen Gesellschaft", in: W. Abel u.a. (Hgg.), *Wirtschaft, Geschichte und Wirtschaftsgeschichte*. (FS F. Lütge), Stuttgart 1966, 371–393. Über den neuesten Stand der Forschung informiert K. Tenfelde, „Historische Milieus – Erblichkeit und Konkurrenz", in: M. Hettling/P. Nolte (Hgg.), *Nation und Gesellschaft in Deutschland. Historische Essays*, München 1996, 247–268.

[102] Zu diesem mentalitätsgeschichtlichen Phänomen vgl. R. Föll, *Sehnsucht nach Jerusalem*, 232.

[103] Vgl. z.B. B. Wasserstein, *The British in Palestine. The Mandatory Government and the Arab-Jewish Conflict 1917–1929*, London ²1991, 3–5.

[104] Vgl. K.S. Abu Jaber, „The Millet System", 219.

[105] Vgl. A.-R. Sinno, *Deutsche Interessen in Syrien und Palästina*, 5–7 und H. Gründer, *Welteroberung und Christentum*, 339–344.

währt worden, das sich des Schutzes der Katholiken annahm. Mit dem Niedergang des Osmanischen Reiches wurde dieses Protektionsrecht ausgeweitet. England kam 1675 in den Genuss der Kapitulationen, 1699 folgten das Habsburgische Reich und 1774 Russland.

Die Kapitulationen waren für die Großmächte *der* Weg ins zerfallende Osmanische Reich. Sie engagierten sich nur für *die* christlichen Minderheiten, deren Konfession mit dem heimatlichen Bekenntnis übereinstimmte. „Russia", so Owen Chadwicks ironischer, aber sachlich zutreffender Kommentar, „protected the Orthodox, France the Roman Catholics. Britain and Prussia, whose political interests in the Middle East were considerable, determined to protect Protestants. In these high policies of state it mattered little that Turkey contained no Protestants to protect [. . .]".[106]

Für die Kirchen des Nahen Ostens war die Verbindung zur europäischen Diplomatie ein Geschäft auf Gegenseitigkeit: Die orientalischen Christen wurden durch die internationale Unterstützung politisch aufgewertet, während die Großmächte eine religiöse Begründung für ihr imperiales, politisches und soziales, missionarisches Engagement erhielten und eine „convient and powerful weapon to employ against the Porte" besaßen, ohne jedoch die Minderheiten regieren zu müssen.[107] Westliche Diplomaten verkauften meistbietend Staatsangehörigkeitsbescheinigungen. Auf diese Weise hatte beispielsweise die K.u.K.-Monarchie zeitweise 200.000 österreichische Staatsangehörige im Osmanischen Reich. Für die Konstantinopler Zentralregierung geriet dieser Missbrauch der Kapitulationen respektive des *Protegé-Systems* zu einer großen politischen Belastung, weil der *ordre public* jedes modernen Staates, nämlich das Jurisdiktionsrecht eines Staates über seine Bürger, ausgehöhlt wurde.

2.2 Die Orientalische Frage und ihre Bedeutung für die deutsche und englische Palästinapolitik sowie den Zionismus

An der Wende vom 18. zum 19. Jahrhundert wurde mit Napoleons Invasion in Ägypten (1798) und Syrien (1799) die Orientalische Frage wieder auf die politische Agenda Europas gesetzt.[108] Die in Vergessenheit geratene arabische Welt kehrte wieder in das Bewusstsein der europäischen Öffentlichkeit zurück. Das wiedererwachte Interesse am Morgenland beschleunigte den wirtschaftlichen, wissenschaftlichen, ideologischen und religiösen Akkulturationsprozess zwischen Orient und Okzident.[109]

---

[106] O. Chadwick, *The Victorian Church* Bd. 1, London 1987, 189.

[107] So K.S. Abu-Jaber, „The Millet System", 217.

[108] Natürlich begann die *Orientalische Frage* nicht erst im 19. Jahrhundert. Der Niedergang des Osmanischen Reiches reichte bis weit ins 16./17. Jahrhundert zurück. Vgl. U. Trumpener, *Germany and the Ottoman Empire, 1914–1918*, Princeton 1968, 3 oder J. Matuz, *Das Osmanische Reich*, 165–208.

[109] Vgl. B. Tibi, *Vom Gottesreich zum Nationalstaat. Islam und panarabischer Nationalismus*, Frankfurt/Main ²1991, 64–69.

Für das seit 1516 osmanisch regierte Heilige Land blieb der französische Feldzug allerdings ein „ephemeres Ereignis".[110] Historisch bedeutsamer war dagegen das Interregnum Muhammed Alis in Palästina und Syrien in den 1830er Jahren sowie die erste Tanzimat-Periode von 1839 bis 1856, als mit dem *Hatt-ı Şerif-Edikt* von Gülkane umfassende Reformen in Gang gesetzt wurden.[111]

Diese Phase ist im Blick auf die christlich-europäische Penetration des Landes von elementarer Bedeutung, kam es doch damals zur Gründung des Anglo-Preußischen Bistums (1841–1886), ohne dessen Existenz eine Untersuchung des deutschen evangelischen und anglikanischen Engagements in der Mandatszeit jeder Grundlage entbehren würde.

Die weiteren Etappen der osmanischen Geschichte im 19. Jahrhundert werden hier nur kurz erwähnt, insofern sie religionspolitisch bedeutsam waren. Der Vollständigkeit halber sei jedoch erwähnt, dass nach der Beendigung des Krimkrieges (1853–1856) mit dem Friedensvertrag von Paris (1856) und dem Reformedikt von 1856 (*Hatt-ı Hümâyûn*) die zweite Tanzimat-Periode (1856–1876) eingeläutet wurde. Sie erreichte ihren Tiefpunkt mit dem osmanischen Staatsbankrott von 1875, dem die Einrichtung einer internationalen Verwaltung, der *Dette Publique Ottomane* (1881), und die erneute kriegerische Zuspitzung der Orientalischen Frage im russisch-türkischen Krieg von 1877/78 folgten. Bismarck versuchte sie auf dem Berliner Kongress (1878) zu lösen, der für die Türkei große Gebietsverluste brachte. Zypern (1878) und Ägypten (1882) wurden von England, Tunesien (1881) von Frankreich besetzt. Innenpolitisch erlebten die Anhänger einer konstitutionellen Neuordnung des Landes nach kurzem Erfolg eine schwere Niederlage (1876–1878). Auch die jungtürkische Revolution von 1908 konnte weder die „territorial dissolution of the empire"[112] noch das Ende des Osmanischen Reiches aufhalten, das mit den Verträgen von Sèvres (1919) und Lausanne (1923) auf das Territorium der heutigen Türkei schrumpfte.

Das Jahr 1882 brachte rückblickend eine „Epochenscheide"[113] für die Geschichte Palästinas, auch wenn dies den Zeitgenossen damals noch nicht bewusst war: England besetzte Ägypten, und das Heilige Land sah die Erste Alijah (1882–1903/04), also die erste Einwanderung von damals rund 30.000 Juden nach Palästina. 1882 entstand die erste zionistische Siedlung *Rishon le-Zion* (Der Erste Zion), der bis 1904 etwa 30 weitere folgten. Damit wurden zwei Prozesse in Gang gesetzt: die „des britischen Imperialismus einerseits und des Zionismus andererseits, die sich aufeinander zu bewegten und während des Ersten Weltkrieges schließlich trafen."[114]

In der letzten Phase des Osmanischen Reiches – beeinflusst von europäischen und jungtürkischen Ideen – entstand vor und während des Ersten Weltkrieges der

---

[110] So A. Schölch, *Palästina im Umbruch*, 12. Ähnlich Y. Perry, *British Mission to the Jews in Nineteenth-Century Palestine,* London – Portland 2003, 1.

[111] *Tanzimat-ı Hayriye* bedeutet „heilsame Neuordnung." Vgl. J. Matuz, *Das Osmanische Reich*, 224 ff.

[112] H. Kayali, *Arabs and Young Turks,* 2.

[113] So A. Schölch, *Palästina im Umbruch*, 13.

[114] Ebd.

arabische Nationalismus, der auf eine Unabhängigkeit von Konstantinopel drängte und zunächst eine großarabische beziehungsweise großsyrische Lösung vertrat, aber bereits nach kurzer Zeit, genauer gesagt: nach Aufteilung des Vorderen Orients in französische und englische Mandate, eine nationalstaatliche Metamorphose erlebte.

2.2.1 Muhammed Ali und der Beginn der europäischen Penetration Palästinas

Den entscheidenden Modernisierungsschub auf innen- und außenpolitischem, wirtschaftlichem und religiös-kulturellem Gebiet erlebte Palästina in der Zeit der ägyptischen Besetzung (1831–1840), die mit dem Namen Muhammed Ali und seinem Stiefsohn Ibrahim Pascha verbunden ist.[115]

Muhammed Ali war ein aus Mazedonien stammender Offizier der türkischen Armee, der 1805 den Großgouverneur der Pforte in Ägypten stürzte und das Land fortan als Vizekönig regierte. Damit endete nach drei Jahrhunderten die osmanische Herrschaft über Ägypten. Nach französischem Vorbild und mit Hilfe französischer Berater versuchte Ali, Ägypten zu modernisieren, trieb Heeres-, Steuer- und Verwaltungsreformen voran und eroberte große Teile Nubiens, des Sudans, der arabischen Halbinsel.[116] Nach einer Auseinandersetzung mit Sultan Mahmut II. (1808–1839) besetzten Alis Truppen unter dem Befehl Ibrahim Paschas 1831/32 Syrien und Palästina, drangen bis Anatolien vor und drohten mit einem Angriff auf Konstantinopel. Erst auf politischen Druck der europäischen Großmächte zog sich der Vizekönig freiwillig aus Anatolien zurück. Im Frieden von Kütahya (1833) erkannte Ali die Oberhoheit des Sultans an und wurde von diesem im Gegenzug mit Syrien und Kilikien belehnt.

Das Heilige Land war für Muhammed Ali nur strategisch und wirtschaftlich interessant. Religiöse Motive verfolgte er nicht. Zu seinen wichtigsten Leistungen zählten die kommunale Verwaltungsreform, die Entwaffnung der ländlichen Bevölkerung, die Förderung der Landwirtschaft und fiskalische Neuregelungen.

Um die europäischen Großmächte für sich zu gewinnen, öffnete Muhammed Ali Palästina und Syrien dem europäischen Einfluss, stellte Juden und Christen rechtlich den Muslimen gleich. Zudem berief er erstmals in der osmanischen Geschichte jüdische und christliche Vertreter in die neukonstituierten städtischen Beratungsgremien. Er gestattete die Renovierung beziehungsweise den Neubau kirchlicher Gebäude und erlaubte missionarische Unternehmungen. Die europäischen Staaten erhielten ab 1838 erstmals das Recht, in Damaskus und Jerusalem Konsulate einzurichten.

---

[115] Vgl. Y. Hofman, „The Administration of Syria and Palestine under Egyptian Rule (1831–1840)“, in: M. Ma'oz (Hg.), *Studies on Palestine during the Ottoman Period*, Jerusalem 1975, 311–333.

[116] Vgl. z.B. A. Hourani, *Die Geschichte der arabischen Völker*, 336; A.-R. Sinno, *Deutsche Interessen in Syrien und Palästina*, 7 ff.; J. Matuz, *Das Osmanische Reich*, 212, 218–222. B. Tibi, *Vom Gottesreich zum Nationalstaat*, 67 f. kritisiert das Machtkalkül in der Modernisierungspolitik Alis und die fehlende Förderung der Bildung eines mittelständischen Bürgertums. Dagegen bezeichnet ihn M. Anderson, *The Eastern Question 1774–1923. A Study in International Relations*, London 1966, 88 wegen seiner Reformleistungen als „Peter den Großen des Osmanischen Reiches.“

Das erste Konsulat in Jerusalem wurde 1838 von England eröffnet, 1843 folgten Frankreich, Preußen, Sardinien, 1849 die Habsburgmonarchie sowie 1854 Spanien. Evangelikale Kreise in England maßen dieser Politik geradezu eschatologische Bedeutung zu und forcierten die Idee einer *Restoration of the Jews*, also einer Rückführung der Juden ins Heilige Land. Ali wurde – wie später auch der englische Außenminister James A. Balfour – als der ‚neue Kyros' gefeiert.[117]

Nach der Niederlage Alis 1840/41 übernahmen wieder die Osmanen die Macht über Syrien und Palästina.[118] Die folgenden drei Jahrzehnte (1839–1878) gingen als Tanzimat-Reform-Ära in die osmanische Geschichte ein. Die Konstantinopler Zentralregierung zielte auf die Sicherung der öffentlichen Ordnung, eine Reform der Armee, eine effiziente Verwaltung des Landes und eine Stärkung der Zentralmacht bei gleichzeitiger stärkerer Einbindung der lokalen Eliten in die politischen Institutionen. Die Tanzimat-Periode brachte die Gleichbehandlung aller Religionsgemeinschaften, eine Absage an den islamischen Traditionalismus, eine Justizreform, Neuregelung des Steuerwesens, aber kein Parlament. Mit der rechtlichen Absicherung der Rechte der Christen und Juden verfolgte die Pforte zwei Ziele: *Erstens* war es eine Gegenleistung für die gewährte europäische Militärhilfe bei der Rückdrängung Alis und *zweitens* hoffte die Zentralregierung, sich auf diese Weise die Loyalität der nicht-islamischen Gemeinschaften zu sichern. Doch die Rechnung ging nicht auf.

---

[117] Vgl. G. Krämer, *Geschichte Palästinas*, 84.

[118] Ende der 1830er Jahre spitzte sich die politische Lage erneut zu, als Sultan Mahmut II. seinen machthungrigen Vasallen aus Syrien zu vertreiben versuchte. Der Versuch misslang. Seine Truppen erlitten 1839 eine weitere Niederlage gegen Ali. Als der Sultan plötzlich starb, durch seinen erst 16jährigen Sohn Abdülmecid I. (1839–1861) ersetzt wurde und die gesamte osmanische Flotte zu Ali überlief, drohte dem Osmanischen Reich der Untergang. Hilfe suchend wandte sich die Pforte an Russland. Dieser Schritt rief Großbritannien auf den Plan. Für das Vereinigte Königreich erschien das Vormachtstreben Russlands, gefährlich zu werden. Auch der wachsende Einfluss Frankreichs auf Muhammed Ali und damit auch auf den Vorderen Orient insgesamt bereitete der Regierung in London Sorgen, zumal eine starke arabische staatliche Entität unter der Führung Alis mit dem britischen Wunsch nach einer Kontrolle des Landwegs nach Indien kollidieren musste. Durch die Okkupation Algeriens (1830) war Frankreich im Mittelmeerraum ein ernstzunehmender Gegner geworden. Paris förderte das Vormachtstreben Alis nach Kräften und versuchte an England und Russland vorbei eine ägyptisch-türkische Vereinbarung zu erreichen. London sah deutlich, dass die französische Politik an der Peripherie auf eine Revision des Wiener Systems von 1815 zielte. Gerade im Sinne einer Gleichgewichtspolitik trat deshalb der englische Außenminister Lord Henry Palmerston für eine britische Unterstützung der Pforte ein und schmiedete 1840 die Quadrupelallianz (Russland, Österreich, Preußen und England). Sie sicherte dem Osmanischen Reich ihre Unterstützung zu. Muhammed Ali wurde zur Anerkennung der Oberhoheit des Sultans gedrängt, musste die osmanische Flotte zurückgeben, sich aus Syrien, Kreta und den heiligen Stätten Mekka und Medina zurückziehen. Er erhielt jedoch die Anerkennung als *Khedive* (erblicher Statthalter) Ägyptens. Österreichische und englische Truppen landeten noch im Herbst 1840 im Libanon und in Akko, was nicht nur die ägyptische, sondern auch die französische Position in der Region erheblich schwächte. Aus einem orientalischen Streit war ein Schlachtfeld für die Gleichgewichtspolitik der europäischen Großmächte geworden. Zu Palmerstons Außenpolitik vgl. M. Maurer, *Kleine Geschichte Englands*, Stuttgart 1997, 374–376.

Die neuen Freiheiten wurden von den europäischen Großmächten vielmehr für die *pénétration pacifique* des Orients genutzt.[119]

Gerade in Jerusalem nahmen die europäischen Einrichtungen in „Anzahl und Umfang [...] mit beispiellosem Tempo" zu.[120] Englische, französische, italienische, russische, österreichische, preußische Missions- und Wohltätigkeits-Institutionen wie die Gobat-Schule, der sogenannte Russenbau[121], das österreichische Hospiz[122], das Syrische Waisenhaus sowie jüdische Krankenhäuser und Schulen entstanden in dieser Phase. Der internationale Wettlauf um eine möglichst symbolträchtige religiös-kulturelle Repräsentation im Heiligen Land hatte nicht zuletzt handfeste politische Gründe. Horst Gründer stellt nicht zu Unrecht fest, dass die Missionsarbeit im Orient deshalb „ein politisches Gepräge" erhielt, weil sich „imperialistischer Expansionsdrang mit der christlichen Kreuzzugsromantik" verband.[123] Das vielfältige europäische Engagement zeigt auch, dass der Zionismus im letzten Drittel des 19. Jahrhunderts nur eine von vielen europäischen Bewegungen war, die Aspirationen auf das Heilige Land entwickelten.[124]

2.2.2 Die deutsche Palästinapolitik 1871–1914

Die deutsche Palästinapolitik von der Reichsgründung bis zum Ersten Weltkrieg lässt sich in zwei Phasen einteilen, deren Scheidelinie die Entlassung Bismarcks als Reichskanzler 1890 darstellt. Während der ‚Eiserne Kanzler' die deutsche Außenpolitik von jeder Einmischung in die Entwicklungen im Orient fernhielt, wandte sich Wilhelm II. im Rahmen seiner *Weltpolitik* verstärkt dem Osmanischen Reich zu.

Bismarcks Politik des Gleichgewichts zielte besonders nach dem siegreichen Deutsch-Französischen Krieg darauf, das vereinte Reich vor französischen Rachegelüsten zu sichern. Deshalb ging er strategische Bündnisse mit Österreich, Russland, Italien ein und versuchte auf diesem Wege, die politischen Spannungen zwischen

---

[119] Vgl. G. Krämer, *Geschichte Palästinas*, 90–121 und H. Kayali, *Arabs and Young Turks. Ottomanism, Arabism, and Islamism in the Ottoman Empire, 1908–1918*, Berkeley – Los Angeles – London 1997, 18 ff.

[120] A. Carmel, „Palästina im 19. Jahrhundert – zur Vorgeschichte der Gründung des Deutschen Palästina-Vereins", *ZDPV* 95 (1979), 5.

[121] Vgl. E. Astafieva, „Imaginäre und wirkliche Präsenz Russlands im Nahen Osten in der zweiten Hälfte des 19. Jahrhunderts", in: D. Trimbur (Hg.), *Europäer in der Levante. Zwischen Politik, Wissenschaft und Religion (19.-20. Jahrhundert)/Des Européens au Levant. Entre politique, science et religion (XIXᵉ–XXᵉ siècles)*, München 2004, 161–186 sowie D. Hopwood, „Die russische Präsenz in Palästina – religiöse Motive, politische Ambitionen", in: Y. Perry/E. Petry (Hgg.), *Das Erwachen Palästinas im 19. Jahrhundert*, 47–52; ders., *The Russian Presence in Syria und Palestine 1843–1914. Church and Politics in the Near East*, London 1969.

[122] Vgl. B. Haider, „Das Generalkommissariat des Heiligen Landes in Wien – eine Wiederentdeckung des 19. Jahrhunderts", in: D. Trimbur (Hg.), *Europäer in der Levante*, 123–159 und dies., „Zwischen Anspruch und Wirklichkeit. Kirche und Staat in Österreich (-Ungarn) und das Heilige Land 1843/49–1917", in: B.A. Böhler (Hg.), *Mit Szepter und Pilgerstab. Österreichische Präsenz im Heiligen Land seit den Tagen Kaiser Franz Josephs*, Wien 2000, 55–74.

[123] H. Gründer, *Welteroberung und Christentum*, 345 und A. Schölch, *Palästina im Umbruch*, 47 f.

[124] Vgl. A. Schölch, *Palästina im Umbruch*, 47.

den Großmächten aus dem Zentrum Europas an die Peripherie abzuleiten, an der sich Deutschland politisch neutral verhielt.[125]

Mit der Thronbesteigung Wilhelms II. 1888 schien sich die Orientpolitik des Deutschen Reiches zunächst zu verändern. Der neue Regent reiste schon 1889 zu einem ersten Staatsbesuch nach Konstantinopel, um seine weltpolitischen Ambitionen anzudeuten. Der Kaiser entwickelte aber keine konkreten imperialistischen Ansprüche auf das Reich des ‚kranken Mannes vom Bosporus‘, sondern blieb der deutschen Tradition des politischen Desinteresses am Nahen Osten relativ treu und beanspruchte keine Führungsrolle in der Region. Wilhelm II. war am Fortbestand des Vielvölkerstaates interessiert und unterstützte deshalb Sultan Abdul Hamid II. (1876–1909),[126] ohne den Zerfall des Osmanischen Reiches verhindern zu können. Lediglich auf religiös-kulturellem und vor allem auf wirtschaftlichem Gebiet setzte er neue Akzente. Zum großen deutschen Prestigeprojekt im Orient wurde dagegen der Bau der Bagdadbahn.[127] Nach Gründer verschlang die Bagdadbahn unter allen imperialen Unternehmungen die größten Energien des deutschen Kapitalmarktes, wodurch nach 1900 sogar eine aktivere Imperial-Politik in Afrika verhindert wurde.[128]

2.2.3 Die Orientreise Wilhelms II. als Beispiel gedächtnisgeschichtlicher Hegemonialpolitik

So zurückhaltend die Nahostpolitik des Deutschen Reiches auch gewesen sein mag, für die Palästinadeutschen wurde die Orientreise Kaiser Wilhelms II. 1898 zu einer Art Gründungsmythos. Sie brachte eine besonders enge Verbindung der Hohenzollern zum Heiligen Land und den Palästinadeutschen hervor, die diese mit einer großen Treue zum Kaiser erwiderten.

Auch wenn es forschungsgeschichtliche Thesen gibt, dass die Orientreise wesentlich wirtschaftlich-politisch (J.A.R. Marriott, A.-R. Sinno, H. Gründer) motiviert war, haben Alex Carmel, Jürgen Krüger und Thomas H. Benner überzeugend gezeigt, dass es Wilhelm II. vorrangig um die Implementierung theologischer,

---

[125] Vgl. A.-R. Sinno, *Deutsche Interessen in Syrien und Palästina*, 278.

[126] Der despotische Herrscher hatte die Umgestaltung des politischen Systems hin zu einer konstitutionellen Monarchie nach den auf dem Berliner Kongress (1878) besiegelten Verlusten der Balkan-Territorien gestoppt. Abdul Hamid II. löste das Parlament auf und setzte lediglich die Reformen im Bildungs- und Verkehrssektor fort. Innenpolitisch profilierte er sich durch eine Zentralisierung der Macht in Konstantinopel und die brutale Verfolgung von Regimegegnern. Seine Machtpolitik versuchte er mit zwei Ideologien zu unterfüttern: Mit Hilfe des Pan-Islamismus sollte der Islam mit den modernen Wissenschaften versöhnt werden. Der Osmanismus sollte dagegen eine supranationale Identität und ein gemeinsames Staatsverständnis schaffen, die nationalen, konfessionellen und ethnischen Differenzen des Vielvölkerstaates transzendieren Vgl. z.B. A.-R. Sinno, *Deutsche Interessen in Syrien und Palästina*, 299 sowie J. Matuz, *Das Osmanische Reich*, 241.

[127] Vgl. H. Mejcher, „Die Bagdad-Bahn als Instrument deutschen wirtschaftlichen Einflusses im Osmanischen Reich", in: *GG* 1 (1975), 447–481.

[128] Vgl. H. Gründer, *Geschichte der deutschen Kolonien*, Paderborn-München-Wien-Zürich ³1995, 105 f.

gedächtnisgeschichtlicher sowie kulturimperialistischer Ziele ging.[129] Unstrittig ist aber auch, dass die Kaiserreise die deutsch-türkischen Beziehungen vertiefte, die deutsche Position im Orient aufwertete und die kulturpolitische Position der konfessionellen deutschen Einrichtungen im Heiligen Lande stärkte. Das galt besonders für den religiös-kulturellen Wettbewerb mit Frankreich, das als Schutzmacht der Katholiken im Heiligen Land einen entsprechend Einfluss besaß.[130]

Mit der kaiserlichen Einweihung der Erlöserkirche auf dem Muristan – direkt neben der Grabeskirche gelegen – am Reformationstag 1898 manifestierte sich paradigmatisch die viel beschworene Einheit von Thron und Altar.[131] Die Erlöserkirche in der Jerusalemer Altstadt wurde zum Hauptzeugen der hohenzollernschen Kirchenbauten. Das Salvatorpatrozinium, das an die frühchristlichen Kirchenbenennungen erinnerte und in der Alten Kirche den Sieg des Christentums über die antiken Gottheiten symbolisierte, war eine Besonderheit der hohenzollernschen Religionspolitik.[132] Während Friedrich Wilhelm IV. vor allem auf die urchristlich-apostolische Kirche rekurrierte, nahm sich Wilhelm II. Kaiser Konstantin zum Vorbild, um Gotteshäuser zu stiften, zu bauen und die Kirchenpolitik zu steuern. Wilhelm II. – der im Gegensatz zu Friedrich Wilhelm IV. kein kirchliches Reformprogramm verfolgte – ging es gerade mit dem Bau von Gedächtniskirchen um eine Selbstdarstellung seines Kaiserhauses. Indem Wilhelm II. bei den Hauptbauten seiner Regierungszeit, den Erlöserkirchen in Bad Homburg, Rummelsburg bei Berlin sowie Jerusalem die Spätromanik der Stauferzeit adoptierte, übertrug er auch mittelalterliche Kaiser- und Herrschaftsideen auf sein evangelisches Kaisertum. Die Kirchenbauten der Hohenzollern waren also in hohem Maße traditionsverhaftet und deshalb epochentypische Produkte des Historismus.[133] Die Hohenzollern versuchten mit ihren Kirchenbauten nicht nur an die antike beziehungsweise mittelalterliche Gedächtnisgeschichte anzuschließen, sondern auch den Bogen zur Reformation zu schlagen. Die Grundsteinlegung in Jerusalem am 31. Oktober 1893 erfolgte exakt ein Jahr nach der Eröffnung der renovierten, zur nationalen Gedenkstätte der Reformation umgestalteten Schlosskirche in Wittenberg.

Mit dem Bau der evangelischen Weihnachtskirche in Bethlehem, der Kaiserin-Auguste-Viktoria-Stiftung auf dem Ölberg und der Benediktinerabtei Dormitio Bea-

---

[129] Vgl. J.A.R. Marriott, *The Eastern Question*, Oxford [4]1940, 402; A.-R. Sinno, *Deutsche Interessen in Syrien und Palästina*; H. Gründer, „Die Kaiserfahrt Wilhelms II. ins Heilige Land 1898. Aspekte deutscher Palästinapolitik im Zeitalter des Imperialismus", in: H. Dollinger/H. Gründer/A. Hanschmidt (Hgg.), *Weltpolitik, Europagedanke, Regionalimus* (FS H. Gollwitzer), Münster 1982, 363–388; A. Carmel, „The Political Significance of German Settlement in Palestine 1868–1918", 45–71 und ders., „Der Kaiser reist ins Heilige Land – Legende und Wirklichkeit", in: U. von der Heyden/J.Becher (Hgg.), *Mission und Gewalt*, 29–42; J. Krüger, *Rom und Jerusalem: Kirchenbauvorstellungen der Hohenzollern im 19. Jahrhundert*, Berlin 1995 sowie die umfassende erinnerungs- und theologiegeschichtliche Analyse von T. H. Benner, *Die Strahlen der Krone*.

[130] Vgl. dazu H. Goren, „Vom ‚Flaggenstreit' zum ‚Hospizwettbewerb': das katholische Deutschland und Frankreich in Palästina am Ende des 19. Jahrhunderts", in: *JbDEI* 7 (2001), 35–50.

[131] Vgl. T.H. Benner, *Die Strahlen der Krone*, 292–301; A. Carmel „Das Kaiseralbum von 1898", in: *ZDPV* 100 (1984), 160–174.

[132] J. Krüger, *Rom und Jerusalem*, 256.

[133] Ebd.

tae Maria Virginis auf dem Zionsberg – in der Nähe des Abendmahlssaales, des Grabes Davids und des legendarischen Sterbeortes Marias – waren deutsche Kirchenbauten an den wichtigsten Orten der Christenheit in Palästina vorhanden. Das kulturprotestantische und erinnerungsgeschichtliche Hegemonialprojekt war vollendet.

Trotz dieser gedächtnispolitischen Akzentsetzung forderten kolonialistische Kreise eine noch markantere, imperialistische Palästinapolitik im Sinne des friedlichen Kreuzzugsgedankens. So entwarfen etwa in den 1880er Jahren der *Deutsche Kolonialverein* beziehungsweise die *Deutsche Kolonialgesellschaft*[134] große Pläne für eine deutsche Kolonisation des Nahen Ostens, der *Alldeutsche Verband* wollte Tausende deutsche Bauern entlang der Bagdadbahn-Trasse ansiedeln.[135] Einige landwirtschaftliche Siedlungen hatten ja bereits die freikirchlichen, württembergischen Templer in Palästina geründet, auf die gleich noch einzugehen sein wird. Die Templer warben dafür, dass der Ausbau ihrer bereits existierenden Kolonien finanziell günstiger sei als die Errichtung neuer in Afrika.[136]

Allerdings führte auch die Propaganda der kolonialen Kreise zu keinem außenpolitischen Wandel. Die Reichsregierung wollte die Templer aber nicht zum Instrument deutscher Machtpolitik im Orient machen[137] und verzichtete auf wirtschaftliche wie politische Förderungen. Auch die begrenzte Unterstützung des Zionismus, der sich deshalb erfolgreich nach England orientierte, belegt die politische Zurückhaltung. Die sich positiv entwickelnden deutsch-osmanischen Beziehungen besaßen Vorrang vor der Förderung eines jüdischen Nationalprojekts.[138] So blieben Palästina und der Orient über Jahrzehnte ein untergeordnetes Thema der deutschen Außenpolitik.[139]

2.2.4 Englische Palästinapolitik in der zweiten Hälfte des 19. Jahrhunderts

Bereits die frühe Errichtung eines Konsulats in Jerusalems im Jahre 1838 zeigt das Interesse Englands an Palästina, das einen wichtigen, wenn auch keinen vorrangigen Rang in seiner Außenpolitik einnahm.[140] Die britische Orientpolitik besaß im 19. Jahrhundert eine doppelte strategische Ausrichtung: Sie war *erstens* daran inter-

---

[134] Auch kirchliche Kreise standen der Kolonialbewegung nahe. Seit 1905 war zum Beispiel der Vorsitzende des Kuratoriums der E.J.St. Mitglied im Ehrenkomitee des Deutschen Kolonialkongresses, EZA 56/17.

[135] Vgl. A.-R. Sinno, *Deutsche Interessen in Syrien und Palästina*, 301. Vgl. die Originaltexte bei H. Gründer (Hg.), „„… da und dort ein junges Deutschland gründen". Rassismus, Kolonien und kolonialer Gedanke vom 16. bis zum 20. Jahrhundert*, München 1999, 180–214, hier: 210; 213 f. Vgl. A. Carmel, „Der Kaiser reist ins Heilige Land – Legende und Wirklichkeit", 39.

[136] Vgl. A. Carmel, „Die deutsche Palästinapolitik 1871–1914", 233.

[137] Vgl. Ebd., 205–255, hier: 222 f.; 243–245. Ob die Gründung der drei relativ kleinen palästinadeutschen Kolonien in Wilhelma (1902), in Bethlehem/Galiläa (1906) und Waldheim (1907) als Spätfolge der Kaiserreise angesehen werden kann, ist fraglich. Kolonialpolitisch waren sie jedenfalls bedeutungslos.

[138] Vgl. z.B. D. Yisraeli, „Germany and Zionism", 142–166, hier: 143; A. Carmel, „Die deutsche Palästinapolitik 1871–1914", 242 f.; Y. Friedman, *Germany, Turkey and Zionism*.

[139] Vgl. A. Carmel, „Die deutsche Palästinapolitik 1871–1914", 255.

[140] Ähnlich G. Krämer, *Geschichte Palästinas*, 168.

essiert, die territoriale Integrität des Osmanischen Reiches – allerdings nur außerhalb Europas – aufrecht zu erhalten und die französischen Ambitionen in der Levante zu begrenzen. *Zweitens* war der Orient für die Sicherung des See- und Landweges zur Kronkolonie Indien bedeutsam, der nach dem Verlust der nordamerikanischen Kolonien höchste kolonialpolitische Priorität zukam.

Diese außenpolitische Ausrichtung ging Hand in Hand mit dem britischen Freihandelsimperialismus der Jahre 1838 bis 1878, der sich auf die Kontrolle der Weltmeere und die industrielle Dominanz stützte.[141] Die internationale wirtschaftspolitische Vorrangstellung des britischen Empire sollte mit Hilfe der *Politik der offenen Tür* durchgesetzt werden. Diese Politik zielte nicht darauf, Territorien zu annektieren, sondern durch politische und wirtschaftliche Verträge fest an Großbritannien zu binden.

Auf kulturpolitischem Gebiet dominierte – neben der Archäologie[142] – das Interesse an der Mission. Die 1809 gegründete *London Society for Promoting Christianity among the Jews* (kurz: *London Jews Society* oder *LJS*)[143] propagierte und förderte die Bekehrung der Juden, die 1799 ins Leben gerufene *Church Missionary Society* (CMS) die der Muslime beziehungsweise Proselytenmacherei unter den orthodoxen Christen. Zu Beginn des englisch-anglikanischen Palästina-Engagements überwog

---

[141] Ebd., 169.

[142] Vgl. H. Goren, *„Zieht hin und erforscht das Land"*. *Die deutsche Palästinaforschung im 19. Jahrhundert*, Göttingen 2003, 339–344, Y. Ben-Arieh, *The Rediscovery of the Holy Land in the Nineteenth Century*, 189–228 und M. Kirchoff, *Text zu Land*, 149–158.

[143] Dass im Folgenden mitunter die Abkürzung LJS/CMJ benutzt wird, hat folgenden Grund: Die 1809 gegründete *London Society for Promoting Christianity Amongst the Jews* – kurz: *London Jews Society* (LJS) – wurde im Laufe ihrer Geschichte häufiger umbenannt. 1916 erhielt sie den Namen *The Church's Mission to Jews* (CMJ), der nach dem Zweiten Weltkrieg in *The Church's Ministry among the Jews* umgewandelt wurde – die Abkürzung CMJ konnte in diesem Fall beibehalten werden. Die Delegierten meinten, dass die neue Bezeichnung den Kern der Arbeit besser treffe als die alte und Verwechselungen mit der *British Society for the Propagation of the Gospel among the Jews* ausschloss. Durch die Aufnahme des Begriffs der *Kirche* sollte eine Annäherung an den Gesamtanglikanismus erfolgen. Die Verkirchlichungstendenz – bei gleichzeitiger Betonung der *Evangelical and Protestant convictions* - schlug sich auch in der 1916 beschlossenen Verfassungsänderung nieder. Danach waren im wichtigsten Leitungsgremium, dem *General Committee*, 20 Laien und 20 Pastoren vertreten. Die Struktur der CMJ sah einen Patron, einen Vice Patron, den President, die Vice Presidents, die Trustees und verschiedene Komitees vor. Der Patron war der Erzbischof von Canterbury, zu den Vice-Patrons zählten zahlreiche Erzbischöfe und Bischöfe der anglikanischen Gemeinschaft weltweit, womit die Bedeutung, Wertschätzung und Akzeptanz der Judenmission in der Gesamtkirche betont wurde. Präsident war während der Zwischenkriegszeit über viele Jahre der Bischof von Worchester, der zusammen mit dem Generalsekretär der Missionszentrale in 16, Lincoln's Inn Fields im West-Londoner Stadtteil Holborn die Geschäfte führte. Vgl. BLO/Dep. C.M.J., d.30/1–10. Zur Geschichte der LJS/CMJ vgl. z.B. vgl. z.B. Y. Perry, *British Mission to Jews*; ders., „Die englisch-deutsche Zusammenarbeit im Heiligen Land", in: ders./E. Petry (Hgg.), *Das Erwachen Palästinas im 19. Jahrhundert*, 31–45 sowie die älteren Werke von W. T. Gidney, *The History of the London Society for Promoting Christianity Amongst the Jews, from 1809 to 1908*, London 1908; A.L. Tibawi, *British Interests in Palestine. A Study of Religious and Educational Enterprise*, Oxford 1961; M. Raheb, *Das reformatorische Erbe*, 25–30 und B. Tuchmann, *Bibel und Schwert. Palästina und der Westen. Vom Frühen Mittelalter bis zur Balfour-Erklärung*, Frankfurt/Main 1983, 190 ff. sowie die eher populärwissenschaftlich-heilsgeschichtliche Darstellung von K. Crombie, *For the Love of Zion*.

das Interesse am Schicksal der Juden sowohl unter theologischen als auch außenpolitischen Gesichtspunkten, bildeten sie doch – neben den wenigen Protestanten – die
einzige Gruppe, für die England im Osmanischen Reich Protektionsrechte übernehmen konnte.

Den Anfang auf missionarischem Gebiet machte die LJS, die 1833 einen ersten Stützpunkt in Jerusalem eröffnet hatte. Sie profitierte von den religionspolitischen Veränderungen in der Zeit Muhammed Alis, der folgenden Tanzimat-Epoche,
der Eröffnung eines britischen Konsulats im Jahre 1834[144] und der Errichtung des
Anglo-Preußischen Bistums 1841.

In der Mitte des 19. Jahrhunderts gelang es James Finn als englischem Konsul und Samuel Gobat als anglikanischem Bischof in Jerusalem durch den Aufbau
englischer Schulen und Wohlfahrtseinrichtungen die Sympathien der einheimischen
Bevölkerung zu gewinnen.[145] Das anglikanische Engagement rief aber auch Kritik
hervor. Außenpolitisch sahen Russland und Frankreich ihre Vorrechte beim Schutz
der einheimischen Christen bedroht. Innen- beziehungsweise kirchenpolitisch kritisierten die hochkirchlichen Anglikaner, die große Sympathie für die Orthodoxie und
den Katholizismus pflegten, die Proselytenmacherei. Da in dieser Zeit die Judenmission in den Hintergrund der Arbeit des Bistums trat, sah sich Gobat Angriffen der
Evangelikalen in England ausgesetzt.[146]

Finn dagegen intensivierte die politische Protektion der Juden, was zu Auseinandersetzungen mit Bischof Gobat, aber auch Dr. Edward MacGrowan, dem Leiter der
London Jews Society, führte. Da MacGrowan sowohl zu Gobat als auch zur CMS ein
spannungsreiches Verhältnis besaß, spaltete sich die kleine englisch-anglikanische
Gemeinschaft in drei Gruppen.[147]

Nach 1880 änderte sich die britische Orientpolitik im Kontext des imperialen
scramble of Africa. Frankreich hatte nach der Okkupation Algiers 1830 seine nord-
afrikanische Einflusssphäre zunehmend ausgebaut, 1881 Tunesien besetzt, dem 1912
das nördliche Marokko als Protektorat folgte. Italien und Spanien erhoben Ansprüche auf den Norden des schwarzen Kontinents. Sie erhielten Tripolitanien und Cyre-
naika respektive Mauretanien und die Enklaven Ceuta und Melilla.

Im Konzert der Kolonialmächte wollte Großbritannien nicht nur aus imperialis-
tischem Ehrgeiz, sondern auch aus strategischen Gründen nicht zurückstehen und
verleibte sich nach Aden (1839) schließlich mit Zypern (1878) sowie mit Ägypten (1882) strategisch wichtige Territorien des Osmanischen Reiches ein. Der Berliner Kongress 1878 sanktionierte die *partition on the ground*.[148] Durch den wachsenden britischen Einfluss im Orient einerseits und einer Festigung der deutsch-
osmanischen Beziehungen andererseits veränderten sich die Konstellationen der Ori-

---

[144] Vgl. M. Vereté, „Why was a British Consulate established in Jerusalem?", in: *EHR* 85 (1970),
316–345.

[145] Vgl. V.D. Lipman, „Britain and the Holy Land: 1830–1914", in: M. Davies/Y. Ben-Arieh (Hgg.),
Eyes Toward Zion III, 195–207, hier: 199.

[146] Vgl. Y. Perry, *British Mission to the Jews*, 98–104.

[147] Vgl. V.D. Lipman, „Britain and the Holy Land: 1830–1914", 200 f.

[148] Vgl. G. Krämer, *Geschichte Palästinas*, 170.

entpolitik der europäischen Großmächte. Da sich das Deutsche Reich in dieser Phase nicht zu einer Unterstützung der beginnenden, von der Pforte missbilligten zionistischen Ansiedlungen in Palästina durchringen konnte, übernahm Großbritannien die Rolle als Protegé der Juden.

Nach der jungtürkischen Revolution von 1908 und der damit einhergehenden Turkifizierungspolitik kam das Ende des gesamten Protektionssystems, als die Pforte 1913 die Kapitulationen einseitig kündigte.[149] Diese für die christlichen und jüdischen Minderheiten sowie für das gesamte ausländische Engagement im Orient überaus delikate Situation währte aber nur bis 1918. Die Entwicklungen während und nach dem Ersten Weltkrieg brachten England schließlich mit den Mandaten über Palästina, Transjordanien und Irak den eigentlichen territorialen und politischen Zugewinn im Nahen Osten.

2.2.5 Das zionistische Siedlungsprojekt

Bis 1880 lebten in Palästina rund 25.000 Juden und 500.000 Araber. Die ins Land vor allem aus Osteuropa einwandernden Juden kamen aus religiösen Gründen und konnten ihren Lebensunterhalt vor allem dank Spenden aus der jüdischen Diaspora finanzieren. Als die antisemitische Stimmung in Russland in den 1880er Jahren in Pogrome umschlug, verließen bis 1915 rund 2,6 Millionen Juden Russisch-Polen, Weißrussland und die Ukraine. Die Mehrheit schlug den Weg Richtung Westeuropa und Amerika ein. Rund 55.000 Juden ließen sich in Palästina nieder. Die Migration nach Palästina wurde als Alijah bezeichnet, was hebräisch soviel wie Aufstieg oder Steigen bedeutet und anzeigt, dass die Einwanderung als Aufwertung der persönlich-religiösen Existenz gedeutet wurde.[150] Die erste Alijah 1882–1904 brachte 20–30.000 Juden ins Land, die zweite Alijah (1904–1914) weitere 35.000–40.000. Von den Angehörigen der ersten Alijah blieben jedoch nur rund 10.000. Sie ließen sich je zur Hälfte in den Städten oder auf dem Lande nieder, wo sie autarke Kolonien gründeten – die Kibbuzim und Moshavim. Der Rest verließ wieder – auf die schwierigen Lebensbedingungen nicht entsprechend vorbereitet – enttäuscht das Land.

Die osmanische Regierung beobachtete die jüdische Siedlungstätigkeit kritisch und verhängte schon im November 1881 ein Einwanderungsverbot für Juden, was jedoch wenig Wirkung zeigte. Die Pforte, mit zahlreichen Unabhängigkeitsbestrebungen im Vielvölkerstaat okkupiert, hatte kein Interesse an einem weiteren Minderheitenproblem. Die Bestechlichkeit und laxe Amtsführung der osmanischen Behörden in Palästina führte jedoch dazu, dass das Verbot nicht eingehalten wurde.[151] Privatleute und Siedlungsorganisationen wie der *Jüdische Nationalfonds* (*Keren Kaye-*

---

[149]   Vgl. C. Nicault, „The End of the French Religious Protectorate in Jerusalem (1918–1924)", in: *Bulletin de Centre de recherché français de Jerusalem* 4 (1999), 77–92.

[150]   Vgl. dazu z.B. die knappe Darstellung von E. Petry, „Die ,Erste Alija?. Geschichte und Wirkung der ersten großen jüdischen Einwanderung 1882–1904, in: Y. Perry/E. Petry (Hgg.), *Das Erwachen Palästinas im 19. Jahrhundert* (FS A. Carmel), Stuttgart – Berlin – Köln 2001, 91–100, hier 99, Anm.1.

[151]   Vgl. E. Petry, „Die ,Erste Alija'", 92.

ment le Israel) kauften Land auf, das keine gute Qualität besaß und damit den Erfolg des Siedlungsprojekts ebenso gefährdete wie die fehlende landwirtschaftliche Ausbildung vieler Juden.[152] Mit der zweiten Alijah begann das *programmierte Siedeln* (Ahmed Saad), das Hand in Hand ging mit einem sich verstärkenden jüdischen Nationalismus, der Weiterentwicklung und flächendeckenden Akzeptanz des Neuhebräischen als gemeinsamer Sprache und dem Ausbau des jüdischen Wirtschaftssektors und des Arbeitsmarktes in Palästina.[153] Eine Folge waren zahlreiche Auseinandersetzungen zwischen den einwandernden Kolonisten und den einheimischen Fellachen, die Angst um ihre ökonomische Existenzgrundlage hatten. Zwischen 1890 und 1914 bildete sich eine Opposition gegen die jüdische Einwanderung, bestehend aus christlichen Arabern, osmanischen Offiziellen und konservativen Muslimen. Sie schlossen sich aus Angst zusammen, die Juden könnten eines fernen Tages die Macht im Lande übernehmen. Die selbstbewusst auftretenden Siedler der zweiten und dritten Alijah bewirkten zudem eine massive Störung des fein austarierten Millet-Systems und provozierten die Muslime, die es gewohnt waren, als unangefochtene Mehrheit das Land zu dominieren. Der Zusammenstoß zweier mentalitätsgeschichtlich völlig unterschiedlicher Gruppen zeigt, dass die „roots of the Arab-Jewish conflict were thus strongly implanted in the soil of Palestine before the British conquest in 1917.“[154]

Das Eingreifen des jüdischen Finanziers und Philanthropen Edmond de Rothschild rettete schließlich die ersten jüdischen Siedlungen vor dem Niedergang. Mit seiner Hilfe entstanden in den Jahren 1882–1884 die ersten Siedlungen wie Petach Tikwa oder Rischon le-Zion.[155]

Die Pogrome in Osteuropa führten nicht allein zur Auswanderung; sie wurden auch zum Motor der *Auto-Emanicaption* – so der Titel des wegweisenden Buches aus der Feder von Leon Pinsker, einem Odessaer Arzt und Vordenker des Zionismus.[156] Pinsker sowie der Sozialist Moses Hess (1812–1875) mit seinem 1862 erschienenen Buch *Rom und Jerusalem*[157] und schließlich der Wiener Journalist Theodor Herzl mit seinem bahnbrechenden Essay *Der Judenstaat – Versuch einer modernen Lösung der Judenfrage* von 1896[158] riefen die Juden dazu auf, ihr Schicksal selbst in die Hand zu nehmen, sich als Volk und Nation neu zu konstituieren und – so der 1. Zionistische Kongress 1897 in Basel – eine politisch und rechtlich abgesicherte Heimstätte in Palästina zu schaffen.[159] Die Idee einer nationalen Wiedergeburt

---

[152] Ebd.

[153] Vgl. A. El Sayed, *Palästina in der Mandatszeit*, 52 f.

[154] B. Wasserstein, *The British in Palestine*, 7.

[155] E. Petry, „Die ‚Erste Alija‘“, 93 f.

[156] Vgl. zu Pinsker z.B. S. Avineri (Hg.), *Profile des Zionismus: Die geistigen Ursprünge des Staates Israel. 17 Porträts*, Gütersloh 1998, 93–104.

[157] Vgl. zu Hess z.B. S. Avineri (Hg.), *Profile des Zionismus*, 53–64.

[158] T. Herzl, *Der Judenstaat. Versuch einer modernen Lösung der Judenfrage.* Neudruck der Erstausgabe von 1896. Mit einem Vorwort von H. M. Broder und einem Essay von N. Wagner, Augsburg 1986 sowie S. Avineri (Hg.), *Profile des Zionismus*, 111–124.

[159] Vgl. z.B. M. Brenner, *Geschichte des Zionismus*, München 2002; E.W. Stegemann (Hg.), *Hundert Jahre Zionismus. Von der Verwirklichung einer Vision*, Stuttgart – Berlin – Köln 2000; H. Haumann

im Lande der Väter wurde also „*vor* dem Hintergrund des modernen Antisemitis-mus" [160] und dem in vielen Teilen Europas emporsteigenden Nationalismus entwi-ckelt. Im Kern war der Zionismus eine säkulare politische Nationalbewegung, die darauf zielte, dass Juden selbstbestimmt leben konnten, nicht länger in einer histo-rischen Opferrolle verharrten, sondern selbst zu Gestaltern der Geschichte wurden. Damit akzeptierte der Zionismus in gewisser Weise die Vorgaben des Antisemitis-mus, dass Juden und Nicht-Juden nicht miteinander in einer Gesellschaft leben konn-ten, weshalb die Assimilation der jüdischen Bevölkerungsminderheit an die christ-liche Bevölkerungsmehrheit abgelehnt wurde. So erschien die einzige Lösung des Problems die Schaffung einer unabhängigen, jüdischen politisch-nationalen staatli-chen Einheit zu sein. [161]

Die zionistischen Ideen erhielten ein unterschiedliches Echo. Die Mehrheit des deutschen Judentums, das an einer Assimilation interessiert war, stand dem Zionis-mus über Jahrzehnte reserviert gegenüber. Die orthodoxen Juden lehnten den Zio-nismus aus religiösen Gründen ab. Für sie konnte die Rückkehr ins Land der Väter nur durch den kommenden Messias Gottes geschehen, weshalb sie menschliche Ak-tivitäten auf diesem Gebiet ablehnten.

Dagegen fand er in Osteuropa viele Anhänger, die das Gros der Einwanderer aus-machten. Gleichwohl waren nicht alle jüdischen Einwanderer auch Zionisten. Be-sonders die Angehörigen der ersten Alijah kamen zumeist ohne politische Motivati-on, schlicht aus Angst vor Verfolgung und aus sozio-ökonomischen Gründen. Dage-gen verstanden sich die Angehörigen der zweiten und dritten Alijah (1904/05–1914 beziehungsweise 1918/19–1923) als die eigentliche Gründergeneration mit zionisti-scher Motivation. [162] So entstand der *neue Yishuv* in Palästina.

2.3 Theologische Motive für die Mission und die Koloniegründungen im Heiligen Land

2.3.1 Die Rückkehr Jerusalems in die protestantische Mentalitätsgeschichte

Jerusalem ist im Protestantismus – trotz seiner Bedeutung für die biblische Überlie-ferung – ein gedächtnisgeschichtlich junges Phänomen. [163] Die Reformation lehnte

---

(Hg.), *Der Erste Zionistenkongress von 1897 – Ursachen, Bedeutung, Aktualität*, Basel 1997; H. Meier-Cronemeyer, *Kleine Geschichte des Zionismus. Von den Anfängen bis zum Jahr 1948*, Ber-lin 1980; N.G. Levin (Hg.), *The Zionist Movement in Palestine and World Politics, 1880–1918*, Lexington – Toronto – London 1974.

[160] So G. Krämer, *Geschichte Palästinas*, 125 (Hervorhebung im Text).

[161] Vgl. auch B. Wasserstein, *The British in Palestine*, 239 f.: „Zionism was not merely a philantropic trust, nor merely a land purchase and settlement agency, nor merely a focus for cultural renaissance. Beyond all that, its essence was political: the transformation of the Jews from the creatures to creators of their history."

[162] Ebd., 133 und E. Petry, „Die ‚Erste Alija'", 96.

[163] Vgl. G. Mehnert, „Jerusalem als religiöses Phänomen in neuerer Zeit", in: G. Müller/W. Zel-ler (Hgg.), *Glaube, Geist, Geschichte* (FS E. Benz), Leiden 1967, 160–174 sowie die knappe, nicht wissenschaftlich editierte Textsammlung von U. Becker/U. Bohn/P. Löffler/P. von der Osten-

die Verehrung von Reliquien, Personen und heiligen Stätten ab. Das himmlische Jerusalem interessierte mehr als das irdische, Golgatha wurde im Abendmahl lebendig: Was brauchte man sich da noch um die Grabeskirche und die Via Dolorosa zu kümmern, zumal der Weg in den Orient weit, die Begegnung mit den Muselmanen gefährlich war und die Kirchen des Ostens aufgrund unbiblischer Riten abschätzig betrachtet wurden. Auf diese Weise verabschiedeten Lutheraner und Calvinisten die altkirchliche und mittelalterliche Jerusalem-Tradition – die Heilige Stadt blieb lediglich als Negativ-Image erhalten. Als *civitas perfida* war Jerusalem – wie Luther in zwei Predigten über Lukas 19,41ff. ausführte – die Stadt, die das Heil verworfen hatte und zum warnenden Beispiel für Deutschland wurde.[164] In diesem „conceptual frame, Jerusalem and the Holy Land had no relevance as geographic entities", wie Erich Geldbach es ausgedrückt hat.[165]

Daß Jerusalem im 19. Jahrhundert erneute ein wichtige Rolle für den Protestantismus zurückerlangte, geht auf zwei frömmigkeitstheologische Motivationslinien zurück:[166] Auf die Idee der *Restoration of the Jews* und die Vorstellung eines *friedlichen Kreuzzuges*.[167] Beide müssen im Kontext einer chiliastischen Weltsicht verstanden werden, wie sie für den Puritanismus[168], den Pietismus und die Erweckungsbewegung des 19. und frühen 20. Jahrhunderts bestimmend war.

Diese Konzepte waren zunächst die religiösen Triebfedern für die Mission und die Gründung des Anglo-Preußischen Bistums in Jerusalem, strahlten wirkungsgeschichtlich aber noch bis in die Zwischenkriegszeit aus. Solche mentalitätsgeschicht-

---

Sacken (Hgg.), *Jerusalem – Symbol und Wirklichkeit. Materialien zu einer Stadt*, Berlin ³1992. Zur Gedächtnisgeschichte vgl. J. Assmann, *Das kulturelle Gedächtnis. Schrift, Erinnerung und politische Identität in frühen Hochkulturen*, München ²1999.

[164] Vgl. G. Mehnert, „Jerusalem als religiöses Phänomen", 165.

[165] Vgl. E. Geldbach, „The German Protestant Network in the Holy Land", 150.

[166] Trotz aller historischen Differenzen wird für die protestantische Palästinamission des 19. und 20. Jahrhunderts auf die von Berndt Hamm für die Erforschung des Spätmittelalters beziehungsweise der Reformation entwickelte Kategorie der Frömmigkeitstheologie zurückgegriffen. Hamm bezeichnet mit diesem Begriff die Formen religiöser Artikulation, die weniger an akademischen Auseinandersetzungen als am geistlichen Nutzen des Glaubens im Alltag interessiert waren und sich auf Seelsorge, Predigt, ethische Lebensgestaltung konzentrierten (Vgl. B. Hamm, „Frömmigkeit als Gegenstand theologie-geschichtlicher Forschung. Methodisch-historische Überlegungen am Beispiel von Spätmittelalter und Reformation", in: *ZThK* 74 (1977), 464–497). Dieser Ansatz soll dahingehend erweitert werden, dass die Frömmigkeitstheologie nicht nur für das Individuum bedeutsam wurde, sondern – wie sich im Kontext des von der Erweckungsbewegung maßgeblich inspirierten protestantischen Palästina-Engagements zeigen lässt – auch eminente gesellschaftliche und politische Wirkungen mit sich brachte. Im Zentrum der frömmigkeitstheologischen Ausrichtung der Erweckungsbewegung standen die persönliche Bekehrung, ein starker Bezug zur Bibel und die Reform der verfassten Kirchen.

[167] Vgl. z.B. A. Schölch, *Palästina im Umbruch,* 60–68; H. Gründer, *Welteroberung und Christentum*, 345–367; S. Hanselmann, *Deutsche Evangelische Palästinamission*, 15–27; M. Lückhoff, *Anglikaner und Protestanten*, 42–49.

[168] Vgl. F. Kobler, *The Vision Was There: A History of the British Movement for the Restoration of the Jews to Palestine*, London 1956; M. Verété, „The Restoration of the Jews in English Protestant Thought, 1790–1840", in: *MES* 9 (1973), 2–50 und B. Tuchman, *Bibel und Schwert. Palästina und der Westen. Vom Frühen Mittelalter bis zur Balfour-Erklärung*, Frankfurt/Main 1983. Vgl. auch die zusammenfassenden Ausführungen bei A. Schölch, *Palästina im Umbruch*, 60–68.

lichen beziehungsweise frömmigkeitsgeschichtlichen Faktoren führten dazu, dass die Palästinamission sehr viel stärker von emotionalen Motiven geprägt war als andere Zweige der Weltmission.[169]

2.3.2 Restoration of the Jews

Die *Restoration*-Idee beruhte auf biblischen Motiven und bezog sich vor allem auf endzeitliche Aussagen, wonach die Sammlung der Juden in der Diaspora, ihre Rückführung ins Heilige Land, ihre Errettung (Jesaja 59,20; Jeremia 31,33) und schließlich ihre Bekehrung der Wiederkehr Christi vorausgehen (Römer 9–11; Offenbarung 20–21). Auf diese Weise sollte sich für die *christlichen Zionisten*[170] der göttliche Heilsplan erfüllen – entsprechend deuteten sie die politischen Ereignisse ihrer Zeit. Ein Ziel der britischen Evangelikalen bestand deshalb darin, ein judenchristliches Bistum in Jerusalem zu errichten, ohne dass es allerdings jemals zu der damit erhofften Massenbekehrung der Juden zum Christentum kam.[171]

Im letzten Drittel des 19. Jahrhunderts wurde die *Restoration*-Vorstellung immer stärker mit imperialistischen Ideen verbunden und so säkularisiert, wodurch sie politisch kompatibel wurde - wie sich auch an der Balfour-Erklärung von 1917 ablesen lässt. In England zirkulierten Ende des 19. Jahrhunderts unterschiedliche Vorschläge, die von einem britischen Protektorat zur Rückführung der Juden und der strategischen Bindung des Heiligen Landes an das britische Empire bis zur einer Art *East India Company* für Palästina reichten. Allen Konzepten dieser christlichen Zionisten gemeinsam ist die Ignoranz gegenüber den Rechten der Araber.[172] Auffallend ist, dass sowohl die religiöse als auch die säkularisierte Variante der *Restoration*-Idee vor allem die Frömmigkeitstheologie der anglikanischen *Low Church* nachhaltig prägte, der sich nach 1920 auch zahlreiche britische Politiker sowie einige Mandatsbeamte in Jerusalem zugehörig fühlten.[173] Zwar war die *Restoration*-Idee vor allem im angelsächsischen Protestantismus verwurzelt. Sie strahlte aber auch auf Deutschland aus. Dafür sorgte die Erweckungsbewegung, ohne die die Entstehung der deutschen evangelischen Palästinamission nicht möglich gewesen wäre.[174]

---

[169] Vgl. S. Hanselmann, *Deutsche Evangelische Palästinamission*, 14 f.

[170] Eine kurze Einführung in die Thematik bietet A. Carmel, „Christlicher Zionismus" im 19. Jahrhundert – einige Bemerkungen, in: E.W. Stegemann (Hg.), *100 Jahre Zionismus. Von der Verwirklichung einer Vision*, Stuttgart – Berlin – Köln 2000, 127–135.Vgl. auch Vgl. P.C. Merkley, *The Politics of Christian Zionism 1891–1948*, London – Portland 1998.

[171] Vgl. W. Oehler, *Geschichte der Deutschen Evangelischen Mission*. Bd. 1, 381 und P.C. Merkley, *The Politics of Christian Zionism 1891–1948*, bes. 37–43.

[172] Vgl. A. Schölch, *Palästina im Umbruch*, 63.

[173] Aus der beschriebenen religiösen Überzeugung heraus entwickelte sich auf politischem Gebiet eine pro-zionistische Haltung, deren bekanntester Exponent Wyndham H. Deeds (1883–1956) war. Er wirkte von 1920 bis 1923 als *Civil Secretary* der Mandatsregierung in Jerusalem. Vgl. z.B. B. Wasserstein, *Wyndham Deeds in Palestine*, London 1973 oder die biographische Skizze in: ders., *The British in Palestine*, 246.

[174] Vgl. S. Hanselmann, *Deutsche Evangelische Palästinamission*, 13.

2.3.3 Der friedliche Kreuzzug

Die Vorstellung eines *friedlichen Kreuzzuges* nach Palästina, in der mittelalterliche und neuzeitliche Kreuzzugsgedanken zusammenflossen, besaß zunächst für den Katholizismus eine mentalitätsgeschichtliche Prägekraft, beeinflusste aber auch die Erweckungsbewegung.[175]

Während auf katholischer Seite ein spiritualisiertes *Militia Christi*-Motiv dominierte, rezipierte die Erweckungsbewegung Pilger- und Kreuzzugsvorstellungen, ohne allerdings den Verdienstgedanken aufzunehmen. Die Erweckten wollten weniger das Land als die Menschen des Heiligen Landes erobern und heiligen, sie zum Glauben an Jesus Christus führen. Die erweckten Christen waren sich allerdings bewusst, dass dieses Ziel in weiter Ferne lag. Deshalb meinten sie, dass die westliche Christenheit eine *Dankschuld* gegenüber dem Land der Bibel abzuleisten habe und verpflichtet sei, das Land mit Hilfe eines friedlichen Kreuzzuges zu modernisieren.[176] Dies sollte schrittweise durch die religiöse, kulturelle und wohltätige Penetration des Landes geschehen.

Der Gedanke eines *friedlichen Kreuzzuges* konnte sich ab den 1860er Jahren mit der Idee christlicher Kolonien verbinden, die ebenfalls einen infrastrukturtechnischen Beitrag zur Rückgewinnung des Heiligen Landes für das Christentum leisteten.[177] Auffälligerweise gingen die Protagonisten dieser Idee – ähnlich wie später die ersten Zionisten – davon aus, dass Palästina quasi unbewohnt war. Dass es eine arabische Bevölkerung gab, wurde auch in diesem Falle ausgeblendet. Sie spielten in den Planungen nur dann eine Rolle, wenn es um die Rekrutierung von Landarbeitern für die europäischen Kolonieprojekte ging.

Trotz aller im Einzelfall idealistischen Motive kam es allerdings nie zu einem multinationalen Engagement für die Wiedergewinnung des Landes. Vielmehr verband sich mit dieser *pénétration pacifique* ein unglaublich starker Impuls für den konfessionellen und nationalen Wettbewerb um die Vorherrschaft an den Heiligen Stätten. Nach dem Ende des Krimkriegs und dem Beginn des organisierten Pilgertourismus gewann die friedliche Kreuzzugsidee an Gewicht. Die Geschichte der Kreuzzüge wurde dafür positiv gedeutet. Sie waren das anspornende Vorbild für das, was das Christentum vermag, wenn es von einer theologischen Sendungsidee geleitet wird.[178] Besonders französische Pilgergruppen verstanden sich als neue Kreuzfahrer, reisten mit rotem Kreuz auf Brust und Schulter durch Palästina, trugen Fahnen mit der bourbonischen Lilie und der Aufschrift *Dieu le veut* mit sich.[179] Selbst die württembergischen Templer wurden von dieser Vorstellungswelt gefangengenommen und forderten Anfang der 1880er Jahre von der Reichsregierung, das Werk

---

[175] Vgl. A. Schölch, *Palästina im Umbruch*, 64 und S. Hanselmann, *Deutsche Evangelische Palästinamission*, 15–27.

[176] Vgl. S. Hanselmann, *Deutsche Evangelische Palästinamission*, 20 f.

[177] Vgl. A. Schölch, *Palästina im Umbruch*, 68–73.

[178] Vgl. die einschlägigen positiven Zitate bei A. Schölch, *Palästina im Umbruch*, 65.

[179] Vgl. B. Lamure, „Les pèlerinages français en Palestine au XIXe siècle: croisade catholique et patriotique", in: D. Trimbur (Hg.), *Europäer in der Levante*, 107–122.

Friedrich Barbarossas in Palästina zu vollenden.[180] Auch andere chiliastische protestantische Gemeinschaften wurden in diesem geistigen Klima ins Heilige Land gelockt – wie die amerikanisch-schwedischen *Spaffords*, die in der American Colony in Jerusalem ihre Heimat fanden und in Selma Lagerlöfs zweibändigen Roman *Jerusalem*[181] verewigt wurden.

Auf deutscher Seite erreichte die Kreuzzugsidee mit der Orientfahrt Wilhelms II. ihren Höhepunkt. Danach verblasste sie. In der Politik des frühen 20. Jahrhunderts spielte sie praktisch keine Rolle mehr.[182] Im Grunde – und diese Einsicht ist für die Behandlung der Mandatszeit von Bedeutung – war mit dem Zusammenbruch des Osmanischen Reichs nicht nur die *Orientalische Frage* erledigt, sondern auch eine idealisierende, religiöse Sicht des Heiligen Landes partiell aufgehoben. Mit der Eroberung Jerusalems durch das christlich geprägte England dominierten für kurze Zeit noch einmal euphorische religiöse Deutungen die kirchliche Öffentlichkeit. Danach gewann die Realpolitik die Deutungshoheit. Dass das heilsgeschichtliche Politikverständnis in der Zwischenkriegszeit dennoch weiterwirkte, wird unten näher ausgeführt.

2.3.4 Deutung der theologischen Motivlagen: Jerusalem-Mentalität

Da die Rückkehr des Heiligen Landes in die Gedächtnisgeschichte der europäischen Kirchen eine mentalitätsgeschichtliche Tiefwirkung entfaltete, könnte man meines Erachtens auch von einer sich im 19. und 20. Jahrhundert entwickelnden Jerusalem-Mentalität sprechen.

Frank-Michael Kuhlemann plädiert im Blick auf die Mentalitätsgeschichte für ein Modell konzentrischer, zugleich aber durchlässiger Kreise. Der innerste Kreis bildet den Kernbestand der Mentalität, dem zusätzliche Kreise mit weiteren Mentalitätsinhalten angelagert sind.[183] Mit wachsender Entfernung vom Zentrum nimmt die Bindekraft der Kernmentalität ab, was zu Überschneidungen mit anderen Mentalitäten und zu Deformierungen der ursprünglichen Mentalität führt. Die Überlappung mit anderen Mentalitäten ist so lange ungefährlich wie der Kernbestand unberührt bleibt.

Dieses Modell der konzentrischen Kreise ist methodisch vorteilhaft, weil bei einer *Mentalitätsanalyse* nach über- und untergeordneten Faktoren des Denkens und Verhaltens gefragt werden kann. Kuhlemann macht dies an der Verbindung von Protestantismus und Nationalismus deutlich: Diese Verbindung gehörte im 18. Jahrhundert noch an die Ränder, näherte sich aber im 19. Jahrhundert zunehmend dem Kern

---

[180]   Vgl. A. Carmel, *Die Siedlungen der württembergischen Templer*, 94.
[181]   Vgl. S. Lagerlöf, *Jerusalem*. Roman. Aus dem Schwedischen von P. Klaiber-Gottschau und S. Angermann. Mit einem Geleitwort von I. Seidel, München 2001. Vgl. H. Dudman/R. Kark, *The American Colony. Scence from a Jerusalem Saga*, Jerusalem 1998 sowie R. Kark/Y.Ariel, *Messianism, Holiness, Charisma, and Community*.
[182]   Vgl. A. Schölch, *Umbruch in Palästina*, 68.
[183]   Vgl. F.-M. Kuhlemann, „Mentalitätsgeschichte. Theoretische und methodische Überlegungen am Beispiel der Religion im 19. und 20. Jahrhundert", in: W. Hardtwig/H.-U. Wehler (Hgg.), *Kulturgeschichte heute*, 182–211, hier: 196.

der protestantischen Mentalität, ehe es im Ersten Weltkrieg zu einer Verschmelzung beider Elemente kam.

Im Modell der konzentrischen Kreise soll die Jerusalem-Mentalität weder dem Kern noch der Peripherie, sondern einer mittleren Position zugeordnet werden. Für die Nähe zum Zentrum spricht, dass in der zunächst biblisch-eschatologisch, religionspolitisch-kulturell begründeten Begeisterung für Jerusalem Glaubensüberzeugungen, religiös codierte Zukunftsperspektiven und national-religiöse Grundhaltungen zum Tragen kamen. Besondere Bedeutung für den Glauben gewann Palästina als Land der Bibel beziehungsweise Jerusalem als Ort des Lebens und Leidens Jesu Christi. Auf dem Gebiet der Mission, des sozialen und pädagogischen Engagements, aber auch auf religionspolitischem Gebiet – im Sinne der Repräsentation des deutschen Protestantismus im Heiligen Lande – führte dies zu konkreten Handlungsoptionen. So entwickelte sich ein intensiver kultureller und religiöser Austausch zwischen dem Heiligen Land und seinen Anhängern in der Heimat, was wiederum den konfessionellen Mentalitätskern beeinflusste.

Paradigmatisch für die nicht zuletzt durch die Romantik beeinflusste, heilsgeschichtliche Überhöhung des Heiligen Landes mag ein Zitat aus der Feder Ludwig Schnellers stehen, der vom Ende des 19. Jahrhunderts bis zur Mitte des 20. Jahrhunderts der einflussreichste Palästina-Publizist des deutschen Protestantismus gewesen ist: „Kein Land der Erde wird so in allen Teilen der Welt von Millionen geliebt, als ob es ihre zweite Heimat wäre, wie Palästina. Dorthin führt uns ja selbst jedes Bibellesen, dort war der Schauplatz der Offenbarungen Gottes, dort ist Jesus für uns am Kreuz gestorben. Die Herren des Heiligen Landes haben seit der Zeit Jesu unzählige Male gewechselt, die Liebe der Christenheit ist aber unter allen äußeren Bedingungen geblieben und wird immer bleiben."[184]

2.3.5 Die Entstehung der Palästina-Mission in Deutschland

Geographisch lassen sich drei Ursprungsorte der Palästinamission ausmachen, die mit drei Zentren der deutschen beziehungsweise schweizerischen Erweckungsbewegung verbunden sind, die ab 1820 mit der Gründung einiger bedeutender Vereinigungen zur Propagierung des wahren Christentums ihren Ursprung nahmen. Dabei spielte der Generationenkonflikt mit den bisher dominierenden kirchlichen Eliten ebenso eine Rolle wie die Ablehnung einer von der aufgeklärten oder idealistischen Philosophie beeinflussten Theologie.

Das wichtigste Zentrum bildete das *fromme Basel* (Thomas K. Kuhn). Dort rief die *Deutsche Christentumsgesellschaft* 1840 die erste deutschsprachige missionarische Initiative für Palästina und den Orient ins Leben, die auf ganz Süddeutschland ausstrahlte und aus der das Syrische Waisenhaus erwuchs.

Das zweite Zentrum war der Niederrhein mit seiner reformierten Form des Pietismus. Die von Theodor Fliedner in Kaiserswerth ins Leben gerufene weibliche Diakonie gehörte zu den ersten Organisationen, die in Jerusalem und Bethlehem, aber

---

[184] L. Schneller, *Das Syrische Waisenhaus in Jerusalem. Seine Entstehung und seine Geschichte*, Köln 1927, 3.

auch in Alexandrien, Beirut und Konstantinopel sozial-missionarisch tätig wurden. 1850 erfolgte die erste Entsendung von Kaiserswerther Schwestern nach Jerusalem.

Drittens wurde Berlin, wo die Erweckungsbewegung auch am Hofe einzog, zu einem dritten Zentrum der Palästinamission. Hier gründete der Hofprediger Friedrich Adolf Strauss den Jerusalemsverein (JV), hier besiegelte Friedrich Wilhelm IV. die Pläne zur Errichtung eines Anglo-Preußischen Bistums. Nach S. Hanselmann sind die „große Weltoffenheit" und das öffentliche, gesellschaftliche Engagement die differenzierenden Kennzeichen der Erweckungsbewegung norddeutsch-preußischer Prägung.[185]

F.A. Strauss war davon überzeugt, „dass die biblischen Verheißungen vom zukünftigen Glanze Jerusalems auch auf das irdische Zion zu beziehen seien"[186], beließ es aber nicht dabei, als Reiseschriftsteller zu wirken, sondern förderte den Wiederaufbau der Davidsstadt im Sinne eines friedlichen Kreuzzuges nach Kräften. Mit dem Slogan *Lasst euch Jerusalem im Herzen sein!* (Jeremia 51,50) rief er am 21. Januar 1847 – am selben Tage des Jahres 1842 hatte der erste protestantische Bischof Michael Salomon Alexander sein Amt in Jerusalem angetreten – eine jährliche *Jerusalemsfeier* in Berlin ins Leben. Daraus erwuchs der Jerusalemsverein, der auf Initiative prominenter Berliner Protestanten und mit dem Plazet des preußischen Hofes am 21. Januar 1853 im Berliner Dom gegründet wurde.[187] Hauptzweck des Vereins war die finanzielle und ideelle Förderung der entstehenden protestantischen Einrichtungen in Jerusalem. Vorsitzender wurde der dritte Hofprediger, Ludwig Friedrich Wilhelm Hoffmann (1806–1873), Sohn eines der führenden württembergischen Pietisten und Gründer Korntals, Gottlieb Wilhelm Hoffmann (1771–1846) und Stiefbruder Christoph Hoffmanns (1815–1885), dem späteren Gründer der Tempelgesellschaft. Der neue Verein versuchte – wie F. Foerster betont, „eine typische preußisch-evangelische Einrichtung"[188] – Kontakte zu Palästina-Freunden im württembergischen Pietismus zu knüpfen, während Strauss in Verbindung mit Christian Friedrich Spittlers (1782–1867) Baseler Christentumsgesellschaft stand. Nach und nach bildeten sich vor allem in Preußen kleine Jerusalems-Ortsvereine, die sich dem Berliner Hauptverein anschlossen. So setzte die Jerusalem-Mentalität also Vergemeinschaftungsprozesse im preußischen Protestantismus in Gang.[189]

Anfangs war das Interesse an Jerusalem allerdings begrenzt[190] und die Mitgliederzahl der Hilfsvereine – denen Thomas Mann in den Buddenbrooks mit der Beschreibung eines *Jerusalemabends bei der Frau Konsulin* ein literarisches Denkmal

---

[185]　S. Hanselmann, *Deutsche Evangelische Palästinamission*, 14.

[186]　F. Foerster, „Berlin und Jerusalem", 88.

[187]　Vgl. F. Foerster, *Mission im Heiligen Land*, 42–64.

[188]　F. Foerster, „Berlin und Jerusalem", 91.

[189]　Ebd., 93. Bis 1893 entstanden vierzig solcher Hilfs- und Zweigvereine. In Berlin bildeten sich ein *Jungfrauenverein für Jerusalem*, ein *Frauen-Nähverein*, ein *Tabeaverein junger Mädchen* und ein *Sonntagsverein weiblicher Dienstboten*, an anderen Orten wurden *Nähvereine für Bethlehem* oder *Frauenvereine für die Diakonissenhäuser im Orient* gegründet. Die Vereine wurden von den jeweiligen Ortspfarrern oder den Pfarrfrauen geleitet, die sich darum bemühten, Geld und Kleidung für Jerusalem zu sammeln.

[190]　Ebd., 94.

gesetzt hat[191] – blieb überschaubar. Das änderte sich nach der Kaiserreise 1898. Hatte der Verein im Jahre 1896 nur 940 Mitglieder, waren es Anfang 1898 schon 2440. Ende 1898 versammelten sich im gesamten Reichsgebiet in 20 Zweigvereinen 5.200 Mitglieder. Diese Entwicklung erreichte 1914 mit 19.096 Mitgliedern ihren Höhepunkt.[192] Das JV-Budget lag 1914 bei 166.000 Reichsmark. Erstaunlicherweise konnte der Verein dieses Niveau bis 1923 mit rund 15.000 Mitgliedern halten. Doch das Inflationsjahr 1923 hinterließ beim JV tiefe Spuren. Von 1923 auf 1924 verlor er auf einen Schlag 12.000 Mitglieder. Dank einer intensiven Mitgliederwerbung gelang es, bis 1928 den Mitgliederstock wieder auf 5.000 anzuheben.

Dass die Landeskirchen jährlich die Weihnachtskollekte – in der anglikanischen Kirche waren es die *Good Friday-Collections* – der Palästinamission zur Verfügung stellten, zeigt die Wertigkeit der Jerusalem-Mentalität im deutschen Protestantismus und die Verbindung von Kirche und Mission. In der Weihnachtskollekte kamen jährlich zwischen 60.000 und 80.000 Reichsmark zusammen. Die Vielzahl der Palästina-Organisationen war sicher ein Grund dafür, dass eine wachsende Zahl protestantischer Gläubiger dem Jerusalem-Milieu zuneigte und es gelang, die theologischen ‚Ekelschranken‘ zwischen liberalen Kulturprotestanten, die sich wissenschaftlich oder in den Missionen für Palästina engagierten, und erweckten Pietisten zu überbrücken.[193]

Die dezidiert kirchliche Richtung der Jerusalem-Mentalität begründete in Preußen der Berliner Pfarrer Friedrich Adolf Strauss mit seiner Reisebeschreibung *Sinai und Golgatha*.[194] Der spätere Potsdamer Hofprediger hatte auf einer Orientreise seine Lebensaufgabe darin gefunden, seinen Zeitgenossen die besondere Bedeutung des Heiligen Landes zu verdeutlichen – und zwar sowohl heilsgeschichtlich-historisch-biblisch als auch visionär-eschatologisch. In *Sinai und Golgatha* fanden der Geist der Romantik und der Erweckungsbewegung und „ein neues Interesse an Jerusalem und dem Land der Bibel" zusammen.[195] Strauss ließ durch seine Reisebeschreibungen nicht-auswanderungsfreudige, preußische Christen, die ebenfalls die Wiederkunft Christi herbeisehnten, auf eine mentale Reise ins Land der Bibel gehen und sie an

---

[191] Vgl. das 5. Kapitel, 5. Teil von Th. Manns, *Die Buddenbrooks. Verfall einer Familie*, Berlin 1901 sowie K. Gruhn, „Die Jerusalemabende der Frau Konsulin", in: *ILB* 4/29 (1984), 12–15.

[192] Vgl. die Statistik bei F. Foerster, *Mission im Heiligen Land*, 222.

[193] Vgl. zur Abgrenzung von liberalen und erweckten Protestanten z.B. G. Hübinger, *Kulturprotestantismus und Politik. Zum Verhältnis von Liberalismus und Protestantismus im wilhelminischen Deutschland*, Tübingen 1994 sowie ders., „Kulturprotestantismus, Bürgerkirche und liberaler Revisionismus im wilhelminischen Deutschland", in: Wolfgang Schieder (Hg.), *Religion und Gesellschaft im 19. Jahrhundert*, Stuttgart 1993, 272–299.

[194] Vgl. F.A. Strauss, *Sinai und Golgatha. Reise in das Morgenland*, Berlin 1847. Dazu: F. Foerster, „The Journey of Friedrich Adolph Strauss to the Holy Land and the beginnings of German missions in the Middle East", in: M. Marten/M. Tamcke (Hgg.), *Christian Witness Between Continuity and New Beginnings. Modern historical mission the Middle East*, Berlin – Münster 2006, 125–132.

[195] Vgl. F. Foerster, „Das evangelische Bistum in Jerusalem und die Anfänge des Jerusalems-Vereins zu Berlin. Zum 175. Geburtstag von Friedrich Adolf Strauß", in: *Berlin in Geschichte und Gegenwart. Jahrbuch des Landesarchivs Berlin* 1992, 83–99, hier: 83 sowie ders., „Sinai und Golgatha – Die Heilsgeschichte als religiöses Erlebnis und die Gründung des Jerusalemsvereins durch Friedrich Adolf Strauss", in: A. Nothnagle/H.-J. Abromeit/F. Foerster (Hgg.), *Seht, wir gehen hinauf nach Jerusalem*, 169–184.

seinen religiösen Erlebnissen partizipieren. Strauss selbst hatte auf seiner Orientfahrt eine „fortgehende Erfahrung der Wahrheit des göttlichen Wortes" erlebt und aus der unmittelbaren Anschauung der „geweihtesten Orte der Erde" einen tiefen inneren „Gewinn" gezogen[196]. Dass sein Buch innerhalb von vier Jahrzehnten elf Auflagen erreichte, zeigt, dass Strauss einem Bedürfnis seiner Leser entgegenkam. Das gilt auch für zahlreiche andere Reiseberichte und die zum Teil ausführlichen landes-kundlichen Beschreibungen in den Publikationen der Palästina-Missionen wie dem *Boten aus Zion* des Syrischen Waisenhauses, den *Neuesten Nachrichten aus dem Morgenlande* des Jerusalemsvereins oder der *Palästina*-Zeitschrift der Karmelmis-sion.[197] Mit diesen Publikationen entstanden Kommunikationsräume, in denen die Jerusalem-Mentalität tradiert wurde.

2.3.6 Die Siedlungen der württembergischen Tempelgesellschaft

Eine der religiösen Gruppen, die für den Wiederaufbau Palästinas im 19. Jahrhundert eine bemerkenswerte Leistung erbrachte,[198] waren die württembergischen Templer, deren Geschichte für die Entwicklungen in der palästinadeutschen Diaspora im 19. und 20. Jahrhundert bedeutsam ist. Die Templer – nicht zu verwechseln mit dem mit-telalterlichen Kreuzzugsorden – waren die größte christliche deutsche, ja sogar euro-päische Gruppe im Land, die jedoch keine missionarischen Ambitionen hegte. Ihre Entstehung speist sich aus etwas anderen Quellen als die der kirchlichen Palästina-Mission, ist jedoch ebenfalls nur durch den Bezug zu Pietismus und Erweckung zu verstehen.

Für das evangelische Engagement der Mandatszeit spielen die Templer eine be-deutsame Nebenrolle. Als Angehörige einer Freikirche mit eigenwilligen theologi-

---

[196] Vgl. F.A. Strauss, *Sinai und Golgatha*, I und IV.

[197] Vgl. P. Gradewitz (Hg.), *Das Heilige Land in Augenzeugenberichten. Aus Reiseberichten deutscher Pilger, Kaufleute und Abenteurer vom 10. bis zum 19. Jahrhundert*, München 1984. Vgl. *Der Bote aus Zion. Mitteilungen aus dem Syrischen Waisenhaus Jerusalem* 1 (1885) – 54 (1938). 63 (1948) - 84 (1969); *Neueste Nachrichten aus dem Morgenlande. Vereinsschrift des Jerusalems-Vereins* 1 (1857) - 85 (1941); *Palästina. Mitteilungen der Ev. Karmelmission* Nr. 1.1912/13–28.1940, N.F. 38.1949–65.1977.

[198] Vgl. z.B. R. Kark/N. Thalmann, „Technological Innovation in Palestine: The Role of the German Templers", in: H. Goren (Hg.), *Germany in the Middle East. Past, Present and Future,* Jerusalem 2003, 201–224; dies., „Land Purchase and Registration by German-American Templers in Nine-teenth Century Haifa", in: *International Journal of Turkish Studies* 5 (1990/91), 71–82; A. Carmel, *Die Siedlungen der württembergischen Templer*; ders., *Geschichte Haifas in der türkischen Zeit 1516–1918*, Wiesbaden 1975; ders., „The German Settlers in Palestine and Their Relation with the Local Arab Population and the Jewish Community 1868–1918", in: M. Ma'oz (Hg.), *Studies on Palestine during the Ottoman Period*, Jerusalem 1975, 442–465; ders., „The Political Significance of German Settlement in Palestine 1868–1918"; Y. Ben-Artzi, *Mi-Germanyah le-Erets ha-kodesh: hityashunt ha-Templerim be-Erets Yisra'el*, Jerusalem 1996; Gebietsleitung der Tempelgesellschaft in Deutschland (Hg.), *Damals in Palästina. Templer erzählen vom Leben in ihren Gemeinden*, Stuttgart 1990; H. Goren, „Erste Siedlungsversuche der deutschen Templer in der Jesreel-Ebene im 19. Jahrhundert", in: *JbDEI* 1 (1989), 100–130; P. Sauer, *Uns rief das Heilige Land. Die Tem-pelgesellschaft im Wandel der Zeit*, Stuttgart 1985; H. Seibt, *Moderne Kolonisation in Palästina*, I. Teil: Die Kolonisation der Templer, Jerusalem 1933; II. Teil: Die Kolonisation der Zionisten, Stuttgart-Degerloch 1933.

schen Grundsätzen besaßen die Templer ein nicht spannungsloses Verhältnis zu den kirchlichen Einrichtungen, konnten aber als größte deutsche Gruppe die Diasporapolitik maßgeblich beeinflussen.

Chiliasmus und Kampf gegen den theologischen Liberalismus

Der Glaube der Templer speiste sich aus unterschiedlichen Quellen. Chiliastische Motive und eine Sehnsucht nach Jerusalem spielten ebenso eine Rolle wie die Kritik am Einzug des Liberalismus in Theologie und Kirche.

Württemberg befand sich vor rund 200 Jahren in einer Umbruchphase. Die Zeit der napoleonischen Umwälzungen veränderte die politischen und wirtschaftlichen Rahmenbedingungen, aber auch die mentalen Dispositionen nachhaltig. Württemberg wurde nach der Umgestaltung zum Königreich (1806) ein moderner Polizeistaat, der mit Überwachungsmaßnahmen, Presse- und Bücherzensur, einem Auswanderungsverbot (ab 1807) seine Bürger politisch entmündigte, gleichzeitig aber den Boden für eine große Sehnsucht nach persönlicher und gesellschaftlicher Freiheit bereitete.

Als 1809 in Württemberg eine im Geiste der Aufklärung formulierte neue Liturgie erlassen wurde, regte sich der pietistische Widerstand ebenso wie nach der Veröffentlichung des historisch-kritischen Buches *Das Leben Jesu* von David Friedrich Strauss im Jahre 1835 und der pantheistischen Inauguralvorlesung des Tübinger Theologieprofessors Friedrich Theodor Vischer zehn Jahre später.[199]

Im Streit um Vischer und Strauss trat ein Mann erstmals an die Öffentlichkeit, der auf die Geschichte der Templer nachhaltigen Einfluss ausüben sollte. Der Lehrer und evangelische *Predigtamtskandidat* Christoph Hoffmann, Sohn des Gründers der „multi-pietistischen Hauptstadt"[200] Korntal, Gottlieb Wilhelm Hoffmann, sowie Stiefbruder des Berliner Hofpredigers, Wilhelm Hoffmann, also ein durch unterschiedliche religiöse Sozialisationsfaktoren geprägter junger Theologe.[201] Nach Hoffmanns Ansicht musste die Kirche alles tun, um eine ernste theologische Bedrohung abzuwehren und die reine Verkündigung des Evangeliums zu bewahren. Als publizistisches Kampforgan gegen die kirchlich-theologischen Fehlentwicklungen gründete Hoffmann mit seinen Schwägern Philipp und Immanuel Paulus die *Süddeutsche Warte, religiöses und politisches Wochenblatt für das deutsche Volk*, die später in *Die Warte des Tempels* umbenannt wurde.

Als David Friedrich Strauss drei Jahre später von liberaler Seite in Ludwigsburg als Kandidat für die Deutsche Nationalversammlung in Frankfurt nominiert wurde, stellten konservative Kreise Hoffmann als Gegenkandidaten auf. Seine Motivation bestand darin, einen christlichen Staat und eine christliche Gesellschaftsordnung zu schaffen. Mit großer Mehrheit übertraf er Strauss und wurde am 18. Mai 1848 in die Pauluskirche gewählt, wo der politisch unvorbereitete Pietist ohne Wirkung blieb.[202]

---

[199] Vgl. A. Carmel, *Die Siedlungen der württembergischen Templer*, 8.
[200] Vgl. R. Föll, *Sehnsucht nach Jerusalem*, 180.
[201] Vgl. P. Sauer, *Uns rief das Heilige Land*, 17.
[202] Vgl. A. Carmel, *Die Siedlungen der württembergischen Templer*, 9.

In seiner Frankfurter Zeit schrieb Hoffmann seine beiden 1849 erschienenen Bücher *Stimmen der Weissagung über Babel und das Volk Gottes* und *Die Aussichten der evangelischen Kirche Deutschlands infolge der Beschlüsse der Reichsversammlung*,[203] die seine theologisch-politische Gedankenwelt enthielten und ihn in die Rolle eines Propheten schlüpfen ließen. Die revolutionären Diskussionen in der Nationalversammlung erinnerten ihn an einen neuen Turmbau zu Babel. Um die Menschheit vor ihrem nahenden Unglück zu retten, hielt es Hoffmann für nötig, „die Besten der Völker zum Volk Gottes, d.h. zu einer exemplarischen christlichen Glaubens- und Lebensgemeinschaft" zu sammeln.[204] Eine fromme Gesinnung und ein ethischer Lebenswandel, also die schlichte Erfüllung des Doppelgebots der Liebe waren für Hoffmann wichtiger als Bekenntnisse, Dogmen, Sakramente und Liturgien. Mit dieser Haltung geriet Hoffmann schnell in Streit mit der Landeskirche sowie dem kirchlich gesinnten Pietismus.

Die aus dem Chiliasmus erwachsene Jerusalem-Sehnsucht bildete, wie die Volkskundlerin Renate Föll ausgeführt hat, eine Art Gegenkultur zum autoritären Staat und der sich liberalisierenden Kirche, war eine „zeitbedingte Möglichkeit von Kontingenzbewältigung."[205] Der Chiliasmus katalysierte dank der ahistorischen Hoffnungsbilder des Tausendjährigen Reiches den Wunsch nach Freiheit, persönlicher Entfaltung und einer besseren Welt.[206] Um den *Zeichen des apokalyptischen Abfalls* entgehen zu können, suchten die Chiliasten nach einem *Bergungsort*, den sie in Jerusalem – dem Inbegriff aller spirituellen Sehnsüchte von Juden und Christen – fanden.[207] So entstand ein religiös motivierter Wunsch zur Auswanderung in der pietistischen Unter- und Mittelschicht, der durch die ökonomische Not der 1850er Jahre verstärkt wurde. In dieser Phase sah Württemberg eine große Migrationswelle, die allerdings in den meisten Fällen nicht Richtung Osten, sondern nach Amerika ging. Hoffmanns Wirken muss in diesem frömmigkeitstheologischen und gesellschaftlichen Kontext verstanden werden. Einen engagierten Mitstreiter fand er in dem Ludwigsburger Kaufmann Georg David Hardegg (1812–1879). Hoffmann wurde zum Theoretiker, Hardegg zum Praktiker der Tempelgesellschaft.[208]

Die Gesellschaft für Sammlung des Volkes Gottes in Jerusalem

Als 1853 der Krim-Krieg – ausgelöst durch einen Streit um die Geburtskirche in Bethlehem – ausbrach und sich das Osmanische Reich seinem Ende zu nahen schien,

---

[203] Vgl. Chr. Hoffmann, *Stimmen der Weissagung über Babel und das Volk Gottes*, Ludwigsburg 1849 sowie ders., *Die Aussichten der evangelischen Kirche Deutschlands infolge der Beschlüsse der Reichsversammlung*, Stuttgart 1849.

[204] So P. Sauer, *Uns rief das Heilige Land*, 19.

[205] Vgl. R. Föll, *Sehnsucht nach Jerusalem*, 233.

[206] Zum Chiliasmus vgl. die auch begriffsgeschichtlich differenzierte Einführung von S. Holthaus, „Prämillenniarismus in Deutschland, Historische Anmerkungen zur Eschatologie der Erweckten im 18. und 20. Jahrhundert", in: *PuN* 20 (1994), 191–211 und R. Bauckham, „Art. Chiliasmus IV: Reformation und Neuzeit", in: *TRE* 7 (1981), 737–745 (beide mit Lit.!). Im Blick auf Palästina instruktiv R. Kark/Y. Ariel, „Messianism, Holiness, Charisma, and Community", 641–657.

[207] Vgl. R. Föll, *Sehnsucht nach Jerusalem*, 29.

[208] Vgl. A. Carmel, *Die Siedlungen der württembergischen Templer*, 10.

geriet das Heilige Land erneut in den Mittelpunkt des pietistischen Interesses. Für Hoffmann stand außer Frage, wer der einzige legitime Erbe der Osmanen in Palästina sein würde: Das in Jerusalem gesammelte Volk Gottes.[209] Die Sammlung des Volkes Gottes wurde nun zum Hauptanliegen der *Süddeutschen Warte* und Hoffmanns wie Hardeggs Lebensaufgabe. Am 24. August 1854 kam es in Ludwigsburg zur Gründung der *Gesellschaft für Sammlung des Volkes Gottes in Jerusalem*, an der sich zunächst 200 Männer beteiligten. Hardegg versuchte in Württemberg, auswanderungswillige Kandidaten zu finden. Die neue Bewegung ging in dieser Phase davon aus, 8.000–10.000 fromme Christen für ihr Siedlungsprojekt gewinnen zu können.

Die Siedlungsidee war kein Unikat der Templer-Bewegung. In unterschiedlichen europäischen – christlichen, humanitären und kolonialistischen – Zirkeln gab es in den 1860er Jahren Bestrebungen, mit Hilfe von Kolonien, Palästina für die westliche Christenheit zurückzugewinnen.[210] Henry Dunant etwa, der Gründer des *Roten Kreuzes*, wollte ein internationales Kolonieprojekt unter dem Protektorat Napoleons III. vorantreiben.[211] Seltsamerweise gingen auch diese Kreise – ähnlich wie später die Zionisten – davon aus, dass das Land im Grunde leer sei. Die arabische Bevölkerung spielte in diesen Plänen keine Rolle.

In Württemberg sahen die Behörden in der neuen Gesellschaft eine sektiererische Vereinigung, die die öffentliche Ordnung gefährde. Kenner Palästinas warnten davor, die Zurückgebliebenheit des Landes und die Feindschaft der Araber wie der osmanischen Behörden nicht zu unterschätzen. Hoffmann ließ sich von diesen Warnungen und Ratschlägen weder beirren noch mäßigen. Der Wiederaufbau des Tempels – nicht aus Stein, sondern in Form einer nach Gottes Geboten lebenden Gemeinschaft – sollte die Aufgabe für Christen aus allen Nationen sein.[212]

Erfolg war den utopischen Chiliasten nicht beschieden. Auf dem Höhepunkt ihrer Entwicklung Anfang der 1860er Jahre hatte die Gesellschaft rund 3.000 Mitglieder zu verzeichnen.[213] 1856 kaufte sie das Gut *Kirschenhardthof* in der Nähe von Marbach am Neckar und entsandte 1857 eine dreiköpfige Kommission nach Palästina, die den Zustand des Landes positiv beurteilte, aber die ablehnende Haltung der einheimischen Muslime als Hindernis für die Realisierung des Projektes ansah. Das nächste Jahrzehnt verbrachte die Gesellschaft mit der Werbung neuer Mitglieder und der Vorbereitung der Übersiedlung nach Palästina.

Separation von der Landeskirche und Beginn in Palästina

In dieser Zeit gingen die Auseinandersetzungen weiter. Hoffmann warf der Kirchenleitung vor, den Weg Christi verlassen zu haben und falschen Propheten Raum zu ge-

---

[209] Vgl. P. Sauer, *Uns rief das Heilige Land*, 21.

[210] Vgl. A. Schölch, *Palästina im Umbruch*, 68–73.

[211] Vgl. A. Carmel, *Die Siedlungen der württembergischen Templer*, 19–24. Zu Dunant nahmen die Templer Kontakte auf, liehen ihm sogar Geld. Sie erhielten es nie zurück – und auch zu einer Kooperation ist es nie gekommen, da Dunants Stern zu dieser Zeit bereits am Sinken war

[212] Vgl. z.B. 1. Petrus 2,5; Epheser 2,20–22; 1. Korinther 12 und 14. Vgl auch P. Sauer, *Uns rief das Heilige Land*, 28 und A. Carmel, *Die Siedlungen der württembergischen Templer*, 13 f.

[213] Vgl. A. Carmel, *Die Siedlungen der württembergischen Templer*, 16.

währen. Nicht nur diese Kritik, sondern auch die Tatsache, dass der nicht-ordinierte Hoffmann eigenmächtig kirchliche Handlungen vollzog, Abendmahl hielt und die Kinder seiner Anhänger konfirmierte, stellte ihn nach Ansicht der Kirchenleitung außerhalb der kirchlichen Ordnungen. Die Landeskirche schloss ihn deshalb aus. Nachdem Verhandlungen zwischen den Anhängern Hoffmanns und den Behörden gescheitert waren, wurde am 19./20. Juni 1861 *Der Deutsche Tempel* als eigenständige Religionsgemeinschaft ins Leben gerufen. Mit Entschiedenheit sagten sich nun die Templer von der verfassten Kirche los und ernannten Hoffmann zu ihrem Bischof.[214] Nach Vorbild der Urgemeinde wurden zudem Apostel und Lehrer berufen, regelmäßige Synoden eingesetzt und in Kirschenhardthof eine *Prophetenschule* aufgebaut, die Missionare zur Verbreitung der Templer-Lehre ausbildete. Die zum Teil beißende Kritik evangelischer Pfarrer an der neuen Freikirche stärkte den religiösen Separatismus der Templer, ja wurde zu einem mentalitätsgeschichtlichen Kontinuum der Gemeinschaft.

1868 war es schließlich soweit, dass die ersten Templer Württemberg verließen, um sich in Palästina niederzulassen. Am 30. Oktober 1868 erreichten sie Haifa und gründeten 1869 dort die erste Kolonie. Ihr Vorsteher wurde Georg David Hardegg. Noch im gleichen Jahr kauften die Templer fünf Gebäude in Jaffa und errichteten dort ihre zweite Kolonie, die zum eigentlichen Zentrum der Gemeinschaft wurde. Später siedelten die Templer in Jaffa von ihrem ursprünglichen Standort in das von ihnen gegründete Stadtviertel *Walhalla* um.[215] 1871 folgte die Gründung der landwirtschaftlichen Kolonie *Sarona* bei Jaffa. 1874–78 wurde die Siedlung in Rephaim bei Jerusalem gebaut. Anfang des 20. Jahrhunderts folgten die landwirtschaftlichen Mustersiedlungen *Wilhelma* bei Jaffa (1902) und *Bethlehem* in Galiläa unweit Nazareths (1906).[216] 1907 wurde nahe Bethlehem mit *Waldheim* die einzige nicht von den Templern gegründete, evangelisch-landeskirchliche Kolonie in Palästina ins Leben gerufen, die sich der Initiative der evangelischen Kirchengemeinde in Haifa verdankte.

Der Bruch zwischen Hoffmann und Hardegg

Trotz dieser viel versprechenden Anfänge kam es nach wenigen Jahren zu erheblichen theologischen und persönlichen Differenzen zwischen Hoffmann und Hardegg, die 1874 zur Spaltung der Tempelgesellschaft führten.[217]

Hoffmann – von Haifa nach Jaffa übergesiedelt – führte die Gemeinschaft weiter, entfernte sich aber zunehmend von seinen ursprünglichen Lehransätzen und wandte sich verstärkt dem von ihm einst bekämpften rationalistischen Christentum zu. In drei Sendschreiben von 1877 erklärte er, dass die Sakramente, die Rechtfertigungs- und Trinitätslehre für seine Anhänger unverbindlich seien, weil

---

[214]   Vgl. P. Sauer, *Uns rief das Heilige Land*, 41 f.

[215]   Vgl. A. Carmel, *Die Siedlungen der württembergischen Templer*, 76.

[216]   Ebd., 25–79.

[217]   Vgl. P. Sauer, *Uns rief das Heilige Land*, 61 f.

sie auf nicht-christlichen Spekulationen beruhten.[218] Hardegg konnte diesen Schritt nicht akzeptieren und verließ den Tempel. Er gründete 1878 den *Tempelverein*, der sich aber nach seinem Tod 1879 auflöste. Seine Anhänger – etwa ein Drittel der Templer – kehrten in die evangelische Kirche zurück und gründeten mit Hilfe des altpreußischen Oberkirchenrats in Haifa eine Gemeinde, die vom Jerusalemsverein versorgt wurde.[219]

Im Kreis um Hoffmann, der 1885 verstarb, verflüchtigte sich im Laufe der Zeit der ursprüngliche religiöse Idealismus. An seine Stelle rückte um die Jahrhundertwende ein ausgeprägter Nationalismus mit Sympathien für den Kolonialismus. Aus den württembergischen Templern wurden sukzessive die Palästinadeutschen, die in Jerusalem einen Ortsverein des *Alldeutschen Verbandes* gründeten.[220] Ihre antisakramentale, anti-trinitarische und anti-liturgische Frömmigkeitstheologie gaben die Templer allerdings nicht auf. Sie blieb die Trennlinie zwischen Tempel und Kirche, auch als sich das Verhältnis im Laufe der Jahre etwas entspannte.[221]

Die Hoffmanns gaben den Gemeinden in Palästina eine feste Organisationsstruktur, an deren Spitze die *Zentralleitung* mit dem *Tempelvorsteher* stand. Ihr zur Seite stand der *Tempelrat*, in den Abgeordnete der *Gemeinderäte* entsandt wurden. Vorsitzender des *Gemeinderats* war der von Bürgern der Kolonien gewählte *Gemeindevorsteher*. Das Priesteramt übernahmen der *Gemeindevorsteher* und die vom *Gemeinderat* bestimmten *Ältesten*. Jeden Sonntag traf sich die Gemeinde im *Saal*, um einen schlichten Predigtgottesdienst zu feiern. Den Höhepunkt des geistlichen Lebens bildete das *Dankfest* (Erntedankfest) im Herbst sowie Weihnachten.[222] Zur Abwicklung der Bankgeschäfte wurde 1887 die *Zentralkasse des Tempels* gegründet. Für die Verwaltung der weltlichen Angelegenheiten wählte jede Kolonie einen *Bürgermeister*. 1873 verkauften die Templer den Kirschenhardthof und verlegten die *Gebietsleitung* für Deutschland nach Stuttgart, wo sie bis heute ihren Sitz hat.

Die Bedeutung der Templer

Palästina stand in der Entstehungsphase der Templer-Siedlungen am Anfang eines Modernisierungsprozesses. Noch immer fehlte dem Land eine gute Infrastruktur – von ausgebauten Straßen über einen modernen Hafen bis zu einem Eisenbahnnetz. Mit der Errichtung ihrer Kolonien leisteten die Templer in den Bereichen Landwirtschaft, Handwerk, Kleinindustrie sowie im sich entwickelnden Tourismus während einer entscheidenden Umbruchphase „einen bedeutenden Beitrag zur Entwicklung

---

[218]   Vgl. z.B. K. Hutten, *Seher, Grübler, Enthusiasten. Das Buch der traditionellen Sekten und religiösen Sonderbewegungen*, Stuttgart [12]1982, 256.

[219]   Vgl. F. Foerster, *Mission im Heiligen Land*, 81 f.

[220]   Vgl. R. Balke, *Hakenkreuz im Heiligen Land*, 10; und M. Peters, „Der ‚Alldeutsche Verband'", in: U. Puschner/W. Schmitz/J.H. Ulbricht (Hgg.), *Handbuch der „Völkischen Bewegung" 1871–1918*, München – New Providence – London – Paris 1996, 316–327.

[221]   Vgl. A. Carmel, *Die Siedlungen der württembergischen Templer*, 60–67.

[222]   Vgl. P. Sauer, *Uns rief das Heilige Land*, 98.

des Landes."[223] Sie beteiligten sich am Straßenbau, brachten Fuhrwerke und Wagen mit nach Palästina, richteten einen regelmäßigen Passierdienst zwischen den wichtigsten Städten des Landes ein. Die Verbesserung des Verkehrsnetzes beflügelte den Tourismus, den die Templer durch den Bau von Hotels förderten. In der Landwirtschaft setzten sie neue Methoden wie den Fruchtwechsel oder die Verwendung von Dünger um und bauten moderne Bewässerungsanlagen. Sie beteiligten sich an der Wiederaufforstung des Landes, indem sie sich für die Anpflanzung von Eukalyptusbäumen einsetzen. Außerdem forcierten sie den Anbau der Jaffa-Orangen. Die Erfolge der Templer waren bemerkenswert, auch wenn ihr Wirkungsgrad – aufgrund der geringen Größe ihrer Gemeinschaft – überschaubar blieb. Den größeren Modernisierungsschub erlebte das Land durch Zehntausende einwandernder Juden, für die Templer-Siedlungen oftmals ein Vorbild waren.[224]

Außer den württembergischen Templern entstand keine weitere europäische Kolonie im Heiligen Land.[225] Die Zahl der Templer stieg bis auf 2.200 Gläubige im Jahre 1914 an.[226] Unter den 5.000 1914 in Palästina lebenden christlichen Ausländern bildeten die 3.000 Deutschen dank der Templer-Siedlungen die stärkste Gruppe.[227]

Trotz aller Erfolge sind die Templer in ihrem Versuch gescheitert, das Volk Gottes im Heiligen Land zu sammeln. Auch in Palästina erfüllten sich die religiösen Visionen der Templer nicht. Palästina erlebte keine christliche Massenimmigration. So blieben die Templer eine kleine separatistisch-pietistische Gemeinschaft. Im Laufe ihres rund achtzigjährigen Bestehens in Palästina wurde aus der selbsternannten Keimzelle des Reiches Gottes auf Erden eine wirtschaftlich erfolgreiche, religiös-ethisch strenge, antiassimilatorische[228] und stark national eingefärbte auslandsdeutsche Gruppierung, eine *established sect*. Im Grunde realisierten die Templer das Gegenteil dessen, was sie eigentlich intendiert hatten: Sie leisteten weniger einen spirituellen als vielmehr einen überaus respektablen materiellen Beitrag zur Veränderung und Verbesserung der Lebensumstände im Heiligen Lande.

2.4 Zur Geschichte des Anglo-Preußischen Bistums

2.4.1 Motivationsfaktoren zur Gründung des Bistums

Die verschiedenen politischen und frömmigkeitstheologischen Motivationslinien führten schließlich 1841 zur Gründung des Anglo-Preußischen Bistums in Jerusa-

---

[223] Ebd., 296. Ähnlich R. Kark/N. Thalmann, „Technological innovation in Palestine: The Role of the German Templers" sowie zur Landwirtschaft N. Thalmann, *The Character and Development of the Farm Economy in the Templer Colonies in Palestine, 1869–1939,* MS Diss. phil. Hebrew University (hebr.) 1991.

[224] P. Sauer, *Uns rief das Heilige Land,,* 298.

[225] Vgl. A. Carmel, „Die deutsche Palästinapolitik 1871–1914", in: *TAJB* IV (1974), 206.

[226] Vgl. A. Carmel, „The Political Significance of German Settlement in Palestine 1868–1918", 48.

[227] Vgl. A. Carmel, „Research into German Christian Contributions to the Rebuilding of Eretz Israel. A Personal Record", in: M. Davies/Y. Ben-Arieh (Hgg.), *With Eyes Toward Zion* III, 186.

[228] Vgl. dazu die bei A. Carmel, *Die Siedlungen der württembergischen Templer,* 183 wiedergegebenen, entsprechenden Auszüge aus der Satzung des *Vereins der Tempelgesellschaft* von 1899.

lem.[229] Für England und Preußen schien ein gemeinsames Bistum vorteilhaft, bemühten sich doch beide Großmächte darum, durch die Protektion der einheimischen Christen im zerfallenden Osmanischen Reich Fuß zu fassen. Dieses erste ökumenische Experiment der Neuzeit hatte 45 Jahre Bestand, ehe es 1886 an theologischen, finanziellen und politischen Differenzen zerbrach. Die „romantische Unionsökumene des Anfangs" war im Laufe der Jahre „einer feindseligen deutsch-britischen Eifersucht, auch im Heiligen Land, gewichen."[230]

Bemerkenswerterweise wurde die Gründung des Jerusalemer Bistums nicht von den jeweiligen Staats- oder Landeskirchen, sondern von den Regierungen in London und Berlin in Angriff genommen – ein Prozedere, das man mit Kurt Schmidt-Clausen als Rückkehr zur kirchenpolitischen Praxis des preußischen respektive englischen Absolutismus bezeichnen könnte.[231] Die Bistumsgründung hatte also mit den kirchenpolitischen und theologischen Reformplänen Friedrich Wilhelms IV. wenig zu tun, denn dessen Verständnis des Verhältnisses von Staat und Kirche sah ja gerade ein Ende des absolutistischen Systems vor. Er favorisierte zwar keine parlamentarische Demokratie, wohl aber eine rechtsstaatliche, ständisch-konstitutionelle Monarchie samt Förderung der Emanzipation der Kirche. Der Regent sollte lediglich als Vermittler die Kooperation zwischen Staat und Kirche bestärken, die Regeneration der Kirche sollte aber von unten, also von den Gemeinden geschehen und in einem Wachstumsprozess die gesamte Kirche durchdringen. Ein von oben implementiertes bi-konfessionelles Bistum schien auch dem König für den Beginn einer Reform der Kirchen unangemessen.[232]

Friedrich Wilhelm IV. unterstützte die Bistumsidee aber aus religionspolitischen Gründen. Er erteilte seinem Freund und Berater Christian Carl Josias von Bunsen[233] den Auftrag, in London nach politischen Verbündeten zu suchen, die eine Verbesserung der Lage der Protestanten im Osmanischen Reich unterstützen würden. Ein Bistum sollte dafür den Rahmen bilden. Was für Frankreich und Russland recht, schien für Preußen billig zu sein.[234] Bunsen war der eigentliche Initiator der Bistumsidee. Bunsen war ein visionärer Geist, ein Reformer in Kirche und Wissenschaft. Der aus dem nordhessischen Korbach stammende Universalgelehrte, langjährige preußische Gesandte beim Heiligen Stuhl und spätere Botschafter in Lonon hatte zunächst auf eine Reform der evangelischen Kirche nach katholischem Vorbild gehofft. Nach den scharfen kirchenpolitischen Kontroversen der 1830er Jahre, wo er etwa beim Kölner Mischehenstreit keine glückliche Figur abgegeben hatte, wandte er sich von der

---

[229] Vgl. Y. Ben-Arieh, *Jerusalem in the 19th Century*, Bd. 1, 250–264.

[230] K. Hammer, *Weltmission und Kolonialismus. Sendungsideen des 19. Jahrhunderts im Konflikt*, München 1978, 215.

[231] Vgl. K. Schmidt-Clausen, *Vorweggenommene Einheit*, 363.

[232] Ebd., 364.

[233] Vgl. F. Foerster, *Christian Carl Josias Bunsen. Diplomat, Mäzen und Vordenker in Wissenschaft, Kirche und Politik*, Bad Arolsen 2001; M. Lückhoff, „Bunsen und Jerusalem", in H.-R. Ruppel (Hg.), *Universeller Geist und guter Europäer. Christian Carl Josias von Bunsen 1791–1860. Beiträge zu Leben und Werk des „gelehrten Diplomaten"*, Korbach 1991, 155–166 und E. Geldbach (Hg.), *Der gelehrte Diplomat. Zum Wirken Christian Carl Josias Bunsens*, Leiden 1980.

[234] Vgl. M. Lückhoff, *Anglikaner und Protestanten*, 91.

römischen Kirche ab und suchte nach einer anderen Art von Katholizität, die er im Anglikanismus und in einer romantisch-erwecklichen Begeisterung für das Heilige Land fand. Zu seinem Freundeskreis zählten der englische Außenminister Henry John Temple, der 3rd Viscount Palmerston (1784–1865) und der evangelikale Multifunktionär, Anthony Ashley-Cooper, der 7th Earl of Shaftsbury (1801–1885), der den Vorständen der CMS und der LJS angehörte.[235]

In London fand der Bistumsplan ein breites Echo. Ashley-Cooper, der 1838 ähnliche Vorstellungen entwickelt hatte, und Bunsen schwebte die Idee eines gemeinsamen Bistums in Jerusalem, ja sogar einer langfristigen Vereinigung beider Kirchen vor, die über dem Grab des Erlösers eine protestantische Union begründen sollten.[236] Palmerston sah im Bistum eine Chance, die britische Position im Osmanischen Reich auszubauen und gleichzeitig den russischen Einfluss einzudämmen. Die Unionspläne Bunsens lehnte Friedrich Wilhelm IV. ab. Der König hatte zwar große Sympathien für den anglikanischen Episkopat, aber eine von oben initiierte Union beider Kirchen war nicht sein Ziel.[237] Außerdem fürchtete er mit Recht, dass etwaige Unionspläne in Preußen zu heftigem Widerstand führen würden.[238] Das religionspolitische Ziel des preußischen Königs war die Errichtung eines ausschließlich anglikanischen Bistums, das einer deutschen evangelischen Gemeinde und den aus ihr hervorgehenden missionarisch-philantrophischen Einrichtungen Schutz gewähren sollte. Friedrich Wilhelm IV. verzichtete bewusst auf eine englisch-preußische Gleichberechtigung innerhalb des Bistums.[239] Er erwartete aber, dass der preußische Unionsprotestantismus und der Anglikanismus ihre Lehrdifferenzen zugunsten des Gesamtprojektes zurückstellten, durch die Kooperation auf missionarischem Gebiet Kräfte bündelten und neue ökumenische Impulse setzten.[240] Mission wurde von Friedrich Wilhelm IV. als kirchliche Aufgabe verstanden, die eigentlich nicht an private Missionsgesellschaften delegiert werden sollte.[241] Daraus erwuchs eine starke Vernetzung des Palästinaengagements in Deutschland beziehungsweise England[242] sowie – besonders in der Anfangszeit – eine enge Kooperation von Kirche

---

[235]   Vgl. Y. Perry, *British Mission to the Jews*, 28 f.
[236]   M. Lückhoff, „Voraussetzungen deutscher Gemeindearbeit", 37–51, hier: 39.
[237]   Ebd.
[238]   Vgl. M. Lückhoff, *Anglikaner und Protestanten*, 90–92. Dagegen spricht F. Heyer, *2000 Jahre Kirchengeschichte des Heiligen Landes. Märtyrer, Mönche, Kirchenväter, Kreuzfahrer, Patriarchen, Ausgräber und Pilger*, Münster – Hamburg – Berlin 2001, 234 – allerdings ohne Quellenbelege – davon, dass die Vorstellung, „die ökumenische Einigung der Christenheit in der Heiligen Stadt beginnen zu lassen", für Friedrich Wilhelm IV. bedeutsam war.
[239]   Vgl. M. Lückhoff, „Voraussetzungen deutscher Gemeindearbeit", 41.
[240]   Ebd., 39. Zwischenzeitlich entwickelte der König sogar die Idee, nach einer erfolgreichen Etablierung des Jerusalemer Bistums ein eigenes preußisch-evangelisches Bistum in Nazareth oder Bethlehem zu gründen. Dazu kam es allerdings nie.
[241]   Vgl. K. Schmidt-Clausen, *Vorweggenommene Einheit,* 105.
[242]   Vgl. E. Geldbach, „The German Protestant Network in Holy Land", in: M. Davies/Y. Ben-Arieh (Hgg.), *With Eyes Toward Zion* III. *Western Societies and the Holy Land*, New York – Westport – London 1991, 150–169, hier: 160 f.

und Mission.[243] Das unterschied Palästina von anderen Missionsfeldern. Allerdings blieb es dabei nicht, denn auch die Mission in Palästina wurde zunehmend von unabhängigen Gesellschaften übernommen. Ein starker kirchlicher Bezug blieb erhalten, der sich etwa daran ablesen ließ, dass stets akademisch gebildete Pfarrer die Mission in Palästina leiteten und nicht etwa Absolventen von Missionsseminaren.

An der Judenmission war Friedrich Wilhelm IV. weniger interessiert als Bunsen oder die britischen Verhandlungspartner, die 1841 mit Michael Salomon Alexander einen konvertierten Juden zum ersten Bischof beriefen.[244] Das führte zu gewissen Spannungen, hatte doch die einflussreiche LJS die judenmissionarische Ausrichtung des Bistums in Londoner Regierungskreisen durchgesetzt.

Am 31. August 1841 brachte der Erzbischof von Canterbury einen entsprechenden Gesetzesentwurf, den *Jerusalem Bishopric Act,* ins Parlament ein, der ohne nennenswerten Widerspruch angenommen wurde. Darin wurde festgehalten, dass mit königlicher Erlaubnis auch Nicht-Engländer zu anglikanischen Bischöfen geweiht werden konnten, sofern sie fachlich und charakterlich die notwendigen Voraussetzungen mitbrachten. Sie konnten vom Eid gegenüber dem König und dem Erzbischof entbunden werden.

In den Verhandlungen hatte sich Bunsen mit seinen anglikanischen Partnern darauf geeinigt, keinen Bistumsvertrag zu unterzeichnen. Er war entbehrlich, da es sich ja um ein anglikanisches Bistum handelte.[245] So kam es lediglich zum Austausch von preußischen und englischen Erklärungen. Den Abschluss der Verhandlungen brachte die am 1.12.1841 beschlossene Bistums-Verfassung für Jerusalem.[246]

Das Bistum wurde Lambeth Palace direkt unterstellt. Berlin und London nominierten alternierend den Bischof, der dann vom Erzbischof von Canterbury geweiht wurde, sofern dieser nicht von seinem Veto-Recht Gebrauch machte. Die geistliche Jurisdiktionsgewalt des Bischofs umfasste die englischen Geistlichen und die Gemeinden, die sich unter seine episkopale Autorität stellten.[247] Zur Diözese gehörten Palästina, Syrien, Chaldäa, Ägypten und Abessinien, also gemäß der biblischen Ge-

---

[243] Vgl. K. Hammer, *Weltmission und Kolonialismus*, 203 und H.W. Hertzberg, „Die Besonderheit der deutschen Palästina-Mission", in: J. Hermelink/H.J. Margull (Hgg.), *Basileia* (FS W. Freytag), Stuttgart 1959, 91–97, hier: 94.

[244] Die kontroverse Diskussion zwischen Friedrich Wilhelm IV. und Bunsen wird nachgezeichnet bei K. Schmidt-Clausen, *Vorweggenommene Einheit,* 365. Eine Generation vor K. Schmidt-Clausen subsumierte W. Oehler, *Geschichte der Deutschen Evangelischen Mission.* Bd. 1: *Frühzeit und Blüte der deutschen evangelischen Mission 1706–1885,* Baden-Baden 1949, 381 f. die Position Friedrich Wilhelms IV. unter die Bunsens. Danach hätte Preußen vier Ziele bei der Bistumsgründung verfolgt: 1. Die Belebung der orientalischen Kirchen; 2. die Anerkennung der Protestanten im Osmanischen Reich; 3. die Gründung einer Station für die Judenmission in Jerusalem; 4. eine Union zwischen der preußischen und der englischen Kirche. Nach den Forschungen von Schmidt-Clausen und Lückhoff sind die Punkte 3 und 4 so nicht mehr haltbar.

[245] Vgl. M. Lückhoff, „Voraussetzungen deutscher Gemeindearbeit", 40 Anm. 72.

[246] Vgl. E. Benz, *Bischofsamt und apostolische Sukzession im deutschen Protestantismus*, Stuttgart 1953, 166; K. Schmidt-Clausen, *Vorweggenommene Einheit*, 109–116 und M. Lückhoff, *Anglikaner und Protestanten*, 72–102.

[247] Vgl. K. Schmidt-Clausen, *Vorweggenommene Einheit*, 110.

dächtnisgeschichte beziehungsweise dem damaligen Stand der Forschung das Gebiet der zwölf Stämme Israels.

In seiner Amtsführung war der Bischof an das Kirchenrecht, die Liturgie und die Traditionen der anglikanischen Kirche gebunden. Zu seinem Arbeitsgebiet gehörten die Judenmission, die Sorge und Ausbildung für die jüdischen Konvertiten,[248] die wie die Konfirmation nach den Regularien der Church of England, besonders des *Books of Common Prayer*, geschah. Die Arabermission und die Proselytenmacherei unter den orientalischen Kirchen waren bei der Gründung – mit Rücksicht auf die Ostkirchen – noch nicht geplant. Der eigentümliche Charakter dieses Bistums bestand darin, dass unter der Jurisdiktion des anglikanischen Bischofs die nationalen und konfessionellen Eigenheiten der deutschen Gemeinde unberührt blieben. Die preußischen Pfarrer wurden vom König ausgewählt und vom Bischof ordiniert. Sie mussten das apostolische, nizänische und athanasianische Bekenntnis unterzeichnen und den „oath of canonical obedience" ableisten.[249]

Auch finanziell war die Jerusalemer Gründung ein Kuriosum, übernahm doch Preußen die Hälfte an der Dotation des Bistums in Höhe von 30.000 Pfund.[250] Wenige Wochen nach dem Zustandekommen der Bistums-Verfassung machte das preußische Kultusministerium die Gründung des Bistums publik und begründete es mit dem Schutz der Protestanten im Osmanischen Reich. Martin Lückhoff hat darauf aufmerksam gemacht, dass die Judenmission in dieser Stellungnahme nicht erwähnt wurde, was erneut belege, welch geringe Bedeutung sie für die preußische Seite gehabt habe.[251]

In der deutschen und der englischen Öffentlichkeit provozierte die Bistumsgründung starke Reaktionen. Während in England der Kreis um Thomas Arnold dank ähnlicher Kirchenreform-Vorstellungen eine enge Verbindung zu Bunsen hielt, lehnte die anglo-katholische *Oxford Bewegung* das Projekt kategorisch ab[252] – allen voran John Henry Newman, der die Gründung schließlich sogar zum Anlass nahm, in die Römisch-Katholische Kirche überzutreten.

2.4.2 Das Bistum und seine Folgen

Von Michael Salomon Alexander zu Samuel Gobat

Am 7.11.1841 wurde Michael Salomon Alexander vom Erzbischof von Canterbury sowie den Bischöfen von London und Kalkutta (als bis dato jüngstem anglikanischen Bistum) zum ersten *Bischof der Kirche des Heiligen Jakobus in Jerusalem*

---

[248] Vgl. Y. Perry, *British Mission to the Jews*, 63.

[249] E. Benz, *Bischofsamt und apostolische Sukzession im deutschen Protestantismus*, 111.

[250] Vgl. M. Lückhoff, „Voraussetzungen deutscher Gemeindearbeit", 40 f. Von den Zinsen dieses Bistumsfonds wurde die Hälfte des Einkommens des Bischofs bezahlt. Die Trustees des Dotationsfonds waren die Erzbischöfe von Canterbury und York sowie der für die Auslandsgemeinden zuständige Bischof von London. Die LJS war bereit, einen Teil der bischöflichen Spesen und den Aufbau einer Bibliothek zu finanzieren.

[251] Vgl. M. Lückhoff, *Anglikaner und Protestanten*, 94 f. Anders A.-R. Sinno, *Deutsche Interessen in Syrien und Palästina*, 32 ff.

[252] Vgl. M. Lückhoff, *Anglikaner und Protestanten*, 106–111.

geweiht – ohne Zweifel belegt die Wahl dieses Titels die judenchristliche Note der Bistumsgründung. Aus Rücksicht auf den Ehrenprimat des Orthodoxen Patriarchen achtete die Kirche von England darauf, vom anglikanischen Bischof *in* und nicht vom Bischof *von* Jerusalem zu sprechen.[253]

Da Alexander bereits nach kurzer Zeit verstarb, nominierte Berlin den langjährigen CMS-Missionar in Abessinien, den Schweizer Samuel Gobat, für die Nachfolge. Er traf 1846 in Jerusalem ein, blieb 33 Jahre im Amt, leistete den eigentlichen Aufbau des Bistums und prägte es nachhaltig. 1850 gelang die Anerkennung des Protestantismus im Osmanischen Reich als Millet, was für die Entwicklung des Bistums und der protestantischen Mission sehr förderlich war.

In Gobats Zeit fiel auch die strategische Veränderung der missionarischen Ausrichtung des Bistums. Er wandte sich in den 1860er Jahren – sehr zum Ärger der LJS – von der Judenmission ab und förderte die Evangelisierung griechisch-orthodoxer Christen.[254] Er lud die CMS ein, diesen Arbeitszweig zu übernehmen. Gobat begann die Mission unter den einheimischen Christen mit sogenannten *Bibelboten* oder *Bibelkolporteuren*, die mit der Bevölkerung die Bibel lesen sollten, „ohne sie dabei zu veranlassen, aus ihrer Kirche auszutreten."[255]

Unter Gobats Führung profilierte sich das Bistum auf dem Gebiet der Schule, Ausbildung und religiösen Unterweisung – vor allem der christlichen Araber.[256] Kritik kam einerseits von der LJS, die sich ihrer religionspolitischen Grundlagen beraubt sahen. Andererseits sahen die hochkirchlichen Kreise, dass ihre schlimmsten Befürchtungen wahr wurden und warfen Gobat Proselytenmacherei vor.

Die Evangelisierung der orthodoxen Araber wurde von der Pforte – auf Druck der protestantischen Mächte – rechtlich abgesegnet, der Übertritt zum Protestantismus und die Gründung protestantischer Gemeinschaften gestattet.[257] Die Missionierung der Muslime blieb verboten. Das hinderte Gobat nicht daran, auch die indirekte Missionierung der Muslime in den Blick zu nehmen. Die von den Missionen geistlich aktivierten arabischen Christen sollten in einem zweiten Schritt Muslime für Christus gewinnen. In dieser Weise agierte auch die CMS.[258]

Die erste anglikanische Kirche in Jerusalem – und damit die erste protestantische Kirche im gesamten Osmanischen Reich[259] – war die von der LJS gebaute und 1849 eröffnete *Christ Church* unmittelbar neben dem Jaffator. Ein Vierteljahrhundert später eröffnete die CMS die *St. Paul's Church* in der St. Paul's Street in der Neustadt.

---

[253] Ebd., 95.

[254] Vgl. ebd., 160 und A.L. Tibawi, *British Interests*, 92.

[255] Vgl. W. Oehler, *Geschichte der Deutschen Evangelischen Mission*, 382 f.

[256] Vgl. M. Lückhoff, „Voraussetzungen deutscher Gemeindearbeit", 45.

[257] Vgl. A.L. Tibawi, *British Interests*, 104 und M. Ma'oz, *Ottoman Reform in Syria and Palestine, 1840–1861*, Oxford 1968, 216.

[258] So G. Mehnert, *Zionsfriedhof*, 27 mit Verweis auf A.L. Tibawi, *British Interests*, 105 u. 112. Vgl. A. Feldtkeller, „,Die Zeit zur Mohammedanermission im Oriente ist noch nicht gekommen'", 89.

[259] Vgl. S. Sapir, „The Anglican Missionary Societies in Jerusalem. Activities and Impact", in: Ruth Kark (Hg.), *The Land that became Israel. Studies in Historical Geography*, New Haven - London – Jerusalem 1990, 105–119, hier: 107.

Noch einmal 24 Jahre später eröffnete das anglikanische Bistum sein neues Anwesen um die *St. George's Cathedral* an der Nablus Road.

Aufstieg und Niedergang der LJS

Die LJS, eigentlich einer der Motoren hinter dem gesamten Bistumsprojekt, erlitt bereits in den 1850er Jahren einen Rückschlag. Das lag *erstens* an missionarischen Misserfolgen. In den heiligen Städten des Judentums Jerusalem, Safed, Hebron und Tiberias[260] wurde die Mission weitgehend abgelehnt.[261] Einen Tiefpunkt erreichte die Judenmission 1851, als sie nur einen einzigen jüdischen Konvertiten verzeichnen konnte.[262] Als im Oktober 1856 auch noch der Kopf der LJS-Mission, John Nicolayson, starb, geriet die Judenmission in eine Krise.

Zweitens provozierten die Anfangserfolge der LJS Gegenreaktion jüdischer Philanthropen, die die verarmte jüdische Unterschicht nicht in den Händen der Missionare enden sehen wollte. Auf jüdischer Seite waren es 1854 die Rothschild-Familie, 1855 der legendäre Moses Montefiore und 1856 die Wiener Aristokraten-Familie Lämel, die ein Hospital, ein neues Stadtviertel und eine Schule gründeten. Aufgrund dieser Gegen-Gründungen schwand bei vielen Juden die Notwendigkeit, die Institutionen der LJS weiter zu besuchen. Dadurch ging ihr Einfluss auf die jüdische Bevölkerung Jerusalems zurück.

Drittens verlor die LJS, wie bereits erwähnt, innerhalb des Bistums ihre Bedeutung, weil Gobat ein pragmatisches Interesse an der Bekehrung der einheimischen Bevölkerung und weniger an der Sammlung von Juden im Heiligen Lande hatte.[263] Bei den Juden, die zum Christentum übertreten wollte, verlangte der Schweizer Theologe einen Nachweis, dass die Konvertiten ihren Lebensunterhalt selbst verdienen konnten. Wenn sie dies nicht konnten oder eine entsprechende Dokumentation verweigerten, lehnte Gobat die Taufe ab. Er hatte weder ein Interesse daran, verarmte Konvertiten in den Wohlfahrtseinrichtungen des Bistums ‚durchzuschleppen' noch sich den Vorwurf gefallen lassen zu müssen, Konversionen durch finanzielle Anreize zu bewirken.[264]

Einen starken Akzent setzte die LJS auf das soziale Gebiet. Sie gründete zahlreiche Berufsschulen und Werkstätten – besonders auch für Frauen. Seit den 1840er Jahren gab es auch das *House of Industry* für Männer. In der Zeit Bischof Alexanders hatte das Bistum zusammen mit der LJS ein erstes *Book Depot* in Jerusalem eröffnet. Dort wurden Schriften und Bibeln an fromme und gebildete Juden verkauft sowie ungebildeten Juden Abschnitte aus dem Alten und Neuen Testament vorgelesen. Auf diese Weise sollten sie mit dem christlichen Glauben vertraut gemacht

---

[260] Zur schottischen Mission in Tiberias vgl. das jüngst erschienene Buch von M. Marten, *Attempting to Bring the Gospel Home.*

[261] Vgl. zu den Anfängen der Judenmission dort Y. Perry, *The British Mission to the Jews,* 78–83.

[262] Vgl. Y. Perry, *The British Mission to the Jews,* 98.

[263] Ebd., 94.

[264] Vgl. M. Lückhoff, *Anglikaner und Protestanten,* 161.

werden. Später wurde das Angebot um Bibelkommentare, Traktate und anderes religiöses Schrifttum erweitert und ein weiterer Buchladen in Jaffa eröffnet.[265]

Das bedeutendste philanthropische Werk der LJS war das 1897 gebaute Krankenhaus in der *Street of Prophets*, das einen alten Vorgänger aus dem Jahre 1842 ersetzte. Der architektonisch ausgefallene Neubau erhielt den Namen *The English Mission Hospital*.[266] Der aus der Feder von Arthur Beresfold Pite (1861–1934), langjähriger Architektur-Professor in Cambridge und Erbauer zahlreicher nonkonformistischer Kirchen, stammende Entwurf war innovativ: Um einen begrünten Hof gruppierten sich wie Speichen eines Rads in einem Halbkreis Pavillonbauten, die durch einen mit Säulen gegliederten Korridor miteinander verbunden waren. Das Pavillon-System hatte große hygienische Vorteile, ermöglichte eine lichte Architektur und eine gute Luftzirkulation. Durch die Verbindung byzantinischer und europäischer Elemente, durch Balkone und kleine Türmchen erhielten die Pavillons ein pittoreskes Aussehen.

Mit diesem neuen Haus erreichte die LJS derart viele Juden, dass es zu wütenden Protesten von Seiten orthodoxer Rabbiner kam. Sie drohten den Juden mit Exkommunikation, die sich im *English Mission Hospital* behandeln ließen.[267] So entstand um die Kranken der jüdischen Unterschicht ein Konkurrenzkampf zwischen der britischen Missionsklinik und dem wenige Jahre zuvor gebauten Rothschild-Hospital, den das jüdische Krankenhaus gewinnen konnte.[268]

Mit der ersten (ab 1881) und der zweiten Alijah (ab 1904), die Tausende von Juden ins Heilige Land brachte, bot sich für die LJS ein neues, großes Arbeitsfeld. Besonders in der Hafen- und Transitstadt Jaffa fanden die Missionare offene Türen. Hier kamen die mit dem Land wenig vertrauten Zionisten an, die Unterkunft und Verpflegung suchten. Die LJS organisierte Wohnungen für die Migranten, besuchte sie regelmäßig, kümmerte sich um die alltäglichen Nöte – und lud sie natürlich auch in die 1894 neu eröffnete Gebetshalle *Tochter Zion* ein. Da Jaffa nicht zu den heiligen Städten des Judentums gehörte, war hier der Einfluss der Rabbis und der jüdischen Wohlfahrtsorganisationen gering. Die LJS baute ihre Arbeit weiter aus, richtete Tages-, Internats- und Berufsschulen in Jerusalem ein. In Haifa, Hebron und Jaffa existierten zwischen 1895 und 1934 Missionsstationen, im galiläischen Safed betrieb die LJS zwischen 1889 und 1921 ein Missionshospital und eine Schule.[269]

---

[265] Vgl. S. Sapir, „Anglican Missionary Societies in Jerusalem", 112 f. und Y. Perry, *British Mission to the Jews*, 64; 81; 154.

[266] Vgl. Y. Ben-Arieh, Jerusalem in the 19th Century. Emergence of the New City, 319–324; N. Schwake, *Die Entwicklung des Krankenhauswesens der Stadt Jerusalem vom Ende des 18. bis zum Beginn des 20. Jahrhunderts*, 2 Bde., Herzogenrath 1983, hier Bd. 2, 669–680; Y. Perry, *British Mission to the Jews*, 133–139; 179–181. und vor allem K. Crombie, *A Prophetic Property*. The story of one of modern Jerusalem's most famous properties, 82 Prophets Street – The English Mission Hospital – which offered sanctuary to the Palestine Exploration Fund (PEF); where hundreds of Jewish Russian refuges worked in the first aliyah; where General Allenby visited and stayed; where Hadassah Hospital was located; and which today hosts the Anglican International School of Jerusalem. MS Jerusalem 2001, 33 ff.

[267] Vgl. K. Crombie, *For the Love of Zion*, 128–131.

[268] Vgl. Y. Ben-Arieh, *Jerusalem in the 19th Century. Emergence of the New City,* 247.

[269] Vgl. dazu Y. Perry, *British Mission to the Jews*, 175–202.

Die LJS konnte gesellschaftliche Lücken füllen, die sich durch die zionistische Einwanderung zwangsläufig ergaben, aber von jüdischer Seite nicht angegangen wurden.[270] Allerdings währte die Freude der Judenmissionare über ihren neuen Erfolg nicht lange. Diesmal kam der Gegenwind nicht allein von Seiten der religiösen Juden, die den Übertritt zum Christentum als Sünde betrachteten. Die säkularen Zionisten griffen die Judenmission ebenfalls an, denn sie betrachteten diese „as an offence against the national feelings of the Jews in the land of Israel."[271] Mit der Opposition der wachsenden jüdischen Bevölkerung gegen die Judenmission ging ihr Stern schließlich im frühen 20. Jahrhundert unter. Da es der LJS an finanziellen Ressourcen mangelte, musste sie in der Zwischenkriegszeit um ihr Überleben kämpfen.[272]

Der Ausbau der anglikanischen Institutionen

Waren die anglikanischen Einrichtungen zunächst alle in der Altstadt lokalisiert, so zogen sie in der zweiten Hälfte des 19. Jahrhunderts in die Neustadt. Die CMS ließ sich als erste Missionsanstalt außerhalb der Stadtmauern nieder und errichtete dort die *Bischof Gobat Schule*. Die Neubauten der Missionsgesellschaften – besonders die der LJS – orientierten sich an den jeweiligen „target populations".[273] Die LJS wählte, um ihrer jüdischen Zielgruppe nahe sein zu können, sogar die Strategie, zwei Missionszentren zu unterhalten, die sich in der Altstadt um die *Christ Church* und in der Neustadt um das neue Krankenhaus in der Street of Prophets konzentrierten. Die bischöfliche JEM und der *St. George's Cathedral*-Komplex bildeten das administrative Zentrum, an dem viele missionarische, kirchliche und schulische Fäden zusammenliefen. Als mentalitätsgeschichtlicher *outpost* britischer Religion und Kultur wurde es auch zu einem beliebten Anlaufpunkt für anglikanische Reisende und Pilger. Indem die Missionsgesellschaften in die Neustadt umzogen und dort zum Teil bemerkenswerte Gebäudekomplexe errichteten, waren sie sowohl Motoren als auch Partizipatoren des Modernisierungsprozesses der Heiligen Stadt.[274]

Bis 1872 gründete Gobat – über das ganze Land verteilt – 25 Schulen, die von rund 1.000 Schülern besucht wurden. Das protestantische Bildungsangebot war bei der Bevölkerung beliebt, erregte aber bei der orthodoxen Hierarchie Mißfallen.[275] Die Zahl der protestantischen Araber stieg bis zu Gobats Tod 1879 auf rund 1.000 Glieder.

Ursprünglich gehörte es nicht zur Strategie der Palästinamissionen, den Ostkirchen ihre Gläubigen abzuwerben. Vielmehr wollten sie diese Kirchen zu reformieren und für die Mohammedanermission vorzubereiten versuchen. In der Perspektive der deutschen, schweizerischen und englischen Missionare befanden sich die Kirchen des Ostens in einem desolaten spirituellen Zustand. Dass ihr Urteil nicht von

---

[270] Vgl. ebd., 149–156.
[271] Ebd., 177.
[272] Vgl. ebd., 179.
[273] Vgl. S. Sapir, „Anglican Missionary Societies in Jerusalem", 115.
[274] Ebd., 118 f.
[275] Vgl. M. Lückhoff, *Anglikaner und Protestanten*, 256.

Sachkenntnis über Liturgie und Theologie, sondern von einer eher oberflächlichen, kulturpaternalistischen Sicht der Dinge geprägt war, bemerkten die Missionare zumeist nicht. Gleichwohl war die Kritik auch nicht völlig gegenstandslos. In ganz Palästina gab es keine einzige Ausbildungsstätte für Parochialpriester. So waren orthodoxe Dorfpriester meist keine geschulten Theologen, sondern Bewerber aus dem Volk, die nicht einmal eine solide Schulbildung erhalten hatten. Wer meinte, einem bibelfesten Popen gegenüberzustehen, wurde oft enttäuscht.[276] Nach den Maßstäben der erweckten Missionare, die „jede christliche Gemeinschaft [...] nach Geltung, Kenntnis und Verbreitung" der Heiligen Schrift beurteilten, konnte das Urteil über die Orthodoxie deshalb nur negativ ausfallen.[277] Siegfried Hanselmann hat die Palästinamission deshalb als „Griff der Erweckungsbewegung nach den orientalischen Kirchen" charakterisiert.[278] Hanselmann sieht in der Kritik am häufig beschriebenen Aberglauben der arabischen Landbevölkerung einen berechtigten Kritikpunkt der Erweckungsbewegung, hält aber das Schlagwort von den toten Kirchen des Ostens für westlichen „Missionsegoismus".[279]

Doch selbst ein mit den religiösen Traditionen der Region vertrauter Mann wie Gobat sah bei den Ostkirchen vor allem signifikante spirituelle Fehlentwicklungen. Sein Konzept der Reformation der orthodoxen und orientalischen Kirchen bestand zunächst darin, den Geist der Reformation in diese Kirchen zu tragen. Aus einem Briefwechsel mit König Friedrich Wilhelm IV. ergibt sich, wie M. Raheb eindrücklich zeigt, dass Gobat aber auch vorschwebte, aus allen Ostkirchen kleine evangelische Nationalkirchen auszugründen, die wiederum auf die Außenwelt ausstrahlen sollten.[280] Gobats Idee erweckter *umbrella-organizations* erinnert entfernt auch an Speners Vorstellung einer *ekklesiola in ekklesia*.

Gobats Vision wurde allerdings nie Realität. Im Ergebnis entstanden lediglich winzige protestantische Gemeinschaften, die kaum die quantitative Größe erwecklicher Konvertikel überstiegen. Rahebs Hinweis, dass die ersten evangelisch-arabischen Gemeinden vor dem Beginn der eigentlichen Palästina-Mission bestanden, hilft hier nicht weiter. Dass diese Gemeinden ein paar Jahre früher entstanden, sagt wenig über ihr theologisches Profil und ihre kirchliche Reformfähigkeit aus. Zudem hätten sie ohne das Engagement des JV, Kaiserswerths und des Syrischen Waisenhauses kaum weiterbestehen können, weil das Bistum auf die Aktivitäten der Missionen angewiesen war. Mit ihrer finanziellen, personellen und geistlichen

---

[276] Vgl. S. Hanselmann, *Deutsche Evangelische Palästinamission*, 37.

[277] Ebd., 37.

[278] Ebd., 34. Ähnlich S. Akel, *Der Pädagoge und Missionar Johann Ludwig Schneller*, 6.

[279] S. Hanselmann, *Deutsche Evangelische Palästinamission*, 41. Anders A. Feldtkeller, *Die „Mutter der Kirchen" im „Haus des Islam"*, 9 mit Bezug auf M. Raheb, *Das reformatorische Erbe*, 45 ff. Feldtkeller hat diese Deutung mit dem Hinweis auf die Ergebnisse der Arbeit von Mitri Raheb zurückgewiesen. Raheb habe gezeigt, dass Gobat zunächst nicht auf die Abwerbung orthodoxer Christen, sondern auf eine Reformation der Ostkirchen zielte. Den Anschluss an die protestantische Glaubensgemeinschaft hätten die einheimischen Christen nach Einsicht in das Scheitern dieser Reformbemühungen auf eigenen Wunsch vorangetrieben. Allerdings ist es problematisch, wenn Feldtkeller und Raheb Gobat ohne dessen tiefe Verwurzelung in der Erweckungsbewegung interpretieren.

[280] Vgl. M. Raheb, *Das reformatorische Erbe*, 55 f.

Dynamik prägten sie den sich entwickelnden arabischen Protestantismus sehr viel nachhaltiger als dies das Bistum tun konnte. Betrachtet man die Entwicklungen der Folgezeit, so lässt sich feststellen, dass weder das mit großer Skepsis beäugte beziehungsweise mit begeisterter Zustimmung begrüßte Bistum noch die Missionen eine ökumenische oder evangelistische Wirkkraft entfaltete.[281] Als neue Größe unter den christlichen Glaubensgemeinschaften katalysierte der Protestantismus, wie gleich zu zeigen ist, Veränderungsprozesse unter den eingesessenen Kirchen des Heiligen Landes.

Die Ausstrahlung des Bistums nach außen

Das neue Bistum in Jerusalem führte zu einer erhöhten Sensibilität für die religiöse Bedeutung der Stadt, was einen nationalen und konfessionellen Wettbewerb um die Repräsentanz an den Heiligen Stätten auslöste.[282] 1845 verlegte der Griechisch-Orthodoxe Patriarch seine Residenz von Konstantinopel wieder zurück nach Jerusalem, und 1847 wurde das Lateinische Patriarchat vom Heiligen Stuhl, das dort von 1099 bis 1291 schon einmal existiert hatte, wiedereröffnet, und zog den Bau zahlreicher Kirchen, Ordens-Niederlassungen, Schulen und wissenschaftlicher Institute nach sich. Das wiederum provozierte eine innerkatholische Konkurrenzsituation. Der Lateinische Patriarch zog die Macht an sich und verdrängte die franziskanische *Custodia Terrae Sanctae*, die von 1342 bis 1847 die katholischen Interessen im Heiligen Land vertreten hatte. Unter dem ersten, bis 1872 wirkenden Lateinischen Patriarchen, Josef Valerga (1813–1872), entstand in Palästina ein dichtes Netz lateinischer Missionsstationen, die zumeist mit italienischen Geldern aufgebaut wurden. Im letzten Drittel des 19. Jahrhunderts gab es einen regelrechten Wettbewerb der katholischen Nationen um eine angemessene Repräsentanz an den heiligen Stätten.[283] Frankreich bemühte sich um die römisch-katholische Vorrangstellung im Heiligen Land. Russland intensivierte seine Unterstützungsmaßnahmen für die Orthodoxie in Palästina. Das führte im Kontext der *Orientalischen Frage* zu einem politisch-religiösen Konkurrenzkampf zwischen den Großmächten, der im Krimkrieg (1853–1856) auf die Spitze getrieben wurde.[284]

Innerprotestantische Spannungen und das Ende des Bistums

Das Zusammenleben englischer und deutscher Protestanten unter der Aufsicht eines Bischofs gelang nicht. Schon nach wenigen Jahren beklagten sich die deutschen Protestanten darüber, dass der Bischof zu häufig auf Englisch predige und forderten einen eigenen Pastor für ihre Teil-Gemeinde. Nationale und konfessionelle Differenzen wirkten sich aus und ließen sich nicht leichthin überbrücken.[285] Nun wurde

---

[281]   Vgl. K. Schmidt-Clausen, *Vorweggenommene Einheit,* 371.

[282]   Vgl. J. Krüger, *Rom und Jerusalem,* 71.

[283]   Zu den national aufgeladenen, innerkatholischen Streitigkeiten vgl. z.B. F. Heyer, *Kirchengeschichte des Heiligen Landes,* 195–203.

[284]   Vgl. G. Mehnert, „Jerusalem als religiöses Phänomen", 164.

[285]   Ebd.,374.

Realität, was sowohl in Bunsens *Leitenden Grundsätzen* als auch in einem Schreiben des Erzbischofs von Canterbury an den König von Preußen dargelegt worden war: Das Anglo-Preußische Bistum war eben keine auf „Glaubenseinheit beruhende Kirchengemeinschaft", sondern eine Kooperation zwischen zwei Nationen bzw. Staatskirchen.[286] Nach der anfänglichen Euphorie verbanden sich schon nach einigen Jahren die konfessionellen Eigenheiten mit nationalistischen Tendenzen. Das Bistumsexperiment scheiterte letztlich an grundlegenden Konstruktionsfehlern. Die fehlende theologische Basis ließ die nationalen, politischen und kulturellen Faktoren „zu bedrohlicher Größe emporwachsen, die bei gemeinsamer Bekenntnisgrundlage vielleicht zu bändigen gewesen wären."[287] Spätestens nach der Reichsgründung und dem wachsenden deutschen Selbstbewusstsein hatten sich die politischen Konstellationen grundlegend geändert.

Der Weg zur Auflösung des Anglo-Preußischen Bistums

Mit der Bildung der deutschen evangelischen Gemeinde in den späten 1870er Jahren entstanden drei beziehungsweise vier relativ selbständige Gruppen unter dem Dach des Bistums. Zur englisch- und zur deutschsprachigen Gemeinde gehörten jeweils etwa 150 Glieder, zu den jungen arabisch-protestantischen Gemeinden rund 800 Gläubige,[288] während sich für die jüdische Proselytengemeinde kaum verlässliche Zahlen finden.

In der *Christ Church*, die über Jahrzehnte von allen protestantischen Gruppen genutzt wurde, hielten nur noch die englische Gemeinde und die von *London Jews Society* betreuten jüdischen Konvertiten ihre Gottesdienste. Die arabischen Protestanten besaßen dank der Förderungen durch die *Church Missionary Society* schon seit 1874 mit *St. Paul's* ebenfalls eine eigene Kirche.[289] Die Deutschen hatten – mit Unterstützung des Johanniter-Ordens – 1871 auf dem Muristan das ehemalige Refektorium eines Kreuzzugsbaus zu einer Kapelle hergerichtet und feierten dort ihre Gottesdienste. Da die Muristan-Kapelle aber nicht nach anglikanischem Ritus geweiht worden war, konnte der anglikanische Bischof dort keinen Gottesdienst abhalten. Das war ein weiteres Mosaiksteinchen auf dem Wege zur Trennung der deutschen und der englischen Gemeinde. Die Muristan-Kapelle wurde von der deutschen Gemeinde 27 Jahre lang, bis zur Einweihung der Erlöserkirche, genutzt und später zum Gottesdienstraum der arabischen Lutheraner.

Mit dem Tode der integrierenden Persönlichkeit Gobats wurde die Krise des Bistums deutlicher denn je. Das Recht zur Bestimmung des neuen Bischofs stand nun der englischen Seite zu. Zum dritten und letzten Oberhaupt des ökumenischen Experiments bestimmte London mit dem 1831 geborenen Joseph Barclay einen Mann,

---

[286] Ebd., 375.
[287] Ebd., 377.
[288] Vgl. R. A. Farah, In troubled waters, 54.
[289] *NNM* 15 (1871), 178 f.; *NNM* 18 (1874), 5; A.L. Tibawi, *British Interests*, 215 ff.; M. Lückhoff, *Anglikaner und Protestanten*, 273. Vgl. auch H.W. Hertzberg/J. Friedrich (Hgg.), *Jerusalem – Geschichte einer Gemeinde*, 28 und B. Karnatz, „Das preußisch-englische Bistum in Jerusalem", in: *JBBKG* 47 (1972), 30.

der Jerusalem und den Orient gut kannte.[290] Zum Zeitpunkt seiner Bischofswahl war er Rektor in Stapleford/Hertfordshire, hatte aber von 1858 bis 1861 für die LJS in Konstantinopel und von 1861 bis 1870 als Pfarrer an der *Christ Church* in Jerusalem gearbeitet.

Nach M. Raheb und A.L. Tibawi sollte Barclay eine strategische Veränderung der Missionsarbeit des Bistums vornehmen.[291] In England gab es Stimmen, die wieder eine stärke Konzentration auf die Judenmission wünschten. Die CMS sollte ihre Proselytenmacherei aufgeben und sich stärker der Mohammedaner-Mission widmen. Mit dem ehemaligen Judenmissionar Barclay, der auch Vizepräsident der *British and Foreign Bible Society* sowie Vorstandsmitglied der CMS und der LJS war, schien der richtige Mann gefunden. Dass es zu keiner Trendwende kam, hatte zwei Gründe: Barclay blieb keine Zeit. Am 3. Februar 1880 in Jerusalem eingetroffen, starb er bereits am 23. Oktober 1881 an einer Lungenentzündung. Zudem waren die inneren Strukturen des Bistums seit den 1850er Jahren derart gewachsen, dass sich die selbständigen Gemeinden nicht ohne weiteres zusammenführen ließen. Auch wenn die Arbeit der LJS und der CMS einige Jahre vor der des Jerusalemsvereins und des Syrischen Waisenhauses begonnen hatte, holten die deutschen Organisationen auf und besaßen am Ende des 19. Jahrhunderts ein großes Selbstbewusstsein. Die Verantwortung für die Mission und fast die gesamte Schularbeit lag in der Hand unabhängiger Organisationen – und nicht etwa in der des Bischofs. Aufgrund der missionarischen Misserfolge hatte sich deren Agenda verändert. Die Missionen betrieben mittlerweile keine Mission im engeren Sinne des Wortes mehr, sondern konzentrierten sich auf schulischen Unterricht, handwerkliche Ausbildung und evangelische Unterweisung orthodoxer Christen.[292]

Einen Nachfolger für Barclay hat es im Rahmen des Anglo-Preußischen Bistums nicht mehr gegeben. Die Neubesetzung oblag 1882 der deutschen Seite, doch der Bischofsstuhl blieb vakant. Mit dem Anwachsen des Nationalismus nach 1871 hatte sich in Berlin und in Jerusalem eine starke Fraktion gebildet, die sich am Vetorecht des Erzbischofs von Canterbury und der Nachordinierung evangelischer Geistlicher störte.[293] Die anglikanisch-evangelischen ‚Flitterwochen‘ waren also vorbei – und die Zeit der ökumenischen Bewegung noch nicht gekommen.

Wie Lückhoff gezeigt hat, kam der Widerstand gegen das Bistum in Deutschland vor allem von kirchlicher Seite,[294] das Auswärtige Amt wollte dagegen im Sinne der bismarckschen Orientpolitik das Bistum beibehalten. Sein Ziel war die Sicherung des jungen Reiches in der Mitte Europas, die Entlastung vom *cauchemar des coalitions* und die Verwirklichung einer politischen Gesamtkonstellation, „in welcher alle Mächte außer Frankreich unser bedürfen und von Koalitionen gegen uns durch ih-

---

[290] Vgl. J. Barclay, *Third Anglican Bishop of Jerusalem. A Missionary Biography*, London 1883.
[291] Vgl. M. Raheb, *Das reformatorische Erbe*, 99 ff. und A.L. Tibawi, *British Interests*, 215.
[292] Vgl. M. Lückhoff, *Anglikaner und Protestanten*, 274.
[293] Vgl. H.W. Hertzberg/J. Friedrich (Hgg.), *Jerusalem – Geschichte einer Gemeinde*, 33; A.-R. Sinno, *Deutsche Interessen in Syrien und Palästina*, 43 und M. Lückhoff, „Voraussetzungen deutscher Gemeindearbeit", 50.
[294] Vgl. M. Lückhoff, *Anglikaner und Protestanten*, 275–293.

re Beziehungen zueinander nach Möglichkeit abgehalten werden." [295] Wie bereits skizziert, bedeutete diese Haltung „eine konsequente Abstinenz insbesondere von aktiver *politischer* Betätigung im Orient, jener Region." [296] Ein verstärktes deutsches Engagement in der Levante hätte gegen die Interessen Englands verstoßen. Dank seiner Vermittlungtätigkeit vor und während des Berliner Kongresses 1878 gelang es Bismarck, das Misstrauen der englischen Politik gegenüber Deutschland abzubauen. Auch wenn das Bistum als Element der britisch-deutschen *pénétration pacifique* ausgedient hatte, entsprach sein Ende nicht den Intentionen des Reichskanzlers.

In Jerusalem spürten die deutschen Protestanten die Folgen dieser zurückhaltenden Orientpolitik, konterkarrierten sie aber teilweise. Der deutsche Pfarrer Carl Reinicke (1876–1884) setzte sich vehement für eine Separierung der deutschen Gemeinde ein. Er weigerte sich ostentativ, den bisher alle 14 Tage in der *Christ Church* gehaltenen deutschsprachigen Gottesdienst zu übernehmen und beschränkte sich darauf, zusammen mit Gobat jede Woche eine Andacht zu halten.[297] Der Evangelische Oberkirchenrat in Berlin (E.O.K.) plädierte gegenüber dem Kultusministerium für die Herauslösung der deutschen Gemeinde aus dem Bistum und die Aufnahme in die preußische Landeskirche, weil er im Fortbestand des Bistums keinen Nutzen für den deutschen Protestantismus mehr sah. Die Etablierung eines eigenen deutschen Bistums – oder einer ähnlichen repräsentativen kirchlichen Institution – lehnte das politische Berlin jedoch ab, weil es von englischer Seite als religionspolitische Expansion hätte gewertet werden können, was die defensive deutsche Orientpolitik zu verhindern versuchte.

Als die englische Königin 1879 Barclay zum Bischof berief, entschieden sich die staatlichen und kirchlichen Behörden in Berlin dafür, das Bistum zunächst weiterzuführen. Der Erzbischof von Canterbury, Archibald Campell Tait (1869–1882) hatte gegenüber dem deutschen Botschafter sein Interesse am Fortbestand des Bistums bekundet und Barclay instruiert, ein gutes Verhältnis zu den deutschen Geistlichen zu pflegen.[298]

Nach dem Tode Barclays wurde die Frage nach der Zukunft des Bistums wieder virulent. Während Lambeth Palace für den Erhalt votierte, forderte der E.O.K. mit Verweis auf theologische Unterschiede und die neue politische Bedeutung des vereinten Deutschland das genaue Gegenteil. Die Kirchenleitung fand Unterstützung bei dem neuen Kultusminister Gustav von Gossler. Wie Gossler war nun auch Bismarck der Ansicht, dass die Rechtsstellung der deutschen Gemeinde in Jerusalem im

---

[295] So Bismarcks Formulierung im Kissinger Diktat vom 15. Juni 1877 – zitiert nach G. Schöllgen, *Imperialismus und Gleichgewicht*, 15.

[296] Ebd., 15 (Hervorhebung im Text). Zur Bismarckschen Orientpolitik vgl. F. Scherer, *Adler und Halbmond. Bismarck und der Orient, 1878–1890* und A. Hillgruber, *Bismarcks Außenpolitik*. Mit einem Geleitwort von K. Hildebrand, Freiburg ³1993, 129–145 sowie A. Carmel, „Die Deutsche Palästinapolitik 1871–1914", in: *JIDG* 4 (1975), 205–255.

[297] C. Reinickes Behauptung, auf diese Weise sei die evangelische Gemeinde selbständig geworden, ist m.E. völlig übertrieben und durch nichts belegt. Vgl. C. Reinickes am Ende seiner Amtszeit verfasste Pfarrchronik (1884), die sich bei H.W. Hertzberg/J. Friedrich (Hgg.), *Jerusalem – Geschichte einer Gemeinde*, 30–32 abgedruckt findet.

[298] Vgl. M. Lückhoff, *Anglikaner und Protestanten*, 281 f.

Kontext der nationalen und kirchlichen Selbständigkeit des Reiches inopportun und eine Verlängerung des ökumenischen Unternehmens außenpolitisch unnötig sei.[299] Wilhelm I. stimmte Gossler und Bismarck zu und beauftragte den deutschen Botschafter in London, über die Auflösung des Bistums zu verhandeln. Am 17. Juli 1882 informierte die Botschaft das englische Außenministerium über die deutsche Sicht der Dinge. Dieses reichte das Schreiben an den Erzbischof von Canterbury weiter, der sich mit den Trustees des Jerusalemer Bistums-Fonds, dem Bischof von London und dem Erzbischof von York, beraten wollte, allerdings vor Abschluss der Beratungen starb. Während Whitehall den deutschen Vorschlag befürwortete, lehnte 1883 Taits Nachfolger, Edward White Benson (1883–1896) eine Auflösung des Bistums ab, zeigte sich aber für Modifikationen offen. Benson bezeichnete das Bistum als eine wichtige Einrichtung, die ihre Ziele erreicht und zum Teil überboten habe. Da Wilhelm I. eine einseitige Kündigung des Bistumsabkommens nicht anstrebte, begann Berlin die Verhandlungen über eine Veränderung der Bistumsverfassung aufzunehmen. Obwohl London auf eine Neubesetzung drängte, zogen sich die Gespräche fast drei Jahre ohne Ergebnis hin.[300] Anfang 1886 stimmten die britischen Trustees schließlich der Aufhebung zu. Nachdem der britische Botschafter in Berlin im Oktober 1886 die preußische Regierung darüber informiert hatte, willigte Wilhelm I. am 3.11.1886 in die Aufhebung ein.[301] In einem Artikel für die *Times* gab Benson die *reconstitution* des Bistums auch öffentlich bekannt.

Zum Fortgang der anglikanischen Arbeit nach 1886

In zunächst reduziertem Umfang – also ohne deutsche Gemeindeglieder – wurde das *Bistum der Vereinigten Kirche von England und Irland in Jerusalem* weitergeführt.[302] Die zwischenzeitlichen Überlegungen hochkirchlicher Theologen, die bischöfliche Kathedra unbesetzt zu lassen und den Griechisch-Orthodoxen Patriarchen als alleinigen Bischof Jerusalems anzuerkennen und den Sitz des anglikanischen Bistums nach Beirut zu verlegen, stießen bei CMS und LJS auf erbitterten Widerstand.

Überraschenderweise erhielten die Evangelikalen die Unterstützung des orthodoxen Patriarchen. Er setzte sich aus drei Gründen für einen Verbleib des anglikanischen Bistums ein: *Erstens* brauchte er einen starken Partner gegen den expandierenden Katholizismus, *zweitens* wollte er mit seinem Eintreten für die Anglikaner in Jerusalem den Weg für die Errichtung eines orthodoxen Bistums in London ebnen,

---

[299]   Ebd., 283. M. Raheb, *Das reformatorische Erbe*, 100–104 gibt das Schreiben Gosslers vom 31.3.1882 ausführlich wieder, bezeichnet Gossler aber irrtümlicherweise als ehemaligen preußischen Kanzler. Gossler war 1881–1891 Minister der Geistlichen-, Unterrichts- und Medizinalangelegenheiten. Das Amt eines Kanzlers gab es in Preußen nicht. Seine Aufgaben übernahm der Ministerpräsident. Vgl. H.-J. Schoeps, *Preußen. Geschichte eines Staates. Bilder und Zeugnisse*, Berlin 1992, 400–404.

[300]   Vgl. zu den englisch-preußischen Verhandlungen M. Lückhoff, *Anglikaner und Protestanten*, 285–293 und A.-R. Sinno, *Deutsche Interessen in Syrien und Palästina*, 41–44.

[301]   Vgl. K. Schmidt-Clausen, *Vorweggenommene Einheit*, 377.

[302]   Vgl. M. Raheb, *Das reformatorische Erbe*, 104.

und *drittens* hoffte er auf die Unterstützung der britischen Regierung in einer außen-
wie religionspolitisch unüberschaubaren Situation.[303]

In einer gemeinsamen Erklärung vom 18.2.1887 machten die Erzbischöfe von
York und Canterbury sowie der für die Auslandsgemeinden zuständige Bischof von
London nochmals die Ausrichtung des Bistums deutlich: Der anglikanische Bischof verzichtete auf territoriale Jurisdiktionsrechte, um nicht die Rechte der anderen kirchlichen Oberhäupter zu berühren. Er sei vielmehr die spirituelle Leitung
der anglikanischen Pfarrer, die in Jerusalem und dem Orient ihrem Dienst nachgin-
gen. Außerdem legten die drei anglikanischen Kirchenführer fest, dass die CMS und
LJS jeweils 300 Pfund zum Gehalt des Bischofs beitragen sollten, so dass dieser
insgesamt 1.200 Pfund pro Jahr erhalten sollte. Eine Mitbestimmung bei der No-
minierung des jeweiligen Bischofs konnten die LJS und die CMS trotz ihrer finanziellen Beiträge nicht durchsetzen. Die CMS legte allerdings großen Wert darauf,
dass der Bischof ein Mann mit *protestantischen Prinzipien* – also kein Mann der
High Church-Fraktion sei, der die Evangelisation unter den orientalischen Christen
als schismatisch brandmarkte.[304] Auch dieser Wunsch erfüllte sich nicht: Der Erzbischof von Canterbury ernannte nämlich mit dem Archdeacon of Rangoon, George
Francis Popham Blyth (1832–1914) einen überzeugten Anglo-Katholiken zum neu-
en anglikanischen Bischof in Jerusalem. Blyth wurde am 25. März 1887 zum *Bishop
of the Church of England in Jerusalem* geweiht und leitete das Bistum bis 1914.[305]
Er hatte nach dem Studium in Oxford 21 Jahre für die anglikanische Kirche in Indien
und Burma gearbeitet, war also mit kirchlicher Arbeit im Kontext von Kolonialismus
und Mission vertraut. Blyth zählte zur zweiten Generation der Oxford Bewegung.
Innerhalb der Low-Church-Gemeinden Englands und der Missionen wurde die Entscheidung kritisiert, weil nun ein „ritualist bishop"[306] in der Davidsstadt residierte.

Für Blyth war deshalb die Abwerbung einheimischer Christen undenkbar[307] und
der Ehrenprimat des Griechisch-Orthodoxen Patriarchen unangetastet. Nicht nur
deshalb verstand Blyth sein Bischofsamt als das eines „ambassador, legatus a latere,
sent from the Church of England to the Orthodox Church".[308] Dieser ökumenische
Geist trug zwar zu einer Annäherung zwischen Anglikanismus und Orthodoxie bei,
offenbarte aber auch ein tiefgreifendes Problem: Der anglikanische Bischof war ein
Hirte ohne präzise definierte Diözesangrenzen und episkopale Kompetenzen.

Die Palästina-Mission sollte nach Blyths Verständnis allein auf die Bekehrung
von Muslimen, Drusen und Juden ausgerichtet sein. Da schon in den Jahrzehnten des
gemeinsamen Bistums, die Juden- beziehungsweise die Mohammedaner-Mission

---

[303] Vgl. K. Crombie, *For the Love of Zion*, 121 f.

[304] Vgl. die Abschrift des *Statement by the Archbishop of Canterbury, the Archbishop of York, and the
Bishop of London relating to the Bishopric in Jerusalem* vom 18.2.1887, LPL/Lang Papers 45. Vgl.
auch K. Crombie, *For the Love of Zion*, 122.

[305] Vgl. F. Heyer, *Kirchengeschichte des Heiligen Landes*, 183–186.

[306] Vgl. K. Crombie, *For the Love of Zion*, 124 und F. Heyer, *Kirchengeschichte des Heiligen Landes*,
185.

[307] Vgl. Y. Perry, *British Mission to the Jews*, 131–133. Vgl. auch E. Blyth, *When we lived in Jerusalem*, London 1927.

[308] A.L. Tibawi, *British Interests*, 222 und 236.

ohne nennenswertes Ergebnis geblieben war, bedeute die Ablehnung der Proselyten-macherei praktisch das Ende der seit Gobats Zeiten von der CMS verfolgten Linie. Als sich Blyth weigerte, arabische Gemeindeglieder, die in der orthodoxen Kirche die post-baptismalen Salbungen erhalten hatten, zu konfirmieren, kam es zu ernsten Konflikten zwischen dem Bischof und der CMS.[309] Die Trustees des Bistums ord-neten an, dass den arabischen Christen, die aus freiem Gewissen die Konfirmation verlangten, sie auch gewährt werden müsse.[310] Daraufhin führte Blyth die Praxis ein, die noch heute von der anglikanischen Kirche im Heiligen Land angewandt wird: Al-lein der Bischof entscheidet über die Aufnahme in die Kirche. Allerdings unterließ es Blyth nicht, den orthodoxen Konvertiten zu erklären, dass seiner Ansicht nach Chrismatisierung und Konfirmation einander entsprachen.[311] Zudem sorgte Blyth für eine Beruhigung, indem er den Pfarrern und Missionaren der CMS und LJS er-laubte, die Ortsgemeinden zu führen. Die parallelen, ja sogar entgegen gesetzten Machtstrukturen unterminierten jedoch die Autorität des anglikanischen Oberhirten: Dem Bischof als Haupt der anglikanischen Gemeinschaft im Heiligen Land stan-den finanziell potente, gut organisierte Gesellschaften mit unabhängigen Vorständen in England gegenüber. Die Heimatvorstände waren die natürlichen Ansprechpartner der Missionare und besaßen im Gegensatz zum Bischof Weisungsbefugnisse gegen-über den Missionaren. Da der Bischof die CMS- und LJS-Geistlichen ordinierte, mussten sie ihn aber als kanonische Autorität anerkennen.

Auch die Loyalität der *London Jews Society* gegenüber dem Bistum konnte Zu-sammenstöße nicht verhindern. Streit gab es, als Blyth die *Christ Church* zu einer Kollegiatskirche mit hochkirchlichem Ritus ausbauen wollte. 1888 lehnte die LJS diese Pläne wohlwissend ab, dass sie Blyth damit freie Bahn für den Bau einer eige-nen Kathedrale geben und ein Auseinandergehen von Kirche und Mission provozie-ren würde.[312]

Seine guten Kontakte zum griechischen Patriarchen führten dazu, dass Blyth die Erlaubnis erhielt, in der zur Grabeskirche gehörenden Abrahams-Kapelle Gottes-dienste abzuhalten – „a move diametrically opposed to the views of LJS pioneers [...] who wished to establish in Jerusalem a church which exemplified pure refor-med Christianity."[313] Lediglich in einem Punkt fanden zumindest die LJS und Blyth Übereinstimmung: im gemeinsamen Festhalten an der Idee der *Restoration of the Jews* als Erfüllung der biblischen Prophetien.[314]

Um weiteren Ärger zu vermeiden und um seine eigenen theologischen, pädagogi-schen missionarischen und baulichen Ziele stärker vorantreiben zu können, gründete Blyth 1887 – also kurz nach seiner Ankunft in Palästina – seine eigene Gesellschaft:

---

[309] Ebd., 184; ähnlich G. Mehnert, *Zionsfriedhof*, 28.

[310] Vgl. A.L. Tibawi, *British Interests*, 256.

[311] Vgl. F. Heyer, *Kirchengeschichte des Heiligen Landes*, 184. In den für den Anglikanismus sensiblen Fragen wie die nach der Liturgie, nach geistlichen Gewändern, der apostolischen Sukzession und dem Aufbau eines Diözesankapitels schlug Blyth einen dezidiert hochkirchlichen Weg ein.

[312] Zu den Beratungen der LJS-Missionare in Jerusalem und des Vorstands in London vgl. K. Crombie, *For the Love of Zion*, 125 f.

[313] So K. Crombie, *For the Love of Zion*, 126.

[314] Ebd., 128.

Die *Jerusalem and the East Mission* (JEM).[315] JEM-Präsident war stets der Bischof in Jerusalem, JEM-Chairman der Bischof von London und Vice-Chairman ein engagierter, landeskundiger Laie. Dem Council gehörten als Vice-Presidents – ähnlich wie bei der CMS und LJS/CMJ – rund ein Dutzend Bischöfe der weltweiten anglikanischen Gemeinschaft, Vertreter der CMS und LJS sowie prominente englische Kolonialbeamte und Politiker an.

Um die erfolgreiche Arbeit professionell fortzuführen, baute Blyth die JEM-Heimatorganisation in der Endphase seines Episkopats aus. 1912 entstand ein Londoner *Committee of the Council* unter der Leitung des Bischofs von London. Nur mit Hilfe eines solchen Exekutivkomitees war die Arbeit des fast fünfzigköpfigen Councils überhaupt durchführbar. 1915 erhielt die JEM erstmals einen hauptamtlichen Sekretär, 1916 einen Generalsekretär. Diesen Posten übernahm Rev. Edward Mornier Bickersteth (1882–1976), der zuvor Rektor der angesehenen Privatschule *Castle Bromwich* in Birmingham gewesen war und fast drei Jahrzehnte die Arbeit der JEM prägen sollte. Die JEM entwickelte sich zu einer Angelegenheit der englischen Oberklasse und ist ein Beleg für die oft kritisierte Verbindung des High Church-Flügels mit den Eliten des Landes. Ruth Kark hat darauf hingewiesen, dass sich sogar am Baustil der Kirchen ein Unterschied zwischen *High* und *Low Church* ablesen lässt.[316] Der schlichten Christ Church mit ihrem Mix aus englisch-anglikanischen und hebräischen Elementen wurde nicht nur eine Kathedrale, sondern ein ganzes neues anglikanisches Viertel entgegengesetzt. Mit Hilfe der JEM trieb Blyth den Bau *St. George's Cathedral* voran. Sie wurde in der *Nablus Road* nahe dem Damaskus-Tor im arabischen Jerusalemer Osten gebaut und am 18.10.1898 – also knapp zwei Wochen vor der Erlöserkirche – eingeweiht. Es war die erste „purely Church of England institution"[317] in Palästina. Allerdings lag Blyths Baueifer nicht nur in seiner Gegnerschaft zu den Evangelikalen begründet. Er wollte auch im Wettbewerb mit der Erlöserkirche bestehen.[318]

Unter Blyths Ägide wurde nicht nur die Kathedrale errichtet, sondern um sie herum ein ganzes anglikanisches Zentrum – *St. George's Close* genannt – angelegt. Als Architekt wurde George Jeffrey gewonnen, der den kirchlichen Komplex in Anlehnung an das New College in Oxford gestaltete.[319] Auch das 1903 eröffnete *Clergy House* und *Bishop's House* wurden im Stile alter englischer Colleges gebaut. Allen Bauten gemeinsam ist der damals in England beliebte neugotische Stil, der in den 1840er Jahren zuerst von der Cambridge *Camden Society*, einem wegen ihres starkes Hangs zu mittelalterlichen Ritualen umstrittenen Nebenprodukts der Oxford Bewegung, propagiert worden war.[320] Der starke Bezug der Jerusalemer Bauten auf die

---

[315] Vgl. z.B. Y. Ben-Arieh, *Jerusalem in the 19th Century*, Bd. 2, 325.

[316] Vgl. R. Kark, „Missions and Architecture. Colonial and Post-Colonial Views - The Case of Palestine", in: E. H. Tejirian/R. Spector Simon (Hgg.), *Altruism and Imperialism. Western Cultural and Religious Missions in the Middle East (19th – 20th century)*, New York 2002, 183–207.

[317] K. Crombie, *For the Love of Zion*, 127.

[318] Vgl. K. Crombie, *For the Love of Zion*, 125.

[319] Vgl. Y. Ben-Arieh, *Jerusalem in the 19th Century* Bd. 2, 324–327. Der nach King Edward VII. benannte Kirchturm erinnert architektonisch an den Turm des Magdalene College Oxford.

[320] Vgl. O. Chadwick, *The Victorian Church* Bd. 1, 212–214, 221, 521.

College-Architektur ist ein Beleg für einen Mentalitätstransfer der hochkirchlich-akademisch geprägten englischen Oberschicht von England nach Jerusalem.

Blyth schied 1914 im Alter von 81 Jahren aus dem Dienst. Der machtbewusste Theologe tat dies nicht freiwillig, sondern auf Druck des Erzbischofs von Canterbury.[321] Blyth hatte sich große Verdienste auf dem Gebiet der Ökumene erworben und sich als erfolgreicher Manager erwiesen: Bei Amtsantritt hatte er ein Bistum ohne eigene Kirche, Krankenhaus und Häuser übernommen. 27 Jahre später konnte er eine wohlhabende und schuldenfreie Diözese an seinen Nachfolger übergeben, deren Grund- und Immobilienbesitz – dank seines eifrigen Fundraisings – einen Wert von rund 150.000 Pfund hatte.[322] Im Blick auf die Mentalitätsgeschichte der anglikanischen Gemeinden muss jedoch festgehalten werden, dass unter Blyths Ägide der Gegensatz von High Churchmen und Evangelikalen in Palästina zementiert wurde.[323]

Die Gründung der Evangelischen Jerusalem-Stiftung

Organisatorisch sah sich die evangelische Gemeinde mit einer komplizierten Sachlage konfrontiert: Ein eigenes Gemeindestatut gab es nicht. Das Gehalt für den deutschen Pfarrer wurde aus dem von König Friedrich Wilhelm IV. bereitgestellten Kollektenfonds bestritten. Die Gemeinde war der Landeskirche der älteren Provinzen Preußens angeschlossen, und der E.O.K. in Berlin betreute sie zusammen mit den anderen deutschen evangelischen Auslandsgemeinden.

Nach der Aufhebung des Bistums-Abkommens 1886 schlug der preußische Kultusminister von Gossler die Gründung einer Stiftung vor. Der erste Geistliche in Jerusalem sollte die deutsche evangelische Kirche im Nahen Osten repräsentieren und dafür zum Bischof befördert werden. Gosslers Vorschläge wurden bei kirchlichen und staatlichen Behörden zustimmend aufgenommen, lediglich die Verleihung des Bischofstitels stieß auf Ablehnung.

Am 22. Juni 1889 wurde die Evangelische Jerusalem-Stiftung (E.J.St.) durch ein Statut Kaiser Wilhelms II. ins Leben gerufen.[324] Sie erhielt die Aufgabe zur „Erhaltung der bestehenden sowie die Schaffung neuer evangelisch-kirchlicher Einrichtungen und Anstalten in Jerusalem".[325] Mit der Erlöserkirche bekam der deutsche Protestantismus 1898 auch einen repräsentativen Kirchenbau in Jerusalem. Nun be-

---

[321] Vgl. die entsprechenden Briefwechsel aus den Jahren 1912–1914 zwischen Blyth und R. Davidson, LPL/R.T. Davidson Papers 395.

[322] Vgl. die Artikel „Missionary Church. Resignation of the Bishop in Jerusalem" – Abdruck des Rücktrittsschreiben von Blyth an den Erzbischof vom 23.5.1914 in: *The Guardian* vom 4.6.1914 und „The Jerusalem Bishopric", in: *The Guardian* vom 4.6.1914, LPL/R.T. Davidson Papers 396. Das Original des Rücktrittsschreibens befindet sich ebenfalls in der besagten Akte.

[323] Vgl. dazu auch K. Crombie, *For the Love of Zion*, 121–140.

[324] Vgl. M. Lückhoff, *Anglikaner und Protestanten*, 293.

[325] Vgl. z.B. H.W. Hertzberg/J. Friedrich (Hg.), *Jerusalem-Geschichte einer Gemeinde*, 35 f. Die Verwaltung der E.J.St. wurde einem fünfköpfigen Kuratorium übergeben, das vom König berufen wurde und unter der Aufsicht des preußischen Kultusministeriums stand. Den Vorsitz übernahm der Präsident des E.O.K. in Berlin. Finanzielle Grundlage der E.J.St. waren die aus preußischem Dotationskapital des Bistums freigewordenen Mittel (430.000 Mark), die Gelder aus dem Jerusalem-

stand nur noch Unklarheit über die Stellung des ersten Pfarrers an der Erlöserkirche. Bismarck verneinte die Frage auf, „ob für die äußere Gestaltung der Gemeinde in Jerusalem die Einrichtung eines Bistums unter Beilegung der Titulatur ,Bischof' an den 1. Geistlichen in Jerusalem zweckmäßig sei.[326]" Die Gemeinde sei für ein Bistum zu klein, der Bischofstitel nicht angemessen. Gerade unter außenpolitischen Gesichtspunkten hielt es Bismarck für „nicht erwünscht", wenn Deutschland mit einem neuen Bischof den Eindruck erwecken würde, in den kirchenpolitischen Auseinandersetzungen des Heiligen Landes in Zukunft eine größere Rolle spielen zu wollen.[327] Der erste Geistliche wurde deshalb „nur" zum Propst befördert. Da der Propst-Titel außerhalb Deutschlands weitgehend unbekannt war, brachte er dem deutschen Protestantismus im Heiligen Land keinen Prestigegewinn.

Der Ertrag der missionarischen Bemühungen des Bistums

Zur abschließenden Deutung der missionarischen Bemühungen des deutschen Protestantismus, über die es bisher noch keinen völligen Forschungskonsens gibt, hat S. Hanselmann einige Thesen aufgestellt.[328] Die Palästinamission scheiterte seiner Ansicht nach bei dem Versuch, Konvertiten aus dem Islam (und Judentum) zu gewinnen, erzielte aber gewisse Erfolge beim Abwerben arabischer Christen aus anderen Kirchen, auch wenn das aus heutiger Sicht unter ökumenischen Gesichtspunkten als problematisch erscheint.

Numerisch betrachtet, war die Zahl derer, die von der Palästina-Mission für den Protestantismus gewonnen werden konnten, überschaubar. Auf anderen Missionsgebieten führte der gleiche Einsatz zur Bildung weitaus größerer Kirchen.[329] Aufgrund seiner geringen Größe blieb (und bleibt) der arabische Protestantismus nur dadurch lebensfähig, dass er weiter von westlichen Kirchen und Organisationen finanziell gefördert wurde beziehungsweise bis heute wird.

Hanselmanns Ausführungen lassen sich in ähnlicher Weise auch auf die anglikanische Mission anwenden, die ja strukturell nicht anders vorgegangen ist als die deutsche und nur wenig mehr Konvertiten vorzuweisen hat. Unter pragmatischen, kirchen- und religionspolitischen Gesichtspunkten erscheint die Frage unausweichlich, ob die Aufkündigung des gemeinsamen Bistums 1888 nicht ein großer Fehler war. Heute leben zusammen nicht einmal 10.000 protestantische Christen anglikanischer und lutherischer Konfession in Palästina, die von zwei Bischöfen, zahlreichen Klerikern und aufwändigen Verwaltungen geführt werden. Die Kirchen unterhalten zahlreiche Gemeinden, Schulen und Sozialeinrichtungen. Sie bleiben sicherlich ihrer historischen Rolle als Brückenbauer zwischen den Kulturen und Völkern sowie als

---

Kollektenfonds (220.000 Mark) und aus dem zwischen 1869–1888 entstandenen Kirchenbaufonds (530.000 Mark).

[326] Vgl. das Schreiben vom 31. Mai 1889 an Wilhelm II., unterschrieben von v. Bismarck, v. Große, v. Scholz, Herrfurth, v. Schilling in: EZA 56/1. Den Hinweis auf diesen Brief verdanke ich Frau Prof. Dr. Annemarie Karnatz (Berlin).

[327] Ebd.

[328] Vgl. S. Hanselmann, *Deutsche Evangelische Palästinamission*, 183–198.

[329] Vgl. ebd., 198.

Modernisierungsfaktor innerhalb der palästinensischen Gesellschaft treu. Allerdings wäre diese Arbeit ohne einen erheblichen Zuschuss aus Deutschland, Skandinavien und den angelsächsischen Ländern gegenwärtig und zukünftig völlig undenkbar. Die arabischen Protestanten in Palästina sind heute – wie bei der Gründung des Bistums – Objekte einer religiös-kulturellen Symbolpolitik im Nahen Osten. Natürlich haben sie mittlerweile ein Eigenleben und ein eigenes Profil entwickelt. Sie setzen auch theologische Akzente – etwa in der Rezeption und Übertragung der Befreiungstheologie auf den palästinensischen Kontext.[330] Doch die Größe und der Umfang der protestantischen Arbeit in Palästina würde – unter sicherlich anderen Rahmenbedingungen – in Deutschland und in England nicht einmal zur Aufrechterhaltung eines Dekanats ausreichen. Die noch immer reichlich fließenden Spendengelder belegen dagegen durchaus, dass es eben nicht allein um den Erhalt existierender protestantischen Gemeinden, sondern noch immer um eine Repräsentation des reformatorischen Christentums im Heiligen Land geht.

Unter missionarischen Gesichtspunkten war das deutsche und englische Palästinaengagement relativ erfolglos. Für die auswärtige Kulturpolitik Englands und Deutschlands wurden die religiösen, sozialen und pädagogischen Einrichtungen jedoch zu einem wichtigen Faktor. Der auf diesem Gebiet tobende Konkurrenzkampf brachte dem Heiligen Land einen enormen Modernisierungsschub. Führende Kraft in der gesamten Levante blieb ohne Zweifel Frankreich, gefolgt von Amerika mit jeweils weit über 500 Schulen, denen 192 englische Schulen mit 8.957 Schülern und 400 Lehrern folgten. Das Deutsche Reich konnte mit diesen Zahlen nicht konkurrieren, gab es doch nur 80 deutsche Schulen – darunter 31 Missionsschulen – mit 8.665 Schülern und 358 Lehrern. Eine ähnliche Größenordnung erreichte auch das russische Engagement mit 71 Schulen.[331] Alle Versuche, während des Ersten Weltkriegs im Kontext der deutsch-türkischen Militärallianz den deutschen kulturpolitischen Einfluss zuungunsten Frankreichs zu stärken, scheiterten jedoch an den Zielen der jungtürkischen Bewegung und ihrer Turkifizierungspolitik. Wenn H. Gründer allerdings behauptet, dass die Missionen in den kulturpolitischen Überlegungen des Auswärtigen Amtes nach 1918 „weitgehend ausgeschaltet" wurden, so ist dies, wie sich in den folgenden Kapiteln herausstellen wird, ein verkürztes und unzutreffendes Urteil.[332]

---

[330]   Vgl. U. Gräbe, *Kontextuelle palästinensische Theologie. Streitbare und umstrittene Beiträge zum ökumenischen und interreligiösen Gespräch*, Erlangen 1999 sowie M. Raheb, „Die evangelische lutherische Kirche in Palästina und Jordanien. Vergangenheit und Gegenwart", in: K.-H. Ronecker u.a. (Hgg.), *Dem Erlöser der Welt zur Ehre*, 183–200; ders., *Ich bin Christ und Palästinenser. Israel, seine Nachbarn und die Bibel*, Gütersloh 1994; P. Löffler, *Arabische Christen im Nahostkonflikt. Christen im politischen Spannungsfeld*, Frankfurt/Main 1976; U. Bechmann/M. Raheb (Hgg.), *Verwurzelt im Heiligen Land*.

[331]   Alle Zahlen nach H. Gründer, *Welteroberung und Christentum*, 365.

[332]   Gegen H. Gründer, *Welteroberung und Christentum*, 366.

2.5 Anglikaner und deutsche Protestanten am Ende des Ersten Weltkriegs

2.5.1 Stabwechsel in Jerusalem: Rennie MacInnes als neuer Bischof

Nachdem Blyths Abschied beschlossene Sache war, regelte Erzbischof Randall Thomas Davidson,[333] ein überzeugter Vertreter des kirchlichen Establishments, in enger Absprache mit seinen Amtsbrüdern in London und York die Nachfolgefrage. Der neue Bischof sollte herausragende intellektuelle Fähigkeiten, persönliche Ausstrahlung und Kenntnis des Ostens haben. Diese Voraussetzungen erfüllte niemand besser als Rennie MacInnes, der als erfahrener und überzeugter CMS-Missionar in Kairo fließend Arabisch sprach, ein Herz für die Ostkirchen hatte und für die Evangelikalen akzeptabel war. Die mögliche Kritik der *High Church*-Fraktion nahm Davidson in Kauf, meinte jedoch nach dem rigiden hochkirchlichen Kurs des vierten Bischofs nun den Missionsgesellschaften entgegenkommen zu müssen. Als auch Lord Herbert H. Kitchener, 1911–14 Generalkonsul in Ägypten und ab 1914 *Secretary of War*, MacInnes ein günstiges Zeugnis ausstellte, stand seiner Berufung nichts mehr im Wege.[334]

Mit MacInnes gelangte ein Mann auf den Bischofsstuhl, dessen Lebensweg, Selbstverständnis und Auftreten sich deutlich von Blyth unterschieden. MacInnes stammte aus einer angesehenen, frommen Familie Nordenglands. Er wurde 1870 auf dem elterlichen Anwesen in Rickerby bei Carlisle geboren, durchlief eine klassische Oberschichten-Ausbildung mit dem Schulbesuch im Elite-Internat Harrow und dem Studium am *Trinity College* in Cambridge, wo er 1892 den Bachelor- und 1896 den Master-Grad erwarb. Sein Großvater war der schottische General John MacInnes, der sich Verdienste um die East India Company erworben hatte; sein Vater, Miles MacInnes, war Direktor der *North-Western Railway* und übernahm später ein Unterhausmandat für den Wahlkreis Hexam in Northumberland. Seine Mutter entstammte der Brauereibesitzers-Dynastie von Sir T. Fowell Buxton, der als Nachfolger von William Wilberforce die englische Kampagne zur Abschaffung der Sklaverei angeführt hatte. Von seinem Vater erbte er die Liebe zu Statistiken, Tabellen und Berechnungen sowie das Organisations- und Management-Talent, das ihm auf seinem weiteren Lebensweg hilfreich sein sollte.[335]

Der distinguierte Cambridge-Absolvent gehörte als gemäßigter Evangelikaler zu den Gründern des *Student Volunteer Missionary Union* und führte als Secretary die *Cambridge Inter-Collegiate Christian Union* an. Sein frühes Eintreten für die

---

[333] Randall Thomas Davidson (1848–1930) wurde 1883 zum Dean of Windsor ernannt, 1891 zum Bischof von Rochester konsekriert. 1895 übernahm er die Diözese Winchester und wurde von 1903 bis 1928 Primas der anglikanischen Kirche. Vgl. zu R.T. Davidson die umfangreiche Biographie aus der Feder von G.K.A. Bell, *Randell Davidson, Archbishop of Canterbury*, 2 Bde., Oxford 1935. Vgl. auch A. Hastings, *A History of English Christianity*, 50.

[334] Vgl. den Brief R. Davidsons („privat und confidental") an Lord Kitchener vom 11.9.1914 und Kitcheners Antwort aus Whitehall vom 13.9.1914, LPL/R.T. Davidson Papers 396.

[335] Vgl. dazu auch den Nachruf des Executive Secretaries des *Near East Christian Council for Missionary Co-operation*, R.P. Wilder, in: *Bible Lands* Nr. 132 – April 1932, 216.

Mission erreichte 1892 einen Höhepunkt, als sich aufgrund seines Werbens rund 70 Cambridge-undergraduates bei der *Church Missionary Society* für einen Missionseinsatz in Übersee meldeten.

MacInnes galt schon seit seinen Studententagen als eine charismatische Führungspersönlichkeit, die kirchlich, missionarisch und gesellschaftlich schnell ein weites Netz an Kontakten zu spinnen und Freundschaften zu knüpfen verstand.

Bereits als junger Mann unternahm MacInnes zusammen mit seinem Vater weite Reisen, die in die Vereinigten Staaten und auch nach Palästina führten. Der unmittelbare Eindruck der Heiligen Stätten und des Orients prägte ihn nachhaltig. Nach der Ordination zum Diakon (1896), zum Priester (1897), der Heirat mit der Ärztin und Pfarrerstochter Janet Waldgrave (1896), mit der er zwei Söhne und zwei Töchter hatte, ging MacInnes 1899 in die Mission nach Ägypten. Der älteste Sohn von Rennie und Janet MacInnes, Campbell MacInnes, trat in die Fußtapfen seines Vaters, arbeitete zunächst als CMS-Missionar in Palästina und wurde schließlich nach dem Zweiten Weltkrieg der erste und einzige anglikanische Erzbischof in Jerusalem, als das Bistum den gesamten Nahen Osten umspannte.

Bereits 1902 übernahm MacInnes als leitender Sekretär die CMS-Mission in Ägypten, den Posten den er bis zu seiner Ernennung zum Bischof 1914 innehatte. Einige Jahre später erfolgte die Ernennung zum Canon. Schnell fand MacInnes unter der Kairoer Bevölkerung Anerkennung.

Auch wenn der Schritt in die Mission für ihn biographisch nahe liegend war, bedeutete er doch einen Einschnitt für einen jungen Mann aus einer Upper-Class-Familie, dem eine Karriere in Whitehall offen gestanden hätte. Die Missionarslaufbahn war imageschädigend. In den Kolonien betrachteten die *Government Officals* nämlich Missionare eher misstrauisch und abschätzig. Es gehörte zu MacInnes ersten Herausforderungen, diese Haltung zu verändern.[336] Einfacher gestaltete sich die Zusammenarbeit mit der imperialen Führungsschicht, als MacInnes Bischof in Jerusalem wurde. Nun agierte er (wieder) als Teil des Establishments und nahm in der komplexen religionspolitischen Welt des Orients eine Schlüsselrolle ein, die politische Relevanz besaß.

2.5.2 Warten in Kairo und Militärseelsorge als Chance

Als Rennie MacInnes am 28.10.1914 in der Londoner *St. Paul's Cathedral* feierlich in sein neues Amt eingeführt wurde, war er allerdings ein König ohne Reich beziehungsweise ein Bischof ohne Bistum. Das *Handbook of the Anglican Bishopric in*

---

[336] Vgl. dazu *Bible Lands* Nr. 132 – April 1932, 219. In Kairo bildete er zusammen mit Douglas Thornton und Temple Gairdner ein kongeniales Dreigestirn, das die Basis für das hohe Ansehen der CMS im Land der Pharaonen legte. Sie waren "giants in the Egyptian Mission of those days, who faced their colossal task in a spirit of ardent adventure", wie es in einem Nachruf hieß. Vgl. dazu den von Mrs. Temple Gairdner verfassten Artikel „Early Days in Cairo", in: *Bible Lands* Nr. 132 – April 1932, 217–219. Ähnlich CMS-Generalsekretär W.W. Cash in seinem Artikel „A Missionary Bishop", in: *Bible Lands* Nr. 132 – April 1932, 224 f.

Jerusalem and the East[337], 1941 zur 150. Gründungsfeier des Anglo-Preußischen Bistums erschienen, stellte die von 1914 bis 1931 während Ära MacInnes unter das treffende Motto *Co-operation*. Eine enge Zusammenarbeit zwischen Staat und Kirche respektive Militär und Klerus war während der Zeit des Krieges ebenso notwendig wie ein Wirken über die Grenzen von Mission und Kirche hinweg. Die gesamte anglikanische Arbeit stand vor schwierigen Herausforderungen:

Im Ersten Weltkrieg hatten die Osmanen die Engländer als Angehörige einer feindlichen Macht aus Palästina vertrieben. Da es für MacInnes fast unmöglich war, Kontakte zu den wenigen in Palästina verbliebenen Anglikanern aufzunehmen, residierte er in Kairo, wo er bis zur britischen Eroberung Palästinas 1917/1918 festsaß. Er kümmerte sich zusammen mit Bischof Llewellyn Henry Gwynne,[338] dem ihm unterstehenden Suffraganbischof von Khartoum im Sudan, intensiv um die britischen Bewohner der beiden Nil-Staaten.

In den Kriegsjahren wurde die Militärseelsorge zur Hauptaufgabe des anglikanischen Klerus, befand sich doch mit den *Egyptian Expeditionary Forces* ein riesiges Heerlager am Nil. Damit leistete die anglikanische Kirche – ähnlich wie die Militärpfarrer der beiden deutschen Großkirchen in Heer und Marine – wie selbstverständlich ihren Beitrag zur Aufrechterhaltung von Kampfgeist und Patriotismus in der Truppe. *Work amongst the Troops* war umfangreich und brachte ein hohes Maß an Personalführungsaufgaben mit sich: So traf MacInnes bei seinem ersten *Parade Service* in Ägypten auf 45 offizielle Army-Chaplains, deren Arbeit er zu koordinieren hatte. Daneben engagierten sich noch der YMCA, YWCA, CMS, LJS/CMJ und einige *Civilian Chaplains* in der Militärseelsorge.

Der junge Bischof erwies sich als guter Prediger, der Tausende Soldaten in seinen Gottesdiensten zu begeistern verstand. So knüpfte er ein Netz zu Soldaten aller Dienstränge aus dem gesamten britischen Empire, aber natürlich auch zum britischen Generalstab und der Imperialverwaltung in Ägypten. Wohl um Gwynne für seine Verdienste zu würdigen, aber auch um den Bischof in Jerusalem zu entlasten, wurde der Bischof von Khartoum 1920 zum unabhängigen, Lambeth Palace direkt unterstehenden Diözesanbischof für Ägypten und Sudan ernannt.

Einen Schwerpunkt seiner Arbeit legte der neue Bischof auf die Konfirmationsgottesdienste für die erwachsenen, aber bisher nicht konfirmierten Soldaten. MacInnes sah hier eine missionarische Chance, die er zu nutzen verstand. Aus Sicht des Bischofs wurden diese Männer, nicht selten Verwundete, durch die Kriegserlebnisse

---

[337] Vgl. *Handbook of the Anglican Bishopric in Jerusalem and the East. Issued for the Centenary of the Consecration of the First Anglican Bishop Michael Solomon Alexander (7th November, 1841)*, Jerusalem 1941, 13–17.

[338] Der robuste, evangelikale und überaus patriotische Gwynne wurde während des Krieges nach Europa abgeordnet und übernahm als *Deputy Chaplain General to H.M. Forces* die Koordination der Militärseelsorge in Frankreich. Vgl. D.L. Edwards, *Christian England*. Bd. 3, Revised Edition, London 1989, 359. Wohl um Gwynne für seine Verdienste zu würdigen, aber auch um den Bischof in Jerusalem zu entlasten, wurde der Bischof von Khartoum 1920 zum unabhängigen, Lambeth Palace direkt unterstehenden Diözesanbischof für Ägypten und Sudan ernannt. Die anglikanische Kirche in Kairo wurde zur Pro-Cathedral erhoben und die Finanzen des *Egyptian Bishopric Fund* und des *Khartoum Bishopric Fund* zusammengelegt.

zu Gott geführt und legten durch ihre Konfirmation ein nachhaltiges Bekenntnis zu Glauben und Kirche ab, wie er in *Bible Lands* schrieb.[339]

Die verhältnismäßig geringe Zahl konfirmierter Männer ist ein Indiz für die schleichende Marginalisierung der *Established Church*. Die „sacramental structure of the Church of England" führte zudem zu einer „curiously decisive, but little noted, social segregation between quality and populance by means of confirmation", wie der englische Kirchenhistoriker Adrian Hastings bemerkte. [340] Während es für die Mittel- und Oberschicht selbstverständlich war, ihre Kinder zur Konfirmation zu schicken, bedeutete dieser Schritt in den unteren Schichten eine Ausnahme. Da in der anglikanischen Kirche der Grundsatz galt, dass nur ein konfirmierter Gläubiger zum Abendmahl zugelassen wurde, blieb ein Großteil der Bevölkerung aufgrund der fehlenden Konfirmation praktisch ein Leben lang dem Empfang der Sakramente fern. In der Kirche entstand also eine Zwei-Klassen-Gesellschaft, was gerade bei den Angehörigen der Unterschicht – vor dem Hintergrund des Sakramentalismus der High Churchmen – den nachhaltigen Eindruck hinterließ, dass die „Church of England was essentially an upper-class body." [341] Damit entfremdeten gerade die als Erneuerer der Kirche gestarteten Anglo-Katholiken weite Teile der Bevölkerung vom christlichen Glauben anglikanischer Prägung. Deshalb hatten die Massenkonfirmationen im Ersten Weltkrieg sowohl einen religiösen als auch einen sozialen Effekt, führten sie doch Menschen unterschiedlichster gesellschaftlicher Klassen und Gruppen am Altar zusammen.

Ob die Konfirmationen oder die Andachten der Militärpfarrer allerdings langfristige spirituelle Konsequenzen für die Soldaten hatten, muss offen bleiben. Zahlreiche Briefe an den Bischof belegen jedoch, dass die Feldgottesdienste von den Soldaten positiv aufgenommen wurden.[342] Für sein vielseitiges Engagement erhielt MacInnes von kirchenoffizieller Seite großes Lob. Der Bischof von London pries ihn auf der JEM-Jahrestagung 1915 als einen „young, vigorous and business-like Bishop".[343] Gerade deshalb befürchtete aber die LJS, dass er der Mann sei, der seine Macht zu Alleingängen nutze. Der evangelikale Einfluss sollte deshalb in den Verwaltungsgremien des Bistums ausreichend vertreten sein, um ein Gegengewicht zu bilden, wie es in einem internen Briefwechsel über die weitere Strategie hieß.[344]

---

[339] Vgl. *Bible Lands* Nr. 66 – October 1915, 29.

[340] Ebd., 67.

[341] Ebd.

[342] Vgl. *Bible Lands* Nr. 65 – July 1915. Die Konfirmationsgottesdienste waren ein großer Erfolg für MacInnes und die anglikanische Kirche: Allein im ersten Vierteljahr 1915 hielt er in Ägypten 10 Konfirmationsgottesdienste mit 239 Konfirmierten, von denen einige später beim Kampf um die Dardanellen ums Leben kamen. Im Juli 1916 hatte MacInnes bereits 1233 Soldaten und 95 Zivilisten konfirmiert, im Herbst 1916 wuchs die Zahl der Konfirmierten auf knapp 1.800, bis April 1917 auf 2.613 und bis April 1918 auf 3.833 Soldaten und 173 Zivilisten, also 4.006 Menschen insgesamt. Zu den Zahlen vgl. *Bible Lands* Nr. 69 – July 1916; Nr. 70 – October 1916; Nr. 72 – April 1917 und Nr. 75 – January 1918; Nr. 76 – April 1918.

[343] Zur Jahrestagung am 18.10.1915 vgl. *Bible Lands* Nr. 67 – January 1916, 53–59.

[344] Vgl. den Brief von Rev. C.H. Gill, Generalsekretär der LJS/CMJ, an Gladstone vom 18.8.1919, BLO/Dep. C.M.J., d.58, 1–19.

2.5.3 Schwierigkeiten für die anglikanische Kirche in Palästina

Der Erste Weltkrieg stürzte die anglikanischen Gemeinden in Palästina in eine tiefe Krise. Während die deutschen Protestanten während des Krieges als Kriegsverbündete im Lande blieben und recht ungestört weiterarbeiteten, mussten die britischen Kirchenvertreter als Angehörige einer Feindnation das Land verlassen. Das Foreign Office (F.O.) riet allen britischen Bürgern zur Ausreise; die CMS und die LJS riefen ihre englischen Missionare in die Heimat zurück.[345] 1915 wurde das Land für Briten völlig gesperrt.

Die anglikanischen Araber versuchten – allerdings vergeblich – gegenüber den osmanischen Behörden den Eindruck zu vermeiden, dass ihre Gemeinden Orte konspirativer Gesinnung seien und mit der englischen Truppe paktierten. Die arabischen Pastoren übernahmen die Verantwortung für Predigt und Seelsorge[346] – eine risikoreiche Aufgabe, denn die Behörden misstrauten den Christen: Rev. Butrus Nasir von der Gemeinde Jaffa und Rev. Elias Marmura wurden mit anderen kirchlichen Mitarbeitern als „agents of a British society"[347] inhaftiert, ein römisch-katholischer Priester gar gehängt, weil er in einem Brief an den französischen Parlamentspräsidenten die schwierige Lage der Christen im Libanon beschrieben hatte.[348] Sechs CMS-Missionare blieben bis Ende 1914 im Lande – fünf von ihnen saßen jedoch im Gefängnis. Die Inhaftierung hatte strategische Gründe. Mit diesen Geiseln konnte die osmanische Regierung Druck auf die Alliierten ausüben und zeitweilig die Bombardierung von Hafenanlagen verhindern. Im Dezember 1914 bat der amerikanische Konsul und episkopale Theologe Dr. Glazebrook erfolgreich um die Freilassung der Missionare.[349]

Die anglikanische Gemeindearbeit lag in diesen Jahren fast völlig am Boden, Gottesdienste konnten nur privat gehalten werden. Der Geldtransfer von England in den Orient war extrem schwierig bis unmöglich geworden. Die Schulen der CMS und der LJS wurden für militärische Zwecke beschlagnahmt, die Schüler in türkische Schulen überwiesen, *Christ Church* und *St. George's Cathedral* geschlossen.[350] Die elitäre *St. George's School* wurde ein Militärdepot, ihr Rektor musste Jerusalem verlassen.

In Haifa, wo die Anglikaner die *St. Luke's Church*, zwei Schulen und das *English Hospital* unterhielten, konnte der arabische Rev. Yacoub Khaddar die Stellung hal-

---

[345] So Bischof MacInnes' Bericht bei der JEM-Jahrestagung 1915, *Bible Lands* Nr. 67 – January 1916, 54–59. Vgl. auch K. Crombie, *For the Love of Zion*, 152.

[346] Vgl. auch das *Handbook of the Anglican Bishopric in Jerusalem and the East*, 13 ff.

[347] G. Hewitt, *The Problems of Success*, 360. Vgl. auch K. Crombie, *For the Love of Zion*, 150–155 und R. Farah, *In troubled waters*, 82 f.

[348] Vgl. *Bible Lands* Nr. 67 – January 1916, 66.

[349] Die Osmanen waren den Missionaren persönlich nicht feindlich gesinnt. Sie hatten den Besitz in den beschlagnahmten Häusern auf Listen festgehalten und in einem versiegelten Raum gesammelt, vgl. *Bible Lands* Nr. 67 – January 1916, 55 und G. Hewitt, *The Problems of Success*, 359. Es handelte sich um den medizinischen Leiter des CMS-Hospitals in Gaza, Dr. Sterling und seine Frau, den Missionar Rev. Webb mit Gattin sowie den Missionsleiter, Rev. Sykes.

[350] Vgl. K. Crombie, *A Prophetic Property*, 70 f.

ten.[351] Wie die JEM-Vierteljahreszeitschrift *Bible Lands* kommentierte, hatte sich dort die Lage für die anglikanischen Christen gebessert, nachdem ein französisches Kriegsschiff das deutsche Konsulat in Haifa zerstört und die Stärke der Alliierten demonstriert hatte.[352] Im Blick auf das gesamte Land zeigte das französische Bombardement keine größeren politischen Auswirkungen, da sich Palästina zu diesem Zeitpunkt fest in der Hand der osmanisch-deutschen Truppen befand.[353]

In Jerusalem beschlagnahmten die türkischen Behörden praktisch alle Missionsgebäude.[354] Auch die bischöflichen Gemäuer der *St. George's Cathedral* blieben von Beschlagnahmungen nicht verschont. Hier quartierte sich der brutale osmanische Marineminister und Governeur Djemal Pascha ein, der später in die Ölberg-Stiftung umzog. Historische Bedeutung erreichte der bischöfliche Schreibtisch, weil der osmanische Statthalter Jerusalems am 8.12.1917 dort die Erklärung zur Übergabe der Stadt in britische Hände unterschrieb.

Lediglich in Jerusalem gelang es dem arabisch-anglikanischen Pfarrer Ibrahim Baz, das Gemeindeleben und die Gottesdienste der *St. Paul's Church* drei Jahre lang ohne größere Störung weiter zu führen, indem er die osmanischen Behörden davon überzeugen konnte, dass die Kirche einer einheimischen Organisation – nämlich dem Native Church Council gehöre, was nur bedingt zutreffend war. Baz übernahm die Seelsorge an den nach der Schlacht bei Gaza von den osmanisch-deutschen Einheiten gefangenen, verwundeten britischen Soldaten in den Krankenhäusern und Lazaretten Jerusalems. Er besuchte sie, hielt für sie Gottesdienste, bestattete 16 verstorbene britische Soldaten.[355] Er übernahm also praktisch die Aufgabe eines britischen *army chaplain*.[356] Das war ein überaus mutiger Schritt, denn der anti-britische Hass der Osmanen war groß. Zweimal wurde Baz als Spion vor ein Kriegsgericht gestellt und 1917 dazu verurteilt, sein Heimatland zu verlassen. Dem Exil kam Allenbys Einmarsch zuvor – ein unplanbares *happy end*. Für sein besonderes Engagement wäh-

---

[351]   Vgl. R. Farah, *In troubled waters*, 82.

[352]   Vgl. *Bible Lands* Nr. 67 – January 1916, 65. Zur Zerstörung des deutschen Konsulats in Haifa vgl. A. Carmel, *Die Siedlungen der württembergischen Templer in Palästina*, 210–216. Frankreich büßte während des Ersten Weltkrieges seinen Einfluss im Heiligen Land ein. Die für das Protektoratssystem grundlegenden Kapitulationen wurden von den Jungtürken aufgehoben. Viele französische Priester und Mönche wurden als Angehörige der Feindnation des Landes verwiesen. In den ersten Kriegsmonaten kam es zu erheblichen Beschädigungen des französischen Karmeliterklosters in Haifa. Die Mönche wurden vertrieben, die Grabstätten der dort beerdigten Soldaten des napoleonischen Ägyptenfeldzuges geschändet. Da diese Untaten angeblich von deutscher Seite begangen worden waren, schickte Frankreich ein Kriegsschiff nach Haifa. Der Beschluss des deutschen Konsulats war nicht nur eine Vergeltungsmaßnahme für die Zerstörungen im Kloster, sondern auch eine deutliche politische Antwort auf die deutschen Ambitionen im Heiligen Land.

[353]   Vgl. *Bible Lands* Nr. 67 – January 1916, 67.

[354]   Das *English Mission Hospital* der LJS wurde mit Hilfe einer britischen Jüdin dem Roten Halbmond übertragen, diente als Isolationskrankenhaus, während der Schlacht um Gaza im Frühjahr 1917 auch als Militärlazarett. Das CMS-*Mission House* firmierte als Gebäude des Kriegsgerichts, das LJS-*Mission House* als Wohnheim für Offiziersfamilien. So *Bible Lands* Nr. 67 – January 1916.

[355]   Vgl. z.B. *Bible Lands* Nr. 77 – July 1918, 260.

[356]   So die Formulierung in W.W. Cashs Bericht über die Arbeit Ibrahim Baz während des letzten Kriegsjahres im *Church Missionary Review* vom März 1918, wiederabgedruckt in: „In Memoriam. Ibrahim Baz" in: *Bible Lands* Nr. 97 – July 1923, 362.

rend der Kriegsjahre und für seine Führungsrolle innerhalb des CMS-Klerus wurde
er – als erster Palästinenser – 1922 von Bischof MacInnes zum *Honorary Canon* der
St. George's Cathedral ernannt.[357] Mit diesem Ehrenkanonikat signalisierte der neue
Bischof in Jerusalem, dass er die besondere Verantwortung, die die einheimischen
Geistlichen während des Krieges übernommen hatten, zu würdigen wusste. Auch in
den anglikanisch-arabischen Gemeinden stärkten die Erfahrungen des Krieges das
Selbstbewusstsein der einheimischen Christen und katalysierten den Wunsch nach
einer eigenständigen Leitung ihrer Gemeinden.

2.5.4 Zukunftsvisionen und soziales Engagement der anglikanischen Oberschicht

Erst im Februar 1918 erhielt MacInnes die Erlaubnis, das erste Mal in seiner Funktion als Bischof nach Jerusalem fahren zu dürfen, um mit dem Wiederaufbau zu
beginnen.[358]

Doch trotz der bedrückenden Gesamtlage entwickelten der Bischof von London
und MacInnes schon während der Jahrestagung am 18.10.1915 in der Hoare Memorial Hall des *Church House* in London weitreichende Visionen. MacInnes sah für
die anglikanische Kirche und Mission „most wonderful prospects".[359] Mit dem Ausgang des Krieges – und MacInnes ging von einem britisch-französischen Sieg aus –
würden sich völlige neue Perspektiven ergeben: "I believe with all my heart [...] that
this war cannot result in anything else but the final expulsion of the Turk from the
Holy Land [...] I believe there are visions of material and spiritual progress in Palestine such as we never thought we should see with our own eyes."[360] Neben dem
wirtschaftlichen Aufschwung erhoffte sich der Bischof Chancen für die bisher behinderte Mission: „I believe people's hearts will be open to an extraordinary degree
to the preaching of the Gospel after this war."[361]

MacInnes Überlegungen belegen nicht nur, dass er ein Mann mit visionärem
Glauben, sondern auch ein geschickter, gut informierter und (religions-)politisch
weitblickender Stratege war. Auch wenn er auf der JEM-Jahrestagung nicht über
seine politischen Hintergrund-Informationen sprach, so offenbaren seine Ausführungen doch, dass ihm klar war, wie gezielt die britische Regierung auf eine Übernahme

---

[357] Vgl. *Bible Lands* Nr. 92 – April 1922, 223. Ibrahim Baz (1853–1923) stammte aus einer libanesischen, griechisch-katholischen Familie. Er siedelte früh nach Jerusalem über, erhielt eine Kateche-
tenausbildung und wurde 1884 zum Diakon durch Bischof Hannington, den ersten anglikanischen
Bischof der Diözese *Eastern Equatorial Africa*, und 1886 durch Bischof Cheetham (Sierra Leo-
ne) zum Priester ordiniert. 33 Jahre lang arbeitete er ununterbrochen als Incumbent der *St. Paul's
Church* in Jerusalem und wurde der Senior Priest der CMS in Palestina. Zu Leben und Werk des
Rev. Baz vgl. den Nachruf „In Memoriam. Ibrahim Baz" in: *Bible Lands* Nr. 97 – July 1923, 361 f.
[358] Vgl. *Bible Lands* Nr. 76 – April 1918.
[359] *Bible Lands* Nr. 67 – January 1916, 56.
[360] Ebd.
[361] Ebd.

des Heiligen Landes hinsteuerte.[362] Der Bischof stand in regelmäßigem Austausch mit dem High Commissioner in Ägypten, dem engagierten anglikanischen Christen, Sir Henry MacMahon. Nur wenige Tage nach der JEM-Jahresversammlung schickte MacMahon am 24.10.1915 sein geschichtemachendes Schreiben an den Scharifen Husain von Mekka, in dem er die britische Anerkennung für das Unabhängigkeitsstreben der Araber in der Region zusagte und zweideutige Landzusagen machte. Ob MacInnes davon wusste, lässt sich aus den Quellen allerdings nicht ermitteln.

Doch MacInnes machte sich nicht nur geschichtstheologische Gedanken, sondern baute einen Fonds für die darniederliegende anglikanische Arbeit auf, hatte das Bistum doch auch eine Schuldenlast von 4.000 Pfund zu schultern.[363]

In Anbetracht der durch den Krieg hervorgerufenen Hungersnöte – sie kosteten fast 80.000 Menschen das Leben[364] – blieb MacInnes nicht bei den Planungen für seine Kirche stehen. Nachdem er in der Nähe von Alexandria ein 4.000 Menschen fassendes, von englischer Seite betreutes jüdisches Flüchtlingslager und in Port Said ein 5.000köpfiges armenisches Flüchtlingslager besucht hatte, gründete er im Sommer 1916 einen *Bishop MacInnes' Fund for the Relief of Distress in Palestine and Syria* – später kurz: *Syria and Palestine Relief Fund* genannt. In enger Zusammenarbeit mit britischen und amerikanischen Missionsgesellschaften sowie dem Roten Kreuz leistete diese Hilfsorganisation bis 1920 einen wichtigen humanitären Beitrag zur Stabilisierung des Nahen Ostens.[365] Zum Vorstand der Hilfsorganisation gehörte Prominenz aus Staat und Kirche.

Adrian Hastings hat darauf hingewiesen, dass die Bischöfe ebenso wie die Spitzen in Politik und Verwaltung zumeist aus vergleichbaren sozialen und familiären Zusammenhängen kamen, ähnliche Schulen und Universitäten durchliefen, zum Teil familiär verbunden waren beziehungsweise untereinander heirateten. Mehr als die Hälfte der bischöflichen Mitglieder des Oberhauses entstammte 1920 dem Landadel. 41 der 93 zwischen 1900 und 1939 amtierenden Bischöfe hatten eine der zehn bedeutendsten *public schools* des Landes durchlaufen. Mit nur wenigen Ausnahmen hatten sie – wie die späteren Elitebeamten in Whitehall – in Oxford oder Cambridge studiert.[366] Viele Bischöfe zogen es vor, die meiste Zeit auf ihrem Landsitz und nicht in ihrem bischöflichen Palais zu leben und zu arbeiten. Auch MacInnes kehrte regelmäßig auf das elterliche Anwesen bei Carlisle zurück. Theologen waren übrigens

---

[362] Zum Beitrag der englischen Diplomaten in Ägypten bei den Verhandlungen über die Aufteilung des Orients nach Kriegsende vgl. E. Kedourie, *In the Anglo-Arab Labyrinth: The MacMahon-Husayn-Correspondence and its Interpretations, 1914–1939*, Cambridge 1976.

[363] Der Bischof veranschlagte deshalb schon 1916, mit Hilfe der eingehenden Spendengelder die Schulden zu tilgen, rund 2.000 Pfund in den Neu- und Wiederaufbau zu investieren und einen Fonds in Höhe von 4.000 Pfund für zukünftige Projekte zu errichtenVgl. *Bible Lands* Nr. 67 – January 1916.

[364] Vgl. *Bible Lands* Nr. 72 – April 1917, 161–163.

[365] Vgl. *Bible Lands* Nr. 68 – April 1916, 88–90; K.L. Reynolds: „A Visit to the Armenian Refugees' Camp at Port Said", in: *Bible Lands* Nr. 69 – July 1916, 106–108 sowie die die Relief-Arbeit betreffenden Briefe an MacInnes von General Allenby (23.1.1939) und von Ronald Storrs (vom 15.1.1919), abgedruckt in: *Bible Lands* Nr. 80 – April 1919, 322 f. Vgl. K. Crombie, *For the Love of Zion*, 155.

[366] Vgl. A. Hastings, *A History of English Christianity*, 55.

die meisten der Bischöfe nicht. Sie hatten, wie es bei Abkömmlingen der britischen Aristokratie üblich war, klassische Philologie oder Geschichte studiert. Den Besuch der theologischen Colleges überließ man stattdessen subalternen Geistlichen.[367] Das praktisch-theologische Professionalisierungsniveau des britischen Klerus war folglich gering, seine Deklerikalisierung weit fortgeschritten, aber sein Klassenbewusstsein einer sozial segregierten Gesellschaft wie der Großbritanniens stark ausgeprägt. Der Bischof von Durham, Hensley Henson bemerkte schon 1900 süffisant, dass je weniger klerikal die anglikanischen Priester würden, desto mehr „they think, and speak, and act in ways which are essentially similar to those of their Christian neighbours."[368] Während sich also weite Teile der Bevölkerung peu à peu von der Kirche distanzierten, verbreitete sich ein Antiklerikalismus kontinentaler Prägung in der englischen Oberklasse kaum.

Gerade vor dem Hintergrund dieser gesellschaftlichen Konstellationen konnte es nicht überraschen, dass es der *Jerusalem and the East Mission* gelang, führende Köpfe der englischen Gesellschaft in einer Zeit an sich zu binden, als die Übernahme des Heiligen Landes von weiten Teilen der britischen Bevölkerung als geradezu universalhistorischer Auftrag an ihre Nation angesehen wurde.[369]

2.5.5 Ausweisung und Internierung der Palästinadeutschen

Die englische Eroberung des Heiligen Landes im Jahre 1917 war ein erheblicher Einschnitt für die Arbeit der deutschen evangelischen Organisationen in Palästina. Ihre Anstalten wurden beschlagnahmt und gingen für einige Jahre in englische und amerikanische Treuhänderschaft über. Im August 1918 wurde die Mehrzahl der Palästinadeutschen, unter ihnen der evangelische Propst D. Dr. Friedrich Jeremias[370], des Landes verwiesen und für zwei Jahre in den ägyptischen Lagern Sidi Bischr und Heluan bei Alexandrien beziehungsweise Kairo interniert.

Die Maßnahmen der Briten waren ein Teil ihrer Kriegsstrategie und wurden auch in anderen Teilen der Welt angewandt. Durch die Internierung und Zwangsrepatriierung sollte deutscher Widerstand frühzeitig verhindert werden.

Einige der palästinadeutschen Amtsträger wurden wegen ihrer anti-britischen Positionen als *personae non gratae* betrachtet und durften nicht mehr nach Palästina zurückkehren. Auf der *Black List* vom 28.7.1920[371] standen die prominenten Mitglieder der Tempelgesellschaft, Timotheus Lange und Dr. Gottlieb Schumacher, der

---

[367] Ebd., 55–60, 68.

[368] Ebd., 68.

[369] Ebd., 25.

[370] Der sächsische Theologe Friedrich Jeremias (1868–1945), Vater des renommierten Göttinger Neutestamentlers Joachim Jeremias, wirkte 1910–1918 als Propst in Jerusalem. Nach der Internierung in Ägypten (1918–1920) wurde er zwangsrepatriiert. Ab 1921 Konsistorialrat in Magdeburg, ab 1929 Oberkonsistorialrat in Berlin, blieb er von 1921 bis zu seinem Tode als Vorstandsmitglied, davon 1943–1945 als stellvertretender Vorsitzender dem JV sowie als Kuratoriumsmitglied der E.J.St. der evangelischen Arbeit im Heiligen Lande verbunden.

[371] Vgl. ISA R.G.2/CS 73. Außer den Genannten findet sich noch ein Fritz Frank – als Spion klassifiziert – und eine Familie Hall, die sich aktiv gegen die Alliierten gestellt habe, sowie die Familie Dr. Retzlaff auf der Schwarzen Liste.

Direktor der jüdischen Lämel-Schule, Ephraim Cohen und Propst Jeremias, der als „violently anti-British" eingestuft wurde.[372]

Nur wenige Deutsche durften in Jerusalem bleiben, unter ihnen der Direktor des Syrischen Waisenhauses (SyrW), Pfarrer Theodor Schneller und Schwester Theodore Barkhausen (1869–1959), die Leiterin der Ölberg-Stiftung und des Kaiserswerther Diakonissenhospitals.[373] Beide übernahmen die Vertretung der deutschen evangelischen Interessen. Als Schneller im Mai 1920 mit Rücksicht auf den Gesundheitszustand seiner Frau nach Deutschland zurückkehrte, wurde Schwester Theodore quasi zur Generalbevollmächtigten der deutschen evangelischen Arbeit in Palästina. Die Tochter des langjährigen Berliner E.O.K.-Präsidenten Friedrich Wilhelm Barkhausen nahm sich der Angelegenheiten der E.J.St., des JV, des Johanniter-Ordenshospizes und zeitweilig sogar des SyrW an.

2.5.6 Internationale Hilfe für die deutschen Palästina-Missionen

Dass sich die Palästinadeutschen noch zwei Jahre nach Kriegsende in Gefangenschaft befanden, löste im In- und Ausland Kritik aus. Die internierten Palästinadeutschen hatten gegen die Behandlung Protest eingelegt und eine sofortige Rückkehr ins Heilige Land gefordert, um ihre Arbeit wieder aufzunehmen.[374]

Im englischen Oberhaus setzten sich Lord Newton und Lord Lamington, beide Unitarier, im Mai 1920 für die Rückkehr der Palästinadeutschen ein.[375] Newton hielt die Politik der Regierung für ungerechtfertigt, weil Palästina niemals eine deutsche oder eine britische Kolonie gewesen sei und eine lange Internierung deshalb keine Grundlage habe. Lamington schätzte die deutschen Kolonisten aufgrund eines persönlichen Besuchs in Haifa als harmlos ein.[376] Die deutsche Botschaft lancierte daraufhin eine Pressekampagne, die auf die „rücksichtslose Behandlung der Palästina-Deutschen" hinwies.[377] Als in den Mai- und Juni-Wochen 1920 in der deutschen und englischen Presse zahlreiche kritische Artikel erschienen, verfehlte dies seine Wirkung nicht.[378] Newton griff die Angelegenheit am 7.6.1920 im Oberhaus erneut auf

---

[372] Ebd.

[373] Vgl. R. Felgentreff, „Diakonisse Theodore Barkhausen", in Kirchenamt der EKD (Hg.), *Mitteilungen aus Ökumene und Auslandsarbeit 2002*, Hannover – Breklum 2002, 51–56.

[374] Vgl. das Telegramm der in Mergentheim bei Stuttgart versammelten Palästinadeutschen an das AA vom 13. Juni 1920, PAAA R 78353.

[375] Vgl. auch R. Balke, *Hakenkreuz im Heiligen Land* 14.

[376] Vgl. die Parliamentary Debates. House of Lords Vol. 40 - No. 37 vom 17.5.1920, 335–339 sowie das vertrauliche Schreiben des deutschen Botschafters Sthamer an das AA vom 20.5.1920, PAAA R 78353.

[377] Ebd.

[378] Artikel erschienen im *Manchester Guardian* vom 17.5.1920 („Germans Interned in Egypt – Fate still undecided – House of Lords-Debate"), in der *Politisch-Parlamentarischen Nachricht* vom 21.5.1920 („Das Schicksal der Palästinadeutschen"), *Wolff's Telegraphisches Büro* vom 20.5.1920 und vom 3. Juli 1920, in *Der Tag* vom 29.5.1920 („Deutsche Kolonisten unter englischer Willkür – Schmachvolle Behandlung der Palästina-Deutschen") und vom 24.7.1920 („Die Lage der Palästinadeutschen"), in der *Kölnischen Zeitung* vom 6. Juni 1920 („Palästina-Deutsche"), im *Schwäbischen Merkur* vom 5.8.1920 („Die nächste Zukunft Palästinas"), PAAA R 78353.

und forderte schnelle Veränderungen.[379] Wenige Tage später kam es zu direkten Verhandlungen zwischen der Deutschen Botschaft und dem F.O. über eine Rückkehr der Deutschen.[380] Parallel zu diesen Unterredungen stellte Newton im Oberhaus weitere Anfragen zum Schicksal der Internierten. Am 29.7. teilte die britische Regierung mit, die in Frage kommenden Deutschen seien darüber informiert worden, dass sie die Wahlfreiheit hätten, entweder nach Deutschland oder nach Palästina zurückzukehren.[381] Das gelte jedoch nicht für diejenigen Deutschen die auf der *Schwarzen Liste* stünden.[382] Mitte August 1920 traf eine erste Gruppe in Jaffa ein, Ende August folgte der Rest.

Die durch den Versailler Vertrag drohende völlige Zerstörung der deutschen Missionswerke in Übersee – und damit auch in Palästina – verhinderten zwei Pioniere der frühen ökumenischen Bewegung, John R. Mott (1865–1955) und Joseph H. Oldham (1874–1969).[383] Am 14.4.1918 hatten englische und amerikanische Protestanten im Geist der Edinburgher Missionskonferenz von 1910 das *Emergency Committee of Cooperating Missions* eingesetzt, das Mott als Vorsitzender und Oldham als einer der Sekretäre leiteten.

Zwar hatte der Krieg die Hoffnung einer *supranationality of missions* schwer in Mitleidenschaft gezogen. Die angelsächsischen Protagonisten der Missionsbewegung hatten sich dennoch nicht ihr internationales Solidaritätsgefühl rauben lassen.[384] Das neue Komitee sah seine Hauptaufgabe darin, Hilfe für kriegsgeschädigte Missionen zu organisieren und auf politischer Ebene zu vermitteln. Im Zentrum des Interesses standen vor allem die deutschen Missionen, deren Besitz zumeist konfisziert war und deren Mitarbeiter repatriiert oder interniert wurden. Den verwaisten deutschen Missionseinrichtungen kam das Komitee zur Hilfe. Internationale Missionsvertreter wandten sich bei der Friedenskonferenz in Versailles gegen die Beschlagnahmung und Zerschlagung des deutschen Missionsbesitzes in Übersee.[385]

Mott und Oldham gelang es, dass für die deutschen Missionen im Versailler Vertrag der umstrittene, letztlich aber hilfreiche *Missionsparagraph* 438 verankert

---

[379] Vgl. Parliamentary Debates. House of Lords. Vol. 40 - No.41 vom 8.6.1920, 523–530, PAAA R 78353.

[380] Vgl. den Bericht des deutschen Botschafter Sthamer an das AA vom 14.6.1920, PAAA R 78353.

[381] Vgl. Parliamentary Debates. House of Lords. Vol. 40 – No. 52 vom 29.6.1920, 1005–1038, bes. 1031 f.; Vol. 41 – No.70 vom 29.7.1920 zitiert im Bericht an das AA vom 5.8.1920. PAAA R 78353.

[382] Vgl. den Bericht der Deutschen Botschaft Konstantinopel an das AA vom 24.8.1920, der sich auf eine Mitteilung des schwedischen Konsuls Kuebler in Jaffa stützte, PAAA R 78353.

[383] Vgl. z.B. C.H. Hopkins, *John R. Mott, 1865–1955: A Biography*, Grand Rapids 1979 und Ch. Mauch, Art. „Oldham, Joseph Houldsworth", in: *BBKL* 4 (1993), 1181–1184 (mit Lit.).

[384] Vgl. R.V. Pierard, „The Preservation of ‚Orphaned' Protestant Missionary Works in India during World War I",in: U. van der Heyde/J. Becher (Hgg.), *Mission und Gewalt*, 495–507, hier: 495.

[385] Vgl. R.V. Pierard, „World War I, the Western Allies, and German Protestant Missions", in: U. von der Heyden/H. Liebau (Hgg.), *Missionsgeschichte-Kirchengeschichte-Weltgeschichte*, Stuttgart 1996, 361–372, hier: 370 sowie ders., „Shaking the Foundations: World War I, the Western Allies, and German Protestant Missions", in: *International Bulletin of Missionary Research Index*. 22 (1998), 13–19 und ders., „John R. Mott and the Rift in the Ecumenical Movement during World War I", in: *Journal of Ecumenical Studies* 23 (1986), 601–620.

wurde. Er besagte, dass zwar grundsätzlich der gesamte deutsche Überseebesitz enteignet und mit den Reparationszahlungen verrechnet werden konnte, die deutschen Missionsgesellschaften jedoch Eigentümer ihres Besitzers blieben. Für eine Übergangszeit sollten ihre Anstalten jedoch von Treuhändern gleicher Konfession verwaltet werden. Für die evangelischen Institutionen in Palästina übernahmen also Anglikaner und amerikanische Protestanten die Verantwortung:[386]

Die von Kaiserswerth betriebene Mädchenschule *Talitha Kumi* wurde in eine *British High School for Girls* umgewandelt. Die Verwaltung übernahm das anglikanische Bistum in Form eines *German Educational Institutions Board*. Das Diakonissenkrankenhaus führte ein englischer Arzt als englisches Zivilkrankenhaus weiter. Das Syrische Waisenhaus ging zunächst in die Hände des amerikanischen *Roten Kreuzes*, dann in die der amerikanischen Hilfsorganisation *Near East Relief* über, die bis 1921 eine Fürsorgeanstalt für armenische und syrische Waisenkinder einrichtete. Die Missionsarbeit kam zwischen 1918 und 1921 völlig zum Erliegen. Die Briten requirierten 1919 die Bildungsanstalten des JV und betrieben dort Regierungsschulen. Zudem beschlagnahmten sie das vom JV betriebene Armenische Waisenhaus in Bethlehem, das sie zuerst als Militärlazarett, später als Landesirrenanstalt nutzten, wofür der JV jedoch Mietzahlungen erhielt.

Die deutsche kirchliche Öffentlichkeit – das gilt auch für die Publikationen des JV und des SyrW[387] – betrachtete ohne Ausnahme den Versailler Vertrag als nationale Katastrophe, übersah somit die Chancen des Missionsartikels und würdigte zunächst das durchaus pro-deutsche Engagement Motts und Oldhams in keiner Weise. Nach der Rückgabe des Missionsbesitzes änderte sich dies dann langsam.

Dabei war die internationale Unterstützung gerade für die deutschen Palästina-Missionen bemerkenswert: Hilfe erhielten die Evangelische Jerusalem-Stiftung und der Jerusalemsverein von Seiten des international angesehenen Erzbischofs von Uppsala und früheren Leipziger Theologie-Professors, Nathan Söderblom, der sich bei der englischen Regierung und beim Erzbischof von Canterbury für die Weiterführung der deutschen Missions-, Forschungs- und Wohltätigkeitsarbeit im Heiligen

---

[386] Vgl. auch J.H. Oldham, „German Missions", in: *IRM* 8 (1919), 459 ff. Über „die Attackierung des Versailler Friedensvertrages" durch die evangelische Kirche informiert K. Nowak, *Evangelische Kirche und Weimarer Republik. Zum politischen Weg des deutschen Protestantismus zwischen 1918 und 1932*, Weimar ²1988, 55–63.

[387] Das gilt für die drei in *NNM* 64 (1920) erschienenen Artikel „Die Zukunft der christlichen Mission in Palästina", 20–31; „Palästina und der Weltkrieg", 31–47; „Die Deutsche evangelische Mission in Palästina", 114–122, aber auch für H. Niemann, *Redet mit Jerusalem freundlich. Bilder aus fünfundsiebzig Jahren Geschichte und Arbeit des Syrischen Waisenhauses*, Köln 1935, 35–43; H. Schneller, *Festschrift zum 90. Jahrestag der Gründung des Syrischen Waisenhauses in Jerusalem*, Köln-Delbrück 1950, 21–28. Doch auch in jüngeren Darstellungen vermisst man eine Würdigung des ökumenischen Engagements, z.B in: H.W. Hertzberg/J. Friedrich (Hgg.), *Jerusalem – Geschichte einer Gemeinde*, 56–60. F. Foerster, *Mission im Heiligen Land*, 142 f. erwähnt zwar, dass durch den Versailler Missionsparagraphen das deutsche Missionseigentum vor der völligen Liquidierung bewahrt wurde, spricht aber andererseits m.E. nicht ganz zutreffend von einer Legalisierung „der Fremdnutzung der Vereinseinrichtungen in Palästina". M. Raheb, *Das reformatorische Erbe*, 133 erwähnt die ökumenischen Verhandlungen ebenfalls nur kurz.

Land einsetzte.[388] Diese Unterstützung war notwendig, weil die britischen Militärbehörden am 21.12.1919 alle deutschen Einrichtungen unter den Sequester stellten und zum Verkauf freigaben.

Auch der Erzbischof von Canterbury, Randell Thomas Davidson, war zur Unterstützung der deutschen Angelegenheiten bereit, delegierte diese Aufgabe aber an Oldham, Mott und Bickersteth.[389] Die angelsächsischen Missionsführer machten die Probleme der deutschen Missionseinrichtungen zu ihrem Anliegen. Sie waren sich jedoch bewusst, dass die Frage der rechtlichen Behandlung des deutschen Missionsbesitzes in Palästina juristisch heikel blieb. Aufgrund des starken Hohenzollern-Engagements gehörten die evangelischen Einrichtungen teilweise den Missionen, teilweise aber auch der preußischen Krone. Oldham versuchte in Verhandlungen mit dem C.O. und den deutschen Missionsvertretern eine Klärung der offenen Fragen zu erreichen.[390] Auch Davidson verfolgte die Angelegenheit weiter, nahm Kontakt zu Söderblom und zum Military Governor Ronald Storrs auf.[391] Letztlich gaben die Briten auch dank der Eingaben der Erzbischöfe den gesamten deutschen Besitz – mit Ausnahme des als Psychiatrie umgenutzten Armenischen Waisenhauses in Bethlehem – zurück.[392]

---

[388] Die deutschen Kirchen- und Missionsbehörden schickten Söderblom Übersichten über die Vermögenswerte sowie die Satzungen aller deutschen Einrichtungen im Heiligen Land nach Schweden, die dann nach England weitergeleitet wurden, um den kirchlichen Charakter der Einrichtungen zu verdeutlichen, LPL/R.T Davidson Papers 400.

[389] Vgl. EZA 56/110. In einem Brief zwischen dem Sekretär der *Jerusalem and the East Mission*, Rev. Bickersteth und dem Junior Chaplain von Erzbischof Davidson vom 6.6.1921 wird erwähnt, dass Oldham mit dem Erzbischof über die Lage der Missionen sprechen werde, LPL/Douglas Papers 400.

[390] Vgl. Bickersteths Schreiben an Davidson vom 26.5.1921 sowie Oldhams Brief an George Bell vom 6.6.1921, LPL/R.T. Davidson Papers 400.

[391] Vgl. Davidsons Briefe an Deißmann vom 8.1.1921, an Storrs vom 10.1.1921 und 18.1.1921, an Söderblom vom 18.1.1921 sowie das Gespräch mit Storrs am 10.1.1921 und Storrs Antwort an den Erzbischof vom 15.3.1921, LPL/R.T. Davidson Papers 400.

[392] Vgl. die Stellungnahme von Major-General A.W. Money vom 5.3.1919, der die Ölberg-Stiftung als einzigen angemessenen Dienstsitz des High Commissioner betrachtete und das deutsche katholische Paulus-Hospiz für den Local Governor vorsah. Er war sich jedoch bewusst, dass beide Gebäude aufgrund des Versailler Vertrags zurückgegeben werden mussten. R. Storrs, der Acting Chief Administrator der O.E.T.A. South bemerkte am 12.2.1919 gegenüber dem Chief Political Officer, dass es nach Ansicht des Senior Judical Officer keine Gründe gebe, den deutschen Eigentümern ihren Besitz nicht zurückzugeben. Money meinte in einem geheimen Statement an das General Headquarter in Kairo dagegen, dass die Ölberg-Stiftung nur formell der Kaiserswerther Diakonie angegliedert sei. Im Grunde handele es sich um ein Geschenk der deutschen Nation zur kaiserlichen Silberhochzeit, das somit als Privatbesitz der Hohenzollern zu gelten habe und damit beschlagnahmt werden könne. Keith Roach vertrat am 6.5.1920 als *Custodian of Enemy Property* die Ansicht, dass es sich doch um eine religiöse Einrichtung handele, die deshalb re-transferiert werden müsste. Auch die Führung des E.E.F. hatte am 15.3.1919 gegenüber dem F.O. die Rückgabe des deutschen Besitzes als klare Angelegenheit bezeichnet, wollte jedoch zunächst die Unterzeichnung des Friedensvertrags abwarten, ISA R.G. 2/CS 73.

2.5.7 Zwischenbetrachtung

Der Gang durch das lange 19. Jahrhundert hat eine komplexe Verquickung theologischer und politischer Motive bei der Wiederentdeckung Palästinas im deutschen und englischen Protestantismus sowie die Rückkehr des Heiligen Landes auf die politische Weltbühne aufgezeigt. Politiker und Theologen verstanden es, diese religiös-politische Melange zu ihren je eigenen Zwecken zu nutzen. Ohne Zweifel hatten die religiösen beziehungsweise religionspolitischen Motive bis 1918 Konjunktur, weil es für die europäischen Großmächte auf diesem Felde am einfachsten war, Fuß im untergehenden Osmanischen Reich zu fassen und ihr Engagement in der Levante vor den heimischen Öffentlichkeiten plausibel zu machen. Während sich aber die deutsche Außenpolitik im Orient zurückhielt, entwickelte Großbritannien aus geostrategischen Gründen ein verstärktes Interesse an der Region und protegierte deshalb auch den Zionismus stärker als Deutschland dies tat.

Hinzu kam eine biblisch-romantische Faszination für den mystischen Orient. In der *Patriarchenluft* des *reinen Ostens*, um es mit Johann Wolfgang von Goethes *Westöstlichen Diwan* zu sagen, hoffte der europäische Geist seine Suche nach Weite, Schönheit und Originalität befriedigen zu können.

Aller geistig-geistlichen Aspirationen zum Trotz ging es im Nahen Osten nicht allein um die Wiederentdeckung der Ursprünge des europäischen Denkens und Glaubens, sondern um Realpolitik. Sie trat in der Zwischenkriegszeit deutlicher denn je in den Vordergrund und verdrängte die religiöse Euphorie der frühen Nachkriegsjahre schnell.

Im Blick auf die Frage nach den mentalitätsgeschichtlichen Dispositionen deutscher evangelischer und anglikanischer Christen in Palästina, spielten die letzten Jahrzehnte des 19. Jahrhunderts, die Orientreise Kaiser Wilhelms II. und besonders der Ausgang des Ersten Weltkrieges eine wichtige Rolle:

Im Anglikanismus verfestigte sich der Gegensatz zwischen evangelikaler Mission und dem etablierten, hoch-kirchlichen Bistum beziehungsweise zwischen der unteren Mittelschicht beziehungsweise Mittelschicht und der Oberklasse. Dafür hatte vor allem die Zeit des Bischofs Blyths gesorgt, der dem Bistum eine hochkirchliche Ausrichtung gab, die auch von seinen Nachfolgern nicht rückgängig gemacht wurde. Mit dieser frömmigkeitstheologischen Ausrichtung waren auch, wie sich noch zeigen wird, bestimmte politische Richtungsentscheidungen verbunden, die in der Mandatszeit klar zum Ausdruck kamen.

Gleichwohl sah sich der Anglikanismus aufgrund der britischen Machtübernahme Palästinas vor eine geradezu gottgegebene Aufgabe gestellt, das Land der Passion Christi im Geiste der Bibel mit zu gestalten. Nach den schwierigen Kriegsjahren, als die anglikanischen Christen als Angehörige beziehungsweise Sympathisanten der Feindnation den Niedergang ihrer Arbeit mit ansehen mussten, begann die anglikanische Kirche nun mit großer Motivation und einem immensen Prestigegewinn, ihre Institutionen wieder aufzubauen.

Für die deutschen Protestanten war die Geschichte dagegen völlig konträr verlaufen. Die kaiserliche Eröffnung der Erlöserkirche wurde zum verspäteten Gründungsmythos der Palästinadeutschen, die auch in der Zwischenkriegszeit dem abgedankten Hohenzollern die Treue hielten. Die Kriegsjahre verlebten sie dank der deutsch-osmanischen Freundschaft unbeschadet. Deshalb traf sie die britische Eroberung Palästinas um so stärker. Sie verloren für eine Zeit ihren gesamten Besitz, wurden repatriiert oder interniert und begannen ab 1920 den Wiederaufbau als Angehörige einer Nation, die den Krieg verloren hatte. Dass sie sich deshalb politisch neutral verhielten und um ein gutes Verhältnis zu den neuen britischen Machthabern bemühten, lag auf der Hand. Zudem verdankten gerade sowohl die Templer als auch die Kirchler die Rückgabe ihres Besitzes dem bemerkenswerten Engagement unitarischer Parlamentarier und überzeugter, über-national denkender, versöhnungsbereiter anglophoner Protestanten wie John Mott und Joseph H. Oldham. In ihrem Engagement lebte nicht nur der Geist der Edinburgher Missionskonferenz, sondern auch der der Gründungsphase des Anglo-Preußischen Bistums weiter. Auch wenn das Bistumsprojekt aus nationalen Gründen gescheitert war, darf bereits an dieser Stelle gesagt werden, dass sich Anglikaner und deutsche Protestanten in der Zwischenkriegszeit nicht mehr als Konkurrenten betrachteten, sondern in freundschaftlichem (Des-)Interesse ihre je eigenen Wege gingen.

3 Zu den politischen Rahmenbedingungen der Mandatszeit

3.1 Die britische Palästinapolitik

3.1.1 Kriegsversprechen

Ab 1915 wurde Palästina zu einem der begehrtesten Gebiete des Osmanischen Reiches. Vor allem für Großbritannien und Frankreich war das Heilige Land ein strategisch bedeutsamer Ausgangspunkt für eine militärische, außen- und ölpolitische Einflussnahme im Nahen Osten. Für das britische Empire erschien Palästina das ideale Verbindungsglied zwischen Suezkanal und Indien zu sein. Die Zionisten hofften auf die Realisierung einer Rückkehr ins *Land der Väter*, die einheimische arabische Nationalbewegung sehnte sich dagegen nach dem Ende der türkischen Herrschaft und einem unabhängigen großsyrischen Reich.

Um die arabische Bevölkerung auf ihre Seite zu ziehen, machten die Briten ihnen Landzusagen, die in Spannung zu den Versprechungen standen, die sie gegenüber den Zionisten abgaben. Die beiden Seiten versprochene Veränderung der politischen Landkarte des Nahen Ostens bezog sich nämlich auf einander überschneidende Gebiete, weshalb der Begriff „twice promised land" zur stehenden Redensart in der Debatte über die rechtlich-politischen Ansprüche auf Israel/Palästina wurde.

Die gerade in der Zeit nach dem Zweiten Weltkrieg stark von ideologischen beziehungsweise politischen Prämissen bestimmte wissenschaftliche Diskussion zwischen zionistischen, arabischen und angelsächsischen Historikern über die umstrittene Kriegszielpolitik Englands im Orient und die Umstände der Gründung des Staates Israel 1948 hat sich in den letzten drei Jahrzehnten allerdings erheblich versachlicht.[393] Dazu trug die Öffnung der einschlägigen Archive ebenso bei wie seit Ende der 1980er Jahre das Auftreten der sogenannten *Israeli revisionists*, einer Gruppe israelischer Historiker um den in Oxford lehrenden Historiker Avi Shlaim, die im Gegensatz zu den zionistischen Historikern sehr (selbst-)kritisch die Gründungsphase des Staates Israel beleuchteten.[394]

---

[393] Eine konzise Einführung bietet. A. Schölch, „Europa und Palästina 1838–1917", 41–47.

[394] Zu den auch als *new historians* bekannten Forschern vgl. S. Flapan, *Die Geburt Israels. Mythos und Wirklichkeit*, München 1988; B. Morris, *The Birth of the Palestinian Refugee Problem, 1947–1949*, Cambridge 1987; I. Pappé, *Britain and the Arab-Israeli Conflict, 1948–1951*, Oxford 1988 sowie A. Shlaim, *Collusion across the Jordan: King Abdullah, the Zionist Movement, and the Partition of Palestine*, New York 1990. Vgl. zusammenfassend A. Shlaim, „The debate about 1948", in: I. Pappé (Hg.), *The Israel/Palestine Question*, London – New York 1999, 171–192. In der Debatte mit der traditionellen zionistischen Geschichtsschreibung versuchten die Revisionisten zu belegen, dass in der Phase der Gründung des Staates Israel 1948 die britische Politik nicht gegen die Errichtung eines jüdischen, sondern gegen die eines palästinensischen Staates gerichtet gewesen sei,

Da in einem konfliktbeladenen Land wie Israel/Palästina Zeitgeschichtsschreibung mitunter nicht allein die Rekonstruktion des Gewesenen, sondern auch die Legitimierung rechtlich-politischer Entwicklungen zum Ziel hat, konnten die genannten Forschungsbeiträge zur Versachlichung politischer und historiographischer Streitpunkte beitragen.

Für die Zeit des Ersten Weltkrieges und die Vorphase des britischen Mandats werden und wurden drei Problemkomplexe diskutiert:[395] Die Kriegszielvereinbarungen der Alliierten, die britisch-arabischen Absprachen und die britisch-zionistische Partnerschaft, deren jeweilige Hauptdokumente das Sykes-Picot-Abkommen, die MacMahon-Husain-Korrespondenz und die Balfour-Erklärung sind.

Sykes-Picot-Abkommen

Am 16. Mai 1916 unterzeichneten der englische Orientalist Mark Sykes und der ehemalige französische Konsul in Jerusalem, Charles George Picot, im Auftrag ihrer Regierungen das bekannteste einer Reihe von Geheimabkommen über die Neugliederung des Nahen Ostens nach dem Ende des Osmanischen Reiches.[396] Für Palästina hatten die beiden Diplomaten – in Übereinstimmung mit dem zaristischen Russland – folgende Regelung vorgesehen: Galiläa nördlich der Linie Akko-Tabgba sollte als Teil des Libanon einer französischen, die Bucht von Haifa mit den Städten Haifa und Akko einer britischen Verwaltung unterstellt werden. Von der französischen Grenzlinie, entlang des Jordans bis zu einer Linie vom Toten Meer nach Gaza würde das Zentrum des Landes unter internationale Kontrolle gestellt, an der Frankreich, England und Russland beteiligt sein sollten. Außerdem sah das Sykes-Picot-Abkommen die Gründung zweier arabischer Staaten vor, die auf dem Gebiet des heutigen Syrien unter französischem und im späteren Transjordanien unter englischem Protektorat entstehen sollten.

MacMahon-Husain-Korrespondenz

Wie in Kapitel 2.5.4. bereits kurz erwähnt, hatten sich Sir Henry MacMahon und Scharif Husain 1915 in einem geheimen Briefwechsel darauf verständigt, dass Großbritannien die arabische Unabhängigkeit im ehemaligen Osmanenreich unterstützen werde. Dafür mussten im Gegenzug die Araber den Alliierten im Ersten Weltkrieg zur Seite stehen.

Scharif Husain war seit 1908/09 *Wächter der Heiligen Stätten* in Mekka, Oberhaupt der Familie der Haschemiten, die später die Regentschaft in Jordanien übernahm und ihre Ahnenreihe bis auf die Zeit Mohammeds zurückführte. Für England

---

dass israelische Einheiten auf reguläre und irreguläre Weise arabische Truppen dezimiert, die Palästinenser zur Flucht gezwungen und die Errichtung einer palästinensischen staatlichen Entität politisch verhindert hätten.

[395] Vgl. A. Schölch, „Europa und Palästina 1838–1917", 42. Die genannten Dokumente finden sich beispielsweise in W. Laquer (Hg.), *The Israel-Arab Reader.* Revised Edition, London 1970.

[396] Zu Details vgl. I. Friedman, *The Question of Palestine, 1914–1918. British-Jewish-Arab-Relations*, London 1973, 97–118.

war er aus zwei Gründen zum idealen Verhandlungspartner prädestiniert: Einerseits galt er als eine arabische Führungspersönlichkeit, die aufgrund ihres religiösen Prestiges die Muslime zur Rebellion gegen den Sultan und Kalifen als weltliches und religiöses Oberhaupt vereinigen konnte. Zudem entsprach er einem bestimmten englischen Araber-Bild, „nach dem ‚echte Araber' nur in der Wüste zu finden waren, nicht aber in den ‚levantisierten' Städten Syriens, des Libanons und Palästinas."[397]

Husain stand als Persönlichkeit und britischer Vertragspartner für die Hoffnungen der jungen arabischen Nationalbewegung auf ein großarabisches beziehungsweise großsyrisches Reich. Mit dem Abkommen wuchsen die arabischen Erwartungen an eine geopolitische Neuordnung des Nahen Ostens. Während die arabische Seite auch das Heilige Land beanspruchte, interpretierte die britische Regierung ihre Landzusagen anders. Im Wortlaut hielt MacMahons Schreiben vom 24. Oktober 1915 nur fest, dass die „Teile Syriens, die westlich der Distrikte von Damaskus, Homs, Hama und Aleppo liegen"[398] und wegen ihres christlich-europäischen Einflusses als nicht rein arabisch angesehen wurden, von dem zu bildenden Großsyrien ausgeschlossen würden. Außerdem beschränkte England seine Zusagen auf die von ihm voraussichtlich zu beherrschenden Gebiete. Die französische Einflusssphäre blieb unangetastet. Bis weit in die zweite Hälfte des 20. Jahrhunderts blieben die englischen Gebietszusagen umstritten. Für die arabische Nationalbewegung erwies es sich als nachteilig, dass sich die britischen Zusagen niemals in einem völkerrechtlich verbindlichen Vertragstext niederschlugen.

Zudem belegt das in den letzten Jahrzehnten veröffentlichte Archivmaterial, dass die englische Regierung die Errichtung eines unabhängigen arabischen Reiches zu keinem Zeitpunkt wirklich plante. London und Paris waren im äußersten Falle dazu geneigt, im Zentrum der arabischen Halbinsel den Arabern vollständige Selbständigkeit zu gewähren, nicht jedoch in den strategisch bedeutsameren Küstenregionen. Während Husain aus eigenem Machtinteresse den verschlungenen Wegen der britischen Kriegs- und Nahostpolitik folgte, um wenigstens einen Teil des erhofften Großreiches zu erlangen, blieben die Region und ihre Bevölkerung Spielball der Mächtigen.[399]

Die Balfour-Erklärung von 1917

Das letzte, aber folgenreichste Kriegsdokument ist die Balfour-Erklärung vom 2. November 1917, in der England als erste Großmacht das jüdische Siedlungsprojekt in Palästina offen unterstützte. Der britische Außenminister Arthur James Balfour hatte in einem Schreiben an den Präsidenten der *English Zionist Federation*, Lord Lionel Walter Rothschild, erklärt, dass „His Majesty's Government view with favour

---

[397] A. Schölch, „Europa und Palästina 1838–1917", 42. Ähnlich B. Wasserstein, *The British in Palestine*, 12–14.

[398] Zitiert nach A. Schölch, „Europa und Palästina 1838–1917", 43. E. Kedourie, *In the Anglo-Arab Labyrinth: The McMahon-Husayn-Correspondence and its Interpretations, 1914–1939*, Cambridge 1976 und M. Kent, „Great Britain and the End of the Ottoman Empire 1900–1923", in: dies. (Hg.), *The Great Powers and the End of the Ottoman Empire*, London 1984, 186–188.

[399] Vgl. A. Schölch, „Europa und Palästina 1838–1917", 43.

the establishment in Palestine of a national home for the Jewish people and will use their best endeavours to facilitate the achievement of this object, it being clearly understood that nothing shall be done which may prejudice the civil and religious rights of existing non-Jewish communities in Palestine, or the rights and political status enjoyed by Jews in any other country."[400]

Wie kam es überhaupt dazu, dass die englische Regierung ein prozionistisches Statement herausgab? M. Vereté[401], A. Schölch[402], G. Sheffer[403] und B. Wasserstein[404] betonen, dass England mit der Protegierung der Zionisten zunächst die mit dem Sykes-Picot-Abkommen intendierte Internationalisierung Zentralpalästinas verhindern, also Frankreichs Eindringen in Palästina ausschließen wollte. Dagegen meint I. Friedman,[405] dass England erst 1920 auf der Konferenz von San Remo zionistische Ambitionen auf Palästina unterstützt habe. Friedman zufolge war die Balfour-Erklärung hauptsächlich gegen eine osmanisch-deutsche Regierung in Palästina gerichtet.

Am überzeugendsten hat G. Sheffer auf die geo-strategische Bedeutung Palästinas für die britische Außenpolitik hingewiesen. Zwar sei Palästina unter allen von Großbritannien kontrollierten staatlichen Entitäten im Nahen Osten der geographisch kleinste Besitz gewesen, der zudem aufgrund fehlender Rohstoffe am Ausgang des Ersten Weltkriegs wirtschaftlich wenig leistungsfähig war. Im Kontext der außen- und sicherheitspolitischen Interessen Großbritanniens im Orient kam dem Heiligen Land jedoch eine Schlüsselrolle zu.[406] Dabei spielte laut Sheffer der Aufbau einer britisch kontrollierten geo-strategischen Brücke von Ägypten zur Kronkolonie Indien ebenso eine Rolle wie der Schutz des Suez-Kanals, der Ausbau militärischer Stützpunkte und einer entsprechenden Infrastruktur für reguläre Einheiten beziehungsweise für die *Imperial Reserve,* aber auch die Schaffung einer Pufferzone gegen mögliche Angriffe aus dem Norden.[407] Die Verteidigungsbelange des Empire standen also – besonders vor und während des Ersten Weltkrieges – im Vordergrund der britischen Nahostpolitik. Hinzu kamen kulturelle und religiöse Präferenzen für das Heilige Land, die dazu führten, dass Lloyd George eine Politik vorantrieb, die auf einen Alleinvertretungsanspruch Großbritanniens in Palästina zielte. Dieser sogenannte *denial factor* war schließlich auch ein Grund dafür, dass England mit der Balfour-Erklärung das Projekt einer jüdischen Heimstätte in Palästina protegierte. Einerseits spielten dabei projüdische und prozionistische Sympathien führender eng-

---

[400] Der englische Text findet sich z.B. in G. Antonius, *The Arab Awakening The Story of the Arab National Movement*, New York [8]1979, 266 f. Für die deutsche Übersetzung vgl. etwa A. Ullmann, *Israels Weg zum Staat*, München 1964, 252.

[401] Vgl. M. Vereté, „The Balfour Declaration and Its Makers", in: *MES* 6 (1970), 48–76.

[402] Vgl. A. Schölch, „Europa und Palästina 1838–1917", 44–47.

[403] Vgl. G. Sheffer, „Bilanz der strategischen, politischen und wirtschaftlichen Interessen Großbritanniens in Palästina und im Nahen Osten", in: L. Schatkowski/C. Scharf (Hgg.), *Der Nahe Osten in der Zwischenkriegszeit 1919–1939*, 29–51, hier: 35 f.

[404] Vgl. B. Wasserstein, *The British in Palestine*, 8 f.

[405] Vgl. I. Friedman, *The Question of Palestine*, IX, 123, 126, 164 f., 285–287.

[406] Vgl. G. Sheffer, „Bilanz der strategischen, politischen und wirtschaftlichen Interessen", 31.

[407] Ebd., 32.

lischer Politiker eine Rolle. Andererseits ging es Großbritannien darum – hier stimmen Sheffer, Vereté und Schölch überein –, „ein internationales Regime und eine französische Präsenz in Teilen dieses Territoriums zu verhindern."[408]

Der britischen Regierung erschien es einfacher, mit europäischen Zionisten als mit Arabern zu verhandeln und zusammenzuarbeiten.[409] Das prinzipielle Problem der britischen Palästinapolitik bestand nun darin, die Politik gegenüber den Juden und Arabern in einer Balance zu halten und die Palästina-Frage von dem sich transnational entwickelnden arabischen und zionistischen Nationalismus zu isolieren. Das gelang in sehr viel geringerem Maße als geplant. Bestimmend für die britische Außenpolitik blieb das Festhalten an der grundsätzlichen strategischen Ausrichtung, die Veränderungen aufgrund neuer internationaler und regionaler Einflüsse allerdings nicht ausschloss.

Ein Blick auf die durch das Ende des Ersten Weltkrieges veränderte Weltkarte lässt die strategische Bedeutung Palästinas als Brückenkopf erahnen: Das *Empire and Commonwealth* reichte ab 1917 fast ohne Unterbrechungen von Südafrika über die Ostküste Afrikas, Ägypten, Palästina, Mesopotamien bis Indien, Burma und – wollte man die Linie weiterführen - sogar bis Malaysia und nach Australien. Die wichtigsten Küsten- und Hafenzugänge, allen voran der Suez-Kanal und der Persische Golf waren in britischer Hand. Die Commonwealth-Truppen konnten also in einem Konfliktfall ohne gegnerischen Zugriff innerhalb des Empire verschoben werden. Palästina war deshalb „the military gate to Egypt und the Suez Canal", wie es Balfours Nachfolger als Außenminister, Lord George Nathaniel Curzon (1859–1925), ausdrückte.[410] Dieser war darauf bedacht, als Gegengewicht zu Lloyd George und Balfour „der Mandatsverfassung einen möglichst geringen präjudizierenden Charakter für einen jüdischen Staat zu geben."[411]

---

[408] Ebd., 33 und A. Schölch, „Europa und Palästina 1838–1917", 44–47 sowie M. Vereté, „The Balfour Declaration and Its Makers", in: *MES* 6 (1970), 48–76.

[409] Während des Krieges spielten auch andere strategische Faktoren eine Rolle für den britisch-zionistischen Schulterschluss. London hoffte, dass die jüdischen Gemeinden in Amerika die US-Öffentlichkeit für die Kriegsziele der Alliierten mobilisieren könnten. Deutsche pro-zionistischen Bestrebungen sollten durch die psychologisch-politischen Wirkungen der Balfour-Erklärung erledigt werden. Die russischen Juden sollten nach der Februarrevolution 1917 ein Ausscheiden des innenpolitisch instabiler werdenden Russlands aus der Kriegsallianz verhindern. Als Russland sich jedoch von den geheimen Abkommen distanzierte und einen Separatfrieden mit der türkischen Regierung schloss, drohte die geplante Nachkriegsordnung zu scheitern. Vgl. A. Schölch, „Europa und Palästina 1838–1917", 44.

[410] So Curzon in seinem Memorandum vom 5.12.1917 „German and Turkish territories captured in the war", zitiert nach I. Friedman, *The Question of Palestine*, 165.

[411] H. Mejcher, „Palästina in der Nahostpolitik europäischer Mächte und der Vereinigten Staaten von Amerika 1918–1948", in: ders. (Hg.), *Die Palästina-Frage 1917–1948*, 187–242, hier: 198. Ähnlich B. Wasserstein, *The British in Palestine*, 16.

Die Eroberung Palästinas

Die Eroberung Palästinas durch die *Egyptian Expeditionary Forces* (E.E.F.) dauerte knapp ein Jahr und vollzog sich in mehreren Schüben.[412] Die mit großer personeller Überlegenheit angreifende E.E.F. drang zunächst im Januar 1917 vom Sinai in das Land vor, erlitt aber zwischen dem 25. und 28. März 1917 bei der ersten Schlacht um Gaza eine schwere Niederlage gegen die durch das deutsche *Levantekorps*[413] verstärkten osmanischen Einheiten. Auch bei der zweiten Schlacht um Gaza gelang es den Briten trotz dreifacher Materialstärke nicht, die Stadt einzunehmen. Das britische Militär zog sich zurück, und es begann ein sechsmonatiger Stellungskrieg. Im Frühjahr 1917 wechselte die britische Regierung die militärische Führung in Palästina aus und übertrug dem erfahrenen Kavallerie-Offizier, General Sir Edmund Allenby den Oberbefehl. Drei Tage vor Veröffentlichung der Balfour-Erklärung eröffnete Allenby die entscheidende Offensive an der Palästina-Front. Noch am gleichen Tag fiel Beerscheba in britische Hände. Am 7. November eroberten die Empire-Truppen Gaza, am 16. November Jaffa. Am 8. Dezember 1917 zog Allenby mit dem E.E.F. in Jerusalem ein. Die osmanisch-deutschen Truppen hatten die Heilige Stadt freiwillig geräumt, da ein Sieg an der Palästinafront nicht mehr möglich erschien. Der deutsche Oberbefehlshaber, General Erich von Falkenhayn,[414] hatte sich zunächst gegen diesen Schritt gewandt. Der zeitweilige preußische Kriegsminister (1913–1915) ließ sich jedoch überzeugen, dass eine Zerstörung Jerusalems durch Luft- und Artillerie-Angriffe dem Prestige der Mittelmächte schweren Schaden zufügen würde. Zudem war die Davidsstadt strategisch unwichtig geworden. Die 37. Eroberung der Stadtgeschichte Jerusalems geschah deshalb auf friedlichem Wege.[415]

---

[412] Vgl. vor allem H.W. Neulen, *Feldgrau in Jerusalem. Das Levantekorps des kaiserlichen Deutschland*, München 1991, 235–262.

[413] Unter dem *Levante-* oder *Asienkorps* versteht man die während des Ersten Weltkrieges im Osmanischen Reich eingesetzten deutschen Einheiten. Sie erhielten ihre ersten Aufgaben im Herbst 1914 unter osmanischem Oberbefehl und nahmen am Angriff auf den Suezkanal teil. Der oberste deutsche Truppenführer war der bayerische Oberst und spätere General Kreß von Kressenstein. Im März 1916, im Herbst 1917 und im Frühjahr 1918 kam es zur Entsendung größerer Kontingente. Sie erhielten die Decknamen *Pascha I, II* und *Verstärkung Pascha II*. Die Gesamtstärke dieser drei Kontingente betrug etwa 18.000 Mann. Sie wurden auf der Sinai-Halbinsel, in Palästina, Syrien und in Mesopotamien eingesetzt und kämpften bis zum Waffenstillstand des Osmanischen Reiches mit der Entente (30.10.1918) Seite an Seite mit den osmanischen Truppen. Es gehörte zu den grundlegenden Intentionen der Militärkooperation, dass nicht nur osmanische, sondern auch deutsche Offiziere Führungsaufgaben übernahmen. An der Palästina-Front wurde 1917 die gemeinsame Heeresgruppe *Jildirim* (deutsch: Blitz) von General von Falkenhayn kommandiert. Vgl. H.W. Neulen, *Feldgrau in Jerusalem,* 236.

[414] Ebd., 240, 244.

[415] Ebd., 245. Am 26. Juni 1917 hatten dennoch englische Flugzeuge die Stadt bombardiert. Eines ihrer Ziele war die deutsche evangelische Kaiserin-Auguste-Viktoria-Stiftung auf dem Ölberg. Von 50 Bomben traf jedoch nur eine das Haus, wodurch Fensterscheiben und die Kirchenfenster zerstört, ansonsten aber kaum Schaden angerichtet wurde. In der Ölberg-Stiftung hatte während des Krieges zunächst das türkische Hauptquartier unter der Führung von Djemal Pascha, dann General Falkenhayn residiert. Nach dem Kriegsende war sie bis zur Rückgabe an die ursprünglichen Eigentümer im Jahre 1928 Sitz des britischen High Commissioner. Vgl. auch M. Trensky u.a. (Hgg.), *Evange-*

Es dauerte noch fast ein Jahr, bis ganz Palästina unter britischer Herrschaft stand. In verlustreichen Gefechten eroberten die durch französische Einheiten verstärkten *E.E.F.*das gesamte Land. Die osmanisch-deutschen Truppen zogen sich bis Damaskus zurück und ergaben sich dort am 1. Oktober 1918 der britischen Übermacht. Damit war das Ende der 400jährigen osmanischen Herrschaft über Palästina besiegelt.[416]

Als Hauptquartier wählte sich Allenby die deutsche Kaiserin-Auguste-Viktoria-Stiftung auf dem Ölberg. Auch Samuel machte sie zu seinem Amtssitz. Damit war ein architektonisch herausragendes Symbol des *Deutschtums in Palästina* zum Zentrum der britischen Exekutive geworden. Vor dem Hintergrund des britisch-deutschen Antagonismus war dies eine delikate Entscheidung, die die Palästinadeutschen spüren ließ, dass sie im Kontext der Mandatsgesellschaft nur eine untergeordnete Rolle spielen würden.

3.1.2 Grundzüge der britischen Palästinapolitik

Außenpolitische Ziele

Mit dem Ausgang des Ersten Weltkrieges veränderten sich die Herrschaftsstrukturen im Nahen Osten. Nicht nur das Osmanische Reich war zusammengebrochen, sondern auch das europäische Gleichgewicht der Kräfte hatte ein Ende gefunden.[417] Da Frankreich und Großbritannien den Nahen Osten unter sich aufteilten, scheint es mir lohnend, einen Blick auf die drei außenpolitischen Zielsetzungen der britischen Palästinapolitik nach 1918 zu werfen:[418]

Erstens sollte der militärischen Eroberung Palästinas die politische Legitimierung des territorialen Gewinns folgen. Das gelang auf der Versailler Friedenskonferenz sowie auf der Alliierten-Konferenz von San Remo 1920, die – in Übereinstimmung mit Artikel 22 der Völkerbundverfassung von 1919 – die Aufteilung des Nahen Ostens in französische und englische Mandate beschloss. Am 24. Juli 1922 übertrug der Völkerbund dann formal dem Vereinigten Königreich das Mandat für Palästina, am 16. September 1922 auch das für Transjordanien. Die Enttäuschung der Araber über eine damit einhergehende völkerrechtliche Sanktionierung der Balfour-Erklärung nahm Großbritannien billigend in Kauf.[419]

Zweitens wollte London das Land nach den antibritischen und antizionistischen Unruhen der Jahre 1920/1921 befrieden. Die Araber hatten sowohl gegen die Balfour-Erklärung als auch gegen die dritte Alijah protestiert. Dieser Protest gegen die vermeintlich gebrochenen Landversprechungen wurde zu einem großen innen-

lische Himmelfahrtskirche und Hospiz der Kaiserin-Auguste-Viktoria-Stiftung auf dem Ölberg in Jerusalem, Hannover 1990, 20.

[416]   Vgl. H.W. Neulen, *Feldgrau in Jerusalem*, 254–257.

[417]   Vgl. M. Raheb, *Das reformatorische Erbe*, 130.

[418]   Vgl. vor allem G. Sheffer, „Bilanz der strategischen, politischen und wirtschaftlichen Interessen", 29–51 sowie H. Mejcher, „Palästina in der Nahostpolitik europäischer Mächte und der Vereinigten Staaten von Amerika 1918–1948", in: ders. (Hg.), *Die Palästina-Frage*, 189–242.

[419]   Vgl. C. Qâsimiyya, „Palästina in der Politik der arabischen Staaten 1918–1948", in H. Mejcher (Hg.), *Die Palästina-Frage*, 123–188, hier: 137.

wie außenpolitischen Thema der Mandatszeit. Den deutlichsten Protest artikulierte das mittlerweile klassische Buch des christlich-arabischen Regierungsbeamten George Antonius *The Arab Awakening*.[420] Die britische Regierung reagierte mit dem von *Colonial Secretary* Winston Churchill (1874–1965) herausgegebenen *White Paper* vom 3. Juli 1922. Darin bemühte sich London um eine pro-arabische Interpretation der Balfour-Erklärung und sprach sich für einen paritätisch besetzten *Legislative Council* in Palästina aus, der jedoch nie realisiert wurde. Churchill sah weitblickend die auf Großbritannien zukommenden Schwierigkeiten und favorisierte eine vollständige Aufgabe der Verantwortung für Palästina, ohne sich mit dieser Haltung durchsetzen zu können.[421]

Drittens errichteten die Briten eine Zivilregierung in Palästina, die Vorgaben des Völkerbund-Mandates umsetzen und das Land modernisieren sollte. Zum ersten britischen High Commissioner wurde Sir Herbert Samuel ernannt.[422] Zwar lag die Exekutivgewalt in Händen der Mandatsregierung. Den Aufbau der *jüdischen Heimstätte* betrieb gemäß Artikel 4 der Mandatserklärung aber die *Jewish Agency*.[423] Eine vergleichbare öffentliche Körperschaft besaß die arabische Bevölkerung nicht, was für ein anhaltendes politisches Missfallen sorgte.

Im März 1921 entschied sich London dafür, Transjordanien an den Emir Abdullah, einen Sohn des Scharifen Husain von Mekka, abzutreten, der das Land unter der Aufsicht eines dem High Commissioner unterstehenden *Chief British Representative* regieren sollte. Gemäß Churchills *White Paper* wurde eine Erweiterung der jüdischen Heimstätte auf Gebiete jenseits des östlichen Jordanufers ausgeschlossen.

Nachdem die britische Regierung ihre wesentlichen politischen Ziele erreicht hatte, verschwand Palästina für einige Jahre von der Tagesordnung des Kabinetts und der britischen Öffentlichkeit.[424]

Für die Völker des Nahen Ostens bedeutete die Mandatszeit das Ende der langen Ära europäischen Einflusses in der Region sowie den Anfang einer Phase der Selbstbestimmung und Emanzipation. Unter diesen Gesichtspunkten war die Mandatszeit „an important transistorial stage" in der Geschichte des Nahen Ostens, wie Rashid Khalidi urteilt.[425] Aus einem großen Gesamtstaat erwuchsen in den folgenden Jahrzehnten fünf neue, wirtschaftlich und politisch relativ schwache Staaten (Syrien, Libanon, Jordanien, Irak, Israel), die nach ihrer Unabhängigkeit stark von

---

[420] Vgl. G. Antonius, *The Arab Awakening. The Story of the Arab National Movement*. New York [8]1979 sowie die eingehende Diskussion des Buches und seiner Rezeptionsgeschichte in D. Hopwood (Hg.), *Studies in Arab History. The Antonius Lectures*, 1978–87, Basingstoke – London 1990 und in: ders. (Hg.), *Arab Nation, Arab Nationalism*, Basingstoke – London 2000.
[421] Vgl. A. Adé, *Winston S. Churchill und die Palästina-Frage, 1917–48: Von der Balfour-Erklärung bis zum Unabhängigkeitskrieg*, MS Diss. phil. Zürich 1973 und M. Cohen, *Churchill and the Jews*, London 1985.
[422] Vgl. E. Kedourie, „Sir Herbert Samuel and the Government of Palestine", in: ders., *The Chatham House Version and other Middle Eastern Studies*, London 1970, 52–81.
[423] Vgl. den Mandatstext im Anhang zu H. Mejcher (Hg.), *Die Palästina-Frage*, 245–254.
[424] Vgl. G. Sheffer, „Bilanz der strategischen, politischen und wirtschaftlichen Interessen", 34.
[425] Vgl. R. Khalidi, „Concluding Remarks", in: N. Méouchy/P. Sluglett (Hg.), *The British and French Mandates in Comparative Perspectives/Les mandats français et anglais dans une perspective comparative*, Leiden 2004, 695–704, hier: 695.

externen Kräften abhängig waren und auf dem diplomatischen Parkett wenig Handlungsspielraum besaßen. Im Falle Palästinas katalysierte das Mandat im jüdischen Sektor einen Staatsbildungsprozess, während dieser im arabischen Sektor blockiert und in sein Gegenteil verkehrt wurde.[426]

Als London in den 1930er Jahren mit den Regierungen des Irak und Ägyptens über deren staatliche Unabhängigkeit verhandelte, gewann Palästina wieder an strategischer Bedeutung. Das Heilige Land sollte weiter in militärischen Landrouten und Luftverbindungen integriert bleiben. 1935/36 kam es zu einer Wende in der britischen Orient-Strategie, die sowohl in den wachsenden politischen Spannungen in Europa inklusive eines drohenden Kriegsausbruchs als auch in regionalen nahöstlichen Konflikten wurzelte: Italien besetzte 1936 Abessinien und erhob damit Ansprüche in der Region. Im gleichen Jahr brach in Syrien aus Protest gegen die französische Mandatsmacht ein Generalstreik aus, der kurze Zeit später auf Palästina übersprang, das Land über Monate lahm legte und den Auslöser für einen dreijährigen arabischen Aufstand bildete.

London entschied in dieser Situation aus strategischen und politischen Gründen, das Mandatsgebiet fester an sich zu binden.[427] Auch der 1937 von der *Royal Commission* unter Lord Peel entworfene Teilungsplan änderte daran nichts, weil er neben einem jüdischen und einem arabischen Landesteil auch britische Enklaven – und damit Kontrollmöglichkeiten – vorsah.

Auf dem Gebiet der Immigrationspolitik gelang es der britischen Regierung jedoch nicht, das Heft des Handelns zu behalten. Wanderungsbewegungen in der arabischen Welt in das wirtschaftlich sich trotz aller Probleme entwickelnde Palästina spielten dabei ebenso eine Rolle wie durchaus die Angst der arabischen Bevölkerung vor einer Bevölkerungsverschiebung durch die jüdische Massenimmigration. Schließlich blieb auch die NS-Judenpolitik nicht ohne Auswirkungen, die ja – wie unten noch näher zu beschreiben sein wird – durch das Havaara-Abkommen eine quotierte Auswanderung finanziell besser gestellter Juden nach Palästina vorsah.

Aufgrund dieser indogenen und exogenen Faktoren folgte Whitehall 1931 dem Rat des dritten High Commissioner, Sir John Chancellor, und senkte die Quote für jüdische Einwanderer, um sie jedoch 1935 auf Anraten seines Nachfolgers, Sir Arthur Wauchope, wieder zu erhöhen. Nach Kriegsausbruch 1939 wurde die Einwanderungsquote schließlich auf einem niedrigen Niveau eingefroren. Da die Einwanderungspolitik stark mit der Frage des Landerwerbs verbunden war, mussten bei hohen Einwanderungsquoten auch die Restriktionen auf Landerwerb gelockert werden. Das wiederum rief arabischen Widerstand hervor und die Frage nach einer ausgewogenen britischen Palästinapolitik auf. Gerade in dieser schwierigen Phase der 1930er Jahre versuchte England dennoch seinen Alleinvertretungsanspruch auf Palästina zu verteidigen, auch wenn andere Nationen – zum Beispiel über die Mandatskommission des Völkerbundes – Einfluss zu nehmen versuchten.

---

[426] Ebd., 697.

[427] Vgl. G. Sheffer, „Bilanz der strategischen, politischen und wirtschaftlichen Interessen", 34.

Innerhalb der englischen Regierung waren das *Foreign* und das *Colonial Office* für die konkrete Umsetzung der Politik und die Verwaltung Palästinas zuständig. Bis 1933 gab es eine klare Arbeitsteilung, nach der das *Foreign Office* die Palästinapolitik nach außen mit anderen Interessensgebieten Großbritanniens im Nahen Osten abstimmte, während das *Colonial Office* die innere Verwaltung des Landes übernahm. Im Land besaß der High Commissioner als Kopf einer zentralisierten Regierung weitreichende Macht. In der Zwischenkriegszeit führten fünf High Commissioner das Land: Der erste war – wie bereits erwähnt – Sir Herbert Samuel (1920–1925), Spross einer assimilierten jüdischen Bankiersfamilie, liberaler Abgeordneter und erstes jüdisches Mitglied eines englischen Kabinetts. Zweimal in seiner Karriere übernahm Samuel das Innenministerium (1916 und 1931). Die Berufung des gemäßigten Zionisten löste in arabischen Kreisen Irritationen aus, doch seine Bemühungen um eine faire Behandlung aller Bevölkerungsgruppen und der zügige Aufbau der Zivilverwaltung brachten ihm auch jenseits des jüdischen Lagers Respekt ein.[428]

Ihm folgte Viscount Herbert Plumer (1925–1928). Der im Lande beliebte ehemalige Feldmarschall pflegte Kontakte zu Juden und Arabern und regierte das Land in seiner ruhigsten Phase. Dagegen agierte der im Grunde an Palästina desinteressierte ehemalige Gouverneur von Mauritius, Trinidad und Tobago sowie Southern Rhodesia, Sir John Chancellor (1928–1931) unglücklich.[429] Er wurde mit den wiederholten Bitten der arabischen Seite nach einem legislativen Mitbestimmungsgremium konfrontiert, wie es in den arabischen Nachbarländern bereits existierte, konnte aber in London keine Veränderungen durchsetzen. Nach den Ausschreitungen der Jahre 1928/29 bezweifelte er die Regierbarkeit des Landes und sah seine Abberufung als persönliche Befreiung an.

Die Amtszeit des Generalmajors Sir Arthur Wauchopes (1931–1937) fiel ebenso wie die seines Nachfolgers Sir Harold MacMichael (1937–1944), der als einziger High Commissioner wiedergewählt wurde, in die Phase der arabischen Revolte. Wauchope, ein Freund des Erzbischofs von Canterbury Lang, bemühte sich um die Versöhnung von Juden und Arabern, galt deshalb aber als zu weich und araberfreundlich.[430] Er setzte sich für die Schaffung eines *Legislative Councils* ein, scheiterte aber am Widerstand der Londoner Regierung. Nach Ausbruch der Revolte weigerte er sich, das Kriegsrecht zu verhängen. Dennoch ließ er die Polizei – ebenso wie der Arabisch sprechende und bei beiden Konfliktparteien wegen seiner strengen Amtsführung unbeliebte MacMichael – mit drakonischer Härte durchgreifen, was der Palästinaregierung harsche Kritik einbrachte und den Hass im Lande schürte. Auf MacMichael wurden mehrere Mordanschläge verübt, die er alle überlebte. Die beiden letzten High Commissioner Viscount Gort (1944–1945) und Sir Alan Cun-

---

[428] Vgl. B. Wasserstein, *Herbert Samuel: A Political Life*, Oxford 1992 und ders., „Herbert Samuel and the Palestine Problem", in: *English Historical Review* 91/361 (1976), 753–775 sowie G. Krämer, *Geschichte Palästinas*, 250–253.

[429] Vgl. A.J. Sherman, *Mandate Days*, 77, 85, 253.

[430] Vgl. G. Krämer, *Geschichte Palästinas*, 340.

ningham (1945–1948) führten das Land in schwierigen Zeiten bis zum Ende des Mandats.[431]

Die Macht der High Commissioner war zwar in Palästina verhältnismäßig groß, hing aber letztlich doch von den politischen Vorgaben aus London ab. Ein klares Vorgehen wurde deshalb erschwert, weil innerhalb der britischen Regierung die kleine, auf Palästina und den Nahen Osten spezialisierte Verwaltungs- und Politik-Elite keineswegs einheitlich ausgerichtet, sondern in sich gespalten war. Ab 1933 zog das *Foreign Office* immer mehr Macht an sich. Zudem versuchten andere Ressorts, wie das Büro des Premierministers, das Schatzamt, das *India Office*, das *Board of Trade* und das *War Office* in der Palästinapolitik mitzureden.[432] Das Außenministerium konnte sich regierungsintern durchsetzen und dominierte die Nahostpolitik bis 1948.

Strukturen der Mandatsverwaltung

Das wichtigste Organ der Mandatsregierung in Palästina war der *Executive Council*. Als Leiter der britischen Zivilregierung in Palästina agierte der *Chief Secretary*, dem zwei *Assistant Chief Secretaries* (ein *Administrative* und ein *Political Secretary*) zur Seite standen. Die regionalen Militärgouverneure wurden durch *District Governors* ersetzt, die anfangs vier, später drei Regierungsbezirken vorstanden. Die Verwaltung gliederte sich in verschiedene Departments – etwa *Justice, Police and Security, Finance* sowie *Health, Education, Antiquities*, die für die christlichen Gemeinden, Forschungseinrichtungen, Krankenhäuser und Schulen die wichtigsten Ansprechpartner waren.[433] Arabische Kreise verspotteten die für ihren rechtlichen Regulierungseifer bekannte Mandatsregierung als „law factory".[434]

Unter religionsrechtlichen Gesichtspunkten gewannen vor allem die Artikel 9, 13, 14, 15, 16 des Mandatstextes an Bedeutung. Das wichtigste Ziel der britischen Religionspolitik bestand nach Artikel 13 des Mandatstextes in der Bewahrung des *Status quo* an den Heiligen Stätten, wie er in den osmanischen Statuten von 1757 und 1852 festgelegt worden war. Die Mandatsregierung hatte kein Interesse, durch irgendwelche Änderungen dem Konflikt zweier Nationalbewegungen noch eine religionspolitische Auseinandersetzung hinzuzufügen.[435]

---

[431] Vgl. zu den High Commissioners z.B. die biographischen Skizzen bei A.J. Sherman, *Mandate Days,* 253–258.

[432] Vgl. G. Sheffer, „Bilanz der strategischen, politischen und wirtschaftlichen Interessen", 43 f.

[433] Solide in die Arbeit der Mandatsregierung führt ein: N. Sheherd, *Ploughing Sand.* Für die hier behandelte Thematik ist vor allem das Kapitel 4 „Patching up Palestine: Health and Education", 126–178 interessant

[434] Ebd., 74.

[435] Vgl. die Rechtssammlung in BLO/Dep. C.M.J., d.56/1–11 wie z.B. Office of the International Missionary Council (Hg.), *Treaties, Acts and Regulations relating to Missionary Freedom,* London 1922 – zu Palästina: 21–24. In den Artikeln 15 und 16 des Mandatstextes wurden die Religions- und Gewissensfreiheit geregelt. In *The Palestine Order in Council* vom 10. August 1922 befassten sich die Artikel 18 (Die Gesetze des Legislative Council dürfen nicht Religions- und Gewissensfreiheit berühren) und 51–56 (Religious Courts) mit religionsrechtlichen und religionspolitischen Fragen. Vgl. dazu auch B. Wasserstein, *Jerusalem,* 114 f.

Artikel 9, 15 und 16 garantierten die Religionsfreiheit. Außerdem wurde die Verwaltung der religiösen Stiftungen, der *Wakfs,*[436] gemäß den religiösen Regeln der Gründer zugesichert und nach Artikel 14 eine Kommission für die Heiligen Stätten eingesetzt. Sie wurde auf Vorschlag Balfours 1922 durch den Völkerbund in eine christliche, jüdische und islamische Sektion unterteilt.[437] Der Artikel 15 gestand jeder Religionsgemeinschaft das Recht auf eigene Schulen in ihrer eigenen Sprache zu. Allerdings musste der Unterricht den pädagogischen Vorgaben der Regierung entsprechen. Da es drei offizielle Landessprachen (Englisch, Arabisch, Hebräisch) gab, bildete sich ein plurales Schulsystem aus.[438]

Im Prinzip blieben die meisten Religions- und Familienstandsregelungen des Millet-Systems bestehen.[439] In Konfliktfällen hatte der staatliche *Chief Justice* das letzte Wort. Eine offene Frage blieb die Zivilehe, die im osmanischen Recht unbekannt war.[440] Die Ausformulierung der religionspolitischen Passagen des Mandatstextes geschah unter dem Einfluss führender Vertreter der anglikanischen Kirche und des Internationalen Missionsrates, die ihre Vorstellungen allerdings nur partiell durchsetzen konnten.[441]

Großbritannien und die palästinensische Nationalbewegung

Bereits 1920 sah das Heilige Land erste gewalttätige Ausschreitungen, nachdem der Chief Administrator der O.E.T.A., Major-General L.J. Bols am 27. Februar 1920 öf-

---

[436]   Vgl. Kapitel 5.5.7.

[437]   Vgl. A. O'Mahony, „Church, State and the Christian Communities", 23. Die christliche Sektion wurde von einem französischen Vorsitzenden geleitet und hatte drei römisch-katholische, drei orthodoxe, ein armenisches, ein äthiopisches und ein koptisches Mitglied. Die islamische Sektion wurde von einem Italiener geleitet. Ihr gehörten ein palästinensischer, ein französischer und ein indischer Muslim an. Die jüdische Sektion hatte einen amerikanischen Vorsitzenden und Mitglieder aus dem palästinensischen, dem britischen und dem sephardischen Judentum. Der Vorsitzende der Gesamtkommission war ein amerikanischer Protestant.

[438]   Vgl. K. Thomas, *Das Deutschtum in Palästina.* MS Diss. phil. Universität Berlin o.J., 369.

[439]   Vgl. A. O'Mahony, „Church, State and the Christian Communities", 15. Für die Protestanten stellte sich das Problem, dass sie keine religiösen Gerichtshöfe besaßen. Die Sonderrolle des Protestantismus machte sogar eine Rechtsdefinition nötig. In der *Legal definition* vom 24.2.1939 heißt es, dass ein Protestant ein Christ sei, der nicht zur „Roman Catholic Church, the Old Catholic Church, or the Eastern Churches" gehöre., ISA RG 2/B/2/39. Dass die Protestanten keine Gerichte besaßen, geht aus der Antwort auf eine Anfrage von Propst Döring hervor, der am 10.8.1944 von der Mandatsregierung Auskunft in einem Scheidungsfall haben wollte. Nach Artikel 51 des *Palestine Order in Council 1922* sollte die Jurisdiktion von religiösen Gerichtshöfen ausgeübt werden. In einer Auflistung aller religiösen Gerichtshöfe im *First Schedule to the Successive Ordinance* wurde aber kein protestantisches Gericht genannt, ISA RG 2/B/2/44.

[440]   Im *Palestine Order in Council 1922* wurden die religiösen Rechte ebenfalls aufgenommen. In der Präambel heißt es, dass sich die britische Regierung der Umsetzung der Balfour Erklärung verpflichtet wisse, in der aber auch betont werde, dass die zivilen und religiösen Rechte der nichtjüdischen Gemeinschaften in Palästina unberührt blieben. In Artikel 46 legte die Regierung den Fortbestand der von den Religionsgemeinschaften betriebenen Zivilgerichtsbarkeit fest. Als Stichtag für die religionsrechtlichen Regelungen des Osmanischen Reiches wurde der 1. November 1914 festgelegt. Alle Rechtsfragen, die mit Hilfe der entsprechenden osmanischen Gesetze nicht abschließend geklärt werden könnten, sollten nach englischem Recht entschieden werden.

[441]   Vgl. z.B. LPL/R.T. Davidson Papers 400.

fentlich erklärt hatte, dass die britische Palästina-Regierung die Zusage der Balfour-Erklärung zur Errichtung einer jüdischen Heimstätte in Palästina umsetzen werde. Besonders während des al-Nabi Musa-Fests am 4./5. April 1920 sowie ein Jahr später schlug der arabische Protest in Brutalität gegen Juden um. Um der arabischen Bevölkerung ein Mindestmaß an Mitbestimmung zu ermöglichen, schuf die Mandatsregierung daraufhin den *Obersten Muslimischen Rat*[442]. Während Artikel 4 des Mandats nämlich die Anerkennung einer „appropriate Jewish agency" als „a public body for the purpose of advising and co-operating with the Administration of Palestine in such economic, social and other matters as may affect the establishment of the Jewish national home and the interests of the Jewish population in Palestine"[443] vorsah, wurde eine arabische Vertretung im Mandatstext überhaupt nicht erwähnt.

Der *Oberste Muslimische Rat* sollte zwar das repräsentative Gegenstück zur *Jewish Agency* werden, erhielt aber keine politische Kompetenzen. Als öffentlich-rechtliche Verwaltung für die religiösen Angelegenheiten *(Wakf)*, der Scharia-Gerichte und religiösen Stiftungen war er aber verantwortlich für die Ernennung der Richter und Geistlichen und wurde so im Laufe der Mandatszeit zu einem entscheidenden Faktor islamisch-arabischer Politik.[444] Gleichwohl bestand der Rat nur aus Muslimen. Die christlichen Araber akzeptierten das Gremium als Vorhut der nationalen Bewegung. Dennoch wurde damit die Dominanz der muslimischen Mehrheit und die Marginalität der christlichen Minderheit politisch fixiert.[445]

Zum Oberhaupt *des Obersten Muslimischen Rates* wurde im Januar 1922 Amin al-Husaini[446] gewählt, der im Mai 1921 nach dem Tode seines Halbbruders Kamil al-Husaini von der Mandatsregierung zu dessen Nachfolger als Mufti von Jerusalem ernannt worden war. Auch wenn er – anders als sein Vorgänger und Halbbruder Kamil als-Husaini –, nicht offiziell zum Großmufti[447] ernannt wurde, setzte sich dieser Ti-

---

[442] Vgl. dazu U.M. Kupferschmidt, *The Supreme Muslim Council. Islam under the British Mandate for Palestine*, Leiden 1987 sowie ders., „Attempts to Reform The Supreme Muslim Council", in: G. Ben-Dor (Hg.), *The Palestinians and the Middle East*, 35–56.

[443] Der Text findet sich z.B. im Anhang von H. Mejcher (Hg.), *Die Palästina-Frage*, 246.

[444] Vgl. M. Dumper, *Islam and Israel. Muslim Religious Endowment and the Jewish State*, Washington, D.C. 1994, 19.

[445] Vgl. D. Tsimhoni, „The Arab Christians and the Palestine Arab National Movement", 74. Y. Porath, *The Emergence of the Palestinian-Arab National Movement*, 200. Vgl. auch S. Wild, „Zum Selbstverständnis palästinensisch-arabischer Nationalität", in: H. Mejcher (Hg.), *Die Palästina-Frage*, 75–88, hier: 86: „Die Zusammenarbeit zwischen muslimischen und christlichen Gruppen ist als solche freilich noch kein palästinensischer Nationalismus, wohl aber die unerläßliche Voraussetzung dafür. Diese Zusammenarbeit war nicht gefeit gegen die auseinanderstrebenden Tendenzen der mosaikhaften palästinensischen Gesellschaft. Es gab Spannungen zwischen seßhafter Bevölkerung und nomadischen Beduinen, muslimische Bitterkeit über christliche Überrepräsentation in Regierungsfunktionen, regionale Eifersucht der nördlichen Städte auf Jerusalem. Im Ganzen waren jedoch [...] die Rivalitäten zwischen den muslimischen Großfamilien stärker als die Rivalitäten zwischen Christen und Muslimen."

[446] Vgl. dazu Y. Porath, „Al-Hajj Amin al-Husayni, Mufti of Jerusalem-His Rise to Power and the Consolidation of His Position", in: *AAS* 7 (1971), 121–156 und das Kapitel 4 „The Emergence of Al-Hajj Amin Al-Husayni" in ders., *The Emergence of the Palestinian-Arab National Movement*, 184–207.

[447] Zum Titel des *Großmufti* vgl. G. Wirsing, *Engländer, Juden und Araber in Palästina*, Jena 1942, 140: „Jedes mohammedanische Land besitzt seinen Mufti (das heißt auf deutsch ‚Entscheider')."

tel doch schnell als Anrede für Hajj Amin al-Husaini (vermutlich 1893–1974) durch. Der Aufstieg und Niedergang des Muftis hat – gerade wegen seiner Verbindung zu Hitler – für eine große Publizität gesorgt und zu höchst unterschiedlichen Deutungen geführt.[448] Im Folgenden soll es kurz um seine Rolle in der palästinensischen Nationalbewegung der Zwischenkriegszeit gehen.

Die Mandatsregierung traf diese umstrittene Personalentscheidung aus taktischem Kalkül: In Jerusalem gab es am Anfang des 20. Jahrhunderts zwei besonders einflussreiche, konkurrierende Familien: Die Husainis und die Naschaschibis. Vor der Ankunft der Briten stellte die Familie Husainis den Mufti und den Bürgermeister. Diese Konstellation missfiel den neuen Machthabern, die getreu dem Grundsatz *divide et impera* Musa Kazim al-Husaini als Bürgermeister absetzten und Raghib al-Naschaschibi zum Bürgermeister ernannten. Dieser regierte die Stadt bis 1934. Ihm folgt mit Husain Fakhri al-Khalidi ein Mitglied einer weiteren angesehenen Jerusalemer Notablenfamilie. Seine Wahl verdankte er der Unzufriedenheit der Bevölkerung mit Raghibs al-Naschaschibis, aber auch einer politischen Koalition aus den Anhängern der Husainis mit den Zionisten.[449]

Die Kontroverse zwischen den Husainis und den Naschaschibis drehte sich weniger um politische Inhalte als vielmehr um die Frage nach der Vorherrschaft in der Hauptstadt und im Lande.[450] Allerdings zeigte sich im Laufe der Mandatsjahre, dass die von den Husainis dominierte *Arabische Exekutive* zwar mit der Mandatsregierung zusammenarbeitete, aber niemals das Mandat an sich anerkannte. Die von den Naschaschibis angeführte Opposition erwies sich als kooperationsfreudiger und probritischer, war bereit, das Mandat anzuerkennen und „stützte sich im Kampf gegen ihre Konkurrenten oft auf zionistische Hilfe, meist finanzieller Art."[451]

Die aus Zerstrittenheit ihrer Führungseliten resultierende Schwäche der palästinensischen Politik nutzte die britische Mandatsregierung aus und spielte regelmäßig die unterschiedlichen Fraktionen gegeneinander aus. Damit nach der Wahl eines

---

Einen Großmufti gab es nur, solange das Kalifat existierte, das 1924 von Kamâl Atatürk abgeschafft wurde. Der Großmufti oder Sheikh ül-Islam hatte unter dem Kalifen das Recht der Ernennung der Muftis in Damaskus, Kairo, Jerusalem und Bagdad [...] Der Mufti ist jeweils in seinem Gebiet die einzige und letzte Autorität, die den Koran und vor allem die in der Sunnah zusammengefaßten mündlichen Überlieferungen (Hadith) auszulegen vermag. Der Richter, der Kadi, ist verpflichtet, in unklaren Fällen das Urteil des Mufti und früher in großen staatsrechtlichen Fragen das des Scheikh ül-Islam einzuholen. Die Fetwa, das Gutachten des Mufti, ist im Islam die letzte Quelle der privaten und öffentlichen Rechtskontrolle [...] Die Macht der Muftis, die zeitweise so weit reichte, dass der Scheikh ül-Islam durch eine Fetwa selbst Sultane und Großwesire absetzen, ist in den verschiedenen Epochen der mohammedanischen Herrschaft schwankend gewesen."

[448] Vgl. als knappe Überblicksdarstellung mit kontroversen Beiträgen R. Zimmer-Winkel (Hg.), *Hadj Amin al-Husseini. Mufti von Jerusalem*, Trier 1999 (mit Lit.!). Ausführlicher Ph. Mattar, *Mufti of Jerusalem: Al-Hajj Amin-al Husayni and the Palestinian National Movement*, New York 1988 sowie K. Gensicke, *Der Mufti von Jerusalem, Amin el-Husseini, und die Nationalsozialisten*, Frankfurt/Main u.a. 1988. Das Geburtsdatum läßt sich nicht präzise rekonstruieren, der Mufti könnte auch 1895 oder 1896 geboren worden sein.

[449] Vgl. zu Husain Fakhri al-Khalidi B. Wasserstein, *Jerusalem*, 123, 131 f., 208 und G. Krämer, *Geschichte Palästinas*, 262, 301, 320.

[450] Vgl. A. Flores, „Die Entwicklung der palästinensischen Nationalbewegung", 104.

[451] Ebd.

Naschaschibis zum Bürgermeister die Balance wiederhergestellt wurde, musste ein Husaini zum geistlichen Oberhaupt ernannt werden. Die Palästinaregierung manipulierte deshalb das Auswahlverfahren zugunsten Amin al-Husaini.[452] Die Briten wollten also mit dem erst 27jährigen, radikalen Geistlichen den ihm verbundenen Teil der arabischen Nationalbewegung politisch einbinden und so für die Beruhigung des Landes sorgen. Mit der Zustimmung der Engländer gelangte jedoch ein Volkstribun an die Macht, der bis zu seiner gewaltsamen Absetzung im Herbst 1937 fast siebzehn Jahre lang den Kampf gegen Zionisten und die britische Mandatsmacht organisierte.

Nach seiner Wahl zum Mufti bemühte sich Amin al-Husaini, die Verbindung zu den Christen nicht abbrechen zu lassen und hielt sich mit Rücksicht auf die Christen mit Dschihad-Erklärungen zurück. Dennoch verhinderte die Tatsache, „dass die palästinensischen Araber verschiedenen Religionen angehörten, [...] ihre gemeinsame Repräsentation in einer kommunitären Körperschaft, wie sie den Juden zur Verfügung stand."[453]

Von Seiten der englischen Palästina-Regierung wurde die Teilnahme der Christen an der Nationalbewegung als „trivial and unimportant" angesehen.[454] Das lag vor allem daran, dass die britische Kolonialelite von einer bestimmten Sicht der Araber geprägt war, in die christliche Minorität nicht passte. Sie sahen die Christen als eine von der muslimischen Mehrheit unterschiedene Gruppe an und unterschätzten lange Zeit deren nationale Solidarität.

3.2 Deutsche Palästinapolitik in der Zwischenkriegszeit

Die deutsche Palästinapolitik der Zwischenkriegszeit war nach Ansicht des amerikanischen Historikers Francis Nicosia durch ein hohes Maß an Kontinuität gekennzeichnet.[455] Da es im Kontext der Weltmachtpolitik Wilhelms II. keine imperialistischen Ambitionen auf Palästina gab, konnte die Wilhelmstraße nach 1918 an einer zurückhaltenden Politik im Nahen Osten festhalten. Palästina stand nach dem Weltkrieg nie im Zentrum der deutschen Außenpolitik. Lediglich auf kulturpolitischem Gebiet engagierte sich die deutsche Diplomatie im Heiligen Land, ohne jedoch bis

---

[452]   Nach geltendem Recht hätte er gar nicht in die engere Wahl kommen dürfen. Amin al-Husaini hatte knapp ein Jahr zuvor eine führende Rolle bei den Nebi-Mussa-Unruhen, besonders bei den blutigen Ausschreitungen des von ihm geleiteten *Arabischen Klubs* in Jaffa, gespielt, war nach Niederschlagung des Aufstandes nach Transjordanien geflohen und von einem Militärgericht in Abwesenheit zu 10 Jahren Gefängnis verurteilt worden. Eine Amnestie erlaubte ihm die Rückkehr nach Jerusalem und die Wahl zum Mufti. Zum Aufstieg des al-Husainis vgl. z.B. B. Wasserstein, *Jerusalem*, 116–124.

[453]   A. Flores, „Die Entwicklung der palästinensischen Nationalbewegung", 96.

[454]   Vgl. D. Tsimhoni, *The British Mandate and the Arab Christians in Palestine 1920–1925*, 335.

[455]   So die von I. Friedman inspirierte These von F. Nicosia, „Für den Status quo: Deutschland und die Palästinafrage in der Zwischenkriegszeit", 90–108, bes. 107 sowie ders., *The Third Reich and the Palestine-Question*; ders., „Weimar Germany and the Palestine Question", in: *YLBI* 24 (1979), 321–345, ders., „Zionism in National Socialist Jewish Policy in Germany, 1933–1939", in: *JMH*, On-Demand-Supplement 50 (1978), D1253–D1282.

1939 die machtpolitischen Konstellationen im Vorderen Orient anzutasten. Zu den vorrangigen Zielen einer passiven Palästinapolitik gehörte in den frühen 1920er Jahren die Wiederansiedlung der Palästinadeutschen und die Rückgabe ihres enteigneten Besitzes, die Wiedereröffnung des Generalkonsulats 1924, in der Weimarer Republik eine begrenzte Förderung deutscher zionistischer Unternehmungen in Palästina und vor allem die Förderung des Außenhandels.[456] Dass 1918 im Auswärtigen Amt eine *Abteilung für jüdische Angelegenheiten* und im gleichen Jahr nach englischem Vorbild ein *Deutsches Komitee zur Förderung der jüdischen Palästinasiedlungen* gegründet wurde, hatte mit der Vorstellung zu tun, dass deutschen Interessen in der Region – inklusive der Revision des Versailler Vertrags – am besten mit der Förderung der zionistischen Bewegung in Palästina geholfen werden könnte.[457]

Nachdem das Deutsche Reich 1926 in den Völkerbund aufgenommen worden war, saßen auch deutsche Diplomaten in der Mandatskommission und überwachten zumindest *pro forma* damit die Palästinapolitik Großbritanniens. Das bedeutete aber auch die Anerkennung der Mandatspolitik auf der Basis der Balfour-Erklärung von deutscher Seite. De facto verhielten sich die deutschen Vertreter in der Mandatskommission völlig neutral. Sie wollten nicht das sich verbessernde deutsch-englische Verhältnis gefährden.[458] Auch ein relatives Desinteresse an der Sache der Araber war für die deutsche Außenpolitik jener Zeit kennzeichnend.[459]

Mit Hitlers Machtübernahme änderte sich an der grundsätzlichen Ausrichtung der deutschen Palästinapolitik zunächst nichts.[460] Lediglich die Motive für die Unterstützung der Jüdischen Heimstätte in Palästina und die britische Mandatspolitik wurden anders. Laut Ralf Balke konnten die ökonomischen und kulturpolitischen Interessen Deutschlands bis 1939 nur durch die „Akzeptanz und Bejahung des Nachkriegs-Status-Quo" gewahrt werden.[461]

Die Rücksichtnahme auf die Interessen des britischen Empire entsprach Hitlers Interesse an guten deutsch-englischen Beziehungen in den 1930er Jahren. Würde Berlin die Rolle Großbritanniens als führende Seemacht anerkennen, so Hitlers Kalkül, dann könnte London im Gegenzug die deutsche Vormachtstellung auf dem Kontinent und speziell in Osteuropa akzeptieren.[462] Ein Wettrüsten würde vermieden, eine gemeinsame Allianz gegen die Sowjetunion geschmiedet. Doch Hitlers Traum, die Welt in zwei große Interessensphären zu teilen, realisierte sich nicht.

Das Werben um die britische Sympathie hielt die Nationalsozialisten jedoch nicht von einer propagandistischen *Nadelstichpolitik* ab, die sich etwa in den spä-

[456] Vgl. R. Balke, *Hakenkreuz im Heiligen Land*, 16 f.

[457] Vgl. D. Yisraeli, „Germany and Zionism", 152.

[458] Ebd., 154.

[459] Vgl. F. Nicosia, „Für den Status quo", 98.

[460] Vgl. zur nationalsozialistischen Palästinapolitik auch R. Balke, „Die NSDAP in Palästina – Profil einer Auslandsorganisation", 221–250; A. Schölch, „Drittes Reich, zionistische Bewegung und Palästina-Konflikt", *VfZ* 30 (1982), 646–674; H. Tillmann, *Deutschlands Araberpolitik im Zweiten Weltkrieg*, Ost-Berlin 1965.

[461] Vgl. R. Balke, *Hakenkreuz im Heiligen Land,* 17.

[462] Ebd., 24.

ten 1930er Jahren in der Einrichtung arabischsprachiger Rundfunkprogramme und der Polemik gegen eine *britisch-jüdische Verschwörung* im Orient niederschlug.[463]

Ein entstehender Judenstaat entsprach nicht dem antisemitischen Denken der Nationalsozialisten.[464] Das Interesse an der Entwicklung der jüdischen Heimstätte lag dennoch auf der Linie der rassenpolitischen Zielsetzungen des Dritten Reiches. Der Zionismus war wie der Nationalsozialismus grundlegend antiassimilatorisch ausgerichtet. Eine massenhafte Auswanderung deutscher Juden nach Palästina – gefördert durch das Haavara-Abkommen, auf das später noch eingegangen wird –, entsprach den politischen Zielen der Nationalsozialisten und sollte als Nebeneffekt eine Förderung des deutsch-palästinensischen Handelsvolumens bringen.[465] Eine systematische Palästina- beziehungsweise Nahost-Politik haben aber auch die Nationalsozialisten nicht entwickelt.[466] In den geopolitischen Konzeptionen des Dritten Reiches spielte der Nahe Osten keine zentrale Rolle, auch wenn es im Zweiten Weltkrieg Pläne zur Eroberung des Orients und damit verbunden zur Eliminierung des Yishuvs im Mandatsgebiet Palästina gab.

Bis zum Ausbruch des Zweiten Weltkrieges akzeptierte Hitler Englands Position im Nahen Osten und ließ auch die französischen Interessen in der Region unberührt, um das Vichy-Regime nicht zu beunruhigen. Der Mittelmeerraum und Nordafrika wurde Italien überlassen, das seit 1889 Somaliland und seit 1911 Tripolitanien kontrollierte, 1935/36 Äthiopien in einer verlustreichen Invasion eroberte und von 1936 bis 1941 als Kolonie beherrschte. Durch die Einflussnahme auf den Jemen gelang es Italien, den britischen Spielraum in der Region einzudämmen und den bis dato ungehinderten Seeweg nach Indien zu gefährden. Für die Araber war deshalb in den dreißiger Jahren nicht Hitler, sondern Mussolini der Feind Englands und damit der natürliche Ansprechpartner und mögliche Bündnisgefährte.[467]

Noch in den Geheimverhandlungen im November 1940 mit Stalin gestand Hitler sogar der UdSSR einen weitreichenden Einfluss bis zum Persischen Golf zu. Ein

---

[463] Ebd., 26.

[464] Vgl. F.P.H. Neubert, *Deutsche Politik im Palästina-Konflikt*, 5.

[465] Vgl. R. Balke, *Hakenkreuz im Heiligen Land*, 22.

[466] Zur NS-Außenpolitik vgl. K. Hildebrand, *Deutsche Außenpolitik 1933–1945. Kalkül oder Dogma?*, Stuttgart ⁵1990 und H.-A. Jacobsen, *Nationalsozialistische Außenpolitik 1933–1938*, Frankfurt/Main 1968. Zum Nahen Osten vgl. K. Hildebrand, *Vom Reich zum Weltreich, Hitler, NSDAP und koloniale Frage 1919–1945*, München 1969, bes. 77 f., 83–86. Vgl. zur Gesamtproblematik der deutsch-arabischen Beziehungen zwischen 1933 und 1945 etwa K.-M. Mallmann/M. Cüppers, *Halbmond und Hakenkreuz. Das Dritte Reich, die Araber und Palästina*, Darmstadt 2006. Nicht unerwähnt bleiben soll, dass das Auswärtige Amt auf dem Gebiet der Nahostpolitik nach 1933 schrittweise seine exklusive Stellung verlor. Auch die NSDAP-Auslandsorganisation, die Reichskanzlei, das Büro des Stellvertreters des Führers und das Reichspropagandaministerium waren in die Nahostpolitik involviert.

[467] Vgl. zu dieser Problematik den instruktiven Unterabschnitt „Faschismus in der islamischen Öffentlichkeit" im zweiten Kapitel „Bürgerlicher Nationalismus und staatliche Unabhängigkeit 1920–1939" von R. Schulze, *Geschichte der Islamischen Welt im 20. Jahrhundert*, München 1994, 140–143, hier: 140 f.

Umdenken setzte erst nach dem Scheitern dieser Gespräche ein, als die Ölreserven für die Kriegsführung wichtig wurden, was aber hier nicht mehr Thema sein muss.[468]

---

[468] Vgl. dazu die umfangreichen Studien von H. Mejcher, „Hitler's Route to Baghdad? Some Aspects of German Oil Policy and Political Thinking on the Middle East in the 1930s and Early 1940s", in: H. Goren (Hg.), *Germany in the Middle East Past, Present and Future*, Jerusalem 2003, 71–83 sowie ders., *Die Politik und das Öl im Nahen Osten. Bd. 1: Der Kampf der Mächte und Konzerne vor dem 2. Weltkrieg*, Stuttgart 1980; Bd. 2: *Die Teilung der Welt 1938–1950*, Stuttgart 1990.

4 Zur religionspolitischen Mentalität deutscher und englischer Protestanten

4.1 Vorüberlegungen zu Religionspolitik, Diaspora, Transnationalität

Vor dem Beginn der eigentlichen historischen Analyse ist es sinnvoll, einige definitorische Klärungen vorzunehmen, die sich auf die Begriffe Religions- und Kirchenpolitik, Diaspora und Transnationalität beziehen.

Im Blick auf die verwandten Termini ,Religions- und Kirchenpolitik' differenzieren Anselm Döring-Manteuffel und Kurt Nowak in dem Sinne, dass der Staat das Handlungssubjekt der Religionspolitik sei, während die Kirchenpolitik kein eindeutiges Handlungssubjekt besitze.[469] Nimmt man die Überlegungen Joachim Mehlhausens hinzu, dann ist Kirchenpolitik der reziproke Prozess, mit der die Kirchen auf staatliches Handeln reagieren, intern Sachverhalte klären, Wünsche und Forderungen gegenüber dem Staat formulieren oder selbst politisch aktiv werden. Handlungssubjekt ist die Kirche, Handlungsobjekt der Staat.[470]

Der Begriff Diaspora bezieht sich im Folgenden auf religiöse Denominationen, die in einer Mehrheitsgesellschaft anderen Glaubens leben und ihr religiöses Zentrum geografisch an einem anderen Ort oder Land lokalisieren.[471] Historisch lassen sich zwei Formen der konfessionellen Diaspora unterscheiden: Die Binnen- und die Auslandsdiaspora. Die Binnendiaspora bildeten konfessionelle Minderheiten im Deutschen Reich, die durch die Regelungen des Augsburger Religionsfriedens, des Westfälischen Friedens oder die Umbrüche des 19. und 20. Jahrhunderts entstanden. Die deutschen Gemeinschaften im Ausland wurden als *doppelte Diaspora* bezeichnet, weil die Minderheiten durch nationale und konfessionelle Faktoren einer besonderen Belastung unterlagen.[472]

---

[469] A. Döring-Manteuffel/K. Nowak (Hgg.), *Religionspolitik in Deutschland. Von der Frühen Neuzeit bis zur Gegenwart* (FS M. Greschat), Stuttgart – Berlin – Köln 1999, 7. Ähnlich J. Mehlhausen, „Kirchenpolitik. Erwägungen zu einem undeutlichen Wort", in: ders., *Vestigia Verbi. Aufsätze zur Geschichte der evangelischen Theologie*, Berlin – New York 1999, 336–362, bes. 340–343.

[470] Vgl. J. Mehlhausen, „Kirchenpolitik", 342.

[471] Vgl. H.-J. Röhring, *Diaspora – Kirche in der Minderheit. Eine Untersuchung zum Wandel des Diasporaproblems in der evangelischen Theologie unter besonderer Berücksichtigung der Zeitschrift „Die evangelische Diaspora"*, Leipzig 1991, 38.

[472] Vgl. H.-J. Röhring, *Diaspora – Kirche in der Minderheit*, 26. Einen guten Überblick der Deutschland betreffenden Migrationsforschung bietet das schon erwähnte Buch von K.J. Bade (Hg.), *Deutsche im Ausland – Fremde in Deutschland. Migration in Geschichte und Gegenwart*, München 1992.

Die protestantischen Auslandsdeutschen waren einer Vielzahl an Außeneinflüssen ausgesetzt, was die Frage nach einer nationalen und religiösen Assimilation provozierte. Um die konfessionell-evangelische und nationale Identität zu bewahren, entstanden freie Diasporahilfswerke wie der Gustav-Adolf-Verein oder der Martin-Luther-Bund. In der anti-assimilatorischen Ausrichtung dieser Organisationen, die mit der deutschen auswärtigen Kulturpolitik harmonierte, verbanden sich politische, kultur- und mentalitätsgeschichtliche Motive mit einer speziellen Volkstumstheologie.

Doch auch wenn Minderheiten im Ausland beziehungsweise die mit ihnen verbundene Heimat an einer engen transnationalen Verbindung interessiert sind, sollte nicht übersehen werden, dass – wie die neuere Forschung gezeigt hat – jede Diaspora dynamisch strukturiert ist. Das liegt an den Beziehungen, die sie ausbildet und die sich auf die nationale beziehungsweise religiöse Heimat, auf die Mehrheitsgesellschaft und schließlich als Binnenbeziehung auf sich selbst ausrichtet. Daraus entstehen komplexe Prozesse, die die Diaspora verändern. Sie können zur Assimilierung, gar zur Auflösung, aber auch zur Stabilisierung der Diaspora führen.[473]

Der Diaspora-Begriff lässt sich leicht mit den neuesten Überlegungen zur Transnationalität verbinden. Nach Thomas Faist setzt die Bildung einer transnationalen Identität voraus, dass sich Migranten einen von der neuen Mehrheitsgesellschaft erkennbar unterschiedenen sozialen Raum schaffen. In diesem laufen die Fäden komplexer politischer, ökonomischer und sozio-kultureller Netzwerke zusammen, in die Individuen, ethnische oder auch ethnisch-religiöse Gemeinschaften, gesellschaftliche und politische Organisationen involviert sind. Migranten, die innerhalb dieser sozialen Sphäre leben, schaffen sich eine Identität, indem sie eine Schnittmenge aus den kulturellen Traditionen und gesellschaftlichen Angeboten ihres Heimatlandes und ihrer Gastgesellschaft bilden.[474] Mitunter bewahren sie die transnationale Identität über Generationen.

Faists Ansatz lässt sich auf die palästinadeutsche Diaspora übertragen. Zunächst ist festzuhalten, dass Templer und Protestanten unzweideutig anti-assimilatorisch ausgerichtet waren. Eine Heirat mit Angehörigen der arabischen oder jüdischen Bevölkerungsgruppen gehörte zu den absoluten Tabus der Palästinadeutschen; der Erhalt des Deutschtums und der jeweiligen konfessionellen Zugehörigkeit war deshalb einer der Grundpfeiler der jeweiligen Gemeinschaft. Das führte soweit, dass eine Heirat zwischen Kirchlern und den freikirchlichen Templern von den evangelischen Pfarrern grundsätzlich nicht befürwortet wurde, wobei sich diese strenge Haltung in der Praxis nicht immer durchhalten ließ.

Auch die Anglikaner waren grundsätzlich anti-assimilatorisch eingestellt. Die sich nach 1918 bildende britische Mandatsgesellschaft blieb unter sich und gründete typisch englische Einrichtungen zur Strukturierung des gesellschaftlichen Lebens. Allerdings sollte auch nicht übersehen werden, dass für Deutsche und Engländer

---

[473] Vgl. z.B. R. Cohen, *Global Diasporas*, London 1997 und G. Sheffer (Hg.), *Modern Diasporas in International Politics*, New York 1986.

[474] Vgl. T. Faist, „Transnationalization in International Migration: Implications for the Study of Citizenship and Culture", in: *Ethnic and Racial Studies* 23 (2000), 189–222.

keine Anreize zur Assimilierung bestanden. Weder Juden noch Araber wurden als völlig gleichberechtigte Partner angesehen. Religiöse und ethnische Barrieren taten ihr übriges.

Neben ethnisch-religiösen Gesichtspunkten wurde die protestantische Mentalitätsgeschichte in Palästina natürlich auch vom Ausgang des Ersten Weltkriegs geprägt. Die Palästinadeutschen mussten nicht nur die Niederlage und damit die internationale Marginalisierung ihrer Heimatnation, sondern innerhalb von zwei Jahrzehnten auch den Wechsel in zwei neue, aber höchst unterschiedliche politische Systeme verarbeiten. Als transnationale Diaspora standen sie nicht nur im engen Austausch mit ihrer Heimat, sondern waren wirtschaftlich und politisch von den Entwicklungen in Deutschland abhängig. Die palästinadeutschen Protestanten stehen deshalb exemplarisch für eine auslandsdeutsche Minderheit, die in komplexen politischen Veränderungsprozessen ihre eigene Identität zu wahren versuchte.

Die Briten kamen dagegen als Angehörige der ältesten Demokratie der Welt und des im Weltkrieg erfolgreichen britischen Empires nach Palästina. Ihre Identität war deshalb grundsätzlich klarer und stabiler strukturiert. Zudem mussten sie sich auch nicht als Teil einer auswärtigen Kulturpolitik verstehen, die auf die Revision des Versailler Vertrags abzielte, wie dies die Weimarer Republik versuchte.

Vor dem Hintergrund dieser Vorüberlegungen stellen sich für die Untersuchung der religionspolitischen Mentalitäten beziehungsweise religionspolitischen Positionierungen der deutschen Protestanten folgende Fragen:

Wie reagierten die palästinadeutschen Protestanten auf die politischen Veränderungen nach 1918 und nach 1933? Konnten sie sich leichter mit der Weimarer Republik oder dem Dritten Reich anfreunden? Aus welchen Beweggründen favorisierten sie welches System? Waren die Reaktionen innerhalb der palästinadeutschen Diaspora einheitlich oder gab es Unterschiede zwischen Protestanten und Templern? Welche Auswirkungen hatte die Spaltung der Diaspora in Templer und Kirchler? Schließlich: Welches Verhältnis entwickelten sie zur Palästina-Frage – verhielten sie sich neutral oder förderten sie die Anliegen einer der beiden Konfliktparteien?

Nachdem zunächst auf den Wiederaufbau der deutschen Gemeinden und ihre Einbettung in die auswärtige Kulturpolitik eingegangen wird, soll an einigen Einzelbeispielen die politische Mentalität der deutschen Protestanten in Palästina nachgezeichnet werden. Im Blick auf das Dritte Reich geschieht dies exemplarisch am Streit um die Schulfusion in Jerusalem 1936/37. Den Schluss bildet ein Abschnitt über den religiösen Sozialisten Heinz Kappes, der nach Jerusalem emigrierte und das Gegenbild einer gleichgeschalteten Diaspora abgibt.

Im Blick auf die Anglikaner stellen sich die meisten dieser Fragen nicht. Deshalb widmen sich die folgenden Seiten zunächst der deutschen Seite, während die Abschnitte 9–11 die Anglikaner zum Thema haben. Hinsichtlich der britischen Protestanten soll gezeigt werden, wie die anglikanische Kirche als Staatskirche der Mandatsmacht und als weltweite Kirchengemeinschaft ihrer Rolle als transnationaler Akteur in einem politischen Konflikt gerecht geworden ist. Zudem wird gezeigt, wie und aus welchen frömmigkeitsgeschichtlichen Motiven die unterschiedlichen Zweige des Anglikanismus auf den politischen Konflikt der Mandatszeit reagierten.

4.2 Nationalität und Konfessionalität in den deutschen evangelischen Diasporagemeinden bis 1933

4.2.1 Wiederaufbauphase in Jerusalem – Dalman als Propst in Jerusalem

Der Beginn der Zivilregierung brachte für die deutschen Institutionen erste Erleichterungen: Zunächst setzte diese mit Major Edward Keith Roach (1885–1954) einen *Public Custodian of Enemy Property* ein, der sofort mit der Überweisung der Mieten für die von der britischen Regierung genutzten deutschen Häuser begann.[475] Keith Roach bemühte sich um eine faire Behandlung der Palästinadeutschen und ging gegen diejenigen Briten vor, die als Mieter der Häuser deutsches Eigentum unterschlugen. Sein Auftreten brachte eine merkliche Entspannung des deutsch-englischen Verhältnisses.[476] Das war gerade deshalb von Bedeutung, weil die Mieteinnahmen in dieser wirtschaftlich schwierigen Phase die einzige Einnahmequelle der kirchlichen Einrichtungen darstellten. Durch die politischen Rahmenbedingungen und den starken Kursverlust der deutschen Währung gestaltete es sich sehr schwierig, Geld ins Ausland zu überweisen.

Aus Sicht der deutschen Kirchenbehörden lag es nahe, für die kommissarische Betreuung und den Wiederaufbau der evangelischen Institutionen und Gemeinden einen erfahrenen Mann auszuwählen. Die Wahl fiel auf den Nestor der Palästinawissenschaften und langjährigen Direktor des *Deutschen Evangelischen Instituts für Altertumskunde des Heiligen Landes* – kurz: *Palästina-Institut* genannt –, Prof. D. Dr. Gustaf Dalman (1855–1941).[477] Er wurde kommissarisch zum Propst in Jerusalem ernannt, wo er vom 5. April 1921 bis zum 1. Dezember 1921 blieb und den Wiederaufbau der kirchlichen und wissenschaftlichen Einrichtungen betrieb.

Sechs Jahre war er nicht mehr in der von ihm so geliebten Zionsstadt gewesen. Der Einbruch der Moderne enttäuschte ihn: Aus der beschaulichen Provinzstadt des

---

[475] Vgl. zu den Nachkriegsentwicklungen z.B. H.W. Hertzberg/J. Friedrich (Hgg.), *Jerusalem – Geschichte einer Gemeinde*, 61–68; P. Sauer, *Uns rief das Heilige Land*, 161–172; F. Foerster, *Mission im Heiligen Land*, 124–145.

[476] Vgl. E. Keith Roach, *Pasha of Jerusalem. Memoirs of a District Commissioner under the British Mandate.* Edited by P. Eedle, London – New York 1994, 58 f.: „Many of the German houses were occupied by the military and numerous British married families were in possession of others. These officers, and particularly their wives, resented being called upon to make lists of the German property they were using and I had to put up with a great deal of abuse. But a trustee I had been appointed and a trustee I would be, and I was unsparing in my duties. Eventually, when everybody realized that I was only doing my job, antagonism gave way to a more pleasant way of life."

[477] Vgl. J. Männchen, *Gustaf Dalman: Leben und Wirken in der Brüdergemeine, für die Judenmission und an der Universität Leipzig, 1855–1902*, Wiesbaden 1987 sowie dies., *Gustaf Dalman als Palästinawissenschaftler in Jerusalem und Greifswald, 1902–1941*, Wiesbaden 1993. Einen kurzen Überblick bieten K. Galling, Art. „Dalman, Gustaf", *RGG*[3] 2 (1958), 21 f. und K.H. Bernhardt, Art. „Dalman, Gustaf", in: *TRE* 8 (1981), 322 f. fehlerhaft ist S. Timm, Art. „Dalman (eigentlich Marx), Hermann Gustav" (sic!), *RGG*[4] 2 (1999), 524. Vgl. A. Jepsen, „Das Gustaf-Dalman-Institut für biblische Landes- und Altertumskunde und sein Begründer", *WZ (GS)* 4 (1954/55), 70–75; K.-H. Rengstorff/W. Müller, „Das Schrifttum Gustaf Dalmans", ebd. 209–232; H.W. Hertzberg, „Die Stellung Gustaf Dalmans in der Palästinawissenschaft", ebd., 367–372; K.-H. Rengstorff, „Gustaf Dalmans Bedeutung für die Wissenschaft vom Judentum", ebd., 373–377.

Jahres 1914 sei „eine lärmende und friedlose Stadt" geworden, in der Autos die Luft verpesten und Kinos den Zeitgeist bestimmen.[478]

Dalman unternahm erste Schritte, das Palästina-Institut und die Gemeindearbeit wieder aufzubauen sowie die Bewegungs- und Geschäftsfreiheit für die Deutschen Palästinas wiederherzustellen. Der 65jährige Dalman hatte dank seiner Tätigkeit als ehrenamtlicher dänischer und schwedischer Konsul in Jerusalem Erfahrungen auf dem diplomatischen Parkett gemacht. Das hinderte ihn jedoch nicht daran, während des Ersten Weltkrieges chauvinistische Positionen zu vertreten. Im Palästinajahrbuch 1914 hatte Dalman seinen Austritt aus dem englischen *Palestine Exploration Fund* in London, dessen Generalkonvent er seit 1909 angehört hatte, damit begründet, dass Großbritannien „im Bündnis mit Barbaren und Götzendienern die deutsche Kulturarbeit in der Welt" zerstöre.[479] Jede wissenschaftliche und religiöse Kooperation zwischen Briten und Deutschen sei für ihn auf absehbare Zeit unmöglich. Betrübt sah er seine „25jährigen persönlichen Bemühungen für gegenseitige Verständigung" zunichte gemacht.[480] Mit den ‚Barbaren' und ‚Götzendienern' waren ohne Zweifel die Franzosen gemeint. Dalmans Haltung war ambivalent: Auf der politischen Ebene kritisierte er in Beiträgen für das Palästinajahrbuch das Expansionsstreben Frankreichs und Englands. Andererseits äußerte er sich mehrfach positiv über die gelungene, unpolitische wissenschaftliche Kooperation der internationalen Institute in Palästina und bekundete 1916 sogar sein tiefes Interesse daran, mit allen „Nichtdeutschen", denen das Wohl Palästinas am Herzen liege, auf der Basis des gemeinsamen Glaubens erneut zusammenzuarbeiten.[481]

Durch seine polemischen Äußerungen zog er sich den Zorn seiner britischen und französischen Fachkollegen zu und galt in den Jerusalemer Archäologenkreisen nicht mehr als „persona grata".[482] Es bedurfte eines hohen diplomatischen Aufwandes und der erneuten Intervention deutsch-freundlicher englischer Kreise, um die Entsendung Dalmans nach Palästina zu realisieren.

Trotz dieser Bemühungen blies Dalman in den wissenschaftlichen Kreisen Jerusalems ein eisiger Wind entgegen. Die französischen und englischen Wissenschaftler zeigten sich unversöhnlich; lediglich in der *American School of Oriental Research* wurde er freundlich empfangen. Der angesehene Gründungsdirektor der *British School of Archaeology* und Leiter des *Department of Antiquities* der Mandatsregierung, Professor John Garstang (1876–1956), machte ihm klar, dass einer Wiedereröffnung des Palästina-Instituts keine Bedenken im Wege stünden. Wegen seiner antibritischen und anti-französischen Ausfälle bei seinem Austritt aus dem *Palestine Exploration Fund* sei jedoch seine Person als Institutsdirektor nicht mehr erwünscht. Garstang zeigte sich sogar darüber verwundert, dass die britische Regierung dem

---

[478]   Vgl. Dalmans Brief an den Stiftungsvorstand vom 2.6.1921 – zitiert nach J. Männchen, *Gustaf Dalman als Palästinawissenschaftler*, 291.

[479]   *PJ* 10 (1914), IV.

[480]   Ebd.

[481]   Vgl. dazu die Ausführungen bei J. Männchen, *Gustaf Dalman als Palästinawissenschaftler*, 95 f.

[482]   Vgl. das Minute sheet No.3 vom 10.8.1920 und den Brief Roland Storrs an Außenminister Earl Curzon vom 18.8.1920, ISA R.G. 2/CS111 auf eine Anfrage des FO bei der Militärverwaltung.

Greifswalder Alttestamentler überhaupt die Einreise erlaubt hatte.[483] Schon wenige Wochen nach seiner Ankunft, sah Dalman realistisch, dass er in Jerusalem nur noch „eine vorübergehende Größe" war.[484]

Mit diesen Missklängen endete 1921 Dalmans Zeit in Jerusalem. Trotz seiner Verdienste um den Wiederaufbau der kirchlichen Einrichtungen war seine Entsendung ein politischer Fehler gewesen, da Dalman aufgrund seiner umstrittenen Äußerungen nicht mehr die internationale Anerkennung fand wie vor 1914. Außerdem fehlte eine deutsche diplomatische Vertretung, die ihn stützte, denn das deutsche Generalkonsulat hatte bei Kriegsende seine Pforten geschlossen und die Vertretung der deutschen Interessen an das spanische Konsulat delegiert.[485]

Ehe 1925 das deutsche Generalkonsulat offiziell wieder eröffnet werden konnte, wurde 1921 zunächst der deutsche Diplomat Karl Kapp als konsularischer Vertreter und deutscher Vizekonsul dem spanischen Konsulat attachiert.[486] Erst 1925 gab es mit Erich Nord wieder einen Generalkonsul in Jerusalem, dem Heinrich Wolff (1932–1935) und Walter Döhle (1935–1939) folgten.[487]

4.2.2 Die weiteren Pröpste der Zwischenkriegszeit

Nach Dalmans Mission beschlossen das Kuratorium der E.J.St. sowie die Vorstände des *Palästina-Instituts*, des Jerusalemsvereins und des Johanniterordens, ihre Arbeit trotz Kriegsschäden und finanzieller Belastungen wieder aufzunehmen.[488] Aus kirchlicher Sicht schien die Entsendung eines Geistlichen auch deshalb geboten, weil in Jerusalem das Bedürfnis nach seelsorgerlicher Betreuung wuchs. Allerdings musste es sich nach den Erfahrungen mit Dalman um eine politisch unbelastete Persönlichkeit handeln. Deshalb wurde für die Jahre 1922/23 Professor D. Albrecht Alt berufen.[489] Der Hallenser und spätere Leipziger Alttestamentler war seinem Vorgän-

---

[483] Vgl. J. Männchen, Gustaf Dalman als Palästinawissenschaftler, 82–85.

[484] So in einem Brief an den Vorstand des Palästinainstituts vom 25.6.1921 – zitiert nach J. Männchen, *Gustaf Dalman als Palästinawissenschaftler*, 84.

[485] Das Preußische Konsulat in Jerusalem wurde 1842 eingerichtet, operierte ab 1868 als Konsulat des Norddeutschen Bundes und zwischen 1871–1917 als Konsulat des Deutschen Reiches, seit 1913 als Generalkonsulat. Während der ersten Jahrzehnte seines Bestehens unterstand das Jerusalemer Konsulat dem Beiruter Generalkonsulat und seit 1868 direkt dem Berliner Außenministerium. Mit Kriegsausbruch wurde es geschlossen und die diplomatische Vertretung von Spanien übernommen.

[486] In der Einführung des Findbuchs Prime Minister's Office/State Archives (Hg.), *The German Consulates in Palestine 1842–1939*, Jerusalem 1976, iii heißt es, dass 1924 ein deutscher Vertreter dem spanischen Konsulat angeschlossen worden sei. Dabei handelt es sich m.E. um keinen anderen als Vizekonsul Kapp, der allerdings nach Dalmans Berichten bereits - spätestens - seit 1921 in dieser Funktion in Jerusalem tätig war.

[487] Vgl. auch die Notiz „Der neue Generalkonsul", in *EGP* Nr. 9/1926, 35.

[488] So die Mitteilung der Beschlüsse des Deutschen Evangelischen Kirchenausschusses an den Evangelischen Oberkirchenrat vom 14.1.1922, EZA 5/1989.

[489] Albrecht Alt (20.9.1883 geboren in Stübach - 24.4.1956 gestorben in Leipzig) war nach der Promotion und Habilitation 1909 in Greifswald bereits 1912 außerordentlicher Professor an der pommerschen Alma Mater geworden. 1914 folgte er einem Ruf nach Basel, 1921 nach Halle und 1923 - als Nachfolger Rudolf Kittels - nach Leipzig. Der große Essayist Alt, dessen wesentliche Ideen nicht in Monographien, sondern in Aufsätzen niedergelegt sind, publizierte zu allen Epochen der

ger wissenschaftlich und persönlich eng verbunden, kannte das Land ebenfalls genau und besaß ein hohes fachliches Renommee. Mit der Teilnahme am Lehrkurs des Palästina-Instituts im Jahre 1908 legte er den Grundstein für sein lebenslanges Interesse am Heiligen Land. 1912/13 war er Instituts-Mitarbeiter und verbrachte auch den Krieg in Palästina: 1916–18 diente er als Sanitäter, später bei einer Kartographie-Abteilung der deutschen Orienttruppen. In der Zwischenkriegszeit leitete er beinahe in jedem Jahr (1924–1931 und 1935) die berühmten Lehrkurse in den Sommersemesterferien.

Die kirchlichen Entwicklungen im Heiligen Land wurden auch in der Öffentlichkeit genau registriert: Die *München-Augsburger Abendzeitung* vom 15.12.1921 bezeichnete die Ernennung Albrecht Alts zum neuen Jerusalemer Propst als „eine hervorragende und glückliche Wahl" und wünschte, dass die Erlöserkirche in Jerusalem erneut zum „Mittelpunkt aller deutscher Arbeit in Palästina" werde. Der „jugendlichen Tatkraft und der gereiften Umsicht des neuen Propstes" werde es aber hoffentlich gelingen, die deutsche Arbeit neu zu beleben, wenn auch die herausgehobene Stellung Deutschlands im Orient unwiederbringlich verloren sei.

Die Reihe der Alttestamentler an der Erlöserkirche setzte Lic. Hans Wilhelm Hertzberg[490] fort, der zwischen 1923 und 1930 als Propst fungierte. Die wissenschaftliche Qualifikation auf dem Gebiet der alttestamentlichen Forschung war deshalb von Vorteil, weil die Pröpste über viele Jahre kommissarisch auch die Geschäfte des Palästina-Instituts übernahmen. Die evangelischen Landeskirchen befanden sich nicht in der Lage, Mittel für einen in Jerusalem ganzjährig tätigen Institutsdirektor aufzubringen. In den Jahren 1913–1936 führten die Pröpste, zu denen der Vorstand des Jerusalemsvereins stets ein enges Verhältnis pflegte, auch die Oberaufsicht über die JV-Missionsarbeit. Der letzte Missionsleiter in Bethlehem, Pfarrer Heinrich Bayer war nach nur zweijähriger Tätigkeit 1913 überraschend gestorben; der Vorstand hatte dieses Amt wegen der Kriegsverhältnisse zunächst nicht wiederbesetzt.

Geschichte Israels und Palästinas bis zur frühchristlichen Zeit, zur Rechts-, Sozial- und Territorialgeschichte der Staaten Israel und Juda. Seine wichtigsten Studien finden sich in den *Kleinen Schriften zur Geschichte des Volkes Israel*, München Bd. 1: [4]1968; Bd. 2: [4]1978; Bd. 3: [2]1968. Zu Alt vgl. z.B. M. Weippert Art. „Alt, Albrecht", in: *TRE* 2 (1978), 303–05; H. Bardtke, „Albrecht Alt. Leben und Wirkung", in: *ThLZ* 81 (1956), 513–522.

[490] Der am 16.1.1895 im pommerschen Lauenburg geborene Hans Wilhelm Hertzberg lehrte nach der Hilfspredigerzeit in Berlin-Schöneberg (bis 1923) als Privatdozent an der Berliner Friedrich-Wilhelms-Universität, wo er sich mit der Arbeit *Prophet und Gott, eine Studie zur Religiosität des vorexilischen Prophetentums*, Gütersloh 1923 habilitierte. Nach Deutschland zurückgekehrt, wurde er 1931 Professor in Marburg, ab 1947 in Kiel, wo er am 1.6.1965 starb. Wie kein zweiter Propst publizierte er über Palästina, die Mission, die Jerusalemer Gemeinde und engagierte sich für die evangelische Diaspora. Vgl. z.B. H.W. Hertzberg, *Blicke in das Land der Bibel*, Berlin [5]1967; ders., „Das moderne Palästina", in: *ZMR* 41 (1926), 239–252; ders., „Deutschtum und Evangelium im Heiligen Land", *ThBl* 5 (1926), 93–99; ders., „Die Besonderheit des deutschen Palästinamission", in: J. Hermeling/H.J. Margull (Hrsg.), *Basileia*. (FS W. Freytag), Stuttgart 1959, 91–97; ders., „Evangelische Mission im Heiligen Lande", in: *NAMZ* 4 (1927), 27–316; ders./J.Friedrich (Hgg.), *Jerusalem – Geschichte einer Gemeinde*, Jerusalem [2]1990; ders., *Fünfundsiebzig Jahre deutsche evangelische Gemeinde in Jerusalem*, Leipzig 1927; ders., *Palästina einst und jetzt: ein Wegweiser für Palästinareisen*, Göttingen 1936.

Auf Hertzberg folgten mit Ernst Rhein[491] (1930–1938) und Lic. Johannes Döring[492] (1938–1954) zwei Nicht-Alttestamentler mit langjähriger Gemeindeerfahrung.

4.2.3 Der Wiederaufbau der Gemeinden in Haifa und Jaffa

Die Wiederbesetzung der Pfarrämter an der Mittelmeerküste gestaltete sich vor allem aus finanziellen Grenzen schwierig. Schon vor dem Ersten Weltkrieg waren die Pfarrstellen in Haifa und Jaffa hoch subventionierte Prestigeprojekte des deutschen Protestantismus im Ausland. 1907 betreute der Pfarrer in Haifa 179 Gemeindeglieder und 36 Schulkinder, sein Kollege in Jaffa sogar nur 129 Seelen und 31 Schulkinder.[493]

Da 1922 nur noch 22 Protestanten in Jaffa lebten, hielt der JV-Vorstand eine Vakanz für vertretbar.[494] Die wachsende Bedeutung Haifas, die große Templer-Kolonie im Herzen der Stadt und der Wunsch der Gemeinde führten jedoch dazu, dass der JV-Vorstand unter finanzieller Mithilfe des Berliner E.O.K., des Gustav-Adolf-Vereins und des D.E.K.A. die dortige Pfarrstelle wieder besetzte.[495] Als adäquaten Kandidaten empfahl der Vorstand den erfahrenen Orientgeistlichen Detwig von Oertzen.[496] Er galt auch als Wunschkandidat der Gemeinde Haifa, die ihn aus

---

[491] Der am 17.12.1885 in Radun/Neumark geborene Ernst Rhein amtierte die längste Zeit seines Lebens im Großraum Berlin, zunächst in Birkholz (Kreis Friedberg/Neumark), dann in Lichtenberg, ab 1939 in Zehlendorf, wo er nach dem Zweiten Weltkrieg eines der neuen kirchlichen Zentren West-Berlins mit aufbaute. Er gehörte zu den Mitbegründern der Sydower Bruderschaft. Während Rheins Amtszeit erreichte die Jerusalemer Gemeinde mit 280 Gemeindegliedern, unter ihnen 40 Diakonissen und 84 Schüler in der Deutschen Evangelischen Schule ihren Höhepunkt. Im JV war er 1930–1968 Vorstandsmitglied, 1944–1957 zweiter, 1957–1968 erster Schriftführer und 1959–1962 *ILB*-Herausgeber. Am 14.12.1969 starb er in Berlin.

[492] Johannes Döring (geboren am 22.10.1900 in Rheydt – gestorben am 11.11.1969 in Köln) wirkte ab 1926 als Pfarrer der Industriegemeinde Brebach bei Saarbrücken, ab 1932 als Kreisjugendpfarrer der Synode St. Johann und engagierte sich im *Saarkampf* in Organisationen der *Deutschen Front*. Er wurde am Reformationstag 1938 vom Leiter des Kirchlichen Außenamtes, Bischof D. Theodor Heckel, eingeführt, als die Jerusalemer Altstadt zum Betätigungsfeld der arabischen Freischärler geworden war. Ab 1940 durfte er nur noch vom Internierungslager aus die verbleibenden Protestanten betreuen; nach dem Krieg arbeitete er für den Wiederaufbau der Erlöserkirchengemeinde in Jerusalem.

[493] Vgl. EZA 5/2024.

[494] Vgl. von Oertzens tabellarischen Jahresbericht vom 18.3.1922, EZA 5/2024. Die Kirche in Jaffa hatte der JV-Vorstand übergangsweise der Tempelgemeinde zur Verfügung gestellt, da deren Gemeinderäume von den Engländern besetzt worden waren. Das war eine pragmatisch-ökumenische Lösung, wurde vom JV auch als Beitrag zum Abbau von Vorurteilen zwischen Kirchlern und Templern verstanden. So der Brief von Ulich an Rabenau vom 15.10.1920, JVA B 535.

[495] Am 22.3.1921 hatte Graf Zieten-Schwerin dem Berliner E.O.K. mitgeteilt, dass die Wiederbesetzung finanziell möglich sei. Zum Jahresgehalt in Höhe von 240 Pfund, was etwa 50.000 Reichsmark entsprach, trugen der Deutsche Evangelische Kirchenausschuss 2.000 RM, der Gustav-Adolf-Verein 10.000 RM, die Gemeinde Haifa 14.000 RM, der E.O.K. 5.000 RM und der JV die restlichen 19.000 RM bei. Vgl. JVA B 555 und F. Foerster, *Mission im Heiligen Land*, 144. Bis 1925 stieg von Oertzens Gehalt auf 270 Pfund.

[496] Vgl. Brief des JV-Vorstandes vom 6.12.1920 an den E.O.K., JVA B 555 und den Brief des JV-Vorstandes vom 20.4.1921 an den Vorstand der deutschen evangelischen Gemeinde in Jaffa, Berlin, 20.4.1921, JVA B 536. Vgl. auch EZA 5/2024 und EZA 5/1973.

der Zeit zwischen 1917 und 1920 kannte, in der er in der Doppelfunktion als Zivilgeistlicher der deutschen evangelischen Gemeinde und als Feldgeistlicher für Beirut, Damaskus und Aleppo tätig war.[497] Von Oertzen kam regelmäßig aus der libanesischen Metropole nach Haifa, um die Gemeinde zu betreuen. Seine tiefe Frömmigkeit ließ ihn über die pietistisch geprägte Gemeinde hinaus auch bei den Templern und der Karmelmission Akzeptanz finden. Ein Blick in die Biographie des dienstältesten deutschen evangelischen Pfarrers in Palästina mag für den weiteren Gang der Darstellung erhellend sein.

Detwig von Oertzen, 18.6.1876 in Anklam geboren, wurde als Sohn eines mecklenburgischen Landrats im Geiste einer „altkonservativen Gesinnung, Treue zum Vaterland, Königshaus und Christentum in den bei uns landläufigen Formen" erzogen.[498] Schon als Kind kam er durch die vom Grafen Zieten-Schwerin seit 1890 auf der Lanzkron-Burg jährlich ausgerichteten Missionsfeste mit dem Jerusalemsverein und der Mission in Berührung. Der wegen eines Herzklappenfehlers vom Militärdienst befreite Detwig von Oertzen studierte Theologie in Halle, Berlin und Greifswald. Das Studium enttäuschte ihn wegen des fehlenden pastoralen Praxisbezugs. Wohl auch deshalb entfaltete der junge Neu-Pietist ein weitreichendes missionarisches Engagement: Seine geistliche Heimat fand er im Berliner CVJM in der Wilhelmstraße, wo er auf Eduard Graf von Pückler (1853–1924) traf, eine der prägenden Figuren der norddeutschen Gemeinschaftsbewegung.[499] Nach der Ordination durch Oberhofprediger Dryander schloss von Oertzen sich dem Armenier-Aktivisten Dr. Johannes Lepsius an, der ihn für die *Deutsche Orient-Mission* nach Persien aussandte.[500] 1913/1914 holte ihn die Sudan-Pionier-Mission nach Darau bei Assuan, und während des Ersten Weltkrieges diente er als Militärseelsorger im Irak. Von Oertzen erhielt also seine nachhaltige Prägung durch die Gemeinschaftsbewegung, besaß Missions- und Orienterfahrung und verfügte über ein Netzwerk innerhalb der deutschen Aristokratie, des kirchlichen Pietismus und der internationalen Missionswelt – und zeichnete sich durch eine konservative, aber etwas apolitische Gesell-

---

[497] Vgl. D. von Oertzen, *Ein Christuszeuge im Orient*. Mit einem Geleitwort von K. Heim. Für den Druck bearbeitet und herausgegeben von H.W. Hertzberg, Gießen - Basel 1961, 88–96 (über Beirut) und 97–110 (über Palästina).Vgl. den Brief des Kirchenvorstandes Haifa an Graf Zieten-Schwerin vom 7.11.1919, EZA 5/1973.

[498] D. von Oertzen, *Ein Christuszeuge im Orient*, 5.

[499] Vgl. R. Kniebling, Art. „von Pückler, Graf Eduard", in: *RGG*[4] Bd. 6 (2003), 1824 sowie J. Ohlemacher, *Das Reich Gottes in Deutschland bauen. Ein Beitrag zur Vorgeschichte und Theologie der Deutschen Gemeinschaftsbewegung*, Göttingen 1986,43–48 und 281–283, wo sich interessante Beziehungsdiagramme der Vertreter des nord- und süddeutschen Erweckungs- und Gemeinschaftsbewegung finden. Als pietistischer Multifunktionär leitete oder mitbegründete von Pückler die CVJM-Studentenvereinigung, die Deutsche Christliche Studentenvereinigung, den Gnadauer Verband und die Michaelsgemeinschaft in Berlin.

[500] 1897 gehörte von Oertzen, der auch als Delegierter an einer studentischen Missionskonferenz in Liverpool teilgenommen hatte, zu den Mitorganisatoren einer Missionstagung mit dem China-Missionar Hudson Taylor in Halle und war Teilnehmer an der Tagung des Christlichen Studenten-Weltbundes in den USA, wo er auch John R. Mott kennen lernte. Nach dem I. Examen 1898 arbeitete er bis August 1900 als CVJM-Sekretär in Halle und Leipzig, als Vikar in Berlin und bestand im Januar 1902 das II. Examen.

schaftssicht aus. Diese Eigenschaften sollten Konflikte und Kooperationen der Zwischenkriegszeit in den Städten an der Mittelmeerküste prägen.

Von Oertzen, der am 22. Mai 1921 von Propst Dalman feierlich in sein Amt eingeführt wurde, war also für die Tätigkeit in Haifa prädestiniert.[501] Reisen prägten sein neues Amt, da Jaffa und Waldheim zu Filialgemeinden Haifas erklärt worden waren. Außerdem betreute er die verwaiste Gemeinde in Beirut. Das 25 km von Haifa entfernte galiläische Dorf Waldheim war die jüngste deutsche Kolonie und die einzige rein evangelische Gründung in Palästina.[502] Am 2. Oktober 1921 feierte die Waldheimer Gemeinde gleichzeitig mit der Einweihung der 1914 begonnenen Kapelle die erste Nachkriegskonfirmation. 150 Gäste kamen - der erste Höhepunkt für die evangelische Kirche in Palästina nach dem Krieg!

Die Startbedingungen in Haifa waren für von Oertzen nicht einfach: Wegen der Enteignung der Häuser durch die Briten wohnte die Gemeinde zusammengedrängt in den verbliebenen Wohnungen, manche sogar in umgebauten Ställen.[503] Zwar hatten die Briten Haifas evangelische Kirche nicht enteignet, sie jedoch den schottischen Truppen für Gottesdienste überlassen. Auf diese Weise entstand trotz der Feindschaft im Krieg schnell ein gutes Verhältnis zwischen Deutschen und Schotten, die als Presbyterianer auch ihre Eigenständigkeit gegenüber der Anglikanischen Kirche demonstrieren wollten. Frau von Oertzen wurde regelmäßig als Organistin für die schottischen Gottesdienste engagiert. In Jaffa gestattete von Oertzen der *Church Missionary Society*, Gottesdienste in der evangelischen Kirche zu halten.

Darüber hinaus war von Oertzen politisch gefordert, galt es doch die Pfarrhäuser in Jaffa, Haifa und Beirut aus den Händen des *Public Custodian* zurückzuerhalten. Von Oertzen übernahm also eine wichtige Aufgabe, denn Anfang der 1920er Jahre waren Haifa samt Filialgemeinden und die Erlöserkirche in Jerusalem die einzigen deutschen evangelischen Auslandsgemeinden im gesamten Orient. Die deutschen evangelischen Gemeinden bildeten auch innerhalb der deutschen Kolonien eine Minderheit, stellten doch die freikirchlichen Templer die Mehrheit der Palästinadeutschen. Ein neuer Pfarrer musste sich um ein gutes Verhältnis zwischen Kirchlern und Templern bemühen.[504]

Das Gemeindeleben kam langsam wieder in geregelte Bahnen. Am Gründonnerstag 1922 konnte auch die Haifaer Gemeinde erstmals seit 1918 wieder eine Konfirmation feiern. Unter den 10 Konfirmanden waren auch einige Erwachsene, denen von Oertzen einen gesonderten Unterricht erteilt hatte. In Waldheim bildeten sich im

---

[501] Vgl. P. Sauer, *Uns rief das heilige Land*, 61 f.

[502] Zur Entstehungsgeschichte Waldheims vgl. E.J. Eisler, „‚Kirchler‘ im Heiligen Land. Die evangelischen Gemeinden in den württembergischen Siedlungen Palästinas (1886–1914)“, in: K.-H. Ronecker u.a. (Hgg.), *Dem Erlöser der Welt zur Ehre*, 97–100.

[503] Wegen der schlechten Wohnungssituation hatte die Gemeinde kurzfristig sogar überlegt, von Oertzen 1921 abzusagen. Vgl. von Oertzens retrospektivischen Bericht vom 14.9.1933, JVA B 556.

[504] In seinem Bericht für das Jahr 1923 an den D.E.K.A., JVA B 555, bemerkte von Oertzen, dass es trotz der begrüßenswerten Kooperation nicht immer leicht sei, „in den wichtigen Fragen die Selbständigkeit zu bewahren und den in Gottes Wort und unseren kirchlichen Ordnungen gegebenen Richtlinien klar zu folgen, resp. das Verständnis dafür zu wecken, [...] wo beim Tempel ein einfaches Manko vorliegt.“

gleichen Jahr ein eigener Chor und ein Kirchenvorstand; letzterer übernahm bei Abwesenheit des Pfarrers Lesegottesdienste. Ab Oktober 1923 stand von Oertzen das halbe Pfarr- und Schulhaus in Haifa zur Verfügung. Die andere Hälfte blieb bis Januar 1924 beschlagnahmt, brachte dafür aber Miete ein. In Jaffa und Wilhelma ging das Gemeindeleben nur langsam voran, doch wuchsen die Gemeinden durch Rückkehrer aus Deutschland 1924 immerhin auf 68 Evangelische in Waldheim, 50–60 in Jaffa und 155 in Haifa an.[505] Die kirchenrechtliche Anerkennung folgte zwei Jahre später: Am 4. Juni 1926 wurde die Gemeinde Haifa samt Filialgemeinde Jaffa offiziell dem Deutschen Evangelischen Kirchenbund und der altpreußischen Landeskirche angeschlossen.

Ein weiteres Zeichen der Normalisierung war der Besuch des High Commissioner Herbert Plumer und des Haifaer District Commissioner Albert Abramson[506] im Herbst 1925 im Rahmen einer Schulvisitation im Norden Palästinas, bei der Plumer auch die Deutsche Schule in Haifa besuchte. Das gute Verhältnis zu Abramson war ein weiterer Schritt für die Verbesserung des deutsch-englischen Verhältnisses in Haifa.

Dagegen blieb die Gemeinde Jaffa ein Sorgenkind. Sie entwickelte sich nach dem Krieg nicht weiter. Die Tempelgesellschaft dominierte die deutsche Diaspora in Jaffa. Von Oertzen hielt seine Gemeindeglieder – selbst seine Kirchenvorsteher – für „geistig und geistlich und wirtschaftlich sehr schwache Leute", die den Bildungsbürgern der Tempelgemeinde heillos unterlegen waren.[507] Gegenüber den Templern verhielt sich die evangelische Gemeinde zurückhaltend. In Jaffa und den nahe liegenden deutschen Kolonien Sarona, Wilhelma und Bir Salem siedelten etwa 600 Anhänger der Tempelgesellschaft, denen 90 Kirchler gegenüberstanden.[508] Seelsorge und Jugendarbeit waren kaum möglich. Für die fünf evangelischen Kinder in der von Templern und Kirchlern gemeinsam betriebenen Schule wurde kein Religionsunterricht angeboten. Allerdings entstand 1925 ein Kirchenchor in Jaffa, der schon beim überfüllten Weihnachtsgottesdienst seinen ersten Auftritt hatte. 1925 appellier-

---

[505] Vgl. von Oertzens Jahresbericht von 1924, EZA 5/2024 und JVA B 555, der in Waldheim neben den Reichsdeutschen auch acht Tschechoslowaken, elf Palästinenser, einen Dänen und sechs Schweizer als Gemeindeglieder erwähnt. Der erfreuliche Zuwachs konnte allerdings nicht darüber hinwegtäuschen, dass lediglich in Haifa 31, in Waldheim 15 als „beitragende Mitglieder" mit einem Jahresbeitrag von 1 1/2 Pfund pro Familie zur Finanzierung der Gemeinde verbindlich beitrugen. Die Haupteinnahmen der Gemeinde blieben deshalb über Jahre die Mieten. Die Einnahmen in Jaffa konnten allerdings nicht für das Pfarrgehalt verwendet werden, mussten doch Pfarrhaus und Orgel renoviert werden.

[506] Major Albert Abramson (1876–1944) war Judenchrist und hatte die für viele Mandatsbeamte typische Militärkarriere absolviert, ehe er von der Militärverwaltung – er war 1918 *Military Governor* von Hebron - zur Zivilverwaltung wechselte. Anfangs *Chief British Representative* in Transjordanien (1921), übernahm er von 1921 bis 1925 als *District Commissioner* zunächst den Southern, von 1925 bis 1927 den Northern District Palästinas. 1927 bis 1935 diente er als *Commissioner of Lands*, überwachte das ländliche Steueraufkommen und gehörte dem *Palestine Advisory Council* an.

[507] Vgl. von Oertzens als vertraulich markierten Brief an den JV-Vorstand vom 10.6.1931, JVA B 536.

[508] Vgl. das Schreiben des JV an den DEK vom 22.10.1929, JVA B 536.

te deshalb von Oertzen an die Berliner Kirchenbehörden, einen jungen Hilfsprediger nach Jaffa zu entsenden.[509]

Eine weitere Schwierigkeit bestand darin, dass die Mehrheit der evangelischen Familien in Jaffa sowohl zur Kirche als auch zum Tempel gehörte, da es viele *Mischehen* zwischen Kirchlern und Templern gab. Diese Familien mussten an zwei Gemeinden Mitgliedsbeiträge bezahlen, weshalb für zusätzliche kirchliche Projekte kein Geld vorhanden war.

Nachdem sich die finanzielle Lage des JV verbessert und der E.O.K. eine Beihilfe gewährt hatte, entsandte der Vorstand 1926 den Hilfsprediger Ernst Pätzold nach Jaffa.[510] Pätzold gelang es, die Gemeinde in Jaffa auf ein verhältnismäßig gutes Niveau zu führen. Im Juni 1929 konnte die mittlerweile 90köpfige Gemeinde ihre 25-Jahr-Feier begehen.[511] Bevor Pätzold 1931 auf eigenen Wunsch nach Deutschland zurückkehrte, bat er den JV-Vorstand eindringlich um einen geeigneten Nachfolger: Jaffa sei „eine exponierte Diasporagemeinde und mehr als die anderen von der wirtschaftlichen Macht und geistlichen Ohnmacht der Tempelgesellschaft umgeben und durch beides bedroht."[512] Doch der JV-Vorstand konnte es sich finanziell erst von 1935 bis 1937 erlauben, mit dem Vikar Felix Moderow einen neuen protestantischen Seelsorger zu entsenden.

4.2.4 Der Palästina-Konflikt aus der Sicht der palästinadeutschen Protestanten

Zu den ungeschriebenen Gesetzen der Zwischenkriegszeit gehörte es, dass sich die deutschen Protestanten in Palästina zu den politischen Vorgängen im Lande neutral verhielten. Diese Haltung spiegelte sich auch in den Artikeln, in denen die Pröpste H.W. Hertzberg und E. Rhein die Entwicklungen in Palästina beschrieben.[513]

---

[509] Vgl. von Oertzens Jahresbericht an den D.E.K.A. für 1924 vom 24.11.1925, JVA B 555.

[510] Ernst Johannes Christian Pätzold am 7.9.1899 als Sohn des Oberlehrers Gustav Pätzold in Taubenheim/Spree geboren, wurde noch vor dem Abitur, das er schließlich 1919 als *Kriegswaisenprüfung* nachholte, eingezogen und nahm ab 1917 als Pionier am Ersten Weltkrieg teil. 1919–24 studierte er Theologie und Philosophie in Leipzig, Bethel, Tübingen, Halle und legte 1924 das I. Examen (ziemlich gut) ab. 1924–1925 folgte das Kandidatenkonvikt in Bethel, wo er diakonische Erfahrungen sammelte. Er entschied sich deshalb, das zweite Jahr des Vikariats als Lehrkandidat des Vereins für Innere Mission in Leipzig zu verbringen. 1926 folgte das II. Examen (gut) und die Ordination in Dresden, ehe er seine Hilfspredigerzeit in Haifa und Jaffa verbrachte. Er erhielt ein Gehalt von 15 Pfund sowie freie Kost und Logis im Pfarrhaus. Vgl. JVA B 237.

[511] Vgl. Pätzolds Schreiben an den D.E.K.A., Jaffa, 22.10.1929, JVA B 536.

[512] Vgl. Pätzolds Jahresbericht 1930 vom 3.2.1931, EZA 5/2029.

[513] Vgl. z.B. H.W. Hertzberg, „Deutschtum und Evangelium im Heiligen Land", *ThBl* 5 (1926), 93–99; ders., „Evangelische Mission im Heiligen Land", *NAMZ* 4 (1926), 239–252; ders., *Fünfundsiebzig Jahre deutsche-evangelische Gemeinde in Jerusalem*, Leipzig 1927; ders./J. Friedrich (Hgg.), *Jerusalem – Geschichte einer Gemeinde*; ders., „Die Besonderheit der deutschen Palästinamission", in: J. Hermelink/H.J.Margull (Hgg.), *Basileia* (FS W. Freytag), Stuttgart 1959, 91–97. E. Rhein, „Die jüdische Bewegung in Palästina", in: *Der Orient* 16 (1934), 25–33; ders., „... und die deutsche Arbeit in Palästina?", in: *Der Orient* 21 (1939), 1–8.

In seinem Aufsatz „Das moderne Palästina"[514] von 1926 bewertete Hertzberg die englische Politik positiv. Zwar sitze Großbritannien aufgrund der zwei Teile der Balfour-Erklärung – gemeint waren der Aufbau der nationalen jüdischen Heimstätte sowie die Rücksichtnahme auf die Belange der arabischen Bevölkerung – zwischen zwei Stühlen. Doch regierte England nach Hertzbergs Ansicht aufgrund der langen kolonialen Erfahrung souverän. Im Gesundheitswesen, im Bildungssektor und beim Straßenbau habe das Land unter englischer Herrschaft große Fortschritte gemacht. Auf religiösem Gebiet taten die Briten nichts, um den religionspolitischen Status quo zu verändern. Hertzberg sprach von einem guten Verhältnis zwischen Deutschen und Engländern; letztere hätten sich nach dem Krieg um eine faire Behandlung der deutschen Institutionen bemüht. Hertzberg zufolge zeigten die Briten gerade deshalb ein Interesse an guten bilateralen Beziehungen, weil die Palästinadeutschen aus Sicht der Engländern „ein wichtiges Medium zwischen Arabern und Zionisten" darstellten, das – ebenso wie auch andere europäischen Gruppen – gestärkt werden sollte.[515]

Dem zionistischen Siedlungsprojekt begegnete Hertzberg mit Respekt. Die Situation der arabischen Bevölkerung bewertete Hertzberg dagegen kritisch. Zum einen bemängelte er den fehlenden Fleiß, was sich gerade in der Konkurrenzsituation mit dem expansiven Judentum negativ auswirke. Zum anderen hätten die Araber bisher auf politischer Ebene weder gemeinsame Positionen entwickelt noch sich schlagkräftig organisiert.

Auch Ernst Rhein beschrieb in seinem 1934 erschienen Beitrag „Die jüdische Bewegung in Palästina"[516] die unglaubliche Dynamik, mit der die jüdischen Organisationen das Land veränderten. Während Hertzberg Mitte der 1920er Jahre die friedlichsten Jahre der Zwischenkriegszeit erlebte, kam Rhein in ein Land, das bereits schwere Auseinandersetzungen gesehen hatte. Rheins schilderte dennoch mit Respekt die jüdischen Aufbauleistungen.[517] Firmen, Krankenkassen, Gewerkschaften, aber auch literarische, ökonomische, musikalische Clubs seien ebenso gegründet worden wie eine Oper in Tel Aviv oder die Hebräische Universität in Jerusalem.[518] Aus dieser dynamischen Entwicklung leitete sich für Rhein eine zentrale Frage ab: „Beginnt hier wirklich Volkswerdung?"[519] Als positive Faktoren für das Gelingen dieses Prozesses sah Rhein die Ausbreitung des Neuhebräischen als Einheitssprache, die Volksbildung, die mit Leidenschaft gefeierten nationalen und religiösen jüdischen Feste sowie die schnelle Verwurzelung der Migranten „mit Land und Boden".[520] Einen weiteren Faktor für die Herausbildung eines gemeinsamen Nationalbewusstseins sah er in der kollektiven Erfahrung der Desintegration beziehungsweise Verfolgung der Juden in Europa. Rhein wählte in diesem Zusammenhang zumeist

---

[514] Vgl. H.W. Hertzberg, „Das moderne Palästina", *ZMR* 41 (1926), 239–252.

[515] Ebd., 246.

[516] Vgl. E. Rhein, „Die jüdische Bewegung in Palästina", in: *Der Orient* 16 (1934), 25–33.

[517] Ebd., 26.

[518] Ebd., 27 f. Zur rasanten Stadtentwicklung Tel Avivs vgl. J. Schlör, *Tel-Aviv. Vom Traum zur Stadt*, Gerlingen 1996.

[519] E. Rhein, „Die jüdische Bewegung in Palästina", 29.

[520] Ebd., 31.

konjunktivische Formulierungen und vermied konkrete Beurteilungen, um sich weder gegenüber nationalsozialistischen noch jüdischen Lesern zu stark festzulegen.[521]
Für den weiteren Ausbau der jüdischen Heimstätte sah Rhein zwei Hauptfragen: Zum einen, „ob die Flamme des Idealismus genügend geistige Anregung" bekomme. Zum anderen, ob die jüdische Bewegung weiterhin „ihre gesunde Kraft" zum Aufbau des gesamten Landes einsetze, wovon alle Bewohner profitierten, oder ob sie der Versuchung erliege, die arabische Seite herabzusetzen und als Gegner zu bekämpfen.[522] In diesem Sinne sah Rhein – zur politischen Absicherung stützte er sich auf eine Aussage Mussolinis – in der Errichtung eines Judenstaats eine große Chance „zur Lösung des Judenproblems" und zur „Regenerierung der jüdischen Art".[523]

In einer unveröffentlichten, längeren politischen Abhandlung für die E.J.St. – ebenfalls aus dem Jahre 1934 – vertrat Rhein die gleiche Position, weshalb seinem Artikel in *Der Orient* ein hohes Maß an Authentizität zukommt.[524] In der Darstellung ebenfalls um Sachlichkeit bemüht, im Ton aber emotionaler, war Rheins kurz nach Kriegsausbruch erschienener Artikel „. . . und die deutsche Arbeit in Palästina?", der nicht allein die einschneidenden Veränderungen für die deutschen Anstalten, sondern auch die quälende innenpolitische Situation in Palästina nach drei Jahren arabischer Rebellion in den Blick nahm.[525] Auch in diesem Aufsatz finden sich weder religiöse noch politische Ressentiments gegenüber den Juden oder dem Projekt einer jüdischen Heimstätte in Palästina. Der deutsche Theologe kritisierte lediglich die „anmaßende Haltung der Jewish Agency".[526] Dennoch ließ Rhein seine Sympathie für – wie er es ausdrückt – den arabischen Freiheitskampf erkennen.[527]

Während sich also die Pröpste um eine ausgewogene Beurteilung der Veränderungen im Heiligen Lande bemühten, stand das Syrische Waisenhaus als Anstalt für arabische Waisenkinder im Palästina-Konflikt auf Seiten der einheimischen Bevölkerung. Nicht nur aus diesem Grund, sondern wohl aufgrund der in konservativen, protestantischen Kreisen verbreiteten Neigung zum Antisemitismus finden sich beim SyrW-Vorsitzenden und einflussreichen Publizisten Ludwig Schneller derartige Stereotype.

In einem langen Artikel „Vom Zionismus" im *BaZ* vom August 1920 skizzierte er die Judenfrage vom Beginn der Bibel bis zur Gegenwart.[528] In diesem Text

---

[521]   Ebd., 30: „Solch gemeinsame Substanz bildet sich auch in dem neuen Erleben davon, dass die Juden nirgends unter den Völkern der Erde Ruhe finden können. Man ahnt wohl, dass die Vorgänge in Deutschland nur Synonym sind und eines Tages auf die anderen Völker übergreifen müssen. So entsteht die wachsende Sehnsucht nach dem eigenen ‚Nationalheim'. ‚Schicksal' und ‚Sendung', diese beiden Begriffe spielen hierzulande unter den intelligenten Juden eine ganz große Rolle. So wächst, wenn wir richtig sehen, auch aus dem Abgestoßenwerden von den Völkern – die Juden nennen es Verfolgung – ein neues seelisches Empfinden heraus."

[522]   Ebd., 32.

[523]   Ebd., 32 f.

[524]   Vgl. Rheins Ausarbeitung „Was geht in Palästina vor sich?" für das E.J.St.-Kuratorium vom 19.2.1934, EZA 56/38.

[525]   Vgl. E. Rhein, „. . . und die deutsche Arbeit in Palästina?", in: *Der Orient* 21 (1939), 1–8.

[526]   Ebd., 5.

[527]   Ebd., 6.

[528]   Vgl. ohne Verfasser, „Vom Zionismus", *BaZ* 36. Jg., Heft 3 (1920), 14–24.

wurden die Juden als lästig und unbequem bezeichnet, deren erkennbare körperliche Unterschiede sie zum Außenseiter unter den Völkern Europas machten.[529] Für den antisozialistisch eingestellten Autor des Artikels waren es vor allem Juden – von Leo Trotzki bis Kurt Eisner – die im Europa der ersten Nachkriegsjahre für politische Unruhe, Schreckensherrschaft und Blutvergießen verantwortlich waren. Dass die Assimilation im 19. Jahrhundert scheiterte, lag nach Ansicht des Autors an der mangelnden Anpassungsfähigkeit der Juden selbst.

Die Bildung eines Judenstaates wurde vom *BaZ* aus entschieden abgelehnt. Der *BaZ* nennt dafür folgende Gründe: Die Rückkehr ins Land der Väter sei keineswegs die Wiedergutmachung eines historischen Unglücks. Nach den Aussagen des Neuen Testaments habe Jesus selbst über „dieses halsstarrige und hartnäckige Volk" das gerechte Urteil gesprochen. Jesus – und in seiner Nachfolge Paulus – knüpften die Bedingungen für eine göttliche Wiederannahme des Volkes an die Bekehrung „zu seinem Gott und seinem gekreuzigten Heiland."[530] Diese spezifisch christliche, aber auch jede grundsätzliche religiöse Dimension fehle dem Zionismus. Stattdessen propagierten die Zionisten „nur Selbstverherrlichung, Selbstbeweihräucherung als des edelsten, besten, genialsten aller Völker. Die [...] Hauptmerkmale des Judentums, die einst zur Verwerfung Jesu führten, sind heute noch genau dieselben wie damals."[531]

Der *BaZ* lehnte einen Judenstaat auch deshalb ab, weil er nur durch die Verdrängung der Araber aus ihrem Land möglich werden würde. Eine Vision einer zukünftigen Palästinapolitik konnte der Autor des *BaZ* nicht präsentieren, sondern ließ seinen Artikel mit den polemischen Fragen enden: „Also die anderen Völker wollen die Juden nicht, die Einwohner und Eigentümer Palästinas wollen sie auch nicht – was soll man mit den Juden anfangen? Wo liegt die Lösung der Judenfrage?"[532]

4.2.5 Reformation, Hohenzollern-Erbe, Trauma des Ersten Weltkrieges

Das Selbstverständnis der deutschen Protestanten in Jerusalem nach 1918 wurde durch drei mentalitätsgeschichtlich wirksame Traditionslinien geprägt: Zunächst verstand sich die Erlöserkirchengemeinde als Repräsentantin der Reformation lutherischer Prägung in der Heiligen Stadt. Dabei kam ihr das religionspsychologische Phänomen des *Ursprungsorts* entgegen: Wie das Heilige Land der Ausgangspunkt der biblischen Verheißungen und des Christentums war, so sah sich das Deutsche Reich als Land des reformatorischen Durchbruchs, der Theologie der Rechtfertigung und damit als Garant für die autoritative, schriftgemäße Interpretation des Evangeliums.

Sodann pflegten die deutschen Protestanten eine besondere Nähe zu den Hohenzollern und wurden so zu einem besonderen Beispiel der national-protestantischen

---

[529]   Ebd.,14 und 18. Im *BaZ* 29. Jg., Heft 1 (1913), 1 wird eine Weihnachtsfeier beschrieben, auf der Knecht Ruprecht die Kinder damit erschreckt, dass er mit einer „Fratze des ewigen Juden" erschien.

[530]   Ebd., 20.

[531]   Ebd.

[532]   Ebd., 24.

Symbiose von Thron und Altar. Der nationalprotestantische Gründungsmythos war die Erlöserkirche durch den Kaiser am Reformationstag 1898.[533] Die kaisertreue Haltung blieb nach 1918 erhalten und wurde zu einem prägenden Element der palästinadeutschen Mentalitätsgeschichte, wie weiter unten beispielhaft ausgeführt werden wird. Die Schneller-Familie – Ludwig Schneller hatte während der Orientreise dem Kaiser als ortskundiger Führer gedient - gehörte während der Kaiserzeit und auch in der Weimarer Republik zusammen mit den jeweiligen deutschen Konsuln zu den Antriebskräften nationaler Feiern in der Davidsstadt.[534]

Schließlich wurde der Ausgang des Ersten Weltkrieges, der zeitweilige Verlust der Kolonien sowie der Abtransport in ägyptische Internierungslager „zu einem traumatischen Schlüsselerlebnis"[535] für die palästinadeutschen Templer und Kirchler.

Dies alles beeinflusste ihre politische Haltung in zweierlei Hinsicht: Nach außen schlugen die Palästinadeutschen einerseits einen politischen Neutralitätskurs ein, um keine Auseinandersetzungen mit der Mandatsmacht, die sich ihnen gegenüber sehr entgegenkommend zeigte, zu provozieren. Andererseits fühlten sie sich – auch der Wiederaufbau der Kolonien geschah vor allem aus eigener Kraft – vom Deutschen Reich im Stich gelassen und gingen deshalb auf Distanz zum neuen, demokratischen System.[536] Erst mit der Wahl Hindenburgs zum Reichspräsidenten 1925 gelangte eine Art *Ersatzkaiser* an die Spitze des Staates, der auch für die Palästinadeutschen „eine kompatible Identitätsperson" war und den kaisertreu-nationalen Aspirationen entsprach.[537]

Unter den Palästinadeutschen entwickelte sich ein spezielles auslandsdeutsches Bewusstsein. ‚Der Auslandsdeutsche' wurde auch in der protestantischen Publizistik zum Symbol des Kampfes um deutsche Anerkennung unter den Lasten des Versailler Vertrags stilisiert:[538] Wie der Auslandsdeutsche sich in einer als feindlich definierten Umwelt zu behaupten hatte, so rang das Deutsche Reich auf dem diplomatischen Parkett um die Anerkennung als international gleichberechtigte Nation. Die Palästinadeutschen machten sich diese Haltung schnell zu Eigen. In dieser Hinsicht un-

---

[533] Vgl. T.H. Benner, *Strahlen der Krone*, 282–317, bes. 292–301.

[534] Wer wie K. Hammer, *Weltmission und Kolonialismus*, 211 f. aus dem Interesse der Hohenzollern am Syrischen Waisenhaus – ohne es belegen zu können – folgert, dass die Ausweitung der Schnellerschen Missionstätigkeit nach Beith Jala nur dank kaiserlicher Spenden möglich war, überschätzt die Tragweite dieser Verbindung. Dazu gibt es in den Quellen keinen Beleg. Unzutreffend ist auch Hammers Behauptung, das Syrische Waisenhaus habe die evangelische Mission in Hebron angeregt. Das tat zwar L. Schneller, aber in seiner Funktion als Pfarrer des Jerusalemsvereins in Bethlehem. Vgl. F. Foerster, *Mission im Heiligen Land*, 80–84 sowie Raheb, *Das reformatorische Erbe*, 90–98.

[535] So. R. Balke, „Die NSDAP in Palästina", 224.

[536] Ebd.

[537] Ebd.

[538] Vgl. z.B. R. Löffler, „Protestantismus und Auslandsdeutschtum in der Weimarer Republik und dem Dritten Reich. Zur Entwicklung von Deutschtumspflege und Volkstumstheologie in Deutschland und den deutschen-evangelischen Auslandsgemeinden unter besonderer Berücksichtigung des ‚Jahrbuchs für Auslandsdeutschtum und Evangelische Kirche' (1932–1940)", in: M. Geyer/H. Lehmann (Hgg.), *Religion und Nation. Nation und Religion. Beiträge zu einer unbewältigten Geschichte*, Göttingen 2004, 289–335.

terschied sich die evangelische Diaspora in Palästina kaum von der Mehrheit des deutschen Protestantismus. Diese verbreitete Distanz zur neuen Republik lässt sich im Folgenden gut an zwei symbolischen Akten (der Flaggenfrage und dem Verhältnis zum neuen Verfassungstag) sowie dem Binnendiskurs über die Bewahrung des Deutschtums verdeutlichen.

4.2.6 Die Flaggenfrage

1926 löste die Regierung Hans Luthers (DVP) den sogenannten Flaggenstreit aus, indem sie staatlichen Auslandsvertretungen gestattete, die alte schwarz-weiss-rote Fahne zu hissen.[539] Für die Auslands*gemeinden* galt diese neue Regelung nicht. Da es in der Kaiserzeit Brauch war, an Festtagen die kirchlichen Gebäude zu beflaggen, stand die Kirche ab 1919 vor dem Problem, die ungeliebte neue Reichsfahne mit den *liberalen* Farben schwarz-rot-gold hissen zu müssen. Um ein derartiges Bekenntnis zur neuen Republik zu vermeiden, entwickelte der deutsche Protestantismus 1926 die Kirchenfahne mit violettem Kreuz auf weißem Grund. Diese wurde auch 1927 zur Kompromissfahne für die evangelischen Deutschen in Jerusalem, denn mit dem Hissen der schwarz-rot-goldenen Reichsflagge an Feiertagen hätten sich die kaisertreuen Palästinadeutschen schwer anfreunden können. Das wollte Propst Hertzberg seiner Gemeinde nicht zumuten; er schrieb deshalb nach Berlin: „Nun ist es rein gefühlsmäßig unmöglich, etwa das Muristanhospital der Erlöserkirche, die der Kaiser eingeweiht hat, oder die Propstei, die auf dem Platze des kaiserlichen Zeltlagers steht, mit der schwarz-rot-goldenen Fahne zu versehen. Das würden weder die Deutschen noch die Nichtdeutschen begreifen."[540] Also wurde die neue Kirchenfahne gehisst. Auch der JV-Vorstand wies seinen Missionsleiter an, dies an Festtagen auf den JV-Gebäuden in der Westbank ebenfalls zu tun.[541] Der Flaggenstreit zeigt deutlich, wie sehr die Mentalitätsgeschichte beziehungsweise das kirchlich-nationale Selbstverständnis der deutschen evangelischen Einrichtungen mit dem Engagement des Hauses Hohenzollern in Jerusalem verbunden war.

4.2.7 Probleme mit dem neuen Verfassungstag

Diese mentalitätsgeschichtliche Distanzierung von der neuen Republik lässt sich auch am Verhältnis der Erlöserkirchengemeinde zum Verfassungstag am 11. August verdeutlichen, die durch die dezente Rivalität zwischen deutschen Protestanten

---

[539]   Vgl. dazu z.B. W.-D. Hauschild, *Lehrbuch der Kirchen- und Dogmengeschichte. Bd. 2: Reformation und Neuzeit*, Gütersloh 1999, 848. Zum Flaggenstreit im Inland als Ausdruck der kirchlichen Stellung zum Verfassungstag im Inland vgl. K. Nowak, *Evangelische Kirche und Weimarer Republik*, 177–179 und J.R.C. Wright, *„Über den Parteien"*, 90.

[540]   Vgl. Schreiben Hertzbergs vom 1. Juni 1927 an das Kuratorium der E.J.St., EZA 56/38. Das Generalkonsulat in Jerusalem entschied sich beispielsweise für einen Kompromiss und hisste zwei Flaggen, die neue Reichsfahne und die Handelsfahne in schwarz-weiss-rot *mit der Gösch*. Die Doppelbeflaggung war für die einheimische arabische Bevölkerung schwer verstehbar und nur so zu erklären, dass die schwarz-rot-goldene Fahne *min schan el-jahud* (für die Juden) und die andere *min schan el-alman* (für die Deutschen) gehisst werde.

[541]   Vgl. JVA B 3113.

und Katholiken in Jerusalem eine pikante Note erhielt. Da die Dormitio-Abtei der deutschen Benediktiner ebenfalls durch die Förderung der Hohenzollern entstanden war, durften sich beide Konfessionen in besonderer Weise dazu berufen fühlen, das Deutsche Reich in Jerusalem zu vertreten. Wie aber gingen beide Konfessionen mit dem Verfassungstag um?

1927 ließ das Deutsche Generalkonsulat bei der evangelischen Gemeinde anfragen, ob nicht der Verfassungstag mit einem Gottesdienst gefeiert werden könnte. Der Gemeinderat beschied diese Bitte negativ. Da sich mit dem Hindenburg-Tag am 2. Oktober „ohnehin ein patriotischer Anlass"[542] für einen „vaterländischen" Gottesdienst bot und zwei vaterländische Gottesdienste innerhalb von sieben Wochen unangemessen seien, entschied sich die Gemeinde gegen ein Bekenntnis zur Weimarer Verfassung. Das war ein deutliches Signal: Die Jerusalemer Gemeinden brachten dem Quasi-Statthalter der Monarchie[543] mehr Sympathien entgegen als dem ersten demokratischen Staat auf deutschem Boden. Die Jerusalemer Reaktionen spiegeln damit nur die Attitüden der evangelischen Kirche im Reich – das gilt sowohl für die Beliebtheit Hindenburgs als auch für den gewundenen Umgang mit dem Verfassungstag.[544]

Eine kirchenamtliche Anweisung blieb aus – und so zeigte sich die Erlöserkirche auch ein Jahr später wenig geneigt, einen Sondergottesdienst am 11. August zu veranstalten. Immerhin sollte der Verfassungstag im Sonntagsgottesdienst erwähnt werden. Die Protestanten gerieten erst 1928 in Zugzwang, als die deutschen Benediktiner am Verfassungstag 1927 in der *Dormitio* eine Messe mit deutscher Predigt zelebrierten. Damit stellte sich für die evangelische Gemeinde die Frage, ob es nicht angesichts der Loyalitätsbekundung der Katholiken ratsam wäre, ebenfalls einen Sondergottesdienst zu veranstalten.

In einem vertraulichen Schreiben an Propst Hertzberg bemühte sich der Vorsitzende des Kuratoriums der E.J.St. und in Personalunion Präsident des preußischen E.O.K. und des D.E.K.A., Hermann Kapler (1867–1941), um eine Kompromissformel.[545] Der Gustav Stresemann nahestehende Kapler gehörte zu jenen *Vernunftrepublikanern*, die sich um ein positives Verhältnis von Evangelischer Kirche und Demokratie bemühten. Allerdings stießen seine Vermittlungsbemühungen – gerade in der Frage des Verfassungstages – auf erheblichen Widerstand in rechtsgerichteten kirchlichen Kreisen. Aus Rücksicht auf diese Opposition entwickelte der E.O.K. zwischen 1925 und 1928 im Reich die Optionsvariante, die Kapler auch für Jerusa-

---

[542] So H.W. Hertzberg am 21.6.1928 rückblickend an das Kuratorium der E.J.St., EZA 56/38.
[543] Vgl. zu Hindenburgs politischem und öffentlichem Einfluss in der Weimarer Republik H. Möller, *Weimar. Die unvollendete Demokratie*, München ⁶1997, 57–78 und zu seiner Beliebtheit in kirchlichen Kreisen J. R.C. Wright, *„Über den Parteien"*, 86 f.; 91 f.; 174 f.
[544] Vgl. K.-H. Fix, „Die deutschen Protestanten und die Feier der Weimarer Reichsverfassung", in: *Mitteilungen der EAKZ* 21 (2003), 53–79 sowie J. R.C. Wright, *„Über den Parteien"*, 86.
[545] Vgl. den vertraulichen Brief des Vorsitzenden des Kuratoriums E.J.St. an Hertzberg vom 3.7.1928 sowie die Antwort Hertzbergs vom 15.11.1928, EZA 56/38.

lem vorschlug, dass nämlich jede Gemeinde prüfen solle, „ob ein Bedürfnis dafür vorliegt und ob der Gottesdienst in würdiger Weise"[546] gehalten werden könne.[547]

Die Erlöserkirchengemeinde fühlte sich damit jedoch in ihrem Desinteresse bestätigt, veranstaltete keine kirchlichen Feiern zum 11. August und beließ es bei einer kurzen Erwähnung im Sonntagsgottesdienst. In Hertzbergs Antwort an das Kuratorium findet sich der entlarvende Hinweis, dass sich 1928 eine kirchliche Feier sowieso erübrigt hätte, da weder der Generalkonsul noch der Vizekonsul am 11. August in Jerusalem anwesend gewesen seien. Auch auf Seiten der Gemeinde bestand kein *Bedürfnis*, den Verfassungstag zu begehen. Ein entsprechender Gottesdienst wäre also nicht mehr als ein Pro-forma-Akt gewesen.

Das Verhalten der Palästinadeutschen gegenüber dem Verfassungstag war keineswegs ungewöhnlich. Vom späteren Reichsaußenminister und damaligen deutschen Botschafter in London, Constantin Freiherr von Neurath, wurde in der deutschen Presse berichtet, dass er in den späten 1920er beziehungsweise frühen 1930er Jahren nicht am Verfassungstag, an dem er wohl ganz bewusst Urlaub machte, sondern am 18. Januar – also dem Tag der Reichsgründung 1871 – einen großen Empfang gegeben habe.[548]

Nach der Machtergreifung Hitlers ließen die Palästinadeutschen dagegen kaum eine Gelegenheit aus, um ihr nationales Bewusstsein und ihre Sympathie für das Dritte Reich zu pflegen, Fest reihte sich an Fest: angefangen vom *Reichsgründungstag* am 18.1., dem *Tag der nationalen Erhebung* am 30.1., über den *Heldengedenktag* am 5. Sonntag vor Ostern, den Geburtstag Hitlers (20.4.) bis zum 1. Mai, der vom *Tag der Arbeit* zum *Nationalen Feiertag des deutschen Volkes* umbenannt und umgedeutet wurde. Die kirchlichen und missionarischen Einrichtungen beteiligten sich an diesen Anlässen aktiv. Die Festveranstaltung des zum staatlichen Feiertag erhobenen Erntedankfestes im Saal der Tempelgemeinde in Jerusalem eröffnete 1937 das Orchester des Syrischen Waisenhauses, ehe ein Reichsvertreter und ein Parteioffizieller ihre Reden hielten.[549] Im gleichen Jahr wurde der deutsche Nationalfeiertag für die Deutschen Südpalästinas in der SyrW-Außenstelle Bir Salem und für die Deutschen Nordpalästinas in der evangelischen Kolonie Waldheim mit 600 Teilnehmern begangen.[550]

4.2.8 Deutschtum als identitätsstabilisierender Faktor

Dass die politischen Entwicklungen sensibel verfolgt wurden, zeigt nicht zuletzt die Vielzahl national-konfessioneller Veranstaltungen der Diaspora-Gemeinden. Regelmäßig stand dabei die Frage nach der eigenen deutschen Identität zur Debatte.

---

[546] Ebd.
[547] Vgl. J. R.C. Wright, *„Über den Parteien"*, 89 f.
[548] Vgl. H.-J. Döscher, *Das Auswärtige Amt im Dritten Reich. Diplomatie im Schatten der Endlösung*, Berlin 1987, 56.
[549] Vgl. das Schreiben des Deutschen Generalkonsulats an Gmelin vom 9. September 1937, BArch-Berlin R 157 III F/14698.
[550] Vgl. den Bericht des Deutschen Generalkonsulats an das AA vom 4. Mai 1937, BArchBerlin R 157 III F/14698.

Im November 1927 hielt Hilfsprediger Pätzold von der JV-Gemeinde Jaffa bei der Konferenz der deutschen evangelischen Orientpfarrer einen Vortrag über das Thema *Unsere Gemeinden in ihrer Stellung zu den anderen Gruppen des Deutschtums,*[551] aus dem vor allem die Ausführungen zu den Templern und Juden interessieren. Da die Juden kein Interesse an einem Kontakt zu anderen Deutschen zeigten und sich an Feiertagen kaum beteiligten, seien sie „als deutsche Gruppe eigentlich nicht anzusprechen".[552]

Bei den Templern wiederum beobachtete Pätzold einen zunehmenden religiösen Verfall, weshalb „diese Gesellschaft jetzt wesentlich nur noch eine wirtschaftliche Vereinigung" sei.[553] Auf nationalem Gebiet kooperierten Tempel und Kirche gut, „parteipolitische Gegensätze treten wenig in Erscheinung", wie Pätzold pikanterweise festhielt, denn deutsche Parteien gab es in Palästina gar nicht. Zudem notierte er, dass zwar individuell freundschaftliche Beziehungen zwischen Kirchlern und Templern bestünden. Im Allgemeinen sei aber „immer eine Spannung vorhanden, die mehr im Verborgenen liegt, aber von Zeit zu Zeit leicht in Erscheinung tritt."[554] Die landeskirchliche evangelische Diasporamentalität konstruierte sich bei Pätzold in erster Linie durch Abgrenzung.

Im September 1928 referierte der Tübinger Theologie-Professor Wilhelm Rudolph (1891–1987) über die Frage: *War Jesus ein Arier?* Er entlarvte diese Frage als unwissenschaftliches, politisches Propagandawerkzeug und betonte die Verwurzelung Jesu im Judentum, was wiederum Antisemitismen in der Gemeinde entgegensteuern sollte.[555]

1929 beschäftigte sich die Konferenz der Orientpfarrer erneut mit dem Verhältnis von *Deutschtum und Evangelium*. In seinem Referat zu diesem Thema plädierte der in Sofia tätige Pfarrer Pfeifer für eine positive Stellung der Kirche im und zum Volkstum, wie sie Martin Luther mit der Übersetzung der Bibel ins Deutsche praktiziert hätte.[556] Dass in einer Zeit, in der der Orient von Nationenkonflikten geprägt wurde, auch die deutschen Diaspora-Gemeinden die Verbindung konfessioneller und nationaler Elemente zur Bewahrung ihrer eigenen Identität heranzogen, kann kaum überraschen. Auffälligerweise wurde sowohl in der Weimarer Republik als auch in der frühen NS-Zeit Martin Luther zur Identitätsfigur und zur Klammer zwischen Religion und Nation. Damit wird auch der Einfluss der mit lutherischen Ordnungsvorstellungen verbundenen Volksnomostheologie auf die Auslandsgeistlichen und ihre Gemeinden deutlich.[557] Die Bewahrung der deutschen evangelischen Identität spielte also für die auslandsdeutschen Gemeinden im Orient eine bedeutende Rolle.

---

[551] Vgl. die Abschrift von Pätzolds Referat, JVA B 536.

[552] Ebd.

[553] Ebd.

[554] Ebd.

[555] Vgl. *EGP* Nr. 9/1928.

[556] Vgl. die „Abschrift des Protokolls der Konferenz der Deutschen Orientgeistlichen 1929, abgehalten in Konstantinopel, im Deutschen Pfarrhaus vom Montag, 22. bis Sonntag, 28. Juli 1929", EZA 56/98.

[557] Vgl. W. Tilgner, *Volksnomostheologie und Schöpfungsglaube. Ein Beitrag zur Geschichte des Kirchenkampfes*, Göttingen 1966.

4.2.9 Zusammenfassende Deutung

Die Diskussionen über die Flaggenfrage, den Verfassungstag, das Verhältnis von Deutschtum und Protestantismus lassen sich als Teil der politischen Kultur des deutschen Protestantismus in der Weimarer Republik deuten. Lynn Hunt bezeichnet als politische Kultur „the values, expectations, and implicit rules that expressed and shaped collective intentions and actions."[558] Die deutsche Forschung zur politischen Kultur konzentriert sich bisher vor allem auf die politische Festkultur und ihre Rituale, die *Mikrotechniken der Macht* (M. Focault), und ihren Einfluss auf das Werden politischer Gemeinschaften.[559] In Ritualen – wie den Festgottesdiensten oder dem Hissen einer bestimmten Flagge – wird Politik als interaktiver symbolischer Prozess inszeniert.[560] C. Lipp meint, dass politischer Sinn nicht nur durch die Selbstdeutung der politischen Akteure, sondern vielmehr durch andere Produzenten politischer Wirklichkeitsbilder entstünde. Das trifft im beschriebenen Falle auf die Vertreter der Kirchen zu, die sich mit ihrer Haltung zum Verfassungstag und zur Flaggenfrage entweder als Vernunftrepublikaner oder als Monarchisten inszenierten.[561] Erst die konkurrierenden Aktivitäten der Katholiken mobilisierten partielle vernunftrepublikanische Potenziale in der Erlöserkirchengemeinde. Das Bekenntnis zur Weimarer Republik blieb fragil, da die Mentalitätsgeschichte der Palästinadeutschen deutschnational und konservativ-kaisertreu imprägniert war. Die Frage nach der Bewahrung des Deutschtums wurde in einem politisch angespannten Land und vor dem Hintergrund der Weltkriegsniederlage zu einem mentalitätsgeschichtlichen Integral der protestantischen Palästinadeutschen. Die evangelische Kirche leistete einen Beitrag zur Identitätsstabilisierung, indem sie die Verbindung von Nationalität und Konfessionalität auch in Palästina untermauerte.

Zum jüdisch-arabischen Antagonismus verhielten sich die kirchenoffiziellen Vertreter neutral und bekundeten ihren Respekt vor den Aufbauleistungen der jüdischen Organisationen. Die Araber-Missionen wie etwa das Syrische Waisenhaus entwickelten aufgrund ihrer Arbeit mit der einheimischen Bevölkerung sowie tradierter antisemitischer Stereotypen eine Abneigung gegen die jüdische Heimstätte in Palästina, schlugen intern einen pro-arabischen politischen Kurs ein. Nach außen übten sie sich ebenfalls in politischer Zurückhaltung, um den Fortbestand der eigenen Anstalten nicht zu gefährden.

---

[558] L. Hunt, *Politics and Culture, and Class in the French Revolution*, Berkeley 1984, 2 und 72.

[559] Vgl. z.B. M. Hettling/P. Nolte (Hgg.), *Bürgerliche Feste. Symbolische Formen politischen Handelns im 19. Jahrhundert*, Göttingen 1993.

[560] Vgl. C. Lipp, „Politische Kultur oder das Politische und Gesellschaftliche in der Kultur", W. Hardtwig/H.-U. Wehler (Hgg.), *Kulturgeschichte heute*, Göttingen 1996, 78–110, bes. 88.

[561] Ebd. sowie vgl. K. Rohe, „Politische Kultur und ihre Analyse. Probleme und Perspektiven der politischen Kulturforschung", in: *HZ* 250 (1990), 321–346, hier: 339.

4.3 Deutsche Protestanten in Palästina und der Nationalsozialismus

4.3.1 Der Aufstieg des Nationalsozialismus in der palästinadeutschen Diaspora

Die Machtübernahme der Nationalsozialisten 1933 wurde von den Palästinadeutschen ohne Ausnahmen als *nationale Wiedergeburt* begeistert begrüßt, wie sowohl die veröffentlichten als auch die unveröffentlichten Quellen belegen.

Unter den Palästinadeutschen fand der Nationalsozialismus nicht nur schnell Sympathisanten, sondern auch Parteimitglieder. Schon Ende 1931 hatte der Landvermesser und Architekt Karl Ruff erste Kontakte zur Auslands-Abteilung der NS-DAP aufgenommen.[562] Ein anderer früher NS-Aktivist war der spätere Landesgruppenleiter Cornelius Schwarz, ein aktives Mitglied der Tempelgesellschaft in Jaffa.[563] Enttäuscht vom Verfall des religiösen Templer-Erbes, geprägt vom krisenhaften Geist der Zwischenkriegszeit, sucht er nach einer Verbindung von „Lebensanschauung und Religion", die er im Nationalsozialismus zu finden glaubte.[564] Die NS-Machtübernahme sah er als historisches Ereignis, das er mit der Reformation verglich. Hitler wurde damit zum Vollender der auf nationaler Ebene unvollendeten Reformation[565] – ein Gedanke, der nicht nur in palästinadeutschen Kreisen verbreitet war. Für Schwarz war Hitler eine geradezu religiöse, charismatische Führerfigur, die gegen die vom Materialismus geprägte Gesellschaftsordnung kämpfte. Dieser anti-materialistische Duktus konnte ebenso wie der Gedanke der Volksgemeinschaft an den ethisch-religiösen Idealismus der Tempelgesellschaft anknüpfen.[566]

Im August 1932 erhielten die ersten sechs NSDAP-Parteimitglieder aus Palästina ihr Parteibuch von der NSDAP-Auslandsabteilung in Hamburg, womit die Gründung eines *Stützpunktes* um eine Person unterschritten wurde.[567] Beflügelt vom Aufstieg Hitlers hatte die Partei bis zum Herbst 1933 bereits 42 Anhänger im Heiligen Land – was bei allerdings fast 2.000 Palästinadeutschen nur eine verschwindende Minorität war.[568] Die Leitungsgremien in Tempel und Kirche waren also zu diesem Zeitpunkt noch nicht in nationalsozialistischer Hand. Deshalb intensivierte die NSDAP-Auslandsabteilung ihre Werbebemühungen in Palästina. Ruff wurde am 20.11.1933 zum Landesvertrauensmann ernannt. Der Landesvertrauensmann – später der Lan-

---

[562]   Vgl. R. Balke, „Die NSDAP in Palästina", 225 und H.D. Schmidt, „The Nazi Party in Palestine and the Levant", 461.

[563]   Zu C. Schwarz vgl. R. Balke, „Die NSDAP in Palästina", 226 Anm. 17: Der 1878 in Korntal geborene Schwarz wurde am 20.4.1933 Stützpunktleiter in Jaffa und am 12.10.1934 stellvertretender Ortsgruppenleiter von Jaffa-Sarona. Später wurde er Wirtschaftsstellenleiter der NSDAP, Amtsleiter für Schulung und Aufklärung. Am 22.10.1935 übernahm er das Amt des Landeskreisleiters und am 20.4.1937 des Landesgruppenleiters. Außerdem wirkte er als Gemeinderat in Jaffa und als Volkswirtschaftsrat der dortigen Tempelgemeinde.

[564]   Vgl. C. Schwarz, „Raum und Zeit", in: *Die Warte des Tempels* Jg. 89 Nr. 16 (1932), 121.

[565]   Vgl. R. Balke, „Die NSDAP in Palästina", 226 f.

[566]   Ebd., 228.

[567]   Vgl. H.D. Schmidt, „The Nazis Party in Palestine and the Levant", 462.

[568]   Vgl. R. Balke, *Hakenkreuz im Heiligen Land*, 47–58, hier: 48.

desgruppenleiter – war der höchste NSDAP-Vertreter in Palästina und ein wichtiges Bindeglied zur NSDAP-Auslandsorganisation in Deutschland.

Haifa und Jaffa erhielten unter der Leitung von Ruff und Schwarz den Status von NSDAP-Stützpunkten. Beide bauten in der Folgezeit das NSDAP-Organisationsgefüge aus und gründeten die Deutsche Arbeitsfront, den National-sozialistischen Lehrerbund (NSLB), die NS-Frauenschaft und die Hitler-Jugend (HJ), die sich ab 1934 um die Gleichschaltung der deutschen Jugendarbeit in Palästina bemühte. Ab 1933 legten die Parteifunktionäre in Jerusalem eine NSDAP-Schulungsbibliothek an, die Schriften von Haushofer, Rosenberg, Goebbels, Schulungsmaterial sowie einschlägige Zeitschriften wie *Das Schwarze Korps, Germanenerbe, Neues Volk, Volk und Rasse, NS-Monatshefte, Wille und Macht* sammelte.[569]

Haifa, Jerusalem, Sarona und Jaffa wurden in der Folgezeit NSDAP-Ortsgruppen, die galiläischen Siedlungen Wilhelma und Bethlehem-Waldheim NSDAP-Stützpunkte. An Hitlers Geburtstag 1937 erhielten die Parteiorganisationen den Rang einer Landesgruppe. Bis Januar 1938 stieg die Mitgliederzahl der NSDAP auf 330 an – das waren 17 % der Palästinadeutschen. Damit lag der Anteil der Parteimitglieder in Palästina über dem Durchschnitt anderer auslandsdeutscher Minoritäten, die rund 5 % in der NSDAP organisieren konnten.[570] Die Partei versuchte nun zunehmend, die vollständige Kontrolle über die deutsche Diaspora zu gewinnen. Nur eine Minderheit stellte sich diesen Ambitionen entgegen.[571]

Dem NSLB unter der Leitung von Dr. Kurt Hegele gehörten bis auf die Missionsschwestern in den kirchlichen Schulen spätestens 1938 alle reichsdeutschen Lehrkräfte in Palästina an.[572] Es waren vor allem die württembergischen Templer, aber auch die Brüder Hermann und Ernst Schneller, der leitende Arzt des Diakonissenkrankenhauses, Dr. Eberhard Gmelin, und der JV-Missionsleiter, Gerhard Jentzsch,[573] die schnell der NSDAP beitraten. Gmelin beteiligte sich an den *Deut-*

---

[569]   Vgl. ISA R.G. 90/J 76/12 I. NS-Rassenliteratur wurde über eine Hamburger Buchhandlung bestellt.

[570]   Vgl. R. Balke, „Die NSDAP in Palästina", 232 und ders., *Hakenkreuz im Heiligen Land*, 69.

[571]   Vgl. H.D. Schmidt, „The Nazis Party in Palestine and the Levant", 463–466.

[572]   Vgl. R. Balke, *Hakenkreuz im Heiligen Land*, 56 f.

[573]   Gerhard Jentzsch, geboren am 24.3.1892 in Magdeburg, studierte zunächst ab 1910 in Halle Theologie und vergleichende Sprachwissenschaften (u.a. Arabisch, Türkisch, Persisch), legte 1914 das I. Theologische Examen ab. Den Ersten Weltkrieg machte er als Feldartillerist an der Westfront mit und wurde 1917 zum Leutnant d.R. ernannt. Nach der zweijährigen Hilfspredigerzeit in Merseburg übernahm er 1923 die neugegründete Gemeinde der Leunawerke in Neu-Rössen. Gesundheitliche Gründe und die Faszination der Mission begründeten seinen Wechsel nach Bethlehem. 1939 kehrte er nach Deutschland zurück und war kurzzeitig Pfarrer in Pankow. – Jentzsch war zunächst ein Jahr Mitglied der SA und 1933/34 auch der Deutschen Christen. Aus einem Formular des Wehrkreiskommandos III./Stellvertretendes Generalkommando III. A.R., Berlin vom 18.4.1941 geht hervor, dass er seit Oktober 1934 Mitglied der NSDAP-Ortsgruppe Jerusalem war. Nach seinen eigenen Angaben im Entnazifizierungsverfahren trat er Ende 1935 oder Anfang 1936 der NSDAP-Ortsgruppe Jerusalem bei, weil ihm der Volkstumsgedanke zusagte und weil er sich als Pg. Erleichterungen in der Devisenbeschaffung für die Missionsarbeit versprach. Nach der Rückkehr nach Deutschland trat er Mitte 1940 der Ortsgruppe Pankow bei. In Pankow wurde Jentzsch als Gemeindepfarrer eingesetzt. Er beteiligte sich nach eigenen Angaben in Palästina „selten", in Deutschland „niemals" an den Veranstaltungen der NSDAP oder ihrer Gliedorganisationen, was zumindest im Blick auf Palästina nicht zutreffend ist. – Der Pfarrer nahm vom 1.12.1940 bis März

schen Abenden, einer politischen Vortragsreihe, die die NSDAP-Ortsgruppe Jerusalem 1933 im Tempelsaal abhielt, und referierte über das *Gesetz zur Verhütung erbkranken Nachwuchses.*

Die deutschen Kirchengemeinden beteiligten sich nach 1933 an den zahlreichen nationalen beziehungsweise nationalsozialistischen Veranstaltungen wie dem Fest der Deutschen Schule in Jerusalem, dem Tag der Machtübernahme, an HJ- und BDM-Abenden, an der Eröffnung des Winterhilfswerkes, Hitlers Geburtstag, der Sonnenwendfeier auf dem Weinberg des JV in Bethlehem, am Marsch zwischen den deutschen Kolonien in Galiläa. Dass dabei Hakenkreuz-Fahnen entrollt wurden, rief in den jüdischen Zeitungen *Doar Hoayom* und *Haaretz* verständlicherweise scharfen Protest hervor.

Allerdings ging der Aufbau der NSDAP-Landesgruppe nicht ohne interne Spannungen, organisatorische Missgeschicke und Machtkämpfe ab – etwa zwischen Ruff und Schwarz, in dem sich der Jaffaer Kaufmann durchzusetzen verstand. Mit seiner Ernennung zum Landesgruppenleiter 1935 und dank seiner engen Kooperation mit dem neuen Generalkonsul Walter Döhle, gelang Schwarz die Durchsetzung des Primats der NSDAP in der deutschen Diaspora Palästinas.[574]

Das Verhältnis zwischen Deutschen und Zionisten verschlechterte sich nach 1933. Aus Protest gegen den Boykott jüdischer Waren in Deutschland hatten die zionistischen Organisationen zum weltweiten Gegenboykott deutscher Waren aufgerufen. Davon waren nicht zuletzt die palästinadeutschen Unternehmen betroffen. Jüdische Firmen brachen den Handel mit deutschen Geschäftspartnern ab und besetzten die verbliebenen Geschäftsfelder selbst. Auf diese Weise erhielten gerade in Palästina anti-jüdische Vorurteile neue Nahrung.[575]

In den 1930er Jahren waren die palästinadeutschen Siedlungen in unregelmäßigen Abständen Ziele jüdischer Proteste und Angriffe, wurden sie ja nicht grundlos als Stützpunkte des nationalsozialistischen Deutschlands in Palästina angesehen. 1935 wurden in jüdischen Kolonien – trotz des Einschreitens der englischen Polizei – Hakenkreuze aus Holz verbrannt. 1936 wurde zudem der Blumenladen des deut-

---

1945 ununterbrochen am Zweiten Weltkrieg teil. Zunächst gehörte er zur motorisierten Instandsetzungskompanie 159, wurde in Saloniki (April - Juni 1941) und Russland (Juli 1941 - September 1943) eingesetzt. Ab Oktober 1943 hatte er die Werkstatt-Kontrolle des Kraftfahrparks Münster/Westfalen inne, wo er im April 1945 in englische Kriegsgefangenschaft geriet, die er bis 1948 auf der Insel verbrachte. Ende 1941 wurde er zum Oberleutnant, im April 1943 zum Hauptmann befördert. Der Unterausschuss der I. Kammer der Allgemeinen Kommission unter dem Vorsitzenden Pfr. Rackwitz entschied im Spruchkammerverfahren gegen Jentzsch am 11.11.1948, dass keine Bedenken gegen einen Verbleib im Pfarramt bestünden. Die Kammer folgte Jentzschs Argumentation, dass er als Auslandsgeistlicher deshalb der NSDAP-Auslandsorganisation beigetreten sei, um die Überweisung seines Gehalts in fremder Währung sicherzustellen. Politische Aktivitäten seien bei ihm nicht erkennbar gewesen. Der Berliner Diakon O. Siebert sagte am 1.7.1948 als Zeuge aus, dass Jentzsch die „Unmenschlichkeit der NSDAP" aufs schärfste verurteilt hätte. Nach dem Krieg war Jentzsch Krankenhaus-Pfarrer in Tegel, starb am 25.12.1965 in Berlin. Vgl. Jentzschs Angaben im Fragebogen der Militärregierung vom 7.9.1948 und Sieberts Stellungnahme, BArchBerlin ZM 2 – 3484, A. 18

[574] Vgl. R. Balke, „Die NSDAP in Palästina", 231.

[575] Ebd., 239–250.

schen Floristen Johannes Orth in Sarona mit Steinen beworfen, weil sich ein dort beschäftigter jüdischer Gärtner nicht am Boykott der deutschen Geschäfte beteiligt hatte.[576]

Da die Templer mit etwa 1.200 Mitgliedern der rund 2.000 Menschen zählenden nichtjüdischen palästinadeutschen Diaspora deutlich in der Mehrheit waren, wuchs ihr politischer Einfluss in den 1930er Jahren entsprechend. Die Parteispitze um Cornelius Schwarz rekrutierte sich vor allem aus den Reihen der jüngeren Templer. Nach R. Balke folgten die palästinadeutschen Siedler deshalb begeistert dem Aufstieg Hitlers, weil das Jahr 1933 die nationalen Erwartungen der Palästinadeutschen befriedigte, eine Art Versöhnung von Diaspora und Heimat brachte und die NSDAP sich als eine die sozialen Gegensätze überwindende Bewegung erkennbar von anderen Parteien absetzte und damit dem Gemeinschaftsgedanken der Templer nahe kam. Zudem konnten sich manche Angehörige der jüngeren gegenüber der älteren Generation profilieren, indem sie durch den Kontakt zur NSDAP-Auslandsorganisation stärkeren politischen Einfluss gewannen. So boten die NSDAP-Gruppen neue Aufstiegschancen und Einflussmöglichkeiten für einzelne, führende Parteimitglieder. Für manchen Templer füllte die NS-Ideologie auch das Vakuum des verblassenden religiösen Idealismus.[577]

Die NSDAP war die erste parteipolitische Gruppierung in Palästina überhaupt, zog deshalb als Neuheit viele Aufmerksamkeiten auf sich und brauchte keine organisierte Opposition zu fürchten. Abweichendes Verhalten kam nur von wenigen Einzelnen. Die antiassimilatorische Ausrichtung der gesamten deutschen Diaspora führte zu einer großen Sozialkontrolle und zu einem erheblichen Konformitätsdruck. Auch die Kirchler standen dem Dritten Reich keineswegs ablehnend gegenüber. Die Anpassungsmechanismen der Protestanten waren jedoch unterschiedlich stark ausgeprägt und sollen deshalb differenziert dargestellt werden.

4.3.2 Der Reformationstag 1933 in Jerusalem

Es überrascht deshalb nicht, dass das Reformationsfest 1933 eine nationale Note erhielt und unter das Motto *Luther als Deutscher und Christ* gestellt wurde.[578] Im *EGP* 12 (1933) verglich auch das Mitglied der Beiruter Gemeinde Georg Rödenbeck[579] den reformatorischen Aufbruch Luthers mit der „nationalen Revolution" der Natio-

---

[576]   Vgl. C.Z. Kloetzel, „Das bedrohte Hakenkreuz. Das deutsche Sarona ist von Feinden umringt", in: *Orient-Express. Deutschsprachige Ausgabe der La Syrie* vom 27. Mai 1935, ISA 90/684.

[577]   Vgl. R. Balke, *Hakenkreuz im Heiligen Land*, 45–47.

[578]   Zur Bedeutung der Reformationsfeiern im Luthertum im Allgemeinen vgl. z.B. J. Burkhardt, „Reformations- und Lutherfeiern. Die Verbürgerlichung der reformatorischen Jubiläumskultur", in: D. Düding/P. Friedemann/P. Münch (Hgg.), *Öffentliche Festkultur. Politische Feste in Deutschland von der Aufklärung bis zum Ersten Weltkrieg*, Hamburg 1988, 212–231.

[579]   Der pensionierte Korvettenkapitän Georg Rödenbeck wurde am 1.10.1933 Parteimitglied. Das war der Stichtag, an dem die NSDAP die Mitgliedersperre für Auslandsdeutsche aufhob. Er hatte gute Kontakte zu Reichsbischof Müller, der seinen Parteieintritt befürwortete. Vgl. den Brief Rödenbecks an die Auslandsabteilung der NSDAP-Reichsleitung vom 16.11.33, ISA R.G. 90/821/J76/3. Rödenbeck erhielt den Auftrag, eine Ortsgruppe Beirut aufzubauen, die 1937 diesen Statuts erhielt, ISA R.G. 90/821/J 76/9.

nalsozialisten: „Genau wie damals in der großen Geistesrevolution der Reformation des christlichen Glaubens unter der Führung des Helden Martin Luther, genau wie damals eine Schicksalsstunde des völkischen Deutschland [...] genauso haben wir heute in Deutschland eine gewaltige, wiederum aus dem Urquell der Volkskraft geborene, alles Morsche und Faule stürzende Geistesbewegung." Gerade im Ausland, wo das Deutschtum unter Lüge und Verleumdungen zu leiden habe - gemeint ist wohl die ‚Kriegsschuldfrage' - gebe es in diesem Kampf für jeden Deutschen ohne Ausnahme nur das Eine, nämlich „sich ohne Vorbehalt, ohne kleinliche Kritik, der großen Bewegung voll und ganz anzuschließen und mit der neuen Regierung durch Dick und Dünn zu gehen."

4.3.3 Streit um den *Völkischen Beobachter* im Jerusalemer YMCA

Die Erlöserkirchengemeinde pflegte vor und nach 1933 nur wenige Kontakte zu den deutschen Juden in Palästina, obwohl die deutschen Zionisten zu den Gruppen unter den jüdischen Einwanderern zählte, die noch am stärksten Elemente ihrer „alten" nationalen Identität aufrechtzuerhalten versuchten. Das Verhältnis der Zionisten zu den Palästinadeutschen kühlte nach dem Aufstieg des Nationalsozialismus aus nahe liegenden politischen Gründen stark ab, war aber auch davor nicht sonderlich intensiv, da nicht-jüdische und jüdische Deutsche unterschiedliche Interessen in Palästina verfolgten – die einen verstanden sich als auslandsdeutsche Repräsentanten ihres Heimatlandes, die anderen arbeiteten an einem neuen nationalen Projekt mit, das Vorrang vor bisherigen Bindungen besaß. Diejenigen unter den Palästinadeutschen, die sich der NSDAP anschlossen, bedauerten diese Entwicklung nicht, weniger angepasste Protestanten empfanden dies als eine bedauerliche Entwicklung. So beklagte schon 1931/32 Propst Rhein, dass kaum noch Kinder deutschsprachiger Juden in die evangelische Schule geschickt würden, da sie von klein auf Hebräisch sprechen sollten: „Die deutsche Erziehung wird so der nationalen Idee geopfert."[580] Vereinzelt gab es persönliche Kontakte, wie durch die jüdischen Ärzte des Diakonissenkrankenhauses, durch jüdische Zuhörer bei den Vorträgen des Palästina-Instituts, bei Empfängen der Hebräischen Universität – oder bei Zusammenkünften im prestigeträchtigen YMCA in der King-George-Street. Er war der wichtigste multikulturelle, gesellschaftliche Treffpunkt der gebildeten Schichten in Jerusalem, versuchte das interreligiöse Gespräch zu fördern und sich als neutraler Ort im politischen Konflikt zu etablieren. Das gelang jedoch nicht immer.

Wie die Angehörigen der anderen im YMCA vertretenen Nationalitäten, hatten auch die Deutschen das Recht auf den Bezug einer Tageszeitung. Als sie nach 1933 durchsetzten, anstatt wie bisher die *Frankfurter Zeitung* nun den *Völkischen Beobachter* zu abonnieren, protestierten die jüdischen Mitglieder, die 10 % des 1.300 Mitglieder starken YMCA ausmachten.[581] Im Gegenzug drohten die deutschen Mit-

[580] Rheins Jahresbericht 1931/32 findet sich in EZA 56/7.
[581] Vgl. dazu z.B. S.H. Bergmann, *Tagebücher und Briefe* Bd. 1: 1901–1948, hg.v. M. Sambursky. Mit einer Einleitung von N. Rotenstreich, Königstein, 1985, z.B. 349 f., 357 f., 366. Im Januar 1934

glieder, die ebenfalls in beachtlicher Zahl vertreten waren, mit einem kollektiven Rückzug.[582]

Die Diskussionen zogen sich mehr als ein halbes Jahr bis zum Sommer 1934 hin, ehe der anglikanische Bischof Graham Brown am 22.6.1934 eine Vermittlungsrunde zusammenrief, an der von jüdischer Seite der Leiter der Nationalbibliothek, Samuel Hugo Bergmann, und der Kanzler der Hebräischen Universität, Jehudah L. Magnes, teilnahmen. Die beiden jüdischen Gelehrten wählten eine Doppelstrategie, drohten einerseits mit dem Austritt, stellten den Streit wegen des christlich-überkonfessionellen Charakters des YMCA andererseits als eine christliche und keine jüdische Angelegenheit dar. Die Entscheidung sollte also von den christlichen Mitgliedern, speziell den kirchlichen Autoritäten getroffen werden. Als Graham Brown versuchte, die Palästinadeutschen zum Einlenken zu bewegen, wurde ihm von deutscher Seite das Recht abgesprochen, als Schiedsrichter zu fungieren, da es sich um einen jüdisch-deutschen Streit handelte.[583]

Obwohl der *Völkische Beobachter* schließlich abbestellt wurde, ging das jüdische Establishment auf Distanz zum YMCA.[584] In der *Warte des Tempels* wurde das Einlenken der deutschen Mitglieder als „Entgegenkommen [...] im Interesse des Hausfriedens"[585] dargestellt. Der JV-Missionsleiter Jentzsch kritisierte in antisemitischem Duktus, dass die Juden im YMCA zu großen Einfluss besäßen.[586] Während Monotheismus und grundlegende Werte Christen und Muslime verbinden würden, stünden die Juden „jenseits der Grenzen, in denen Treu und Glauben, Sitte und Religion etwas gelten."[587]

4.3.4 Langsame politische Veränderungen in der deutschen evangelischen Diaspora

Der Aufstieg des Nationalsozialismus beeinflusste auch die deutschen evangelischen Gemeinden in Palästina, wie sich etwa an den Äußerungen des Propstes Ernst Rhein ablesen lässt.[588] In seinem Jahresbericht 1932/33 schilderte er offene Diskussionen innerhalb der deutschen Gemeinde und der Tempelgemeinde über die Frage, wie man sich zum Nationalsozialismus verhalten solle. Der größte Teil der männlichen Templerjugend sei bereits der NSDAP beigetreten, ebenso Hermann und Ernst Schneller sowie einige Angestellte des Syrischen Waisenhauses.

Rhein selber wollte trotz seiner anfänglichen Sympathien für den NS-Staat der Partei nicht beitreten. Seiner Ansicht nach passte eine Parteimitgliedschaft nicht zum

---

hatte Bergmann sogar vorgeschlagen, die *Frankfurter Zeitung* beizubehalten und zusätzlich statt des *Völkischen Beobachters* eine nationalsozialistische Wochenzeitung zu bestellen.
582 	Vgl. Art. „Völkischer Beobachter im Y.M.C.A.", in: *Warte des Tempels* 95. Jg. Nr. 3 – 15.2.1935, 19.
583 	Vgl. Rheins Jahresbericht 1933/34, EZA 56/87.
584 	Vgl. S.H. Bergmann, *Tagebücher und Briefe* Bd. 1, 380.
585 	Vgl. den Artikel „Völkischer Beobachter im Y.M.C.A.".
586 	Vgl. Jentzschs IV. Quartalsbericht 1934, JVA B 35.
587 	Ebd.
588 	Vgl. Rheins Jahresbericht 1932/1933, JVA B 42.

Charakter des geistlichen Amtes. Außerdem meinte er, dass er auch ohne formelle Mitgliedschaft für den NS-Staat und die deutsche Reichskirche werben könne. Er fühlte sich dadurch bestätigt, dass auch die älteren Templer einen ähnlichen Kurs einschlugen.

Auch wenn Rhein aus nationalen Gründen den Aufstieg des Nationalsozialismus zunächst begrüßte, zeigte er sich skeptisch gegenüber dem Enthusiasmus der jüngeren Templer, die eine Art DC-Frömmigkeit entwickelten, gegenüber der NS-Ideologie. Sie sei das Surrogat für den verflogenen religiösen Enthusiasmus der ersten Generationen geworden: „Viele Templer finden jetzt in der durch den Nationalsozialismus stark angeregten Pflege des Deutschtums geradezu ihre Religion, besonders gilt das wohl auch von dem neuen Landesvertrauensmann, einem Herrn Schwarz aus Jaffa [...]".[589] Der Historiker Ralf Balke ist, ohne Kenntnis der kirchlichen Quellen und der Rhein'schen Jahresberichte, in seinem Buch *Hakenkreuz im Heiligen Land* interessanterweise zu dem gleichen Ergebnis gekommen.[590]

In ihren politischen und religiösen Entwicklungen wurden die palästinadeutschen Nazis dadurch bestärkt, dass die Auslandsorganisation Parteiredner nach Palästina schickte, unter denen ausgerechnet zwei DC-Pfarrer waren. Der erste offizielle von der A.O. geförderte Vortrag wurde am 21. April 1934 über die *Weltanschaulichen Grundlagen des Nationalsozialismus* von Pfarrer Brause aus dem DC-Gau Halle-Merseburg gehalten, der in seiner Heimat zwar Kreisredner und Ortsgruppenleiter war, aber keine reichsweite Bedeutung erlangte. Als zweites besuchte der langjährige, schlesische DC-Aktivist Propst Konrad Jenetzky die Templerkolonien.[591] Jenetzky fand mit seiner Darstellung eines deutsch-christlichen Christentums und seiner Deutung des Kirchenkampfes bei den Templern offene Ohren. Für die Position der evangelischen Gemeinden bedeutete es einen schweren Rückschlag, dass Jenetzky in fast allen Templerkolonien zu Gunsten der DC „die schmutzige Wäsche des Kirchenkampfes" waschen konnte und die Templer in ihren antiklerikalen Vorurteilen bestätigte, wie Rhein nach Berlin berichtete.[592]

Den ersten Anlass für eine Auseinandersetzung zwischen der Kirche und der Partei brachte 1935 aber erst der Vorschlag von Cornelius Schwarz, in der vereinigten Deutschen Schule in Haifa eine allgemeine deutsche Schulweihnachtsfeier zu veranstalten. Schwarz wollte die konfessionellen Gegensätze überwinden und durch die Betonung des Nationalgefühls die Volksgemeinschaft stärken. Der pietistisch geprägte JV-Pfarrer von Oertzen lehnte eine solche Feier jedoch ab und bestand auf

---

[589] Vgl. Rheins Jahresbericht 1934/1935, EZA 56/87.
[590] Vgl. R. Balke, *Hakenkreuz im Heiligen Land*, 79–103.
[591] Zu Jenetzky vgl. K. Meier, *Der evangelische Kirchenkampf*. Bd. 1: Der Kampf um die „Reichskirche", Göttingen 1976, 111, 298–301; G. Ehrenforth, *Die schlesische Kirche im Kirchenkampf 1932–1945*, Göttingen 1968, 29, 41, 57 ff., 132, 190; E. Horning, *Die Bekennende Kirche in Schlesien 1933–1945. Geschichte und Dokumente*, Göttingen 1977, 5, 77, 84, 98 f., 104 f., 168 und J.-Chr. Kaiser, *Sozialer Protestantismus im 20. Jahrhundert. Beiträge zur Geschichte der Inneren Mission 1914–1945*, München 1989, 304 Anm. 195.
[592] Vgl. Rheins Jahresbericht 1936/37, EZA 56/87 sowie ähnlich die Abschriften der Briefe Bergs und von Oertzens an Ulich vom 10.8.1937 und vom 31.7.1937, EZA 5/2025.

der Beibehaltung einer „bewusst evangelischen Weihnachtsfeier"[593] für die Schulkinder der Kirchengemeinde.

Für Schwarz passte die Ablehnung seiner Idee zu den Erfahrungen, die er 1934 und 1935 mit den evangelischen Gemeinden gesammelt hatte. Im Oktober 1935 beschwerte er sich in seiner Funktion als Wirtschaftsreferent der NSDAP in Palästina bei den Parteistellen in Berlin, dass das *Evangelische Gemeindeblatt für Palästina* (EGP) anders als die *Warte des Tempels* den Abschied des Generalkonsuls Wolff kritisiert hatte. Wolff war nämlich mit einer zum Protestantismus übergetretenen Jüdin verheiratet. Bei den Parteioberen löste zudem Wolffs Desinteresse an einer intensiveren Kooperation mit der Landesgruppe heftigen Widerstand aus. Ihrer Ansicht nach war er nicht in der Lage, deutsche Interessen in Palästina gegenüber den jüdischen Organisationen vertreten zu können. Die Landesgruppe versuchte deshalb, Wolff als jüdischen Parteigänger zu denunzieren und mit Hilfe der NSDAP-Auslandsorganisation seine Demission zu erreichen.[594] Dass Wolff erst nach Singapur versetzt, dort am 15. Juli 1935 aufgrund des *Gesetzes zur Wiederherstellung des Berufsbeamtentums* abberufen wurde, am 1. Dezember 1935 in den einstweiligen und schließlich am 13. April 1937 sogar in den dauerhaften Ruhestand versetzt wurde, war für die Landesgruppe ein Erfolg. Sie meinte deshalb in der Folgezeit, die Beziehung zwischen Partei und Generalkonsulat in ihrem Sinne verändern zu können. Die Diplomaten sollten zu ausführenden Organen der Partei werden, die sich nun als wahre Anführer der Palästinadeutschen verstanden.[595] Kirchlicher Widerstand störte deshalb die unter Wolffs Nachfolger, dem überzeugten Nationalsozialisten Walter Döhle, recht reibungslos funktionierende Kooperation von Landesgruppe und Generalkonsulat.[596]

Die Ablösung des Generalkonsuls rief ein breites Medienecho hervor: Die jüdische Presse bedauerte Wolffs Abberufung; dagegen nahm *Der Stürmer* Wolffs Popularität in jüdischen Kreisen zum Anlass, eine Säuberung von pro-jüdischen Diplomaten im Auswärtigen Amt zu fordern.[597]

In der *Warte des Tempels* wurde Wolffs Ablösung wegen dessen „Nähe zum Judentum" begrüßt, im *EGP* dagegen, wie bereits angedeutet, bedauert: „Das durch die deutschen Verhältnisse notwendig gewordene Fortgehen von Herrn und Frau Wolff hat in weiten Kreisen – auch in anderen Nationen – aufrichtige Anteilnahme gefunden."[598] Die palästinadeutschen Nazis sahen in dieser kirchlichen Stellungnahme

---

[593] So die Ausführungen Rheins in seinem Jahresbericht 1934/35, EZA 56/87

[594] Vgl. R. Balke, *Hakenkreuz im Heiligen Land*, 105–113.

[595] Ebd., 112.

[596] Vgl. den Artikel „Döhle, Walter", in: M. Keipert/P. Grupp (Hgg.), *Biographisches Handbuch des deutschen Auswärtigen Dienstes 1871–1945*, Bd. 1: A-F, Paderborn - München - Wien - Zürich 2000, 442 f. W. Döhle (19.1.1884–6.4.1945) stammte aus dem nordhessischen Eschwege. Er begann am 16.8.1909 als Tabaksachverständiger des Reichsschatzamtes beim Konsulat in Rotterdam, wechselte 1919 zur Gesandtschaft in Den Haag, legte erst 1920 die konsularische Prüfung ab. Als Wirtschaftsfachmann durchlief er verschiedene Stationen im AA, ehe er am 13.8.1935 zum Generalkonsul in Jerusalem berufen wurde.

[597] Vgl. den Artikel „Der Konsul – Er wird von Juden gelobt", in: *Der Stürmer* Nr. 33 vom August 1935 – zitiert nach R. Balke, *Hakenkreuz im Heiligen Land*, 109 Anm. 10.

[598] Vgl. Schwarz' Brief an das Außenhandelsamt der A.O. vom 23.10.1935, ISA R.G.90/821/J 76/9.

eine Verletzung der nationalen Loyalität. Schwarz suchte daraufhin das Gespräch mit Rhein, um ihn wegen dieses Artikels zu maßregeln. Als Rhein eine solche Kritik zurückwies und erklärte, dass er nur die Anweisungen der ihm vorgesetzten Behörde und nicht der Parteiorganisationen zu befolgen habe, kam es zu einer emotionalen Auseinandersetzung.[599]

Mit Argusaugen verfolgte Schwarz von nun an jeden Schritt der evangelischen Theologen. Die Kritik des Hilfspredigers Weiss an der neuheidnischen Religiosität in Deutschland wurde von ihm als „finsterstes Rom" abgetan.[600] Die Unterstützung der Erlöserkirche durch das Winterhilfswerk hielt er wegen der nicht linientreuen Position des Propstes für eine Ungleichbehandlung, zumal die Tempelgemeinden eine derartige Hilfe nicht erhielten. Dass Pfarrer von Oertzen nicht mit den Templern, wohl aber mit den Arabern der JV-Missionsschule Wilhelma das Weihnachtsfest feierte, war für Schwarz gerade unter rassisch-ideologischen Gesichtspunkten inkonsequent und falsch. Der Boden für längerfristige Konflikte war also bereitet.

Auseinandersetzungen gab es 1935 auch über die Beteiligung der kirchlichen Jugend an HJ-Veranstaltungen in der Karwoche.[601] Rhein hielt es für unangebracht, dass sich die evangelische Jugend am höchsten evangelischen Feiertag an Geländefahrten beteiligte. Er bat deshalb den HJ-Landesführer Eugen Faber, Veranstaltungen der HJ, zu der auch Rheins Söhne gehörten, nicht am Gründonnerstag und Karfreitag abzuhalten. Das erwecke bei Ausländern und bei den anderen Kirchen einen schlechten Eindruck.[602] Faber signalisierte zwar sein Entgegenkommen, verwies aber auf Terminschwierigkeiten, die eine Verlegung unmöglich machten. Wenn sich auch kein Kompromiss mit der HJ ergab, so konnte sich Rhein doch in den evangelischen Gemeinden durchsetzen. Der größte Teil der evangelischen Jugend nahm nicht am HJ-Karfreitags-Lager teil.

4.3.5 Von Oertzen und der JV-Vorstand im Dritten Reich

Auch der im Grunde apolitische, pietistische Lutheraner von Oertzen begrüßte Hitlers Machtübernahme aus nationalen Motiven. Er berichtete, dass das Jahr 1933 den

---

[599] Vgl. Schwarz' Brief an das Außenhandelsamt der A.O. vom 11.12.1935 über das Gespräch mit Rhein am 7.12.1935, ISA R.G. 90/821/J 76/9, in dem es heißt, dass Schwarz sich gegenüber Rhein jede öffentliche Kritik am Deutschen Reich verbeten hätte.

[600] Vgl. Schwarz' Brief an die A.O. vom 19.12.1935, ISA R.G. 90/821/J 76/9.

[601] Vgl. den Briefwechsel zwischen Rhein und HJ-Führer Faber vom 5.3. und 14.3.1935, ISA R.G. 90/J 76/12 I. Rhein reichte am 3.5.1935 eine Abschrift seines Briefwechsels mit dem Landesführer der HJ in Palästina, Eugen Faber, einem Templer, an das Kirchliche Außenamt „zur Kenntnisnahme" weiter, EZA 5/3123. Zu Faber und der HJ vgl. auch P. Sauer, *Uns rief das Heilige Land*, 236 und 247.

[602] Vgl. EZA 5/3123. Rhein plädierte wohl auch deshalb für eine Verlegung, weil er „auch rein persönlich" seinen Söhnen, die „mit so großer Begeisterung in der hiesigen H.J." seien, die Beteiligung an dem „den Kameradschaftssinn stärkenden Zusammensein in einem Jugendlager" gönne, aber eine Teilnahme in der Karwoche nicht erlaubte. Der Brief schloss mit den Worten „Mit den besten Wünschen für Ihre schöne verantwortliche Arbeit an der deutschen Jugend Palästinas und mit Heil Hitler!"

Auslandsdeutschen in Haifa „eine neue Freude am Vaterland vermittelt" habe.[603] Die NS-Organisationen versuchten die Anteilnahme an den Entwicklungen in der Heimat zu stärken.[604] In Haifa führte die Partei durch „allerlei nationale Veranstaltungen" die Jugend der beiden evangelischen Konfessionsgruppen zusammen und bewahrte sie so „vor unerfreulichem Verkehr in jüdischen Gaststätten und Kinos".[605]

1934 organisierten Kirchler und Templer erstmals seit dem Ende des Ersten Weltkrieges wieder gemeinsame Veranstaltungen – wie die Gedenkfeier zum Tode Hindenburgs oder die Trauerfeier am Kriegerdenkmal in Haifa. Bis 1934 gab es auch noch keine Spannungen zwischen der kirchlichen Jugendarbeit und der HJ. 1935 intensivierte die Saarabstimmung das Nationalgefühl weiter. In Haifa versammelten sich die Mitglieder beider Gemeinden gemeinsam zur Feier des 1. Mai, zum *Heldengedenktag* und am 30.6.1935 zur feierlichen Einweihung der deutschen Kriegsgräberstätte in Nazareth. 1936/37 zeigte sich von Oertzen begeistert, dass die Gemeinde sich stark für das Winterhilfswerk einsetzte und „unsere Auslandsdeutschen [...] fast ausschließlich voll Liebe und Freude für das neue Reich" sind.[606]

Die Reaktion auf den Aufstieg des Nationalsozialismus verband sich bei den Palästinadeutschen gerade in der sich schnell zu einer wachsenden Industriehafenstadt entwickelnden Regionalmetropole Haifa mit einer gewissen Skepsis gegenüber den ökonomischen und gesellschaftlichen Expansionsbestrebungen der zionistischen Einwanderer. Mentalitätsgeschichtlich auffällig ist, wie schwer sich die Protestanten mit den Verstädterungstendenzen in Haifa taten. Ihrer Abstammung nach kamen Templer und Kirchler aus dem agrarischen Württemberg und hatten das beschauliche Leben in Haifa genossen. Für sie war das „Großstadtwerden unseres Haifas [...], das Einströmen modernen Weltlebens, Radio, Grammophon, Sport, Tanz, Kino etc." Faszination und Gefährdung zugleich.[607] Von Oertzen und seine Gemeinde entwickelten deshalb quasi-romantische, ländliche Rückzugsphantasien. So erschien die Gründung einer neuen evangelisch geprägten, landwirtschaftlichen Kolonie in Akko ein Schritt, um „unsere Jugend aus dem sich immer mehr in Haifa zeigenden Großstadtleben heraus, in feste Arbeit auf Neuland zu bringen."[608]

Den assimilatorischen Gefährdungen der Großstadt wirkte die Gründung einer NS-Ortsgruppe aus Sicht der Protestanten durchaus entgegen. Dennoch fiel es von Oertzen schwer, sich mit der NSDAP zu identifizieren. Die Landesgruppe Palästina war „durchaus templerisch" organisiert, so dass sich der Tempel folglich „als *die* nationale Gruppe der Deutschen hier ansieht" und sich durch die Verbindung mit der NSDAP gesellschaftlich aufgewertet fühlte.[609] Da es von Oertzen „in diesem englisch-jüdischen Gastland" um „die Betonung und Pflege des Volksdeutschtums", nicht aber um den Aufbau einer Parteiorganisation ging, gewann er nie größere Zu-

---

[603] Vgl. von Oertzen „Ergänzungsbericht zum tabellarischen Jahresbericht 1933", EZA 5/2024

[604] Ebd.

[605] So von Oertzens „Ergänzungsbericht zum tabellarischen Jahresbericht 1937", JVA B 557.

[606] Vgl. von Oertzens „Begleitbericht zum tabellarischen Jahresbericht 1936/37", JVA B 557.

[607] Vgl. den ausdrücklich nicht für den Druck bestimmten Bericht von Oertzens „Die Äusseren (sic!) Lebensbedingungen unserer Gemeindeglieder" aus dem Herbst 1933, JVA B 556.

[608] Ebd.

[609] Ebd. (Hervorhebung im Text).

neigungen für die NSDAP.[610] In der Haltung des langjährigen Orientpfarrers spiegelten sich der alte Gegensatz von Tempel und Kirche sowie patriotische Überlegungen, die höchst ambivalent zwischen nationalem Einheitsdenken und einer im deutschen Protestantismus tief verankerten Anti-Parteienmentalität oszillierten.[611]

Der Kirchenkampf in Deutschland spielte dagegen in der kirchlichen Arbeit im Heiligen Land praktisch keine Rolle. 1934 beschloss die Orientpfarrerkonferenz, die Gemeinden in Palästina mit Rücksicht auf die politisch schwierige Diasporasituation so lange wie möglich aus den „heimatlichen Kirchenkämpfen" herauszuhalten.[612] Diese Strategie bewährte sich.

1938 schrieb von Oertzen, dass die „unchristlichen und antichristlichen Strömungen von daheim" unter den Templern, nicht aber unter seinen Gemeindegliedern Anhänger gefunden hätten. Nach von Oertzens Beobachtungen bot der Abstand der Kirche vom Tempel auch in politischer Hinsicht „einen gewissen Schutz".[613]

Der JV-Vorstand in Deutschland versuchte im Dritten Reich – wie F. Foerster urteilt – „eine neutrale oder zumindest abwartende Haltung einzunehmen."[614] Der JV scheute den Bruch mit der Reichskirche, hatte in seinen Zweigvereinen engagierte DC-Mitglieder, erhielt aber auch Spenden aus den intakten Landeskirchen.[615] Wegen dieser etwas uneindeutigen Haltung kam es allerdings zu Spannungen. Eitel-Friedrich von Rabenau, JV-Vorstandsmitglied und Pfarrer der *Apostel-Paulus-Gemeinde* in Schöneberg, trat von seinem Amt zurück. Er war einer der führenden Köpfe der Bekennenden Kirche in Berlin und wurde am 7. März 1934 auf der Dahlemer Synode in den Bruderrat der Bekennenden Kirche gewählt.[616] Er setzte sich vergeblich für eine deutlichere Positionierung des JV zugunsten der BK ein.[617] Gleichwohl war der JV auch nicht gegen die Bekennende Kirche eingestellt, sondern berief mit Felix Moderow und Christian Berg in den 1930er Jahre zwei BK-Geistliche für die Gemeinden in Jaffa und Haifa.

---

[610] So von Oertzens „Ergänzungsbericht zum tabellarischen Jahresbericht 1937", JVA B 557. Im April 1938 bildete sich eine NS-Frauenschaft in Haifa, der die Mitglieder des Frauenvereins der Tempelgesellschaft geschlossen beitraten.

[611] Vgl. M. Klein, *Westdeutscher Protestantismus und politische Parteien. Anti-Parteien-Mentalität und parteipolitisches Engagement von 1945 bis 1963*, Tübingen 2005, bes. 21–44.

[612] Vgl. den Brief von Oertzens an Ulich vom 27.4.1934, JVA B 557.

[613] Vgl. von Oertzens Jahresbericht über die Gemeinde Jaffa für 1938, JVA B 536.

[614] So F. Foerster, *Mission im Heiligen Land*, 172.

[615] Vgl. G. Nierenz, *Arbeitsfeld Palästina*, 90.

[616] Vgl. zu von Rabenaus Rolle im Kirchenkampf etwa M. Gailus, *Protestantismus und Nationalsozialismus. Studien zur nationalsozialistischen Durchdringung des protestantischen Sozialmilieus in Berlin*, Köln 2001, 229–234; 285–287; 553–568.

[617] Vgl. z.B. die 19seitige Flugschrift E. Leinemeyer/E.-F. von Rabenau, *Warum Bekennende Kirche heute?*, Wuppertal 1936 und E.-F. von Rabenau, *Gemeinde im Werden. Geschichte der Apostel Paulus-Gemeinde von 1923–1948*, Berlin 1954, bes. 42 ff. Zu von Rabenaus Rolle im Kirchenkampf vgl. K. Scholder, *Die Kirchen und das Dritte Reich* 2, 97; P.-H. Grunow (Hg.), *Bewahren und Bewähren. Gedenkheft für Dr. Eitel-Friedrich von Rabenau*, Berlin 1960, 27 ff.; O. Kühl-Freudenstein/P. Noss/C.P. Wagner (Hgg.), *Kirchenkampf in Berlin 1932–1945. 42 Stadtgeschichten*, Berlin 1999, bes. 275–284; E. Schuppau (Hg.), *Wider jede Verfälschung des Evangeliums. Gemeinden in Berlin-Brandenburg 1933–1945*, Berlin 1998, 176, 234, 325, 355,358.

4.3.6 Felix Moderow und Christian Berg

Am 8. Oktober 1934 äußerte der sein Leben lang kränkliche von Oertzen den Wunsch, der JV-Vorstand möge ihm wegen seiner angeschlagenen Gesundheit einen Vikar oder Hilfsprediger zur Seite stellen. In Absprache mit dem Gemeindekirchenrat müsse jedoch der Kandidat verschiedene Kriterien erfüllen:[618] Die Gemeinde nehme „selbstverständlich an, dass so ein junger Mann Nationalsozialist, wohl auch vielleicht aus der S.A. ist". Er dürfe allerdings das nationalsozialistische Gedankengut nicht „mit Gewalt" in die Gemeinde einführen wollen. Es müsse aber sichergestellt werden, dass der Kandidat „kein rabiater Antisemit" sei – das wäre für den Bestand der deutschen Gemeinden in Palästina untragbar. Schließlich dürfe der Hilfsprediger den Kirchenkampf nicht in die Diasporagemeinden hineintragen, weshalb ein Deutscher Christ unerwünscht sei. Damit lag von Oertzen auf einer Linie mit dem JV-Schriftführer Pastor Max Ulich[619], der die „gehaltlose ‚Theologie'" der DC ablehnte und das „brutale Vorgehen" der Nazis gegen die Kirche kritisierte. Für den antikommunistischen Ulich war damit nämlich die „herrliche nationale Bewegung", die Deutschland vor dem Bolschewismus gerettet habe, befleckt.[620]

Von Oertzen hatte bereits einen Kandidaten im Visier: Er schlug dem Vorstand den Sohn seines Vorgängers, den pommerschen Vikar Felix Moderow vor, der in Greifswald Assistent Dalmans gewesen war. Er war 1934 der Bekennenden Kirche beigetreten und geriet ins Visier der Sicherheitsbehörden, als er sich an einem Flugblatt Greifswalder Theologie-Professoren gegen den Stettiner Provinzialbischof Karl Thom beteiligte, die eine klare Distanzierung des Bischofs von den DC gefordert hatten.[621] Von Oertzens Wunschkandidat wurde trotz einiger Bedenken des JV-Vorsitzenden von Meyeren nominiert. Der Berliner E.O.K., das Stettiner Konsistorium und der pommersche Bruderrat verständigten sich darauf, Moderow ins Auslandsvikariat zu entsenden.[622] Statt eines flammenden Nationalsozialisten, er-

[618] Vgl. den Brief von Oertzens an den JV-Vorstand vom 8.10.1934, JVA B 239.

[619] Ulich war auch Vorstandsmitglied der 1822 gegründeten *Gesellschaft zur Beförderung des Christentums unter den Juden* in Berlin. Da die Bekehrung der Juden mit der NS-Rassenideologie kollidierte, forderten die Behörden 1936 die (Selbst-)Auflösung der Gesellschaft, die sich jedoch lange weigerte und diesen Schritt erst 1941 vollzog. Auffallend ist, dass im Vorstand der Judenmission keine NSDAP-Mitglieder, wohl aber zahlreiche Anhänger der *Bekennenden Kirche* saßen. Vgl. BArchBerlin R 5101/23109. Vgl. J.-Chr. Kaiser, „Evangelische Judenmission im Dritten Reich", in: ders./M.Greschat (Hgg.), *Der Holocaust und die Protestanten. Analysen einer Verstrickung*, Frankfurt/Main, 186–215 und G. Besier, *Die Kirchen und das Dritte Reich. Spaltungen und Abwehrkämpfe 1934–1937*, 828 f.

[620] Vgl. Ulichs Brief an von Oertzen vom 27.7.1933, JVA B 556.

[621] Vgl. zum pommerschen Kirchenkampf K. Meier, *Die Deutschen Christen*, 81 und 194 f. sowie ders., *Der evangelische Kirchenkampf* 1, 293–297, hier: 296 f. Vgl. BArchBerlin Z B I 1611, 235. Die Auflage des Flugblattes betrug amtlichen Angaben zufolge 600 Exemplare. Das auf den 28.11.1933 datierte Flugblatt wurde unterzeichnet von F. Baumgärtel, K. Deißner, E. Freiherr von der Goltz, H. Greeven, R. Herrmann, J. Jeremias, D. von Schultze. Am 9.1.1934 ging diese Gruppe erneut an die Öffentlichkeit und protestierte gegen den sogenannten *Maulkorberlass* Müllers. Die Greifswalder Erklärung wurde an alle Evangelischen Theologischen Fakultäten im Reich verschickt und von zahlreichen Theologen unterzeichnet.

[622] Vgl. Ulich an Moderow vom 26.11.1934; Moderow an Ulich vom 2.12.1934, von Meyeren an Moderow vom 6.12.1934, JVA B 238.

hielten die JV-Gemeinden in Jaffa und Haifa also einen engagierten Anhänger der BK.

Nicht weniger delikat als die Berufung Moderows, der von 1935 bis 1937 blieb, gestaltete sich die Wiederbesetzung des Pfarramtes in Haifa nach von Oertzens Pension 1937. Ebenfalls auf Vorschlag von Oertzens übernahm Christian Berg[623], der spätere Generalsekretär des Hilfswerkes der EKD und Direktor der Gossner Mission, die Gemeinde in Haifa. Berg kam wie sein Vorgänger aus Mecklenburg und war wie er pietistisch geprägt, so dass die Gemeinde ein frömmigkeitstheologisches Kontinuum erwarten durfte. Auch Berg war ein entschiedener BK-Vertreter, repräsentierte die mecklenburgische Landeskirche bei der Barmener und der Dahlemer Bekenntnissynode und wurde im *Schweriner Prozess* zusammen mit sechs anderen Pfarrern wegen regimekritischer Äußerung verurteilt.[624] Bergs kirchenpolitische Ausrichtung wurde im Kirchlichen Außenamt (K.A.), auf dessen Rolle gleich einzugehen sein wird, kritisch beurteilt. Der um Einvernehmen bemühte JV-Vorstand sah im Sommer 1936 zunächst von einer Bewerbung Bergs ab. Auf Drängen von Oertzens wählte der JV-Vorstand dennoch – unter 28 Kandidaten – Berg zum Pfarrer.[625] Heckel fand die Wahl unglücklich und schrieb in einem Vermerk, dass das K.A. dem JV-Vorstand „mehrfach auf die gegenwärtig bestehenden außerordentlichen kirchenpolitischen Schwierigkeiten" in Mecklenburg aufmerksam gemacht habe.[626] Heckel besaß in diesem Fall aber nur geringen Handlungsspielraum. Das Diasporagesetz

---

[623] Christian Berg wurde am 30.3.1908 im mecklenburgischen Wesenberg geboren. Mit 10 Geschwistern wuchs er in einem sozial-pietistischen Elternhaus in Neustrelitz auf. Der Vater war Rechtsanwalt, Laienevangelist und jahrelang in der Wichernvereinigung tätig. Nach dem Abitur 1926 studierte er Theologie in Tübingen, Wien, Erlangen, Marburg und Rostock und engagierte sich in der *Deutschen Christlichen Studenten Vereinigung*. Noch vor dem I. Theologischen Examen 1931 ging er von 1929/1930 und nochmals 1932/33 als Erzieher und Lehrer für Religion und Hebräisch ans Pädagogikum der Brüdergemeine in Nisky. Nach dem Predigerseminar in Schwerin, wo ihn Landesbischof D. Heinrich Rendtorff sehr prägte, legte er 1933 sein II. Examen ab. Nach Pfarrstellen in Boizenburg/Elbe und Basse und in Haifa (1937–1939), war er 1939–1945 Pfarrer in Kirchheim/Teck. Nach Kriegsende begann eine bemerkenswerte Karriere: Berg wurde schon 1945 stellvertretender, 1947 Generalsekretär des Hilfswerkes der EKD, 1949–1961 Leiter des Zentralbüros-Ost des Hilfswerkes in West-Berlin. Bis 1960 setzte er ein vielfältiges Unterstützungsprogramm für die evangelischen Kirchen in der DDR in Gang. Ab 1.4.1956 übernahm er in Personalunion auch die kommissarische Leitung des Zentralbüros in Stuttgart und war zudem 1956/57 Mitglied des Hilfswerk-Ausschusses und des Diakonischen Beirats der EKD. Als 1957 Hilfswerk und Innere Mission zum Diakonischen Werk zusammengefasst wurden, wurde er in der neuen Organisation Direktor der Ökumenischen Abteilung und gehörte 1959 zu den Mitinitiatoren der Aktion *Brot für die Welt*. Von 1962 bis zu seiner Pensionierung im Jahre 1971 war er Direktor der Gossner Mission in Berlin. Außerdem war er einige Jahrzehnte lang Berater des Ökumenischen Rates der Kirchen und Kurator der Kirchlichen Hochschule Berlin. 1956 verlieh ihm die Universität Zürich die theologische Ehrendoktorwürde. Berg starb am 5.5.1990 in Berlin. Vgl. den Artikel „Abschied von einem Pionier. Zum Tod von Kirchenrat Dr. Christian Berg", in: *Diakonie* 16 (1990), 236.

[624] Zum Schweriner Prozess vgl. K. Meier, *Der evangelische Kirchenkampf* 1, 347 f.; K. Scholder, *Die Kirchen und das Dritte Reich* 2, 217 f.; N. Beste, „Der Schweriner Prozeß im Juni 1934", in: *Kirche - Theologie - Frömmigkeit*. FS G. Holtz, Berlin 1965, 32 ff. und ders., *Der Kirchenkampf in Mecklenburg von 1933 bis 1945. Geschichte, Dokumente, Erinnerungen*, Göttingen 1975, 83–87.

[625] Vgl. JVA B 2310.

[626] Vgl. Heckels Vermerk vom 4.2.1937, EZA 5/2025.

von 1924 gestattete den Diasporavereinen und Gemeinden die freie Wahl des Pfarrers. Die Deutsche Evangelische Kirche (D.E.K.) beziehungsweise das ihr zugeordnete K.A. mussten diese Wahl auf Antrag bestätigen und den gewählten Auslandspfarrer in die Versorgungskasse der D.E.K. aufnehmen, so dass im Fall Berg der JV, das K.A., die bisherige Landeskirche beziehungsweise der mecklenburgische Bruderrat der Berufung zustimmen mussten, was nach einigem Gezerre schließlich auch gelang. Allerdings wirkte sich die angespannte Lage auch auf Palästina aus. Propst Rhein sah sich wegen der „ungünstigen Rückwirkungen" auf deutsche und nichtdeutsche Kirchenkreise (konkret waren wohl die Anglikaner gemeint) nicht in der Lage, Berg in sein Amt einzuführen. Eine Lösung war schnell gefunden: Rhein übernahm den agendarisch-formal-kirchenrechtlichen, von Oertzen aber den pastoralen und persönlichen Teil.[627] In ihrer Amtsführung hielten sich Moderow und Berg politisch zurück, verwehrten sich aber gegen die Gleichschaltungsversuche der NSDAP-Landesgruppe.

4.3.7 Der Anti-Rosenberg-Artikel des Oberlehrers Leonhard Bauer

Letztlich verliefen die religionspolitischen Entwicklungen in der protestantischen Diaspora Palästinas ähnlich zu denen im Deutschen Reich. Nach der anfänglichen Begeisterung für die ‚nationale Bewegung' offenbarte der Kirchenkampf schnell den anti-christlichen Charakter des Nationalsozialismus. Viele Protestanten, die mit den politischen Zielen Hitlers übereinstimmten, sahen eine Grenze gezogen, wenn es um Eingriffe in das kirchliche Leben und das Bekenntnis ging. Dafür steht beispielhaft ein Artikel des Oberlehrers am Seminar des Syrischen Waisenhauses, Leonhard Bauer. Er publizierte im *EGP* 2/1938 unter dem Titel „Ein Stein des Anstoßes" eine scharfzüngige Auseinandersetzung mit Alfred Rosenbergs ideologisch-religiösen Schriften und polemisierte gegen dessen militante Ablehnung des Alten Testaments und seinem daraus abgeleiteten Antisemitismus.[628]

Allerdings bekämpfte Bauer Rosenbergs Antisemitismus mit partiell antisemitischen und partiell biblisch-offenbarungstheologischen Argumenten: „Wir wurden in den Jahren 1919–1933 gewiß nicht deswegen verjudet, weil die damaligen sozialistischen Machthaber viel in das AT geguckt haben, sondern weil sie vom internationalen Judentum infiziert waren. [...] Man kann das AT in Ehren halten, ohne ‚geistig zum Juden zu werden' [...], und daneben sogar ein guter Nationalsozialist sein, der für den Führer des Vaterlandes betet."[629] Bauer vertrat sogar die Ansicht, dass man sehr wohl das AT lesen und sich gleichzeitig „die Juden vom Leibe halten" könne, weil aus dem AT die Antipathie verständlich werde, die „in fast allen Völkern" gegenüber dem Judentum bestünde. Mit einer offenbarungstheologischen Begründung lehnte er dennoch die Forderung ab, das AT als *Judenbuch* abzuschaffen.

---

[627] Vgl. den Briefwechsel zwischen Rhein und Heckel vom 6.3.1937 und vom 22.3.1937, EZA 5/2025.
[628] Zu Rosenbergs religiösen Überzeugungen vgl. C-E. Bärsch, *Die politische Religion des Nationalsozialismus*, Kapitel B. III.2. „‚Mythus' als ‚Mystik'. Alfred Rosenbergs ‚Wertung der seelischgeistigen Gestaltenkämpfe'",192–266.
[629] Vgl. L. Bauer, „Ein Stein des Anstoßes", in: *EGP* Nr. 2/1938, 22.

Auch das AT gehöre zur „Offenbarung des überweltlichen Gottes für alle Völker. Wer darum das AT aus Rassenwertung heraus verwirft, lehnt Gott selbst und Jesus ab."[630]

Die polemisch-politische Pointe des Bauer'schen Aufsatzes lag jedoch in der Parallelisierung von einigen alttestamentlichen Ereignissen und rechtlich-ideologischen Maßnahmen der Nazis. Die „alten Juden" sah er in mancherlei Hinsicht als Vorgänger der Nazis: Die Wiedereinführung der Todesstrafe erinnerte Bauer an Genesis 9,6 und Numeri 24,17. Den Röhm-Putsch verglich er mit 2. Samuel 1, als David den Überbringer der Krone des im Krieg gefallenen Königs Saul töten ließ. Dass in Deutschland die Rassen rein erhalten würden, hätte sein Vorbild im alttestamentlichen Mischehenverbot. Im Reichserbhofgesetz würde wie schon im germanischen *Odalrecht* und in 1. Könige 21,3 beziehungsweise Leviticus Mose 25,10 das Bauerntum als „Blutsquelle des Volkes" geschützt. Stammbaumstudien seien im Judentum von Beginn seiner Geschichte an erstellt worden. Das seit der Machtergreifung auf dem Bückeberg gefeierte Erntedankfest ähnelte dem israelitischen Jahresfest in Silo, bei dem Gott ebenfalls für die Gaben des Feldes gedankt worden wäre (Richter 21,19). In seinem Fazit bezweifelte Bauer allerdings die Zukunftsfähigkeit und Verlässlichkeit einer völkisch-rassischen Theologie: „Es bedarf fürwahr nicht viel Sehergabe, um prophezeien zu können, dass diejenigen, die heute das AT oder die ganze Bibel verwerfen, um ‚Ausschau zu halten nach göttlichen Offenbarungen innerhalb ihres Volkes', vielleicht schon nach 50 Jahren auch diese Offenbarungen über Bord werfen werden."[631]

Diese teils offenbarungstheologische, teils systemimmanent antisemitische Argumentation stieß bei den ideologischen Nationalsozialisten auf heftigen Widerspruch. Für Schwarz war dieser Artikel eine weltanschauliche Provokation. Interessanterweise beschwerte sich Schwarz aber nicht direkt bei Rhein, sondern ging den Weg über die A.O., die sich daraufhin an das Kirchliche Außenamt wandte. Auch das Reichskirchenministerium war über den „Stein des Anstoßes" informiert und wandte sich ebenfalls an das K.A. Dort sollte auf Rhein eingewirkt werden, damit derartige Veröffentlichungen zukünftig unterblieben.[632] Der Oberkirchenrat Friedrich-Wilhelm Krummacher und Auslandsbischof Heckel, die anscheinend bereits vor der Kritik der A.O. über den Artikel in Kenntnis gesetzt worden waren, konnten die Angelegenheit schnell bereinigen. Sie missbilligten gegenüber den offiziellen Stellen die Veröffentlichung und kündigten an, Rhein anzuweisen, dafür zu sorgen, dass es zu keiner Wiederholung „derartiger Vorkommnisse" käme.[633] Allerdings musste

---

[630] Ebd., 23.

[631] Ebd., 25.

[632] Vgl. den Vermerk vom 24.2.1938 über den telefonischen Protest der A.O und das Schreiben des Reichskirchenministeriums an das K.A. vom 11.3.1938 sowie die Antwort des K.A. vom 23.3.1938, EZA 5/3123.

[633] Vgl. den Vermerk Krummachers vom 8.3.1938, EZA 5/3123. Friedrich Wilhelm Krummacher (1901–1974) war 1934–1939 theologischer Oberkirchenrat im K.A., wurde dann 1939 als Divisionspfarrer an die Ostfront versetzt, geriet 1943 in sowjetische Gefangenschaft, wo er sich dem „Nationalkomitee Freies Deutschland" anschloss. Ab 1955 wirkte er als pommerscher Landesbischof in Greifswald, oszillierte in der DDR zwischen Sympathie und Antipathie zum SED-Staat.

sich der Propst eine deutliche Kritik durch Heckel gefallen lassen. Der Auslandsbischof war der Meinung, der Artikel hätte besser nicht gedruckt werden sollen.
Diese Art der Auseinandersetzung, besonders der biblisch-politische Vergleich des
Schlussteils, sei weder „in der Art noch im Gehalt [...] von unserer evangelischen
Auffassung zu rechtfertigen."[634] Insgesamt führte das Kirchliche Außenamt die Gemeinden in Palästina an einer relativ langen Leine und schützte sie gegen Angriffe
von Partei- und Staatsstellen.

4.4 Auswärtige Kulturpolitik und Kirche

Die auswärtige Kulturpolitik gehört zu den relativ jungen Instrumenten der internationalen Politik. Sie entwickelte sich erst in der zweiten Hälfte des 19. Jahrhunderts
und wurde zunächst von Frankreich, später auch vom Deutschen Reich betrieben.[635]
Dabei ging es, wie Rüdiger vom Bruch urteilt, um einen „Beitrag des deutschen Bildungsbürgertums für eine kulturpolitische Absicherung und Befestigung deutscher
Außenpolitik im Zeitalter des Imperialismus."[636] Auswärtige Kulturpolitik wurde
zur flankierenden Maßnahme deutscher Wirtschaftsinteressen im Ausland.

Nach Kurt Düwell existierten verschiedene fünf Typen auswärtiger Kulturpolitik,[637] von denen im Kontext dieser Arbeit allerdings nur die Kategorie *Kulturpropaganda* interessant ist. Dabei wurden kulturelle Errungenschaften gezielt für die
nationale Machtexpansion beziehungsweise die Beeinflussung anderer Nationen eingesetzt. In der Endphase des Kaiserreichs dominierte diese Form der auswärtigen
Kulturpolitik. Allerdings wurde der Begriff *Propaganda* nicht im Sinne der aggressiven Indoktrinationspolitik Joseph Goebbels verwandt, sondern war vielmehr der
gängige Ausdruck für Werbetätigkeit.[638]

In der Weimarer Republik wurde dann die auswärtige Kulturpolitik als Instrument zur Revision des Versailler Vertrags eingesetzt.[639] Nach 1918 modifizierte das
Auswärtige Amt den Begriff *Kulturpropaganda*. Es ging nun nicht mehr um Machtexpansion, sondern um die Zurückeroberung verlorenen außenpolitischen Einflusses. Christina Tichy hat darauf hingewiesen, dass die Umgestaltung der kirchlichen

Vgl. A. Mäkinen, *Der Mann der Einheit. Bischof Friedrich-Wilhelm Krummacher als kirchliche
Persönlichkeit in der DDR in den Jahren 1955–1969*, Greifswald 2002.
[634] Vgl. das Schreiben Heckels an Rhein vom 25.2.1938, EZA 5/3123.
[635] Vgl. R. vom Bruch, *Weltpolitik als Kulturmission: Auswärtige Kulturpolitik und Bildungsbürgertum in Deutschland am Vorabend des Ersten Weltkrieges*, Paderborn - München - Wien - Zürich
1982, 6 und K. Düwell, *Deutschlands auswärtige Kulturpolitik 1918–1932. Grundlinien und Dokumente*, Köln – Wien 1976, IXf. und 14–22.
[636] R. vom Bruch, *Weltpolitik als Kulturmission*, 6 sowie 40, 47.
[637] Vgl. K. Düwell, *Deutschlands auswärtige Kulturpolitik*, 36 f. Düwell unterscheidet Kulturausstrah-
lung, kulturelle Selbstinterpretation, kulturelle Expansion, Kulturpropaganda Kulturimperialismus.
[638] Vgl. den Art. „Propaganda" in: *Brockhaus. Handbuch des Wissens in vier Bänden*, Dritter Band
L-R, 6., gänzlich umgearbeitete und wesentlich vermehrte Auflage von *Brockhaus' Kleinem
Konversations-Lexikon*, Leipzig 1924, 622 f., der sich eng an die lateinische Bedeutung von *propa-
gare* anlehnt.
[639] Zur auswärtigen Kulturpolitik der Weimarer Republik vgl. K. Düwell, *Deutschlands auswärtige
Kulturpolitik*, bes. 104–213 und H. Werner, *Deutsche Schulen im Ausland*, 38–44. hier: 38.

Auslandsarbeit mit der konzeptionellen Neugestaltung der auswärtigen Kulturpolitik des Deutschen Reiches nach 1918 parallel lief.[640] Mit der Bildung einer eigenen Kulturabteilung im Auswärtigen Amt sollte durch eine Darstellung und Verbreitung der deutschen Kulturleistungen, mit Wissenschaftler- und Studentenaustausch und vor allem durch deutsche Schulen, Krankenhäuser und die Kirchen das Image des Deutschen Reiches im Ausland verbessert werden. Adressat der auswärtigen Kulturpolitik waren aber nicht mehr allein andere Nationen, sondern auch die Auslandsdeutschen, die fester an die Heimat gebunden werden sollten. Sie wurden nämlich nach dem verlorenen Ersten Weltkrieg zu einem Gegenstand intensiver Diskussionen in der deutschen Öffentlichkeit und zu einem festen Bestandteil der auswärtigen Kulturpolitik, an der sich auch die evangelische Kirche aktiv beteiligte. Zur zentralen Problematik des Auslandsdeutschtums entwickelte sich die Frage der Aufgabe oder der Bewahrung der ethnisch-kulturellen sowie vor allem der nationalen Identität im Ausland. Das in einer umfangreichen Publizistik dokumentierte Interesse am Schicksal der Auslandsdeutschen war deswegen brisant, weil diese als Inbegriff des seit dem Versailler Vertrag in einer feindlichen Umgebung um Anerkennung ringenden deutschen Volkes galten.[641]

Der national gesinnte deutsche Protestantismus sah sich berufen, einen gewichtigen Beitrag zur kulturell-konfessionellen Identitätsstiftung unter *deutsch-evangelischen* Vorzeichen in der Diaspora, den durch den Versailler Vertrag verlorenen Irridenta-Gebieten und unter den Auslandsdeutschen zu leisten, was in der Weimarer Republik und in der Anfangszeit des Dritten Reiches von staatlicher Seite dankbar entgegengenommen wurde. Neben den Schulen waren die Kirchen die wichtigsten Orte der Pflege des Deutschtums im Ausland. Die Unterstützung der Deutschen, die in ihren Gemeinden Glaube und Nationalgefühl verbanden, entsprach den Interessen von Staat und Kirche.

Die kulturpolitischen Veränderungen wurden auch institutionell deutlich: Im Rahmen der Umstrukturierungsmaßnahmen des AA – vom sogenannten Real- hin zum Regionalsystem – entstand 1921 eine eigene Abteilung mit dem offiziellen Namen *Deutschtum im Ausland und kulturelle Angelegenheiten*, die 1926 aber nochmals umstrukturiert wurde.[642]

Im Dritten Reich änderte sich die Ausrichtung der auswärtigen Kulturpolitik. Ab 1936 wurde die Kulturpolitische Abteilung zusammen mit der Informationsabteilung des AA in die volkstumspolitische Arbeit der Nazis eingespannt. Die Auslandsdeutschen sollten verstärkt für das Dritte Reich werben, aber auch propagandistisch

---

[640] Vgl. Chr. Tichy, *Deutsche evangelische Auslandsgemeinden in Frankreich 1918–1944*, Stuttgart – Berlin – Köln, 13–21. Vgl. auch K. Düwell, *Deutschlands auswärtige Kulturpolitik*, bes. 80 ff.

[641] Vgl. R. Löffler, „Protestantismus und Auslandsdeutschtum in der Weimarer Republik und dem Dritten Reich", 289–335 und B. Wellnitz, *Deutsche evangelische Gemeinden im Ausland. Ihre Entstehungsgeschichte und die Entwicklung ihrer Rechtsbeziehungen zur Evangelischen Kirche in Deutschland*, Tübingen 2003, 57–175.

[642] Vgl. z.B. H.–J. Döscher, *Das Auswärtige Amt im Dritten Reich*, 24. Das AA bestand zwischen 1921 und 1935 aus sechs Abteilungen (I. Personalien und Verwaltung; II. Westeuropa, Südostasien; III. England, Amerika, Orient; IV. Osteuropa, Skandinavien, Ostasien; V. Recht; VI. Kultur) sowie zwei Referaten (Deutschland und Völkerbund), dem Protokoll und dem Sonderreferat E (Etikette).

verwendbares Material, zuweilen auch militärische Nachrichten und ausländische Medienberichte sammeln. Diese Tendenz lässt sich in dem unten zu beschreibenden Konflikt über die Zusammenlegung der beiden deutschen Schulen in Jerusalem ablesen.

Eine andere Wurzel der auswärtigen Kulturpolitik war die staatliche Förderung der deutschen Auslandsschulen. 1878 beschloss die Reichsregierung, einen Schulfonds zur Unterstützung der Auslandsschulen einzurichten. Mit der Neueinrichtung eines Schulreferats im AA 1906 gelang der erste Schritt zu einer Professionalisierung der auswärtigen Kulturpolitik. Zwischen 1906 und 1914 entsandte das Reich insgesamt 700 deutsche Lehrer.[643] Die Jahrzehnte zwischen der Reichsgründung und dem Ersten Weltkrieg förderten auch die Öffnung deutscher Auslandsschulen für nicht-deutsche Schüler. Die Reichsregierung hatte erkannt, dass Schulen ein Mittel waren, um ausländische Schüler mit deutschen Bildungsidealen vertraut zu machen und damit langfristig an die deutsche Kultur zu binden. So entstanden ab 1906 Propagandaschulen für Ausländer.[644] Der Ausgang des Ersten Weltkrieges brachte einen schweren Rückschlag, weil die meisten deutschen Auslandsschulen geschlossen wurden.[645]

4.4.1 Die Betreuung der Auslandsgemeinden durch den Berliner E.O.K.

Die kirchenoffizielle Betreuung der deutschen evangelischen Auslandsgemeinden in den Haupt- und Handelsstädten oblag vor dem Ersten Weltkrieg grundsätzlich dem preußischen Evangelischen Oberkirchenrat (E.O.K.) in Berlin. Die altpreußische Union war die größte Landeskirche und seit 1817 uniert, was sie als Partner für die häufig gemischt-konfessionellen Auslandsgemeinden attraktiv machte.[646] Allerdings gab es aufgrund konfessioneller Besonderheiten auch einige bi-laterale Verbindungen bestimmter Auslandsgemeinden etwa zu den lutherischen Landeskirchen in Hannover, Bayern und Sachsen.

Auch bei der Gründung des Deutschen Evangelischen Kirchenausschusses (D.E.K.A.) als Vertretungsorgan der landeskirchlichen Kirchenregierungen 1903 spielte – vor dem Hintergrund der sich entwickelnden deutschen Kolonien – die Be-

---

[643] Das Schulreferat übernahm die Verteilung der Fördergelder, die Entsendung der Lehrer, die Schulberatung und -aufsicht sowie die Betreuung der Auslandsdeutschen. Dem nun offiziell vom AA entsandten deutschen Auslandslehrer wuchs eine besondere Rolle zu, Deutschland und die deutsche Kultur pädagogisch und kulturell im Ausland zu vertreten. Die Entsendung ins Ausland wurde zu einer Auszeichnung. 1914 waren an den vom AA geförderten Einrichtungen insgesamt 2.600 Lehrer tätig, davon 2.000 deutsche und 600 nichtdeutsche Pädagogen.
[644] Vgl. H. Werner, *Deutsche Schulen im Ausland*, 36.
[645] Ebd., 37 f.
[646] Vgl. B. Wellnitz, *Deutsche evangelische Gemeinden im Ausland*, 60 ff. Die Art des Anschlusses an den E.O.K. kannte unterschiedliche Verbindlichkeitsgrade. Es gab recht freie Verhältnisse, bei denen es vor allem um die gegenseitige Wahrnehmung und Beratung ging. Ein förmliches Anschlussverfahren brachte die Anerkennung bzw. Bestätigung der Gemeindestatuten. Mit dem preußischen Anschlussgesetz vom 7. Mai 1900 bestand die Möglichkeit, das förmliche in ein rechtliches Verhältnis zu verwandeln, das gegenseitige Rechte und Pflichten und die finanzielle Absicherung der Auslandsgeistlichen umfasste.

treuung der Auslandsgemeinden eine Rolle. Nach seiner Gründung im Jahre 1922 übernahm der Deutsche Evangelische Kirchenbund (D.E.K.B.)[647] die Vertretung der gesamtkirchlichen Interessen im In- und Ausland.[648] Mit dem D.E.K.B. schlossen sich die selbständigen und unabhängigen Landeskirchen zusammen, ohne jedoch eine einheitliche Reichskirche zu bilden. Das Exekutivorgan des D.E.K.B. war der D.E.K.A., der damit einen Funktionswandel durchlief. Ihm gehörten 36 Mitglieder an, die je zur Hälfte vom Kirchenbundesamt und vom Kirchentag – quasi dem Parlament des D.E.K.B. entsandt wurden. Präsident des Kirchenbundes und Chef des auch für die Auslandsdiasporafürsorge zuständigen Kirchenbundesamtes wurde der Präsident des altpreußischen E.O.K.

Mit dem Diasporagesetz vom 17. Juni 1924 wurde den deutschen Auslandsgemeinden der Anschluss an den Kirchenbund ermöglicht.[649] Rund 90 Einzelgemeinden weltweit traten dem Kirchenbund bei. Außerdem schlossen sich Ende der 1920er Jahre die Evangelischen Kirchen A.B. und H.B. Österreichs und die Deutsche Evangelische Synode von Rio Grande do Sul in Brasilien mit ihren 150.000 Gliedern dem Kirchenbund an, was Zeitgenossen als ein Ereignis von „kirchengeschichtlicher Bedeutung" würdigten.[650] Ihr folgte die kleinere Synode von Santa Catarina, die sich seit 1932 „Deutsche Lutherische Kirche in Brasilien" nannte. Durch die Eingliederung in den Kirchenbund wurde die kirchliche Diasporaarbeit dank der Überwindung konfessioneller Partikularinteressen vereinheitlicht, quantitativ vergrößert und religionspolitisch aufgewertet.[651]

Die deutschen evangelischen Auslandsgemeinden ließen sich – wie die Juristin Britta Wellnitz dargelegt hat – in drei unterschiedliche Typen untergliedern:[652] Die größte Gruppe bildeten die *Fremdengemeinden*, in denen sich deutsche Protestan-

---

[647] Ebd., 100 ff.

[648] Für die „kirchliche Außenpolitik" der Weimarer Zeit vgl. J. R.C. Wright, *„Über den Parteien"*, 103–120; K. Nowak, *Evangelische Kirche und Weimarer Republik*, 53–63 und vor allem 108–125.

[649] Vgl. B. Wellnitz, *Deutsche evangelische Gemeinden im Ausland*, 102 ff. Das am 17. Juni 1924 in Bethel verabschiedete „Kirchenbundesgesetz betreffend den Anschluß deutscher evangelischer Kirchengemeinschaften, Gemeinden und Geistlichen außerhalb Deutschlands an den Kirchenbund" (Diasporagesetz oder Anschlußgesetz) trat am 1.1.1925 in Kraft und beruhte auf der Grundlage des § 2 Abs. 3 A. Nr. 1 e der Kirchenbundesverfassung. Als Ergänzung wurde zudem gemäß § 10 Abs. 2 des Diasporagesetzes die „Ruhestands- und Hinterbliebenen-Versorgungsordnung für Auslandsgeistliche" (RHVO) sowie in § 19 vorgesehenen Ausführungsvorschriften geschaffen.

[650] So formulierte dies während des Kirchentages in Nürnberg 1930 etwa F. Rendtorff, „Würdigung der Gegenwartslage und Zukunftsaufgaben der deutschen evangelischen Auslandsdiaspora", in: Deutsches Evangelisches Kirchenbundesamt (Hg.), *Deutsche Evangelische Auslands-Diaspora und Deutscher Evangelischer Kirchenbund. Sonderdruck aus den Tätigkeitsberichten des Deutschen Evangelischen Kirchenausschusses und den Verhandlungen der Deutschen Evangelischen Kirchentage von 1924, 1927 und 1930*, Berlin 1930, 42–45, hier: 43.

[651] Einige Auslandsgemeinden behielten aufgrund konfessioneller Präferenzen ihre alten Verbindungen bei. 1931 übertrug die Bayerische Landeskirche ihre Verantwortung für die „Evangelisch-Lutherische Synode von Santa Catarina, Paraná und anderen Staaten Brasiliens" (Gotteskastensynode) an den Kirchenbund. Die mit der Sächsischen Landeskirche verbundenen deutschen Gemeinden Chiles traten erst 1937 der DEK oder sogar erst nach 1945 der EKD bei. Die lutherische Synode Südafrikas und die deutschen Gemeinden Nordschleswigs verblieben bei der Hannoverschen Landeskirche.

[652] B. Wellnitz, *Deutsche evangelische Gemeinden im Ausland*, 24.

ten, die zumeist aus wirtschaftlichen Gründen ins Ausland gingen, in den Haupt-
und Handelsstädten der Welt zusammenschlossen. Durch die Massenauswanderung
– vor allem nach Südamerika – bildeten sich *Kolonistengemeinden*, in denen sich
die deutschen Migranten sammelten. Schließlich gründeten sich in den deutschen
Schutzgebieten in Übersee die *Kolonialgemeinden*, die ebenso wie die Kolonistengemeinden aus Bauern, Handwerkern, Kaufleuten, aber auch aus Kolonialbeamten,
Polizei und Militär bestanden und einen anderen rechtlichen Status besaßen als diese. Wellnitz weist allerdings daraufhin, dass die Übergänge zwischen diesen drei
Typen fließend waren und es zahlreiche Mischformen gab. Das trifft auch auf die
deutschen evangelischen Gemeinden in Palästina zu. So können die Gemeinden in
Haifa, Jaffa und Wilhelma als Abspaltungen von den Templer-Siedlungen zunächst
als Kolonistengemeinden gelten. In den folgenden Generationen arbeiteten nur noch
wenige „Kirchler" als Kolonisten, die Gemeinden wurden deshalb zunehmend zu
Fremdengemeinden. Das gilt auch für die Erlöserkirchengemeinde in Jerusalem, die
aus Vertretern der Kirche, der Diakonie, des konsularischen Dienstes, aber auch aus
Kaufleuten und Handwerkern bestand. Ein wesentlicher Unterschied zwischen den
Auslandsgemeinden und den deutschen Parochien lag nach Wellnitz darin, dass es
sich um vereinsmäßig organisierte „Freiwilligkeitsgemeinden" handelt, „denen als
Mitglied mit allen Rechten und Pflichten nur angehört, wer sich förmlich anschließt"
und Mitgliedsbeiträge entrichtet."[653]

Neben der kirchlichen Versorgung verstand sich die evangelische Auslandsarbeit als *Dienst am deutschen Volkstum* – eine Formulierung, die auch innerhalb der
Reichsgrenzen zum Leitmotiv des Protestantismus nach 1918 wurde.[654] Während
der Weimarer Republik sahen Kirchenführer wie Hermann Kapler die Auslandsgemeinden aber durchaus auch als Brückenbauer in ökumenischer und Völker ver-
ständigender Verantwortung.[655] Gleichwohl entwickelte sich im Ausland *deutsch-
evangelisch* zu einem kulturpolitischen Markenzeichen mit dem Anspruch, deutsches Kulturgut zu verbreiten, die Assimilation der Auslandsdeutschen zu verhindern und einen kirchlichen Beitrag zur Bekämpfung des atheistischen Bolschewismus zu leisten. Diese Dimension wurde nach 1933 zunehmend in den Hintergrund

---

[653] Ebd., 38.

[654] Ebd., 103. Die Betonung des national- und kulturpolitischen Engagements der Kirche wurde gerade auch in der Weimarer Zeit durch beträchtliche staatliche Zuwendungen gefördert. So erhielt
der D.E.K.B. von der Reichsregierung im Rahmen eines „Programms zur Förderung deutscher
Kultur" jährlich 450.000 RM für seine Auslandsarbeit und ganz speziell auch im Hinblick auf die
Abtretungsgebiete, vgl. auch J. R.C. Wight, *„Über den Parteien"*, 107.

[655] Ebd., 104, dort auch das Zitat aus H. Kapler, *Verhandlungen des ersten DEKT 1924*, 168 f.: „So
leistet die deutsche evangelische Diasporaarbeit mit Erfüllung ihrer kirchlichen Aufgabe zugleich
unserem deutschen Volkstum wichtigste Dienste, und zwar nach zwei Richtungen: einmal dahin,
unseren Stammesgenossen draußen *deutsche Sprache, Art* und *Denkweise* sowie das Bewusstsein
der Stammesgemeinschaft zu *erhalten*, – und ferner, die *kulturelle Bedeutung des Deutschtums* gegenüber dem Auslande mit *darzustellen* und zur Geltung zu bringen. Gerade jetzt, nach unserem
politischen Zusammenbruch, muss es uns anliegen, die deutschen Kulturgüter wie daheim so draußen mit verstärkter Liebe und Treue zu pflegen und ihnen auch inmitten der anderen Völker zu
sichtbarer Verkörperung zu verhelfen. Bei dieser Arbeit darf die evangelische Kirche nicht fehlen,
wenn sie sich nicht selber aus der Reihe der Kulturfaktoren ausscheiden will."

gedrängt. Wellnitz kritisiert, dass sich die Kirchen zwar der deutschen Sprache und Kultur bedienen, „die Volkstumspflege, die Erhaltung und Verbreitung der deutschen Sprache und deutschen Brauchtums" aber nicht „der eigentliche und vorrangige Daseinszweck der kirchlichen Auslandsdiasporafürsorge" sei.[656]

4.4.2 Evangelische Kirche und Außenpolitik

Bereits 1977 hat der englische Historiker Jonathan R.C. Wright in seinem Buch über die politische Haltung der evangelischen Kirchenführer in der Weimarer Republik dargelegt, dass sich der *Deutsche Evangelische Kirchenausschuss* auf außenpolitischem Gebiet weitestgehend in den Bahnen der deutschen Außenpolitik bewegte.[657]

Die Kriegsniederlage und die Regelungen des Versailler Vertrages trafen die beiden deutschen Großkirchen in erheblichem Maße. Beide Kirchen lehnten die in der Mantelnote zu Artikel 231 des Versailler Vertrages fixierte Kriegsschuld Deutschlands entschieden ab. Die evangelischen Kirchen riefen nach der Unterzeichnung des Vertragswerkes am 28. Juni 1919 sogar einen Trauersonntag aus.[658] Die ‚offene Wunde' der Gebietsverluste im Osten und Westen traf vor allem die territorial große Kirche der altpreußischen Union. Weite Teile Posens, West- und Ostpreußens, etwa das nordöstliche Memelland, aber auch Oberschlesiens fielen an Polen. Für die Kirchenleitung in Berlin stellte sich die Frage, wie das Verhältnis zu den evangelischen Gemeinden in den verlorenen Gebieten zu wahren wäre. Der E.O.K. anerkannte zwar die staatlichen Hoheitsrechte Polens über die Kirchengemeinden. Doch die im Versailler Vertrag garantierten Minderheitenrechte und eine neue Interpretation des Staatskirchenrechts ermöglichten der Kirchenleitung, die Bindungen zu den Gemeinden aufrechtzuerhalten, was auch staatlicherseits begrüßt wurde.[659]

Der außenpolitische Kurs des langjährigen Präsidenten des altpreußischen Oberkirchenrates und des Deutschen Evangelischen Kirchenausschusses, Hermann Kapler, zeigte deutliche Übereinstimmungen mit der Verständigungspolitik Stresemanns. Beiden ging es darum, Deutschland aus der Isolation zu führen und die Revision des Versailler Vertrags voranzutreiben – Kapler auf ökumenischem Gebiet, Stresemann auf diplomatischem Parkett.[660] Kritik kam Kaplers Ökumene-Kurs sowohl von pazifistischer als auch von nationalistischer Seite entgegen. Nach der Weltwirtschaftskrise 1929 hatte es ein *Vernunftrepublikaner* wie Kapler in außenpolitischen Fragen schwer, sich gegen die vehemente Kritik der antirepublikanischen

---

[656] Ebd.

[657] Vgl. J. R.C. Wright, *„Über den Parteien"*, 105.

[658] Vgl. dazu z.B. K. Nowak, *Geschichte des Christentums in Deutschland. Religion, Politik und Gesellschaft vom Ende der Aufklärung bis zur Mitte des 20. Jahrhunderts*, München 1995, 223 f. Zur Weimarer Außenpolitik vgl. P. Krüger, *Versailles. Deutsche Außenpolitik zwischen Revisionismus und Friedenssicherung*, München ²1993 und ders., *Die Außenpolitik der Republik von Weimar*, Darmstadt ²1993.

[659] Vgl. K. Nowak, *Evangelische Kirche und Weimarer Republik*, 110.

[660] Vgl. J. R.C. Wright, *„Über den Parteien"*, 114.

Rechten zur Wehr zu setzen. Die Last der Reparationszahlungen erzeugte auch in kirchlichen Reihen massiven Widerstand.[661]

Das Gefühl des deutschen Volkes, ungerecht behandelt worden zu sein, beeinflusste das Verhalten der Kirche nachhaltig. Deshalb gab es nach 1933 eine Tendenz, die Entstehung und Machtergreifung der nationalsozialistischen Bewegung als natürliche Reaktion auf die Erniedrigung Deutschlands durch das Ausland anzusehen. Das Kirchenbundesamt etwa erklärte in einem Memorandum vom 7.6.1933, dass es nicht in die Verantwortung der Kirche falle, eine Bewegung zu kritisieren, die Deutschlands Rechte wiederherzustellen versuche.

Mit der Gleichschaltung und Zentralisierung des deutschen Protestantismus zur DEK entstanden im Frühjahr 1934 die Deutsche Evangelische Kirchenkanzlei und das Kirchliche Außenamt (K.A.), die die bisher vom Kirchenbund geleistete Betreuung der Auslandsdiaspora übernahmen. Leiter des K.A. mit dem Titel eines Auslandsbischofs wurde der aus dem fränkischen Luthertum stammende 38jährige Oberkonsistorialrat Theodor Heckel,[662] der bereits seit 1927 als Referent im Kirchenbundesamt für die Auslandsgemeinden verantwortlich gewesen war. In Loyalität gegenüber dem Dritten Reich und mit starker Aufnahme lutherischer Ordnungsvorstellungen weitete Heckel die volkstumsorientierte kirchliche Auslandsarbeit aus[663] und versuchte darüber hinaus, die ökumenischen Kontakte der Kirche in seinem Amt zu monopolisieren. Heckel versuchte zudem, eine letztlich gescheiterte „kirchliche Außenpolitik" zu entwickeln[664], die drei Ziele verfolgte: *Erstens* wollte er den Export des Kirchenkampfes in und besonders den Einfluss der Bekennenden Kirche auf die Auslandsgemeinden unterbinden. *Zweitens* bemühte sich Heckel darum, die deutschen evangelischen Auslandsgemeinden unter Einschluss der großen volksdeutschen Kirchen in Osteuropa eng an die DEK zu binden. Dies war die Voraussetzung, um *drittens* einen aus der deutschen Reformation gespeisten, von der DEK dominierten „Weltprotestantismus" entstehen zu lassen, der die lutherischen Kirchen Nordeuropas umschließen und auch Teile der Orthodoxie beeinflussen sollte. Damit wollte er Allianzen schmieden, die im Gleichklang mit der NS-Außenpolitik auf dem umkämpften Gebiet der internationalen Kirchenbeziehungen die Vorherrschaft Roms und vor allem Canterburys brechen sollten.[665] Seit Kriegsbeginn wurden Heckels Aktivitäten allerdings von Parteiseite als gefährliche Konkurrenzunternehmungen betrachtet. Bereits in einem Referentenentwurf des Auswärtigen Amtes (AA) an das Braune Haus vom Februar 1941 ging das AA auf „Stellungnahmen" und „Bedenken" des Stellvertreters des Führers, der Auslandsorganisation der NSDAP, des Chefs der Sicherheitspolizei und des SD ein, die die Geistlichen im Ausland als „na-

---

[661]   Ebd., 119.

[662]   Vgl. R.-U. Kunze, *Theodor Heckel. 1894–1967. Eine Biographie*, Stuttgart – Berlin – Köln 1997.

[663]   Vgl. Chr. Tichy, *Deutsche evangelische Auslandsgemeinden in Frankreich*, 19 und R.-U. Kunze, *Theodor Heckel*, 136–141.

[664]   Vgl. Heckels programmatischen, aber überraschend unpräzisen Aufsatz „Neue Ziele", in: *JbAEvK* 1935, 3–21. Vgl. auch B. Maiwald, „Eine biographische Notiz: Theodor Heckel", 226; R.-U. Kunze, *Theodor Heckel*, 141–143 und auch Chr. Tichy, *Deutsche evangelische Auslandsgemeinden in Frankreich*, 89–92.

[665]   Vgl. B. Maiwald, „Eine biographische Notiz: Theodor Heckel", 227.

tional nicht zuverlässig"[666] einschätzten und eine deutliche Akzentverschiebung der auswärtigen Kulturpolitik unter Ausschluss der Kirchen anmahnten. In diesem staatlichen wie kirchlichen außenpolitischen Terrain mussten sich auch die deutschen evangelischen Einrichtungen in Palästina behaupten.

4.4.3 Deutsche Institutionen in Palästina und auswärtige Kulturpolitik

Die konfessionellen Einrichtungen im Heiligen Land durften sich seit der Kaiserreise 1898 als wichtiger Bestandteil der auswärtigen Kulturpolitik im Nahen Osten verstehen.[667] Doch die veränderte weltpolitische Lage nach dem Ersten Weltkrieg wirkte sich auch auf die Stellung der deutschen Institutionen im Vorderen Orient aus. In der Zwischenkriegszeit kämpften sie darum, die Leistungsfähigkeit der Vorkriegszeit erneut zu erreichen. Zwar zeigte das Auswärtige Amt auch nach 1918 ein erkennbares Interesse, die kirchlichen Institutionen „aus kulturpropagandistischen Gründen" als „wichtige Symbole des Deutschtums im Ausland" weiter zu fördern.[668] Nach der Gründung der in der deutschen akademischen Tradition stehenden *Hebräischen Universität* 1925 lag es aber auch im Interesse der *Abteilung für jüdische Angelegenheiten* im Auswärtigen Amt, die jüdische Nachwuchselite in Palästina an die deutsche Bildungskultur heranzuführen. Das AA unterstützte die Zusendung von wissenschaftlicher Literatur, den Professoren- und Studentenaustausch, die Gründung eines Archivs für den Nahen Osten, von deutsch-jüdischen Unterstützungsvereinen für die Universität und finanzierte Sprachkurse. Deutschland war – vor Italien und Frankreich – das erste Land, das einen Fremdsprachenunterricht an der Hebräischen Universität finanzierte. Diese Politik wurde sogar bis 1934 fortgesetzt.[669]

Trotz dieser Förderung jüdischer akademischer Initiativen erhielten die protestantischen und katholischen Institutionen in Palästina die größten finanziellen Zuwendungen. Die Wilhelmstraße schlug über weite Strecken einen kirchenfreundlichen Kurs ein, weil sie die Bedeutung der konfessionellen Anstalten für die auswärtige Kulturpolitik hoch einschätzte. Das änderte sich erst im Zuge der Umstrukturierung und ideologischen Infiltrierung des AA durch die Nazis. Diese Entwicklung gipfelte im Blick auf Palästina in der Auseinandersetzung um die Fusion der beiden deutschen Schulen in Jerusalem, an der nicht nur Veränderungen der Kulturpolitik, sondern auch grundsätzliche Probleme der palästinadeutschen Diaspora deutlich werden. Der für die Förderung des Auslandsdeutschtums einflussreiche *Verein für das Deutschtum im Ausland* (VDA) – 1933 in *Volksbund* umbenannt – spielte in

---

[666] Vgl. den von Dr. Granow ausgearbeiteten Entwurf vom 11.2.1941, BArchBerlin R 901/69294.

[667] Vgl. K. Düwell, *Deutschlands auswärtige Kulturpolitik*, 178.

[668] Vgl. das Memorandum des Auswärtigen Amtes vom 30. Oktober 1919 „Die deutschen Interessen in Palästina", EZA 5/1989 und den Bericht „Deutsche Kulturpolitik im Ausland" des Deutschen Generalkonsulats Jerusalem vom 2. April 1928, EZA 5/3123.

[669] Vgl. D. Trimbur, „Une université juive allemande? L'Allemagne et l'Université hébraïque dans les premières années", in M. Zimmermann (Hg.), *L'Allemagne et la Palestine – Une rencontre culturelle*, Jerusalem 2004, 55–73 sowie ders., *„Entre émancipation et entrisme : l'Allemagne et l'édification de la culture sioniste"*, à paraître dans les actes du colloque Les usages du passé juif, Institut interuniversitaire d'études et de culture juives, Aix-en-Provence 2004.

der deutschen Diaspora Palästinas dagegen keine Rolle, da Templer und Kirchler dank ihrer freikirchlichen beziehungsweise landeskirchlichen Strukturen Unterstützung aus Deutschland erfuhren.[670]

Ein Schlüsseldokument für die Kontinuität der deutschen Kulturpolitik in Palästina während der Weimarer Republik ist das Memorandum des Generalkonsuls Nord vom 2. April 1928.[671] Trotz des Endes der osmanisch-deutschen Beziehungen zählte das Land und speziell Jerusalem weiterhin zu den Orten, die weltweit „geistige und religiöse Strömungen" vereinigte, erklärte Nord. Deshalb bleibe die „ungewöhnliche Wichtigkeit" Jerusalems für die deutsche Kulturpolitik bestehen, zumal es nach dem Kriege der einzige Ort im Orient sei, „wo deutsche Kulturpropaganda sich auswirken kann, ohne das Odium politischer Vorurteile auf sich zu laden."[672] Deutschland müsse sich im internationalen kulturpolitischen Wettbewerb mit anderen Nationen Land behaupten, die zumeist finanziell besser ausgestattet seien. Besonders die Krankenhäuser der Kaiserswerther Diakonissen in Jerusalem und der Borromäusschwestern in Haifa seien gute Werbeträger für die medizinisch-technisch-sozialen Kompetenzen des Deutschen Reichs.[673] Deshalb empfahl Nord, die dringend notwendige Renovierung des Kaiserswerther Krankenhauses staatlicherseits zu fördern. Das Hospital hatte vor dem Krieg den Ruf des besten Krankenhauses Palästinas und war nun gegenüber anderen Krankenhäusern ins Hintertreffen geraten. Nord schlug eine Beihilfe in Höhe von 75.000 RM vor. Der Gesamtbedarf an kulturpolitischen Fördergeldern für Palästina belief sich 1928 auf 173.900 RM.[674] Damit setzte das Deutsch Reich einen bildungspolitischen Akzent, wobei das deutsche schulische Engagement in keiner Weise mit dem flächendeckenden Aufbau eines jüdischen und eines staatlichen Bildungssektors durch die zionistischen Organisationen beziehungsweise die Mandatsregierung mithalten konnte. Beide Akteure bauten in der Mandatszeit das Schulsystem systematisch aus, 1925 bestanden in Palästina 314 Regierungs-

---

[670] Vgl. vor allem G. Weidenfeller, *VDA. Verein für das Deutschtum im Ausland. Allgemeiner Schulverein (1881–1918). Ein Beitrag zur Geschichte des Deutschen Nationalismus und Imperialismus im Kaiserreich*, Frankfurt/Main – Berlin – Bern – New York 1976 und auch J. Kloosterhuis, *Friedliche Imperialisten. Deutsche Auslandsvereine und auswärtige Politik 1906–1918*, Teil 1 und 2, Frankfurt/Main – Berlin – Bern – New York 1994.

[671] Vgl. den Bericht Nords vom 28.3.1928 an die AA-Kulturabteilung, BArchBerlin R 901/69432. Der Anlass für dieses Schreiben lässt sich ebenso wenig präzise rekonstruieren wie die Motivation für das nur wenige Tage später von Nord verfasste Memorandum vom 2.4.1928 „Deutsche Kulturpolitik". Vermutlich ging es um eine größere finanzielle Unterstützung des Diakonissenkrankenhauses und des Syrischen Waisenhauses durch das AA. Abschriften finden sich beispielsweise in EZA 5/3123 und BArchBerlin R 901/69432. Es dauerte bis zum 28. Juli 1928, ehe das Kirchenbundesamt vom Auswärtigen Amt die Abschrift des Memorandums „zur gefälligen Kenntnisnahme" erhielt und gebeten wurde, die „evangelisch-kulturellen Zwecke" zu benennen, die aus den dafür bestimmten Fonds des AA gefördert werden sollten. Vgl. das Schreiben des AA vom 28. Juli 1928 an das Kirchenbundesamt, EZA 5/3123.

[672] Vgl. Memorandum „Deutsche Kulturpolitik", EZA 5/3123.

[673] Vgl. z.B. das Schreiben des Generalkonsulats an das AA vom 5.3.1931, ISA R.G. 67/1374.

[674] Das Deutsche Hospital in Haifa sollte 6.000 RM erhalten, die deutschen Schulen 67.900 RM. Für das SyrW schlug Nord eine Zusammenlegung der technischen Betriebe als Vorbedingung für eine einmalige Beihilfe in Höhe von 20.000 RM vor. Die SyrW-Tochtergründung in Nazareth sollte 5.000 RM erhalten.

und 400 Privatschulen, zu denen auch die deutschen Schulen gehörten. Sie erhielten von der Mandatsregierung ab 1925 auch einen kleinen Zuschuss von 24 Piaster pro Kind. Der Ausbau des Schulwesens war auch notwendig, denn 1935 besuchten nur 34 % der männlichen und 24 % der weiblichen Jugendlichen eine Schule; gerade in der arabischen Bevölkerung war die Analphabetenrate hoch.[675]

4.4.4 Deutsche Schulen in Palästina

In Jerusalem bestanden in der Zwischenkriegszeit zwei weiterführende deutsche Schulen, die auf den Oberstufenbesuch in Deutschland – vor allem in Württemberg – vorbereiteten,[676] selbst aber nur bis zur Mittleren Reife führten: das *Lyzeum Tempelstift* in der *Deutschen Kolonie* und am anderen Ende der Stadt die *Deutsche Evangelische Schule* – auch *Propsteischule* genannt – auf dem Gelände der Propstei in der Street of Prophets. Das Lyzeum nahm sofort nach der Rückkehr der Templer seine Arbeit unter der Leitung des Oberpräzeptors Gottlieb Weller wieder auf und hatte 1925 bereits 51 Schüler in vier Klassen.[677] Die Deutsche Evangelische Schule wurde erst 1928 wiedereröffnet, nachdem die Mandatsregierung die Propstei und das Propsteigrundstück an die evangelische Gemeinde zurückgegeben hatte. Da das Konzept der *Propagandaschule* in der Propsteischule umgesetzt wurde, hatte das Auswärtige Amt deutliches Interesse an einer Förderung. Beide Schulen besaßen trotz unterschiedlicher pädagogischer Konzepte ein hohes Niveau.[678]

1928 – also in einem Jahr, in dem das AA seinen Kulturhaushalt erheblich kürzen musste – bewilligte Berlin erstmals 4.000 RM Schulbeihilfe. Ohne staatliche Unterstützung wäre der kostspielige Wiederaufbau unmöglich gewesen, zumal die Schülerzahlen und damit auch die Schulgelder gering ausfielen. In den kommenden Jahren wuchsen die staatlichen Beihilfen für die Propsteischule auf bis zu 7.500 RM (1933) an.

Die deutschen Generalkonsule der Zwischenkriegszeit erwiesen sich als großzügige Förderer der deutschen evangelischen Schulen, die als integraler Bestandteil der deutschen Kulturpolitik in Palästina angesehen wurden. Die 15 förderungswürdigen Schulen erhielten zusammen jährlich zwischen 40–50.000 RM Beihilfe.

Die wiedereröffnete Propsteischule begann 1927 mit 13 Schülern, darunter fünf Deutschen, einer Libanesin, fünf Arabern und zwei Ungarn, die aber bis auf eine Ausnahme alle mindestens ein deutsches Elternteil hatten. Zu diesem Zeitpunkt war die einzige akademische Lehrerin Johanna Schoenecke. Pfarrer Niemann vom Syrischen Waisenhaus erteilte den Deutsch-, Französisch- und Gesangsunterricht in der

---

[675] Vgl. P. Sauer, *Uns rief das Heilige Land*, 193 f.

[676] Für die nichtdeutschen Schüler der beiden Schulen stand nach der Mittleren Reife entweder der Einstieg ins Berufsleben – oder der Besuch einer der wenigen Regierungs- oder Privatschulen an, die ein Abschlussexamen auf dem Niveau der Hochschulreife – die „Palestine Matriculation Examination" – ermöglichten. Zu Fragen der Schulbildung in der Mandatszeit vgl. z.B. A.L. Tibawi, *Arab Education in Mandatory Palestine. A Study of Three Decades of British Administration,* London 1956 sowie I.-M. Okkenhaug, *The Quality of Heroic Living,* 60–66.

[677] Vgl. P. Sauer, *Uns rief das Heilige Land*, 194 f.

[678] Ebd., 193 für das Schulsystem der Templer.

Oberklasse, Lehrer Fallscheer von der JV-Muristanschule lehrte Physik und Mathematik, den Turnunterricht übernahm ein Fräulein Bärthmann, den Zeichenunterricht das Gemeindeglied Eckertz, die Arabischstunden Oberlehrer Haddad vom Syrischen Waisenhaus. Propst Hertzberg gab Stunden in Latein, Religion, Geschichte und Erdkunde. Diese Verteilung änderte sich bald, als mit Dr. Otto Lange ein zweiter akademischer Lehrer eingestellt wurde.[679] Auch die Vikare beziehungsweise Hilfsprediger der Erlöserkirche – ab Herbst 1931 Dr. Simon, ab Herbst 1933 Georg Weiss, ab 1936 Lic. Fritz Maass – wurden traditionell als akademische Lehrkräfte in der Schule eingesetzt und entlasteten auf diese Weise den Propst.[680]

Die Schülerzahl der Evangelischen Schule stieg zwischen 1927 und 1937 kontinuierlich auf 84 Schüler an. Die internationale Zusammensetzung der Schülerschaft brachte der Schule ein hohes Ansehen in den englischen, amerikanischen und arabischen Kreisen Jerusalems.[681] Die Anwesenheit qualifizierter Lehrer und die geringe Schülerzahl ermöglichten intensiven Unterricht, verursachte aber hohe Kosten. Die Deutsche Evangelische Schule gehörte deshalb trotz der Reichsbeihilfen zu den Anstalten mit dem höchsten Schulgeld, was jedoch führende arabische Familien Jerusalems nicht davon abhielt, ihre Kinder dort anzumelden.

Die E.J.St. und Hertzberg waren sich bewusst, dass der Betrieb der Schule ohne staatliche Zuschüsse unmöglich, eine Zusammenlegung mit dem Lyzeum sinnvoll und vom AA gewünscht war.[682] Sie zögerten aber eine Entscheidung zunächst hinaus, um die Propsteischule gegenüber der Tempelschule besser zu profilieren.

Bereits in der Vorkriegszeit hatte es auf dem Gebiet der Schulbildung eine intensive, wenn auch nicht immer reibungsfreie Kooperation zwischen der Tempelgesellschaft und den evangelischen Gemeinden gegeben.[683] Zwischen 1910 und 1918 gab es eine gemeinsame *Höhere Schule* in Jerusalem, über deren Finanzierung, Leitung und pädagogische Zielrichtung Tempel und Kirche in regelmäßigen Dissens gerieten.[684]

Als das Lyzeum 1927 erstmals statt 4.000 RM nur 3.000 RM Beihilfe erhielt, protestierte die Tempelgesellschaft mit Unterstützung des Deutschen Auslandsinstituts in Stuttgart (DAI) erfolgreich beim AA.[685] In diesem Zusammenhang findet sich der erste Hinweis, dass die Evangelische Schule von Seiten der Templer als Konkurrenzunternehmen betrachtet wurde. 1928 erhielten das Lyzeum 5.000 RM und die Evangelische Schule 4.000 RM aus dem Kulturetat des AA. Noch blieben die Machtver-

---

[679] Vgl. Hertzbergs Jahresbericht 1927/28, EZA 5/2001.

[680] Vgl. Hertzberg/Friedrich (Hgg.), *Jerusalem – Geschichte einer Gemeinde*, 77 f.

[681] Vgl. Hertzbergs Jahresbericht 1931/32, EZA 5/2001

[682] Vgl. den Bericht des E.J.St.-Sachbearbeiters B. Karnatz an das Kuratorium vom 27.11.1929 und das als *vertraulich* klassifizierte Schreiben der E.J.St. an Hertzberg vom 4.6.1930, EZA 56/71

[683] Vgl. P. Sauer, *Uns rief das Heilige Land*, 104–111; 193–196 und 254–258.

[684] Ebd., 107–110.

[685] Vgl. die Briefwechsel zwischen DAI und AA vom 31.5.1928 und dem Generalkonsulat und dem AA vom 7.8.1928 sowie das Telegramm des AA vom 13.11.1928, mit der Bewilligung von 5.000 RM Beihilfe für das Lyzeum, 4.000 RM für die Evangelische Schule, 4.000 RM für die Deutsche Realschule Jaffa und 3.000 RM für die Tempelschule Sarona, ISA R.G. 67/1371.

hältnisse innerhalb der deutschen Kolonien unangetastet, denn die Templer-Mehrheit bekam das größere Stück des Kuchens.

Schon bald drängte das AA auf eine Zusammenlegung der beiden Schulen, weil die Finanzierung unnötiger Parallelstrukturen auf die Dauer zu teuer wurde. Der pragmatisch denkende Propst Hertzberg nahm die nach dem Krieg zaghaft begonnenen, aber letztlich ergebnislosen Verhandlungen mit dem Tempel 1930 und 1931 wieder auf. Die schnell an Prestige gewinnende Propsteischule war ein Pfund, mit dem die Kirche in den Verhandlungen wuchern wollte. Da in Haifa und Sarona/Jaffa die Kooperation mit den Templern klappte,[686] hatte Hertzberg auch für Jerusalem einen Kompromiss im Sinn. Die Unterklassen sollten in der Propsteischule, die Oberklassen in der Tempelschule unterrichtet werden, weil diese drei akademische Lehrer besaß; der Religionsunterricht sollte getrennt gehalten und die Bildung eines gemeinsamen Schulvorstandes zunächst ausgeklammert werden.[687] Hertzberg war sich darüber im Klaren, dass sein Vorschlag über den Status quo der Vorkriegszeit hinausging. Dennoch stieß er beim Kuratorium der E.J.St. und innerhalb des Gemeindekirchenrats (G.K.R.) auf positive Resonanz. Lediglich Schwester Theodore Barkhausen zeigte eine ablehnende Haltung, weil sie eine Verwässerung des evangelischen Profils befürchtete. Im Sommer und Herbst 1930 trat Hertzberg in Verhandlungen mit dem AA und den Templern ein, die aber an organisatorischen Fragen scheiterten.[688] Nach Hertzbergs Ausscheiden aus dem Amt des Propstes führte Ernst Rhein auf dessen Linien ab Januar 1931 weitere Verhandlungen. Sie blieben ohne Ergebnis, weil man sich nicht einigen konnte, ob die vereinigte Schule eine Propagandaschule sein sollte oder nicht.[689] Der Bürgermeister der Deutschen Kolonie, Nikolai Schmidt und der Vorsteher der Tempelgemeinde, Dr. Christian Rohrer, sahen die Aufgabe des Lyzeums in der Ausbildung deutscher Schüler. Sie hatte wenig Interesse an ausländischen Schülern, weil diese meist nur wenige Jahre blieben und dann auf andere Schulen wechselten.[690]

Überraschenderweise plädierte Generalkonsul Nord dafür, keine reine Propaganda-Schule in Jerusalem zu betreiben. Unterstützung erhielt er vom Direktor des Syrischen Waisenhauses, Hermann Schneller, der erklärte, dass die Propsteischule *„immer nur auf dem Papier"*[691] eine „Kultur-Propaganda-Schule" gewesen sei. De facto habe es nie mehr als ein Dutzend palästinensischer Kinder in

---

[686] In Jaffa wurde der Unterricht jeweils zur Hälfte im Gebäude der bürgerlichen Gemeinde und im Gebäude der Tempelgemeinde gehalten, in Haifa war die Schule in einem Gebäude der Templer, der Kindergarten im Untergeschoss des Pfarrhauses untergebracht. Zur Fusion der Schule in Jaffa vgl. BArchBerlin R 157 III F/14757.

[687] Vgl. Hertzbergs Schreiben an die E.J.St. vom 6.3.1930 sowie die Antwort des E.J.St.-Kuratoriums vom 17.4.1930, EZA 56/71.

[688] Vgl. den Brief Hertzbergs an das E.J.St.-Kuratorium vom 7.8.1930, EZA 56/71.

[689] Vgl. den Bericht von Propst Rhein an die E.J.St. vom 13.2.1931, EZA 56/71

[690] Die pädagogische Zielsetzung des Lyzeums entsprach weder in der Vor- noch in der Zwischenkriegszeit der eines Reform-Gymnasiums wie R. Balke, *Die NSDAP-Landesgruppe in Palästina*, MS Diss. phil. Essen 1997, 147 und Sauer, *Uns rief das Heilige Land*, 255 unzutreffend behaupten. Vgl. ISA R.G. 67/1377 A und B.

[691] Vgl. den Bericht von Propst Rhein an die E.J.St. vom 13.2.1931, EZA 56/71 (Hervorhebung im Text).

ihren Reihen gegeben. Das solle auch in Zukunft so bleiben: „Unsere Schule sollte eine rein deutsche sein, nicht eine Propaganda-Schule."[692] Die Statistiken zeigen allerdings, dass die Propsteischule zunehmend ihrem Charakter als Propagandaschule nahe kam. Ende 1931 waren von 46 Schülern 30 nicht-deutscher Abstammung.[693]

1931 wies Legationsrat Dr. Traugott Böhme[694] vom AA bei einer Besprechung mit Vertretern der E.J.St. darauf hin, dass der Staat „größten Wert auf die Vereinigung beider Schulen" lege.[695] Doch die evangelische Seite zeigte kein Interesse, ihr Prestigeobjekt kampflos aufzugeben und baute ihre Bildungsarbeit sogar weiter aus, um so gestärkt in eine mögliche Vereinigung zu gehen.[696]

Die Schülerzahl machte zwischen 1932 und 1933 einen Sprung von 37 auf 55. Im Jahre 1932 öffnete ein kleines Schulinternat für fünf Knaben aus evangelischen Familien in Waldheim und Haifa seine Pforten, der in Jerusalem sehr beachtete Kindergarten wurde erweitert und 1933 stellte sogar der Gustav-Adolf-Verein, ansonsten ohne tieferes Interesse an der deutschen Diaspora in Palästina, 200 RM für die Propsteischule zur Verfügung.[697] Rhein gelang es zudem, den kirchlich gesonnenen Generalkonsul Wolff für die evangelischen Anliegen zu gewinnen. Wolff wandte sich in einem Privatbrief erfolgreich an Böhme für die Beibehaltung der Propsteischule.[698] Die „sektiererische Einstellung" der Templer und die Notwendigkeit, vor einer Vereinigung die evangelische Seite weiter zu stärken, hatten den Generalkonsul von Rheins Sicht der Dinge überzeugt. Nach einem Gespräch zwischen E.J.St.-Sachbearbeiter Bernhard Karnatz, OKR Jeremias und Legationsrat Böhme, das die Bewilligung des Zuschusses von rund 4.300 RM brachte, begnügte sich das AA zunächst mit der Forderung nach der Vereinigung der beiden Oberstufen und der Anhebung des Niveaus an die „normativen Grundforderungen für den Auslandsschuldienst".[699]

4.4.5 Veränderungen der Schulpolitik nach 1933

Mit der Machtergreifung der Nationalsozialisten änderte sich auch die auswärtige Kulturpolitik, wenn auch nicht abrupt, so doch graduell. Die Propagandaschule hatte ausgedient, die *Deutsche Volksschule* trat an ihre Stelle. Deutsche Schulen im Ausland sollten deutsche Schüler im Geiste der Volksgemeinschaft und der NS-Ideologie erziehen, wie es in dem 1934 vom AA an die Auslandsschulen versandten Schreiben mit *Leitgedanken zur Schulordnung* hieß: „Alles, was diese Erziehung fördert, ist

---

[692] Ebd.

[693] Zu den Zahlen vgl. den Auszug aus Rheins Jahresbericht 1930/31, EZA 56/71.

[694] Zu seiner Person siehe die Ausführungen unter 5.6.

[695] Vgl. Böhmes Vermerk vom 20.4.1931, EZA 56/71.

[696] Vgl. das Schreiben der E.J.St. an die Kuratoriumsmitglieder vom 12.9.1933 mit dem Vermerk „Sofort", EZA 56/68.

[697] Vgl. das Schreiben der E.J.St. an Rhein vom 4.5.1933, EZA 56/71. Trotz der Zuschüsse des AA mussten die Eltern den Hauptteil der Kosten tragen. Die Schule finanzierte sich 1932/1933 zu 42,5 % aus Schulgeldern.

[698] Vgl. Rheins Briefe an die E.J.St vom 25.4.1933 und vom 16.5.1933, EZA 56/71.

[699] Vgl. Karnatz' Schreiben an Rhein vom 30.5.1933, EZA 56/68.

zu pflegen; alles, was sie gefährdet, zu meiden und zu bekämpfen."[700] Damit wurde im Ausland – wie auch im Reich – die Entkonfessionalisierung der (religiösen) Erziehung vorangetrieben.[701]

Der NSLB und die HJ erlangten auch in den auslandsdeutschen Schulen in Palästina Einfluss und versuchten die Schul- und Jugendpolitik zu dominieren.[702] Ausländische Mitschüler passten ebenso wenig in dieses pädagogische Konzept wie die Unterstützung jüdischer Bildungseinrichtungen.[703]

Mitte der 1930er Jahre wurden die Beihilfen des AA für die deutschen Schulen in Palästina drastisch zurückgefahren. 1935 erhielt die Evangelische Schule letztmals 6.000 RM, das Lyzeum sogar nur noch 4.000 RM Beihilfe, was in der Templerkolonie Missfallen auslöste. Zudem hielt das AA unmissverständlich fest, dass der weitere Ausbau der Propsteischule wegen der geringen Schülerzahl nicht gefördert werden könne.[704] Die Frage der Schulfusion wurde wieder virulent. Rhein warnte im Herbst 1935 das Kirchliche Außenamt nochmals eindringlich vor den Folgen einer Schulvereinigung.[705] Dieses Schreiben stellte im Grunde das Programm dar, mit dem Rhein in die Verhandlungen der Jahre 1936/1937 gehen sollte. Die Propsteischule sei das Rückgrat der deutschen evangelischen Kulturpolitik, besitze eine große Ausstrahlungskraft und werde bei einer Herabstufung zu einer Schule der deutschen Kolonie einen erheblichen Abgang erleiden – vor allem von Kindern aus halb-deutschen, halb-arabischen Familien. Nur „als Propaganda-Schule für deutsche Kultur" sei die Propsteischule für wohlhabende arabische Familien attraktiv. Als rein deutsche Schule würde sie an Bedeutung verlieren. Außerdem drohe das evangelische Element in einer vereinigten Schule schnell zu verschwinden, wie es in der gemeinsamen Schule in Jaffa/Sarona bereits geschehen sei. Auch die Berufung evangelischer Lehrer helfe nicht, da sie auf sich allein gestellt seien. Die zwei evangelischen Lehrer in Sarona hätten sich schnell an die Templer angepasst. Unter pragmatischen Gesichtspunkten schloss Rhein eine Vereinigung in lockerer Form nicht aus.[706] Am besten sei ein Mittelweg einzuschlagen, der freie Entfaltungsmöglichkeit und die Bewahrung der unterschiedlichen Traditionen garantiere.

Rhein erhielt auf seine Stellungnahme zunächst keine Reaktion aus Berlin. Doch schon bald sollte diese Positionierung zu einer zähen und aufreibenden Kontroverse beitragen.

Da den Kontrahenten durchaus bewusst war, dass sie sich auf ein sensibles Feld begeben hatten, knüpften sie schon bald ein politisches Netzwerk zur Unterstützung ihrer jeweiligen Vorstellungen. Rhein kooperierte über den Vertreter des Deutschen

---

[700]　Vgl. das Doppelblatt *Leitgedanken zur Schulordnung*, BArchBerlin R 901/69489.

[701]　Vgl. W. Ustorf, *Sailing on the Next Tide Missions, Missiology, and the Third Reich*, Frankfurt/Main - Bern 2000, 72 mit Verweis auf F. Rickerts, *Zwischen Kreuz und Hakenkreuz. Untersuchungen zur Religionspädagogik im ‚Dritten Reich'*, Neukirchen 1995.

[702]　Vgl. R. Balke, *NSDAP-Landesgruppe*, 147.

[703]　Allerdings förderte das AA noch 1934 die Sprachkurse an der Misraschi- und der Tachkemoni-Schule mit insgesamt 1.500 RM.

[704]　Vgl. das Schreiben des AA an das Generalkonsulat vom 9.3.1935, ISA R.G. 67/1371.

[705]　Vgl. Rheins Brief an Heckel vom 26.10.1935, EZA 56/71.

[706]　Ebd.

Nachrichtenbüros mit dem Reichspropagandaministerium – und versuchte so, Einfluss auf die AA-Kulturabteilung zu gewinnen. Auf der Seite der Templer bildete sich eine Koalition aus Tempel, NSLB, NSDAP-Landesgruppe und Generalkonsulat. Damit lässt sich auf dieser mikrohistorischen Ebene – mit ihren zahlreichen makrohistorischen Verflechtungen – ein Beispiel für die polykratische Struktur der NS-Herrschaft im Bereich der auswärtigen Kulturpolitik finden.[707]

4.5 Der Konflikt um die Schulvereinigung in Jerusalem 1936/37

4.5.1 Dr. Kurt Hegele und der NSLB in Palästina

Nach den gescheiterten Vereinigungsbemühungen der Weimarer Zeit führten 1936 zwei Faktoren zur Wiederaufnahme der Gespräche und zur Schulfusion: die anhaltend angespannte Finanzlage des Reiches und der Versuch der ideologischen Beeinflussung der Schulpolitik durch die NSDAP-Landesgruppe und ihre Unterorganisationen.

Es war der 26jährige NSLB-Obmann Dr. Kurt Hegele, der 1936 den Stein nun ins Rollen brachte. Der aus Stuttgart stammende Studienassessor arbeitete ab 1935 als Lehrer am Lyzeum und übernahm schon wenige Monate nach seiner Ankunft am 22. Februar 1936 das Amt des NSLB-Obmanns des NSDAP-Landkreises Palästina sowie der Ortsgruppe Jerusalem. In das religiöse Tableau der Palästinadeutschen passte Hegele eigentlich nicht: Er war kein Templer, gehörte offiziell der evangelischen Kirche an, ohne jedoch als aktiver Christ in Erscheinung zu treten. Er verstand es allerdings, auch in der Kirche Allianzen zu schmieden und politische Fronten zu schaffen. So ließ er sich – obwohl er in Jerusalem wohnte, in Bethlehem von Pfarrer Jentzsch trauen, ohne jedoch den Propst zu informieren: Jentzsch war Parteimitglied, der Propst dagegen nicht.[708]

Hegeles Reden auf den NSLB-Jahrestagungen und sein Agieren in der Schulvereinigung wiesen ihn als überzeugten NS-Ideologen aus, der seinen Schliff auf Kursen des rassepolitischen Amtes der NSDAP erhalten hatte. Hegele, eigentlich unerfahren in den schulischen, politischen und konfessionellen Fragen der deutschen Kolonie, nutzte seine Rolle als Newcomer, um mit jugendlichem Schwung die ideologische Umgestaltung der Schulcurricula voranzutreiben.[709]

Auf einer Tagung des NSLB in Jerusalem am 21./22.3.1936, an der auch evangelische Lehrer des Syrischen Waisenhauses, der Propsteischule und von Talitha Kumi

---

[707] Zur Problematik vgl. P. Hüttenberger, „Nationalsozialistische Polykratie", in: *GG* 2 (1976), 417–442.

[708] Vgl. das Schreiben von Th. Barkhausen an OKR Besig vom 26.8.1936, EZA 56/71.

[709] Vgl. zu Hegele z.B. BArchBerlin ZA 5–150, 242 und ISA R.G. 90/821/J 76/8 I. Dr. Kurt Hegele, am 31.5.1910 geboren, hatte 1932 in Tübingen promoviert, lehrte vom 1.10.1935 - 31.7.1939 am Lyzeum Tempelstift bzw. der vereinigten Deutschen Schule, ehe er am 1.8.1939 an die Schickhardt-Oberschule in Stuttgart wechselte. Seine NSDAP-Parteikarte, Mitgliedsnummer 2.342.539 gibt als Eintrittsdatum den 1.5.1933 an. Ab 1934 gehörte er dem NSLB, ab 1939 der NSV an. Neben seiner Funktion als NSLB-Obmann war er auch Schulungsleiter der OG Jerusalem.

teilnahmen, hatte Hegele in seinem Vortrag über „Der NSLB und seine Ideale" die „fanatische Liebe zum Vaterland" unmissverständlich als neue Erziehungsmaxime dargelegt. Der „Vielheit der seitherigen Erziehungsideale" habe Hitler ein einheitliches pädagogisches Ziel entgegengesetzt, „den deutschen Menschen der Zukunft." Um die Schüler zu diesem deutschen Menschen zu formen, müsse jeder Lehrer den Nationalsozialismus verinnerlicht haben, zuerst Deutscher und dann erst Wissenschaftler sein.[710] In seinem Brief vom 1.6.1936 an Propst Rhein benannte Hegele nicht nur seine ideologische Motivation für eine Vereinigung der beiden Schulen, sondern unterbreitete auch konkrete Vorschläge für ein mögliches Prozedere.[711]

Ausgangspunkt seiner Argumentation war die positive Resonanz der Eltern auf die Bildung der *Deutschen Volksschule* im Reich. Die gelungene Einführung dieses neuen nationalen, integrierten Schultyps in der Heimat wollte Hegele auch auf Jerusalem übertragen, weshalb er für eine Vereinigung beider Schulen kämpfte. Die in der neuen Schule praktizierte deutsche Volksgemeinschaft sollte die vorhandenen konfessionellen Gegensätze „verdrängen".[712] Die deutschen, vor allem die evangelischen Eltern begrüßten nach seiner Darstellung eine derartige Fusion unter nationalen Vorzeichen; von den nichtdeutschen Eltern, die ihre Kinder im deutschen Sinne erzogen sehen wollten, erwartete er ebenfalls keine Schwierigkeiten.

Für die konkrete Umsetzung der Vereinigung, die bis 1.10.1936 abgeschlossen sein sollte, hatte sich Hegele folgendes Szenarium überlegt, das er als „Ausgangsbedingungen" für die weiteren Verhandlungen ansah: Die *Deutsche Schule* sollte wie die Tempelschule 3–4 Grundschulklassen und 6–7 Realklassen umfassen und auf dem Gelände der Tempelschule in der Deutschen Kolonie liegen; der Religionsunterricht sollte nach Konfessionen getrennt erteilt werden. Übergangsweise könnten die älteren Schüler in der Propstei-, die jüngeren dagegen schon in der Tempelschule unterrichtet werden. Für Hegele war es evident, dass im Schulrat außer Vertretern der Kirche, der Tempelgesellschaft, der Elternschaft und des Generalkonsulats auch die Partei respektive der NSLB und die HJ repräsentiert sein müssten.

4.5.2 Kirchliche Reaktionen und Zielsetzungen

Rhein war vom Vorstoß des jungen Lehrers überrascht. Beim Generalkonsulat fragte er nach, ob Hegele diesen Vorschlag im Einvernehmen mit dem AA geschrieben habe. Rhein war bekanntlich aus pragmatischen Gründen gegenüber einer Fusion offen. Generalkonsul Döhle begrüßte Rheins Kooperationsangebot, verneinte jedoch eine vorherige Absprache mit Hegele.[713] Interessanterweise findet sich zu diesem

---

[710] Die Tagung beschäftigte sich zudem mit Themen wie: *Die Forderung des Nationalsozialismus an die Schulerziehung, Die Hitlerjugend, Die neuen Unterrichtsziele im Deutschunterricht,* mit Vererbungs- und Rassefragen, der neuen Geschichtsauffassung und der Stellung der Partei im neuen Staat. Vgl. ISA R.G. 90/821/J 76/8 I und ISA R.G. 90/J 76/6.

[711] Vgl. Hegeles Brief an Rhein vom 1.6.1936, ISA R.G. 67/1377A und R.G. 90/821/J 76/8 I.

[712] Ebd.

[713] Vgl. den Brief Rheins an Döhle vom 8.6.1936 und dessen Antwort vom gleichen Tag. Döhle schrieb, dass er die Abschrift des Schreibens von Hegele an Rhein erst am 5.6.1936 erhalten habe, ISA R.G. 67/1377A.

Zeitpunkt kein Hinweis auf das Interesse des AA an einer Reduzierung der Schulbeihilfen. Der Startschuss für die Vereinigung wurde also von Hegele aus ideologischen Gründen gegeben.

Rhein besprach die neue Lage zunächst mit seinem Gemeinderat, kontaktierte dann den Bürgermeister der Deutschen Kolonie, Nikolai Schmidt, und informierte schließlich die E.J.St. in Berlin.[714] Gegenüber dem Berliner Kuratorium bewertete der Propst eine Fusion positiv. Allein der frühe Termin und die zu stark an den heimatlichen Gegebenheiten orientierten Vorschläge schienen ihm anpassungsbedürftig. Der Jerusalemer Gemeinderat habe „um der Volksgemeinschaft willen und der finanziellen Erleichterung des Reiches" einer Vereinigung zum 1.10.1937 zugestimmt.[715] Die große Mehrheit des G.K.R., die nicht Hegele, sondern Döhle als treibende Kraft der Schulvereinigung ansah, wollte die konfessionellen Eigenheiten der Evangelischen Schule keineswegs aufgeben. Das evangelische Element sollte auch in der gemeinsamen Schule weiterhin sichtbar sein, die jährliche Aufnahme in die Grundschule gerade im Blick auf die arabischen Schüler bestehen bleiben, während in der höheren Schule eine zweijährige Aufnahme – wie auf dem Lyzeum – aus Rücksicht auf die Finanzen denkbar erschien. Schließlich sollte die Frage der Zuschüsse geklärt werden.

4.5.3 Beginn der Verhandlungen

Die Verhandlungen begannen zügig. Bereits am 25. Juni trafen sich Hegele, Rhein, Döhle und N. Schmidt erstmals zu einer Unterredung.

Eine Fusion zum neuen Schuljahr schien allen verfrüht, dafür wurde der 1.10.1937 als realistisches Ziel angepeilt. Dafür musste aber mit der Anpassung der Lehrpläne bereits ab 1.10.1936 begonnen werden, wozu eine Arbeitsgruppe aus je zwei Lehrern beider Schulen und dem NSLB-Obmann gebildet wurde, so dass de facto drei Lyzeumspädagogen vertreten waren. Diese nicht paritätische Besetzung der Kommission durch die Anwesenheit eines Parteioffiziellen sollte zu einem Kennzeichen der weiteren Verhandlungen werden.[716]

Bereits bei diesem ersten Zusammentreffen zeigte sich ein tiefer Dissens über die pädagogische Ausrichtung der neuen Deutschen Schule. Rhein wollte eine Propagandaschule, die Templer und Hegele eine Deutsche Volksschule. Damit verband sich die Frage nach dem inneren Aufbau der Schule. Die Tempelschule war eine fünfklassige Schule, in der der Klassenlehrer praktisch alle Fächer unterrichtete. Sie nahm jedes zweite Jahr Schüler auf und führte bis zur Obersekunda. Als württembergische Realschule stand sie dem Deutschen Volksschul-Modell näher als die Evan-

---

[714] Vgl. die Abschrift des Schreibens Rheins an die E.J.St vom 11.6.1936, ISA R.G. 67/1377A.

[715] Ebd.

[716] Zu den fünf Mitgliedern der Kommission zählten für die Propsteischule Studienassessor Karl Köhler und Lehrer Helmut Schrade, für das Lyzeum die Lehrer Wilhelm Eppinger und Ludwig Buchhalter sowie Studienassessor Dr. Hegele als NSLB-Landesobmann, was ein Übergewicht der Tempelschule ergab. Der Kommission gelangen dennoch auf einer Sitzung Ende Juni 1936 die ersten Schritte zur Anpassung der Lehrpläne. Vgl. Kommissionsbericht vom 30.6.1936, ISA R.G. 67/1377A.

gelische Schule mit ihrem an das preußische Reformgymnasium angelehnten Konzept. In der neunklassigen Vollschule, die jedes Jahr neue Schüler aufnahm und mit der Untersekunda abschloss, herrschte das Fachlehrersystem. Dadurch wurden mehr Lehrer gebraucht und höhere Personalkosten verursacht.

Die fünfklassige Schule war finanziell günstiger. Allerdings bestanden erhebliche Altersunterschiede in jeder Klasse. Ein Sitzenbleiben war praktisch ausgeschlossen, weil der Betroffene dann nicht ein Jahr, sondern zwei Jahre verlieren würde. Die Vorteile des Klassenlehrersystems für Vor- und Unterstufe wurden von den evangelischen Verhandlungspartnern zwar anerkannt. Aus ihrer Sicht entstanden jedoch in der Mittelstufe Probleme, wenn die Fremdsprachen nicht durch einen Fachlehrer erteilt würden. Ein Fachlehrer wiederum war für eine Auslandsschule zu wenig, da die akademische Lehrkraft auch die Abschlussklasse zu betreuen hatte. Die Ausbildung in der Obersekunda, die für die Prima einer deutschen Schule vorbereiten sollte, war nur mit zwei *akademischen* Lehrern möglich, die es im Lyzeum nicht, an der Evangelischen Schule sehr wohl gab.

Doch auch die Tempelgemeinde war von den Vorzügen ihres Schulmodells überzeugt und verteidigte es in den Verhandlungen und gegenüber dem Generalkonsulat.[717] Nicht allein die pädagogischen Detailfragen waren umstritten, auch ihre Darstellung gegenüber dem Generalkonsulat wurde zum propagandistischen Streitfall, hofften doch beide Seiten, Döhle von der Richtigkeit ihrer Position überzeugen zu können. Die Templer und die Partei durften sich dabei einer stillen Allianz sicher sein und mussten nur noch schlagkräftige Argumente liefern, die Döhle gegenüber der Kulturabteilung in Berlin zu vertreten beziehungsweise durchzusetzen hatte. Auf Seiten der Erlöserkirche und Propsteischule wusste man wohl von diesen Verbindungen und versuchte nun selbst das überzeugendere Konzept vorzulegen. Trotz regelmäßiger politischer Loyalitätsbekundungen zum NS-Staat bewegten sich die Protestanten mit ihrem bis 1935 offiziell geförderten ‚Propagandaschulmodell‘ auf den Bahnen der auswärtigen Kulturpolitik der Weimarer Republik.

4.5.4 Wachsende Differenzen

Dass in diesem Streit mit Tricks und Finten gearbeitet wurden, kann kaum überraschen. Während etwa das Protokoll der Kommissionssitzung vom 30.6.1936 den Eindruck erweckte, als ob sich die evangelische Seite mit den organisatorischen Fragen arrangiert hätte, stellte Rhein gegenüber Döhle klar, dass diese Darstellung den

---

[717] Vgl. die umfassenden Stellungnahmen der Jerusalemer Templergemeinde gegenüber dem Generalkonsulat vom 5., 9. und 11.7.1936, ISA R.G. 67/1377A. Aus Sicht der Templer sollte ihr Schulmodell Grundlage der gemeinsamen Institution werden. Die Schüler konnten direkt auf die Unterprimen im Reich wechseln, was den Eltern ein Jahr Schulkosten in Deutschland ersparte. Statt der sechs Lehrer des Fachlehrersystems benötigte das Klassenlehrermodell nur fünf Lehrkräfte, was den Jahresetat um rund 300 Pfund reduzieren würde. Da in einer neunklassigen Schule ohne Obersekunda mit jährlicher Aufnahme kaum mehr als vier deutsche Kinder jährlich eingeschult würden, befürchteten sie einen starken Zuwachs der ausländischen Schülerschaft, was aber aus pädagogischen Gründen im Interesse der deutschen Kinder abzulehnen sei.

Tatsachen widerspreche.[718] Außerdem beklagte er sich, dass die Templer behauptet hätten, eine neunklassige Schule benötige auch neun Lehrer, obwohl sechs Pädagogen ausreichend seien. Ausführlich erläuterte Rhein noch einmal, dass das AA den Ausbau der Propsteischule zu einer Vollschule seit Jahren unterstützt habe und die Evangelische Schule im Einverständnis mit den *Richtlinien für die Behandlung von nicht-deutschen Schülern an deutschen Auslandsschulen* vom 29.5.1934 handle. Deutsche Schüler würden „zu guten Deutschen im Sinne der nationalen Wiedergeburt" herangezogen, während den ausländischen Schülern „unbeschadet der rückhaltlosen Anerkennung ihres eigenen vaterländischen Pflichtenkreises eine freundschaftliche innere Einstellung zu den Werten deutschen Geistes und Volkstums" vermittelt werde.[719] Da die anderen deutschen Propagandaschulen – wie das Schmidt's Girl College, das Syrische Waisenhaus oder Talitha Kumi – ausschließlich auf arabische Schüler ausgerichtet sei, könnten dort deutsche Sprache und Kultur überhaupt nicht in gleicher Weise vermittelt werden wie bisher auf der Deutschen Evangelischen Schule. Gerade deshalb fühlten sich die evangelischen Lehrer dazu verpflichtet, „den Charakter und Aufbau einer vereinigten höheren deutschen Schule als Propagandaschule" zu verteidigen. Gerade die Vermittlung der deutschen Sprache sei der Schlüssel zur Vermittlung der deutschen Kultur, wie Oberlehrer Haddad vom Syrischen Waisenhaus in seiner von der deutschen Akademie in München preisgekrönten Arbeit dargelegt habe: „Nur wer Deutsch kann, ist im Stande, die ungeheure Umwälzung zu verstehen, die in Deutschland der Führer Adolf Hitler bewirkt hat, und die aller Ehrfurcht und Achtung würdig ist."[720]

Rhein betonte, dass die arabische Oberschicht ihre Kinder wegen des hohen Prestiges der deutschen Pädagogik auf die Propsteischule schicke. Das habe bisher keine Verminderung der Leistungen der deutschen Schüler zur Folge gehabt. Überfremdungsängste hielt Rhein für unbegründet, zumal die Templerkinder die deutsche Mehrheit in der Schule erweitern würden. Bei 110–115 Kindern in einer neunklassigen Schule würden etwa 70–75 Schüler aus deutschen, rund 40 Schüler aus ausländischen Familien kommen. Durch das höhere Schulgeld für ausländische Kinder gab es sogar ein schlagendes finanzielles Argument für die Beibehaltung national gemischter Klassen.

Rhein schloss seine Argumentation mit einem wohl taktisch motivierten Bekenntnis zu den nationalsozialistischen Erziehungsgrundsätzen ab: „Unser Unterricht war und ist immer ausschließlich auf die Zielsetzung des Reiches ausgerichtet." In der Biologie werde die Rassenkunde, im Geschichtsunterricht der Aufbau des Dritten Reiches, in den Musikstunden das NS-Liedgut eingehend behandelt. Ob Rhein gegenüber Döhle auf die Integration ideologischer Elemente in das Schulcurriculum aus Überzeugung oder aus Taktik hinwies, lässt sich nicht mehr eindeutig rekonstruieren. Allerdings dürfte Rhein klar gewesen sein, dass sein Werben für das damals überkommene Modell einer Propagandaschule völlig chancenlos gewesen wäre, wenn er sich nicht in irgendeiner Form für die Aufnahme nationalsozialistischer

---

[718]   Vgl. das Schreiben Rheins an Döhle vom 14.7.1936, ISA R.G. 67/1377A.
[719]   Ebd.
[720]   Ebd.

Lehrinhalte ausgesprochen hätte. Auffallend ist, dass Rhein sein Bekenntnis zum Dritten Reich stets indirekt formulierte. Er zitierte die Eulogie des arabischen Oberlehrers Haddad und sprach von der „nationalen Wiedergeburt" oder von der pädagogischen Orientierung an der „Zielsetzung des Reiches". Das war wohl der Kompromiss, den der national denkende Geistliche eingehen konnte: Er wollte damit versuchen, seine politische Zuverlässigkeit zu demonstrieren, ohne gleich der NSDAP oder einer ihrer Gliedorganisationen beitreten zu müssen. Wie die Reaktionen der Partei und des Generalkonsulats offenbarten, war dies ein vergebliches Bemühen. Sie sahen auch in einem noch so starken Nationalgefühl keinen hinreichenden Beweis für politische Vertrauenswürdigkeit.

4.5.5 Unterschiedliche Positionen innerhalb der evangelischen Gemeinde

Derweil liefen auch kirchenpolitisch die Drähte heiß. Gegenüber dem E.J.St. plädierte der in der NSDAP-Ortsgruppe engagierte Leiter des Diakonissenkrankenhauses und G.K.R.-Mitglied, Prof. Gmelin, für eine Bündelung der Kräfte. In der schwierigen Lage für das „Deutschtum in Palästina"[721] müssten alte Gegensätze zurücktreten. Gmelin hielt einen Umzug der Propsteischule aus ihrer jüdischen Nachbarschaft für geboten, sprach sich für die Betonung des deutschen Charakters der gemeinsamen Schule aus, dem sich das evangelische Element und die Idee der Propagandaschule unterordnen müssten.

Dagegen warnte Schwester Theodore Barkhausen in Briefen an den E.O.K. in Berlin davor, dass der kirchliche Einfluss in der vereinigten Schule verloren gehen werde. Weitblickend befürchtete sie, dass der Plan, den evangelischen Geist durch evangelische Lehrer aufrechtzuerhalten, scheitern werde. Sie hatte intern schon mehrfach die Position vertreten, die evangelische Schule lieber eingehen zu lassen als sie mit der Templerschule zu fusionieren.[722] Sie beklagte, dass der G.K.R. im Blick auf die Schulvereinigung keine einheitliche Position besitze. Sie war befremdet, dass Hermann Schneller „noch schroffer" als sein Bruder Erwin, aber auch Eberhard Gmelin und das G.K.R.-Mitglied Lorenz darauf pochte, dass „seine Kinder mit deutschen Kindern aufwachsen sollen, nicht mit Kindern anderer Nationen, die in unserer Schule in der überwiegenden Mehrheit sind."[723] Nach Barkhausens Beobachtungen erwogen Hermann Schneller und Gmelin zeitweise sogar, ihre Kinder in die Tempelschule zu schicken. Dass ausgerechnet der Leiter einer evangelischen Lehranstalt, die sich praktisch ausschließlich um arabische Schüler kümmerte, völkische Interessen derart betonte, ist rückblickend verwunderlich und kann nur mit der starken Adaption des Zeitgeistes im Hause Schneller begründet werden.

---

[721] Vgl. Gmelins „Persönliche Gedanken über die Zusammenlegung der beiden Schulen in Jerusalem" vom 25.8.1936 an die E.J.St., EZA 56/71.

[722] Vgl. Th. Barkhausens Briefe an OKR Jeremias und Besig vom 25.8. und 26.8.1936, EZA 56/71.

[723] Ebd.

4.5.6 Druck und Vermittlung durch das Auswärtige Amt

Im Herbst 1936 reisten Bürgermeister Schmidt und Propst Rhein nach Deutschland, um Gespräche mit dem Auswärtigen Amt zu führen.[724] Schmidt wurde von Generalkonsul Döhle, Rhein von OKR F. Jeremias begleitet. Döhle stellte sich zwar als Vermittler zwischen den Fronten dar, unterstützte gegenüber dem AA aber die „beachtlichen Gesichtspunkte" Hegeles.[725] Ihr Gesprächspartner war der Vortragende Legationsrat, Dr. Traugott Böhme,[726] der seit 1930 das Schulreferat in der Kulturabteilung leitete und 1937 auf Betreiben des Chefs der A.O. im AA, Staatssekretär Ernst Wilhelm Bohle,[727] wegen seiner antinationalsozialistischen Haltung in den Wartestand versetzt wurde.

Böhme gewann in den Unterredungen den durchaus zutreffenden Eindruck, dass trotz einer grundsätzlichen Bereitschaft beider Seiten die Zustimmung zur Realisierung des Projekts aber von derart diffizilen Bedingungen abhängig sei, dass ohne einen „gewissen Druck" von Seiten des Generalkonsulats kein Kompromiss zu erwarten sei.[728] In der Kulturabteilung des AA erhielt das Konzept der Templer die größere Resonanz. Zwar betrachtete das AA die neunklassige Schule als die in Deutschland „normale Lösung". Die in den deutschen Schulen Palästinas übliche fünfklassige Variante habe jedoch den Vorteil, dass der Schulwechsel einfach sei, durch den zweijährigen Aufnahmeturnus die „Überfremdung" verhindert und die Deutsche Schule mit fünf Lehrern auskommen werde. Vor der Vereinigung hatte die Evangelische Schule 23 deutsche und 35 ausländische, das Lyzeum dagegen 47 deutsche und 16 ausländische Schüler.[729] Da die Evangelische Schule jährlich mehr ausländische als deutsche Schüler aufnahm, sollte durch einen zweijährigen Zyklus der Anteil der nichtdeutschen Kinder reguliert beziehungsweise reduziert

---

[724] Nach der Aufzeichnung von F. Jeremias vom 9.10.1936, ISA R.G. 67/1377A betonte die evangelische Seite, dass durch die Pläne der Templer die „Eigenart" der Evangelischen Schule gefährdet sei und die Deutsche Schule „den Charakter einer Tempelschule" gewinne. Allein der getrennte Religionsunterricht sei kein Ausgleich für die in der Stiftungsurkunde festgehaltene Zielsetzung der Propsteischule. Böhme erkannte – nach F. Jeremias' Bericht - den „evangelischen Charakter" der Grundschule an, lehnte die ebenfalls bereits verhandelte Mitgliedschaft des Generalkonsuls und des Schulleiters im Schulvorstand ab. Umstritten blieb zunächst, ob die Schulen ab der Sexta oder vollständig vereinigt werden sollten.

[725] Vgl. den Zwischenbericht Döhles an das AA vom 29.7.1936, ISA R.G. 67/1377A. Hierin machte sich Döhle auch das von Hegele stammende, aber in den Akten nicht belegte Argument zu Eigen, dass das Schicksal der ausländischen Kinder in der vereinigten Schule völlig überbewertet werde. Die meisten englischen und arabischen Kinder würden nach einige Jahren aus der deutschen Schule herausgenommen und auf englische Schulen überführt. Dort hätten sie bessere Ausbildungschancen für eine Beamtenlaufbahn in der Palästinaregierung. Deshalb würden nur sehr wenige Ausländer die Deutsche Schule bis zur Abschlussklasse besuchen.

[726] Zu Böhme vgl. z.B. K. Düwell, *Deutschlands auswärtige Kulturpolitik*, 96–98, 244 und H.-A. Jacobsen, *Nationalsozialistische Außenpolitik 1933–1938*, Frankfurt/Main – Berlin 1968, 471, 624–626 (Organigramm des AA für die Jahre 1933–1938).

[727] Zu Bohle vgl. z.B. H.-J. Döscher, *Das Auswärtige Amt im Dritten Reich*, 160–174.

[728] Vgl. die Zusammenfassung der Treffen im Schreiben des AA an Döhle vom 12.10.1936, ISA R.G. 67/1377A.

[729] Die Zahlen sind dem Sitzungsprotokoll der Politischen Leiter der Ortsgruppe Jerusalem vom 6.12.1937 entnommen, ISA R.G. 90/821/J 76/8 II.

werden. Gleichwohl neigte Böhme zu diesem Zeitpunkt dazu, weder den General-konsul zum Vorsitzenden noch den Schulleiter zum ordentlichen Mitglied des pari-tätischen Schulvorstands zu machen, um so Konfliktherde zu umgehen.[730]

Da das Votum der Wilhelmstraße deutlich war, erhöhte Döhle den Druck, um Rhein und die Propstei-Lehrer zum Einlenken zu bewegen. Ende Oktober verschick-te das Generalkonsulat an die Verhandlungsführer einen umfassenden Katalog und drängte mit Verweis auf die Haltung des AA auf eine rasche Klärung der noch offe-nen Fragen.

Rhein dürfte sich von diesem Vorpreschen übergangen gefühlt haben, sah die Besprechung im Auswärtigen Amt in einem anderen Licht. Mitte Januar 1937 ver-schärfte Rhein gegenüber dem Generalkonsulat die Forderungen der evangelischen Seite und setzte überraschenderweise konfessionelle Streitfragen auf die Agenda.[731] Er erwartete, dass die Pädagogen „christliche Lehrerpersönlichkeiten" seien und es regelmäßige Morgenandachten in der Schule gäbe. Ob er damit die Schulvereinigung völlig blockieren oder – möglicherweise aus der Erkenntnis der eigenen Schwäche – „nur" höhere Hürden für die Verhandlungen aufbauen wollte, lässt sich im einzel-nen nicht mehr klären. Auf jeden Fall gewann nun der alte konfessionelle Dissens zwischen Kirchlern und Templern erneut an Bedeutung. Aus Berlin erhielt Rhein nur vage Unterstützung. Das E.J.St.-Kuratorium begrüßte zwar eine Vereinigung im Sinne der Volksgemeinschaft, forderte aber ein organisches Zusammenwachsen, das nicht gegen den Sinn des Stiftungszweckes verstoße.[732]

4.5.7 Weitere Verhandlungen – Rheins Widerstand – Eskalation des Konflikts

Auf der Kommissionssitzung vom 27.1.1937 einigten sich beide Parteien zumindest auf die Besetzung des Schulvorstandes. Er sollte aus je zwei Vertretern der beiden Gemeinden und dem Reichsvertreter, d.h. dem Generalkonsul beziehungsweise sei-nem Vertreter, als Vorsitzenden sowie dem HJ-Führer, dem Schulleiter und einem weiteren, vom Reichsvertreter zu bestimmenden Mitglied bestehen. Damit war for-mal der NSLB-Obmann nicht im Vorstand vertreten, konnte aber durch den General-konsul berufen werden. Die Gegensätze in der Frage des Charakters der Schule, in der von den Templern abgelehnten Parität der Lehrerberufungen und der Gestaltung der religiösen Unterweisung blieben jedoch bestehen. Rhein konnte am 27. Januar 1937 lediglich durchsetzen, dass die neue Schule Morgenandachten für evangeli-sche Kinder anbieten werde. Dass alle Schüler eine gemeinsame Andacht besuchen sollten, fand dagegen keine Mehrheit.

Rhein scheinen die langwierigen Verhandlungen und der starke politische Druck reichlich frustriert zu haben. Das belegt eine „streng vertrauliche" Bemerkung Döh-les gegenüber dem AA: Rhein hatte am Rande der besagten Kommissionssitzung „unter vier Augen" den Plan der E.J.St. ins Spiel gebracht, die Evangelische Schule

[730]   Vgl. F. Jeremias' Gesprächsprotokoll vom 12.10.1936, EZA 56/71
[731]   Vgl. Rheins Schreiben an Döhle vom 15.1.1937, ISA R.G. 67/1377A.
[732]   Vgl. die Abschrift des Schreibens der E.J.St. an Rhein vom 15.1.1937, ISA R.G. 67/1377A.

gänzlich aufzugeben. Das hätte bedeutet, dass eine Fusion völlig obsolet geworden und der kirchliche Zuschuss zur gemeinsamen Schule entfallen wäre. Ob es in einem solchen Fall überhaupt eine neue Deutsche Schule in Jerusalem gegeben oder ob das Lyzeum Tempelstift einfach weitergemacht hätte wie bisher, lässt sich aus Rheins Bemerkung nicht ablesen. Döhle war von Rheins Drohung nicht beeindruckt und hielt weiter an einer Deutschen Schule mit getrenntem Religionsunterricht fest. Er hoffte zudem, dass die Parteimitglieder im G.K.R. auf Rhein einwirken würden, um dessen uneingeschränkte Verteidigung des Propagandaschulmodells quasi von innen aufzuweichen.[733]

Rhein hatte mit seiner Schließungs-Drohung den Bogen überspannt. In der Wilhelmstraße war die Geduld mit den streitenden Parteien zu Ende. In unmissverständlicher Klarheit drängte das AA im März 1937 auf den Abschluss der Verhandlungen, die eine für das Reich günstigere Schule hervorbringen solle. Geld wurde nun zum wichtigsten Druckmittel: Derjenigen Seite, welche die Vereinigung weiter torpediere, wollte das AA die Schulbeihilfen streichen. Dieses radikale Mittel zeigte Wirkungen.[734] Döhle legte bei der Kommissionssitzung am 7. April 1937 einen Vertragsentwurf vor, der zu weiten Teilen von beiden Seiten akzeptiert wurde. Der Entwurf folgte in weiten Zügen den Vorstellungen des NSLB und der Lyzeums-Pädagogen: Nach § 3 würde die Deutsche Schule 10 Klassen, davon drei Grundschul- und sieben Realklassen besitzen. Nun erhielt Rhein unerwartete Unterstützung von Tempelvorsteher Philipp Wurst, der eine endgültige Festlegung der Schulform für verfrüht ansah. Die Kommission beschloss, die Gestaltung der neuen Deutschen Schule von einer Anfrage in Berlin abhängig zu machen.

Uneinigkeit bestand weiter über den zweijährigen Aufnahmezyklus, gegen den die evangelische Fraktion mit Rhein, Gmelin und H. Schneller geschlossen stimmte. Mit der Beibehaltung der jährlichen Einschulung sahen sich die Kirchler auf einer Linie mit der Reform der höheren Schulen durch Reichsminister Rust.[735] Wurst erkannte ihr Anliegen an, hatte aber die finanziellen Argumente auf seiner Seite: Bei einer jährlichen Aufnahme von nur drei Kindern waren eigenständige Klassen nicht zu rechtfertigen.

Einstimmigkeit gab es bei der Quote von 25 Prozent für ausländische Kinder, um eine ‚Überfremdung' zu vermeiden. Kinder mit nur einem deutschen Elternteil wurden deutschen Kindern gleichgestellt. Zudem gelang es Rhein im zweiten Anlauf, eine gemeinsame wöchentliche Andacht für alle Kinder und die konfessionelle Parität innerhalb der Lehrerschaft durchzusetzen. Der erste Konsensvorschlag sah vor, dass jede Gemeinde je zwei Lehrer, der Vorsitzende des Schulvorstandes zwei weitere Lehrer bestimmen durfte.[736]

---

[733]   Vgl. Döhles Schreiben an das AA vom 23.2.1937, ISA R.G. 67/1377A.

[734]   Vgl. das Schreiben des AA an das Generalkonsulat vom 8.3.1937, ISA R.G. 67/1377A.

[735]   Rhein verwies in seinem Schreiben an Döhle auf einen Artikel in der *Frankfurter Zeitung* vom 25.3.1937 mit dem Titel „Die Reform der höheren Schule", ISA R.G. 67/1377 A.

[736]   Übereinstimmung fanden beide Seiten auch für eine einheitliche Besoldung der Lehrer, die auf der Basis der *Richtlinien für eine Regelung und gemeinsame Ordnung unsrer Lehrer- und Schulverhältnisse* der Tempelgesellschaft vom März 1936 erfolgen sollte.

Ein Kompromiss schien in Sichtweite, doch Rhein war mit dieser Regelung keineswegs zufrieden. Gegenüber Döhle pochte er auf ein Verhältnis von 3:3 bei der Lehrerbesetzung.[737] Der Propst ahnte zu Recht, dass andernfalls der im Schulvorstand mächtige Reichsvertreter zwei weitere ihm gemäße Lehrer, vermutlich zwei Templer, berufen würde. Mit der Stellenbesetzung waren nicht allein konfessionelle und politische, sondern auch personelle beziehungsweise finanzielle Fragen berührt. Im Falle einer Nichtberufung drohte den Lehrern der Evangelischen Schule nämlich die Rückkehr ins Reich oder die Arbeitslosigkeit.

Im weiteren Verlauf des Aprils kam es bei den Verhandlungen erneut zu gravierenden Auseinandersetzungen zwischen Kirchlern und Templern respektive dem Generalkonsulat, in denen Döhle erstmals mit der Streichung der Schulbeihilfen gedroht haben muss. Nur so lässt sich erklären, warum Rhein am 17. April 1937 den Generalkonsul in scharfem Ton aufforderte, ihm die bestehenden Streitpunkte schriftlich zu bestätigen – einschließlich der geplanten Kürzung der Schulbeihilfen für die vereinigte Einrichtung.[738] Am 21. April bestätigte Döhle den Dissens. Die Abschaffung des Propagandacharakters der vereinigten Schule bezeichnete Döhle dagegen als „Missverständnis"[739]. Während der Generalkonsul dem Propst entgegenzukommen schien, zeigte er in einem am gleichen Tag verfassten Schreiben an das Auswärtige Amt eine ganz andere Sicht der Dinge. Döhle beklagte sich über die „Hemmungen" des Propstes bei der Realisierung der Schulvereinigung, weil der evangelische Theologe noch immer an der Beibehaltung seiner „Missionsschule" festhalte. Den Terminus „Propagandaschule" ließ Döhle in diesem Schreiben bewusst aus.[740] Rheins national-kulturelle Argumentation wurde also ihres Inhalts entblößt, auf eine rein religiöse Zielsetzung reduziert und damit in den Augen des AA desavouiert. Auch wenn Rhein dieses Schreiben nicht gekannt haben dürfte, verschärfte sich der Ton zwischen Propst und Generalkonsul. Rhein warf Döhle eine Diffamierung der Araber vor, kämpfte für den Arabischunterricht und die Interessen der arabischen Eltern.[741]

Rheins Hartnäckigkeit in dieser Frage hatte natürlich mit den Zugeständnissen zu tun, die die evangelische Seite im Laufe der Verhandlungen hatte machen müssen. Sie verzichtete auf den evangelischen Charakter der Schule, auf das prestigeträchtige eigene Schulgebäude, die völlige paritätische Besetzung der Lehrerstellen, die Schulgeldermäßigung für Geschwister, die täglichen Morgenandachten und den Englischunterricht ab der dritten Klasse, wie er bisher in der Propsteischule angeboten wurde. Zudem zeichnete sich ab, dass es der evangelischen Seite nicht gelingen würde, einen ihrer Lehrer als Schulleiter zu nominieren.[742]

---

[737] Vgl. den Brief Rheins an Döhle vom 3.4.1937, ISA R.G. 67/1377 A.

[738] Vgl. das Schreiben Rheins an Döhle vom 17.4.1937, ISA R.G. 67/1377 A.

[739] So Döhles Brief an Rhein vom 21.4.1937, ISA R.G. 67/1377 A. Döhle hielt den reduzierten Reichszuschuss von 500 statt 1.000 Pfund deshalb für vertretbar, weil es auch 1936 nur 724 Pfund an Zuwendungen gegeben habe

[740] Vgl. Döhles Schreiben an das AA vom 21.4.1937, ISA R.G. 67/1377A.

[741] Vgl. den Brief Rheins an Döhle vom 26.4.1937, ISA R.G. 67/1377 A.

[742] Ebd. Die Gemeinde willigte zudem ein, die Mehrkosten der Lehrergehälter und der Aufbauklasse mitzufinanzieren. Die Aufbauklasse war eine Förderklasse für die nicht aus Jerusalem stammenden

Die Attacke des Propstes verstimmte den Generalkonsul. Er ging in seiner Antwort nicht auf Rheins Anliegen ein, vertagte die ausstehenden Entscheidungen auf die nächste Kommissionssitzung. Dann verwies er Rhein auf die Bedeutung der Machtergreifung Hitlers für die Bildung einer Gemeinschaftsschule und fügte seinem Schreiben einige Zeitungsartikel über die Reden zweier Geistlicher zur Einführung der Gemeinschaftsschule im Gau Saarpfalz bei.[743] Verärgert wies Rhein diese „Belehrung" zurück, schließlich sei er über die Entwicklungen informiert und fördere die Volksgemeinschaft „wie jeder andere auch".[744]

Das Verhältnis zwischen Partei und Kirche wurde in dieser Phase so frostig, dass Cornelius Schwarz den Propst bat, im *EGP* keine weiteren Ankündigungen von Parteiveranstaltungen abzudrucken.[745] Zudem versuchte Schwarz – in Abstimmung mit Döhle – die Weichen für den Einfluss des NSLB auf den zu bildenden Schulrat und auf die Berufung des Schulleiters zu stellen.[746] Schwarz trat dafür ein, die Beteiligung des NSLB bei der Schulverwaltung schriftlich zu fixieren, Döhle wollte jedoch mit Rücksicht auf ein mögliches Veto der Mandatsregierung vorsichtiger vorgehen. Statt die Beteiligung des HJ-Führers oder des NSLB-Obmanns im Schulvorstand expressis verbis in den Vertragstext aufzunehmen, sollte seiner Ansicht nach umschreibend vom „Vertreter der deutschen Jugendorganisationen" gesprochen werden.[747]

Die für die schulpolitische Ausrichtung und die innere Balance der deutschen Diaspora nicht unbedeutende Frage nach der Besetzung der Schulleitung war zu diesem Zeitpunkt noch offen. Drei Kandidaten standen zur Diskussion: Kurt Hegele, Philipp Wurst und Wilhelm Eppinger. Propst Rhein und Tempelvorsteher Wurst favorisierten beide den bisherigen Leiter des Lyzeums, Wilhelm Eppinger. Dieser war ein gemäßigter Templer, fühlte sich in den deutschen Kolonien Palästinas heimisch und gehörte bis 1938 weder der NSDAP noch dem NSLB an. Das qualifizierte ihn in den Augen der beiden, ebenfalls parteiunabhängigen Gemeindeoberhäupter Rhein und Wurst, disqualifizierte ihn dagegen bei Schwarz, Hegele und Döhle. In einem Schreiben an das *Amt für Erzieher* der A.O. – zuständig für die Erfassung deutscher Lehrer im Ausland – und in einem internen Briefwechsel der NSDAP-Landesgruppe vom 4. Mai 1937 warnte Schwarz vor Eppinger, der als „Jerusalemer Kolonistenkind" sein ganzes Leben in Palästina verbringen werde, Deutschland aber kaum kenne. Die Berufung dieses politisch unzuverlässigen Lehrers sei „nicht wünschenswert". Eppinger werde am Schulleiter-Posten „kleben" und in absehbarer Zeit

---

Templerkinder, die den evangelischen Schülern aus Jerusalem nicht zugute kam. Mit dem Ende der Evangelischen Schule musste auch das seit Jahren bestehende Schulinternat aufgegeben werden, weil es nicht in das neue Schulkonzept passte und die grundsätzliche finanzielle Mehrbelastung durch die Kürzung des Reichszuschusses aufgewogen werden musste.
[743]   Vgl. Döhles Antwort an Rhein vom 28.4.1937, ISA R.G. 67/1377A.
[744]   Vgl. Rheins Antwort an Döhle vom 3.5.1937, ISA R.G. 67/1377A.
[745]   Vgl. den Brief von Schwarz an Rhein vom 13.4.1937, ISA R.G.90/821/J 76/9.
[746]   Vgl. Schwarz' Brief an das *Amt für Erzieher* der A.O. vom 2.5.1937 und Döhles Brief an das AA vom 5.5.1937, ISA R.G. 67/1377A.
[747]   Ebd.

vermutlich in den NSLB eintreten, um sich so unangreifbar zu machen.[748] Damit wäre der Partei der direkte Zugriff auf die Schulpolitik verwehrt geblieben.

Bei einer Besprechung zwischen Döhle und den Parteivertretern wurden am 18.5.1937 schließlich die Weichen gestellt: Da Eppingers politische Loyalität angezweifelt wurde, sollte Wurst kommissarisch Schulleiter werden, bis ein „geeigneter" – und das bedeutete: politisch zuverlässiger – Lehrer aus Deutschland gewonnen werden könnte.[749] Das war ein geschickter Schachzug, denn den Beteiligten war klar, dass sich NSLB-Obmann Hegele wegen seines dezidierten politischen und wegen seines fehlenden kirchlichen Engagements nicht durchzusetzen vermögen würde.

4.5.8 Ende des Verhandlungsmarathons mit Hindernissen

Im Mai kamen die Vereinigungsverhandlungen zum Abschluss. Während der Kommissionssitzung am 5.5.1937 einigten sich beide Seiten auf die Übernahme aller Kinder bisheriger Schulen, obwohl die 25 %-Quote für ausländische Schüler als Richtlinie fixiert wurde. Am 28. Mai lag der fertige Vertrag den Verhandlungspartnern vor. Mit Zustimmung des abwesenden Propstes und dem Segen der Evangelischen Jerusalem-Stiftung unterzeichneten Prof. Eberhard Gmelin und Direktor Hermann Schneller für die evangelische Gemeinde, Bürgermeister Nikolai Schmidt und Tempelvorsteher Philipp Wurst und als Reichsvertreter Generalkonsul Walter Döhle den Vertrag. Nach seiner Rückkehr von der Orientpfarrerkonferenz in Sofia gab Propst Rhein mit seiner Unterschrift am 5. Juli 1937 ebenfalls seine Zustimmung zu der Vereinbarung.

Der Vertrag war nichts anderes als der leicht modifizierte Konsulatsentwurf vom 7. April 1937.[750] Die Deutsche Schule übernahm das zehnklassige System der Templerschule samt zweijährigem Aufnahmeturnus. § 5 offenbarte den Kompromisscharakter des Vereinigungsvertrages, der den evangelischen und den nationalistischen Interessen genügen musste: „Die Deutsche Schule Jerusalem ist interkonfessionell. Erziehung und Unterricht erfolgen auf dem Boden der Erziehungsaufgaben des Dritten Reiches nach christlichen Grundsätzen unter Wahrung der Religionsfreiheit der beteiligten Gemeindemitglieder." Mit dem Hinweis auf die Religionsfreiheit verband sich die Einführung eines getrennten Religionsunterrichts.

In der Zusammensetzung der Verwaltungsgremien wurde der politische Erfolg der Templer deutlich: Nach § 8 sollte der Schulvorstand aus fünf Mitgliedern bestehen. Je zwei Mitglieder kamen aus den Gemeinden, ein Vertreter des Generalkonsulats führte den Vorsitz. Die Aufgaben des Schulvorstandes bestand in der Kontrolle der Finanzen der Schule, der Lehrerbesoldung, der Vertretung der Schule nach außen, der Berufung der Lehrer sowie der Aufsicht über die Bewahrung des in § 5 festgelegten Charakters der Schule.

---

[748]   Beide Briefe finden sich in: ISA R.G. 90/J 76/6.
[749]   Ebd.
[750]   Der Vertragstext sowie Zusatzprotokoll finden sich in ISA R.G. 90/J 76/6.

Neben diesem Schulvorstand sah § 9 als zweites Aufsichtsgremium einen Schulrat vor, dem acht Mitglieder angehörten. Seine Aufgabe bestand in der Regelung aller schultechnischen Fragen und in der Zusammenarbeit mit den deutschen Jugendorganisationen des Landes. Die Zusammensetzung des Schulrats sah deshalb neben den fünf Mitgliedern des Schulvorstandes nicht nur den Schulleiter, sondern auch den Leiter der deutschen Jugendorganisation in Jerusalem und ein weiteres, vom Deutschen Generalkonsulat zu ernennendes Mitglied vor. Damit hatte Döhle also äußerst geschickt ein paralleles Gremium geschaffen, durch das – ohne es gegenüber den Mandatsbehörden explizit auszuführen – dem HJ-Führer und dem NSLB-Obmann eine Beteiligung an der Schulverwaltung ermöglicht wurde.[751] Während im Schulvorstand die konfessionellen Gemeinden angemessen vertreten waren, besaßen sie im Schulrat keine Mehrheit mehr.

Wie raffiniert diese Doppelstrategie angelegt war, offenbart § 10 des Vertragstextes: Danach wurde der Schulleiter zwar vom Schulvorstand ernannt, die Lehrpläne, deren sachgemäße Durchführung der Schulleiter überwachen sollte, dagegen vom Schulrat festgelegt. Auf diese Weise standen also der Einführung nationalsozialistischer Erziehungsziele keine größeren Hindernisse im Wege.

Der kurze Vereinigungsvertrag umging zentrale Fragen, die in einem Zusatzprotokoll geregelt wurden. Das Protokoll legte die 25 %-Quote für arabische Kinder fest, wobei bereits eingeschulte Kinder von der Quote ausgenommen waren. Der zweijährige Aufnahmeturnus konnte dann zugunsten einer jährlichen Aufnahme durchbrochen werden, wenn die finanzielle Lage der Schule und eine große Zahl an Kandidaten dies zuließ. Der Arabisch-Unterricht wurde ebenfalls weitergeführt, sollte aber den normalen Lehrplan nicht stören. Am Anfang jeder Schulwoche fand eine Andacht für alle Schüler statt. Das waren Teilerfolge für die evangelische Gemeinde; bei der im Protokoll geregelten Zusammensetzung des Lehrkörpers setzte sich zunächst die andere Seite durch: Ein Drittel der Lehrer durfte von der Tempelgemeinde, ein Drittel von der Kirche und ein Drittel vom Schulvorstand berufen werden, womit weitere, kontroverse Verhandlungen vorprogrammiert waren. Schließlich einigten sich die Verhandlungsparteien am 28.5.1937 darauf, Wurst zum kommissarischen Schulleiter zu berufen, aber die Anstellung eines zweiten akademischen Lehrers bis zur Rückkehr des Propstes zu verschieben.

4.5.9 Intervention des Propagandaministeriums

Der Verhandlungsmarathon schien also dem Ende entgegen zu gehen, als der Fusion politischer Gegenwind aus einer unerwarteten Ecke entgegen blies. Ende Mai 1937 mischte sich nämlich das Reichsministerium für Volksaufklärung und Propaganda (Promi) in die Schulverhandlungen ein und mahnte bei Dr. Böhme im AA

---

[751] Nach dem Protokoll der 1. Sitzung des Schulrates, ISA R.G. 90/J 76/6, gehörten ihm folgende Mitglieder an: Döhle als Vorsitzender, Wurst als Schulleiter, Rhein und Schneller als stellvertretende Vorsitzende, Bürgermeister Schmidt als Vertreter der Tempelgemeinde, NSLB-Obmann Dr. Hegele als vom Vorsitzenden ernanntes Mitglied, Hans Kirchner als Leiter der HJ sowie der Vizekonsul Dr. Dittmann als Protokollführer.

den Erhalt einer Propagandaschule in Jerusalem an, wie sie auch in Beirut, Konstantinopel und Athen existierte.[752] Die Intervention ist ein Beleg für das polykratische Herrschaftssystem des Nationalsozialismus, versuchte doch das Promi auf dem Gebiet der auswärtigen Kulturpolitik Profil zu gewinnen. Goebbels hatte dafür gesorgt, dass das Kunstreferat aus der AA-Kulturabteilung herausgelöst und seinem Ministerium angeschlossen wurde. Außerdem war das Promi an der (weltanschaulichen) Betreuung der Auslandsdeutschen beteiligt und besaß für die Auslandspropaganda eine aus zwölf Referaten bestehende Auslandsabteilung (Abteilung VII).[753] Der Schulstreit in Palästina fiel in den Verantwortungsbereich von W. Knothe[754], Leiter des Referats VII 4 (Islamwelt). Er führte die Streitigkeiten in den Schulverhandlungen durchaus zutreffend auf ältere konfessionelle Differenzen in der Diaspora und die Inkompatibilität der beiden bisherigen Schultypen zurück. Da die Deutsche Evangelische Schule als Reform-Realgymnasium unter der arabischen Oberschicht „starke Beachtung" finde,[755] liege es im deutschen Interesse, die Kinder dieser Familien weiter an die deutsche Schule zu binden. Die Ausländer-Quote hätte erwartungsgemäß eine starke Entrüstung in arabischen Kreisen ausgelöst. Nun drohe die Gefahr, die arabischen Schüler an französische, italienische oder englische Schulen „zu verlieren."[756] Unter den arabischen Schülern befänden sich die Kinder des stellvertretenden *Civil Secretaries*, Rugheb Abdel Hadi, des Gründers der Istiqlal-Partei, Auni Abdel Hadi[757], eines Chefarztes und eines Großunternehmers sowie verschiedener Jerusalemer Notablenfamilien wie den Naschaschibis, die mit Raghib al-Naschaschibi den früheren Bürgermeister Jerusalems, Führer der moderaten Nationalisten stellte. Würden sie ihre Kinder von der neuen Deutschen Schule abmelden, wären die kulturellen Werbebemühungen des Deutschen Reiches zunichte gemacht.

4.5.10 Kritik der Eltern an der Fusion

Kritik musste sich das Generalkonsulat nicht nur von Seiten des Promi gefallen lassen. Auch die Eltern der Propsteischule zeigten sich wenig begeistert von den Fusionsplänen und trafen sich deshalb am 1. Juni 1937 zu einer Diskussionsrunde.[758] In dieser emotional aufgeladenen, von Hermann Schneller moderierten Versammlung empörten sich die Eltern über das Prozedere und die geplanten Veränderungen. Die geplante zweijährige Aufnahme und der fünfklassige Schultyp wurde von den be-

---

[752] W. Knothe, Propagandaministerium an Böhme vom 20.5.1937, ISA R.G. 67/1377B.
[753] Vgl. H.-A. Jacobsen, *Nationalsozialistische Außenpolitik 1933–1938*, 692.
[754] Zu W. Knothe vgl. F.P.H. Neubert, *Die deutsche Politik im Palästina-Konflikt 1937/38*, Diss. phil. Bonn 1977, 106 f. und H.-A. Jacobsen, *Nationalsozialistische Außenpolitik 1933–1938*, 713 f.
[755] So W. Knothe, Propagandaministerium an Böhme vom 20.5.1937, ISA R.G. 67/1377B.
[756] Ebd.
[757] Vgl. zu Auni Abdel Hadi z.B. G. Krämer, *Geschichte Palästinas*, 151, 299 f., 360 oder A. El Sayed, *Palästina in der Mandatszeit*, 119, 134–143. Mallmann/Cüppers, *Halbmond und Hakenkreuz*, 51, 54 erwähnen, dass Auni Abdel Hadi Sympathien für den Nationalsozialismus besaß und von Rosenberg 1939 zu einer Reise nach Deutschland eingeladen wurde.
[758] Vgl. den am 2.6.1937 verfassten Bericht Hermann Schnellers über die Elternversammlung am 1. Juni 1937, ISA R.G. 67/1377A.

troffenen Eltern ebenso abgelehnt wie die Verlegung des Unterrichts aus der stadt-
nahen Propsteischule in das Lyzeum, das sich in der am anderen Ende gelegenen
Deutschen Kolonie befand. Wegen des langen Schulwegs stimmten die Eltern auch
gegen die Einführung des Nachmittagsunterrichts. Die arabischen Eltern waren besorgt, dass ihre Kinder aus der Schule gedrängt würden. Der Wegfall des Internats
wurde bedauert, die Pflege der englischen und arabischen Sprache angemahnt und
die Staffelung des Schulgelds bei mehreren Kindern aus einer Familie gewünscht.

Döhle musste sich nun gegenüber der Wilhelmstraße für sein Vorgehen rechtfertigen.[759] Die Schulvereinigung sei von ihm und von den nationalen Kreisen im Lande
vorangetrieben worden, um die deutsche Volksgemeinschaft auch auf dem Gebiet
der Schule zu verwirklichen. Das geschrumpfte Schulbudget hätte dabei keine Rolle
gespielt, argumentierte er nun. Wegen der Ersparnis von 100–200 Pfund hätten sich
die schwierigen Verhandlungen kaum gelohnt, so Döhle. Die ideologischen Graben-
kämpfe lastete der Generalkonsul vor allem dem Propst an, der in den Verhandlungen gegen die Entscheidung seiner eigenen G.K.R.-Mitglieder die Vereinigung der
Schulen blockiert habe.

Dass die Integration der arabischen Kinder weiter einer der schwierigsten Streitpunkte blieb, konnte der Diplomat nicht bestreiten. Sichtlich verärgert stellte er fest,
dass der Bericht des Vertrauensmanns die Kritikpunkte von Rhein derart genau wie-
dergebe, „dass sich die Quelle klar erkennen lässt."[760] Auf einer Elternversammlung
seien die Bedenken der arabischen Eltern aber eingehend verhandelt worden; manche muslimische Familie hätte eine interkonfessionelle Schule sogar befürwortet.
Recht pauschal gab Döhle allerdings zu bedenken, dass ein Sympathieverlust in der
arabischen Welt nur dann zu vermeiden wäre, wenn die rein wirtschaftlich orientierte deutsche Araber-Politik durch ein entsprechendes kulturelles Engagement ergänzt
würde. Dass Döhle damit seine eigene Argumentation konterkarierte, dürfte er nicht
bemerkt haben.

4.5.11 Generalkonsul – Landesgruppe gegen Propst – Propagandaministerium

Bei den Nachwehen bildeten das Generalkonsulat und die Landesgruppe ein reibungslos funktionierendes Tandem. Als Döhle die Abschrift seines Berichts an C.
Schwarz weitergab, berichtete dieser sogleich an die A.O.[761] Schwarz nahm zu
Recht an, dass Dr. Franz Reichert,[762] der Leiter des dem Propagandaministerium
unterstellten Deutschen Nachrichtenbüros (DNB), die Quelle der Goebbelschen Be-

---

[759]   Vgl. Döhle an das AA vom 4.6.1937, ISA R.G. 67/1377B.
[760]   Ebd.
[761]   Vgl. das Schreiben Schwarz' an die A.O. vom 11.6.1937, ISA R.G. 67/1377B.
[762]   Der 1895 im ostpreußischen Elbing geborene Reichert, ein promovierter Jurist, der am Kapp-
        Putsch und beim Aufbau der Bürgerwehr in Berlin beteiligt war, lebte seit 1923 als Geschäftsmann
        in Palästina. Bevor er 1934 als Palästina-, Syrien- und Zypern-Vertreter das Büro des DNB und
        des *Eildienstes* in Jerusalem übernahm, hatte er in verschiedenen Unternehmen im Nahen Osten
        gearbeitet. Zu Reicherts Werdegang vgl. R. Balke, *Hakenkreuz im Heiligen Land*, 113 ff.

hörde in Jerusalem sei.[763] Die DNB-Auslandskorrespondenten unterstanden der Abteilung Auslandspresse im Promi. Reichert war nicht nur DNB-Vertreter, sondern arbeitete auch für das „Judenreferat' des Sicherheitsdienstes (SD) der SS, der späteren Abteilung II 112, was wiederum dazu führte, dass er unter der Beobachtung ausländischer Geheimdienste stand. So bekam er auch Kontakt zu Adolf Eichmann und Herbert Hagen – und sollte ein Netzwerk an Informanten in Palästina aufbauen, was jedoch nicht besonders weit gedieh. Die Berufung Reicherts in diese Position geschah ohne Rücksprache mit den NSDAP-Führungskräften in Palästina. Da sich Reichert nicht in der NSDAP engagierte, seine Arbeit für die Landesgruppe weder transparent noch kontrollierbar war, er gute Kontakte zu deutschsprachigen Juden hatte und Sympathien für Generalkonsul Heinrich Wolff, aber Antipathien gegenüber dessen Nachfolger Walter Döhle pflegte, entstand ein äußerst distanziertes Verhältnis zu den lokalen NSDAP-Spitzen, die auch vor Diffamierungen Reicherts bei Staats- und Parteistellen nicht zurückschreckten.[764]

So vermutete auch Schwarz in seinem Schreiben an die A.O., dass der Propst den DNB-Mann um einen Bericht an das Propagandaministerium gebeten habe. Ob diese Vermutung zutrifft, lässt sich aus den Quellen nicht zweifelsfrei feststellen. Richtig ist allerdings, dass Rhein und Reichert befreundet waren, wie der Sohn des Propstes, Dr. Christoph Rhein, rückblickend beschreibt: Sie verbrachten „manchen langen Abend zusammen, um die ungünstigen Berichte des Generalkonsuls durch kluge Berichte an das Kirchliche Außenamt zu konterkarieren."[765] Es ist deshalb nahe liegend, dass Reichert mit kirchenfreundlichen Berichten an das Promi seinen Beitrag zu einer Allianz gegen Landesgruppe und Generalkonsulat zu leisten versuchte.

Das Duo Rhein - Reichert war Schwarz zutiefst suspekt. Es wirkte in seinen Augen zu oft als Bremse in nationalen Fragen. Reichert war als ehemaliger Freimaurer nicht in die NSDAP aufgenommen worden, was ihm Freiräume gegen der Landesgruppe schaffte, ihm aber auch massive Kritik einbrachte, weil er in den Augen von Schwarz, Ruff und anderen Parteifunktionären als Geheimnisträger denkbar ungeeignet erschien. Rhein galt als Freund der Bekennenden Kirche, der mit seinen kirchenpolitischen Ansichten angeblich sogar schon manche Gemeindeglieder ver-

---

[763] Reichert war schon früh ins Visier der Jerusalemer Nazis geraten. In einem Brief an die A.O. vom 12.2.1935 beurteilte Buchhalter die Ernennung Reicherts zum D.N.B.-Vertreter als einen „moralischen Misserfolg von nicht geringem Ausmaß" für die NS-Bewegung, ISA R.G. 90/J 76/6. Reichert hatte einen schlechten Ruf. Er galt unter den Palästinadeutschen als Aufschneider, der als Geschäftsmann gescheitert war und trotzdem einen Lebensstil führte, der seinen finanziellen Verhältnissen nicht entsprach. Ob diese Vorwürfe zutreffen, lässt sich an Hand der Quellen nicht im einzelnen mehr verfolgen. Vgl. zu den Vorbehalten der NSDAP gegenüber Reichert R. Balke, *Hakenkreuz im Heiligen Land*, 113–124 sowie A. Uzulis, *Nachrichtenagenturen im Nationalsozialismus*, Frankfurt/Main 1995.

[764] Vgl. R. Balke, *Hakenkreuz im Heiligen Land*, 114 f.

[765] Chr. Rhein, „Als Kind des deutschen Propstes in Jerusalem. 1930–1938", in: E. Ronecker/J. Nieper/Th. Neubert-Peine (Hgg.), *Dem Erlöser der Welt zur Ehre*, 228. Sein Bruder Arnold heiratete nach dem Zweiten Weltkrieg eine Tochter Reicherts.

grault hatte.[766] Dass zwei herausgehobene Persönlichkeiten der palästinadeutschen Diaspora nicht mit der NSDAP konform gingen, musste zwangsläufig Spannungen hervorrufen.[767]

In seinem Schreiben an die A.O. bestätigte Schwarz, dass seine Motivation für die Schulvereinigung nicht auf finanziellem, sondern ideologischem Gebiet gelegen habe. Die Rücksicht auf die arabischen Familien erschien ihm überbewertet. Für das Deutschlandbild der arabischen Bevölkerung sei auch nicht die Deutsche Schule ausschlaggebend, sondern die Auswirkungen des Haavara-Abkommens auf die lokale Wirtschaft. Mit diesem Argument verband Schwarz sehr geschickt die Eigeninteressen der unter dem Haavara-Abkommen leidenden Templer mit den wirtschaftspolitischen Anliegen der Araber, die diesem später noch genauer zu erläuternden Vertrag zwischen Zionisten und Nazis ebenfalls ablehnend gegenüberstanden.

So gingen die Detailverhandlungen weiter. Bereits am 5. Juli 1937 traf sich die Kommission, um über die Position des Schulleiters, die Vereinigung der Schulklassen und den Umfang des Lehrkörpers zu verhandeln. Philipp Wurst wurde – wie von Döhle und Schwarz erwartet – mit Zustimmung der Erlöserkirchengemeinde zum kommissarischen Leiter der neuen Schule bestimmt. Bei der Frage der Zusammenlegung der Schulklassen stießen Rhein und Wurst dagegen wieder unerbittlich aufeinander, ohne dass sich der Propst letzten Endes durchsetzen konnte. Das gelang ihm dagegen beim Streit um die Lehreranstellung. Die Templer sollten lediglich sechs, die Kirche dagegen sieben Pädagogen stellen – einschließlich eines zweiten, neu zu berufenden akademischen Lehrers. Sogar Döhle votierte in diesem Fall für die evangelische Seite, weil er den Kompromiss nicht gefährden wollte. Die Kommission einigte sich auf die Übernahme folgender Lehrer: Von der Propsteischule kamen Johanna Schoenecke und Helmut Schrade,[768] vom Lyzeum Ludwig Buchhalter, Wilhelm Eppinger, Eberhard Kuhnle sowie Dr. Kurt Hegele. Der noch fehlende zweite akademische Lehrer sollte der evangelischen Kirche angehören. Die Wahl fiel auf Erwin Merz aus Stuttgart, der evangelisch und NSLB-Mitglied war, aber zur Empörung der lokalen Parteifunktionäre nach seiner Ankunft zunächst in der Propstei wohnte.

Am 8. Juli 1937 diskutierten die Eltern der Evangelischen Schule in einer zweiten Versammlung über das Schulgeld, den Wegfall des Internats, die Neubesetzung der Schulleitung und den Transfer der Kinder zur Tempelschule. Außerdem luden die Eltern den Generalkonsul zu ihrer nächsten Elternversammlung am 14. Juli ein, um ihre Anliegen mit ihm persönlich zu besprechen. Döhle fühlte sich durch diese Einladung pikiert, sah doch der Schulvertrag weder eine Rechtfertigungspflicht des

---

[766] Vgl. R. Balke, *Hakenkreuz im Heiligen Land*, 113 ff. Vgl. auch BArchBerlin Film 627 zum Aufbau des V-Männer-Netzes in Palästina 1937 und die damit verbundene Reise von SS-Unterscharführer Eichmann und SS-Oberscharführer Scharf nach Palästina und Ägypten (26.9.-26.10.1937), bei der es auch zu einem geheimen Treffen mit Reichert in Kairo kam.

[767] Vgl. das Schreiben Schwarz' an die A.O. vom 11.6.1937, ISA R.G. 67/1377B.

[768] Die 1899 geborene J. Schoenecke war seit 1.10.1934 Mitglied der NSDAP, der 12 Jahre später geborene H. Schrade bereits seit dem 1.5.1933, ISA R.G. 90/899/1.

Schulvorstandes noch ein Mitbestimmungsrecht der Eltern in der Schulverwaltung vor.

Am 15. Juli wandte sich das Promi in einem Schnellbrief erneut an Dr. Boehme vom AA. Knothe gab den Protest der Eltern weiter, die vor der Zusammenlegung nicht nach ihrer Meinung befragt worden seien.[769] Außerdem hielt Knothe es für „peinlich", dass der Schulvertrag genau zu dem Zeitpunkt unterzeichnet worden sei, als Rhein zur Orientpfarrerkonferenz in Sofia weilte. Knothe bemängelte, dass die Schulvereinigung einen schlechten Eindruck bei den Jerusalemer Notablenfamilien hinterließe. Ihnen lag noch immer keine verbindliche Erklärung über die Zukunft ihrer Kinder in der vereinigten Schule vor. Die Lage der Schule in der Deutschen Kolonie an der Stadtperipherie sei für die arabischen Kinder schlecht, da sie im Gegensatz zu den Templerkindern in der Mittagspause nicht nach Hause gehen konnten.

Das Propagandaministerium forderte, dass das AA den Generalkonsul anweisen solle, keine Aufnahmebeschränkungen für arabische Kinder im Schulvorstand zuzulassen; vielmehr solle ihnen der Schulzugang erleichtert werden. Da die Kinder aus den Familien kämen, die in einem kommenden arabischen Staat Führungspositionen einnähmen, läge es im Interesse des Reiches, gute Kontakte zu pflegen. Außerdem erwartete das Promi einen Bericht des Generalkonsuls zu den noch offenen Fragen.

Am 8. August 1937 meldete die *Palestine Post* die Fusion der beiden deutschen Schulen, womit die Vereinigung nun auch einer breiteren Öffentlichkeit bekannt wurde.

Derweil ließ Döhle ein Vierteljahr vergehen, ehe er auf die Anfrage des Promi reagierte. Im November beschwerte sich der Generalkonsul beim AA darüber, dass in Berlin dem V-Mann des Promi mehr Glauben geschenkt werde als ihm selbst. Für Döhle war der V-Mann jedoch kein Einzelgänger, sondern gehörte zu einem kleinen Kreis missliebiger Protestanten, die weiter gegen die neue Schule intrigierten.[770] Nach „ersten Ermittlungen" gehörten zu diesem Zirkel Propst Rhein, Frau Rhein – beide als Inspiratoren und Lieferanten von Informationen, wie Döhle sich ausdrückte –, der religiös-sozialistische Pfarrer Heinz Kappes sowie Reichert.[771]

Döhle beließ es jedoch nicht bei einem Protest beim AA. Empört gab er das vom AA übersandte Schreiben des Promi-Vertrauensmannes über Schwarz und Buchhalter an die Politischen Leiter in Jerusalem weiter, zu denen pikanterweise mit den Brüdern Hermann und Ernst Schneller sowie Gmelin drei Protestanten gehörten, von denen H. Schneller und Gmelin als Mitglieder des G.K.R. den Schulvertrag unterschrieben hatten. Döhle versuchte also, Rheins Autorität zu untergraben und einen Keil zwischen Propst und seine prominenten Gemeindeglieder zu treiben, die durch ihre exponierten Positionen im evangelischen Leben Jerusalems sowieso eine eigenständige Rolle gegenüber dem Propst einnahmen.

---

[769] Vgl. ISA R.G. 67/1377B.
[770] Vgl. Döhle an das AA vom 30.11.1937, ISA R.G. 67/1377B. Die Unterzeichnung des Vereinigungsvertrages in Rheins Abwesenheit sei mit der Zustimmung des Propstes und der E.J.St. erfolgt.
[771] Vgl. Döhle an Schwarz vom 30.11.1937 und Döhle an Buchhalter vom 3.12.1937, ISA R.G. 67/1377B.

Rhein dürfte von diesem Versuch Wind bekommen haben. Gegenüber Döhle bestritt er jede Kenntnis von „Intrigen und Quertreibereien" und irgendwelcher Briefe an das Reichspropagandaministerium. Er wollte die „glücklich überwundenen Gegensätze" nicht wiederbeleben.[772] Sollte der Generalkonsul eine ausführliche Stellungnahme zu den Briefen des V-Manns wünschen, erbat Rhein eine längere Einsicht in den Briefwechsel. Rheins Antwort verärgerte Döhle. Ohne diplomatische Umschweife schrieb er seinem evangelischen Intimfeind, dass er *erstens* nicht um eine Stellungnahme gebeten habe und *zweitens* den V-Mann in den evangelischen Kreisen Jerusalems vermute. Eine Akteneinsicht lehnte der Generalkonsul spöttisch ab: „Falls Sie von sich aus den Wunsch haben, die Briefe zu bearbeiten, dürfte es Ihnen wohl möglich sein, den Verfasser der Briefe festzustellen und sich von ihm die Briefe geben zu lassen."[773]

Nicht allein der Ton, auch die offensichtliche Ungleichbehandlung des Propstes gegenüber der Partei zeigten erneut, dass Döhle seine vorgeblich neutrale Position als Vermittler zwischen allen Seiten des Deutschtums in Palästina längst zugunsten der Unterstützung der lokalen Partei aufgegeben hatte. Während er dieser den Briefwechsel zur Verfügung stellte – und damit ein Instrument in die Hände gab, um gegen den Propst vorzugehen – wurde dieser als Informant des V-Manns diffamiert und vom Einblick in die ihn betreffenden Akten ausgeschlossen. Dass Döhle sich dadurch in der evangelischen Gemeinde zunehmend unbeliebt machte und dem Propst „manche schlaflose Nacht" bescherte, wie dessen Sohn Christoph rückblickend festhält, ist kaum verwunderlich.[774]

Die NSDAP-Orts- beziehungsweise Landesgruppe begrüßte natürlich das parteiliche Handeln des Generalkonsuls, stellte doch die Verbindung des Duos Rhein/Reichert zum Propagandaministerium und auch zum Kirchlichen Außenamt in Berlin eine Schwächung der Vorrangstellung der Partei dar. Im Vergleich zu Schwarz, Buchhalter und Hegele saßen Rhein und Reichert zwar am kürzeren Hebel. Sie konnten letztlich weder den Aufstieg der Partei innerhalb der Diaspora noch die Schulvereinigung verhindern, machten sich aber die polykratischen Herrschaftsstrukturen im Bereich der auswärtigen Kulturpolitik zunutze, um der Landesgruppe Grenzen aufzuzeigen und sich so eine gewisse Unabhängigkeit zu bewahren. Den Omnipotenzvorstellungen der A.O. der NSDAP, die das gesamte Auslandsdeutschtum unter dem Hakenkreuz vereinigen wollte, lief ein solches Verhalten zuwider. Dass sich Templer und NSLB zu großen Teilen in der Schulfrage durchzusetzen vermochten, lag nicht zuletzt daran, dass Döhle den Primat der NSDAP ideologisch wie politisch anerkannte und zudem auf die Mehrheitsverhältnisse innerhalb der deutschen Diaspora Rücksicht nahm. Es darf auch nicht übersehen werden, dass Döhle mit Geld Druck ausüben konnte, verteilte doch das AA die Schulbeihilfen. Dennoch gelang es der evangelischen Seite zumindest, ihre Lehrer, ihre ausländischen Schüler und die konfessionelle Eigenständigkeit in die Deutsche Schule herüberzuretten, während die progressivere Pädagogik und die volle Parität in Verwaltungsfragen auf

---

[772] Vgl. den Briefwechsel zwischen Rhein und Döhle vom Dezember 1937, ISA R.G. 67/1377B.

[773] Ebd.

[774] Vgl. Chr. Rhein, „Als Kind des deutschen Propstes in Jerusalem", 227 f.

der Strecke blieben. Der Triumph von Templern und Partei währte jedoch nicht lange, denn nur zwei Jahre nach der Schulvereinigung brach der Zweite Weltkrieg aus, der das Ende der vereinigten Schule bedeutete.

4.6 Nachwirkungen

4.6.1 Bleibender Ärger in Jerusalem

Mit dem neuen Schuljahr 1937 nahm die Deutsche Schule Jerusalem endlich ihre Arbeit auf. Doch die emotionalen Auseinandersetzungen waren an den Beteiligten nicht spurlos vorübergegangen. Auf Seiten der Kirche blieb der Ärger über die Dominanz von Tempel und Partei. Der Gegenseite blieb der zähe Widerstand des Propstes und seiner Anhänger in Erinnerung, der belegte, dass die Gleichschaltung der Diaspora nicht völlig gelungen war. Am Einfluss der NSDAP arbeiteten die Funktionäre weiter. In der in Sarona am 20.11.1937 abgehaltenen NSLB-Jahrestagung, an der auch evangelische Mitglieder teilnahmen, betonte Hegele die besondere Rolle der Auslandslehrer für den Aufbau des Dritten Reiches und die weltanschauliche Prägung des neuen Lehrplans.[775]

Die Auswirkungen wurden bald deutlich. Zwar agierte der neue Lehrer Helmut Schrade[776] – wegen seines starken HJ-Engagements bei den Schülern beliebt – pädagogisch „mit glücklicher Hand", wie Rhein in seinem Jahresbericht 1936/37 schrieb, doch konnte er den kirchlichen Einfluss in der vereinigten Schule nicht erkennbar verstärken. Zudem beklagte sich Rhein gegenüber dem E.J.St.-Kuratorium darüber, dass ihn während der Schul-Verhandlungen der G.K.R. und auch die evangelischen Lehrer, besonders Studienassessor Karl Köhler, „oft im entscheidenden Augenblick im Stich" gelassen hätten.[777] Schwarz' Strategie, einen Keil in die evangelische Gemeinde zu treiben, trug erste Früchte. Dabei kam ihm entgegen, dass Rheins Autorität in den evangelischen Kreisen nicht unangefochten war. So zeigte der JV-Missionsleiter Jentzsch gegenüber Schwarz großes Verständnis für die Schulvereinigung, weil ihm der Einfluss der arabischen Kinder auf die deutschen Kinder schon lange missfallen hatte.[778] Jentzsch intrigierte bei Schwarz mit dem Hinweis, dass seine Position vom Propst nicht goutiert worden war und sich in schlechten Noten für seine Kinder rächte.

Auch wenn Jentzsch weder kirchlich-theologisch noch parteipolitisch ein bedeutendes Profil entwickelte und sich zur Sicherung des Devisentransfers für die JV-Missionsstationen anpasste, waren seine Aussagen natürlich zutiefst illoyal. Damit konnte Schwarz neben Gmelin und den Brüdern Schneller einen weiteren prominenten Protestanten Palästinas auf seiner Seite wissen, wie auch seine abschließende

---

[775] Vgl. ISA R.G. 90/J 76/6.
[776] H. Schrade, geb. 5.8.1911, war Schwabe, hatte das Lehrerseminar Nürtingen durchlaufen und galt als einer der besten Jungvolkführer des Jungbannbereichs Schwarzwald 2/126. Er lehrte in Jerusalem ab 1.1.1936, EZA 56/86.
[777] Vgl. Rheins Jahresbericht 1936/37 an das Kuratorium der E.J.St., EZA 56/87.
[778] Vgl. Schwarz' Bericht an das *Amt für Erzieher* der A.O. vom 2.3.1938, ISA R.G. 90/822/J76/20.

Bemerkung über Jentzsch und Schneller im Bericht an das *Amt für Erzieher* der A.O. vom 2.3.1938 belegt: „Wir sprachen dann auch über Rassen- und Blutsfragen. Es war wirklich ein sehr erfreulicher Besuch und ich musste denken, wenn alle Pastoren wie diese beiden wären, dann wäre es herrlich."[779]

Den formell noch immer bestehenden Aufnahmeantrag Rheins für den NSLB lehnten Schwarz und Hegele Anfang 1938 ab, weil sie Rhein weiter für einen politischen Störfaktor hielten.[780] Allerdings hatte Schwarz diese Entscheidung schon 1937 getroffen.[781] Rhein schien der Ablehnung keine größere Bedeutung beizumessen, hatte er den Antrag wohl vor allem aus strategischen Gründen gestellt. Da er mit dem Abschluss der Vereinigungsverhandlungen nicht mehr Schulleiter war und die Kirche mit der Parteileitung vereinbart hatte, dass Religionsunterricht erteilende Pfarrer nicht dem NSLB beitreten sollten, war seine Mitgliedschaft sowieso hinfällig geworden.

Als Nicht-Mitglied des NSLB gehörte Rhein in der palästinadeutschen Diaspora zu einer Minderheit. Am 1.6.1938 waren von den 38 deutschen Lehrkräften in Palästina – Pfarrer und Kindergärtnerinnen eingeschlossen – 25 Mitglieder des NSLB.[782] Nachdem auch Eppinger 1938 beigetreten war, gehörten alle hauptamtlichen reichsdeutschen Lehrerinnen und Lehrer dem NSLB an. Damit war eine Wegmarke bei der Gleichschaltung der deutschen Schulen in Palästina gesetzt. Schwarz versuchte zudem, möglichst viele NSLB-Lehrer in den Schulräten zu positionieren, um so die Entscheidungen der jeweiligen Schule beeinflussen beziehungsweise kontrollieren zu können. Zudem wurden die deutschen Lehrer regelmäßig im Hinblick auf ihre politische Zuverlässigkeit von Hegele begutachtet.[783]

---

[779] Ebd.

[780] R. Balke, *Hakenkreuz im Heiligen Land*, 89. Vgl. auch das Schreiben von Schwarz an die Leitung der A.O. vom 9.2.1938, ISA R.G. 90/821/J 76/8 I, in dem er schreibt, dass sich Rhein immer mehr gegen die „Bewegung" entwickelte.

[781] Vgl. Schwarz' Brief an das *Amt für Erzieher* der A.O. vom 2.5.1937, ISA R.G. 90/821/J 76/8 I.

[782] Vgl. die NSLB-Liste vom 1.6.1938, ISA R.G. 90/822/J 76/20. Danach hatte er NSLB folgende Mitglieder: *Sarona*: Walter Horn, Dr. Eugen Koch, Paula Hahn, Olga Frank; *Wilhelma*: Luise Dreher, Alfred Hönig; *Haifa (mit Bethlehem/Waldheim)*: Kaete Beilharz (Kindergarten), Gerhard Breisch, Luise Bulach, Adolf Fritz (Lehrer a.D.), Dr. Siegfried Klink, Christian Krügler, Kurt Lange, Ida Pfeiffer, Sam Staib; *Jerusalem*: Ludwig Buchhalter, Wilhelm Eppinger, Dr. Kurt Hegele, Pfarrer Gerhard Jentzsch, Hans Kaufmann, Eberhard Kuhnle, Erwin Merz, Johanna Schoenecke, Helmut Schrade, Ernst Seebass. Nach ISA R.G. 90/821/J 76/8 I traten 1936 aus dem SyrW neben den Lehrern Haigis, Seebass, Bauer und Weidemann auch der Vikar Daxner und Direktor Pfarrer H. Schneller dem NSLB bei. Während Daxner und Weidemann 1938 wieder in Deutschland lebten, ist es nicht erklärlich, warum Schneller, Bauer und Haigis in der NSLB-Liste von 1938 fehlten.

[783] In dem hier behandelten Spannungsfeld von Konfession und Politik sind vor allem die kritischen Beurteilungen von Interesse. Über den von 1934 bis 1937 an der Deutschen Evangelischen Schule tätigen Studienassessor Karl Köhler schrieb Hegele, dass er sehr konfessionell sei und sich beim Streit um die Schulvereinigung auf die Seite des Propstes gestellt habe. Das habe damit zu tun, dass er sich stark zur „nicht rein-deutschen evangelischen Gemeinde" halte. Dort sei sein Ansehen im Gegensatz zur Templerkolonie gut. Sein Interesse an der Pflege des Deutschtums sei gering. Positiv wurde bewertet, dass er regelmäßig für das Winterhilfswerk spende. Hegele vermutete, dass Köhler seine strenge konfessionelle Bindung verlöre, wenn er aus seinem Milieu herausgerissen würde. Vgl. ISA R.G. 90/821/J 76/8 II.

4.6.2 Spannungen in Haifa

Nach den Ereignissen in Jerusalem blieben die Pfarrer von Oertzen und Berg gegenüber den Templern weiter auf ihrem konfessionellen Konfrontationskurs. Im Herbst 1937 wurde die Frage einer gemeinsamen Schulweihnachtsfeier erneut virulent. Von Oertzen und Berg lehnten wie in den vorhergehenden Jahren eine gemeinsame Feier ab. Zudem stellte sich für die Gemeinde in Haifa 1937 ein ganz anders Problem: Während die beiden evangelischen Pfarrer darauf bestanden, dass bei einer Weihnachtsfeier auch die getauften Juden ihrer Gemeinde teilnehmen sollten, lehnten die palästinadeutschen Nationalsozialisten eine solche Beteiligung aus ideologischen Gründen ab.[784] Auch die Vermittlungsbemühungen der evangelischen Parteigenossen Chr. Kaltenbach und Ph. Krafft im Kirchengemeinderat konnten die beiden Pastoren nicht von ihrer Linie abbringen. Auch der Kompromissvorschlag des Schulleiters der Deutschen Schule in Haifa, des NSDAP-Mitglieds und Templers Dr. Klink, eine konfessionsübergreifende Feier mit Krippenspiel, Weihnachtslieder, Ansprache und Bescherung auszurichten, die keine Konkurrenzveranstaltung zur kirchlichen Weihnachtsfeier sein sollte, wurde von Pfarrer von Oertzen abgelehnt. Er berief sich auf die im Schulvertrag fixierte Religionsfreiheit. Das Weihnachtsfest war für ihn jedenfalls keine *quantité négligeable*. Er wollte das „kirchliche Weihnachtsfest unserer Gemeinde am Heiligen Abend [...] nicht durch eine weltliche Schulfeier beeinträchtigen lassen." [785]

Der Haifaer Ortsgruppenleiter Friedrich Wagner meldete Schwarz diese Auseinandersetzung. Er bat Schwarz, Informationen über Berg einzuziehen, war ihm doch zu Ohren gekommen, dass sich Berg im Reich „politisch nicht einwandfrei" verhalten habe.[786] Im Blick auf von Oertzen stellte Wagner Überlegungen an, ob dieser nicht besser seinen Ruhestand in Deutschland statt in Palästina verbringen sollte. Das bedeutete, dass Wagner zusammen mit Schwarz und der A.O. den Druck auf Berg und von Oertzen verstärkten, damit die beiden renitenten Pastoren Palästina verließen und die Gleichschaltungsbemühungen nicht mehr störten. Dazu kam es vor Kriegsausbruch jedoch nicht.

Allerdings setzte sich 1938 der Haifaer Kirchengemeinderat gegen Berg durch. Die Gemeinde behielt ihre evangelische Weihnachtsfeier bei und erteilte dem Schulrat freie Hand, unter Berücksichtigung des Schulvertrags nach eigenem Ermessen eine Schulweihnachtsfeier auszurichten. Die Gleichschaltungspolitik hatte mit zweijähriger Verzögerung gegenüber Jerusalem auch die Kirchengemeinde in Haifa erreicht.[787]

---

[784] Vgl den Brief des Ortsgruppenleiters F. Wagner an Schwarz vom 12.9.1937, ISA R.G. 90/823/J76/30.

[785] Vgl. das Schreiben von Oertzens an Wagner vom 12.4.1936 – zitiert in Wagner an Schwarz vom 12.9.1937, ISA R.G. 90/823/J76/30.

[786] Ebd.

[787] Vgl. Bergs „Bericht aus der Gemeinde Haifa-Waldheim" an den JV-Vorstand vom Juli 1938, JVA B 557 und Schwarz' Brief an die A.O. vom 11.4.1938/ISA R.G. 90/821/J 76/9. Lakonisch bemerkte er: „Damit wäre also diese Frage auch in unserem Sinne geklärt."

Mit den Entwicklungen in der Schule war Berg weiter unzufrieden und plante im Sommer 1938, den Schulvertrag zum 1. Oktober 1939 zu kündigen. Er wollte die Schule der bürgerlichen Gemeinde Haifa übergeben. Der hohe Aufwand – die evangelische Gemeinde zahlte ein Drittel des Budgets – stand in seinen Augen in keinem Verhältnis zu den Partizipationsmöglichkeiten der Gemeinde.[788] Deshalb war es für ihn nur konsequent, eine innerlich säkularisierte Schule auch an säkulare Autoritäten abzugeben. Nach einem Gespräch mit Propst Rhein, aber auch auf Druck des Kirchlichen Außenamtes und des JV-Vorstandes, gab Berg seinen Plan auf. Weitere Auseinandersetzungen waren in Berlin nicht erwünscht.[789]

4.6.3 Der politisch motivierte Streit um die Pensionszahlungen an Detwig von Oertzen

Die turbulente Zwischenkriegszeit war an dem kränklichen von Oertzen nicht spurlos vorbei gegangen. Nach einer ärztlichen Untersuchung in Haifa beantragte von Oertzen am 29.12.1935 seine Versetzung in den Ruhestand. Der 59jährige Theologe litt seit 23 Jahren an einer Lungentuberkulose, war für Atemwegserkrankungen anfällig und somit nicht zur weiteren Ausübung eines Pfarramtes im Stande. Da das milde Mittelmeerklima gesundheitsfördernd wirkte, beschloss das kinderlose Pfarrerehepaar, in Palästina zu bleiben, aber nach Jaffa überzusiedeln und die verwaiste Gemeinde des Ortes ehrenamtlich zu betreuen.

Für den JV-Vorstand und das Kirchliche Außenamt kam dieses Pensionsgesuch ungelegen. Zum einen war das Ausscheiden des erfahrenen Orientgeistlichen in Haifa nur schwer zu kompensieren und die Nachfolge nur mit Aufwand zu regeln. Zum anderen entstand das viel schwierigere Problem, ob und wie von Oertzens Pensionsbezüge bei den strengen herrschenden Devisenvorschriften zu transferieren wären. Eine Pensionierung hätte fast zwangsläufig die Rückkehr nach Deutschland mit sich gebracht. Das wollten aber weder der JV noch das K.A. Sie versuchten von Oertzen umzustimmen, was dieser ablehnte. In seinen Augen waren die Transferierungsregelungen „kein unüberwindliches Hindernis", da auch andere Ruheständler in Palästina ihre Pensionen erhielten.[790] In diesem Punkt irrte der Theologe, zumal weder im K.A. noch in der Reichsdevisenstelle ein Interesse an einer Ausnahmeregelung bestand. Heckel willigte schließlich ein, von Oertzen zum 1.3.1937 zu pensionieren.

Die Pensionsbezüge wurden auf ein Inlandsverwendungskonto der Deutschen Bank beziehungsweise der Reichsbank überwiesen.[791] Mittelbare oder unmittelbare Überweisungen von diesem Sonderkonto ins Ausland waren unzulässig. Erst im Oktober 1937 erteilte ihm die Reichsstelle für Devisenwirtschaft eine Sondergeneh-

---

[788] Vgl. Bergs Brief an den JV-Vorstand vom 8.8.1938, JVA B 557.

[789] Vgl. den Brief des Kirchlichen Außenamtes an den JV vom 5.10.1938, Bergs Brief an den JV-Vorstand vom 12.10.1938, JVA B 557 sowie den Brief des JV-Vorstandes an das Kirchliche Außenamt vom 21.10.1938, JVA B 557. Vgl. auch G. Nierenz, *Arbeitsfeld Palästina*, 95

[790] Vgl. von Oertzens Schreiben an das K.A.F vom 1.4.1936, EZA 5/2024.

[791] Vgl. EZA 5/2024.

migung. Dank einiger Rücklagen blieb das Ehepaar von Oertzen in Jaffa.[792] Dort lebten sie in unmittelbarer Nähe des notorischen Denunzianten Cornelius Schwarz. Dieser schien – und dank seiner Berichte auch die A.O. - nicht nur über von Oertzens pastorale Tätigkeit, sondern auch über dessen finanzielle Situation informiert zu sein. Durch die Auseinandersetzungen um den Einfluss der Parteiuntergliederungen auf die Deutsche Schule in Haifa war der Pfarrer dem Landesgruppenführer schon länger ein Dorn im Auge.

Im März wandte sich die A.O. wegen der beiden unliebsamen Pfarrer Kappes – auf den gleich noch einzugehen sein wird – und von Oertzen an die Landesgruppe, um eine Einschätzung über diese zu erhalten. Das Ergebnis dieser Anfrage schien aber im Grunde schon festzustehen. Die A.O. hatte die Pensionszahlungen als Druckmittel entdeckt und fragte mit Blick auf die politische Haltung der Geistlichen, ob die Überweisung der Pensionen „wünschenswert" sei, „oder ob es in unserem Interesse läge, sie durch Verweigerung der Devisengenehmigung zur Rückkehr in die Heimat zu veranlassen."[793]

Damit war Schwarz die Gelegenheit gegeben, seinem Ärger Luft zu machen. In einem ausführlichen Bericht an die A.O. bezeichnet er von Oertzen als einen „Unruheherd" und einen „Fanatiker", der sich ebenso wie seine Frau „gegen das Werden der deutschen Volksgemeinschaft" stemme. Empört berichtete der zur Tempelgesellschaft gehörende Parteiaktivist, dass von Oertzen seinen Konfirmanden ‚eingebläut' habe, sie dürften keine Araber, keine Juden und keine Templer heiraten, da diese alle als in der Ewigkeit verlorene Menschen anzusehen seien. Durch die Ablehnung einer Heirat zwischen Kirchlern und Templern würden alte konfessionelle Streitigkeiten wiederbelebt, die das friedliche Zusammenleben im Sinne der Volksgemeinschaft verhinderten. Schwarz verstand es also geschickt, religiöse Gegensätze in politische zu transformieren. Negativ bewertete Schwarz zudem, dass Frau von Oertzen die Mitarbeit in der AG der Deutschen Frau im Ausland mit der Begründung abgelehnt habe: „Der Führer ja, die Partei nein."[794] Schwarz forderte deshalb, keine weitere Devisenausfuhrgenehmigung zu erteilen, um so von Oertzens Rückkehr nach Deutschland zu beschleunigen.

Der Bericht aus Palästina hatte Folgen: Am 7.6.1938 beschwerte sich die Leitung der NSDAP-Auslandsorganisation beim Reichskirchenministerium, dass von Oertzens Ruhegelder ins Ausland transferiert würden, obwohl sich der Theologe in den deutschen Kolonien „durchaus unerwünscht" verhalte.[795] Kritisiert wurde von Oertzens „scharfe Einstellung" gegenüber der Tempelgesellschaft. Mit diesem altersbedingten Fanatismus, so die Berliner Parteistelle, könnte er schwere Konflikte innerhalb des Deutschtums in Palästina heraufbeschwören. Die A.O. schlug vor, dass das

---

[792] Vgl. z.B. das Schreiben von Meyerens an von Oertzen vom 13.5.1936 und von Oertzens Antwort an von Meyeren vom 23.5.1936, JVA B 239.

[793] Vgl. den Brief der A.O. an die Landesgruppe Palästina vom 25.3.1938 und die dreiseitige Antwort der Landesgruppe vom 15.5.1938, ISA R.G. 90/J 76/10.

[794] Ebd.

[795] Vgl. die Abschrift des Schreibens der A.O. vom 7.6.1938, das vom NSDAP-Kulturamt an das Reichskirchenministerium und von dort an das K.A. weitergeleitet wurde, EZA 5/2024.

K.A. dem unbotmäßigen Pfarrer eine Rückkehr nach Deutschland nahe legen sollte, „wobei durch Androhung des Devisenentzugs ein gewisser Druck ausgeübt werden könnte."[796]

Im Juni musste Schwarz gegenüber der A.O. seine bisherige Einschätzung korrigieren. Er hatte sich über den schlechten Gesundheitszustand des Pastors informieren lassen und ließ deshalb seine Forderungen nach Rückführung des Ehepaars fallen, nicht ohne jedoch hinzuzufügen: „Es ist sehr bedauerlich, dass wir gegen solche Leute gezwungen sind, solche Rücksichten zu nehmen."[797] Weitere Pensionsüberweisungen sollten seiner Meinung nach aber vom politischen Verhalten des Ehepaars abhängig gemacht werden. Die A.O. nahm diesen Faden auf und argumentierte in genau der von Schwarz vorgeschlagenen Weise gegenüber dem Reichskirchenministerium.[798]

Die Briefe der A.O. wurden vom Reichskirchenministerium an das K.A. und von dort an den JV-Vorstand weitergeleitet, der sich hinter seinen Pfarrer stellte und die Auseinandersetzungen als „Eingewöhnungsschwierigkeiten" herunterspielte. Da sich von Oertzen in Jaffa gut eingelebt habe, würde seine Versetzung nach Deutschland sowohl seine Gesundheit als auch den Fortbestand der Gemeinde schwer belasten.[799] Die beiden Schreiben der A.O. ließen nach Ansicht des JV-Vorstandes nicht auf Konflikte mit den Templern schließen, mit denen von Oertzen in Haifa gut zurecht gekommen sei. Auch Heckel verteidigte gegenüber dem Reichskirchenministerium seinen Amtsbruder, schilderte ihn als „friedfertige Natur", der erst kürzlich berichtet habe, dass das anfänglich schwierigere Verhältnis zu den Templern sich nun freundlich gestalte und einige Templer bereits seine Gottesdienste besucht hätten.[800]

Die A.O. schien sich mit dieser Antwort zufrieden zu geben, gab sie an Schwarz weiter und fragte, ob er trotzdem seine Vorwürfe aufrecht erhalten wollte.[801] Da in den Jahren 1938/39 auf internationaler Ebene die Teilung Palästinas und damit die Zukunft der Kolonien auf dem Spiel standen, hatte die Landesgruppe andere Probleme als weiter gegen den missliebigen Pfarrer zu kämpfen. Damit war die Affäre von Oertzen beendet.

Trotz dieser politisch motivierten Schikanen bereute der pietistische Orient-Pfarrer keineswegs seinen Entschluss, seinen Lebensabend in Palästina zu verbringen und „eine dankbare Aufgabe in der kleinen, mir ja vertrauten Gemeinde"

---

[796] Ebd.

[797] Vgl. Schwarz' Brief an die A.O. vom 22.6.1938, ISA R.G. 90/J 76/10.

[798] Vgl. das Schreiben der A.O. an das Reichskirchenministerium vom 6.7.1938, Abschrift in EZA 5/2024: Die Weiterbewilligung der Pensionsüberweisungen sei davon abhängig zu machen, ob „sich von Oertzen dieses Entgegenkommens wert erweist und seine ‚seelsorgerische Tätigkeit' entweder einstellt oder so ausrichtet, dass sie mit den Interessen des Reiches nicht in Widerspruch gerät."

[799] Vgl. das Schreiben des JV an das KA vom 19.7.1938 und Heckels Schreiben an das Reichskirchenministerium vom 25.8.1938, EZA 5/2024.

[800] Vgl. Heckels Schreiben an das Reichskirchenministerium vom 25.8.1938 und sein inhaltlich ähnliches Schreiben an den JV vom gleichen Tage, EZA 5/2024.

[801] Vgl. das Schreiben der A.O. an Schwarz vom 28.9.38, ISA R.G. 90/J 76/10.

zu übernehmen.[802] Allerdings belastete ihn der sich radikalisierende arabisch-
zionistische Konflikt.

Dass das Ehepaar von Oertzen 1939 schließlich doch nach Deutschland zurückkehrte, hatte andere politische Gründe. Während eines im Juni 1939 angetretenen
dreimonatigen Deutschland-Urlaubs wurden sie vom Kriegsausbruch überrascht und
konnten nicht mehr nach Palästina zurückkehren. Am 18. Juli 1950 starb Detwig von
Oertzen in Baden-Baden.

4.7 Umstritten auch im Exil: Der aus Baden stammende
Religiöse Sozialist Heinz Kappes in Jerusalem

Eine für die politische Mentalitätsgeschichte der evangelischen Einrichtungen in
Palästina interessante Nebenfigur war der badische Pfarrer und Religiöse Sozialist
Heinz Kappes, dessen ungewöhnlicher Lebensweg die Zusammenhänge der Zeitge-
schichte ausleuchten helfen soll.

Kappes war in mancher Hinsicht ein Grenzgänger:[803] Als Religiöser Sozialist
war er im konservativen Milieu der Palästinadeutschen ein Außenseiter – und als
Flüchtling evangelischen Glaubens gehörte er auch nicht zu den 75.000 jüdischen
Deutschen, die zwischen 1933 und 1941 nach Palästina auswanderten. Es ist deshalb
kaum verwunderlich, dass Kappes in neueren Darstellungen zur deutschen Emigration nach Palästina, die ausschließlich die *Jeckes* im Blick haben, unerwähnt bleibt.[804]
Da gerade eine längere Studie über Kappes Exil in Jerusalem erschienen ist, scheint
es jedoch vertretbar zu sein, hier nur wenige Schlaglichter auf seine Biographie zu
werfen.[805]

---

[802] Vgl. D. von Oertzen, *Ein Christuszeuge im Orient*, 104.

[803] Vgl. zu den Problemen der *Einzelgänger* in der Emigration z.B. G. Schwinghammer, „Im Exil
zur Ohnmacht verurteilt. Deutsche Politiker und Parteien in der Emigration 1933 bis 1945", in:
Bundeszentrale für politische Bildung (Hg.), *Widerstand und Exil 1933–1945*, Bonn ²1986, 240.
Vgl. auch den Art. „H. Kappes", in: *Biographisches Handbuch der deutschsprachigen Emigration
nach 1933* Bd. I, München u.a. 1980, 347 f.

[804] Vgl. L. Heid Art. „Palästina/Israel", in: *Handbuch der deutschsprachigen Emigration 1933–1945*,
Darmstadt 1998, 349–358 (mit Lit.), der sich nur auf jüdische deutsche Emigranten in Palästina
konzentriert. Kappes fehlt z.B. bei S. Erel, *Neue Wurzeln. 50 Jahre Immigration deutschsprachiger
Juden in Israel*, Gerlingen 1983; D. Niederland, „Leaving Germany – Emigration Patterns of Jews
and Non-Jews during the Weimarer Period", in: *TAJB* 27 (1998), 169–194; Nori Möding, „Immigration nach Palästina – Befunde der ,Oral History' aus den 1980ern und 1990ern", in: *TAJB* 27
(1998), 513–528 oder auch J. Schlör, *Endlich im Gelobten Land? Deutsche Juden unterwegs in
eine neue Heimat*, Berlin 2003.

[805] Vgl. R. Löffler, „Fluchtpunkt Jerusalem: Der badische religiöse Sozialist Heinz Kappes in der
Emigration", in: *Badisches Jahrbuch für Kirchen- und Religionsgeschichte* 1 (2007), 35–70 sowie
ders., „Exile ohne Patronage. Der religiöse Sozialist Heinz Kappes in Jerusalem", in: A. Chand-
ler/Katarzyna Stokłosa/J. Vinzent (Hgg.), *Exile and Patronage. Cross-cultural negotiations beyond
the Third Reich*, Berlin 2006, 127–152. [Englische Fassung: „Dissent, Exile and Return: the Religious Socialist Heinz Kappes in the Third Reich", in: *Humanitas. The Journal of the George Bell
Institute* 7.2 (2006), 129–157].

Der 1893 geborene, badische Pfarrer Heinrich (Heinz) Kappes[806] gehörte neben seinem Amtsbruder Erwin Eckert zu den bekanntesten Religiösen Sozialisten[807] der Weimarer Republik. Als mehrfach ausgezeichneter Leutnant nahm Kappes am Ersten Weltkrieg teil. Die Einsicht in die Schrecken des Krieges ließen ihn als Pazifisten nach Hause zurückkehren. Nach Abschluss des Theologiestudiums und des Vikariats wurde er 1923 Leiter des kirchlichen Jugend- und Wohlfahrtsdienstes in Karlsruhe. Bereits 1920 hatte er sich der religiös-sozialistischen Bewegung angeschlossen, wurde 1924 Mitglied der SPD und zählte bald zu ihrem linken Flügel.[808] Er vertrat die Religiösen Sozialisten zwischen 1926 und 1933 in der badischen Landessynode, die Sozialdemokratie im Bürgerausschuss (1926–30) und im Stadtrat von Karlsruhe (1930–33), kämpfte schon früh gegen den Aufstieg des Nationalsozialismus und warb in ganz Deutschland für den *Bund Religiöser Sozialisten Deutschlands* (BRSD).

---

[806]   Zu Leben und Werk von Heinz Kappes vgl. M. Koch, „Heinz Kappes (1893–1988). Christ und Sozialdemokrat in der Weimarer Republik", in: Badische Landesbibliothek Karlsruhe (Hg.), *Protestantismus und Politik. Zum politischen Handeln evangelischer Männer und Frauen in Baden zwischen 1819 und 1933.* Eine Ausstellung der Badischen Landesbibliothek Karlsruhe in Zusammenarbeit mit der Evangelischen Landeskirche in Baden/Landeskirchliche Bibliothek, dem Generallandesarchiv Karlsruhe und dem Stadtarchiv Karlsruhe aus Anlass des Kirchenjubiläums 1996: 175 Jahre Evangelische Landeskirche in Baden, Karlsruhe 1996, 272–286; F.-M. Balzer/G. Wendelborn, *„ Wir sind keine stummen Hunde" (Jesaja 56,10). Heinz Kappes (1893–1988). Christ und Sozialist in der Weimarer Republik,* Bonn 1994; F.-M. Balzer, „Das Problem der Assoziation nichtproletarischer, demokratischer Kräfte an die Arbeiterbewegung. Das Beispiel von Pfarrer Heinz Kappes", in: *Internationale Dialogzeitschrift* 7 (1974), 170–181; E. Watson/Hildegard Wright (Hgg.), *Heinz Kappes (1893–1988): Led by the Spirit. My life and work. His autobiography, some letters, speeches and sermons, radio interviews, tributes and obituaries.* Translated from the German by his daughters, Elisabeth Watson and Hildegard Wright, Maschinenschriftliches, hexographiertes Manuskript, ohne Ort und Jahr (Exemplar im LKA Karlsruhe als Anhang zur PA Kappes).

[807]   Zum religiösen Sozialismus vgl. z.B. R. Breipohl, *Religiöser Sozialismus und bürgerliches Geschichtsbewusstsein zur Zeit der Weimarer Republik,* Zürich 1971; A. Pfeiffer, „Religiöse Sozialisten", in: D. Kerbs/J. Reulecke (Hgg.), *Handbuch der deutschen Reformbewegungen,* Wuppertal 1998, 523–536; U. Peter, *Der Bund der religiösen Sozialisten in Berlin von 1919 bis 1933. Geschichte - Struktur - Theologie und Politik,* Frankfurt/Main 1998 sowie ders., *Christuskreuz und rote Fahne: Der Bund religiöser Sozialisten in Westfalen und Lippe während der Weimarer Republik,* Bielefeld 2002. Zur Problematik der mitunter einseitigen, ideologischen Darstellungen des Kreises um Balzer, die regelmäßig die wissenschaftlichen Standards verlassen und zu religiössozialistischen Bekenntnisschriften mutieren, vgl. S. Hermann/F. Walter, *Religiöse Sozialisten und Freidenker in der Weimarer Republik,* Bonn 1993, 114 Anm. 239. Kappes selbst hat sich sehr kritisch gegen eine Heroisierung der religiösen Sozialisten der Weimarer Republik geäußert vgl. M. Jacobs, „Religiöser Sozialismus und Mystik. Ein Blumhardtianer berichtet aus seinem Leben und Werden (Interview mit Heinz Kappes)", in: A. Schindler/R. Dellsperger/M. Brecht (Hgg.), *Hoffnung der Kirche und Erneuerung der Welt. Beiträge zu den ökumenischen, sozialen und politischen Wirkungen des Pietismus* (FS A. Lindt), Göttingen 1985, 332 f.

[808]   So die Einschätzung von G. Wendelborn, „Das Ringen von Heinz Kappes um die Verwirklichung des Reiches Gottes auf Erden", in: F.-M. Balzer/G. Wendelborn, *„ Wir sind keine stummen Hunde",* 67. Dass Kappes in den 1920er Jahren auch einer Freimaurer-Loge angehörte, kam weder vor noch nach 1933 an die Öffentlichkeit, weshalb es weder sein Verhältnis zur Kirchenleitung noch zum NS-Staat belastete. Vgl. E. Watson/Hildegard Wright, *Led by the Spirit,* 39.

Evangelium und Sozialismus verbanden sich nach Kappes' Überzeugung darin, dass „ein Reich Gottes unter den Menschen, für den Menschen, durch den Menschen eben auf der Erde in dem konkreten Leben" verwirklicht werden müsste.[809] Die Kirche sollte seinem Verständnis nach der Ort sein, an dem sich das Reich Gottes im Kampf für umfassende religiöse, gesellschaftliche Veränderungen und die Aufhebung der Klassenschranken realisierte.

Unter dem Begriff des Religiösen Sozialismus sammelte sich in der Weimarer Republik eine Zahl recht unterschiedlicher Theologen, Intellektueller und kirchlicher Gruppen, deren gemeinsames Ziel die Opposition gegen die kapitalistische Gesellschaftsordnung war.[810] In einer Zeit, in der der Sozialismus jeglicher Couleur gerade von den Kirchen bekämpft wurde, hatte der BRSD einen schweren Stand, blieb seine öffentliche Wirkung doch aufgrund der geringen Mitgliederzahl begrenzt.[811] Kappes war in der badischen Landeskirche kein Einzelkämpfer. An deutschlandweiter Prominenz überragte ihn Erwin Eckert,[812] Pfarrer in Mannheim und geschäftsführender Vorsitzender des BRSD. Eckert und Kappes fielen durch ihr soziales und politisches Engagement und ihre regelmäßigen Zusammenstöße mit der Kirchenleitung auf. Eckert nahm schon früh Partei für die UdSSR und trat am 3. Oktober 1931 von der SPD zur KPD über. Damit war für die Kirchenleitung der Bogen endgültig überspannt, und Eckert wurde aus dem Dienst entlassen.[813] Da Kappes gegen diese Entscheidung protestierte, wurde er ebenfalls von den kirchlichen Stellen gemaßregelt.

Die Machtergreifung der Nationalsozialisten bedeutete eine einschneidende Zäsur für Kappes' weiteren Lebensweg. Als der von der NSDAP dominierte Stadtrat Ende März 1933 die Entfernung der Juden aus den Karlsruher Gymnasien beschloss, legte Kappes aus Protest sein SPD-Mandat nieder. Er sah für eine weitere Mitarbeit keine Grundlage mehr. Da die badische Kommunalverfassung eine Mandatsniederlegung nur für den Fall eines Parteiaustritts vorsah, trat Kappes formell aus der SPD aus.[814]

Als sich Kappes aber mit von den Nationalsozialisten internierten Sozialdemokraten solidarisierte, sorgte dies für großen politischen Wirbel und setzte ein Amts-

[809] Zitiert nach F.-M. Balzer, „Parallele Leben – Heinz Kappes und Erwin Eckert (Jahrgang 1893)", in: F.-M. Balzer/G. Wendelborn, „Wir sind keine stummen Hunde", 16.

[810] Vgl. den zusammenfassenden Artikel von A. Pfeiffer, „Religiöse Sozialisten", 523–536.

[811] Vgl. z.B. K. Nowak, Geschichte des Christentums in Deutschland, 216. Ähnlich urteilt T. Jähnichen, Art. „Religiöse Sozialisten", in: Evangelisches Soziallexikon, 1331–1334.

[812] Vgl. F.-M. Balzer (Hg.), Ärgernis und Zeichen. Erwin Eckert – Sozialistischer Revolutionär aus christlichem Glauben, Bonn 1993 und F.-M. Balzer/K.U. Schnell, Der Fall Erwin Eckert. Zum Verhältnis von Protestantismus und Faschismus am Ende der Weimarer Republik. Mit einem Geleitwort von H. Prolingheuer, Bonn ²1993;

[813] Vgl. K. Nowak, Evangelische Kirche und Weimarer Republik, 280 und mit etwas anderer Akzentsetzung G. Wendelborn, „Zur Legitimität des Eintritts Erwin Eckerts in die KPD", in: F.-M. Balzer (Hg.), Ärgernis und Zeichen, 186–206, hier: 188.

[814] Vgl. G. Wendelborn, „Das Ringen von Heinz Kappes", 101 u. 104 f.; M. Koch, „Heinz Kappes (1893–1988). Christ und Sozialdemokrat in der Weimarer Republik", 275.

enthebungsverfahren in Gang.[815] Sein politisches Engagement hätte die Kirche in Schwierigkeiten mit dem Staat gebracht, so dass ihm das Vertrauen, „das sein Beruf erfordert, nicht mehr zugebilligt werden kann", hieß es im Urteil.[816] Kappes wurde zum 2.12.1933 zwangspensioniert, behielt aber im Gegensatz zu Eckert den Anspruch auf seine Ruhegelder. Die Pensionszahlungen waren nun die einzige regelmäßige Einnahmequelle, auf die sich Kappes stützen konnte. Staatlicherseits wurde er unter Polizeiaufsicht gestellt.[817]

Anfang 1934 zog Kappes nach Tübingen.[818] Dort wollte er sich den orientalischen Sprachen zuwenden, weil er sich von Christus zur Orientmission berufen sah. Bereits als Student hatte er Hermann Schneller kennen gelernt, der wenige Jahre danach Direktor des Syrischen Waisenhauses in Jerusalem wurde. Deshalb hoffte Kappes 1934, dass sich in der Davidsstadt neue berufliche Perspektiven ergeben könnten. Schneller stellte ihm sogar eine Vikarstelle in Aussicht, die jedoch an Kappes kirchenpolitischen Verstrickungen scheiterte.

1934/1935 verbrachte Kappes ein Jahr zu Studienzwecken in Jerusalem, musste aber erfahren, dass er aufgrund einer Kriegsverletzung für den Missionsdienst untauglich war. Hermann Schneller bemühte sich in Jerusalem, Kappes wenigstens kleinere Aushilfstätigkeiten zu verschaffen. So lehrte er als Übergangshilfe in der *Deutschen Evangelischen Schule* und fand in der Erlöserkirche Anschluss und wurde zwischen Weihnachten und Neujahr gleich viermal mit Gottesdiensten in Jaffa, Haifa und Waldheim beauftragt.[819]

Wer nun aber erwartet hätte, dass Kappes im Ausland zu den politischen Verhältnissen in Deutschland schweigen würde, sah sich getäuscht. Am 1. Advent 1934 sprach er auf Einladung von Propst Rhein im Familiengottesdienst über seine Weihnachtserlebnisse während des Ersten Weltkrieges, die in dem pazifistischen Bekenntnis gipfelten, dass der Weihnachtstag 1914 im Schützengraben ihn „hellsichtig" gemacht habe „für die Sünden des Krieges." Seine deutlichen Worte riefen Protest hervor. Der Chefarzt des Kaiserswerther Diakonissenkrankenhauses und Mitglied des G.K.R., Eberhard Gmelin, erregte sich derart über Kappes' pazifistische Darstellun-

---

[815] Vgl. zum Prozess das Material in LKA Karlsruhe/PA Kappes und G. Wendelborn, „Das Ringen von Heinz Kappes", 113–115.

[816] Vgl. das Urteil im Dienstgerichtsverfahren vom 1.12.1933, LKA Karlsruhe/PA Kappes. Neuerdings abgedruckt in H. Rückleben/H. Erbacher (Hgg.), *Die Evangelische Landeskirche in Baden im „Dritten Reich"* Bd. II, Karlsruhe 1992, 226–233.

[817] Zu Kappes Analyse des badischen Kirchenkampfes vgl. G. Wendelborn, „Das Ringen von Heinz Kappes", 115–122. Zum badischen Kirchenkampf vgl. K. Meier, *Der Evangelische Kirchenkampf.* Bd. 1: Der Kampf um die „Reichskirche", Göttingen 1976, 436–442 und ders., *Der Evangelische Kirchenkampf.* Bd. 2: Gescheiterte Neuordnungsversuche im Zeichen staatlicher „Rechtshilfe", Göttingen 1976, 316–334.

[818] Vgl. E. Watson/Hildegard Wright, *Led by the Spirit*, 53 und Kappes' Brief an den E.O.K. Karlsruhe vom 16.12.1933 und Kappes' Rundschreiben an 150 Oberkirchenräte, Pfarrer, Synodale vom 8.9.1934, LKA Karlsruhe/PA Kappes.

[819] Vgl. *EGP* Nr. 12/1934, 97, wo sein Engagement von Rhein gewürdigt und eine weitere Zusammenarbeit in Aussicht gestellt wurde: „Wir hoffen, dass Herr Pfarrer Kappes während seines Jerusalemer Aufenthalts sowohl unserer Gemeinde als auch unserer Schularbeit weiter verbunden bleibt."

gen, dass er Rhein aufforderte, den badischen Theologen nie wieder in der Erlöserkirche sprechen zu lassen.[820] Daraufhin wurde Kappes nur noch in Jaffa, Haifa und Wilhelma eingesetzt. Doch auch dort blieb er seiner Linie treu, lobte Brüning und tadelte während des Sylvestergottesdienstes 1934/35 in Jaffa die NS-Außenpolitik.

Solche Äußerungen konnten den für solche Bemerkungen besonders sensiblen NSDAP-Funktionären nicht entgehen. Cornelius Schwarz beschwerte sich deshalb schon im Januar 1935 beim Außenhandelsamt der A.O. über Kappes. Schwarz wunderte sich, wieso „solche Leute", die die Gemüter im Ausland belasteten, Pensionszahlungen im Ausland erhielten: „Kann ihm das Handwerk nicht einfach dadurch gelegt werden, dass ihm keine Devisen bewilligt werden und er so gezwungen ist, seine Pension in Deutschland zu verzehren, so dass er seinen Unfrieden nicht nach außen tragen kann?"[821] Dieser Vorschlag sollte langfristige Folgen haben.

Derweil hatte Kappes auch auf religiösem Gebiet seiner Vita eine neue Richtung gegeben: Er schloss sich 1934 den deutschen Quäkern an, die ihn durch ihre Hilfe für Verfolgte des NS-Regimes, ihre praktische Verwirklichung des Christentums und ihre Versöhnungsarbeit unter den Juden faszinierten. Die ursprünglichen Missionspläne gab er auf, weil sie sich vor Ort als aussichtslos herausgestellt hatten. Das „go-between"[822] zwischen Arabern und Juden wurde zur neuen Hauptaufgabe im Exil.

Als Kappes im Sommer 1935 nach Deutschland zurückkehrte, trieb er seine Emigrationspläne vehement voran. Nach dem anfänglichen Zögern der Karlsruher Kirchenbehörde wurde die Überweisung der Pension genehmigt, so dass Kappes im März 1936 mit Frau und vier Kindern nach Jerusalem übersiedelte.

Für seine „weitere geistige Entwicklung"[823] prägend, sollten die Begegnungen mit Jehudah Magnes (1877–1948) und dem Kreis um *Berith Shalom* werden.[824] Ger-

---

[820] Vgl. E. Watson/Hildegard Wright, *Led by the Spirit*, 58.

[821] Vgl. C. Schwarz' Berichte an das Außenhandelsamt der A.O. der NSDAP vom 4.1. und 13.1.1935, ISA R.G. 90/823/J76/32.

[822] Vgl. oben seinen erwähnten Lebensrückblick vom 26. Oktober 1981, LKA Karlsruhe/PA Kappes.

[823] So G. Wendelborn, „Das Ringen von Heinz Kappes", 133.

[824] Der in San Francisco geborene Zionist Jehudah Leon Magnes entstammte einer deutsch-jüdischen Auswandererfamilie, promovierte - nach der Ordination zum Rabbiner am *Hebrew Union College* in Cincinnati (1900) - in Heidelberg zum Dr. phil. Er gehörte in Spitzenpositionen verschiedenen jüdischen Großorganisationen in Amerika wie dem *American Jewish Committee*, der *Federation of American Zionists* und *Kehillah* an, die verschiedene Zweige des US-Judentums organisatorisch vereinigte. Er war mit 30 Jahren bereits Rabbiner einer der wohlhabendsten New Yorker Reformgemeinden, des *Temple Emanuel*. Magnes wandte sich nach heftigen Auseinandersetzungen wieder vom Reformjudentum ab und den jüdischen Konservativen zu. Politisch blieb er ein Linker. Während des Ersten Weltkriegs erntete er durch seinen Pazifismus, seinen moderaten Zionismus und seine Sympathie für die bolschewistische Revolution heftigen Widerspruch. Dank seiner hervorragenden Kontakte gelang es ihm, die tragenden Säulen des weltweiten Judentums für einen finanziellen Beitrag zum Aufbau der 1923 gegründeten Hebräischen Universität zu gewinnen. 1925 wurde er deren Kanzler und 1935 deren Präsident - ein Amt, das er bis zu seinem Tode im Jahre 1948 inne hatte. Vgl. auch den Art. „Magnes, Judah", in: R. Medoff/C.I. Waxman, *Historical Dictionary of Zionism*, Lanham – London 2000, 118–120. Zu Berith oder Brit Shalom vgl. auch M. Buber, *Ein Land und zwei Völker. Zur jüdisch-arabischen Frage.*, hg.v. P.R. Mendes-Flohr, Frankfurt/Main 1983, 102–126. Vgl. auch das programmatische Buch von M. Buber/J. Magnes, *Arab-Jewish Uni-*

schom Scholem beschreibt den Zionisten, Sozialisten, Pazifisten und visionären Politiker Magnes als „komplexe Persönlichkeit" mit großem Charme, moralischer Autorität und einem furchteinflößendem Äußeren.[825]

Wie unten noch näher zu zeigen sein wird, war Magnes ein enger Freund des anglikanischen Bischofs Graham Brown und ein Gegner David Ben Gurions. Er gehörte zu den führenden jüdischen Persönlichkeiten Jerusalems und bemühte sich intensiv um die Versöhnung mit den Arabern. Er wandte sich gegen die Errichtung eines jüdischen Staates auf Kosten der einheimischen Bevölkerung und plädierte für einen bi-nationalen Staat in Anlehnung an das Schweizer Kantonatssystem.[826] Über Magnes lernte Kappes auch Martin Buber kennen sowie den aus Prag stammenden Philosophen und Bibliothekar der Hebräischen Universität, Hugo Bergmann, mit dem ihm eine lebenslange Freundschaft verbinden sollte.[827] Hier fand er einen Kreis ebenfalls religiös-sozialistisch eingestellter Intellektueller, die ihn schätzten und ihm ein Diskussionsforum boten.

Hugo Bergmanns Tagebücher zeigen, dass Kappes in die jüdisch-deutschen Immigrantenkreise Jerusalems integriert wurde, dort Vorträge zu religionsphilosophischen Fragen hielt, aber auch den Kontakt zur arabischen Seite nicht abreißen ließ.[828] Der jüdische Philosoph zeigte sich beeindruckt von Kappes' Charisma, seiner scharfsinnigen Argumentation und von seiner „Sicherheit im Geistigen"[829] beziehungsweise seinem unerschütterlichen Gottvertrauen, hatte jedoch Vorbehalte gegenüber den mitunter überaus utopischen politischen Vorstellungen des religiössozialistischen Pfarrers. Kappes' Deutung des Nahostkonflikts war nicht immer stringent und enthielt geschichtstheologische Implikationen. Es gibt keine Belege dafür, dass seine politischen Vorschläge zur Konfliktbeilegung in Palästina ein größeres Echo fanden.[830]

Kappes' Leben in Jerusalem schwankte also zwischen den Höhen einer visionären Politik und den Mühen des Alltags. Sein Exil wurde dadurch belastet, dass die NSDAP-Landesgruppe ihn aufgrund seiner regelmäßigen kritischen

---

ty. Testimony Before the Anglo-American Inquiry Commission for the Ihud (Union) Association, London 1947, Reprint Westport/Connecticut 1976.

[825] Vgl. auch G. Scholem, *Von Berlin nach Jerusalem. Jugenderinnerungen*. Aus dem Hebräischen von M. Brocke und A. Schatz. Erweiterte Ausgabe, Frankfurt/Main 1997, 230–237.

[826] Vgl. M. Jacobs, „Religiöser Sozialismus und Mystik", 338.

[827] Vgl. E. Watson/Hildegard Wright, *Led by the Spirit*, 56 ff.

[828] Zu Kappes vgl. S.H. Bergmann, *Tagebücher und Briefe* Bd. 1, 445, 501, 508, 518, 520, 526, 555, 593, 599, 604, Bd. 2, 272, 292, 536, 641.

[829] S.H. Bergmann, *Tagebücher und Briefe* Bd. 1, 583.

[830] Vgl. Kappes' Briefe aus Jerusalem an die *Embassy of Reconciliation* vom 10.12.1936 und vom 27.6.1937, EZA 51/H II f 5. Genau genommen dürfte es sich nicht um die *Embassy*, sondern um das *Fellowship of Reconciliation* gehandelt haben, die im Dezember 1914 gegründet wurde. Sie war die wohl wichtigste pazifistische Organisation auf der Insel und stand in enger Verbindung zu den Quäkern. Vgl. dazu A. Hastings, *A History of English Christianity 1920–2000*, London [4]2001, 46, 330–336. Sein ebenfalls aufschlussreiches Memorandum an die Jewish Agency vom 6.8.1938 ist wiederabgedruckt in F.-M. Balzer/G. Wendelborn, „*Wir sind keine stummen Hunde*", 242–246. Mehr als vier Jahrzehnte später wurde Kappes' Engagement in einem großen Beitrag des Publizisten Daniel Dagan unter dem missverständlichen Titel „Der zionistische Pfarrer" in der israelischen Zeitung *Ha'aretz* vom 18.4.1980 gewürdigt.

Äußerungen gegen das NS-Regime denunzierte und dafür sorgte, dass die Reichs-Devisentransferstellen die Überweisung seiner Pension zunächst unterbrachen, später ganz einstellten.

Da sich der Religiöse Sozialist in der Debatte über die Schulfusion exponiert hatte, war er erneut ins Fadenkreuz der lokalen NSDAP geraten, die sich peu à peu zur Evaluierungsstelle der politischen Zuverlässigkeit entwickelte. So erwähnte der NSLB-Obmann Kurt Hegele am 15. Mai 1937 in einer Übersicht über die vom AA geförderten Sprachkurse auch Kappes' Unterricht und bezeichnete ihn als „Feind des neuen Deutschland".[831] Auch Schwarz äußerte sich im Verlauf der Schulstreitigkeiten negativ über die Pastoren Kappes und von Oertzen und regte die Aufkündigung der Devisengenehmigung für die Pensionen an. Damit sollte er zum Schweigen gebracht und zur Rückkehr nach Deutschland gedrängt werden. Doch der Religiöse Sozialist blieb mit seiner Familie in Jerusalem, weil er vorausschauend erkannte, dass ihm das wirtschaftliche prekäre Exil in Jerusalem mehr Freiheiten gewährte als ein Leben in einer Diktatur.

Im Herbst 1944 wurde Kappes und seiner Familie schließlich die deutsche Staatsangehörigkeit entzogen und sein Vermögen vom Staat beschlagnahmt. Protest der badischen Landeskirche gab es gegen diese Entscheidung nicht.

In den Kriegsjahren wandte sich Kappes' Schicksal nach anfänglichen Schwierigkeiten zum besseren. Er hatte als engagierter Christ und überzeugter Gegner der Nazis bereits Ansehen erlangt. Nicht ohne Eindruck blieb in englischen Kreisen, dass Kappes auf dem Deutschen Generalkonsulat kurz vor Kriegsbeginn 1939 den Kriegsdienst verweigerte. Als er dennoch kurz nach Kriegsausbruch wie alle deutschen Männer interniert wurde, bürgte District Commissioner Keith Roach persönlich für ihn.

Im Juni 1943 wurde er in der zweitschlechtesten Besoldungsgruppe Angestellter des Landesernährungsamtes, des *British Food Control*, stieg jedoch nach einem Korruptionsfall am 1.4.1946 zum *Chief Rationing Officer*, also zum Leiter der Verteilungsstelle rationierter Lebensmittel, auf.[832] So gelang es ihm, unabhängig von den deutschen Pensionszahlungen seine Familie zu ernähren.

1948 kehrte er nach Deutschland zurück, blieb bis zum Winter 1948/49 „staatenlos" und wurde erst 1949 durch die Landeskirche rehabilitiert. Ab 1949 arbeitete er als Religionslehrer in Karlsruhe und ab 1952 im Gemeindedienst. Er gründete in Karlsruhe die *Gesellschaft für Deutsch-Jüdische Zusammenarbeit*, war (Mit)Begründer der Selbsthilfegruppen der *Anonymen Alkoholiker* in der Bundesrepublik und lehrte an der Universität Heidelberg. Die Hauptaufgabe seiner letzten Lebenshälfte sah Kappes in der Vermittlung der Spiritualität des indischen Religionsphilosophen Sri Aurobindo, dessen Werke er ins Deutsche übersetzte. Am 1. Mai 1988 starb Kappes im Alter von 94 Jahren in Stuttgart.

---

[831] Vgl. Hegeles Übersicht vom 15. Mai 1937, ISA/RG 90/J76/6.

[832] Vgl. die von G.P. Carter vom Landesernährungsamt der Palästina-Regierung unterzeichnete Erklärung vom 25.2.1948, LKA Karlsruhe/PA Kappes.

4.8 Zur politischen Mentalitätsgeschichte der deutschen Protestanten – zusammenfassende Überlegungen

Die Frage nach der Bewahrung der deutschen Identität vor dem Hintergrund eines sich konfliktträchtig verändernden Landes prägte die politische beziehungsweise religionspolitische Mentalitätsgeschichte der evangelischen Deutschen in der Mandatszeit nachhaltig. Der Wiederaufbau der deutschen Kolonien und Gemeinden geschah vor dem Hintergrund eines sich rapide verändernden Landes. Mit den jüdischen Migranten wuchsen den Palästinadeutschen wirtschaftliche und auch kulturelle Konkurrenten heran, die ihnen den Status europäischer Mustersiedlungen streitig machten. Der Urbanisierungsschub an der Mittelmeerküste führte zu erheblichen Verunsicherungen. In ihren anti-urbanen Affekten begegneten sich Templer und Kirchler.

Der mal faszinierende, mal verstörende, stets jedoch impulsive Modernisierungsschub führte sowohl bei den Templern als auch bei den Kirchlern zu einer Verfestigung ihrer nationalen Identität. Da die jüngere Templer-Generation mehrheitlich den religiösen Elan der Gründer abgelegt hatte, nahm die spirituelle beziehungsweise theologische Dimension der freikirchlichen Tradition ab, blieb jedoch als mobilisierendes, antiklerikales Element gegen die Vertreter der evangelischen Kirche erhalten. Viele, wenn auch nicht alle Vertreter der jüngeren Templer-Generation, suchten deshalb nach einem Surrogat für den religiösen Idealismus der Vorfahren und fanden es im übersteigerten Nationalismus beziehungsweise ab 1932/1933 im Nationalsozialismus. Die verbesserte Infrastruktur auf den Gebieten Verkehr und Kommunikation ermöglichte einen einfachen Transfer der neuen politischen Positionen, ihrer Literatur, ihrer Symbolik und der mit ihr verbundenen Mentalität von der Heimat in die Peripherie. Damit war es leicht, die überschaubare palästinadeutsche Diaspora zu beeinflussen und schrittweise gleichzuschalten. Diasporatheoretisch erwiesen sich Templer wie Kirchler als eine Minderheit, die ein stark national eingefärbtes, transnationales Bewusstsein ausbildete. Im Blick auf die Weimarer Republik war die politische Mentalität ablehnend und konservativ-kaisertreu. Nach 1933 zeigte sich gerade unter den jungen Templern eine Dynamik und Leidenschaft, die Möglichkeiten des Dritten Reiches zu nutzen und als transnationale Minderheit am Aufstieg der NSDAP zu partizipieren. Die mentalitätsgeschichtliche Verschiebung von einem frei-religiösen zu einem nationalistischen Paradigma dürfte der Hauptgrund für den Erfolg der NSDAP-Landesgruppe unter Templern gewesen sein. Die NSDAP war nicht allein Träger der maßgeblichen Mehrheitskultur in der noch leitbildhaften deutschen Heimat, sondern bot durch ihr vielfältiges ideologisches, politisches und pädagogisches Programm eine moderne, zeitgemäße Gegenwartsdeutung an, die die bisherige traditionell-pietistische Weltanschauung der Tempelgesellschaft an Attraktivität und anscheinend auch an Überzeugungskraft überflügelte. Das fromme Element in den Templergemeinden wurde nach 1933 zunehmend zurückgedrängt und konnte sich bis 1939 vom Aufstieg des Nationalsozialismus in den eigenen Reihen nicht mehr erholen. Allerdings gab es auch in Palästina eine Gleichzeitigkeit ungleicher Entwicklungen, denn klassische freikirchlich-pietistische beziehungsweise traditionelle volkskirchliche Frömmigkeitstheologien existierten weiter neben dem quasi-religiösen Surrogat der NS-Ideologie fort.

Als partielles Hindernis für den Gleichschaltungsprozess erwies sich die konfessionelle Aufspaltung der Diaspora. In Palästina stellte – anders als im Deutschen Reich und in anderen auslandsdeutschen Diasporas – eine antiklerikale Freikirche die tonangebende Mehrheit der Deutschen. Das führte nach 1933 zwangsläufig zum Wiederaufleben der alten Spannungen zwischen Templern und Kirchlern.

In den kirchlichen Kreisen Palästinas führte die Anwesenheit einer Parteiorganisation ebenfalls zu einem Anpassungsdruck. Dennoch ließen sich die evangelischen Geistlichen in Jerusalem, Jaffa und Haifa – motiviert durch ihre exponierte Stellung als Repräsentanten des reformatorischen Erbes – von den Templern weder politisch noch theologisch bevormunden.

Sieht man jedoch von den Pfarrern und Pröpsten ab, die stets nur einige Jahre in Palästina verbrachten und deshalb nur bedingt zu *Milieumanagern* der deutschen evangelischen Diaspora wurden, so fällt auf, dass die evangelischen Palästinadeutschen politisch und mentalitätsgeschichtlich in ähnlicher Weise auf die Entwicklungen der Zwischenkriegszeit wie Templer reagierten. In der Führungsspitze der NSDAP-Landesgruppe dominierte allerdings die jüngere Templer-Generation. Lediglich in der Ortsgruppe Jerusalem fanden sich auch einige Vorzeigeprotestanten unter den *Politischen Leitern* wie etwa die Brüder H. und E. Schneller oder der Chefarzt Gmelin.

Die evangelischen Gemeinden und Missionseinrichtungen waren alles andere als ein monolithischer Block, was nicht zuletzt an der Vielzahl der evangelischen Organisationen lag, die alle eine eigenständige Leitung vor Ort und in der Heimat besaßen. Die intendierte Führungsrolle des Propstes als oberster evangelischer Geistlicher des Heiligen Landes, dessen Aufgabe weit über die eines Gemeindpfarrers hinausging, wurde von den Führungskräften der unabhängigen deutschen evangelischen Institutionen nur bedingt anerkannt – und dies über Jahrzehnte. Der Aufstieg der Nazis verschärfte nur die bereits bestehende Problematik.

Durch diese höchst unterschiedlichen Loyalitäten wurde die ‚Machtposition‘ des Propstes unterminiert beziehungsweise stark von seiner jeweiligen, persönlichen Überzeugungskraft abhängig gemacht. Im Dritten Reich taten politische Differenzen ihr übriges – Rhein war ein konservativer Vernunftrepublikaner, die Schneller-Brüder und Gmelin zumindest bis 1939 vom Nationalsozialismus begeistert. Gerade im Streit um die Schulfusion konnte sich Rhein nicht auf diese Mitglieder seines Gemeindekirchenrates verlassen. Dabei spielte auch der Gegensatz zwischen verfasster Kirche und unabhängigen Missions- und Wohlfahrtseinrichtungen eine Rolle.

Wie diffus die theologische Ausrichtung der evangelischen Diaspora war, belegt sowohl die Lutherinterpretation des Jahres 1933 als auch der Anti-Rosenberg-Aufsatz des Oberlehrers Hauer aus dem Jahre 1938, in dem dieser mit antisemitischen Stereotypen gegen den Antisemitismus des NS-Vorzeigedenkers argumentierte. Die dennoch festzustellende Nähe der Diasporagemeinden zur Bekennenden Kirche belegt deshalb eine Tendenz, die auch im Deutschen Reich zu beobachten war: Deutsche Protestanten konnten sich aus nationalen Gründen für das Dritte Reich begeistern, betrieben mitunter gar eine Art Selbstnazifizierung, reagierten aber überaus sensibel, wenn die NS-Ideologie die bekenntnismäßigen Grundlagen der Kirche in Frage stellte.

Der Streit um die Vereinigung des Lyzeums Tempelstift und der Deutschen Evangelischen Schule in den Jahren 1936 und 1937 kann paradigmatisch als ein Versuch verstanden werden, die auseinanderstrebenden Kräfte der palästinadeutschen Diaspora unter dem Dach der ‚Volksgemeinschaft‘ zu vereinigen. Das Prinzip der Volksgemeinschaft war, wie R. Balke mit Recht betont, das Instrument, um einer auf konfessionellen Unterschieden basierenden Ausdifferenzierung der Palästinadeutschen entgegenzuwirken und die NSDAP „als die große Klammer" der unterschiedlichen Gruppen ins Spiel zu bringen.[833] Allerdings greift R. Balke zu kurz, wenn er den Dissens über die Schulvereinigung einzig als Ausdruck eines Kampfes um den wachsenden Einfluss von NSDAP und NSLB auf die palästinadeutsche Schul- und Jugendpolitik interpretiert.[834] Betrachtet man den Verlauf der Auseinandersetzung, spielt die Politik darin eine wichtige, aber keineswegs die einzige Rolle. Mindestens ebenso bedeutsam waren Fragen der Pädagogik, der Integration arabischer Schüler, der Finanzierung der Schule, der Besetzung der Schulleitung, der Regelung der religiösen Erziehung und vor allem auch der Parität zwischen Templern und Kirchlern im Schulvorstand sowie in der Lehrerschaft. Daraus wird ersichtlich, wie sehr hinter scheinbar (partei)politischen Gegensätzen in Wirklichkeit die alten Spannungen zwischen Tempel und Kirche wieder auflebten und durch die veränderten politischen Rahmenbedingungen noch einmal verschärft wurden. Eine Schlüsselrolle in dieser Auseinandersetzung fiel dabei dem deutschen Generalkonsul und überzeugten Nationalsozialisten, Walter Döhle zu, der eine Kompromisslösung vorantrieb. Die Tempelgemeinde und die NSDAP konnten die meisten ihrer Forderungen durchsetzen, ohne allerdings auf ganzer Linie erfolgreich zu sein. Der zähe Widerstand des Propstes zeigte den palästinadeutschen Nazis ihre Grenzen auf. In ihrem Versuch, die schulische Gleichschaltung abzuwehren, spielte der Propst nicht erfolglos auf der Klaviatur der polykratischen Herrschaftsstrukturen des NS-Regimes. Rheins Kooperation mit Reichert belegt, dass es in den späten 1930er Jahren möglich war, sich auch unter den Bedingungen des Dritten Reiches gewisse politische Spielräume offen zu halten. Aufgrund des Denunziantentums eines Cornelius Schwarz blieb Rhein letztlich auch gar nichts anderes übrig, als sich an eine alternative Autorität neben dem AA beziehungsweise dem Generalkonsulat zu wenden, um wenigstens einen Teil seiner religionspolitischen Ziele durchzusetzen.

In den Auseinandersetzungen mit der NSDAP-Landesgruppe kam Rhein und auch von Oertzen allerdings zugute, dass sie *erstens* vom Kirchlichen Außenamt gegenüber der A.O. und dem AA geschützt wurden und *zweitens* die kirchlichen Einrichtungen in Palästina aufgrund ihrer besonderen Geschichte und ihres internationalen Prestiges selbst nach 1933 wesentliche Faktoren der auswärtigen Kulturpolitik waren. Die kulturpolitische Ausstrahlung der Erlöserkirche, der Ölberg-Stiftung, des

---

[833]   Vgl. R. Balke, *Die NSDAP-Landesgruppe*, 153.
[834]   Ebd., 147 und 153.

Syrischen Waisenhauses besaßen die Templer-Kolonien nicht, zumal sie im Verlauf der Mandatszeit an Bedeutung verloren.

Kirchliche Unterstützung aus der Heimat kam aber dann an eine Grenze, wenn das non-konforme Verhalten eines evangelischen Theologen in dezidierten Widerstand gegen das NS-Regime umschlug. Das belegt der Fall des Religiösen Sozialisten Heinz Kappes. Er erhielt von offizieller kirchlicher Seite keine Hilfe auf seinem Weg ins Exil.

Dass es in Jerusalem eine nationalistisch-rechtskonservative deutsche Diaspora gab, die ihn bekämpfte, musste für Heinz Kappes fast ein *Déjà-vu*-Erlebnis gewesen sein. Für die NSDAP-Landesgruppe war er auf den ersten Blick ein einfaches, auf den zweiten Blick ein schwer zu attackierendes Ziel: Zwar konnten die Nazis bewirken, dass seine Pension gesperrt wurde; dennoch war es für sie letztlich unmöglich, ihn aus Palästina zu vertreiben. Sein Einzelgängerdasein und seine Sturheit waren hier von Vorteil, denn der Versuch der Nazis, ihn zur Rückkehr nach Deutschland zu zwingen, scheiterte. Kappes hatte durch die Emigration nicht viel zu verlieren, wusste er doch, dass sein Lebensweg in Deutschland unbestimmter und gefährlicher werden könnte als in Palästina. Außerdem sagte Kappes die Atmosphäre der jüdischen Intellektuellen-Kreise zu. Er fand hier Gesinnungsgenossen unter den jüdischen Emigranten und in den Kibbuzim ein funktionierendes, sozialistisches Gesellschaftsmodell. Die Welt der jüdischen Emigranten war eine Art Gegenöffentlichkeit sowohl zu der von den Nazis dominierten Öffentlichkeit im Deutschen Reich als auch zur palästinadeutschen Diaspora Jerusalems. Der Fall Kappes belegt, dass die Gleichschaltungsversuche der NSDAP-Landesgruppe an Grenzen stieß, wenn der Partei mit Geschick und Charakterstärke widerstanden wurde.

Politisch konnte Kappes trotz seines notorischen Sendungsbewusstseins nichts erreichen. Seine religiös-sozialistische Geschichtsphilosophie führte ihn auch in Palästina zu Fehleinschätzungen der Realpolitik und zu einer Überschätzung seiner eigenen Person. Gerade deshalb musste er zahlreiche Enttäuschungen einstecken. Das Exil in Jerusalem war für Kappes eine Phase der Veränderung. Wahrscheinlich ist es kein Zufall, dass er sich in der letzten Phase seines Lebens der Mystik des Sri Aurobindo widmete, ein konkretes parteipolitisches Engagement scheute und sich wieder verstärkt sozialen Randgruppen zuwandte, um so den Bau des Reiches Gottes auf Erden zu fördern.

4.9 Nationalität und konfessionelles Bewusstsein im anglikanischen Kontext

4.9.1 Anglikanische Kirche und britische Außenpolitik

Bei einem Vergleich der deutschen und der englischen protestantischen Mentalität lässt sich zunächst festhalten, dass die beiden Weltkriege für die englische Geschichte und Kirchengeschichte weniger einschneidende Zäsuren darstellten als dies in

Deutschland der Fall war.[835] Großbritannien erlebte keine politischen Systemwechsel – wie Deutschland vom Kaiserreich zur Demokratie und dann zur Diktatur, der dann mit der Bundesrepublik die zweite Demokratie und mit der DDR die zweite repressive Staatsform folgten. In Großbritannien war die Demokratie etabliert – und auch die verhältnismäßig strenge soziale Strukturierung der englischen Gesellschaft änderte sich im Laufe des 20. Jahrhunderts nur langsam.

Dennoch ließen die Weltkriege auch die englische Gesellschaft nicht unberührt. Die Schrecken des Ersten Weltkrieges reaktivierten etwa ein Zusammengehen von Staat und Kirche. Dieses schlug sich in der Errichtung vieler lokaler Kriegsdenkmale nieder, die an die Toten aller Schichten und Konfessionen erinnerte, oder in den mit Gottesdiensten begangenen Feierlichkeiten zum 11. November. Die Feier des Waffenstillstandstags wurde „noch vor Ostern praktisch der Höhepunkt des Kirchenjahres"[836], der viele, sogar kirchenferne Menschen in die Kirchen brachte.

Der Erste Weltkrieg bewirkte in England zudem „a popular commitment to international life".[837] Der Völkerbund fand ein großes Echo in der Bevölkerung, weshalb die zivilgesellschaftlich getragene Organisation der „*League of Nations Union* attracted a lively powerful support wherever it set down roots."[838] Besonders in den pazifistischen nonkonformistischen Kirchen waren die *League of Nations Union* fest verankert.

Dass sich das weltweite britische *Empire*, aus dem die Nation über Jahrzehnte – wenn auch je nach Gesellschaftsschichten mit unterschiedlicher Intensität – ein nicht unerhebliches Selbstbewusstsein zog, schrittweise auflöste, sah die *Church of England* leidenschaftslos mit an. Gleichwohl versetzte das Ende der imperialen Herrschaft den anglikanischen Missionsgesellschaften weltweit „fast den Todesstoß", wie der Durhamer Kirchenhistoriker Reginald Ward notiert.[839] Die Kirche und die Missionsvorstände in Großbritannien bemühten sich deshalb darum, den *Jungen Kirchen* auf dem Missionsgebiet zur selbständigen Regelung ihrer Aufgaben zu verhelfen.

Auf sozialem Gebiet unterstützte die Kirche den sich langsam etablierenden Wohlfahrtsstaat auf der Insel. So übernahm der Staat eine Reihe sozialer Aufgaben, die bisher die Kirche ausgeübt hatte. Sieht man von Einzelstimmen ab, so hat die *Church of England* im 20. Jahrhundert keine überzeugende Soziallehre beziehungsweise eine theologisch-politische Konzeption zur Deutung der modernen Gesellschaft, die in irgendeiner Weise den öffentlichen Diskurs verändert hätte, hervorgebracht. Die Rückeroberung gesellschaftlichen beziehungsweise politischen Einflusses gelang deshalb nur begrenzt. Ward spricht darum sogar etwas abfällig davon, dass die moderne englische Kirchengeschichtsschreibung nichts anderes als ei-

---

[835] Vgl. R. Ward, *Kirchengeschichte Großbritanniens vom 17. bis zum 20. Jahrhundert*. Mit einer Einführung von U. Gäbler, Leipzig 2000.

[836] Ebd., 155.

[837] A. Chandler, „Condemnation and Appeasement: The Attitudes of British Christians Towards National Socialist Religious and Foreign Policies", in: G. Besier (Hg.), *Zwischen ‚nationaler Revolution' und militärischer Aggression*, München 2001, 205–216, hier: 207.

[838] Ebd.

[839] Vgl. R. Ward, *Kirchengeschichte Großbritanniens*, 156.

ne „Chronik oft leidenschaftlicher, aber allgemein nutzloser Aktivitäten" zur Linderung sozialer Nöte beziehungsweise zur Stabilisierung des eigenen Milieus bieten könne.[840]

Der Einfluss der anglikanischen Kirche auf die politische Willensbildung darf für das 20. Jahrhundert dennoch nicht unterschätzt werden. Immerhin war die Kirche mit 26 Bischöfen im Oberhaus vertreten und „contributed a good deal to debates on social reform and foreign affairs."[841] Allerdings bedeutete die parlamentarische Vertretung nicht, dass der Episkopat exklusiven Zugang zu politischen Informationen erhielt. Der eigentliche Austausch mit Regierung und Opposition geschah durch zahlreiche informelle Gespräche im Parlament. Der Birminghamer Historiker Andrew Chandler spricht deshalb davon, dass der politische Austausch „was conversational rather than structural, although it could be said that the structures encouraged personal encounters and friendships."[842]

Dennoch war das Wort des Erzbischofs von Canterbury in politischen Fragen nicht ohne Gewicht. Seine Stellungnahmen oder die seiner episkopalen Mitbrüder wurden in der Zwischenkriegszeit oft in der *Times* abgedruckt und erreichten damit das britische Bildungsbürgertum, die Oberschicht und eine internationale Leserschaft.

So war die Rede des Erzbischofs Cosmo Gordon Lang über die Behandlung der Juden in Deutschland vor dem Oberhaus am 30. März 1933 zumindest ein Faktor, der die NS-Regierung in Deutschland dazu bewegte, den antijüdischen Boykott im April 1933 früher als geplant abzubrechen. Langs Kritik wurde auch deshalb in Berlin registriert, weil Hitler in dieser Phase außenpolitisch einen England-freundlichen Kurs verfolgte.

Die in- und ausländische Öffentlichkeit scheint den Einfluss der Staatskirche auf die Politik in der ersten Hälfte des 20. Jahrhunderts dennoch überschätzt zu haben. Das galt besonders für die deutsche Diplomatie. Außenminister Joachim von Ribbentrop sah in den Bischöfen derart wichtige politische Faktoren, dass er in zahlreichen Gesprächen ihre Sympathien zu gewinnen versuchte.[843]

Die internationale Wahrnehmung des Erzbischofs von Canterbury als Gesprächspartner der englischen Politik führte dazu, dass die Konfliktparteien in Palästina ihn regelmäßig, besonders während der spannungsreichen Jahre 1936–1939, als Vermittler ihrer Interessen gegenüber der britischen Regierung zu gewinnen versuchten. Juden wie Araber erhofften sich, über den Primas ihre Vorstellungen leichter in Whitehall vorbringen zu können. Allerdings schlug Lang einen Neutralitätskurs ein und wählte sehr genau aus, welche Anliegen er sich zu eigen machte, welche Positionen er kommentiert oder unkommentiert an die jeweiligen Fachministerien weiterleitete und welche Delegationen er zu einem Empfang einlud.

---

[840]   Vgl. R. Ward, *Kirchengeschichte Großbritanniens*, 157.

[841]   A. Chandler, „Condemnation and Appeasement", 206.

[842]   Ebd., 210.

[843]   Ebd., 208 und A. Chandler, *Brethren in Adversity: Bishop Bell, the Church of England and the Crisis of German Protestantism 1933–39*, Weybridge 1997, 89–92.

Trotz der grundsätzlichen Ablehnung des totalitären Dritten Reichs innerhalb der englischen Gesellschaft und Kirche arrangierte sich 1938 eine Mehrheit des Episkopats mit Chamberlains Appeasement-Politik. Erzbischof Lang erklärte vor dem Oberhaus am 29.3.1938 nach dem Anschluss Österreichs, dass er die Vereinigung Deutschlands und Österreichs für „inevitable" halte.[844] Chandler erklärt diese Haltung damit, dass viele anglikanische Führer nicht notwendigerweise „a forceful foreign policy as a natural expression of their hostility to National Socialism" ansahen.[845] Unter ihnen herrschte auch die Ansicht, dass ein Krieg nur die Aufgabe haben könne, einen internationalen Aggressor, nicht aber einen diktatorischen Staat zu bekämpfen – und das bedeutete: wenn Großbritannien einen Krieg beginnen müsste, dann nur als Verteidigungsmaßnahme. Da jedoch manche Kirchenführer die politische Ordnung der Zwischenkriegszeit und des Versailler Friedensvertrages keineswegs für gerecht hielten, fehlten ihnen die schlagkräftigen Argumente für einen Feldzug gegen Hitler, dessen Politik sich ja ebenfalls gegen die Nachkriegsordnung wandte. Ein politisch einflussreicher, konservativer Theologe, wie der Vorsitzende des *Church of England Council on Foreign Relations* und Lordbischof von Gloucester, Arthur Cayley Headlam, teilte mit dem Dritten Reich zudem die Ablehnung des Bolschewismus.[846]

Die folgenden Überlegungen zu den anglikanischen Reaktionen auf den Palästina-Konflikt müssen deshalb im Kontext der Suche der anglikanischen Kirche nach einer politischen Ortsbestimmung verstanden werden. Das gilt sowohl für den britischen Anglikanismus als auch für seine Zweige im Heiligen Land.

Die Fragen, die die deutsche Diaspora in Palästina als Reaktion auf die Entwicklung im Dritten Reich beschäftigte, waren verständlicherweise kein Thema in den anglikanischen Kreisen. Der Fokus liegt hier deshalb auf den auf Palästina bezogenen diplomatischen Bemühungen des Erzbischofs von Canterbury in London und auf den Aktivitäten des Bischofs in Jerusalem; letzterer pflegte einerseits einen intensiven Kontakt zur jüdischen Friedensbewegung und stand andererseits in ständigem Austausch mit den arabischen Christen. In den folgenden Ausführungen geht es eher um eine Typisierung als um eine Chronologie der kirchlichen Reaktionen auf die politischen Entwicklungen der Mandatszeit.

Bevor die unterschiedlichen politischen Reaktionsmuster vorgestellt werden, gilt es zunächst festzuhalten, dass die englischen Missionsanstalten (wie auch die

---

[844]   A. Chandler, „Lambeth Palace, the Church of England and the Jews of Germany and Austria in 1938", in: *YBLI* 40 (1995), 225–247, hier: 228.

[845]   A. Chandler, „Condemnation and Appeasement", 214.

[846]   Am 18. September 1938 vereinigten sich die englischen Kirchen zu einem Tag des Gebets. Das Münchner Abkommen vom 30. September 1938 wurde von vielen englischen Christen als Gebetserhörung betrachtet. Ein Jahr später waren sie zutiefst schockiert, dass Großbritannien dennoch in den Krieg ziehen musste. Nun lieferten die Kirchen Argumente zur Rechtfertigung des Krieges. Mit einem Kriegstreiber und Menschenrechtsbrecher wie Hitler wäre eine Friedenspolitik nicht möglich gewesen. Erneut versammelten die Kirchen die Gläubigen zum Gebet – diesmal „not merely for the defeat of the German army, but the destruction of the Nazism itself." – So A. Chandler, „Condemnation and Appeasement", 216. Vgl. R. Jasper, *Arthur Cayley Headlam: Life and Letters of Bishop*, London 1960.

deutschen) grundsätzlich die Position einnahmen, „to keep out of politics, and of course it is a dangerous subject for a missionary to take up", wie es der CMS-Generalsekretär W.W. Cash ausgedrückt hat.[847] Die Angst vor politischen Folgen öffentlicher Stellungnahmen war sehr groß – bei den durch den Ersten Weltkrieg traumatisierten deutschen Protestanten noch mehr als bei den Anglikanern. Letztere pflegten zwar einen engen Kontakt zur Mandatsregierung, mussten aber bei anti-britischen Ausschreitungen stets befürchten, mit betroffen zu sein. Wenn sich die Kirchen und Missionsgesellschaften äußerten, so geschah dies zumeist in einer binnen-kirchlichen Öffentlichkeit. Erst nach den schweren arabischen Unruhen der späten 1930er Jahre sahen sich Teile des anglikanischen Establishments in Palästina gezwungen, ihre Zurückhaltung aufzugeben und sich explizit zu der ihrer Ansicht nach verfehlten Mandatspolitik zu äußern.

Gleichzeitig gab es Anfang der 1920er Jahre in kirchlichen britischen Kreisen eine *opinio communis*, dass ihr Land – und an vorderster Front die anglikanische Kirche – mit dem Palästina-Mandat einen göttlichen Auftrag erhalten hatte. Im bischöflichen Magazin *Bible Lands* hieß es etwa: „The Anglican Bishop and his staff, strengthened sufficiently to enable them to carry out all works helpful to the people of the country and typical for Christianity was as important if not more so than just a government. In a country like Palestine it was simply ludicrous for any nation to try and rule without making it quite plain what they thought about GOD."[848]

Unter den englischen Protestanten lassen sich drei Reaktionsmuster festhalten, die sich aus jeweils unterschiedlichen theologischen Motiven speisten. *Erstens* eine pro-zionistische Haltung, wie sie sich ausschließlich bei der Judenmission fand. *Zweitens* eine pro-arabische Haltung in den Kreisen der Missionsgesellschaften und der anglikanischen Eliteschulen, die sich vornehmlich an die arabische Bevölkerung wandten. *Drittens* eine vermittelnde Friedens- und Versöhnungsposition, die das Bistum und der Erzbischof von Canterbury vertraten. Diese Vermittlungsbemühungen standen natürlich im Kontext des gesellschaftlichen Bedeutungszugewinns, den die Church of England als Staatskirche der Mandatsmacht erlebte. Die schwedische Historikerin Maria Småberg meint sogar feststellen zu können, dass „the Anglican Church, with its connections to the British state, had the role of an outside ruler in a period of conflict."[849] Diese These geht m.E. etwas zu weit, weil sie die sicherlich respektablen und konstruktiven Ausgleichsversuche der anglikanischen Kirche auf dem politischen Parkett überschätzt und sich zu unkritisch zur Selbststilisierung

[847] Vgl. W.W. Cashs Brief an Mansour vom 15.10.1929, BUL G/Y/P 2.
[848] So beispielsweise Archdeacon Waddy auf dem JEM-Annual Meeting 1922, *Bible Lands* Nr. 93 – July 1922, 251 (Hervorhebung im Text). Vgl. aber auch den Jahresbericht des CMJ-Missionsarztes Dr. Wheeler von 1919, BLO Dep. C.M.J., c.92.
[849] Vgl. z.B. M. Småberg, *Ambivalent Friendship. Anglican Conflict Handlings and Education for Peace in Jerusalem 1920–1948*, Diss. Phil.-Manuskript, Lund 2005, 5. Allgemein zum anglikanischen Engagement im Palästina der Mandatszeit vgl. M. Marten, „Anglican and Presbyterian Presence and Theology in the Holy Land", in: *International Journal for the Study of the Christian Church* Vol. 5, No.2 (2005), 182–199; I.M. Okkenhaug, *The Quality of Heroic Living*; R.A. Farah, *In troubled waters* sowie die entsprechenden Passagen in N. Shepherd, *Ploughing Sand*.

der Anglikaner als quasi geborene Mediatoren in ökumenischen wie internationalen Streitfragen verhält.

Im Blick auf den anglikanischen Bischof in Jerusalem zeigt sich im Laufe der Zwischenkriegszeit zudem eine Veränderung: Er gab seine neutrale Position partiell auf und wandelte sich zu einem Anwalt der arabischen Seite, genauer gesagt der Anliegen der arabischen Christen, die allerdings weitgehend mit den Forderungen der arabisch-palästinensischen Nationalbewegung übereinstimmten.

4.9.2 Englisches Establishment in Palästina

Mit der britischen Machtübernahme in Palästina veränderte sich dort das gesellschaftliche Leben. Neben die arabischen und die jüdischen Einwohnerschichten des Landes mit ihrer sozialen Stratifizierung gesellte sich nun eine elitär-imperiale Gesellschaft aus Angehörigen der Regierung, der Verwaltung, des Militärs, des Geheimdienstes und der Polizei sowie ihren Familien, die sich in Jerusalem, Haifa, Tel Aviv und anderen Orten ansiedelte.

Mancher dieser Kolonialbeamten kam aus religiös-historischem oder politischem Enthusiasmus nach Palästina, für andere war es ein weiterer Pflichtposten auf der internationalen Karriereleiter. Die Sicht des Orients und speziell des Heiligen Landes wurde bei der Mehrheit der britischen Beamten nicht selten von Vorurteilen oder romantischen Vorstellungen eines *mystic East* geprägt, wie A.J. Sherman gezeigt hat.[850] Viele der mehrsprachigen, im gesamten Mittelmeerraum als Händler tätigen Araber Palästinas entsprachen aber nicht dem Bild eines in der Wüste lebenden Nomaden, eines ländlichen *Effendis* und des „simply Arabic-speaking Levantines".[851] Tendenziell wurden die Araber von den Briten mit der Überheblichkeit einer Weltmacht wahrgenommen, ohne Kenntnis der religiös-kulturellen Vielfalt ausschließlich als Muslime angesehen,[852] die als faul, lethargisch und unmodern galten. Mit den Zionisten konnten sich die meisten Beamten ebenfalls nur wenig anfreunden, waren doch antisemitische Stereotypen keine Seltenheit im britischen Imperialstab. Der Zionismus galt als Spielart des Bolschewismus, sein Macht- und Entfaltungsanspruch in Palästina kollidierte mit der britischen Oberhoheit im Lande und erschwerte die Zusammenarbeit. Die Mehrheit der britischen Beamten war deshalb anti-zionistisch eingestellt, was die Durchführung der offiziellen pro-zionistischen Palästinapolitik mitunter erschwerte. Regelmäßige Zusammenstöße zwischen der Palästina-Regierung und Whitehall waren unvermeidlich, vor allem wenn in London die jeweils akuten Sicherheitsrisiken heruntergespielt wurden.[853] Oftmals frustriert von ihrer nahezu unlösbaren Aufgabe, wandten sich viele britische Offizielle sozialen und humanitären Aufgabengebieten zu,[854] wovon auch die anglikanische Kirche – etwa bei der Fürsorgearbeit ihres *Syria and Palestine Relief Funds* – profitierte.

---

[850] Vgl. z.B. A.J. Sherman, *Mandate Days*, 26 und 30 f.
[851] Ebd., 26.
[852] Vgl. G. Krämer, *Geschichte Palästinas*, 199.
[853] Vgl. z.B. A.J. Sherman, *Mandate Days*, 42.
[854] Ebd., 42 f.

Im Laufe der Jahre richtete sich die britische Mandatsgesellschaft in Palästina ein. Die Beamten, Polizisten und Soldaten holten ihre Familien ins Land, mieteten oder errichteten Häuser, bauten ihre sozialen Kontakte aus und gründeten Clubs wie auf den britischen Inseln. Die Briten „brought with them the ritual round of formal calls, luncheons, dinners and other events familiar from home, a full social calendar that went on despite recurrent crises practically to the end of the Mandate."[855] Die Old Etonians hielten ebenso ihre feierlichen Abendessen ab wie die Oxbridge-Absolventen; eine English Dramatic Society wurde ins Leben gerufen, Sportclubs luden zu Wettbewerben ein, in Lydda wurde das Pferderennen zu einem gesellschaftlichen Ereignis – und in der Spätzeit des Mandats wurde von der Polizei sogar eine Fuchsjagd ausgerichtet.[856]

Die britische Mandatsgesellschaft blieb also zumeist unter sich und machte aus Jerusalem eine „Garrision Town and a Cathedral City [...] sub-divided its turn among civil and military, and the inevitable cliques based on various affinities".[857] Die arabischen Notablen des Landes und die Spitzen der jüdischen Gemeinschaft fanden kaum Eingang in diese britische Welt. Sie wurden von der Palästina-Regierung lediglich zu offiziellen Anlässen eingeladen, von denen es allerdings nicht wenige gab und die nicht selten mit einem Gottesdienst in der St. George's Cathedral begangen wurden. Dazu zählten der King's Birthday, der Armistice Day oder der Jahrestag der Eroberung Jerusalems.[858]

Während der ersten Mandatsjahre, als es in Palästina noch kein Kino, Theater, Radio und keine öffentliche Bibliothek gab, waren die Mitglieder der Mandatsgesellschaft für Freizeitaktivitäten auf einander angewiesen, was eine Chance für die kirchlichen Angebote darstellte. Die Angebote der Zweige der anglikanischen Kirche stießen gerade bei Soldaten auf Interesse – ganz gleich, ob es sich um Freizeitheime, kulturhistorische Wanderungen oder Bibelstunden handelte.[859]

4.10 Strukturen der Church of England in Palästina und politische Optionen der unterschiedlichen anglikanischen Organisationen in der Zwischenkriegszeit

4.10.1 MacInnes und der Wiederaufbau nach dem Ersten Weltkrieg

Trotz der positiven gesellschaftlichen, weniger der politischen Rahmenbedingungen durch die Etablierung des britischen Mandats über Palästina, musste die anglikanische Gemeindearbeit nach dem Ersten Weltkrieg und nach der Vertreibung praktisch aller anglikanischen Geistlicher durch die Osmanen von Grund auf erneuert wer-

---

[855] Ebd., 48.
[856] Vgl. A.J. Sherman, *Mandate Days*, 51 f.
[857] Ebd., 48.
[858] Ebd., 49 f.
[859] Vgl. zum Gottesdienstbesuch der Soldaten: *Bible Lands* Nr. 79 – January 1919, 296–298 und den Artikel von J.W. Wright, „The Church Army Club at St George's Close, Jerusalem", *Bible Lands* Nr. 82 – October 1919, 369 f.

den. Es ist unzweifelhaft ein Verdienst des damals berufenen, umtriebigen nordeng-
lischen Bischofs, Rennie MacInnes, den Wiederaufbau engagiert, zügig und erfolgreich vorangetrieben zu haben. Einen Akzent legte MacInnes dabei auf den Ausbau
des kirchlichen Schulwesens.

Zu den Hauptzielen der anglikanischen Kirchenpolitik im Orient gehörte auch
in der Zwischenkriegszeit die Vertiefung der ökumenischen Kontakte. Während die
Beziehung zum Lateinischen Patriarchen dadurch belastet waren, dass dieser die
Protestanten als Gegner bekämpfte, entwickelte sich das Verhältnis zur Orthodoxie
positiv. Einen Höhepunkt bildete der 28. Juli 1922, als der Ökumenische Patriarch
von Konstantinopel nach über 30jährigen Verhandlungen die *Anglican orders* anerkannte und die zwölf autokephalen Kirchen des Ostens zum selben Schritt aufrief.[860]
1923 folgte dieser Aufforderung der Griechisch-Orthodoxe Patriarch von Jerusalem.
Die anglikanische *Church Times* sprach nicht grundlos von einer historischen Begebenheit.[861]

Damit kam die den Anglikanismus im 19. Jahrhundert bedrängende Frage zu
einer Klärung, ob ihre Kirche in der apostolischen Sukzession stünde oder nicht.
Außerdem war der Kirche von England ein wichtiger ökumenischer und kirchenpolitischer Erfolg gelungen, der sie theologisch und historisch aufwertete. Das wirkte
sich in den folgenden Jahrzehnten positiv auf das Verhältnis der beiden Kirchen und
die Ökumene insgesamt aus.

MacInnes setzte sich auch für eine stärkere Zusammenarbeit zwischen der
LJS/CMJ, CMS, PNCC und dem Bistum ein.[862] Ihm schwebte vor, nach der *League
of Nations* auch eine *League of Churches* und *League of Missions* zu schaffen.[863] Als
eine erste Frucht dieser Kooperation entstand eine gemeinsam gegründete Mädche-
neliteschule, das Jerusalem Girls' College, das von der erfahrenen Pädagogin Mabel
Warburton geleitet wurde – dessen Geschichte in der Mandatszeit von der norwegischen Historikerin Inger Marie Okkenhaug eingehend gewürdigt wurde.[864]

Zudem wurde im Jahre 1928 der *United Missionary Council of Palestine and
Syria* ins Leben gerufen, dessen Vorsitz MacInnes übernahm. Aus ihm entwickelte
sich in der Folgezeit der *Near East Church Council.*

Die Veränderungen nach Kriegsende bedeuteten für die CMS einen erheblichen Einschnitt in ihre bisherige Arbeit. Die Missionsgesellschaft musste nicht nur
mit weit weniger Geld auskommen, sondern sah sich auch dazu gezwungen, ihre
Palästina-Mission neu zu strukturieren. Da die Mandatsregierung versuchte, ein flä-
chendeckendes modernes Schulsystem für die arabische Bevölkerung aufzubauen,
hatten die alten Dorfschulen der CMS mehr oder weniger ausgedient.[865] Die CMS
konzentrierte sich deshalb auf den Wiederaufbau ihrer vier Hospitäler in Nablus,

---

[860]   Vgl. den Artikel „Jerusalem Patriachate and Anglican Orders" aus der *Church Times* vom
        23.3.1923, J.A. Douglas Papers 35.
[861]   Ebd. und auch F. Heyer, *2000 Jahre Kirchengeschichte des Heiligen Landes: Märtyrer, Mönche,
        Kirchenväter, Kreuzfahrer, Patriarchen, Ausgräber und Pilger*, Hamburg 2000, 312.
[862]   Vgl. *Handbook of the Anglican Bishopric in Jerusalem and the East*, 13–17.
[863]   Vgl. *Bible Lands* Nr. 85 – July 1920, 56.
[864]   Vgl. z.B. I.M. Okkenhaug, *The Quality of Heroic Living*, 66 ff.
[865]   Vgl. zur Veränderung des Schulwesens, I.M. Okkenhaug, *The Quality of Heroic Living*, 60–66.

Jaffa, Gaza und Salt in Transjordanien sowie auf Schulen mit höheren Bildungsabschlüssen. Ihr Hospital in Hebron gab die CMS an das Bistum ab, während ein Krankenhaus in Amman auf Privatinitiative der britischen Ärztin Dr. Purnell gegründet wurde, die seit 1911 mit CMS kooperierte. Die evangelistische Arbeit unter Muslimen trieb – wenn auch nicht sonderlich erfolgreich – nach dem Krieg der damalige Secretary for Palestine, Egypt and Northern Sudan, Rev. Dr. W.W. Cash voran, der danach zum CMS-Generalsekretär und später zum Bischof von Worchester aufstieg.

Um den theologischen und religionspolitischen Herausforderungen in Palästina und dem Nahen Osten kompetent begegnen zu können, bemühte sich die anglikanische Kirche darum, ausgewiesene Fachleute nach Jerusalem zu holen. 1927 wurde die Newman School of Missions mit Rev. Eric E.F. Bishop, einem CMS-Missionar und Islam-Experten, eröffnet. Sie war speziell auf die Mission im Nahen Osten ausgerichtet, bot Arabisch-Sprachkurse, Islam- und Missionskunde an.[866] Für die Auseinandersetzung mit dem Judentum gewann MacInnes den Orientalisten Rev. Dr. Herbert Danby als Kanonikus, der später Regius Professor of Hebrew in Oxford wurde.[867] Eine derartige fachspezifische Professionalisierung stand auf deutscher evangelischer Seite nicht einmal zur Debatte.

Um die St. George's Cathedral in die weltweite anglikanische Gemeinschaft einzubinden und um neue Spender für die anglikanische Arbeit zu gewinnen, knüpfte MacInnes ab 1924 enge Kontakte zur American Episcopal Church, die einen Geistlichen in den Stab des Bischofs nach Jerusalem entsandte, der besonders für den Unterricht im Seminar des armenischen Patriarchen eingesetzt wurde. Außerdem gelang es MacInnes auf einigen Werbereisen, dass die *Good Friday Offerings* – nicht nur in den USA, sondern in der weltweiten anglikanischen Kirche – zugunsten des Palästina-Engagements gesammelt wurden und anwuchsen. Während in der Zwischenkriegszeit die Budgets von CMJ und CMS zurückgingen, wurden die Förderkreise für die JEM ausgebaut. Das mag auch daran gelegen haben, dass sich das Jerusalemer Bistum aufgrund der außen- wie theologiepolitischen Gesamtlage in noch stärkerem Maße als vor dem Ersten Weltkrieg als Repräsentant der gesamten anglikanischen Gemeinschaft am Ursprungsort des Christentums verstand.[868]

Zu den Jahrestreffen der hochkirchlichen *Jerusalem and the East Mission* kamen regelmäßig zwischen 800 und 1.000 Besucher zu den Gottesdiensten in St. Paul's Cathedral und den anschließenden Veranstaltungen in Lambeth Palace. Zu den Besuchern und Ehrengästen zählte die koloniale Elite des Empires, darunter Politiker, Militärs und Diplomaten wie Chancellor, Allenby, MacMahon, die zum Teil Funktionen in den Komitees der JEM und seinen Hilfsorganisationen übernahmen, was der JEM zum Teil hohe Spendenbeträge einbrachte, die mitunter die der Low Church-Organisationen wie CMS und LJS/CMJ übertrafen.

Die erwähnte Anfangseuphorie nach der Eroberung Jerusalems durch die britischen Truppen verflog schnell. Bereits 1920 brachten die arabischen Proteste am

---

[866]   Vgl. zur Newman-School z.B. *Bible Lands* Nr. 129 – July 1931, 147 f.

[867]   Vgl. *Bible Lands* Nr. 83 – January 1920, 16.

[868]   Vgl. Graham Browns Predigt in der Westminster Abbey vom 25.11.1934, in: *Bible Lands* Nr. 143 – January 1935, 554–556.

Nebi-Mussa-Fest das Land in Unruhe. Die anfängliche Sympathie gegenüber den neuen britischen Herrschern wich dem Zorn über die Ungleichbehandlung von Arabern und Juden. Schon 1920 beobachtete MacInnes, dass sich der Zionismus in Palästina anders als in Europa gab. Er war verwundert, dass die britische Regierung den Juden oft freie Hand bei der Gestaltung ihrer Heimstätte liess, weshalb laut MacInnes das „British prestige, which was so high after the liberation" sehr gelitten habe und es eine Reihe von arabischen Stimmen gebe, „who now say to us that they wish the British had never come near their country at all if we are only going to hand it over to the Jews, for they (the people) would far prefer to have the Turks back again."[869]

MacInnes behielt seine skeptische Haltung nicht für sich, sondern äußerte sich in diesem Sinne auch auf den JEM-Jahrestreffen 1919 und 1920.[870] Er bezweifelte, dass es politisch möglich sei, gegen den Willen der arabischen Bevölkerung die Zusagen der Balfour-Erklärung durchzusetzen. MacInnes befürchtete – aus heutiger Sicht durchaus zutreffend –, dass sich in Palästina ein langwieriger Konflikt entwickeln werde. Auf der Jahrestagung 1920 kritisierte er das Verhalten der Zionisten im Heiligen Lande mit anti-sozialistischem Unterton deutlich: „My point is that this state of mind on the part of the people, this fear, this irritation, has been brought about very largely by the injudicious action of Zionists, by the ill-advised behaviour of many of their members, by the definitely Bolshevist, and in many cases definitely anti-British attitude and sympathies of some of them, and by the intolerance of many of their followers."[871]

Während er aus anglikanisch-episkopalen Kreisen Unterstützung erhielt[872], reagierte die pro-zionistische Presse in Palästina auf die Rede des Bischofs kritisch. *Palestine Weekly* veröffentliche am 7.10.1921 einen Artikel mit der Überschrift „Anglican Bishop in Jerusalem and Zionism" und bezeichnete MacInnes Kritik als einseitig. MacInnes erhielt am 28.10.1921 die Gelegenheit, seine Position in einem längeren Leserbrief differenzierter darzustellen.[873] Darin betonte er, dass er einen Unterschied sehe zwischen dem Zionismus, dessen generelle Ziele er unterstütze, und der zionistischen Politik in Palästina, die er ablehne.

Dabei blieb es aber nicht. Der Präsident der Zionistischen Weltorganisation, Chaim Weizmann,[874] beschwerte sich am 2.2.1922 beim Colonial Office über ein

---

[869]   Vgl. MacInnes Brief an den Erzbischof von Canterbury vom 28.2.1920, LPL/R.T. Davidson Papers 400.

[870]   Vgl. *Bible Lands* Nr. 83 – January 1920, 16 f. und Nr. 85 – July 1920, 54–63.

[871]   Vgl. *Bible Lands* Nr. 85 – July 1920, 59.

[872]   Vgl. R.A. Farah, *In troubled waters*, 88.

[873]   Vgl. LPL/R.T. Davidson Papers 400.

[874]   Chaim Weizmann wurde am 27.11.1874 im Dorf Motol, nahe Pinsk im heutigen Weißrussland geboren. Er studierte ab 1892 Chemie in Darmstadt, Berlin und Fribourg, wo er 1899 promovierte. Ab 1901 lehrte er als Dozent in Genf, ab 1904 als Professor in Manchester. Von Theodor Herzl begeistert, engagierte er sich früh für den Aufbau eines Judenstaates und vertrat dabei die Position eines synthetischen Zionismus, die sich ab 1807 auch in der zionistischen Bewegung durchsetzte und politische Arbeit mit praktischer Besiedlungstätigkeit in Palästina verband. 1920 wurde er in London zum Präsidenten der Zionistischen Weltorganisation gewählt und avancierte damit zum wichtigsten Sprecher der zionistischen Anliegen in der internationalen Politik. Er übernahm dieses

Zirkularschreiben „ad clerum" vom 5.11.1921, in dem MacInnes bei Pfarrern auf den britischen Inseln um Spenden für die anglikanischen Schulen gebeten hätte, die ein Gegenmodell zu „unjust and intolerable demands of the Zionists" darstellten.[875] Weizmann empfand das Schreiben, das im Gottesdienst verlesen werden sollte, als „unqualified denunciation of Zionism".[876] Colonial Secretary Winston Churchill wandte sich deshalb zwei Wochen später an Lambeth Palace und schlug vor, dass MacInnes in aller Deutlichkeit nahe zu legen sei, sich in seinen öffentlichen Äußerungen stärker zurückzuhalten. Der Erzbischof versprach MacInnes zu mäßigen, verteidigte ihn aber als einen Menschen, der niemals die Politik der Regierung in Zweifel gezogen habe und der kein Feind der Zionisten sei.[877] Den Jerusalemer Bischof mahnte er dennoch zur Vorsicht, gewährte ihm aber weitere gewisse Spielräume, weil er als Mann vor Ort die Dinge am genauesten beurteilen könnte.[878] MacInnes danke für die Unterstützung des Erzbischofs, wies aber die Kritik von sich, da er seiner Meinung nach niemals unvorsichtig Stellungnahmen abgegeben habe.[879] Gleichwohl gab er zu erkennen, dass ihn Weizmann mit seinen scharfen Reden quasi zu entsprechenden Stellungnahmen herausgefordert habe. Polemisch fragte MacInnes, ob die britische Regierung ihm auch derartige Zurückhaltung abverlangen würde. Zudem zeigte er sich enttäuscht, dass der Zionismus jegliche spirituelle Dimension aufgegeben habe, nun aber laut, fordernd und ohne jede Kritikfähigkeit auftrete. Dass Weizmann seine Beschwerden nicht an den High Commissioner selbst, sondern an das *Colonial Office* richte, wertete er als politische Taktik, die nach seiner Ansicht schon länger für Ärger in der Palästina-Regierung gesorgt habe.

Es war nicht der erste Zusammenstoß zwischen Weizmann und MacInnes. Bereits 1919 hatten sich bei einer persönlichen Unterredung Differenzen über die Zukunft der jüdischen Heimstätte offenbart.[880] Deswegen sah JEM-Sekretär Bickersteth den Bischof als Opfer einer politischen Intrige. *Palestine Weekly* polemisierte nämlich schon Anfang Dezember 1921 gegen eine Predigt, die sowohl vom High Commissioner, Sir Herbert Samuel, als auch vom christlich-zionistischen Civil Secretary, Sir Wyndham H. Deeds, gelobt worden sei. Bickersteth vermutete, dass gewisse zionis-

---

Amt bis 1931 und nochmals 1935 bis 1946. Von 1949 bis zu seinem Tode am 9.11.1952 war er der erste Präsident des neuen Staates Israel.

[875] In MacInnes Zirkular-Schreiben vom 5.11.1921, LPL/R.T. Davidson Papers 400 heißt es: „At a time when Palestine is so unhappily disturbed by the unjust and intolerable demands of the Zionists, it is good to see the missionary schools contributing of great worth to the Holy Land in the levelling and uniting influence they bring to bear on all these young and opening minds."

[876] Vgl. den Brief Churchills an den Erzbischof vom 17.2.1922, LPL/R.T. Davidson Papers 400. Auch zitiert bei R.A. Farah, *In troubled waters*, 90.

[877] Vgl. die Antwort des Erzbischofs an Churchill vom 18.2.1922, LPL/R.T. Davidson Papers 400.

[878] Vgl. den Brief des Erzbischofs an MacInnes vom 18.2.1922, LPL/R.T. Davidson Papers 400: „I am certain that you are the first man to feel the need of caution in what we say on such a subject at a time of acute controversy, and that you would not wish in any way to have your work hampered by having raised unnecessary opposition in important quarters. On the other hand, you know what you are speaking about, and you are a good judge as to what it is right to say."

[879] Vgl. den Brief MacInnes an den Erzbischof vom 24.6.1922, LPL/R.T. Davidson Papers 400 und auch R.A. Farah, *In troubled waters*, 92.

[880] Vgl. R.A. Farah, *In troubled waters*, 87–92, bes. 87 f.

tische Zirkel hinter dem Rücken der britischen Mandatsregierung mit dem *Colonial Office* kommunizierten, um so die politischen Ziele, die der High Commissioner ihnen in Palästina verweigerte, über London zu realisieren.[881] Die Skepsis gegenüber dem Churchill-Ministerium teilte auch der Bischof, weil Churchill nach seiner Ansicht den zionistischen Kräften zu sehr vertraue, diese aber die Fakten nicht korrekt darstellten.[882]

Samuel bestätigte in einem Gespräch mit dem Erzbischof am 16.5.1922, dass es Spannungen zwischen ihm und Churchill in der Behandlung zionistischer Interessen gebe.[883] Während Weizmann das Motto in die Welt gesetzt habe, Palästina so jüdisch zu machen wie England englisch sei, bestehe die offizielle Politik darin, aus Palästina eine Art Schweiz zu machen, in der Juden und Araber friedlich miteinander leben könnten. Selbst der ehemalige Außenminister Balfour habe nicht erklärt, dass Palästina *die*, sondern *eine* jüdische Heimstätte werde. Auch Samuel war nicht glücklich darüber, dass Weizmann seine Forderungen an der Palästina-Regierung vorbei ins C.O. lancierte.[884]

Während MacInnes ein spannungsreiches Verhältnis zu den Zionisten behielt, allerdings durch Besuche bei jüdischen Schulen und Politikern auf der Alltagsebene durchaus Verständigung suchte, verlief die Zusammenarbeit mit dem High Commissioner reibungslos. Mit seinen anti-zionistischen Äußerungen hatte MacInnes allerdings einen Weg eingeschlagen, der dem klassischen Bild des anglikanischen Bischofs als Vermittler in Konfliktfragen nicht entsprach. Wie weiter unten noch zu zeigen sein wird, ist sein Nachfolger Graham Brown auf diesem Pfad sogar noch erheblich weiter gegangen.

4.10.2 MacInnes' Tod und die Nachfolgefrage

Bischof Rennie MacInnes war es nicht lange vergönnt, seine vielfältigen Aktivitäten in Palästina zu entfalten. Er starb am Heiligen Abend 1931 in seinem Haus in Dykesfield/Northumberland an einer Lungenerkrankung.[885] Am 28. Dezember wurde – exakt zur Zeit der Trauerfeier in England – in Anwesenheit von Vertretern aller ansässigen Kirchen und Religionsgemeinschaften, der Mandatsregierung und des diplomatischen Corps in der St. George's Cathedral in Jerusalem ein *Memorial Service* abgehalten. Gedenkgottesdienste fanden auch in Kairo, Beirut, Haifa und Nicosia/Zypern statt, das ebenfalls zum Jurisdiktionsbereich des Bischofs gehörte.[886]

---

[881]   Vgl. den Brief Bickersteths an den Erzbischof vom 21.2.1922, LPL/R.T. Davidson Papers 400.

[882]   Vgl. R.A. Farah, *In troubled waters*, 90 f., der auf ein Schreiben MacInnes an den Erzbischof vom 22.7.1921 eingeht, das im JEM Archive IX/4, St. Antony's College, Middle East Library, Oxford findet.

[883]   Vgl. die Gesprächsnotiz vom 16.5.1922, LPL/R.T. Davidson Papers 400.

[884]   Ähnlich auch die Beobachtungen in MacInnes' Brief an den Erzbischof vom 24.6.1922, LPL/R.T. Davidson Papers 400.

[885]   Vgl. zum folgenden den Bericht des JEM-Generalsekretärs, Rev. Bickersteth vom 30.12.1931, LPL/Lang Papers 44 und *Bible Lands* Nr. 132 – April 1932, 213–214.

[886]   Die Würdigung des High Commissioners, Sir John Chancellor, sowie die Begründung zur Errichtung eines Denkmals und einer Schulhalle findet sich in *Bible Lands* Nr. 133 – July 1932, 261–263.

Während CMS-Generalsekretär W.W. Cash den Verstorbenen in einem Nachruf als einen „missionary bishop" würdigte, lobte Commander Harry Charles Luke (1884–1969), in den 1920er Jahren Chief Secretary der britischen Zivilverwaltung, seine erfolgreiche Schulpolitik und seine religionspolitische Weitsicht.[887]

In die Nachfolgediskussion mischte sich auch kein geringerer als der Bischof von Chicester, George Bell (4.2.1883 – 3.1.1958)[888] ein – in Deutschland vor allem bekannt als engagierter Ökumeniker und Freund der Bekennenden Kirche.[889] Bell hatte zwischen 1914 und 1924 als Junior Chaplain im erzbischöflichen Sonderreferat für internationale Beziehungen gearbeitet. Er galt deshalb als Fachmann für auswärtige Beziehungen, kannte die Verhältnisse in Jerusalem und zählte zu den 20 Vizepräsidenten der *Jerusalem and the East Mission.*

Bells Einschätzungen bedeuteten Cosmo Gordon Lang, dem von 1928 bis 1942 amtierenden Erzbischof von Canterbury[890], viel. Lang besaß ein großes Interesse an den Kirchen des Ostens, beschäftigte sich intensiv mit dem Palästina-Konflikt und besuchte das Heilige Land 1931 als erster anglikanischer Primas überhaupt.[891]

In einem Memorandum betonte Bell die gewachsene Bedeutung des Jerusalemer Bistums und zeichnete ein kritisches Bild von MacInnes, der zu stark von „business aspects and organisation" absorbiert worden sei, Theologie und Seelsorge vernachlässigt habe.[892] Der neue Bischof solle deshalb spirituelle Tiefe mit diplomatischem

---

[887]   Vgl. W.W. Cash, „A Missionary Bishop", in: *Bible Lands* Nr. 132 – April 1932, 224 f. sowie die Artikel „In Memoriam: Bishop Rennie MacInnes, D.D., Bishop of the Church of England in Jerusalem", in: *Bible Lands* Nr. 132 – April 1932, 213–235. Luke sprach davon, dass es in der Ära MacInnes einen engen, „quasi-official contact" zwischen der anglikanischen Kirche und der Mandatsregierung gegeben habe. Auch wenn es in Palästina keine Staatskirche gebe, so übernehme die anglikanische Kirche als „Established Church of the Mandatory power" zwangsläufig eine besondere Rolle für „official religious services". Hätte MacInnes nicht eine tiefe Freundschaft zu den Häuptern der Ostkirchen gepflegt, wären diese kaum zu englischen Festgottesdiensten gekommen, um diese ökumenisch aufzuwerten. Vgl. H.C. Lukes Ausführungen in: *Bible Lands* Nr. 132 – April 1932, 227 f.

[888]   Zur Biographie vgl. F.W. Bautz, Art. „Bell, George Kennedy Allen" in: *BBKL* 1 (1990), 469–472 (mit Lit.) sowie R.C.D. Jasper, *George Bell. Bishop of Chichester*, Oxford 1967, hier: 21–34.

[889]   Vgl. G. Watson, „,In a filial and obedient spirit': George Bell and the Anglican response to crisis, 1937–1949", in: *Humanitas. The Journal of the George Bell Institute* 1 (1999), 4–24; A. Chandler (Hg.), *Brethren in Adversity. Bishop George Bell, the Church of England and the Crisis of German Protestantism, 1933–1939*, Woodbridge – Rochester 1997 sowie ders., *The Church of England and Nazi Germany 1933–1945*, MS. Ph.D.-Thesis Cambridge 1991. Vgl. auch die Ausführungen von A. Boyens, *Kirchenkampf und Ökumene Bde. 1 u. 2*, München 1969/1973; M.D. Hampson, *The British Response to the German Church Struggle, 1933–1939*, MS. D. Phil.-Thesis Oxford 1973 und von M. Huttner, *Britische Presse und nationalsozialistischer Kirchenkampf. Eine Untersuchung der „Times" und des „Manchester Guardian" von 1930 bis 1939*, Paderborn – München – Wien – Zürich 1995. Aufschlussreich ist A. Lindt (Hg.), *George Bell – Alphons Koechlin. Briefwechsel 1933–1954*, Zürich 1969. Zum Verhältnis von Bell und Bonhoeffer vgl. E. Bethge, *Dietrich Bonhoeffer. Theologe – Christ – Zeitgenosse*, München [5]1983.

[890]   Vgl. die Biographie von J.G. Lockhart, *Cosmo Gordon Lang*, London 1949.

[891]   Vgl. G. Turner, „Archbishop Lang's Visit to the Holy Land in 1931", in: R.N. Swanson (Hg.), *The Holy Land, Holy Lands, and Christian History*, Woodbridge 2000, 343–357, bes. 343.

[892]   Vgl. Bells Memorandum („privat and confidental") vom 13.1.1932, LPL/Lang Papers 44. Völlig neu war diese Charakterisierung des verstorbenen Oberhirten nicht. Bereits auf der Jahrestagung der JEM 1915 hatte der Bischof von London – allerdings lobend - MacInnes als einen „young,

Geschick und ökumenischer Sensibilität verbinden, aber auch und für die Missionen akzeptabel sein, so Bell.[893]

Nachdem verschiedene Kandidaten abgesagt hatten, fiel die Wahl auf den Principal des evangelikalen Oxforder Predigerseminars Wycliffe Hall,[894] George Francis Graham Brown.[895]

Dieser sechste Bischof in Jerusalem hatte das missionarische Bewusstsein quasi mit der Muttermilch aufgesogen: Brown wurde 1891 in Lan-choo in der chinesischen Provinz Kansu als Sohn eines Missionars der *China Inland Mission* geboren. Nach dem Schulbesuch in Glasgow studierte er Geschichte und Ökonomie am St. Catherine's College in Cambridge, unterbrach das Studium aber, um am Ersten Weltkrieg teilzunehmen. Nach kurzem Militärdienst wurde er auf Grund einer Verwundung entlassen, lehrte dann einige Jahre als Geschichtslehrer in Glasgow. 1921 ging er nach Oxford, wo er sich in Wycliff Hall auf das geistliche Amt vorbereitete und 1922 ordiniert wurde, ohne danach jemals als Gemeindpfarrer zu arbeiten. Sein Werdegang ist allerdings eng mit Wycliff Hall verbunden, wo er nach seiner Ordination zunächst Chaplain, dann Vice-Principal, schließlich 1925 Principal wurde. Er übernahm keine leichte Aufgabe, denn Mitte der 1920er Jahre litt seine Kirche an einem Pfarrermangel. Die theologischen Colleges waren unterbelegt – und so entwickelte Graham Brown zunächst neue Ausbildungskonzepte, weshalb er sogar in den *Central Advisory Council for Training for the Ministry* berufen wurde. Bei einer Beratung über die Frage, ob in Jerusalem eine *Anglican Theological Hall* gegründet werden sollte, traf Graham Brown erstmals MacInnes. Zusammen entwickelten sie die Idee, alle zwei Jahre für Studenten einen Sommerkurs im Heiligen Land abzuhalten.

1927, im Jahr des 50jährigen Jubiläums der Wycliff Hall, organisierte der gemäßigte evangelikale Theologe erstmals einen dieser Kurse, lernte dadurch Land und Leute kennen, knüpfte erste Kontakt zu den Ostkirchen – und machte sich durch eine ungewöhnliche Aktion sogar in Regierungskreisen einen Namen: Als 1929 die arabischen Unruhen einen Höhepunkt erreichten, wurden die 25 Oxforder Studenten unter Leitung ihres Principal zeitweilig zu Hilfspolizisten, *Special Constables*, ernannt, um ihren Beitrag für Ruhe und Ordnung zu leisten. Sie übernahmen Polizei- und

---

vigorous and business-like Bishop" bezeichnet. Vgl. zur Jahrestagung am 18.10.1915 *Bible Lands* Nr. 67 – January 1916, 53–59. Auch der Earl of Athlone würdigte MacInnes bei der Inauguration des *Bishop Rennie MacInnes Memorial Appeals* wegen seiner Verdienste um die Militärseelsorge und die Gründung des *Syria and Palestine Relief Funds* als einen „great organiser". Vgl. *Bible Lands* Nr. 133 – July 1932, 259.

[893] Vgl. den Brief von Cash an Lang vom 14.1.1932, LPL/Lang Papers 44.

[894] Im letzten Drittel des 19. Jahrhundert gründete die anglikanische Kirche als Teil einer weiter gefassten Bildungsreform je zwei theologische Colleges in den klassischen Universitätsstätten Oxford und Cambridge, die jeweils den beiden wichtigsten kirchenpolitischen Flügeln nahestanden. Diese sogenannten *party colleges* waren in Oxford St. Stephen's House (1876 – hochkirchlich) und Wycliffe Hall (1877 – evangelikal), in Cambridge Ridley Hall (1881 – evangelikal) und die ebenfalls 1881 gegründete hochkirchliche *Clergy Training School*, die seit 1902 den Namen Westcott House trägt. Vgl. dazu O. Chadwick, *The Victorian Church*, Part II: 1860–1901, London 1987, 448.

[895] Vgl. den Brief des Lord-Bischofs von Coventry an Erzbischof Land vom 23.2.1932 und dessen Antwort vom 24.2.1932, LPL/Lang Papers 44.

Wachdienste in Jerusalem und verteidigten unter anderem die Wohnung des durch sein voluminöses Jesus-Buch in theologischen Kreisen anerkannten, jüdischen Intellektuellen Dr. Joseph Klausner vor arabischen Angriffen. High Commissioner Sir John Chancellor würdigte das risikoreiche Engagement der angehenden Geistlichen und schlug Graham Brown erfolgreich für den *Order of the British Empire* vor.[896] Allerdings konnte dieser feierliche Abschluss der turbulenten Sommerwochen nicht über den tragischen Tod des Oxforder Theologie-Studenten Bess hinwegtrösten, der während der Unruhen erschossen worden war, als er einem verwundeten Kommilitonen hatte helfen wollen.[897]

Für Graham Brown sprach also nicht nur, dass er die zum Ausbau des anglikanischen Schulwesens in Palästina notwendigen pädagogischen Kompetenzen besaß und Palästina kannte. Am 24. Juni 1932, dem Tag Johannes des Täufers, wurde Graham Brown in der *St. Paul's Cathedral* zum Bischof geweiht. Den *Consecration Service* zelebrierte neben Erzbischof Cosmo Gordon Lang federführend The Right Rev. Dr. Arthur Cayely Headlam, der die Predigt übernahm. Headlam war als Lordbischof von Glouchester und Vizepräsident der JEM für diese Aufgabe prädestiniert.

Der Gottesdienst wurde zu einem gesellschaftlichen und ökumenischen Ereignis.[898] Neben zahlreichen ökumenischen und diplomatischen Vertretern waren auch 19 anglikanische Bischöfe aus allen Teilen der Welt anwesend. Das war ein wichtiges kirchenpolitisches Signal gerade gegenüber den in Palästina dominanten evangelikal-anglikanischen Missionsgesellschaften.[899]

Am Vorabend inaugurierte Graham Brown den *Bishop Rennie MacInnes Memorial Appeal*. Mit seiner Hilfe sollten 5.000 Pfund zum Bau einer Aula für die St. George's Boys' School – später *Rennie MacInnes Memorial Hall* genannt – gesammelt werden und eine Gedächtnismedaille für die *St. George's Cathedral* gestiftet werden. Die Anglikaner verstanden es bereits am Anfang des 20. Jahrhunderts, *Fundraising* auf hohem Niveau zu betreiben. Die Zusammensetzung des Förderkreises des *Bischop Rennie MacInnes Memorial Appeal* liest sich wie ein *Who is Who* des britischen Empire in der ersten Hälfte des 20. Jahrhunderts. Präsident des Komitees wurde der Earl of Athlone, zu den Vizepräsidenten zählten die Erzbischöfe von Canterbury und York, die Bischöfe von Kalkutta, London und Jerusalem, *Colonial Secretary* William Ormsby-Gore, der amtierende High Commissioner, Wauchope sowie seine Vorgänger Samuel, Plumer und Chancellor. Er wurde auch zum Vorsitzenden des *Executive Committee* gewählt. Dem *General Committee* gehörten neben zehn Bischöfen auch der Gouverneur von Jerusalem, Ronald Storrs, der vormalige Civil Secretary von Palästina, Sir Wyndam H. Deeds, sowie Nina Blyth und Miss

---

[896]   Vgl. *Bible Lands* Nr. 123 – January 1930, 1070.

[897]   Ebd., 1083–1091.

[898]   Vgl. die eingehenden Schilderungen in *Bible Lands* Nr. 133 – July 1932.

[899]   Der Große Archimandrit Constantinides vertrat den Ökumenischen Patriarchen, Geistliche aus der russisch-orthodoxen, der armenischen und der jakobitischen Kirche symbolisierten die Vielfalt der östlichen Christenheit. Das diplomatische Korps war durch die Abgesandten der Regierungen Syriens, Zyperns und des Iraks, die Mandatsregierung durch den High Commissioner, das Königshaus durch den Bruder der Queen, den Earl of Athlone vertreten. Die *Jewish Agency* hatte ebenso wie die arabische Nationalbewegung eine Abordnung geschickt.

MacInnes als Töchter der beiden letzen Bischöfe an.[900] Allein diese prominente Liste zeigt, welchen Rückhalt das Bistum in der britischen Führungsschicht hatte. Der faszinierenden Mischung einer biblisch-romantischen Jerusalem-Sehnsucht mit schulischer und imperialer Verantwortung konnte sich auch die britische Oberschicht nicht entziehen.

Während des Konsekrationsgottesdienstes hielt Headlam eine anglo-katholische und ökumenische Programmpredigt.[901] Unaufgebbar erschien Headlam die eigentliche Gründungsidee, nach der das Bistum einen historischen Beitrag zur Überwindung der Spaltung der Christenheit leisten sollte.[902] Die Anwesenheit einer englischen Regierung in Palästina deutete Headlam als Unterstützung dieser visionären Aufgabe. Kirche und Staat stritten vereint für die Einheit der Christenheit im Lande der Bibel. Dem anglikanischen Bistum wuchs also eine Aufgabe zu, die weit über die eigentlichen Grenzen und Kompetenzen einer regionalen Diözese reichte. Headlam zelebrierte also ein anglikanisch-englisches National-, ja Weltverantwortungsbewusstsein, das die anglo-preußische Vorgeschichte zu einem missglückten Vorspiel degradierte. Das war High Churchmenship par excellance.

4.10.3 Die Ära Graham Brown

Graham Brown, der 1942 bei einem Autounfall ums Leben kam, legte eine ähnliche organisatorische Dynamik an den Tag wie sein Vorgänger und erwarb sich neben seinen kirchlichen Meriten auch Anerkennung als ein um den Frieden im Lande besorgter Makler zwischen den politischen Konfliktparteien.[903]

Graham Brown konnte auf dem soliden Fundament aufbauen, das sein Vorgänger gelegt hatte. Dank seiner umfassenden pädagogischen Kenntnisse und Erfahrungen widmete er sich intensiv dem notwendigen qualitativen und quantitativen Ausbau des anglikanischen Schulwesens, das ein hohes Bildungsniveau mit einer christlichen Erziehung zu verbinden versuchte. Das war keine leichte Aufgabe, die gerade bei einer höchst heterogenen Schülerschaft aus Christen, Juden und Muslimen und nur durch „a real Christian view and a real Christian life [...] based upon a practice in Christian Churchmanship" verwirklicht werden konnte, wie Archdeacon Weston H. Stewart meinte.[904]

Zu den wichtigsten Gründungen seiner Amtszeit gehören die *St. Luke's School for Boys* in Haifa und die ebenfalls Jungen vorbehaltene *Bishop's School* in Amman. Dass die CMS und die CMJ in der Amtszeit des sechsten Bischofs ihre Lehrpläne und ihr Unterrichtssystem überholten und neue Schulen in Amman beziehungsweise Jaffa eröffneten, ist deshalb keine historische Zufälligkeit. Wegweisend war die

---

[900]   Vgl dazu auch *Bible Lands* Nr. 133 - July 1932, bes. 258 f. und 270 f.; Nr. 136 – April 1933; Nr. 137 – July 1933, Nr. 140 – April 1934, Nr. 141 – July 1934. Das *MacInnes Memorial Tablet* wurde am 11.5.1934 in Anwesenheit von Wauchope und des armenischen Patriarchen durch Gwynne eingeweiht.

[901]   Headlams Predigt ist abgedruckt in: *Bible Lands* Nr. 133 – July 1932, 251–256.

[902]   *Bible Lands* Nr. 133 – July 1932, 252.

[903]   Vgl. *Handbook of the Anglican Bishopric in Jerusalem and the East*, 17–20.

[904]   Vgl. *Bible Lands* Nr. 133 – July 1932, 263.

Einführung eines *Provisional Diocesan Board of Education* unter Leitung der erfahrenen Pädagogin Miss Mabel Warburton, das die Koordinierung des gesamten anglikanischen Schulwesens übernahm. Zur Stärkung der christlichen Gesinnung der Lehrkräfte, zur Stärkung des beruflichen Ansehens des Lehrerberufs und zum Austausch berufsspezifischer Fragen wurde unter der Ägide Graham Browns die *Christian Teachers' Fellowship* ins Leben gerufen.[905] Die Pläne zum Aufbau einer anglikanisch geführten Hochschule als Abrundung des britischen Bildungsangebots blieben allerdings unvollendet.

Als Evangelikalem fiel es Graham Brown leicht, gute Kontakte zur *Church Missionary Society* und zur *Church Mission to Jews* zu pflegen und so das *Diocesanisation*-Projekt voranzutreiben. Auch die Verbindungen zur überaus spendablen amerikanischen Episkopalkirche baute er aus, deren *Presiding Bishop*, The Right Rev. Perry, dem JEM-Council angehörte. Außerdem unternahm er Spendenwerbereisen, die ihn bis nach Australien und Neuseeland führten. Auf Geheiß des Erzbischofs visitierte Graham Brown auch die anglikanischen Gemeinden im Irak, wo er Kontakt zu den assyrischen Christen knüpfte.

4.10.4 Die pro-zionistische Position der englischen Judenmission

Die Missionare der LJS/CMJ besaßen, wie bereits ausgeführt, eine chiliastische und damit heilsgeschichtliche Weltsicht, mit deren Hilfe sie die politischen und gesellschaftlichen Entwicklungen in Palästina im 19. und 20. Jahrhundert deuteten.

Die Londoner Judenmission verfolgte die Entwicklung des Zionismus sehr genau. In ihrer Missionszeitschrift druckte sie etwa die wichtigen Reden Theodor Herzls und Max Nordaus auf dem Ersten Zionistenkongress in Basel 1897 nach. Die Londoner Judenmission begegnete der neuen jüdischen Nationalbewegung mit großem Enthusiasmus.[906] Die LJS und eine Reihe zum Christentum konvertierter Juden, die sich selbst als messianische Juden bezeichneten, ging sogar so weit, eine Zehn-Punkte-Erklärung an Theodor Herzl zu senden „laying before him an offer of assistance in attaining the Zionist goals."[907] Die Unterzeichnenden erklärten, dass ihr Übertritt zum Christentum ihre Sympathien für das nationale Anliegen der Zionisten nicht beeinträchtige. Sie sahen sich selbst als Vermittler zwischen den Religionsgemeinschaften, weil sie in zeitgenössischer Diktion ‚der Rasse' nach Juden, dem Glauben nach aber Christen seien. Von zionistischer Seite wurden die Bemühungen der *Hebrew Christians* weitgehend ignoriert.

Nach dem 5. Zionistenkongress in Basel 1902 meinte der Kommentator des *Jewish Missionary Intelligence* erkennen zu können, dass die Zionisten das Ziel Gottes für das Volk Israel, nämlich die Rückkehr ins Land der Väter, realisieren helfen würden. Die Judenmission las also ihre eigenen, biblisch motivierten Ziele in die Politik der Zionisten hinein. Diese Haltung prägte die Londoner Judenmission über Jahr-

---

[905] Vgl. *Handbook of the Anglican Bishopric in Jerusalem and the East*, 17–20 sowie die umfassende Analyse ihrer Arbeit bei I.M. Okkenhaug, *The Quality of Heroic Living*.
[906] Vgl. Y. Perry, *British Mission to the Jews*, 175.
[907] Ebd., 176.

zehnte. Sie übersah dabei, dass es sich bei den Zionisten um säkulare Juden handelte, deren nationale Ideologie mit der *Restauration of the Jews-Idee* nicht kompatibel war.

Als sich die zionistische Bewegung in Palästina etabliert hatte, veränderte sich das Verhältnis der Judenmission zum Zionismus nachhaltig. Die Zionisten sahen ihr visionäres Projekt eines Judenstaates in Palästina aus nationalen Gründen gefährdet, wenn Juden von nicht-jüdischer Hilfe abhängig wären. Der Übertritt eines Juden zum Christentum wurde von den Zionisten als Verrat an der nationalen Sache gesehen.[908] Stand die Judenmission bisher nur von Seiten der Orthodoxie in der Kritik, so wurde sie seit dem späten 19. Jahrhundert und besonders in der ersten Hälfte des 20. Jahrhunderts von den national gesinnten, säkularen Juden bekämpft.[909]

Die Balfour-Erklärung und das Projekt einer nationalen jüdischen Heimstätte wurden dennoch von der Judenmission enthusiastisch begrüßt. Der *Jewish Missionary Intelligence* sah 1918 das 2000jährige Exil des jüdischen Volkes, die biblischen Prophezeiungen erfüllt.[910] Die Balfour-Erklärung wurde heilsgeschichtlich gedeutet[911], der Zionismus mit Ezechiel 37 verglichen: „ [ldots] a movement amongst the ‚dry bones‘ of Israel", das nun das jüdische Volk organisiere, ihm wieder Gestalt gebe und ein Ganzes entstehen lasse: „The uniting element being the possibility in the very near future of their being allowed to organize a Jewish State in their own God-given country of Palestine."[912]

Die christlichen Zionisten zogen auch Vergleiche zum Edikt des persischen Königs Kyros (538 vor Christus), das den ersten Exilanten die Rückkehr von Babylon nach Jerusalem erlaubte und zum Bau des zweiten Tempels führte: „As the proclamation [des Kyros, R.L.] preceded the return of the Jews from captivity in preparation for the first coming of Christ, so the famous letter [von Balfour an Rothschild, R.L.] was a step in the working out of God's purpose for the return of the people to the land in preparation for the second coming of our Lord."[913]

Die LJS/CMJ las also erneut ihre Vorstellungen in politische Zusammenhänge hinein; aber gerade in der Zwischenkriegszeit zeigte sich, dass diese heilsgeschichtliche Politikdeutung völlig naiv war und letzten Endes zum Niedergang der Judenmission führte.

Die kritische Haltung der Zionisten gegenüber der LJS veränderte sich nicht, da sie kein Interesse an der Integration christlicher Zionisten besaßen. *Hebrew Christians* wurden im jungen *Jewish National Home* weiter diskriminiert. Das führte zu großen Frustrationen auf Seiten der LJS/CMJ die lange Zeit brauchte, um zu verstehen, dass die Zionisten eine Bekehrung eines Juden zum Christentum als Dena-

---

[908] Ebd., 177.
[909] Vgl. K. Crombie, *For the Love of Zion*, 128–135.
[910] Vgl. den Artikel „An Epoch-Making Announcement" in: *Jewish Missionary Intelligence* 1917, 129 f. – zitiert nach K. Crombie, *For the Love of Zion*, 160.
[911] Vgl. *Jewish Missionary Intelligence* vom Mai 1918, 38 – zitiert nach Y. Perry, *British Mission to the Jews*, 175.
[912] Ebd.
[913] *Jewish Missionary Intelligence* vom Juli 1919, 105 – zitiert nach Y. Perry, *British Mission to the Jews*, 198.

tionalisierungsphänomen bekämpften. Die Judenmission wollte deshalb den Beweis antreten, dass ein Judenchrist „need not necessarily be denationalised. To do this effectively, the L.J.S. ought to have well-equipped mission stations dotted about Palestine, surrounded by whole-hearted Jewish converts who at the same time could prove themselves to be Jewish patriots."[914]

Das war die große Vision: Gut ausgestattete Missionsstationen und ein Heer religiös wie national engagierter Judenchristen würden die der Mission feindlich gesinnten weltlichen Juden dazu bekehren, nicht mehr jüdische, sondern messianische, christliche Zionisten zu werden. Die Realität sah allerdings anders aus, der Aufbruch blieb aus.

Die Arbeit der LJS/CMJ konzentrierte sich auf Jerusalem und Jaffa. Das Krankenhaus und die Kirche in Safed wurden aus finanziellen Gründen 1921 an die schottische Mission abgegeben. In Jerusalem bildete weiter die *Christ Church* das Herz der LJS/CMJ-Arbeit. In Haifa besaß die Mission ein kleines Krankenhaus, ein Missionshaus sowie das Buchdepot und war an der Mädchenschule beteiligt. Sie unterhielt in Jaffa die *Immanuel Church* und die *English High School*, einen Jugendclub, der Sprachunterricht in Englisch und Arabisch sowie Bibelstunden anbot, ein Buchdepot, in dem im Jahr 1925 fast 1.200 Bibeln verkauft wurden; außerdem engagierte sie sich in Evangelisation und Seelsorge.[915] Das war ohne Zweifel eine respektable Arbeit – aber sie war weder quantitativ noch qualitativ eine Alternative zum zionistischen Siedlungsprojekt. Auch der öffentliche Druck auf die LJS/CMJ wuchs, etwa durch radikale anti-missionarische Artikel in zionistischen Publikationen, die allerdings vom *Governor of Jerusalem* unterbunden wurden, um das friedliche Zusammenleben der unterschiedlichen Gemeinschaften nicht zu gefährden.[916] Im Grunde war die Abgrenzung der Zionisten gegenüber der Judenmission auch nicht nötig, verlor diese doch Schritt für Schritt in der Zwischenkriegszeit ihre Position als ernst zu nehmender Gegner. Der missionarische Erfolg blieb aus, dafür wuchsen die Schulden, wie die Sitzungsprotokolle des CMJ-General Committees in London belegen. So geriet die LJS/CMJ in eine Krise, aus der sie sich nicht mehr befreien konnte.[917] So betrug das Defizit 1921 7.670 Pfund, konnte bis 1923 auf 5.317 Pfund reduziert werden[918], stieg dann bis 1927 auf 10.830 Pfund und betrug 1938 16.584 Pfund.[919] Die LJS/CMJ musste bei ihrer Hausbank Williams, Deacon's Bank Limited, immer größere Kredite aufnehmen, ohne dass diese durch ein wachsendes Spendenaufkommen gedeckt worden wären. Als Konsequenz wurden einige Arbeitszweige eingestellt: 1931 wurde die *Boys' Boarding School* in Jerusalem geschlossen; 1934

---

[914] *Jewish Missionary Intelligence* vom Mai 1918, 38 – zitiert nach Y. Perry, *British Mission to the Jews*, 177 f.

[915] Vgl. die Aufzeichnungen der Jahre 1931–1934 des zur LJS/CMJ gehörenden Immanuel Church Councils, BLO/Dep. C.M.J., d.88/1.

[916] Vgl. K. Crombie, *For the Love of Zion*, 173.

[917] Insgesamt traten während des gesamten 19. Jahrhunderts kaum mehr als 600 Juden in Palästina zum Christentum über. Vgl. Y. Perry, *British Mission to the Jews*, 98.

[918] Vgl. die Protokolle der General Committee-Sitzungen vom 28.4.1922, 2.5.1924, 27.4.1928, BLO/Dep. C.M.J., c.38.

[919] Vgl. das Protokoll der General Committee-Sitzung vom 28.4.1939, BLO/Dep. C.M.J., c.39.

beschloss das General Committee, einen Teil des Jerusalemer Altstadtbesitzes an den englischen Johanniterorden zu verkaufen.[920] Im gleichen Jahr gab die Mission das *House of Industry* auf.[921] Da die Bauindustrie in Palästina boomte, fiel es der Judenmission immer schwerer, jüdische beziehungsweise judenchristliche Handwerker für ihre Werkstätten zu gewinnen.[922] Aufgrund von Mitarbeitermangel mussten 1934 zwischenzeitlich der *Men's Club* und die *Evening Classes* in Jerusalem und Jaffa eingestellt werden, obwohl sie die missionarischen Angebote waren, die den leichtesten Kontakt zu Juden ermöglichten.[923] Einziger Lichtblick der Judenmission war in der späten Zwischenkriegszeit Jaffa. Dort zeigte eine größere Zahl Juden Interesse am christlichen Glauben, ohne dies allerdings öffentlich zu bekunden. Unter diesen *secret believers* gab es nicht wenige aus Deutschland kommende Juden, die eine distanzierte Haltung zum Zionismus einnahmen und deshalb nach Alternativen suchten.[924]

Es dauerte bis 1936, ehe die LJS/CMJ begann, eine klare Analyse der politischen Veränderungen zu erstellen. Dafür setzte sie eine Kommission unter der Leitung von Bischof Tubbs ein, die Palästina bereiste und sich ein Bild von der Situation machte.[925] Sie stellte fest, dass die zionistische Politik im Gegensatz zur Judenmission stand und dass die *Hebrew Christians* mittlerweile sowohl religiös als auch sozial in eine Außenseiterrolle gerutscht waren. Kein jüdischer Unternehmer würde sie einstellen; der allgemeine jüdische Gewerkschaftsverband *Histadrut* verweigerte ihnen die Aufnahme. Trotz dieser selbstkritischen und niederschmetternden Analyse hielt die CMJ/LJS am spirituellen Kampf um die Zukunft des Judentums und an der Gründung einer *Hebrew Church* fest, in der allerdings Platz sein sollte „for Arab, for Englishman and for Jew.“[926]

Letztlich waren der christliche Zionismus der englischen Judenmissionare und der politische beziehungsweise sozialistische Zionismus zwei völlig unterschiedliche, inkompatible Lösungswege zur Befreiung der Juden von der Last des Diasporalebens, der Diskriminierung und der Verfolgungen.[927] Die Vision einer *Restoration of the Jews* hatte sich an der Wende vom 19. zum 20. Jahrhundert und speziell mit dem Aufbau einer jüdischen Heimstätte in ihr Gegenteil verkehrt: Zwar wanderten Hunderttausende Juden ins Heilige Land ein, die die biblische Prophetie zu erfüllen schienen. Zum Christentum bekehrten sie sich allerdings nicht. Die chiliastische Vision war ein ungemein wirkmächtiger Motor für die Wiedereinführung Palästinas in die christliche und jüdische Gedächtnisgeschichte gewesen, ein adäquates politi-

---

[920] Vgl. das Protokoll der General Committee-Sitzung vom 16.3.1934, BLO/Dep. C.M.J., c.39.

[921] Vgl. das Protokoll der General Committee-Sitzung vom 20.4.1934, BLO/Dep. C.M.J., c.39.

[922] Vgl. den Annual Report 1934, BLO/Dep. C.M.J., c.97.

[923] Ebd.

[924] Ebd.

[925] Vgl. die Ausführungen in Rev. Maxwells Jahresbericht 1936, BLO Dep. C.M.J., c.98 sowie K. Crombie, *For the Love of Zion*, 194 ff. Vgl. auch die Ausführungen in: *Bible Lands* Nr. 148 – April 1936.

[926] Vgl. K. Crombie, *For the Love of Zion*, 196.

[927] Ebd., 143.

sches Instrumentarium zur Bewältigung der Herausforderungen des 20. Jahrhunderts konnte sie jedoch nicht sein.

4.10.5 Pro-arabische Positionen

Während also die christlichen Zionisten der LJS/CMJ politisch mit den Juden sympathisierten, stellten sich die anglikanischen Araber-Missionen wie die CMS im Palästina-Konflikt auf die Seite der arabischen Einwohner des Landes. Deshalb soll an dieser Stelle darauf eingegangen werden, auf welche Vertreterinnen und Vertreter des anglikanischen Establishments – motiviert durch den engen Kontakt zur arabischen Bevölkerung – öffentlich gegen die ihrer Meinung nach verfehlte britische Politik vorgingen. Damit wird ein wenig auf die Spannungen in den Jahren 1936 bis 1938 vorgegriffen, die eingehender im Kapitel über die Missionsgemeinden dargestellt werden.

Die arabische Führung hatte lange Zeit nur zögerlich auf die jüdische Einwanderung, den Landverkauf und die politischen Veränderungen im Heiligen Lande reagiert, stattdessen auf Verhandlungen, öffentlichen Druck und gelegentliche Proteste bei der Mandatsmacht gesetzt. Da die Nationalbewegung in unterschiedliche Gruppierungen gespalten war, fehlte ihr lange Zeit die Durchschlagskraft. Erst als Anfang des Jahres 1936 in Syrien ein Generalstreik ausbrach, mit dem die Bevölkerung der französischen Mandatsregierung Zugeständnisse abringen konnte, während gleichzeitig das britische Parlament einen gesetzgebenden Rat für Palästina ablehnte, entlud sich der Volkszorn in einer offenen arabischen Rebellion. Die palästinensische Nationalbewegung kämpfte nun gegen Juden und Briten, ohne jedoch eine klare politische Zielsetzung zu besitzen. Die Regierung in London versuchte zunächst mit Hilfe von Untersuchungskommissionen Kompromisse auszuarbeiten, die jedoch keinen Erfolg herbeiführten. So blieben die Jahre 1936 bis 1939 von bürgerkriegsartigen Auseinandersetzungen gekennzeichnet, denen mehr als 3.000 Menschen zum Opfer fielen. Um der Lage Herr zu werden, ging die Palästina-Regierung schließlich mit brutaler Härte vor. Als Abschreckungs- und Vergeltungsmaßnahme sprengte sie Häuser überführter arabischer Attentäter, verhängte Kollektivstrafen gegen ganze Dörfer, in denen Freischärler Unterschlupf fanden und folterte arabische Rebellen in britischen Gefängnissen.

Es ist auffallend, dass es vor allem Pädagoginnen der anglikanischen Eliteschulen waren, die politisch und medial gegen die ihrer Meinung nach unangemessenen Methoden der Polizei protestierten.[928] Die Palästinaregierung verstieß mit ihrem brutalen Vorgehen nach Ansicht der britischen Lehrerinnen gegen fundamentale Prinzipien der Gerechtigkeit und förderte letztlich den Terrorismus.

Dass sich nach der Euphorie der Anfangsjahre nun kritische Stimmen in der Church of England fanden, die die politische Gegenwart und Zukunft des Landes kritisch betrachteten, ist nach Meinung der norwegischen Historikerin Inger Marie

---

[928] Vgl. I.M. Okkenhaug, *The Quality of Heroic Living*, 173–213.

Okkenhaug ein Anzeichen für einen politischen Transformationsprozess innerhalb des anglikanischen Lagers.[929]

Deshalb ist es an dieser Stelle lohnend, einen Blick auf die sozialen und religiösen Konzepte zu werfen, anhand der die anglikanischen Kritikerinnen – hier seien vor allem Susanna P. Emery und Francis Newton genannt – den Gang der Dinge beurteilten. Die evangelikale Lehrerin Susanna P. (oder auch Espie) Emery etwa, von 1932 bis 1948 Principal der *English High School for Girls* in Haifa, beurteilte die politischen Entwicklungen mit Hilfe ihres ethisch-pädagogischen Menschenbildes. Die Erziehung und das gesellschaftliche Miteinander basierten für sie auf den Prinzipien des ‚character building' und des ‚public spirit'.[930] Sie glaubte, dass Palästina regierbar wäre, wenn sich die Menschen an den christlichen Moralkodex hielten. Politik als Durchsetzung individueller oder gruppenbezogener Interessen widersprach diesem Ideal. Dass die zionistische Seite exklusive nationale Ansprüche auf Palästina erhob, offenbarte für sie das Fehlen eines „civic spirits" und rief ihren Protest hervor.[931] Sie unterstützte deshalb die bi-nationalen Pläne von Jehudah Magnes, aber auch die der Eltern ihrer arabischen Schüler und schrieb Protestbriefe an Regierungsbeamte in London. Die ehemalige CMS-Missionarin Francis Newton wählte demgegenüber den direkten Weg an die britische Öffentlichkeit, um ihre Position noch deutlicher zu artikulieren. Die radikal pro-arabische Pädagogin, die bereits 1921 als ‚friendly advisor' eine arabische Delegation nach London begleitet hatte, schickte beispielsweise 1938 ein kritisches Dossier zum harten Vorgehen der Palästina-Polizei an die *Times*, die es zwar nicht druckte, es aber an den konservativen Kolonialminister William Ormsby-Gore (1885–1964) weitergab. Das zeigte Wirkung, denn Ormsby-Gore verlangte nun vom High Commissioner einen Bericht über das Vorgehen der Sicherheitskräfte.[932]

Newton sandte ihre Unterlagen auch direkt an das englische Parlament, den Völkerbund sowie die Lobbyorganisation *Arab Centre* in London, der sie unter dem Titel *Punitive Measures in Palestine* publizierte. Ormsby-Gore attackierte diese Schrift im Unterhaus und warf der Verfasserin vor, Lügen zu verbreiten. Newton ließ sich von diesem Angriff nicht abhalten und veröffentlichte zusammen mit dem *Arab Centre* einen zweiten, überaus regierungskritischen Bericht *Searchlight on Palestine, Fair-Play or Terrorist methods? Some personal Investigations by Francis Newton.*[933]

Newton warf den britischen Truppen ein überaus brutales Vorgehen gegen die arabischen Rebellen vor. Bischof Graham Brown, der auch den Erzbischof über die Methoden der britischen Polizei informiert hatte, unterstützte Newtons Schritt an die Öffentlichkeit. Er wollte sich aber mit Rücksicht auf seine exponierte Stellung nicht an dieser Schrift beteiligten. Newton musste für ihre Philippika einen hohen

---

[929]   Vgl. z.B. I.M. Okkenhaug, „From Neutrality to Critic of British Mandate Policy", 113–143.

[930]   Vgl. I.M. Okkenhaug, *The Quality of Heroic Living*, 185.

[931]   Ebd., 185.

[932]   Ebd., 201 f.

[933]   Vgl. F. Newton, *Searchlight on Palestine, Fair-Play or Terrorist methods? Some personal Investigations by Francis Newton*, London 1938 – zitiert nach I.M. Okkenhaug, *The Quality of Heroic Living*, 201.

Preis bezahlen: High Commissioner MacMichael verbannte sie für fünf Jahre aus Palästina.[934]

Etwa zwei Monate vor Beginn der St. James-Konferenz plädierten verschiedene anglikanische Lehrer, Pfarrer und Missionare in einem Leserbrief an die *Times* dafür, die Anliegen der arabischen Seite stärker als bisher zu berücksichtigen.[935] Die nicht-offiziellen angelsächsischen Christen, wie sie sich selbst nannten, sahen im Leiden der einheimischen Bevölkerung und der Angst vor einer zu starken jüdischen Einwanderung zwei entscheidende Punkte für den Ausbruch der Revolte der späten 1930er Jahre. Die Unterzeichner setzten sich für eine friedliche und gerechte Lösung auf dem Verhandlungswege ein und forderten eine Amnestie für inhaftierte beziehungsweise deportierte palästinensische Aufständische.

4.10.6 Versuche der politischen Mediation

Die offizielle anglikanische Seite bemühte sich um einen Mittelweg zwischen den Konfliktparteien. Die anglikanische Kirche sah sich nämlich aufgrund ihres theologischen Selbstverständnisses als reformierte katholische Kirche schon seit dem Ende des 19. Jahrhunderts als „‚peace-maker' between the different religious communities."[936]

Damit lag die Kirche von England im Grunde auf einer Linie mit der britischen Außenpolitik, die sich – wenn auch mit wenig Erfolg – um einen Interessenausgleich zwischen Arabern und Zionisten bemühte. Im Grunde war es für die Kirche sogar einfacher, diese Politik umzusetzen, weil sie keine Verpflichtungen gegenüber den Streitparteien eingegangen war, sondern als moralisch-gesellschaftliche Größe handeln konnte.

Wie bereits bei MacInnes wuchs auch Graham Brown die Rolle eines Mediators zwischen den Konfliktparteien zu. Der anglikanische Bischof wurde vor allem von arabischer Seite als zweite Autorität neben der Mandatsregierung betrachtet. Religiöse Mediatoren versuchten neue Kommunikationswege zwischen verfeindeten Gruppen zu öffnen sowie – wenn auch praktisch erfolglos – eine religiöse Kultur der Verständigung und des Dialogs zu kreieren.[937] Nach Vorstellung der Anglikaner sollte der Weg der Versöhnung modellartig in den anglikanischen Schulen umgesetzt werden. Toleranz und Respekt vor der Kultur und Religion des Anderen wurden dort großgeschrieben. Die anglikanischen Schulen verstanden sich deshalb als eine Art

---

[934]   Vgl. I.M. Okkenhaug, „From Neutrality to Critic of British Mandate Policy", 137 sowie dies., *The Quality of Heroic Living*, 197–203.

[935]   Vgl. den Leserbrief „Palestine Problem", in: *Times* vom 2.12.1938, EZA 5/3123. Zu den Unterzeichnern gehörten A.I. MacRae, 1922–1926 General Secretary des Y.M.C.A., Charlotte Ellis, 1917–1938 Lehrerin an der Bishop Gobat School, J.P. Thornton Duesbury, der Headmaster der St. George's School in Jerusalem, die Schulrätin des anglikanischen Schulsystems, M.C. Warburton, CMS-Secretary J.W. MacInnes, Kenneth L. Reynolds, 1904–1929 Headmaster, St. George's School in Jerusalem, Winfred A. Coate, Principal des Jerusalem Girls College und Eric F.F. Bishop, der Leiter der Newman School of Mission.

[936]   I.M. Okkenhaug, „From Neutrality to Critic of British Mandate Policy", 113.

[937]   Vgl. auch das Kapitel „The Anglican Church – an Informal Third Party?", in M. Småberg, *Ambivalent Friendship*, 150–166.

Miniaturausgabe des Völkerbundes.[938] Im Jerusalem Girls' College wurde 1931 von den älteren Schülerinnen sogar eine *League of Nations Union* gegründet, in der sechs Nationalitäten und drei Religionen vertreten waren.[939] Dieser Ansatz bewährte sich und half, unter den Schülerinnen unterschiedlicher Herkunft Spannungen abzubauen. Die Ausschreitungen der Jahre 1928/1929 hatten keine Auswirkungen auf die anglikanischen Schulen. Es verwunderte deshalb die anglikanische Hierarchie, dass die Mandatsregierung während der Spannungen im Spätsommer 1936 überlegte, einige anglikanische Schulen aus militärischen Zwecken zu beschlagnahmen.[940] Der Jerusalemer Bischof schaltete sofort Lambeth Palace ein, und Erzbischof Lang protestierte auf höchster politischer Ebene gegen diesen Plan mit der Erklärung, gerade die anglikanischen Schulen würden einen wichtigen Beitrag zur Befriedung des Landes leisten.[941] High Commissioner Wauchope zog daraufhin seine Pläne zurück.

Erzbischof Lang selbst versuchte einen neutralen Friedens- und Vermittlungskurs einzuschlagen, führte regelmäßige Gespräche mit der Regierung, mit Zionistenführer Weizmann und arabischen Delegationen, sah aber darüber hinaus kein öffentliches Mandat für die Kirche im Palästina-Konflikt.[942]

4.10.7 Die Anglikaner und die Teilungspläne der späten 1930er Jahre

Das anglikanische Bemühen um politische Mediation wurde vor allem in der Phase der Eskalation und der damit verbundenen Diskussion unterschiedlicher Teilungspläne in den späten 1930er Jahren höchst konkret.

Am 9.11.1936 traf die von dem konservativen Politiker William Robert Wellesley, 1st Earl Peel (1867–1937), geleitete Royal Commission in Palästina ein, um die Untersuchung der Unruhen aufzunehmen und politische Alternativen zu suchen. Von arabischer Seite wurde die Arbeit der Peel-Kommission bis kurz vor ihrer Abreise im Januar 1937 boykottiert.[943] Da Peel 1937 verstarb, aber auch weil sich die Forderungen seines Berichts nicht umsetzen ließen, folgte ihm 1938 eine zweite Kommission unter Sir John Woodhead.

Graham Brown sah in dieser Situation von deutlichen politischen Statements ab, warb aber erneut für eine spirituelle Lösung des Konflikts und rief öffentlich zum Gebet für die Arbeit der Peel-Kommission auf, damit der Friede ins Land zurückkehre. Hinter den Kulissen führte er aber unermüdlich Gespräche, versuchte weiter

---

[938]   I.M. Okkenhaug, „From Neutrality to Critic of British Mandate Policy", 114. Vgl. auch *Bible Lands* Nr. 126 - October 1930, 60–64.

[939]   Vgl. *Bible Lands* Nr. 127 - January 1931, 96 f.

[940]   Vgl. den Brief des neuen JEM-Sekretärs Matthew an Dr. Alan Don vom 23.10.1936 samt des Memorandums Graham Browns *Possible Commandering of Christian Schools for Military Purposes*, LPL/Lang Papers 52.

[941]   Vgl. den Brief des Erzbischofs an High Commissioner Wauchope vom 27.10.1936 und dessen Antworten vom 5.11. und 10.11. 1936 sowie das persönliche Schreiben des Erzbischofs an Wauchope vom 16.11.1936, LPL/Lang Paper 52.

[942]   Vgl. den vertraulichen Brief des Erzbischofs an den Secretary der freikirchlichen *Congregational Union of England and Wales*, Rev. S.M. Berry vom 22.7.1936, LPL/Lang Papers 52.

[943]   Zur Royal Commission unter Peel vgl. G. Krämer, *Geschichte Palästinas*, 325–332.

die moderaten Vertreter der Konfliktparteien ins Gespräch zu bringen und über den Erzbischof von Canterbury Einfluss auf Whitehall zu nehmen.[944]

Zwischen dem 10.11.1936 und dem 14.11.1936 erarbeitete der Jerusalemer Bischof ein zehnseitiges Memorandum zur Situation in Palästina, das er dem Erzbischof schickte.[945] Dass die Royal Commission von beiden Streitparteien abgelehnt wurde, führte Graham Brown auf die verfehlte britische Palästinapolitik zurück. Graham Brown kam zu dem Schluss, dass die britische Regierung eine erkennbare politische Geste machen müsse, um gerade das Vertrauen der Araber wiederzuerlangen. Ein solcher Schritt könne der Stopp der jüdischen Immigration sein. Das würde zwar einen massiven jüdischen Protest hervorrufen und vermutlich die Zahl der wirklich Kommenden gar nicht reduzieren, hätte aber eine nachhaltige psychologische Wirkung.

Graham Brown vermied es in dieser Phase, seine Positionen öffentlich darzulegen. Er suchte aber – zu seiner Enttäuschung als einziger christlicher Bischof – das Gespräch mit der Royal Commission, um ihr die Anliegen der christlichen Gemeinschaften in Palästina nahe zu bringen. Er machte in diesem Gespräch auf die wachsenden Spannungen zwischen Christen und Muslimen sowie die Diskriminierung der Hebrew Christians durch die Jewish Agency aufmerksam.

Bereits Anfang Januar 1937 erarbeitete der Bischof ein weiteres, langes, vertraulich eingestuftes Memorandum an den Erzbischof.[946] Darin entwickelte er Modelle, wie Palästina international verwaltet werden könnte. Da er weiter daran festhielt, dass die religiöse Bedeutung des Landes der Schlüssel zur Lösung des Konflikts sei, plädierte er für die Errichtung eines *Religious Advisory Council*, der als Beratungsorgan neben einen *Legislation Council* treten sollte. Der Bischof sprach sich zudem für eine *Round Table Conference* aus, an der Vertreter aller beteiligten Gruppierungen teilnehmen sollten - dazu kam es schließlich im Januar 1939 im St. James' Palace in London. Außerdem sollte sich die britische Regierung laut Brown endlich zu einer eindeutigen Interpretation des Mandats durchringen.[947]

---

[944]   In einem Schreiben vom 9.11.1936, LPL/Lang Papers 52 an die Zeitungen Palästinas und die Oberhäupter der Kirchen erinnerte Graham Brown, dass der Tag des Eintreffens der Royal Commission am historischen 9. November mit dem Kriegsende zusammenfalle. Es dürfe nicht vergessen werden, dass Palästina das Heilige Land dreier Weltreligionen sei und sich deshalb keine Lösung finden lasse, die „not based on spiritual foundations" sei und „that such a solution can only be attained in an atmosphere of peace, justice and goodwill." Diesen Brief sollten eigentlich auch der Mufti, der Lateinische Patriarch und die Rabbis der orthodoxen Agudath Israel unterschreiben – anscheinend auf Initiative Browns. Der Lateinische Patriarch verweigerte sich aber, während der Mufti zur Unterschrift bereit gewesen wäre. Nachdem der Mufti das Treffen verlassen hatte, kam die Nachricht, dass die Palästinaregierung 1800 Arbeitserlaubnisse an jüdische Arbeiter quasi als Streikbrecher vergeben habe. Darauf zog sich das „Arab Higher Committee" zurück. Brown versuchte das Schreiben zu retten, in dem er es in drei Sprachen publizieren wollte. Als dann Dr. Magnes davon abriet, den Brief als christlich-jüdische Initiative zu veröffentlichen, brachte der Bischof ihn allein an die Öffentlichkeit. So besprach er sich noch am 14.11.1936 mit den anglikanischen Mitgliedern einer arabischen Kommission, die in London für die palästinensischen Anliegen werben wollte.

[945]   Das Memorandum zur „General Situation" findet sich in LPL/Lang Papers 52.

[946]   Vgl. Graham Browns Brief an Lang vom 15.1.1937, LPL/Lang Papers 52.

[947]   Zudem kritisierte Graham Brown die Amtsführung des High Commissioners, Sir Arthur Wauchope (1931–1937), der das Vertrauen der Bevölkerung verspielt habe. Diese Bemerkung schien Lang

Dank seiner guten Kontakte wurde Graham Brown sogar in einer hochpolitischen Angelegenheit vom *Arab Higher Committee* als Vermittler beansprucht. Das wichtigste arabische Gremium hatte sich schließlich doch noch dazu entschieden, mit der Peel-Kommission zu verhandeln. Er kontaktierte den Sekretär der Kommission, die natürlich Interesse hatte, das *Arab Higher Committee* zu empfangen. Graham Brown organisierte einen inoffiziellen Empfang für die Häupter aller Religionen und für die Kommission, zu der alle Eingeladenen außer dem Mufti kamen, der am Boykott der Kommission festhielt.[948]

Lang unterstützte im Oberhaus die Vorschläge der Peel-Kommission.[949] In der öffentlichen Meinung erschien Langs Position allerdings als pro-zionistisches Statement. So titelten die Zeitungen *Near East*: „Dr Lang supports Zionism" und die offiziöse *Palestine Post* schrieb am 22.7.1937: „Primate urges Jerusalem's inclusion in Jewish State", weil der Primas über den Peel-Report hinausgehend den Einschluss bestimmter Stadtviertel Jerusalems in den jüdischen Sektor empfohlen hatte.[950]

Während Weizmann dem Erzbischof überschwänglich für seine Rede dankte und sein Eintreten für ein jüdisches Jerusalem im neuen Judenstaat niemals vergessen werden würde, musste sich Graham Brown mit den Beschwerden verschiedener arabisch-christlicher Delegationen auseinandersetzen. Auch Graham Brown selbst widersprach etwa ein Jahr später dem Erzbischof in einem quasi-offiziellen Memorandum an die Nachfolge-Kommission der Peelschen Unternehmung, der Palestine Partition Commission unter Leitung von Sir John Woodhead, einem erfahrenen Kolonialexperten, der vor allem auf dem indischen Subkontinent gewirkt hatte. Nach Graham Brown sollte Jerusalem als heilige Stadt der Religionen unter englischer Verwaltung verbleiben, da nur eine christliche Verwaltung eine faire Behandlung aller Interessen garantiere.[951] Die Teilungskommission bemerkte die unterschiedlichen Haltungen der Kirchenführer und bat Lang um eine klärende Stellungnahme.[952] Nach der Lektüre von Graham Browns Memorandum bezeichnete Lang seine Rede selbstkritisch als „somewhat premature" und empfahl der Woodhead-Kommission, alle heiligen Stätten der britischen Verwaltung zu unterstellen.[953]

Nach dem Ende der Untersuchungen in Palästina führte Lang im März 1937 in London Gespräche mit Peel, Weizmann, Wauchope und Professor Reginald Coupland (1884–1952), einem angesehenen britischen Imperial-Historiker und Mitglied der Peel-Commission. Weizmann und Peel begrüßten die Idee Graham Browns, spi-

---

offenkundig gekränkt zu haben, da er Wauchope zu seinen persönlichen Freunden zählte und ihn als einen Menschen mit großen christlichen Idealen schätzte. Vgl. Langs Antwort an Graham Brown vom 30.1.1937, LPL/Lang Papers 52.

[948] Vgl. den Brief Graham Browns an Lang vom 21.1.1937, LPL/Lang Papers 52.

[949] Vgl. *Parliamentary Debates (Lords), 5ᵗʰ series, 106*, London 1937, cols. 645–53 – zitiert nach G. Turner, „Archbishop Lang's Visit to the Holy Land in 1931", 356.

[950] Vgl. LPL/J.A. Douglas Papers 15.

[951] Vgl. Graham Browns Memorandum an die Palestine Partition Commission „The Ethnic Origins of the Christian and Moslem Arabs of Palestine" vom 25.7.1938, LPL/Lang Papers 53.

[952] So das Schreiben des Beamten Luke an Lang vom 22.8.1938 sowie Langs Antwort vom 29.8.1938, LPL/Land Papers 53.

[953] Vgl. Langs Brief an Graham Brown vom 1.9.1938, LPL/Lang Papers 53.

rituelle Kräfte für die Lösung des Konflikts zu nutzen, wussten aber nicht, wie dies im Blick auf Politik und Wirtschaft konkret geschehen könnte.

Lang fragte dabei Weizmann, wie er die Balfour-Erklärung interpretiere. Weizmann antwortete in dem Sinne, dass in Palästina ein nationales Heim für die Juden entstünde und nicht etwa, dass ganz Palästina jüdische Heimstätte werde. Die geplanten Immigrationsbeschränkungen lehnte er ab. Auffällig ist, dass sich Weizmann in Gesprächen mit Lang niemals völlig politisch festlegte. Er umging diplomatisch heikle Fragen und versuchte, seinen Gesprächspartner für sich zu gewinnen. Auch der englische Historiker Elie Kedourie bezeichnete Weizmann als einen Menschen, der die britische Regierung derart zu beeinflussen versuchte, als ob die Balfour-Erklärung viel mehr meinte als sie besagte.[954]

In einem Brief an den christlichen Zionisten Sir Wyndham H. Deeds artikulierte Lang fast exakt genau den gleichen Zweifel über Weizmanns politische Berechenbarkeit. Zwar schätzte Lang Weizmann als weitblickenden Staatsmann.[955] Doch war ihm in vielen Gesprächen mit Weizmann nie klar geworden, ob die Zionisten nur eine nationale Heimstätte in Palästina oder ganz Palästina als ihre Heimstätte anvisieren würden. Langs Eindruck war, dass Weizmann ihm gegenüber von der ersten, gegenüber den Zionisten aber von der zweiten Version spreche. Lang hielt es für völlig vertretbar, dass die Juden einen möglichst großen Teil Palästinas bekämen. Einer vollständigen Übergabe des Landes an die Juden konnte er aber nicht zustimmen, weil das den Widerstand der Araber hervorrufen und weitere Unruhen heraufbeschwören würde.[956]

High Commissioner Wauchope bestätigte Langs Skepsis gegenüber Weizmann. Der erfahrene Kolonialpolitiker schätzte den Zionistenführer als einen Menschen ein, der seine Meinung an seine Gesprächspartner anpasse.[957] Wauchope meinte, dass Weizmann den arabischen Nationalismus in den Nachbarländern unterschätze.

Im Gespräch mit Coupland lernte Lang die Teilungspläne genauer kennen. Für Coupland waren die Balfour-Erklärung und das Palästina-Mandat im Grunde zwei inkompatible Größen, die eine politische Situation geschaffen hätten, die kaum lösbar wäre. Die Teilung des Landes sei der gangbarste Weg, auch wenn Coupland nicht daran glaubte, dass eine politische Parität im Lande lange bestehen würde.

Vergleicht man diese Vorgespräche mit den Ergebnissen des am 7. Juli 1937 veröffentlichten Untersuchungsberichts, so lässt sich feststellen, dass der Erzbischof in dieser heiklen außenpolitischen Frage einen hervorragenden Informationsstand besaß.

Die politische Bedeutung des Peel-Berichts bestand darin, dass erstmals von offizieller britischer Seite das Scheitern des Mandats in der bestehenden Form eingestanden wurde. Nüchtern wurde konstatiert, dass Großbritannien Verpflichtungen gegenüber beiden Seiten eingegangen war und das Recht der Araber dem Recht der

---

[954] Vgl. E. Kedourie, „Sir Herbert Samuel and the Government of Palestine", in: ders., *The Chatham House Version and other Middle Eastern Studies*, London 1970, 70 f.

[955] So Lang in einem Schreiben an Graham Brown vom 9.9.1937, LPL/Lang Papers 52.

[956] Vgl. Langs Brief an Wyndham Deeds vom 11.3.1943, LPL/Lang Papers 53.

[957] Vgl. die Notiz über das Gespräch mit Wachope vom 11.3.1937, LPL/Lang Papers 52.

Zionisten gegenüberstand. Die Palästina-Regierung in Jerusalem habe unter immensem Druck versucht, beiden Seiten gerecht zu werden. Die Gegensätze zwischen den beiden nationalen Gemeinschaften seien unüberbrückbar, die Idee eines gemeinsamen Staates unrealistisch.[958] Die einzige Lösung des Konflikts bestand nach Ansicht der Royal Commission in der Teilung des Landes in zwei Staaten sowie eine britisch verwaltete Zone (10 % der Fläche Palästinas) von Jerusalem bis Tel Aviv, die auch Bethlehem und die Heiligen Stätten einschloss. Die Zionisten sollten etwa 20 % des Landes (von Tel Aviv bis Haifa sowie Galiläa samt Nazareth) erhalten, die Araber die restlichen 70 % – das zentrale Hügelland, die Wüste Negev, die Küste um Gaza. Eine Vereinigung mit Transjordanien war nicht vorgesehen. Dieses Teilungsmodell bedeutete, dass 90 % der Araber auf arabischem Territorium leben würden, die restlichen 10 % aber im jüdischen Staat wohnen oder umgesiedelt werden müssten. Dass die Araber auf einen Teil ihres Landes verzichten sollten, hielt die Peel-Kommission für ein schweres, aber aufgrund der Judenverfolgungen in Deutschland vertretbares Opfer.

Die arabische Seite lehnte den Teilungsplan mehrheitlich entschieden ab. Das *Arab Higher Committee* rief zum Widerstand gegen die Teilung auf und forderte die Errichtung eines arabischen Staates. In Palästina befürwortete aber die Naschaschibi-Fraktion die Annahme der Peelschen Vorschläge. Auf jüdischer Seite neigten Ben Gurion und Weizmann zur Annahme der Teilungsvorschläge, wollten aber die Grenzen des geplanten Judenstaates modifizieren.

Das britische Kabinett stimmte dem Untersuchungsbericht zwar in der Annahme zu, die Konfliktparteien könnten sich mit diesem Teilungsplan arrangieren. Allerdings gab es in der britischen Regierung erhebliche Spannungen zwischen dem Außenministerium, das arabischen Widerstand befürchtete und deshalb gegen eine Teilung war, und dem den Peel-Plan unterstützenden Colonial Office.[959]

Auch unter den christlichen Kirchen sorgte der Peel-Plan für Ärger.[960] Sie sahen ihre Rechte beschnitten. Graham Brown griff bei der Deutung der Teilungspläne seinen zentralen Gedanken auf und bemängelte, dass „the rule of the Mandatory has not been Christian." Er befürchtete sogar, dass die Teilung des Landes zu zwei „definitely anti-Christian states – as the Jewish and Arab one inevitably will be" führen würde, wodurch allerdings das Zeugnis des christlichen Glaubens noch klarer erscheinen werde.[961] Zudem bedauerte der Jerusalemer Bischof, dass die Kommission nicht die moderaten Kräfte auf beiden Seiten gehört und keine runden Tische eingesetzt habe.

---

[958]   Vgl. G. Krämer, *Geschichte Palästinas*, 325–332, bes. 327.
[959]   Ebd., 332.
[960]   Vgl. Graham Browns Brief an den Erzbischof vom 17.7.1937 *private and confidential*, LPL/Lang Papers 52.
[961]   Ebd.

4.10.8 Die Achsen Graham Brown/Magnes und Lang/Weizmann

Graham Browns Vermittlungsposition stand den Bemühungen des Präsidenten der Hebräischen Universität, Jehudah Magnes, nahe. Zusammen mit Magnes versuchte der Bischof, moderate Kräfte auf beiden Seiten des Konflikts zu einer friedlichen Lösung zusammenzubringen. Magnes, der sich nach seiner Übersiedlung 1922 nach Palästina vornehmlich dem Aufbau der Hebräischen Universität gewidmet hatte, wurde nach den anti-jüdischen Ausschreitungen 1929 politisch aktiv. So kooperierte er intensiv mit *Berith Shalom*, einer 1925 von einem Kreis jüdischer Intellektueller um Joseph Horowitz, wie Hans Kohn, Arthur Ruppin, Samuel Hugo Bergmann, Martin Buber und Gerschom Scholem gegründeten Organisation, die sich für einen binationalen Staat und eine enge arabisch-jüdische Verständigung einsetzte. Vorbild für dieses staatliche Modell war die Schweiz.[962] *Berith Shalom* ging davon aus, dass die beiden Völker mehr Gemeinsamkeiten als Unterschiede besäßen und deshalb in einem gemeinsamen Staat zusammenleben könnten. Hinter diesem Modell steckten zwei strategische politische Gedanken, nämlich der Wunsch, den Status quo im Lande auf friedlichem Wege zu ändern und die Erkenntnis, dass eine Feindschaft mit den Arabern die Existenz einer jüdischen Heimstätte in Palästina dauerhaft gefährden würde.

Die Vertreter der bi-nationalen Idee waren Juden mit hohen, um nicht zu sagen absoluten moralischen Vorstellungen, die die Prinzipien der Gerechtigkeit, des Pazifismus und des Sozialismus umsetzen wollten. Buber leitete diese Prinzipien aus der Bibel ab und sah das jüdische Volk von Gott zur moralischen Führerschaft in der Welt berufen.[963] Diese idealistisch-moralische Vision setzte jedoch ein hohes Maß an Kompromissbereitschaft bei Juden, Arabern und Briten voraus, die in der Zwischenkriegszeit nicht vorhanden war. So scheiterten die leidenschaftlich für ihre Idee kämpfenden Intellektuellen an der Realpolitik.[964] Ab 1933 löste sich *Berith Shalom* langsam auf, weil die zur Finanzierung der politischen Tätigkeit notwendigen Spendengelder ausblieben. Zudem wurde die jüdische Gemeinschaft nach dem Aufstieg des Nationalsozialismus von anderen Fragen bewegt.

Auf arabischer Seite zeigten sich am ehesten die christlichen Araber, die moderate Naschaschibi-Fraktion und die Zeitung *Filastin* des orthodoxen Christen 'Isa al-'Isa an der bi-nationalen Idee interessiert. Allerdings wollten sie diese Lösung nur dann akzeptieren, wenn es in der zu bildenden staatlichen Entität eine arabische Mehrheit und eine jüdische Minderheit gebe.[965]

Mit seiner Vorliebe für die Privatdiplomatie und unorthodoxe Vermittlungsvorschläge scheint Magnes bei Graham Brown offene Türen eingerannt zu haben. Auch Brown entwickelte Lösungsmodelle und versuchte, die moderaten Kräfte auf beiden Seiten zusammen zu bringen. Dieser Weg erwies sich jedoch als fruchtlos, weil die Hardliner diese Vermittlungsbemühungen ins Leere laufen ließen.

---

[962] Vgl. S.L. Hattis, *The Bi-national Idea in Palestine during the Mandatory Times*, Haifa 1970, 21.
[963] Ebd., 28–30.
[964] Ebd., 318–324.
[965] Ebd., 64.

In den Wintermonaten 1937/38 förderte Graham Brown Geheimverhandlungen zwischen jüdischen und arabischen Vertretern, die der anglikanisch-arabische Christ Dr. Izzard Tannous angeregt hatte. Graham Brown reiste nach Beirut und traf am 29.12.1937 zu einem sechsstündigen Gespräch mit dem aus Palästina in den Libanon geflüchteten Mufti Amin al-Husaini zusammen. An diesem Gespräch nahm auch Tannous sowie *Arab Higher Committee*-Mitglieder wie der Muslim Jamal Hussaini und der griechisch-katholische Christ Alfred Bey Rok teil. Beide Politiker hatten 1935 als Präsident beziehungsweise Vizepräsident die dem Mufti nahestehende Palästinensisch-Arabische Partei gegründet.[966] Die arabischen Gesprächspartner zeigten sich von den Aussagen des Chefs des Exekutivkomitees der Jewish Agency, David Ben Gurion, enttäuscht, der wenige Tage zuvor erklärt hatte, dass die Juden es niemals akzeptieren würden, eine Minderheit in Palästina zu bleiben. Im Gegenzug beharrten die Araber auf ihren Forderungen nach völliger Unabhängigkeit im Lande und dem Ende der Politik einer jüdischen nationalen Heimstätte.[967]

Auch wenn der Verhandlungsspielraum damit begrenzt war, brachte der Bischof nun Tannous und Magnes zusammen. Der Universitätspräsident kam mit einem vertraulichen Brief des Exekutivkomitees der *Jewish Agency* und einem Plan von Albert Hyamson und Colonel Newcombe zu Tannous und hoffte, dass dieser die Schreiben dem *Arab Higher Committee* vorlegen werde. Das Hyamson-Newcombe-Dokument sah einen unabhängigen, bi-nationalen Staat mit lokalen Autonomierechten vor, der von England überwacht werden sollte. Die jüdische Einwanderung sollte auf maximal 50 Prozent der Bevölkerung begrenzt werden.[968] Der Bischof versuchte der arabischen Seite klar zu machen, dass das Hyamson-Newcombe-Dokument ein praktikabler Diskussionsvorschlag sei. Allerdings brachten die Geheimgespräche kein Ergebnis.

Graham Brown, Tannous und Magnes entwarfen daraufhin ein neues Lösungsmodell. Die englische Regierung sollte weiter die Hauptverantwortung für das Land übernehmen, aber Juden und Araber nach und nach an der Regierung des Landes beteiligen. Alle drei stimmten darin überein, dass der jüdische Bevölkerungsanteil nicht ausgeweitet werden dürfe, den Juden aber Autonomie im Lande eingeräumt werden sollte. Als Magnes dieses Dokument an den Leiter der Politischen Abteilung der *Jewish Agency*, Moshe Shertock[969], weiterreichte, lehnte es dieser erregt ab, weil damit die bisherige zionistische Politik in Frage gestellt werde.[970]

Über sein Vorgehen informierte Graham Brown die Mandatsregierung stets nur in groben Zügen. Sie missbilligte diese Geheimdiplomatie, insbesondere die Kontakte zum Mufti, hinderte ihn jedoch nicht an seinem Vorgehen.[971]

---

[966] Vgl. G. Krämer, *Geschichte Palästinas*, 301.
[967] Vgl. LPL/Lang Papers 53.
[968] Vgl. auch die S.-L. Hattis, *The Bi-national Idea in Palestine during the Mandatory Times*.
[969] Vgl. A.J. Sherman, *Mandate Days*, 179.
[970] Vgl. LPL/Lang Papers 53.
[971] Vgl. Graham Brown an Lang vom 10.2.1938 mit 14seitigem Memorandum, LPL/Lang Papers 53.

Erzbischof Lang respektierte Graham Browns Engagement jedoch und begrüßte die bi-nationalen Lösungsmodelle des Hyamson-Newcombe-Abkommens.[972] Er
zweifelte aber daran, dass die zionistischen und die arabischen Entscheidungsträger
jemals diesem Plan zustimmen würden. Außerdem bekundete er gegenüber Graham
Brown offen seine Bedenken gegenüber der Vertrauenswürdigkeit des Muftis.

Langs Haltung war das Resultat eines Gesprächs mit Chaim Weizmann am
4.3.1938 in Lambeth Palace. Der Zionistenführer hatte darin deutlich gemacht, dass
er nicht an einem Scheitern der von der englischen Regierung entworfenen und von
ihm innerhalb des Zionismus mühsam durchgesetzten Teilungspläne interessiert sei.
Allerdings müsse der arabische Einfluss begrenzt werden, war doch die Idee eines jüdisch-arabischen Staates innerhalb einer größeren arabischen Föderation un-
annehmbar.[973] Nach Langs Einschätzung würde ein solches Modell auch nicht die
Zustimmung der englischen Regierung finden.

Lang riet Graham Brown dazu, solange keine weiteren Verhandlungen mit den
moderaten Kräften auf beiden Seiten zu initiieren, da die St. James-Konferenz in
London 1939 als Schlichtungsversuch bevorstehe und ihr Ergebnis abgewartet werden müsse. Für Lang war es ein großer Unterschied, ob ein hochrangiger Kirchenvertreter als Vermittler oder als Mitglied einer Gruppe auftrete und damit selbst in
die Verhandlungen eingreife. Das war eine indirekte Kritik an den mittlerweile doch
erkennbaren pro-arabischen Sympathien des Bischofs. Lang riet Graham Brown deshalb dazu, die Position als Vermittler nicht zu verlassen, um seiner Position als Bischof nicht zu schaden.[974] Der Bischof in Jerusalem akzeptierte den Hinweis des
Primas, sah er doch seine wichtigste Aufgabe darin, die Streitparteien ins Gespräch
zu bringen.[975]

Im November 1938 vermittelte Erzbischof Lang seinem Jerusalemer Amtsbruder
ein Gespräch mit Kolonialstaatssekretär Malcolm MacDonald über die Palästinafrage, das am 29.11.1938 stattfand, aber zu keinen nennenswerten Ergebnissen führte.
Graham Brown wurde im Kolonialministerium als kritischer und sehr kundiger Geist
geschätzt, der die Anliegen der oftmals vergessenen arabischen Christen repräsentierte und einen wichtigen Beitrag zur Versöhnung im Lande leistete.

Kurz vor Beginn der St. James-Konferenz[976] im Februar 1939, zu der sich arabische und zionistische Vertreter zu allerdings dann ergebnislosen Verhandlungen in
London trafen, wandte sich der Erzbischof mit einem Leserbrief in der *Times* an die
Öffentlichkeit. Er erinnerte an die gedächtnisgeschichtliche Bedeutung des Heiligen
Landes als Ort der Passion Christi und appellierte deshalb an alle „Christian people
in our own land to pray for the conference [...] that once again the message of peace
and good will among men may be given in the Holy Land to its own people and sent
forth from it to a troubled world."[977] Mit diesem geistlichen Wort wollte Lang seiner

---

[972] Vgl. den Brief des Erzbischofs an Graham Brown vom 7.3.1938, LPL/Lang Papers 53.
[973] Ebd.
[974] Ebd.
[975] Vgl. den Brief Graham Browns an Lang vom 15.3.1938, LPL/Lang Papers 53.
[976] Vgl. z.B. G. Krämer, *Geschichte Palästinas*, 342.
[977] Vgl. den „Letter to The Editor" des Erzbischofs, *Times* vom 3.2.1939, EZA 5/3123.

Vermittlerrolle gerecht werden. Auch die britische Diplomatie hatte sich vorgenommen, auf der St. James-Konferenz als Moderator aufzutreten. Sie wollte Juden und Araber an einen Tisch bringen und zwischen den Konfliktparteien vermitteln. Da sich die arabische Delegation jedoch weigerte, in direkte Verhandlungen mit den Zionisten einzutreten, ließ sich dieser Plan nicht realisieren.

Graham Brown sah in der *Round Table Conference* eine Chance für einen Neubeginn in Palästina. Er schätzte realistisch ein, dass die jeweiligen Delegationen mit Maximalforderungen in die Verhandlungen gehen würden. Deshalb sollte die Regierung die moderaten Kräfte kontaktieren, um eine Annäherung vorzubereiten.[978]

Graham Brown entwarf erneut einen Lösungsvorschlag für die Zukunft des Heiligen Landes, der auf religiösen und moralischen Grundsätzen beruhte. Er wollte an die drei Weltreligionen appellieren, ihre „spiritual forces" für eine moralische Aufrüstung der Politik zu nutzen und somit die Basis für den Frieden im Lande zu legen.[979] Das Außenministerium stellte sich der Publikation dieses Vorschlags nicht in den Weg, hatte jedoch erhebliche Zweifel, ob die Lösung des Palästina-Konflikts wirklich auf der Basis der Heiligkeit des Landes für Juden, Christen und Muslime gefunden werden könnte. Die Heiligkeit des Landes verhindere ja nicht den Widerstand der Muslime gegen die jüdische Einwanderung oder das Pochen der Juden auf ihre Rechte.[980]

4.11 Zusammenfassende Thesen zur Rolle der anglikanischen Kirchen im Palästinakonflikt

Aus den bisherigen Ausführungen ergeben sich folgende Thesen:

1. Die anglikanische Kirche erlebte in der Zeit des englischen Mandats eine erkennbare Aufwertung ihrer gesellschaftlichen und religionspolitischen Rolle. Der Bischof in Jerusalem, der sich historisch ausschließlich als Botschafter des Anglikanismus beim Orthodoxen Patriarchen verstand, wurde zu einer der dominierenden Figuren innerhalb der Jerusalemer Ökumene. Auch im Kontext der englisch-anglikanischen Mandatsgesellschaft wuchs ihm Bedeutung zu, was der intensive Austausch zwischen dem jeweiligen Bischof, den Spitzen der Mandatsverwaltung und der Regierung in London belegt. Auch die zionistischen Organisationen und die arabische Nationalbewegung verfolgten sein öffentliches Auftreten genau.

---

[978]   Als moderate Vertreter der jüdischen Interessen nannte er: Lord Samuel, Dr. Magnes, Dr. Hexter, Mr. Neville Laski, Sir Robert Waley Cohen, Mr. Albert Hyamson und Lord Beardstead, während Namen moderater Araber „are not easy to give and their presence is not so essential because the difference between the moderate Arabs (so called) and extremist Arabs (so called) is one of method in attaining their ends rather than one of difference in the ends themselves." Vgl. Graham Browns Brief an Lang vom 12.1.1939, LPL/Lang Papers 53.

[979]   Vgl. Graham Browns Brief an den Außenminister, Lord Halifax, vom 17.2.1939, PRO/F.O. 371/23245.

[980]   Vgl. Lord Halifaxs Brief an Graham Brown vom 28.2.1939, PRO/F.O. 371/23245.

2. Die anglikanische Kirche besaß kein elaboriertes außenpolitisches Konzept, mit dem sie auf die drängenden Fragen des Palästina-Konflikts hätten angemessen politisch reagieren können. Persönliche Präferenzen spielten eine nicht unerhebliche Rolle – und diese wurzelten zumeist in bestimmten theologischen beziehungsweise theologiepolitischen Mentalitäten. Doch die der politischen Analyse zu Grunde liegenden theologisch-gedächtnisgeschichtlichen Überzeugungen ließen sich nur bedingt in konkrete politische Handlungsziele umsetzen. Strategisches außenpolitisches Denken fiel der anglikanischen Kirche – ihre deutschen Counterparts waren kaum anders disponiert – in der 1. Hälfte des 20. Jahrhunderts jedenfalls alles andere als leicht.

Allen drei geschilderten Reaktionsmustern lagen zum Teil utopische, zumindest stark idealistische, biblisch geprägte Vorstellungen von Politik zugrunde: Die Judenmission begrüßte die Zionisten aufgrund ihrer *Restoration of the Jews*-Idee. Die Arabermission bekämpfte aus Solidarität mit der einheimischen Bevölkerung die jüdische Expansion, aber auch aus einer Enttäuschung über das machtpolitische Auftreten der Zionisten, bei denen sie jegliche spirituelle Dimension vermissten. Der bi-nationalen Vermittlungsvorstellung der Anglikaner lag eine *Selbststilisierung* der Kirche als ökumenischer beziehungsweise interreligiöser Brückenbauer zugrunde, die jedoch eine realpolitische *Selbstüberschätzung* war.

Im Gegensatz zu dem hier vertretenen Interpretationsansatz sieht die mit Friedens- und Konflikttheorien arbeitende schwedische Historikerin M. Småberg die Leistung der anglikanischen Kirche aber gerade darin, dass sie eine „spiritual solution" als „complement to the existing official political negotations" angeboten habe.[981] Indem die Kirche als „an informal third party" aufgetreten sei und für einen „moral change" geworben hätte, meinte sie, zur Konfliktlösung beitragen zu können.[982] Dieses Bemühen erreichte jedoch da Grenzen, wo die geistlichen Angebote nicht zum Kern des Konflikts vorstießen. Småberg kritisiert zudem, dass die Protagonisten der anglikanischen Ideen von „peacemaking, mediation and friendship" wenig selbstkritisch ihren impliziten christlichen Universalismus in den Konflikt hineintrugen und nicht recht erkannten, dass ihre Werte nur begrenzte Überzeugungskraft für Juden und Araber besaßen.[983] Allerdings lässt sich fragen, ob in einer Zeit, in der sich das ökumenische wie interreligiöse Gespräch erst langsam entwickelte und in der die Dekolonialisierungs-Thematik ebenfalls noch keine breiten gesellschaftlichen Diskussionen in Europa auslöste, christliche Theologen überhaupt etwas anderes als einen christlichen Universalismus der Menschenrechte und der Friedensethik hätten vertreten können.

---

[981] Vgl. M. Småberg, *Ambivalent Friendship*, 164 f.

[982] Ebd., 166. Dass Småberg in ihrer Analyse fast ausschließlich den Beitrag der Bischöfe und der Schulen in den Blick nahm und damit die abweichenden pro-zionistischen bzw. pro-arabischen Positionen der Missionen weitgehend übersah, ist bedauerlich.

[983] Ebd., 134.

Über Småberg hinausgehend erscheint es auch fraglich, ob das Übergewicht theologisch-moralischer Deutungsmuster den engagierten Bischöfen nicht den Blick für die politischen Realitäten und vor allem auch ihre eigene Rolle trübte. Trotz des gesellschaftlichen Bedeutungszuwachses der anglikanischen Kirche war der politische Einfluss begrenzt – auch und gerade als Third Party. Die Rolle der Kirche war im außenpolitischen Konzert zudem nicht allein von ihrer eigenen Positionierung, sondern auch von den Vorgaben der Diplomatie abhängig. Wurden die Kirchen - wie im 19. Jahrhundert - gebraucht, gewannen sie an Gewicht, dominierte die Realpolitik, schwand ihr Einfluss.

3. Auffälligerweise veränderte sich im Verlauf des Palästinakonflikts die Haltung des anglikanischen Establishments, ließ sich doch gerade die Position des neutralen Mediators nur schwer durchhalten. Noch mehr als sein Vorgänger MacInnes am Anfang der 1920er Jahre neigte Bischof Graham Brown in den 1930er Jahren dazu, sich in den politischen Konflikt zugunsten der arabischen Seite einzumischen. Zwar bemühte er sich intensiv darum, die Entscheidungsträger der verfeindeten Nationalbewegungen ins Gespräch zu bekommen, die friedlichen Kräfte auf beiden Seiten zu stärken und eine spirituelle Lösung voranzutreiben. Doch mit seiner Kritik an der für ihn ungerechten britischen Mandatspolitik, neigte er erkennbar der arabischen Seite zu. Doch auch der Erzbischof von Canterbury, Cosmo Gordon Lang, beließ es nicht bei einem Neutralitätskurs, sondern unterstützte im Gegensatz zum Bischof in Jerusalem punktuell die zionistischen Anliegen.

Dass die anglikanische Spitze intern gespalten war, sich die unterschiedlichen Haltungen der beiden Bischöfe in der politischen Arena letztlich aufhoben, schwächte mit Sicherheit die Durchschlagskraft der Kirche. Bei der konkreten Vermittlung besaß die Zweiteilung gleichwohl nicht nur Nachteile: Graham Brown bemühte sich durch Privatdiplomatie vor Ort darum, brachte unterschiedliche Gesprächspartner zusammen und kämpfte für eine bi-nationale Lösung des Konflikts. Dagegen pflegte Erzbischof Lang einen intensiveren Kontakt mit Weizmann. Lang gelang es dank seiner exponierten Stellung besser als Graham Brown, mit den politischen Entscheidungsträgern in London in Kontakt zu treten.

4.12 Deutsche evangelische und anglikanische Religionspolitik im Vergleich

Blickt man zusammenfassend auf die religionspolitischen Mentalitäten der deutschen und der englischen Protestanten so ergibt sich folgendes:

1. Beide Diasporagesellschaften waren transnational ausgerichtet und anti-assimilatorisch grundiert. Sie standen in einem engen Austausch mit ihrer jeweiligen Heimat, importierten von dort mentale Dispositionen, exportier-

ten gleichzeitig dorthin ihre geistlichen, kulturellen und politischen Erfahrungen im und mit dem Heiligen Land. Dieser Transfer wurde zu Hause mit nachdrücklichem Interesse aufgenommen, beeinflusste die Vorstellung vom kulturellen Erbe Palästinas und bestimmte nicht unmaßgeblich die Sicht des Palästina-Konflikts der britischen und der deutschen (kirchlichen) Öffentlichkeit.

2. Die deutschen Protestanten hatten im Gegensatz zu ihren anglikanischen Counterparts allerdings das Problem, dass sie sich mit der Weltkriegsniederlage und dem Wechsel der politischen Systeme auseinandersetzen mussten. Aus Angst vor politischen Sanktionen hielten sie sich aus dem arabisch-jüdischen Antagonismus heraus. Ihre Sympathien lagen allerdings – aufgrund der Mission unter der einheimischen Bevölkerung, tradierten anti-jüdischen Stereotypen und dem Unbehagen an der Bevorzugung der Zionisten – auf Seiten der Araber. Nicht nur das gesunkene internationale Prestige, sondern auch die Bewahrung des Deutschtums, die schwierige Anpassung an die Weimarer Republik und die wesentlich euphorische Aufnahme der Ideen des Dritten Reichs absorbierte die politischen Kräfte der deutschen Protestanten.

3. Die nationale Ausrichtung konnte dennoch nur solange die Unterschiede zwischen Templern und Kirchlern überbrücken, wie die alten konfessionellen Gegensätze und Machtfragen in der palästinadeutschen Diaspora unberührt blieben. Mit den Gleichschaltungsversuchen der Templer-dominierten NSDAP-Landesgruppe kam es zu Frakturen in der palästinadeutschen Diaspora, deren Bruchstellen aber langlebigere frömmigkeitstheologische und mentalitätsgeschichtliche Konturen besaßen.

4. Der Anglikanismus brauchte sich nicht mit einem Aggiornamento an ein neues politisches System auseinander zu setzen. Er fühlte sich in Palästina vielmehr mit einer universalhistorischen, ja eschatologischen Aufgabe betraut und berufen, die Flagge des Christentums und besonders des Protestantismus im Lande der Bibel hochzuhalten. Die Mandatszeit war deshalb so etwas wie der späte Sieg der Anglikaner nach dem Ende des gemeinsamen Bistums im deutsch-englischen Wettstreit in Palästina.

5. Nicht alle Zweige des Anglikanismus erlebten in der Mandatszeit eine gesellschaftliche und religionspolitische Aufwertung. Gerade die Judenmission, die ja die Rückkehr Jerusalems in die protestantische Gedächtnisgeschichte erst möglich gemacht hatte, verlor in der Zwischenkriegszeit völlig an Bedeutung. Ihr chiliastisches Konzept der *Restoration of the Jews* war mit der nationalen, säkularen Ausrichtung des zionistischen Siedlungsprojekts inkompatibel. Die christlichen Zionisten beziehungsweise Hebrew Christians wurden nicht wie von ihnen erhofft in die neue jüdische Heimstätte integriert, sondern als ideologische Gegner bekämpft. Da die Judenmissionare aber nicht bereit waren, ihre theologischen Grundsätze aufzugeben oder auch an die neue Situation

anzupassen, war ihr Scheitern geradezu zwangsläufig. Ihre frömmigkeitsgeschichtliche Mentalität erwies sich als fundamentales Hindernis für eine sachgemäße Auseinandersetzung mit den (religions)politischen Gegebenheiten.

6. Dagegen erlebte das Bistum eine vernehmbare religionspolitische Aufwertung in Palästina. Das wurde 1922/23 in der Anerkennung der anglikanischen Weihegrade durch die Orthodoxie deutlich, im intensiven Austausch zwischen Bischof und Mandatsregierung sowie im Versuch unterschiedlicher Gruppen, den Bischof als alternative englische Autorität für politische Veränderungen zu gewinnen. Gerade Bischof Graham Brown, der eine versöhnende, bi-nationale Position zur Lösung des Konflikts favorisierte, konnte nicht der Versuchung erliegen, seine Mediatoren-Rolle zu verlassen und mit eigenen Vorschlägen in den politischen Diskurs einzusteigen. Sein Handeln zeigte, dass die anglikanische Kirche zu einem transnationalen Akteur auf dem diplomatischen Parkett geworden war. Da aber auch Graham Brown in versöhnungstheologischen und nicht in außenpolitischen Kategorien dachte, fehlte ihm mitunter das professionelle politische Instrumentarium, um seine Positionen durchzusetzen. Auch seine Versuche auf dem Gebiet der Geheimdiplomatie scheiterten. Dagegen bemühte sich der Erzbischof Lang, eine ausgleichende Rolle beizubehalten, was ihm aber aufgrund einiger pro-zionistischer Stellungnahmen ebenfalls nicht gelang. Beide Oberhirten blieben gesuchte Gesprächspartner der arabischen Christen.

7. Auch wenn in der Zwischenkriegszeit zwei evangelikal geprägte Theologen wie MacInnes und Graham Brown das Bistum führten, so war es im Kern doch ein hochkirchliches Prestigeprojekt. Die zahlreichen Sozial- und Bildungskommissionen, die die *Jerusalem and the East Mission* in London zur Förderung der Arbeit in Palästina ins Leben rief, waren mit den prominenten Mitgliedern der englischen Oberschicht besetzt. Die religionspolitische Mentalität dieser Persönlichkeiten, aber auch der beiden Bischöfe war von einer imperialen Ethik geprägt. Das Empire und mit ihm seine Kirche übernahmen Verantwortung für die Regionen der Welt, in denen England etwa als Mandatsmacht die einheimischen Völker in die Eigenständigkeit führen sollte. Die Verbindung von High Church und englischer Oberklasse führte allerdings dazu, dass die religions- und friedenspolitischen Ideen des Bischofs – wenn auch auf internationaler Ebene – in einem Elitendiskurs verblieben. Unter pragmatischen Gesichtspunkten brachte die Oberschicht-Ausrichtung des Bistums Vorteile: Sowohl die bischöfliche Kampagne zur Bekämpfung der Hungersnot in Syrien und Palästina nach dem Ersten Weltkrieg als auch das Fundraising für die prestigeträchtigen anglikanischen Schulen in Jerusalem und Haifa während der Zwischenkriegszeit gelang und brachte dem anglikanischen Engagement in Palästina den Rückhalt politisch wie gesellschaftlich einflussreicher Kreise.

8. Kirchen- und Missionsvertreter beteiligten sich selbstbewusst am öffentlichen Diskurs über den Palästina-Konflikt. Die Anglikaner als Bürger einer etablierten Demokratie taten sich auf diesem Felde leichter und gingen offensiver vor als die deutschen Protestanten, die nach der Kriegsniederlage eine Zurückhaltung an den Tag legten, die den Vorgaben der deutschen Außenpolitik entsprach. Auch wenn ihr ein durchschlagender Erfolg verwehrt blieb, zeigte sich die Leitung der anglikanischen Kirche als politisch verantwortungsbewusster Bestandteil der britischen Zivilgesellschaft. Deshalb könnte man die anglikanische Kirche auf außenpolitischem Gebiet als eine transnationale Größe *in the making* bezeichnen.

5 Sozialer Protestantismus in Palästina am Beispiel des Syrischen Waisenhauses der Familie Schneller in Jerusalem 1860–1945

5.1 Systemtheoretische Vorüberlegungen

Der langjährige Jerusalemer Bürgermeister Teddy Kollek – bekannt als eifriger Spendensammler und Modernisierer der Heiligen Stadt – soll einmal gesagt haben, dass er städteplanerisch zwei Vorbildern nacheifere: Herodes und Johann Ludwig Schneller.

Während die archäologische und bibelwissenschaftliche Forschung mittlerweile ein lebendiges Bild von Herodes besitzt, ist der Patriarch der Palästina-Mission, Johann Ludwig Schneller in der europäischen Geschichts- und Kirchengeschichtsschreibung in Vergessenheit geraten. Das ist deshalb überraschend, weil der Familie Schneller das Verdienst zukommt, mit dem Syrischen Waisenhaus eine der größten Wohlfahrtseinrichtungen im gesamten Nahen Osten aufgebaut zu haben. Der Missionshistoriker Wilhelm Oehler bezeichnete das Syrische Waisenhaus sogar als das „bedeutendste deutsche, ja wohl überhaupt das bedeutendste evangelische Missionswerk im Heiligen Land [...]".[984]

Bereits der Name der Einrichtung und ihre Bindung an eine einzige Familie ist ein Kuriosum: Was hat ein *Syrisches* Waisenhaus in Jerusalem verloren und warum ist es eng mit dem Namen einer deutschen Familie verbunden? Was hat es bewirkt und worin besteht seine Bedeutung? Welche pädagogischen beziehungsweise theologischen Konzepte wurden von Johann Ludwig Schneller und seinen Nachfahren nach Palästina transferiert? Wie wurden sie im Lande realisiert beziehungsweise modifiziert? Welche religiösen und gesellschaftlichen Faktoren waren für Erfolg und Scheitern des Syrischen Waisenhauses verantwortlich?

Um diese Fragen methodisch-theoretisch in einen größeren Zusammenhang einbetten und damit genauer analysieren zu können, wird ein Ansatz aufgegriffen, der sich in den vergangenen Jahren für die Erforschung des Sozialen Protestantismus im Deutschen Reich etabliert hat und von J.-Chr. Kaiser, St. Sturm, K.W. Schmidt, H. Steinkamp, D. Starnitzke im Anschluss an den Bielefelder Soziologen Niklas Luhmann[985] entwickelt wurde.[986]

---

[984] W. Oehler, *Geschichte der Deutschen Evangelischen Mission*. Bd. 1: Frühzeit und Blüte der deutschen evangelischen Mission 1706–1885, Baden-Baden 1949, 384.

[985] Vgl. N. Luhmann, *Funktion der Religion*, Frankfurt/Main [5]1999 und ders., *Die Religion der Gesellschaft*, hg.v. A. Kieserling, Frankfurt/Main 2002.

[986] Vgl. J.-Chr. Kaiser, „Vorüberlegungen zur Neuinterpretation des sozialen Protestantismus im 19. Jahrhundert", in: M. Friedrich/N. Friedrich/T. Jähnichen/J.-Chr. Kaiser (Hgg.), *Sozialer Protes-*

Religion wird von Luhmann systemtheoretisch als gesellschaftliches Subsystem verstanden, das sich in Ergänzung oder Auseinandersetzung mit anderen gesellschaftlichen Teilsystemen ausbildet. Jedes gesellschaftliche Subsystem entfaltet drei Typen von Systembeziehungen: Die Beziehung zum Gesamtsystem, die Beziehung zu anderen Systemen der systemimmanenten Umwelt und schließlich die Beziehung zu sich selbst.[987] Die Beziehung zur Gesellschaft als dem umfassenden System wird durch die *Funktion* des Subsystems hergestellt. Im Falle des Subsystems Religion ist dies die geistliche Kommunikation. Die Beziehung zu anderen gesellschaftlichen Teilsystemen wird durch die *Leistung* des Subsystems hergestellt. Die *Leistung* des Religionssystems auf gesellschaftlicher Ebene nennt Luhmann – in bewusster Erweiterung des Begriffs über konfessionelle Grenzen hinweg – *Diakonie*.[988] Damit meint er das gesamte soziale Angebot der Kirchen, wie es meines Erachtens auch die Missionsgesellschaften angeboten haben. Dank des Engagements auf diesem Gebiet gelinge es dem Religionssystem, „Zuständigkeiten für ‚Restprobleme' oder Personenbelastungen und Schicksale in Anspruch zu nehmen, die in anderen Funktionssystemen erzeugt werden."[989] Die *Leistung* des Religionssystems auf der persönlichen Ebene ist die *Seelsorge*. Die Beziehung zu sich selbst ist die Aufgabe der *Reflexion*, die Luhmann der *Theologie* als Wissenschaft zuschreibt.[990]

Alle drei Systembeziehungen des Religionssystems existieren in relativer Unabhängigkeit zueinander, Über- oder Unterordnungen gibt es nicht. Der Teilbereich *Leistung – Diakonie* besitzt eine besondere Wirkmächtigkeit, weil er sich aus dem Religionssystem heraus auf die nicht-religiösen Teilsysteme der Gesellschaft bezieht und vom Gesamtsystem akzeptiert wird. Deshalb spielen der Funktionsbereich *geistliche Kommunikation*, die ja ihren Ort in der Kirche hat, oder der Reflexionsbereich

---

tantismus im Vormärz, Münster – Hamburg – London 2001, 11–19 sowie ders., „Sozialer Protestantismus als kirchliche ‚Zweitstruktur': Entstehungskontext und Entwicklungslinien der Inneren Mission", in: K. Gabriel (Hg.), *Herausforderungen kirchlicher Wohlfahrtsverbände von Wertbindung, Ökonomie und Politik,* Berlin 2001, 27–48; K.W. Schmidt, *Zur Konstruktion von Sozialität durch Diakonie. Eine Untersuchung zur Systemgeschichte des Diakonischen Werkes,* Bern - Frankfurt/Main - München 1976; H. Steinkamp, *Solidarität und Parteilichkeit. Für eine neue Praxis in Kirche und Gemeinde,* Mainz 1994; D. Starnitzke, *Diakonie als soziales System,* Stuttgart 1996 sowie jüngst S. Sturm, „Soziale Reformation: J.H. Wicherns Sozialtheologie als christentumspolitisches Programm", in: M. Friedrich/N. Friedrich/T. Jähnichen/J.-Chr. Kaiser (Hgg.), *Sozialer Protestantismus im Vormärz,* Münster – Hamburg – London 2001, 67–93 und ders., *Sozialstaat und christlich-sozialer Gedanke. J.H. Wicherns Sozialtheologie und ihre neuere Rezeption in der systemtheoretischen Perspektive,* Diss. theol. Münster 1999.

[987] Vgl. N. Luhmann, *Funktion der Religion,* 54–66.

[988] Vgl. ebd., 58.

[989] Ebd., 58.

[990] M.E. unterliegt J.-Chr. Kaiser, „Vorüberlegungen zur Neuinterpretation des sozialen Protestantismus", 13, einer Fehleinschätzung, wenn er behauptet, dass Luhmann die theologische Reflexion nicht als eigenständige Kategorie behandelt. In N. Luhmann, *Funktion der Religion,* 59 ff. tut er das wohl. Er sagt lediglich, dass sich Reflexion, Funktion und Leistung wechselseitige Beschränkungen auferlegen. Die Reflexion dogmatisiere sich mit Rücksicht auf die Funktion und erstelle Negationsverbote der Religion, was letztlich nichts anders als eine Selbstbeschränkung der Reflexion ist.

Theologie nur dann eine Rolle, wenn sie als „kommunikative Prozesse [...] diakonische Handlungsmuster beeinflussen können."[991]

Mit Hilfe dieses Ansatzes lässt sich erklären, warum sich *Diakonie* als sozialer Dienstleistungssektor – gerade in einer Phase des Rückgangs religiöser Sinnstiftung – zusehends von der Kirche und ihren innerreligiös-theologischen Diskursen verselbständigte, selbstbewusst und eigenständig in die Gesellschaft hineinwirkte. Systemtheoretisch bedeutet dies, dass *Diakonie* für das Gesamtsystem nützlich war, weil es eine Leistung erbrachte, die kein anderes Teilsystem in gleicher Weise anzubieten vermochte.

Auffälligerweise wurde die theologisch-dogmatische Reflexion zugunsten einer bedarfsorientierten und leistungsstarken *Diakonie* vernachlässigt. Das führte historisch zu einer schleichenden Selbstsäkularisierung in vielen Anstalten der Inneren Mission. Die Gründer der diakonischen Einrichtungen des 19. Jahrhunderts waren sich meist nicht bewusst, dass sie mit starken kirchenunabhängigen Organisationen eine strategische Grundentscheidung trafen, „die neben Chancen für die Akzeptanz von Religion über den Umweg von Dienstleistung auch Risiken für Fortbestand und Neubelebung des traditionellen Kirchentums" mit sich brachte.[992]

Die Forschung spricht im Blick auf diese Entwicklungen auch von der Herausbildung *kirchlicher Zweitstrukturen*, da die Einrichtungen des Sozialen Protestantismus als Vereine gegründet wurden und ein komplexes, eigenständiges Organisationsgefüge neben den Landeskirchen bildeten. Allerdings stellt sich retrospektiv die Frage, ob den damaligen Zeitgenossen bewusst war, dass sie mit starken diakonischen Einrichtungen eine Art *Zweitkirche* neben der *Erstkirche* schufen.

Am Beispiel des Syrischen Waisenhauses lassen sich *kirchliche Zweitstrukturen* und die daraus resultierenden Veränderungsprozesse auch im Kontext der Mission nachweisen. Im Folgenden wird – nach einem längeren Rekurs auf die Entwicklungen im 19. Jahrhundert und die konzeptionellen Grundlagen der Waisenhausgründung – gezeigt, wie dank Erfolg und Expansion eine missionarische Einrichtung zu einem modernen sozialen Dienstleistungsunternehmen wurde.

In Anlehnung an Luhmann bedeutet dies *erstens*, dass der Bereich *Leistung* auch im missionarischen Kontext den Bereich *Funktion/geistliche Kommunikation* – vom Bereich *Reflexion/Theologie* ganz abgesehen – dominierte und so zu einer schleichenden ‚Selbstsäkularisierung' beitrug.

Im missionarischen Kontext lässt sich aber *zweitens* auch zeigen, dass die diakonisch-missionarischen Zweitstrukturen langfristig einen Beitrag zur Bildung von Erststrukturen, nämlich von eigenständigen Kirchen und Gemeinden, geleistet haben.

Da das Syrische Waisenhaus aufgrund seiner Gesamtkonzeption, seiner Geschichte und der Größe seiner Anstalten eine singuläre Erscheinung war, sehe ich unter den sozialen Einrichtungen des Anglikanismus in Palästina keine adäquate Vergleichsgröße. Deshalb steht diese Fallstudie für sich. Weitere Forschungen müssen

---

[991]   J.-Chr. Kaiser, „Vorüberlegungen zur Neuinterpretation des sozialen Protestantismus", 13.
[992]   Ebd., 14.

zeigen, ob sich die erzielten Ergebnisse auch auf andere Unternehmen des Sozialen Protestantismus (möglicherweise auch des Sozialen Katholizismus oder Anglikanismus) im globalen missionarischen Kontext – ganz gleich welcher Konfession – übertragen lassen.

5.2 Kurzer Forschungsbericht

Eine Gesamtwürdigung der Geschichte des Syrischen Waisenhauses sowie biographische Darstellungen zu Johann Ludwig, Theodor, Ludwig und Hermann Schneller sind bisher Forschungsdesiderata. 2006 erschien zumindest eine Bibliographie der Familie Schneller aus der Feder von Jakob Eisler und Arno G. Krauß, die ein wichtiges Hilfsmittel für weitere Arbeiten sein wird.[993] Die vorliegende Studie kann ebenfalls nur ansatzweise zur wissenschaftlichen Aufarbeitung beitragen. Deshalb soll es hier vor allem mit Hilfe des oben skizzierten theoretischen Ansatzes um die Darstellung und Analyse besonders auffälliger Entwicklungen gehen. Die Details der Gründungsphase oder die Ära Theodor Schnellers werden ebenso nur gestreift wie die Zeit während und nach dem Zweiten Weltkrieg.

Über Generationen prägte die anstaltseigene Historiographie die öffentliche Wahrnehmung des Syrischen Waisenhauses (SyrW). Sie verfolgte vor allem den Zweck, Freunde und Förderer weiter an das Werk zu binden. Das gilt vor allem für die in einem pastoralen Ton gehaltenen Überblicksdarstellungen zur Geschichte des SyrW[994] und die Festschriften.[995] Die Biographien zu Johann Ludwig Schneller, geschrieben von Ludwig beziehungsweise Hermann Schneller und zu Ludwig Schneller von Anna Katterfeld besitzen hagiographische Züge.[996]

---

[993] Vgl. J. Eisler/A.G. Krauß (Hgg.), *Bibliographie der Familie Schneller. Das Syrische Waisenhaus in Jerusalem*, Stuttgart 2006.

[994] Vgl. L. Schneller, *Tröstet Jerusalem. Tagebuchblätter über eine Inspektionsreise zu den Anstalten des Syrischen Waisenhauses im Heiligen Lande*, Köln 1906; ders., *Evangelische Mission im Heiligen Lande. Entstehungsgeschichte, Arbeit und Missionsziele des Syrischen Waisenhauses in Jerusalem*, Münster 1914; ders., *Das Syrische Waisenhaus in Jerusalem. Seine Entstehung und seine Geschichte*, Köln 1927; ders., *Lasset euch Jerusalem im Herzen sein: Ein Gedenkblatt aus dem Syrischen Waisenhaus*, Köln 1938 sowie H. Niemann, *Ein Rundgang durch das Syrische Waisenhaus und seine Zweig-Anstalten im heiligen Lande*, Köln 1929.

[995] Vgl. L. Schneller, *Wünschet Jerusalem Glück!* Festschrift zum 50jährigen Jubiläum des Syrischen Waisenhauses in Jerusalem, Münster 1911; H. Niemann, *Von Gottes Hand geleitet*. Gedächtnisschrift zum 70jährigen Bestehen des Syrischen Waisenhauses in Jerusalem, Köln 1930, ders., *Redet mit Jerusalem freundlich! Bilder aus fünfundsiebzig Jahren Geschichte und Arbeit des Syrischen Waisenhauses*, Köln 1935; H. Schneller, *Laß unsere Liebe ein Zeugnis sein, das Deinen Namen verkündigt!* Festschrift zum neunzigsten Jahrestag der Gründung des Syrischen Waisenhauses in Jerusalem, Köln 1950; ders., *Mein Herz freut sich, dass Du so gerne hilfst. (Psalm 13,6). 1860–1960: 100 Jahre Syrisches Waisenhaus in Jerusalem*, St. Georgen 1960.

[996] Vgl. L. Schneller, *Vater Schneller. Ein Patriarch der evangelischen Mission im Heiligen Land.* Mit einem Lebensbilde von Frau M. Schneller, Leipzig 1925 und H. Schneller, *Johann Ludwig Schneller, der Gründer des Syrischen Waisenhauses*, Metzingen 1971 und A. Katterfeld, *D. Ludwig Schneller. Ein Vater der Waisen und Künder des Heiligen Landes*, Lahr - Dinglingen 1958. Zu Theodor Schneller existiert nur ein unveröffentlichtes Manuskript von H. Schneller, ‚*Fürchte Dich*

Erst seit den 1970er Jahren sind die Leistungen der Schnellers in einigen wenigen wissenschaftlichen Arbeiten ansatzweise analysiert worden. Die Forschung ist geprägt durch die Dissertationen von S. Hanselmann, S. Akel, A.-R. Sinno, M. Raheb und M. Lückhoff[997] sowie für die Anfangsphase durch A. Carmels materialreiche und K. Hammers knappe Studie.[998] Um die Jahrtausendwende erschien ein kurzer Aufsatz von M. Waiblinger, der jedoch auf den bisher veröffentlichen Arbeiten beruhte, sowie der heftartige Katalog einer Sonnenbühler Sonderausstellung zu Johann Ludwig Schneller, in dem G. Gordons Erhaltungsplan und seine städtebauliche Untersuchung des Syrischen Waisenhaus-Bezirks in Jerusalem neue Akzente setzte.[999] Allen bisherigen Arbeiten gemeinsam ist jedoch das Fehlen eines theoretischen Deutungsansatzes sowie die Einordnung der Schnellerschen Aktivitäten in die Entwicklung der Inneren und Äußeren Mission in Deutschland, die im Folgenden vorgenommen werden soll. Außerdem konzentrierte sich die bisherige Forschung zumeist auf das 19. Jahrhundert, während hier der Blick bis in die Mitte des 20. Jahrhunderts geworfen wird.[1000]

5.3 Das Syrische Waisenhaus und seine Wurzeln in der süddeutsch-schweizerischen Erweckungsbewegung

Das Syrische Waisenhaus war ein Kind der süddeutsch-schweizerischen Erweckungsbewegung. Unter der Erweckungsbewegung europäischer Prägung werden alle zumeist aus dem älteren Pietismus erwachsenen protestantischen Bemühungen im 18. und 19. Jahrhundert zusammengefasst, die mit Hilfe von Evangelisati-

---

nicht, glaube nur!' Das Leben des Direktors D. Theodor Schneller vom Syrischen Waisenhaus in Jerusalem 1865–1935. MS, o. O., o.J., GSIUH I SW 02.

[997] Vgl. S. Hanselmann, *Deutsche Evangelische Palästinamission*; S. Akel, *Der Pädagoge und Missionar Johann Ludwig Schneller und seine Erziehungsanstalten*, Bielefeld 1978; A.-R. Sinno, *Deutsche Interessen in Syrien und Palästina 1841–1898*; M. Raheb, *Das reformatorische Erbe* sowie M. Lückhoff, *Anglikaner und Protestanten im Heiligen Land*.

[998] Vgl. A. Carmel, *Christen als Pioniere im Heiligen Land. Ein Beitrag zur Geschichte der Pilgermission und des Wiederaufbaus Palästinas im 19. Jahrhundert*, Basel 1981 und K. Hammer, „Die christliche Jerusalemsehnsucht im 19. Jahrhundert. Der geistige und geschichtliche Hintergrund der Gründung Johann Ludwig Schnellers", in: *ThZ* 42 (1986), 255–266.

[999] Vgl. M. Waiblinger, „Johann Ludwig Schneller und das Syrische Waisenhaus in Jerusalem", in: *Jahrbuch Mission* 2000, 102–109 und G. Gordon, „Erhaltungsplan für das Gelände des Syrischen Waisenhauses", in: *Mit Ehren ihr eigen Brot essen. Johann Ludwig Schneller. Begründer des Syrischen Waisenhauses in Jerusalem*. Ausstellungskatalog zur Sonderausstellung im Ostereimuseum Sonnenbühl 2002, 33–35, Gil Gordon wird demnächst auch eine Dissertation zu dieser Thematik in Israel veröffentlichen.

[1000] Vgl. als Vorstudie zu dieser Thematik R. Löffler, „Die langsamere Metamorphose einer Missions- und Bildungseinrichtung zu einem sozialen Dienstleistungsbetrieb. Zur Geschichte des Syrischen Waisenhauses der Familie Schneller in Jerusalem 1860–1945", in: D. Trimbur (Hg.), *Europäer in der Levante (19.-20. Jahrhundert) /Des Européens au Levant (XIXe–XXe siècles)*, München 2004, 77–106 [Englische Fassung: „The Metamorphosis of a Pietistic Missionary and Educational Institution into a Social Services Enterprise: The Case of the Syrian Orphanage (1860–1945)", in: H. Murre-van den Berg (Hg.), *New Faith in Ancient Lands*, 151–174] sowie ders., Art. „Schneller, J.L.", in: *RGG*⁴ 7 (2004), 945 und ders., Art. „Syrisches Waisenhaus", in: *RGG*⁴ 7 (2004), 2007.

on, Neuorganisation der Religion und sozialem Engagement zu einer am Vorbild der Reformation spirituellen Erneuerung der evangelischen Christenheit beitragen wollten. Die Erweckungsbewegung grenzte sich von der lutherischen beziehungsweise reformierten Orthodoxie und der Aufklärung ab, rief den einzelnen Gläubigen zu einer biblisch-christozentrischen Frömmigkeit und Lebensführung auf, lebte von einer chiliastischen Zeitdeutung, intensivierte die Judenmission und wandte sich den durch die Frühindustrialisierung marginalisierten Bevölkerungsgruppen zu.[1001]

Für das hier behandelte Thema ist vor allem die Erweckungsbewegung Baseler Prägung von Bedeutung, wo 1780 von Samuel und Johann August Urlsperger die *Deutsche Christentumsgesellschaft* gegründet wurde.[1002] Auf Initiative ihres visionären Sekretärs Christian Friedrich Spittler (1782–1867) entstanden aus dieser kirchenhistorisch bedeutsamen Organisation zahlreiche Werke der Inneren und Äußeren Mission, so 1815 die *Baseler Missionsgesellschaft* und 1840 die *Pilgermissionsanstalt St. Chrischona*, die wiederum zum Katalysator der Gründung des Syrischen Waisenhauses wurde.

Thomas K. Kuhn hat die Baseler Erweckungsbewegung aufgrund ihrer sozialen und karitativen Initiativen als Ausdruck des Modernisierungsprozesses im Protestantismus und als Beispiel einer neuzeitlichen Religiosität bezeichnet.[1003] Die Attraktivität der Erweckungsbewegung bestehe darin, dass sie in einer historischen Umbruchsituation ein vielschichtiges Angebot für Fragen der Ethik, der Lebensführung und der Spiritualität gemacht habe.

Sie ausschließlich als Antipoden der Moderne zu interpretieren, ist nach Kuhn eine historische Verkürzung, weil sie – trotz aller Kritik an der Moderne – auch ein Fortschrittsmotor in der modernen Gesellschaft war. Das Verhältnis von Moderne und Erweckungsbewegung müsse deshalb dialektisch verstanden werden.[1004] Die Erweckten sahen in der Überwindung der Moderne einen Fortschritt auf das Reich Gottes hin. Mit dieser, nur von einem Segment des Protestantismus geteilten Haltung leistete die Erweckungsbewegung einen Beitrag zu einem dezidiert modernen Phänomen, nämlich der Ausdifferenzierung, Fragmentierung und Pluralisierung der

---

[1001] Vgl. z.B. U. Gäbler, Art. „Erweckungsbewegung", in: *EKL* ³Bd. 1 (1986), 1081–1088 und F.-W. Graf, Art. „Erweckungsbewegungen. I. Erweckungsbewegungen in Europa", in: *RGG* ⁴ Bd. 2 (1999), 1490–1495.

[1002] Vgl. z.B. H. Weigelt, „Der Pietismus im Übergang vom 18. zum 19. Jahrhundert: 2. Die Christentumsgesellschaft", in: M. Brecht/K. Deppermann u.a. (Hgg.), *Geschichte des Pietismus. Bd. 2: Der Pietismus im achtzehnten Jahrhundert*, Göttingen 1995, 710–718; E. Staehlin, *Die Christentumsgesellschaft in der Zeit von der Erweckung bis zur Gegenwart*. Texte aus Briefen, Protokollen und Publikationen, Basel 1974 oder W. Oehler, *Geschichte der Deutschen Evangelischen Mission. Bd. 1*, 112–115 und 179 f. sowie zur Baseler Mission, 151 f.; 163–179; 235–250; 284–304.

[1003] Vgl. Th.K. Kuhn, *Religion und neuzeitliche Gesellschaft. Studien zum sozialen und diakonischen Handeln in Pietismus, Aufklärung und Erweckungsbewegung*, Tübingen 2003, 2. sowie ders., „Diakonie im Schatten des Chiliasmus. Christian Heinrich Zeller (1779–1860) in Beuggen", in: ders./M. Sallmann (Hgg.), *„Das Fromme Basel". Religion in einer Stadt des 19. Jahrhunderts*, Basel 2002, 93–110; ders., „Pädagogik und Religion im ‚Frommen Basel'. Die Gründung des ‚Vereins der freiwilligen Armen-Schullehrer-Anstalt' (1817)", in: H. Klueting/J. Rohls (Hgg.), *Reformierte Retrospektiven*. Vorträge der zweiten Emdener Tagung zur Geschichte des reformierten Protestantismus, Wuppertal 2001, 203–217.

[1004] Vgl. Th.K. Kuhn, *Religion und neuzeitliche Gesellschaft*, bes. 342–346.

Religion. Deshalb ist auch die Erweckungsbewegung des frühen 19. Jahrhunderts nicht nur ein Opponent, sondern auch ein „Beförderer des Modernisierungsprozesses" gewesen.[1005] In dieser ambivalenten erweckten Tradition ist auch das Syrische Waisenhaus zu verorten.

In Spittlers missionarischen Planungen spielten der Orient und das Heilige Land eine wichtige Rolle. Ihm schwebte eine *Apostelstraße* von Jerusalem nach Abessinien vor, deren zwölf Stationen jeweils mit einem Missionar und einem Handwerker beziehungsweise Kaufmann besetzt werden sollten.[1006] Dank dieser merkantilen Ausrichtung sollten sich die Stationen wirtschaftlich selber tragen. Durch ihr praktiziertes Christentum sollten die Mitarbeiter an den Stationen zum Vorbild ihrer Umwelt werden und peu à peu den christlichen Glauben vom Vorderen Orient nach Nordafrika bringen. Frank Foerster nennt Spittlers dezidiert gewaltlose Konzeption eine „Mission in der Stille".[1007]

1846 wurden die ersten beiden *St. Chrischona*-Missionare, Ferdinand Palmer und Conrad Schick aus Basel nach Palästina gesandt. Sie gründeten ein *Brüderhaus* für Handwerker-Missionare in Jerusalem.[1008] Doch Konversionen blieben aus, die fremde Umwelt war für die süddeutschen und Schweizer Pietisten eine physische und psychische Überforderung, und nach drei Jahren gaben die Missionare ihr Projekt auf. Mit Conrad Schick (1822–1901) blieb jedoch ein Multitalent in Jerusalem, der als Baumeister und volkskundlicher Sammler, Modellbauer und Forscher Maßstäbe für den weiteren Entwicklungsgang der Stadt setzen sollte.[1009]

In Basel wollte man sich mit dem Scheitern nicht abfinden, weshalb Spittler seine Orient-Strategie etwas veränderte.[1010] Das Jerusalemer Brüderhaus sollte nun junge Missionare für einen Einsatz in Abessinien vorbereiten – und so brach 1854 die zweite, sechsköpfige Baseler Missionarsgruppe nach Jerusalem auf. Die Leitung übernahm der württembergische Lehrer Johann Ludwig Schneller, der von seiner Gattin Magdalena begleitet wurde.[1011] Obwohl auch dieser Versuch scheiterte, beschloss

---

[1005] Th.K. Kuhn, *Religion und neuzeitliche Gesellschaft*, 343.

[1006] Vgl. A. Carmel, *Christen als Pioniere im Heiligen Land* oder A. Baumann, *Die Apostelstraße. Eine außergewöhnliche Vision und ihre Verwirklichung*, Gießen - Basel 1999.

[1007] Vgl. F. Foerster, „Mission in der Stille. Die gewaltlose Missionskonzeption Christian Friedrich Spittlers für Jerusalem und Äthiopien", in: U. van der Heyden/J. Becher, *Mission und Gewalt. Der Umgang christlicher Missionen mit Gewalt und die Ausbreitung des Christentums in Afrika und Asien in der Zeit von 1792 bis 1918/19*, Stuttgart 2000, 55–66.

[1008] Vgl. A. Carmel, *Christen als Pioniere im Heiligen Land*, 127–190.

[1009] Vgl. A. Strobel, *Conrad Schick. Ein Leben für Jerusalem. Zeugnisse über einen erkannten Auftrag*. Mit einem Geleitwort von Teddy Kollek, Fürth 1988 sowie die Ausführungen bei H. Goren, „*Zieht hin und erforscht das Land": Die deutsche Palästinaforschung im 19. Jahrhundert*, Göttingen 2003; ders., „The Chase after the Bible: Individuals and Institutions – and the Study of the Holy Land", in: U. Wardenga/W.J. Wilczyński (Hgg.), *Religion, Ideology and Geographical Thought*, Kielce 1998, 103–115 und ders./R. Rubin, „Conrad Schick's Models of Jerusalem and Its Monuments", in: *PEQ* 128 (1996), 103–123 oder auch A. Carmel, „Wie es zu Conrad Schicks Sendung nach Jerusalem kam", in: *ZDPV* 99 (1983), 204–218. Auch Palmer blieb im Lande, leistete ebenfalls einen Beitrag zum Aufbau Palästinas, erlangte aber nicht die Bedeutung Schicks.

[1010] Vgl. M. Raheb, *Das reformatorische Erbe*, 63.

[1011] Vgl. J. Eisler/A.G. Krauß (Hgg.), *Nach Jerusalem müssen wir fahren. Das Reisetagebuch des Pädagogen und Missionars Johann Ludwig Schneller im Herbst 1854*, Birsfelden 2002.

J.L. Schneller, sich in Jerusalem niederzulassen. Aus tiefer Überzeugung Missionar *und* Pädagoge fand er in der Hilfe für die verarmte Bevölkerung Palästinas seine missionarische und sozialdiakonische Berufung.

Der am 15. Januar 1820 im schwäbischen Erpfingen geborene J.L. Schneller war ein Nachfahre Salzburger Emigranten, die wegen ihres evangelischen Glaubens aus dem Habsburger Reich vertriebenen worden waren und in Württemberg Aufnahme gefunden hatten.[1012] Sein Vater war ein keineswegs begüterter Weber und Landwirt, weshalb die Familie ihren Kindern den Besuch einer höheren Schule nicht ermöglichen konnte. Der spätere Palästina-Missionar durchlief eine einfache Volksschulbildung, schaffte aber dank seiner Begabung und der Förderung eines Pfarrers die Aufnahmeprüfung für den württembergischen Schuldienst. Als Lehrgehilfe unterrichtete er an verschiedenen schwäbischen Schulen, lernte in Göppingen die „Kinderrettungsanstalt Wilhelmshilfe" für Waisenkinder kennen, wurde vom Geiste der pietistischen Hochburg Korntal geprägt und übernahm 1843 als Hausvater die Anstalt für entlassene männliche Sträflinge des Gefängnisses in Vaihingen/Enz. 1847 bis 1854 war er erster Leiter und Hausvater von St. Chrischona. Diese praktisch-pädagogischen Erfahrungen prägten ihn sehr ebenso wie das asketische Leben in der Pilgermissionsanstalt.[1013]

Der Beginn von Schnellers Jerusalemer Engagement fiel in eine Zeit, in der der anglo-preußische Bischof Samuel Gobat die Mohammedanermission aufgab und sich fast ausschließlich um eine Reformation der orientalischen Kirchen im evangelischen Sinne bemühte. J.L. Schneller dagegen sah seine Aufgabe zunächst darin, sich der arabisch-muslimischen Bevölkerung anzunehmen. Er trennte sich von der Pilgermissionsanstalt, kaufte 1855 ein Grundstück vor den Toren der Altstadt und baute mit der Mitgift seiner Frau dort seine erste Erziehungsanstalt. Nachdem er mehrfach überfallen worden war, musste er dieses Projekt zunächst aufgeben.[1014]

Es dauerte bis 1860, ehe J.L. Schneller seine Lebensaufgabe fand: Er nahm sich der Waisenkinder an, die ihre Eltern bei den bürgerkriegsähnlichen Auseinandersetzungen in Syrien und auf dem Libanon verloren hatten.[1015] Weil die Region nach 1860 verwaltungstechnisch umstrukturiert wurde und den Namen *Syrien* erhielt, nannte J.L. Schneller seine Erziehungsanstalt *Syrisches Waisenhaus*.[1016] Das Haus öffnete am 11.11.1860 – dem Namenstag Martin Luthers – seine Pforten.

Der Bürgerkrieg in der Region hatte religiöse, soziale und machtpolitische Gründe. Nach dem Rückzug der ägyptischen Besatzungsmacht 1840, erlebte der Libanon eine Verschärfung der traditionellen Spannungen zwischen Christen und Muslimen. Als die Pforte auf französischen Druck einen christlichen Gouverneur zur Verwaltung des Libanon einsetzte, protestierte die muslimische Bevölkerung. Zur Befrie-

---

[1012] Vgl. z.B. G. Florey, *Geschichte der Salzburger Protestanten und ihrer Emigration 1731/32*, Wien – Köln – Graz 1977.

[1013] Vgl. den Abschnitt „Johann Ludwig Schneller und die schwäbisch-pietistischen Wurzeln seiner Pädagogik", in: J. Eisler/A.G. Krauß (Hgg.), *Bibliographie der Familie Schneller*, 10–17, hier: 13.

[1014] Ebd., 14.

[1015] Vgl. z.B. Y. Ben-Arieh, *Jerusalem in the 19th Century. The Emegerence of the New City*, Jerusalem/New York 1986, 69.

[1016] Vgl. L. Schneller, *Das Syrische Waisenhaus in Jerusalem*, 10.

dung der Region teilte Konstantinopel den Libanon in zwei Gebiete auf: Der Norden wurde den Maroniten, einer mit Rom verbundenen orthodoxen Kirche, übergeben, während der Süden den muslimischen Drusen zugesprochen wurde. Die Verwaltungsleiter der Gebiete gehörten der jeweiligen Glaubensrichtung an. Diese Lösung half wenig, denn der religiös codierte Streit um die Vorherrschaft im Libanon hörte nicht auf. Hinzu kamen soziale Spannungen zwischen den Fellachen und den Feudalherren, die sich 1858 in einem Bauernaufstand entluden.[1017]

Als im Mai 1860 zwischen Maroniten und Drusen ein Bürgerkrieg ausbrach, zeigte das osmanische Militär wenig Interesse, einzuschreiten – zumal die Soldaten seit Monaten auf ihren Sold warteten. Die Kämpfe weiteten sich bis Damaskus aus. In den Sommermonaten erreichten sie ihren tragischen Höhepunkt, als Drusen und marodierende osmanische Armee-Einheiten zwischen 10.000 und 30.000 maronitische Christen ermordeten.[1018]

J.L. Schneller reiste in den Libanon, um sich um einige der Tausenden von Waisenkindern zu kümmern. In der von strengen religiösen, sozialen und kulturellen Regeln bestimmten orientalischen Umwelt waren Waisenkinder für einen christlichen Missionar eine Erfolg versprechende Zielgruppe: Ihnen fehlte die engere familiäre Bindung, weshalb es keine sozialen Schranken gab, die den erhofften Übertritt zum Protestantismus unmöglich machten. So einleuchtend diese strategische Überlegung auf den ersten Blick erschien, so sehr verkannte J.L. Schneller die arabische Mentalität. Es gehörte zu den ungeschriebenen Gesetzen des Orients, dass man Fremden keine Kinder anvertraute, selbst wenn es nicht die eigenen waren und ein Ausländer den Kindern bessere Lebensbedingungen bieten konnte.[1019] J.L. Schneller kehrte deshalb mit nicht mehr als neun Knaben aus dem Libanon nach Jerusalem zurück. Zudem bremste ein zweiter Faktor J.L. Schnellers Engagement: Der traditionelle französisch-katholische Einfluss in Syrien und im Libanon war derart groß, dass protestantische Hilfe für die Waisenkinder und Flüchtlinge nicht gern gesehen wurde. Die französischen Lazaristen etwa bekämpften jeden protestantischen Missionsversuch mit Nachdruck.[1020]

Im Laufe des ersten Jahres kamen schließlich doch 41 Kinder zusammen. Der Kontakt nach Basel wurde wieder fruchtbar gemacht – und so sandte Spittler einige

---

[1017] Vgl. A.-R. Sinno, *Deutsche Interessen in Syrien und Palästina*, 164 f.

[1018] Die Zahl der Toten ist schlecht belegt. Während S. Hanselmann, *Deutsche Evangelische Palästinamission*, 84 f. und F. Heyer, *Kirchengeschichte des Heiligen Landes*, 180 von 30.000 getöteten Christen ausgehen, sprechen P. Hitti/J. Jabbur, *Die Geschichte der Araber*, Beirut ²1952, 865 von 11.000 Toten. Nach B. Harb, „Die Entwicklung des Libanon bis in die Mitte der sechziger Jahre", in: D. Vorländer (Hg.), *Libanon – Land der Gegensätze. Ein Handbuch zu Geschichte und Gegenwart, Religionen und Kirchen des Libanon*, Erlangen 1980, 32 wurden 12.000 Christen im Libanon und weitere 5.000 in Damaskus getötet. Vgl. auch U. Makdisi, *The Culture of Sectarianism. Community, History, and Violence in Nineteenth-Century Ottoman Lebanon*, Berkeley 2000.

[1019] Vgl. S. Akel, *Der Pädagoge und Missionar Johann Ludwig Schneller*, 48.

[1020] Vgl. J. Bocquet, „Missionnaires français et allemands au Levant: Les Lazaristes français de Damas et l'Allemagne, du voyage de Guillaume II à l'instauration du Mandat", in: *Européer in der Levante (19.-20. Jahrhundert)/Des Européens au Levant (XIXᵉ–XXᵉ siècles)*, München 2004, 57–76, bes. 64–66 und A. Schlicht, „Die Rolle der europäischen Missionare im Rahmen der Orientalischen Frage am Beispiel Syriens", in: *NZM* 38 (1982), 187–201, hier: 196.

Chrischona-Absolventen als Lehrer ins Syrische Waisenhaus. Die Arbeit entwickelte sich so gut, dass J.L. Schnellers erstes Haus von 1855 bald zu klein wurde, denn zehn Jahre nach seiner Gründung, betreute das Waisenhaus rund 70, ein weiteres Jahrzehnt später rund 130 Jugendliche.[1021] Er baute deshalb in den frühen 1860er Jahre außerhalb der Altstadt ein neues Waisenhaus samt Werkstätten und landwirtschaftlichen Nutzungsflächen. Aus den Erfahrungen klug geworden, umschloss er das anfänglich rund 55 Dunam große Gelände mit einer dreieinhalb Meter hohen Steinmauer.[1022] Dank intensiver Werbung in Deutschland und der Schweiz flossen den Jerusalemer Anstalten bemerkenswerte Geld- und Sachspenden zu, so dass der Palästina-Missionar sein Werk im Lauf der folgenden Jahrzehnte weiter ausbauen konnte.[1023] In seinem Buch zur Jerusalemer Stadtgeschichte im 19. Jahrhundert würdigte der israelische Historiker Yehoshua Ben-Arieh das Syrische Waisenhaus als „one of the most important focuses of construction outside the Old City" und bezeichnete es als einen wichtigen Faktor für die Entwicklung der Neustadt.[1024]

5.4 Das Bildungskonzept des Syrischen Waisenhauses

5.4.1 Zellers pädagogische Konzeption und ihr Einfluss auf J.L. Schneller

Johann Ludwig Schnellers fromme Pädagogik wurde – wie seine Jahresberichte und die Statuten des Syrischen Waisenhauses belegen – maßgeblich von Christian Heinrich Zellers (1779–1860)*Lehren der Erfahrung* und Johann Friedrich Flattichs (1713–1797) *Pädagogischen Blicken* geprägt.[1025] Da die institutionellen und konzeptionellen Interdependenzen zwischen Zeller und dem Syrischen Waisenhaus in

---

[1021] Vgl. J. Eisler/A.G. Krauß (Hgg.), *Bibliographie der Familie Schneller,* 14.

[1022] Dunam oder Dunum ist ein osmanisches Flächenmaß und umfasst knapp 1000 m^2 Land. Vgl. G. Krämer, *Geschichte Palästinas*, 432.

[1023] Zur Baugeschichte vgl. auch R. Kark/D. Denecke/H. Goren, „The Impact of Early German Missionary Enterprise in Palestine on Modernization and Environmental and Technological Change, 1820–1914", in: M. Marten/M. Tamcke (Hgg.), *Christian Witness Between Continuity and New Beginnings. Modern historical mission the Middle East*, Berlin - Münster 2006, 145–176, bes. 162–167, die das Syrische Waisenhaus als einen Motor der modernen Entwicklung in Jerusalem bezeichnen.

[1024] Y. Ben-Arieh, *Jerusalem in the 19th century. Emergence of the New City*, Jerusalem – New York 1986, 70.

[1025] Vgl. dazu S. Akel, *Der Pädagoge und Missionar Johann Ludwig Schneller*, 24–31 und 97–114. Vgl. Chr.H. Zeller, *Lehren der Erfahrung für christliche Land- und Armen-Schullehrer. Eine Anleitung zunächst für die Zöglinge und Lehrschüler der freiwilligen Armen-Schullehrer-Anstalt in Beuggen*, 3 Bde., Basel 1827/1828 und J.F. Flattich, „Pädagogische Blicke", in: *Süddeutscher Schulbote. Zeitschrift für das deutsche Schulwesen* 10 (1846) sowie ders., *Über Erziehung und Seelsorge*, hg.v. J. Rössle, Metzingen 1966. Auszüge – allerdings mit ungenauer Quellenangabe – aus J.F. Flattichs „Pädagogische Blicken" und die Statuten des Syrischen Waisenhauses finden sich im Anhang zu S. Akel, *Der Pädagoge und Missionar Johann Ludwig Schneller*, 182–221. In den Werken des württembergischen Pfarrers und Publizisten J.F. Flattich, einem Schüler Bengels, spiegelt sich eine biblizistische Frömmigkeit. Auffallend ist, dass Flattich die Menschen vor allem durch Güte, Geduld und Zuneigung zu verändern versuchte. Er legte großen Wert auf eine humanistische Bildung und forderte von der Schule getreu dem sensualistischen Motto *nihil est in intellectu, quod non prius fuerit in sensu* die Verzahnung von Theorie und Praxis.

Jerusalem am intensivsten waren, wird auf eine Darstellung der erzieherischen Ideen Flattichs, auf den Samir Akel ausführlich hingewiesen hat, verzichtet, weshalb der Fokus hier auf der Darstellung von Zellers Ansätzen liegt.

Auf den sozialen und religiösen Konzepten Philipp Jakob Speners, Nikolaus Ludwig von Zinzendorfs, August Hermann Franckes sowie Heinrich Jung-Stillings fußend, gehörte Zeller zu den prägendsten Persönlichkeiten der Erweckungsbewegung.

Um Zellers Pädagogik zu verstehen, erscheint es sinnvoll, einen kurzen Blick auf seine chiliastisch geprägte Gesellschaftssicht zu werfen.[1026] Er verstand seine von Revolutionen geprägte Gegenwart als eine Übergangsphase, in denen die sozialen Anstalten der Erweckungsbewegung Vorboten des nahenden 1000jährigen Friedensreiches waren. Jede karitative Tat wurde nach ihrem Beitrag zur Verwirklichung des Reiches Gottes befragt. Kuhn spricht deshalb von einer „Diakonie im Schatten des Chiliasmus".[1027]

Sozialpolitisch vertrat Zeller ein ständisches, vor-modernes Gesellschaftsmodell. Den besten Schutz vor Verarmung und sozialer Dislokation sah er in der Wiederherstellung christlicher Familien. Dabei ging es ihm weniger um die Bekämpfung der materiellen Dimension des Pauperismus, „als vielmehr um eine primär sittlich-religiös ausgerichtete Prophylaxe, die indes eindeutig politisch-soziale Absichten implizierte".[1028]

Da dies jedoch nicht immer gelang, gründeten die erweckten Christen zahlreiche Armen-, Rettungs- und Fürsorgeanstalten.

Schon 1817 hatte Spittler den Armenschullehrerverein in Basel gegründet. Er war der schulische Arm der Deutschen Christentumsgesellschaft. Aus politischen und pädagogischen Gründen lehnte die Stadt Basel die Eröffnung dieser Anstalt ab, weshalb Spittler das ehemalige Deutschordensschloss Beuggen kaufte, das wenige Kilometer entfernt bei Rheinfelden auf badischem Territorium lag. Dort rief er die *Freiwillige Armenschullehrer- und Armenkinderanstalt* ins Leben, deren Leitung 1820 bis 1860 Zeller übernahm.[1029] Er machte Beuggen zu einer in Süddeutschland und Preußen viel beachteten Musteranstalt für die Erziehung der Kinder aus den unteren Ständen; diese lag übrigens – wie später das Syrische Waisenhaus als geschlossenes Gebäudeensemble außerhalb Jerusalems – etwas abgeschieden am Rhein.[1030]

Unter Zellers Ägide wurden über 400 Schüler unterrichtet und 251 Armenschullehrer ausgebildet, von denen nicht wenige in die Äußere Mission entsandt wurden.[1031] Auch Johann Heinrich Wicherns (1808–1881) Konzeption des Rauhen Hau-

---

[1026] Vgl. Th.K. Kuhn, „Diakonie im Schatten des Chiliasmus", 100.

[1027] Vgl. ebd., 102.

[1028] Ebd., 101.

[1029] Zeller hatte während des Studiums in Tübingen Kontakt zu Spittler bekommen, war (Haus)Lehrer und Schulleiter in Augsburg, St. Gallen und Zofingen gewesen und entwickelte mit ihm 1816 die Idee einer christlichen Armenschullehrer-Anstalt. Vgl. z.B. G. Hauss, „Die sozialpädagogische Arbeit in der Armenschullehrer-Anstalt in Beuggen (Baden). Ihr Profil im Vergleich zum Rauhen Haus in Hamburg", in: *PuN* 23 (1997), 27–38, hier 27–29.

[1030] Vgl. J. Eisler/A.G. Krauß (Hgg.), *Bibliographie der Familie Schneller,* 15.

[1031] Vgl. Th.K. Kuhn, „Pädagogik und Religion im ,Frommen Basel'", 206.

ses in Hamburg wurde von Zellers Pädagogik und der Frömmigkeit Basels beeinflusst.[1032] Mit diesen Armenanstalten meinten die erweckten Christen den Pauperismus der (Früh)Industrialisierung bekämpfen zu können. In den frommen Rettungs-
häusern wurde der Versuch gemacht, die Rechristianisierung der Gesellschaft voranzutreiben und die Moderne zu bekämpfen. Genau dazu bediente sich die Erweckungsbewegung aber des methodischen Kanons der aufgeklärten Pädagogik. Dass
die Erziehung zur Besserung und Vervollkommnung des Menschen beitragen konnte, war nämlich eine Art Konsens zwischen Aufklärung, Pietismus und Erweckungsbewegung.[1033]

Zu Zellers drei wichtigsten Erziehungszielen gehörten die „Zucht und Ermah-
nung zur Arbeit, zum niedrigen Stand und zum Herrn".[1034] Ganz dem ständischen
Denken verhaftet, wollte Zeller die Unterschicht mit Hilfe einer christlich fundier-
ten, handwerklichen Ausbildung aus dem Teufelskreis der Armut reißen und geistlich stabilisieren. Zeller zielte auf die Heranbildung von christlichen Arbeitern und
Handwerkern, weniger jedoch einer christlichen Bildungsschicht. Grundlegende gesellschaftliche Veränderungen hatte er nicht im Blick. Vielmehr wurden die bestehenden sozialen Verhältnisse akzeptiert. Zellers Gesellschaftsverständnis war „im-
plizit konservativ, wenn nicht gar reaktionär [...]."[1035]

Die Entwicklung der erweckten Erziehungskonzepte wäre ohne die zwischen
1750 und 1830 entstandene moderne wissenschaftliche Pädagogik nicht möglich gewesen. Zeller hatte sich intensiv in die Aufklärungspädagogik eingearbeitet, war von
Pestalozzi geprägt worden und nahm in sein Beuggener Curriculum Elemente der
Volksaufklärungs- und Volksbildungsbewegung des 18. Jahrhunderts auf.[1036]

Im Unterschied zur Aufklärungspädagogik spielte bei Zeller die eigene Urteilsfä-
higkeit oder eine Veredelung der menschlichen Anlagen im Kantschen beziehungsweise Rousseaus Sinne keine Rolle. Zellers Pädagogik fand ihren theologischen An-
satzpunkt vielmehr in der Sündhaftigkeit des Menschen, die allein von Gottes Güte
überwunden werden kann. Alle moralisch guten (inklusive der ökonomischen) Leistungen gehe letztlich auf Gottes Initiative zurück, so dass Gott zum eigentlichen
Erzieher des Menschen werde. Da Gott aber nur mit Hilfe christlicher Erzieher und
Missionare wirken kann, die Erziehung des Menschen aber Teil des Heilsgeschehens
wird, verbinden sich in einer solchen frommen Pädagogik erkennbar disziplinieren-
de und theologische Aspekte mit individualistischem Erfolgsstreben. Bezeichnend

---

[1032] Vgl. z.B. F. Schweitzer, *Pädagogik und Religion. Eine Einführung*, Stuttgart 2003, 45–48 und
Th.K. Kuhn, *Religion und neuzeitliche Gesellschaft*, 228.

[1033] Vgl. Th.K. Kuhn, *Religion und neuzeitliche Gesellschaft*, 230 f.

[1034] S. Hanselmann, *Deutsche evangelische Palästinamission*, 52.

[1035] Th.K. Kuhn, „Pädagogik und Religion im ‚Frommen Basel'", 213. Ähnlich S. Hanselmann, *Deutsche evangelische Palästinamission*, 52.

[1036] Zu Zellers Bildungsverständnis vgl. G. Hauss, „Die sozialpädagogische Arbeit in der
Armenschullehrer-Anstalt in Beuggen", 29–34, hier: 29: „Der Missionsgedanke, gezielte Rationalität, die Idee der Bildung bei Pestalozzi, erste Bemühungen um die Verberuflichung von Unterricht
und Lehrtätigkeit bildeten ein Konglomerat verschiedener Bilder und Vorstellungen im Bereich
der christlich orientierten Pädagogik. Die spannende und widerspruchsreiche Konzeptarbeit führte
letztlich zum Aufbau einer Institution, die im Bereich der Ausbildung und Erziehung wegweisend
werden sollte."

ist deshalb, dass Zeller die menschlichen Gewohnheiten als *zweite Natur des Menschen* betrachtete, weshalb der Habitus des Einzelnen so umgeformt werden musste, dass er einer christlichen Lebensführung entsprach. Da auch veränderte Gewohnheiten ein Handeln Gottes im Menschen nicht garantierten, bedurfte es der Erleuchtung durch das Wort Gottes, was kognitiv durch Predigt, Belehrung und emotional durch Gebet, Gesang, Meditation geschah.[1037] Für Zeller war es wesentlich, dass die Kinder früh an die regelmäßige Lektüre der Heiligen Schrift gewöhnt wurden, weil so ein christlicher Habitus ausgeprägt werden konnte. Im lebendigen Glauben ihrer Erzieher sollten die Kinder ein Leitbild für ihre eigene Lebensführung finden.[1038]

So wie die armen Familien *Pflanzschulen* der Unsittlichkeit und der Verbrechen waren, sollten erweckte Wohlfahrtseinrichtungen und Armschullehrerseminare *Pflanzschulen* des Christentums werden.[1039] Um wirtschaftlich autark zu sein, unterhielten die *Pflanzschulen* einen Agrarbetrieb, in dem die Schüler aus erzieherischen und finanziellen Gründen in ihrer Freizeit in Haus, Garten und Landwirtschaft mitarbeiteten, um frühzeitig einen Beitrag zum Unterhalt der Anstalten zu leisten.

Armenschulen wie Beuggen bildeten hoch motivierte, erweckte Lehrer aus, die sozial verwahrloste beziehungsweise benachteiligte Kinder unterrichteten, um sie zu aufrechten Christen zu machen. In Beuggen wurden Lehramtskandidaten und Schüler unter einem Dach untergebracht, wovon beide Seiten profitierten: Für die Seminaristen bestand die Möglichkeit, ihre theoretischen Kenntnisse zügig umzusetzen, während die Schüler mit Hilfe der neuesten didaktisch-methodischen Konzepte erzogen wurden.

Die dreijährige Ausbildung der Armenschullehrer in Beuggen fußte auf dem dargestellten Bildungskonzept und zielte auf den Unterricht an Dorf- und Landschulen. Für die Aufnahme in Beuggen war eine handwerkliche oder landwirtschaftliche Lehre Voraussetzung. Die schulischen Voraussetzungen für die Aufnahme waren nicht sehr hoch: gründliche Lese- und Rechtschreibkenntnisse sowie ein Überblick über die wichtigsten biblischen Geschichten genügten. Mit Hilfe eines Fragebogens wurden die Motivation und die Persönlichkeit des Bewerbers genau überprüft und besonders nach seiner Erweckung und der Berufung zum Armenschullehrer-Beruf gefragt.[1040] Im Mittelpunkt der Ausbildung standen der biblisch orientierte Religionsunterricht, der erbaulich-liturgisch ausgerichtete Musikunterricht sowie Lesen, Schreiben und Rechnen.[1041]

[1037] Vgl. S. Akel, *Der Pädagoge und Missionar Johann Ludwig Schneller*, 27.

[1038] Vgl. Th.K. Kuhn, „Pädagogik und Religion im ‚Frommen Basel‘", 212–214 und Chr.H. Zeller, *Lehren der Erfahrung*, 58 – zitiert nach S. Hanselmann, *Deutsche evangelische Palästinamission*, 51.

[1039] Der Terminus *Pflanzschule* erinnert an die Saatkorn-Gleichnisse Jesu (Markus 4,1–9.13–20.30–34). Er wurde von Jean Calvin verwendet, der seine Genfer Akademie als *Pflanzschule* für die international tätigen reformierten Prediger ansah. Nach Th.K. Kuhn, *Religion und neuzeitliche Gesellschaft*, 232 wurden in der Erweckungsbewegung die Begriffe *Rettungshaus* und *Pflanzschule* synonym verwandt. Der Terminus *Rettungshaus* stammt Kuhn zufolge von Adelbert Graf von der Recke-Volmerstein (1791–1878), der ihn erstmals 1820 für eine von ihm in Aschersleben gegründete Anstalt für verwahrloste Kinder gebrauchte.

[1040] Vgl. G. Hauss, „Die sozialpädagogische Arbeit in der Armenschullehrer-Anstalt in Beuggen", 30.

[1041] Ebd., 31.

Am Schluss der Ausbildung, die auf die staatliche Lehramtsprüfung zulief, wurden die „Lehrer-Missionare" wie die Apostel der Bibel mit einem Missionsauftrag ausgesandt, wobei die Baseler Missionsgesellschaft die Einsatzorte der Absolventen festlegte.[1042] Das Wechselspiel zwischen Innerer und Äußerer Mission war also ein Kennzeichen des *frommen Basel*. Das lag auch daran, dass die Baseler Missionsgesellschaft ihren Kandidaten sowohl eine gründliche religiöse Ausbildung als auch eine diakonische Schulung zukommen ließ, was nach Spittlers und Zellers Beobachtungen im Ausbildungsgang der heimatlichen christlichen Pädagogen bisher fehlte und deshalb übertragen wurde. So geriet die Äußere Mission zum Katalysator für die Beuggener Ausbildungsstätte.[1043]

Die Rettungshaus-Idee entwickelte sich zu einem Erfolgsmodell und zum „Lieblingskind des Pietismus":[1044] 1826 gab es in der Schweiz und in Deutschland 25 derartige Institutionen, 1845 allein 20 in der Schweiz, 22 in Württemberg und drei in Baden. Einige Jahre später folgte eine weitere wegweisende Gründung: Das Syrische Waisenhaus in Jerusalem.

Durch die starke Betonung der Frömmigkeit wurden Schüler und Lehrer in Beuggen zu einer engen Gemeinschaft zusammengeschweißt, die ein religiöses Sonderbewusstsein und separatistische Neigungen förderte.[1045] Die evangelischen Landeskirchen waren für Zeller kein ekklesiologischer Fixpunkt, vielmehr suchte er weit über die eigenen Grenzen Basels und Süddeutschlands hinaus nach Gesinnungsgenossen, knüpfte Kontakte nach England, Russland, Südindien und eben auch nach Jerusalem. Das *fromme Basel* wurde zu einem Kommunikationszentrum eines internationalen erweckten Netzwerkes.

5.4.2 J.L. Schnellers pädagogisch-missionarisches Programm

Über Spittler kamen Zeller – übrigens der Schwiegervater des Jerusalemer Bischofs Gobat - und J.L. Schneller in Kontakt.[1046] Bei Zeller machte J.L. Schneller seine ersten Erfahrungen in der Ausbildung von verarmten und verwaisten Kindern. Zeller wiederum fand in J.L. Schneller einen talentierten Organisator, den er zur Umsetzung seiner pädagogischen Grundsätze im Ausland brauchte. „So lag es nahe, dass der Geist von Beuggen auch im Syrischen Waisenhaus einzog", wie Siegfried Hanselmann pointiert formuliert hat.[1047] Die Zellersche Waisenhauspädagogik stand

---

[1042] Ebd., 33.

[1043] Vgl. den Zeller zugeschriebenen Ausruf: „Ach würden doch ähnliche Anstalten wie für die ferne Heidenwelt auch für die armen Gemeinden in der Nähe errichtet." - zitiert nach G. Hauss, „Die sozialpädagogische Arbeit in der Armenschullehrer-Anstalt in Beuggen", 27

[1044] Ebd., 35.

[1045] Zum ausgeprägten Selbstbewusstsein des „Frommen Basels" vgl. Th.K. Kuhn, „Pädagogik und Religion im ‚Frommen Basel'", 216 f.

[1046] Vgl. E. Geldbach, „The German Research Network in the Holy Land", in: M. Davies/Y. Ben-Arieh (Hgg.), *With Eyes Toward Zion III*, 150–169.

[1047] Vgl. S. Hanselmann, *Deutsche Evangelische Palästinamission*, 50, der auch darauf verweist, dass sich J.L. Schneller bereits im 1. Jahresbericht des Syrischen Waisenhauses ausdrücklich auf Zellers Waisenhauspädagogik beruft. Ähnlich auch K. Hammer, „Die christliche Jerusalemsehnsucht im 19. Jahrhundert", 255–266, hier: 259.

also für die Übertragung diakonischer Modelle aus Mitteleuropa in die andere Welt des Orients Pate.[1048]

In J.L. Schnellers Erziehungsvorstellungen spiegelt sich der Zellersche Einfluss wider. Auch der Patriarch der Palästina-Mission vertrat ein praxisorientiertes, stark missionstheologisch und disziplinatorisch ausgerichtetes Erziehungsmodell. Samir Akel hat ihn treffend als „Missionar und Pädagogen" und das Syrische Waisenhaus als „ein Produkt missionarischen Sendungsbewusstseins" pietistischer Prägung charakterisiert.[1049]

Wie Zeller widmete sich auch J.L. Schneller den Kindern der Unterschicht. Nach J.L. Schnellers Aufstellungen kamen von den 210 Zöglingen, die die Anstalten von 1860 bis 1877 durchlaufen hatten, 88 aus Fellachen-, 64 aus Handwerker- und 16 aus Kaufmannsfamilien. 20 Kinder stammten von Bettlern ab, und 10 waren Findelkinder oder Leibeigene. Nur 12 kamen aus der Bildungsschicht, davon zwei sogar aus der Familie eines Imams. Die nationale und konfessionelle Zusammensetzung der Schülerschaft belegt die hohe soziale Mobilität der arabischen Unterschicht und die internationale Zusammensetzung der Jerusalemer Bevölkerung in der zweiten Hälfte des 19. Jahrhunderts: Nur etwa die Hälfte der Schüler stammte aus Palästina. 30 % der Schüler kamen aus Syrien, aus Abessinien, dem türkischen Kernland und – vor allem seit den Massakern 1896 – aus Armenien. Diese soziologische Zusammensetzung prägte das Erziehungsprofil der Anstalten.

Theologisch sah auch J.L. Schneller als erstes und wichtigstes Erziehungsmittel die Heilige Schrift, die er biblizistisch auslegte. Mit den täglichen Andachten, Lied, Gebet und den sonntäglichen Gottesdiensten in deutscher und arabischer Sprache sollten die Waisenkinder an das Wort Gottes gewöhnt werden, „damit sie Christus kennen und lieben lernen, ihn aus der Anstalt mit hinaus- und hineinnehmen in das spätere Leben [...]".[1050] Die Erziehung der Waisen zu evangelischen Christen war J.L. Schnellers wichtigstes Erziehungsziel.

Zellers Lehre von der Gewohnheit als *zweiter Natur* folgend legte J.L. Schneller großen Wert auf Disziplin und die Gewöhnung an eine christliche Hausordnung. Die christliche Hausordnung war nicht nur zum Erlernen der sogenannten Sekundärtugenden notwendig, sondern sollte auch zur Internalisierung des religiösen Lebensrhythmus' dienen, wobei der Maßstab für die zu erwerbenden Lebensgewohnheiten in den erzieherischen Absichten und der christlichen Persönlichkeit Johann Ludwig Schnellers zu finden war.[1051]

Mit Max Weber könnte man also davon sprechen, dass auch im Syrischen Waisenhaus Frömmigkeit, innerweltliche Askese und ein handwerkliches Bildungsideal zu einer protestantischen Arbeitsethik verknüpft wurden. Wenn Volker Lenhart davon spricht, dass der „asketische Protestantismus in irreversibler Weise in Theorie

---

[1048] Vgl. dazu auch K. Hammer, *Weltmission und Kolonialismus*, 208.

[1049] Vgl. S. Akel, *Der Pädagoge und Missionar Johann Ludwig Schneller*, 6.

[1050] Vgl. J.L. Schneller, *21. Jahresbericht*, Basel 1882, 4 – zitiert nach S. Akel, *Der Pädagoge und Missionar Johann Ludwig Schneller*, 98.

[1051] Vgl. S. Akel, *Der Pädagoge und Missionar Johann Ludwig Schneller*, 101.

und Praxis der erzieherischen Moderne das Projekt Bildung und Arbeit etabliert" habe[1052], so gilt das nicht nur für Deutschland, sondern auch für Palästina.

Ebenfalls im Weberschen Sinne lässt sich der patriarchalische Führungsstil J.L. Schnellers als eine Form „charismatischer Herrschaft" bezeichnen, die von der Gefolgschaft eine „außeralltägliche Hingabe an die Heiligkeit oder die Heldenhaftigkeit oder die Vorbildlichkeit einer Person und der durch sie offenbarten oder geschaffenen Ordnungen" verlangte.[1053] J.L. Schneller schuf Ordnungen, die der göttlichen Offenbarung Raum geben sollten. Er prägte nachhaltig das gesamte Leben der Anstalt und seiner Mitarbeiter. Die Form charismatischer Herrschaft trifft wohl auch für die prägenden Persönlichkeiten der Inneren Mission wie Theodor Fliedner in Kaiserswerth, Johann Heinrich Wichern in Hamburg oder Vater und Sohn Friedrich von Bodelschwingh in Bethel zu. Auch bei ihnen spielte „die *persönliche Loyalität der Mitglieder und Mitarbeiter gegenüber dem Seelenführer* eine zentrale Rolle." [1054]

Die charismatische Führerschaft war die Garantie für die Aufrechterhaltung der spirituellen und sozialen Disziplin in den Anstalten des Syrischen Waisenhauses.

Hinter dem – wohl an Beuggen angelehnten – religiös disziplinierenden Tagesablauf[1055] stand nicht zuletzt die berechtigte Befürchtung, dass die Zöglinge ohne eine vollständige habitualisierte christliche Lebenshaltung außerhalb der Anstalten sozial und religiös scheitern würden, wie J.L. Schneller in seinem Jahresbericht 1888 schrieb: Die Abgänger seien „bei ihrem Austritt noch zu schwach und unfest zum Durchschwimmen durch die trüben, allerorten mit gefährlichen Schlingpflanzen aller Art durchwachsenen Wasser des Orients".[1056]

In den 1861 veröffentlichten Statuten des Syrischen Waisenhauses wurden J.L. Schnellers pädagogische und missionstheologische Ziele deutlich:[1057] In § 1 der Statuten heißt es: „Unser Haus ist eine Erziehungs- und Bildungsanstalt, wo arme Menschenkinder zu nützlichen Gliedern der menschlichen Gesellschaft erzogen und gebildet werden, und zu wackeren Gliedern der Kirche Christi Jesu, unseres HErrn." [1058] Die Anstalt wurde zur *Hausgemeinde*, der Anstaltsvater zum *Hausgeistlichen*, der die Kinder regelmäßig zu seelsorgerlichen Gesprächen aufsuchte, was dem Beuggener Vorbild entsprach. Die Konstituierung als eigene Gemeinde

---

[1052] Vgl. V. Lenhart, *Protestantische Pädagogik und der Geist des Kapitalismus*, Frankfurt/Main 1998, 110.

[1053] So M. Weber, *Wirtschaft und Gesellschaft. Grundriss der verstehenden Soziologie*. Fünfte, revidierte Auflage, besorgt von J. Winckelmann. Studienausgabe, Tübingen 1980, 124 und auch 140 ff.

[1054] Vgl. M. Benad, „Einleitung", in: ders. (Hg.), *Friedrich v. Bodelschwingh d.J. und die Betheler Anstalten. Frömmigkeit und Weltgestaltung*, Stuttgart – Berlin – Köln 1997, 15 (Hervorhebung im Text).

[1055] Vgl. zum Tagesablauf in Beuggen z.B. Th.K. Kuhn, „Pädagogik und Religion im ‚Frommen Basel'", 211. Eine „Tagesordnung an Wochentagen" findet sich wiederabgedruckt in: ders., „Diakonie im Schatten des Chiliasmus", 98.

[1056] So der Jahresbericht des Syrischen Waisenhauses 1888, 14 – zitiert nach M. Raheb, *Das reformatorische Erbe*, 71.

[1057] Die Statuten des syrischen Waisenhauses finden sich abgedruckt im Anhang von S. Akel, *Der Pädagoge und Missionar Johann Ludwig Schneller*, 201–205.

[1058] Ebd., 201.

darf zudem als Zeichen eines exklusiven religiösen Selbstbewusstseins (ecclesiola in ecclesia) verstanden werden, das in pietistisch-erwecklichen Kreisen nicht selten separatistische Tendenzen oder zumindest die Betonung der eigenständigen, von der verfassten Kirche unabhängigen Struktur zur Folge hatte, wie es sich auch im Falle des Syrischen Waisenhauses mehr oder weniger deutlich zeigte. Alle Zöglinge durchliefen eine pietistisch geprägte spirituelle Schulung: Regelmäßige Andachten, pietistische Erbauungsstunden und Gottesdienste standen ebenso auf dem Programm wie die Feier der hohen Festtage des Kirchenjahres an den Heiligen Stätten Jerusalems.[1059] Heute würde man wohl von *Erlebnispädagogik* sprechen, wenn die SyrW-Lehrer etwa während der Passionszeit mit ihren Schülern die Stationen der Via Dolorosa abgingen oder das Weihnachtsfest in Bethlehem oder auf den Hirtenfeldern des benachbarten Dorfes Beith Sahours feierten.

Das Schnellersche Schulcurriculum orientierte sich am württembergischen Schulgesetz von 1836 und dessen Lehrplänen, wurde aber unter missionarischen Gesichtspunkten und mit Rücksicht auf die Gegebenheiten in Jerusalem modifiziert.[1060] J.L. Schneller teilte den Lehrplan in Lehrgegenstände ersten, zweiten und dritten Ranges ein. Den ersten Rang nahmen die „Religionslehre mit Memorierübungen" und die Geschichte ein, wobei letztere chiliastisch interpretiert und deshalb als „biblische und kirchliche mit Rücksicht auf die Weltgeschichte" gelehrt wurde.[1061] Dann folgte zweitens der Sprachunterricht in Deutsch und Arabisch, Lesen, Schreiben, Rechnen und das Singen – vor allem von Kirchenliedern. Eine Stufe darunter standen die an der biblischen Landeskunde orientierte Geographie, die Naturlehre und das Zeichnen.

Wie bei Zeller entsprach es auch J.L. Schnellers ganzheitlicher Sicht des Menschen, durch eine protestantische Arbeitsethik auf eine Verbesserung der Sittlichkeit hinzuwirken. Samir Akel zählt zu J.L. Schnellers pädagogischen Zielen neben der Erziehung zur Sauberkeit, zu Ausdauer und zur Konstanz bei begonnenen Arbeiten vor allem die Fähigkeit, sich Gruppen anzupassen und in ihnen Verantwortung zu übernehmen.[1062]

Die Gewöhnung der Schüler an die intendierten Verhaltensmuster konnte nach J.L. Schneller gelingen, wenn sie die Anstaltserziehung über längere Zeiten durchliefen, also während ihrer gesamten Jugend von den zumeist europäischen Erziehern gesteuert werden konnten. Der Erzieher sollte möglichst alle Einflüsse auf den Zögling kontrollieren können. Deshalb war es notwendig, den Aufbau der Ausbildung klar zu strukturieren und das Syrische Waisenhaus als Internat zu führen, in dem die Kinder bis zum 18. Lebensjahr blieben und die Volksschule sowie eine handwerkliche Ausbildung durchliefen.

[1059] Vgl. S. Hanselmann, *Deutsche evangelische Palästinamission*, 91–94.
[1060] Vgl. S. Akel, *Der Pädagoge und Missionar Johann Ludwig Schneller*, 79. Die Lehrpläne waren allerdings nicht letztgültig verbindlich, da das Konsistorium der württembergischen Landeskirche 1842 bestimmt hatte, dass die Ortsgeistlichen mit den Lehrern lokal angepasste Lehrpläne zu entwerfen hätten. Das war eine Anordnung, die auch auf die Palästina-Mission übertragen wurde.
[1061] Vgl. ebd., 78.
[1062] Vgl. ebd., 103.

Dass die Zöglinge damit gesellschaftlich und familiär – sofern noch Angehörige existierten – isoliert wurden, nahm das Syrische Waisenhaus billigend in Kauf. J.L. Schneller hielt seine Jugendlichen in Glauben und Arbeitsmoral nicht für ausreichend gefestigt genug und ihr potentielles Umfeld für zu problematisch, um sie früh in die Freiheit zu entlassen.

Zunächst durchliefen die Zöglinge die nach dem Vorbild der *Evangelischen Volksschule in Württemberg* organisierte Elementarschule, in der alle zwei Jahre die Klasse gewechselt wurde beziehungsweise neue Schüler eingeschult wurden. Der Klassenlehrer unterrichtete praktisch den gesamten Unterrichtsstoff für zwei Klassen. Das hatte den Vorteil, dass die Schule Fachlehrer und damit Kosten sparte. Für schwächere Schüler war dieses System nachteilig, war es ihnen doch nur alle zwei Jahre möglich, eine Klasse zu wiederholen. Die Elementarschule bestand zunächst aus vier Abteilungen (beziehungsweise Klassen), 1882 kam eine fünfte, 1885 eine sechste Abteilung hinzu. Die Leistung der Schüler wurde monatlich bewertet, am Ende jeden Schuljahres gab es am „Lokationstag" eine Abschlussprüfung, deren Ergebnis über die Versetzung der Schüler entschied.

Nach Abschluss der Elementarschule teilten sich die Ausbildungsgänge. Die begabtesten Lehrlinge wurden ab 1885 in das hauseigene „Seminar" - eine Art höhere Schule - geschickt, in der Lehrer und Evangelisten für die arabisch-evangelischen Gemeinden und die protestantischen Schulen ausgebildet wurden.[1063] Auch die Seminar-Ausbildung, die eine Lehre voraussetzte, war dem Beuggener Modell ähnlich. Allerdings legte J.L. Schneller bei den Aufnahmeprüfungen größeren Wert auf schulische Leistungen als dies sein Vorbild in Südbaden getan hatte.

Mit der Seminar-Ausbildung gelang es J.L. Schneller, die talentierten Schüler weiter an das Waisenhaus zu binden. Wie in Beuggen befanden sich auch in Jerusalem Lehrerausbildung und Schule unter einem Dach. Im Syrischen Waisenhaus wurden die Seminaristen ebenfalls zügig in die Lehre integriert, so dass sich ein Lerneffekt sowohl bei den Seminaristen als auch bei den Schülern einstellte. Dieses Modell wurde auch in den Werkstätten angewandt: Die aus Europa stammenden „Waisenhausgehilfen", zumeist gestandene Handwerker und Diakone, brachten den Zöglingen ihren Beruf bei.

Im Gegensatz zur Ausbildung in den Lehrerseminaren seiner württembergischen Heimat, erweiterte J.L. Schneller den traditionellen Fächerkanon (Theologie, Pädagogik, methodische und sachkundliche Fächer, Musik) um kaufmännische Elemente wie Buchführung, Korrespondenz und die praktische Mitarbeit im Handelskontor des Waisenhauses. Dank dieser zusätzlichen Kurse erhielten die Pädagogen auch Verwaltungskenntnisse – und die Absolventen, die doch nicht den Lehrerberuf ergriffen, konnten sich mit einer soliden Ausbildung erfolgreich in anderen Branchen bewerben. Zudem bot J.L. Schneller den Schülern, denen er ein Hochschulstudium zutraute, Englisch- und Französischkurse an. Das Seminar besaß drei Jahrgänge für Schüler im Alter zwischen 15 bis 18 Jahren und schloss mit einer Diplomprüfung ab.

[1063] Vgl. ebd., 80 f.

Den besten Schülern diente das Seminar zur Vorbereitung eines Studiums, das zumeist an der besten, von amerikanischen Presbyterianern gegründeten Hochschule des Nahen Ostens, der American University in Beirut absolviert wurde. Damit war der erste Schritt zur Schaffung einer protestantischen Bildungsschicht getan. Zu den bedeutendsten Absolventen des Seminars zählten der Arzt und Volkskundler Dr. Taufik Canaan, der erste Bischof der ELCJ, Dr. h.c. Daoud Haddad sowie der Gouverneur von Haifa, Dschirius Chury.[1064]

Der alternative Bildungsgang war eine handwerkliche, kaufmännische oder landwirtschaftliche Ausbildung, die mit der Gehilfen-Prüfung abgeschlossen wurde. Talentierte arabische Handwerker wurden nicht selten zur weiterführenden Ausbildung beziehungsweise zur Meisterprüfung nach Deutschland geschickt. So konnte ein hohes technisches Niveau in den Werkstätten erreicht werden. Die Vielfalt der Werkstätten und damit der Ausbildungsberufe im Syrischen Waisenhaus war bemerkenswert. In der ersten Hälfte des 20. Jahrhunderts umfasste das Syrische Waisenhaus eine Blindenwerkstatt, eine Druckerei, eine Schlosserei, eine Schneiderei, eine Schreinerei, eine Schuhmacherei, einen Kachelofenbau, eine Ziegelei, einen Fuhrbetrieb, ein Kraft- und Pumpwerk, einen Baumaschinenbetrieb, einen Stadt- und einen Anstaltsladen für die im Syrischen Waisenhaus hergestellten Produkte, eine Buchhandlung sowie eine Kunsttöpferei.

Zudem eröffneten die Schnellers 1902 eine Blindenschule, um die behinderten Kinder, die in ihrer Gesellschaft normalerweise keine Ausbildung erhalten hätten, vor der Verelendung zu bewahren. Aus diesem Arbeitszweig erwuchs eine eigene Blindenanstalt mit Schule, Blindendruckerei und Blindenindustriesaal, der von dem in Deutschland zum Blindenlehrer ausgebildeten, selbst sehbehinderten Libanesen Solami erfolgreich geleitet wurde.

Auch wenn sich das Syrische Waisenhaus vorwiegend um die Betreuung männlicher Zöglinge bemühte, wurde 1869 ein eigenes *Mädchenhaus* gegründet, das bis in die Zeit des Zweiten Weltkriegs Bestand hatte. Die eigentliche Betreuung des weiblichen Nachwuchses oblag jedoch der 1851 von der Kaiserwerther Diakonie gegründeten, fünf Jahrzehnte lang von der tatkräftigen Diakonisse Charlotte Pilz geleiteten Mädchenschule *Talitha Kumi*, deren Geschichte bisher noch nicht abschließend erforscht ist.[1065]

Die schulische Ausbildung erfolgte im Syrischen Waisenhaus koedukativ, was weniger auf progressive pädagogische Ideen als pragmatisch auf mangelnde Lehrkräfte zurückzuführen ist. Die Mädchen erhielten zusätzliche Kurse in Hauswirtschaft und Handarbeit, aber keine handwerkliche oder kaufmännische Ausbildung. Das traditionelle Frauenbild wurde von der pietistischen Bildungseinrichtung also konserviert.

[1064] Weitere erfolgreiche Absolventen während der Mandatszeit nennt G. Kampffmeyer, „Bericht über meinen Studienaufenthalt in Palästina", in: *Mitteilungen des Seminars für Orientalische Sprachen zu Berlin, Abt. 2, Westasiatische Studien*, 37 (1934), 143–160, hier: 152 f.

[1065] Vgl. dazu J.E. Eisler, „Charlotte Pilz und die Anfänge der Kaiserswerther Orientarbeit", in: A. Nothnagle/H.-J. Abromeit/F. Foerster (Hgg.), *„Seht, wir gehen hinauf nach Jerusalem."*, 78–95.

In den 1920er Jahren betreute das Syrische Waisenhaus im Knabenwaisenhaus mit vier Unteranstalten bis zu 300 Zöglinge, im Mädchenwaisenhaus bis zu 100 Mädchen, im Blindenheim etwa 50 Schüler. Außerdem unterhielt es ein Kinderheim für nicht-schulpflichtige Kinder, das Seminar, den Werkhof mit seinen Werkstätten, das Lehrlingsheim für die Auszubildenden und ein Gesellenheim für die berufstätigen Gesellen sowie eine arabisch-evangelische Gemeinde, die in der Kapelle des Waisenhauses ihre Gottesdienste feierte.[1066]

Die Vielfalt des handwerklichen Angebots schlug sich im wirtschaftlichen Erfolg nieder. Durch die Mitarbeit der Zöglinge in den landwirtschaftlichen und handwerklichen Betrieben verfolgte das Syrische Waisenhaus auch eigennützige Motive, konnten doch so die Ausgaben durch billige Arbeitskräfte minimiert und ein Beitrag geleistet werden, dass sich die Anstalten selber trugen. Auch hier zeigt sich ein Gedanke Zellers, der ja mit Landwirtschaft und Handwerksbetrieben die Armenschule in Beuggen wirtschaftlich absicherte.

Wie der Leiter des Orientalischen Seminars an der Berliner Universität, Professor Dr. Georg Kampffmeyer während eines längeren Studienaufenthalts Anfang der 1930er Jahre beobachtete, hatten sich diese Erziehungsgrundsätze bis in die Mandatszeit nicht wesentlich geändert.[1067]

Neben den erzieherischen und pragmatisch-ökonomischen Motiven findet sich bei J.L. Schneller eine harsche Kritik an der Arbeitseinstellung der Araber. Aus heutiger Sicht lässt sich nicht eindeutig feststellen, ob die Kritik der Realität entsprach oder ob sich in J.L. Schnellers Sicht der Dinge ein Hang zur kulturellen Überlegenheit spiegelte – wie er sich übrigens bei vielen Palästina-Missionaren findet. J.L. Schneller konstatierte bei den Arabern einen Hang zum Müßiggang, dem er mit paternalistischer Strenge entgegenwirkte. So wollte er seine Zöglinge so auf das Leben vorbereiten: „Arbeit, Arbeit ist's vor allem, was wir diesem Volke außerdem noch beibringen müssen. Wofür lehren wir die Kinder, wenn wir sie nicht in den Stand setzen, hernach mit Ehren ihr eigen Brot zu essen? Sollten wir etwa Bettler erziehen? Wofür lehren wir sie evangelische Erkenntnis und Religionsübung? Sollten wir etwa flaue, fromme Schwätzer erziehen? Darum haben wir festgesetzt, dass kein Zögling ordnungsgemäß unser Haus vor vollendetem 18. Lebensjahr verlassen darf. Wollte man uns die Hand- und Berufsarbeit in unserem Erziehungsplane streichen, so würden wir unsere Waisenhäuser schließen."[1068]

In der Durchsetzung seiner Erziehungsziele war J.L. Schneller kompromisslos. Wer von den Schülern gegen die Hausregeln verstieß, wurde bestraft. Selbst körperliche Züchtigungen waren keine Seltenheit. Die schwerste Bestrafung war die Entlassung aus der Anstalt.[1069] Davon waren praktisch nur die sogenannten *Knabenschänder* betroffen, die nach J.L. Schnellers Schätzungen fast ein Drittel der Zöglinge aus-

---

[1066] Vgl. L. Schneller, *Das Syrische Waisenhaus in Jerusalem*, 10.

[1067] Vgl. G. Kampffmeyer, „Bericht über meinen Studienaufenthalt in Palästina. April - September 1934", 146–156.

[1068] Zitiert nach L. Schneller, *Vater Schneller. Ein Patriarch der Evangelischen Mission im heiligen Lande*, 109.

[1069] Vgl. S. Akel, *Der Pädagoge und Missionar Johann Ludwig Schneller*, 112.

machten. Sie wurden der fortwährenden Kontrolle der Erzieher unterstellt und streng gemaßregelt. Was J.L. Schneller genau unter „Knabenschänderei und Sodomiterei, an denen die Völker des Orients sich zu Grunde richten"[1070] verstand, lässt sich nur annäherungsweise deuten. Es könnte sich nach Schnellers Schilderungen um einen sexuellen Missbrauch der Knaben durch Angehörige ihrer Umwelt gehandelt haben. Die missbrauchten Kinder schienen sich nach J.L. Schnellers Beobachtung aufgrund dieses schockierenden Erlebnisses wiederum an anderen Kindern in den Anstalten sexuell vergangen zu haben. Es könnte sich aber auch um eine anstaltstypische Form der Homosexualität gehandelt haben, mit der die pubertären Zöglinge ihre erwachende Sexualität auf Grund der fehlenden Möglichkeit, heterosexuelle Erfahrungen zu sammeln, kompensierten. Da psychotherapeutische Methoden nicht bekannt waren, wurden die auftretenden Probleme ausschließlich disziplinarisch gehandhabt.

Betrachtet man die Schnellerschen Anstalten unter sozialgeschichtlichen Gesichtspunkten, so zielte ihre Arbeit – auch hier Zellers Konzeption ähnlich – auf die Bildung einer christlichen Facharbeiter- und Handwerkerschicht, später auch einer bürgerlichen Mittelschicht. Um die zweite Zielsetzung verwirklichen zu können, nahm J.L. Schneller seit den 1870er Jahren vermehrt Kinder aus sozial besser gestellten Familien auf. Sie sollten zum „Sauerteig"[1071] der Anstalten werden, also die sozialschwachen Zöglinge positiv beeinflussen, das Bildungsniveau heben und langfristig dank ihrer Bildung und ihres sozialen Engagements einen Beitrag zur Verbesserung der Lebensverhältnisse der einheimischen Bevölkerung leisten. Aus dem Waisenhaus wurde also bereits nach kaum zehn Jahren eine Schichten übergreifende Bildungsanstalt.

Ein Unterschied zum Beuggener Vorbild darf in diesem Zusammenhang nicht übersehen werden: Wer das Syrische Waisenhaus durchlaufen und eine Handwerksausbildung erhalten hatte, war im Palästina des 19. und des frühen 20. Jahrhunderts unvergleichlich privilegiert und besaß große wirtschaftliche Chancen. Ein Zögling des Syrischen Waisenhauses besaß damit mit hoher Wahrscheinlichkeit sogar größere gesellschaftliche Aufstiegsmöglichkeiten als ein Beuggen-Absolvent.

Das Syrische Waisenhaus stand mit seiner pädagogischen Ausrichtung im Kontext eines umfassenden Transformationsprozesses, der im 19. Jahrhundert vor allem von den europäischen Missionsschulen protestantischer, katholischer und auch orthodoxer Konfession vorangetrieben wurde. Sie führten im Nahen Osten pädagogische Neuerungen wie eine methodisch orientierte Bildung und neue Schulformen wie das Gymnasium beziehungsweise das Lyceé ein. Damit leisteten die Missionsschulen einen erheblichen Beitrag zur Modernisierung der Region. Das Syrische Waisenhaus tat dies mit einem von der Baseler Erweckungsbewegung inspirierten, strukturell konservativen Bildungs- und Gesellschaftskonzept. Somit lässt sich Kuhns These von der Ambivalenz der Erweckungsbewegung im Kontext der Palästina-Mission bestätigen.

[1070] So. J.L. Schneller, *11. Jahresbericht*, Basel 1972, 8 – zitiert nach S. Akel, *Der Pädagoge und Missionar Johann Ludwig Schneller*, 111.
[1071] Vgl. ebd., 70.

5.4.3 Scheitern und Erfolg auf missionarischem Gebiet

Indirekte Mission

Schon nach wenigen Jahren musste Johann Ludwig Schneller feststellen, dass Massenkonversionen unter seinen Schülern ausblieben. Auch sein Sohn Ludwig erlebte als Missionsleiter des Jerusalemsvereins (JV) in der Region Bethlehem (1884–1886) die Aussichtslosigkeit der Arabermission, was auch im JV dazu führte, die Missionierung der Muslime für wenig aussichtsreich anzusehen.[1072]

Die Schnellerschen Anstalten gaben die Mission im eigentlichen Sinne daher schon nach kurzer Zeit auf und konzentrierten sich auf die christliche Erziehung und die Förderung einer christlichen Mittelschicht.[1073] Insofern versuchten das SyrW bis in die Zwischenkriegszeit hinein, die freiwillig zu ihnen kommenden Muslime zu beeinflussen, drängten aber keinen ihrer Schüler zum Übertritt. Ludwig Schneller verzichtete im Gegensatz zu anderen Missionsgesellschaften auch darauf, die muslimischen Mitarbeiter nach Dienstschluss zu Andachten oder Missionsstunden zu verpflichten.

Nicht nur die direkte Mohammedanermission war gescheitert, auch die Erneuerung der morgenländischen Christenheit durch eine reformatorische Verkündigung des Wortes Gottes im Gewande der Erweckungsbewegung hatte sich als erfolglos erwiesen. Nach Ludwig Schnellers Erfahrungen in Bethlehem interessierten sich einheimische Angehörige der orthodoxen und orientalischen Kirche oft nur dann für einen Übertritt zum Protestantismus, wenn sich dieser Schritt auch materiell lohnte.[1074] Das lehnte L. Schneller ab – ganz im Gegensatz zu seinem von 1860 bis 1884 amtierenden Vorgänger als JV-Leiter in Bethlehem, Diakon Samuel Müller, der bereits mit der ersten Chrischona-Gruppe ins Land gekommen war, dann als Missionar bei der anglikanischen *Church Missionary Society* gearbeitet hatte und in diesem Sinne auch in Bethlehem mehr oder weniger erfolglos evangelisierte.[1075]

Aus Sicht der Schnellers hatte das Scheitern der Mission folgende Gründe:

– *Erstens* war das Überlegenheitsgefühl des Islams gegenüber dem Christentum stark ausgeprägt. Das Selbstbewusstsein resultierte politisch aus der jahrhundertelangen muslimischen Herrschaft im Orient. Theologisch verstand sich der Islam als letzte und abschließende Offenbarungsreligion.

– *Zweitens* waren die einheimischen Kirchen aus Sicht der Muslime moralisch verdorben, weil sie sich in einem ständigen Streit um die Heiligen Stätten befanden. Diese innere Spaltung beziehungsweise die mangelnde Geschlossenheit nach außen sprach für viele Muslime gegen eine Hinwendung zum Christentum.

[1072] Vgl. M. Raheb, *Das reformatorische Erbe*, 87 f. Vgl. für den Bereich des JV von Oertzens Bericht an den JV-Vorstand vom 28.6.1928 und die Kommentierung durch H. Moderow am 18.10.1928, JVA B 556.

[1073] Vgl. L. Schnellers Grundsatzaufsatz „Die Missionsaufgabe des Syrischen Waisenhauses", in: *BaZ* 52. Jg., Heft 3 (1936), 359–364.

[1074] Vgl. L. Schneller, „Die Missionsaufgabe des Syrischen Waisenhauses", 363.

[1075] Zu S. Müller vgl. F. Foerster, *Mission im Heiligen Land*, 39, 63, 76–78.

– *Drittens* hatte die imperiale Politik der christlichen Großmächte, zu denen L. Schneller das Deutsche Reich allerdings nicht zählte, eine ebenso abschreckende Auswirkung auf die Muslime.

Das entscheidende Hindernis für den Religionswechsel war jedoch die soziale und wirtschaftliche Diskriminierung der Konvertiten durch ihre Familien und ihre alten Religionsgemeinschaften. Während in der Zeit des Osmanischen Reichs die Konversion eines Muslim zum Christentum unter Androhung der Todesstrafe verboten war, gab es in der Mandatszeit zwar formal Religionsfreiheit. Doch die gesellschaftlichen Sanktionen bestanden weiter fort. Die Schnellers wussten genau, welch weitreichende soziale und politische Konsequenzen jeder direkte Missionsversuch auch in der Zwischenkriegszeit gehabt hätte. Sie wussten, dass ein direkter Missionsversuch publik werden und der Mufti von Jerusalem allen Muslimen des Landes untersagen würde, ihre Kinder weiter im Syrischen Waisenhaus erziehen zu lassen. „Damit wäre uns dann auch der einzige Weg verschlossen, der uns offen steht." [1076] Die indirekte Beeinflussung der jungen Muslime in der Missionsschule war für L. Schneller der „einzige, letzte und allein wirksame Weg der Muhammedanermission".[1077]

Die soziale Diskriminierung erlebten auch die aus den Ostkirchen zum evangelischen Glauben übergetretenen Absolventen. Sie entzogen sich diesem Druck häufig durch Auswanderung – vor dem Ersten Weltkrieg besonders ins aufstrebende Ägypten, aber auch in den Sudan, die europäischen Kolonien Ostafrikas oder nach Amerika. Im Ausland hatten es die Konvertiten leichter, sich protestantischen Gemeinden anzuschließen und ihren Glauben zu leben.[1078]

Die Bedeutung der Konfirmation

Der Übertritt eines arabischen Christen aus einer der traditionellen Kirchen des Landes zum Protestantismus geschah in der Regel bei der Konfirmation. Der zeitgenössische Beobachter Klaus Thomas notierte 1940 zutreffend: „Die Bitte um die Einsegnung kommt einem Übertritt in die evangelische Kirche gleich." [1079] Die Konfirmation spielte für die Bewertung des „Missionserfolges" eine wesentlich wichtigere Rolle als die Taufe: Bis 1911 hatten das Syrische Waisenhaus 1.169 Zöglinge durchlaufen, von denen sich nur 11 taufen, aber 376 konfirmieren ließen. Von den Konfirmierten stammten 171 aus der protestantischen, 151 aus der griechisch-orthodoxen, 24 aus der katholischen, 21 aus der gregorianischen Kirche und 9 aus anderen orientalischen Kirchen.[1080]

Über Jahrzehnte wurden die Zöglinge nach Beendigung der Schule im Alter von etwa 15 Jahren konfirmiert. In der Mandatszeit geschah der Übertritt der morgenlän-

---

[1076] L. Schneller, „Die Missionsaufgabe des Syrischen Waisenhauses", 362.
[1077] So L. Schnellers Ausführungen im Protokoll der SyrW-Vorstandssitzung Nr. 229 – 9.3.1937, LKA Stuttgart K 8/8.
[1078] Vgl. J. Richter, *Mission und Evangelisation im Orient*, Gütersloh 1908, 193.
[1079] K. Thomas, *Deutschtum in Palästina*, Diss. phil. Universität Berlin 1940, 256.
[1080] Vgl. M. Raheb, *Das reformatorische Erbe*, 74–76.

dischen Christen zur evangelischen Kirche frühestens im Alter von 17–18 Jahren, also bei der Schulentlassung durch die Konfirmation.

In der Zwischenkriegszeit wurde das Konfirmationsalter heraufgesetzt, um die Zöglinge stärker an die Anstalten zu binden und die wachsende evangelisch-arabische Gemeinde zu stärken. Manche Absolventen wurden gar erst in der Verlobungsphase mit Anfang 20 konfirmiert. Damit erschien die Ernsthaftigkeit der Entscheidung gewährleistet, die sich auf die Konfession der künftigen Familie auswirkte.[1081] Wegen des ungewöhnlichen Alters und der fehlenden Eltern erhielten die Waisenkinder seit den Zwischenkriegsjahren einen sogenannten „Konfirmations-Paten". Das waren zumeist ältere Gemeindeglieder, die die Konfirmierten bei ihrem Erwachsenwerdungsprozess begleiteten. So wurde ein dichtes Beziehungsnetz in den evangelisch-arabischen Gemeinden gespannt. Außerdem bemühte sich das SyrW durch spezielle geistliche Abendangebote um eine weiterführende Betreuung der Konfirmierten.[1082] Insgesamt wurden in der Zwischenkriegszeit rund 230 Menschen konfirmiert.

Die Konfirmation war also in einem ganz anderen Sinne als in Deutschland Passageritus. Es war für viele Zöglinge der Schlussstein der Ausbildungszeit im Syrischen Waisenhaus: Die religiöse Festlegung und der durch eine gute Ausbildung gesicherte erfolgreiche Berufseinstieg gingen Hand in Hand.

Dass die Waisenkinder überwiegend getaufte Christen aus der Griechisch-Orthodoxen, der Griechisch-Katholischen oder der Römisch-Katholischen Kirche waren, brachte ihm harsche Kritik dieser Kirchen ein, die dazu führte, dass in der Anfangsphase einzelne Kinder sogar mit Polizeigewalt aus dem Waisenhaus abgeholt wurden. Von der Proselytenmacherei unter den Kirchen des Ostens verabschiedete sich das Syrische Waisenhaus auch in der Mandatszeit nicht.

Weiterbildung und fehlender geistlicher Nachwuchs

Es ist ein bezeichnendes Beispiel für das verbreitete Autonomiebedürfnis der Missionsgesellschaften gegenüber der verfassten Kirche, dass das Syrische Waisenhaus nicht nur eigenständig Evangelisten, Prediger und Pastoren für seine arabisch-evangelische Hausgemeinde ausbildete, sondern auch über die Ordination dieser Kandidaten entschied. In der Zeit bis zum Ersten Weltkrieg fand die geistliche Ausbildung vor allem im Syrischen Waisenhaus selbst, in der Zwischenkriegszeit für begabte Kandidaten auch in Europa statt.

Für das Syrische Waisenhaus, aber auch für den Jerusalemsverein, war es in der Zwischenkriegszeit schwierig, qualifizierten geistlichen Nachwuchs zu finden. Mit Bedauern stellte die Direktion in Jerusalem beispielsweise 1928 fest, dass sich 42 junge arabische Christen zur Konfirmation gemeldet hätten, die Stelle eines arabischen Pastors aber weiter unbesetzt war. Die geistliche Betreuung übernahmen zeitweise der dänische Pastor Nielsen, der ebenso wie Oberlehrer Elias N. Haddad und

---

[1081] Vgl. die Artikel „Konfirmation", „Konfirmandenpaten" und „Unsere arabische Missionsgemeinde", in: *BaZ* 34. Jg., Heft 2 (1938), 154 f.

[1082] Vgl. den Artikel „Die geistliche Pflege der Konfirmierten", in: *BaZ* 49. Jg., Heft 1 (1933), 23.

H. Schneller die arabischen Gottesdienste hielt sowie der von der Baseler Mission empfohlene württembergische Missionar Jakob Bizer.

In der Mandatszeit erkannte der damalige Direktor in Jerusalem, Hermann Schneller, weitsichtig, dass mittelfristig mindestens vier gut ausgebildete, junge arabische Pastoren für die Versorgung der vom SyrW und JV aufgebauten arabisch-evangelischen Gemeinden in Palästina benötigt würden.[1083] 1933 schien mit Kamil Chalil Musallam ein geeigneter Kandidat gefunden. Der am 19.4.1913 geborene Musallam stammte aus dem Dorf Zabade bei Jenin und kam als Waisenkind im Oktober 1922 ins Syrische Waisenhaus. Dort durchlief er in vier Jahren sieben Schulklassen und wurde auf Grund seines offensichtlichen Talents 1925/26 in die Präparandenklasse aufgenommen. 1931 erhielt er das Lehrerdiplom und unterrichtete in den folgenden zwei Jahren im Galiläischen Waisenhaus in Nazareth.

Da er sich dort bewährte, entschied der Vorstand 1933, Kamil Chalil Musallam zwei Jahre lang an der Theologischen Schule Bethel zum Pastor ausbilden zu lassen. Nach seiner Rückkehr sollte er die arabische Waisenhausgemeinde übernehmen. Da sich Musallam bei genauerer Begutachtung jedoch als weniger begabt erwies als zunächst angenommen, wurde am 1.12.1933 zwischen dem Syrischen Waisenhaus und Musallam ein Ausbildungsvertrag über eine zweijährige Ausbildung an der Missionsschule in Basel abgeschlossen. Musallam verpflichtete sich, nach seiner Rückkehr sechs Jahre lang für das Syrische Waisenhaus zu arbeiten und die vorgestreckten Ausbildungskosten durch einen monatlichen Gehaltsabschlag zurückzuzahlen. Sollte sich der Kandidat nach sechs Jahren bewährt haben, wollte ihm der SyrW-Vorstand ein Viertel der Studiengebühren erlassen.

Doch auch das Studium an der Baseler Missionsschule überforderte den arabischen Lehrer. Musallam erwies sich als unbeständiger und eitler Student, der nach verschiedenen Auseinandersetzungen mit den Baseler Dozenten 1936 nach Jerusalem zurückbeordert,[1084] aber trotz seiner abgebrochenen Ausbildung als Prediger in den arabischen Anstaltsgottesdiensten eingesetzt wurde. In seinem Lebenslauf gab er an, 1936 mit 15 anderen Seminaristen ein Examen abgelegt zu haben, was allerdings andere Quellen nicht belegen.[1085]

Musallam galt als anspruchsvoll, selbstgefällig, beklagte sich über das seiner Ansicht nach zu geringe Gehalt und eine unangemessene Wohnung. Während er im Religions- und Konfirmandenunterricht Talent zeigte, unterliefen ihm nach Ansicht

---

[1083] Vgl. das Protokoll der SyrW-Vorstandssitzung Nr. 208 – 14.6.1933, LKA Stuttgart K 8/8.

[1084] Vgl. den Vermerk H. Schnellers vom 5.9.1935, LKA Stuttgart K 8/143, in dem er auch festhielt, dass Musallam nur deshalb ausgewählt wurde, weil es keinen besseren gegeben habe.

[1085] Vgl. den Lebenslauf Kamil Chalil Musallams vom 16.2.1939, EZA 56/100 und den von H. Schneller unterzeichneten SyrW-Personalbogen vom 13.12.1937, LKA Stuttgart K 8/136. In seinem Lebenslauf verschweigt Musallam sein Scheitern in Europa. Dass er – wie im Lebenslauf angegeben – 1936 das Examen mit 15 anderen Missionsseminaristen bestanden hat, geht aus dem von H. Schneller unterzeichneten Personalbogen vom 13.12.1937, LKA Stuttgart K 8/136 nicht hervor, könnte aber zutreffen. Richtig ist jedoch, dass er am 12.2.1936 nach Palästina zurückkehrte und ab 1.3.1936 als Prediger und Religionslehrer in der Anstaltskirche und für die arabische Gemeinde des Waisenhausbezirks tätig war. Die Konflikte mit dem SyrW-Vorstand beziehungsweise der Jerusalemer Direktion (s.u.) verschwieg er ebenfalls.

von H. Schneller beim Predigen viele Flüchtigkeitsfehler. Als er trotz seines wenig erfolgreichen Ausbildungsganges – Oberlehrer Elias N. Haddad kritisierte sogar sein schlechtes Arabisch –, auf eine baldige Ordination drängte und sich weigerte, das für ihn ausgelegte Studiengeld zurückzuzahlen, entschied sich der Vorstand, ihn ziehen zu lassen. 1937 empfahl H. Schneller dem Vorstand, Kamil Musallam „keinesfalls" zur Ordination zuzulassen, da er aufgrund seiner Persönlichkeit „niemals zum inneren Aufbau unserer Missionsanstalt beitragen" könne.[1086] Da jedoch Alternativen fehlten, dauerte es bis zum Frühjahr 1939, ehe Musallam entlassen wurde.[1087]

Wesentlich erfolgreicher verlief die Entsendung von Daoud Haddad, den H. Schneller als einen charakterlich „ganz anderen Mensch[en]"[1088] beschrieb. Haddad ging im Vergleich zu Musallam den umgekehrten Weg. Er wurde zunächst nach Basel gesandt, fühlte sich aber in der internationalen Atmosphäre des Missionshauses nicht wohl, verstand das Schweizerdeutsch nicht und klagte über die teuren Lebenshaltungskosten. Im pro-deutschen Geiste erzogen, verunsicherte ihn die ablehnende Haltung der Schweizer gegenüber dem Dritten Reich – ein Problem, mit dem auch Musallam zu kämpfen gehabt hatte. Er wollte „in Deutschland unter Deutschen sein", war neugierig auf das Land der Schnellers und der „nationalen Bewegung". Der Vorstand genehmigte den Umzug nach Deutschland. Es belegt die kulturelle Arroganz der Schnellers, dass sie den 2007 verstorbenen Daoud Haddad, der zu einer der prägenden Figuren seiner Kirche im 20. Jahrhundert werden sollte, nur eine „mittlere Begabung" zuschrieben und ihn deshalb zum Studium nicht nach Bethel, sondern nach Neuendettelsau schickten.[1089] Es war für den SyrW-Vorstand vorteilhaft, dass ein Studium in Deutschland keine Devisen verschlang und Neuendettelsau als lutherische Hochburg eine solide, konservative Ausbildung garantierte. Dort wurden beispielsweise auch die Prediger für die evangelischen Gemeinden in Siebenbürgen geschult – kurz: die Ausbildungsstätte in der fränkischen Provinz schien der richtige Ort für den zukünftigen Kopf der arabisch-evangelischen Gemeinden zu sein. Im persönlichen Gespräch mit Daoud Haddad konnte man noch in seinen letzten Lebensjahren erleben, wie sehr ihn seine Zeit in Neuendettelsau geprägt hatte. Mit Begeisterung und Stolz blickte er auf seine Studienjahre zurück, die seine lutherischen Überzeugungen nachhaltig vertieft haben. 1979 wurde Haddad zum ersten Bischof der aus der deutschen Palästina-Mission erwachsenen *Evangelisch-Lutherischen Kirche von Jordanien* (ELCJ) gewählt. Seine Lebensleistung besteht darin, die ELCJ nach innen aufgebaut, sie durch eine politisch turbulente Zeit geführt und ihr Gehör und Achtung im Konzert der etablierten Kirchen Jerusalems verschafft zu haben.[1090]

[1086] Vgl. den von H. Schneller unterzeichneten Personalbogen vom 13.12.1937, LKA Stuttgart K 8/136.

[1087] Vgl. das Protokoll der SyrW-Vorstandssitzung Nr. 243 – 19.5.1939, LKA Stuttgart K 8/9.

[1088] So ein Vermerk vom 11.2.1936, LKA Stuttgart K 8/143.

[1089] Vgl. den Personalbogen zu Daoud Haddad vom 12.6.1936, LKA Stuttgart K 8/143.

[1090] Vgl. auch M. Raheb, *Das reformatorische Erbe*, 246, 248.

Jünglingsvereine

Da für die Zöglinge mit dem Ende der Ausbildung ein Abschied aus den Anstalten Realität wurde, bemühte sich Schneller um eine begleitende Betreuung der Abgänger, die das Waisenhaus im Alter zwischen 15 und 17 Jahren verließen. Sie waren jung, hatten zwar eine berufliche Bildung erhalten, besaßen aber keine finanziellen Rücklagen und als Waisenkinder keine oder nur entfernte Verwandte, die ihnen helfen konnten. Daraus ergaben sich grundlegende Schwierigkeiten: Alleinlebende Männer waren in der orientalischen Gesellschaft des 19. Jahrhunderts eine absolute Ausnahme. Familien-, Sippen- und Clanabhängigkeiten dominierten das soziale Leben. Kehrten die Waisenkinder in ihre Sippen zurück, bedeutete dies zugleich eine Rückkehr in ihre ursprüngliche Kirche. Da griechisch-orthodoxe und römisch-katholische Priester dem Protestantismus gegenüber feindlich gesonnen waren, war es für den Einzelnen praktisch ausgeschlossen, seine evangelische Prägung beizubehalten. Kehrte ein Absolvent in seine alte Umwelt zurück, verlor der protestantische Geist der Waisenhaus-Erziehung schnell an Bedeutung.[1091] Der Glaube protestantischer Prägung gewann keine tief gehende Bedeutung. Es blieb die Dankbarkeit für eine gute Ausbildung.

Der JV-Prediger Farhud Kurban beobachte 1912, dass viele konfirmierte Protestantinnen und Absolventen des Syrischen Waisenhauses mit der Eheschließung wieder in die orthodoxe Kirche zurückkehrten. Dabei spielten seiner Ansicht nach nicht selten finanzielle Anreize eine Rolle. Nahm sich ein junger Protestant eine orthodoxe Frau, so vermittelte ihm die Griechisch-Orthodoxe Kirche eine günstige oder gar freie Wohnung und lockte mit einer herabgesetzten Millet-Steuer.[1092]

Um den Kontakt mit den Abgängern zu halten, entwickelte J.L. Schneller verschiedene Modelle: In der Anfangszeit bemühte er sich darum, die Ehemaligen zweimal im Jahr zu besuchen, ihnen seelsorgerlich und beratend zur Seite zu stehen.

1866 rief Schneller den *Verein der Jünglinge des Syrischen Waisenhauses und anderer in Jerusalem* ins Leben. Diese Idee scheint dem Baseler Umfeld entlehnt worden zu sein, denn bereits 1825 hatte Spittler in Basel einen *Evangelischen Jünglingsverein* gegründet, in dem sich christliche Handwerksgesellen trafen und aus dem sich Anfang der 1830er Jahre die Pilgermission entwickelte.[1093] Der Jerusalemer *Jünglingsverein* sollte im ganzen Land Zweigvereine gründen, in denen das gesellige Leben und ein „biblisch christlicher"[1094] Geist gepflegt, dogmatisch-konfessionelle Streitigkeiten und politische Diskussionen allerdings unterlassen werden sollten. Aufnahme fand „jeder unbescholtene Christ"[1095] gleich welcher Konfession – ein Beleg für das ekklesiologische Desinteresse des Pietisten Schneller.

[1091] Vgl. M. Raheb, *Das reformatorische Erbe*, 71 f.

[1092] Vgl. den 2. Jahresbericht von Farhud Kurban vom Januar 1912, JVA B 411 – zitiert nach S. Hanselmann, *Deutsche evangelische Palästinamission*, 190 f.

[1093] Vgl. F. Foerster, „Mission in der Stille", 59 f.

[1094] Die Statuten des Jünglingsvereins sind abgedruckt im Anhang zu S. Akel, *Der Pädagoge und Missionar Johann Ludwig Schneller*, 206 f.

[1095] Ebd.

Ab den 1880er Jahren entwickelten sich die Zweigvereine in Jaffa und Jerusalem positiv; um die Jahrhundertwende entstanden in Kairo und Smyrna *Vergiß-mein-nicht-Vereine* mit einer ähnlichen Ausrichtung; Talitha Kumi gründete ab 1890 ähnliche Vereine für ihre Ehemaligen in Jerusalem, Jaffa und Ramallah und stellte eine Schwester zur Kontaktpflege ein.[1096]

In der Zwischenkriegszeit bildeten sich regional zwei Zentren heraus, in denen sich konfirmierte SyrW-Absolventen sammelten, die an ihrem evangelischen Glauben festhalten wollten: In den Städten Haifa, Nazareth und Jaffa, also im Norden und Westen des Landes, lebten rund 100 Lutheraner und im Bereich Jerusalem-Bethlehem weitere 200, die sich zumeist den JV-Gemeinden angeschlossen hatten.[1097]

Das SyrW gewann für die *Alumni*-Betreuung mit Sleman Abbud einen der aktivsten protestantischen Evangelisten. Er kümmerte sich mit großem Engagement um die weit verstreut lebenden Absolventen, von denen viele das Interesse am Protestantismus verloren hatten.

Die Absolventen, die sich den Ehemaligenorganisationen anschlossen, trafen sich mindestens einmal wöchentlich in ihrem Vereinslokal. Der engere Zirkel versammelte sich am Sonntagnachmittag zu erbaulichem Gesang, Gebet, Schriftlesung und Spaziergang, wie es in § 13 der Statuten hieß. Der Verein besaß einen sechsköpfigen Vorstand, der die Vereinsgeschäfte selbständig führte. In einem solchen Verein konnten die Waisenhaus-Zöglinge erstmals gesellschaftliche Verantwortung übernehmen und proto-demokratische Erfahrungen sammeln. Das bürgerliche Vereinswesen in Deutschland stand unübersehbar Pate. Der schwäbische Missionar hoffte, dass aus dem ersten Jünglingsverein in Jerusalem nach und nach Ableger in ganz Palästina und somit ein christliches Netzwerk entstünden. So sollten die Jugendlichen geistlich und moralisch stabilisiert werden. Am 1. Juli 1928 erschienen erstmals die unregelmäßig aufgelegten *Nachrichten aus dem Syrischen Waisenhaus*, die je zur Hälfte deutsch- und arabischsprachige Artikel meist aus der Feder von Hermann Schneller und Oberlehrer Elias N. Haddad sowie Fotos enthielten, um so den Kontakt zu den Absolventen zu halten, was sich auch ab dem dritten Heft im Untertitel „Ein Gruß aus der alten Heimat an alle ehemaligen Zöglinge" niederschlug.[1098]

Außerdem versuchte Schneller, evangelische Kolonien ins Leben zu rufen und begann, im Syrischen Waisenhaus eine kleine arabisch-evangelische Gemeinde aufzubauen.

Einen bemerkenswerten kirchlich-missionarischen Erfolg stellte die Gründung einer eigenen evangelischen Gemeinde in Chibre/Libanon durch ehemalige

---

[1096] Vgl. die Ausführungen bei S. Hanselmann, *Deutsche evangelische Palästinamission*, 187–193.

[1097] Vgl. M. Raheb, *Das reformatorische Erbe*, 158.

[1098] Für einen Hinweis auf entsprechende Anzeigen im *EGP*, 4. Jg. Nr. 8/1928, 32 und im *BaZ* 45. Jg, Heft 1 – April 1929, 26 in denen das Erscheinen der *Nachrichten aus dem Syrischen Waisenhaus* angezeigt wurde, danke ich Herrn Dipl.-Ing. Arno G. Krauß (Fellbach). Er und Herr Dr. Jakob Eisler haben mich auch darauf aufmerksam gemacht, dass die Hefte im *Institut für Auslandsbeziehungen* in Stuttgart überliefert sind. Im LKA Stuttgart finden sich dagegen nur wenige Exemplare aus den Jahren 1930–1939, LKA Stuttgart K8/908 und K8/909, zudem LKA 8/77 und 8/78. Vgl. auch M. Raheb, *Das reformatorische Erbe*, 158.

Schneller-Schüler dar.[1099] Da Chibre der Heimatort des Oberlehrers Haddad war, vertrat dieser bei der Einweihung der kleinen Kirche 1935 den SyrW-Verein. Als *Patengeschenk* brachte er eine Taufschale samt Taufkanne mit. Doch das Syrische Waisenhaus konnte diese Frucht seiner Missionsarbeit aus finanziellen und politischen Gründen nicht mehr ernten. Die Bitte von 88 ehemaligen Zöglingen, die neue Gemeinde als Zweigstation der Jerusalemer Anstalten anzuerkennen und entsprechend zu fördern, lehnte der SyrW-Vorstand ab. Er hatte Ende der 1930er Jahre mit Schulden zu kämpfen und befürchtete, dass eine mit Deutschland verbundene Gemeinde im französischen Mandatsgebiet politische Komplikationen provozieren könnte. Die kleine Gemeinde erhielt schließlich von den im Libanon aktiven amerikanischen Presbyterianern finanzielle Förderung. Auch als sich Mitte der 1930er Jahre eine kleine arabisch-evangelische Gemeinde aus ehemaligen Waisenhaus-Absolventen in Jaffa und Haifa mit 50 beziehungsweise 70 Gliedern bildete, konnte der Vorstand keine Hilfe gewähren. So scheiterte erneut die Realisierung eines lang gehegten missionarischen Projekts an wirtschaftlichen Hindernissen.

Das Projekt christlicher Absolventen-Kolonien in Palästina

Sehr viel weitreichender, aber letztlich erfolgloser als die Jünglingsvereine war Schnellers Vision einer christlichen Koloniegründung – eine Idee, die ebenfalls auf Zeller zurückging. In den Kolonien, für die Beuggen Modell stand, sollte „die arme, verwaiste und verwahrloste Jugend christlich erzogen" werden. So wollte Zeller einen Beitrag zur Volkserziehung und zur Bekämpfung der Armutserscheinungen der Frühindustrialisierung leisten.[1100]

Spittler entwickelte diese Ideen für Palästina weiter und gründete 1842 - nach Unterredungen mit dem Jerusalemer Bischof Gobat – in Basel einen Palästina-Verein mit dem Ziel, evangelisch-christliche Missionskolonien im Heiligen Land anzusiedeln. Sie sollten „Vorbild und Lichtquelle für ihre Umgebung"[1101] werden und „einen umfassenden segensreichen Einfluß" auf die nicht-christliche Bevölkerung ausüben.[1102] Spittler wollte mit den Missionskolonien „ganze Scharen von Evangelisten" in den Orient schicken, um auf den Spuren Jesu die einheimische Bevölkerung für das erweckte Christentum zu gewinnen. Der Palästinaverein in Basel hoffte, einen Teil der Massenauswanderung seiner Zeit nach Palästina umlenken zu können, um dort „eine Gemeinschaft wahrhaft frommer Handwerker und Ackerbauern [...]

[1099] Vgl. die Protokolle der SyrW-Vorstandssitzungen Nr. 194 – 5.11.1930 und Nr. 221 – 23.10.1935, LKA Stuttgart K 8/8 sowie den kurzen Artikel „Chibre", in: *BaZ* 51. Jg., Heft 3 (1935), 282 f.

[1100] So Ch.H. Zellers Ausführungen im *Monaths-Blatt von Beuggen* 11 (1839), 59 – zitiert nach Th.K. Kuhn, „Diakone im Schatten des Chiliasmus", 102 Anm.21.

[1101] So J. Kober, *Christian Friedrich Spittler's Leben*, Basel 1887, 144 – zitiert nach A. Carmel, *Christen als Pioniere im Heiligen Land*, Basel 1981, 24. Der Brief von A. Ostertag an Carl Josias von Bunsen vom 3. Juli 1842 über die Palästinakolonien sowie anderes relevantes Quellenmaterial ist ausführlich wiedergegeben bei A. Carmel, *Christen als Pioniere im Heiligen Land*, 44–54.

[1102] Vgl. die „Mitteilung des Palästinavereins in Basel an die Freunde Gottes", die am Gründungstag, dem Himmelfahrtstag 1842 erschienen – zitiert nach A. Carmel, *Christen als Pioniere im Heiligen Land*, 44–46.

in unabhängiger, freier evangelischer Kirchen- und Gemeindeverfassung" unter dem Schutz des preußischen Konsuls zu schaffen.[1103]

Der Gedanke, religiös oder national geprägte Kolonien zu gründen, war im 19. Jahrhundert weit verbreitet. Seit den 1840er Jahren plädierte der Nationalökonom Friedrich List für deutsche Siedlungen entlang der Donau bis in den Nahen Osten. Etwa zur gleichen Zeit setzte sich der preußische Militärberater in Istanbul, Helmuth Graf von Moltke, in der *Augsburger Allgemeinen Zeitung* – allerdings vergeblich – dafür ein, Palästina in ein christliches Staatswesen unter der Regentschaft eines christlichen Fürsten zu verwandeln.[1104] Wie schon erwähnt, bauten jedoch, wenn auch mit je eigener Motivation, die württembergischen Templer ab und die zionistischen Siedler in Palästina Kolonien auf.

Für Missionare wie Politiker besaßen Kolonien gleichgesinnter Menschen den Vorteil, eine ideologische, nationale oder religiöse Stabilisierung nach innen sowie eine gesellschaftliche Anziehungskraft nach außen und einen (land)wirtschaftlichen Erfolg durch autonome Produktionszyklen zu bewirken. Im Orient waren separate konfessionelle Einheiten aufgrund des Millet-Systems keine Seltenheit, denn als Minderheit mit religiösen und kulturellen Sonderrechten bildeten die Christen in den Städten häufig eigene Stadtviertel. Deshalb konnten die christlich-europäischen Visionäre davon ausgehen, dass derartige Kolonien gesellschaftlich akzeptiert worden wären.[1105]

Mit seiner Missionskolonie stand der Palästinaverein also in einer breiten Zeitströmung: Auch er wollte sich, wenn auch aus religiösen Gründen, die Massenmigration aus Deutschland zunutze machen. Doch die Hoffnung auf eine Masseneinwanderung evangelischer Christen in den Orient erfüllte sich nicht. Die Baseler Pilgermission hatte in ihrem idealistischen Eifer die politischen Rahmenbedingungen des Heiligen Landes unterschätzt. 1844 ließ der Orientalist und erste preußische Konsul in Jerusalem, Ernst Gustav Schultz, den Palästinaverein wissen, dass der Bau einer Kolonie nur genehmigt werde, wenn deren Bewohner osmanische Staatsbürger wären. Außerdem müssten sich die Siedler gegen Raubüberfälle selber schützen, weshalb der Diplomat empfahl, eine „Militärkolonie" zu bauen oder das Projekt aufzugeben: „Wenn also unter den Handwerkern, die sich Pilgermissionare nennen, viele furchtsame Schneider und krumme Schuster sind, die Frau und Kind mit nichts anderem verteidigen können als mit der Nähnadel und mit Pfriem und Spannriemen, so mögen sie doch in Basel bleiben und dort die schlechten Christen zum Herrn führen."[1106] So weitreichend die Ideen waren, so schwer fiel die Realisierung. Die Kolonie-Pläne wurden ad acta gelegt, der Baseler Palästinaverein aufgelöst.

[1103] Ebd., 45.

[1104] Vgl. H. Gründer, *Geschichte der deutschen Kolonien*, 19. Auszüge aus v. Moltkes Artikelserie finden sich in H. Gründer (Hg.), „. . . *da und dort ein junges Deutschland gründen*", 202–204.

[1105] Vgl. D. Chevallier, „Non-Muslim Communities in Arab Cities", in: B. Braudet/B. Lewis (Hgg.), *Christians and Jews in the Ottoman Empire. The Functioning of a Plural Society*, Bd. 2, New York – London 1982, 159–165. Vgl. auch den Artikel „Siedlung evangelischer Christen", in: *BaZ* 49. Jg., Heft 1 (1933), 23 f.

[1106] So der Brief Schultzes an den Spittler nahestehenden Rottweiler Pfarrer Philipp Wolff vom Januar 1844 – zitiert nach A. Carmel, *Christen als Pioniere im Heiligen Land*, 51.

Es dauerte bis in die 1870er Jahre, ehe Johann Ludwig Schneller die Kolonie-
Idee erneut an die christlich-erweckte Öffentlichkeit brachte. Allerdings war Schneller realistisch genug, Spittlers Idee zu modifizieren und die Kolonien vorrangig für
seine Waisenhauszöglinge zu planen. Wie Spittler hoffte auch Schneller auf Muster-
gemeinden, die mit erweckter Frömmigkeit, Arbeitsethik und Wirtschaftskraft den
Protestantismus unter der arabischen Bevölkerung attraktiv machen würden. Die von
Schnellers europäischen Mitarbeitern, den sogenannten Waisenhausgehilfen, geleiteten Kolonien sollten nicht nur die Waisenhaus-Zöglinge in der Spätpubertät geistlich und ökonomisch versorgen, sondern auch zum Schlüssel für eine zivilisatorische
Erschließung des Landes werden und eine breite volksmissionarische Offensive in
Gang setzen. Nach und nach entstünde ein Netz an evangelischen Kolonien und Gemeinden mit dem Jerusalemer Waisenhaus als Ausgangspunkt.[1107] Langfristig würde daraus eine arabische Nationalkirche entstehen, die in das anglikanische – oder
später in ein deutsches – Bistum hätte eingegliedert werden können.[1108]

Im Jahresbericht des Syrischen Waisenhauses von 1872 skizzierte J.L. Schneller
erste Pläne, die auch generative Aspekte umfassten. Er regte an, dass die männlichen Waisenhaus-Zöglinge die Absolventinnen von Talitha Kumi oder des vom
Jerusalemsverein unterhaltenen Armenischen Waisenhauses in Bethlehem heiraten
sollten, um so den Fortbestand evangelischer Gemeinden zu sichern.[1109]

In dem wohl 1876 publizierten, siebenseitigen Flugblatt *Waisenhaus-Colonien
im heiligen Land. Nachrichten und Bitte an die Freunde des Reichs Gottes* legte
J.L. Schneller der interessierten Öffentlichkeit erstmals ein umfassendes Programm
vor.[1110] Das Flugblatt ist eine bemerkenswerte Quelle. Sie enthält in nuce Schnellers
– an Zellers und Spittlers Denken geschulte – theologische Deutung der Geschichte
und der Politik sowie einige bilanzierende Sätze zur Arbeit des Waisenhauses nach
16 Jahren.

Schon der Untertitel der Broschüre offenbart die frömmigkeitsgeschichtlichen
Wurzeln des Patriarchen der Palästinamission: Die Adressaten sind erweckte Christen und die Realisierung der *Waisenhaus-Colonien im heiligen Land* ist ein Dienst
am Reich Gottes.

Nach einer heilsgeschichtlichen *Tour d'Horizon* durch 2.000 Jahre Palästina
nannte Schneller zwei theologische Gründe, weshalb das Heilige Land unter islamischer Herrschaft stehe:

[1107] Vgl. auch S. Akel, *Der Pädagoge und Missionar Johann Ludwig Schneller*, 93–96 und M. Raheb,
Das reformatorische Erbe, 71–73.

[1108] Vgl. die Ausführungen bei M. Lückhoff, *Anglikaner und Protestanten im Heiligen Land*, 238 f.

[1109] Vgl. M. Raheb, *Das reformierte Erbe*, 73. Vgl. zu dem evangelischen Waisenhaus in Bethlehem
A.-R. Sinno, *Deutsche Interessen in Syrien und Palästina*, 132–137.

[1110] Vgl. J.L. Schneller, *Waisenhaus-Colonien im heiligen Land. Nachrichten und Bitte an die Freunde des Reichs Gottes*, Schorndorf o.J. – abgedruckt im Anhang zu S. Akel, *Der Pädagoge und
Missionar Johann Ludwig Schneller*, 183–189. Auch wenn der Nachdruck keine Jahreszahl enthält, so darf man das Dokument etwa auf das Jahr 1876 datieren. Schneller spricht auf der zweiten
Seite davon, dass er seit 16 Jahren in öffentlichen Berichten - damit dürften die Jahresberichte gemeint sein - für eine verstärkte Unterstützung der Christen im Heiligen Land geworben habe. Da
Schneller seit der SyrW-Gründung 1860 Jahresberichte verfasste, spricht dies für 1876.

Erstens sei das Volk Israel von Gott verworfen worden, weil es nicht Jesus als den Messias akzeptierte.

Zweitens habe Gott der morgenländischen Christenheit und den Kreuzrittern das Land genommen, weil „sie nur noch die Form des gottseligen Lebens hatten, aber seine Kraft verleugneten."[1111] In den letzten Jahrhunderten hätten muslimischer, griechischer und römischer Aberglaube zur Verwüstung des Landes beigetragen. Diese abfällige Haltung gegenüber anderen Glaubensrichtungen hielt sich lange in evangelischen Palästina-Kreisen. Noch 1915 schrieb Gustaf Dalman, der Nestor der Palästinawissenschaften, dass der griechisch-orthodoxe Gottesdienst bisher nicht „über die mittelalterliche Form endloser Gebete und Lektionen in theatralischer Selbstdarstellung" hinausgekommen sei.[1112]

1876 deuteten für Schneller der Verfall der Religionen „die ganze Lage der jetzigen Weltentwicklung wie speciell der jetzige orientalische Krieg und der Eingang, den das Evangelium seit 30 Jahren im Morgenland findet" darauf hin, dass „die Zeit der Verwüstung ein Ende haben soll."[1113] Mit dem Ausdruck „Verwüstung" zeigte sich Schneller als chiliastischer Christ. Im Alten und Neuen Testament kommt der Begriff in prophetischen Gerichtstexten und jesuanischen Endzeitreden vor – nicht selten mit Blick auf die Zerstörung des Tempels.[1114] Da Schneller die verfallenen heiligen Stätten in Jerusalem unmittelbar vor Augen hatte, war es für ihn nahe liegend, dass er diese biblischen Aussagen wörtlich in seine Gegenwart übertrug. Ein verstärktes Engagement europäischer Christen im Heiligen Land war für Schneller eine „Dankesschuld" gegenüber dem Ursprungsland des Glaubens.[1115] Enttäuscht stellte Schneller fest, dass die evangelische Christenheit bisher wenig Interesse an einem Engagement für Palästina zeige. Schneller kritisierte, dass die europäischen Großmächte sehr viel mehr Energie in ihre Machtpolitik als in die Mission im Orient investierten.

Die Wendung des Schicksals konnte in der Geschichtsdeutung Schnellers nur durch eine Bekehrung zu Christus gelingen. Allerdings hatte der erweckte Theologe und Pädagoge genug Realitätssinn, um zu wissen, dass dem Heiligen Land „mit der Verkündigung des Reichs Gottes durchs Wort allein nicht" geholfen war.[1116] Hier setzten nun die Kolonie-Pläne ein. Die pubertierenden Absolventen sollten in einer Kolonie gesammelt werden. Das gelänge, wenn man ihnen „materielle Vortheile (sic!) und einen Anhalt fürs künftige Leben" bieten könne. Die Kolonien sollten den Grundstein für eine arabisch-evangelische Nationalkirche bilden und „bei guter

---

[1111] J.L. Schneller, *Waisenhaus-Colonien im heiligen Land*, 1.

[1112] G. Dalman, „Christentum und Mission in Palästina und ihre Lage im Kriege", in: *PJ* 11 (1915), 127.

[1113] J.L. Schneller, *Waisenhaus-Colonien im heiligen Land*, 1

[1114] Vgl. Jes. 49,8 und 54,3; Dan 9,27; 11,31; Mt 24,15; Lk 21,20.

[1115] Vgl. J.L. Schneller, *Waisenhaus-Colonien im heiligen Land*, 2.

[1116] J.L. Schneller, *Waisenhaus-Colonien im heiligen Land*, 2. Gegenüber den „Freunden des Reiches Gottes" bedauerte Schneller, dass bisher erst Spenden in Höhe von 30.000 Franken für das Kolonie-Projekt eingegangen seien. Das war für den Landkauf und Häuserbau zu wenig. Der Missionar und Pädagoge appellierte deshalb an seine Leser, die Zeichen der Zeit zu erkennen und den Koloniebau finanziell stärker als bisher zu unterstützen.

Leitung nach allen Seiten hinaus ein Licht und ein Salz" für die „christliche Neugestaltung" des Landes Jesu werden.[1117] Dieses Projekt wurde aber niemals Realität.

In der Zwischenkriegszeit kam es noch einmal zu einer Renaissance der Kolonie-Idee. Ausschlaggebend war dabei, dass die arabischen Protestanten über ganz Jerusalem zerstreut wohnten und kein eigenes Stadtviertel bildeten. Ein „örtlicher Zusammenschluss der eingeborenen Mitglieder unserer Kirche" sollte zum Motor des Gemeindeaufbaus werden.[1118]

Anfang der 1930er Jahre schlugen einige Absolventen dem Direktorium vor, brachliegendes Land an der Südwestgrenze der Anstalten in Parzellen aufzuteilen und als Bauplätze zu verkaufen.[1119] Auf diese Weise konnte zur Begeisterung des Vorstands endlich eine protestantisch-arabische Siedlung gegründet werden. Zunächst zeigten sechs ehemalige Zöglinge Interesse am Bau eigener Häuser, unter ihnen der Lehrer Ibrahim Matar, den die SyrW-Direktion in Deutschland zum Evangelisten hatte ausbilden lassen. Er sollte die Siedlung geistlich betreuen.

Die Realisierung des Projekts ging trotz einiger juristischer Hürden voran. Der SyrW-Vorstand wollte im Statut der Siedlungsgenossenschaft festlegen, dass nicht-evangelischen Käufern der Kauf von Parzellen verboten sei, um den konfessionellen Charakter der Siedlung zu schützen. Diese Idee wurde allerdings in eine Soll-Bestimmung umgewandelt, da man realistisch erkannte, dass sich bei einem Scheitern des Projekts praktisch keine Mieter würden finden lassen, die die gebauten Häuser übernehmen könnten.[1120] Am 31. Mai 1933 kam es endlich zur Grundsteinlegung für den ersten Bau der arabisch-evangelischen Siedlung, ohne dass diese sich bis zum Ausbruch des Zweiten Weltkrieges stark entwickeln konnte.

5.5 Vereinsgründung und Personalpolitik

5.5.1 Vereinsgründung

Das Syrische Waisenhaus besaß zwei unterschiedliche, aber aufeinander bezogene Leitungsebenen: In Palästina führte ein Direktor – stets ein Mitglied der Schneller-Familie – die Anstalten. Zunächst hatte Johann Ludwig Schneller das Werk allein geleitet, ehe ihm ab 1885 sein Sohn Theodor als Inspektor zur Seite trat und nach dem Tod seines Vaters 1896 das Direktorat in Jerusalem übernahm. Von 1923 an arbeitete Theodor seinen Sohn Hermann ein, der ihm im Januar 1928 als Direktor nachfolgte. Auf der zweiten Hierarchiestufe standen der mitunter auch als Inspektor bezeichnete zweite Geistliche sowie der Oberlehrer des Lehrerseminars. In der Mandatszeit wurde die Funktion des zweiten Geistlichen zumeist von einem Vikar

[1117] J.L. Schneller, *Waisenhaus-Colonien im heiligen Land*, 6.
[1118] Vgl. Artikel „Siedlung evangelisch arabischer Christen", in: *BaZ* 49. Jg., Heft 1 (1933), 24.
[1119] Vgl. das Protokoll der SyrW-Vorstandssitzung Nr. 188 – 23.10.1929, LKA Stuttgart K 8/8.
[1120] Vgl. die Protokolle der SyrW-Vorstandssitzung Nr. 208 – 14.06.1933 und Nr. 211 – 14.02.1934, LKA Stuttgart K 8/8. Der Vorstand ließ in den Kaufvertrag einen Passus einfügen, dass bei einem Weiterverkauf einer Parzelle an nicht-evangelische Käufer 50 % des erzielten Kaufpreises, mindestens aber 700 Pfund als Strafe an den SyrW-Vorstand abgeführt werden mussten.

wahrgenommen, der auch in administrativen Dingen dem Direktor zuarbeitete. Die dritte Hierarchiestufe nahmen die arabischen Prediger beziehungsweise Pastoren auf geistlicher beziehungsweise die Diakone und Handwerksmeister auf fachlicher Ebene ein, die den einheimischen Mitarbeitern und Auszubildenden übergeordnet waren.

Von den jungen Theologen aus Deutschland wurde zwar ein missionarisches Bewusstsein erwartet. Letztlich bestand ihre Aufgabe aber nicht in der Mission, auch wenn sie seelsorgerliche und liturgische Aufgaben übernahmen, sondern in der Entlastung des Direktors bei der Verwaltung der Anstalten.

Die Arbeit des Vereins in Deutschland leiteten der Vorstand, das Kuratorium und die Geschäftsstelle, an dessen Spitze ab 1886 mit Ludwig Schneller ebenfalls ein Mitglied der Gründerfamilie stand.

Während der Gründungsphase des Syrischen Waisenhauses wurden finanzielle und rechtliche Fragen von einem Lokalkomitee in Jerusalem koordiniert. Derartige Lokalkomitees gab es beispielsweise auch für das Herrnhuter Aussätzigenasyl und den Jerusalemsverein.[1121]

Nachdem die 25-Jahresfeier 1885 eindrücklich die Expansion des Werkes vor Augen geführt hatte, schien Johann Ludwig Schneller der Zeitpunkt gekommen, das Syrische Waisenhaus in die Eigenständigkeit zu führen und auf ein sicheres rechtliches Fundament zu stellen. Das Syrische Waisenhaus war die größte evangelische Missionsanstalt im Heiligen Land geworden. Das zentrale Problem bestand in der Sicherung des bis dato privaten Grund- und Immobilienbesitzes J.L. Schnellers. Er wollte aufgrund seines hohen Alters den gesamten Besitz auf eine Vereinigung mit korporativen Rechten übertragen und so sichern. Eine Übertragung war aber schwierig, weil das osmanische Recht kein Besitzrecht für juristische Personen kannte. Deshalb ließen die meisten Missionsorganisationen ihren Grundbesitz auf den Namen des jeweiligen Konsuls eintragen, der also pro forma Besitzer wurde.

Die Planungen des Patriarchen der Palästinamission fielen in die Zeit der Umstrukturierung der kirchlich-missionarischen Arbeit nach dem Ende des Anglo-Preußischen Bistums. Da der Jerusalemsverein ab 1868 korporative Rechte besaß, machte J.L. Schneller 1887 das Angebot, ihm seine Anstalten anzuschließen. Dadurch sollte der Fortbestand der Arbeit gesichert, die gesamte deutsche evangelische Palästinamission gestärkt und vereinheitlicht werden.[1122] Allerdings wollte Schneller weiter die Kontrolle über seine Anstalten behalten. Sie sollten also unter dem Dach des JV ein relatives Eigenleben führen. Doch die Verhandlungen scheiterten, was nicht nur an Fragen der Machtverteilung und der Veränderung der Prioritäten auf dem Missionsfelde lag; der JV-Vorstand scheute auch das finanzielle Risiko ho-

---

[1121] Vgl. H. Niemann, *Redet mit Jerusalem freundlich!*, 11. Die Mitglieder der jeweiligen Lokalkomitees waren in der 2. Hälfte des 19. Jahrhunderts zumeist dieselben Personen. Das erste SyrW-Lokalkomitee bestand aus Bischof Gobat, der 1860–1877 den Vorsitz führte. Pastor Valentiner übernahm die Schriftführung und Bankier Frutiger die Kassengeschäfte. Später ging der Vorsitz an den jeweiligen Pastor der Erlöserkirche über, und Johann Ludwig Schneller wurde Schriftführer.

[1122] Vgl. H. Niemann, *Redet mit Jerusalem freundlich!*, 18 f. und M. Raheb, *Das reformatorische Erbe*, 107–109.

her Investitionen in den Ausbau der Werkbetriebe oder in den Ankauf neuer Ländereien.[1123]

Folglich mussten die Schnellerschen Anstalten eigenständig werden. 1888 wurde das Jerusalemer Lokalkomitee aufgelöst, am 12./13. Juni 1889 der *Evangelische Verein für das Syrische Waisenhaus* in Stuttgart gegründet, der 1894 von Wilhelm II. die *Rechte einer juristischen Person* verliehen bekam - womit die rechtliche Absicherung der Jerusalemer Anstalten gewährleistet war.[1124]

Die Vereinsgründung besiegelte aber auch die Aufspaltung der Palästinamission. Die Chance einer gemeinsamen Ausrichtung der deutschen evangelischen Palästinamission war vertan. Es entstand eine Konkurrenzsituation zwischen zwei im Prinzip ähnlich ausgerichteten Mini-Missionsgesellschaften, was sich „in Zeiten knapper Finanzen nicht eben günstig auf die Werbungstätigkeit der beiden Vereine in Deutschland auswirkte."[1125]

Der deutsche Anteil am Bistumsvermögen wurde in die 1889 gegründete *Evangelische Jerusalem-Stiftung* eingebracht, die sich als Dachorganisation für alle kirchlichen Einrichtungen inklusive der Schulen in Jerusalem, nicht aber für die Missionsorganisationen verstand. Damit fand in dieser Übergangsphase auch die richtungsweisende Trennung in Kirche und Mission statt.

5.5.2 Ausbau des Vereins – Zusammensetzung von Vorstand und Kuratorium

1889 wählte sich das Syrische Waisenhaus als Organisationsform für die kirchenunabhängigen, evangelischen Missionsgesellschaften die gängige Form des Vereins.[1126]

Unter pragmatischen Gesichtspunkten war die Vereinsform für die patriarchalisch regierende Schneller-Familie vorteilhaft: Sie gewährte ein hohes Maß an Autonomie von Staat, Gesellschaft und vor allem den Landeskirchen. Da Ludwig Schneller zum Vereinsvorsitzenden gewählt wurde, erlitt die Gründer-Familie keinen Machtverlust. Er besaß hervorragende Kontakte zu Kirchen, Behörden, Spendern und leitete zusammen mit einem geschäftsführenden Pfarrer sowie bis zu sechs Angestellten die Geschäftsstelle in der Ulmenallee in Köln-Marienburg. Die Heimatverwaltung war 1891 von Stuttgart nach Köln umgezogen, weil L. Schneller – nach vierjährigem Dienst als Missionsleiter des Jerusalemsvereins in Bethlehem – in der rheinischen Metropole eine Pfarrstelle übernommen hatte.

Bei der Gründung des Vereins 1889 wurde aus dem Kreis der *Werbe-Agenten*, Freunde und Förderer das erste, damals 19köpfige Kuratorium berufen, das aus sei-

---

[1123] Vgl. F. Foerster, *Mission im Heiligen Land*, 78 f.

[1124] Vgl. zur Problematik der Rechtsfähigkeit A. Hueber, „Vereinsrecht im Deutschland des 19. Jahrhunderts", in: O. Dann (Hg.), *Vereinswesen und bürgerliche Gesellschaft in Deutschland*, München 1984, 124 f. und 130 f.

[1125] Vgl. F. Foerster, *Mission im Heiligen Land*, 79.

[1126] Zum Vereinswesen im Deutschen Reich vgl. O. Dann (Hg.), *Vereinswesen und bürgerliche Gesellschaft in Deutschland*, und Th. Nipperdey, „Verein als soziale Struktur in Deutschland im späten 18. und 19. Jahrhundert", in: ders., *Gesellschaft, Kultur, Theorie*, Göttingen 1976, 174–205.

ner Mitte den Vorstand wählte. Durch die Berufung der JV-Vorstandsmitglieder Carl Hoffmann und Hermann Weser in das SyrW-Kuratorium ging zumindest in der Anfangszeit der Kontakt zu dem geplanten Fusionspartner nicht verloren.[1127] Später wurde das Kuratorium, das ebenso wie der Vorstand drei Jahre amtierte, von der Generalversammlung gewählt.

In der Zwischenkriegszeit wuchs das Kuratorium auf bis zu 32 Mitglieder an.[1128] Der Verein setzte in seinen Führungsgremien auf Kontinuität und Einvernehmen. Auffallend ist, dass die Mitglieder des Vorstandes zumeist aus dem Rheinland, Westfalen oder der Hannoverschen Landeskirche kamen, also aus den Regionen stammten, die die Anstalten besonders unterstützten und die ein regelmäßiges Zusammentreten des Vorstandes auch praktikabel erscheinen ließ.[1129] Im Kuratorium versuchte der Verein, Repräsentanten von möglichst unterschiedlichen Landeskirchen, Berufen und Interessengruppen an sich zu binden, um das weitverzweigte Netzwerk an Freunden in die Leitung zu integrieren.[1130] Das SyrW-Kuratorium war ein Querschnitt durch den bürgerlich-konservativen Protestantismus des Deutschen Reiches der ersten Hälfte des 20. Jahrhunderts, wobei nur wenige überregional bekannte Persönlichkeiten vertreten waren. Dazu zählten der Loccumer Abt Georg Hartwig, dem als Vertreter der evangelisch-lutherischen Landeskirche Hannovers 1927 Landesbischof August Marahrens (1875–1950) folgte oder etwa Professor Dr. Hans Wilhelm Hertzberg (Marburg/Kiel). Außerdem wurden Kuratoren aus Amerika, der Schweiz, Russland und Dänemark gewonnen.

Das politisch einflussreichste Kuratoriumsmitglied war der DVP-Ehrenvorsitzende und Reichstagsabgeordnete, der zeitweilige Rektor der Berliner Universität, Mitglied der verfassungsgebenden Nationalversammlung in Weimar und Mitglied des D.E.K.A., der Kirchenrechtler Wilhelm Kahl (1849–1932).[1131] Er war ein langjähriger Freund der Schnellers und vermittelte in politischen wie

---

[1127] Vgl. F. Foerster, *Mission im Heiligen Land*, 69.

[1128] Der Vorstand bestand aus dem Vorsitzenden, drei stellvertretenden Vorsitzenden, von denen einer als Schriftführer und einer als Schatzmeister fungierte sowie bis zu fünf einfachen Vorstandsmitgliedern.

[1129] In dem 1915 gewählten Vorstand saßen mit dem Vorsitzenden L. Schneller (Köln), dem stellvertretenden Vorsitzenden Pastor Potz (Rheydt), dem Schriftführer L. Müller (Köln), dem Schatzmeister W. Buddeberg (Köln) sowie den Vorstandsmitgliedern Pfr. Lic. H. Johannsen (Essen) – 1928 für seine Verdienste um die Rheinische Missionsgesellschaft mit der theologischen Ehrendoktorwürde der Universität Bonn ausgezeichnet –, A. Meß (Köln), R. Otto (Köln), Superintendent G. Schaaf (Potshausen) und H. Wilms (Köln) sieben Rheinländer, ein Ostfriese und ein Westfale.

[1130] Vgl. zur Generalversammlung des „Evangelischen Vereins für das Syrische Waisenhaus in Jerusalem" das Protokoll der SyrW-Vorstandssitzung Nr. 139 - 20.10.1915, LKA Stuttgart K 8/7.

[1131] Zu W. Kahl vgl. z.B. W. Troxler, Art. „Kahl, Wilhelm", in: *BBKL* 15 (1999), 779–782 sowie K. Nowak, *Evangelische Kirche und Weimarer Republik*, 24, 64, 72 f., 104, 173–179, 196. Meines Wissens ist eine Biographie zu Wilhelm Kahl noch immer ein Forschungsdesiderat. W. Kahl vertrat die Belange der evangelischen Seite während der Verfassungsberatungen 1919 und mischte sich in der Weimarer Republik regelmäßig in Diskussionen zum Verhältnis von Staat und Kirche ein. Auf dem Königsberger Kirchentag 1927 hielt der als volkskirchlicher, staatsloyaler Mann der Mitte geltende Jurist das wirkmächtige Referat *Kirche und Vaterland*, in dem er zwar eine deutsch-protestantische Vaterlandstradition aufrecht erhielt, gleichzeitig aber die Rechtmäßigkeit der neuen Demokratie bejahte.

kirchenpolitischen Fragen.[1132] Kahl stand Gustav Stresemann nahe und leistete in der Weimarer Republik eine wichtige Vermittlungsarbeit zwischen konservativ-monarchistischen Kreisen und der jungen demokratischen Republik, prägte den Begriff des *Vernunftrepublikaners*, der allerdings in den Kreisen der Schnellers wenig Anklang fand.[1133] Auch der Bruder des Politikers, der bayerische Oberkonsistorialrat Adolf von Kahl, gehörte dem Vorstand viele Jahre als Mitglied an und besuchte die Anstalten 1899 und 1910 persönlich.[1134]

Der 1921 gewählte, im Vergleich zur Kriegszeit kaum veränderte Vorstand bestimmte im Kern während der gesamten Zwischenkriegszeit die Geschäfte des Vereins. Der in der Hannoverschen Landeskirche einflussreiche ostfriesische Superintendent Georg Friedrich Schaaf (1862–1936) wurde stellvertretender Vorsitzender, der Unternehmer Gustav A. Braun stellvertretender Vorsitzender und Schriftführer, der westfälische Pastor Friedrich Niemann einfaches Vorstandsmitglied.

Weitsichtig baute der Verein seine Kontakte in die USA aus, gewann 1921 mit dem deutschstämmigen Pastor Paul A. Menzel (Washington) einen einflussreichen nordamerikanischen Theologen als Kurator.[1135] Er erwies sich wie auch Dr. Theodor Hahn (Scranton/Pennsylvania) von der Deutschen Presbyterianischen Kirche Nordamerikas, der aus Rücksicht auf die vielen lutherischen Förderer zunächst nicht in das Kuratorium berufen wurde, weil sonst zwei von drei amerikanischen Kuratoren der presbyterianischen Kirche entstammt hätten, als ein wichtiger Helfer in politischen Verhandlungen.[1136] 1932 stieß mit dem Exportfachmann und christlichem Multifunktionär C.F. Voehringer (New York) ein dritter deutschstämmigen Nordamerikaner zum SyrW-Kuratorium. Er hatte während des Dürrejahres 1932 Weizenlieferungen nach Jerusalem organisiert.[1137]

5.5.3 Kontinuitäten in Vorstand und Kuratorium

Bei der Rekrutierung neuer Kuratoriums- und Vorstandsmitglieder in Deutschland legte der SyrW-Verein Wert auf persönliche oder gar familiäre Verbindungen. Der Herforder Pfarrer und spätere Superintendent Friedrich Niemann holte seinen Nef-

---

[1132] Vgl. A. Katterfeld, *D. Ludwig Schneller*, 130.

[1133] Vgl. z.B. J. R.C. Wright, *„Über den Parteien."*, 87 f.

[1134] Vgl. L. Schneller, *Kriegsbriefe aus Palästina*, Köln 1915, 64 f.

[1135] Paul A. Menzel war Mitglied der Evangelical Synod of North America und Executive Secretary deren Board of Foreign Missions. Menzel stellte auch den Kontakt zu Voehringer (s.u.) her.

[1136] Vgl. das Protokoll der SyrW-Vorstandssitzung Nr. 154 - 15.11.1922, LKA Stuttgart K 8/7. Hahn sollte nur dann berufen werden, wenn auch ein Lutheraner oder Mennonit als Kurator gewonnen werden konnte, was sich aber offensichtlich nicht realisieren ließ.

[1137] Vgl. das Protokoll der SyrW-Vorstandssitzung Nr. 205 - 7.12.1932, LKA Stuttgart K 8/8 und die Ausführungen in LKA Stuttgart K 8/21. Voehringer hatte als Kaufmann für die Baseler Mission an der Goldküste gearbeitet. Nach dem Ersten Weltkrieg hatte es ihn nach Amerika verschlagen, wo er die Nachfolgerin der *Baseler Missions-Handlung*, die *Union-Handels-Gesellschaft* übernahm. Nach dem Tod der Kuratoren Rev. Dr. H.W. Seibert und Menzel wurden 1935 Rev. Dr. E.F. Bachmann, Vorsteher eines Diakonissen-Mutterhauses in Philadelphia und nun auch Dr. Hahn in das Kuratorium berufen. Nach dem Tode Voehringers 1938 wählte der US-Vorstand mit A.W. Fiedler (New York) und Pastor W. Herrmann (Philadelphia) zwei neue Kuratoren aus. Vgl. die Protokolle der SyrW-Vorstandssitzungen Nr. 234 - 28.1.1938 und Nr. 236 - 10.6.1938, LKA Stuttgart K 8/9.

fen Hans ins Kuratorium und schlug sogar ihn als Nachfolger Ludwig Schnellers in der Geschäftsleitung vor. Nach Hans Niemanns (1902–1935)[1138] Tod wurde Georg Schaaf diese Stelle angetragen, der jedoch das Syrische Waisenhaus im Dissens mit Hermann Schneller verließ. Ab 1934 gehörten dem Kuratorium neben Superintendent Johannsen auch der Kölner Rechtsanwalt Dr. jur. Johannsen sowie mit Dr. med. Paul Schneller (Pfullingen) ein weiteres Mitglied der Schneller-Familie an.[1139]

Das Syrische Waisenhaus bemühte sich bei Neuberufungen darum, das kaufmännische Element und die Verwaltungserfahrung zu stärken. Das langjährige Vorstandsmitglied Richard Otto, der übrigens auch in der rheinischen Judenmission mitarbeitete, war Direktor der Deutzer Motorenwerke und begutachtete die Entwicklung der Jerusalemer Industriebetriebe. Er vermittelte Ernst Schneller nach der Diplomprüfung ein halbjähriges Praktikum in seinem Unternehmen, um ihn auf seine Tätigkeit als Leiter des Werkhofs des Syrischen Waisenhauses vorzubereiten. Der ab 1921 als Schriftführer und stellvertretender Schatzmeister tätige Gustav A. Braun war Eigentümer der Firma *Biberwerk* und galt deshalb wie Hermann Schmitz – ab 1926 ebenfalls stellvertretender Schatzmeister – und Schatzmeister W. Buddeberg als Finanzexperte des Vorstandes.[1140]

[1138] Hans Niemann hat sich durch seine publizistischen Aktivitäten um das Syrische Waisenhaus verdient gemacht. Vgl. ders., *Ein Rundgang durch das Syrische Waisenhaus und seine Zweig-Anstalten im heiligen Lande*, Köln 1929, ders., *Von Gottes Hand geleitet.* Gedächtnisschrift zum 70jährigen Bestehen des Syrischen Waisenhauses in Jerusalem, Köln 1930 und ders., *Redet mit Jerusalem freundlich!* Bilder aus fünfundsiebzig Jahren Geschichte und Arbeit des Syrischen Waisenhauses, Köln 1935.

[1139] Vgl. das Protokoll der SyrW-Vorstandssitzung Nr. 213 – 20.6.1934, LKA Stuttgart K 8/8. Paul war der Bruder von Hermann und Ernst Schneller. Hans Weber, Sohn des Kurators Pfarrer Paul Immanuel Weber, der selbst von 1903 bis 1905 Sekretär L. Schnellers in Köln war, diente von 1929 bis 1932 als Zweiter Geistlicher in den Jerusalemer Anstalten. Die ehemaligen Jerusalemer Vikare Arthur Kuchenmüller aus Baden, der 1929/1930 eineinviertel Jahre in der Kölner Zentrale mitarbeitete, und Eberhard Gerber aus Württemberg übernahmen ab 1931 Kuratorenfunktionen; Gerber rückte 1936 sogar in den Vorstand auf. Vgl. *BaZ* 47. Jg., Heft 2 (1931), 239. Im gleichen Jahr gewann der Verein den ehemaligen Jerusalemer Propst, Marburger und spätere Kieler Alttestamentler Hans-Wilhelm Hertzberg als Kurator, der schon im darauf folgenden Jahr als Vorstandsmitglied und 1949 als Nachfolger L. Schnellers Vorsitzender des Vorstandes amtierte. Der SyrW-Verein band mit diesen Berufungen nicht nur wichtige kirchliche und gesellschaftliche Multiplikatoren, sondern auch Persönlichkeiten an sich, die die Anstalten in Jerusalem und die politischen Entwicklungen im Nahen Osten genau kannten.

[1140] 1930 bereicherte der pensionierte Branddirektor der Stadt Köln, Major a.D. Hermann Kräteschell, den Vorstand und der Direktor des *Evangelischen Pressverbandes* in Essen, Pfr. Lic. Seiler, das Kuratorium, ohne jedoch erkennbare Akzente zu setzen. 1937 erhielten der Geschäftsführer der Ferrum-Eisenhandelsgesellschaft mbH in Köln, Direktor K. Warns, und der Kaufmann J. Strempfer, Geschäftsführer des Eichenkreuz-Zeughauses sowie des Eichenkreuzverlages, Berufungen in Vorstand und Kuratorium. Als selbständiger kaufmännischer Geschäftsführer entlastete der württembergische Kaufmann und langjährige Kurator, Karl Leibfried, von 1935 bis 1939 den fast 80jährigen Ludwig Schneller. Vgl. das Protokoll der SyrW-Vorstandssitzung, LKA Stuttgart K 8/8. Vgl. die Protokolle der SyrW-Vorstandssitzungen Nr. 219 – 28.8.1935; Nr. 222 – 11.12.1935, Nr. 231 – 15.6.1937, LKA Stuttgart K 8/8 sowie zu Leibfried den *BaZ* 51. Jg., Heft 3 (1935), 278 f. Zu seinem Ausscheiden vgl. das Protokoll der SyrW-Vorstandssitzung Nr. 242 – 21.3.1939, LKA Stuttgart K 8/9.

Unter sozialgeschichtlichen Gesichtspunkten waren Vorstand und Kuratorium also bürgerliche, konservativ-kirchliche Honoratioren-Gremien. Was die berufliche Zuordnung anging, dominierten die Geistlichen der mittleren Führungsebene, während die oberste Kirchenhierarchie (Bischöfe und Prälaten) kaum vertreten war. Gleichwohl war das SyrW so im kirchlichen Bewusstsein sowie auf den Kollektenplänen verankert, was auch Vikaren einen leichten Wechsel zwischen Kirche und Mission ermöglichte. Die zweite Gruppe stellten Geschäftsleute und Juristen. Schließlich schmückte sich das Syrische Waisenhaus noch mit einigen Professoren, Medizinern und Pädagogen. Diese Aufteilung war strategisch geschickt, waren auf diese Weise doch Experten für die verschiedenen Arbeitsbereiche der Anstalten als Berater vorhanden. Dieses Netzwerk hatte Auswirkungen auf die mentalitätsgeschichtlichen Dispositionen des Vereins und seiner Leitung: der protestantisch-konservative Grundkonsens wurde nicht in Frage gestellt. Was dem Syrischen Waisenhaus wie auch dem Jerusalemsverein fehlte, war ein missionswissenschaftlicher Kopf, der einen strategischen Beitrag zur zukünftigen Entwicklung hätte leisten können.

Frauen waren in den Führungsgremien des SyrW-Vereins bis weit nach Ende des Zweiten Weltkrieges nicht vertreten.[1141] Lediglich im amerikanischen Hilfskomitee arbeiteten seit den 1930er und 1940er Jahren zwei Frauen mit.

Die Familie Schneller betrachtete das Syrische Waisenhaus und seine Zweigstellen als *ihr* Familienunternehmen, in dem der Verein, der Vorstand und das Kuratorium aus ihrer Sicht juristisch notwendige, aber letztlich zweitrangige Einrichtungen blieben. Diese Gremien hatten also die Aufgabe, den reibungslosen Verlauf des Hauses zu garantieren. Der patriarchalische Führungsstil der Schnellers erwies sich dabei als das Kontinuum von der ersten bis zur dritten Generation. Die Schnellers galten, wie der hessische Kurator Kirchenrat Eisenberg kritisch bemerkte, als „Arbeitstiere", deren Verhältnis zu ihren Mitarbeitern spannungsreich war.[1142] Im Zuge der Expansion der Zwischenkriegszeit verloren die Anstalten ihren familiären Charakter. Die *charismatische Führerschaft* des Gründers wich einer strengen, professionellen Führung des Werkes zunächst durch Theodor, dann durch Hermann Schneller, der eine solche Veränderung des Leitungsstils schon während seiner Zeit als Hospitant bei Friedrich von Bodelschwingh d.J. in Bethel beobachten konnte.[1143]

Eigenständige Geister hatten es in Vorstand und Kuratorium schwer, denn die Schnellers erwarteten, dass ihre *Richtlinienkompetenz* nicht in Zweifel gezogen wurde. Bei Differenzen zwischen Mitarbeitern und den Schnellers stellte sich der Vorstand hinter die Gründerfamilie, deren Einfluss für die Tradition des Gesamtwerkes wichtiger erschien als ein einzelner, kritischer Geist. Diese Einstellung lässt sich

---

[1141] Vgl. die Vorstands- und Kuratoriumsliste der Festschrift von 1950, H. Schneller, *Laß unsere Liebe ein Zeugnis sein, das Deinen Namen verkündigt!* Frauen wurde bis zur Reform des Reichvereinsrechts 1908 die Gründung und Mitgliedschaft in Vereinen verwehrt, weshalb sie auch nicht Mitglieder in den SyrW-Gremien waren. Vgl. A. Hueber, „Vereinsrecht im Deutschland des 19. Jahrhundert", 131.

[1142] Diese Wendung findet sich in einem Brief H. Schnellers, Jerusalem, den 28.1.1930 an L. Schneller, LKA Stuttgart, K 8/11.

[1143] Vgl. den Brief H. Schnellers, Jerusalem, den 28.1.1930 an L. Schneller, LKA Stuttgart, K 8/11.

an den Auseinandersetzungen mit dem designierten Leiter der Heimatarbeit, Georg Schaaf, ablesen:

Nach Niemanns Tod fiel die Wahl 1935 auf den Ostfriesen Georg Schaaf,[1144] Pfarrer in Loga bei Leer, Spross einer einflussreichen ostfriesischen Pfarrerdynastie und seit 1930/31 dem SyrW-Kurator. Er trat am 1.9.1935 in die Dienste des Syrischen Waisenhauses ein und wurde bereits im Oktober – wie vor ihm Niemann – für ein halbes Jahr nach Palästina geschickt, um sich mit der Arbeit vor Ort vertraut zu machen. Nach Schaafs anfänglicher Begeisterung[1145] kam es im Sommer 1936 aufgrund persönlicher und sachlicher Differenzen zum Bruch zwischen Georg Schaaf und den Brüdern Hermann und Ernst Schneller.

Hauptstreitpunkte waren die Organisation der Anstalten und vor allem die Haltung des Syrischen Waisenhauses zur Mohammedaner-Mission. Georg Schaaf wollte die indirekte Missionsmethode aufgeben und die Bekehrung der muslimischen Arbeiter des Syrischen Waisenhauses stärker vorantreiben.[1146] Die Diskussionen waren leidenschaftlich und wurden auch nach Schaafs Rückkehr aus Palästina brieflich fortgesetzt.[1147] Ob Schaaf so anmaßend und selbstherrlich aufgetreten war, wie die Schnellers es ihm vorwarfen, lässt sich aus den Quellen nicht mehr klären. Unklar bleibt auch, ob die missionarischen Reformideen und Änderungspläne des Ostfriesen nur aufgrund seiner Unkenntnis von Land und Leuten oder auch am mangelnden Veränderungswillen beziehungsweise der fehlenden Kritikfähigkeit der machtbewussten Schneller-Brüder scheiterten.[1148]

Nach einem halben Jahr ergebnisloser Vermittlungsarbeit des Vorstandes[1149] drohte H. Schneller an, im Sommer 1938 sein Direktoren-Amt niederzulegen, da er große Reibungsverluste befürchtete und Schaden auf die Anstalten zukommen

---

[1144] Der lutherische Pastor Georg Schaaf wurde am 21.9.1897 im ostfriesischen Potshausen geboren. Am Ersten Weltkrieg nahm er als Leutnant der Reserve teil, war Bataillonsadjutant im Hindenburg-Regiment und wurde kurz vor Kriegsende am 1.6.1918 verwundet. Er studierte von 1919 bis 1922 Theologie in Göttingen und Leipzig. Nach dem Ersten Theologischen Examen im September 1922, das er mit *fast gut* bestand, besuchte er 1923–1925 das Predigerseminar in Loccum, legte im März 1925 nur mit *genügend* das Zweite Examen ab und wurde am 15.4.1925 in Hannover ordiniert. Nach kurzem Dienst in Osnabrück kehrte er auf Wunsch des Vaters nach Ostfriesland zurück und übernahm die Gemeinden Marienhafe (1925–1932) und Loga (1932), um seinen Vater zu entlasten. Im Kirchenkampf stand Schaaf junior wie sein Vater der Bekennenden Kirche nahe. Vgl. LKA Stuttgart K 8/11.

[1145] Vgl. *BaZ* 52. Jg., Heft 1 (1936), 313 f.

[1146] Vgl. L. Schnellers Grundsatzaufsatz „Die Missionsaufgabe des Syrischen Waisenhauses", in: *BaZ* 52. Jg., Heft 3 (1936), 359–364.

[1147] Vgl. die entsprechenden Ausführungen im Protokoll der SyrW-Vorstandssitzung Nr. 228 – 19.1.1937, LKA Stuttgart K 8/8. Im LKA Stuttgart ist dieser Briefwechsel nicht dokumentiert.

[1148] Es ist bezeichnend, dass die ausführliche Darstellung des Schneller-Schaaf-Streits im Protokoll der SyrW-Vorstandssitzung Nr. 228 – 19.1.1937, LKA Stuttgart K 8/8, Schaafs Argumente nur ungenügend, H. Schnellers Position dagegen ausführlich wiedergab.

[1149] Vgl. das im Protokoll der SyrW-Vorstandssitzung Nr. 228 – 19.1.1937, LKA Stuttgart K 8/8, dokumentierte Schreiben des Vorstandes an die beiden streitenden Theologen.

sah.[1150] Damit setzte er natürlich den SyrW-Vorstand unter Druck. Prompt lud der
Vorstand die Kontrahenten zu einer Unterredung ein, die am 19.1.1937 in Köln stattfand. Durch die enge Bindung der Anstalten an die Familie Schneller entschied sich
der SyrW-Vorstand dazu, Schaaf um eine Rückkehr in den hannoverschen Kirchendienst zu bitten – zumal Landesbischof Marahrens als Kuratoriumsmitglied diesen
Weg ebnete. Der Vorstand befürchtete, dass eine Trennung von H. Schneller sowohl
in deutschen Missionskreisen als auch „in ganz Palästina unter den Eingeborenen,
die das SyrW nur unter dem Namen ‚Schnellerschule‘ kennen, ungeheures Aufsehen
erregen"[1151] werde.

Die Entscheidung gegen Schaaf ist aus heutiger Sicht nachvollziehbar, weil dieser
die Risiken einer Mohammedanermission unterschätzte und damit den Fortbestand
des Werkes gefährdet hätte, auch wenn er als Leiter der Heimatverwaltung nur einen
beschränkten Einfluss besaß.

Erschwerend kam hinzu, dass sich – folgt man der Darstellung L. Schnellers –
mit Georg Schaaf und Hermann Schneller zwei starke Charaktere gegenüberstanden,
von denen sich keiner dem anderen hätte unterordnen wollen.[1152] Schaafs Auftreten
habe wie „Sprengpulver" gewirkt. Ludwig Schneller zeigte sich auch pikiert, dass
Schaaf zügig das Amt des Vereinsvorstandsvorsitzenden anstrebte, woran aber nach
L. Schnellers Darstellung niemals gedacht worden sei. Zudem wies er Schaafs These zurück, ein „Triumvirat Schneller" – gemeint waren die Brüder Hermann und
Ernst sowie deren Schwester Maria, die Tochter des Gründers und Gattin des Oberlehrers Leonhard Bauer – würde das Syrische Waisenhaus dominieren. Bei rund 100
Mitarbeitern sei eine strenge Führung nötig. G. Schaaf entgegnete, dass er nicht die
Leistung der drei, sondern ihren Führungsstil kritisiere, da sie selbst führende Mitar-
beiter bei Grundsatzentscheidungen nicht konsultierten. Für die Schnellers war die
Beteiligung der Mitarbeiter durch eine Reihe von Fachausschüssen gewährleistet,
ein „allgemeines Parlament aller Mitarbeiter" lehnten sie dagegen ab.[1153]

Ludwig Schnellers Ausführungen machten deutlich, dass der Führungsanspruch
der Familie Schneller in der Heimat- und der Palästinaarbeit ungebrochen fortzugel-
ten habe. Machtbewusste Mitarbeiter passten nicht in ein solches Konzept.

Während die amerikanischen und Schweizer Kuratoren die Entscheidung des
Vorstandes absegneten,[1154] legte Direktor Otto, Buddeberg und das Kölner Kuratoriumsmitglied A. Rusche ihre Ämter nieder. Otto hielt die Entscheidung im Schaaf-
Schneller-Streit für formal ungenügend, weil drei von acht Mitgliedern des Vorstandes einen Entschluss gefasst, während vier schriftlich dagegen gestimmt hatten.[1155]

[1150] Ebd. Hermann Schneller wollte in den württembergischen Kirchendienst zurückkehren, falls
Schaaf zum Vorsitzenden des Vorstandes und Leiter der Kölner Geschäftsstelle gewählt werden
sollte

[1151] Ebd.

[1152] Vgl. das Protokoll der SyrW-Vorstandssitzung Nr. 229 – 9.3.1937, LKA Stuttgart K 8/8.

[1153] Ebd.

[1154] Vgl. das Protokoll der SyrW-Vorstandssitzung Nr. 230 – 20.4.1937, LKA Stuttgart K 8/8.

[1155] Auffälligerweise fehlten bei dieser Sitzung genau die drei Mitglieder Buddeberg, Braun und Otto,
die sich in schriftlichen Eingaben gegen eine Entlassung Schaafs ausgesprochen hatten. Nach dem
Protokoll der SyrW-Vorstandssitzung Nr. 228 – 19.1.1937, LKA Stuttgart K 8/8, waren vom Vor-

Schaaf musste sich der Vorstandsentscheidung beugen und nahm eine Pfarrstelle im Raum Hannover an, während der Vorstand einen dritten Nachfolger für L. Schneller suchen musste, der 1937 mit dem ehemaligen Jerusalemer Vikar, dem württembergischen Kurator und Vorstandsmitglied, Pfarrer Eberhard Gerber endlich feststand.[1156]

5.5.4 Heiratsgesuche

Der patriarchalisch-autoritäre Führungsstil der Schnellers ging so weit, dass Vorstand und Direktorium über die Heiratsgesuche der Mitarbeiter entschieden. Grundsätzlich bevorzugte das Syrische Waisenhaus unverheiratete Mitarbeiter. Das hatte einen einfachen Grund: Verheiratete Mitarbeiter mit Kindern ließen die Personalkosten erheblich steigen. Deshalb reagierte der Vorstand stets mit größter Zurückhaltung nicht nur auf die Heiratsgesuche der arabischen, sondern auch der deutschen Mitarbeiter.[1157]

So lehnte der Vorstand beispielsweise den Antrag des Blindenlehrers Dschamiil Nassr mit der Begründung ab, er habe sich „bisher nicht gut bewährt".[1158] Das Placet zur Ehe wurde dem Angestellten Emil Saba verweigert, weil er noch zu jung sei und keine angemessene Wohnung für ein Ehepaar auf dem Gelände des Syrischen Waisenhauses vorhanden wäre. Diese Entscheidungen erwecken aus heutiger Sicht den Eindruck, die Genehmigung der Eheschließung sei als Auszeichnung für erfolgreiche Arbeit betrachtet worden.

Rassistisch wurde diese Politik, wenn es um die Verheiratung von deutschen und arabischen Mitarbeitern ging.[1159] Wegen „des missionarischen Ansehens der Deut-

---

stand anwesend: L. Schneller, Gerber, Superintendent D. Johannsen, Superintendent Niemann sowie K. Leibfried als Kuratoriumsmitglied. Buddeberg hatte die Behauptung H. Schnellers, Schaaf habe sich wie ein Diktator verhalten als „nicht wahr oder maßlos übertrieben" zurückgewiesen. Braun machte den wenig realistischen Vorschlag, dass Schaaf und Schneller ihre Aufgaben tauschen, Schaaf Direktor in Jerusalem, H. Schneller Geschäftsstellenleiter in Köln werden sollte. Direktor Otto plädierte am deutlichsten dafür, Schnellers Rücktrittsgesuch anzunehmen, da dieser das Syrische Waisenhaus zu sehr „als das Erbe seiner Väter" sehe, während der Vorstand es lediglich als Missionswerk betrachte, das im Geist des Gründers fortgeführt werde – eine Bemerkung, die besonders L. Schnellers Widerspruch hervorrief. Vgl. auch das Protokoll der SyrW-Vorstandssitzung Nr. 229 – 9.3.1937, LKA Stuttgart K 8/8. In einer Fußnote bemerkte der Protokollant zutreffend, dass nicht vier, sondern nur drei der abwesenden Vorstandsmitglieder schriftlich ihre abweichende Meinung dargelegt hätten. Das Vorstandsmitglied Schmitz hatte sich nicht geäußert.

[1156] Vgl. die Protokolle der SyrW-Vorstandssitzungen Nr. 232 – 14.9.1937 und Nr. 233 – 12.11.1937, LKA Stuttgart K 8/8.

[1157] Vgl. das Protokoll der SyrW-Vorstandssitzung Nr. 228 – 19.1.1937, LKA Stuttgart K 8/8.

[1158] Vgl. zu Saba das Protokoll der SyrW-Vorstandssitzung Nr. 211 – 14.2.34, zu Nassr das Protokoll Nr. 228 – 19.1.1937, beide LKA Stuttgart K 8/8.

[1159] Als der Lehrer Weidemann trotz anderer Ratschläge der Anstaltsleitung seine Verlobung mit der Tochter des arabischen Buchdruckmeisters Chalill Abdallah bekannt gab, wurde ihm nahe gelegt, nach der Vermählung nach Deutschland zurückzukehren. Im Fall Wiedemann hätte seine Rückkehr auch finanzielle Vorteile für den SyrW-Verein gehabt: Zum einen wollte der SyrW-Verein kein Gehalt für einen verheirateten Lehrer bezahlen, zum anderen sollte Weidemann, da er noch nicht fünf Jahre in Jerusalem unterrichtet hatte, die Rückreisekosten selbst tragen. Diese Rechnung ging allerdings nicht auf. Im nationalsozialistischen Deutschland konnte ein mit einer nicht-arischen

schen und wegen der Rassenfrage"[1160] stellte sich die Direktion gegen deutsch-arabische Verbindungen. Die deutsche Mitarbeiterschaft sollte „rein deutsch gehalten werden", um den arabischen Einfluss in den Anstalten zu begrenzen.

Die kulturellen Unterschiede und der starke Einfluss der arabischen Familien auf die deutsch-arabischen Ehen wurden als Belastung angesehen. Deutsche Frauen, die arabische Männer heiraten, würden seelisch verkümmern. Nach Ansicht des SyrW-Vorstands kamen deutsche Männer mit arabischen Frauen „äußerlich und innerlich herunter",[1161] müssten einen sozialen und kulturellen Abstieg in Kauf nehmen. Die daraus resultierenden Schwierigkeiten blieben nicht ohne Rückwirkung auf die Arbeit des Syrischen Waisenhauses.

Kinder aus derartigen „Mischehen" würden auf arabischer Seite „nicht für voll genommen".[1162] Unter den Palästinadeutschen, allen voran den Templern war es „absolut verpönt, dass ein Deutscher sich mit einer Araberin verheiratet und umgekehrt."[1163] Diese Haltung belegt die strenge antiassimilatorische Mentalität der Palästinadeutschen, die meinten, nur auf diese Weise ihre Kolonien erhalten zu können. Wer sich mit einer Araberin oder einem Araber verlobte, hatte einen schweren Stand in der Kolonie. Auch die Jerusalemer SyrW-Direktion sah in diesen Verlobungen das Eingeständnis, dass „die zielbewusste völkische Erziehung versagt hat."[1164]

5.5.5 Förderung talentierter Mitarbeiter und der Wissenschaften

Es entsprach dem patriarchalischen Stil der Schnellers, nicht nur maßregelnd über ihre Mitarbeiter zu herrschen, sondern auch Talente zu fördern. Wegen seiner besonderen Verdienste wurde etwa Oberlehrer Elias N. Haddad (1879–1959) vom SyrW-Vorstand 1933 zu einer dreimonatigen Deutschlandreise eingeladen – nicht ohne politische Hintergedanken: Haddad sollte über seine Eindrücke des in der arabischen Welt mit Sympathien aufgenommenen, neuen Dritten Reichs für arabische Zeitungen schreiben.[1165]

Frau verheirateter Lehrer nicht in den Schuldienst zurückkehren. Weidemann blieb in Jerusalem und arbeitete als Angestellter der Bank der Tempelgesellschaft. Vgl. das Protokoll der SyrW-Vorstandssitzung Nr. 223 – 19.2.1936, LKA Stuttgart K 8/8. Weidemanns Verlobte Lydia wurde von der Jerusalemer Anstaltsleitung zwar als „ein ordentliches Mädchen" angesehen, das „von allen arabischen Mädchen aus der Gemeinde am meisten Innerlichkeit hat". So die Stellungnahme der Anstaltsleitung vom 20.1.1932, LKA Stuttgart K 8/143.

[1160] Ebd. Der Bethel-Bruder Kluge wurde nicht in die Mohammedaner-Mission geschickt, weil er eine Halb-Araberin zur Frau hatte.

[1161] So die Darlegung in einem Personalbogen der Jerusalemer Anstaltsleitung vom 3.2.1932, LKA Stuttgart K 8/143.

[1162] Ebd.

[1163] Ebd.

[1164] Ebd.

[1165] Elias Haddas Reise führte von Rom, wo er an einer Papstaudienz teilnahm, über München, wo es zu Begegnungen im *Braunen Haus* und mit Mitarbeitern des *Völkischen Beobachters* kam, an die Universität Tübingen, zur Leipziger Messe, den Krupp-Werken in Essen und den von Bodelschwingh-schen Anstalten in Bielefeld. Er besuchte den ehemaligen Kaiser in Doorn, fuhr weiter nach London, Paris, Versailles und den Kriegsschauplätzen des Ersten Weltkrieges in Frankreich. In einem Vortrag in Lengsfeld (Vogtland) verurteilte er den Versailler Vertrag und die gegen Deutschland

1936 unterstützte der Vorstand eine weitere Deutschlandreise Haddads, der bei einem Aufsatzwettbewerb der *Akademie zur wissenschaftlichen Erforschung und Pflege des Deutschtums* in München – geleitet vom Rudolf-Heß-Intimus und Erfinder der *Geopolitik*, R. Haushofer – die Humboldtmedaille gewonnen hatte und zu einem Sprachkurs für Ausländer nach Würzburg eingeladen wurde.[1166]

Dem Seminaristen Salem Abd Salem wurde 1934 die Möglichkeit gegeben, an der Amerikanischen Universität Beirut seine Lehrer-Ausbildung abzuschließen. Da das SyrW die Studiengebühren vorschoss, musste sich Salem verpflichten, nach Abschluss seines Studiums mindestens sechs Jahre im Waisenhaus zu lehren.[1167]

Auch Handwerker wurden vom Vorstand gefördert: Der Techniker Said Asfur (1865–1970)[1168] erhielt 1936 einen dreimonatigen Bildungsurlaub, um sich bei Siemens-Schuckert, der Allgemeinen Akkumulatorenfabrik und bei der Motorenfabrik Deutz weiterzubilden und obendrein noch die Olympischen Spiele in Berlin zu besuchen. Asfur sollte also wie Haddad positive Eindrücke des „neuen Deutschland" mit nach Palästina bringen.[1169] Die SyrW-Absolventin Nabiiha Nucho, die eine Stelle als Gemeinde- und Kinderschwester erhielt, wurde zur Ausbildung nach Kaiserswerth geschickt.

Neben Schule und Handwerk wurde im Syrischen Waisenhaus punktuell auch der wissenschaftlichen Forschung Raum gegeben. Die auf diesem Gebiet herausragende Gestalt war der Oberlehrer Leonhard Bauer (1865–1964). In der Beschäftigung mit der arabischen Sprache fand Bauer seine Lebensaufgabe.[1170]

Er entwickelte sich zu einem bemerkenswerten Philologen und Sprachforscher; er veröffentlichte diverse, noch heute respektierte Arabischlehrbücher und -wörterbücher.[1171] Nach dem Ersten Weltkrieg verließ er Jerusalem, kehrte aber 1921

---

gerichtete Politik der Siegermächte. In der arabischen Welt gebe es ein Gefühl der Solidarität mit dem Deutschen Reich, weil sich die Araber von den Alliierten ebenfalls schlecht behandelt fühlten. Deshalb würdigte Haddad auch den Aufstieg des Dritten Reichs. Vgl. dazu auch G. Kampffmeyer, „Bericht über meinen Studienaufenthalt in Palästina", 156.

[1166] Ein 28seitiger Lebenslauf E. Haddads findet sich in LKA Stuttgart K 8/31.

[1167] Vgl. den Vertrag zwischen dem SyrW und Salem Abd Salem vom 1.12.1933, LKA Stuttgart K 8/17.

[1168] Ein 29seitiger Lebenslauf Said Asfurs findet sich in LKA Stuttgart K 8/31.

[1169] Vgl. LKA Stuttgart K 8/143.

[1170] Vgl. auch J. Eisler/A.G. Krauß (Hgg.), *Bibliographie der Familie Schneller*, 31.

[1171] Leonhard Bauer, *Lehrbuch zur praktischen Erlernung der arabischen Sprache. Schrift- und Vulgärarabisch*, Jerusalem 1897; ders., *Schlüssel zum Lehrbuch der arabischen Sprache*, Jerusalem 1896; ders., *Volksleben im Lande der Bibel*, Leipzig ²1903; ders., *Das palästinensische Arabisch: die Dialekte des Städters und des Fellachen: Grammatik, Übungen und Chrestomathie*, Unveränderter, photomechanischer Nachdruck der 4. Auflage, Leipzig 1926, Zentralantiquariat der DDR, Leipzig 1970; ders., *Wörterbuch des palästinensischen Arabisch: Deutsch - Arabisch*, Leipzig 1933; ders., *Deutsch-arabisches Wörterbuch der Umgangssprache in Palästina und im Libanon*, 2. Auflage unter Mitwirkung von Anton Spitaler, Wiesbaden 1957. Meines Wissens gibt es zu Bauers Lebenswerk bisher nur eine kurze Würdigung im Internet durch den Heidelberger Semitisten Ulrich Seeger, auf die auch ich mich beziehe. Vgl. http://www.seeger.uni-hd.de/bauer.htm [Stand: 30.3.2008]. Seeger stützt sich auf diverse *BaZ*-Artikel und den Nachruf von H. Schneller auf Leonhard Bauer in: *BaZ* 79. Jg., Heft 4 (1964), 6–16. Vgl. auch den Lebenslauf L. Bauers, LKA Stuttgart K 8/31 sowie J. Eisler/A.G. Krauß (Hgg.), *Bibliographie der Familie Schneller*, 31. Der am 9.5.1865 im Bad Mergentheim geborene L. Bauer absolvierte das Lehrerseminar in Künzelsau

zurück und half beim SyrW-Wiederaufbau mit. Neben dieser Tätigkeit publizierte er weiter seine Forschungsergebnisse. Sein *Wörterbuch der arabischen Umgangssprache* von 1930 ist nach Ansicht des Heidelberger Semitisten Ulrich Seeger als Deutsch-Arabisches Dialektwörterbuch bis heute konkurrenzlos.[1172]

Auch der SyrW-Absolvent und JV-Geistliche Said Abbud (1846–1948) war ein in Palästina und Deutschland respektierter Sprachforscher. Auf Vermittlung deutscher Wissenschaftler veröffentlichte er in den *Mitteilungen des Seminars für Orientalische Sprachen an der Universität Berlin (Abteilung II, Westasiatische Studien, Beiband 36)* eine Sammlung von 5.000 Sprichwörtern der arabischen Volkssprache, auf die Gustaf Dalman in seinem opus magnum *Arbeit und Sitte in Palästina* häufig zurückgegriffen hat.[1173] Für einen an Brauchtum, Sprache und Sitte des Landes interessierten Wissenschaftler wie Gustaf Dalman waren Bauers und Abbuds Arbeiten wichtige Quellen – und als Kenner des Landes dürften sie für ihn auch regelmäßige Gesprächspartner über seine eigenen Forschungen gewesen sein.[1174]

---

und arbeitete einige Zeit als Lehrer. Da er sich zur Mission berufen fühlte, bewarb er sich beim Baseler Missionsseminar, das ihn aber aus gesundheitlichen Gründen ablehnte. Die Enttäuschung währte nicht lange, erhielt er doch 1880 eine Stelle als Deutsch- und Französischlehrer am Syrischen Waisenhaus. Da Arabischlehrer fehlten, erlernte Bauer auch diese Sprache, um Zöglinge wie deutsche Mitarbeiter zu unterrichten. Der ab 1891 mit Maria Schneller verheiratete Bauer wurde 1899 zum Ersten Oberlehrer und Leiter des Seminars ernannt, wirkte zudem als Organist, Prediger bei den täglichen arabischen Hausandachten sowie ab 1897 als stellvertretender Vorsitzender des Jerusalemer Zweigvereins des *Deutschen Palästina-Vereins*.

[1172] Http://www.seeger.uni-hd.de/bauer.htm [Stand: 30.3.2008]: „Zwar erscheint so manches auf den ersten Blick veraltet und ungenau, doch je weiter man in die Fülle des Materials eintaucht, desto klarer gewinnt das Werk an Kontur, desto fundierter werden seine Angaben und in der Praxis beweist es eine Verläßlichkeit, die einen immer wieder darüber staunen lässt, wie ein gänzlich unvorbelasteter Laie dieses Wunderwerk in dermaßen kurzer Zeit hervorbringen konnte." Auch dieses Buch wurde in der anstaltseigenen Druckerei hergestellt, aber von der J.C. Hinrichs'schen Buchhandlung in Leipzig verlegt.

[1173] Vgl. S. Abbud (Hg.), *5000 arabische Sprichwörter aus Palästina*: arabischer Text in der Volkssprache in vokalisierter Schrift aufgenommen, mit schriftlichen Erklärungen versehen und in Zusammenarbeit mit M. Thilo und G. Kampffmeyer herausgegeben von S. Abbud, Berlin 1933. Dazu: G. Kampffmeyer, *Glossar zu den 5000 arabischen Sprichwörtern aus Palästina*, Berlin 1933 sowie ders., „Bericht über meinen Studienaufenthalt in Palästina April-September 1934", in: *Mitteilungen des Seminars für Orientalische Sprachen. Abteilung II: Westasiatische Studien* 37 (1934), 143–160. Kampffmeyer schreibt, dass Abbuds Buch in der Druckerei des Syrischen Waisenhauses hergestellt worden sei.

[1174] Vgl. zu Dalmans Rezeption des Abbud-Buches J. Männchen, *Gustaf Dalman als Palästinawissenschaftler in Jerusalem und Greifswald 1902–1941*, Wiesbaden 1993, 211, 213 f., 222 f.

5.6 Expansion der Anstalten

Nach dem Tod des Gründers 1896 blieb die inhaltliche und strategische Leitung des Syrischen Waisenhauses in den Händen der Schneller-Familie: In Jerusalem lag die Führung des Hauses von 1896 bis 1928 in den Händen von Theodor Schneller (1856–1935)[1175], dem die Brüder Hermann (1893–1993)[1176] und Ernst (1901–1986)[1177] Schneller folgten. Sie prägten die Anstalten während der Mandatszeit.

Theodor Schneller kommt das Verdienst zu, als „Erbe des väterlichen Werkes"[1178] dieses nicht nur verwaltet, sondern weiter ausgebaut zu haben. Unter Theodor Schnellers Führung verdreifachte sich die Größe der Jerusalemer Anstalten. Da

---

[1175] Der am 29.5.1856 in Jerusalem noch vor der eigentlichen Gründung des Syrischen Waisenhauses in Jerusalem geborene Theodor Schneller wurde gemeinsam mit seinem Bruder Ludwig – nach dem Schulbesuch in den Jerusalemer Klassen des Vaters – zur weiteren Ausbildung nach Deutschland geschickt. Im Elternhaus wie während seines Bildungsgangs prägte der württembergische Pietismus Th. Schneller nachhaltig. Dem Schulbesuch in Schorndorf, den er aber ohne Abitur abschloss, folgten die Lehrerseminare in Münsingen und Künzelsau. 1875 legte Th. Schneller die Lehrerprüfung ab. Nach zwei Jahren praktischer Erfahrung als Lehrer, studierte er Theologie am Seminar der Baseler Mission, wo er 1882 das Examen ablegte. Er holte das Abitur nach, studierte nun Theologie an den Universitäten Berlin und Tübingen, trat dort der Verbindung Luginsland bei und legte in der schwäbischen Universitätsstadt 1884 das 1. Theologische Examen ab. Das Vikariat absolvierte er in der Nähe von Schorndorf. Nach der Ordination durch Hofprediger Frommel war er noch ein Jahr Pfarrverweser in der württembergischen Landeskirche. 1885 kehrte er nach Palästina zurück und wurde von seinem Vater für die Nachfolge als SyrW-Direktor eingearbeitet. Dass sein Onkel 45 Jahre die Jerusalemer Anstalten „in treuer Pflichterfüllung und unermüdlicher Arbeit für seinen Herrn", geleitet hatte, war für seinen Neffen Hermann vorbildlich – so H. Schneller, *,Fürchte Dich nicht, glaube nur!'. Das Leben des Direktors D. Theodor Schneller vom Syrischen Waisenhaus in Jerusalem. 1865–1935.* Maschinenschriftliches Manuskript, o. O., o.J., 155, GSIUH, I SW 02 sowie J. Eisler/A.G. Krauß (Hgg.), *Bibliographie der Familie Schneller*, 25.

[1176] Hermann Schneller wurde am 4.10.1883 in Jerusalem geboren. Nach dem Besuch der *Deutschen Evangelischen Schule* in Jerusalem 1899–1906, schickten ihn seine Eltern nach Deutschland. 1912 legte er in Canstatt das Abitur ab. Von 1912 bis 1914 und von 1918 bis 1921 studierte er in Tübingen Evangelische Theologie, bestand das I. und das II. Theologische Examen mit *gut*, absolvierte das Vikariat an der Stuttgarter Matthäuskirche und wurde am 22.10.1921 ordiniert. Im gleichen Jahr heiratete er Agnes Rück. Ihr einziger Sohn Hans Ludwig wurde am 6.7.1930 geboren. Von Ostern 1915 bis Dezember 1918 nahm er als Leutnant der Reserve des Ers./Gren. R. 119 am Ersten Weltkrieg teil. Er machte die Kämpfe im Argonnerwald mit, wurde dann dem Levantekorps überstellt, erlebte die Suezexpedition 1916, den Stellungskrieg bei Beerscheba und Gaza 1917 und die Kapitulation der osmanisch-deutschen Truppen in Damaskus 1918. Im Krieg zog er sich zahlreiche Verletzungen zu, litt an Fleckfieber, Typhus und Malaria. Vom 1.1.1928 bis 1939 leitete er als Direktor das Syrische Waisenhaus in Jerusalem. 1940–1948 wurde er in Palästina und Australien interniert. 1948/49 übernahm er als Pfarrverweser die Gemeinde Walldorf-Häslach bei Tübingen, schied aber wieder aus dem Kirchendienst aus, als ihn der Lutherische Weltbund, der treuhänderisch die deutschen evangelischen Anstalten verwaltete, um eine Rückkehr in den Orient bat. 1949–1951 arbeitete er für den Lutherischen Weltbund in Bethlehem. Von 1951–1960 baute er als Nachfolgeeinrichtung der Anstalten im Heiligen Land die Johann-Ludwig-Schneller-Schule in Khirbet Kanafar/Libanon auf. Seinen Lebensabend verbrachte er in Leonberg und Nürtingen. Er verstarb am 9.3.1993 und wurde im Geburtsort des Großvaters, in Sonnenbühl-Erpfingen (Kreis Reutlingen) beerdigt. Vgl. die Personalakte A 127–S 278: Schneller, Hermann Theodor, LKA Stuttgart. Vgl. auch J. Eisler/A.G. Krauß (Hgg.), *Bibliographie der Familie Schneller*, 28.

[1177] Vgl. J. Eisler/A.G. Krauß (Hgg.), *Bibliographie der Familie Schneller*, 50 und 66.

[1178] S. Hanselmann, *Deutsche Evangelische Palästinamission*, 113.

S. Hanselmann das Lebenswerk Theodor Schnellers, der seinem Vater theologisch und pädagogisch nahe stand, sich aber mit seinem ruhigen Temperament völlig von ihm unterschied,[1179] eingehend gewürdigt hat, mag hier der Hinweis genügen, dass der zweite SyrW-Direktor an seinem 70. Geburtstag für sein Lebenswerk mit der theologischen Ehrendoktorwürde der Universität Tübingen ausgezeichnet wurde.

Die gleiche Ehre wurde 1960 auch seinem Neffen Hermann zuteil. Er hatte sich nach Kriegsdienst, Studium, Vikariat und einer Hospitanz in Bethel 1923 zunächst als zweiter Pfarrer neben seinem Vater in die Geschäfte der Anstalt eingearbeitet, ehe er 1928 die Direktion übernahm. Als Theologe war er nicht nur der erste Geistliche, sondern auch eine Art Generalmanager des Syrischen Waisenhauses, während sein jüngerer Bruder Ernst als Maschinenbauingenieur die Werkstätten und Betriebe leitete.

Die von den Söhnen und Enkeln des Gründers forcierte Expansion wurde nicht zuletzt deshalb möglich, weil Theodor und Ludwig Schneller dank einer intensiven Werbetätigkeit neue Freunde und Förderer in der Schweiz und unter den evangelischen Auswanderergemeinden in Nordamerika gewannen.[1180] In der Zwischenkriegszeit gab es in der Schweiz einen eigenen SyrW-Verein mit rund 2.500 Mitgliedern, die von drei Kuratoren in der Verwaltung des deutschen Hauptvereins vertreten wurden.[1181]

Im Herbst 1907 unternahm Ludwig Schneller erstmals eine Vortragsreise durch die USA.[1182] Kontakte zu den Kirchen stellte L. Schnellers ehemaliger Berliner Wingolf-Bruder und New Yorker Pfarrer H.W. Seibert her. In der Folgezeit verstand es der SyrW-Vorstand, wie bereits erwähnt, hochrangige deutschstämmige Kirchenführer in den USA als Kuratoren an den Verein zu binden. Außerdem gewann der SyrW-Verein besonders in den deutschen Auswanderergemeinden neue Freunde, deren Spenden die Erweiterung des Werkes nicht unerheblich finanzierten.

Einen herben Rückschlag erlitt das Werk 1910. Nur wenige Wochen nach der 50-Jahr-Feier brannten die Jerusalemer Anstalten innerhalb weniger Stunden fast vollständig nieder.[1183] Die Arbeit eines halben Jahrhunderts schien auf einen Schlag vernichtet zu sein. Da es in Palästina keine Feuerversicherung gab, stand das Waisenhaus zunächst vor einer ungewissen Zukunft. Doch die Schnellers gaben nicht auf und konnten feststellen, wie groß ihr Freundeskreis mittlerweile geworden war und welchen guten Ruf sich ihre Anstalten erworben hatten. Mit einer Spende in Höhe

---

[1179] Vgl. S. Hanselmann, *Deutsche Evangelische Palästinamission*, 113–122 und H. Niemann, *Von Gottes Hand geleitet. Gedächtnisschrift zum 70jährigen Bestehen des Syrischen Waisenhauses in Jerusalem*, Köln 1930, 43 f.

[1180] Vgl. O. Dibelius, „Eine Geschichte evangelischen Lebens in Nord-Amerika", *EvDia* 3 (1922), 130–142.

[1181] Da das Schweizer Komitee nach Kriegsausbruch in höherem Maße als bis dahin politisch und ökonomisch Verantwortung für das Gesamtwerk übernahm, wurde es durch Seminardirektor G. Fankhauser (Bern), Pfr. G. Vischer (Oetwil am See) und den Juristen Dr. Schindler erweitert. Vgl. das Protokoll der SyrW-Vorstandssitzung Nr. 246 – 10.11.1939, LKA Stuttgart K 8/9.

[1182] Vgl. A. Katterfeld, *D. Ludwig Schneller*, 118–126.

[1183] So L. Schneller, *Das Syrische Waisenhaus in Jerusalem*, 11 f. Vgl. auch ders., *Vater Schneller. Ein Patriarch der Evangelischen Mission im Heiligen Lande*, 269–283.

von 7.000 RM setzte sich Kaiser Wilhelm II. öffentlichkeitswirksam an die Spitze der Förderer, was ein enormes Echo über die Grenzen des Reichs bewirkte. Nicht nur aus Deutschland, auch aus der Schweiz, Russland, Australien und den USA wurden den Schnellers finanzielle Hilfen zuteil. Insgesamt kamen fast 203.000 RM zusammen.[1184] In der großen Spendenbereitschaft sahen die Schnellers eine Gnadentat Gottes, eine „herzerhebende Erfahrung", der sie durch eine Zeit der Prüfungen und Anfechtungen sicher geführt habe.[1185]

Die Anstalten waren gerettet, der Wiederaufbau gesichert, der Lehrbetrieb konnte wieder aufgenommen werden. Die Spendengelder reichten zunächst nur zu einer feuerfesten, schlichten Rekonstruktion des ursprünglichen Baus, so dass der originalgetreue Wiederaufbau der anstaltseigenen Kirche zurückgestellt werden mußte.[1186] Doch weitere Gaben folgten: Drei neue Glocken wurden gegossen, sechs dreiteilige Fenster mit Motiven des Lebens Jesu ebenso wie die liturgischen Gewänder, Altardecken und das Abendmahlsgeschirr wurden erneut gestiftet. Der fränkische Malerpfarrer Bickel malte eine Kopie des einstigen Himmelfahrtsbildes und fügte unter die Christus betrachtenden Apostel auch den Waisenhaus-Gründer J.L. Schneller ein. Elsässer Freunde spendeten die Turmuhr, aus Württemberg kam die Orgel, aus Pommern der eiserne Dachstuhl und der Turmhelm, während die eigenen Werkstätten Ziegel brannten, den Rohbau erstellten, die Holzverkleidung und die Innenausstattung der Kirche anfertigten. R. Kark, D. Denecke und H. Goren sehen deshalb in der Baugeschichte des Waisenhausen „an obvious example for trade connections and imports from Europe", die Innovationen, Verbesserungen und Modernisierungen „of the cultural landscape in Palestine during the period before the First World War" gebracht hätten.[1187]

Auch wenn mit dem Ausbruch des Ersten Weltkriegs ein zweites einschneidendes Erlebnis folgte, führte die zweite und dritte Generation Schneller den Ausbau der Anstalten gezielt weiter. 1907 endgültig erworben, nahm in Bir Salem das *Philistäische Waisenhaus* ein Jahr später mit einer 345 Hektar großen Obst-Plantage seinen Betrieb auf. Seinen Namen erhielt die Außenstation durch ihre Lage in der

---

[1184] Vgl. L. Schneller, *Vater Schneller. Ein Patriarch der Evangelischen Mission im Heiligen Lande*, 278: 89.600 RM kamen aus Preußen, 31.600 aus Württemberg, 18.100 aus Bayern, 12.000 aus Amerika, 11.600 aus der Schweiz, 11.700 aus Baden, 10.700 aus Sachsen, 5.400 aus Russland, 4.900 aus Australien. Vgl. auch L. Schneller, *Allerlei Pfarrherren*, Leipzig 1925.

[1185] Vgl. L. Schneller, *Das Syrische Waisenhaus in Jerusalem*, 12 oder ders., *Vater Schneller. Ein Patriarch der Evangelischen Mission im Heiligen Lande*, 278 und 282 f.

[1186] Vgl. R. Kark, „Missions and Architecture. Colonial and Post-Colonial Views – The Case of Palestine", in: E.H. Tejirian/R. Spector Simon (Hgg.), *Altruism and Imperialism. Western Cultural and Religious Missions in the Middle East (19th – 20th century)*, New York 2002, 183–207, die darauf hinweist, dass die zwischen 1856 und 1934 entstandenen Bauten des Syrischen Waisenhauses einen Stilmix aus süddeutschem Barock, einheimischer und kolonialer Architektur aufweist. Der mit einem metallenen Dachreiter versehene Glockenturm der Anstalten habe ein typisch europäisches Element in das Stadtbild Jerusalems eingebracht. Vgl. auch G. Gordon, „Erhaltungsplan für das Gelände des Syrischen Waisenhauses", 33–35.

[1187] Vgl. R. Kark/D. Denecke/H. Goren, „The Impact of Early German Missionary Enterprise in Palestine on Modernization and Environmental and Technological Change, 1820–1914", in: M. Marten/M. Tamcke (Hgg.), *Christian Witness*, 166 f.

Küstennähe, in der sich in biblischen Zeiten das Land der Philister befand. Bir Salem wurde eine erfolgreiche landwirtschaftliche Außenstelle.[1188]

Der ursprüngliche Plan, auf dem Gelände die erste evangelisch-palästinensische Kolonie zu gründen, ließ sich bekanntlich nicht realisieren. Wirtschaftlich entwickelte sich Bir Salem über viele Jahre erfolgreich und bildete Schüler in landwirtschaftlichen Berufen aus. Die Schnellers legten Brunnen an und stellten Pumpen auf, was der Schlüssel zur Kultivierung dieses Landstrichs wurde. Da der erste Tiefbrunnen durch die Förderung des ostfriesischen Kurators Georg Friedrich Schaaf ermöglichte wurde, erhielt die Hauptstation den Namen *Friesia* und die Wasserquelle den Namen *Friesiabrunnen* – eine wohl einmalige Kuriosität im Heiligen Land. Nach intensivem Drängen des schwäbischen Hausvaters Matthias Spohn (1866–1935) entstanden in Bir Salem 1913 zwei Neubauten für die Unterbringung der Zöglinge, die bis dato in einfachen Baracken schlafen und leben mussten. In der Zwischenkriegszeit wurde Bir Salem von einem Diakon der Stuttgarter Karlshöhe geleitet und 1929/1930 eine Landwirtschaftsschule errichtet. 1930 umfasste das Anwesen 33.287 Apfelsinenbäume, 2.967 Ölbäume, rund 6.000 Rebstöcke, 2.000 Mandelbäume, 41.818 Eukalyptusbäume, die vor allem zu Brennholz verarbeitet wurden, sowie einen großen Zypressen-Bestand.[1189]

Da stets 40–50 Schüler aus der Nazarether Gegend nach Jerusalem kamen, war es nahe liegend, dort eine Außenstelle zu eröffnen. Ab 1910 wurde in Nazareth das Galiläische Waisenhaus – wieder dank einer Intervention der deutschen Regierung bei der Pforte – aufgebaut.[1190] Das Grundstück in der Heimatstadt Jesu erwarb das Syrische Waisenhaus dank der Initiative amerikanischer Freunde.[1191] Bir Salem und Nazareth unterhielten je eine Grundschule, eine landwirtschaftliche Ausbildungsstätte und die Agrarproduktion.

Nach dem ersten Vierteljahrhundert seiner Arbeit konnte das Syrische Waisenhaus eine respektable Bilanz vorweisen: Begann die Arbeit 1861 mit 41 Knaben, betreute das Heim 25 Jahre später schon 124 Zöglinge, und 1939 waren es rund 400 Kinder. Im ersten Vierteljahrhundert durchliefen insgesamt 414 Absolventen die Anstalten, nach 40 Jahren hatten dies 1.200, nach 80 Jahren 3.500 getan.

Das Syrische Waisenhaus hatte sich während der 80 Jahre seines Bestehens einen sehr guten Ruf in Palästina erarbeitet.[1192] Die Bewerbungen für einen Ausbildungs-

---

[1188] Erst nach der Vertiefung der osmanisch-deutschen Beziehungen und der Orientreise Kaiser Wilhelms II., gelang es Schneller 1889/90, das 585 Hektar große Gelände bei Ramle für 40 Jahre zu pachten. Dort entstand die Außenstation Bir Salem (übersetzt: Brunnen des Heils). Als die zionistischen Organisationen ebenfalls ein großes Interesse am Kauf des Geländes zeigten, kam es zu einem Kompromiss. Das Syrische Waisenhaus musste ein Drittel der Fläche an die Juden abgeben, durfte aber – dank kaiserlicher Fürsprache – die restlichen zwei Drittel kaufen. Vgl. A.-R. Sinno, *Deutsche Interessen in Syrien und Palästina*, 64 f. und L. Schneller, *Das Syrische Waisenhaus in Jerusalem*, 15.

[1189] Vgl. das Protokoll der SyrW-Vorstandssitzung Nr. 192 – 15.5.1930, LKA Stuttgart K 8/8.

[1190] Zur Grundsteinlegung in Nazareth vgl. L. Schneller, *Das Syrische Waisenhaus in Jerusalem*, 18–20.

[1191] Vgl. A. Katterfeld, *D. Ludwig Schneller*, 94.

[1192] Ähnlich das Urteil bei R. Kark/D. Denecke/H. Goren, „The Impact of Early German Missionary Enterprise in Palestine on Modernization and Environmental and Technological Change, 1820–1914", in: M. Marten/M. Tamcke (Hgg.), *Christian Witness*, 160 ff.

platz im Waisenhaus, das längst kein Waisenhaus mehr war, überstiegen Jahr für Jahr die offenen Plätze. Durchschnittlich mussten pro Jahr fast 500 Bewerbungen abgelehnt werden. 1934 kamen sogar 1.000 Bewerbungen auf 40 Ausbildungsplätze. Auch die Palästinaregierung wusste die Arbeit der Anstalten zu schätzen, und so würdigte 1934 High Commissioner Sir Arthur Wauchope das Engagement der Schnellers bei einem Besuch der Jerusalemer Anstalten in entsprechender Form.[1193]

5.7 Das Syrische Waisenhaus im Ersten Weltkrieg

Der Ausbruch des Ersten Weltkrieges bedrohte nachhaltig den Fortgang der Arbeit. Da die Alliierten erfolgreich darauf zielten, das Osmanische Reich zu zerschlagen, geriet auch Palästina zum Kriegsschauplatz. Das Land war wirtschaftlich isoliert, der Import ausländischer Waren wurde zusehends schwieriger, die Nahrungsmittel knapper. Auch im Syrischen Waisenhaus leerten sich die Weizendepots, auch wenn immerhin Obst und Gemüse weiter in Bir Salem kultiviert werden konnten. Einen schweren Schlag bedeutete im zweiten Kriegsjahr eine an biblische Zeiten erinnernde Heuschreckenplage, durch die fast die gesamte Ernte des Landes zerstört wurde,[1194] was zu einer Hungersnot in Palästina führte, die das Land bis 1917 belastete.[1195] Die Direktion und der Vorstand gründeten ein Hilfswerk in Jerusalem, bewilligten Hilfsgelder in Höhe von 20.000 Mark, um täglich an rund 1.000 Bedürftige Essen verteilen zu können. Die Nahrungsmittel kamen zum größten Teil aus Bir Salem. Die Hilfsaktion ließ das Ansehen der Schnellers in allen Schichten der Jerusalemer Bevölkerung anwachsen, was der Familie Sonderbehandlungen nach 1918[1196] und zu Beginn des Zweiten Weltkrieges eintrug.[1197]

Nicht allein unter humanitären, sondern auch aus außenpolitischen Gründen war das Engagement bedeutsam, weil sich eine deutsche Einrichtung am internationalen und interkonfessionellen Wohltätigkeits-Konkurrenzkampf beteiligte. Ähnliche Unterstützungskomitees hatten nämlich auch die Franziskaner, das Griechisch-Orthodoxe Patriarchat, die Armeniern, das spanische Konsulat, die amerikanische Kolonie und die zionistischen Organisationen ins Leben gerufen.

Die in Jerusalem stationierten deutschen Truppen zeigten sich kooperationsbereit und transportierten den benötigten Weizen ins Syrische Waisenhaus. Die Organisation besorgte H. Schneller, der als Leutnant und Proviantoffizier des deutschen

---

[1193] Vgl. K. Thomas, *Deutschtum in Palästina*, 264.

[1194] Vgl. L. Schneller, *Das Syrische Waisenhaus in Jerusalem*, 22. Vgl. auch K. Thomas, *Deutschtum in Palästina*, 266.

[1195] Vgl. die Zeitungsausschnitte in LPL/MS 2613. Vgl. A. Katterfeld, *D. Ludwig Schneller*, 137. Vgl. auch das Protokoll der SyrW-Vorstandssitzung Nr. 142 – 11.10.1916, LKA Stuttgart K 8/7. Dort findet sich eine Tabelle, die den erheblichen Preisanstieg für Lebensmittel in Palästina zwischen 1914 und 1916 dokumentiert. Die Preise für Öl stiegen um das Vierfache, für Weizen um das Fünffache, für Reis um das Zehnfache, für Zucker um das Dreißigfache.

[1196] Vgl. Kapitel 5.8

[1197] Vgl. z.B. LPL/Lang Papers 176.

Levantekorps in Ein Karim[1198] bei Jerusalem stationiert war. Am Ende des Ersten Weltkrieges weitete das Deutsche Generalkonsulat mit Reichsmitteln die Hilfe für die Armen Jerusalems aus, sogar der Kaiser ließ den Schnellers eine Spende anweisen.[1199] Eine deutsche Suppenküche wurde so zum Instrument des Propagandakampfes zwischen den verfeindeten christlichen Großmächten.[1200]

Während des Ersten Weltkrieges verschlechterte sich die Lage für alle westlich-christlichen Einrichtungen im Osmanischen Reich, denn 1914 hatte die jungtürkische Regierung, wie bereits oben ausgeführt, die Kapitulationen aufgehoben, die seit dem 16. Jahrhundert ausländischen, christlichen Unternehmungen konsularen Schutz brachten.[1201] Die Missionsschulen mussten türkische Lehrpläne einführen, Türkisch wurde als Unterrichtssprache eingeführt, der christliche Religionsunterricht abgeschafft. Diese Entscheidung richtete sich vor allem gegen die katholischen französischen Missionsschulen. Deren Lehrern – zumeist Priestern – wurde unterstellt, im Auftrag Frankreichs an der Zerschlagung des Osmanischen Reichs mitzuarbeiten. Mit der Aufhebung der Kapitulationen wurden aber alle westlichen Institutionen unter Generalverdacht gestellt.

Unter der Regie des Direktors der Berliner Missionsgesellschaft, Karl Axenfeld,[1202] schlossen sich deshalb alle im Nahen Osten tätigen Missionsgesellschaften während des Krieges zu der sogenannten *Orient- und Islam-Kommission* des Deutschen Evangelischen Missionsausschusses zusammen. Sie verfolgten damit zwei Ziele: Unter dem starken Einfluss von Johannes Lepsius wurde der gemeinsame Protest der Missionsgesellschaften gegen die osmanischen Armenier-Massaker koordiniert. Außerdem ging es der Kommission um die Sicherung des Missionsbesitzes im Osmanischen Reich. Dazu arbeitete die Kommission eng mit dem Auswärtigen Amt zusammen.[1203]

[1198] Zu Ein Karim vgl. z.B. Y. Ben-Arieh, *Jerusalem in the 19th Century. Emergence of the New City*, Jerusalem – New York 1986, 47–51.

[1199] Vgl. L. Schneller, *Das Syrische Waisenhaus in Jerusalem*, 23.

[1200] Vgl. das Schreiben des Deutschen Generalkonsuls in Jerusalem an Reichskanzler Georg Michaelis vom 18. August 1917, BArchBerlin R 157 III F/14678: „Mit Rücksicht darauf, dass es sich nicht allein um ein menschenfreundliches Werk handelt, das umso grösseren Widerhall finden wird, als es zum Schauplatz die heilige Stadt der Christenheit hat, sondern dass eine grosszügige Ausgestaltung des besprochenen Liebeswerkes uns, die wir von den Feinden als Anstifter des Elends in der Türkei verschrieen werden, in ein besonders vorteilhaftes Licht gegenüber dem Auslande setzen würde, darf ich Euer Exzellenz ganz gehorsamst anheimstellen, ob es sich nicht empfehlen dürfte, gewisse Finanzkreise gegebenenfalls auch die Öffentlichkeit durch vorsichtige Zeitungsaufrufe für die Zusammenbringung der fehlenden Summe zu interessieren. Inden (sic!) Aufrufen müsste natürlich eine Anspielung auf die geringe Fürsorge der türkischen Regierung, die wünschenswerte Ausschaltung des amerikanischen Einflusses und den Geldmangel des griechischen Patriarchats unterbleiben."

[1201] Vgl. Kapitel 2.1.3 und 2.2.5.

[1202] Vgl. M. Wolfes Art. „Axenfeld, Karl Theodor Georg", in: *BBKL* 18 (2001), 98–115.

[1203] Vgl. R. Löffler, „Kritik am türkischen Armenier-Völkermord und Sicherung der eigenen Institutionen. Zur Arbeit der ,Orient- und Islam-Kommission' des Deutschen Evangelischen Missionsausschusses während des Ersten Weltkrieges", in: *ZMiss* 4 (2005), 332–351. Zum Genozid vgl. z.B. W. Gust, *Der Völkermord an den Armeniern. Die Tragödie des ältesten christlichen Volkes der Welt*, München - Wien 1993 und ders., *Der Völkermord an den Armeniern 1915/16. Dokumente aus*

Der Grundbesitz für wohltätige oder religiöse Einrichtungen wurde eingeschränkt. Ihnen wurde verboten, gewinn- beziehungsweise nutzbringende Ländereien zu betreiben. Bei Zuwiderhandlungen durfte die Regierung den Grundbesitz zwangsversteigern.

Hinzu kam, dass Ausländer während der osmanischen Zeit praktisch kein Land kaufen durften. Die Eintragung in die Grundbücher geschah meist über Mittelsmänner, zumeist christliche Araber oder Armenier.[1204] Als Folge der Armeniermassaker mussten die Orientmissionen befürchten, dass auch ihr Grundbesitz gefährdet war. Die *Orient- und Islam-Kommission* empfahl deshalb 1916 allen Missionsgesellschaften, den gesamten evangelischen Besitz als Wakf eintragen zu lassen. Ein Wakf (Plural: Wakuf/Auqâf) war eine wohltätigen oder religiösen Zwecken gewidmete Stiftung islamischen Rechts, die gewisse Sonderrechte im öffentlichen Leben besaß.[1205] Da ein spezielles christliches Wakfrecht im Osmanischen Reich nicht existierte, war jedoch juristisch umstritten, ob evangelische Anstalten überhaupt als Wakf geführt werden könnten.

Gleichwohl entschied sich die Mehrheit der in der *Orient- und Islam-Kommission* vereinigten Gesellschaften, ihre Institutionen im Nahen Osten in Stiftungen umzuwandeln.[1206] Im März 1917 plante auch der SyrW-Vorstand die Errichtung einer Stiftung *Syrisches Waisenhaus in Jerusalem* mit Sitz im Osmanischen Reich, die am 23. Mai 1917 vom Bundesrat genehmigt wurde.[1207] Bevor dieser Beschluss umgesetzt werden konnte, waren sowohl das Osmanische Reich als auch der Bundesrat Vergangenheit.

Von den Kriegsereignissen waren auch die SyrW-Anstalten selbst betroffen: Das osmanische Militär zog erwachsene Zöglinge ein, wandelte die Wohngebäude des SyrW-Geländes zu Soldatenheimen um und quartierte dort die osmanischen Soldaten sowie Truppenteile des deutschen *Levantekorps* ein.

Als die britischen Truppen im Dezember 1917 Jerusalem belagerten, geriet zwar nicht die Altstadt, wohl aber das außerhalb der Stadt liegende Syrische Waisenhaus unter Artilleriebeschuss. Die Angst der Bewohner war groß, doch der Schaden hielt sich in Grenzen. Nach der Eroberung der Stadt durch General Allenby nutzten die

---

dem Politischen Archiv des deutschen Auswärtigen Amts, Springe 2005 oder R. Hosfeld, *Operation Nemesis. Die Türkei, Deutschland und der Völkermord an den Armeniern*, Köln 2005 (mit Lit.).

[1204] Vgl. Y. Ben-Arieh, *Jerusalem in the 19th Century. Emergence of the New City*, 68.

[1205] Vgl. den Art. „Wakf", in: *The Encyclopedia of Islam. New Edition* 11 (2002), 59–99.

[1206] Vgl. die Hinweise bei U. Feigel, *Das evangelische Deutschland und Armenien. Die Armenierhilfe deutscher evangelischer Christen seit dem Ende des 19. Jahrhunderts im Kontext der deutsch-türkischen Beziehungen*, Göttingen 1989, 215 ff und R. Schäfer, *Geschichte der Deutschen Orient-Mission*, Potsdam 1932, 85 ff. Zur deutschen Armenien-Politik vgl. U. Trumpener, *Germany and the Ottoman Empire, 1914–1918*, Princeton 1968, 200–270, G. Schöllgen, *Imperialismus und Gleichgewicht. Deutschland, England und die orientalische Frage 1871–1914*, München 1984, 359–367.

[1207] Vgl. das Protokoll der SyrW-Vorstandssitzung Nr. 144 – 23.5.1917 und Nr. 145, das wegen der Kriegsverhältnisse die Sitzungen vom 1.8. und 2.11.1927 sowie vom 6.2., 1.5., 9.10.1918, LKA Stuttgart K 8/7 zusammenfasste. Die Protokolle der Kriegszeit gaben den Verlauf der Vorstandssitzungen nur teilweise wieder. Regelmäßig wies der Vorsitzende darauf hin, dass Nachrichten mit vertraulichem Charakter nicht in die gedruckten Sitzungsberichte aufgenommen wurden.

Briten das Waisenhaus als Heerlager weiter: Statt der feldgrauen deutschen Uniformen dominierte dort nun das Kaki der *Egyptian Expeditionary Forces* die Szenerie.

5.8 Die Übernahme der Anstalten durch die *Near East Relief*-Organisation

Nach der britischen Eroberung des Landes konnte Theodor Schneller zunächst den Betrieb der Anstalten mit 171 Zöglingen in Jerusalem weiter leiten, wobei sein Handlungsspielraum eingeschränkt war, da er nicht nach Bir Salem reisen durfte, wo der Lehrer Dschirius die Leitung übernommen hatte.

Nachdem die Briten die Nahrungsmittelversorgung übernahmen, stellte das SyrW seine Armenspeisungen ein. Bir Salem, wo General Allenby zwischenzeitlich sein Hauptquartier aufschlug, versorgte ab Winter 1917/1918 wieder die Jerusalemer Anstalten.[1208] Da die Landwirtschaft in Bir Salem Gewinn abwarf und durch Vermittlung des Spanischen Generalkonsulats auch Geld aus Köln nach Jerusalem überwiesen wurde, konnte das SyrW seine Arbeit fortsetzen. Allerdings besetzten die britischen Truppen auch in Jerusalem einige Gebäude – wie das Blindenheim und das Lehrlingsheim. Da die Anstalten aber während des Krieges einige Dutzend Zöglinge entlassen hatten, zogen die Blinden einfach in ein anderes Gebäude um. Am 19. Juni 1918 teilten die britischen Behörden Theodor Schneller mit, dass seine Anstalten ab dem 1. Juli 1918 dem *Committee for Supervision of German Educational Institutions* unter der Leitung des anglikanischen Bischofs Rennie MacInnes unterstellt werden würden. Dieses Komitee delegierte dann die Aufsicht über das Syrische Waisenhaus an das amerikanische Rote Kreuz, das Mitte Juli 1918 die Arbeit aufnahm.[1209] Dem Direktorenehepaar Schneller blieb – anders als vielen ihrer deutschen Mitarbeiter – die Internierung in Ägypten erspart. Dafür hatten arabische Christen gesorgt, die beim anglikanischen Bischof – ohne Schnellers Wissen – vorsprachen und auf seine Verdienste, besonders auf die Armenspeisung während des Krieges verwiesen. Der Bischof ließ sich überzeugen und wirkte entsprechend auf die Militärbehörden ein.[1210]

Theodor und Johanna Schneller blieben in ihrem Haus in Jerusalem. Der seiner Aufgaben und Macht beraubte Direktor übernahm die Seelsorge für die wenigen in Jerusalem verbliebenen Deutschen – ältere Menschen sowie die Schwestern des Kaiserswerther Hospitals und des Herrnhuter Aussätzigenasyls. Dort hielt er einmal in der Woche eine Bibelstunde ab, die zum Mittelpunkt der geschrumpften evangelischen Gemeinde wurde, und übernahm in der Erlöserkirche die Gottesdienste. Außerdem betreute er seine ehemaligen arabischen Mitarbeiter. Als seine Frau Johanna schwer erkrankte, kehrte das Ehepaar 1920 nach Deutschland zurück.

Nach der englischen Eroberung Nazareths wurde auch das Galiläische Waisenhaus dem Roten Kreuz unterstellt, ehe es die Militärbehörden 1920 beschlagnahmten

---

[1208] Vgl. H. Schneller, *„Fürchte Dich nicht, glaube nur!"*, 89 f.,
[1209] Ebd., 92.
[1210] Ebd., 95.

und in ein Isolierkrankenhaus verwandelten. Im Juli 1919 gingen die Anstalten aus den Händen des Roten Kreuzes in die der amerikanischen Hilfsorganisation *Near East Relief* (NER) über, die sie bis 1921 als Fürsorgeanstalt für armenische und syrische Waisenkinder nutzte. Eine wissenschaftliche Darstellung der sehr verdienstvollen Arbeit des NER fehlt bisher und kann auch durch die folgenden Ausführungen nicht ersetzt werden.[1211]

5.8.1 Zur Arbeit des NER

Der NER war eine amerikanische Hilfsorganisation, die sich besonders stark für die Belange der verfolgten und vertriebenen Armenier einsetzte. Nachdem der amerikanische Botschafter in Konstantinopel und spätere *Secretary of the Treasury*, Henry Morgenthau, die amerikanische Öffentlichkeit über die dramatische Lage der Armenier unterrichtet hatte, gründeten am 16.9.1915 das *American Board*, das *American Red Cross* und die *Armenian Union* das *Armenian and Syrian Relief Work*, die sich nach Kriegsende zunächst *American Committee for Relief in the Near East* und ab dem 6.8.1919 endgültig *Near East Relief* nannte. Das Hilfswerk fand auch die Unterstützung von Präsident Woodrow Wilson. Eine Sammlung in den USA im Januar 1919 erbrachte 30 Millionen US-Dollar, woraufhin der Kongress eine auf zehn Jahre befristete Gabensammlung genehmigte. Auf diesem Wege kamen insgesamt fast 100 Millionen Dollar zusammen. NER konnte etwa 500.000 Armenier unterstützen und knapp 100.000 Waisenkinder langfristig versorgen. Das Syrische Waisenhaus kam also in kompetente Hände.

Der Kölner Vorstand war dagegen von den Anstalten abgeschnitten und praktisch handlungsunfähig. Lediglich zu den in Oberägypten internierten Deutschen – unter ihnen auch rund 25 SyrW-Mitarbeiter - konnte der Vorstand Kontakt halten und sie finanziell unterstützen.[1212] Die Kommunikationswege waren derart schwierig, dass der Vorstand 1919 nicht einmal genau wusste, dass der NER seine Anstalten übernommen hatte. Im Vorstandsprotokoll wird von einer anderen amerikanischen Gesellschaft gesprochen, deren Name „uns nicht bekannt" ist.[1213] Der SyrW-Verein in Köln war 1919 der festen Überzeugung, dass eine „amerikanische Verwaltungsgesellschaft" beziehungsweise eine „Synode" die Jerusalemer Anstalten übernommen hatte.[1214]

Dass das Syrische Waisenhaus an den NER überging, schmerzte die Schnellers. Da sie besonders nach der Geldentwertung in Deutschland finanziell angeschlagen

---

[1211] Vgl. U. Feigel, *Das evangelische Deutschland und Armenien*, 261; K. Meyer, *Armenien und die Schweiz*, Bern 1974, 115 ff. sowie J.L. Barton, „Near East Relief: A Moral Force", in: *IRM* 18 (1929), 495–502.

[1212] Vgl. die Entscheidung des SyrW-Vorstandes auf seiner Sitzung am 9.10.1918, die sich im Protokoll Nr. 145 findet. Die Ergebnisse der Vorstandssitzungen am 1.8. und 2.11.1917 sowie am 6.2., 1.5., 9.10.1918 wurden kriegsbedingt in einem Protokoll zusammen abgedruckt, LKA Stuttgart K 8/7.

[1213] Vgl. das Protokoll der SyrW-Vorstandssitzung Nr. 146 - 8.10.1919, LKA Stuttgart K 8/7.

[1214] Vgl. *BaZ* 35. Jg., Heft 4 (1919), 29 f.

waren, sahen sie dennoch in der treuhänderischen Verwaltung ihres Besitzes „für den Augenblick [...] eine weise Führung Gottes."[1215]

5.8.2 Hinter den Kulissen: Vorbereitung der Rückführung in die eigenen Hände

Mit Sorge registrierte der Vorstand, dass die amerikanische Gesellschaft den Religionsunterricht abschaffte, obwohl sie nach dem Versailler Vertrag dazu verpflichtet war, die Anstalten „im bisherigen Sinne" weiterzuführen.[1216] Es enttäuschte die alten frommen Mitarbeiter des SyrW und den bisherigen Direktor, dass der NER die Anstaltskapelle zu einem Veranstaltungsraum umwidmete, auf dem Altar ein Grammophon aufstellte und die von ihr betreuten Kinder nicht zum Gottesdienst, sondern zu einem Unterhaltungsprogramm in die Kapelle schickte. Der arabische Pastor Esber Domet kündigte daraufhin seinen Dienst beim NER.[1217] Dieser Schritt zeigte Wirkung – der NER führte wieder den Religionsunterricht und tägliche Andachten ein, die Oberlehrer Elias N. Haddad übernahm.

Da der Gossnerschen, Neuendettelsauer und Rheinischen Mission von den Alliierten zugesagt worden war, dass die Entfernung der deutschen Missionare von ihren Arbeitsfeldern „eine vorübergehende Maßregel"[1218] sei, hoffte auch der SyrW-Vorstand auf eine schnelle Rückgabe seiner Anstalten.

Um eine für seinen Verein günstige Lösung zu erreichen, mobilisierte Ludwig Schneller seine Verbindungen in die USA, wie dies auch andere deutsche Überseemissionen taten, denen von amerikanischen Lutheranern geholfen wurde.[1219] Bemerkenswerterweise beteiligten sich „ ,Americanized' and ,ethnic' Lutheran churches"[1220] (gemeint waren die dezidiert deutschen, dänischen, schwedischen, norwegischen Synoden) an der Rettung der deutschen Missionen und gründeten einen *Fund for the Relief of German Foreign Missions*. Die Sympathie für das Ursprungsland der Reformation, die persönlichen Bande zum Heimatland, die Förderung der Auswanderergemeinden in den USA etwa durch den Vorkämpfer des Luthertums im 19. Jahrhundert, Wilhelm Löhe, spielten für das Engagement dieser Synoden ebenso eine Rolle wie ein überkonfessionelles und übernationales Interesse an Fragen der Mission.

Die amerikanische Option erwies sich für Palästina als Schlüssel zum Erfolg: Der SyrW-Verein konnte sich auf seine amerikanischen Freunde verlassen. Die Deutsche Presbyterianerkirche und die 1.500 Gemeinden umfassende Evangelische Synode von Nordamerika wandten sich an das *Near East Relief Committee*. Auch Pastor Dr. R. Neumann aus Burlington (Iowa) forderte als Vertreter der Vereinigten Lutherischen Kirche der USA den NER in der Presse auf, die drei Waisenhäuser ihren

---

[1215] L. Schneller, *Das Syrische Waisenhaus in Jerusalem*, 27.
[1216] Vgl. *BaZ* 35. Jg., Heft 4 (1919), 30.
[1217] Vgl. H. Schneller, *,Fürchte Dich nicht, glaube nur!'*, 95.
[1218] Ebd., 29.
[1219] Vgl. R.V. Pierard, „The Preservation of ,Orphaned' Protestant Missionary Works", 495–507, bes. 502–506.
[1220] Ebd., 507 und 503.

ursprünglichen Eigentümern zu überlassen.[1221] Diese Initiativen waren von Erfolg gekrönt: Zur Überraschung aller erhielt der SyrW-Vorstand am 20.12.1920 ein wegweisendes Telegramm des *Public Custodian of Enemy Property*: „Are you prepared to carry on Syrian Orphanage Jerusalem from July first 1921, maintaining 450 orphans of any creed, at average cost 25 per head per annum under government regulations and develop technical workshops? No subsidy from government, but rentals on Bir Salem farm payable to orphanage. Alternatively Near East Relief will carry on orphanage for three years. Wire reply within fourteen days." [1222]

Das war mehr als der Vorstand erwartet hatte. Vor dem Krieg hatte das Syrische Waisenhaus 300 Zöglinge betreut, nun sollten es gleich 450 sein. Das NER hatte die Schlafsäle umgebaut und neue Schüler aufgenommen. Der Vereinsvorstand befand sich nun in einer schwierigen Lage: Sagte er zu, musste sich der Verein langfristig verschulden. Lehnte er das Angebot ab, bedeutet das den Abschied von einem 60jährigen Erfolgsmodell.

In seiner Antwort vom 23.12.1920 bat der Vorstand den Custodian zunächst um Aufschub. Eine definitive Antwort konnte der Verein nicht vor dem 15. Januar 1921 geben, da der Vorstand diese Entscheidung nicht ohne Rücksprache mit dem international zusammengesetzten Kuratorium fällen wollte. Die Verlängerung wurde gewährt, so dass am 12.1.1921 die entsprechenden Entscheidungen getroffen werden konnten. Am 9.1.1921 kabelte Kurator Menzel, der ebenso wie Kurator Seibert von dem Telegramm aus Jerusalem sofort informiert wurde: „Continue with Gods [sic!] help! Evangelical Synod will assist."

Trotz aller Freude über diese einmalige Chance bremsten die Finanzierungsprobleme eine schnelle und uneingeschränkte Zusage. Vor dem Krieg hatten die Ausgaben pro Zögling rund 14 Pfund betragen - bei 300 Kindern rund 4.200 Pfund. Mit den veranschlagten 25 Pfund Kosten pro Person ergab das einen Etat von 11.250 Pfund oder bei den damaligen Wechselkursen rund 2,7 bis 3 Millionen Papiermark beziehungsweise 250.000 Goldmark. Das war eine finanzielle Bürde, die der Verein – trotz aller Hilfe aus den USA – nicht schultern konnte. Eine Übernahme der Anstalten war also nur möglich, wenn die Zahl der Zöglinge von der Höhe der Einnahmen abhängig gemacht und nicht pauschal auf 450 festgesetzt wurde. Zudem wollte der SyrW-Vorstand wissen, was sich hinter der offenen Formulierung „government regulations" versteckte. Der Vorstand entschied sich unter dieser Vorbedingung für eine Zusage und telegraphierte folgendermaßen nach Jerusalem: „In harmony with our American members ready to carry on Bir Salem farm immediately; likewise orphanage Jerusalem reduced according to our revenues, but must first know exactly government regulations. We inform Sister Theodore. Board Syrian Orphanage Schneller." [1223]

[1221] Vgl. das Protokoll der SyrW-Vorstandssitzung Nr. 147 – 12.1.1921, LKA Stuttgart K 8/7.
[1222] Deutsche Übersetzung bei L. Schneller, *Das Syrische Waisenhaus in Jerusalem*, 27.
[1223] Vgl. das Protokoll der SyrW-Vorstandssitzung Nr. 147 – 12.1.1921, LKA Stuttgart K 8/7.

Etwa einen Monat später ging in der Kölner SyrW-Zentrale eine Antwort aus Jerusalem ein.[1224] Die englischen Behörden erwarteten eine Bürgschaft in Höhe von rund 11.000 Pfund, um die 450 Waisenkinder unterhalten zu können. Das Aufsichtsrecht lag weiter bei der Regierung, Bir Salem solle (zwangs)verpachtet werden, um Gewinn zu erwirtschaften.

Nun begannen erneut die Beratungen. Aus Jerusalem vermittelte die erfahrene Oberschwester Theodore Barkhausen den Eindruck, dass die hohen finanziellen Anforderungen eine deutsche Absage provozieren sollten, da eine Enteignung durch die englische Regierung auf Grund des Versailler Missionsparagraphen 438 unmöglich war. Offenkundig seien der Near East Relief, aber auch die zionistischen Organisationen sehr an der Übernahme der prestigeträchtigen Einrichtungen interessiert. Deshalb wollten Vorstand und Förderer verhindern, dass „eine so weltbekannte christliche Missionsanstalt ausgerechnet in die Hände der Juden, der bittersten Feinde des Christentums" gelangte.[1225]

Diese heftige Polemik resultierte aus dem Selbsterhaltungstrieb des Syrischen Waisenhauses im Kontext einer aggressiven jüdischen Land- und Immobilienkauf-Strategie. Die Verteidigung der Anstalten gegen eine zionistische Übernahme gehörte während der gesamten Mandatszeit zu den Grundkonstanten der Politik des SyrW-Vorstands.[1226] Der Gebrauch antisemitischer Stereotypen zählte aber auch grundsätzlich – wie bereits im religionspolitischen Kapitel dieser Arbeit gezeigt wurde – zur Rhetorik der Schnellers.

Dennoch entschied sich der der SyrW-Vorstand nach vierstündigen Beratungen am 2. März 1921 dazu, die Rückgabe der Schnellerschen Anstalten abzulehnen.[1227] Die von der Regierung geforderte Bürgschaft war zu hoch, die drohende Veränderung des religiösen Charakters der Anstalten bedenklich. Der Vorstand ging deshalb auf die von der Palästina-Regierung vorgeschlagene Weiterverpachtung an den NER ein und verschob die Wiederaufnahme seiner Missions- und Bildungsarbeit auf unbestimmte Zeit. Der Vorstand stützte sich auf eine schriftliche Zusage an Schwester Theodore Barkhausen, nach der die Palästina-Regierung eine Rückgabe der Anstalten binnen einer Frist von zwei Jahren zugesagt hatte.

Dennoch schickte der SyrW-Vorstand die beiden Brüder Theodor und Ludwig Schneller „wie einst Josua und Kaleb"[1228] ins Heilige Land, um weitere Verhandlungen mit dem *Public Custodian of Enemy Property* und dem NER aufzunehmen. Die Regierung machte den Schneller-Brüdern bei diesen Gesprächen klar, dass sie

---

[1224] Der Wortlaut des Telegramms der Palästinaregierung vom 10.2.1921 ist wiedergegeben im Protokoll der SyrW-Vorstandssitzung Nr. 148 – 2.3.1921, LKA Stuttgart K 8/7.

[1225] Vgl. das Protokoll der SyrW-Vorstandssitzung Nr. 148 – 2.3.1921, LKA Stuttgart K 8/7.

[1226] Vgl. die Protokolle der SyrW-Vorstandssitzungen Nr. 167 - 16.9.1925, LKA Stuttgart K 8/7; Nr. 182 - 26.9.1928, LKA Stuttgart K 8/8.

[1227] Vgl. das Protokoll der SyrW-Vorstandssitzung Nr. 148 – 2.3.1921, LKA Stuttgart K 8/7. Dort findet sich auch der Wortlaut des Telegramms an den *Public Custodian of Enemy Property*: „At any time carry on our orphanage as our free missionary property. You cannot doubt that your condition to raise tenfold our former expenses despite our impoverishment now impracticable. If conditions irrevocable we accept your proposal towards Sister Theodore of two year delay."

[1228] So der biblische Vergleich in: *BaZ* 37. Jg., Heft 1/2 (1921), 1–4.

die Anstalten nur zurückerhalten würden, wenn sie sie zum 1. Juli 1926 voll besetzt weiterführen würden. Anderenfalls fiele das SyrW an die Regierung.

Zu den beiden NER-Vertretern Eash und Nicol entwickelten die Brüder ein grundsätzlich gutes Verhältnis. Die Dankbarkeit gegenüber der unkomplizierten Hilfe überwog den Schmerz der zeitweiligen Enteignung. Dass mit Major James H. Nicol ein presbyterianischer Missionar an der Spitze des NER stand, der vor dem Krieg in Syrien gewirkt hatte und das SyrW kannte, wurde von Ludwig Schneller als „Fügung Gottes" gesehen, auch weil er eine jüdische Übernahme verhinderte[1229] und in den Verhandlungen mit der Mandatsregierung durch „ein freies und kräftiges Wort [...], was uns als Gliedern eines entrechteten Volkes nur in bescheidenem Maße möglich war" half.[1230] *Der Bote aus Zion* druckte im August 1921 sogar eine zweiseitige Dankadresse an den NER ab.[1231]

Die beiden am 14. Juni 1921 unterzeichneten, aber auf den 1. Juli 1921 datierten Verträge zwischen den Schnellers und dem Near East Relief beziehungsweise den Schnellers und der durch den Erziehungsminister, Oberst Dr. Heron und den *Public Custodian of Enemy Property* Edward Keith-Roach vertretenen Mandatsregierung sahen folgende Regelungen vor:[1232]

Der SyrW-Verein verpflichtete sich, die Anstalten voll besetzt weiterzuführen. Die Regierung behielt ein Kontroll- und Inspektionsrecht. Die Auswahl der Schüler lag in der Hand der Anstaltsleitung, doch die Regierung durfte bestimmte Schüler zur Aufnahme in das Syrische Waisenhaus empfehlen. Die Ausbildungspläne der Schule und des Waisenhauses musste Schneller mit den Direktoren der Erziehungs- und der Gesundheitsbehörde abstimmen. Als Unterrichtssprachen wurden die Amtssprachen Englisch, Arabisch und Hebräisch eingeführt, Deutsch aber ausgeschlossen. Alle finanziellen Lasten musste das SyrW selber regeln. Der NER schoß im ersten Jahr für jeden der 400 Zöglinge 200 ägyptische Piaster zu.

Am 14. Juni 1921 kehrte das Syrische Waisenhaus als erste deutsche evangelische Institution in Palästina in die Hände der Eigentümer zurück.[1233] Als noch am gleichen Tag im Waisenhaus – nach einem begeisterten Empfang durch die arabischen Schüler und Mitarbeiter - ein Gottesdienst gefeiert wurde, empfanden die Anwesenden dies als ein „Wunder"[1234] und ein Zeichen göttlicher Hilfe.[1235] Direktor Theodor Schneller appellierte in einer Ansprache an alle Mitarbeiter, die missionarische Ausrichtung des Hauses nicht zu vernachlässigen.[1236]

[1229] L. Schneller, *Das Syrische Waisenhaus in Jerusalem*, 28.

[1230] *BaZ* 37. Jg., Heft 3 (1921), 4.

[1231] *BaZ* 37. Jg., Heft 3 (1921), 9.

[1232] Die Regelungen des Vertrags finden sich in *BaZ* 37. Jg., Heft 3 (1927), 5 und im Protokoll der SyrW-Vorstandssitzung Nr. 149 – 11.8.1921, LKA Stuttgart K 8/7. Vgl. auch H.W. Hertzberg/J. Friedrich (Hgg.), *Jerusalem – Geschichte einer Gemeinde*, 63. Vgl. auch das Schreiben L. Schnellers vom 9.8.1921 an das AA, BArchBerlin R 901/69433.

[1233] Vgl. *BaZ* 37. Jg., Heft 3 (1921), 8.

[1234] Vgl. L. Schneller, *Das Syrische Waisenhaus in Jerusalem*, 29.

[1235] Vgl. das Protokoll der SyrW-Vorstandssitzung Nr. 149, 11.8.1921, LKA Stuttgart K 8/7 und *BaZ* 37. Jg., Heft 3 (1921), 8.

[1236] Der Text der Ansprache findet sich in M. Raheb, *Das reformatorische Erbe*, 152.

Die Rückkehr der Anstalten war Freude und Last zugleich. Aufgrund der finanziellen Verpflichtungen wurde fast die Hälfte des Personals entlassen, die Betriebsausgaben gesenkt, ein radikaler Sparkurs eingeschlagen und im In- und Ausland intensiv um Spenden geworben.[1237] Im Juni 1922 wurde auch das *Galiläische Waisenhaus* in Nazareth freigegeben, verblieb jedoch bis 1927 aus finanziellen Gründen in der Obhut des NER, der dort armenische Waisenkinder beherbergte. Dank der Intervention der amerikanischen und schweizerischen Kuratoren kehrte das eigentlich bis 1925/26 verpachtete Bir Salem bereits am 11. Oktober 1923 in deutsche Hände zurück. Allerdings blieben Teile des englischen Generalstabs weiter in den Gebäuden wohnen. Erst mit dem offiziellen Ende des Mietvertrags 1926 wurde das Landgut endgültig wieder Zweigstation des Syrischen Waisenhauses.

5.8.3 Spannungen zwischen dem NER und den Schnellers

Nicht nur politische Hilfe kam aus Amerika, sondern auch Tonnen an Lebensmitteln – die amerikanischen Mennoniten schickten allein 325 Fass Mehl. Doch auch diese und zahlreiche deutsche Spenden reichten nicht aus, um den Betrieb aufrecht zu erhalten. Der SyrW-Vorstand hoffte durch die Vermietung der Anstalten in Nazareth auch zukünftig die finanzielle Hilfe des NER für die Jerusalemer Haupteinrichtungen sichern zu können. Diese Strategie ging nicht auf. Der NER gewann ein zunehmendes Interesse an den SyrW-Anstalten, saß finanziell am längeren Hebel und stellte klare Forderungen. Aus der anfänglichen Dankbarkeit für die gewährte Hilfe entstanden deshalb in den 1920er Jahren zunehmend Spannungen zwischen dem SyrW-Vorstand und dem NER.

Im September 1923 erreichten den SyrW-Vorstand „alarmierende Nachrichten aus Jerusalem".[1238] Der NER zeigte sich bereit, das Waisenhaus bis zum 1. Juli 1923 zu fördern, verlangte dafür aber im Gegenzug das Recht, 180 blinde Armenier aus dem Kaukasus und Syrien samt Lehrern dort unterzubringen. Die blinden SyrW-Zöglinge sollten dafür in den Libanon und nach Syrien gebracht werden. Die NER-Offiziellen schlugen vor, die Werkstätten auf spezielle Handarbeitsprodukte umzustellen, die sich in Amerika gut verkaufen ließen. So ließ sich die Beteiligung des NER gegenfinanzieren.

Der SyrW-Vorstand witterte nun den Versuch einer schleichenden Übernahme und hegte den Verdacht, dass Tagelohnarbeit, wie sie angeblich in NER-Anstalten in Syrien bereits üblich war, die missionarische Erziehung verdrängen und der NER in die Leitung der Anstalten hineinregieren wollte. Der SyrW-Vorstand lehnte deshalb das Angebot auf die Gefahr hin ab, sich dadurch von einer wichtigen Finanzquelle zu trennen, setzte seine Hoffnung auf göttlichen Beistand und die amerikanischen

---

[1237] Während der Karfreitagsbitte 1922 – Ludwig Schneller hatte diese Sondersammlung 1890 ins Leben gerufen – sammelte der Essener Kurator Pastor Johannsen 12.000, Superintendent Schaaf in Ostfriesland 200.000, die Kölner Kuratoren G. Braun 25.000 und Otto 5.000 Reichsmark. Ein Jahr später brachten die Sammlungen in Ostfriesland 628.000, in Essen 800.000 ein. In Stuttgart-Heslach gelang es dem damaligen Stadtvikar und späteren Direktor Hermann Schneller, 50.000 RM zusammenzubringen.

[1238] Protokoll der SyrW-Vorstandssitzung Nr. 158 – 5.9.1923, LKA Stuttgart K 8/7.

Freunde.[1239] Außerdem hoffte der SyrW-Vorstand auf gute Erträge in Bir Salem, die die Jerusalemer Anstalten mitfinanzieren sollten, was 1925 mit einem Gewinn von 18 % auch gelang.

Im November 1923 musste der Vorstand feststellen, dass die Einnahmen kaum ausreichten, um die Geschäftsstelle in Köln aufrecht zu erhalten. In Jerusalem wurden den Mitarbeitern die Gehälter um 20 % gekürzt. L. Schneller wurde erneut beauftragt, im Ausland um Spenden zu werben.[1240] Es blieb eine Grundkonstante der Zwischenkriegszeit, dass das Werk ohne seine Förderer in Amerika und der Schweiz nicht lebensfähig war.

Wenige Wochen später legte der NER einen modifizierten Plan vor, den der SyrW-Vorstand annahm.[1241] Statt 180 sollten nur 55 Blinde ins Waisenhaus überwiesen werden, die nach erfolgter Ausbildung wieder in ihre Heimat zurückkehren würden. Der NER verpflichtete sich gegenüber der Mandatsregierung, pro Schüler 1 $^1/_2$ Pfund zu zahlen, versuchte aber mit regelmäßigen schriftlichen Anträgen und durch persönliche Besuche die Dienstgeschäfte des Direktors zu beeinflussen. Als eine Spende einer amerikanischen Traktatgesellschaft in Höhe von rund 570 US-Dollar vom NER von den erhaltenen Finanzhilfen abgezogen wurde, entstanden im SyrW-Vorstand Bedenken über die Zuverlässigkeit der Amerikaner. Dass der NER das Jerusalemer Gelände ohne Rücksprache mit dem Direktor vermaß, ließ die Zweifel über die amerikanischen Partner ebenso wachsen wie deren zunehmend abfällige Beurteilung der Anstalten und ihrer religiösen Grundsätze.[1242]

Als der NER-Vertreter in Genf, Berry, am 5. Mai 1924 zu Verhandlungen mit dem SyrW-Vorstand nach Köln reiste, kam, was kommen musste:[1243] Berry machte L. Schneller deutlich, dass seine Gesellschaft die SyrW-Anstalten vollständig für einen Betrag von 4.000–5.000 US-Dollar pachten und einen eigenen Direktor einstellen wollte. Th. Schneller sollte *Honorardirektor* mit Gehalt, aber ohne Befugnisse bleiben, ein Teil der Angestellten entlassen werden und der Vorstand in Deutschland seine Kompetenzen verlieren. Nach etwa vier Jahren wollte der NER den gesamten Besitz zurückgeben.

Der SyrW-Vorsitzende lehnte Berrys Vorschlag ab, weil er den missionarischen Charakter der Anstalten gefährdet sah. Da der NER-Vertreter von der Deutlichkeit der Absage überrascht war, schien eine Trennung der beiden Organisationen der einzige verbleibende Weg. Da aber beide Partner noch voneinander abhängig waren, zögerte sich das Ende der Zusammenarbeit weiter hin. Der NER brauchte Räumlichkeiten und kompetente Erzieher für seine armenischen Waisenkinder, das SyrW auch weiterhin Geld für den Unterhalt seiner Anstalten. Das anfänglich vergleichsweise harmonische Verhältnis war allerdings dahin. Die deutschen Besitzer ärgerten

---

[1239] Ebd: „Aber wenn uns die Menschen verlassen, die uns bisher geholfen haben, so müssen wir unser Vertrauen umsomehr auf den Herrn allein setzen. [...] Wir hoffen auch, dass unsere Freunde in Amerika, die ja die Mission unterstützen wollen, ihre bisher dem NER gespendeten Gaben fortan uns zuwenden werden."

[1240] Vgl. das Protokoll der SyrW-Vorstandssitzung Nr. 159 – 7.11.1923, LKA Stuttgart K 8/7.

[1241] Vgl. das Protokoll der SyrW-Vorstandssitzung Nr. 160 – 16.1.1924, LKA Stuttgart K 8/7.

[1242] Vgl. das Protokoll der SyrW-Vorstandssitzung Nr. 161 – 26.3.1924, LKA Stuttgart K 8/7.

[1243] Vgl. das Protokoll der SyrW-Vorstandssitzung Nr. 162 – 21.5.1924, LKA Stuttgart K 8/7.

sich, dass noch im Spätherbst 1924 über dem Eingang der Jerusalemer Anstalten eine Tafel mit den Worten *Near East Relief Orphanage* hing, obwohl der NER nur noch für 70 der rund 300 Zöglinge den Unterhalt – und praktisch nichts für deren Ausbildung bezahlte.

Im Februar 1925 teilte der vom amerikanischen Kurator Menzel geschätzte Leiter des NER für Syrien und Palästina, Fowle, dem SyrW-Direktor Th. Schneller mit, dass der NER seine Unterstützung noch weiter reduzieren werde, wenn er nicht stärkeren Einfluss auf die Leitung der Anstalten nehmen könne.

Hatte der NER zunächst 10 $ pro Kind pro Monat, bei 450 Kindern also etwa 54.000 $ pro Jahr bezahlt, plante Fowle 1925 nur noch für 150 Zöglinge aufzukommen und für sie nur 1 $ pro Monat, also insgesamt 1.800 $ zu zahlen. Der New Yorker NER-Generalsekretär Acheson ließ Th. Schneller über Fowle mitteilen, dass das Syrische Waisenhaus entweder alle 150 oder gar keine Zöglinge aufnehmen werde. Im Falle einer Absage wollte Acheson die Waisenkinder nach Syrien bringen, wo ihre Versorgung weniger als einen Dollar kosten würde. Für Ärger sorgte in SyrW-Kreisen auch, dass der NER trotz zurückgehender Zahlungen die SyrW-Schüler-Statistiken für Werbe- und PR-Zwecke nutzte.

Der SyrW-Vorstand lehnte Achesons Vorschlag ab. Er sah darin einen erneuten Beeinflussungsversuch der Amerikaner und befürchtete, dass durch ein solches Vorgehen die Zöglinge einer intensiven christlichen Erziehung entzogen würden.[1244]

Diese Entscheidung wurde auch von den amerikanischen Förderern unterstützt. Der dem SyrW nahestehende Schatzmeister der Evangelischen Synode von Nordamerika, Rev. H. Bode (St. Louis), lehnte es bei einer Besprechung mit NER-Vertretern entschieden ab, Spendengelder direkt an deren Zentrale in New York zu überweisen. Er befürchtete, dass der NER „die deutsche Reichsgottesarbeit aus Jerusalem" verdrängen wolle. Dem SyrW-Vorstand schrieb er: „Die Deutschen sollten also nicht nur vom Weltmarkt, sondern auch von der Weltmission vertrieben werden, damit die Welt politisch und kirchlich möglichst ganz unter angelsächsischer Führung gestellt sei."[1245]

Während des sogenannten *Golden Rule Sundays*, dem großen Werbetag des NER, hatte der Generalpräses der Evangelischen Synode von Nordamerika, D.J. Baltzer, alle Gemeinden aufgefordert, nur zweckgebundene, für das Syrische Waisenhaus bestimmte Spenden an den NER zu überweisen. Hinter dem Interesse des NER am Syrischen Waisenhaus standen nach Ansicht der amerikanischen SyrWFreunde kulturpolitische Ziele. Auch wenn Bodes Darstellung zeitbedingte Polemik enthält, so lässt sich rückblickend doch ein Konkurrenzkampf auf sozialem Gebiet in Palästina feststellen. Die verschiedenen Organisationen kämpften um Spenden, mussten sich durch gute Arbeit in Übersee vor ihren Geldgebern in der Heimat legitimieren. Weder die philantropische noch die missionarische Arbeit war ein Selbstläufer. Auch soziale Dienstleistungen und religiöse Erziehung waren ökonomischen Kriterien unterworfen. Die Werkstätten in Jerusalem oder das Landgut Bir Salem waren aber nur

---

[1244] Vgl. das Protokoll der SyrW-Vorstandssitzung Nr. 165 - 25.2.1925, LKA Stuttgart K 8/7.

[1245] Die Zitate aus Bodes Brief finden sich wiedergegeben im Protokoll der SyrW-Vorstandssitzung Nr. 165 - 25.2.1925, LKA Stuttgart K 8/7.

lebensfähig, wenn sie gewinnbringend arbeiteten. An diesem wirtschaftlichen Erfolg waren in den frühen 1920er Jahren sowohl der NER als auch der SyrW-Vorstand interessiert. Dass eine wirtschaftlich potente, von führenden amerikanischen Kreisen unterstützte Organisation wie der NER ein starkes Interesse an den gut organisierten Heimen des Syrischen Waisenhauses mit einer im Orient nahezu unvergleichlichen Breite an Ausbildungsberufen hatte, wäre nachvollziehbar. Es ist verständlich, dass der NER sein Interesse vehement vertrat, zumal er der finanziell angeschlagenen deutschen Organisation gewaltige Finanzspritzen gab und sich wegen der schwierigen ökonomischen Situation der Schnellerschen Waisenhäuser in Jerusalem und Nazareth ernsthafte Übernahmechancen ausrechnen durfte. Dass hinter dem Kampf um die Zukunft des Syrischen Waisenhauses in Jerusalem eine Auseinandersetzung zwischen der angelsächsischen Welt und Deutschland stand, ist eine Überinterpretation der Kriegsverlierer, die nicht aus der Feder L. Schnellers, sondern eines deutschstämmigen amerikanischen Geistlichen stammte, der allem Anschein nach in den USA nur vordergründig assimiliert war. Sein *mental passport* war dagegen noch auf das Deutsche Reich ausgestellt.

Zum 1. Oktober 1927 endete schließlich die Zusammenarbeit mit dem NER in Nazareth. Im März 1928 öffnete das Galiläische Waisenhaus seine Pforten unter alter Führung, während die britischen Stäbe Bir Salem endgültig verließen. Da die Baracken des Landguts sich aber in einem miserablen Zustand befanden, beantragte Direktor Schneller bei der Regierung eine Schadensersatzzahlung in Höhe von 10.000 Mark. Nachdem die Engländer zwei Verhandlungstermine platzen ließen, zahlten sie schließlich einen Betrag von 167 Pfund als Entschädigung, so dass das renovierte Philistäische Waisenhaus am Neujahrstag 1928 wiedereröffnet werden konnte.[1246]

5.9 Konsolidierung, Ausbau, finanzieller Kollaps

5.9.1 Forscher Neustart und weitreichende Entscheidungen

Das Syrische Waisenhaus war, wie M. Raheb festgestellt hat, die einzige deutsche Missionsanstalt in Palästina, die in der Zwischenkriegszeit „entscheidende Erweiterungen erfuhr."[1247] 1923 standen auf dem 52 Hektar großen Gelände 30 Gebäude, und auf dem Höhepunkt der Arbeit 1936 sogar 51 Gebäude.

Mit der wirtschaftlichen Erholung der frühen 1920er Jahre ging auch der Aufschwung des Syrischen Waisenhauses einher. Dank der ungeheuren Bautätigkeit in Palästina arbeitete die Ziegelei – vor dem Krieg ein Verlustgeschäft – viele Jahre erfolgreich, nicht zuletzt deshalb, weil sie ihre Produktion von Falzziegeln auf die gefragten Loch- und Vollsteine sowie Tonröhren umstellte. Im Krisenjahr 1932 konnte sie einen Gewinn in Höhe von 32.000 RM an die Gesamtanstalten abführen.

Die britische Erziehungsbehörde stellte den Schnellerschen Anstalten nach regelmäßigen Kontrollbesuchen der Erziehungsbehörde, hinter denen der SyrW-Vorstand

---

[1246] Vgl. die Protokolle der SyrW-Vorstandssitzung Nr. 171 – 25./26.8.1926; Nr. 173 – 2.2.1927; Nr. 174 – 4.5.1927; Nr. 175 – 27.7.1927, LKA Stuttgart K 8/8.

[1247] M. Raheb, *Das reformatorische Erbe,* 153.

stets eine Intrige des NER vermutete, ein gutes pädagogisches Zeugnis aus. Die Briten sprachen vom besten Waisenhaus in Palästina, forderten aber eine Aufstockung des Lehrpersonals, um die Qualität des Ausbildungssystems aufrecht zu erhalten.[1248] 1924 nahm das SyrW-Seminar mit 15 Kandidaten wieder seinen Dienst auf, so dass die Ausbildung einer arabisch-protestantischen Bildungsschicht weitergeführt werden konnte. Auch die kirchenmusikalische Ausbildung wurde reaktiviert, so dass der SyrW-Posaunenchor in der Mandatszeit zu einer tragenden Säule der deutschen Feste wurde.[1249]

Der Neustart in den zwanziger Jahren begann so erfolgreich, dass der Vereinsvorstand 1927 beschloss, nicht nur die industrielle Abteilung der Anstalten auszubauen, sondern auch „eine reinliche Scheidung des missionarischen und des gewerblichen Teils"[1250] vorzunehmen. Die Entscheidung entsprach den Realitäten. Sie zeigt die langsame Metamorphose des Missionswerks zu einem modernen, sozialen Dienstleistungs- und Wirtschaftsunternehmen. Die Industrieabteilung – nun als Werkhof bezeichnet – sollte die Missions- und Erziehungsarbeit finanzieren, so dass das Gesamtwerk insgesamt potenter, von Spenden unabhängiger und damit expansionsfähiger wurde. An der schwierigen wirtschaftlichen Situation der Zwischenkriegszeit sollten nicht nur die Pläne einer sich selbst tragenden Einrichtung, sondern auch die Expansionsbemühungen der Schnellerschen Anstalten scheitern.

5.9.2 Modernisierung des Werkhofs

1926 übernahm Ernst Schneller die technische Leitung des Werkhofs. Er hatte an der Technischen Hochschule Danzig Ingenieurwissenschaften studiert und bei Kurator Richard Otto in den Deutzer Motorenwerken ein halbes Jahr praktische Erfahrungen gesammelt.

Ernst Schneller erhielt die Aufgabe, den Industriezweig der Anstalten auszubauen, damit der Direktor sich wieder stärker den Aufgaben der Gesamtanstalt widmen konnte. Auch die Erziehungsaufgaben sollten auf mehrere Schultern verteilt werden.

Es entsprach der Tradition der Anstalten, einen Schneller mit einer Führungsaufgabe zu betrauen. L. Schneller bezeichnete seinen Neffen Ernst als eine *Lokomotive*, die den Werkhof voranzubringen verstünde.[1251] Das positive Urteil überrascht deshalb, weil Ernst Schneller eigentlich zu wenige Berufserfahrungen für eine derartige Führungsposition besaß – ein Handicap, das nicht folgenlos blieb. In den Krisenjahren der späten 1930er Jahre äußerten die kaufmännischen Experten des SyrW-Vorstands, Braun und Leibfried, erhebliche Zweifel an den kaufmännischen Fähigkeiten des jüngeren der beiden Schneller-Brüder.[1252] Aus den Quellen lässt sich allerdings nur ungenau ablesen, ob der junge Ingenieur allein für das Missmanage-

---

[1248] Vgl. das Protokoll der SyrW-Vorstandssitzung Nr. 164 – 5.11.1924, LKA Stuttgart K 8/7.

[1249] Vgl. K. Thomas, *Deutschtum in Palästina*, 254.

[1250] Vgl. M. Raheb, *Das reformatorische Erbe*, 154.

[1251] So das Zitat bei A. Katterfeld, *D. Ludwig Schneller*, 153.

[1252] Vgl. den Brief L. Schnellers an E. Schneller, Köln, den 27.6.1939 und E. Schnellers Antwort vom 24.8.1939, LKA Stuttgart K 8/89, in dem der Vorsitzende seinem Neffen die Kritik der Kuratoren Braun und Leibfried mitteilte.

ment in Zeiten einer schweren Wirtschaftskrise verantwortlich war. Da der Verein eine erhebliche Summe in die Expansion der Jerusalemer Anstalten investierte, ist es am wahrscheinlichsten, dass allen Beteiligten – also auch Hermann und Ludwig Schneller sowie dem SyrW-Vorstand – eine Mitverantwortung zuzumessen ist.

Ernst Schneller trieb die Modernisierung des Werkhofs vehement voran, ließ 1930 ein neues Werkhaus bauen, das neuesten arbeitsmedizinischen und technischen Standards entsprach. Dort brachte er die Druckerei, die Schlosserei, die Schreinerei und die Schusterei unter. Davon erhoffte er sich eine Anhebung des Ausbildungsniveaus und der wirtschaftlichen Leistungsfähigkeit. 1928 kauften die Anstalten erstmals einen Lastkraftwagen in Deutschland, um Ton aus einer Grube für die 1935 wegen besserer Tonvorräte nach Bir Salem verlegte Ziegelei herbeizuschaffen. Auch für Bir Salem wurde ein Kraftwagen, für Nazareth dagegen nur drei Esel angeschafft.

In der Zwischenkriegszeit veränderte sich die beschauliche Regionalmetropole Jerusalem zu einer mondänen Großstadt. Da der Kraftverkehr zunahm, plante die Jerusalemer Direktion den Bau einer Kfz-Werkstatt, denn Autoreparaturen waren ein lukratives Geschäft und erschlossen den Schlosserlehrlingen ein neues Berufsfeld. Der Werkhof war insgesamt leistungsstark und brachte zumeist einen Gewinn ein, der der Gesamtanstalt zugute kam. 1934 erzielte er einen Gewinn von ca. 1.125 und 1936 von ca. 1.775 Pfund.[1253] Durch die neuen Werkstätten und die neuen Maschinen wurde das Syrische Waisenhaus zur modernsten Berufsschule Palästinas, wobei es auf diesem Gebiet nur in Haifa eine staatliche und in Bethlehem eine katholische, von Salesianern betriebene Lehranstalt als Konkurrenten gab.[1254]

5.9.3 Veränderung der Mitarbeiterstruktur

Die Expansion des Werkes und der zeitweilige wirtschaftliche Erfolg hatten nachhaltige Auswirkungen auf die Gesamtstruktur der SyrW-Anstalten in Palästina. Das lässt sich am deutlichsten an der Entwicklung der Mitarbeiterschaft ablesen:

Nach dem Ersten Weltkrieg hatten die Schnellers 1923 mit 25 Mitarbeitern die Arbeit aufgenommen, 1934 waren es 100 – davon 47 Deutsche und 53 Araber.[1255] Die Ausweitung der Werkstätten und die Professionalisierung der Arbeit veränderte die Mitarbeiterschaft stark. Die Anstalten waren so stark expandiert und damit zu einem modernen sozialen Dienstleistungsbetrieb geworden, dass es kaum mehr möglich war, ausreichend pietistisch gesonnene deutsche Handwerksmeister und Gesellen als Mitarbeiter für die Werkstätten zu finden. Bei einer derartigen Größe mussten auch Fachleute wegen ihrer Kompetenz und nicht wegen ihres missionarischen Eifers eingestellt werden. Der Geist der Erweckungsbewegung hatte aufgehört zu wehen, die frommen Anfänge des Werkes waren Geschichte geworden. Die ursprüngliche Verbindung von Ausbildung und Mission ging schrittweise verloren. Das war fatal, galt doch der Werkhof als fachliches und missionarisches Herzstück des Syrischen Waisenhauses. Hier sollten die Zöglinge am Vorbild der Handwerksmeister

---

[1253] Vgl. das Protokoll der SyrW-Vorstandssitzung Nr. 227 – 28.10.1936, LKA Stuttgart K 8/8.
[1254] Vgl. M. Raheb, *Das reformatorische Erbe*, 155.
[1255] Ebd., 153.

praktische Fertigkeiten erlernen und sich eine christliche Lebenseinstellung aneignen. Doch diese ursprüngliche Idee des Waisenhaus-Gründers hatte sich im Laufe der Jahrzehnte zunehmend verflüchtigt, so dass nicht einmal mehr die Tradition der Morgenandacht aller Mitarbeiter aufrecht erhalten werden konnte.

Dass die Mandatsregierung Deutsch nicht zuließ, sondern Englisch als Pflichtsprache im Unterricht vorschrieb, machte den Kontakt zwischen deutschen Ausbildern und arabischen Schülern nicht leichter. Die SyrW-Leitung versuchte erfolgreich, diesen Zustand zu verändern, zumal das Völkerbundmandat eine Gleichberechtigung der Sprachen vorsah. Im Herbst 1926 genehmigte die Palästina-Regierung wieder den deutschen Sprachunterricht.

Da deutsche Lehrer fehlten, plante der Vorstand, aus Bethel vier Diakone sowie einen technischen Leiter und einen junger Kaufmann zur Erweiterung des Leitungsgremiums für Jerusalem anzuwerben.

Schon wenige Jahre nach der Wiedereröffnung zeichneten sich auch Veränderungen im Verhältnis der „Eingeborenen zu uns Europäern" - wie Hermann Schneller es formulierte - ab: „Unsere arabischen Mitarbeiter und auch die Zöglinge sind nicht mehr die alten. Man darf sich durch den festlichen Empfang, den sie 1921 den zurückgekehrten deutschen Leitern bereitet haben, nicht täuschen lassen [...] Der Krieg und die Amerikanerzeit haben einen tiefen Riß durch das alles gemacht, der sich vielleicht nie wieder schließen wird. Es fehlt eben das Vertrauen, wenn auch nicht ganz, so doch immer in bedauerlicher Weise." [1256]

Dies alles waren Gründe, weshalb die Schnellers in der Zwischenkriegszeit sich um eine intensive Zusammenarbeit mit den großen Werken der Inneren Mission in Deutschland bemühten. Während der Anstalts-Direktor bis in die 1920er Jahre hinein noch direkt in den Schul- und Erziehungsbetrieb eingegriffen hatte, wurden unter der Ägide Hermann Schnellers ab 1927 *Betheler Erziehungsbrüder* der Brüderschaft Nazareth[1257] für die Schulen eingestellt. Der dritte Direktor war nach seinem Vikariat acht Monate „Adjutant" Friedrich v. Bodelschwinghs d.J. in Bethel[1258] gewesen und hatte dort Erfahrungen in der Leitung einer Großanstalt der Inneren Mission gesammelt. In Bethel war das Interesse am Syrischen Waisenhaus groß, und so sagten Fritz Bodelschwingh wie auch der Betheler Vorsteher der Bruderschaft Nazareth, Pfarrer Paul Tegtmeyer, ihre Unterstützung zu und schickten 1926 die ersten vier Diakone nach Palästina. Welchen Stellenwert die Kooperation zwischen Bethel und Syrischem Waisenhaus auch für die Betheler Leitung besaß, lässt sich daran ersehen, dass Fritz von Bodelschwingh selbst nach Palästina reiste, um die Anstalten aus

---

[1256] Vgl. das Protokoll der SyrW-Vorstandssitzung Nr. 169 - 3.2.1926, LKA Stuttgart K 8/8.

[1257] Vgl. K.-U. Spanhofer, „Die Gottesfamilie im Umbruch der Zeiten. Die Brüderschaft Nazareth unter ihrem Vorsteher Paul Tegtmeyer" und H. Rosemann, „Vom Mutterhaus Nazareth zur Diakonischen Gemeinschaft Nazareth. Die Diakonenschaft im Umbruch der sechziger und siebziger Jahre", beide in: M. Benad (Hg.), *Friedrich v. Bodelschwingh d.J. und die Betheler Anstalten*, 214–222 und 200–206.

[1258] Vgl. H. Schneller, *Fürchte Dich nicht, glaube nur!*, 135. Zu Bodelschwingh vgl. z.B. M. Benad, „Einleitung" und ders., „Frömmigkeit, Theologie und Amtsverständnis bei Fritz von Bodelschwingh", beide in: ders. (Hg.), *Friedrich v. Bodelschwingh d.J. und die Betheler Anstalten*, 9–20 beziehungsweise 21–38.

eigener Anschauung kennen zu lernen. Ihm folgte 1931 der Vorsteher der Nazareth-Bruderschaft, Paul Tegtmeyer, der eine „Visitationsreise" nach Palästina unternahm. In Jerusalem wurde die Verbindung zwischen den Betheler und den Schnellerschen Anstalten dadurch gefestigt, dass Tegtmeyer vier seiner Diakone zusammen mit H. Schneller am Palmsonntag in der Kapelle des Waisenhauses einsegnete. Es war das erste Mal in der Geschichte der Nazarethbrüder, dass eine solche Einsegnung nicht in Bethel stattfand.[1259] 1938 arbeiteten sogar 12 Nazareth-Brüder in Palästina.

Nicht nur Diakone reisten von Bethel nach Jerusalem: 1931 vermittelte Bethel den jungen, arbeitslosen Drogisten Hans Brons nach Jerusalem. Er hatte sich bei einem Praktikum in der Betheler Buchhaltung bewährt und sollte die gleiche Aufgabe im Syrischen Waisenhaus übernehmen.[1260] 1936 entsandte von Bodelschwingh für ein Vierteljahr sogar den Leiter des Betheler Anstaltsbauamtes, den Regierungsbaurat Kunze. Er erstellte den Bebauungsplan für das Grundstück in Mar Elias auf, wohin aufgrund der sich veränderten Nachbarschaft – das benachbarte Viertel Mea Schearim wurde ein Zentrum der orthodoxen Juden – die Jerusalemer Anstalten verlegt werden sollten.[1261] Zwischen Innerer und Äußerer Mission entstand in der Zwischenkriegszeit also ein reger Austausch.

Vier Nazareth-Diakone bekamen je eine Unteranstalt – auch *Familie* genannt – schulpflichtiger Kinder zugewiesen und waren für die gesamte Erziehung verantwortlich.[1262] Das ursprünglich von Wichern entwickelte Familien-System hatten die Schnellers aus Bethel übernommen.Insgesamt gab es acht Familien mit je 40–50 Mitgliedern im Syrischen Waisenhaus. Jede Familie hatte einen eigenen Schlafsaal, Waschraum, Ess- und Arbeitszimmer.[1263] 1935 durchliefen etwa 300 Jungen und 100 Mädchen die Jerusalemer Anstalt, von denen 70 % unterschiedlichen christlichen Konfessionen und 30 % dem Islam angehörten. Der Bethel-Bruder Kluge wurde Hausvater des Lehrlingsheims, der alte Hausvater Slemaan Abbud, ein Bruder des JV-Pastors Said Abbud, erhielt dagegen die Aufgabe, als Evangelist die früheren Zöglinge zu betreuen. 1930 übernahmen drei zusätzliche Diakone als Hausväter das Seminar, das Blinden- und das Gesellenheim.

Für den *Boten aus Zion* zog „etwas vom Geiste des alten Vaters Bodelschwingh" in das Syrische Waisenhaus ein.[1264] Nach Zellers Beuggen wurde das Syrische Waisenhaus nun mit Bodelschwinghs Bethel von einer zweiten wegweisenden Einrichtung des Sozialen Protestantismus in Deutschland mitgeprägt, was die Modernisie-

---

[1259] Vgl. den Bericht über den Besuch Tegtmeyers in: *BaZ* 47. Jg., Heft 2 (1931), 248–252.

[1260] Vgl. LKA Stuttgart K 8/16.

[1261] Vgl. das Protokoll der SyrW-Vorstandssitzung Nr. 223 – 19.2.1936, LKA Stuttgart K 8/8. 1927 und 1929 besuchte auch der Vorsteher der Kaiserswerther Diakonissenanstalten, Pastor Graf von Lüttichau Palästina. Er suchte nicht nur die von Kaiserswerth betriebene Mädchenschule Talitha Kumi und das Diakonissenhospital, sondern auch die anderen deutschen Anstalten auf.

[1262] Vgl. *BaZ* 44. Jg., Heft 3 (1928), 378; *BaZ* 45. Jg., Heft 1 (1929), 28; *BaZ* 46. Jg., Heft 2 (1930), 156. Vgl. auch M. Raheb, *Das reformatorische Erbe*, 153. Nach K. Thomas, *Deutschtum in Palästina*, 255 hatten einige Zeit auch Brüder des Rauhen Hauses in Hamburg die Leitung der „Familien" übernommen.

[1263] Vgl. K. Thomas, *Deutschtum in Palästina*, 255.

[1264] So *BaZ* 42. Jg., Heft 3 (1926), 157 – zitiert nach M. Raheb, *Das reformatorische Erbe*, 153.

rungsfähigkeit des Syrischen Waisenhauses belegt. Die Jerusalemer Anstalten hatten zunächst quasi als Außenstelle der ersten, innovativen Rettungsanstalt Beuggen begonnen und orientierten sich nun Mitte des 20. Jahrhunderts an den Strukturen und Methoden der größten Anstalt der Inneren Mission in Deutschland beziehungsweise Europa.

Deshalb lassen sich zwischen den Betheler und Jerusalemer Anstalten auch Strukturähnlichkeiten in der theologischen und sozialen Grundausrichtung feststellen. Das Syrische Waisenhaus war also im Grunde nur in erster Linie eine Anstalt der *Inneren* Mission im Ausland und erst in zweiter Hinsicht wirklich eine Einrichtung der *Äußeren* Mission.[1265]

Die erste Schneller-Generation wurde von einer der innovativsten diakonischen Einrichtungen der zweiten Hälfte des 19. Jahrhunderts, nämlich von Beuggen, inspiriert, während die dritte Schneller-Generation mit Bethel, also der im 20. Jahrhundert federführenden Anstalt der Inneren Mission, kooperierte. So versuchten die Schnellers, eine sozialmissionarische Spiritualität in ihren Anstalten zu festigen beziehungsweise wiederzugewinnen. Die Anlehnung an Bethel ist aber auch ein Zeichen einer durch Expansion bewirkten Krise. Die ersten beiden Generationen konnten den christlichen Familienbetrieb noch durch persönliche Autorität, Charisma und ihr religiöses Vorbild leiten. Die dritte Generation, der keinesfalls ihre Spiritualität abgesprochen werden soll, brauchte professionelle Hilfe durch angeworbene Diakone, weil sonst die missionarische Ausrichtung des Hauses nicht mehr aufrechtzuerhalten war.

Das fiel auch zeitgenössischen Beobachtern auf. Der den Anstalten wohlgesonnene Propst Hertzberg notierte in seinem Jahresbericht von 1930, dass die Größe der Institution „schon jetzt eine ernste Gefahr und Schwierigkeit für die Erziehungs- und Missionsarbeit" sei. Der Missionsgedanke werde zwar durch den Direktor weitergetragen, aber die Beziehung des Direktors zu den Schülern lasse sich aufgrund ihrer großen Zahl nicht mehr so intensiv pflegen, wie es in der Anfangszeit der Fall war. Während die Außenstationen Bir Salem und Nazareth – so Hertzberg – noch ganz „in alter, patriarchalischer Weise" geführt würden, seien die pädagogisch-missionarischen Aufgaben nun von den Bethel-Brüdern übernommen worden.[1266] So komme es zu einer Vertiefung im Verhältnis von Äußerer und Innerer Mission.

1930 beklagte sich Hermann erneut bei Ludwig Schneller, dass die Mitarbeiter „immer eine Quelle der Sorgen" seien. Sie brächten die „geistige Lage Deutschlands" mit, gemeint ist wohl sozialdemokratisches oder sozialistisches Gedankengut, würden aber nicht einsehen, dass eine solche Einstellung für das Missionsfeld

---

[1265] Ähnlich auch K. Thomas, *Deutschtum in Palästina*, 255 und 319, der im Blick auf das Syrische Waisenhaus von einer „einzigartigen Verbindung von Äußerer und Innerer Mission" spricht, sowie allgemeiner, die Palästina-Mission und die Bethel-Mission in Tansania vergleichend auch R. Löffler, „Sozialer Protestantismus in Übersee – Ein Plädoyer für die Integration der Äußeren in die Historiographie der Inneren Mission", in: N. Friedrich/T. Jähnichen (Hgg.), *Sozialer Protestantismus im Kaiserreich: Problemkonstellationen – Lösungsperspektiven – Handlungsprofile,* Münster 2005, 321–354.

[1266] Vgl. Hertzbergs Jahresbericht 1929/30, EZA 56/182.

ungeeignet sei.[1267] Hermann bemängelte, dass den Anstalten eine geeignete Führungspersönlichkeit fehlte, welche die Mitarbeiter entsprechend prägen könnte – ein Zeichen dafür, dass sich das Amts-Charisma auch in der Schneller-Familie nicht ohne weiteres vererben ließ.

Resigniert stellte der SyrW-Direktor fest: „An unsern Mitarbeitern sollte man eigentlich zuerst innere Mission treiben, ehe man sie in der äusseren Mission arbeiten lässt. Das ist zwar eigentlich nicht das Richtige, sondern man sollte von Mitarbeitern, die in den Missionsdienst gehen, erwarten, dass die dazu auch innerlich bereit sind."[1268] Um dieser Säkularisierungs-Tendenz entgegenzuwirken, stellte das Syrische Waisenhaus nicht nur die Diakone, sondern mit dem missionarisch gesonnenen Pfarrer Hans Weber auch einen zweiten Geistlichen ein.

Diakone rekrutierte das Syrische Waisenhaus nicht nur in Ostwestfalen, sondern auch in Württemberg. Die Diakone der Ludwigsburger Karlshöhe – nach 1933 bekannt für ihre Nähe zur SA[1269] – wurden im Philistäischen Waisenhaus in Bir Salem und im Galiläischen Waisenhaus in Nazareth eingesetzt. Die ersten beiden Erziehungsgehilfen aus Ludwigsburg waren 1931 Gotthilf Ruess und Fritz Schradin.

Das war eine kirchenpolitisch geschickte Strategie, machten sich doch die Schnellerschen Anstalten damit nicht von einem einzigen Werk der Inneren Mission abhängig. Zudem kamen drei Olgaschwestern aus Stuttgart, so dass eine kleine Diakonissenstation im Syrischen Waisenhaus entstand. Im Gegensatz zu den Ludwigsburger und Betheler Diakonen hatten die Olgaschwestern 1934 dem SyrW-Vorstand von sich aus ein Engagement im Heiligen Land angeboten.[1270] Eine der Schwestern war für die Gemeindepflege, zwei für die Küchendienste verantwortlich. Den Kontakt zu den Olgaschwestern hatte ein Kurator hergestellt, der Finanzpräsident von Schubert, dessen Tochter Oberin des Hauses war.[1271] Wie es dem Grundprinzip der Mutterhäuser Kaiserswerther Prägung entsprach, wurden die Olga-Schwestern, aber auch die Diakone aus Bethel vom Syrischen Waisenhaus quasi „geleast".[1272] Vergleicht man die Verträge mit dem Stuttgarter Diakonissenmutterhaus und der *West-*

[1267] Vgl. den Brief H. Schnellers, Jerusalem, den 28.1.1930 an L. Schneller, LKA Stuttgart, K 8/11.

[1268] Ebd.

[1269] Vgl. M. Häusler, *„Dienst an Kirche und Volk".* Die deutsche Diakonenschaft zwischen beruflicher Emanzipation und kirchlicher Formierung (1913–1947), Stuttgart – Berlin – Köln 1995, 314–367 – zum Verhältnis der Karlshöhe zur SA, 333–337, 361, zum Widerstand der Nazareth-Bruderschaft in Bethel und zur Einflussnahme der Deutschen Arbeitsfront, 356 ff. sowie Statistiken zur Mitgliedschaft der Diakone in der NSDAP und ihren Gliederungen, 333–337.

[1270] Vgl. LKA Stuttgart K 8/143.

[1271] Vgl. das Protokoll der SyrW-Vorstandssitzung Nr. 211 - 14.2.1934, LKA Stuttgart K 8/8.

[1272] Vgl. den Vertrag zwischen dem Syrischen Waisenhaus mit dem Stuttgarter Diakonissenmutterhaus vom 1.4.1936, aus dem hervorgeht: Stuttgart stellte – so § 1 des Vertrags - dem SyrW die drei Schwestern Elsa Röckle, Emma Hauser und Rosa Hoss „zur Verfügung". Die Schwestern erhielten ein Taschengeld und 14 Tage bezahlten Jahresurlaub (§ 5), den sie auf einer SyrW-Zweigstelle oder anderswo in Palästina verbringen sollten. Nach fünf Jahren Dienst stand ihnen ein dreimonatiger Heimaturlaub zu. Nach § 8 des Vertrags musste das SyrW 480 RM jährlich an das Mutterhaus für Ausbildung – und Versorgungsleistungen sowie ein monatliches, an die Währungsschwankungen angepasstes Taschengeld von 1,5 LP an die Schwestern zahlen. Vgl. LKA Stuttgart K 8/164.

fälischen Diakonenanstalt Nazareth über die Anstellung lediger Diakone, geht klar hervor, dass Männer besser bezahlt wurden als Frauen.[1273]

Bei Kriegsausbruch plädierte L. Schneller gegenüber dem SyrW-Vorstand für eine „*grundsätzliche Änderung*" der Zusammensetzung der deutschen Mitarbeiter.[1274] Die inhomogene Zusammensetzung der Mitarbeiterschaft drohe „den *Missionscharakter unserer dortigen Anstalten*" zu untergraben.[1275] Während die Diakone eine missionarische Ausbildung hätten, fehle diese bei den Handwerksmeistern. Die Handwerksmeister nähmen nicht einmal an Gottesdiensten teil, sie zögen die Autorität des Direktors in Zweifel und legten eine sozialdemokratische Gesinnung an den Tag, „bei der nicht missionarische Dienstwilligkeit herrschend ist, sondern rein äußerliche Fragen. Dadurch wird der Werkhof, so nötig, ja unentbehrlich er auch ist, zu einem *Fremdkörper* in der Missionsanstalt"[1276].

H. Schneller stimmte der Analyse seines Onkels zu und schlug vor, aus Bethel solche Diakone anzuwerben, die entweder bereits Handwerksmeister seien oder sich bereit erklärten, sich auf Kosten des Syrischen Waisenhauses zu Meistern ausbilden zu lassen. Der Leiter des Blindenheims, Oberbruder Marx, galt als das leuchtende Beispiel, wie sich berufliche und missionarische Fähigkeiten verbinden ließen. H. Schneller beobachtete zudem, dass die Handwerksmeister die Diakone beneideten, weil sie von der SyrW-Direktion höher geschätzt würden. Ständige Differenzen zwischen den Handwerksmeistern und den Diakonen in Erziehungsfragen führten zu Reibungsverlusten. Den Handwerkern waren religiöse Fragen gleichgültig, den Diakonen nicht. Trete die Leitung diesem Problem nicht entgegen, so der Jerusalemer Direktor, würde man sich an 80 Jahren Arbeit „versündigen".[1277]

Doch auch die handwerklich ausgebildeten Betheler Diakone entsprachen nicht immer den Schnellerschen Ansprüchen. In einem Brief an L. Schneller entschuldigte sich Paul Tegtmeyer, dass seine Anstalt die Brüder mitunter nicht sorgfältig genug ausgewählt habe. Einer beschleunigten Ablösung solcher Brüder, die den An-

---

[1273] Vgl. Vertrag zwischen dem Syrischen Waisenhaus und der Westfälischen Diakonenanstalt Nazareth in Bethel bei Bielefeld betr. die Anstellung lediger Diakone vom 5./10. April 1939 mit Wirkung vom 1.1.1939 an, LKA Stuttgart K 8/164. Nach § 3 dieses Vertrages erhielten die Erziehungsbrüder 4,5 LP bei freier Station und freier Wäsche. Alle zwei Jahre sollte das monatliche Einkommen um 1 LP angehoben werden. Lediglich die Urlaubs- und die Heimaturlaubsregelungen waren bei Männern und Frauen gleich. Nach § 4 des Vertrags übernahm das SyrW zudem den Arbeitgeber- und den Arbeitnehmeranteil für die Ruhestandsversorgung der Diakone und bezahlte der Betheler Diakonenanstalt pro Diakon für die „Generalunkosten" jährlich 100 RM. Verheiratete Diakone erhielten bei freier Wohnung, freier Wäsche und freier Beleuchtung (!), aber ohne Verpflegung 11,5 Pfund. Alle drei Jahre wurde ihr Gehalt erhöht, bei einem Betrag von 16,5 LP eingefroren. Für das erste und das zweite Kind gab es eine jährliche Pauschale von 6 LP, ab dem dritten Kind 8,4 LP. Wurden die Kinder in Deutschland zur Schule geschickt, erhöhte sich dieser Zuschuss auf 15 LP jährlich. Vgl. die Besprechung zwischen L. Schneller und Pfr. Gerber sowie Pfr. Paul Tegtmeyer (Bethel) am 12.10.1938, LKA Stuttgart K 8/164.

[1274] Vgl. den Brief L. Schnellers an den SyrW-Vorstand, Köln, 1.10.1939, LKA Stuttgart K 8/87 (Hervorhebungen von L. Schneller).

[1275] Ebd.

[1276] So die Briefe L. Schnellers an H. Schneller vom 27.9.1939 und an den Vorstand vom 1.10.1939, LKA Stuttgart K 8/87 (Hervorhebung von L. Schneller).

[1277] Vgl. auch H. Schnellers Antwort vom 22.8.1939, LKA Stuttgart K 8/87.

forderungen nicht genügten, stünde nichts im Wege. Grundsätzlich gebe es aber bei den Nazareth-Brüdern eine „gemeinsame Grundanschauung innerster Art".[1278] Tegtmeyer zeigte sich bereit, nach dem Ende des Krieges neben den missionarisch und erzieherisch eingesetzten Diakonen auch Agrarexperten aus Bethel nach Palästina zu entsenden.

5.9.4 Landzukäufe

Da der Vorstand hoffte, mit guten Getreideernten die anderen Anstalten versorgen zu können, entschied er sich 1929 dazu, eine vierte Station zu gründen. Im sogenannten Philisterland, nahe dem Dorf Cheeme, erwarb er ein 400 Hektar großes Weizenfeld – aufgrund eines Konkurses zum günstigen Preis von 4.700 Pfund – und nannte die Neuerwerbung Chemet Allah. 1931 wurden dort weitere 134 $1/2$ und 1932 noch einmal 148 Hektar Land hinzugekauft und eine erfolgreiche Landwirtschaft betrieben.[1279]

Die Mandatsregierung bat das SyrW daraufhin, in Chemet Allah auch eine Fürsorgeanstalt aufzubauen. Dessen Direktion hatte daran ein Interesse, weil die Regierung Zuschüsse gewährte und das Erziehungssystem des SyrW unangetastet bleiben sollte.[1280] Derweil plante der Vorstand Neu- und Erweiterungsbauten in Jerusalem, die allerdings aus finanziellen Gründen unterschiedlich schnell umgesetzt wurden. Im Vorstand warnte 1928/29 allein Schatzmeister Buddeberg vor Neubauten und Zukäufen. Er befürchtete zu Recht, dass das Spendenaufkommen in Deutschland wegen der Weltwirtschaftskrise zurückgehen werde und die SyrW-Heimatleitung mittelfristig große Investitionen nicht abfedern könne.[1281]

Kurze Zeit später erfüllte sich Buddebergs Vorhersage, als die Weltwirtschaftskrise auch das Syrische Waisenhaus erreichte. 1930 konstatierte der Vorstand, dass die erheblichen Ausgaben für Neubauten und Grundstückskäufe die Bilanz der Anstalten in eine Schieflage gebracht hätten. Das Haushaltsjahr 1929 beendete der Verein mit einem Minus von 2.600 RM. Sogar die bisher erfolgreiche Ziegelei hatte kein Plus abgeworfen – und das, obwohl sie der einzige Betrieb des Syrischen Waisenhauses war, den man dezidiert als Wirtschafts- und nicht als Ausbildungsbetrieb gegründet hatte.[1282] Da auch das Spendenaufkommen einbrach, dominierte die Finanzproblematik die Vorstandssitzungen des folgenden Jahrzehnts.

Das große Problem der Expansionsmaßnahmen bestand darin, dass der SyrW-Verein über ein viel zu geringes Eigenkapital verfügte, um die neuen Projekte solide finanzieren zu können. Der Vorstand hoffte darauf, dass sich die Anstalten selbst refinanzierten beziehungsweise dass das Spendenaufkommen so hoch wäre, dass dadurch die Neuinvestitionen gedeckt werden könnten. Diese Rechnung ging jedoch

---

[1278] Vgl. den Brief Tegtmeyers an L. Schneller vom 16.10.1939, LKA Stuttgart K 8/164.
[1279] Vgl. das Protokoll der SyrW-Vorstandssitzung Nr. 201 – 6.4.1932, LKA Stuttgart K 8/8.
[1280] Vgl. die Protokolle der SyrW-Vorstandssitzungen Nr. 207 – 26.4.1933 und Nr. 213 - 20.6.1934, LKA Stuttgart K 8/8 sowie M. Raheb, *Das reformatorische Erbe*, 156 f.
[1281] Vgl. das Protokoll der SyrW-Vorstandssitzung Nr. 187 – 7.8.1929, LKA Stuttgart K 8/8.
[1282] Vgl. das Protokoll der SyrW-Vorstandssitzung Nr. 191 – 26.3.1930, LKA Stuttgart K 8/8.

nicht auf. Der Vorstand musste 1931 feststellen, dass zur Weiterführung der Anstalten zusätzliche Aufwendungen in Höhe von rund 100.000 RM benötigt würden.
Da diese Summe nicht ohne weiteres aufzubringen war, beschloss der Vorstand auf
Vorschlag H. Schnellers, die Kosten zu senken und das Kinderheim in Jerusalem
zu schließen. Seinen Antrag, die Arbeit im Philistäischen und im Galiläischen Waisenhaus in Bir Salem beziehungsweise Nazareth ebenfalls einzustellen, lehnte der
Vorstand ab.[1283] In einem Brief vom 29.7.1931 teilte der Vorstand den Mitarbeitern
in Palästina jedoch mit, dass er die letzten „als Notpfennig gedachten" Wertpapiere
für 30.000 RM verkauft habe, um die Anstalten am Leben zu halten.[1284]

Während den Pfarrern Schneller, Niemann und Kuchmüller – ähnlich wie in den
deutschen Landeskirchen – 6 % des Gehalts gekürzt wurde,[1285] mussten die technischen Mitarbeiter sogar auf 10 % ihres Gehalts verzichten. Sie wurden aufgefordert,
so sparsam wie möglich zu wirtschaften, alle außerordentlichen Ausgaben zurück-
zustellen und die Neuaufnahme von Schülern auf die Hälfte zurückzufahren.

1931 hatte das Syrische Waisenhaus 330 Zöglinge in Jerusalem. Weitere 37 besuchten die landwirtschaftliche Schule in Bir Salem. Die Schülerzahl wurde in den
folgenden Jahren aus finanziellen Gründen stetig zurückgefahren.

Das Jahr 1932 brachte Palästina eine landwirtschaftliche Katastrophe. Die Ernte war miserabel, eine Hungersnot drohte. Nach einem Spendenaufruf der Kölner
SyrW-Geschäftsstelle initiierten die US-Kuratoren eine amerikaweite Hilfsaktion.
Bis zum November 1932 kamen in Amerika 1.200 $, bis Februar weitere 288 $ zusammen, mit denen die Jerusalemer Anstalten ihren Weizen-Bedarf bis Mitte 1933
decken konnten.[1286] Der meiste Weizen kam aus den USA, da der Kauf amerikanischen Weizens – trotz der hohen Transportkosten – immer noch 50 % unter den
marktüblichen Preisen Palästinas lag.[1287]

5.9.5 Verstärkte finanzielle Hilfe aus Amerika und der Schweiz

Zu einer großen Belastung für alle Palästina-Missionen wurde die restriktive Devisenbewirtschaftung des Deutschen Reichs, die bereits 1931 durch die Brüningsche
Notverordnungspolitik[1288] einsetzte und nach 1933 nochmals verschärft wurde.[1289]
Damit war die gesamte Arbeit vor Ort bedroht. Voehringer entwickelte im Januar
1933 die Idee, alle Spenden aus den USA zu sammeln und in größeren Tranchen

---

[1283] Vgl. das Protokoll der SyrW-Vorstandssitzung Nr. 198 - 7.10.1931, LKA Stuttgart K 8/8.
[1284] Vgl. *BaZ* 47. Jg., Heft 2 (1931), 255 f., hier: 255.
[1285] Vgl. das Protokoll der SyrW-Vorstandssitzung Nr. 196 – 25.2.1931, LKA Stuttgart K 8/8.
[1286] In verschiedenen amerikanischen Kirchenblättern wurden Artikel über die Situation in Palästina
    und die schwierige Lage des Syrischen Waisenhauses publiziert. Vgl. auch den Briefwechsel zwi-
    schen H. Schneller und Voehringer vom 10.11.1932 und 29.11.1932, LKA Stuttgart K 8/21.
[1287] Vgl. die Protokolle der SyrW-Vorstandssitzungen Nr. 202 – 1.6.1932; Nr. 203 – 17.8.1932, Nr. 205
    – 7.12.1932, LKA Stuttgart K 8/8.
[1288] Vgl. F. Nicosia, *The Third Reich and the Palestine Question*, Austin 1985, 41.
[1289] Vgl. das Protokoll der SyrW-Vorstandssitzung Nr. 221 – 23.10.1935, LKA Stuttgart K 8/8.

direkt nach Palästina zu schicken.[1290] Ähnlich reagierten die Schweizer Kuratoren. Nur dank dieses weitsichtig gespannten internationalen Netzwerks konnte die SyrW-Arbeit in Palästina teilweise unabhängig von den Entwicklungen im Reich finanziert werden. Auf diesem Gebiet waren die Schnellerschen Anstalten allen anderen deutschen Missionsanstalten in Palästina und auch den Templern überlegen. Die Teilfinanzierung aus Amerika und der Schweiz brachte erhebliche Vorteile: Das Interesse am Syrischen Waisenhaus im Ausland wurde intensiviert, die Last auf mehrere Schultern verteilt, die Abhängigkeit von den deutschen Spendern reduziert.

Außerdem waren die Direktüberweisungen aus Amerika und der Schweiz von den deutschen Behörden nur schwer zu kontrollieren und auf Grund ihrer diskreten Abwicklung auch von der NSDAP-Landesgruppe kaum zu bemerken.[1291] Deshalb setzten Vorstand und Freunde die Pläne für eine von den politischen Entwicklungen in Deutschland unabhängige Finanzierung der Anstalten Mitte der 1930er Jahre um. Im Winter 1934/35 gründete sich unter der Leitung des Schweizer Kurators Dr. Johannes Ninck aus Winterthur eine Hilfsgesellschaft für das Syrische Waisenhaus in der Schweiz. Dieser erste selbständige Verein war ein wichtiger Schritt zur finanziellen Absicherung des Werkes.[1292]

Im Herbst 1935 bildeten die bisher nur lose mit der Kölner Zentrale verbundenen amerikanischen Kuratoren E.F. Bachmann, Th.F. Hahn sowie C.F. Voehringer einen eigenen amerikanischen SyrW-Vereinsvorstand.[1293] Daraus erwuchs im Frühjahr 1938 in den USA ein unabhängiges Hilfskomitee, das zwischen 5 und 11 Mitglieder hatte und darum bemüht war, deutschfreundliche christliche Kreise in den USA für das Syrische Waisenhaus zu gewinnen.[1294] Ihm gehörten neben Bachmann, Hahn, Voehringer auch Mr. A.W. Fiedler (Woodside/New York), Rev. W. Herrmann (Philadelphia), Frau M. Klausmann und Frau Clara Voehringer (beide aus Maplewood/New Jersey) an. Aus diesem Zusammenschluss wurde bald ein *Missions-Hülfs-Komitee*, das nicht nur den SyrW-Verein, sondern auch andere Werke wie etwa die Bethel-Mission unterstützte.[1295]

[1290] Vgl. die Korrespondenz zwischen Voehringer und L. Schneller vom 14.2.1933, 19.5.1933, 4.6.1933, 19.9.1933, 30.9.1933, LKA Stuttgart K 8/21, in denen Voehringer den Beitritt des Missionsinspektors der Norddeutschen Mission, E. Reinke zu den Deutschen Christen scharf kritisierte.

[1291] Allerdings war aus der Schweiz nur der Direkttransfer von Spendengeldern gestattet. L. Schnellers Schweizerpostgirokonto wurde dagegen gesperrt und Überweisungen zwischen Köln und Winterthur, wo Kurator Ninck lebte, mit dem Verweis auf das deutsch-schweizerische Verrechnungsabkommen untersagt. Eine Überweisung von Geldern nach Palästina, die auf dem Konto eines Deutschen in der Schweiz lagerten, hätte vom deutschen Devisenstelle genehmigt werden müssen. Vgl. die entsprechenden Briefwechsel zwischen L. Schneller, J. Ninck und der Generaldirektion der Post- und Telegraphenverwaltung aus den Jahren 1934/35, LKA Stuttgart K 8/19 und auch K 8/11.

[1292] Vgl. das Sitzungsprotokoll der SyrW-Vorstandssitzung Nr. 216 – 23.1.1935, LKA Stuttgart, K 8/8.

[1293] Vgl. das Sitzungsprotokoll der SyrW-Vorstandssitzung Nr. 222 – 11.12.1935, LKA Stuttgart, K 8/8.

[1294] Vgl. das Sitzungsprotokoll der SyrW-Vorstandssitzung Nr. 235 – 18.3.1938, LKA Stuttgart, K 8/9.

[1295] Vgl. das Sitzungsprotokoll der SyrW-Vorstandssitzung Nr. 237 – 28.7.1938, LKA Stuttgart, K 8/9 und die Abschrift der Statuten des Komitees vom März 1938, LKA Stuttgart K 8/23. Auffällig ist die personelle Überschneidung beider Gremien. Im *Missions-Hülfs-Komitee* saßen: Frau Klausmann, Frau Voehringer, Frau Trommler (New York), Pastor Th. Bachmann (der Sohn des Kurators

Die amerikanischen und die Schweizer Komitees leisteten eine bemerkenswerte materielle und personelle Hilfe: Im März 1938 organisierten die amerikanischen Freunde Weizenlieferungen nach Palästina. Zur gleichen Zeit unternahm Ludwig Schneller eine von Ninck organisierte Werbereise durch die Schweiz, die 2.900 Franken an Spenden einbrachte und dem *Boten aus Zion* rund 600 neue Leser bescherte. Kurator Bachmann schickte seinen Sohn cand. theol. Theodor Bachmann im Frühjahr 1938 nach Jerusalem, damit dieser als Vikar den Direktor entlasten sollte.[1296] Bachmann junior erwies sich als große Hilfe und wurde weiter an das Syrische Waisenhaus gebunden, um auf Vortragsreisen durch die USA Spenden zu sammeln. Da sein Vater ein in ganz Amerika anerkannter Theologe war, erhofften sich die Schnellers eine große Resonanz in deutschstämmigen protestantischen Kreisen.

Wie sehr das Syrische Waisenhaus am Ende der 1930er Jahre von seinen ausländischen Hilfskomitees abhängig war, belegt der Kassenbericht 1939. Der Jerusalemer Etat des Jahres 1938 in Höhe von 6.944 LP wurde zu fast 60 % von den amerikanischen (1.800 LP) und den Schweizer Freunden (2.200 LP) gedeckt. Ohne die ausländische Hilfe waren die Anstalten des Syrischen Waisenhauses nicht mehr lebensfähig. In die Landeswährung umgerechnet steuerte J. Nincks Schweizer Kreis 1938 Spenden in Höhe von 40.396,06 Sfr. und 1939 sogar von 64.789,57 Sfr. bei. A.W. Fiedler konnte in den USA Gaben in Höhe von 5.580,05 $ (1938) beziehungsweise 10.022,67 $ zusammentragen. Die Schweizer Darlehen beliefen sich 1939 auf 51.950 Sfr., die amerikanischen auf rund 3.000 $.[1297] Bis März 1939 hatten die Schweizer Freunde weitere 48.000 Sfr. für die Anstalten gesammelt.

Während der Kriegszeit wurden die Schweizer und die amerikanische Ausgaben der Zeitschriften *Im Lande Jesu* beziehungsweise des *Jerusalem Messangers* in Zürich gedruckt und von dort vertrieben, so dass über die Schweiz der Kontakt mit den Förderern in aller Welt gehalten werden konnte.[1298]

5.10 Angst vor politischen Eskalationen – kostspielige Umzugspläne

Die politischen, gesellschaftlichen und demographischen Veränderungen der Mandatszeit machten auch vor dem Syrischen Waisenhaus nicht Halt. Das galt besonders für die Zeit der großen arabischen Revolte 1936 bis 1939, die sich auf alle Bewohner des Landes auswirkte. Auf konfessionelle oder nationale Eigenheiten wurde von den arabischen und den jüdischen Terrorgruppen keine Rücksicht genommen. Da die deutschen Einrichtungen aus der Arabermission entstanden, waren die politischen Sympathien eindeutig gewichtet. Allerdings blieb die konkrete politische Motivation für Angriffe auf kirchlich-missionarische Einrichtungen oft unklar. An dieser Stelle

---

Bachmann, Philadelphia) sowie die Pastoren F. Flothmeier (Philadelphia) und H.A. Kropp (New York).

[1296] Vgl. das Sitzungsprotokoll der SyrW-Vorstandssitzung Nr. 237 – 28.7.1938, LKA Stuttgart, K 8/9.

[1297] Vgl. LKA Stuttgart K 8/60. 1 LP hatte 1939 einen Kurs von 20 Schweizer Franken bzw. 5 Dollar.

[1298] Vgl. den Brief L. Schnellers an E. Schneller vom 30.3.1943 und dessen Antwort aus Wien vom 3.4.1943, LKA Stuttgart K 8/131.

sei auf einige Anschläge verwiesen, die sich konkret auf das Syrische Waisenhaus und sein Umfeld auswirkten.

Am 21. Juli 1936 kam es zu einer Schießerei vor dem Tor des Syrischen Waisenhauses, bei der ein 13jähriger Muslim einen jüdischen Jugendlichen erschoss. Zwei Tage später explodierte eine Bombe vor Ernst Schnellers Haus, ohne allerdings größeren Schaden anzurichten.[1299] Am 11. November 1937 folgte ein Bombenanschlag auf ein zu den Anstalten gehörendes Gebäude, bei dem ein Araber starb. Auch Bir Salem geriet in Mitleidenschaft, da das englische Militär einige Bäume – zunächst war das Abholzen von 5.000 Olivenbäumen geplant, was für die Farm ein wirtschaftliches Desaster gewesen wäre – fällte, um eine vorbeiführende Bahnstrecke zu überwachen.[1300]

Ein einschneidendes Ereignis stellte das Bombenattentat auf das Syrische Waisenhaus Ende Juni 1939 dar. Eine im Briefkasten deponierte Bombe beschädigte bei der Detonation die Gesellenwohnung des Waisenhauses. Laut einer DNB-Meldung berichteten Augenzeugen, dass sich nach der Explosion einige Juden vor dem Tor der Schnellerschen Anstalten versammelt hätten, um Hitler und das Dritte Reich zu beschimpfen.[1301] Ob das Attentat deshalb von jüdischen Freischärlern unternommen wurde, lässt sich anhand der Quellen nicht belegen. Allerdings deuten die heftigen jüdischen Reaktionen nach dem Anschlag darauf hin, dass das Syrische Waisenhaus wegen seiner kulturpolitischen Bedeutung und der Nähe seiner Leitung zum Dritten Reich als eine Institution des nationalsozialistischen Deutschland im Heiligen Land angesehen wurde.

In den 1930er Jahren verstärkte sich die anti-zionistische Haltung der Schnellers. Öffentlich deutlich wurde diese Antipathie, als die englische Regierung Ende der 1930er Jahre verschiedene Teilungspläne für Palästina erwog. Als 1938 die Teilungskommission unter der Leitung von Sir John Woodhead ins Heilige Land kam, um den politischen Konflikt zu untersuchen und mit den Betroffenen eingehende Gespräche zu führen, entschlossen sich die deutschen Organisationen zu einem gemeinsamen Vorgehen. Am 4. Juli 1938 legte eine von Philipp Wurst geführte deutsche Delegation, der auch Ernst Schneller angehörte, ihre Positionen der Woodhead-Kommission vor. Die Palästinadeutschen erklärten, dass ihre Kolonien und Einrichtungen bei einer Teilung entweder dem verbleibenden englischen Mandatsgebiet oder notfalls dem arabischen Teil Palästinas zugeschlagen werden sollten. Sie begründeten ihre Präferenz damit, dass sie als Christen unter einer christlichen Regierung leben wollten und dass sie gute Erfahrungen mit der britischen Palästina-Regierung gemacht hätten.[1302] Eine Existenz im jüdischen Teil des Landes war für sie undenkbar.

[1299] Vgl. Jentzschs II. Quartalsbericht 1936, JVA B 35.

[1300] Vgl. den Brief des Verwalters von Bir Salem, J. Spohr an das Deutsche Konsulat in Jaffa vom 7.12.1938 und den Brief H. Schnellers an das Generalkonsulat in Jerusalem vom 14.12.1938. Dort findet sich der handschriftliche Vermerk Döhles vom 16.12.1938 „Übersetzung angesetzt [...] an Mr. Moody, Deputy Chief Secretary gesandt", BArchBerlin R 157 III F/14764. Das Generalkonsulat setzte sich erfolgreich bei der Regierung für die Belange Bir Salems ein.

[1301] Vgl. den DNB-Bericht in: *Junge Kirche* Nr. 15 – 29. Juli 1939, BArchBerlin R 5101/21900.

[1302] Vgl. das Schreiben des Deutschen Generalkonsulats an das Auswärtige Amt vom 29.7.1938, die Artikel der *Palestine Post* Nr. 3691 – 5.7.1938 und Nr. 3691 – 6.7.1938 über die Anliegen der

Im Kontext dieser Entwicklungen beschäftigte sich der Vorstand mit der Frage eines Umzuges der gesamten Anstalten.[1303] Die für, von und mit arabischen Zöglingen und Mitarbeitern betriebenen Anstalten wurden zunehmend von jüdischen Neubauten im Viertel Mea Schearim eingekreist. Vorstand und Direktorium sahen deshalb die „Lebensinteressen" der Anstalten bedroht.[1304] 1934/35 fiel die Entscheidung, das Stammhaus und das dazugehörige Land zu verkaufen. Bei der intensiven Suche nach einem Alternativgrundstück fand die Direktion ein Grundstück in der Nähe des orthodoxen Klosters Mar Elias nahe der Straße nach Bethlehem. Zunächst erwarben die Schnellers 200.000 qm und planten, weitere 800.000 qm hinzuzukaufen. Damit wären die neuen Anstalten mehr als doppelt so groß wie die alten geworden. Mit dem Verkauf des im Wert stark gestiegenen bisherigen Syrischen Waisenhauses sollten das Grundstück und der Neubau der Gebäude finanziert werden. Ein Umzug war allerdings ökonomisch und logistisch schwierig umzusetzen.

Als die SyrW-Umzugspläne bekannt wurden, gab es in der arabischen Presse sofort Spekulationen darüber, „ob das alte Grundstück für 2 und mehr Millionen £p. an die Juden verkauft worden sei."[1305] Das hätte das Ansehen des Syrischen Waisenhauses in der arabischen Welt schwer beschädigt. Der geplante Verkauf der Anstalten beschäftigte die arabische Führungsschicht so sehr, dass Mufti Hajj Amin al-Husaini zwei Mitarbeiter zu H. Schneller schickte und am Rande eines Dinners des High Commissioners das Gespräch mit dem deutschen Generalkonsul suchte. Der Präsident des Kongresses der arabischen Jugendvereine telegraphierte an Hitler, der den Verkauf an Juden unterbinden sollte.

---

deutschen Delegation, Wursts Brief an Woodhead vom 27.6.1938, das der Kommission vorgelegte Memorandum *Descriptions of German Settlements and Institutions in Palestine* sowie das 11seitige Protokoll der Sitzung vom 4.7.1938, ISA R.G. 67/525/1383.

[1303] Im Protokoll der SyrW-Vorstandssitzung Nr. 219 – 26.6.1935 findet sich der Hinweis, dass die Beratungen im Vorstand über einen Umzug der Anstalten 1934 begonnen hätten, aber nicht einmal in den Sitzungsprotokollen vermerkt worden seien. Der Vorstand hatte Angst davor, dass aus irgendeinem Grunde Informationen nach Jerusalem gelangen konnten, was zu einem Anstieg der Grundstückspreise hätte führen können. Vgl. dazu den Brief H. Schnellers an das Deutsche Generalkonsulat vom 16.11.1937, BArchBerlin R 157 III F/14764.

[1304] Vgl. das Protokoll der SyrW-Vorstandssitzung Nr. 214 – 5.9.1934, LKA Stuttgart K 8/8.

[1305] Vgl. zum folgenden das Schreiben des Generalkonsuls Wolff an das AA vom 11.07.1935, den Briefentwurf des Generalkonsulats an den Großmufti vom 19.07.1935, die folgende Korrespondenz zwischen H. Schneller und dem Deutsche Generalkonsulat vom 22.07.1935, 26. Juli 1935, BArchBerlin R 157 III F/14764. Jüdische Käufer waren für die SyrW-Direktion aus pragmatisch-finanziellen Gründen kein Tabu, wenn auch der latente Antisemitismus der Schnellers einen erfolgreichen Geschäftsabschluss verhinderte. Der von den Schnellers als seriös eingeschätzte jüdische Geschäftsmann Hassidoff hatte den Schnellers 1935/36 ein Darlehen für den Kaufpreis in Höhe von 15.000 Pfund angeboten, der mit einer mit 5,5 % verzinsten Hypothek abgesichert werden sollte. Damit wäre die Übersiedlung nach Mar Elias möglich gewesen. Allerdings hätte dies eine Zinslast von 835 Pfund jährlich nach sich gezogen, was den Vorstand zögern ließ. Realistisch ging der Vorstand von einer Fortdauer der Unruhen aus, was sich negativ auf den Verkauf der Anstalten auswirken würde. Damit bestand die Gefahr, dass der Verein weder das Darlehen zurückzahlen noch die Zinsen abtragen konnte und letztlich „unrettbar in Judenhände geraten" würde. Das war für den SyrW-Vorstand eine Horrorvision. Vgl. die Protokolle der SyrW-Vorstandssitzungen Nr. 220 – 28.8.1935, Nr. 223 – 19.2.1936 und Nr. 224 – 9.5.1936, LKA Stuttgart K 8/8 und Nr. 238 – 17.8.1938, LKA Stuttgart K 8/9.

Die arabische Seite wollte verhindern, dass weiteres Land in jüdische Hände gelangte. Die Intervention des Muftis war nicht uneigennützig. Der Mufti und seine Emissäre scheinen ein – gleichwohl nicht seriöses - Tauschangebot vorgelegt zu haben, von dem sie selbst profitierten. Die Offerte machte H. Schneller skeptisch, zumal er wusste, dass arabische Führungskreise selbst Land an Juden verkauften. Schneller und der über das Angebot informierte Generalkonsul Wolff waren überzeugt, dass die arabischen Verhandlungsführer – ihren politischen Äußerungen zum Trotz – nicht zögern würden, die Schnellerschen Grundstücke gewinnbringend an Juden weiter zu verkaufen.[1306] Die neuere Forschung bestätigt diese Einschätzung: Der Großgrundbesitz in Palästina befand sich in den Händen weniger Notablenfamilien konzentriert, die oftmals in der zweiten Hälfte des 19. Jahrhunderts das Land erworben hatten, es an Fellachen verpachteten und nicht selten einen großen Teil des Jahres im Ausland verbrachten. Diese Familien stellten auch die politische Führung der arabischen Bevölkerung. Sie machten folglich auch die größten Geschäfte mit dem Verkauf von Land an Juden. Dass die arabischen Großgrundbesitzer gleichzeitig den Landverkauf kritisieren und selbst Land veräußern konnten, hatte eine wirtschaftliche wie politische Logik.[1307] Der politische Prostest trieb die Bodenpreise in die Höhe, setzte dem jüdischen Landkauf aber gleichzeitig auch eine ökonomische Grenze. Nach den allerdings unvollständigen offiziellen Statistiken für die Zeit zwischen 1878 und 1936 kamen 681.978 Dunam Land legal in jüdischen Besitz. Davon wurden allerdings nur 9,4 % von lokalen Bauern, aber mehr als zwei Drittel von Großgrundbesitzern veräußert. Hinter den Verkäufen standen ökonomische Motive, denn die Gewinne waren hoch und die jüdische Seite bereit, auch Preise zu bezahlen, die weit über dem Marktwert lagen.[1308]

Allerdings sanken die Grundstückspreise nach Ausbruch des Generalstreiks 1936 deutlich. Für die Schnellers war der Kauf weiteren Mar Elias-Landes zum Greifen nahe. Er scheiterte aber an der Refinanzierung, denn Ende der 1930er Jahre war der erhoffte und benötigte Erlös für Immobilien in Jerusalem nicht zu erzielen.[1309] Außerdem untersagten die strengen Devisenvorschriften des Deutschen Reichs eine Verwendung des möglichen Kauferlöses für den Kauf neuen Grund und Bodens. Der SyrW-Vorstand bemühte sich also darum, diese beiden Probleme zu lösen. Zur Finanzierung des Landkaufs versuchte der Verein deshalb, erneut auf seine ausländischen Förderer zurückzugreifen. Der SyrW-Vorstand ließ 1938 in englischer und deutscher Sprache eine *Bitte um ein unverzinsliches Darlehen* drucken, in dem die

---

[1306] Ebd: Für Wolff war dieser Vorgang keineswegs atypisch: „Als Regel kann man wohl sagen, dass jeder Araber bereit ist, an die Juden zu verkaufen und dass diejenigen am lautesten schreien, die selbst gut verkauft haben oder kräftig dabei sind; aber wenn es ein anderer tut, dann ist es Landesverrat [...] Der Großmufti ist in dieser Beziehung genauso schlimm wie alle anderen [...]."

[1307] Vgl. B. Wasserstein, *Israel und Palästina. Warum kämpfen sie und wie können sie aufhören?*, München 2003, 45–51, hier 45 sowie umfasser K.W. Stein, *The Land Question in Palestine, 1917–39*, Chapel Hill 1984.

[1308] Vgl. G. Krämer, *Geschichte Palästinas*, 284–288.

[1309] Vgl. die Protokolle der SyrW-Vorstandssitzungen Nr. 220 – 28.8.1935, Nr. 223 – 19.2.1936 und Nr. 224 – 9.5.1936, LKA Stuttgart K 8/8 und Nr. 238 – 17.8.1938, LKA Stuttgart K 8/9.

internationalen Freunde gebeten wurden, Beträge in Höhe von 6.000 Pfund beziehungsweise 30.000 $ bei einer Verzinsung von 8 % zur Verfügung zu stellen.[1310]

Ein Beitrag im *Boten aus Zion* stellte die prekäre Finanzsituation dar und appellierte an die Hilfe der Spender, ohne allerdings die ganze Wahrheit zu offenbaren.[1311] Die angespannte Haushaltslage wurde mit der Weltwirtschaftskrise, der Verteuerung im Lande, den Kriegsgerüchten, dem Rückgang im Orangengeschäft begründet, nicht aber mit der durch die Expansionsmaßnahmen auch selbst verursachten Bankschulden.

Der Spendenaufruf hatte Erfolge, die Freunde und Förderer überwiesen großzügig. Im Winter 1938/39 gingen beim Schweizer Kurator Ninck 115 Darlehen in Höhe von 40.150 Franken ein, also rund 2.000 Pfund. Die amerikanischen Förderer zeigten sich zwar spendenfreudig (6.708,04 $ = 1.342 Pfund), stellten aber nur 1.350 $ beziehungsweise 270 Pfund in Darlehen zur Verfügung. Immerhin konnte das SyrW damit eine Bankschuld in Höhe von 2.270 Pfund begleichen und von 130 entlassenen Kindern wieder 70 zurückrufen, so dass sich 287 Schüler Anfang 1939 in den Anstalten befanden.

Nun brauchte der Vorstand noch eine Genehmigung, um den Erlös aus dem Verkauf der alten Anstalten verwenden zu dürfen. Nachdem die NSDAP-Auslandsorganisation dem Verkauf zugestimmt hatte,[1312] gab die Reichsstelle für Devisenbewirtschaftung am 19.2.1938 wegen des herausragenden kulturpolitischen Interesses „an der Aufrechterhaltung bzw. Verlegung des Syrischen Waisenhauses in Jerusalem"[1313] grünes Licht. Der Kriegsausbruch verhinderte dann jedoch eine Realisierung des Mar Elias-Projekts.

5.11 Auf dem Weg in die finanzielle Katastrophe

5.11.1 Probleme durch das Haavara-System

Trotz dieser enormen tatkräftigen Finanzhilfe gelang es dem SyrW-Vorstand bis Kriegsausbruch nicht mehr, die Anstalten auf ein solides wirtschaftliches Fundament zu stellen, denn die Einnahmen brachen weiter ein und halbierten sich zwischen 1930 und 1936. Die Verunsicherung über die Zukunft Palästinas lähmte das ökonomische Leben. Auch wenn die industriellen und landwirtschaftlichen Einrich-

---

[1310] Vgl. den Abdruck des Darlehnen-Blattes und den Brief L. Schnellers an Fiedler vom 12.9.1938 sowie die Notiz L. Schnellers über den Besuch von Frau Voehringer in Köln am 21.10.1938. Sie erklärte, dass das US-Komitee die Rückzahlung der Darlehen garantieren wolle. Sie stellte selbst aus der Lebensversicherung ihres verstorbenen Mannes einen Betrag von 5.000 $ zur Verfügung. Nach einer Aktennotiz vom 4.11.1938 plante L. Schneller als Garantie für die amerikanischen und schweizerischen Darlehen eine Grundstückshypothek für die Anstalten aufzunehmen. Eine gewisse finanzielle Entlassung brachten eine Reihe von Nachlässen von US-Freunden in den späten 1930er Jahren, LKA Stuttgart K 8/23.

[1311] Vgl. z.B. *BaZ* 54. Jg., Heft 2 (1938), 158–180 und *BaZ* 54. Jg., Heft 3 (1938), 189–192.

[1312] Vgl. den Brief H. Schnellers an das Deutsche Generalkonsulat vom 16. November 1937, BArch-Berlin R 157 III F/14764.

[1313] Vgl. BArchBerlin R 157 III F/14764. Vgl. auch das Protokoll der SyrW-Vorstandssitzung Nr. 234 – 28.1.1938, LKA Stuttgart K 8/9.

tungen des Syrischen Waisenhauses im Vergleich mit anderen Betrieben noch gut abschnitten, konnten sie sich dennoch nicht aus der Schuldenfalle befreien.

Kopfzerbrechen bereiteten vor allem die landwirtschaftlich geprägten Zweigstellen. Das lag besonders daran, dass die Erträge der nach Deutschland transferierten Apfelsinenernte nicht nach Palästina zurückflossen. 1936 wartete die Jerusalemer Direktion auf Erlöse in Höhe von rund 53.000 RM (für 1934/35) und rund 22.000 RM (für 1935/36). 1937 konnte zumindest ein Teil des Gewinns der Apfelsinenernte mit importierten Waren aus Deutschland verrechnet werden.[1314] Bir Salem warf 1938 keinen Gewinn ab, weil die jüdischen Orangenfarmer ihre Produkte unter Preis verkauften und die Schnellerschen Produkte damit nicht mehr konkurrenzfähig waren.

Der langsame Erlös der Gewinne lag vor allem am komplizierten Verrechnungssystem des Haavara-Abkommens. Mit dem Haavara-System[1315] hatten sich im Juli 1933 das Reichswirtschaftsministerium und die zionistischen Organisationen auf eine quotierte Auswanderung sowie auf einen Finanztransfer des Vermögens zumeist wohlhabender Juden nach Palästina geeinigt. Dieses Transferabkommen sah vor, dass die auswanderungswilligen Juden ihren Besitz in Deutschland verkauften und dafür ein sogenanntes Kapitalisten-Zertifikat zur Einreise nach Palästina erhielten. Kapitalisten-Zertifikate erhielten nur die Familien, die ein Kapital von 1.000 LP nachweisen konnten.[1316]

Zwei Clearingstellen nach Palästina transferierten das Geld der Migranten – die *Palästina-Treuhandstelle zur Beratung deutscher Juden G.m.b.H.* (Paltreu) in Berlin und das *Haavara Trust and Transfer Office Ltd.* in Tel Aviv.[1317] Dies geschah zumeist so, dass die zu transferierenden Summen mit gekauften deutschen Waren verrechnet wurden, weil die wirtschaftspolitische Intention des Abkommens aus Sicht er NS-Regierung zunächst in der Förderung des deutschen Exports nach Palästina bestand und nur sekundär in einer Unterstützung auswanderungswilliger Juden.

[1314] Vgl. das Protokoll der SyrW-Vorstandssitzung Nr. 230 – 20.4.1937, LKA Stuttgart K 8/8.

[1315] Der hebräische Begriff *Haavara* bedeutet auf Deutsch *Transfer*. Die Entstehungsgeschichte und den Verlauf zeichnet das kurze Buch der beteiligten zionistischen Funktionsträger W. Feilchenfelder/D. Michaelis/L. Pinner, *Haavara-Transfer nach Palästina und Einwanderung deutscher Juden 1933–1939*, Tübingen 1972 nach. Vgl. auch F. Nicosia, *The Third Reich and the Palestine Question*, 29–49; E. Black, *The Transfer Agreement. The Dramatic Story of the Pact between the Third Reich and Jewish Palestine*. New and updated edition. Preface by E.T. Chase. Afterword by A.H. Foxman, Washington 1999 und M. Zimmermann, *Die deutschen Juden 1914–1945*, München 1997, 61 f., 65, 108, 130–134.

[1316] Das Palästina-Pfund war im Wert mit dem britischen Pfund Sterling identisch und auch währungspolitisch an dasselbe gekoppelt. Vgl. D. Michaelis, „Die wirtschaftliche und politische Entwicklung der Auswanderungs- und Transferfrage im nationalsozialistischen Deutschland", in: W. Feilchenfelder/D. Michaelis/L. Pinner, *Haavara-Transfer*, 13–33, hier: 23 f.

[1317] Paltreu entstand 1933. Die Gesellschafter der Paltreu waren die Banken M.M. Warburg & Co. in Hamburg, A.E. Wassermann in Berlin und Anglo-Palestine Bank in Tel Aviv, die das *Trust and Transfer Office Haavara Ltd.* als Treuhandstelle in Palästina gründete. Vgl. D. Michaelis, „Die wirtschaftliche und politische Entwicklung der Auswanderungs- und Transferfrage im nationalsozialistischen Deutschland", in: W. Feilchenfelder/D. Michaelis/L. Pinner, *Haavara-Transfer*, 27; E. Black, *The Transfer Agreement*, 248–250; F. Nicosia, *The Third Reich and the Palestine Question*, 46–49.

Paltreu und Haavara Ltd. richteten zwei Sonderkonten bei der Reichsbank ein: Sonderkonto I für die aktuell auswandernden Juden, Sonderkonto II für potentielle Migranten, auf das auswanderungswillige Juden freiwillig ihre Gelder einzahlen konnten. So entstand für die zionistischen Organisationen eine erhebliche finanzielle Rücklage für Investitionen in Palästina.

Für den hier behandelten Zusammenhang ist das Sonderkonto I interessant, weil dort das jüdische Vermögen bis zu einem Wert von 50.000 Reichsmark ‚geparkt' wurde. Importeure in Palästina – ganz gleich ob Juden oder Araber –, die deutsche Waren kaufen wollten, zahlten nun den Kaufpreis in Pfund auf ein Konto der Anglo-Palestine Bank in Tel Aviv ein. Im Gegenzug erhielten die deutschen Firmen den entsprechenden Betrag vom Sonderkonto I in Reichsmark erstattet. Die Pfund-Devisen wurden den Emigranten, wenn sie im Lande ankamen, von der Haavara Ltd. in Tel Aviv ausgezahlt. Auf diese Weise sparte das Deutsche Reich erhebliche Devisenreserven ein.

Da die Migranten mehr Geld einzahlten als die palästinensischen Importeure einkauften und die NS-Regierung eine Verwaltungsgebühr auf die bei der Paltreu eingezahlten Gelder erhob, erhielten die auswandernden Juden nie ihr gesamtes Vermögen zurück.[1318]

Bis 1939, als das Transferabkommen auslief, wurden etwa 140 Millionen Reichsmark von 52.000 jüdischen Migranten nach Palästina transferiert.

Für beide Seiten besaß dieser unheilige Pakt zwischen Nazis und Zionisten politische Vorteile: Die zionistischen Organisationen konnten eine große Zahl finanziell bessergestellter und hoch qualifizierter Juden nach Palästina bringen und zudem deutsche Waren einkaufen, was für den Aufbau des jüdischen Staates wichtig war, während das Dritte Reich den Export nach Palästina derart förderte, dass Deutschland – noch vor Großbritannien – 1937 mit einem Anteil von 16,1 % zum führenden Handelspartner Palästinas wurde. Mit Hilfe des Transferabkommens wurde nicht nur devisenpolitisch ein Vorteil erzielt, sondern eine Bresche in die weltweite jüdische Boykottfront deutscher Waren geschlagen, die von den zionistischen Organisationen als Gegenmaßnahme zum Boykott jüdischer Geschäfte in Deutschland initiiert worden war.[1319] Außerdem wurde auf diese Weise die jüdische Auswanderung vorangetrieben, wie dies bei keinem anderen Auswanderungsland gelang. Da das Haavara-System nur die Auswanderung wohlhabender Juden unterstützte, verblieben zum Missfallen der NS-Machthaber die weniger begüterten Juden im Reich zurück.

Auf politischer Ebene geriet das Haavara-System in den späten 1930er Jahren in die Kritik.[1320] In einem Memorandum für das AA vom März 1937 forderte der Deutsche Generalkonsul W. Döhle eine Neuordnung der handelspolitischen Beziehungen zwischen Deutschland und Palästina, weil das Haavara-Abkommen die Wirt-

---

[1318] So F. Nicosia, *The Third Reich and the Palestine Question*, 47 f.

[1319] Vgl. F.P.H. Neubert, *Die deutsche Politik im Palästina-Konflikt 1937/1938*, Maschinenschriftliches Manuskript, Diss. phil. Bonn 1977, 135 f.

[1320] Vgl. z.B. F.P.H. Neubert, *Die deutsche Politik im Palästina-Konflikt 1937/1938*, 130–160.

schaftsbeziehungen monopolisiert habe und daraus den deutschen Exporteuren, den arabischen Importeuren und den deutschen Siedlern Nachteile erwuchsen.[1321]

Während der Leiter der Orientabteilung im AA, Werner-Otto von Hentig, und das Reichswirtschaftsministerium aus devisenpolitischen Gründen für die Beibehaltung des Transferabkommens eintraten, plädierten sowohl AA-Staatssekretär Ernst von Weizsäcker als auch das für die Judenfrage zuständige AA-Referat D, das Innenministerium sowie das Außenhandelsamt der NSDAP-Auslandsorganisation für seine Abschaffung, weil Deutschland mit Hilfe des Haavara-Systems den jüdischen Wirtschaftssektor in Palästina stärke. Da jedoch die NS-Führungselite die jüdische Auswanderung weiter fördern wollte, wurde das Abkommen bis 1939 aufrecht erhalten.

Das Haavara-System regelte also den gesamten Wirtschaftsverkehr zwischen Deutschland und Palästina. Da deutsche und arabische Importeure im Haavara-System eingegliedert waren, konnten sie keine Waren einkaufen, die auf der Negativliste des Haavara-Abkommens standen. Wenn etwa die deutschen Templer-Kolonien, wie sie es über Jahrzehnte praktiziert hatten, landwirtschaftliche Produkte nach Deutschland verkaufen wollten, mussten sie sich nach den vorgesehenen Quoten des Haavara-Systems richten. Im Prinzip erhielten die Palästinadeutschen – egal ob Templer, Missionare oder die Schnellers – im Gegenzug zu ihren Produkten fast keine Devisen, sondern nur Waren. Der Devisenverkehr war auf 10 RM pro Kopf eingeschränkt und durfte nur privaten Zwecken dienen. Das entsprach nicht im Geringsten den wirtschaftlichen Vorstellungen der Palästinadeutschen und sorgte für kontinuierlichen Ärger, wurde doch die Liquidität der nicht-jüdischen Einrichtungen unterminiert. So stand auch der SyrW-Vorstand in ständigen Verhandlungen mit dem Deutschen Generalkonsulat, dem Reichswirtschaftsministerium und den Devisenstellen im Reich, um den dringend benötigten Devisentransfer beziehungsweise Ausnahmeregelungen im Haavara-System genehmigen zu lassen, um etwa die Gewinne aus den nach Deutschland verkauften Waren wieder in Palästina zu verwenden.[1322]

5.11.2 Wachsende Schuldenlast

Im Sommer 1936 war das Syrische Waisenhaus erstmals in seiner Geschichte nicht in der Lage, die Gehälter der Mitarbeiter aus dem eigenen Bestand zu zahlen und nahm ein mit 8 % verzinstes Darlehen in Höhe von 4.000 Pfund bei der Tempelbank in Palästina auf. Der Finanzexperte des Vorstands und Direktor der Deutzer Motorenwerke, Richard Otto, hatte sogar Mehrausgaben in Höhe von 7.559 Pfund errechnet. Radikale Kürzungen und Stellenstreichungen lehnte der Vorstand dennoch ab, weil er damit die missionarische Ausrichtung der Arbeit gefährdet sah.[1323] Vielmehr sollten die einzelnen Betriebe selbst Einsparungsvorschläge machen. 1937 nahmen die Anstalten einen weiteren Kredit bei der Tempelbank auf. Die Investi-

---

[1321] Vgl. F.P.H. Neubert, *Die deutsche Politik im Palästina-Konflikt 1937/1938*, 22 ff.

[1322] Vgl. das Protokoll der SyrW-Vorstandssitzung Nr. 225 – 8.7.1936, LKA Stuttgart K 8/8.

[1323] Vgl. das Protokoll der SyrW-Vorstandssitzung Nr. 226 – 28.8.1936, LKA Stuttgart K 8/8.

tionen für Chemet Allah amortisierten sich nicht wie gewünscht, das Syrische Waisenhaus schrieb Defizit um Defizit: 1938 zeigte das Budget ein Minus von 2.244 Pfund.[1324] Das bedeutete, dass das Syrische Waisenhaus, obwohl Bir Salem und die Werkstätten gewinnbringend arbeiteten, seine Gesamtausgaben ohne Spenden nicht finanzieren konnte. Gerade die ehrgeizigen Ausbaupläne waren für die zunehmende Verschuldung in einer Zeit der Rezession ausschlaggebend.

Ende 1937 bezeichnete Hermann Schneller die finanzielle Lage der Anstalten als „katastrophal".[1325] Die Schulden der SyrW-Anstalten summierten sich - bei 8 % Zinsen – im November 1938 auf 8.500 Pfund. Die Situation des Syrischen Waisenhauses war allerdings kein Einzelfall. Das gesamte Bankenwesen Palästinas geriet unter Druck, weil die Anleger ihr Geld zurückhaben, Firmen und Organisationen dagegen neue Schulden aufnehmen wollten.[1326] Da der Sach- und Immobilienwert der Jerusalemer Anstalten auf 281.028 Pfund geschätzt wurde[1327], hielt der Vorstand die Verschuldung für vertretbar, begann jedoch finanzielle Konsolidierungsmaßnahmen voranzutreiben:

Das SyrW-Leitungsgremium schloss das Galiläische Waisenhaus in Nazareth, gab die landwirtschaftlichen Unternehmungen in Jerusalem auf, fuhr Bir Salem stark zurück, ließ anstelle der fest angestellten Mitarbeiter Tagelöhner die Ernte einfahren. Die Zöglinge der Anstalten in Nazareth und in Bir Salem wurden vollständig entlassen, die Schülerzahl in Jerusalem auf 130 reduziert. In Jerusalem kündigte der Verein dem Pfarrer Dannenbauer, dem Bethelbruder Enderle und Pastor Schaaf in Nazareth nach 17 Jahren Leitungstätigkeit sowie den meisten anderen Mitarbeitern. Schaaf sollte nach Deutschland zurückkehren und dort seine Ruhestandsbezüge erhalten, die verbliebenen Mitarbeiter in den Werkbetrieben wurden zu einem freiwilligen Gehaltsverzicht aufgefordert. Die Tempelbank schlug ein Umschuldungsverfahren vor, mit dessen Hilfe der SyrW-Vorstand bei der Barclay's Bank einen langfristigen, durch eine Grundstückshypothek abgesicherten Kredit in Höhe von 5.000–10.000 Pfund mit einem Zinssatz von 5–6 % aufnehmen sollte. Die Bank erhoffte sich davon eine schnelle Rückzahlung der ausstehenden 6.000 Pfund, da sie dieses Geld anscheinend dringend benötigte. Allerdings blieb in diesem Modell die Deckung weiterer 2.500 Pfund Schulden ungeklärt.

Im Januar 1939 erlebte das Syrische Waisenhaus eine einmalige Solidarisierungsaktion seiner Mitarbeiterschaft, die allerdings kaum mehr praktische Auswirkungen zeigte. Die 26 deutschen und 23 arabischen Angestellten erklärten sich bereit, für

---

[1324] Den Ausgaben in Höhe von 6.944 LP standen lediglich Einnahmen in Höhe von 4.700 LP entgegen, die sich wie folgt zusammensetzten: 2.200 LP kamen aus der Schweiz, 1.800 aus den USA, 500 LP aus Schulgeldern, 100 LP durch den Gastbetrieb der Anstalten, 60 LP waren Spenden aus Palästina, 40 LP waren Mieteinnahmen, LPL/Lang Papers 176.

[1325] Vgl. das Sitzungsprotokoll der SyrW-Vorstandssitzung Nr. 233 – 12.11.1937, LKA Stuttgart, K 8/9. Trotz der politischen Unruhen erreichte zumindest der Werkhof eine Umsatzsteigerung von 2.860 Pfund im Vorjahr auf 4.080 Pfund.

[1326] Vgl. zum folgenden die Protokolle der SyrW-Vorstandssitzungen Nr. 239 – 30.9.1938 und Nr. 240 – 25.11.1938, LKA Stuttgart K 8/9.

[1327] Zu den Zahlen vgl. das Protokoll der SyrW-Vorstandssitzung Nr. 239 – 30.9.1938, LKA Stuttgart K 8/9.

sieben Jahre jeweils ein Kind zu unterstützen, um so den Bestand des Werkes zu sichern.[1328]

Bis zum Frühsommer 1939 verschlechterte sich die finanzielle Lage weiter. Das wirtschaftliche Leben Palästinas war gelähmt, das Reichswirtschaftsministerium verlangte erstmals für die Ausfuhr von Waren Gebühren. Der Schuldenstand war auf insgesamt 10.656 Pfund gewachsen. Für 1939/40 rechnete der SyrW-Vorstand mit weiteren 7.454 Pfund, was den Negativsaldo auf über 18.000 Pfund bringen würde. Die Ziegelei musste schließen, in den Werkabteilungen wurden Mitarbeiter entlassen, die ausländischen Förderer um weitere Unterstützungszahlungen gebeten. Die Lebensfähigkeit der Anstalten stand auf dem Spiel. Gesamtgesellschaftlich war die Situation prekär. Aufgrund der bürgerkriegsähnlichen Auseinandersetzungen wuchs die Zahl der Waisenkinder im Palästina der späten 1930er Jahre auf rund 10.000 an. Der Ruf nach Hilfe wurde laut. Das Syrische Waisenhaus galt zwar als erste Adresse für mögliche Hilfsaktionen, hatte aber so stark mit eigenen Problemen zu kämpfen, dass es keine weiteren Kinder aufnehmen konnte.[1329] Auch für die in den Anstalten arbeitenden beziehungsweise in Ausbildung stehenden Jugendlichen kam die finanzielle Katastrophe zu einem überaus ungünstigen Zeitpunkt. Die palästinensische Wirtschaft lag am Boden, berufliche Alternativen gab es nicht.

5.11.3 Devisentransferprobleme

Die bereits erwähnten Devisentransferprobleme verhinderten eine finanzielle Konsolidierung und machten eine Schuldentilgung bei den Banken in Palästina unmöglich. Im August 1932 hatte das Syrische Waisenhaus von den deutschen Behörden eine Devisenausfuhrgenehmigung in Höhe von 70.000 RM erhalten. Dieser Betrag reichte Ende der 1930er Jahre nicht mehr aus. 1938 beantragte der SyrW-Vorstand mit Unterstützung des Generalkonsulats, 115.000 RM ausführen zu dürfen, die zu 75 % in Reichsmark und zu 25 % in Devisen bezahlt werden sollten. Das Reichswirtschaftsministerium lehnte dieses Gesuch aus devisenpolitischen Gründen ab.[1330]

Im Frühjahr 1939 wandte sich Döhle nochmals an das AA, um den Schnellers bei der Realisierung eines Bartransfer in Höhe von 5.770 Pfund zu helfen. In dieser Zeit schien das Engagement von Hermann und Ernst Schneller in der NSDAP-Ortsgruppe Jerusalem Früchte zu tragen. Döhle schrieb an von Hentig, der dem Syrischen Waisenhaus seit Jahren Sympathien entgegenbrachte und fand mit seinem Plädoyer für den Erhalt der Anstalten offene Ohren. Doch auch dies nützte nichts. Die Devisenstelle Köln erlaubte im Mai/Juni 1939 nur einen Warentransfer mit einem Wert von 50 RM monatlich,[1331] dann lehnte das Reichswirtschaftsministerium das vom AA befürwortete Schnellgesuch des SyrW-Vorstands vom 13.6.1939 ab. Damit war der letzte Weg versperrt, Hilfsgelder nach Palästina zu transferieren. Als

---

[1328] Vgl. das Protokoll der SyrW-Vorstandssitzung Nr. 241 – 20.1.1939, LKA Stuttgart K 8/9.

[1329] Vgl. die Protokolle der SyrW-Vorstandssitzungen Nr. 242 – 21.3.1939 und Nr. 244 – 26.6.1939, LKA Stuttgart K 8/9.

[1330] Vgl. den SyrW-Antrag an das Reichswirtschaftsministerium vom 6. Juli 1938 und die Ablehnung vom 22.8.1938, BArchBerlin R 157 III F/14764.

[1331] Vgl. den Brief H. Schnellers an Döhle vom 2.6.1939, BArchBerlin R 157 III F/14764.

der Zweite Weltkrieg ausbrach, standen die Anstalten des Syrischen Waisenhauses also an einem finanziellen Abgrund.

5.12 Politische Positionen der Schnellers

5.12.1 Kaisertreue und Antisozialismus

Die politische Haltung der Schneller-Familie lässt sich durch eine Reihe von Korrespondenzen, Memoranden, aus den Protokollen der SyrW-Vorstandssitzungen, einschlägigen Artikeln des *Boten aus Zion* sowie den reichhaltigen Publikationen Ludwig Schnellers rekonstruieren. Die Bedeutung L. Schnellers als geo-religiöser Reiseschriftsteller und politischer Prediger ist erst jüngst herausgearbeitet worden, weshalb an dieser Stelle ein holzschnittartiger Überblick genügen mag.[1332] In seinen Schriften verband sich deutsch-nationales Gedankengut mit einer moderaten pietistischen Frömmigkeit und einer romantisierenden Jerusalem-Sehnsucht. Ludwig Schneller fungierte publizistisch als *das* Sprachrohr der Familie Schneller, die sich durch eine dezidiert kaisertreue, patriotische und antisozialistische Haltung auszeichnete. Seit den Anfängen des Hohenzollern-Engagements im Orient bestand eine ungewöhnlich enge, persönliche Beziehung zwischen dem Kaiser und der Familie Schneller, die auf der Orientreise 1898 intensiviert wurde, während der Ludwig Schneller den Monarchen als kompetenter Reiseführer begleitete und ihm auch die Anstalten des Syrischen Waisenhauses zeigte.[1333] Daraus entwickelte sich zwischen beiden eine lebenslange Verbindung.

Trotz einer gewissen Nähe zum Nationalsozialismus blieben die Schnellers auch nach den historischen Zäsuren von 1918 und 1933 dem Haus Hohenzollern treu verbunden: Um die Verbindung zum Hof zu halten, schickte das Syrische Waisenhaus dem Kaiser über Jahrzehnte seine Vierteljahreszeitschrift, den *Boten aus Zion*, der sich dankbar dafür zeigte und 1916 dem Vorstand ein „Gnadengeschenk" in Höhe von 3.000 Reichsmark überweisen ließ, um die ihm bekannte Institution bei der Erfüllung ihrer „segensreichen Aufgaben" zu unterstützen.[1334] Die besondere Würdigung ihrer Arbeit festigte die Treue der Schnellers zum Hause Hohenzollern. Das

---

[1332] Vgl. R. Löffler, „Apostelfahrten und Königserinnerungen. Ludwig Schneller als geo-religiöser Reiseschriftsteller und politischer Prediger von der Kaiserzeit bis zum Ende des Zweiten Weltkrieges", in: *ZKG* 118 (2007), 213–245; vgl. auch J. Eisler/A.G. Krauß (Hgg.), *Bibliographie der Familie Schneller*; einen zeitgenössischen Überblick über L. Schnellers schriftstellerisches Werk bietet H.H. Gaede, *D. Ludwig Schneller. Ein Künder der Welt des Neuen Testaments. Streifzüge durch Ludwig Schnellers Schrifttum*, Leipzig 1931. Vgl. außerdem A. Katterfeld, *D. Ludwig Schneller. Ein Vater der Waisen und Künder des Heiligen Landes*, Lahr - Dinglingen 1958.

[1333] Vgl. dazu L. Schneller, *Die Kaiserfahrt durchs Heilige Land*, Leipzig [7]1899; ders., *Das Syrische Waisenhaus in Jerusalem*, 11 sowie A. Katterfeld, *D. Ludwig Schneller*, 94–97; T.H. Benner, *Die Strahlen der Krone*, 314. Eindrückliche Fotodokumente des pompösen Empfangs Wilhelms II. im Syrischen Waisenhaus finden sich bei A. Carmel/E.J. Eisler (Hgg.), *Der Kaiser reist ins Heilige Land. Die Palästinareise Wilhelms II. 1898*, Stuttgart – Berlin – Köln, 156–158.

[1334] Vgl. das Protokoll der SyrW-Vorstandssitzung Nr. 142 – 11.10.1916, LKA Stuttgart/K 8/7, worin der Kaiserliche Gruß an das Syrische Waisenhaus aus dem Großen Hauptquartier vom 10.10.1916 vermerkt wurde.

galt in ähnlicher Weise auch für den Jerusalemsverein, der den ehemaligen *summus episkopus* auch nach dessen Abdankung mit seiner Vereinszeitschrift, den *Neuesten Nachrichten aus dem Morgenlande* versorgte und gelegentliche Dankschreiben erhielt. Doch die Verbindung des Jerusalemsvereins zum Monarchen war keineswegs so eng wie die des Syrischen Waisenhauses.[1335] Sogar nach der Eroberung Jerusalems durch Allenby am 9. Dezember 1917 setzte sich Wilhelm II. über Schweizer Mittelsmänner bei der englischen Regierung dafür ein, das Syrische Waisenhaus und seinen Direktor Theodor Schneller „schonend zu behandeln", wie sich Ludwig Schneller erinnerte.[1336]

Wohl aus Dankbarkeit, Respekt und Anhänglichkeit kämpfte Schneller nach 1918 öffentlich für die Wiedereinführung der Monarchie.[1337] Der Publizist E. Roth hat L. Schneller deshalb etwas spöttisch als „Herold" der Hohenzollern und als „lautstärksten Wortführer des evangelischen Deutschtums unter preußischer Führung" bezeichnet.[1338] Roth hat damit die Position und den Einfluss Ludwig Schnellers im deutschen Protestantismus überbewertet, auch wenn der Vorsitzende des SyrW-Vorstands zweifellos ein unkritischer Panegyrikos des letzten Kaisers war.

Das besondere Verhältnis Ludwig Schnellers zu Wilhelm II. blieb nicht auf publizistische Aktivitäten begrenzt, vielmehr wurde Schneller seit dem Jahreswechsel 1925/1926[1339] zu einer Art Ersatz-Hofprediger Wilhelms, zelebrierte in Haus Doorn Geburtstags- und Taufgottesdienste.[1340] In dieser Aufgabe scheint er dem Oberhofprediger und Ephorus des Domkandidatenstifts Ernst von Dryander[1341] nachgefolgt zu sein und sich mit Domprediger Bruno Doehring, der Wilhelm 1941 auch beerdigte,[1342] abgewechselt zu haben.

[1335] Vgl. F. Foerster, *Mission im Heiligen Land*, 148.
[1336] Vgl. L. Schneller, *Das Syrische Waisenhaus in Jerusalem*, 24.
[1337] Vgl. die einschlägigen deutsch-nationalen und royalistischen Aussagen in L. Schneller, *Holt doch den Kaiser wieder!*, Leipzig ²1933 (Die folgenden Zitate stützen sich ausschließlich auf diese Ausgabe, da mir die 1. Auflage nicht zugänglich war); vgl. auch ders., *Unser Kaiser*. Achte Folge der „Weihnachts-Erinnerungen", Leipzig 1927,; ders., *Königs-Erinnerungen*, Leipzig 1926; aber auch in ders., *Die Kaiserfahrt durchs Heilige Land*,; ders., *Allerlei Pfarrherrn*; ders., *Das Syrische Waisenhaus in Jerusalem*.
[1338] So E. Roth, *Preußens Gloria im Heiligen Land. Die Deutschen und Jerusalem*, München 1973, 100 f.
[1339] L. Schneller besuchte Wilhelm II. am Sylvesterfest 1925 das erste Mal in Doorn und übernahm den Neujahrsgottesdienst 1926, vgl. L. Schneller, *Unser Kaiser*, 77 ff. Vgl. A. Katterfeld, *D. Ludwig Schneller*, 148.
[1340] Vgl. z.B. L. Schneller, *Unser Kaiser*, 74–133. In einem Brief an den Verwaltungsdirektor der Hannoverschen Kirche, Köln, den 24.2.1937, LKA Stuttgart K 8/11, erwähnt L. Schneller, dass er eine Taufe in Doorn übernommen habe. Der Täufling wird nicht namentlich erwähnt. Vgl. L. Schneller, *Holt doch den Kaiser wieder!*, Leipzig 1933, 17–19.
[1341] Vgl. B. Andresen, *Ernst von Dryander. Eine biographische Studie*, Berlin – New York 1995, 377–386.
[1342] Vgl. M. Gailus, *Protestantismus und Nationalsozialismus*, 511–526, bes. 514. Vgl. auch B. Doehring, *Mein Lebensweg zwischen den Vielen und der Einsamkeit*, Gütersloh 1952, bes. 109–120 sowie ders., *Kaiser Wilhelm II.*, Berlin 1926.

Schneller ließ sich in eine Szenerie einbinden, die den Charme des Vergangenen besaß, und in der mit Akribie die höfische Etikette beibehalten wurde.[1343] Er sah in diesem Dienst einen Akt der deutschen Königstreue.[1344] Dass die Beziehung zwischen Schneller und Wilhelm auf Gegenseitigkeit beruhte, lässt sich daran erkennen, dass der Hohenzoller zum 75jährigen Jubiläum des Syrischen Waisenhauses 1935 gratulierte und nach dem Ausbruch des Zweiten Weltkriegs dem SyrW-Vorstand noch einmal eine Spende zukommen ließ.[1345]

Mit der deutsch-nationalen, monarchischen Ausrichtung ging eine Ablehnung der Sozialdemokratie Hand in Hand, wie bereits im Abschnitt über die veränderte Mitarbeiterstruktur gezeigt wurde.

Auch vor dem Syrischen Waisenhaus machte der Einfluss von Sozialismus und Sozialdemokratie auf deutsche und arabische Handwerker nicht Halt. Deutsche Handwerksmeister brachten ihre politische Gesinnung mit ins Heilige Land. Der Zionismus war jedoch der stärkste Motor für die Verbreitung sozialistischer Ideen, die sich auch unter der arabischen Arbeiterschaft verbreitet und auch zur Gründung einer kommunistischen Partei geführt hatten.[1346] Sie war die einzige Partei, in der Juden und Araber über weite Strecken während der Zwischenkriegszeit zusammenarbeiteten.

Marxistische Ideen besaßen einen Neuigkeitswert in Palästina, was nicht nur an der mangelnden Kenntnis westlicher politischer Diskurse lag, sondern auch an der fehlenden Proletarisierung der agrarisch geprägten, einheimischen Bevölkerung. Abhängigkeiten bestanden zum lokalen Effendi, dem Grundbesitzer, aber weniger zu einem Industriellen. Ohne es zu wollen, leisteten auch die Schnellers einen Beitrag zu den sich wandelnden sozialen Verhältnissen, indem sie sich auf die Ausbildung und Anstellung von Facharbeitern in ihren Werkstätten konzentrierten. Sie erzogen zwar keine Proletarier, schufen aber eine Lohnabhängigkeit, ohne ihren Arbeitnehmern Partizipationsrechte zuzugestehen.

Der Schnellersche Antisozialismus und Antikommunismus war unter den deutschen evangelischen Missionen kein singuläres Phänomen. Wie Werner Ustorf zeigen konnte, hatten die protestantischen Missionare in der Regel „Identifikationsprobleme nicht ‚links‘, sondern ‚rechts‘."[1347]

Da eine jüdisch-arabische Klassensolidarität an den sich ausschließenden nationalen Interessen scheiterte, legten – motiviert durch arabische Gewerkschaftssekre-

---

[1343] Zu Haus Doorn vgl. H. Wildrotter/K.-D. Pohl (Hgg.), *Der letzte Kaiser. Wilhelm II. im Exil* (Ausstellungskatalog im Auftrag des Deutschen Historischen Museums), Gütersloh - München 1991, darin auch der Aufsatz: H. Wildrotter, „Haus Doorn. Die verkleinerte Kopie eines Hofstaats", 113–121. Vgl. auch W. Gutsche, *Ein Kaiser im Exil. Der letzte deutsche Kaiser Wilhelm II. in Holland. Eine kritische Biographie*, Marburg 1991, 185.

[1344] Vgl. L. Schneller, *Unser Kaiser*, 128 f.

[1345] Vgl. Protokoll der SyrW-Vorstandssitzung Nr. 247 – 12.1.1940, LKA Stuttgart K 8/8.

[1346] Vgl. A. Flores, *Nationalismus und Sozialismus im arabischen Osten. Kommunistische Partei und arabische Nationalbewegung in Palästina 1919–1948*, Münster 1980 und A. El Sayed, *Palästina in der Mandatszeit*, 143–150.

[1347] D. Ritschl/W. Ustorf, *Ökumenische Theologie/Missionswissenschaft*, 129. Vgl. auch W. Ustorf, „Anti-Americanism in German Missiology", *Mission Studies* 11 (1989), 23–34.

täre – die arabischen Arbeiter des Werkhofs während des Generalstreiks 1936 ih-re Arbeit nieder, um ihre politischen Forderungen durchzusetzen.[1348] Obwohl die Sympathien der Schnellers im arabisch-zionistischen Konflikt auf Seiten der Araber waren, förderten sie den Nationalismus nicht, verboten sogar ihren arabischen Mit-arbeitern, sich in die Politik einzumischen.[1349] Auf den Streik reagierten Direktor und Vorstand mit patriarchalischer Gelassenheit. Sie sahen darin eine Verblendung unreifer junger Menschen, ja sogar einen „dummen Streich", der von den „neu auf-getauchten verführerischen Einflüsse[n]" bewirkt wurde, die schon in Deutschland und Europa Millionen von Arbeitern in ihren Bann geschlagen hätten.[1350] Angst hatte der Vorstand lediglich davor, dass die sozialistische Agitation die Frucht der gesamten Erziehungsarbeit der Wiederaufbauphase und damit auch die entstehende evangelische Gemeinde zerstören könnte.

Es dokumentiert die tiefe mentalitätsgeschichtliche Verwurzelung im Pietismus, dass der Vorstand nicht politische, sondern religiöse Gegenmaßnahmen vorschlug. Das Syrische Waisenhaus entsandte einen Evangelisten zu den jungen Gesellen, der sie vom verführerischen Sozialismus zur „Heilandsliebe" bekehren sollte.[1351] Die Evangelistenreise war ein im Syrischen Waisenhaus übliches Instrument, um ehema-lige Absolventen an die Anstalten zu binden. Es wurde nun auch zur politischen Do-mestizierung eingesetzt.[1352] Denjenigen, die ihre ‚Verfehlungen' einsahen, stand der Weg zurück in den Werkhof offen. Die Schnellers gaben sich selbst eine Mitschuld, weil im Gesellenheim ein erfahrener, glaubensstarker Hausvater fehlte, der den re-volutionären Neigungen hätte entgegenwirken können. Tatsächlich kehrten einige Gesellen zurück. Der Direktor erwartete von den Arbeitern eine Entschuldigung, die er zumeist auch erhielt. Darin sah er einen Erfolg der Reise des Evangelisten. H. Schneller nahm aber nur einen kleinen Teil der Rückkehrer wieder ins Gesellenheim auf, weil er noch immer keinen Hausvater gefunden hatte. Bei der Wiedereinstellung im Werkhof handelte er zweckrational: Mit eingearbeiteten Mitarbeitern war leichter umzugehen als mit neuen, unbekannten.[1353]

5.12.2 Nähe zum Nationalsozialismus – Mitarbeit in der NSDAP-Ortsgruppe Jerusalem

Bei dieser autoritären Grundeinstellung war es nicht verwunderlich, dass sich das Syrische Waisenhaus nach 1933 dem Nationalsozialismus annäherte. Die Haltung zum Dritten Reich war allerdings ambivalent. Während L. Schneller der NSDAP nicht beitrat, gehörten seine Neffen Ernst und Hermann der Politischen Leitung der Ortsgruppe Jerusalem an. Sie förderten die Arbeit der NSDAP im Lande, ohne je-doch selbst jemals öffentlich Aufsehen zu erregen. Über die Buchhandlung des Syri-

---

[1348] Vgl. A. El Sayed, *Palästina in der Mandatszeit*, 146 ff.
[1349] Vgl. H. Schnellers Brief an den Deutschen Generalkonsul vom 8.1.1938, ISA R.G. 67/525/1383.
[1350] Vgl. das Protokoll der SyrW-Vorstandssitzung Nr. 216 – 23.1.35, LKA Stuttgart K 8/8.
[1351] Vgl. das Protokoll der SyrW-Vorstandssitzung Nr. 216 – 23.1.1935, LKA Stuttgart K 8/8.
[1352] Vgl. *BaZ* 49. Jg., Heft 3 (1933), 92 f.
[1353] Vgl. das Protokoll der SyrW-Vorstandssitzung Nr. 217 – 20.3.1935, LKA Stuttgart K 8/8.

schen Waisenhauses wurde nationalsozialistische Literatur aus Deutschland besorgt, in der hauseigenen Druckerei das Briefpapier der Ortsgruppe gedruckt. Dass die Schnellerschen Anstalten aber zu einem „Dreh- und Angelpunkt der Propagandaaktivitäten" des Dritten Reichs in Palästina wurden, wie Ralf Balke behauptet, lässt sich aus den Quellen in dieser Zuspitzung nicht belegen.[1354]

Im Sinne der *Kulturpropaganda* galt das Syrische Waisenhaus ohne Zweifel als eine der deutschen Vorzeigeeinrichtungen und wurde vom Auswärtigen Amt finanziell gefördert, weshalb die Schnellers Konflikte mit den deutschen Behörden zu vermeiden versuchten.

Insofern ist es vordergründig, aus der Verwendung des Propaganda-Begriffs durch die NSDAP-Ortsgruppe Jerusalem ein „Streben der Partei nach einer Kontrolle der prestigeträchtigen diakonischen Einrichtungen" abzuleiten, wie Balke es tut.[1355] Im Falle des Syrischen Waisenhauses ging es eher um die Selbstgleichschaltung der Anstalten durch die Brüder Hermann und Ernst Schneller.[1356] Das entsprach wohl auch der obrigkeitstreuen Mentalität der Schnellers. Auch R. Balkes Behauptung, dass das Syrische Waisenhaus wegen seiner Beziehungen zu Partei und arabischer Bevölkerung in den Unruhejahren 1936 bis 1939 „im Mittelpunkt der Observationen des C.I.D. und des nachrichtendienstlichen Armes der Jewish Agency"[1357] stand, scheint überzogen und nicht ausreichend belegt zu sein. Das von ihm angeführte Dokument zeigt lediglich, dass die beiden Nachrichtendienste Telefonate abhörten und H. Schneller verdächtigten, Araber im Syrischen Waisenhaus an Waffen auszubilden.[1358] Im Blick auf mögliche Waffenkäufe für den arabischen Widerstand durch das Syrische Waisenhaus besitzen wir, wie Balke selbst schreibt, nicht mehr als von jüdischen Ermittlern geäußerte Verdachtsmomente, die sich auf jene Telefonmitschnitte stützten.[1359] Sie erscheinen auch eher unwahrscheinlich, denn eine öffentliche politische Positionierung in Jerusalem oder gar die Förderung des arabischen Widerstands durch Waffenschmuggel wäre vor dem Hintergrund der politischen Spannungen der späten 1930er Jahren für das Überleben der Anstalten höchst riskant gewesen.

Auch aus der neuesten, auf umfangreichen Aktenstudien beruhenden Untersuchung von Mallmann/Cüppers geht hervor, dass das Dritte Reich bis 1937 mit Rücksicht auf Großbritannien von Waffenlieferungen für die Araber absah, sich aber anscheinend ab 1938 verstärkt für den arabischen Aufstand in Palästina einsetzte und

---

[1354] R. Balke, *Hakenkreuz im Heiligen Land*, 91.
[1355] Ebd.
[1356] Vgl. Ernst Schneller gehörte auch der Deutschen Arbeitsfront an, ISA 90/822/J76/24.
[1357] R. Balke, *Hakenkreuz im Heiligen Land*, 91, wo er fälschlicherweise von „Hermann Schneller und seinen Söhnen" als NSDAP-Mitgliedern spricht. Gemeint sind aber die Brüder Hermann und Ernst Schneller.
[1358] Vgl. R. Balke, *Die Landesgruppe der NSDAP*, 156 Anm. 47, wo er das hebräische Dokument S 25 (Political Department) 10971 „Rishum Sichot Telefonim shel HaBeit HaJetumim Schneller" aus dem Central Zionist Archive erwähnt, ohne diese Telefonmitschnitte jedoch ausführlich zu zitieren, zu übersetzen oder gar zu interpretieren.
[1359] Ebd.

punktuell möglicherweise auch Waffen lieferte.[1360] Die NS-Regierung zeigte in den späten 1930er Jahren zwar kein Interesse an einem eigenständigen Judenstaat, aber auch nicht an einer starken palästinensischen Nationalbewegung.[1361]

Blickt man auf die Innenpolitik des Mandatsgebiets, so zeigen die britischen Quellen, dass die Briten den NSDAP-Gruppen in Palästina keine besondere Aufmerksamkeit widmeten. Die Mandatsregierung nahm sie so lange nicht ernst, wie ihre Aktivitäten auf die deutschen Kolonien beschränkt blieben. In einem Memorandum vom 12.8.1938 hieß es ausdrücklich, dass weder dem Foreign noch dem Colonial Office Belege für mögliche Zusammenstöße mit Deutschland oder den Deutschen im Nahen Osten vorlägen.[1362] Auch das Engagement des anglikanischen Bischofs Graham-Brown und des District Commissioners Edward Keith Roach für den Erhalt der Anstalten nach Ausbruch des Zweiten Weltkrieges spricht dafür, dass die britischen Offiziellen das Syrische Waisenhaus keineswegs für ein arabisches Revolutionsnest hielten.

Das bedeutet nicht, dass die Leitung des Syrischen Waisenhauses politisch naiv war. Die Brüder Schneller als linientreue Nationalsozialisten zu deklarieren, wäre dennoch ein vorschneller Schritt, zumal ihr Verhältnis zum Dritten Reich Veränderungen unterworfen war. Ein unverfänglicher Zeuge wie der nach Palästina geflohene Religiöse Sozialist Heinz Kappes sah im Nationalsozialismus seines Studienfreundes Hermann Schneller eine Variante des Nationalismus, wie er in Jerusalem seit der Orientreise Wilhelms II. üblich war.[1363]

Auch wenn man die Stellungnahmen Hermann Schnellers im Entnazifizierungsverfahren kritisch lesen muss, scheinen sie partielle Einblicke zu ermöglichen. Er gab gegenüber dem *Gouvernement Militaire en Allemagne* in Tübingen an, der NSDAP beigetreten zu sein, weil ihm „die Überbrückung der Klassengegensätze und die soziale Hilfe für die Arbeiterschaft", die er in seinem Werk nur bedingt förderte, sowie der Hinweis auf das positive Christentum im NSDAP-Parteiprogramm imponiert habe. Nach der Lektüre von Rosenbergs Mythus-Buch und der Behandlung der Judenfrage seien ihm jedoch erste Zweifel gekommen. Erst in der Internierung habe er sich von der NSDAP distanziert. Die antichristliche Haltung und das Beharren vieler Parteigenossen auf ideologischen Standpunkten ließen ihn in Distanz

---

[1360] Vgl. Mallmann/Cüppers, *Halbmond und Hakenkreuz*, 60–64 und auch F. Nicosia, *The Third Reich and the Palestine Question*, 180–192. Allerdings offenbaren die Quellen nicht, wie genau die deutsche Unterstützung ab 1938 im Blick auf Geld und Waffenlieferung aussah. Anscheinend wurden Waffen zunächst in den Libanon geliefert und mit Fischerbooten nach Palästina gebracht. Welchen Umfang und sicherheitstechnische Qualität sie besaßen, ist jedoch völlig unklar; eine entscheidende Veränderung der Situationen bewirkten sie in keinem Falle. Dies enttäuschte die Araber, die gerne das Reich als Partner im Kampf gegen den Zionismus und Großbritannien gewonnen hätten.

[1361] Vgl. H. Shamir, „The Middle East in the Nazi Conception", in: J.L. Wallach (Hg.), *Germany and the Middle East, 1835–1939*, 167–174, hier 174. Vgl zur Gesamtproblematik auch: K. Hildebrand, *Vom Reich zum Weltreich, Hitler, NSDAP und koloniale Frage 1919–1945*, München 1969, bes. 77 f., 83–86.

[1362] Vgl. das Memorandum des Foreign und des Colonial Office vom 12.8.1938, PRO/F.O. 371/21887.

[1363] Vgl. das Interview mit H. Kappes abgedruckt in M. Jacobs, „Religiöser Sozialismus und Mystik. Ein Blumhardtianer berichtet aus seinem Leben und Werden", 318–344, bes. 326 f.

zur NSDAP treten.[1364] Diese Entwicklung bestätigte Kurt Märkle, der sich selbst als einen 1935 nach Palästina emigrierten „Halbarier" bezeichnete. Er hatte Schneller im Internierungslager in Wilhelma kennen gelernt. Dort waren nicht nur Palästinadeutsche, sondern auch jüdische Emigranten interniert. Märkle berichtete, dass die Palästinadeutschen, die den Kontakt zu den deutschen Juden pflegten, schnell als „Judenknecht und Volksverräter" beschimpft wurden. Märkle und anderen jüdischen Internierten habe es „besonders wohlgetan", dass Hermann Schneller sich nicht abhalten ließ, die Verbindung mit ihm als „Antinazi" aufzunehmen und bei Gottesdiensten getaufte Juden zum Abendmahl zuzulassen.[1365]

Das politische Engagement H. Schnellers in der NSDAP-Ortsgruppe Jerusalem hinterlässt also einen zwiespältigen Eindruck. Der Eintritt in die Partei geschah wohl aus Überzeugung, aber auch als opportunistische und strategische Weichenstellung gegenüber den deutschen Behörden. In der Internierung machte er Erfahrungen, die ihn von der NSDAP abrücken ließen. Soweit zu sehen ist, finden sich in den Quellen aus der Zeit nach dem Zweiten Weltkrieg keine pro-nationalsozialistischen Stellungnahmen von H. Schneller.

5.12.3 Das Syrische Waisenhaus und sein „Bekenntnis zum Führer"

Die überlieferte Privatkorrespondenz belegt aber auch, dass die Familie Schneller gegenüber dem Auswärtigen Amt und den Reichsfinanzbehörden die Kunst der Camouflage beherrschte.[1366] Das Syrische Waisenhaus musste die staatlichen Behörden davon überzeugen, ihnen weiter die Devisentransfergenehmigungen und Zuschüsse aus dem kulturpolitischen Etat des Auswärtigen Amtes zu gewähren. Da die Anstalten in der Wilhelmstraße einen guten Ruf besaßen – L. Schneller nennt in einem Brief an seinen Neffen Ernst den langjährigen Leiter der AA-Orientabteilung, Werner-Otto von Hentig, jovial „unseren Freund"[1367] – durfte sich der SyrW-Vorstand reale Hoffnungen auf staatliche Förderung machen, wenn es denn gelingen würde, die „kulturpolitische Bedeutung" des Hauses beziehungsweise seinen „Dienst für Führer und Volk" überzeugend darzustellen.

Die Strategie der Schnellers bestand darin, sich nach außen anzupassen, um nach innen gewisse Freiheiten zu behalten. In einem Brief an Ludwig benutzte beispielsweise Ernst Schneller den Decknamen „Schütze E. Lesch".[1368] Ernst Schneller, der während des Krieges zunächst als Maschinen-Sachverständiger in Eisenach, dann in Wien als Kompanie-Dolmetscher eingesetzt wurde, hatte vom SyrW-Vorstand unter der Federführung Prof. H.W. Hertzbergs den Auftrag erhalten, ein *Bekenntnis des Syrischen Waisenhauses zum Führer* zu entwerfen. Als ehemaliges Mitglied der

---

[1364] Vgl. den von H. Schneller am 31.1.1948 unterzeichneten Fragebogen und vor allem den „Beibericht" für das Gouvernement Militaire en Allemagne in Tübingen, Personalakte A 127–S 279: Schneller, Ludwig Theodor, LKA Stuttgart.

[1365] Ebd.

[1366] Vgl. den Brief L. Schnellers an E. Schneller vom 30.3.1943 und dessen Antwort aus Wien vom 3.4.1943, LKA Stuttgart K 8/131.

[1367] Ebd.

[1368] Ebd.

Politischen Leitung der Jerusalemer Ortsgruppe und lokaler Führer der Deutschen Arbeitsfront schien er für diese Aufgabe prädestiniert zu sein.

Fünf Jahre zuvor, am 15. November 1938, hatte das Syrische Waisenhaus dem AA das dreiseitige Memorandum *Kulturpolitische Bedeutung des Syrischen Waisenhauses in Jerusalem* vorgelegt, was dort positiv aufgenommen worden war.[1369] Bereits der erste Satz sollte wie ein Signal wirken: „Das Syrische Waisenhaus arbeitet an den Arabern Palästinas." Damit waren alle Missverständnisse beseitigt, denn aus damaliger Sicht durften die Anstalten nicht in den Verdacht kommen, die verpönte Judenmission zu betreiben.[1370]

Der SyrW-Vorstand betonte, dass der Hauptzweck der Anstalten in der Mission liege. Da die Leitungsfunktionen von drei deutschen Pfarrern und 50 weiteren deutschen Mitarbeitern ausgeübt werde, besitze das Syrische Waisenhaus „eine nationale Bedeutung als Pflanzstätte deutscher Sprache und deutscher Kultur", die in den zurückliegenden Jahrzehnten vom Auswärtigen Amt anerkannt worden sei.

Das Memorandum ist in zwei Fassungen überliefert. Das Original aus dem Jahre 1938 nennt deutlich die ökonomischen Probleme, mit denen das Syrische Waisenhaus in den 1930er Jahren zu kämpfen hatte. Dazu zählte der erhebliche Einnahmeneinbruch der Orangenplantage Bir Salem und im „Deutschen Werkhof Jerusalem", ein Name der sich in dieser nationalen Form sonst nirgends für die SyrW-Werkstätten findet.

Die gekürzte, dem *Bekenntnis* von 1943 beigefügte Fassung verschwieg diese Schwierigkeiten. Das mag politische, aber auch pragmatische Gründe gehabt haben: Die Anstalten unterstanden seit Kriegsausbruch einer englischen Leitung und nicht mehr der Familie. Politisch war es 1943 nicht entscheidend, über Absatzprobleme nachzudenken, sondern grundsätzlich den Fortbestand der Einrichtungen zu sichern.

In beiden Versionen findet sich allerdings ein Appell, dass ein Ende der Arbeit „auch vom nationalen deutschen Standpunkt" (1938) beziehungsweise „auch vom kulturellen Standpunkt" aus (Abschrift 1943) negativ für das deutsche Ansehen in der Levante wäre. Unter allen deutschen Anstalten in ganz Vorderasien sei das Syrische Waisenhaus diejenige Anstalt, „welche unter den Arabern in Palästina und Syrien und Transjordanien der Hauptpfeiler deutschen Einflusses [...] gewesen ist." (1938 und 1943).[1371]

[1369] Das Memorandum „Kulturpolitische Bedeutung des Syrischen Waisenhauses in Jerusalem" vom 15.11.1938 findet sich in: LKA Stuttgart K 8/47 und in gekürzter Fassung ohne Datum in: LKA Stuttgart K 8/87.

[1370] Vgl. dazu J-Chr. Kaiser, „Evangelische Judenmission im Dritten Reich", in: ders./M. Greschat (Hgg.), *Der Holocaust und die Protestanten. Analyse einer Verstrickung*, Frankfurt/Main 1988, 186–215.

[1371] Als Referenz fügte der SyrW-Vorstand 1938 seinem Memorandum einen Brief des ehemaligen stellvertretenden Reichspräsidenten und Präsidenten des Reichsgerichts, D. Dr. Simons vom 31.8.1927 an Ludwig Schneller bei. Er sollte bis zu seinem Tode 1937 auch zum Fürsprecher des Syrischen Waisenhauses beim Reichwirtschaftsministerium und den Reichsdevisenstellen bei devisenrechtlichen Problemen werden. Simons sah den „eigentlichen Wert" der Schnellerschen Anstalten darin, dass sie „die geistige Verbindung Deutschlands mit dem nahen Orient, von der wir politisch ausgeschlossen werden sollten [...] auf eine unangreifbare Weise wieder gewinnen." Simons plädierte dafür, dass das Syrische Waisenhaus von deutscher Seite aus, besonders durch

Am 3. April 1943 schloss Ernst Schneller in Wien seine Arbeit ab und legte ein Papier mit dem Titel *Die Arbeit des Syrischen Waisenhauses in Jerusalem für Führer und Volk* vor.[1372] Antisemitische Äußerungen finden sich im Bekenntnispapier nicht. E. Schneller brüstete sich aber damit, dass sein Bruder Hermann, er selbst und ein großer Teil der deutschen Mitarbeiter bereits am Gründungstag der NSDAP-Ortsgruppe Jerusalem beigetreten seien. Schon nach kurzer Zeit stellte die Hälfte des deutschen SyrW-Personal „einen nennenswerten Prozentsatz" der Mitglieder der lokalen Partei und ihrer Gliederungen. Die SyrW-Leitung habe die Mitarbeit in der NSDAP „auf alle erdenkliche Weise" gefördert, so durch Befreiungen von der Arbeit, für die Teilnahme an *Kraft durch Freunde*-Fahrten, die kostenlose Abstellung von technischen Geräten, Materialien und Büroräumen für Feiern oder den Reichsberufswettkampf der von ihm geleiteten Ortsgruppe der *Deutschen Arbeitsfront*.

Im Gegensatz zur moderaten Denkschrift von 1938, in der sich die Schnellers das Profil einer bedeutsamen kulturpolitischen deutschen Einrichtung im Ausland gaben, fuhr E. Schneller einen weitaus opportunistischeren Kurs. Er bezeichnete nun das Waisenhaus „als Stützpunkt des nationalsozialistischen Deutschtums". Der Erhalt und die Fortführung der Einrichtungen nach dem Krieg seien im Interesse des deutschen Einflusses auf den Vorderen Orient „unerlässlich". Wenn sich die Schnellers auf diese Weise dem Dritten Reich andienten, so sahen sie darin wohl die einzige Möglichkeit, ihre Einrichtungen zu erhalten. Ein ideologisches Bekenntnis ist dieses Papier des Jahrs 1943 nicht, denn inhaltliche politische Aussagen fehlen völlig.

5.12.4 Der SyrW-Heimatverein und die Bekennende Kirche

Während also die Brüder Hermann und Ernst Schneller in der Ortsgruppe engagiert mitarbeiteten, verhielt sich ihr Onkel Ludwig Schneller in Köln gegenüber dem Dritten Reich sehr viel zurückhaltender. Dass es einen Dissens zwischen den Generationen beziehungsweise der Heimat- und der Auslandsarbeit gab, lässt sich aus den Quellen nicht erkennen. Der SyrW-Vorstand und ihr Vorsitzender fühlten sich der Bekennenden Kirche verbunden, ohne sich jedoch kirchenpolitisch zu exponieren und öffentlich von ihrem Neutralitätskurs in politischen Fragen abzugehen.

In ihrer mit hagiographischen Zügen versehenen Biographie Ludwig Schnellers spricht Anna Katterfeld davon, dass sich dieser von Anfang an „entschlossen auf den Boden der Bekennenden Kirche gestellt und [...] reichlich an der Bürde" des Kirchenkampfes mitgetragen habe.[1373] Sie berichtet davon, dass L. Schneller auf

---

Industrie und Handel, materiell unterstützt werde. Auf diese Weise könnten sich karitative und wirtschaftliche Ziele verbinden lassen. Vgl. LKA K 8/170.

[1372] Alle folgenden Zitate nach E. Schnellers Darstellung, „Die Arbeit des Syrischen Waisenhauses in Jerusalem für Führer und Volk", LKA Stuttgart K 8/87. Es teilte sich in sechs Teile: A) Bekenntnis der deutschen Gefolgschaftsmitglieder des SyrW zum Führer; B) Leistungen der Anstalten für die Partei und deren Gliederungen; C) Betreuung der deutschen Gefolgschaft auf nationalsozialistischer Grundlage; D) Leistungen des Syrischen Waisenhauses für die deutsche Industrie; E) Die Einstellung von Freund und Feind zur Arbeit des Syrischen Waisenhauses; F) Fortführung der Arbeit des Syrischen Waisenhauses nach dem Kriege.

[1373] A. Katterfeld, *D. Ludwig Schneller*, 151. In einem Brief L. Schnellers an den US-Kurator Voehringer vom 4.5.1934, LKA Stuttgart K 8/21 wird dieser Eindruck bestätigt. Allerdings verkürzt

der schwarzen Liste der Gestapo stand und häufig von ihr kontrolliert wurde.[1374] Dass derartige Vorfälle weder in Briefen oder Protokollen berichtet wurden, kann aus Angst vor Repressionen geschehen sein, muss aber die geheimdienstliche Überprüfung des Kölner Pfarrers nicht in Zweifel ziehen.

Auffallend ist, dass L. Schneller und das Syrische Waisenhaus in der Literatur zum Kirchenkampf im Rheinland nicht erwähnt werden. Das mag daran liegen, dass sich der SyrW-Verein dem rheinischen Bruderrat niemals offiziell angeschlossen hat.

Dennoch hat das Syrische Waisenhaus eine Vielzahl seiner theologischen Mitarbeiter aus den illegalen Seminaren der Bekennenden Kirche rekrutiert. Der Schnellersche Mittelweg während des Kirchenkampfes erinnert an die kirchenpolitische Haltung etwa des Landesbischofs Marahrens in Hannover, der ab 1927 dem SyrW-Kuratorium angehörte.

In den Vereinsgremien waren prominente BK-Pfarrer vertreten. Zu ihnen zählte der stellvertretende Vorsitzende des SyrW-Vorstandes, der Herforder Superintendent Friedrich Niemann[1375] und Johannes Schliengensiepen, der Ausbildungsreferent des rheinischen Bruderrates war. Enge Kontakte bestanden zum westfälischen Präses D. Karl Koch[1376], zum Leiter der bekenntniskirchlichen Kandidatengemeinschaft Westfalens, dem Mitglied des westfälischen Bruderrats und Dozenten in Bethel, Pfarrer D. Georg Merz, zum späteren Präses der westfälischen Landeskirche, Pfr. Lic. Thimme, zu Professor Dr. Hans-Joachim Iwand, dem Leiter des BK-Sammelvikariats in Dortmund und zum BK-Pfarrer Cyrus in Bad Oeynhausen. Der Kurator und ostfriesische Superintendent Georg Friedrich Schaaf zählte in der Hannoverschen Landeskirche früh zu den Kritikern des Dritten Reiches und schloss sich der Hannoverschen Bekenntnisgemeinschaft an.[1377] Das Syrische Waisenhaus besaß in den BK-Kreisen einen guten Ruf. Anders wäre es kaum zu erklären, dass Iwand, Koch, Thimme, Merz und Cyrus dem SyrW-Vorstand den BK-Vikar Wolfgang Rausch für einen

---

Katterfelds Urteil m.E. den insgesamt wesentlich ambivalenteren Kurs des Syrischen Waisenhauses gegenüber dem Dritten Reich.

[1374] Vgl. A. Katterfeld, D. Ludwig Schneller, 150 f.

[1375] F. Niemann gehörte 1933 der Gruppe „Evangelium und Kirche" an und wurde in den Provinzialkirchenrat Westfalen gewählt.

[1376] D. Karl Koch wurde 1933 schnell zum Sprecher der innerkirchlichen Opposition gegen Reichsbischof Müller und DC-Führer Hossenfelder. Bei der Wahl zu den preußischen Provinzialsynoden erreichte Kochs' Fraktion *Evangelium und Kirche* in der Westfälischen Synode als reichsweit einzige BK-Gruppierung eine 80:60 Mehrheit gegenüber den DC. Koch wurde einstimmig als Präses wiedergewählt, gehörte am 24.11.1933 zusammen mit M. Niemöller, G. Strathwerth, Meiser, Wurm und Marahrens zu den Begründern der *Bekenntnisfront* in Preußen und zu den führenden Köpfen des *Pfarrernotbundes*. Er war deshalb prädestiniert, im Mai 1934 als Präses die erste Reichsbekenntnissynode in Barmen zu eröffnen. Vgl. dazu K. Scholder, *Die Kirchen und das Dritte Reich* I, 662, 668–670, 799–802 sowie II, 110 ff. sowie 179–248 zu Barmen.

[1377] Vgl. G. Lindemann, „*Typisch jüdisch". Die Stellung der Ev.-Luth. Landeskirche Hannovers zu Antijudaismus, Judenfeindschaft und Antisemitismus 1919–1949*, Berlin 1998, 230–232. Zu Schaaf vgl. dort auch 36, 49, 207, 239. Als Vorsitzender des Landeskirchenausschusses war Schaaf das einzige Mitglied der Kirchenleitung, das die anfängliche Euphorie für die neue Regierung nicht teilte und in Hitler einen Diktator sah. Er beugte sich aber dem Wunsch der NS-Regierung, dass die Kirchen am Aufbau des neuen Staates mitarbeiten sollten

einjährigen Kandidatendienst nachdrücklich empfahlen.[1378] Auch das Gratulations-
schreiben des rheinischen Bruderrates zu Ludwig Schnellers 80. Geburtstag 1938
belegt den guten Ruf der Missionsanstalt und ihres Leiters in den Kreisen der Bekennenden Kirche.[1379] Ein Jahr später bestärkten die Oldenburger Bekenntnissynode
und der bayerische Bischof Meiser den SyrW-Vorstand beim noch zu erwähnenden
Anschluss an die Baseler Mission.[1380] Das jahrzehntelange vertrauensvolle Verhältnis zwischen L. Schneller und dem württembergischen Landesbischof D. Theophil
Wurm, als Sohn eines theologischen Lehrers am Baseler Missionshaus eng mit der
Mission verbunden, führte schließlich dazu, dass sich L. Schneller an Wurms *Kirchlichem Einigungswerk* beteiligte.[1381]

Bei der Rekrutierung des theologischen Nachwuchses bevorzugte das Syrische
Waisenhaus BK-nahe Vikare und Pfarrer aus den ihr besonders verbundenen Landeskirchen. Eine gleichzeitige Mitgliedschaft der Kandidaten in der SA oder NSDAP
war kein Hindernis. Sie schien sogar Vorteile für den Verkehr mit den staatlichen Behörden gehabt zu haben. Die Grenzen der Personalpolitik wurden im Fall des Religiösen Sozialisten Heinz Kappes deutlich. Trotz persönlicher Sympathie für Kappes
lehnte das Syrische Waisenhaus seine Bitte nach Übernahme in den Mitarbeiterstab
ab. Einen Konfrontationskurs mit einer Landeskirche oder gar dem NS-Staat wollte
beziehungsweise konnte sich die Heimatzentrale nicht erlauben.[1382]

[1378] Wolfgang Rausch, am 18. Mai 1913 in Essen als Sohn eines 1918 an der Westfront gefallenen Di-
visionspfarrers geboren, hatte in Tübingen, Bonn und Münster studiert. Die Theologie Karl Barths
hatte ihn besonders geprägt, weshalb er nach dem I. Examen im Herbst 1936 das Vikariat unter der
Ägide des westfälischen Bruderrats – mit den Stationen Bad Oeynhausen (bei Koch), Dortmund
(Sammelvikariat bei Iwand) und schließlich Soest – absolvierte. Iwand hatte ihn auf das Syrische Waisenhaus aufmerksam gemacht. Rausch wurde von Niemann, der auf Wunsch des SyrW-
Vorstands einen westfälischen Vikar suchte, wegen seines Arbeitsethos, seiner Bildung sowie seines frühen Eintretens für die BK im Kirchenkampf empfohlen. Da jedoch Rauschs Vorgänger in
Jerusalem, Vikar Martin, 1938 auf eigenen Wunsch seinen Aufenthalt um ein Jahr verlängerte,
dürfte Rausch gar nicht entsandt worden sein. Ob er in anderer Funktion im Syrischen Waisenhaus eingesetzt wurde, geht aus den Akten nicht eindeutig hervor. Vgl. LKA Stuttgart K 8/17 und
K8/135.
[1379] Vgl. LKA Stuttgart K 8/24.
[1380] Vgl. das Protokoll der SyrW-Vorstandssitzung Nr. 241 – 20.1.1939, LKA Stuttgart K8/9.
[1381] Vgl. die Ausführungen in seiner Autobiographie Th. Wurm, *Erinnerungen aus meinem Leben,*
Stuttgart ²1953. In einem sehr persönlich gehaltenen Weihnachtsbrief hatte Wurm Schneller 1942
gebeten, sich im Rheinland verstärkt für die Bekennende Kirche einzusetzen. Zur Korrespondenz
Wurm - Schneller vgl. LKA Stuttgart K 8/168.
[1382] Vgl. das Schreiben L. Schnellers an den badischen Landesbischof Kühlewein vom 23.2.1934, LKA
Karlsruhe/PA Kappes. Schneller betonte, dass der Vorstand in keiner schriftlichen Verbindung mit
Kappes stehe. Der Kontakt sei vielmehr über Hermann Schneller in Jerusalem hergestellt worden,
der die genaueren kirchenpolitischen Zusammenhänge nicht kannte, Kappes als „christlich-sozial"
einschätzte und ihn deshalb empfahl, „zumal er bei unseren beschränkten finanziellen Verhältnissen
uns nicht so viel kosten würde." L. Schneller versprach, das Urteil des kirchlichen Dienstgerichts
„vertraulich" an H. Schneller weiterzugeben.

5.13 Versuche zur Gleichschaltung der Palästina-Missionen

5.13.1 Allgemeines

Abschließend soll das politische Verhalten der Schnellers in einen größeren Zusammenhang – nämlich in das Verhältnis der Missionsgesellschaften zum Dritten Reich – eingeordnet werden. Trotz einiger jüngerer Forschungsbeiträge gibt es zu diesem Thema noch immer viele ungeklärte Fragen.[1383]

Thomas Weiß und Werner Ustorf beurteilen das Verhältnis der Missionen zum NS-Staat nach deren Reaktion auf die Rassen- beziehungsweise Judenfrage, nach dem Verhältnis zur Volkstums-Ideologie und zur Nähe zur Ideologie der DC.[1384] Da die Palästinamissionen keine Stellungnahmen zu diesen Fragen veröffentlicht haben, kann hier nur auf die Frage eingegangen werden, wie sie auf die drohende kirchenpolitische Gleichschaltung reagierten.

Jochen-Christoph Kaiser hat gezeigt, dass es im Kontext der Inneren Mission beziehungsweise des Verbandsprotestantismus zwar Anpassungserscheinungen an das Dritte Reich, aber keinen Kirchenkampf im eigentlichen Sinne mit mittel- oder langfristigen Folgen gegeben hat. Diese Beobachtung lässt sich auf die Äußere Mission übertragen. In der Inneren und ebenso in der Äußeren Mission gab es eine anfängliche Unterstützung der von Reichsbischof Müller geführten Reichskirche sowie eine

---

[1383] Vgl. T. Ahrends, „Missionswissenschaft", in: *ThR* 65 (2000), 68. Zur Thematik vgl. überblicksartig T. Weiß, „Die deutschen evangelischen Missionen in der Zeit des Nationalsozialismus. Eine Bestandsaufnahme", in: *VF* 42 (1997), 1–19 sowie K. Poewe, „The Spell of National Socialism. The Berlin Mission's Opposition to, and Compromise with, the Völkisch Movement and National Socialism: Knak, Braun, Weichert", in: U. van der Heyde/J. Becher, *Mission und Gewalt*, 267–290; D. Bergen; „‚What God has put asunder let no man join together'. Overseas Missions and the German Christian View of Race, in: D.F. Tobler (Hg.), *Remembrance, Repentance, Reconciliation. The 25th Anniversary Volume of the Annual Scholars' Conference on the Holocaust and the Churches*, Lanham 1998, 5–17; W. Ustorf, *Sailing on the Next Tide. Missions, Missiology, and the Third Reich*, Frankfurt/Main – Bern 2000; ders., „The Documents that Reappeared. The Minute-Books of Council and Federation of German Protestant Mission 1924–1949", in: L. Price/J. Sepúlveda/G. Smith (Hgg.), *Mission Matters*, Frankfurt/Main – Berlin – Bern u.a. 1997, 63–82; ders., „‚Survival of the Fittest': German Protestant Missions, Nazism and Neocolonialism, 1933–1945", in: *Journal of Religion in Africa* XXVIII (1998), 93–114; J. Wesenick, „Die Entstehung des Deutschen Evangelischen Missionstages", in: K.D. Schmidt (Hg.), Zur Geschichte des Kirchenkampfes. Gesammelte Aufsätze I, Göttingen 1965, 258–324; A. Lehmann, „Die deutsche evangelische Mission in der Zeit des Kirchenkampfes", in: *Evangelische Missions-Zeitschrift* 31 (1974), 53–79; 105–128. Punktuell finden sich unterschiedlich aufschlussreiche Darstellungen zur Problematik in Einzel- oder Gesamtdarstellungen, vgl. z.B. G. Menzel, *Die Bethel-Mission. Aus 100 Jahren Missionsgeschichte*, Neukirchen-Vluyn 1986, Kapitel XII: „Die Bethel-Mission während des Dritten Reiches", 347–387 und Kapitel XIII: „Die Bethel-Mission im Zweiten Weltkrieg", 388–414; W. Oehler, *Geschichte der Deutschen Evangelischen Mission* Band 2: Reife und Bewährung der deutschen evangelischen Mission 1885–1950, Baden-Baden 1951, 307–311, 429–445 und F. Foerster, *Mission im Heiligen Land*, 170–190.

[1384] Vgl. T. Weiß, „Die deutschen evangelischen Missionen", 7 f. und W. Ustorf, „The Documents that Reappeared", 66. Zu den Deutschen Christen im Allgemeinen – allerdings praktisch ohne Bezug zu den Missionsgesellschaften – vgl. D. Bergen, *Twisted Cross. The German Christian Movement in the Third Reich*, Chapell Hill – London 1996 und klassisch: K. Meier, *Die Deutschen Christen. Das Bild einer Bewegung im Kirchenkampf des Dritten Reiches*. Göttingen - Halle/Saale ³1967.

Begeisterung für das Dritte Reich, „von dem irrigerweise die (Re-)Christianisierung der innerlich und äußerlich geeinten Nation" erhofft wurde.[1385] Die Mehrheit der leitenden Vereinsgeistlichen der Inneren Mission erkannte jedoch frühzeitig, dass die Fortführung des Kirchenkampfes in den diakonischen Sektor ihren Institutionen nur schaden würde. Mit Hilfe eines Neutralitätskurses sollten die Einrichtungen am Leben erhalten werden. Zugespitzt formuliert Kaiser, „dass die Verbandsintegrität Vorrang besaß vor der Teilnahme am Kirchenstreit." [1386]

Eine nicht unwichtige Rolle spielte für die Innere und die Äußere Mission die traditionelle Distanz des relativ unabhängigen Verbandsprotestantismus zur verfassten Kirche.[1387] Folglich besaß die *Missionsgesellschaft* Priorität im Denken des Missionars – die *Kirche* war dagegen ein sekundäres Phänomen. Das gilt auch für den Jerusalemsverein und das Syrische Waisenhaus.[1388] Der Erhalt der wirtschaftlichen und organisatorischen Basis, der inneren und äußeren Handlungsfreiheit waren auch in den religionspolitischen Auseinandersetzungen der NS-Zeit ihr vorrangiges Ziel, weshalb die Vereinsvorstände auch gewisse Kompromisse einzugehen bereit waren, insgesamt aber einen Neutralitätskurs einschlugen. Auffälligerweise standen in den Reihen beider Vorstände BK-Vertreter, aber auch engagierte Nazis. In den religionspolitischen Auseinandersetzungen der 1930er Jahre spielten die Palästinamissionen nur eine Nebenrolle.[1389] Das galt aber auch für die größeren Missionsgesellschaften. In einem politischen System, das seine Ideologie mit missionarischem Eifer vertrat, war grundsätzlich wenig Platz für konfessionelle Missionsgesellschaften. Idealistisches Engagement wurde im eigenen Land und nicht in Übersee erwartet.

5.13.2 Die Gründung des Deutschen Evangelischen Missionstages

Nach der Machtergreifung Hitlers versuchten die Deutschen Christen nicht nur die Kirchen, sondern auch die Missionen gleichzuschalten. Sie sollten 1933 unter einem direkt dem Reichsbischof unterstellten *Kommissar für die Heidenmission* in die Deutsche Evangelische Kirche eingegliedert werden. Dieser Versuch scheiterte deshalb, weil die Missionen einen massiven Widerstand gegen diese Maßnahmen an den Tag legten. Die traditionelle Distanz der Missionen zur verfassten Kirche verstärkte sich durch die forcierten Verkirchlichungsmaßnahmen sogar.

[1385] Vgl. J.-Chr. Kaiser, *Sozialer Protestantismus im 20. Jahrhundert. Beiträge zur Geschichte der Inneren Mission 1914–1945,* München 1989, 451.

[1386] Ebd.

[1387] Vgl. S. Neill, *Geschichte der christlichen Mission,* hg. und ergänzt von N-P. Moritzen, Erlangen 1974, 326. Die Missionare wurden in eigenen Seminaren ausgebildet, von den Missionen entsandt und ordiniert - und zwar nicht als Pfarrer, sondern als Missionar. In den Landeskirchen besaß die Ordination deshalb meist keine Gültigkeit. Der Missionar war mentalitätsgeschichtlich, wie es S. Neill, ebd., ausdrückt, „Angestellter eines großen Konzerns in Europa, von dessen Direktionen abhängig, auf dessen finanzielle Unterstützung angewiesen und ihm allein verantwortlich, ohne direkte Abhängigkeit oder Verantwortlichkeit irgendeiner kirchlichen Körperschaft gegenüber."

[1388] Vgl. F. Foerster, *Mission im Heiligen Land,* 47 f.

[1389] Vgl. T. Weiß, „Die deutschen evangelischen Missionen", 6 f.

Am 20. Oktober 1933 wurde dennoch in Barmen der *Deutsche Evangelische Missionstag* (DEMT)[1390] gegründet, der die Interessen der Missionen gegenüber der Reichskirche und den Landeskirchen vertrat. In Barmen war der SyrW-Vorstand durch Superintendent Niemann, Dr. Johannsen und Ludwig Schneller, der Jerusalemsverein durch Oberkonsistorialrat Friedrich Jeremias vertreten.[1391]

Der DEMT und sein Exekutivorgan, der *Deutsche Evangelische Missionsrat* (DEMR) traten an die Stelle des *Deutschen Evangelischen Missionsbundes* und dessen Leitungsgremium, den *Deutschen Evangelischen Missionsausschuss*.[1392] Schon die Terminologie verweist auf die ähnlichen Entwicklungen in der verfassten Kirche.

Der DEMT lehnte die Übernahme des Arierparagraphen innerhalb der Äußeren Mission ab,[1393] stellte sich 1934 mit der Schrift *Ein Wort der deutschen evangelischen Mission zur gegenwärtigen Stunde* auf die Seite der Bekennenden Kirche, blieb aber in der theologischen Rezeption der *Barmer Erklärung* uneindeutig.[1394] Der DEMT konnte sich auch nicht durchringen, der Bekennenden Kirche offiziell beizutreten.[1395] Auch wenn bis 1934 zahlreiche Deutsche Christen aus den Missionsvorständen herausgedrängt wurden, schlugen DEMT und DEMR einen kirchenpolitischen Mittelweg ein, um eine Spaltung der Missionsbewegung und die Abtrennung von landeskirchlichen Spenden zu vermeiden.[1396]

Große Missionsgesellschaften wie die Rheinische, die Baseler Gossner und die Bethel-Mission standen der Bekennenden Kirche nahe.[1397] Das galt auch für das Syrische Waisenhaus und abgeschwächter für den Jerusalemsverein.

Gleichwohl begrüßten viele Missionsführer den Aufstieg Hitlers und bemühten sich darum, um internationale Sympathien für das Dritte Reich zu werben.[1398] Der

[1390] J. Wesenick, „Die Entstehung des Deutschen Evangelischen Missionstages", 258–324.

[1391] Vgl. das Protokoll der SyrW-Vorstandssitzung Nr. 210 – 29.11.1933, LKA Stuttgart K 8/8 und F. Foerster, *Mission im Heiligen Land*, 170 ff.

[1392] Ebd., 258. W. Ustorf, „The Documents that Reappeared", 64. 1885 entstand der Missionsausschuss, der die Mission beim neu geschaffenen Kolonialamt vertreten sollte. Die Vorsitzenden des Missionsausschusses waren von 1890–1915 Th. Oehler (Baseler Mission), 1915–1924 Bischof Henning (Herrnhut), 1924–1946 M. Schlunk – erst als Vorsitzender des Missionsausschusses, dann des Missionsrates. 1922 wurde in Bethel der DEMB gegründet.

[1393] Vgl. W. Ustorf, „The Documents that Reappeared", 72 und J. Wesenick, „Die Entstehung des Deutschen Evangelischen Missionstages", 301.

[1394] So T. Weiß, „Die deutschen evangelischen Missionen", 12 f.

[1395] Vgl. auch J.-Chr. Kaiser, „Die Arbeitsgemeinschaft der diakonischen und missionarischen Werke und Verbände 1934/35", in: *JfWK* 80 (1987), 197–205.

[1396] W. Ustorf, „The Documents that Reappeared", 73. A. Lehmann, „Die deutsche evangelische Mission in der Zeit des Kirchenkampfes", 111 hat 1974 die These aufgestellt, dass die Mission „als Ganze [...] in oder doch bei der Bekennenden Kirche" gestanden habe, um dann hinzuzusetzen „und da gehörte sie hin." Dass sie da hingehörte, mag aus vielen Gründen wünschenswert und nahe liegend sein. Es ist auch nicht zu bezweifeln, dass die Mehrheit der Missionen der BK nahe stand. Gleichwohl dürfte das Urteil insgesamt differenzierter ausfallen.

[1397] Vgl. W. Ustorf, „The Documents that Reappeared", 70 und G. Menzel, *Die Bethel-Mission*, 360–370.

[1398] Vgl. T. Weiß, „Die deutschen evangelischen Missionen", 7 f., A. Lehmann, „Die deutsche evangelische Mission in der Zeit des Kirchenkampfes", 55–61 und W. Ustorf, "The Documents that Reappeared", 70. Auffällig ist – der Situation in der Inneren Mission nicht unähnlich -, dass führende Missionsvertreter wie die Missionsinspektoren H. Drießler (Rheinische Mission), E. Reinke

Missionsdirektor der Berliner Mission, Siegfried Knak, profilierte sich im Dritten Reich durch seine völkisch-nationalistische Einstellung,[1399] gehörte aber gleichzeitig der Bekennenden Kirche an. In dem von ihm für die Berliner Mission ausgearbeiteten *Wort der Mission zur Rassenfrage*[1400] schrieb er, dass die Mission nicht Gleichheit aller Rassen und Völker predige. Sie ziele deshalb auf die Gründung von Volkskirchen, weil die Unterschiede von Völkern und Rassen dem göttlichen Willen entsprächen. Im Blick auf die Judenfrage nahm Knaks Papier klassische Stereotype des religiösen Antisemitismus auf. Gerade am Beispiel Knaks exemplifiziert Ustorf seine These von der Selbstnazifierung führender Köpfe der deutschen Missionswissenschaft.[1401] Diese Anfälligkeit resultierte aus einem Konzept von Volksmission, das eng mit der Volksnomos-Theologie verbunden war.[1402] Diese volkstumstheologische Ausrichtung der Missionswissenschaft wurde nach dem Zweiten Weltkrieg einer eingehenden Kritik durch den holländischen Theologen Johannes Christian Hoekendijk unterzogen.[1403]

1933 war für Knak der *Kairos* für einen neuen religiösen Aufbruch in Deutschland. Diese missionswissenschaftliche Volkstumstheologie entsprach auch dem Selbstverständnis des JV-Missionsleiters in Bethlehem, G. Jentzsch. Dass der Nationalsozialismus nach Knaks Ansicht missionstheologisch vertieft werden müsse und eine Glaubensgemeinschaft höher zu bewerten sei als eine reine Volksgemeinschaft, brachte ihm die Kritik der Nazis ein. Sein *Wort zur Rassenfrage* wurde konfisziert und verboten.

Die Gleichschaltungsbemühungen der Deutschen Christen trafen einen wunden Punkt der gesamten evangelischen Missionslandschaft: Bei seiner Gründung 1933 umfasste der DEMT 27 ordentliche und fünf außerordentliche Mitglieder. Das be-

---

(Norddeutsche Mission) und L. Weichert (Berliner Mission) zunächst den Deutschen Christen angehörten – Drießler und Weichert sogar als Mitglieder der DC-Reichsleitung -, sich aber ab 1934 von dieser Richtung distanzierten. Auch der Hamburger Missionswissenschaftler W. Freytag besaß enge Bande zu den DC, wollte gar eine Fakultät nur mit DC-Professoren gründen. Die Neuendettelsauer Mission knüpfte derart enge Bande zu den Deutschen Christen, dass ihre Missionskandidaten kollektiv der SA beitraten.

[1399] Vgl. zu Knak z.B. K. Poewe, „The Spell of National Socialism", 269–274, zur Mitgliedschaft in der BK bes. 271.

[1400] S. Knak, „Ein Wort der Mission zur Rassenfrage", in: *Berliner Missionsberichte* 9 (1935), 157–159 und *NAMZ* 13 (1936), 36–39. nach T. Weiß, „Die deutschen evangelischen Missionen", 9 hat der DEMR Knaks Stellungnahme 1936 zugestimmt.

[1401] Vgl. z.B. W. Ustorf, *Sailing on Next Tide*, 133 f., 164 ff., 170 ff., 179 ff. Vgl. auch S. Knak „Mission und Kirche im Dritten Reich", in: J. Richter (Hg.), *Die Deutsche evangelische Weltmission in Wort und Bild. Mit farbigem Titelbild, 153 Bildern und 4 Zeichnungen*, Nürnberg 1939, 254–258.

[1402] Vgl. W. Tilgner, *Volksnomostheologie und Schöpfungsglaube*, Göttingen 1966. Auch die religionspolitische Beeinflussung der Auslandsdeutschen geschah mit Hilfe einer Volkstumstheologie. Vgl. R. Löffler, „Protestantismus und Auslandsdeutschtum in der Weimarer Republik und dem Dritten Reich. Zur Entwicklung von Deutschtumspflege und Volkstumstheologie in Deutschland und den deutschen-evangelischen Auslandsgemeinden unter besonderer Berücksichtigung des ‚Jahrbuchs für Auslandsdeutschtum und Evangelische Kirche' (1932–1940)", in: M. Geyer/H. Lehmann (Hgg.), *Religion und Nation. Beiträge zu einer unbewältigten Geschichte*, Göttingen 2004, 289–335, bes. 320–322.

[1403] Vgl. J.Chr. Hoekendijk, *Kirche und Volk in der deutschen Missionswissenschaft*, München 1967 sowie die Ausführungen in W. Ustorf, *Sailing on the next tide,* 15–24.

deutete, dass es unzählige Parallelstrukturen in der Heimatarbeit und auch in Übersee gab. In einem streng vertraulichen Memorandum aus dem Jahre 1933 kritisierte der angesehene Berliner Missionswissenschaftler Julius Richter, dass „die Missionskraft des Protestantismus [...] in lauter kleinen, ungeordneten Missiönchen zu zerflattern" drohe. Er regte „dringend die Verschmelzung mit nächstverwandten Gesellschaften" an.[1404] Richter wollte die Gesellschaften daran messen, ob sie wirklich einen Beitrag zur Verkündigung des Evangeliums in der nicht-christlichen Welt und zu Kirchengründungen leisteten. Im Blick auf die „verzettelten Anfänge der Mohammedaner-Mission in Palästina und Ägypten, die zum Teil in ihrer gegenwärtigen Form nicht lebensfähig zu seien scheinen" empfahl er dem Jerusalemsverein, dem Syrischen Waisenhaus, der Kaiserswerther Orientarbeit, der Evangelischen Karmelmission sowie der Wiesbadener Evangelischen Mohammedaner Mission „daheim und draußen zu einer Einheit" zu werden.[1405] Die Bündelung „kleiner Kräfte" könne der Missionstätigkeit unter den Muslimen neue Impulse verleihen. Richters Vorschläge lösten eine intensive Diskussion aus, ohne jedoch zu konkreten Ergebnissen zu führen.[1406]

1933 sah der SyrW-Vorstand zwar den Sinn von Kooperationen, lehnte aber die Forderung entschieden ab, seine Arbeit an eine größere Missionsorganisation anzuschließen.[1407] Eine – wie von den Deutschen Christen geforderte – Selbstauflösung stand für den Vorstand außerhalb jeder Diskussion, ebenso die von den DC geplanten Eingriffsrechte der Reichskirche in die Geschäfte der Missionen.

5.13.3 Das *Christliche Orientwerk*

Bei einer Tagung vom 19. bis 20.9.1933 in Heidelberg gründeten einige kleinere, im Orient tätige Missionsgesellschaften eine Arbeitsgemeinschaft, die sie das *Christliche Orientwerk* nannten.[1408] Zu seinen Mitgliedern gehörten der Jerusalemsverein, die Dr. Lepsius Deutsche Orient-Mission, der Deutsche Hilfsbund für christliches Liebeswerk im Orient, die Evangelische Muhammedaner Mission und die Christliche Blindenmission.[1409] Das *Christliche Orientwerk* wurde ordentliches Mitglied des DEMT und war auch im DEMR mit einer Stimme vertreten. Die in Haifa aktive Evangelische Karmelmission,[1410] der SyrW-Verein und die Orientarbeit der Kaiserswerther Diakonissenanstalt beschlossen, dem Christlichen Orientwerk nicht, wohl

---

[1404] J. Richters Gutachten ist abgedruckt im Dokumentenanhang zu J. Wesenick, „Die Entstehung des Deutschen Evangelischen Missionstages", 311–316, hier: 313.

[1405] Ebd., 316.

[1406] Vgl. J. Wesenick, „Die Entstehung des Deutschen Evangelischen Missionstages", 278–283 und R. Löffler, Art. „Palästinawerk", in: *RGG*⁴ 6 (2003), 834.

[1407] Vgl. die Protokolle der SyrW-Vorstandssitzung Nr. 209 – 6.9.1933 und Nr. 210 – 29.11.1933, LKA Stuttgart K 8/8.

[1408] Auch auf anderen Gebieten bildeten sich ähnliche Kooperationsgremien vgl. J.-Chr. Kaiser, „Die Arbeitsgemeinschaft der diakonischen und missionarischen Werke und Verbände 1934/35", in: *JWKG* 80 (1987), 197–205.

[1409] Vgl. BArchBerlin R 5101/23108.

[1410] Vgl. *Palästina. Mitteilungen aus der Evangelischen Karmelmission* 21. Jg., Heft 6 (1933), 122.

aber dem DEMT als ordentliche Mitglieder beizutreten.[1411] Der SyrW-Vorstand meinte, dass die Konzentration des Orientwerkes auf die Mohammedanermission nicht mit seinen Zielen konform gehe. Die regionalen Schwerpunkte der anderen Orientmissionen (Sudan, Armenien, Persien) würden keine Kooperation zulassen. Dagegen beschloss der Vorstand, sich der Baseler Mission aus historischen, theologischen und politischen Gründen zu unterstellen, auch weil die neutrale Schweiz „den kirchlichen Wirren in Deutschland [...] ganz entnommen" zu sein schien.[1412] Allerdings wurden diese Pläne nie wirklich umgesetzt, waren also eher strategischer Natur.[1413] Erst kurz vor Kriegsausbruch schloss sich der SyrW-Verein dem deutschen Zweig der Baseler Mission an. Allerdings beschlossen Hartenstein und Schneller 1933, dass der Anschluss allein aus strategischen Gründen geschehe. Basel wurde nur pro forma das *Schutzdach* der kleinen Palästinamission, übernahm keine Verpflichtungen und überließ dem SyrW-Vorstand seine Eigenständigkeit.[1414]

Das Fehlen der genannten drei Missionen schwächte das Christliche Orientwerk. So konnte es nicht wie der vier Frauenmissionen umfassende Frauenmissionsring[1415] zum Modell einer Kooperation kleiner Missionen werden.[1416] Die im Christlichen Orientwerk vereinigten Missionen lehnten einen Eingriff der Reichskirche ab und leisteten so einen Beitrag gegen die DC-Gleichschaltungspläne.[1417] Dies scheint der Hauptzweck des Zusammenschlusses gewesen zu sein, denn in der Forschungsliteratur finden sich praktisch keine Hinweise zur Tätigkeit des Christlichen Orientwerkes nach 1933/34.

5.13.4 Devisenprobleme

Das Jahr 1933 brachte den Missionen im Allgemeinen zunächst einen weniger tiefen Einschnitt als die Wirtschaftskrise von 1929/30.[1418] Die Rezession und die hohe Arbeitslosigkeit ließen das Spendenaufkommen, die wichtigste Einnahmequelle der Gesellschaften, um über 30 % sinken. Die Anstalten in Übersee waren gefährdet, Er-

---

[1411] Zum Beschluß des SyrW-Vorstands, der auch die Entscheidung von Kaiserswerth erwähnt, vgl. das Sitzungsprotokoll der SyrW-Vorstandssitzung Nr. 210 – 29.11.1933, LKA Stuttgart K8/8.
[1412] Ebd.
[1413] Vgl. das Protokoll der SyrW-Vorstandssitzung Nr. 212 – 11.4.1934, LKA Stuttgart K 8/8: „D. Warneck, Direktor der Rheinischen Mission in Barmen, teilt mit, dass die drohende Gleichschaltung der deutschen Missionsgesellschaften vorläufig nicht angerührt werden soll. Wir hoffen, dass wir auch fernerhin verschont bleiben."
[1414] Vgl. das Sitzungsprotokoll der SyrW-Vorstandssitzung Nr. 210 – 29.11.1933, LKA Stuttgart K8/8.
[1415] Dazu zählten das *Bibelhaus Malche*, der *Deutscher Frauen-Missions-Gebetsbund*, die *Shekki-Blindenmission* und der *Deutsche Bund der Mädchen-Bibel-Kreise*. 1934 trat auch die *Arbeitsgemeinschaft für das Bibelstudium* bei. Der Frauenmissionsring umfasste aber keineswegs alle Frauenmissionen im DEMT. Selbständige Mitglieder waren – wie schon erwähnt – Kaiserswerth sowie der *Frauenverein für christliche Bildung des weiblichen Geschlechts im Morgenlande* und der Berliner *Frauen-Missionsbund*.
[1416] Dass J. Wesenick, „Die Entstehung des Deutschen Evangelischen Missionstages", 301 aus der Gründung gleich auf die Zentralisierung der Verwaltung und der Überseearbeit schließt, ist eine Überinterpretation. Dazu ist es nie gekommen.
[1417] Vgl. J. Wesenick, „Die Entstehung des Deutschen Evangelischen Missionstages", 296.
[1418] So das Urteil W. Oehlers, *Geschichte der Deutschen Evangelischen Mission* Bd. 2, 307.

weiterungsprojekte mussten eingefroren werden, die Aussendung neuer Mitarbeiter vertagt, Personal in der Heimatverwaltung in den Missionsstationen abgebaut werden. Missionsinspektoren kehrten in den Pfarrdienst zurück, überregionale Tagungen wurden abgesagt. Dieser Trend setzte sich bis 1933 fort. Es war das finanziell schwerste Jahr für die Missionsgesellschaften in der Zwischenkriegszeit.[1419]

Die Situation wurde im Frühjahr 1933 durch eine Devisenbestimmung zusätzlich belastet, nach der für das Ausland bestimmte Gelder nur über eine Devisenbewirtschaftungsstelle transferiert werden durften. Am 3. Juli 1933 trat ein Gesetz in Kraft, das alle allgemeinen und kirchlichen Sammlungen außerhalb der Kirchen untersagte. Im neugegründeten Winterhilfswerk sollte das gesamte soziale Engagement zentralisiert, die Konkurrenz ausgetrocknet werden. Davon waren sowohl die Innere wie die Äußere Mission betroffen. Der Berliner Missionsinspektor, Ludwig Weichert,[1420] erreichte jedoch, dass Missionsveranstaltungen in Kirchen und Gemeindehäusern nicht verboten wurden und Sammlungen für die Äußere Mission eine Ausnahmegenehmigung erhielten, aber im Gegenzug für das Winterhilfswerk Werbung machen mussten.[1421] Durch die Winterhilfswerkssammlungen ging das Spendenaufkommen für die Missionen zurück.[1422] Sogar in Jerusalem sammelten die deutschen evangelischen Gemeinden für die NSV, und die Erlöserkirche erhielt aus dieser Quelle – sehr zum Ärger der Templer – sogar einige Zuschüsse.

Ab 1934 wurden vom Reichsinnenministerium schärfere Bestimmungen erlassen, die das Spendensammeln auf den festen Kreis der *Mitglieder* der Missionsgesellschaften begrenzte.[1423] In den späten 1930er Jahren genehmigte der Staat nur noch kurzfristige Sammlungen und beanspruchte 20 % der Spenden für die NSV. Der berüchtigte Kollektenerlass von 1937 untersagte alle Sammlungen, die nicht auf dem staatlich abgesegneten Kollektenplan standen. Mit Kriegsbeginn wurde das Spendensammeln weiter eingeschränkt. Insgesamt machte sich Unsicherheit über die sich verändernde Rechtslage breit, was allgemein zu einem Rückgang der Spenden führte.

Im Laufe der 1930er Jahre bereiteten die verschärften Devisenausfuhrbestimmungen den Missionen immer größere Sorgen. Am 29.08.1934 gründeten die Missionen eine zentrale Devisenbeschaffungsstelle unter der Leitung des Berliner Missionsdirektors Siegfried Knak.[1424] Durch die Zentralisierung gelang es den Missionen, ein Minimum an Devisen zu organisieren, die nach dem Willen des Staates aber nur für die Gehälter der Missionare und die Instandsetzung der Missionsgebäude verwendet werden durften. Pro Monat wurde allen deutschen Missionen zusammen 172.500 RM Devisen zugeteilt. Im Gegenzug mussten die Missionsge-

---

[1419] Vgl. W. Oehler, *Geschichte der Deutschen Evangelischen Mission* Bd. 2, 308 und F. Foerster, *Mission im Heiligen Land*, 173 f. und 212 f.

[1420] Zu Weichert vgl. K. Poewe, „The Spell of National Socialism", 277–283.

[1421] Vgl. J. Wesenick, „Die Entstehung des Deutschen Evangelischen Missionstages", 263.

[1422] Vgl. das Protokoll der SyrW-Vorstandssitzung Nr. 216 – 23.1.1935, LKA Stuttgart K8/8.

[1423] Die Bethel-Mission reagierte auf diese Regelung, indem sie jedem Spender einen Mitgliederausweis gab. Vgl. G. Menzel, *Die Bethel-Mission*, 384 und F. Foerster, *Mission im Heiligen Land*, 174 f.

[1424] Vgl. G. Menzel, *Die Bethel-Mission*, 377.

sellschaften ihren kulturpolischen Wert für das Deutsche Reich nachweisen. Zusätzliche Hilfe kam vom *Internationalen Missionsrat*, der einen Notfonds gründete, aus dem den deutschen Missionen Darlehen zur Verfügung gestellt wurden.

Bei einer DEMT-Tagung im April 1934 in Neuendettelsau, bei der das SyrW durch Pfarrer Niemann vertreten war,[1425] wurden die zentrale Devisenbeschaffungsstelle des DEMT weiter professionalisiert sowie die Zusammenarbeit zwischen den Gesellschaften mit dem gleichen *Hinterland* intensiviert. So koordinierten die Rheinische und die Bethel-Mission ihre Heimataktivitäten im Westen, Herrnhut und Basel im Süden des Deutschen Reiches.[1426]

1939 entzog die NS-Regierung schließlich allen Missionsgesellschaften, die sich nicht für *deutsche Volksgenossen* engagierten, die Gemeinnützigkeit. Ein weiteres Problem bestand in den Zensurbestimmungen des Dritten Reichs. Alle kirchlichen und missionarischen Zeitschriften, die in mehr als drei Ausgaben jährlich und mit einer Auflage von mehr als 500 Exemplaren erschienen, wurden als politisch eingestuft. Ab 1936 wurden die Schriftleiter in der Berufsliste der Reichsschrifttumskammer registriert und die Zeitschriften kontrolliert. Auf Druck der Nazis musste der *Bote aus Zion* 1938, um nicht als zionistische Publikation betrachtet zu werden, seinen Namen ändern und hieß nun *Im Lande Jesu*. 1941 wurde diese Publikation wie fast das gesamte andere christliche Schrifttum auch verboten. Der JV musste 1939 deutlich machen, dass er nichts mit „Emigranten, Zionisten, Juden" zu tun hatte und benannte sich in *Jerusalemsverein/Versorgung deutscher evangelischer Gemeinden und Arabermission in Palästina* um.[1427]

Betrachtet man unter diesen gesamtkirchlichen und -politischen Bedingungen das Verhalten des Syrischen Waisenhaus-Vorstandes, so wird der gewählte Mittelweg verständlicher. Der unmittelbaren Existenzbedrohung durch die Gleichschaltungspolitik und dem religionspolitischen Druck des NS-Regimes war aus Sicht des SyrW-Vorstandes nicht durch einen Konfrontationskurs, sondern durch diesen Mittelweg beizukommen. Der SyrW-Vorstand verhinderte eine Gleichschaltung und suchte sich mit der Baseler Mission einen starken Partner in der neutralen Schweiz. Eine ähnliche Strategie hatten die Schnellers ja auch auf dem Gebiet des Finanztransfers angewandt. Auch wenn die Brüder Schneller in Jerusalem in der NSDAP mitarbeiteten, im Verkehr mit dem Auswärtigen Amt geschickt politische Camouflage betrieben und die kulturpolitische Bedeutung des Syrischen Waisenhauses herauszustellen verstanden, kooperierten sie in Deutschland eng mit der Bekennenden Kirche. Auch der Fall des Syrischen Waisenhauses zeigt, dass im Blick auf den Kirchenkampf ein Schwarz-Weiß-Denken der komplexen Realität nicht gerecht wird.

[1425] Vgl. das Sitzungsprotokoll der SyrW-Vorstandssitzung Nr. 217 – 20.3.35 und Nr. 218 – 22.5.35, LKA Stuttgart K8/8.

[1426] Bis 1934 gelang es dem Syrischen Waisenhaus mit Hilfe der DEMT-Devisenstelle dreimal, größere Summen nach Palästina zu transferieren. Dennoch achtete der SyrW-Vorstand peinlich darauf, sich nicht zu eng an den DEMT zu binden.

[1427] Vgl. F. Foerster, *Mission im Heiligen Land*, 180. Eine Eingruppierung als Judenmission hätte zu einem Verbot des JV geführt, wie J.-Chr. Kaiser, „Evangelische Judenmission im Dritten Reich", in: ders./M. Greschat (Hgg.), *Der Holocaust und die Protestanten. Analysen einer Verstrickung*, Frankfurt/Main 1988, 186–215 gezeigt hat.

5.14 Zusammenfassung

Als eine der innovativsten Berufs- und Ausbildungsstätten des Vorderen Orients hat das Syrische Waisenhaus einen bemerkenswerten Beitrag zur Modernisierung Palästinas im 19. und 20. Jahrhundert geleistet. Das Syrische Waisenhaus verstand sich als Missionsanstalt, ohne im eigentlichen Sinne Mission zu betreiben. Das trifft auch für die anderen Zweige der deutschen und englischen Palästina-Mission zu. Das Syrische Waisenhaus war vielmehr eine Bildungseinrichtung zur Förderung einer christlich-arabischen Mittelschicht, der dank ihrer westlichen Bildung ein sozialer Aufstieg gelang.

Der Modernisierungsbeitrag des Syrischen Waisenhauses war funktional-beruflich und religiös-karitativ. Da diese Modernisierungsimpulse – wie im folgenden Kapitel gezeigt wird – zur Bildung einer eigenständigen arabisch-evangelischen Nationalkirche führten, hat das Syrische Waisenhaus *indirekt* auch einen Beitrag zur Entstehung der palästinensischen Zivilgesellschaft geleistet. Auf dem Gebiet der politischen Modernisierung oder der betrieblichen Mitbestimmung haben die paternalistisch agierenden Schnellers keine Akzente gesetzt. Somit findet sich die Janusköpfigkeit der Moderne auch im Syrischen Waisenhaus.[1428]

Aufgrund der erstaunlich ähnlichen Struktur der Schnellerschen Anstalten und der Einrichtungen der Inneren Mission erhärtet sich die These, dass das Syrische Waisenhaus als Teil der Äußeren Mission eine Einrichtung der Inneren Mission im Ausland gewesen ist.

Nicht nur im Blick auf das karitative und pädagogische Angebot, sondern auch unter sozialpolitischen Gesichtspunkten gab es evidente Strukturparallelen zwischen den Anstalten der Inneren Mission in Deutschland und dem Syrischen Waisenhaus. Eine umfassende, chiliastisch motivierte Sozialreform, die sich auf eine christlich-erweckte Ethik stützte, sollte in Deutschland die Arbeiterschaft von einer Hinwendung zum Materialismus oder gar dem revolutionären Sozialismus abhalten und sie für die Kirche zurückgewinnen. Auch der Ansatz der Schnellers war sozialreformerisch und anti-revolutionär. Er bezog sich auf die *Erweckung* der arabischen Christenheit. Sowohl in der Heimat als auch in der deutschen Diaspora Jerusalems ging eine anti-modernistische Weltanschauung mit einer praktischen Rezeption der Errungenschaften der Moderne in den Bereichen Technik, Medizin und Bildung Hand in Hand.

Das Syrische Waisenhaus entwickelte sich parallel zu den Großanstalten des Sozialen Protestantismus in Deutschland. Dabei orientierten sich die Schnellers an den führenden Einrichtungen ihrer Zeit. Während die erste und zweite Generation von der wirkmächtigen Armen- und Rettungsanstalt in Beuggen geprägt war, orientierte sich die dritte Generation an der in Deutschland dann führenden Einrichtung, den von Bodelschwinghschen Anstalten in Bethel.

Auch Thomas K. Kuhns Thesen zur ambivalenten Haltung der Erweckungsbewegung gegenüber der Moderne lassen sich am Beispiel des Syrischen Waisenhauses

---

[1428] Vgl. D.J.K. Peukert, *Die Weimarer Republik. Krisenjahre der Klassischen Moderne*, Frankfurt/Main 1987, 268.

illustrieren. Die Jerusalemer Anstalten waren Teil eines erweckten Netzwerkes, das mit einem missionarisch-sozial-karitativen Großprojekt die Gesellschaft rechristianisieren, die Moderne bekämpfen und den Protestantismus von seiner gesellschaftlichen Marginalisierung befreien wollten. Das Instrument dieses Veränderungsprozesses waren die erweckten Rettungshäuser, in denen die Unterschicht für eine christliche Lebensführung zurückgewonnen werden sollte. Zur Bekämpfung der Moderne bediente sich die Erweckungsbewegung der Errungenschaften der Moderne. Sie leitete damit nolens volens mittelfristig ihre Ent-Eschatologisierung und langfristig eine Art Selbstsäkularisierung ein.

Diese pädagogisch-missionarische Grundhaltung wurde von Johann Ludwig Schneller nach Jerusalem übertragen. Der württembergische Pietist traf dort aber auf ganz andere Probleme: Eine frühindustrielle, aufklärerisch-modernistische Bedrohung gab es dort zwar nicht. Dafür fand er dort die Ostkirchen, deren Priester aus seiner Sicht ohne geistliche Kraft auftraten, die Liturgie ohne innere Bewegung repetierten und kaum Kenntnisse der Bibel besaßen.[1429] Der Orient war aus erweckter Sicht eine verschärfte Version der kirchlichen Verhältnisse in Europa. Allerdings begingen die erweckten Christen den Fehler, die Situation der Kirche und der Gesellschaft moralisch zu interpretieren und zu wenig die mentalitätsgeschichtlichen Zusammenhänge zu beachten.[1430] Ein kulturimperialistisches Überlegenheitsgefühl gegenüber den Arabern hat die Schneller-Familie, die natürlich einen Lern- und Adaptionsprozess durchlaufen hat, niemals völlig abgelegt.

Auffälligerweise passte schon Johann Ludwig Schneller sein Konzept nur punktuell an die Bedingungen des Orients an. Seine wesentlichen konzeptionellen Überzeugungen blieben unberührt. Allerdings entwickelte J.L. Schneller eine Zuneigung zu Land und Leuten, analysierte die Kultur und Mentalität, erlernte die arabische Sprache, ließ sich auf die neuen kulturellen, gesellschaftlichen und vor allem religionspolitischen Rahmenbedingungen ein. Seine Adaption an den gesellschaftlichen Kontext zeigte sich darin am deutlichsten, dass er die direkte Missionierung seiner Zöglinge aufgab.

Da Schneller die Arbeitsmoral der Araber gering schätzte, setzte sein sozialmissionarisches Engagement hier an. Er organisierte die Arbeit nach den Kriterien der Rationalität, der Effizienz und des ökonomischen Erfolgs. Das war ein dezidiert moderner Ansatz.

Damit wurde allerdings der Samen einer schleichenden Selbstsäkularisierung selbst ausgesät. Spittler, Zeller und auch Schneller setzten Religion in einem hohen Maße funktionalistisch und disziplinatorisch ein. Der Glaube wurde elementarisiert, diakonisiert und pädagogisiert. Diese Operationalisierbarkeit der Religion war für die Innere und Äußere Mission vorteilhaft, um (Waisen)Kinder aus der Unterschicht christlich zu erziehen.

Ein derartiges Modell funktionierte aber nur so lange, wie *erstens* diese Kinder in einem durch und durch erwecklich geprägten Milieu lebten und nicht in traditionelle,

---

[1429] Vgl. S. Hanselmann, *Deutsche evangelische Palästinamission*, 34–48.
[1430] Vgl. S. Akel, *Der Missionar und Pädagoge Johann Ludwig Schneller*, 14.

quasi un-erweckte Verhaltensmuster zurückfielen. Diese Problematik führte im Falle der SyrW-Zöglinge meist zur Rückkehr in ihre alte Kirche oder zu einem völligen Desinteresse am Christentum. *Zweitens* mussten die christlichen Einrichtungen eine exzeptionelle Bedeutung für das Individuum oder die Gesellschaft besitzen. Nahmen andere, nicht-konfessionell oder anders-konfessionell geprägte Einrichtungen, die nicht die gleiche religiöse und ethische Verbindlichkeit erwarteten, eine ähnliche gesellschaftliche Position ein, dann entstand eine Wahlmöglichkeit für Schüler und Mitarbeiter.

Systemtheoretisch lässt sich das Scheitern der Mission bei gleichzeitiger wirtschaftlicher Expansion so erklären, dass die anwendungsorientierten Programme wie die Ausbildung, die Arbeit der Werkstätten und der Farmen bemerkenswerte Innovationen für die Gesellschaft Palästinas bedeuteten.[1431] Diese Konzepte besaßen eine konfessions- und religionsübergreifende gesellschaftliche Attraktivität. Das Religionssystem erbrachte eine Leistung, die für das Gesamtsystem nützlich war. Die dahinter stehenden theologischen Gedanken waren aber schwer kommunizierbar.

Die bescheidenden missionarischen Erfolge des Syrischen Waisenhauses haben zwei Gründe[1432]:

Erstens waren die gewachsenen, sozial- und religionsgeschichtlich im Millet-System verankerten sozialen Konstellationen so stark, dass ein Übertritt zu einer anderen – im Falle des Protestantismus sogar für die Region neuen – Kirche fast unmöglich war.

Zweitens setzten die protestantischen Missionare in ihrem Drang zur Reform der Ostkirchen ein Bedürfnis nach einer spirituellen Erneuerung voraus, das in Palästina nur in einem sehr beschränkten Maße vorhanden war. Lediglich die SyrW-Konfirmationsstatistiken belegen einen gewissen Erfolg beim Abwerben von Gliedern der Ost-Kirchen für die arabische Hausgemeinde.

Die Ironie der Geschichte liegt also darin, dass die Anstalten der Erweckungsbewegung im In- und Ausland auf dem Gebiet der sozialen Dienstleistung erfolgreich waren, das eigentlich nur Mittel zum Zweck einer breiten Evangelisation der Bevölkerung sein sollte. Der Dienstleistungssektor verselbständigte sich, da der Bedarf an religiöser Sinnstiftung anscheinend abgedeckt war oder nicht beansprucht wurde.[1433]

Der Modernisierungsprozess im Lande und der Erfolg der eigenen Unternehmungen veränderte die Anstalten derart nachhaltig, dass die dritte Schneller-Generation die daraus entstandenen Veränderungsprozesse nicht mehr selbst beherrschen konnte. Die chiliastische Weltsicht und die charismatische Herrschaftsform des Gründers waren im 20. Jahrhundert verflogen. Ökonomische Fragen dominierten die Arbeit der Leitungsgremien, die missionarische Ausrichtung drohte – auch aus Mangel an

---

[1431] Ähnlich: S. Sturm, „Soziale Reformation: J.H. Wicherns Sozialtheologie als christentumspolitisches Programm", 68.

[1432] Zu einem ähnlichen Ergebnis kommen auch A.-R. Sinno, *Deutsche Interessen in Syrien und Palästina*, 305 und S. Akel, *Der Pädagoge und Missionar Johann Ludwig Schneller*, 5.

[1433] Ähnlich für die Innere Mission: J.-Chr. Kaiser, „Sozialer Protestantismus als kirchliche ‚Zweitstruktur': Entstehungskontext und Entwicklungslinien der Inneren Mission", 29.

überzeugten Christen unter den Mitarbeitern – verloren zu gehen. Zur Lösung dieser Probleme griffen die Schnellers auf Ressourcen in Deutschland zurück, rekrutierten Diakone aus Bethel oder Ludwigsburg – also eine Berufsgruppe, die es bisher im Syrischen Waisenhaus nicht gegeben hatte.

Die zu konstatierende schleichende Metamorphose des Syrischen Waisenhauses von einer karitativen Missionsanstalt zu einem sozialen Dienstleistungsunternehmen war im Vergleich mit den Anstalten der Inneren Mission also kein Sonderfall, sondern verweist auf ein Grundsatzproblem der Anstalten der Erweckungsbewegung insgesamt.

Das gilt auch für das politische Verhalten des Syrischen Waisenhauses im Dritten Reich. Der eingeschlagene Mittelweg zwischen Anpassung und Deviation findet sich bei vielen evangelischen Missionsgesellschaften oder auch bei Großeinrichtungen der Diakonie. Das Primärziel dieser Organisationen war der Erhalt der eigenen Einrichtungen. Deshalb wurde mit staatlichen und kirchlichen Behörden kooperiert, doch zugleich ein kirchenpolitischer Gleichschaltungsversuch abgeblockt, weil er einen massiven Eingriff in die Autonomie der eigenen Organisation bedeutet hätte. Theologische oder religionspolitische Fragen des Kirchenkampfes besaßen dagegen nur untergeordnete Bedeutung.

Die Schnellers perfektionierten dieses Changieren zwischen den Welten: In Jerusalem arbeiteten die Brüder H. und E. Schneller federführend in der NSDAP-Ortsgruppe mit, in Köln kooperierte die Heimatleitung mit der Bekennenden Kirche und den intakten Landeskirchen. Gemeinsam kultivierten die Leitungen im Inland und in Palästina die Kunst der Camouflage gegenüber dem Auswärtigen Amt. Bei der britischen Mandatsregierung hatte dieses Vorgehen nach dem Ausbruch des Zweiten Weltkrieges nur einen begrenzten Erfolg. Die Beschlagnahmung und Weiterführung durch ein englisches Komitee unter der Leitung des anglikanischen Bischofs und des *Custodian of Enemy Property* konnten die Schnellers nicht verhindern. Mit dem Zweiten Weltkrieg kam die Arbeit in Palästina schließlich an ihr Ende.

6 Nationale und konfessionelle Identitätsbildungsprozesse in den arabisch-lutherischen und arabisch-anglikanischen Gemeinden Palästinas

6.1 Vorüberlegungen

Nachdem in den vorangegangenen Kapiteln der Blick auf die religionspolitischen Positionen der Anglikaner und der deutschen Protestanten sowie die Transferleistungen des Sozialen Protestantismus gerichtet wurde, soll es im Folgenden nun um einen Vergleich des Selbständigwerdungsprozesses in den arabischen Missionsgemeinden lutherischen und anglikanischen Bekenntnisses gehen. Die Träger der Missionsarbeit waren auf deutscher Seite vor allem der Jerusalemsverein (JV), in Abstufung auch das Syrische Waisenhaus und auf anglikanischer Seite die *Church Missionary Society* (CMS). Ohne den Blick auf diese Gemeinden wäre das zu skizzierende Tableau des protestantischen Palästina-Milieus und seiner Mentalitätsgeschichte defizitär. Die Mission gehörte auch nach dem Ende des Bistums weiter zu den zentralen Anliegen der protestantischen Palästina-Aktivisten. Vor allem in der Mandatszeit entwickelte sich in den Missionsgemeinden ein starkes Bedürfnis nach Unabhängigkeit von den deutschen und englischen Missions- und Kirchenbehörden. Diese Forderungen stießen auf Widerstand, der in Deutschland stärker, in England schwächer ausfiel. Deshalb geht es nun darum, die Entwicklungsprozesse von den Missionsgemeinden hin zu Jungen Kirchen nachzuzeichnen, deren unterschiedliche Motivationslagen darzustellen und die Bedeutung der innerkirchlichen Debatten für die konfessionellen und nationalen Identitätsbildungsprozesse in den arabischen Gemeinden zu analysieren.

6.1.1 Identitäts-, Milieu- und Mentalitätstheorien

Es ist historisch nicht überraschend, dass der Wunsch nach eigenen arabisch-protestantischen Kirchengemeinden in einer Zeit entstand, in der es, um mit George Antonius zu sprechen, zum *Arab Awakening*, zum Erwachen des arabischen Nationalismus kam.[1434] Dieser Prozess begann bereits vor und während des Ersten Weltkriegs und verstärkte sich durch den arabisch-zionistischen Konflikt, der die Herausbildung eines eigenständigen palästinensischen Nationalbewusstseins katalysierte. Um diese Entwicklung deuten zu können, wird ein mehrdimensionaler Zu-

---

[1434] Vgl. G. Antonius, *The Arab Awakening The Story of the Arab National Movement*. New York [8]1979.

gang gewählt, der Elemente der Identitäts-, der Milieutheorie beziehungsweise der Mentalitätsgeschichte zu verbinden versucht.

Jan Assmann hat Identität als das Reflexivwerden eines vorher unbewussten Selbstbildes definiert.[1435] Das gilt sowohl für die personale als auch für die kollektive Identität. Die in unserem Zusammenhang interessante kollektive Identität ist der Inbegriff aller dem Einzelnen durch Eingliederung in spezifische Konstellationen des Sozialgefüges zukommenden Rollen, Eigenschaften und Kompetenzen. Identitätsprozesse laufen soziogen ab, sind kulturell determiniert und zielen auf soziale Anerkennung. Grundlegend für kollektive Identitäten sind Symbole, Riten, mystifizierte, heroisierte oder glorifizierte historische Ereignisse, Traditionen, Gründungsmythen. Rudolf von Thadden hat treffend bemerkt, dass Identitäten „nur durch Abstraktion gebildete Konstruktionen sind."[1436] Sie gehören in die Max Webersche Kategorie der Idealtypen und sind Hilfsmittel, um ansonsten undurchschaubare Zusammenhänge erklärbar zu machen. Deshalb verweist von Thadden auf drei Aspekte zur Analyse von Identitätsbildungsprozessen:[1437]

Erstens sind Identitäten niemals abgeschlossen, sondern prozesshaft und zukunftsoffen.

Zweitens können Identitäten zwar von regionalen oder nationalen Spezifika geprägt sein, sind aber nicht unauflöslich an sie gebunden.

Drittens gibt es keine einfachen, sondern nur komplexe Identitäten, was aus der Zugehörigkeit des Individuums zu verschiedenen Ebenen menschlicher Existenz resultiert.

In dem hier untersuchten Fall der protestantischen Araber besteht diese komplexe Identität aus der Zugehörigkeit zu einem bestimmten Clan, einer bestimmten Nation, einer bestimmten Religion und innerhalb dieser Religion zu einer bestimmten Konfession.

Jüngst hat Till van Rahden[1438] in Aufnahme der amerikanischen Ethnicity-Debatte[1439] die Stellung der Juden im Kaiserreich als *situative Ethnizität* bezeich-

---

[1435] Vgl. J. Assmann, Das Kulturelle Gedächtnis. Schrift, Erinnerung und politische Identität in frühen Hochkulturen, München ²1999, 130 ff.

[1436] R. von Thadden, „Aufbau nationaler Identität. Deutschland und Frankreich im Vergleich", in: B. Giesen (Hg.), Nationale und kulturelle Identität. Studien zur Entwicklung des kollektiven Bewußtseins in der Neuzeit, Frankfurt/Main 1991, 496.

[1437] R. von Thadden, „Aufbau nationaler Identität", 496 f. Von Thadden verweist für die erste Einsicht auf die Veränderungen der nationalen Identität des Elsass im Verlaufe der Jahrhunderte seit der Reformation, für die zweite These auf die Russlanddeutschen, die ihre ethnisch-nationale und ihre kulturelle Identität auch fern der Heimat bewahrten, mentalitätsgeschichtlich als resistent galten. Den dritten Satz begründet er mit der Geschichte der Juden in Europa, die aufgrund ihrer gespaltenen Identität regional verschiedene Lebensformen ausgebildet haben, die sich einfachen Identitätsmustern schwer zuordnen lassen.

[1438] Vgl. z.B. T. van Rahden, „Weder Milieu noch Konfession. Die situative Ethnizität der deutschen Juden im Kaiserreich in vergleichender Perspektive", in: O. Blaschke/F.-M. Kuhlemann, *Religion im Kaiserreich: Milieus-Mentalitäten-Krisen*, Gütersloh 1996, 409–434 sowie ders., *Juden und andere Breslauer. Die Beziehungen zwischen Juden, Protestanten und Katholiken in einer deutschen Großstadt von 1860 bis 1925*, Göttingen 2000, 19.

[1439] Vgl. dazu z.B. die klassischen Überlegungen von F. Barth, „Introduction", in: ders. (Hg.), *Ethnic Groups and Boundaries*, Bergen 1969, 9–38. Vgl. auch J.D. Sarna, „From Immigrants to Ethnics:

net, um den problematischen Verengungen ihrer Zuordnung als Konfession oder als sozialmoralisches Milieu zu entgehen. Nach M. Rainer Lepsius ist ein sozialmoralisches Milieu durch eine geschlossene Gruppenidentität mit starken Loyalitätsforderungen gekennzeichnet, die potentielle Loyalitäten und Kontakte zu anderen Gruppen ausschließt.[1440] Für van Rahden bildeten die Juden deshalb kein sozialmoralisches Milieu, weil die meisten Juden gerade die Geschlossenheit der eigenen Gruppe überwinden wollten und deshalb mehreren Gruppen angehörten. Ihre *situative Ethnizität beziehungsweise Identität* ermöglicht es ihnen, über anscheinend festgelegte Gruppengrenzen hinweg neue, vielfältige Loyalitäten aufzubauen.

Von Thaddens und van Rahdens Ansätze lassen sich mit den Thesen Rashid Khalidis verbinden. Der in Chicago lehrende palästinensische Historiker hat in seinem Buch *Palestinian Identity* darauf hingewiesen, dass die nationalen Identitätsbildungsprozesse der Völker des Nahen Ostens nach dem Ersten Weltkrieg überaus kompliziert abgelaufen sind, weil „for all of these peoples, transnational identities (whether religious or national), local patriotism, and affiliations of family and clan have competed for loyalty. The pull of competing loyalities has been considerable stronger for Palestinians than for others, so that these multiple foci of identity are characteristic features of their history." [1441]

Der Hauptgrund für die fragile, fragmentierte Identität der Palästinenser mit ihren *competing loyalities* ist für Khalidi das Fehlen eines eigenständigen Staates mit den damit zusammenhängenden Institutionen und nationalen Symbolen – von der Verwaltung über ein nationales Bildungssystem bis hin zu gedächtnisgeschichtlich bedeutsamen Faktoren wie Museen, Briefmarken, eigenen Münzen und Medien, die alle ihren Beitrag zur Bildung einer eigenständigen nationalen Identität leisten.

Mit dem Fehlen der staatlichen Souveränität geht ein weiterer Faktor einher, der zu einem Kontinuum der palästinensischen Identität seit 1918 gehört: Die Abhängigkeit von Fremdherrschaft – von Großbritannien, Jordanien, Ägypten und natürlich von Israel. Da es zur Struktur der eigenen Gruppen-Identität gehört, immer eine entgegengesetzte Identität mitzukonstruieren, ist Israel nach Ansicht von Edward Said für die Palästinenser das identitätsstiftende „alter ego" par excellence geworden.[1442]

In Aufnahme dieser Gedanken soll im Folgenden gezeigt werden, dass die Herausbildung eigenständiger arabisch-anglikanischer und arabisch-lutherischer Ge-

---

Toward a New Theory of ‚Ethnicization‘ ", in: *Ethnicity* 5 (1978), 370–378; K.N. Conzen. et al., „The Invention of Ethnicity: A Perspective from the USA", in: *Journal of American Ethnic History* 12 (1992), 3–41. W. Sollors, *Beyond Ethnicity*, New York 1986, ders., *The Invention of Ethnicity*, New York 1989, ders., „Konstruktionsversuche nationaler und ethnischer Identität in der amerikanischen Literatur", in: B. Giesen (Hg.), *Nationale und kulturelle Identität*, 537–569 sowie einführend Th.E. Erikson, *Ethnicity and Nationalism*, London 1993.

[1440] Vgl. M.R. Lepsius, „Parteiensystem und Sozialstruktur. Zum Problem der Demokratisierung der deutschen Gesellschaft", in: G.A. Ritter (Hg.), *Deutsche Parteien vor 1918*, Köln 1973, 56–80; jetzt auch in M.R. Lepsius, *Demokratie in Deutschland. Soziologisch-historische Konstellationsanalysen*, Göttingen 1993, 25–50.

[1441] Vgl. R. Khalidi, *Palestinian Identity. The Construction of Modern National Consciousness*, New York 1997, 10.

[1442] Vgl. die entsprechenden Ausführungen bei E.W. Said, *Orientalism. Western Conceptions of the Orient*. Reprinted with a new afterword, London – New York 1995, 331 f.

meinden ein Sub-Phänomen eines übergreifenden nationalen Identitätsbildungsprozesses gewesen ist. Den protestantischen Christen fehlte nicht nur ein Staat, ihnen fehlte auch eine eigene nationale Kirche. Sie wollten weder, dass Zionisten und Briten ihr Land regierten, noch dass europäische Missionsvorstände das letzte Wort in kirchlichen Fragen behielten. Trotz mancher paralleler Entwicklungen stellt sich allerdings die Frage, warum die Entwicklungen in den lutherischen und anglikanischen Missionsgemeinden unterschiedlich schnell verliefen. Warum wurden den anglikanischen Arabern frühzeitiger Mitspracherechte gewährt als den Lutheranern? Welchen Einfluss hatte der Bildungshintergrund der Gemeindeglieder? Welche religiöse und politische Mentalität hat sich in den Gemeinden ausgebildet und konnte sie identitätsstiftend wirken?

Die Entwicklungen in den Missionsgemeinden scheint von exogenen und indogenen Faktoren abhängig gewesen zu sein: *Erstens* vom Transfer bestimmter konfessioneller beziehungsweise frömmigkeitstheologischer Konzepte von Europa nach Palästina und *zweitens* durch die Entwicklungen in der arabischen Nationalbewegung sowie den politischen Umständen der Mandatszeit.

Kurze Rückblicke auf die Geschichte der Gemeinden seit dem Ende des gemeinsamen Bistums 1886 sollen langfristige mentalitätsgeschichtliche Entwicklungen aufzeigen. Deshalb werden methodisch historische Längsschnitte mit punktuellen Vertiefungen verbunden.

Exemplarisch für die Reaktion der arabischen Protestanten auf den entstehenden Judenstaat werden die Schriften des lutherischen Arztes Dr. Taufik Canaan skizziert. Seine politischen Statements können ein methodisches Problem, das ein Licht auf die kulturhegemoniale Einstellung der westlichen Missionsgesellschaften wirft, zwar nicht beseitigen, aber doch ein wenig konterkarieren: Die Entwicklungen der arabisch-protestantischen Gemeinden lassen sich fast ausschließlich aus den Berichten, Briefen, Protokollen der Missionen darstellen. Darstellungen von einheimischen Predigern, Evangelisten oder Gemeindegliedern finden sich in den Archiven äußerst selten. Der Informationsfluss zwischen den Missionsbehörden in Berlin oder London wurde über den westlichen Missionsleiter kanalisiert, reglementiert und monopolisiert. Vor diesem Hintergrund sind Canaans politische Traktate ein allerdings begrenztes Kontrastprogramm.

Dieses Kapitel beruht auf zwei Vorstudien, die durch weiteres Quellenmaterial und den gründlicheren Vergleich mit den Entwicklungen auf anglikanischem Gebiet erweitert werden. Unter methodischen Gesichtspunkten wird der Fokus auf die arabisch-lutherischen Gemeinden gerichtet, während der anglikanische Sektor als Vergleichsgröße dient.[1443]

[1443] Vgl. R. Löffler, „Die Gemeinden des Jerusalemsvereins in Palästina im Kontext des kirchlichen und politischen Zeitgeschehens der Mandatszeit", in: A. Nothnagle/H.-J. Abromeit/F. Foerster (Hgg.), *Seht, wir gehen hinauf nach Jerusalem*, 185–212 und ders., „Nationale und konfessionelle Identitätsbildungsprozesse in den arabisch-lutherischen und arabisch-anglikanischen Gemeinden Palästinas während der Mandatszeit", in: A. Nothnagle/A. Feldtkeller (Hgg.), *Mission im Konfliktfeld von Islam, Judentum und Christentum*, 71–103.

6.1.2 Arabische Lutheraner: Einige terminologische Vorbemerkungen

Eine genaue Bezeichnung für die aus der Missionsarbeit des JV und des SyrW entstandenen Gemeinden gibt es für die Zeit des englischen Mandats nicht. Jede terminologische Variante ist mit Problemen behaftet: Der Begriff protestantisch ist zu weit, weil er eigentlich auch die Anglikaner und die Presbyterianer einschließt. Der Terminus *evangelisch*, der hier ab und an verwendet wird, könnte im internationalen Kontext leicht mit *Evangelical* verwechselt werden, was aber eine Verengung des Frömmigkeits-Profils bedeuten würde. Dagegen verstand sich die Mehrheit der arabischen Anglikaner frömmigkeitstheologisch sehr wohl als *Evangelicals*.

Wenn diese Gemeinden folglich nicht nur als evangelisch-arabisch, sondern synonym auch als *lutherisch* bezeichnet werden, so trifft dies dogmatisch und liturgisch nicht exakt deren Bekenntnisstand. Dank ihrer engen Verbindung mit der altpreußischen Union waren die Gemeinden eher uniert als konfessionell-lutherisch. Aus vier Gründen lässt sich die Bezeichnung *lutherisch* dennoch rechtfertigen:

Erstens war Martin Luther das für die Gemeinden identitätsstiftende Vorbild.

Zweitens wurden die arabisch-evangelischen Gemeinden deutscher Prägung von ihrer Umwelt als *Lutherans* bezeichnet.

Drittens entwickelte sich aus den Missionsgemeinden nach 1948 – während der jordanischen Besetzung des Westjordanlandes und Ostjerusalems und durch Vermittlung des Lutherischen Weltbundes – die *Evangelical Lutheran Church of Jordan* (ELCJ).

Schließlich war *viertens* gerade in Preußen die Mehrheit der Unierten letztlich lutherisch, weshalb dieser Sachverhalt auch in einem transnationalen Phänomen wie der Herausbildung Junger Kirchen nicht übersehen werden sollte.

Deshalb erscheint mir eine terminologische Rückprojizierung auf die Gemeinden in der Mandatszeit vertretbar zu sein.[1444]

Die Gründung der ELCJ und ihre konfessionelle Benennung gehen auf das treuhänderische Engagement der *Commission on Younger Churches und Orphaned Mission* (CYCOM) des *Lutherischen Weltbundes* (LWB) zurück. CYCOM wurde vom *National Lutheran Council* der USA ins Leben gerufen, um die in Mitleidenschaft geratenen Missionsgemeinden weltweit finanziell, administrativ, theologisch und seelsorgerlich zu stabilisieren.

Es gehörte zu den Zielen des 1947 in Lund gegründeten LWB, aus verwaisten Missionsgemeinden lutherische Nationalkirchen entstehen zu lassen.[1445] Noch im gleichen Jahr gründete der LWB-Beauftragte Dr. Edwin Moll das *Provisional Committee of the Palestinan Evangelical Lutheran Church*. Das war ein Novum in der Geschichte der deutschen Palästinamission, setzte Moll doch damit praktisch voraus, dass es bereits eine lutherische Kirche in Palästina gab.[1446]

[1444] Vgl. H.W. Hertzberg/J. Friedrich (Hgg.), *Jerusalem – Geschichte einer Gemeinde*, 106; M. Raheb, *Das reformatorische Erbe*, 190–221 und P.E. Hoffman, „Zusammenbruch und Wiederaufbau – Die Arbeit des Jerusalemsvereins und Kaiserswerths nach dem 2. Weltkrieg", in: A. Nothnagle/H.-J. Abromeit/F. Foerster (Hgg.), „*Seht, wir gehen hinauf nach Jerusalem*", 213–267.

[1445] Vgl. die Ausführungen bei M. Raheb, *Das reformatorische Erbe,* 207.

[1446] So ganz zu Recht M. Raheb, *Das reformatorische Erbe,* 207.

De facto hatte die Palästinamission aber gar kein lutherisches Profil entwickelt.[1447] Immerhin fühlten sich der JV und auch das SyrW „dem Luthertum
innerhalb der Altpreußischen Union und der Evangelischen Kirche in Württemberg"
zugehörig, wie Geheimrat Karnatz während einer Palästina-Konferenz in Frankfurt
1950 darlegte.[1448] Da die deutsche Seite den amerikanischen Vorschlag ablehnte, die
Confessio Augustana als Bekenntnisgrundlage zu nehmen und in den Gründungs-
dokumenten jeden Hinweis auf die Altpreußische Union zu streichen, fand man
einen Minimalkonsens. 1952 einigten sich die Vertreter der deutschen Missionen und
des LWB in einem *Statement of Policy* darauf, den *Kleinen Katechismus D. Martin
Luthers* als konfessionelle Grundlage zu nehmen. Dieser Beschluss kam dem Gepräge der Gemeinden am nächsten, offenbarte aber auch die schmale theologische Basis
der entstehenden neuen Kirche.[1449] Diese Bekenntnisgrundlage übernahm die ELCJ
in ihre erste Ordnung von 1959.[1450] Lutherisch wurden die arabischen Lutheraner
also weder aus eigenem Entschluss noch durch die Förderung der deutschen Missionen. Nötig war ein transnationaler Impuls, nämlich die Initiative des LWB, um aus
den Missionsgemeinden eine *Junge Kirche* werden zu lassen. Die ELCJ entstand
also durch einen letzten imperial-missionarischen Akt.

6.1.3 Arabische Anglikaner: Frömmigkeitsgeschichtliche Spezifika

Für die Missionsgemeinden der anglikanischen Kirche war die konfessionelle Frage unproblematischer. Die konfessionelle Weite der *Church of England* machte die
Integration verschiedener Frömmigkeitsformen unter einem Dach möglich, ohne bestehende Spannungen zwischen *High* und *Low Churchmen* aufzuheben. Die kirchenpolitischen Differenzen, die in der ersten Hälfte des 20. Jahrhunderts in England
bestanden, gab es auch in Palästina. Daraus erwuchsen Probleme für die Zukunft
des anglikanischen Bistums in Palästina, denn die arabischen Missionsgemeinden
waren evangelikal geprägt, während das Bistum der hochkirchlichen Richtung zuneigte. Die Bischöfe wiederum besaßen zwar kein Interventionsrecht in die Angelegenheiten der Missionen beziehungsweise Missionsgemeinden, versuchten aber in
der Mandatszeit, alle anglikanischen Institutionen unter dem Dach der Diözese zu
vereinigen.

6.2 Rückblick auf die Entwicklungen in den lutherischen Gemeinden

6.2.1 Erste Schritte nach der Auflösung des Bistums

Die Gründung einer eigenständigen arabisch-lutherischen Kirche war über Jahrzehnte ein Desiderat der deutschen Palästina-Mission geblieben. Nach der Auflösung des

---

[1447] Vgl. die Ausführungen und Quellenbelege bei M. Raheb, *Das reformatorische Erbe*, 206–212.

[1448] Vgl. M. Raheb, *Das reformatorische Erbe*, 210.

[1449] Vgl. P.E. Hoffman, „Zusammenbruch und Wiederaufbau", 238–244.

[1450] Vgl. im Anhang zu M. Raheb, *Das reformatorische Erbe,* 292–298.

Bistumsvertrages und der Neuorganisation der deutschen evangelischen Arbeit in den 1880er und 1890er Jahren stand für den Berliner Kirchenbehörden zunächst die Versorgung der deutschen Gemeinden im Vordergrund.

Seit 1871 betreute der JV die dem Bistum unterstehenden Schulen in Bethlehem und Beit Jala.[1451] 1879 bildete sich dort nach dem Übertritt von 35 Familien der griechisch-orthodoxen Sippe Abudaye eine evangelische Gemeinde, die der JV übernahm.[1452] Am 26. Dezember 1886 wurde in Beith Jala eine eigene Kirche eingeweiht. 1901 eröffnete der JV die neugegründete Missionsstation Beith Sahour unweit Bethlehems und richtete eine Schule für 40 Schüler ein.[1453]

In Jerusalem, wo der JV keine Station unterhielt, hatte die CMS eine „bodenständige arabisch-evangelische Gemeinde"[1454] ins Leben gerufen. Während der gemeinsamen Bistumszeit galt das ungeschriebene Gesetz, dass zwei Missionen nicht in einer Stadt arbeiten sollten. Durch die Trennung der deutschen und der englischen Gemeinden war es jedoch nötig geworden, die protestantischen Araber, die sich zum Luthertum bekannten, kirchlich einzubinden.

Die Betreuung der arabischen Lutheraner in Jerusalem übernahm zunächst das Syrische Waisenhaus, in dessen Anstaltskapelle arabische Gottesdienste stattfanden. 1888 engagierte der JV den einheimischen Evangelisten Joseph Orhan, der sich um die Absolventen von Talitha Kumi kümmerte und Seelsorge an den arabischen Patienten des Kaiserswerther Diakonissenkrankenhauses leistete. Da der JV nicht genügend Finanzkraft besaß, um das Gehalt des Evangelisten vollständig zu tragen, übernahm die E.J.St. einen Teil der Kosten. Die Anstellung belegt die enge Verzahnung der beiden Organisationen und die kirchliche Abhängigkeit der kleinen Missionsgesellschaft.[1455] Für den JV war dies der erste Schritt nach Jerusalem.

Innerprotestantische Konkurrenz entstand um die Jahrhundertwende auch an anderen Orten. 1900 eröffnete die CMS eine Station in Bethlehem, ab 1906/1907 wirkten in Beith Sahour protestantische Missionare verschiedener Couleur.

Die deutsche evangelische Gemeinde in Jerusalem – an deren Organisationsstruktur sich Jahrzehnte später die arabischen Lutheraner orientieren sollten – wurde nach dem neuen Gemeindestatut von 1900 und den Ausführungsbestimmungen von 1906 in die zwei Seelsorgebezirke Erlöserkirche und Syrisches Waisenhaus aufgeteilt. Den Zusammenhalt stellte ein gemeinsamer Gemeindekirchenrat her.[1456]

[1451] Vgl. F. Foerster, *Mission im Heiligen Land*, 76.

[1452] Vgl. M. Raheb, *Das reformatorische Erbe*, 91.

[1453] Vgl. D. Ziebarth, „Besuch in schwierigen Zeiten. Das einhundertjährige Jubiläum der Evangelisch-Lutherischen Schule Beit Sahour", in: *ILB* 2/2001, 7–11, A. Awwad, „100 Jahre Schule Beit Sahour. Geschichtlicher Rückblick", in: *ILB* 2/2001, 12–15 sowie J.M. Nassar, „Ein Leben für die Schule. Erinnerungen eines Schulleiters", in: *ILB* 2/2001, 16–19.

[1454] So M. Raheb, *Das reformatorische Erbe*, 110.

[1455] Vgl. F. Foerster, *Mission im Heiligen Land*, 80.

[1456] Vgl. H.W. Hertzberg/J. Friedrich (Hgg.), *Geschichte einer Gemeinde*, 37–41. Wenn G. Nierenz, *Arbeitsfeld Palästina. Die Geschichte des Jerusalemsvereins*. Zum 85. Geburtstag von Dr. Bernhard Karnatz und zu seinem 25jährigen Jubiläum als Vorsitzender des Jerusalemsvereins. Maschinenschriftliches Manuskript, Berlin 1967, 42, (JVA II, 56) schreibt, dass „die evangelischen Araber in Jerusalem, soweit sie durch die deutsche Mission geworden sind, als Glieder zur Pfarrei Jerusalem" angesehen wurden, so ist der Begriff „Glieder" meines Erachtens irreführend. Die Erlöserkirchen-

Die Arbeit unter den evangelischen Arabern Jerusalems wurde ausgebaut. Die ersten Absolventengenerationen des Syrischen Waisenhauses und von Talitha Kumi hatten mittlerweile selbst Kinder, die im evangelischen Glauben erzogen wurden. Talitha Kumi eröffnete im Mai 1902 eine Vorschule mit 50 Kindern, die am Jahresende bereits 80 Kinder hatte. Auch die am 1. September 1902 eröffnete SyrW-Jungen-Schule expandierte rasch. Da der Andrang sehr groß war, suchte die Schule ein neues Schulgebäude – und fand es unweit der Erlöserkirche. Die Ruinen des ehemaligen Johanniterhospizes wurden zur Muristanschule ausgebaut, die 1903 bereits 200 Schüler zählte und von zwei SyrW-Absolventen geleitet wurde. Sie hielten einmal wöchentlich auch eine Andacht für die Eltern der Schüler.

Für die kleine Schar der arabischen Lutheraner in der Jerusalemer Altstadt engagierten sich also auf unterschiedliche Weise alle wichtigen deutschen evangelischen Institutionen. Als der Evangelist Ohan 1909 in den Ruhestand trat, wertete der JV in Abstimmung mit der E.J.St. die Evangelistenstelle zu einer Pfarrstelle auf. Die innerkirchliche Hierarchie blieb damit bestehen: Der arabische Hilfsprediger wurde zwar vom JV bezahlt, unterstand aber dienstrechtlich dem Propst – und nicht dem Missionsleiter in Bethlehem. Mit der Übernahme einer vom Syrischen Waisenhaus geführten Tagesschule legte der JV einen Grundstock für die weitere Gemeindearbeit. G. Nierenz spricht sogar von einem ersten Schritt zur „Verselbständigung der Missionsgemeinden", die langfristig zur Bildung einer *Jungen Kirche* führte.[1457] Meines Erachtens greift diese Interpretation etwas zu weit. Ohne Zweifel war die Bündelung der arabischen Gemeindearbeit in den Händen des JV ein Schritt in die richtige Richtung und förderte auch die Entwicklung zur Eigenständigkeit. Die Abhängigkeit von den deutschen Organisationen blieb bestehen, der Aufbau der Gemeinde erwies sich als schwierig, die Bedeutung des Syrischen Waisenhauses hielt an, und die Trennung der Parochie Bethlehem von der Gemeinde Jerusalem erschien später als Fehler. Dass der JV in Jerusalem auf der Arbeit des Syrischen Waisenhauses und Talitha Kumis aufbauen konnte,[1458] war ein positiver Beleg für die gute Kooperation der Palästinamissionen, die aber im Laufe der Zwischenkriegszeit nachlassen sollte.

6.2.2 Die Initiative Julius Graf Zieten-Schwerins

Es passt zur paternalistischen Attitüde der Missionen einerseits und den noch schwachen Strukturen der arabischen Gemeinden andererseits, dass der erste Schritt in die kirchliche Unabhängigkeit auf das Engagement des JV-Vorsitzenden, Julius Graf Zieten-Schwerin, und nicht auf eine arabische Initiative zurück ging. 1902 schlug Zieten-Schwerin – wohl im Vorgriff auf die geplante Neuordnung der Verhältnisse in Jerusalem – dem Präsidenten des altpreußischen E.O.K., Friedrich Wilhelm Barkhausen vor, arabischsprachige Gottesdienste für die einheimischen Lutheraner

---

gemeinde legte nämlich peinlich darauf Wert, dass nur *deutsche* Protestanten der Gemeinde mit allen Rechten und Pflichten beitreten konnten. Für arabische Christen wurde nur in wenigen Fällen eine Ausnahme gemacht – etwa bei Verheiratung mit einem deutschen Gemeindeglied.

[1457] G. Nierenz, *Arbeitsfeld Palästina*, 65.

[1458] Vgl. M. Raheb, *Das reformatorische Erbe*, 112.

anzubieten.[1459] Für Zieten-Schwerin war dieser Schritt unumgänglich, da einige an einem aktiven religiösen Leben interessierte Lutheraner zur anglikanischen Kirche abzuwandern drohten. Als Prediger schlug Zieten-Schwerin den Bethlehemer JV-Missionsleiter, Pfarrer Immanuel Böttcher, vor.

Barkhausen wandte sich an Propst Paul Hoppe, der ihm mitteilte, dass es seit 1896 derartige Überlegungen gäbe.[1460] Nach Hoppes Einschätzung waren die meisten arabischen Lutheraner nicht besonders kirchentreu. Für die rund 120 Glieder umfassende Gemeinde hätten arabische Gottesdienste aber ohne Zweifel „größere Anziehungskraft" als deutsche. Sie könnten die bisherige Evangelisationsarbeit gut ergänzen und den Bedürfnissen der Araber entgegenkommen. Hoppe schlug Gottesdienste am Sonntagnachmittag vor, die in der Muristankapelle abgehalten werden sollten.

Da die E.J.St. 1903 dem JV erstmals 750 RM als jährlichen Zuschuss für arabischsprachige Gottesdienste bewilligte, war auch die leidige Finanzierungsfrage geklärt. Die ersten arabischen Gottesdienste hielt Pfarrer Böttcher.[1461]

1909 wurde der bis dahin tätige Evangelist von Beith Sahour, Farhud Kurban, für diese Aufgabe gewonnen und in Bethlehem zum Hilfsprediger ordiniert.[1462] Er erhielt die Verantwortung für die Gottesdienste in der Muristankapelle, die Amtshandlungen und Seelsorge im Einzugsbereich der Erlöserkirche sowie an den arabischen Patienten im Diakonissenkrankenhaus, die Kindergottesdienste und 10–12 Stunden Unterricht in Talitha Kumi.[1463]

Während auf liturgischem Gebiet der erste Schritt zur Inkulturation des Luthertums in die arabische Welt zu gelingen schien, gab es auf deutscher Seite auf kirchenrechtlichem Gebiet weiter national-ethnische Vorbehalte gegenüber den arabischen Christen. Hilfsprediger Kurban und seine Frau wurden auf Beschluss des Gemeindekirchenrats zwar der Erlöserkirche angeschlossen, erhielten aber weder Stimmrecht

---

[1459] Vgl. das Schreiben Zieten-Schwerins an Barkhausen vom 31.1.1902, EZA 56/100.

[1460] Vgl. F.W. Barkhausens Brief an Hoppe vom 5.2.1902 und dessen Antwort vom 28.2.1902, EZA 56/100.

[1461] Der Beschluss der E.J.St. aus dem Jahre 1903 erstreckte sich zunächst auf die Jahre 1903 bis 1906 und wurde alle drei Jahre verlängert. 1922 wurden auf den Rat Albrecht Alts 1.000 ägyptische Piaster, 1923 ausnahmsweise 20 LP genehmigt. In den Jahren 1923 bis 1927 wurden jeweils 10 LP zugeschossen. 1928 vergab die E.J.St. letztmalig einen Zuschuss - wegen der Erdbebenschäden in Höhe von 30 LP. Durch die Gründung der palästinisch-evangelischen Gemeinde schien das Ziel erreicht und eine weitere Förderung überflüssig geworden zu sein.

[1462] Kurban hatte einige Jahre als Evangelist die JV-Gemeinde von Beith Sahour betreut, wo die Gemeinde durch den Übertritt der griechisch-orthodoxen Familie Al-Atras und der römisch-katholischen Familien as-Somali 1904 auf 85 Glieder angewachsen war. Allerdings gerieten diese Großfamilien derart in Streit miteinander, dass sie schließlich in ihre ursprünglichen Kirchen zurückkehrten und die evangelische Gemeinde von 1905 bis 1907 auf 36, 1910 sogar auf 10 Glieder schrumpfte. Für den JV erschien es deshalb sinnvoller, Kurban nach Jerusalem zu versetzen, wo er durch gute Leistungen auffiel. Obwohl Kurban in Beith Sahour gute Arbeit bescheinigt wurde, bemängelte Propst Jeremias an Kurbans Gottesdiensten „die Fühlung mit der Gemeinde" und die fehlende missionarische Ausrichtung. Vgl. das mit kritischer Sympathie verfasste Schreiben von Propst Jeremias im Auftrag des Kirchenrats der Erlöserkirche vom 29.11.1910 an die E.J.St., EZA 56/83.

[1463] Vgl. S. Hanselmann, *Deutsche Evangelische Palästinamission*, 133.

noch Wählbarkeit für den Gemeindekirchenrat. Die Richtlinien der Gemeinde sahen nämlich vor, dass nur Deutsche beziehungsweise Angehörige deutschsprachiger
Nationen Vollmitglieder der Gemeinde werden konnten.[1464] Somit gab es innerhalb
der Gemeinde eine nationale Zwei-Klassen-Gesellschaft: Hier die mit allen Rechten
ausgestatteten Deutschen – dort die nur ausnahmsweise aufgenommenen, rechtlich
benachteiligten Araber. Nimmt man die Gender-Frage in den Blick, müsste man
sogar von einer Drei-Klassen-Gesellschaft sprechen, denn bis 1920 waren (ähnlich
den Entwicklungen in Deutschland) nur Männer für den Gemeindekirchenrat wähl-
bar.[1465] Auch räumlich existierte eine nationale Trennung: Während sich die deutsche Gemeinde in der Erlöserkirche versammelte, wurde die Muristankapelle im angrenzenden Kreuzgang zum Gottesdienstraum der arabischen Lutheraner. Lediglich
nach 1918 durfte Kurban in der Erlöserkirche arabische Gottesdienste feiern – und
das nur deshalb, weil die Muristankapelle als versiegelter Lagerraum des Eigentums
der internierten Deutschen diente.

Da die Engländer die Muristanschule in den ersten Nachkriegsjahren beschlagnahmten, war der arabische Gottesdienst die einzige Möglichkeit „unsere arabischen
Pflegebefohlenen zusammenzuhalten", wie der neue JV-Vorsitzende Dr. Louis von
Schwerin an die E.J.St. schrieb.[1466] Erst 1925 wurde die Muristanschule wiedereröffnet und die Muristankapelle erneut den arabischen Christen zur Verfügung gestellt.
In der Übergangsphase hielten sie ihre Sonntagsgottesdienste um 8 Uhr morgens in
der Erlöserkirche ab. Der Gottesdienst und das Gemeindeleben entwickelten sich
positiv.

6.3 Die ersten Nachkriegsjahre

Die englische Eroberung des Heiligen Landes im Jahre 1917 veränderte die Arbeit
der deutschen evangelischen Organisationen erheblich. Trotz oder gerade wegen dieser Belastungen begann in diesen Jahren ein Emanzipationsprozess in den arabischen
Gemeinden: Propst Jeremias ernannte noch vor seiner Internierung die drei ordinierten arabischen Geistlichen des Jerusalemsvereins, Farhud Kurban, Said Abbud und
Iskander Haddad, die bisher zumeist als Hilfsprediger unter deutscher Aufsicht tätig gewesen waren, zu Vertretern der Interessen und Verwaltern des Grundbesitzes
des JV. Außerdem führten sie die Gemeindearbeit weiter. Kurban leitete, zunächst
in Zusammenarbeit mit dem SyrW-Direktor Th. Schneller, später selbständig, die
deutschen Gottesdienste in der Erlöserkirche. Said Abbud übernahm die arabisch-
evangelische Gemeinde Bethlehem und Iskander Haddad Beith Jala. Die Missions-

---

[1464] Vgl. EZA 56/100.

[1465] Als im Frühjahr 1920 ein neuer Gemeindekirchenrat gewählt werden musste und sich alle männ-
lichen Verantwortungsträger in der Internierung oder in Deutschland befanden, wurde die volle
Gleichberechtigung der Frauen im aktiven und passiven Wahlrecht eingeführt. Vgl. R. Löffler,
„Die Gemeinden des Jerusalemsvereins in Palästina im Kontext des kirchlichen und politischen
Zeitgeschehens der Mandatszeit", 199 f.

[1466] Vgl. Dr. Schwerins Schreiben an die E.J.St., Hohenbüzow, den 20.5.1922, EZA 56/100.

und die Schularbeit kam aber zwischen 1918 und 1921 zum Erliegen. Dennoch war ein erster Schritt auf dem Weg zu einer eigenverantwortlichen *Jungen Kirche* getan.

Dass die deutschen Kirchenbehörden mit der Arbeit der arabischen Hilfsprediger zufrieden waren, belegt die Sondervergütung in Höhe von 5.000 Piastern, die Farhud Kurban Ende 1921 von der E.J.St. als Dank für sein Engagement erhielt.[1467]

Während für Seelsorge und Gottesdienst gesorgt war, mussten die deutschen Missionen um den Verlust ihres Eigentums fürchten. Die kirchlichen deutschen Einrichtungen wurden gemäß Artikel 438 des Versailler Vertrags zwar nicht enteignet, aber für eine Übergangsphase von Treuhändern verwaltet; so requirierte die britische Militärverwaltung 1919 die Schulen des JV und wandelte sie in Regierungsschulen um.

Bereits 1921 bemerkte der kommissarische Propst Gustaf Dalman in einem Bericht an das Kuratorium, dass „das Verhältnis unserer deutschen Gemeinde zu den arabischen Christen deutsch evangelischer Pflege" nach seiner Überzeugung und auch nach dem Empfinden der arabischen Brüder unbefriedigend sei. Die Zöglinge des Syrischen Waisenhauses und von Talitha Kumi kämen zwar in die Erlöserkirche zu den Gottesdiensten, ließen dort auch ihre Kinder konfirmieren, bildeten aber streng genommen keine eigene Gemeinde. Dalman schlug vor, dass sie in Zukunft einen eigenen Kirchenvorstand einsetzen und ihr Verhältnis zur deutschen evangelischen Gemeinde selbst bestimmen sollten, etwa durch gemeinsame Kirchenvorstandssitzungen oder gemeinsame Gemeindefeste.[1468] Eine Reaktion der Berliner Kirchenbehörden ist nicht überliefert. Aufschlussreich sind Dalmans Beobachtungen, weil sie belegen, dass das Bedürfnis nach Autonomie schon in den ersten Nachkriegsjahren entstand und auf eine Klärung drängte, doch in Berlin nicht ernst genommen wurde. Die arabischen Christen blieben für ein weiteres Jahrzehnt ohne eigene Interessenvertretung unter dem Dach der deutschen Gemeinde.

1926 standen alle deutschen Anstalten wieder unter deutscher Leitung. Da sich die wirtschaftliche Lage in Deutschland stabilisiert hatte, konnte der JV seine Schulen und die Gemeindearbeit in Bethlehem, Beith Jala, Beith Sahour, Hebron und Jerusalem wiederbeleben. Auch in diesen Gemeinden entstand Ende der 1920er Jahre das Bedürfnis nach mehr Selbständigkeit.

Im Frühjahr 1926 entsandte der JV mit dem ehemaligen Pfarrer der Leunawerke, Gerhard Jentzsch, wieder einen Missionsleiter nach Bethlehem.[1469] 13 Jahre lang war diese Stelle vakant geblieben.[1470] Jentzsch hatte neben der Theologie als Zweitfach Orientalistik studiert und Grundkenntnisse der arabischen Sprache erworben, was ihn für den Bethlehemer Posten zu qualifizieren schien.

[1467] Vgl. EZA 56/83.

[1468] Vgl. Dalmans Nachtrag zu seinem Bericht vom 16. Nov. 1921, EZA 56/23.

[1469] Zu seiner Biographie siehe die Ausführungen unter Kapitel 4.3.1.

[1470] Der letzte Missionsleiter in Bethlehem, Pfarrer Heinrich Bayer war nach nur zweijähriger Tätigkeit 1913 überraschend verstorben. Der Vorstand hatte dieses Amt während des Ersten Weltkrieges nicht wiederbesetzt und deshalb die Jerusalemer Pröpste, später den Haifaer JV-Pfarrer von Oertzen beauftragt, kommissarisch die Missionsarbeit zu beaufsichtigen. Vgl. das Schreiben Dr. Louis Schwerins, an von Oertzen, Hohenbrünzow, den 20. März 1925, JVA B 555.

Der junge Pfarrer machte sich mit Elan an die Arbeit und konnte einige Anfangserfolge verbuchen. Allerdings mangelte es ihm an Durchsetzungsfähigkeit. Er besaß
keine Missionserfahrung, kannte die Mentalität der Orientalen nur aus der Theorie
und schien seiner äußerst anspruchsvollen Aufgabe nicht immer voll gewachsen zu
sein. Er war in der krisengeschüttelten Zwischenkriegszeit nicht der richtige Mann
am richtigen Ort. Unvorbereitet traf ihn auch das wachsende Selbstbewusstsein der
einheimischen Christen, allen voran der Prediger und Evangelisten. Der Wunsch der
arabischen Lutheraner nach größerer Selbständigkeit und nach einer kirchenrechtlichen Anerkennung ihrer Eigenständigkeit war unübersehbar geworden.

So weigerte sich der arabische Prediger Said Abbud, Jentzsch als seinen Vorgesetzten anzusehen. Er wollte selbst eine Führungsposition einnehmen und forderte
mehr Gehalt. Der in den Gemeinden beliebte Kassis[1471] intrigierte gegen den Theologen aus Deutschland, beschwerte sich bei Propst Hertzberg und dem JV-Vorstand
über seine Zurücksetzung. Nicht nur das gewachsene Selbstbewusstsein Abbuds,
sondern auch der Altersunterschied spielte eine Rolle: 1926 war Abbud 62, Jentzsch
34 Jahre alt.

Der konservative JV-Vorstand schien von dieser Situation überrascht zu sein und
reagierte unflexibel. Die Berliner Heimatleitung wollte die Autorität ihres neuen
Missionsleiters nicht beschädigt sehen. Der Vorstand bedauerte die Auseinandersetzungen und sah in Abbud ein schmerzhaftes Beispiel dafür, dass selbst „diesem
wohlgebildeten Mann" der Aufstieg in den höheren geistlichen Stand nicht bekommen sei. Jentzsch wurde ausdrücklich aufgefordert, sich keinesfalls den Kassisen
gleich-, sondern sich klar an die Spitze der Hierarchie zu stellen: „Ihr zähes Bemühen, mit den Kassisen reibungslos auszukommen, erkennt der Vorstand lebhaft an,
er glaubt aber, Sie vor einem zuweitgehenden, brüderlichen Sich-gleich-Stellen war-
nen zu müssen: die Psyche des Arabers ist darauf nun einmal nicht eingestellt; sie
vergißt dabei gar zu leicht die nötige Distanz zu halten und verliert das Gefühl für die
Autorität, die der Missionsleiter auch ihnen gegenüber unbedingt gelten zu machen
hat."[1472]

Im Frühjahr 1928 beauftragte der JV-Vorstand Propst Hertzberg mit der Vermittlung im Streit zwischen Said Abbud und Gerhard Jentzsch, um ein förmliches Dis-
ziplinarverfahren zu vermeiden.[1473] Da Abbud im Sommer 1927 einen gesundheitlichen Zusammenbruch erlitten hatte und seine Aufgaben in Schule und Gemeinde

---

[1471] Der Ausdruck *Kassis* wurde in den Quellen häufig für die arabischen JV-Prediger benutzt. Er
besitzt in der arabischen Welt eine gewisse Bedeutungsbreite. Er kann einen christlichen Lehrer
bezeichnen, das besonders gebildete Oberhaupt einer christlichen Gemeinschaft, aber auch einen
Weltpriester im Gegensatz zum Mönch. In neuerer Zeit konnte mit Kassis zudem ein Presbyter
bezeichnet werden. Insgesamt kommt der Ausdruck vor allem im christlichen Kontext vor. Der
arabische Wurzelstamm bedeutet etwa „einer, der sucht" bzw. „einer, der einer bestimmten Sache
folgt". Daraus abgeleitet ist der Kassis also einer, der in der Heiligen Schrift sucht und ihren Geboten folgt. Vgl. den Art „QSS" in: E.-W. Lane, *An Arabic-English Lexicon*, Book I, 7, London ?
Edinburgh 1885, 2521 sowie Art „Qisstsûn", in: A. Jeffrey, *The Foreign Vocabulary of the Qur'ân*,
Baroda 1938, 239 f.

[1472] Vgl. den Brief des JV-Vorstands an G. Jentzsch vom 9.3.1928 und die Schilderungen in Jentzschs
IV. Quartalsbericht 1927, JVA B 3113.

[1473] Vgl. das Schreiben des JV-Vorstandes an Hertzberg vom 10.3.1928, JVA B 3113.

nach Ansicht des Missionsleiters nicht mehr adäquat ausfüllen konnte, schien dem Vorstand die Pensionierung des Geistlichen eine Lösung zu sein. Hertzberg riet aus seiner Kenntnis der lokalen Gegebenheiten von diesem Weg ab, denn eine Pensionierung hätte böses Blut in den Gemeinden hervorgerufen. Außerdem hielt er Jentzsch nicht für völlig schuldlos.[1474] Allerdings befürwortete Hertzberg eine Disziplinierung Abbuds durch den Vorstand.

Abbud wurde in die Schranken gewiesen. So blieb das hierarchische Gefälle vom Vorstand über den deutschen Missionsleiter zu den arabischen Predigern, Lehrern und Angestellten unangetastet. Die Autoritätsfrage war formal geklärt. Doch Jentzsch konnte auch in der Folgezeit die ihm zugewiesene Rolle nicht überzeugend ausfüllen. Dass der Vorstand den Wunsch der einheimischen Christen nach mehr Selbständigkeit ablehnte, hatte letztlich einen Bumerang-Effekt: Der Missionsleiter musste die Mission gegen den Willen der arabischen Pastoren leiten – Spannungen waren also vorprogrammiert.

Erstaunlich ist das Verhalten des Vorstandes gegenüber Said Abbud deshalb, weil dieser zu den wenigen Intellektuellen der JV-Gemeinden zählte, der – wie bereits im SyrW-Kapitel erwähnt - bei de Gruyter eine vielbeachtete Sammlung arabischer Sprichwörter veröffentlicht hatte. Im Laufe der Jahre scheint sich das Verhältnis zwischen Jentzsch und Abbud gebessert zu haben.[1475]

Auch wenn es verständlich war, dass der Vorstand seinen neuen Missionsleiter stützen musste, machte das autoritäre Eingreifen aber auch deutlich, dass dem JV-Vorstand ein Konzept fehlte, wie die Missionsgemeinden schrittweise in die Eigenständigkeit geführt werden sollten. Die paternalistische Haltung ging soweit, dass der JV-Vorstand Jentzsch untersagte, den arabischen Angestellten die *Neuesten Nachrichten aus dem Morgenland* (*NNM*) auszuhändigen. Als die Prediger Djurban Matar und Farhud Kurban die Vereinszeitschrift abonnieren wollten, wurde dies abgelehnt. Bemerkenswerterweise sah der Vorstand in der Lektüre der eigenen Publikationen eine Gefahr: Er wollte nicht, dass kritische – oder auch lobende - Bemerkungen über einzelne Gemeinden beziehungsweise Gemeindeglieder bei diesen Missstimmung, Neid, Selbstüberschätzung provozierten. Gleiches galt für Beiträge zu den politischen Entwicklungen, auch wenn diese meistens, aber nicht immer eine pro-arabische Tendenz hatten. Sogar einem angesehenen arabischen Lutheraner wie Taufik Canaan schickte der Vorstand keine *NNM*. Als ihm 1929 dann doch ein Heft in die Hände fiel, in dem das nationale Anliegen der Araber seiner Meinung nach nicht ausreichend gewürdigt wurde, fühlte sich der Vorstand in seiner Nichtverbreitungspolitik bestätigt.[1476]

Möglicherweise wollte der Vorstand auch finanzielle Begehrlichkeiten unterbinden, denn in den *NNM* wurde das Spendenaufkommen dokumentiert. Mit dem Verbot der Lektüre umging der Vorstand also eine mögliche Kritik, die er den arabischen Christen nicht zugestand.[1477] Die autoritär-konservative Mentalität des Vorstands of-

---

[1474] Vgl. Hertzbergs Brief an den JV-Vorstand vom 3.5.1928, JVA B 3113.

[1475] Vgl. den von Hoppe und Ulich verfassten Bericht über die Visitationsreise 1929, JVA B 3114.

[1476] Vgl. den Brief des JV-Vorsitzenden L. von Schwerin an Jentzsch vom 10.12.1929, JVA B 3114.

[1477] Beschluss der Vorstandssitzung vom 2. Juni 1926, EZA 7/3911 und JVA B 3113.

fenbart nicht nur ein mangelhaftes innerkirchliches Demokratieverständnis, sondern auch eine kulturhegemoniale Einstellung.

6.4 Der Fortgang der Missions- und Schularbeit

6.4.1 Entwicklungen in Gemeinde und Schule

Trotz dieser restriktiven Politik wusste der Vorstand genau, dass die Missions- und Schularbeit ohne die verantwortliche Mitarbeit einheimischer Geistlicher, Küster, Lehrer, Kindergärtnerinnen weder sinnvoll noch möglich war. Nach der Rekrutierung neuer und alter Lehrer, Küster, Mitarbeiter hatte der Verein 1927 einen bemerkenswerten Anfangserfolg zu verbuchen: Auf fünf arabischen Stationen arbeiteten ein deutscher Missionsleiter und drei arabische Pastoren sowie zwei arabische Evangelisten. Sechs einheimische Lehrer und zehn Lehrerinnen unterrichteten 550 Kinder in den JV-Schulen – einschließlich der Kindergärten beziehungsweise Kleinkindschulen.[1478]

1926/27 sah das Personaltableau für die Gemeinde- und Schularbeit folgendermaßen aus:[1479]

	Bethlehem	Beith Sahour	Hebron	Beith Jala
Pastor (Kassis)	Said Abbud	Said Abbud	Said Abbud	Iskander Haddad
Headmaster	Said Abbud	Said Abbud	Said Abbud	–
Evangelist	–	Djurban Matar	(Djurban Sabbel)	–
I. Lehrer	Ibrahim Bauwarschi	Djurban Matar	–	–
II. Lehrer	Ibrahim Ata	Djebir Mitri Saba	–	–
I. Lehrerin	Hasne Semaan	Djemileh Ishak	–	–
II. Lehrerin	Lydia Abbud	–	Frau Tabri	–
Leiterin des Kindergartens	Mary Ghawy	–	–	Lydia Abudaye
Organist	Ibrahim Ata	(Djurban Matar)	Wadik Chury	Sleman Abudaye
Küsterdienst	Chalil Basis (Kollekte) / Mansur Abbud (Läuten)	Djurban Matar	Wadik Chury	Sleman Abudaye

Die meisten Funktionsträger hatten also als Kassise und Lehrer mehrere Aufgaben gleichzeitig zu erfüllen.

Die Schul- und Gemeinde-Arbeit begann nach dem Krieg in einem bescheidenen Rahmen. Die JV-Statistiken für 1927 zeigen, dass Bethlehem 61, Beith Jala 73, Hebron 37 und Beith Sahour 5 Gemeindeglieder hatte.[1480] Der Kirchenbesuch variierte sehr. Nach Bethlehem kamen sonntags 25 und feiertags 40 Gläubige, nach Beith Jala 24 beziehungsweise 35, nach Hebron 22 beziehungsweise 50 und nach Beith Sahour

---

[1478] Vgl. *NNM* 72 (1928), 101.

[1479] Vgl. JVA B 3113.

[1480] Vgl. den IV. Quartalsbericht 1927 vom 20.1.1928, JVA B 3113.

40 beziehungsweise 90. Auffällig ist, dass sich an Feiertagen in Hebron und Beith Sahour mehr Gläubige versammelten als die Gemeinde Glieder hatte. Dieses Phänomen lässt sich nur so erklären, dass auch Christen anderer Konfessionen an Weihnachten und Ostern den Weg in die evangelischen Kirchen fanden. Es dürfte sich vor allem um Verwandte der Protestanten oder Sympathisanten aus anderen christlichen Kirchen gehört haben, die aus religiösen, sozialen und kulturellen Gründungen von einer Konversion absahen.

Der erste Schritt zu einer erfolgreichen Restrukturierung der Missionsarbeit war Ende der 1920er Jahren geglückt. Besonders die Wiedereröffnung der Missionsschulen stieß in den Gemeinden und unter den Einwohnern der Region Bethlehem auf ein positives Echo.[1481] Lediglich die Griechisch-Orthodoxe und die Römisch-Katholische Kirche sahen in den evangelischen Schulen Konkurrenten und agitierten unter der Bevölkerung gegen die Schularbeit des Jerusalemsvereins.[1482]

Im christlich geprägten Beith Sahour, wo die JV-Schule nach notdürftigen Reparaturen am 19. September 1926 mit 40 Schulkindern eröffnet wurde, warnten griechisch-orthodoxe Priester und Lehrer die Eltern davor, ihre Kinder in die Schule der ungläubigen Lutheraner zu schicken. Die Orthodoxen wollten mit der antiprotestantischen Polemik die Familien fester an ihre Kirche und ihre Schule binden. Ein katholischer Priester hielt eine Strafpredigt, weil ältere Jugendliche nach dem extra für sie eingerichteten Abendunterricht zur obligatorischen Abendandacht in der lutherischen Schule geblieben waren. Die Strafpredigt samt Androhung des Banns für diejenigen, die in der Schule der Ungläubigen Lesen, Schreiben und Rechnen lernten, zeigte Wirkung: Von den etwa 40 zumeist katholischen Jugendlichen kamen nur noch 15 zum Abendunterricht. Die arabischen Lutheraner reagierten gelassen und waren davon überzeugt, dass das höhere Niveau ihres Unterrichts das beste Argument gegen ein derartiges Störfeuer war. Das Verhältnis entspannte sich erst Anfang der 1930er Jahre, als der orthodoxe Bischof von Bethlehem seine Sympathie für die deutsche evangelische Arbeit bekundete.[1483] Letztlich waren weder die staatlichen noch die orthodoxen Schulen in Beith Sahour eine Konkurrenz für den JV.

In Beith Sahour stieg die Schülerzahl auf 158 im Jahre 1927, 1934 waren es 242 Schüler, 1938 sogar 473. Vier Klassen wurden in drei Räumen unterrichtet. Die Beith Sahourer Schule gewann Ansehen im Dorf. Die Eltern schickten ihre Kinder gerne „zu den Deutschen". 1927 wurde das Angebot erweitert und eine eigene Kindergärtnerin eingestellt.[1484] Außerdem baute der JV erfolgreich mit Hilfe zwei Kaiserswerther Krankenschwestern eine polyklinische Station auf, in der monatlich rund 200 Patienten – das waren immerhin 15 % der Bevölkerung – kostenlos behandelt wurden.[1485]

M. Raheb hat darauf hingewiesen, dass die Bedeutung der Polyklinik und der JV-Schule für das in seiner Entwicklung zurückgebliebene Dorf Beith Sahour nicht

[1481] Vgl. Jentzschs IV. Quartalsbericht 1926, JVA B 3113.

[1482] Vgl. den Bericht der arabischen Missionsschwester Matar vom 31.12.1926, JVA B 3113.

[1483] Vgl. Jentzschs I. Quartalsbericht 1930, JVA B 34.

[1484] So die Formulierung im I. Quartalsbericht 1927, JVA B 3113.

[1485] Vgl. M. Raheb, *Das reformatorische Erbe*, 165.

unterschätzt werden kann. In der Schule wurde die Mehrheit der Bevölkerung ausgebildet, was zu einem Anstieg des Bildungsniveaus im Dorf führte.[1486]

Zu einem Erfolgsmodell entwickelte sich der Kindergarten in Beith Jala, der von
über 100 Kindern besucht wurde.[1487] Glücklich zeigte sich der JV, dass die Regierung 1927 in den Missionsschulen wieder die deutsche Sprache zuließ.

Das Weihnachtsfest war für Missionsleiter Jentzsch jedes Jahr ein großes Er-
folgserlebnis. In Beith Sahour, das sich selbst als erste Missionsstation auf Erden
verstand, weil nach der lukanischen Weihnachtsgeschichte auf seinen Feldern die
Engel den Hirten die Geburt Christi verkündigt hatten, musste Jentzsch 1926 gleich
vier Schul-Weihnachtsfeiern abhalten. Der Andrang war so groß, dass die kleinen
Schulräume nicht alle Interessierten fassen konnten. Besonders die Bescherung bereitete den Kindern große Freude, war der von Landwirtschaft und Perlmuttgeschäft
abhängige Ort doch seit dem Krieg stark verarmt. Für Jentzsch war es ein eigenar-
tiges Erlebnis, dass ihm nach dem Gottesdienst Kinder und Witwen als Zeichen der
Dankbarkeit die Hand küssten.

Auch die Gemeindearbeit erhielt Zulauf, so dass der JV einen Abendunterricht
für die Männer, einen Sonntagsgottesdienst um 8 Uhr morgens und eine Sonntagsschule für die Kinder am frühen Nachmittag anbot.

Im Januar 1927 wurde in Beith Sahour ein Nähverein für die Frauen gegründet,
der zwischen 65 und 75 Christinnen und Muslima anlockte. Da die Hygiene ein
besonderes Anliegen der Mission war, bildeten Vorträge über Gesundheitsvorsorge
einen Schwerpunkt dieses Frauenkreises.[1488] Die missionarische Zielsetzung kam
nicht zu kurz, denn nach den Nähstunden wurde eine Andacht gehalten. In Beith
Sahour entwickelte sich in den 1920er Jahren die stärkste JV-Gemeinde.

6.4.2 Personalprobleme

Wie alle protestantischen Gemeinden, quälte sich auch der JV in der Zwischenkriegszeit mit großen Personalproblemen. Bei Jentzschs Amtsantritt näherten sich
die drei arabischen JV-Geistlichen dem Pensionsalter. Eine Verjüngung des geistlichen Personals war dringend nötig, doch es fehlte der geeignete Nachwuchs.[1489] Das
lag nicht zuletzt an der soziologischen Ausrichtung der Mission und damit an der
Zusammensetzung der Gemeinden: Die Mission hatte mit Waisenkindern und Angehörigen der Unterschichten begonnen. Eine bürgerliche Mittelschicht entwickelte
sich langsam, sie war in den 1920er und 1930er Jahren noch nicht groß genug, um
als Personalreserve zur Rekrutierung geeigneter Kandidaten für das geistliche Amt
dienen zu können. Auch gab es neben dem Seminar des Syrischen Waisenhauses
und der *Newman School of Missions* keine theologische Ausbildungsstätte für den
protestantischen Nachwuchs in Palästina. Während das Syrische Waisenhaus geeig-

---

[1486] Vgl. ebd. und 172.

[1487] Vgl. Jentzschs I. Quartalsbericht 1930, JVA B 34.

[1488] Vgl. zu ähnlichen Beobachtungen im Bereich der angelsächsischen Missionen I.-M. Okkenhaug,
The Quality of Heroic Living, 22.

[1489] Vgl. M. Raheb, *Das reformatorische Erbe*, 136 f.

nete Kandidaten nach Deutschland oder in die Schweiz schickte, beließ es der JV aus finanziellen Gründen dabei, geeignete Lehrer aus den eigenen oder anderen protestantischen Gemeinden als Evangelisten oder Kassise anzustellen. Damit wurde allerdings eine Chance für die Weiterentwicklung des Gemeindelebens vertan.

1927 stellte der Verein zwei ehemalige Schüler des Syrischen Waisenhauses als neue Evangelisten ein[1490]: Djurban Matar für Beith Sahour und den Lehrer Schedid Baz Haddad (1895–1963)[1491] für Hebron. Matar sollte nach einer eingehenden Weiterbildung sogar ordiniert werden. Doch Matar verzichtete freiwillig darauf. Er meinte, dass die Beith Sahourer ihm eher Vertrauen schenken würden, wenn er als Lehrer und nicht als Kassis predigen würde.[1492]

Zudem wurden zum 1.10.1927 die Kaiserwerther Diakonissen Meta Rohde und Julie Jung nach Bethlehem entsandt, die die Sozialarbeit der Gemeinde übernehmen sollten. 1928 gelang dem JV ein Glücksgriff, als er mit Judy Docmac einen guten Lehrer fand, der sich als einziger Protestant in einem rein muslimischen Kollegium in Safed einen guten Ruf erarbeitet hatte. Er führte die Bethlehemer Schule auf ein höheres Niveau.[1493]

6.4.3 Positive Entwicklung der Schulen und der Jugendarbeit

In den folgenden Jahren fanden die JV-Bildungseinrichtungen – es handelte sich ja ausschließlich um Primarschulen - immer mehr Anklang. Um die Erfolge des JV in einen größeren Kontext zu setzen, sei kurz auf die Struktur des Bildungssektors im Palästina der Mandatszeit hingewiesen.

Während der Mandatszeit gab es zwei Schulsysteme in Palästina[1494] – das jüdische, das von Organisationen wie *Vaad Leumi* und die *Jewish Agency* finanziert

---

[1490] Der eine, Schedid Baz Haddad erhielt trotz langjähriger Berufserfahrung nur ein Gehalt von 40 Pfund vierteljährlich und 10 Pfund als außerordentliche Unterstützung für seine hilfsbedürftigen Angehörigen. Ein höheres Gehalt wollte ihm der Vorstand nicht gewähren, da sich die anderen Angestellten sonst wegen einer Ungleichbehandlung hätten beschweren können. Vgl. JVA B 3113.

[1491] Vgl. M. Raheb, *Das reformatorische Erbe*, 135 f. zu den Lebensläufen der beiden neuen Evangelisten Djurban Matar und Schedid Baz Haddad: Matar als Sohn griechisch-katholischer Eltern geboren, kam im Alter von 10 Jahren ins Syrische Waisenhaus, wurde dort nach dem Schulabschluss zum Lehrer ausgebildet, arbeitete vor dem Ersten Weltkrieg als Lehrer in der Jerusalemer JV-Schule, dann im Armenischen Waisenhaus, schließlich in Bethlehem und Beith Jala. Wegen der Veränderungen der Kriegszeit und der Beschlagnahmung der deutschen Schulen arbeitete er sechs Jahre lang für eine Regierungsschule in Tiberias, ehe er 1926 wieder zum JV zurückkehrte. In Beith Sahour arbeitete er fünf Jahre als Lehrer, Seelsorger und Evangelist. Er starb bereits am 10. Januar 1931 an den Folgen einer schweren Zuckererkrankung. Sein Amtsbruder S.B. Haddad wurde am 26.8.1895 im Libanon geboren, durchlief ebenfalls im Syrischen Waisenhaus Schule, Lehrerseminar und Evangelistenausbildung, wurde nach dem Ersten Weltkrieg Lehrer und Evangelist des JV. Er starb 1963.

[1492] Vgl. Jentzschs I. Quartalsbericht 1928, JVA B 3113.

[1493] Ebd. Docmac erhielt ein Gehalt von 13 Pfund monatlich.

[1494] Vgl. N. Shepherd, *Ploughing Sand*, 126–178; A.L. Tibawi, *Arab Education in Mandatory Palestine*, London 1956; H.-J. Abromeit, „Der Beitrag der evangelischen Schularbeit zur Entwicklung Palästinas", in: *ZMiss* 20 (1994), 166–177; V. Raheb, „,Bildung ist ein Weg zur Veränderung'. Der Einfluß der Politik auf das Bildungswesen in Palästina", in: U. Bechmann/M. Raheb (Hgg.), *Verwurzelt im Heiligen Land*, 216–227.

und verwaltet wurde, und das arabische, das neben einzelnen muslimischen Organisationen und christlichen Missionen vor allem der Staat trug.[1495] Zwischen beiden Schulsystemen bestanden erhebliche quantitative und qualitative Unterschiede: Das finanziell besser ausgestattete, international geförderte jüdisches Bildungssystem reichte vom Kindergarten bis zur Universität. Das arabische Bildungssystem hatte keine vergleichbare akademische Einrichtung anzubieten. 85 % der Fellachen waren Ende der 1930er Jahre noch Analphabeten.[1496]

1944 besuchten 97 % der jüdischen, aber nur 32,5 % der arabischen Kinder eine Schule. Die Peel-Kommission hatte 1936 kritisiert, dass das staatliche Angebot nur 50 % der arabischen Nachfrage abdecke. Erst in den 1940er Jahren implementierte die Regierung weitgreifende Verbesserungen. Nach den Untersuchungen des palästinensischen Historikers Abdul Latif Tibawi gab es 1946 insgesamt 795 Schulen im arabischen Sektor Palästinas. Davon waren 478 öffentliche, 135 private muslimische, 182 private christliche. 400 dieser öffentlichen Schulen wurden erst 1944 und 1945 vor allem in den ländlichen Regionen gegründet. Mädchen waren nur an 46 der 795 Schulen zugelassen und stellten nur 21 % der Gesamtschülerzahl. Trotz dieser Zahlen konstatierte Tibawi Fortschritte während der Mandatszeit. Damals hätten 30 % der arabischen Bevölkerung lesen gelernt; nach dem Libanon besaß Palästina den zweithöchsten Schülerinnenanteil in allen arabischen Ländern.[1497] Die in Israel lebende britische Historikerin Naomi Shepherd bemerkt allerdings, dass der Bildungsetat nie mehr als 7 % des Gesamtbudgets ausgemacht hätte, weil Ausgaben für Sicherheits- und Infrastrukturmaßnahmen stets dominierten. Zwar habe sich der arabische Schulbesuch im Lauf des Mandats verdoppelt, doch die Schulen seien oft aufgrund fehlender Neubauten und ausbleibender Neueinstellungen überlastet gewesen. Protest über eine wenig stringente Bildungspolitik sei ein Kontinuum der Zwischenkriegszeit gewesen.[1498] Wenig Verständnis hätten die britischen Oxbridge-Absolventen des *Education Department* auch für die arabischen Wünsche nach einem dezentralisierten Bildungssystem gezeigt. Shepherd gibt auch Belege dafür, dass die britischen Bildungspolitiker nur ein begrenztes Interesse an einer vertieften Bildung der arabischen Landbevölkerung gehabt hätten, weil dies schnell – aufgrund erhoffter besserer Einkommensverhältnisse – zu einer Landflucht führte, die unterbunden werden sollte. Die eigentliche Verpflichtung der Mandatsregierung „to provide equal opportunities for Muslim and Christian Arabs alike, let alone for Arabs and Jews," was never realized [...]."[1499]

Eine große Nachfrage nach Bildungsangeboten erlebte auch der JV. 1931 sahen der Kindergarten und die Schule in Beith Sahour einen Höhepunkt, als 250 Kinder dort angemeldet wurden.

Als in Beith Sahour die griechisch-orthodoxe Schule wegen hygienischer und pädagogischer Mängel von der Mandatsregierung geschlossen wurde, versuchten

---

[1495] Vgl. V. Raheb, „„Bildung ist ein Weg zur Veränderung" ', 218 f.

[1496] Vgl. K. Thomas, *Das Deutschtum in Palästina*, 369 mit Verweis auf den Peel-Bericht.

[1497] Vgl. A.L. Tibawi, *Arab Education in Mandatory Palestine*, 224.

[1498] N. Shepherd, *Ploughing Sand*, 127, 155.

[1499] Ebd., 157.

mehr Eltern ihre Kinder in der JV-Schule anzumelden als Plätze frei waren.[1500] Das sorgte wiederum bei den orthodoxen Priestern für Ärger. Da einige griechisch-orthodoxe Familien darum baten, ihre Kinder an den freitäglichen Passionsmessen teilnehmen zu lassen, gewährte ihnen die Schulleitung Befreiung. Evangelist Djurban Matar schickte die Kinder unter Aufsicht des Lehrers Djebr Mitri in die Griechisch-Orthodoxe Kirche. Doch der Priester sah in dieser Aktion kein ökumenisches Entgegenkommen, sondern eine „ungehörige Propaganda"; er behandelte die Kinder herabwürdigend und verweigerte ihnen das geweihte Osterbrot.[1501]

Als sich der Priester sogar zur der Aussage hinreißen ließ, dass Protestanten noch gottloser als Mohammedaner seien und sie als Ketzer und Ungläubige brandmarkte, ließen sich das die dem JV nahestehenden orthodoxen Eltern nicht bieten. Sie verlangten eine Entschuldigung und drohten, diese Diffamierungen sowohl dem evangelischen Missionsleiter als auch dem muslimischen Muhtar zu berichten. Der Priester entschuldigte sich, weil er insbesondere die Auseinandersetzung mit den Muslimen fürchtete. Die orthodoxe Polemik führte also zum Gegenteil dessen, was sie bewirken wollte: Die Eltern solidarisierten sich mit den Lutheranern.

Die JV-Schule in Beith Sahour entwickelte sich zu einem Erfolgsmodell. Bei einer Visitation des Schulwesens durch die Mandatsregierung wurde die JV-Schule und ihr Leiter Djurban Matar sehr gelobt.[1502] Einen wichtigen psychologischen Effekt in der Bevölkerung bewirkte Matars Vorgehen, alle Abschlussprüfungen öffentlich abzuhalten, so dass sich Eltern und Stadtverwaltung von den pädagogischen Resultaten der Schule selbst überzeugen konnten. Die Beith Sahourer Bevölkerung identifizierte sich auf diese Weise mit der Schule und war stolz auf das erreichte Bildungsniveau. Allerdings konnten viele Eltern gar nicht beurteilen, wie gut oder schlecht ihre Kinder abgeschnitten hatten, waren sie doch selbst Analphabeten.[1503] In diesem Kontext ist es durchaus bemerkenswert, dass es der JV-Schule gelang, unter ihren Absolventen auch einige Akademiker hervorzubringen.[1504]

Einen Erfolg konnte der JV in der Errichtung eines Jugendclubs in Beith Sahour verbuchen, der sich selbst *Fortschrittsverein Junger Männer* - in Anlehnung an den YMCA und die muslimischen Jungmännerorganisationen - nannte. Im eigens eingerichteten Vereinslokal trafen sich regelmäßig über 100 junge Männer, allesamt Schüler der JV-Schule in Beith Sahour. Der Evangelist Djurban Matar, den Jentzsch als „äußerst geschickten Vertreter unserer Sache"[1505] würdigte, hatte den Verein gegründet und die Leitung in die Hände der Lehrer Djebr Mitri und Chalil Atrasch gegeben, die unter Matar zum christlichen Glauben konvertiert waren.

Bei der Programmgestaltung achteten Matar, Mitri und Atrasch darauf, dass sich der Verein nicht zu stark politisch positionierte, um nicht in Verruf zu geraten. Die

---

[1500] Nach K. Thomas, *Das Deutschtum in Palästina*, 370 Anm. 2 musste die Griechisch-Orthodoxe Kirche aufgrund rückgängiger Finanzen nach dem Ersten Weltkrieg über 150 Schulen schließen.

[1501] Vgl. Jentzschs I. Quartalsbericht 1928, JVA B 3113.

[1502] Vgl. Jentzschs III. Quartalsbericht 1929, JVA B 3114.

[1503] Ebd.

[1504] Vgl. Jentzschs II. Quartalsbericht 1938, JVA B 3118.

[1505] Vgl. Jentzschs IV. Quartalsbericht 1931, JVA B 3115.

Aufgabe des Vereins bestand in der Bildungsarbeit. Deshalb wurden lutherische Lehrer zu Vorträge eingeladen, die zum Beispiel das Thema *Fluch und Segen der Zivilisation* behandelten, wie Jentzsch meinte, „*die* Frage, die das Leben in diesem Lande jetzt am innerlichsten berührt!" [1506]

Jentzsch förderte den Jugendverein aus religionspolitischen Motiven. Da Palästina in der Zwischenkriegszeit eine stark nationalistisch gefärbte muslimische Jugendbewegung besaß und einen Gründungsboom an Jugendlokalen und -vereinen sah, sollte auch die christliche Minderheit diesen Trend aufnehmen. Jentzsch hoffte, dass die protestantischen Jugendvereine innerhalb der arabischen Jugendbewegung akzeptiert würden und so einen Beitrag zur Stabilisierung des Protestantismus im Heiligen Lande leisteten. [1507]

In der islamischen Hochburg Hebron mit dem angeblichen Grab Abrahams, versuchte der JV ab 1927 seine Aktivitäten zu forcieren und ernannte den Lehrer Schedid Baz Haddad zum Evangelisten. Er übernahm Hebron und gewann dank seines ruhigen Wesens, seiner umfassenden Bildung und seines Respekts vor dem Glauben seiner Mitbürger das Vertrauen der missionskritischen muslimischen Bevölkerung. Anfang der 1930er Jahre gab es wiederholte Eingaben der Hebroner Bevölkerung an den JV, dort eine Schule zu eröffnen. [1508] In diesem Wunsch spiegelten sich, so Jentzschs Einschätzung, starke anti-britische Affekte. Der Zorn der Araber auf die verfehlte Mandatspolitik sei so groß, dass die Hebroner eine deutsche Missionsschule einer Regierungsschule mit islamisch-arabischem Lehrplan vorzögen.

Jentzsch hielt die Gründung einer Missionsschule in Hebron für wünschenswert. In der 24.000-Einwohner-Stadt gab es außer einem kleinen englischen Hospital keine christliche Einrichtung. Die JV-Gemeinde bestand zwar nur aus 130 Seelen und war konfessionell überaus heterogen. Neben Protestanten trafen sich in ihr auch Armenier, Griechen und Syrer. Gerade das friedliche Zusammensein der Christen aus unterschiedlichsten Kirchen „gibt den Tausenden von Mohammedaner ständig zu denken und zu staunen. Denn sie wissen ja nicht anders, als dass die Christen einander [an den heiligen Stätten, RL] ärger bekämpfen als die Außenstehenden; und zum ständigen Repertoire der mohammedanischen Propaganda gehört ja dieses Thema von der inneren Zerrissenheit der Christenheit, die Jesu Evangelium vom Frieden und der Liebe Lügen zu strafen scheint [...]". [1509]

Auch diese Argumente konnten den JV-Vorstand nicht überzeugen. Er lehnte diesen Wunsch aus finanziellen Gründen ab. Das Budget des JV war stark belastet worden, seit im Juli 1927 ein Erdbeben in Palästina erheblichen Schaden angerichtet hatte. [1510] Der Turm der Bethlehemer Weihnachtskirche wurde durch das Erdbeben derart beschädigt, dass der JV-Vorstand sofort 300 Pfund für Reparaturen nach Paläs-

---

[1506] Ebd.

[1507] Ebd.

[1508] Vgl. Jentzschs IV. Quartalsbericht 1934, JVA B 35 und seine Ausführungen in seinem Bericht „Die Missionsarbeit des Deutschen Jerusalems-Vereins" auf der Missionskonferenz in Beirut 1931, JVA B 3115. Vgl. auch M. Raheb, *Das reformatorische Erbe*, 164.

[1509] Jentzschs IV. Quartalsbericht 1934, JVA B 35.

[1510] Vgl. auch den Artikel „Das Erdbeben", in *EGP* Nr. 9/1927.

tina überwies, um den drohenden Abriss durch die Regierung zu verhindern. Auch dem Missionshaus in Beith Sahour drohte 1927 der Einsturz. Rund 35.000 RM für Wiederherstellungsmaßnahmen in Beith Sahour und Bethlehem belasteten den ohnehin angespannten Haushalt.[1511] Zu allem Unglück sorgte ein weiteres Beben im Juli 1928 erneut für Schäden in Bethlehem.

In dieser finanziell schwierigen Situation traf es den JV sehr, dass die preußische Generalsynode am 4. Mai 1927 beschloss, auch die anderen Palästinamissionen an der bisher ausschließlich für den JV bestimmten Weihnachtskollekte partizipieren zu lassen.[1512] 1928 erhielt der JV 50 %, die E.J.St. und die Orientarbeit der Kaiserswerther Diakonie je 25 %; ab 1929 erhielt der JV 50 %, die E.J.St. 40 % und Kaiserswerth 10 % der Weihnachtskollekte.

In den Jahren 1929 bis 1931 drehte sich das Personaltableau der JV-Gemeinden. Iskander Haddad, der seit 1899 für den JV gearbeitet hatte, ging 1929 im Alter von 70 Jahren in Pension. 1931 folgte ihm Farhud Kurban. Am 10. Januar 1931 starb Djurban Matar an den Folgen seiner schweren Zuckerkrankheit – und folglich musste der JV-Vorstand die Aufgaben in den Gemeinden der Bethlehemer Region neu aufteilen.

Schedid Baz Haddad 1930 wurde von Hebron nach Beith Jala versetzt, da die Arbeit in der winzigen Hebroner Gemeinde in keinem Verhältnis zu seinem Einkommen stand. Ihm wurde zudem die Verantwortung für den Schulunterricht in Beith Sahour und die Gottesdienste in Hebron übertragen. Allerdings blieben in den folgenden Jahren – aus finanziellen Gründen – die Gemeinden Hebron und Beith Sahour ohne geistliche Betreuung. Das erwies sich als Fehler, weil diese beiden Gemeinden anwuchsen.[1513] Erst 1935 übernahm der Schulleiter von Beith Sahour, Elias Schehadeh, auch pastorale Aufgaben.[1514]

Diese Entscheidung rief unter den Hebroner Christen, die Schedid Baz Haddad sehr schätzten, Protest hervor. Die Gemeinde in Beith Jala, die sich Said Abbud als Geistlichen gewünscht hatte, musste sich erst an Schedid Baz Haddad gewöhnen.[1515] Die Gemeinde störte sich auch daran, dass der JV-Vorstand mit Baz Haddad einen Evangelisten und keinen ordinierten Pfarrer nach Beith Jala schickte, wie sie es sich gewünscht hatte. Obwohl es ihm gelang, den größten Teil der Gläubigen für sich zu

---

[1511] Vgl. F. Foerster, *Mission im Heiligen Land,* 158.

[1512] Der Generalsynodalbeschluss vom 12.3.1930 findet sich in EZA 7/3910. Vgl. auch F. Foerster, *Mission im Heiligen Land,* 158. Alle Versuche des JV-Vorsitzenden Louis von Schwerin, den E.O.K.-Präsidenten Kapler von diesem Vorhaben abzuhalten, scheiterten. Konnte der JV trotz des neuen Verteilschlüssels 1928 noch 73.263 Mark einnehmen, gingen die Einnahmen 1929 auf 34.153 Mark zurück, stabilisierten sich 1930 und 1931 bei 37.877 Mark beziehungsweise 36.328 Mark, fielen aber 1932 auf 30.994 und 1933 auf 28.560.

[1513] Vgl. Jentzschs Brief an den JV-Vorstand vom 26.1.1933, JVA B 3115.

[1514] Elias Schehadeh (1899–1976) besuchte das *English College* in Jerusalem, arbeitete von 1919 bis 1934 als Lehrer im Syrischen Waisenhaus, bevor er von 1934 bis 1948 Schulleiter und Evangelist in Beith Sahour wurde. Von 1947 bis 1964 arbeitete er als Pfarrer der JV-Gemeinde in Bethlehem. Vgl. M. Raheb, *Das reformatorische Erbe,* 172 Anm. 193.

[1515] Vgl. diverse Schriftwechsel zwischen Jentzsch und dem JV-Vorstand, JVA B 3115.

gewinnen, hatte er Feinde in der Gemeinde.[1516] In der lokal einflussreichen Familie Abudaye bildete sich um Atallah Abudaye eine regelrechte *Anti-Schedid-Fraktion*, die dem neuen Pastor das Einleben schwer machte.[1517] Erst nach einigen Jahren legten sich die Auseinandersetzungen.

[1516] Vgl. den Lebensrückblick von S. Baz Haddad „Evangelist und Pfarrer in Beitjala", *ILB* 1 (1961), 20.

[1517] Vgl. Rheins Schreiben an den JV-Vorstand vom 26.2.1932, JVA B 3115.

6.5 Diskussion über eine Intensivierung der Mission während der Zwischenkriegszeit

6.5.1 Die Diskussion in den Kreisen des Jerusalemsvereins

Der missionarischen Arbeit des JV in der Region Bethlehem war nur ein bescheidener Erfolg beschieden.[1518] Die JV-Schulen leisteten einen wichtigen Beitrag zur Anhebung des Bildungsniveaus in der Region Bethlehem. Eigentliche Mission wurde in den Schulen aber kaum betrieben. Überhaupt lässt sich in den Kreisen der deutschen und in gewisser Weise auch der englischen Palästina-Mission nicht von einer ausgeklügelten Missionsstrategie sprechen.[1519] Einen missionswissenschaftlichen *think tank* gab es weder in Kreisen des JV noch des Syrischen Waisenhauses.

Das lag nicht zuletzt daran, dass die JV-Missionsschulen indirekt – durch das Vorbild der Lehrer, durch die pädagogische Qualität und durch gelegentliche Andachten – zu überzeugen versuchten. Sie zielten auf Volkschristianisierung und Volkserziehung, aber auch auf die überlegene Kraft der westlichen Kultur und Bildung, die langsam auf die Gesellschaft ausstrahlen würde.[1520] So ehrenwert diese Konzeption war, so wenig führte sie zu Massenbekehrungen.

Betrachtet man die Arbeit *on the spot* so fällt auch auf, dass die einheimischen Lutheraner, aber auch Jentzsch und der JV-Vorstand in Berlin letztlich kaum ein Interesse an einer Verstärkung der eigentlichen Mission an den Tag legten. Das war nicht nur ein Resultat der religionspolitischen Bedingungen in Palästina, sondern auch eine gewisse Selbstzufriedenheit mit dem Erreichten. Neue Impulse von außen gab es nicht.

[1518] Vgl. auch M. Raheb, *Das reformatorische Erbe*, 113–116, 165.

[1519] Vgl. J. Schmitz/H. Rzepkowski, Art. „Missionsmethode", in: K. Müller/T. Sundermeier (Hgg.), *Lexikon missionstheologischer Grundbegriffe*, Berlin 1987, 292–297.

[1520] H.-E. Hamer, Art. „Missionsschule I. (Ev.)", in: K. Müller/T. Sundermeier (Hgg.), *Lexikon missionstheologischer Grundbegriffe*, 302–308, unterscheidet idealtypisch drei Ausrichtungen der Missionsschulen :

1. Die Missionsschule, die in der Tradition der Glaubensmission steht, zielt auf die Bekehrung des Schülers. Der Missionar als Lehrer ist der lebendige Glaubenszeuge. Die biblische Unterweisung steht im Zentrum des Schulcurriculums und soll zur persönlichen Bekehrung führen. Im Grunde handelt es sich weniger um eine Schule als um eine Institution zur biblischen Unterweisung.

2. Die an der Kirchengemeinde orientierte Missionsschule geht katechetisch vor und will die Schüler an den Gottesdienst, die Predigt, die kirchliche Tradition heranführen. Hierbei geht es also stärker um die kirchliche Sozialisation als um die Bekehrung der Einzelseele. Die Lebenswelt des Schülers spielt bei der pädagogischen Ausrichtung der Schule eine stärkere Rolle als im ersten Fall. Deshalb verbindet dieses Modell *Volkschristianisierung* mit *Volkserziehung*. Die *Volkssprache* dient als Unterrichtssprache.

3. In den Schulen der allerdings relativ wenigen liberalen bzw. kulturprotestantischen Missionen zielt die Bildung auf die Vermittlung von christlicher Geisteskultur. Diese Schulen waren von der Überlegenheit der westlich-christlichen Kultur überzeugt und hofften im Zuge der Kulturvermittlung christlich geprägte Persönlichkeiten hervorzubringen. Für das inter-religiöse Gespräch gingen die Protagonisten dieses Modells davon aus, dass in allen Religionen Elemente der göttlichen Wahrheit, wenn auch in unterschiedlicher Deutlichkeit ausgeprägt, zu finden seien.

Die JV-Schulen sind zwischen Typ zwei und drei einzuordnen.

Völlig überraschend kam diese Entwicklung nicht. Der Nestor der deutschen Missionswissenschaften, der Hallenser Theologe Gustav Warneck, hatte schon 1905 die Aussichten der Mohammedaner-Mission im Orient in Zweifel gezogen. Vor allem politische und sozial-kulturelle Gründe brachten ihn zu dem Urteil, dass die Zeit für die Mission unter Muslimen noch nicht gekommen sei. Die gegenwärtigen Aktivitäten auf diesem Gebiet hielt er für nutzlose Ressourcenverschwendung. Damit kritisierte er in erster Linie die angelsächsischen, indirekt aber auch die deutschen Orientmissionen. Warneck riet zum Abwarten und zur Arbeit unter den Christen des Orients als Vorbereitung der eigentlichen Mohammedaner-Mission.[1521] Dagegen votierte der Berliner Missionswissenschaftler Julius Richter unter dem Eindruck der bei der Weltmissionskonferenz in Edinburgh 1910 herausgegebenen missionsoptimistischen Parole *Evangelisation der Welt in dieser Generation*, dass die Islam-Mission keinen Aufschub dulde. Er hielt die „Strategie einer Evangelisation der orientalischen Kirchen als Durchgang zur Mission an den Muslimen" für falsch. Nach seiner Einschätzung zeigte sich die islamische Welt offen für das Evangelium, weshalb er die – allerdings wenigen – Bekehrungen von Muslimen zum Christentum als beachtlichen Erfolg würdigte.[1522]

Dass der frühere Interims-Propst und Hallenser Alttestamentler Albrecht Alt in seinem Festvortrag aus Anlass des 75jährigen Bestehens des Jerusalemsvereins am 20.2.1928 in Berlin den Verein zu neuen missionarischen Initiativen aufrief, war ein ungewöhnlicher, fast revolutionärer Akt in der Vereinsgeschichte.[1523] Alt stand mit dieser Haltung offenkundig Richter näher als Warneck. Der Protestantismus habe „den Beruf, das Recht und die Pflicht", den Christen Palästinas „das Evangelium in seiner Reinheit" nahe zu bringen. Dazu zählte explizit auch die an den Maßstäben der Reformation orientierte Mission durch die einheimischen Lutheraner. Selbständige evangelisch-arabische Gemeinden sollten zum Mittelpunkt der evangelisatorischen Arbeit in Palästina werden. Dieser hohe theologische Anspruch verband sich bei Alt allerdings mit einer betont antimodernen Einstellung: „Die Mächte, die heute die arabischen evangelischen Christen bedrohen, sind die Mächte der abendländischen, religionslosen technischen Civilisation. Bisher hat der Jerusalemsverein weder Mohammedaner- noch Judenmission getrieben und hat damit die kirchengeschichtliche Situation richtig erfasst. Wenn Islam und Judentum sich heute in Palästina reif für die Christianisierung erweisen sollten, so wird der Jerusalemsverein vor der Frage stehen, ob er diese neue Aufgabe angreifen soll."[1524]

[1521] Vgl. G. Warneck, *Abriß einer Geschichte der protestantischen Mission*, Berlin [8]1905, 308 ff – zitiert nach A. Feldtkeller, „Die Zeit zur Mohammedanermission im Oriente ist noch nicht gekommen' ", 97 f.

[1522] Ebd. 102 – mit Verweis auf J. Richter, *Mission und Evangelisation im Orient*, Gütersloh 1908, 53.

[1523] Das Jubiläum fand ein weites Echo in deutschen Zeitungen. Der Bericht des Evangelischen Pressedienstes erschien am 22.2.1928 u.a. in der *Neuen Preußischen Zeitung*, in der *Vossischen Zeitung*, in der *Täglichen Rundschau,* in der *Deutschen Tageszeitung*, in *Der Tag*, im *Steglitzer Anzeiger* sowie der *Deutschen Allgemeinen Zeitung* vom 23.2.1928, im *Reichsboten* vom 23.2. und 29.2.1928 sowie im *Neuen Sächsischen Kirchenblatt* vom 1.4.1928, JVA A 325.

[1524] Vgl. A. Alts Vortrag „75 Jahre Jerusalemsverein – ein Stück Kirchengeschichte" findet sich nur in einer Zusammenfassung ohne Verfasser „75 Jahre Jerusalemsverein", JVA A 325. Der Vortrag er-

Das waren neue Töne, denn obwohl sich der Verein nach § 1 seiner Satzung zur Mission bekannte, begnügte er sich über Jahrzehnte mit der Förderung und Bewahrung des Bestehenden: Weder missionarische Strategien noch Bekehrungsstatistiken beziehungsweise Erwachsenentaufen sind in den Quartalsberichten der Missionsleiter dokumentiert.

Auch die Einstellung der Evangelisten Djurban Matar und Schedid Baz Haddad hatte nur begrenzten Erfolg. Sie diente mehr der Stabilisierung der bestehenden Gemeinden als der missionarischen Expansion.

6.5.2 Erfolge und Misserfolge der CMS-Mission

Die Kritik am fehlenden missionarischen Bewusstsein der einheimischen Christen war kein genuin deutsches Problem. Auch der CMS-Generalsekretär W.W. Cash kritisierte das mangelnde evangelisatorische Engagement der arabischen Gemeinden.

Schon 1923/24 schrieb er – damals war er noch als CMS-Missionar in Palästina tätig –, dass das Wachstum der Kirche stagniere. Die Zeit der Übertritte aus den Ostkirchen sei vorüber, nun müsse unter Muslimen missioniert werden. Dafür fehle den einheimischen Pastoren „the vision of a wider sphere than they have hitherto occupied." [1525]

Elf Jahre später hatte Cash noch immer den Eindruck, dass die einheimischen Christen die Mission ausschließlich für eine Aufgabe ihrer englischen Glaubensgenossen hielten.[1526] Für Cash gehörte die Mission nach apostolischer Lehre allerdings gerade zu den Aufgaben der *Jungen Kirchen*, weil diese direkter in ihre Umwelt hineinwirken konnten als die ausländischen Missionare.[1527] Der arabische Pfarrer Asaad Mansour aus Nazareth widersprach Cash und sah den Fehler in der Arbeitsteilung der CMS begründet. Während der PNCC schrittweise fast die gesamten parochialen Aufgaben übernahm, war die Mission in den Händen der englischen CMS-Missionare verblieben. Die CMS-Zentrale in London bewertete dies als Fortschritt, zumal dem PNCC in dem ersten Jahrzehnt des Mandats katechetische Aufgaben übertragen wurden.[1528]

Gänzlich erfolglos war die anglikanische Mission keineswegs. Der PNCC-Pfarrer in Haifa, Y. Khaddar berichtete 1928, dass 40 griechisch-katholische Familien aus dem kleinen Ort Bassah bei Akko zum Protestantismus übertreten wollten.[1529] Allerdings beruhte dieser Entschluss auf der Arbeit der *American Presbyterian Mission*

---

schien nie im Druck. Alt zögerte aufgrund „sachlicher Unfertigkeiten" seiner Ausführungen einen Abdruck hinaus und verweigerte ihn dann ganz. Vgl. die Andeutungen in Alts Brief an den JV vom 24.4.1928 sowie die handschriftliche Notiz Ulichs vom 26.4.1928, nach der Alt mündlich einen Abdruck in den *NNM* abgelehnt habe, JVA A 325.

Vgl. auch F. Foerster, *Mission im Heiligen Land*, 155 f.

[1525] Vgl. den Jahresbericht 1923/24, BUL/CMS/Historical Record/Annual Report 1923/24, 94.

[1526] Vgl. z.B. Cashs Artikel „Palestine To-day", in: *Bible Lands* Nr. 145 – July 1935, 628–631.

[1527] Vgl. ebd. 630.

[1528] Vgl. Cashs Brief an Rev. Asaad Mansour (Nazareth) vom 18.3.1931 und das Gespräch zwischen Cash und Mansour in Keswick am 15.7.1930, BUL G/Y/P 2.

[1529] Vgl. Khaddars Schreiben an die CMS vom 22.6.1928, BUL G/Y/P 2. Mansour hatte die Familien am 20.6.1928 besucht.

in Beirut, die den Interessenten aus geographischen Gründen die PNCC-Gemeinde in Haifa empfohlen hatte.

Nun entstand jedoch eine missliche Lage für die arabischen Anglikaner: Der griechisch-katholische Bischof war ein Freund der Anglikaner, die seit der Ära Blyth von der Proselytenmacherei Abstand genommen hatten. Die griechisch-katholischen Familien erklärten den Anglikanern, dass sie von eben jenem Bischof und seiner Kirche enttäuscht seien, dort keine *spirituelle Nahrung* erhielten. Außerdem wollten sie ihren Kindern eine gute Ausbildung zukommen und sie deshalb von anglikanischen Lehrern erziehen lassen.

Mansour reagierte reserviert. Nach seinen Berechnungen würde die Entsendung eines Geistlichen zur seelsorgerlichen Betreuung der Familien und eines oder mehrerer Lehrer für die Kinder die PNCC zwischen 70 und 100 Pfund kosten. Deshalb schien ihm eine Zustimmung des PNCC nur dann sinnvoll, wenn mindestens 40 Kinder den Unterricht in Anspruch nehmen und ein entsprechendes Schulgeld bezahlen würden.[1530]

Auch CMS-Generalsekretär Cash freute sich nicht über diese missionarische Gelegenheit, da seiner Erfahrung nach derartige Bekehrungsgeschichten immer einen schwierigen Nebeneffekt hätten.[1531] Er bat deshalb Mansour, die Familien zunächst nicht aufzunehmen. Vielmehr sollte der anglikanische Geistliche alles tun, um den Streit der griechisch-katholischen Christen mit ihrem Bischof zu schlichten.[1532] Alles andere würde den Ruf der anglikanischen Kirche in Palästina in Misskredit bringen. Sollte die Aussöhnung misslingen, stünde den Familien – quasi als Ausnahme – der Weg in die anglikanische Kirche offen.

6.6 Die Bildung der evangelisch-palästinischen Gemeinde in Jerusalem im Kontext der wachsenden Nationalisierung der arabischen Bevölkerung

6.6.1 Hertzbergs Initiative und ihre Folgen

Nachdem der Wiederaufbau der evangelischen Einrichtungen – trotz gewisser zwischenmenschlicher Probleme – geglückt war, drängten die einheimischen Lutheraner auf mehr Selbständigkeit. Unterstützung fanden sie bei Propst Hans Wilhelm Hertzberg, der die Entwicklung der arabischen Gemeinde Jerusalems sehr positiv einschätzte. Er regte den organisatorischen Zusammenschluss der evangelischen Araber zunächst in Jerusalem, eventuell auch später in der weiteren Umgebung zu einer Gemeinde an. Gerade im Blick auf die Konfirmation war für Hertzberg „*die Gründung einer palästinisch-evangelischen Gemeinde Jerusalem* [...] von erheblicher Wichtigkeit".[1533] Die Zöglinge von Talitha Kumi wurden vom JV-Pastor Farhud Kurban, die

---

[1530] Ebd.

[1531] Vgl. Cashs Brief an Rev. F.S. Cragg vom 17.7.1928, BUL G/Y/P 2.

[1532] Vgl. Cashs Brief an Mansour vom 11.7.1928, BUL G/Y/P 2.

[1533] Vgl. den Jahresbericht Hertzbergs für 1928/29, EZA 56/184 (Hervorhebung im Text).

des Syrischen Waisenhauses von den dortigen Geistlichen konfirmiert. Der Nachwuchs bekannte in der Konfirmation zwar seinen Glauben evangelischer Prägung, wurde aber de facto in keine wirkliche Kirche hinein konfirmiert, welche die jungen Gläubigen auf ihren Lebenswegen hätte begleiten können. Da dies für Hertzberg ein untragbarer Zustand war, schlug er die Bildung einer arabisch-evangelischen Gesamtgemeinde in Jerusalem vor.

Auf zwei E.J.St.-Kuratoriumssitzungen in Berlin am 1. und am 29. Juni 1926 wurde Hertzbergs Vorschlag diskutiert – und abgelehnt.[1534] Allerdings bat das Kuratorium die SyrW-Leitung und den JV-Vorstand, die Zukunft der arabischen Lutheraner eingehender zu beraten. Die beiden für diese Frage wichtigsten E.J.St.-Kuratoriumsmitglieder, JV-Schriftführer Pfarrer Max Ulich und der Vorsitzende des SyrW-Vereins, Ludwig Schneller, einigten sich darauf, dass Farhud Kurban für alle arabischen Lutheraner *außerhalb* des Syrischen Waisenhauses zuständig sein sollte. Eine beide Seelsorgebezirke übergreifende arabische Gemeinde lehnten sie ab. Sie hätte das feine inner-evangelische Machtgefüge aus dem Gleichgewicht gebracht.

Allerdings gewann ein zweiter Aspekt in dem Maße an Bedeutung, an dem die Gemeindemitgliedschaft sich zu einem Streitpunkt entwickelte: Einige arabische Christen wollten der Gemeinde beitreten, doch sowohl Propst Hertzberg als auch das Kuratorium kämpften für den dezidiert deutschen Charakter der Erlöserkirchengemeinde, die sich erkennbar von einer Missionsgemeinde unterscheiden sollte. Vollberechtigte Mitglieder sollten nur Menschen mit Deutsch als Muttersprache beziehungsweise von „Deutsch sprechenden Angehörigen verwandter, dem germanischen Sprachstamm angehöriger Nationen" werden.[1535] Dass der Arzt Dr. Taufik Canaan 1912 durch seine deutsche Frau zum Glied der Erlöserkirchengemeinde werden konnte, sah das Kuratorium nicht als Präzedenzfall an, da die damals gültige Satzung von 1910 erst 1917 verschärft wurde. Weder das Kuratorium noch die Gemeinde wandten etwas gegen eine Einzelfallprüfung ein. Solange ein organisatorischer Zusammenschluss der evangelischen Araber nicht zustande kam, hielt es das Kuratorium „für das Gewiesene, dass die betreffenden Araber entsprechend der bisherigen Praxis in loser Angliederung an die deutsche evangelische Gemeinde kirchlich mitversorgt werden."[1536]

Die Frage der Vollmitgliedschaft wurde zu einem erheblichen Katalysator für die Entstehung einer eigenständigen arabischen Gemeinde. Hertzberg wiederholte in seinem Jahresbericht 1927/28 noch einmal das Anliegen der einheimischen Christen, präzisierte es jedoch dahin, dass die Araber entweder die Vollmitgliedschaft in der deutschen evangelischen Gemeinde erhalten oder aber eine eigene arabisch-evangelische Gemeinde gründen sollten.[1537] Da die deutsche Seite die nationale Trennung unter dem Dach der Erlöserkirche nicht aufgeben wollte, schien die Bildung einer arabisch-evangelischen Gemeinde unausweichlich. 1927/28 trafen sich Hertzberg, H. Schneller und sechs deutschsprachige Araber und Armenier lutheri-

---

[1534] Vgl. EZA 5/2001.
[1535] Vgl. die Abschrift der E.J.St.-Verhandlungen vom 1.6.1926, EZA 56/100.
[1536] Ebd.
[1537] Vgl. EZA 5/2001.

schen Glaubens zu ersten Beratungen.[1538] Der Wunsch der einheimischen Christen, entweder als Vollmitglieder in die Erlöserkirche aufgenommen zu werden oder eine eigene Gemeinde zu gründen, wurde zur Kenntnis genommen, doch die Beratungen endeten zunächst ohne konkretes Ergebnis.

Trotzdem entwickelte sich der gemeindliche Zusammenschluss der ehemaligen Zöglinge des Syrischen Waisenhauses und von Talitha Kumi erfolgversprechend. Enge freundschaftliche Verbindungen zur anglikanischen *St. Paul's Church* festigten sich, was Hertzberg kritisch registrierte. Für ihn schien das Unabhängigkeitsstreben der arabischen Anglikaner drei Gründe zu haben:

Erstens gehöre es zu „der nationalen Welle, die die arabische Welt stark erfasst hat und auch in kirchlicher Beziehung sich auswirkt";

zweitens drücke sich darin die „wachsende Opposition gegen die autokratische Art des hiesigen anglikanischen Bischofs" aus,

drittens lehnten die einheimischen Anglikaner die „katholisierenden Tendenzen der Church of England" ab.[1539]

Als Ziel dieser innerkirchlichen Unabhängigkeitsbewegung sah Hertzberg „die Schaffung einer evangelisch-arabischen Nationalkirche".[1540] Von ihr erhoffte er sich „missionarische Möglichkeiten grossen Stils". Eine christliche Nationalkirche Palästinas gab es bisher nicht.[1541] Zudem hatten die Entwicklungen auf anglikanischer Seite für Hertzberg große Bedeutung im Blick auf die „noch offene Frage der Organisation der arabischen Evangelischen deutscher Prägung."[1542]

Neben dem Unabhängigkeitsbedürfnis der arabischen Lutheraner spielten also aus deutscher Sicht zwei weitere Gründe eine entscheidende Rolle für die Bildung einer arabischen Gemeinde in Jerusalem: Die nationale Barriere der Kirchenmitgliedschaft wäre über kurz oder lang nicht mehr aufrecht zu erhalten gewesen. Außerdem drohte die anglikanische Kirche durch die Dynamik und den Organisationsgrad ihrer Gemeinden engagierte Lutheraner abzuwerben. Konfessionelle Details schienen innerhalb des kleinen protestantischen Lagers in der Stadt Davids einem Übertritt nicht im Wege zu stehen.[1543]

Die Visitationsreise der JV-Vorstandsmitglieder, Superintendent Hoppe und Pfarrer Ulich sowie des SyrW-Kuratoriumsmitglieds Pfarrer Eisenberg im Frühjahr 1929 brachte endlich den ersehnten Durchbruch.[1544] Am 30. Juni 1929 wurde die *Palästinisch-evangelische Gemeinde Jerusalem* gegründet. Wenn Mitri Raheb schreibt, dass das Adjektiv *palästinisch* die Verbundenheit mit der palästinensischen

---

[1538] Vgl. den Auszug aus Hertzbergs Jahresbericht 1927/28, EZA 56/100.

[1539] Vgl. den Auszug aus Hertzbergs Jahresbericht 1926/27, EZA 56/83.

[1540] Ebd.

[1541] Ebd.

[1542] Ebd.

[1543] Selbst die Rückkehr zur orthodoxen Kirche war für viele Protestanten dann nicht ausgeschlossen, wenn sie mit der evangelischen Kirche unzufrieden waren. Als Said Abbud bei einem Taufgespräch in Beith Jala kritisierte, dass die Familie die Taufe sehr kurzfristig angemeldet habe, sagt der Hausherr zu dem JV-Geistlichen: „Wenn dir's nicht passt, mein Kind zu taufen, so bitte ich den griechischen Priester: der tut's gleich!" – so Jentzsch II. Halbjahresbericht 1936, JVA B 3117.

[1544] Vgl. dazu den „Bericht der Abgesandten über die Visitationsreise 1929", JVA B3114.

Nationalbewegung zum Ausdruck bringen sollte, so nimmt er damit eine wesentliche Dimension bei der Herausbildung einer national-konfessionellen Identität in den Blick.[1545]

6.6.2 Die weitere Entwicklung der Gemeinde in Jerusalem

Trotz aller anfänglicher Begeisterung war die Gründung der *Palästinisch-evangelischen Gemeinde in Jerusalem* nicht mehr als ein erster Schritt. In Anlehnung an die Organisation der deutschen Gemeinde wurden die neue Gemeinde in die beiden Bezirke *Stadt* und *Waisenhaus* unterteilt, die jeweils ein eigenes Kirchenbuch, eine eigene Kasse und einen eigenen Gemeinderat erhielten. Dieses Modell entsprach nicht Hertzbergs Intentionen, denn er wollte die arabische nach Vorbild der deutschen Gemeinde mit zwei Seelsorgebezirken und einem gemeinsamen Gemeindekirchenrat strukturieren. In letzter Minute legte H. Schneller sein Veto ein, weil die Hausgemeinde des Syrischen Waisenhauses bedroht sah. Da die Kirchenwahlen in beiden Seelsorgebezirken ein positives Echo fanden, wurde diese Lösung akzeptiert. Einen theologischen Kompromiss stellte der Bekenntnischarakter der Gemeinde dar, bekannte sich die Gemeinde doch nach § 3 des Gemeindestatuts „zu dem Gemeinsamen der evangelisch-lutherischen und der evangelisch-reformierten Konfession", folgte also der altpreußischen Union.

De facto entstanden also zwei Gemeinden, die neben gemeinsamen Veranstaltungen, gegenseitigen Konsultationen und einer jährlichen gemeinsamen Kirchenratssitzung vorrangig - so § 2.2 und § 4.1 des Gemeindestatuts – „in der Gemeinsamkeit des Namens und des repräsentativen Hauptes" verbunden blieben.[1546]

Zum *repräsentativen Haupt* der neuen Gemeinde wurde der deutsche Propst und zu seinem Stellvertreter der Direktor des Syrischen Waisenhauses ernannt. Sie übten die Dienstaufsicht über die arabischen Geistlichen des jeweiligen Bezirkes aus. Die beiden Geistlichen wurden für die Muristan- beziehungsweise Stadtgemeinde vom JV und für den Waisenhaus-Bezirk vom Syrischen Waisenhaus berufen und führten den Vorsitz in dem jeweils fünfköpfigen Kirchenrat. Dem Propst erhielt das Recht, an den Kirchenratssitzungen beratend teilzunehmen.

Dass die enge, gleichzeitig aber auch nicht zu enge Bindung zur „Mutterkirche" erhalten blieb, war also auf unterschiedliche Weise abgesichert worden. Der Wunsch der arabischen Christen, „Glied eines Kirchenkörpers zu sein"[1547], wurde in Berlin ohne Begeisterung aufgenommen. Dabei hatten die arabischen Lutheraner in § 2 Absatz 5 des Gemeindestatus' von 1929 ausdrücklich festgehalten: „Die Gemeinde hat den Wunsch, auch organisatorisch mit der deutschen evangelischen Kirche in Verbindung zu treten, am liebsten durch eine Form des Anschlusses an den deutschen evangelischen Kirchenbund."[1548] Die arabisch-anglikanische Gemeinde diente als

---

[1545] So die Interpretation von M. Raheb, *Das reformatorische Erbe*, 139. Das Statut der *palästinisch-evangelische* Gemeinde in Jerusalem findet sich u.a. im Anhang zu M. Raheb, *Das reformatorische Erbe*, 281–285 und in EZA 5/2032.

[1546] Vgl. dazu M. Raheb, *Das reformatorische Erbe*, 282.

[1547] Vgl. Hertzbergs Jahresbericht 1928/29 und seinen Brief an die E.J.St. vom 16.7.1929, EZA 56/100.

[1548] Abgedruckt bei M. Raheb, *Das reformatorische Erbe*, 281.

Vorbild, besaß sie doch „ohne weiteres einen festen Anschluss" an die „anglikanische Weltkirche".[1549]

Selbst Hertzberg schien aber ein juristisch verbindlicher Anschluss zu weitreichend. Er wollte eine „direkte Verbindung mit der deutschen evangelischen Gemeinde"[1550] verhindern. Er schlug deshalb vor, dass der Kirchenbund eine Art „Protektorat" über die arabische Gemeinde übernehmen sollte. Die Verbindung durch den Propst als dem Haupt beider - und möglicher hinzukommender – Gemeinden schien seiner Meinung nach ausreichend zu sein. Der Propst musste in der komplizierten, durch ein ausgeprägtes „status quo"-Denken geprägten Jerusalemer Situation gegenüber den verschiedenen Missionsgesellschaften vermitteln, selbst Neutralität bewahren und keine Seite bevorzugen. Deshalb kam ihm nach § 18 des Gemeindestatuts ausdrücklich auch nur das Recht zu, bei strittigen Fragen in den Entscheidungsprozeß der palästinisch-evangelischen Gemeinde einzugreifen. Selbst bei Amtshandlungen des Propstes in der jungen Gemeinde bedurfte es der „ausdrücklichen Genehmigung" des jeweiligen Kirchenrats. Mit seiner Stellung als *Haupt* beider Gemeinden waren - so § 18 unzweideutig – „keinerlei Befugnisse [...] in Bezug auf die Arbeit der an der Gemeinde interessierten missionarischen Organisationen (Syr. Waisenhaus, Jerusalemsverein, Kaiserswerth)" verbunden.[1551]

Wegen dieser Kompetenzrangeleien war es nahe liegend, dass die in Deutschland zuständigen Missionsvorstände und das Kuratorium der E.J.St. die Gründung der Gemeinde zwar grundsätzlich begrüßten, aber auch Einwände erhoben.[1552] Das E.J.St.-Kuratorium legte sogleich Wert darauf, dass Araber nicht Mitglied der deutschen Gemeinden werden sollten und bei geschlossenen deutschen Veranstaltungen keinen Zutritt erhielten.[1553] Nach § 2.1 des Gemeindestatuts wurde den Mitgliedern der palästinischen und der deutschen Gemeinde lediglich das Recht zugestanden, an Gottesdiensten und Veranstaltungen *beider* Gemeinden „ungehindert"[1554] teilzunehmen.

Das Kuratorium befürwortete eine Angliederung der Gemeinde an den Deutschen Evangelischen Kirchenbund, die aber in anderer Form als der des Diasporagesetzes vom 17. Juni 1924 geschehen sollte.

Dank des Diasporagesetzes wurde den deutschen Auslandsgemeinden der Anschluss an den Kirchenbund ermöglicht. Rund 90 Einzelgemeinden weltweit traten dem Kirchenbund bei. Außerdem schlossen sich 1926 die Evangelische Kirche Österreichs und 1928 die Deutsche Evangelische Synode von Rio Grande do Sul in

---

[1549] Vgl. Hertzbergs Brief an die E.J.St. vom 16.7.1929, EZA 56/100.

[1550] Ebd.

[1551] Vgl. den Text des Statuts bei M. Raheb, *Das reformatorische Erbe*, 285.

[1552] Vgl. die Schreiben der Direktion der Diakonissenanstalt Kaiserswerth vom 10.2. und 15.3.1930, die „keine Einwendung" gegen die Gründung der Gemeinde erhob und ihre Zustimmung zum Gemeindestatut erteilte. Auch der SyrW-Vorstand in Köln begrüßte am 27.3.1930 gegenüber der E.J.St. die Gründung der Gemeinde, weil sie dazu diente, „die Früchte unserer deutschen evangelischen Missionsarbeit festzuhalten und zu pflegen". Am 16.5.1930 stimmte schließlich auch der JV der Gemeindegründung zu, EZA 56/100.

[1553] Vgl. das Protokoll der E.J.St.-Kuratoriumssitzung vom 29.11.1929, EZA 56/100.

[1554] Vgl. den Text des Statuts bei M. Raheb, *Das reformatorische Erbe*, 281.

Brasilien mit ihren 150.000 Gliedern dem Kirchenbund an, was Zeitgenossen als ein Ereignis von „kirchengeschichtlicher Bedeutung" würdigten.[1555] Der nicht-deutsche Charakter der palästinisch-evangelischen Gemeinde in Jerusalem verhinderte in den Augen des Kuratoriums eine Gleichbehandlung mit den deutschen Auslandsgemeinden.[1556]

Im Kuratorium der E.J.St. saßen in der Zwischenkriegszeit durchaus prominente Vertreter aus Kirche, Mission und Theologie. Der Vorsitzende war der Präsidenten des E.O.K. und des D.E.K.A., D. Dr. Hermann Kapler, zu den Mitgliedern gehörten etwa Prof. Franz Rendtorff vom Centralvorstand des Gustav-Adolf-Vereins, Oberkonsistorial- und Geheimrat Bernhard Karnatz, Oberkonsistorialrat Besig, der Potsdamer Johanniter-Ordens-Vertreter Graf Finck von Finckenstein, der Herrnhuter Bischof Baudert, D. Ludwig Schneller für das Syrische Waisenhaus und Pfarrer Ulich für den Jerusalemsverein.

Diese Abgrenzungsposition war also alles andere als eine Minderheitenmeinung, sondern spiegelte den *Mainstream* der evangelischen Kirchenpolitik wieder.

Nachdem Oberkonsistorialrat Besig in einem internen Vermerk empfohlen hatte, den Anschluss an den Kirchenbund zu vermeiden und kein Rechtsverhältnis mit der palästinischen Gemeinde einzugehen,[1557] rangen sich die Berliner Kirchenbehörden zu einer vorsichtigen Kompromissformel durch. Am 22.10.1930 schrieb der Präsident des D.E.K.A. an die E.J.St., dass der D.E.K.A. - den Wunsch der arabischen Christen „mit Genugtuung" aufnehmen werde. Der D.E.K.A. hatte beschlossen, „der Gemeinde fördersames Interesse zuzuwenden, solange die durch das Statut, insbesondere durch § 2 desselben festgelegten Beziehungen zur deutschen evangelischen Gemeinde in Jerusalem unangetastet bleiben."[1558] Diese Formulierung war vage und unklar. Worin das „fördersame Interesse" bestand, wurde nicht präzisiert. Es belegt den fortbestehenden deutschen Kulturpaternalismus, dass nicht die Vorsitzenden der beiden Kirchenräte, sondern der Propst der E.J.St. im Namen der beiden Gemeindekirchenräte den Dank für diese dezente Solidaritätsadresse äußerte.[1559] Was im Falle einer Veränderung des Verhältnisses zur deutschen Gemeinde geschehen sollte, blieb offen. Ob sich die Zitierung des § 2 auf § 2.1, und damit auf das Recht auf ungehinderten Besuch aller kirchlicher Veranstaltungen, oder auf § 2.2, also die repräsentative Funktion des Propstes als Haupt beider Gemeinden bezog, ist aus der Formulierung nicht zu ersehen. Dass das E.J.St.-Kuratorium die Abgrenzungspolitik keineswegs aufgegeben hatte, zeigt die Kritik an einem Artikel des *Boten aus Zion* vom Dezember 1929, der davon berichtete, dass der neuen Gemeinde Zeit für

---

[1555] So formulierte dies während des Kirchentages in Nürnberg 1930 etwa F. Rendtorff, „Würdigung der Gegenwartslage und Zukunftsaufgaben der deutschen evangelischen Auslandsdiaspora", in: Deutsches Evangelisches Kirchenbundesamt (Hg.), *Deutsche Evangelische Auslands-Diaspora und Deutscher Evangelischer Kirchenbund*, 43. Vgl. auch ders., „Ein neuer Zweig am Baum des Deutschen Evangelischen Kirchenbundes", in: *Evangelische Diaspora* 11 (1929), 36–40. Vgl. auch K. Nowak, *Evangelische Kirche und Weimarer Republik*, 53–63 und vor allem 108–125.

[1556] Vvgl. auch M. Raheb, *Das reformatorische Erbe*, 140 f.

[1557] Vgl. auch den Vermerk des Oberkonsistorialrats Besig vom 25.8.1930, EZA 56/100.

[1558] Vgl. das Schreiben des Präsidenten des D.E.K.A. an die E.J.St. vom 22.10.1930, EZA 56/100.

[1559] Vgl. Rheins Schreiben an die E.J.St. vom 4.3.1931, EZA 56/100.

Gottesdienste in der Erlöserkirche eingeräumt worden sei.[1560] Die E.J.St. betonte, dass die arabischen Christen in der deutschen Kirche lediglich Gastrecht besäßen und ansonsten ihre Gottesdienste weiterhin in der Muristankapelle abhielten.

Zurück nach Jerusalem: Als Gemeinderäte für den *Waisenhausbezirk* wurden mit Atalla Abudeie, Besitzer der Autogesellschaft Jerusalem-Express, dem Kaufmann Hagob Melikjan, dem Konsulatssekretär Martan Matosjan und Lehrer Jussif Mansour ausschließlich Absolventen des SyrW-Seminars und Angehörige der kleinen arabisch-evangelischen Mittelschicht nominiert.[1561] Zur Zusammensetzung des *Stadt*-Gemeinderats ließ sich keine Liste in den einschlägigen Quellen finden.

6.6.3 Inkulturation des Luthertums

Im Syrischen Waisenhaus leisteten Theodor und Hermann Schneller einen Beitrag zur Inkulturation des Protestantismus im Nahen Osten, indem sie 1928 ein arabischsprachiges Gesangbuch veröffentlichten.[1562]

Zwischen 1884 und 1888 hatte bereits Ludwig Schneller während seiner Zeit als Pastor und JV-Missionsleiter in Bethlehem die Agende der altpreußischen Union und den Katechismus des württembergischen Reformators Johannes Brenz ins Arabische übersetzt. Diese Übertragungen sollten das Profil der arabischen Gemeinden über Jahrzehnte prägen. Offenkundig geschah die Inkulturation des lutherischen Erbes bis dato durch Deutsche und nicht durch Araber.

Es war deshalb ein Meilenstein für die Herausbildung einer arabischevangelischen Identität, als der SyrW-Absolvent und JV-Pastor Schedid Baz Haddad Choräle von Paul Gerhard, Zinzendorf, Luther ins Arabische übersetzte und 1935 – nach einem Beiruter Vorbild – ein eigenes arabisch-evangelisches Gesangbuch herausgab.[1563] In dieser Zeit entstanden auch Übersetzungen deutscher Klassiker oder Luthers Tischreden, die SyrW-Oberlehrer Haddad und Schedid Baz Haddad übernahmen.

Erst 1950 übertrug Oberlehrer Elias Nasrallah im Auftrag des Lutherischen Weltbundes Luthers *Kleinen Katechismus* ins Arabische. Das war, wenn auch nicht aus eigener Initiative entstanden, ein wesentlicher Beitrag eines arabischen Lutheraners für die bekenntnismäßige und religionspädagogische Grundlage der arabischevangelischen *Jungen Kirche*.[1564]

Anfang 1930 zeigte sich Hertzberg begeistert, dass die Gründung der Jerusalemer Gemeinde den Gottesdienstbesuch belebt habe, die arabischen Christen immer mehr Verantwortung für ihre Gemeinde übernähmen und sogar aus eigenem Antrieb den Gemeindebeitrag erhöht hatten. Die weiblichen Mitglieder, die im Stadtbezirk die Mehrheit stellten, forderten erfolgreich, ihnen das aktive Wahlrecht zuzuspre-

---

[1560] Vgl. Brief der E.J.St. an den SyrW-Vorstand vom 7.2.1930, EZA 56/100.

[1561] Vgl. das Protokoll der SyrW-Vorstandssitzung Nr. 188 – 23.10.1929, LKA Stuttgart K 8/8.

[1562] Vgl. das Protokoll der SyrW-Vorstandssitzung Nr. 183 – 28.11.1928, LKA Stuttgart K 8/8.

[1563] Vgl. K. Thomas, *Deutschtum in Palästina*, 278.

[1564] Vgl. M. Raheb, *Das reformatorische Erbe,* 198.

chen[1565] und erklärten sich im Gegenzug dazu bereit, Gemeindebeiträge zu zahlen. Im männlich dominierten Waisenhausbezirk sorgte dieser Schritt zunächst für Missfallen, wurde aber bei eincr gemeinsamen Jahresversammlung sanktioniert.[1566]

Doch die Begeisterung war nur von kurzer Dauer. Die arabisch-evangelische Gemeinde in Jerusalem erwies sich zwar nicht als Totgeburt, aber doch als ein krisengeschütteltes Retortenprodukt. Bereits 1933 beobachte Propst Rhein mit Sorge, dass die Krise in der Gemeinde zu „einer Katastrophe" zu werden drohte,[1567] da nach der 1931 erfolgten Pensionierung Farhud Kurbans, der im Jahr zuvor einen Schlaganfall erlitten hatte, wegen Geldmangels kein neuer Geistlicher eingestellt werden konnte. Die junge arabische Gemeinde stagnierte ohne einen theologischen Leiter, dazu kamen Familienstreitigkeiten, die auch in das kirchliche Leben hineingetragen wurden, und arabische Pastoren – etwa aus der presbyterianischen Kirche – enttäuschten bei Predigtvertretungen. JV-Missionsleiter Jentzsch wollte trotz der Bitte des arabischen Gemeinderates wegen „Kompetenzbedenklichkeiten"[1568] nicht die Gottesdienste übernehmen, ließ sich jedoch durch Rhein umstimmen. Das Syrische Waisenhaus erklärte sich bereit, übergangsweise den Konfirmationsunterricht zu übernehmen. Damit wurde jedoch deutlich, dass zumindest die arabische Gemeinde des Stadtbezirks ohne deutsche Hilfe nicht lebensfähig war. Trotz aller Hilfe der deutschen Theologen verursachte das Fehlen eines arabischen Pfarrers einen sukzessiven Rückgang des Gottesdienstbesuches, verbunden mit der regelmäßigen Drohung einiger jüngerer Gemeindeglieder, zur anglikanischen-arabischen Gemeinde überzutreten, deren junge Pfarrer sich dank der Förderung des Bischofs dynamisch für den Gemeindeaufbau engagierten.

6.6.4 Hanna Bahuth und seine lutherischen Identitätsbildungsbemühungen

Die aus der deutschen Missionsarbeit erwachsenen Gemeinden besaßen fast keinen geistlichen Nachwuchs, was nicht zuletzt an einer fehlenden langfristigen Missionsstrategie lag. Die Missionsleitungen hatten die Entwicklung der Gemeinden hin zu einer *Jungen Kirche* nie eingehend reflektiert und dementsprechend auch keine zukunftsweisende Personalpolitik betrieben. Die vertrackte Situation war aber auch eine späte Kriegsfolge. Das Seminar des Syrischen Waisenhauses – der wichtigste Ort für die Rekrutierung eines geistigen und pädagogischen Nachwuchses – hatte aufgrund der Kriegsentwicklungen rund 15 Jahre keine neuen Kandidaten für das Pfarr- und das Lehramt auszubilden können.[1569]

Rhein drängte die Evangelische Jerusalem-Stiftung dazu, sich sowohl an den Kosten für einen neuen Kassis als auch an der Zusammenlegung der arabisch-lutherischen Gemeinde Jerusalems mit den anderen lutherischen Gemeinden Paläs-

---

[1565] Gemäß § 7 des Gemeindestatuts von 1929 waren nur männliche Gemeindeglieder über 21 Jahre stimm- und wahlberechtigt.

[1566] Vgl. Hertzbergs Schreiben an die E.J.St. vom 6.3.1930 und die entsprechenden Stellen seines Jahresberichts 1930/31, EZA 56/100.

[1567] Vgl. den Auszug aus Rheins Jahresbericht 1932/33, EZA 56/100.

[1568] Ebd.

[1569] Vgl. das Protokoll des SyrW-Vorstandssitzung Nr. 202 – 1.6.1932, LKA Stuttgart K 8/8.

tinas aktiv zu beteiligen. Gegenüber den Berliner Kirchenbehörden machte Rhein deutlich, dass es einen schweren Schaden für das Ansehen der deutschen Arbeit in Palästina, aber auch der Deutschen Evangelischen Kirche auf ökumenischem Parkett nach sich ziehen würde, wenn die neu gegründete Gemeinde schon nach wenigen Jahren wieder zusammenbräche.[1570]

Ende 1935 schien mit dem 29jährigen John Joseph Hanna Bahuth endlich ein geeigneter Kandidat für die vakante Position gefunden worden zu sein.[1571] Der aus einer arabisch-katholischen Familie stammende Konvertit hatte als Lehrer in der JV-Schule in Beith Sahour gearbeitet, auf einer amerikanischen Predigerschule den Grad eines Evangelisten erworben, einen Fernstudienkurs einer amerikanischen lutherischen Einrichtung erfolgreich abgeschlossen und war 1935 in der dem JV unterstehenden Weihnachtskirche in Bethlehem durch einen amerikanisch-lutherischen Pfarrer ordiniert worden. Da der JV keinen ordinierten Geistlichen als Lehrer einstellen wollte, musste er den Dienst quittieren und für die Newman-School of Missions in Jerusalem arbeiten.[1572] Attraktive Angebote der anglikanischen Kirche – inklusive Ordination und einem weiterführendem Studium mit Bachelor-Abschluss an der American University in Beirut – lehnte er mehrfach ab, weil nach seiner Ansicht die staatskirchliche Verfassung und die kirchliche Hierarchie dem lebendigen Glauben entgegenstünden.

Bahuth hatte als Prediger schnell einen guten Eindruck erweckt, in der jungen Gemeinde Anklang gefunden und sogar einige griechisch-orthodoxe Christen angelockt, die er aus dem YMCA kannte. Der Gottesdienstbesuch verdreifachte sich, und auch die Spenden gingen erkennbar in die Höhe.[1573]

Da der JV hatte nicht genug Geld für eine Übernahme zur Verfügung hatte und Rhein den jungen Prediger nicht genug kannte, um ihn theologisch einschätzen zu können, zögerte er eine Festanstellung hinaus. Er bot ihm als Honorar für seine gemeindlichen Dienste ein Zimmer in der Muristan-Tagesschule an. Bahuth nahm das Angebot an. Dennoch war diese Situation für Bahuth über kurz oder lang kein Dauerzustand, verdiente er doch lediglich sechs Pfund durch Arabisch-Stunden an der Newman-School. Zudem erhielt er Zuwendungen einzelner Gemeindeglieder sowie von Talitha Kumi. Da die protestantischen Gemeinden verschiedenster Prägung allesamt unter dem Mangel an gut ausgebildetem und engagierten theologischen Nachwuchs litten, lag es in der überschaubaren kirchlichen Szene Palästinas nahe, dass anglikanische, baptistische und andere amerikanisch-protestantische Kreise versuchten, den talentierten jungen lutherischen Geistlichen abzuwerben. Das sorgte natürlich für große Aufregung unter den arabischen Lutheranern.[1574] Rhein zögerte erneut, Bahuth einzustellen, gab ihm aber ein besseres Zimmer im Muristan-Hospiz – ein geschickter Schachzug, war doch Bahuths bisheriges Zimmer wegen eines Dachschadens ständig feucht.

[1570] Vgl. den Auszug aus Rheins Jahresbericht 1934/35, EZA 56/100.
[1571] Vgl. Rheins Brief an die E.J.St. vom 11.12.1935, EZA 56/100.
[1572] Vgl. Jentzschs III. Quartalsbericht 1935, JVA B 35.
[1573] Vgl. Jentzschs II. Halbjahresbericht 1936, JVA B 3117.
[1574] Vgl. Rhein Jahresbericht 1936/37 vom 12.11.1937, EZA 56/100.

Luthers Theologie hatte Hanna Bahuth sehr stark geprägt. Er bezeichnete sich selbst als „strongly Lutheran".[1575] Da sein Ansehen in der Gemeinde wuchs, blieb er trotz des schmalen Gehalts der Stadtgemeinde erhalten. Im Jahresbericht 1936/37 konstatierte Rhein, dass Bahuth aus Sympathie für den Wittenberger Reformator bisher kein Angebot der anderen protestantischen Kirchen angenommen habe, aber unter der ungewissen Situation leide. Gerade wegen der fehlenden Finanzen urteilte Rhein skeptisch: „Die Zukunft der Gemeinde selbst ist problematisch."[1576]

Bahuth machte bald von sich reden, weil er eine Reihe Lutherschriften ins Arabische übersetzte. Er publizierte seine Übersetzungen in kleinen Heften, die er unter seinen Landsleuten verteilte und dafür anscheinend ein positives Echo erhielt. Das Titelblatt der ersten von ihm übersetzten Schrift ist in englischer und arabischer Sprache verfasst und lautet: *Of Sins by Dr. Martin Luther. It is The first Lutheran Pamphlet which appeared in Arabic Produced in the Holy City Jerusalem, Palestine by The Evangelical Lutheran Minister John Joseph Bahuth, Pastor.*[1577] 1935 erschienen Auszüge aus den Tischreden, aus dem *Sendbrief vom Dolmetschen* und dem *Großen Katechismus*. Für Bahuth gewannen Luthers vor allem *Vorreden zum Alten Testament* an Bedeutung. Luther setzte hier mit den prophetischen Weissagungen für das Volk Israel ein und interpretierte sie christologisch. Der arabische Lutheraner verstand diese Auslegung politisch, übertrug sie auf den arabisch-zionistischen Konflikt und folgerte daraus, dass sich die Juden nicht als Erben des Heiligen Landes fühlen sollten.[1578]

Zutiefst beglückt war Bahuth, als ihm der JV-Vorstand eine Abbildung der Lutherrose und Luther-Aufkleber schenkte. Die Lutherrose prangte als Symbol auch auf seinen Visitenkarten und seinem Stempel. Später übersetzte er ein Buch des Zwickauer Pfarrers G. Herrmann über die Bedeutung der Lutherrose.[1579]

Dass sich die arabisch-lutherische Identität durch Bahuths Wirken festigte, zeigt eine Begebenheit während des Reformationsfestes 1937: Der arabische Prediger hatte die 95 Thesen in arabischer Sprache auf große Tafeln geschrieben und vor den Altar gestellt. Diese Tafeln machten auf die Gottesdienstbesucher einen derartigen Eindruck, dass nach dem Gottesdienst Photographien erstellt und als *Reformationsurkunden* an die Gemeinde verteilt wurden. 1938 brachte er die 95 Thesen in einer 500er-Auflage auch in den Druck. Der Gottesdienst selbst fand, wie alle anderen arabischen Gottesdienste auch, nach der Liturgie der altpreußischen Agende statt.

Bahuths Arbeit rief höchst unterschiedliche Reaktionen hervor, auch wenn er sich um den Aufbau der Gemeinde verdient gemacht hatte. Doch JV-Missionsleiter Jentzsch bemerkte kritisch, dass Bahuth trotz seiner regen Tätigkeit eine gewisse Mitschuld an den innergemeindlichen Spannungen in Jerusalem trage.[1580] Dem

---

[1575] Vgl. Bahuths Brief an Ulich vom 14.2.1938, JVA B 412.
[1576] Vgl. Rhein Jahresbericht 1936/37 vom 12.11.1937, EZA 56/100.
[1577] Eine Kopie des Titelblatts findet sich bei K. Thomas, *Deutschtum in Palästina*, 302.
[1578] Vgl. dazu K. Thomas, *Deutschtum in Palästina*, 302–304.
[1579] Vgl. Bahuths Briefe an Ulich samt Abbildungen der Visitenkarte und des Stempels vom 14.2.1938 und 11.3.1938, JVA B 412.
[1580] Vgl. Jentzschs IV. Quartalsbericht 1938, JVA B 3118.

Nachwuchsgeistlichen fehle einerseits die Fähigkeit zu kooperieren und anderseits bringe ihm seine provokante Luther-Begeisterung, seine eigensinnige Art und seine „herausfordernde Haltung gegen Zionismus und Kommunismus" viel Kritik ein.[1581]

1937/1938 erhielt Bahuth sogar für mehr als ein Jahr anonyme Drohbriefe; allein zwischen Mai und Dezember 1937 erreichten ihn 90 Schreiben. Wie die zeitgenössischen Quellen nahe legen, scheint es sich aber weder um politische noch kirchliche Anfeindungen gehandelt zu haben. Vielmehr dürfte es sich um eine private Angelegenheit gehandelt zu haben, hinter der eine Familie Tauuils gestanden haben dürfte, die eifersüchtig registrierte, dass sich Bahuth nicht mit einer ihrer Töchter, sondern mit Margarethe Semaan verlobte.[1582] Die Sache wurde publik und beschäftigte die Gemeinde längere Zeit. In Talitha Kumi weigerten sich die Mädchen zur Kirche zu gehen, solange Bahuth predige, was daran gelegen haben dürfte, dass die jüngste Tochter Tauuils dort zur Schule ging. Der öffentliche Druck wurde so groß, dass Bahuth die Verlobung mit Frl. Semaan löste, was die Gemeinde wiederum als kompromittierenden Akten für Bahuth und seine Verlobte ansah. Deshalb empfahl Jentzsch in seinem Jahresbericht an den JV-Vorstand, dass Bahuth „wenigstens auf ein oder zwei Jahre aus der Jerusalemer Atmosphäre verschwindet."[1583] Er solle sich in einer anderen Umgebung „abschleifen", wofür eine weitere Ausbildung hilfreich sein könnte.[1584] Da Bahuth an sich arbeiten wollte, unterstützte Jentzsch den Wechsel des jungen Theologen in die USA. So verließ Bahuth 1938 Jerusalem und den Jerusalemsverein, der ihm wenig Hoffnung auf eine Weiterbeschäftigung gemacht hatte. Auf Vermittlung eines deutsch-amerikanischen Pfarrers ging er an ein lutherisches Predigerseminar in Illinois, um später auf einer von amerikanischen Lutheranern betriebene Missionsstation im Nahen Osten zu arbeiten. Sein Weggang brachte der JV-Gemeinde eine gewisse Entspannung, riss aber auch eine Lücke, die bis zum Ende des Zweiten Weltkrieges nur notdürftig gefüllt werden konnte.

6.7 Die evangelisch-arabischen Gemeinden in der Region Bethlehem

6.7.1 Probleme bei der Gemeindebildung

Schwierig gestaltete sich die Bildung der evangelisch-arabischen Gemeinde in der Region Bethlehem. Erst 1933 billigte der JV-Vorstand den Gemeinden eine eigene Verfassung und einen eigenen Gemeinderat zu.

Schon im April 1931 hatte Schedid Baz Haddad Hertzbergs Nachfolger Rhein mitgeteilt, dass die Gemeinde Beith Jala, die größte, aber nur aus zwei Sippen bestehende Missionsgemeinde des Jerusalemsvereins, eine Gemeindevertretung wählen

---

[1581] Vgl. Jentzschs Schreiben an Ulich vom 26. März 1939, JVA B 3118.
[1582] Vgl. Jentzschs II. Quartalbericht 1938, JVA B 3118.
[1583] Ebd.
[1584] Ebd.

wollte. Die Gemeinde wandte sich mit ihrer Bitte auch direkt an den JV-Vorstand, erhielt aber nur eine zögerliche Antwort.[1585]

Einige Wochen später plädierte Rhein in einem Brief an den JV-Vorstand dafür, den Gemeinden nach Vorbild der angelsächsischen Missionen mehr Selbständigkeit zuzugestehen – „oder sollte man nach 60jähriger Arbeit der Gemeinde noch nicht vertrauen dürfen, dass in ihr Verantwortungsbewusstsein entstehen kann?"[1586] Die politische Entwicklung in Palästina dränge darauf, so Rhein weitblickend, eine evangelisch-arabische Kirche zu gründen, denn was solle mit der evangelischen Gemeinde in Bethlehem geschehen, „wenn eines Tages die Schule des Jerusalemsvereins geschlossen würde und die angestellten Lehrer und Lehrerinnen fortzögen?"[1587]

Rhein verwies auf den fortgeschrittenen Stand der Diskussionen in den anglikanischen und amerikanisch-presbyterianischen Gemeinden in Jerusalem und Beirut. Auch die Gleichberechtigung von Mann und Frau in den Missionsgemeinden wurde für Rhein zum Thema. In Jerusalem wollten die lutherischen Araberinnen ihren Gemeindekirchenrat mitwählen dürfen, weil der Gemeinde nur acht Männern angehörten, die Mehrheit der Gemeindeglieder also aus Frauen - zumeist Absolventinnen von Talitha Kumi – bestand.

Zunächst äußerte sich der Vorstand nicht zu diesem Vorschlag. In einem Schreiben an Jentzsch vom 18.12.1931 wurde der Vorschlag Rheins „wegen der Gefahr von Unerträglichkeiten" abgelehnt, aber eine finanzielle Beteiligung der Gläubigen am Gemeindeaufbau „aus erzieherischen Gründen" befürwortet.[1588]

6.7.2 Clanstreitigkeiten und Arbeitsmigration als belastende Faktoren

Auch Clan-Streitigkeiten schwächten den Identitätsbildungsprozess der evangelisch-lutherischen Gemeinden in den Missionsgemeinden. In Beith Jala bestimmten die Familien Abudaye, Dimes, Docmac das Leben in der lutherischen Gemeinde, waren aber auch kommunalpolitisch bedeutsam. Im Kampf um die Führungsrolle im Ort kam es zu regelmäßigen Spannungen.

Die schon im 19. Jahrhundert beginnende Arbeitsmigration vieler arabischer Christen verschärfte die sozialen und ökonomischen Spannungen. Die Migration aus wirtschaftlichen Gründen war unter den Christen verbreiteter als unter den Muslimen. Das hatte nicht zuletzt mit dem höheren, auf den Missionsschulen vermitteltem Bildungsniveau der Christen zu tun. Die Migration und die zurückgehenden Geburtsraten führten dazu, dass der christliche Bevölkerungsanteil während der Mandatszeit leicht zurückging.

Die arabischen Nachbarländer, Nordamerika, aber auch Argentinien, Kolumbien und Chile waren das Ziel der Bethlehemer und Beith Jalaer Auswanderer. Der *Bote aus Zion* kritisierte schon 1896, dass die arabischen Migranten nur auf schnellen

[1585] Vgl. M. Raheb, *Das reformatorische Erbe*, 143.
[1586] Vgl. Brief Rheins an JV-Vorstand vom 27. Mai 1931, JVA B 3115.
[1587] Ebd.
[1588] Vgl. das Schreiben des JV-Vorstand an Jentzsch vom 18.12.1931, JVA B 3115.

Gewinn aus seien und ihre christlichen und kulturellen Wurzeln vergäßen. Wohlhabende Bethlehemiten versuchten, Geschäfte in den USA aufzubauen, um dann noch
reicher in ihre Heimat zurückzukehren.[1589]

Nach der Heuschreckenplage und der ihr folgenden Hungersnot 1915 kam es zu
einem weiteren Auswanderungsschub. Aus Beith Jala wanderten 64 Familien ins
Ostjordanland aus, unter denen sich auch einige Protestanten fanden. In Bethlehem
sank die Einwohnerzahl in der Zeit von 1900 bis 1922 von rund 12.000 bis auf knapp
etwa 6.700, in Beit Jala von 4.500 (1912) auf 3.102 (1922).[1590]

Nicht wenige Glieder der JV-Gemeinden in der Region Bethlehem fühlten sich
durch die politischen Spannungen zur Migration in andere Landesteile oder zur Auswanderung gezwungen: Der JV-Lehrer Atala Isa etwa wanderte in der späten Zwischenkriegszeit nach Chile aus.

Die Auswanderung bedrohte den Bestand der christlichen Gemeinden und Kom-
munen. Jentzsch berichtete 1928, dass etwa die Hälfte der Einwohner Bethlehems
in Amerika leben würden, um „eines Tages, wenn sie drüben Glück haben, wieder
heimzukehren. Neulich fragte ich einmal die Jungen unserer Knabenschule, wer von
ihnen einen nahen Verwandten in Amerika habe, - Bruder oder Vater oder Onkel: da
standen von den 64 Knaben 59 auf!"[1591]

Der Reichtum und die Aufsteigermentalität der Rückkehrer erzeugte den Neid
der Daheimgebliebenen: In Beith Jala beispielsweise beobachtete Jentzsch starke
Spannungen zwischen der traditionell einflussreichen Familie Abudaye und der Familie Dimis um den in Dominikanischen Republik reich gewordenen Kaufmann Wadia Dimis, dem Missionsleiter Jentzsch „Neureichen-Allüren" nachsagte. Er wurde
1944 sogar zum Bürgermeister des Ortes gewählt.[1592] Als sich 1931 auch in Beith
Jala der Wunsch nach einer eigenen Gemeindevertretung regte, reagierte der JV-
Missionsleiter reserviert. Da JV-Prediger Schedid Baz Haddad ebenso wie Wadia
einer Art arabischen Freimaurerorden angehörte und zu diesem enge Kontakte pflegte, sah Jentzsch die Gefahr, dass die Gemeindevertretung zur „Leibgarde des reichen
Mannes" und einfachere, aber fromme Gemeindeglieder nicht adäquat vertreten würden.[1593]

Soziale Umschichtungen aufgrund der Arbeitsmigration waren kein singuläres
Phänomen. Die Arbeitsmigration belastete auch die anglikanischen Gemeinden sehr.
Gemeindeglieder wanderten nach Zentral- und Südamerika sowie Haiti aus. In Ramallah beobachteten die CMS-Missionare, dass es in vielen Ehen Probleme gab,
weil die in Amerika arbeitenden Männer mit der dortigen Unterschicht in Berührung kämen, sich andere Frauen zuwandten und sich von ihren arabischen Gattin-
nen scheiden ließen. Auch war es für einige wohlhabend gewordene Rückkehrer

---

[1589] Vgl. *BaZ* 2 (1896), 18 f. zitiert nach S. Hanselmann, *Deutsche evangelische Palästinamission*, 187.

[1590] Vgl. M. Raheb, *Das reformatorische Erbe*, 129.

[1591] Vgl. Jentzschs I. Quartalsbericht 1928, JVA B 3113 sowie die Ausführungen in seinem Bericht
„Die Missionsarbeit des Deutschen Jerusalemsvereins" für die Missionskonferenz in Beirut 1931,
JVA B 3115.

[1592] Vgl. den Lebensrückblick von S. Baz Haddad „Evangelist und Pfarrer in Beitjala", *ILB* 1 (1961),
20.

[1593] Vgl. Jentzschs IV. Quartalsbericht 1931, JVA B 3115.

schwer, sich wieder in die bestehenden Sozialstrukturen einzugliedern. Die CMS wollte deshalb präventiv vorgehen, sich verstärkt den Rückwanderern zuwenden und ihre Männerarbeit ausbauen.[1594] Ob es derartige Präventivmassnahmen auch in den JV-Gemeinden gab, lässt sich aus den Quellen nicht ersehen. Im JV-Vorstand führten die Berichte des Missionsleiters über derartige Entwicklungen vielmehr dazu, den Gemeinden die Reife für eine eigenständige Gemeindevertretung abzusprechen.

6.7.3 Fragen der Gemeindekirchenverfassung

Dennoch bestand auch in den JV-Gemeinden Handlungsbedarf. Um die lokalen Spannungen innerhalb der einzelnen arabisch-evangelischen Gemeinden zu umgehen, schlug Jentzsch – in Modifikation der Vorschläge des Propstes – die Bildung einer Gesamtgemeindevertretung für Bethlehem, Beith Jala, Beith Sahour und Hebron vor. Damit sollte eine breitere Durchmischung erreicht werden, der die lokalen Clan-Streitigkeiten verhinderte.[1595]

Im Frühjahr 1932 verzögerte der Vorstand eine Entscheidung über Gemeindeparlament mit der Begründung, dass die Stärkung der missionarischen Arbeit wesentlich nötiger sei als Organisationsfragen. Doch schon im Herbst 1932 begann unter Jentzschs Vorsitz ein Arbeitskomitee, dem je zwei Glieder jeder Gemeinde sowie die Prediger Said Abbud und Schedid Baz Haddad angehörten, mit der Ausarbeitung eines Gemeindestatuts.[1596] Im Frühjahr 1933 sandte Jentzsch den Entwurf der *Verfassung der evangelisch-arabischen Gemeinde in Bethlehem* nach Berlin. Da der Entwurf sowohl dem Missionsleiter als auch dem Kirchenparlament die Vertretung der Gemeinde nach außen, d.h. auch gegenüber der Mandatsregierung zugestand, stieß er auf Ablehnung. Diese repräsentative Kompetenz könne der Gemeinde nicht zugestanden werden, argumentierte der JV-Vorstand.[1597] Gerade in einer Zeit, in der in Deutschland langjährige Erfahrungen gegen den Parlamentarismus sprächen, dürfe man ihn bei einer Neuschöpfung keinesfalls einführen. Jentzsch erhielt den Auftrag, die Verfassung so zu überarbeiten, dass die Stellung des JV und seines Missionsleiters im Sinne des *Führerprinzips* stärker betont werde.[1598] Im November 1933 nahm der Vorstand die überarbeitete Fassung an, die jedoch nie in Kraft trat, so dass die Gemeinden in der Region Bethlehem auch in der Folgezeit ohne feste Organisationsstruktur blieben.[1599]

[1594] Vgl. den CMS-Jahresbericht 1929/30, BUL/CMS/Historical Record/Annual Report 1929/30, 133 und den CMS-Jahresbericht 1937/38, BUL/CMS/Historical Record/Annual Report 1937/38.

[1595] Zu den Clan-Streitigkeiten – besonders in Beith Jala – vgl. Jentzschs IV. Quartalsbericht 1937 und seinen IV. Quartalsbericht 1938, JVA B 3118. Vgl. auch M. Raheb, *Das reformatorische Erbe*, 144 f.

[1596] Vgl. F. Foerster, *Mission im Heiligen Land*, 166.

[1597] Vgl. den Brief des JV-Vorstandes an Jentzsch vom 9.6.1933, JVA B 3116.

[1598] Ebd.

[1599] Vgl. den Brief des JV-Vorstandes an Jentzsch vom 18.11.1933, JVA B 3116. Dort findet sich auch ein Exemplar der „Verfassung der evangelisch-arabischen Gemeinde zu Bethlehem". Vgl. auch M. Raheb, *Das reformatorische Erbe*, 146.

Erstaunlicherweise erscheint im Entwurf für eine *Verfassung der evangelisch-arabischen Gemeinde in Bethlehem* von 1933 das Adjektiv *palästinisch* - beziehungsweise später *palästinensisch* - nicht. Gegenüber Jentzsch griff Rhein diesen Sachverhalt auf und regte an, dass die Bethlehemer sich palästinensisch-evangelische und nicht arabisch-evangelische Gemeinde nennen sollte. Für Rhein sprachen dafür zwei Gründe: Zum einen sollte der Eindruck vermieden werden, als ob in Jerusalem und Bethlehem zwei voneinander völlig getrennte Gemeinden entstünden. Die arabischen Lutheraner in Jerusalem wünschten sich sogar engere Kontakte zu den anderen JV-Gemeinden. Zum anderen betonte Rhein, dass 1929 in Jerusalem die Bezeichnung *palästinensisch* bewusst gewählt worden sei, um die zum Protestantismus konvertierten Armenier, die sich Palästina beziehungsweise dem palästinensischen Volk nahe fühlten, aber keine Araber waren, in die neue Gemeinde zu integrieren. In den Gemeinden der Region Bethlehem gab es jedoch gar keine armenischen Gemeindeglieder. Trifft Rheins Deutung zu, könnte dies bedeuten, dass das Etikett *palästinensisch* in den lutherischen Gemeinden späten 1920er und den frühen 1930er Jahren territorial und nicht national verstanden wurde.[1600] Es wäre aber auch denkbar, dass Rhein eine weitere politische Solidarisierung von Seiten der einheimischen Christen mit der arabisch-palästinensischen Nationalbewegung unterbinden wollte.

Kirchenpolitisch auffällig ist zudem, dass in einem Umkreis von weniger als 20 Kilometern zwei lutherische Gemeindeverbünde entstanden, die sich eine unterschiedliche Bezeichnung zulegten und organisatorisch nicht miteinander verbunden waren. Rhein sah darin ein fehlendes Gesamtkirchenbewusstsein der Palästina-Mission, während sich für den JV darin die Selbständigkeit der Mission gegenüber der Kirche zeigte. Das spiegelte sich auch in den unterschiedlichen Konzepten von Rhein und Jentzsch zur Vereinigung der arabisch-lutherischen Gemeinden in Jerusalem und der Region Bethlehem. Rhein wollte die Bethlehemer an die Jerusalemer Gemeinde anschließen. Die vereinigten arabisch-lutherischen Gemeinden sollten dann eine Art Tochter- oder Schwestergemeinde der Erlöserkirche werde. Dagegen schwebte Jentzsch das Modell vor, Jerusalem und Bethlehem unter der Leitung des JV-Missionsleiters zusammenzuführen, um so die missionarische Ausrichtung zu stärken. Dass sich das JV-Missionskonzept mit dem Verkirchlichungskonzept Rheins nicht vereinigen ließ, kann nicht verwundern. Was fehlte, war ein Bewusstsein dafür, dass sich Missionsgemeinden auf dem Weg zu einer *Jungen Kirche* befanden und entsprechend hätten behandelt werden müssen.[1601] Bis in die 1950er Jahre blieben also die Gemeinden unverbunden nebeneinander bestehen.

[1600] Vgl. Rheins Brief an Jentzsch vom 29. Mai 1933, EZA 56/100.
[1601] Vgl. M. Raheb, *Das reformatorische Erbe*, 147.

6.8 Entwicklungen im Anglikanismus

6.8.1 Rückblick auf die Entwicklungen seit dem Ende des 19. Jahrhunderts

Während sich die JV-Arbeit fast nur auf den Großraum Bethlehem konzentrierte, hatte die CMS Gemeinden in ganz Palästina und Transjordanien geschaffen. CMS-Parochien bestanden in Jerusalem, Haifa, Nazareth, Amman, Es-Salt, Nablus, Ramallah, Shefa Amr, Akko, El-Husn, Ramleh und Beisan.

Bereits 1875 hatte die CMS erste Überlegungen angestellt, wie die einheimischen Christen in die Selbständigkeit entlassen werden könnten. 1884 wurde ein *Native Church Council* ins Leben gerufen, der sich jedoch nach einigen Jahren wieder auflöste. In diesem Rat traf sich der einheimische Klerus unter der Leitung der CMS-Missionare.

In dieser Phase, genauer gesagt: ab 1873 übertrug Gobat – also am Ende seines Lebens - die meisten der Erziehungseinrichtungen und Missionsstationen, die er im Lauf seiner Amtszeit erreichtet hatte, an die CMS. Die CMS baute das Schulwesen weiter aus, „even though the Turkish government allowed for the establishment of educational institutions only in areas where there was a mixed Christian and Muslim population."[1602]

Gobats und später Blyths Entscheidungen sorgten für Ärger in Kreisen der Judenmission, die sich zurückgedrängt fühlte. Erst 1915 einigten sich die drei Missionen bei einer Konferenz darauf, dass die LJS/CMJ und die JEM nicht unter den Muslimen arbeiten und die CMS nicht unter Juden missionieren sollte.[1603]

Die missionarische Ausrichtung des Anglikanismus wurde zwar gestärkt, doch das Bistum gab ein hohes Maß an Kompetenzen und Einfluss ab. Als der machtbewusste, hochkirchliche Bischof Blyth 1887 sein Amt in Jerusalem antrat, versuchte er, diese Entwicklung rückgängig zu machen. Er wollte die CMS und die LJS wieder enger an das Bistum binden und aus der *Christ Church*, dem Symbol der Judenmission in der Heiligen Stadt, eine Kollegiatskirche mit einem Dean an der Spitze machen, was die Evangelikalen natürlich nachdrücklich ablehnten. Um im Konzert der Missionen mitspielen zu können, gründete Blyth noch 1887 die *Jerusalem and the East Mission*.

Die im Folgenden darzustellenden kirchlichen Vereinheitlichungsbemühungen der in Zwischenkriegszeit amtierenden Bischöfe haben also, wie bereits oben angedeutet, eine Vorgeschichte, die bis ins 19. Jahrhundert zurückreicht. Der Prozess der *Diocesanisation* der gesamten anglikanischen Arbeit in Palästina löste heftige Diskussionen innerhalb der Gemeinden und Missionsgesellschaften aus, die auf Grundprobleme der anglikanischen Palästina-Mission insgesamt hinweisen. Dazu zählen die in England wie in Übersee bestehenden Spannung zwischen *High Churchmen* und *Evangelicals*, das Verhältnis von verfasster Kirche und freien Missionsgesellschaften, Interessen und Machtansprüche zwischen den Missionsgesellschaften und

---

[1602] Y. Perry, *The British Mission to the Jews*, 98.
[1603] Vgl. den Brief G.T. Manleys (CMS) an Rev. E.L. Langston (LJS) vom 15.11.1915, BLO/Dep. C.M.J., c.250/1–11.

schließlich die Frage, wie ehemalige Missionsgemeinden in die Unabhängigkeit einer *Jungen Kirche* entlassen werden könnten. Nicht verschwiegen werden soll dabei, dass dieser Übergang von den Briten – trotz gewisser paternalistischer Anwandlungen - weitaus früher angegangen wurde als von deutscher Seite.

6.8.2 Die Bildung und Anfangsjahre des PNCC

1887 hatten die Erzbischöfe von York und Canterbury sowie der für die Auslandsangelegenheiten zuständige Bischof von London im Zuge der Umstrukturierung des Bistums erste Überlegungen zur Einführung einer Verfassung für die *Eingeborenenkirche* angestellt, ohne dass eine solche damals wirklich entwickelt worden wäre.[1604] Bis 1904 nahmen die einheimischen Geistlichen nur zweitrangige Positionen ein, etwa die von *curates*, also Vikaren, die den europäischen Missionare rechenschaftspflichtig waren. 1905 – das waren etwa zwei Jahrzehnte vor den deutschen Kirchenbehörden – gestattete die CMS die Gründung des jährlich tagenden *Palestine Native Church Council* (PNCC) und erließ eine Art Rumpfverfassung für die arabischen Gemeinden, die *CMS Palestine Regulations*.[1605] In diesem Repräsentativ-Organ trafen sich alle arabischen Vollzeit-Mitarbeiter, Pastoren und Gemeindevertretern. Jede Gemeinde entsandte einen Vertreter in den PNCC, der 1905 12 Gemeinden mit 2.125 Seelen umfasste. In ihnen wirkten acht arabische Geistliche, 12 Laien und drei englische CMS-Missionare.[1606]

In den Gemeinden wurden *Pastorate Committees* – eine Art Gemeinderat – gegründet, in dem sich der Pfarrer und die gewählten Laien der Gemeinde zu Beratungen trafen. Der Einfluss der CMS auf die arabisch-anglikanischen Gemeinden blieb nach Bildung des PNCC bestehen, stand doch das neue Gremium in enger Verbindung zum Leitungsausschuss der CMS in London, das als *parent-committee* angesehen wurde.[1607] Außerdem war die CMS durch drei sogenannte *Visitors* im PNCC vertreten. Der Bischof konnte – ähnlich der Stellung des Propsts im arabischen Jerusalemer Gemeinderat – am PNCC mit beratender Stimme teilnehmen.

Mit der Bildung des PNCC wurde die Position der arabischen Christen deutlich aufgewertet. Der PNCC war der Nukleus für eine entstehende *Junge Kirche*. Die CMS erhoffte sich von der stärkeren Einbindung der arabischen Christen größere missionarische Erfolge unter der muslimischen Bevölkerung. Das war allerdings ein Trugschluss, denn auch nach der Gründung des PNCC gelang kein missionarischer Durchbruch. Die arabischen Christen entwickelten kein missionarisches Bewusstsein, arrangierten sich vielmehr mit dem jahrhundertelangen Nebeneinander

---

[1604] Vgl. die Abschrift des *Statement by the Archbishop of Canterbury, the Archbishop of York, and the Bishop of London relating to the Bishopric in Jerusalem* vom 18.2.1887, LPL/Lang Papers 45.

[1605] Vgl. die Kopie der 1905–Verfassung: *Church Missionary Society 1905 – Palestine Mission: Regulations for a Church Council - Regulations for Palestine Committees, with Appendix*, LPL/Lang Papers 45.

[1606] Vgl. M. Raheb, *Das reformatorische Erbe*, 147 f.

[1607] Vgl. *Handbook of the Anglican Bishopric in Jerusalem and the East*, 24 f.

von Islam und Christentum im Heiligen Land und vermieden Spannungen zu den Muslimen.[1608]

Am Rande sei bemerkt, dass der Name des PNCC die Bezeichnung *Palestine* wohl nicht zufällig enthielt. Rashid Khalidi hat gezeigt, dass die arabischen Zeitungen diesen Ausdruck bereits in der späten osmanischen Zeit zur Bezeichnung des Landes verwendeten. Khalidi sieht darin ein Zeichen für ein sich bereits vor 1918 langsam entwickelndes palästinensisches Nationalbewusstsein. Die Aufnahme des Terminus *Palestine* zur Bezeichnung eines arabisch-anglikanischen Gremiums bestätigt diese Entwicklung auf kirchlichem Gebiet.[1609]

Dem PNCC war kein glücklicher Start beschieden. Das türkische Recht erkannte den PNCC weder als eigene Körperschaft noch als Treuhänder des CMS-Grundbesitzes an. Die seit 1911 geplante und 1923 konsekrierte *St. Paul's Church* in Jaffa wurde im Einvernehmen mit Bischof Blyth und auf ausdrücklichen Rat des deutschen wie des englischen Konsuls auf den Namen des CMS-Präsidenten und nicht auf den PNCC im Grundbuch eingetragen.[1610]

Zudem taten sich Blyth und seine Nachfolger schwer, „to treat the council as a diocesan body."[1611] Der Status des PNCC blieb kirchenrechtlich umstritten. Das provozierte regelmäßig Auseinandersetzungen, etwa dann, wenn das Bistum bei notwendigen Einsparungsmaßnahmen Mehrarbeit von den arabischen Geistlichen erwartete, ohne ihnen und ihren Gemeinden in gleichem Maße mehr Selbstverwaltung zuzugestehen.

Mitunter nutzten die Gemeinden die Spannungen zwischen *parent committee* und lokalem Klerus aus zu ihren Gunsten aus. 1910/11 protestierten Rev. Nicola Abu Hattum und die *Heads of Families* der mit rund 400 Gliedern für anglikanische Verhältnisse großen CMS-Gemeinde Es Salt - nach 1918 in Transjordanien gelegen - gegen eine Entscheidung des PNCC bei der CMS-Zentrale in London. Der PNCC hatte Hattum von Es Salt in die wesentlich kleinere Gemeinde El Husn versetzt und Rev. Musra zu seinem Nachfolger erkoren. Über diese Entscheidung zerstritt sich die Gemeinde so sehr, dass ihr die Spaltung drohte.[1612] Indem sich die Familienoberhäupter und der betroffene Pastor direkt an das *parent committee* wandten, untergruben sie natürlich die Autorität des PNCC, aber auch des englischen CMS-Missionsleiters in Palästina. Bischof Blyth, dessen Amt ihm moralischen Kredit gab, vermittelte erfolgreich zwischen den Streitparteien. Er setzte sich für den Bau einer Kirche in Es-Salt und riet im Gegenzug, die getroffenen Personalentscheidungen umzusetzen. Das steigerte sein Ansehen in Kreisen des PNCC.

[1608] Vgl. R. Abu El-Assal, „The Birth and Experience of the Christian Church: the Protestant/Anglican Perspective: Anglican Identity in the Middle East", in: M. Prior/W. Taylor (Hgg.), *Christians in the Holy Land*, London 1994, 132 und G. Hewitt, *The Problems of Success. A History of the Church Missionary Society 1910–1942. Volume One: In Tropical Africa – The Middle East – At Home*, London 1971, 356.

[1609] Vgl. R. Khalidi, *Palestinian Identity*, 58.

[1610] Vgl. G. Hewitt, *The Problems of Success*, 357.

[1611] Ebd., 356.

[1612] Vgl. ebd., 357 f.

Die politischen, religions- und körperschaftsrechtlichen Veränderungen der Mandatszeit machten die Übertragung des Eigentums aus britischen in palästinensische Hände einfacher. Die CMS gab nach und nach Verwaltungsaufgaben und lokale Leitungskompetenzen an die PNCC-Gemeinden ab, die nun unabhängig zu agieren begannen. 1922 kam es zu einer Vereinbarung zwischen PNCC und CMS, nach der Gebäude, Kirchen, Grund und Boden von der CMS auf den PNCC übertragen werden sollten. Die CMS zögerte allerdings die Ausführung dieser Übereinkunft hinaus, weil sie zunächst sichergehen wollte, dass der PNCC wirklich in der *Church of England* verbliebe und keine eigene Kirche bildete. Deshalb kam es in verfassungsrechtlichen Fragen zu einer engen Kooperation zwischen der Missionsgesellschaft und dem Bistum. Auch in der anglikanischen Kirche blieb der Weg in die Selbständigkeit also von der Beweglichkeit der Kirchen- und Missionsleitungen sowie von kirchenrechtlichen Fragen abhängig. Auch wenn das CMS-Board fortschrittlicher als der JV- und der SyrW-Vorstand war, entstand auch im Anglikanismus während der Mandatszeit - trotz aller Bestrebungen der einheimischen Christen - noch keine eigenständige Kirche. Der Weg zu einer *Jungen Kirche* wurde auf anglikanischer Seite immerhin früher und schneller beschritten als in den arabisch-lutherischen Gemeinden. Doch aufgrund des Machtgefälles zwischen der CMS-Zentrale und dem PNCC erhielten einheimischen Christen letztlich nur begrenzte Partizipationsrechte.

6.8.3 Voraussetzungen und Schwierigkeiten für das *Diocesanisation*-Projekt

Der anglikanische Bischof befand sich kirchenjuristisch in einer ähnlich machtlosen Position wie der deutsche Propst, weil die Missionsgesellschaften als unabhängige Organisationen verfasst waren. Ihre Missionare und Pastoren unterstanden dienst- und disziplinarrechtlich den Missionsvorständen und nicht dem Bischof. Eine einheitliche Diözesan-Verfassung gab es nicht. Die selbstbewussten Missionen führten ein eigenständiges Dasein, verwalteten ein eigenes Budget und hatten große Freundes- und Förderkreise in der Heimat. Der Bischof wirkte lediglich als repräsentatives Oberhaupt des Anglikanismus und besaß, wie schon erwähnt, in verschiedenen Gremien der Missionsgesellschaften nur eine beratende Stimme, aber keine Richtlinienkompetenz. In der äußerst divergenten anglikanischen Szene des Heiligen Landes trat der anglikanische Bischof dennoch als integrierende Persönlichkeit auf und bemühte sich in den Gemeinden um Vermittlung. Dank zweier bemerkenswerter Persönlichkeiten gewann das Bischofsamt in der Zwischenkriegszeit innerkirchlich und gesellschaftspolitische eine Bedeutung, die weit über die Grenzen seines eigentlichen Einflussbereiches hinausging. Dass der Rennie MacInnes (1914–1931) und George Francis Graham-Brown (1932–1942) ihre Position ausbauen konnten, hatte zwei Gründe:

Erstens war das öffentliche Ansehen des Bischofs mit der Anwesenheit der britischen Mandatsverwaltung in Palästina außerordentlich gestiegen.

Zweitens besaß der Bischof mit der *Jerusalem and the East Mission* eine eigene Missionsgesellschaft, wobei der Terminus *Mission* nicht den eigentlichen Aufgabenbereich der JEM traf. Die JEM war die „home organisation"[1613] und eine Art *Transmissionsriemen* des jeweiligen Bischofs auf den Gebieten der Bildung, der Sozialarbeit und der Ökumene sowie ein überaus hilfreiches Instrument zum Spendensammeln in der britischen Heimat und der weltweiten anglikanischen Gemeinschaft. Obwohl die JEM nur eine kleine Organisation war, engagierte sich – wie bereits dargelegt – in ihrem Heimatvorstand beziehungsweise Kuratorium die *crème de la crème* der am Heiligen Land interessierten englischen Oberschicht. Das lag wohl an deren engen, romantisierenden, religiös-emotionalen und religionspolitischen Verbindung zum *Jerusalem Bishopric*, aber auch an der imperialen Verantwortung Großbritanniens im Heiligen Land, die ein Mitverantwortungsgefühl bei der Imperialelite auslöste. Das britische Mandat wurde von nicht wenigen im Sinne eines besonderen christlichen Schutzauftrags für die Heiligen Stätten (miss)verstanden.

Dank dieser Faktoren und der Rückendeckung durch Lambeth Palace gelang es den anglikanischen Bischöfen, ihre begrenzte Position politisch aufzuwerten. Dass das relativ kleine „Missionary Bishopric"[1614] über die Grenzen des Heiligen Landes für die gesamte anglikanische Gemeinschaft interessant wurde, hatte auch damit zu tun, dass mit Rennie MacInnes ein machtbewusster Kirchenmanager neuen Typs das Amt übernommen hatte, der mit Nachdruck seine kirchenpolitischen Ziele vorantrieb. MacInnes wollte den PNCC dadurch zu einer Zustimmung zu seinen Ideen bewegen, indem er dem arabischen Klerus ein stärkeres Mitspracherecht in den kirchlichen Gremien zugestand.

Kirchenpolitisch erkannten beide Bischöfe weitblickend, dass die kleinen, autonomen Missionsgemeinden nur dann überleben konnten, wenn sie sich zu einem Gesamtverband zusammenschlossen. MacInnes und Graham-Brown trieben deshalb eine Verkirchlichung und Vereinheitlichung der gesamten anglikanischen Missions-, Gemeinde-, Schul- und Sozialwesens unter dem Dach des Bistums voran. Die *Diocesanisation* wurde *das* binnenkirchliche Diskussionsthema der 1920er und 1930er Jahre in Palästina. Es verlangte gerade von den Bischöfen ein hohes Maß an kirchenpolitischem Geschick, Durchsetzungsvermögen und Diplomatie.

Die PNCC-Gemeinden brachten diesen Überlegungen ein gewisses Verständnis entgegen, reagierten aber abweisend als MacInnes auch die Jurisdiktionsrechte über alle anglikanischen Geistliche und Missionare beanspruchte. Die PNCC-Gemeinden und die Missionsgesellschaften befürchteten verständlicherweise, dass sie damit erhebliche Kompetenzen an das Bistum abgeben mussten.

6.8.4 Das protestantische Mikromilieu – quantitative und theoretische Beobachtungen

Die *Diocesanisation*-Idee war nicht aus der Luft gegriffen, sondern bot sich aus sachlichen Gründen an. Die anglikanischen Gemeinden waren sehr klein, und eine Spaltung wäre existenzbedrohend gewesen. Nach dem Zensus von 1922 hatte Palästina

---

[1613] Vgl. LPL/ MS.3124.
[1614] Vgl. den Brief der Visitors an das CMS-General Committee vom 5.9.1925, BUL/G/Y/P 2. Vgl. auch Kapitel 4.10.2.

757.000 Einwohner, davon 591.000 Muslime, 84.000 Juden und 73.000 Christen.[1615] Innerhalb der christlichen Minderheiten kam den Protestanten quantitativ nur eine verschwindende Bedeutung zu:

1910 zählten die PNCC-Gemeinden rund 2.500 getaufte Seelen, von den 938 zum Abendmahl gingen. 1932 waren es 2.725 Glieder und 1.200 Kommunikanten[1616], 1942 schon 3.400 Glieder und 1.800 Kommunikanten. Das Wachstum verdankten die Gemeinden jedoch nicht großen missionarischen Erfolgen, sondern den vielen jungen Familien unter ihren Gliedern. Während nämlich die Zahl der Erwachsenentaufen zwischen 0 und 5 pro Jahr lag, tauften die CMS-Missionare zwischen 80–240 Kinder jährlich.[1617] Die CMS hatte im Jahre 1930/31 40 Missionare auf 16 Haupt und sieben Außenstationen, unterhielt 13 Schulen, in der Mehrheit Primarschulen, mit 1.249 Schülern und vier Krankenhäuser in Gaza, Jaffa, Nablus und Es-Salt mit 191 Betten, die im Jahr rund 3.000 Patienten stationär und 52.000 Patienten ambulant behandelten. Die wichtigsten CMS-Einrichtungen waren die *Bishop Gobat School for Boys at Jerusalem* und das *Orphanage* in Nazareth.

Das *Jerusalem Girls' College* wurde gemeinsam von der JEM, der CMS und der LJS/CMJ unterhalten, die Elite-Schule für den männlichen Nachwuchs, die *St. George's School* in Jerusalem dagegen nur von der JEM getragen.[1618]

Für die soziologische Entwicklung der arabisch-anglikanischen Gemeinden war es vorteilhaft gewesen, dass die große Mehrheit der von Gobat gegründeten Schulen nach 1886 unter dem Dach des Bistums verblieb. So gelang es den Anglikanern bis zur Mitte des 20. Jahrhunderts sehr viel schneller als den Lutheranern, eine gebildete Mittelschicht heranzuziehen und auch geistlichen Nachwuchs zu gewinnen. 1941 sah das Personaltableau des PNCC folgendermaßen aus:[1619]

[1615] Zitiert nach dem CMS/Annual Report 1930/31, xxxix, BUL.

[1616] Vgl. Cashs Brief an Lang vom 14.1.1932, LPL/Lang Paper 44 und den CMS/Annual Report 1930/31, xxxix, BUL.

[1617] Gegen G. Hewitt, *The Problems of Success*, 357, der lediglich „a small but significant growth in church membership" feststellt, ohne diese Entwicklung zu erklären. Anders dagegen die in der BUL einsehbaren CMS/Annual Reports der Jahre 1917 bis 1941. Dort finden sich auch die Statistiken zu den Schulen, Krankenhäusern, der Finanzentwicklung und dem Personalbestand. Vgl. auch CMS/Annual Report 1930/31, xxxix, BUL.

[1618] Vgl. z.B. S.P. Colbi, *A History of the Christian Presence in the Holy Land*, Lanham – New York – London 1988, 147 und I.M. Okkenhaug, *The Quality of Heroic Living*, 66–72.

[1619] Vgl. *Handbook of the Anglican Bishopric in Jerusalem and the East*, 25.

Chairman	Rev. Elias Marmura
Vice-Chairman	Mr. Jirius Khury
Treasurer	Mr. Wadie Comri
Jerusalem	Rev. Elias Marmura, Mr. Shukry Jamal, Mr. Shafeeq Mansour
Haifa	Rev. Yusif Fuleihan, Rev. Najib Cuba'in, Mr. Jirius Khury, Mr. Najib Boutagy
Nazareth	Rev. Fareed Audeh, Mr. Musa Khamees
Amman	Rev. Najib El-Far, Mr. Elias Comri
Es-Salt	Rev. Jirius Salfeety
Nablus	Rev. Butrus Salameh Kassees
Ramallah	Rev. Khalil Jamal, Mr. Najib Alam
Shefa Amr	Rev. Sema'an Dibbuny, Mr. Saleem Farah
Akko	Rev. Faiq Durzi, Dr. Jameel Tuktuk
El-Husn	Mr. Musa Aazar
Ramleh	Mr. Atallah Zabaneh
Beisan	Mr. Istifan Ateek
Honorary Member	Mr. Isakander Saba

C.M.S-Visitors waren Rev. Eric E.F.Bishop als Leiter der Newman-School und Rev. Donald Blackburn sowie Rev. Angus Campbell MacInnes. Der Sohn des ehemaligen Bischofs und Archdeacon des Bistums leitete von 1930 bis 1944 die Gobat Schule und von 1940 bis 1950 als Secretary auch die CMS Palestine Mission.

Auch wenn die CMS/PNCC-Gemeinden verschwindend klein blieben, waren sie immer noch größer als die lutherischen Missionsgemeinden: Die Schul- und Gemeinde-Statistik des JV für 1927 gibt an, dass es 61 Gemeindeglieder in Bethlehem, 73 in Beith Jala, 37 in Hebron und 5 in Beith Sahour gab. 1938 waren die JV-Gemeinden leicht angewachsen: 86 Glieder zählte Bethlehem, 120 Beith Jalam, 21 Beith Sahour, 124 Hebron.[1620]

Die Schul- und Gemeinde-Statistik des JV für 1930/31 gibt an, dass es 70 Gemeindeglieder in Bethlehem, 112 Beith Jala, 17 in Beith Sahour, 87 in Hebron und 85 in Jerusalem gab.[1621] Großzügig gerechnet – an Feiertagen kamen auch viele nichtprotestantische Gottesdienstbesucher - hatten die JV-Gemeinden also 300–500 Gläubige und die SyrW-Hausgemeinde noch einmal die gleiche Zahl.[1622] Im gleichen Jahr besuchten die JV-Kindergärten 219 Kinder, die JV-Schulen hatten 243 Schüler. Bis 1938 stiegen die Zahlen auf 264 Kinder beziehungsweise 429 Schüler an, von denen etwas mehr als die Hälfte der Griechisch-Orthodoxen Kirche, ein

[1620] Vgl. M. Raheb, *Das reformatorische Erbe*, 161 Anm. 137.
[1621] Vgl. Jentzschs IV. Quartalsbericht 1927, JVA B 3113.
[1622] Vgl. die Zahlen in Jentzschs Bericht „Die Missionsarbeit des Deutschen Jerusalems-Vereins" auf der Missionskonferenz in Beirut 1931, JVA B 3115.

Drittel islamischen Bekenntnisses war und der Rest anderen christlichen Kirchen angehörte.[1623]

Der langsam erwachende ökumenische Geist, aber auch die Vorsicht vor religionspolitischen Streitigkeiten führt im 20. Jahrhundert dazu, dass der JV-Missionsleiter mehrfach Übertrittswünsche orthodoxer Christen in Beith Sahour ablehnte.

Während die CMS in ihren Gemeinden, Schulen und Krankenhäuser 1931 79 arabische und 41 europäische Mitarbeiter sowie 66 Lehrer beschäftigte – darunter sieben einheimische und vier europäische Pastoren – wirkten in den JV-Einrichtungen ein deutscher Missionsleiter, zwei Kaiserswerther Schwestern und zwei ordinierte arabische Pastoren, 20 nicht-ordinierte Missionsarbeiter sowie 19 Lehrerinnen und Lehrer. Die CMS betreute in 13 Schulen etwa 1.300 Schüler, der JV besaß vier Kindergärten, eine Mädchen-Nähschule, drei ko-edukative, eine Knaben- und zwei Mädchenschulen mit rund 450 Kindern, die größtenteils der Griechisch-Orthodoxen Kirche und dem Islam, aber nur in ihrer Minderheit dem Protestantismus angehörten.

Bei diesen Zahlen liegt es auf der Hand, dass eine Zentralisierung und Verkirchlichung der gesamten anglikanischen Arbeit sowohl für die Außenwirkung, als auch binnenkirchlich und administrativ Vorteile brachte.

Mit Olaf Blaschke und Frank-Michael Kuhlemann[1624] kann man im Blick auf die arabischen Lutheraner und Anglikaner von einem religiösen Mikromilieu sprechen, das im Gegensatz zum Makro- und zum Mesomilieu durch eine besondere geographische Nähe und persönliche Bezüge gekennzeichnet war. Wie die vorhergehende Darstellung gezeigt hat, handelte es sich sowohl bei den lutherischen als auch bei den anglikanischen Gemeinden präziser um *werdende religiöse Mikromilieus*. Ihr Entstehungsprozess wurde durch eine starke Abhängigkeit von den Missionsgesellschaften, durch Clan- und durch innerkirchliche Streitigkeiten verlangsamt.

Die für ein religiöses Mikromilieu typischen persönlichen Bezüge mögen für Seelsorge und Gemeindearbeit bedeutsam gewesen sein und den Identitätsbildungsprozess zunächst beschleunigt haben. Allerdings bildete das Mikromilieu auch ein Hindernis für das Eigenständigwerden der Gemeinden: Die wenigen führenden Persönlichkeiten dieser Gemeinden waren zugleich als Pastoren, Lehrer oder Kindergärtnerinnen beim JV, dem SyrW oder der CMS angestellt und damit finanziell von dem jeweiligen Träger abhängig. Die Gemeinden wurden vor allem von diesen wenigen hauptamtlichen Kräften getragen.

In den lutherischen Gemeinden entstand nur langsam eine bürgerliche Mittelschicht, die kulturübergreifend als Träger der Zivilgesellschaft angesehen werden kann, während sie sich in den anglikanischen Gemeinden bereits über zwei bis drei Generationen etwas gefestigt hatte. Allerdings war die anglikanische Gemeinschaft insgesamt recht heterogen: Die CMJ/LJS wandte sich besonders an die Juden der Unterschicht. Die JEM war stärker an der jüdischen Mittelklasse und gebildete-

---

[1623] Vgl. M. Raheb, *Das reformatorische Erbe*, 171 Anm. 186.

[1624] Vgl. O. Blaschke/F.-M. Kuhlemann, „Religion in Geschichte und Gesellschaft. Sozialhistorische Perspektiven für die vergleichende Erforschung religiöser Mentalitäten und Milieus", in: dies. (Hgg.), *Religion im Kaiserreich*, 7–56, bes. 47–51.

ren englischen Kreisen interessiert. Die Glieder der PNCC-Gemeinden gehörten der Mittel- und zum Teil der Bildungsschicht an. Eine nicht unerhebliche Zahl der arabischen Anglikaner stieg sogar bis in höhere Regierungspositionen auf, was zum Ansehen des Anglikanismus insgesamt beitrug.[1625]

Auf lutherischer Seite gab es erhebliche Unterschiede in der sozialen Zusammensetzung der Gemeinden: Die Jerusalemer Gemeinde hatte bürgerlichere Strukturen als die Gemeinden im Raum Bethlehem und rekrutierte sich zu großen Teilen aus Absolventen des Syrischen Waisenhauses, von Talitha Kumi oder einer der anglikanischen Schulen, während Beith Sahour ein armes, am Rande der Wüste gelegenes Hirtendorf war. Eine kleine Perlmuttindustrie und das Steinhauerhandwerk konnten keineswegs allen Menschen Lohn und Brot geben. Das soziale und intellektuelle Niveau der JV-Gemeinde war entsprechend niedrig, der Gottesdienstbesuch dafür aber rege.[1626]

Das 5.000-Einwohner-Städtchen Beith Jala, das mit seinen über 800.000 Ölbäume und seinen großen Obstplantagen als einer der schönsten Orte Palästinas galt, besaß seit Generationen eine christliche Prägung und eine alteingesessene bäuerlich-kaufmännisch-handwerklich ausgerichtete Mittelschicht.[1627]

Eine lutherische Bildungsschicht war erst im Entstehen, was aber auch den Strukturen des schulischen Angebots lag, waren die Schulen des JV doch Primarschulen. Das Syrische Waisenhaus unterhielt zwar auch ein Lehrerseminar, bildete aber in erster Linie Handwerker aus. Die Deutsche Evangelische Schule als Reform-Realgymnasium endete bereits mit der 10. Klasse. Ein dem Abitur vergleichbarer Abschluss wurde nur an den anglikanischen Schulen angeboten, wie der *High School for Girls* und dem elitären, von der JEM getragenen Diözesan-Internat, der *St. George's School*.[1628] Eine vergleichbare Bildungs-Elitenförderung gab es im lutherischen Sektor nicht. Insgesamt erwiesen sich die PNCC/CMS-Gemeinden somit als wesentlich leistungsstärker als der JV. Auch deshalb konnten die arabischen Anglikaner sehr viel selbstbewusster ihre Position gegenüber dem Bistum vertreten als dies den arabischen Lutheranern in den Verhandlungen mit den Missionsvorständen gelang.

6.8.5 Frömmigkeitsgeschichtliche und kirchenpolitische Probleme

Dass die *Diocesanisation* nicht nur auf Beifall stieß, hatte frömmigkeitstheologische und kirchenpolitische Gründe. Die älteste protestantische Kirche Jerusalems, die *Christ Church* am Jaffa Tor befand sich in den Händen der evangelikalen LJS/CMJ. Dort versammelten sich Judenchristen beziehungsweise die wenigen zur Konversion bereiten Juden. Die Mehrheit der Gottesdienstbesucher waren allerdings evangelikale britische Beamte, Soldaten, Polizisten, Bewohner der Region Jerusalem. Die

---

[1625] Vgl. Cashs Brief an Lang vom 14.1.1932, LPL/Lang Paper 44.

[1626] Vgl. die Ausführungen in Jentzschs Bericht „Die Missionsarbeit des Deutschen Jerusalems-Vereins" auf der Missionskonferenz in Beirut 1931, JVA B 3115.

[1627] Vgl. den Lebensrückblick von S. Baz Haddad „Evangelist und Pfarrer in Beitjala", *ILB* 1 (1961), 20.

[1628] Vgl. dazu I.M. Okkenhaug, *The Quality of Heroic Living*, 60–80.

arabisch-anglikanischen Gemeinden besaßen durch die Missionsarbeit der evangelikalen CMS – mit der *St. Paul's Church* in Jerusalem als geistlichem Zentrum der arabischen Anglikaner – ebenfalls ein ausgeprägtes *Low Church*-Bewusstsein. Dagegen feierte die bischöfliche *St. George's Cathedral* im Stile der *High Church* Gottesdienste mit einer sich elitär gerierenden bürgerlichen Gemeinde, die aus führenden britischen Mandatsbeamten, Angestellten, Polizisten, Offizieren bestand. Zur Intensivierung des hochkirchlichen Elements in Jerusalem trug auch die seit 1924 jährlich stattfindende *Anglo-Catholic Pilgrimage*[1629] bei, auf der sich hochkirchliche Anglikaner auf eine spirituelle Reise ins Heilige Land begaben.

Gerade dieses in der Pilgerreise artikulierte hochkirchliche Interesse am Bistum und das erkennbare Machtbewusstsein der beiden Bischöfe katalysierten in den arabisch-anglikanischen Gemeinden einen intensiven frömmigkeitstheologischen Abgrenzungs- beziehungsweise Identitätsbildungsprozess, der kirchenpolitisch und finanziell von der Mutterorganisation CMS in der Tendenz mitgetragen wurde. In diesen Entwicklungen unterschieden sich die arabischen Anglikaner deutlich von den arabisch-lutherischen Gemeinden, in denen es die Aufteilung in *Low*- und *High-Church*-Anhänger nicht gab.

Die anglikanischen Gemeinden spiegelten in den Fragen der Liturgie und der theologischen Ausrichtung deutlich die kirchlichen Verhältnisse auf den britischen Inseln wieder.[1630] Die Loyalität zu den jeweiligen Gemeinden war verhältnismäßig hoch, weshalb gemeinsame Aktivitäten, Feste, ein Kanzeltausch der Geistlichen eher eine Ausnahme bildeten.

6.8.6 Die Diskussion über eine Bistumsverfassung in Palästina

Der Gang der Dinge bis zu MacInnes Tod

Ein erster Schritt auf dem Wege zur Vereinheitlichung kirchlicher Strukturen bedeutete die vom 3. bis 7. Juli 1922 abgehaltene *Diocesan Conference*, die Bischof MacInnes einberief. Erstmals seit dem Krieg trafen sich die 30 anglikanischen Geistlichen der drei Missionen und der arabischen PNCC-Gemeinden.[1631] Zunächst hatte MacInnes erwogen, eine *Diocesan* beziehungsweise *Provincial Synod* einzuberufen, die formal das höchste gesetzgebende Organ der Diözese darstellte. Er sah jedoch, dass die Entscheidungen der Synode „undoubtedly would be overruled by another authority, viz., the Executive Committee in London of this or that Church

---

[1629] Vgl. z.B. die Artikel zur *Anglo-Catholic Pilgrimage* in *Bible Lands* Nr. 98 – October 1923, 381–383, Nr. 100 - April 1924, 448–452, Nr. 101 - July 1924, 467 und Nr. 102 – Oktober 1924, 526–529 und Nr. 115 – January 1928, 861 f. Vgl. auch die Hinweise im *Handbook of the Anglican Bishopric in Jerusalem and the East*, 13–17. Interessantes Material zur Anglo-Catholic Pilgrimage findet sich auch in LPL/J.A. Douglas Papers 12 und 13. Vgl. zum Verhältnis von Pilgerschaft und Massentourismus T. Larsen, „Thomas Cook, The Holy Land Pilgrims, and the Dawn of the Modern Tourist Industry", 329–342.

[1630] Vgl. z.B. A. Hastings, *A History of English Christianity 1920–2000*, London ⁴2001, 193–220 oder R. Ward, *Kirchengeschichte Großbritanniens vom 17. bis zum 20. Jahrhundert*. Mit einer Einführung von U. Gäbler, Leipzig 2000, 158–162.

[1631] Vgl. die Darstellung in: *Bible Lands* Nr. 94 – October 1922, bes. 270.

Society".[1632] Die sehr viel unverbindlichere Konferenz aller Geistlichen erschien deshalb als der einfachere Schritt für den Beginn einer intensiveren Kooperation der verschiedenen Organisationen. In einem Beitrag für die JEM-Publikation *Bible Lands* erinnerte MacInnes als ehemaliger CMS-Missionar daran, dass die CMS in Afrika peu à peu Aufgaben und Entscheidungskompetenzen an die jeweiligen Diözesen abgegeben habe und dies auch als Vorbild für Palästina dienen könne.[1633]

Um die *Diocesan Conference*, die MacInnes als ein „most useful advisory council" verstand,[1634] enger an sich zu binden, rief er einen *Council of Advice* ins Leben, dem Canon Schedid Baz Haddad für die CMS, Canon Hanauer für die LJS/CMJ und Rev. Y. Khaddar für die JEM angehörten. Während die *Diocesan Conference* in der Zwischenkriegszeit zu einem wichtigen Koordinierungsgremium wurde, ergeben die Quellen kein klares Bild über die Aufgaben, Langlebigkeit und Funktionstüchtigkeit des *Council of Advice*.

Dass MacInnes das gewachsene Selbst- und Verantwortungsbewusstsein der einheimischen Anglikaner zu würdigen wusste, belegte die Berufung von acht *Lay Reader* im Jahre 1924. Erstmals in der Geschichte des Bistums verlieh der Bischof diesen Titel. Er anerkannte damit offiziell das Engagement der CMS-Katecheten an, die über Jahrzehnte ehrenamtlich in den Gemeinden und der Mission gewirkt hatten. Von diesen acht *Lay Reader* kamen fünf aus den CMS-Gemeinden, drei von ihnen waren Palästinenser; einer entstammte der JEM und zwei aus LJS/CMS-Kreisen, unter ihnen ein getaufter Judenchrist. Auffallenderweise waren alle *Lay Reader* Männer und gehörten als Lehrer, Ärzte und Katecheten der Bildungsschicht an.[1635]

Um die Mitsprache der Laien in kirchlichen Fragen zu stärken, stimmte MacInnes auch der Bildung eines sechsköpfigen Gemeinderates für die *St. George's Cathedral* zu, der erstmals beim Jahrestreffen der Gemeinde am 25.1.1924 im Bishop's House gewählt wurde. In ähnlicher Weise verfuhr die Judenmission, die – in Anwesenheit des Bischofs – am 13.2.1924 das erste *General Meeting of the Congregation of Christ Church* abgehalten hatte. MacInnes schlug vor, dass ein gemeinsamer *Council* für die *Christ Church*- und die *St. George's Cathedral*-Gemeinde gegründet werden sollte. Damit rannte er bei den Evangelikalen offene Türen ein, wussten sie doch, dass ihre Gemeinde mittlerweile eine recht normale *Parish Church* geworden war.[1636]

Die Bildung derartiger Gemeinderäte bereitete die Entsendung von Laien zur Diözesankonferenz und damit zu einer Koordinierung der gesamten anglikanischen Ar-

---

[1632] Ebd.

[1633] Ebd.

[1634] Ebd.

[1635] Vgl. *Bible Lands* Nr. 100 – April 1924. Zu Lay Reader wurden ernannt: Mr. L.H. Hardman, der CMS-Sekretär für Palästina, die Ärzte Dr. Payne und Dr. Orr Ewing, Mr. Amin Faris, Mr. Iskander Dawany, Mr. Henry Borojian, Mr. Morris Sigel, Mr. Gordon Boutajy.

[1636] Vgl. die Minutes of the first General Meeting of the Congregation of Christ Church am 13.2.1924, BLO/Dep. C.M.J., d.88/3.

beit vor. Doch auch diese Schritte sorgten keineswegs für ein Ende der Diskussionen über die zukünftige Bistumsverfassung.[1637]

Auf der 16. PNCC-Tagung vom 19. bis 24. April 1925, die Butrus Musa Nasir zum Chairman, Rev. Asaad Mansour zu seinem Stellvertreter und Elias Marmura zum Secretary wählte, wurden die Vereinheitlichungsvorschläge des Bischofs intensiv diskutiert. Marmura besaß ein weit über Palästina hinausragendes Renommee. Er arbeitete als Delegierter des Bistums in der ökumenischen Bewegung *Faith and Order* mit – eine Ehre, die nur noch seinem PNCC-Kollegen, Rev. Fareed Audeh aus Nazareth zukam, der die arabischen Anglikaner auf der Weltmissionskonferenz in Tambaram 1938 vertrat.[1638]

Während die Vorschläge des Bischofs zur selbständigen Verwaltung von Grund und Boden, der Schulen, des Budgets positiv aufgenommen wurden, stießen seine Überlegungen zur Unterordnung der PNCC-Gemeinden unter die Jurisdiktion des Bischofs auf erheblichen Widerspruch. Zudem verwiesen die PNCC-Gemeinden auf ihr religiöses Profil, wollten „strict Evangelicals" bleiben und forderten, dass die zukünftige theologische Ausbildung des Klerus und der interessierten Laien „a strong constructive *Protestant* nature" besitzen müsse.[1639] Das war eine deutliche Spitze gegen die hochkirchlichen Gottesdienste in der *St. George's Cathedral* und den zunehmenden Einfluss der *Anglo-Catholic Pilgrimage* auf die Jerusalemer Diözese.

Auch nach einem Bericht der drei *CMS-Visitors*, Carpenter, Webb und Hardman an das *General Committee* über die PNCC-Tagung 1925 bestand das Grundproblem für die *Diocesanisation* im traditionellen Gegensatz zwischen *Evangelicals* und *High Churchmen*. Die aus der Mission der gemäßigt evangelikalen CMS entstandenen PNCC-Gemeinden zielten auf die Gründung einer *Evangelical Church*.[1640]

Diese Tendenz wurde in den folgenden Jahren noch verstärkt, als der PNCC politische Sympathien für die (groß)arabische Nationalbewegung pflegte und sich gerne mit den (aus der amerikanischen Mission erwachsenen) Presbyterianern in Syrien zu einer nationalen Arabisch sprechenden protestantischen Kirche vereinigt hätten. Das sollte allerdings auch nach Meinung der CMS vermieden werden.[1641]

Aus Sicht der englischen *Visitors* des PNCC-Treffens schien ein Kompromiss möglich zu sein: Die PNCC-Gemeinden sollten ihre evangelikale Linie beibehalten, das „*present* Prayer Book"[1642] anerkennen und den Bischof als „recognized headship"[1643] des Anglikanismus im Heiligen Land betrachten, der Ordinationen und

---

[1637] Vgl. z.B. den von B.M. Nasir unterschriebenen Brief des PNCC an den Bischof vom 24.4.1924, BUL/G/Y/P 2.

[1638] Vgl. das *Handbook of the Anglican Bishopric in Jerusalem and the East*, 19.

[1639] Vgl. das Protokoll des 16.PNCC-Treffen vom 19.-24.4.1925 und den Brief der PNCC-Visitors an das CMS-General Committee vom 5.9.1925 (Hervorhebung im Brief), BUL/G/Y/P 2. Zur Verwendung des Begriffs *Protestant* in England vgl. A. Hastings, *A History of English Christianity*, xxi.

[1640] Vgl. den Brief der Visitors an das CMS-General Committee vom 5.9.1925, BUL/G/Y/P 2.

[1641] Vgl. die entsprechenden Ausführungen im Bericht des *Archbishop's Overseas Advisory Committee* über die *Proposed Constitution for the Jerusalem Bishopric* vom 8.1.1934, LPL/Lang Papers 45.

[1642] Vgl. den Brief der Visitors an das CMS-General Committee vom 5.9.1925, BUL/G/Y/P 2. (Hervorhebung im Text.)

[1643] Ebd.

Konfirmationen vornehmen und die Gemeinden in politischen Fragen beraten und vertreten sollte. Die umstrittene Revision des *Book of Common Prayer*, auf das später noch einzugehen sein wird, stieß bei dem PNCC auf Ablehnung.

Auf allen anderen Gebieten wollten die Gemeinden jedoch unabhängig vom Bischof agieren und sich von der Regierung als eine „legal entity capable of administration property, trusts" anerkennen lassen, um so das Kirchengut der Gemeinde autonom verwalten zu können.[1644] Der Bischof sollte sich in Fragen der Liturgie, der Gewänder, der Ausstattung und der selbständigen Ernennung der Geistlichen nicht in die Entscheidungen der Gemeinden einmischen. Schließlich schien es den einheimischen Christen bedeutsam, das Recht auf Interkommunion ebenso wie den Kanzeltausch mit anderen christlichen Kirchen zu praktizieren, ohne jedes Mal den Bischof nach seiner Erlaubnis fragen zu müssen. Das war kirchenrechtlich eine problematische Forderung, entsprach aber wohl dem Geist der orientalischen Gastfreundschaft.

Sollte sich der Bischof im Blick auf die administrativen Fragen, die Verwaltung des Kirchenguts und der Nichteinmischung in die inneren Angelegenheiten als konziliant erweisen, schien eine Annäherung des PNCC an die Position des Bischofs möglich zu sein, zumal der PNCC die *Diocesanisation* nicht grundsätzlich ablehnte. Weitblickend sahen manche arabischen Anglikaner, dass insbesondere eine Zentralisierung der Finanzen gerade für die jungen einheimischen Gemeinden überaus vorteilhaft war. Dem PNCC und den Visitors war nämlich klar, dass ein „nonsettlement" in dieser Frage unausweichlich zur Bildung von Mini-Kirchen führen musste.[1645] Die großen Gemeinden in Jerusalem, Nazareth, Jaffa wären allein lebensfähig gewesen, für die kleinen wie Nablus oder Gaza hätte eine Spaltung den Untergang bedeutet. Damit besaßen die großen Gemeinden allerdings ein Druckmittel, das in den kleinen Gemeinden große Befürchtungen vor dem Verlust der Eigenständigkeit hervorrief.

Um zu einer konzilianten Lösung zu kommen, schlugen die Visitors ein Agreement zwischen PNCC und Bischof vor, nach dem der PNCC als Teil der Kirche von England weiterarbeiten, gleichzeitig aber die Entwicklung einer einheimischen Kirche vorantreiben sollte. Anderenfalls drohten die PNCC-Gemeinden sogar mit der Gründung einer vereinigten *Protestant Church of Palestine*, in die auch Lutheraner und Presbyterianer der angrenzenden Länder eingeschlossen werden sollten. Ende der 1920er/Anfang der 1930er Jahre wurde dieses Modell in den lutherischen Kreisen intensiv bedacht und zum Gegenstand der Diskussionen der *United Missionary Conference* 1931 in Beirut, an der auch Propst Rhein teilnahm. Von deutscher Seite stand man diesem Vereinigungsmodell nicht völlig ablehnend gegenüber, weil es eine Stärkung des arabischen Protestantismus insgesamt gebracht hätte.[1646] Die unterschiedlichen theologischen Traditionen und religionspolitischen Interessen verhinderten eine Realisierung, die insbesondere der CMS-Vorstand, der anglikanische Bischof und die Palästina-Regierung blockierten.

[1644] Ebd.
[1645] Ebd.
[1646] Vgl. M. Raheb, *Das reformatorische Erbe*, 148 f.

Wie schnell sich das Selbständigwerden der PNCC-Gemeinden vollziehen würde, wer deren Verfassung entwerfen würde, blieben offene Fragen. Dass die arabischen Gemeinden auf ihrem Weg in die Selbständigkeit „subject to advice" blieben, stand für die Visitors unzweifelhaft fest, sollte die einheimische anglikanische Kirche ja nicht eine *replica* der innerlich austrocknenden Griechisch-Orthodoxen Kirche, sondern eine lebendige Gemeinschaft werden.[1647] Beratung war allerdings nötig, gab es doch unter den einheimischen Christen keinen Experten für Kirchenrecht, Liturgie und dogmatische Detailfragen.

CMS-Generalsekretär W.W. Cash intensivierte in den folgenden Jahren den Kontakt zu Bischof MacInnes und erreichte, dass dieser die PNCC-Regulations anerkannte und die Arbeit der arabischen Gemeinden würdigte. Der stellvertretende PNCC-Vorsitzende, Rev. Mansour sah unter diesen Voraussetzungen kein Hindernis für *Diocesanisation*.[1648]

Der inneranglikanische Gegensatz wurde in der Zwischenkriegszeit dadurch verstärkt, dass der ehemalige CMS-Missionar Rennie MacInnes als Bischof einen Schwenk vom evangelikalen zum hochkirchlichen Flügel der anglikanischen Kirche vollzogen hatte. Das erschien wegen der ökumenischen Annäherung an die Ostkirchen, für die sich MacInnes engagierte, opportun, besaß aber auch eine nationalkonfessionelle Dimension. Der Chronist der Jahrestagung der *Jerusalem and the East Mission* 1922 notierte treffend: „If the Anglo-Catholic Church had not already had the Cathedral in Jerusalem before Lord Allenby's entry, they would have had to build it then. It would have been unthinkable that Lord Allenby should march into Jerusalem, and that there should be no place of worship to show the religion of the English nation." [1649]

Seit 1924 wurden praktisch jährlich *Anglo-Catholic-Pilgrimages* durchgeführt, über die in den jeweiligen Ausgaben des JEM/Bistums-Organs *Bible Lands* eingehend berichtet wurde. Die erste Pilgergruppe bestand aus 215 Laien und 45 Pastoren, stand unter der Leitung von Dr. Roscow Shedden und wurde vor Ort vom Bischof, Archdeacon Waddy und dem Gouverneur von Jerusalem, Sir Ronald Storrs unterstützt.[1650] Die zugänglichen Quellen lassen aber nicht erkennen, ob den anglo-

---

[1647] Vgl. den Brief der Visitors an das CMS-General Committee vom 5.9.1925, BUL/G/Y/P 2.

[1648] Vgl. W.W. Cashs Brief an Rev. Asaad Mansour (Nazareth) vom 18.3.1931, BUL/G/Y/P 2 und W.W. Cash, „Palestine To-day", in: *Bible Lands* Nr. 145 – July 1935, 628–631, bes. 630.

[1649] So der Bericht über das Annual Meeting der JEM am 16.5.1922 in London, in: *Bible Lands* Nr. 93 – July 1922, bes. 249.

[1650] Die Pilgerreisen begannen meist mit einem Gottesdienst in *St. Matthew's*, Westminister und führten über Ägypten nach Palästina und den Libanon. Sie wurden durch verschiedene hochkirchliche Bischöfe gefördert oder sogar begleitet und zielten auf eine enge Verbindung der anglikanischen Kirche mit den Kirchen des Ostens. Höhepunkte der Pilgerfahrten waren neben verschiedenen hochkirchlichen Gottesdiensten an den heiligen Stätten und in der *St. George's Cathedral* die Audienzen bei orthodoxen, koptischen und armenischen Würdenträgern sowie die Empfänge bzw. Begegnungen mit den englischen Oberkommissaren in Ägypten und Palästina. Bischof MacInnes stellte zumeist die Kontakte zu den Ostkirchen her, gab die auch in hochkirchlichen englischen Kreisen unvermeidliche Garden Party und lud den jeweiligen *President of the Anglo-Catholic Pilgrimage* dazu ein, während einer *Choral Eucharist* in der *St. George's Cathedral* zu predigen. Zum Verhältnis des Bistums zu den anglo-katholischen Pilgern vgl. auch den Nachruf auf MacInnes von

katholischen Pilgern deutlich wurde, wie sehr gerade sie die Abwehrhaltung der Evangelikalen gegenüber den Ambitionen des Bistums förderten.

Aufgaben- und Kompetenzenverteilung in einem gemeinsamen Bistum

Am 26.1.1928 verabschiedete das *Jerusalem Diocesan Conference Standing Committee* eine Resolution zur *Diocesanisation*-Frage, die den einzelnen Einrichtungen in Palästina und ihren Heimatorganisationen als Kompromiss in Großbritannien vorgelegt werden sollte.[1651] Im *Jerusalem Diocesan Conference Standing Committee* waren die drei Missionen und der PNCC vertreten. Den Vorsitz übernahm Rev. C. Steer[1652], das Sekretariat W.H. Stewart, die beide als Pfarrer des Bistums wirkten.[1653]

Das *Standing Committee* votierte für eine stärkere Zusammenarbeit innerhalb der Diözese, da der Anglikanismus immer das Ziel verfolgte, die Bistümer in Übersee zur Selbstverwaltung heranzuziehen. Der Bischof sollte wie ein *Vater* dem Bistum vorstehen und *personal leadership* beweisen, während er die Verwaltung des Bistums zusammen mit einer *Diocesan Conference* – in dem alle Zweige des Bistums durch Laien und Priester repräsentiert sein würden – zu bewerkstelligen habe. Die *Diocesan Conference* durfte *Diocesan Committees* für spezielle Aufgaben einberufen und ihnen Gelder zur Verfügung stellen. Zudem war ein *Standing Committee* für alle Personalfragen und *Subcommittees* für bestimmte Arbeitszweige in Planung – beispielsweise ein *Moslem Evangelisation Committee*, ein *Jewish Evangelisation Committee*, ein *Committee on Relationships with other Churches*. In einer vereinheitlichten Diözese müssten die *Sub-Committees* die Aufgaben der bisherigen Missionsgesellschaften übernehmen, während *Diocesan Boards* die karitative und erzieherische Arbeit des Bistums inklusive der Schulen und Krankenhäuser leiteten. Für diese weitreichenden und verantwortungsvollen Aufgaben sollten eigene Mitarbeiter mit speziellen Fachkenntnissen ernannt werden – für das Finanzkomitee suchten die Anglikaner beispielsweise einen Juristen. Bischof MacInnes begrüßte die Intentionen dieser Vorschläge. Da er die Reaktionen der Missionsgesellschaften in Palästina und in England abwarten wollte, hielt er sich mit einer Kommentierung zurück.

Die Grundlinien dieser Vorschläge wurden umgesetzt. In den 1930er Jahren wurden *Diocesan Boards* für die medizinische Arbeit und die Schulen sowie ein Stel-

---

Rev. G. Napier Wittingham, dem Honorary Secretary of the Anglo-Catholic Pligrimage Association, in: *Bible Lands* Nr. 132 – April 1932, 225 f.

[1651] Vgl. die Resolution des *Jerusalem Diocesan Conference Standing Committee* zur *Diocesanisation* vom 26.1.1928, BLO/Dep. C.M.J., c.250/1–11.

[1652] Charles Steer durchlief New College Oxford (3rd. Class. Mods 1901, B.A. 3rd. Class Lit.Hum.1903, M.A. 1907), Cuddesdon College Oxford 1905, wurde 1905 Deacon und 1906 Priester. Er wurde als Curate of Romford (1905–1909), als Chaplain to Bishop of Colchester (1909) und als Vicar of St. John the Divine, Randfontein, in der Diözese Pretoria (1909–1914) eingesetzt. Danach war er Priest-in-charge of North Transvaal (1914–1916), Temporary Chaplain to the Forces (1916–1918), Vicar of Hornchurch (1918), ehe er nach Jerusalem versetzt wurde.

[1653] Zu den Mitgliedern zählten Canon Danby (Bistum), M.L. Maxwell (Leiter der CMJ in Jerusalem), S.C. Webb (CMS und Honorary Canon von St. George's), Butrus Musa Nasir (CMS/PNCC), Elias Marmura (CMS/PNCC), F.S. Cragg (CMS).

lenpool für alle anglikanischen Mitarbeiter eingeführt. Die Leitung des diözesanen Bildungsausschusses übernahm die langjährige Leiterin der *Jerusalem Girls' High School*, Mabel Warburton.[1654] Sie prägte die Arbeit dieses Gremiums entscheidend, erarbeitete die gemeinsamen Richtlinien für eine christlich geprägte Erziehung der anglikanischen Schulen und ein eigenes Religionsunterrichtsbuch. Sie organisierte 1935/36 die erste Grundschullehrerkonferenz in Palästina, die auf ein sehr positives Echo stieß. Im Zusammenhang dieser Arbeit entstand auch eine christliche Lehrer-Vereinigung in Jerusalem.[1655] Allerdings setzte sie sich vergeblich für die Gründung einer britischen Universität in Palästina ein.[1656]

Der Leiter der Newman-School of Mission und wichtige CMS-Repräsentant in Palästina, Rev. Bishop, kritisierte gegenüber der CMS-Zentale die Einrichtung des Diözesanausschusses für Bildungsfragen, weil damit eine Bildungspolitik vorange-trieben werde, die zu stark auf die arabische Mittel- und Oberschicht focussiert sei und zu wenig die Verhältnisse im Lande berücksichtige. Die agrarische Struktur des Landes, die in der Vorkriegsstrategie der CMS eine wichtige Rolle gespielt und zur Gründung der Landwirtschaftsschule in Kefr Yasif geführt hatte, werde völlig über-sehen. In den vergangenen Jahren seien viele CMS-Dorfschulen geschlossen wur-den, weil die Fellachen nicht zur Zielgruppe dieser Bildungspolitik gehörten, was Bishop für einen schweren Fehler hielt.[1657] Hinter der Auseinandersetzung um die richtige Bildungspolitik stand bei Bishop allerdings auch eine große Skepsis gegen-über der *Diocesanisation*-Politik insgesamt.

Trotz Bishops Vorbehalten liess sich der *Diocensation*-Prozess nicht mehr auf-halten. Im Dezember 1930 verabschiedete die *Diocesan Conference*, der zu jenem Zeitpunkt alle Geistlichen sowie fünfzehn berufene Laien angehörten, den Entwurf einer Bistumsverfassung. Zur gleichen Zeit unternahm PNCC den Versuch, sei-ne unabhängige Position zu festigen und sich als eigenständige religiöse Gemein-schaft gemäß dem *Religious Communities Organization Ordinance* von 1926 bei der Palästina-Regierung registrieren zu lassen. Der PNCC entwarf deshalb auch eigene *Regulations*, die aber von MacInnes abgelehnt wurden.

Die Entwürfe beider Gremien wurden nach England geschickt. CMS-Generalsekretär Cash überarbeitete die PNCC-*Regulations*, passte sie dem Verfas-sungsentwurf an und übermittelte sie im Dezember 1931 an MacInnes. Cashs Be-mühungen zielten darauf, möglichst viele Elemente des PNCC-Entwurfes in die Bistumsverfassung sowie den gesamten CMS/PNCC-Besitz in einen gemeinsamen Trust einzubringen. Cash schlug vor, dass der Bischof zum Vorsitzenden des PN-CC gewählt wurde und die Rechte des CMS-*Parent Committee* auf den Bischof beziehungsweise die Synode übertragen würden. Der Entscheidungsprozess wurde jäh unterbrochen, als MacInnes an Weihnachten 1931 starb; die gesamte *Diocesani-sation*-Diskussion ruhte deshalb bis Januar 1933.

[1654] Zu Mabel Warburtons Person und ihren vielfältigen Aktivitäten in Palästina vgl. I.M. Okkenhaug, *The Quality of Heroic Living*, 54 f.; 69; 214–247, 248, 256

[1655] Vgl. auch den Auszug aus Rheins Jahresbericht 1934/35, EZA 56/71.

[1656] Vgl. I.M. Okkenhaug, *The Quality of Heroic Living*, 203–213.

[1657] Vgl. den Jahresbericht 1930/31, BUL/CMS/Historical Record/Annual Report 1930/31, 196 f.

Diskussionen zwischen PNCC und CMS

Auch wenn die Vertreter des PNCC in den kirchenpolitischen Verhandlungen selbstbewusst auftraten, balancierten sie auf dünnem Eis. Sie wussten, dass die Durchsetzung ihrer Positionen in einem nicht unerheblichen Maße von der Unterstützung der CMS-Zentrale in London abhängig war. Der CMS-Vorstand stand dem *Diocesanisation*-Projekt weitaus positiver gegenüber als die arabischen Anglikaner. Mansour sah mit der Vereinheitlichungsstrategie des Bistums das Ende des PNCC gekommen und wichtige evangelische Prinzipien aufgegeben. Cash widersprach dieser Ansicht und stellte die Vorteile des Verkirchlichungsprozesses heraus.[1658] Er riet auch davon ab, dass der PNCC sich nach dem neuen Religionsgesetz der Mandatsregierung als eigenständige Religionsgemeinschaft registrieren lasse.[1659]

Die internen Überlegungen der CMS waren einerseits sehr stark von pragmatischen, vor allem von finanziellen Problemen bestimmt. Andererseits war die CMS aus ekklesiologischen und administrativen Gründen daran interessiert, sich der verfassten Kirche anzunähern. In einem internen Schreiben an den *African Secretary* der CMS sprach sich Cash dafür aus, den Mitarbeiterstab von CMS und JEM zusammenzuführen. In Haifa, das eigentlich das Aktionsfeld der CMS war, gebe es beispielsweise CMS- und JEM-Einrichtungen, die unter Ägide von Bischof Blyth entstanden seien und nun eine unnötige Doppelung darstellten. JEM-Mitarbeiter mit klarer evangelikaler Ausrichtung könnten auch Aufgaben in den CMS-Gemeinden übernehmen.[1660]

Zudem stellten Wortführer aus CMS-Kreisen den Erfolg der bisherigen Arbeit radikal in Frage. Die Witwe des Bischofs, Mrs. MacInnes, meinte etwa, dass es für die CMS in Palästina kaum noch Arbeit zu tun gebe.[1661]

In einem streng geheimen Memorandum des langjährigen CMS-Bildungsreferenten, Rev. Garfield H. Williams, an die CMS-Zentrale in London gab dieser der Palästina-Mission keine großen Zukunftsaussichten.[1662] Er zeichnete ein pessimistisches Bild vom Zustand der drei Weltregionen und hielt Judentum, Christentum, vor allem aber den Islam für innerlich ausgetrocknet. Das Christentum war nach Williams deshalb geschwächt, weil es in viele einander feindlich gesonnene Kirchen gespalten war. Das gelte auch für die anglikanische Kirche. Er

---

[1658] Vgl. Cashs Brief an Mansour vom 1.3.1938, BUL/G/Y/P 2.

[1659] Vgl. den Artikel „Changes of Religious Community Ordinance, No.43 of 1927", in: *Palestine Gazette* Nr. 201 – 16.12.1927 - vgl. auch die Ausführungen im CMJ-Annual Report 1932, BLO/Dep. C.M.J., c.96.

[1660] Vgl. Cashs internes Schreiben an den *Africa Secretary* vom 20.9.1932, BUL/G/Y/P 2.

[1661] Vgl. den Brief J.S.L. Strunges an die CMS-Zentrale vom 15.12.1932, BUL/G/Y/P 2, dessen Ausführungen auf einem Gespräch mit der Witwe des Bischofs und späteren CMS-*Secretary for the Palestine Mission*, Mrs. MacInnes beruhen. Vgl. zu ihrer Ernennung zum *Secretary for the Palestine Mission* in: *Bible Lands* Nr. 139 - Jan. 1934.

[1662] Vgl. das undatierte Memorandum Rev. G.H. Williams zu: *Missionary Work in Palestine. Particularly that of the C.M.S. and with special reference to its Educational Work*, Strictly Private & Confidential: Not Official at present, BUL/G/Y/P 2. Williams Kenntnisstand der innerkirchlichen Diskussion deutet allerdings darauf hin, dass er es in einem späteren Stadium der Zwischenkriegszeit – ich vermute in den 1930er Jahren – geschrieben hat.

kritisierte, dass die CMS diese Spannungen sogar noch verstärke und den PNCC auf diesem Wege unterstütze. Dabei sei die gesamte Anglikanische Kirche in Palästina kaum größer als „a single good-sized English parish".[1663] Die CMS respektive der PNCC müsste seine separatistische Politik überwinden und der *Diocesanisation* zustimmen, denn „playing with schism is a damable thing".[1664]

Williams bedauerte den Konkurrenzkampf der Kirchen untereinander im Heiligen Land, der sich im Bau von Kirchen, Krankenhäusern, Schulen niederschlage. Dies führe zu einem „ultra-institutional character" des Christentums in Palästina und mache Reformen fast unmöglich. Das durch die Missionsgesellschaften importierte moderne Christentum empfand der anglikanische Theologe als reines Kunstprodukt. Weder der Katholizismus noch die CMS oder die Freikirchen seien wirklich in der Kultur Palästinas verwurzelt. Die Misserfolge der protestantischen Missionen würden sich überdies auf die Mentalität der CMS-Missionare auswirken. Das anglikanische Christentum sei „shadowed by a sense of failure", wirke freudlos, was Williams zu folgendem negativen Fazit brachte:

„Christianity has been a failure in Palestine, and C.M.S. has been a failure; and I think it would do our missionaries out there, and still more our home committees, a great deal of good if they would just very simply unburden their minds with a little honest confession of failure and a very simple acceptance of the Divine forgiveness, and then, equally simply, make a fresh start more in line with the methods of Jesus."[1665]

Für die zukünftige Ausrichtung der Palästinamission gab es nur die Alternative: Demütiger werden oder die Arbeit ganz abbrechen. Der CMS schlug er vor, die kosten- und personalintensive ärztliche Mission aufzugeben. Es sei ein Skandal, dass es in einem Land mit knapp 800.000 Einwohnern neben katholischen und staatlichen auch noch protestantische Missionskrankenhäuser - unterschiedlicher Missionsgesellschaften - in Tiberias, Nazareth, Haifa, Nablus, Jerusalem, Hebron, Jaffa und Gaza gebe. Von diesen acht Hospitälern unterhalte die CMS allein vier (Jaffa, Gaza, Hebron, Nablus). Im Vergleich zu anderen Missionsfeldern mit größeren sozialen Nöten sei dies nicht zu rechtfertigen – zumal aufgrund der schlechten Arabischkenntnisse des englischen Personals gar keine missionarischen Akzente gesetzt würden. Auch die Schulen könnten ohne Verlust an das Bistum delegiert werden, was sogar eine Sicherung des Bildungsniveaus garantiere.

In den Quellen findet sich keine direkte Reaktion auf Williams grundlegende Analyse. Verfolgt man allerdings die Stellungnahmen des CMS-Generalsekretärs vor den verschiedenen Gremien seiner Gesellschaft in den 1930er Jahren, so ist erkennbar, dass er in den wesentlichen Punkten mit Williams auf einer Linie lag.

Im Frühjahr 1933 kündigte Cash vor der *CMS-Palestine Mission Conference* an, dass die Palästina-Aktivitäten der Mission aufgrund finanzieller Probleme zurückgefahren werden müssten.[1666] Nach seinen Ausführungen hätte die CMS im Heiligen

---

[1663] Ebd.

[1664] Ebd.

[1665] Ebd.

[1666] Vgl. das Protokoll der CMS-Palestine Mission Conference am 22. Februar 1933, BUL/G/Y/P 2.

Land seit dem Ende des Ersten Weltkriegs stets unter finanziellen Problemen gelitten. Innerhalb der letzten 10 Jahre seien die Investitionen in die Palästina-Mission um 50 % gekürzt worden. Das Budget für Palästina liege nun bei ungefähr 10.000 Pfund pro Jahr. Zwar habe der PNCC seine Personalkosten bereits um 1.650 Pfund gesenkt, doch weitere 1.000 Pfund müssten folgen. Cash schlug vor, die missionsärztlichen Stationen in Transjordanien und Samaria ganz zu schließen. Zudem sollten die beiden CMS-Missionare Canon Webb und Rev. Crawford nach Vorschlag des *General Committee* nach Europa zurückkehren, was 800 Pfund an Einsparungen bringen würde.

Als *Lines of Policy* sah Cash deshalb vor, dass die Missionsgemeinden sich klar und deutlich als integraler Bestandteil der Kirche zu verstehen hätten. Damit Hand in Hand müsse eine Überwindung der Trennung von Seelsorge – durch die arabischen Pastoren – und Evangelisierung – durch die englischen CMS-Missionare – gehen. Cash forderte seine Missionsgesellschaft und ihre Gremien dazu auf, mehr Vertrauen in die Arbeit des PNCC zu setzen. „Strong Evangelism through the Church" sei das erklärte Ziel der CMS. Cash begrüßte die Bildung des *Diocesan Advisory Educational Board*, mit dessen Hilfe die Erziehungsziele aller anglikanischen Schulen in Palästina vereinheitlicht würden.

Auch wenn sich die CMS der verfassten Kirche annähere, dürfe der Bischof seine Führungsposition nicht erzwingen. Cash sprach sich dafür aus, dass die CMS dann ihre Arbeit an die Diözese übertragen werde, wenn eine Synode in Palästina geschaffen würde, in der alle anglikanischen Organisationen vertreten wären, und die Diözese das CMS-Palästina-Budget in Höhe von rund 10.000 Pfund übernähme.

Das *General Committee* der CMS – neben dem Executive Committee das wichtigste Gremium der Mission – sah 1933 die finanzielle Krise gar als Signal Gottes, nun enger zusammenzurücken. Das Gremium folgte Cashs Linie und beurteilte auch aus pragmatischen, haushaltspolitischen Gründen die Einheitsbestrebungen positiv.[1667]

6.8.7 Die Haltung der Judenmission zur Diocesanisation

Die *Church's Mission to the Jews* stand den *Diocesanisation*-Prozess grundsätzlich offen gegenüber. Der CMJ-Leiter und Incumbent of *Christ Church*, Rev. Malcolm L. Maxwell rechnete damit, dass dieser etwa 20 Jahre in Anspruch nehmen würde.[1668]

Die CMJ im Heiligen Land befand sich in einer veritablen Krise, weshalb der engere Anschluss an das Bistum mehr Chancen als Nachteile bot.[1669] Ihre Schulen galten als veraltet. Für eine grundsätzliche Umstrukturierung und Erneuerung der Schulen fehlte der Judenmission allerdings das Geld. Sie hoffte deshalb, im Zuge der *Diocesanisation* neue Finanzquellen erschließen zu können. Maxwell sah im Bildungsbereich gute Perspektiven, weil säkulare, liberale und orthodoxe Juden den

---

[1667] Vgl. das Palästina-Memorandum des General Committees vom 8. Mai 1933, BUL/G/Y/P 2.

[1668] Vgl. Maxwells Brief an CMJ-Generalsekretär, Rev. C.H. Gill vom 2.1.1938, BLO/Dep. C.M.J., c.250/1–11.

[1669] Ebd.

anglikanischen Schulen positiv gegenüberstanden und nicht die verständliche Skepsis hegten, die sie im Falle reiner CMJ-Schulen hatten.[1670] Die Schulen der Judenmission galten als „conversionist", was gerade die Orthodoxen abschreckte. Bei den anderen anglikanischen Schulen wussten sie, dass dort zwar auch missioniert wurde, dies aber ohne Bekehrungszwang geschah.[1671]

Unter den evangelikalen Christen der *Christ Church* befanden sich allerdings auch Gegner der Zentralisierungsbestrebungen des Bischofs. 1934 kam es zu einem Streit zwischen der Gemeinde und Maxwell, als der *Christ Church Council*[1672] das Gemeindestatut veränderte, ohne die verfassungsrechtlichen Entwicklungen des Bistums abzuwarten. Maxwell wollte darauf Rücksicht nehmen und – wie der Bischof - die neue Gemeindeverfassung auf einer Linie mit Diözesanverfassung ausformulieren.[1673]

Auch unter den britischen Evangelikalen in Jerusalem bestanden große Vorbehalte gegenüber hochkirchlichen Bestrebungen der Amtskirche. Der Kirchenvorsteher und Arzt Dr. Orr-Ewing etwa lehnte auf dem Treffen des Gemeinderats am 19.7.1927 die *Black Rubric*, also die Neuerungen im *Alternative Prayer Book* ab, die er als Rückfall in das Mittelalter und in päpstlichen Aberglauben ansah. Er beschwerte sich über die liturgischen Veränderungen sogar schriftlich beim Erzbischof von Canterbury.[1674]

So unterschiedlich die missionarische Ausrichtung, aber auch die soziale, ethnische und kulturelle Zusammensetzung der *Christ Church* und der arabisch-anglikanischen Gemeinden war, so sehr verband sie beide doch die Verwurzelung in der evangelikalen Frömmigkeitstheologie. Es konnte deshalb kaum verwundern,

---

[1670] Ebd.

[1671] Ebd.

[1672] Nach den Minutes of the first General Meeting of the Congregation of Christ Church vom 13.2.1924, BLO/Dep. C.M.J., d.88/3 bestand der *Christ Church Council* aus dem Incumbent, also dem Hauptpfarrer von Christ Church als Vorsitzendem und den anderen Klerikern als ex officio Mitgliedern. Außerdem gehörten dem Gremium ein durch das *General Meeting* gewähltes Mitglied als Secretary-Treasurer, ein vom Incumbent nominiertes Mitglied und drei von der Gemeinde gewählte Mitglieder an. 1924 wurden gewählt: Rev. Maxwell, der Mr. R. Hughes ernennt, Canon Hanauer als Ex-officio-Kleriker sowie Mr. F.S. Parkhouse als Secretary-Treasurer und als Laien Dr. Orr-Ewing, Mr. C.A. Hornstein, Mrs. Herbert Clark, Mrs. Ruth Clark. Zu vier Laien kam es deshalb, weil die beiden letzten die gleiche Zahl Stimmen hatten und deshalb beide als gewählt galten. In den 1930er gehörten zum *Christ Church Council*: Rev. Maxwell (Chairman), Rev. Canon Hanauer, Miss R. Clarke, Mr. C.A. Hornstein, Mr. S.C. Knight, Mr. R. Tout, Miss Crewe (Secretary). Nach dem Beschluss des *General Meetings* sollte der Council allerdings ein beratendes Gremium sein und nur begrenzte Macht besitzen. Abgelehnt wurde der Vorschlag des für die Mission zuständigen Canons Hanauer, der alle LJS/CMJ-Kleriker als ex officio Mitglieder im Council vertreten sehen wollte. Am 15.2.1924 fand das erste Treffen des Councils statt. Am 20.6.1924 wurde die Geschäftsordnung des Councils erlassen. In § 9 wurde festgelegt, dass der Council nur für gemeindliche Fragen zuständig sei, bei Entscheidungen zur Mission der Missionsleiter hinzugezogen werden müsse. Nach § 11 mussten die Berichte der Jahreskonferenz und aller anderen Konferenzen durch den Missionsleiter zur Zentrale nach London geschickt werden. Außerdem besaß der Missionsleiter das Recht, jede Entscheidung aufzuheben.

[1673] Vgl. BLO/Dep. C.M.J., c.250/1–11.

[1674] Vgl. das Schreiben des *Christ Church Councils* an den Erzbischof von Canterbury vom 30.7.1927, BLO/ Dep. C.M.J., d.88/3.

dass auch der PNCC das überarbeitete *Book of Common Prayer* von 1928 ablehnte, was – wie noch zu berichten sein wird – in Lambeth Palace genau registriert wurde.

Diese Reaktionen belegen, wie eine innerkirchliche Auseinandersetzung von den britischen Inseln nach Palästina transferiert wurde. Der englische Kirchenhistoriker Adrian Hastings meint, dass aus historiographischer Sicht der Hauptpunkt der Revision des *Book of Common Prayer* darin bestand, „to bring back the prayer of consecration to a form more comparable with the historic liturgies of both east and west" und zudem „some concession in a ‚Catholic' direction" zu machen.[1675] Kirchenpolitisch verfolgte die Amtskirche den Gedanken, die Anglo-Catholics von einer weiteren Annäherung an die katholische Kirche fern zu halten, während die Evangelikalen nun die gesamte Kirche in Richtung Rom unterwegs sahen. Dennoch wurde die Revision des *Prayer Books* 1927 in der *Church Assembly* und im Oberhaus mit Mehrheit verabschiedet. Dagegen lehnte das Unterhaus das neue *Prayer Book* zweimal (Dezember 1927 und Juni 1928) ab. Eine groß angelegte Kampagne der Gegner, in der antirömische Gefühle mobilisiert wurden und die Ergebnisse der englischen Reformation als identitätsstiftendes, nun aber bedrohtes nationales Erbe stilisiert wurden, hatte die Abgeordneten eingenommen.[1676] Die anglikanische Kirche stand vor einer Zerreißprobe, die sich auch in den Auseinandersetzungen in Palästina niederschlug. In England entschieden die Bischöfe schließlich, dass das überarbeitete *Prayer Book* in den Diözesen durch einen Beschluss des jeweiligen Bischofs – aufgrund seiner liturgischen Vollmachten und Unabhängigkeit – doch in Gebrauch genommen werden könnte. Das traf auch auf die Diözese Jerusalem zu.

[1675] Vgl. A. Hastings, *A History of English Christianity 1920–2000*, 204–212, hier: 204.
[1676] Vgl. ebd., 206 f.

6.8.8 Die Vorschläge des *Archbishop's Overseas Advisory Committee*

Nachdem Lambeth Palace bis dahin die Entwicklungen in Palästina nur beobachtend begleitet hatte, schien Erzbischof Lang Anfang der 1930er Jahre die Zeit gekommen, zu intervenieren. Er tat dies allerdings nicht direkt, sondern ließ sich zunächst von in transnationalen Fragen bewanderten Kirchenmännern beraten und legte dann die Vorschläge dieser Beratungen den Streitparteien in Palästina vor.

Da Lang Spannungen mit den Evangelikalen vermeiden wollte, entschied er sich, die immer noch ungeklärte Verfassungsfrage nicht im *Consultative Body of the Lambeth Conference*, also auf höchster kirchenpolitischer Ebene, sondern im kleineren *Archbishop's Overseas Advisory Committee* beraten zu lassen.[1677]

Das *Advisory Committee*, das von Edwin James Palmer (1869–1954) geleitet wurde[1678], traf sich insgesamt dreimal und erarbeitete 1933/34 ausführliche Empfehlungen zur Behandlung der Verfassungsfrage, die Langs Zustimmung fanden.[1679]

In ihrem Bericht versuchten die erzbischöflichen Berater, eine ausgewogene Balance zwischen repräsentativ-demokratischen und zentralistisch-episkopalen Elementen herzustellen und die Zukunftschancen der Vereinigung von Bistum und PNCC herauszustellen.[1680] Das *Archbishop's Overseas Advisory Committee* entwickelte einen Verfassungsentwurf, der zwar ein Vetorecht des Erzbischofs von Canterbury festhielt, aber erhebliche Kompetenzen an die lokale Ebene, also den Bischof und die *Diocesan Conference* und ihre Gremien delegierte.[1681]

[1677] Vgl. den Briefwechsel zwischen Graham-Brown und Don vom 13.1.1933 und 23.1.1933, LBL/Lang Papers 45.

[1678] Vgl. R.W. Davis, *An ecumenical episcopate: Edwin James Palmer, Seventh Bishop of Bombay and the reunion of the Churches, with special reference to the Church of South India*, PhD-Thesis Oxford 1984, 4–14 und 37–101. Palmer (1869–1954), der Seventh Bishop of Bombay (1908–1929), studierte und lehrte in Balliol College und war dort nach seiner Ordination (1896) von 1887–1908 Chaplain und theologischer Tutor. 1908 folgte die Ernennung zum Bischof von Bombay. Seine Hauptaufgabe in Indien bestand darin, fünf unabhängig arbeitende anglikanische Gruppen zu vereinigen. Historische Verdienste erwarb sich Palmer als Architekt der *Church of South India,* in der 1947 Methodisten und Anglikaner wiedervereinigten. Er setzte den unabhängigen Status der *Anglican Church in India* durch, der 1927 vom Parlament beschlossen wurde. Außerdem engagierte er sich seit 1920 in der ökumenischen Bewegung *Faith and Order.* 1929 trat er von seinem Bischofsamt in Bombay zurück, wurde 1929–1951 Assistant Bischof of Gloucester. Lang nannte ihn „my solitary cardinal-thinker".

[1679] Vgl. Langs Brief an Palmer vom 23.12.1933 und den neunseitigen Bericht des *Archbishop's Overseas Advisory Committee* über die *Proposed Constitution for the Jerusalem Bishopric* vom 8.1.1934, LPL/Lang Papers 45.

[1680] Vgl. *Recommendations of the Archbishop's Advisory Committee attached to their Report on the submitted Constitution for the Jerusalem Bishopric,* LPL/Lang Papers 45.

[1681] Vgl. den Entwurf vom Januar 1934 *Constitution of the Councils of the Jerusalem Bishopric that is to say The Councils under the Jurisdiction of the Bishop of the Church of England resident in Jerusalem,* LPL/Lang Papers 45, insbesondere das Vorwort des Erzbischofs von Canterbury: „We Cosmo Gordon by divine permission Archbishop of Canterbury having been asked by our brother, beloved in the Lord, George Francis Graham Brown, Bishop in Jerusalem, to approve the making and adoption of a Constitution whereby the persons under his Episcopal oversight and jurisdiction may the better fulfil their duties in the Church of God and manage their local affairs by means of a system of Councils, are willing to approve the making and adoption of such a Constitution provided that a Conference, to which all the Congregations subject to the oversight

Das *Advisory Committee* hatte bei seinen Überlegungen sowohl die hierarchisch strukturierten Ostkirchen als auch die demokratisch-presbyterial denkenden Evangelikalen im Blick. Der Bischof sollte den Titel *The Bishop of the Church of England resident in Jerusalem* erhalten, das Bistum als *The Church of England in Jerusalem*, die Bistumsverfassung als *Fundamental Declarations* bezeichnet werden. Ihr erster Teil sollte grundlegende anglikanische Positionen fixieren, der zweite Teil auf die Situation in Palästina eingehen. Zwar sollte diese Grundlagenerklärung aus der Feder des Erzbischofs stammen, der zweite Teil jedoch von der *Diocesan Conference* angenommen werden.[1682]

Die terminologische Symbolpolitik ging sogar noch weiter. Um Spannungen zu den Evangelikalen abzubauen, schlug das *Advisory Committee* vor, alle missverständlichen Begriffe wegzulassen. Weder sollten die Gemeindeglieder als anglikanisch bezeichnet werden, noch Begriffe wie Kirche oder Diözese verwendet werden. Die *Diocesan Synod* sollte in *Central Council of the Bishop in Jerusalem* umbenannt werden, der *Diocesan Council* in *Standing Committee/Executive Committee of the Central Council*, der *Diocesan Treasurer* in *Central Treasurer* und der *Diocesan Secretary* in *Central Secretary*.

Dahinter stand folgender Gedanke: Nach traditionell-katholischem Verständnis ließ sich der Begriff *Diözese* nur dann verwenden, wenn die Bevölkerung einer bestimmten Region unter das exklusive Pastorat eines Bischofs fiel. Der anglikanische Bischof besaß aber keine territoriale, sondern nur persönliche Jurisdiktionsrechte. Aus Rücksicht auf den Orthodoxen und den Lateinischen Patriarchen beanspruchte er auch niemals territorialkirchliche Autorität. Deshalb schlug das *Advisory Committee* vor, das Bistum nicht als Diözese zu bezeichnen und die Gremien in der bereits erwähnten Form umzubenennen.

Daraus ergab sich allerdings die Frage, ob man die Gläubigen als Glieder der anglikanischen Kirche bezeichnen könnte oder besser von einer Gruppe von Gemeinden in Gemeinschaft mit der Kirche von England zu sprechen habe. Das Beratungsgremium favorisierte – wie auch Graham-Brown – die zweite Variante.

Erzbischöfliche Entscheidungen blieben von den Beschlüssen des *Diocesan Council* unberührt. Bei einem Streit zwischen Bischof und *Diocesan Council* sollte der Bischof das Recht erhalten, seine Vorschläge nach mindestens einem Jahr erneut einbringen zu können. Käme der *Diocesan Council* dann noch immer zu keiner

---

of the said Bishop have been given due opportunity of sending representatives, has first declared its acceptance of the following declarations made by us concerning the Bishopric in Jerusalem, and second adopted as its own the declarations hereinafter proposed to it by us for its adoption, and third has accepted these two series of declarations as governing both the constitutions and the future actions of the aforesaid Councils so that nothing in either the constitutions or the actions of these Councils shall have any force which is inconsistent with the aforesaid declarations shall only be altered with the consent of us or our successor, Archbishops of Canterbury, the alterations having first been agreed to by the Bishop in Jerusalem and the most representative Council at the time in being within his jurisdiction; and on these conditions we leave the making of the constitutions of the said Councils in the hands of the said Bishop and the Conference which he shall summon and the amending of them to the Central Council created by the Constitution, commending the said Bishop and all the clergy and people of his jurisdiction to the mercy of Almighty God."

[1682] Ebd.

einvernehmlichen Entscheidung, müsste Lambeth Palace die Angelegenheit regeln. Dieser Vorschlag bedeutete jedoch, dass die bisher mächtigen Missionen ihre Kompetenzen an das Bistum zu delegieren hätten.

Ekklesiologisch umstritten war die ökumenische Gastfreundschaft, die die PNCC-Gemeinden den Mitgliedern anderer protestantischer Kirchen gewährten, indem sie *attached members* zum Abendmahl zuließen. *Attached members* waren Angehörige anderer Kirchen, die sich dem Anglikanismus zugehörig fühlten, aber aus unterschiedlichen Gründen den Übertritt scheuten. Der PNCC gestattete ihnen auch, in den Kirchengemeinderäten mitzustimmen. Das *Advisory Committee* lehnte dieses Vorgehen ab, zeigte sich lediglich in puncto Abendmahl kompromissbereit, Interessenten dann zuzulassen, wenn diese die Eucharistie nicht in ihren Kirchen erhalten könnten. Das Wahlrecht für kirchliche Gremien wollten die erzbischöflichen Berater nur eingetragenen Gemeindegliedern und – als Kompromissvorschlag – auch den *attached members* zugestehen. Um den Evangelikalen entgegen zu kommen, schlug das *Advisory Committee* vor, das *Book of Common Prayer* von 1662 als verbindliche konfessionelle und liturgische Grundlage des Bistums anzusehen. Der Verfassungsentwurf des *Advisory Committee* sah zudem vor, dass der PNCC eine Vereinigungsentscheidung treffen müsste, die dann vom *Diocesan Council* angenommen würde.

Ein derartiges Prozedere bedeutete natürlich erhebliche Vermittlungsarbeit für den Erzbischof, den Jerusalemer Bischof und CMS-Generalsekretär Cash. Das *Archbishop's Overseas Advisory Committee* sah deutlich, dass ohne eine starke Einflussnahme des CMS-Vorstands, der ja auch kein Interesse an einer Abspaltung hatte, die Veränderungen in Palästina schwer durchsetzbar werden würden.

Bei einer Unterredung mit Graham-Brown am 11.1.1934 erklärte Lang, dass er die Vorschläge seiner Berater angenommen habe und delegierte das weitere Vorgehen an den Jerusalemer Bischof. Er sollte entscheiden, wann der richtige Zeitpunkt für eine Diskussion mit dem PNCC gekommen sei.[1683] Graham-Brown entgegnete darauf, dass die zunehmenden politischen Spannungen den PNCC stark politisierten und er erhebliche Bedenken habe, ob er die Vertretung der einheimischen Christen mit dem Verfassungsentwurf überhaupt in irgendeiner Weise zufrieden stellen könne.

Wann Graham-Brown die arabischen Anglikaner mit dem erzbischöflichen Verfassungsentwurf konfrontierte, lässt sich aus den Quellen nicht eindeutig schließen. Öffentlich wurde er jedoch spätestens im Herbst 1934, als der *Guardian* am 23.11.1934 einen Artikel mit der Überschrift „The Overseas Church: The Church in Jerusalem – A proposed constitution for the Bishopric" veröffentlichte.[1684]

6.8.9 Die Wiederaufnahme der Verhandlungen durch Graham-Brown und das Kompromissmodell von CMS-Generalsekretär W.W. Cash

Lambeth Palace – und in anderer Weise auch die CMS, ja sogar die CMJ/LJS – besaß also Anfang der 1930er Jahre einen Fahrplan für das weitere Vorgehen in

---

[1683] Vgl. LPL/Lang Papers 45.
[1684] Ebd.

Palästina. Da passte es gut, dass der neue Bischof G.F Graham-Brown im Verlauf der Wintermonate 1932/33 in enger Abstimmung mit Lambeth Palace versuchte, die Verhandlungen über die Diözesan-Verfassung wieder aufzunehmen.[1685] Etwa zur gleichen Zeit reiste CMS-Generalsekretär W.W. Cash in den Nahen Osten, um die CMS-Gemeinden zu visitieren. Er suchte bei seinem Aufenthalt in Jerusalem sofort das Gespräch mit dem Bischof über die heikle Verfassungsfrage.[1686] Graham-Brown zeigt sich im Gespräch mit Cash sehr an einer *Church-centric*-Ausrichtung der CMS interessiert. Graham-Brown meinte, dass die bisherige Trennung von Mission und Kirche überwunden werden müsse. Die Verkirchlichung der Mission sei deshalb der richtige Weg, zumal „[ldots] the time has come when the Church and the Mission should merge into one and when the Mission should be regarded increasingly as Mission of the Church." [1687] Um diese neue Strategie umzusetzen, bedürfe es allerdings einer gemeinsamen Verfassung und einer gemeinsamen Synode. Zum Kopf der vereinigten anglikanischen Kirche solle der Bischof werden, so Graham-Brown.

Außerdem sprach sich der neue Bischof dafür aus, dass die CMS-Schulen ihr hohes Bildungsniveau halten sollten, um so das Renommee auf pädagogischem Gebiet weiter zu festigen. Der Bischof hoffte, dass die CMS-Schulen und Gemeinden stärker als bisher missionarisch in Erscheinung träten. Er wünschte sich, dass auf diesem Wege die sich entwickelnde „young Church should be strengthened until it becomes an effective instrument for Moslem Evangelism".[1688]

Cash wiederum versuchte um Verständnis für die Position des PNCC zu werben, sprach sich dennoch für einen integrativen Ansatz der anglikanischen Arbeit aus. Trotz aller Drohungen habe sich der PNCC noch nicht bei der Regierung als eigenständige arabisch-anglikanische Religionsgemeinschaft registrieren lassen, was nicht nur vorteilhaft gewesen sei: Da die PNCC-Gemeinden keine eingetragene Religionsgemeinschaft waren, konnten sie ihren Grund- und Immobilienbesitz nicht registrieren lassen. Allerdings änderte sich die Rechtslage in der späteren Mandatszeit, was wiederum zu Diskussionen zwischen PNCC und Bischof führte.

Ein weiteres grundsätzliches Problem bestand in der Ordination der arabischen Geistlichen. Einige junge arabische Nachwuchskleriker, die Auseinandersetzungen mit dem PNCC gehabt hatten, wollten lieber vom Bischof als vom PNCC beziehungsweise der CMS ordiniert werden. Cash lehnte ein derartiges Modell ab, da er befürchtete, dass dies zu einer internen Spaltung des PNCC führen würde. Er schlug deshalb Graham-Brown vor, den PNCC endlich als (ge)wichtige Einrichtung des Bistums zu sanktionieren, was den Bischof nur unter Bedingung tun wollte, vom PNCC als „head of the church" angesehen zu werden.[1689] Nachdem Cash verschiedene Gespräche mit dem PNCC geführt hatte, fand dieses Modell die Zustimmung

---

[1685] Vgl. Graham-Browns Brief an Lang vom 13.1.1933 sowie die Antwort von Rev. Don vom 23.1.1933, LPL/Lang Papers 45.

[1686] Vgl. W.W. Cash Bericht über seine Visitationsreise nach Ägypten, Sudan, Palästina aus dem Jahre 1933 - strictly private and confidental, BUL/G/Y/P 2.

[1687] Ebd.

[1688] Ebd.

[1689] Ebd.

des arabischen Klerus. Der PNCC wollte den Bischof zum *Ex officio-Chairman* ernennen, wenn dieser den PNCC als „his Council for Arab work" anerkenne.

In letzter Konsequenz bedeutete dieses Modell, dass die CMS beziehungsweise der PNCC alle ihre Rechte und ihren gesamten Besitz auf das Bistum zu übertragen hatte. Cash hielt ein derartiges „triple agreement" für möglich und für sinnvoll.[1690] Allerdings hatten sowohl der Erzbischof von Canterbury als auch der Jerusalemer Bischof Zweifel an der Kompromissfähigkeit des PNCC. Sie waren mit dieser Einschätzung nicht allein. Auch in der CMS gab es Stimmen, die die Zukunft der PNCC-Gemeinden kritisch beurteilten.

Dieser Verdacht bestätigte sich in der Zeit zwischen 1934 und 1938, als sich der PNCC weigerte, einen Vorstand für den geplanten Trust zu berufen.[1691] Der Bischof hatte sich für einen *Diocesan Trust Board*, der PNCC für eine eigenständige Registrierung unter *Charitable Trust Ordinance* ausgesprochen. Ein Kompromiss ließ auf sich warten. Erschwerend kam hinzu, dass die gemeinsame Bistumsverfassung ebenfalls noch Gegenstand der Diskussionen war. Ohne eine verfassungsrechtliche Lösung schien auch die *Diocesanisation* der CMS/PNCC-Arbeit kaum möglich zu sein.[1692]

Nach dem Ausbruch des Generalstreiks 1936 sprang – wie auch bei den arabischen Lutheranern – der nationale Funken auch auf die PNCC-Gemeinden über. Die pro-zionistische britische Palästinapolitik förderte unter den anglikanischen Arabern anti-britische Vorbehalte.[1693] Dass die CMS immer weniger Geld an den PNCC transferierte, sorgte für weitere Missstimmung.[1694]

Der wachsende Nationalismus vereinfachte die Verhandlungen keineswegs. Der vom erzbischöflichen *Advisory Committee* erstellte Verfassungsentwurf fand zwar die Zustimmung des PNCC, wurde jedoch postwendend durch ein ultra-nationalistisches Memorandum der Gemeinde Jaffa in Frage gestellt.[1695] Darin lehnten nämlich die Anglikaner in Jaffa die Verfassung rundweg ab, denn sie befürchteten, dass sich die arabisch sprechenden Christen in der anglikanischen Kirche bald in einer ähnlichen Lage befinden würden wie die arabischen Christen in der Griechisch-Orthodoxen Kirche. Sie meinten, dass die Verfassung nur pro-forma-Rechte garantiere, die wirkliche Macht aber in den Händen der englischen Hierarchie verbliebe, die nicht bereit sei, die Araber in die Kirchenleitung einzubinden. Mit dieser Haltung stand die Gemeinde in Jaffa allerdings allein. Sie hielt aber trotzdem den Diocesanisation-Prozess auf. 1938 und 1939 entschied das *Standing Committee* des PNCC, aufgrund der politischen Unruhen sowohl eine Entscheidung über die An-

---

[1690] Ebd. Ähnlich die Stellungnahme des *CMS-Palestine Sub-Committee* vom 8.11.1933, BUL/G/Y/P 2.

[1691] Vgl. den Brief Cashs an Mr. Fuggle vom 10.5.1934 und die Minutes of the Standing Committee des PNCC vom 27.5.1938 und 10.8.1938, BUL/G/Y/P 2.

[1692] In diesem Sinne auch Cashs Schreiben an Rev. H.D. Hooper vom 11.5.1934, BUL/G/Y/P 2.

[1693] Vgl. den auf einer Fundraising-Reise aus Sydney abgeschickten Brief Graham-Browns an Lang vom 23.4.1936, LPL/Lang Papers 52.

[1694] Ebd. Um die sich sukzessive entwickelnden Spannungen mit dem PNCC abzubauen, lud die CMS einen *senior clergyman* und einen Laien zu Fachgesprächen nach England ein.

[1695] Vgl. Bischof Graham Browns Brief an Erzbischof Lang vom 4.3.1936, LPL/Lang Papers 144.

nahme der Bistumsverfassung als auch eine Registrierung des Grundbesitzes zu verschieben.[1696]

Wie im Falle der arabisch-lutherischen Gemeinden erlangten auch die arabisch-anglikanischen Gemeinden erst nach dem Zweiten Weltkrieg ihre Unabhängigkeit. Anders als im Falle der lutherischen Missionsgemeinden gab es auf anglikanischer Seite aber mit dem PNCC bereits ein Gremium, das diesen Prozess mit Selbstbewusstsein und Kompetenz vorantrieb. Diese post-kolonialen Kompetenzen konnten und wollten die deutschen Missionare den palästinensischen Gläubigen nicht vermittelt. Überdies dokumentiert es das mangelnde Demokratieverständnis, die missionswissenschaftliche Konzeptionslosigkeit und das Pochen auf Eigenständigkeit der deutschen Palästinamissionen, dass es eine vergleichbare innerkonfessionelle Vereinheitlichungsdiskussion zwischen der Evangelischen Jerusalem-Stiftung dem Jerusalemsverein, der Kaiserswerther Diakonissenanstalt und dem Syrischen Waisenhaus in dieser Form zwischen 1918 und 1939 nicht gegeben hat.

6.9 Die arabischen Christen und die Mandatspolitik

6.9.1 Grundsätzliche Bemerkungen

Die arabischen Christen – insbesondere die Protestanten – standen im Palästina-Konflikt vor der diffizilen Frage, welcher Seite sie mehr Loyalität entgegenbringen sollten: aus religiösen Gründen der christlichen Mandatsmacht Großbritannien – oder aus ethnisch-nationalen Gründen der arabischen Nationalbewegung.[1697] Die Mehrheit der Christen entschied sich für die zweite Variante. Damit verband sich die Hoffnung, als Teil der gemeinsamen Nationalbewegung den Makel des Minderheitendaseins abschütteln zu können. Von Seiten der Muslime wurde dieser Schritt begrüßt, weil die Nationalbewegung damit unterschiedliche Gruppen vereinigte. Außerdem profitierte die muslimische Mehrheit von den Sprachkenntnissen, den kirchlichen, politischen Kontakten und auch den journalistischen Kompetenzen der Christen. Allerdings war der politische Einfluss der Christen in Palästina weniger stark als der ihrer Glaubensbrüder in Syrien. Dort hatte das städtische Christentum in sehr viel stärkerem Maße eine gebildete Mittelschicht hervorgebracht, die gesellschaftliche

---

[1696] Vgl. die Minutes of the Standing Committee des PNCC vom 10.8.1938 und 23.7.1939, BUL/G/Y/P 2.

[1697] Vgl. z.B. E. Kedourie, „Religion and Politics", in: ders., *The Chatham House Version and other Middle Eastern Studies*, London 1970, 317–342; D. Tsimhoni, *The British Mandate and the Arab Christians in Palestine 1920–1925*; dies., „The Status of the Arab Christians under the British Mandate", 166–192; dies., „The Arab Christians and the Palestine Arab National Movement During the Formative Stage",73–98; dies., „The Greek Orthodox Patriarchate of Jerusalem during the Formative Years of the British Mandate in Palestine", in: *AAS* 12 (1978), 77–121; A. O'Mahony, „The Religious, Political and Social Status of the Christian Communities in Palestine c. 1800–1930", 237–265; Y. Porath, *The Emergence of the Palestinian-Arab National Movement, 1918–1929*, 293–303.

Verantwortung übernahm und auch von der muslimischen Mehrheit entsprechend geachtet wurde.[1698]

Allerdings wäre es falsch, die Bedeutung der arabischen Christen in Palästina völlig unterzubewerten. In der Mandatszeit gab es 60 arabische Zeitungen und 22 arabische Magazine in Palästina. Zwei der führenden Zeitungen Palästinas gaben Christen heraus: *Filastin* in Jaffa und *al-Karmil* in Haifa. *Filastin*, die vielleicht wichtigste arabische Zeitung Palästinas, verantwortete der prominente orthodoxe Christ, 'Isa al-'Isa als Chefredakteur und Herausgeber. Er schrieb geharnischte Kommentare gegen die britische Mandatspolitik und den Machtgewinn der zionistischen Organisationen.[1699]

Bei *Al-Karmil* trug Najib Nassar, der von der Griechisch-Orthodoxen Kirche zur *United Free Church of Scotland* übergetreten war, Verantwortung.[1700] Er hatte bereits um die Jahrhundertwende vor dem wachsenden Einfluss der jüdischen Siedlungen gewarnt und ein „arabisches Erwachen gegen den Zionismus" gefordert.[1701] In der Zwischenkriegszeit schrieb er mit Nachdruck gegen den jüdischen Landkauf an und kritisierte, dass auch die Kirchen Land an Juden verkaufen würden. Er warnte davor, dass das Heilige Land in absehbarer Zeit in jüdische Hände überginge, wenn die christlichen Staaten in Europa nicht für die Anliegen der Araber eintreten würden.[1702]

Schon wenige Monate nach der britischen Eroberung Jerusalems beschlossen Muslime und Christen, politisch zu kooperieren. Im März 1918 bildete sich in Jaffa die erste *Muslimisch-Christliche Vereinigung* (MCV), die wenig später Ableger in Jerusalem, Nablus, Tulkarem, Hebron und Gaza hatte. Der Name dieser Interessenvertretung sollte auf die Gleichberechtigung der Religionen in der Nationalbewegung verweisen. Das war für die Bevölkerung ein historisches Signal, denn bisher hatte es – aufgrund des Millet-Systems und der muslimischen Dominanz – praktisch nie eine Zusammenarbeit zwischen Christen und Muslimen in politischen Fragen gegeben.

[1698]　Vgl. D. Tsimhoni, „The Arab Christians and the Palestine Arab National Movement", 73 und dies., *The British Mandate and the Arab Christians in Palestine*, 296 f.

[1699]　Vgl. Q. Shomali, „Palestinian Christians: Politics, Press and Religious Identity 1900–1948", in: A. O'Mahony/G. Gunner/K. Hintlian (Hgg.), *The Christian Heritage in the Holy Land*, 225–265, E. Kedourie, „Religion and Politics", 318 und R. Khalidi, *Palestinian Identity*, 124–127.

[1700]　Vgl. zu den schottischen Aktivitäten z.B. J.H. Proctor, „Scottish Missionaries and the Struggle for Palestine, 1917–1948", in: *MES* 33 (1997), 613–629 sowie M. Marten, *Attempting to Bring the Gospel Home: Scottish Missions to Palestine, 1839–1917*, London – New York 2006; ders., „Communication home: Scottish missionary publications in the 19th and early 20th century", in: Ders./M. Tamcke (Hgg.), *Christian Witness*, 81–98; ders., „Imperialism and evangelism: Scottish missionary methods in late 19th and early 20th century Palestine", in: *Holy Land Studies* 5.2 (2006), 105–186; ders., „Anglican and Presbyterian Presence and Theology in the Holy Land", in: *International Journal for the Study of the Christian Church* 5.2 (2005), 182–199; ders., „The Free Church of Scotland in 19th century Lebanon", in: *Chronos. Revue d'Histoire de l'Université de Balamand* 5 (2002), 51–106.

[1701]　Vgl. A. El Sayed, *Palästina in der Mandatszeit*, 44.

[1702]　Vgl. Q. Shomali, „Palestinian Christians: Politics, Press and Religious Identity 1900–1948", 233 und D. Tsimhoni, *The British Mandate and the Arab Christians in Palestine*, 308–311.

Der erste nationale Kongress der MCV wurde Ende 1919 in Jerusalem abgehalten. Ihm folgten bis 1928 sechs weitere. Christen wurden in die Ausschüsse gewählt. Sie wurden von den Muslimen weniger als politisch aktive Individuen, sondern als Repräsentanten ihrer Religionsgemeinschaft angesehen. Oberstes Organ der MCV, die stets nur ein lockerer Zusammenschluss war und von der Mandatsregierung nicht als palästinensisches Repräsentationsorgan anerkannt wurde, war die *Arabische Exekutive*. Sie wurde von der Husaini-Familie dominiert. Erster Präsident der Exekutive wurde der Vorsitzende der MCV und langjährige Jerusalemer Bürgermeister, Musa Kazim al-Husaini.

Auch wenn die Zusammenarbeit zwischen Muslimen und Christen in der MCV nicht immer reibungslos verlief, übernahmen die Christen von Anfang an politische Verantwortung. So gehörten einer Delegation, die im Juni 1921, im November 1922 und im Juni 1923 Europa und vor allem England bereiste, auch einige arabische Christen an.[1703] Begleitet wurde die Delegation von der ehemaligen CMS-Missionarin und Lehrerin Francis Newton aus Haifa, die in der Zwischenkriegszeit als inoffizielle Beraterin der arabischen Nationalbewegung agierte. In Großbritannien wuchs dem Anglikaner Shibli Jamal die Rolle des Sprechers zu, da der eigentliche Delegationsleiter, Musa Kazim al-Husaini selbst kein Englisch sprach.

Neben einer Besprechung mit Churchill hatte die Delegation am 10. August 1921 auch eine Unterredung mit dem Erzbischof von Canterbury. Die Araber plädierten im Sinne des Husain-MacMahon-Abkommens dafür, Palästina in einen arabischen Gesamtstaat zu integrieren. Der Erzbischof vermied es aber, sich politisch festzulegen. Auch wenn die Gespräche mit der politischen Klasse Englands letztlich ergebnislos blieben, erwiesen sich die Christen aufgrund ihres religionspolitischen Netzwerkes und ihrer sprachlichen Fähigkeiten als kompetente Vermittler der arabischen Anliegen in Europa.

Mentalitäts- und gedächtnisgeschichtlich aufschlussreich ist die Tatsache, dass die palästinensische Nationalbewegung bereits in der Frühphase des Mandats identitätsstiftende Symbole schuf: Eine 1920 entworfene palästinensische Nationalflagge lehnte sich an die türkischen Nationalsymbole an. Sie enthielt den Halbmond und das Kreuz – anstatt des Sterns.[1704] Die palästinensischen Briefmarken – übrigens im christlichen Bethlehem gedruckt – zeigten den Felsendom und die Grabeskirche, um so auch bei diesen erinnerungsgeschichtlich bedeutsamen Symbolen die Gleichbe-

---

[1703] In der ersten, achtköpfigen Delegation, die der vierte Kongress der MCV 1921 zu einer Konferenz mit Colonial Secretary Winston Churchill entsandte, befanden sich drei Christen. Der Kaufmann, zeitweilige Dragoman (Dolmetscher) des deutschen Vizekonsuls und Großgrundbesitzer Fu'ad Sa'd aus Haifa gehörte der griechischen-katholischen Kirche an, Ibrahim Shammas war griechisch-orthodoxer Christ, der Reisebürobesitzer und Absolvent der Bishop-Gobat-School, Shibli Jamal Anglikaner. Jamal war auch der Sekretär der Delegation und stellte – mit Unterstützung des anglikanischen Bischofs - die Kontakte zur englischen Regierung und Öffentlichkeit her. Vgl. I.M. Okkenhaug, „From Neutrality to Critic of British Mandate Policy", 113–143, bes.136 und D. Tsimhoni, *The British Mandate and the Arab Christians in Palestine 1920–1925*, 238–243, bes. 240, dies., „The Arab Christians and the Palestine Arab National Movement", 77 f und A. Flores, „Die Entwicklung der palästinensischen Nationalbewegung", 102 f. Zu Musa Kazim al-Husaini vgl. G. Krämer, *Geschichte Palästinas*, 246, 252, 257, 298, 309.

[1704] Vgl. D. Tsimhoni, *The British Mandate and the Arab Christians in Palestine*, 336.

rechtigung beider Religionen zu betonen. Keine religiöse Parität gab es beim inoffiziellen palästinensischen Nationalfeiertag, denn mit dem Al-Nabi-Musa-Fest gewann der große islamisch-palästinensische Pilgerzug zum Grab des Moses Priorität.[1705] Die christliche Minderheit akzeptierte diese Entwicklung zwar, distanzierte sich aber von den Aufforderungen extremer muslimischer Prediger, sie möge zum Islam als der wahren Religion konvertieren.

Als Minderheit versuchten sich die Christen dadurch zu profilieren, dass sie sich als die besseren, ja die perfekteren Araber darstellten.[1706] Das trifft auch auf einen der einflussreichsten christlichen Politiker der Zwischenkriegszeit, Khalil al-Sakakini zu. Er wirkte als Sekretär des *Executive Committees* des *Arab Congress of Palestine* und viele Jahre als hoher Mitarbeiter des *Palestine Education Department*.[1707] In dieser Funktion lancierte al-Sakakini radikale politische Positionen in die staatlichen Schulcurricula und beeinflusste die nachwachsende arabische Schülergeneration nachhaltig;[1708] er war deshalb eine Schlüsselfigur der Nationalbewegung. Sein Chef, der *Director of Education in Palestine*, Humphrey E. Bowman hielt rückblickend fest, ohne allerdings al-Sakakini namentlich zu erwähnen, dass die von der Regierung unterstützten arabischen Schulen aufgrund der doktrinären Haltung der Lehrer ein „nucleus of nationalist inspiration" geworden seien. Allerdings gelte dies *mutatis mutandis* auch für die zionistischen Schulen.[1709]

Als Dozent eines Lehrer-Seminars führte al-Sakakini während der politischen Auseinandersetzungen der 1930er Jahre seine Studenten bei politischen Demonstrationen an. Als *Inspector of Education* der Mandatsregierung gab er 1934 in einem Vortrag vor Lehrern in Nazareth das politische Motto für eine zukünftige politische Erziehung in Palästina aus: „Come let us shout with all our might: Long live the Fatherland!"[1710]

Trotz seines nationalen Engagements wurde er als orthodoxer Christ niemals wirklich als Gleicher unter Gleichen behandelt.[1711] Al-Sakakini entwickelte ein feines Gespür dafür, dass die muslimischen Notablenfamilien weiter die arabische Nationalbewegung dominierten und politisch engagierte Christen zunehmend ihre religiöse Tradition zugunsten einer neuen säkular-nationalen Identität aufgaben. Diese Entwicklung sah al-Sakakini kritisch, weil auch diese säkularen, politischen Christen trotz ihres Anpassungsprozesses nur selten einen Platz in der nationalen Führungs-

---

[1705] Ebd., 337.

[1706] Vgl. D. Tsimhoni, „The Arab Christians and the Palestine Arab National Movement", 75 und dies., *The British Mandate and the Arab Christians in Palestine*, 298.

[1707] Ein anderer politisch erfolgreicher Christ war Ya'qub Faraj, der Präsident des *Arab Orthodox Executive Committee* und später eines der neun Mitglieder des *Arab Higher Executive Committee*, das 1936 vom Großmufti eingesetzt und geleitet wurde.

[1708] Vgl. E. Kedourie, „Religion and Politics", 341 und I.M. Okkenhaug, *The Quality of Heroic Living*, 161

[1709] Zitiert nach E. Kedourie, „Religion and Politics", 342 Anm. 31.

[1710] Zitiert nach E. Kedourie, „Religion and Politics", 341.

[1711] Vgl. die Zitate aus verschiedenen seiner Briefe, die eine derartige Thematik behandeln, bei D. Tsimhoni, „The Arab Christians and the Palestine Arab National Movement", 76 und dies., *The British Mandate and the Arab Christians in Palestine*, 300 ff.

schicht übernehmen konnten.[1712] Diese von al-Sakakini prognostizierte Entwicklung führte dazu, dass die christlichen Politiker nicht „as leaders in their own right, but as attachés to Muslim leaders" agierten.[1713]

Ein weiterer Faktor belastete die christlich-muslimischen Beziehungen: Die christlichen Araber waren besonders in den frühen 1920er Jahren in der Mandatsverwaltung überproportional vertreten. Die *Senior Positions* wurden, wie in der Verwaltung von Kronkolonien, zumeist von britischen Kolonialbeamten eingenommen, denen einheimische Experten assistierten – und auf diesem Gebiet dominierten die Christen. Auf Druck der zionistischen Organisationen wurden zunehmend auch Juden eingestellt. 1922 befanden sich unter den 375 Angestellten des *Senior Services* 165 einheimische Christen, 65 Muslime, 45 Juden und zwei Bahais. Die Christen stellten also fast 40 % der höheren Angestellten, im *Junior Service* gar 47 % des Personals.[1714] Besonders gute Übernahmechancen besaßen die Absolventen der anglikanischen Schulen, allen voran der Bishop-Gobat-School in Jerusalem.

Die überrepräsentierte christliche Minderheit rief den Protest der muslimischen Mehrheit hervor. Bereits 1922 erklärte High Commissioner Sir Herbert Samuel gegenüber dem *Colonial Office*, dass er nun vermehrt „Palestinians" - und damit meinte er Muslime – einstellen wolle.[1715] 1929 fanden sich in den *Senior Positions* der Zivilverwaltung 78 Christen, 87 Muslime und 50 Juden. Im *Junior Service* arbeiteten im gleichen Jahr 1.098 Christen, 1.024 Muslime und 664 Juden.[1716] Die Christen blieben weiter überrepräsentiert, allerdings veränderte sich die Tendenz erkennbar: 1922 waren die Angestellten des Junior Services zu 47 % Christen, zu 30 % Muslime und zu 23 % Juden, 1924 waren noch 38 % Christen, 40 % Muslime, 22 % Juden und 1929 39 % Christen, 37 % Muslime und 24 % Juden. Bei den *Senior Positions* ging der Anteil der Christen von 40 % in 1922 auf 34 % in 1930 zurück. Auch der Anteil der Muslime nahm von 40 % in 1922 auf 37 % in 1930 ab, während die Juden ihre Position ausbauen konnten: 1920 stellen sie 20 % der höheren Angestellten und 1930 waren es 29 %.

Zu den Zielen der Nationalbewegung gehörten die Opposition gegen die britische Mandatspolitik, die jüdische Masseneinwanderung und den jüdischen Landkauf.[1717] Während die Ablehnung der zionistischen Aspirationen einen Konsens zwischen Christen und Arabern darstellte, erwies sich die Gegnerschaft gegen das Mandat als politisch heikle Angelegenheit. Die arabischen Christen konnten sich mit einer christlichen Regierung gut arrangieren konnten, doch für die muslimische Mehrheit stellte dies ein massives Hindernis dar. Die israelische Historikerin Daphne Tsimhoni hat behauptet, ohne diese These allerdings durch entsprechende Quellen zu belegen, dass die arabischen Christen einen arabischen Nationalstaat unter der Protektion

---

[1712] Vgl. D. Tsimhoni, *The British Mandate and the Arab Christians in Palestine*, 301.

[1713] So D. Tsimhoni, „The Arab Christians and the Palestine Arab National Movement", 77.

[1714] Vgl. ebd.,168 f.

[1715] Vgl. ebd., 169 f.

[1716] Vgl. die Tabelle ebd., 189, 190, 193.

[1717] Vgl. Y. Porath, „The Land Problem as a Factor in the Relations Among Jews, Arabs and the Mandatory Government", in: G. Ben-Dor (Hg.), *The Palestinians and the Middle East conflict*, 507–543.

einer europäischen Macht favorisiert hätten, um nicht in einem von der muslimischen Mehrheit vereinnahmt zu werden.

Während sich die arabischen Christen auf diplomatischem, publizistischem und gesellschaftspolitischem Felde für Anliegen der Nationalbewegung engagierten, beteiligten sie sich eher selten an Demonstrationen oder fast gar nicht an gewalttätigen Auseinandersetzungen.[1718] Das mag historische, soziale, aber auch theologische Gründe wie das biblische Gewaltverbot gehabt haben.[1719]

6.9.2 Unterschiedliche Positionen der christlichen Konfessionen zur Nationalbewegung

Wie bereits erwähnt, setzte sich das palästinensische Christentum aus einer Vielzahl an Konfessionen zusammen. Die größte Gruppe entstammte der Griechisch-Orthodoxen Kirche. Zwischen der Nationalbewegung und der orthodoxen Kirche bestanden enge und gute Beziehungen, da sich speziell die orthodoxe Basis schnell mit der Nationalbewegung verband. Das hatte nicht zuletzt psychologische Gründe: Die orthodoxen Christen und die Parochialpriester Palästinas waren nämlich Araber; dagegen bestand die gesamte kirchliche Hierarchie aus Griechen, die seit 1662 in der griechischen *Bruderschaft vom Heiligen Grab* zusammengeschlossen waren. Die Fixierung auf den Erhalt der Heiligen Stätten hatte dazu geführt, dass die orthodoxe Kirche erhebliche Defizite auf sozialem Gebiet, ja selbst im Bereich der Seelsorge verzeichnete. Das Kirchenvolk kämpfte, wenn auch erfolglos, für die Arabisierung des *clerus maior* und entwickelte deshalb – schon seit dem ausgehenden 19. Jahrhundert – ein starkes national-ethnisches Selbstbewusstsein.[1720] Der Kampf gegen Fremdherrschaft war also in gewisser Weise ein gemeinsamer Nenner der orthodoxen Christen und der arabischen Nationalbewegung.

Die orthodoxe Kirche als Mutter aller Kirchen besaß die längste Tradition aller christlichen Konfessionen im Lande, die allerdings eine tief verwurzelten Anpassung an die Mehrheitsgesellschaft nicht verhindern konnte, da die meisten orthodoxen Christen viele Sitten und Gebräuche der muslimischen Umwelt übernahmen.[1721] Das sorgte für eine hohe gegenseitige Akzeptanz. Die Erfahrungen als Minderheit, die Angst, von der Mehrheit erdrückt zu werden und die Suche nach einem strategischen Partner brachten Orthodoxe und Muslime zusammen.[1722]

Der englische Historiker Elie Kedourie hat darauf aufmerksam gemacht, dass die Orthodoxie in der Mandatszeit hätte lernen müssen, dass sie nicht mehr nur eine Minderheit, sondern gleichzeitig ein wichtiger, formal gleichberechtigter Bestand-

---

[1718] Vgl. D. Tsimhoni, *The British Mandate and the Arab Christians in Palestine*, 246 f.

[1719] Die theologische Dimension fehlt bei D. Tsimhoni, „The Arab Christians and the Palestine Arab National Movement", 78 und dies., *The British Mandate and the Arab Christians in Palestine*, 243–259 und 304.

[1720] Vgl. D. Tsimhoni, „The Greek Orthodox Patriarchate of Jerusalem during the Formative Years of the British Mandate in Palestine", 77–121 und E. Kedourie, „Religion and Politics", 326.

[1721] Vgl. D. Tsimhoni, „The Arab Christians and the Palestine Arab National Movement", 83.

[1722] Vgl. E. Kedourie, „Religion and Politics", 317.

teil der arabischen Nation war.[1723] Für die orthodoxen Christen brachte dies eine mentalitätsgeschichtliche Zäsur, hatten sie sich doch über Jahrhunderte mit ihrer Minderheitsrolle abgefunden, da es aufgrund der Regelungen des Millet-Systems Loyalitäten nur innerhalb der eigenen Gemeinschaften gab und Außenkontakte auf ein Minimum reduziert wurden.

Nun besaßen die Christen also die gleichen Rechte wie die Muslime. Aus strategischen Gründen wichen die politischen Köpfe der Orthodoxie dennoch kaum „from the Muslim lines in Palestine" und gaben sich als überzeugte Nationalisten.[1724] Was ihren konkreten Einfluss anging, waren die Orthodoxen dennoch nie mehr als „an appendix to the pan-Arab campaign against Zionism."[1725] Nicht übersehen werden darf auch der verbreitete Antisemitismus unter den christlichen Kirchen des Ostens, der die Ablehnung des zionistischen Siedlungsprojekts verstärkte.[1726]

Etwas anders gestaltete sich das Verhältnis der katholischen Kirche zur Politik. Hatten sich die arabischen Katholiken zwischen 1918 und 1922 unter massivem französischen Einfluss stark in der Nationalbewegung engagiert und für die Eingliederung Palästinas in das französische Mandat über Syrien und den Libanon geworben, so ging die aktive politische Beteiligung zurück, als der Lateinische Patriarch Luigi Barlassina (1920–1947) mit seinen anti-zionistischen und anti-britischen Attacken die politische Bühne betrat. Denn Barlassina suchte den offenen Streit mit der Mandatsregierung. Er wurde aber Mitte der 1920er Jahren von Rom gebremst, als sich der Vatikan um ein verbessertes Verhältnis zur Palästina-Regierung bemühte.[1727]

Auch unter den protestantischen Arabern unterschiedlichster Prägung entwickelte sich eine Sensibilität für nationale Fragen. Die Missionsschulen förderten zweifellos die nationale und die anti-zionistische Gesinnung der Schüler. Wenn D. Tsimhoni diese politischen Positionen der Missionare als Folge des missionarischen Misserfolgs in der Judenmission wertet, übersieht sie die Verschiebungen der missionarischen Ausrichtung in der Geschichte des Anglo-Preußischen Bistums. Die von der CMS oder dem JV getragenen Missionsschulen richteten sich ja an die arabische Bevölkerung und betrieben niemals Judenmission. Insofern ist Tsimhonis Argument zu vordergründig. Sie übersieht mentalitätsgeschichtliche, gesellschaftliche, transnationale sowie theologische Faktoren und unterschätzt den Solidarisierungseffekt, der bei den Missionaren und Lehrern nach einer jahrelangen Arbeit mit der arabischen Bevölkerung eintrat.[1728]

Interessanter ist dagegen Tsimhonis These, der es im Folgenden für den protestantischen Sektor nachzugehen gilt, dass letztlich nur eine kleine Minderheit aus

---

[1723] Ebd., 319.
[1724] Ebd., 317.
[1725] Ebd., 341.
[1726] Ebd., 334 und 335.
[1727] Vgl. D. Tsimhoni, „The Arab Christians and the Palestine Arab National Movement", 86. Eine schweizerische Perspektive auf die religionspolitischen Auseinandersetzungen bietet Chr. Späti, „Katholizismus und Zionismus 1920–1945. Zwischen päpstlichem Antizionismus und eidgenössischer Sympathie für die freiheitsliebenden Zionisten", in: *ZSKG* 93 (1999), 41–63. Vgl. auch F. Heyer, *Kirchengeschichte des Heiligen Landes*, 195–203.
[1728] Vgl. D. Tsimhoni, „The Arab Christians and the Palestine Arab National Movement", 87.

orthodoxen und protestantischen Christen hinter der muslimischen Führungsschicht in der Nationalbewegung stand.[1729]

6.9.3 Soziologische Ungleichgewichte und arabische Nationalbewegung

Die Inhomogenität der palästinensischen Nationalbewegung sollte in der Mandatszeit zu einer großen Belastung ihrer politischen Kampfkraft werden. Neben den religiösen Gegensätzen spielte vor allem die Spaltung in Stadt- und Landbevölkerung eine Rolle, da die städtischen Notabeln als Großgrundbesitzer die bäuerliche Bevölkerung fast völlig in ihrer Hand hatten - und diese sich folglich von den *Effendis* nicht ausreichend repräsentiert fühlte. Diese Klassengegensätze schwächten die palästinensische Nationalbewegung etwa in den Jahren der Rebellion zwischen 1936 und 1939, führten aber niemals zu einer Spaltung. Denn der soziale Bezugsrahmen der dörflichen Bevölkerung blieb der Clan sowie die traditionellen Loyalitäten und Abhängigkeiten von den Bauern zu den Großgrundbesitzern. Diese vertikalen, lokalen sozialen Abhängigkeiten verhinderten allerdings die Entwicklung eines gemeinsamen Nationalbewusstseins der mehrheitlich auf dem Lande lebenden Palästinenser.

Ökonomische und politische Macht konzentrierte sich somit bei den wenigen Notablen-Familien, die die obersten Geistlichen, die höheren Verwaltungsbeamten und auch Teile der Intelligenz stellten. Konkurrenz erwuchs ihnen lediglich aus der städtischen Mittelklasse, deren Weiterentwicklung aber durch die jüdische Immigration zeitweilig gestoppt wurde.

Neben diesen soziologischen Spannungen gab es auf horizontaler soziologischer Ebene die bereits erwähnten Spannungen zwischen den dominierenden Clans sowie zwischen Christen und Muslimen, die jede organisatorische und politische Kontinuität der Nationalbewegung in der Mandatszeit verhinderten. Wenn sich die politische Führerschaft jedoch einmal einigte, konnte dank der vertikalen Loyalitäten die einheimische Bevölkerung relativ schnell mobilisiert werden, wie die Unruhen nach der Weltmissionskonferenz 1928 belegen.

6.9.4 Reaktionen auf die Weltmissionskonferenz

Die Weltmissionskonferenz

Zu einer großen Belastung für den nationalen und den religiösen Identitätsbildungsprozess der arabischen Protestanten sollten die politischen Spannungen der Zwischenkriegszeit werden. Als sich 1928 zur zweiten Konferenz des Internationalen Missionsrates 200 Theologen aus aller Welt in Jerusalem trafen, nahmen dies der Mufti und einige arabische Zeitungen zum Anlass, das Christentum als Bedrohung darzustellen.

Es war weniger eine internationale Pilgerfahrt zum Zion als moderner theologischer Tagungstourismus, der weit über 200 Vertreter verschiedener protestantischer

---

[1729] Vgl. D. Tsimhoni, *The British Mandate and the Arab Christians in Palestine 1920–1925*, 303. Bedauerlicherweise verwendet Tsimhoni den Begriff „Protestanten" derart allgemein, dass aus ihrer Darlegung nicht klar wird, welche Angehörigen welcher protestantischen Kirche sie im Blick hat.

Bekenntnisse zusammenbrachte. Für zwei Wochen wurde die palästinensische Metropole zum Zentrum der ökumenischen Begegnung, als vom 24. März bis 8. April, dem Ostersonntag 1928, eine Konferenz des Internationalen Missionsrates in der Kaiserin-Auguste-Viktoria-Stiftung auf dem Ölberg stattfand – „with a secure British military presence around".[1730] Die kirchlichen Palästinadeutschen und natürlich auch die deutschen Teilnehmer empfanden die Wahl des Ortes als große Auszeichnung[1731], zumal die Mandatsregierung erst wenige Wochen vor Beginn der Tagung die bis dahin als Sitz des britischen High Comissioner dienende Ölberg-Stiftung ihren deutschen Besitzern zurückgegeben hatte.

Die Jerusalemer Konferenz war die erste große internationale Missionstagung nach der für die Ökumene äußerst bedeutsamen Weltmissionskonferenz 1910 in Edinburgh, an der damals 1365 Delegierte verschiedener protestantischer Kongregationen und Nationalitäten teilgenommen hatten. Der Fortsetzungsausschuss der Edinburgher Konferenz hatte die Bildung von 21 Regional- und Nationalkonferenzen der Missionsgesellschaften, den *National Councils*, beschlossen, die 1921 in Lake Mohonk (USA) als gemeinsames Organ den *Internationalen Missionsrat* (IMR) ins Leben riefen. Die weltweite Koordinationsarbeit des IMR, an deren Spitze John R. Mott als Präsident und Joseph H. Oldham als Sekretär standen, wurde durch regionale Studienausschüsse und Tagungen, durch die Zeitschrift *International Review of Mission* und die Weltmissionskonferenzen ergänzt, an denen praktisch ausschließlich protestantische Kirchen partizipierten.[1732]

Während die Edinburgher Konferenz noch ein ungebrochenes „Sendungsbewußtsein des weißen Mannes" an den Tag legte, von der „Formbarkeit der erwachenden Völker des Ostens" durch die westlich-christliche Kultur, von der Ähnlichkeit von „Mission" und „Kolonisation" beziehungsweise von „Ausbreitung des Reiches Gottes" und abendländischer „Zivilisation" ausging und in einer „Entscheidungsstunde der Weltmission"[1733] alle Energien der Christenheit darauf konzentrieren wollte, das Evangelium der ganzen Welt zu bekennen, fehlte in Jerusalem – bedingt durch die Erfahrungen der Kriegs- und Nachkriegszeit – der Enthusiasmus der ökumenischen

---

[1730] So A. Hastings, *A History of English Christianity 1920–2000*, 219.

[1731] So schreibt der Berliner Missionsdirektor S. Knak, „Von der Missionstagung in Jerusalem", in: *EGP* Nr. 5/1928, 19: „Für uns Deutsche war es eine stolze Freude, dass die ganze Konferenz bei der deutschen Ölbergstiftung zu Gaste war. Wie viel bewunderndes Lob haben wir über diese herrliche Anlage gehört!"

[1732] Vgl. zur Entwicklung der Ökumenischen Bewegung von Edinburgh bis Jerusalem z.B. R. Rouse/S.Ch. Neill (Hgg.), *Geschichte der Ökumenischen Bewegung 1517–1948*, 2 Bde. Göttingen 1957/1958; vgl. zu den Konferenzbeschlüssen G.K.A. Bell, *Documents on Christian Unity*, 4 Bde., London 1924–1958. Vgl. auch E. Hornig, *Der Weg der Weltchristenheit*, Stuttgart ²1958; W. Günther, *Von Edinburgh nach Mexico City. Die ekklesiologischen Bemühungen der Weltmissionskonferenzen 1910–1963*, Stuttgart 1970; ders., Art. „Weltmissionskonferenzen", in: K. Müller/Th. Sundermeier (Hgg.), *Lexikon missionswissenschaftlicher Grundbegriffe*, Berlin 1987, 533–539; H.-W. Gensichen, Art. „Missionskonferenzen", in: H. Krüger/W. Löser u.a. (Hgg.), *Ökumene-Lexikon. Kirchen, Religionen, Bewegungen*, Frankfurt/Main ²1987, 831–836; R. Frieling, *Der Weg des ökumenischen Gedankens. Eine Ökumenekunde*, Göttingen 1992, 54–55.

[1733] So W. Günther, „Weltmissionskonferenzen", 534, zur Edinburgher Konferenz von 1910, deren Beschlüsse sich finden in: World Missionary Conference (Hg.), *Edinburgh, 1910 (to consider missionary problems in relation to the non-Christian world)*, Edinburgh – New York 1910.

Anfangszeit. Die Konferenz war mit 231 Delegierten, unter ihnen mehrheitlich Vertreter der angelsächsischen Missionen, wesentlich kleiner als die in der schottischen Hauptstadt. Doch 52 Teilnehmer aus den sogenannten *Jungen Kirchen* Asiens und Afrikas machten deutlich, dass die Dominanz der westlichen Kirchen in der Ökumene im Abnehmen begriffen war.

Auch die Wahl auf Jerusalem als Tagungsort war aus praktischen, geographischen Gründen von den Teilnehmern aus Indien und Ostasien vorangetrieben worden, da ein Ort in der Nähe des Suezkanals von allen Teilnehmern gleich gut zu erreichen war. Außerdem bot sich in der Davidsstadt Gelegenheit zum Austausch mit den orthodoxen und orientalischen Kirchen. Die Jerusalemer Tagung war deshalb, „wie noch keine Versammlung zuvor eine Konferenz der christlichen Kräfte der ganzen Welt" gewesen.[1734]

Gleichwohl tagte die Konferenz praktisch unter Ausschluss der Öffentlichkeit, was für Propst Hertzberg als einem der wenigen geladenen lokalen Gäste vor allem „technische Gründe" hatte: Öffentliche Versammlungen wären schon deshalb unmöglich gewesen, „weil es in Jerusalem keinen Saal gegeben hätte, der die über 200 Delegierten zugleich mit einem entsprechenden ‚Publikum' hätte fassen können. Weder ein Festzug durch die Stadt noch ein gemeinsamer Festgottesdienst im großen Rahmen sind vorhanden gewesen; es fehlte alles, was nach Sensation schmeckte, [...] das große Thema der Tage lautete Arbeit und noch einmal Arbeit!"[1735]

Der Blickpunkt der Tagung lag jedoch weniger auf der Mission, als vielmehr auf Themen wie Dekolonisation, das Selbständigwerden der *Jungen Kirchen*, die durch die Industrialisierung verursachten sozialen Probleme und das Phänomen des *Säkularismus*. Die mit nationalkirchlichem Selbstbewusstsein auftretenden „jungen Kirchen" forderten, dass die zukünftige Missionsarbeit zentral von ihnen auszugehen habe (*church-centric conception of mission*) und die Beziehungen zwischen den jüngeren und älteren Kirchen als Lebensfrage der Mission anzusehen seien. Mit den erstmals diskutierten Fragen wie *Mission und Rassenkonflikte* oder *Mission und religiöse Erziehung* reflektierte die Weltmissionskonferenz die Entwicklung einer kontextuellen Theologie.[1736]

Politische Reaktionen auf die Weltmissionskonferenz

Die arabisch-muslimische Bevölkerung in Palästina und Ägypten war seit der Tagung der Mohammedanermissionen 1924, die ebenfalls in Jerusalem unter der Leitung von John R. Mott abgehaltenen worden war, gegen antiislamische Missionsbestrebungen stark sensibilisiert worden. Die muslimischen Zeitungen des Landes

---

[1734] W.R. Hogg, *Mission und Ökumene. Geschichte des Internationalen Missionsrates und seiner Vorläufer im 19. Jahrhundert*, Stuttgart 1954, 295.

[1735] H.-W. Hertzberg, „Palästinensische Bemerkungen zur Jerusalemer Weltkonferenz" in: *NNM* Nr. 3/4 (1928), 158.

[1736] Vgl. S. Knak, „Das neue Verhältnis zwischen Mission und Kirche", in: M. Schlunk, *Von den Höhen des Ölbergs. Bericht der deutschen Abordnung über die Missionstagung in Jerusalem*, Stuttgart – Basel – Berlin 1928, 139–155, hier: 140 - bis heute die einzige umfassende deutschsprachige Abhandlung über die Tagung von 1928.

hätten „scharf" gegen den Kongress und gegen die Bestrebungen der Mission Stellung bezogen, kommentierte die *Frankfurter Zeitung*. Dieser Protest falle „mit einer wachsenden Spannung" zwischen den mohammedanischen und christlichen Arabern Palästinas zusammen.[1737] Als Gegengewicht gegen die christlichen Missionsschulen und die Vereine christlicher junger Leute sei eine Reihe von Vereinigungen der mohammedanischen Jugend in Städten wie Jaffa und Haifa gegründet worden, die lebhafte Propaganda gegen den Besuch der Missionsschulen betrieben. Zutreffend ist an dieser Darstellung, dass der YMCA Vorbild für die Gründung *Muslimischer Vereine junger Männer* war, die neben den Moscheen als zentralem Mittelpunkt der Dörfer zur organisatorischen Basis für fundamentalistische islamische Gruppen wurden und sich zunehmend antichristlich verhielten. Diese Politisierung der muslimischen Jugend begann in den frühen 1920er Jahren, wurde aber durch die ökonomische Depression der Jahre 1926 bis 1928 intensiviert.

In den dreißiger Jahren verwandelten sich die *Muslimischen Vereine Junger Männer* zunehmend zu „Deckorganisationen" für militärisches Training.[1738] Die aufgeheizte Stimmung nach der Missionskonferenz mag ihr Übriges getan haben, sollte jedoch im Kontext der angespannten politischen Lage 1928/29 gesehen werden, die schließlich nach den Ausschreitungen an der Klagemauer im September 1928 eskalierte und in eine arabische Revolte mündete, bei der 133 Juden sowie 116 Araber starben; 339 Juden und 232 Araber wurden verletzt.[1739]

Der anglikanische Bischof, Rennie MacInnes, missbilligte in *Bible Lands* die Angriffe der muslimischen Zeitungen gegen die Missionskonferenz. Weder die Mohammedaner-Mission im Allgemeinen noch die Palästina-Mission im speziellen seien das Thema der Tagung gewesen.[1740] Mit Bedauern hielt die CMS fest, dass die Muslime die Mission als Handlanger der britischen Politik betrachten würden, was der Grund für ihre massiven Proteste sei.[1741]

In seinen in den *NNM* veröffentlichten „Palästinensischen Bemerkungen zur Jerusalemer Weltkonferenz"[1742] meinte Propst Hertzberg, dass die Wahl Jerusalems als Tagungsort die Missionsarbeit im Heiligen Land zurückgeworfen habe. Hertzberg und MacInnes stellten unabhängig voneinander fest, dass die islamische Polemik gegen die *IMR*-Konferenz politisch motiviert war, da 1928 Wahlen zum *Obersten Muslimischen Rat* anstanden. Für den Mufti bot die Missionskonferenz eine Plattform, um sich als strenger Muslim zu präsentieren und traditionelle Wähler-

---

[1737] Vgl. *Frankfurter Zeitung* vom 22.4.1928, BArchBerlin R 5101/23108.

[1738] Vgl. S. Wild, „Zum Selbstverständnis palästinensisch-arabischer Nationalität", 83 ff. Vgl. vor allem Y. Porath, *The Emergence of Palestinian-Arab National Movement*, 300–303 und ders., *The Palestinian-Arab National Movement. From Riots to Rebellion, 1929–1939*, London 1977, 132–39, bes. 134 und auch A.L. Tibawi, *Arab Education in Mandatory Palestine. A Study of Three Decades of British Administration*, London 1956, 184 f.

[1739] Vgl. dazu A. Flores, „Die Entwicklung der palästinensischen Nationalbewegung", in: H. Mejcher (Hg.), *Die Palästina-Frage*, 89–122, hier: 102–109.

[1740] Vgl. „The Bishop's Letter" in: *Bible Lands* Nr. 117/Juli 1928, 912 f.

[1741] Vgl. die Ausführungen im CMS-Jahresbericht Report 1928/29, BUL/CMS/Historical Record/Annual Report 1928/29, 125.

[1742] Vgl. H.W. Hertzberg, „Palästinensische Bemerkung zur Jerusalemer Weltkonferenz", in *NNM* Nr. 3/4 (1928), 156–163.

schaften für sich zu gewinnen. Die gegnerische Fraktion der Naschaschibis hatte dagegen den Ruf, in religiösen Fragen liberaler zu sein.

Blieb die politische Lage während der Konferenz ruhig, so gab es kurz nach ihrem Ende anti-christliche Versammlungen, Proteststreiks, Austritte muslimischer Mitglieder aus dem YMCA Jerusalem, Angriffe auf Missionare, Drohungen und Umzüge zum Nebi-Mussa-Fest mit Parolen wie *Nieder mit allen Missionen* oder *Nieder mit dem Christentum*.[1743]

Dass das Christentum als feindliche Macht betrachtet wurde, war für Hertzberg der Beginn einer gefährlichen Entwicklung, drohte sich nun palästinensische Nationalbewegung zu spalten.[1744]

Die Unruhen 1928/29

Die Weltmissionskonferenz war nur ein Faktor, der die Öffentlichkeit Palästinas beschäftigte, aber für die muslimisch-christlichen Beziehung Bedeutung besaß. Das arabisch-jüdische Verhältnis wurde hingegen von den Auseinandersetzungen 1928/29 an der Klagemauer geprägt. Sie besaßen sowohl eine politische als auch eine religiöse Dimension.

Zwischen 1919 und 1929 waren rund 100.000 Juden nach Palästina eingewandert, was den jüdischen Bevölkerungsanteil im Lande verdreifachte, so dass er nun bei 16 % der Bevölkerung Palästinas lag. Hand in Hand mit der Einwanderung ging der von der englischen Regierung unterstützte zügige Aufbau jüdischer Institutionen in den Bereichen Wirtschaft, Kultur, Politik und Parteienwesen sowie ein systematischer Landankauf durch zionistische Organisationen einher – in den 1920er Jahren erwarben die Juden rund 1 Million Dunam Land. Die Zionisten waren zwar noch weit von ihrem Ziel entfernt, die Bevölkerungsmehrheit zu stellen, hatten aber gleichwohl damit begonnen, das Land zu verändern und sich wirtschaftlich zu eta-

---

[1743] Als die von protestantischen Missionaren gegründete *American University Cairo* dem Sproß einer angesehenen Jerusalemer Familie, Abd-il-Qadir al-Husseini aufgrund seiner mangelhaften Ergebnisse den B.A.-Grad verweigerte, schlug in den arabischen Zeitungen Palästinas die Stimmung erneut gegen die Missionen um. Ihnen wurde unterstellt, als verlängerter Arm der englischen und französischen Imperialpolitik im Orient zu agieren. Vgl. Jentzschs Übersetzungen antimissionarischer Zeitungsartikel aus *Al-Gamia-il-Arabiye* vom 16.6., 17.6., 22.6., 23.6., 24.6., 27.6., 3.7., 4.7.1932, JVA B 3115. Vgl. den CMS-Jahresbericht 1929/30, BUL/CMS/Historical Record/Annual Report 1929/30, 130–132. Zu Auseinandersetzungen islamischer Intellektueller wie Rashid Rida mit der christlichen Mission in Ägypten vgl. z.B. U. Ryad, „Muslim Response to Missionary Activities in Egypt: With a Special Reference to the Al-Azhar High Corps of 'Ulamâ", in: H. Murrevan den Berg (Hg.), *New Faith in Ancient Lands*, 281–303 und ders., „Rashîd Ridâ and a Danish Missionary: Alfred Nielsen and the Three Fatwâs from Al-Manâr", in: *IslamoChristiana* 28 (2002), 97–107.

[1744] Vgl. H.W. Hertzberg, „Palästinensische Bemerkung zur Jerusalemer Weltkonferenz", 162. Sehr aufschlussreich ist das 8. Kapitel „Organizational and Social Aspects of the Development of the Movement" mit einer genauen Beschreibung der muslimisch-christlichen Spannungen in Y. Porath, *The Emergence of the Palestinian-Arab National Movement*, 274–303. Zur Weltmissionskonferenz ebd., 300.

blieren.[1745] Das rief den Protest der arabischen Seite hervor. Der Aufstieg des Muftis gab dem Widerstand eine islamische Färbung.

Im September 1928 kam es zu einer Konfrontation an der Klagemauer, die von jüdischer Seite als letzter, noch erhaltender Rest des Tempels angesehen wird, während die Muslime sie für die äußere Umfassung des heiligen Bezirks halten, in dem sich der Felsendom und die Al-Aqsa-Moschee befinden. Hier war der islamischen Überlieferung zufolge Mohammed gen Himmel gefahren. Bereits seit dem 19. Jahrhundert gab es in gewissen jüdischen Kreisen Überlegungen, den Tempel wiederherzustellen oder zumindest Teile des Tempel-Areals zu kaufen. Die islamische Welt reagierte darauf mit höchster Sensibilität.[1746]

Am *Yom Kippur*-Tag 1928 stellten Juden bei Feierlichkeiten an der Klagemauer kultische Gegenstände an Orten auf, die nach dem religionspolitischen *status quo* jedoch den Muslimen gehörten. Die englische Polizei räumte den Ort gegen den Widerstand der Juden. Sowohl die zionistische als auch die arabisch-muslimische Seite – allen voran der Mufti – nutzten diese Aktion dazu, den politischen Konflikt religiös aufzuladen. Er organisierte Anfang November 1928 einen internationalen Kongress, zu dem 700 Muslime aus aller Welt kamen, um die *Vereinigung zum Schutz der Al-Aqsa-Moschee und der Islamischen Heiligen Stätten* zu gründen. In seiner Abschluss-Resolution hielt der Kongress fest, dass die Klagemauer ein exklusives islamisches Heiligtum sei; den Juden wurde ein Besuchsrecht zugestanden, Veränderungen vor Ort aber verboten und religionspolitische Ansprüche zurückgewiesen.

Im August 1929 kam es erneut zu Auseinandersetzungen an der Klagemauer. Nun eskalierte die Gewalt, die von Jerusalem auch auf andere Orte übersprang und etwa eine Woche dauerte, was die britische Palästinaregierung dazu brachte, mit Härte gegen die Streitparteien vorzugehen. Insgesamt kamen 133 Juden und 116 Araber ums Leben, 339 Juden und 232 Araber wurden verletzt; die meisten Juden waren durch Araber getötet worden, die Araber durch die Briten.[1747]

Die Unruhen werteten die Position des Muftis als nationalem Führer politisch auf. Gleichzeitig wurde den Arabern deutlich, dass England den Aufbau der jüdischen Heimstätte auch mit Waffengewalt zu verteidigen bereit war. Zur Untersuchung der Unruhen setzte London eine Untersuchungskommission unter Leitung von Sir Walter Shaw ein. Zum Missfallen der Labour-Regierung unter Ramsay MacDonald (1866–1937), der von 1929–1931 Premierminister war, votierte die Kommission für eine Begrenzung des Landverkaufs und der jüdischen Einwanderung. Eine weitere Kommission und der antizionistische Labour-Kolonialminister, Sidney James Webb, des 1. Baron Passfield (1859–1947), empfahlen im Blick auf die ökonomische Dimension des Konflikts 1930 in einem *Weißbuch*, „die jüdische Einwanderung zu suspendieren, wenn der Lebensstandard der arabischen Bauern auf dem aktuellen Niveau gehalten werden sollte."[1748] Für große Diskussionen sorgten die

---

[1745] Vgl. B. Wasserstein, *Israel und Palästina*, 18–26 samt Statistiken.

[1746] Vgl. G. Krämer, *Geschichte Palästinas*, 266–268.

[1747] Vgl. A. Flores, *Die Entwicklung der palästinensischen Nationalbewegung*, 106–109 sowie G. Krämer, *Geschichte Palästinas*, 264–273.

[1748] Vgl. G. Krämer, *Geschichte Palästinas*, 274–277, hier: 274.

Aussagen des *Passfield-Weißbuchs*, dass kultiviertes Land nicht mehr an Einwanderer verkauft werden sollte. Während die arabische Seite einen Teilerfolg feierte, waren die Zionisten erbost und fühlten sich von London verraten. Sowohl die jüdischen Organisationen als auch die konservative Opposition in England übten einen derartigen Druck auf MacDonald aus, dass dieser die umstrittensten Passagen des Weißbuches im Februar 1931 in einem Brief an Chaim Weizmann wieder zurücknahm. Die Araber, die das Schreiben des Premierministers als *schwarzen Brief* bezeichneten, waren enttäuscht, weil London nun doch an seiner pro-zionistischen Politik festhielt.[1749]

6.9.5 Die JV-Gemeinden und die politischen Entwicklungen 1928/29

In der Folge der Ausschreitungen war die JV-Missionsarbeit um Bethlehem für einige Monate blockiert. Der äußere Druck führte jedoch dazu, dass die Mitglieder der JV-Missionsgemeinden enger zusammenrückten.[1750]

Das Verhältnis der einheimischen Lutheraner zur arabischen Nationalbewegung gestaltete sich ambivalent. Neben der politischen Solidarität gab es religiös motivierte Spannungen. 1929 beobachtete Jentzsch, dass die Christen in Bethlehem „eine gewisse ängstliche Beflissenheit gegenüber den mohammedanischen Nationalisten Palästinas" an den Tag legten.[1751] Sie wollten – auch aus Angst vor Repressalien – signalisieren, dass sie genauso „vaterlandsliebende und nationalstolze Araber" wie die Muslime seien.[1752] Die Quellenlage offenbart nicht eindeutig, ob Angst oder Überzeugung oder eine Mischung aus beidem für die einheimischen Christen die stärkste Motivation für eine – wie auch immer geartete - Beteiligung an der arabischen Nationalbewegung waren.

Die Visitationsreise der JV-Vorstandsmitglieder Ulich und Hoppe bewirkte im Raum Bethlehem ein zeitweiliges Ende der anti-christlichen Stimmung nach der Weltmissionskonferenz. Beide besuchten nämlich nicht nur verschiedene geistliche Würdenträger der Griechisch-Orthodoxen Kirche und Vertreter der kommunalen Verwaltung, sondern sprachen auch mit islamischen Kreisen. Von besonderer Bedeutung war der Besuch des einflussreichen, nationalistischen *Young-Men's-Bethlehem-Club*, der unter seinen Führungskräften auch einige Protestanten hatte. Der Club veranstaltete Vortrags- und Diskussionsabende zu Themen wie *Vaterlandsliebe, Wie haben wir unsere Kinder zu erziehen?*, *Was lehrt uns die Geschichte unseres Volkes?* Bei einer Veranstaltung erklärte des regional bekannten Scheichs Faruqy, dass er die deutsche Arbeit in Bethlehem deshalb schätze, weil sie keine eigennützigen Ziele verfolge, sondern das arabische Volkstum stärke. Darum fühlten sich die nationalen Araber den Deutschen besonders verbunden.[1753] Das Interesse an der Arbeit des Clubs führte sogar dazu, dass Jentzsch, der dessen Veranstaltungen regelmäßig

[1749] Vgl. A. Flores, *Die Entwicklung der palästinensischen Nationalbewegung*, 109.
[1750] Vgl. Jentzschs I. Quartalsbericht 1930, JVA B 34.
[1751] Vgl. Jentzschs IV. Quartalsbericht 1929, JVA B 3114.
[1752] Ebd.
[1753] Vgl. Jentzschs III. und IV. Quartalsbericht 1929, JVA B 3114.

besuchte, noch im gleichen Jahr die Ehrenmitgliedschaft angetragen wurde.[1754] Die aufwühlenden Jahre 1928/29 brachten also eine allgemeine Politisierung des gesamten öffentlichen Lebens, die auch vor der JV-Arbeit nicht Halt machte. So trugen die traditionell mit grauen Schürzen bekleideten Schülerinnen der Bethlehemer JV-Schule 1929 wie auch die Angehörigen anderer Mädchenschule als Zeichen der politischen Solidarität schwarze Schürzen.[1755] Als am 16. Oktober 1929 ein arabischer Generalstreik ganz Palästina lahm legte, fand – allerdings ohne Jentzschs Zustimmung – auch in den JV-Schulen kein Unterricht statt. Streikposten sorgten dafür, dass die Kinder wieder nach Hause geschickt wurden.

In einer Bibelstunde, die sich mit dem Gleichnis vom *Verlorenen Sohn* beschäftigte, provozierte Jentzsch die anwesenden Gläubigen mit der Frage, ob die Araber sich nicht in der Lage des älteren Bruders befänden, der dem jüngeren Bruder – in der Übertragung: den nach Palästina einwandernden Juden – die Heimkehr nicht gönne. Damit trat der deutsche Theologe eine Diskussion los, der er schließlich nicht mehr Herr wurde.[1756] Die Gemeindeglieder akzeptierten diesen Vergleich nicht. Für sie war die Rückkehr der Juden ja kein Akt der Buße wie in der Geschichte des verlorenen Sohnes. Sie bezweifelten auch, dass die säkularen Zionisten deshalb ins Land kämen, um Gott näher zu sein als in anderen Ländern. Der verlorene Sohn sei bescheiden zurückgekehrt, die Juden aber mit Macht und Gewalt. Jentzsch konnte diesen Argumenten nur mit einer theologischen Überhöhung des Konflikts entgegentreten. Er verwies darauf, dass der Christ zwar sein Vaterland lieben und verteidigen dürfe; sein eigentliches Vaterland fände er aber nicht auf Erden, sondern im Himmelreich – und dafür soll der Christ genauso viel Leidenschaft aufbringen wie für seine irdische Heimat.

6.9.6 Die CMS/PNCC-Gemeinden in den späten 1920er Jahren

Auch die CMS/PNCC-Gemeinden spürten die Auswirkungen der anti-christlichen Polemik nach der Weltmissionskonferenz.[1757] Die CMS musste ihre Missionsstation in Gaza 1930/31 schließen, nachdem der öffentliche Druck auf den Missionar Sema'an Dibbuny unerträglich wurde. Die rein muslimische Umwelt stand ihm nicht allein deshalb feindselig gegenüber, weil er vom Isalm zum Christentum konvertiert war, sondern auch weil er für eine *englische* Mission arbeitete. Die Bevölkerung unterstellte ihm, dass hinter der kirchlichen Tätigkeit auch politische Interessen standen. Dibbuny wurde deshalb nach Jerusalem versetzt.

In der 12.000 Einwohner-Stadt Lydda, in der rund 1.000 Christen lebten, wandte sich der anti-missionarische Protest vor allem gegen das *CMS-Mission House*, wo die englischen Missionare Gottesdienste und eine Sonntagsschule anboten sowie eine Armenapotheke betrieben. Rund 40 bis 60 Gläubige, vor allem aus den Reihen der

---

[1754] Ebd.

[1755] Ebd.

[1756] Vgl. Jentzschs selbstkritische Bemerkungen in seinem IV. Quartalsbericht 1929, JVA B 3114.

[1757] Vgl. die Ausführungen im Jahresbericht 1928/29, BUL/CMS/Historical Record/Annual Report 1928/29, 144–157.

Griechisch-Orthodoxen Kirche kamen zum CMS-Gottesdienst, rund 50 Kinder zur Sonntagsschule.[1758] Zeitweilig wurde die Arbeit in Lydda eingestellt, konnte aber nach einer Phase der Beruhigung wieder aufgenommen werden. Die Armenapotheke verlor jedoch an Bedeutung, als die *Moslem League* eine konkurrierende Einrichtung gründete.[1759]

Einschneidende Konsequenzen hatte die anti-christliche Polemik in dem Dorf Shefamer, wo 40 muslimischen Familien aufgrund der CMS-Missionstätigkeit zum Christentum übertreten wollten. Durch die Ausschreitungen nach der Weltmissionskonferenz kehrten sie verschreckt - zur Enttäuschung der Missionare - zum Islam zurück.[1760] Auch in Kefr Yasif kam es zu ähnlichen Reaktionen. Dort hatte die CMS ein *Enquirers' Home* für vier bis fünf potenzielle Konvertiten eingerichtet. Ende der 1920er Jahren lebten dort sogar sieben Muslime, von denen vier als Katechumenen aufgenommen worden waren und einer getauft wurde. Nach den Ausschreitungen 1928/29 kehrten die nicht-getauften Muslime auf Druck ihrer Familien zu ihrer traditionellen Religion zurück. Ein Jahr später wurde das *Enquirers' Home* deshalb nach Akko verlegt.

Die CMS-Missionsleitung in Palästina sah trotz dieser Rückschläge insgesamt eine positive Zukunft für die Mission im Nahen Osten und ein wachsendes Zahl Muslime, die Interesse am Christentum hätten.[1761] Da diese Aussagen nicht statistisch unterfüttert wurden, könnte es sich um eine taktische Aussage der Missionare gegenüber ihrer Heimatleitung gehandelt haben, um den Fortbestand der Arbeit in Palästina zu sichern.

Moralische Unterstützung von Seiten der Mandatsregierung und der CMS-Zentrale erhielten die Palästina-Missionare, als das CMS-Krankenhaus in Gaza am 14.3.1928 sein 50. Jubiläum feierte und zu den Festgästen die CMS-Spitzenfunktionäre Cash und Harris sowie der der Government Director of Medical Service zählten. Einige Wochen zuvor hatte auch High Commissioner Lord Plumer das Krankenhaus besucht.[1762]

Neben den politischen Fragen machten den anglikanischen Gemeinden zwei Entwicklungen zu schaffen: *Erstens* fehlte ihnen wie ihren lutherischen Counterparts der geistliche Nachwuchs.[1763] *Zweitens* litten sie unter der Schulpolitik der Mandatsregierung: Je mehr Regierungsschulen für die arabische Bevölkerung eröffnet wurden, desto weniger Missionsschulen gebraucht. Im Laufe der 1920er Jahre wurden in Hai-

---

[1758] Vgl. den Jahresbericht 1927/28, BUL/CMS/Historical Record/Annual Report 1927/28.

[1759] Vgl. den Jahresbericht 1929/30, BUL/CMS/Historical Record/Annual Report 1929/30, 133.

[1760] Vgl. den Jahresbericht 1928/29, BUL/CMS/Historical Record/Annual Report 1928/29, 153.

[1761] Ebd., 126. Im Jahresbericht 1929/30, BUL/CMS/Historical Record/Annual Report 1929/30, 102–104 wird von einigen Taufen in Shefr Amr berichtet, die als Hoffnungszeichen für eine Bewegung der Muslime zum Christentum gedeutet wurden. Auch im Jahresbericht 1930/31, BUL/CMS/Historical Record/Annual Report 1930/31, 173 wurden die Missionsperspektiven erneut positiv gedeutet.

[1762] Ebd., 149.

[1763] Vgl. den CMS-Jahresbericht 1929/30, BUL/CMS/Historical Record/Annual Report 1929/30, 130–141.

fa drei der vier CMS-Schulen geschlossen. In Nazareth ging die Schülerzahl derart zurück, dass 17 der 52 Lehrer entlassen wurden.[1764]

Positive Fortschritte machte dagegen nur die ärztliche Mission der CMS.[1765] In Burka wurde ein Außenstützpunkt der CMS-Station Nablus eröffnet, deren wöchentliche Sprechstunde die Bevölkerung positiv aufnahm. Das CMS-Hospital in Gaza konnte sich vor Zuspruch kaum retten. Da Gaza jedoch als „a very uncivilised place" galt, hatte es die CMS ebenso wie die Regierung für ihr Regierungskrankenhaus schwer, Krankenschwestern zu finden. Der Erfolg der CMS auf missionsärztlichen Gebiet hatte sicherlich damit zu tun, dass die englische Mission eine Dienstleistung anbot, die in den medizinisch unterversorgten Gebieten von der muslimischen Bevölkerung als solche und nicht als quasi-religiöses Lockangebot angenommen wurde.

6.10 Die Missionsgemeinden und die politischen Unruhen 1936 bis 1939

6.10.1 Die politischen Entwicklungen 1936 bis 1939

Palästina war in den späten 1930er Jahre von extremen Spannungen geprägt. Die zionistischen Expansionsmaßnahmen in Palästina hatten sich zwischen 1933 und 1935 derart entwickelt, dass die arabische Bevölkerung ihre Existenzgrundlagen bedroht sah. Rund 135.000 Juden wanderten in diesen drei Jahren ein – und das bei einer Gesamtbevölkerung die in den 1920er Jahren noch bei 600.000–700.000 Einwohnern betragen hatte und Mitte der dreißiger Jahre bei einer Million lag. Die Mehrheit der Christen (75 %) und Juden (82 %) lebte damals in den Städten, die Muslime mehrheitlich auf dem Lande (77 %). Auf arabischer Seite spielte die städtische Elite eine große Rolle, weil sie sowohl den größten politischen Einfluss als auch den meisten Landbesitz Palästina besaß.[1766]

Federführend beim Landkauf war der Jüdische Nationalfonds, hebräisch *Keren Kayemeth le 'Israel* (KKL), dessen Statuen ein Wiederverkaufsverbot des erworbenen Bodens festlegte.[1767] Da die Zahl der verkaufswilligen arabischen Großgrundbesitzer abnahm, kauften die Zionisten in den 1930er Jahren den Boden der Kleinbauern und Kleinbesitzer auf. Diese Bevölkerungsgruppe stand unter wirtschaftlichem Druck und sah keine Alternative zum Verkauf. Allerdings wirkten auch Angehörige der Notablenfamilien am Landverkauf mit.[1768]

In den Städten drängten die jüdischen Einwanderer mit Hilfe der jüdischen Gewerkschaft *Histadrut* auf den hart umkämpften Arbeitsmarkt und marginalisierten

---

[1764] Vgl. den CMS-Jahresbericht 1923/24, BUL/CMS/Historical Record/Annual Report 1923/24.

[1765] Vgl. den Jahresbericht 1930/31, BUL/CMS/Historical Record/Annual Report 1930/31, 199 ff. sowie den Jahresbericht 1935/36, BUL/CMS/Historical Record/Annual Report 1935/36, 117 und 151.

[1766] Vgl. H. Baumgarten, *Palästina: Befreiung in den Staat. Die palästinensische Nationalbewegung seit 1948*, Frankfurt/Main 1991, 32.

[1767] Vgl. D. Diner, *Israel in Palästina. Über Tausch und Gewalt im Vorderen Orient*, Königstein/Taunus 1980, 38 ff.

[1768] Vgl. R. Schulze, *Geschichte der islamischen Welt*, 132.

die arabischen Arbeiter. Die paramilitärische *Hagana* wurde ausgebaut. Statt der schrittweisen Realisierung einer jüdischen *Heimstätte* wurde von den Zionisten nun offen der Aufbau eines jüdischen *Staates* verfolgt. Dahinter stand nicht der Gedanke, die politischen Chancen des Mandats entsprechend ausnutzen beziehungsweise auszuweiten. Vielmehr wollten viele, gerade jüngere Juden „bewusst etwas Neues schaffen, mit dem Überkommenden brechen, sich und anderen ihren Leistungswillen und ihre ‚Tüchtigkeit' beweisen", die man ihnen in vielen Ländern Europas über Jahrhunderte abgesprochen hatte.[1769]

Der Graben zwischen den beiden Volksgruppen wurde immer größer: Auf der einen Seite die Juden, die sich aller vorhandenen Errungenschaften der Moderne zum Aufbau ihrer prä-staatlichen Entität bedienten, auf der anderen Seite eine arabische Bevölkerung, die gesellschaftlichen, kulturellen, politischen und wirtschaftlichen Neuerungen reserviert gegenüberstand. Weder gesellschaftliche noch religiöse Normen – von der Rolle der Frau bis zum Verhältnis von Religion und Politik – wurden in der arabischen Gesellschaft grundsätzlich weiterentwickelt, und auch im politischen Bereich gab es ein hohes Maß an Verunsicherung, die bis weit in die 1930er Jahre eine „koordinierte Gegenwehr" gegen die britische beziehungsweise zionistische Politik verhinderte.[1770]

Die arabische Führung agierte deshalb lange Zeit zögerlich. Auch gelang es der Nationalbewegung nie, eine schlagkräftige Organisation zu bilden. Sie zerfiel in Einzelgruppierungen, die sich zum Teil gegenseitig bekämpften und die Gesamtbewegung schwächten, wie oben schon am Beispiel des Husaini-Naschaschibi-Konflikts beschrieben wurde.[1771]

Die arabische Führung hoffte, durch Verhandlungen, öffentlichen Druck und gelegentliche Proteste bei der Mandatsmacht Zugeständnisse durchsetzen zu können. Diese Strategie ging aber nur punktuell auf. Deshalb fühlten sich Anfang der 1930er Jahre militante Gruppen – etwa um den syrisch-stämmigen Scheich al-Qassâm – auf den Plan gerufen, ihre Interessen mit Waffengewalt durchzusetzen.[1772]

Von Januar bis März 1936 zwang der Generalstreik in Syrien die französische Mandatsmacht dazu, der einheimischen Bevölkerung größere Unabhängigkeit zu gewähren. Nur wenige Wochen später lehnte das britische Parlament die Pläne der englischen Regierung für einen gesetzgebenden Rat in Palästina ab. Motiviert durch die Erfolge der syrischen Nationalbewegung und enttäuscht vom Veto des Unterhauses, sah sich die arabische Führung in Palästina zum Handeln herausgefordert. Nachdem in Nablus am 15.4.1936 zwei Juden von arabischen Freischärlern – vermutlich aus al-Qassâms Kreis – getötet worden waren, kam es zu blutigen Zusammenstößen zwischen Juden und Arabern. Diese Auseinandersetzungen katalysierten den seit längerer Zeit aufgestauten arabischen Zorn. An verschiedenen Orten des Landes bildeten

---

[1769] So G. Krämer, *Geschichte Palästinas*, 278. Ähnlich A. Flores, „Die Entwicklung der palästinensischen Nationalbewegung", 112.

[1770] Vgl. G. Krämer, *Geschichte Palästinas*, 279.

[1771] Vgl. H. Baumgarten, *Palästina: Befreiung in den Staat*, 33.

[1772] Vgl. z.B. S. Wild, „Zum Selbstverständnis palästinensisch-arabischer Nationalität", 84 und G. Krämer, *Geschichte Palästinas*, 302–307.

radikale arabische Gruppen Streikkomitees, organisierten Sabotageakte, Bombenanschläge, gelegentliche Angriffe auf jüdische Siedlungen, riefen ihre Mitbürger zu Demonstrationen und einem Generalstreik auf.

Die traditionellen islamischen Führer und die sechs arabischen Parteien Palästinas bildeten das *Arab Higher Committee*, um die politische Leitung der Unabhängigkeitsbewegung nicht an die Extremisten zu verlieren, was aber nur zum Teil gelang. An der Spitze des *Arab Higher Committee* stand der Mufti Hajj Amin al-Husaini. Mit seinen Stellvertretern Auni Abdel Hadi[1773], Chef der ersten professionell geführten, vor allem von Akademikern getragenen panarabischen und antizionistischen Partei Palästinas, *Istiqlal*, und dem langjährigen Bürgermeister von Jerusalem und Anführer der gemäßigten Nationalisten, Raghib al-Naschaschibi, waren auch inner-arabische Gegner des Großmuftis im *Arab Higher Committee* vertreten.

Die arabische Bevölkerung beteiligte sich flächendeckend am Generalstreik. Vor allem im ländlich geprägten Galiläa war die Resonanz in der Bevölkerung groß, hatte sich dort doch eine große Zahl jüdischer Agrarkolonien angesiedelt. Allerdings war der Kampf der arabischen Bauern nicht sehr wirkungsvoll. Sie agierten unkoordiniert und zeitlich begrenzt, da sie ihre Felder und Stallungen nicht über längere Zeit allein lassen konnten. Den nordpalästinensischen Rebellen fehlten klare militärische Kommandostrukturen, ein entsprechendes Training, ausgebildete Führungskräfte, ausreichend Kommunikationsmittel „und eine politische Abteilung zur propagandistischen Unterstützung auf internationaler Ebene."[1774] Zudem mangelte es der Rebellion an einem klaren politischen Programm, auf das sich die verschiedenen Flügel der Nationalbewegung einigen konnten. Die Ziele der arabischen Politiker waren das Verbot des Landverkaufs an Juden, der Stopp der Masseneinwanderung, die Einführung eines demokratischen Regierungssystems und die damit verbundene nationale Unabhängigkeit von Großbritannien. Doch für eine solche Veränderung der politischen Verhältnisse hätten die Araber vorrangig gegen die englische Mandatsmacht kämpfen müssen. Die politische Führung entschied sich jedoch für einen anderen Weg und attackierte propagandistisch wie (para)militärisch die Zionisten. Diese Strategie war zwar politisch kurzsichtig, gewann aber leicht die Massen der Bevölkerung. Die Wahl der politisch traditionell konservativen Landbevölkerung zwischen nationaler Unabhängigkeit – was einen Kampf gegen die Briten bedeutet hätte – und Bewahrung des arabischen Besitzstandes - was auf eine Auseinandersetzung mit den Juden hinauslief - fiel auf die zweite Alternative: „Nationale Unabhängigkeit bedeutete dem Bauern nichts, aber er erkannte einen Juden, wenn er ihn sah."[1775]

Es war politisch nahe liegend, dass die zionistischen Organisationen in dieser Phase mit der Mandatsregierung zusammenarbeiteten. Die arabischen Rebellen kämpften also gleichzeitig gegen zwei Gegner, „von denen sie selbst nur den einen auf der ganzen Linie attackierten."[1776] Harte britische Unterdrückungsmaß-

---

[1773] Vgl. G. Krämer, *Geschichte Palästinas*, 299 f. und R. Khalidi, *Palestinian Identity*, 220 Anm. 50.

[1774] A. Flores, „Die Entwicklung der palästinensischen Nationalbewegung", 115.

[1775] J. Marlowe, *Rebellion in Palestine*, London 1946, 77 – zitiert nach A. Flores, „Die Entwicklung der palästinensischen Nationalbewegung", 116.

[1776] A. Flores, „Die Entwicklung der palästinensischen Nationalbewegung", 116.

nahmen, die Zersplitterung der arabischen Führung, eine fehlende, konsensfähige politische Konzeption sowie die militärische und politische Schwäche der Rebellen ließen den Generalstreik und mit ihm verbundenen bewaffneten Aufstand scheitern. Unter wirtschaftlichen Gesichtspunkten verschlechterte der Generalstreik von 1936 sogar die Situation der einheimischen Bevölkerung, weil nun die jüdischen Einwanderer die von den Arabern aufgegebenen Segmente des Arbeitsmarkts übernahmen. Somit brachte der Streik sogar neue wirtschaftliche Vorteile für die Zionisten, die sich noch weiter von der „arabisch kontrollierten Infrastruktur unabhängig zu machen"[1777] versuchten. Auch politisch war der Generalstreik erfolglos. Die Nationalbewegung Palästina konnte keine ihrer Forderungen durchsetzen.

Nachdem im Oktober 1936 führende Politiker Transjordaniens, des Iraks und Saudi-Arabiens die palästinensischen Nationalisten aufforderten, die blutigen Auseinandersetzungen zu stoppen und wieder in Verhandlungen mit der britischen Regierung einzutreten, wurde der Generalstreik vom *Arab Higher Committee* für beendet erklärt und die Auflösung der bewaffneten Einheiten angeordnet. Zur Klärung der Ursachen der Auseinandersetzungen und zur Entwicklung neuer politischer Lösungsstrategien setzte die britische Regierung eine *Royal Commission* unter Lord Robert Peel ein, die im November 1936 ihre Arbeit aufnahm und im Juli 1937 ihren Abschlussbericht vorlegte, der erstmals in der Geschichte der britischen Nahostpolitik eine Teilung des Landes propagierte.

Die Araber lehnten diese Vorschläge ab. Erneut brachen Unruhen in Palästina aus. Im September 1937 versetzte die Regierung der arabischen Nationalbewegung einen empfindlichen Schlag, als sie das *Arab Higher Committee* verbot.[1778] 200 führende arabische Politiker wurden verhaftet, einige auf die Seychellen verbannt – darunter auch der Leiter der arabischen Nationalbank, Achmad Hilmy, und der Jerusalemer Bürgermeister, Dr. Khalidi. Der Großmufti entzog sich einer Verhaftung, indem er zunächst in den Libanon floh. Nun war die Nationalbewegung kopflos geworden.

Helga Baumgarten sieht den Unterschied zwischen der erfolgreichen syrischen und der erfolglosen palästinensischen Nationalbewegung gerade darin, dass sich in Syrien ein einheitlicher arabisch-nationaler Block bildete, der mit der französischen Mandatsmacht einen klar fixierten Gegner und eine Strategie besaß, die auf die Teilung der Macht zielte. Die palästinenische Nationalbewegung hatte hingegen zwei Gegner, war intern gespalten und besaß keine politische Agenda. Somit waren die Aufstände der späteren 1930er Jahre „der Anfang vom Ende der Nationalbewegung" in Palästina, die insgesamt über 3.000 Menschen das Leben kostete. 6.000 palästinensische Unabhängigkeitskämpfer kamen ins Gefängnis, mehr als 100 Rebellen wurden gehängt.[1779] In der palästinensischen Historiographie wurde die Rebellion der Jahre 1936 bis 1939 zum Mythos des bewaffneten Kampfes gegen Unterdrückung und Fremdherrschaft.[1780]

[1777] Ebd., 113. Ähnlich H. Baumgarten, *Palästina: Befreiung in den Staat*, 34–36
[1778] Vgl. H. Baumgarten, *Palästina: Befreiung in den Staat*, 35.
[1779] Ebd., 36.
[1780] Vgl. ebd., 37.

6.10.2 Die JV-Gemeinden und Schulen in den Jahren 1936 bis 1939

Die Unruhen beschäftigen auch die Missionsgemeinden und ihre Schulen nachhaltig. Während die Regierungsschulen während des Generalstreiks 1936 temporär schließen mussten, konnten die JV-Schulen, die in Bethlehem 100 und Beith Sahour sogar 300 Schüler betreuten, bis in den Frühsommer hinein verhältnismäßig ungestört weiterarbeiten.[1781] Vereinzelte Streikposten gab es auch vor den JV-Schulen.

Auch in den Lehrerkonferenzen wurde intensiv über die Beteiligung am Generalstreik diskutiert. Jüngere Lehrer wie Wadia Khoury, Judy Docmac und Mary Ghawy setzten sich für eine begrenzte Beteiligung am Streik ein. Missionsleiter Jentzsch lehnte dies ab, weil die Kinder in schwierigen Zeiten nicht auf der Straße herumlungern sollten. Schließlich einigten sich Jentzsch und die Lehrer auf einen Kompromiss: Die JV-Schule in Bethlehem setzte für einen Tag den Unterricht aus.[1782]

Die Kinder wurden durch die Auseinandersetzungen politisiert. Jentzsch beobachtete, dass schon die jüngsten Schüler Sammelbilder der Nationalführer tauschten und sogar davon sprachen, bei den Aufständen mitkämpfen zu wollen. In der Bethlehemer Mädchenschule konnten manche Kinder das Schulgeld nicht mehr aufbringen, weil ihre Väter während der Aufstände umgekommen waren, im Gefängnis saßen oder ihre Arbeit verloren hatten.[1783]

In Beith Jala beteiligte sich die Schule nicht am Streik. Im kleinen Beith Sahour kam eine Delegation der Schülerschaft zu Schulleiter Elias Schehadeh und bekundete ihr Interesse an der nationalen Einheit schriftlich. Schehadeh nahm die Schüler ernst, ließ sie vor dem Katheder antreten, korrigierte eine Unmenge Fehler und las ihre Petition dann vor. Er würdigte ihr Engagement, indem er ihnen unter der Bedingung einen Tag frei gab, dass sie danach wieder vollzählig zum Unterricht kämen. So sahen die Schüler ihr Anliegen aufgenommen – und die Eltern brauchten sich keine Sorgen um einen Streik zu machen. Auch das lokale Streikkomitee anerkannte die Haltung der deutschen Schule als Unterstützung ihres Anliegens.[1784]

Dennoch versuchte Jentzsch, eine zu starke Politisierung der JV-Schulen zu vermeiden. Er wollte vor allem den Fortbestand der Schulen sichern, zu der auch die reibungslose Kooperation mit der Regierung nötig war. Grundsätzlich hatte Jentzsch jedoch große Sympathien für die politischen und nationalen Ambitionen der Araber. Schon 1931 hatte er auf der Missionskonferenz in Beirut erklärt, dass die Missionsschulen – ganz im Sinne von Khalil al-Sakakini und George Antonius - einen Beitrag zur „nationalen Erweckung" leisten und die „Freude des jungen Arabers an seinem Volkstum und an seinem Heimatland" mit einer sach- und mentalitätsgemäßen Verkündigung des Evangeliums verbinden sollten.[1785]

[1781] Vgl. Jentzschs I. Quartalsbericht 1936, JVA B 35.

[1782] Ebd.

[1783] Vgl. Jentzschs II. Halbjahresbericht 1936, JVA B 3117.

[1784] Vgl. Jentzschs II. Quartalsbericht 1936, JVA B 35.

[1785] Vgl. Jentzschs Bericht „Die Missionsarbeit des Deutschen Jerusalems-Vereins" auf der Missionskonferenz in Beirut 1931, JVA B 3115.

Die Gemeindearbeit wurde durch den Generalstreik erheblich eingeschränkt.[1786] Die gefährliche Fahrt über die Hebronchaussee, wo nicht-arabische Fahrzeuge mit Steinen beworfen oder auch beschossen wurden, konnte Jentzsch 1936 dadurch entschärfen, dass er mit den Streikführern in Hebron in Verhandlungen trat. Er zeigte, nicht zuletzt aufgrund antisemitischer Vorbehalte, Verständnis für paramilitärischen Widerstand. Diese Haltung, die gute Reputation des JV in Hebron und der Rat der Rebellen, eine Hakenkreuzfahne ans Auto zu heften, die als anti-jüdisches und antibritisches Symbol registriert wurde, führten dazu, dass Jentzsch ohne Zwischenfälle von Bethlehem nach Hebron fahren konnte.

Im Sommer 1936 verschärfte sich die Lage so sehr, dass der Bethlehemer Schulleiter Ibrahim Bawarschy, der in Jerusalem wohnte und mit dem Bus ins nahe Bethlehem pendelte, sich ein Zimmer in der Geburtsstadt Jesu nehmen musste, weil die tägliche Fahrt zu gefährlich wurde und die Polizei Straßen abgeriegelt hatte. Die Stimmung vor Ort aufnehmend, bot Jentzsch in Bethlehem zweimal im Monat *Protestant Evenings* an, zu denen meist etwa 60 Teilnehmer kamen. Die Vortrags- und Diskussionsrunden, die von Liedern und Gebeten gerahmt wurden, drehten sich um Themen wie: *Wie stand Jesus zum Vaterland?*, *Der Christ und der Nationalismus*, *Der Zionismus und die Propheten des Alten Testaments*, *Luthers Stellung zu den Weissagungen des Alten Testaments*, *Luther und das Judentum*.[1787]

Auch der lutherische Nachwuchsprediger Hanna Bahuth nahm die Fragen der Zeit auf. In einer Predigt vom 10. Mai 1936 bestritt er die christlich-zionistische Position der englischen Judenmissionare, nach der die jüdische Einwanderung die Erfüllung der alttestamentlichen Weissagungen sei.[1788] Da der Mitarbeiter einer ägyptischen Zeitung unter den Zuhörern war, gelangten die Ausführungen des Predigers in die Presse. Palästinas größte Tageszeitung *Filastin* ließ sich von Bahuth das Manuskript geben und druckte die gesamte Predigt nach.[1789] Andere Zeitungen in Palästina nahmen die Thesen des Predigers begierig auf. Bahuths Predigt erhielt ein unerwartetes, auch politisch nicht unerhebliches Echo. Muslimische Zeitungen, die vorher die politische Zuverlässigkeit der christlichen Araber bezweifelt hatten, korrigierten ihre Äußerungen.

Bahuth wurde in den YMCA, in englische und amerikanische Missionskreise eingeladen. Ein alter Rabbiner erschien bei ihm mit einem Stapel Literatur und versuchte, ihn zu widerlegen. Es kam zu einem intensiven theologischen Streitgespräch, in dem Bahuth allerdings den Bogen überzog und den Rabbi beleidigte, indem er die jüdische Bibelexegese wegen ihrer fehlenden christologischen Dimension als „heidnisch" bezeichnete.[1790] Diese Aussage missbilligte sogar der latent antisemitische Missionsleiter Jentzsch. In den Missionskreisen schlug dem jungen Theologen eben-

---

[1786] Vgl. die Artikel von M. Ulich „Laufende Nachrichten aus dem Missionsgebiet", in: *NNM* 80/Heft 2 (1936), 37–40; F. Hoppe, „Die Unruhen in Palästina", in: *NNM* 80/Heft 2 (1936), 62–70 sowie die Fortsetzung in: *NNM* 80/Heft 3 (1936), 95–102.

[1787] Vgl. Jentzschs II. Quartalsbericht 1936, JVA B 35.

[1788] Vgl. die Wiedergabe in Jentzschs II. Quartalsbericht 1936, JVA B 35.

[1789] Ebd.

[1790] Ebd.

falls Kritik entgegen. Die Newman School of Missions forderte von ihm Zurückhaltung in politischen Fragen und drohte, ihn anderenfalls als Lehrer zu entlassen.[1791]

In der zweiten Phase der Rebellion ab Juli 1937 erlebte Jentzsch, dass die arabischen Freischärler zunehmend ihre eigenen Landsleute erpressten, wenn diese sich nicht freiwillig am Kampf gegen Briten und Zionisten beteiligten oder zumindest Geld, Lebensmittel und Waffen zur Verfügung stellten. Seine Beobachtungen werden von der Forschung bestätigt.[1792]

Im Jahre 1938 versuchten beispielsweise muslimische Freischärler, unter den Einheimischen im christlichen Dorf Beith Sahour 30 Männer mit 30 Gewehren gewaltsam zu rekrutieren. Das Dorf weigerte sich zwar, musste aber schließlich 50 Pfund „Ablösung" zahlen.[1793] Der Pächter des JV-Weinbergs in Bethlehem, der christliche Bauer Anton Khoury, wurde über Jahre erpresst, muslimischen Kämpfer Geld zu geben.[1794] Aus Angst vor drakonischen Racheakten wagte er es nicht, die Polizei einzuschalten. Ein christlicher Bauer aus der Nähe von Nablus, Schwager des JV-Schulleiters und Evangelisten in Beith Sahour, Elias Schehadeh, verließ sein kleines Gut, weil die Rebellen ihn lange Zeit unter Druck gesetzt, sein Haus beschossen und seinen Hof abgeriegelt hatten, um so Geld für den Widerstand zu erhalten. Der Polizeioffizier Aissa Ghaurany, ein Mitglied der Hebroner JV-Gemeinde, wurde in Jenin aus dem Hinterhalt mehrfach beschossen, als er gegen muslimische Extremisten vorging. Er überlebte aber das Attentat und erhielt eine Versetzung nach Ramleh. Der Christ Atallah Mosleh verließ nach Morddrohungen von Seiten der arabischen Freischärler seine Stelle als Hilfspolizist in Akko und kehrte arbeitslos nach Beith Jala zurück. Nachdem militante Muslime das Weingut des JV-Gemeindeglieds Naif Dahér bei Nahalîn zerstört und ihn verprügelt hatten, floh er zu seiner Familie nach Bethlehem.[1795] Nicht immer war allerdings klar, ob es sich bei den Erpressern um Untergrundkämpfer oder schlicht um Räuberbanden handelte, die als Trittbrettfahrer des Aufstands agierten und durch die hohe Arbeitslosigkeit unter den Arabern Palästinas leicht Zulauf fanden.[1796]

Die Bevölkerung lehnte mehrheitlich die gewalttätigen Aktionen der Rebellen ab, denen letztlich mehr Araber als Juden und Briten zum Opfer fielen. Die Mandatsregierung ging gegen die Aufstände massiv vor – besonders nach der Ermordung des *District Commissioner* von Nazareth, Lewis Andrews, im September 1937.[1797] Sie verhängte Kollektivstrafen, sprengte die Häuser mutmaßlicher oder identifizier-

---

[1791] Vgl. ebd.

[1792] Vgl. A. Flores, „Die Entwicklung der palästinensischen Nationalbewegung", 116 und Y. Porath, *The Palestinian Arab National Movement*, 249–260.

[1793] Vgl. Jentzschs II. Quartalsbericht 1938, JVA B 3118. In meinem Beitrag „Die Gemeinden des Jerusalemsvereins in Palästina im Kontext des kirchlichen und politischen Zeitgeschehens der Mandatszeit", 204 habe ich versehentlich Ort und Zeit verwechselt und sprach dort vom Herbst 1937 und Beit Jala, was aber unzutreffend ist.

[1794] Vgl. Jentzschs II. Halbjahresbericht 1936, JVA B 3117.

[1795] Vgl. Jentzschs IV. Quartalsbericht 1937 und seinen II. Quartalsbericht 1938, JVA B 3118.

[1796] Vgl. Jentzschs II. Quartalsbericht 1938, JVA B 3118.

[1797] Vgl. A.J. Sherman, *Mandate Days*, 107.

ter Terroristen in die Luft und zögerte bei Gegenwehr nicht, die gesuchten Personen zu erschießen.

Die JV-Gemeinden waren von den polizeilichen Maßnahmen der Briten nicht betroffen. Sie pflegten vielmehr ein gutes Verhältnis zu den englischen und schottischen Soldaten. Der JV stellte seine Kirche in Beith Jala für englische Militärgottesdienste zur Verfügung, während der Lehrer Elias Schehadeh in Beith Sahour sowie der Prediger Schedid Baz Haddad regelmäßig britische Soldaten in ihren Häusern bewirteten. Man darf dieses Verhalten als Obrigkeitstreue der arabischen Christen verstehen. Es schlug sich auch im gottesdienstlichen Gebet für die britische Regierung nieder, das Schedid Baz Haddad in einer Predigt mit Verweis auf Römer 13 verteidigte.[1798] Mit dem Gebet für die Obrigkeit verband Baz Haddad eine scheinbare quietistische Haltung. Der überzeugte arabische Nationalist empfahl seiner Gemeinde das Beten als angemessene politische Tat. Im Gebet könnte der Christ „Gott mit all seiner Macht auf unsere Seite ziehen", der stärker „als das ganze Heer der Bewaffneten" sei.[1799] Das Gebet war für Baz Haddad auch ein Versuch, die schmerzlich erlebte Zerrissenheit des arabischen Volkes zu überwinden. Eine kleine Gruppe betender Christen konnte seiner Ansicht nach, selbst wenn sie politisch am Rande stünden, mehr bewirken als „Bombenwürfe und Dynamitsprengungen, als alle Terrorhandlungen und Überfälle und Angriffe auf jüdische Kolonien und englische Truppen."[1800]

Schedid Baz Haddads Predigt belegt die Angst der Christen vor einer Marginalisierung innerhalb der Nationalbewegung und vor muslimischen Übergriffen. Die Option für die Mandatsmacht schien deshalb der sichere Weg zu sein. Das bestätigen auch Jentzsch Beobachtungen während der Unruhen: Selbst „so national eingestellte Leute wie unser Schedid Baz Haddad oder Abu-Djurban oder Wadia Khoury sagen immer wieder: ,Lieber englisches, ja sogar französisches Mandat, als eine mohammedanische Regierung, die alles Christliche hemmungslos unterdrücken, d.h. die Christen zu rechtlosen Proletariern machen und die Kultur Palästina's um zwei Jahrhunderte zurückdrücken wird!'"[1801] Die Verunsicherung der arabischen Christen kam nicht von ungefähr: Radikale islamische Gruppen ließen 1936 antichristliche Flugblätter zirkulieren, riefen zum Boykott christlicher Geschäfte auf, weil die Christen keine Opfer für den *Freiheitskampf* brächten.

Doch innerarabische Spannungen kamen der politischen Führung ungelegen. Sowohl der *Mohammedanische Verein Junger Männer* als auch das *Arab Higher Committee* druckten Gegenflugblätter und riefen zur Einheit von Christen und Muslimen auf; der Großmufti reiste durchs Land und versuchte die erregten und verunsicherten

---

[1798] Vgl. auch die Predigt von Schedid Baz Haddad „Sollen wir für den Statthalter beten?", in: *NNM* 81/Heft 1 (1937), 16–20. Er sah in dem High Commissioner einen Mann, der ernsthaft als Christ lebe, aber als Politiker nicht unabhängig von seiner Regierung agieren könne. Die Christen, die dem obersten Verwalter Palästinas feindlich gegenüberstanden, erinnerte Baz Haddad daran, dass auch die christlichen Märtyrer – wie Jesus am Kreuz – für ihre Verfolger gebetet hätten.

[1799] Ebd., 19.

[1800] Ebd., 20.

[1801] Vgl. Jentzschs II. Halbjahresbericht 1936, JVA B 3117.

Christen zu beschwichtigen.[1802] Bis zum Dezember 1936 hatte sich die Lage wieder etwas entspannt. In den JV-Schulen übernahmen auch die muslimischen Kinder beim Krippenspiel ihre Rollen und leisten so ihren Beitrag zu einer friedlichen, interreligiösen Weihnachtsfeier.

Der Frieden der Heiligen Nacht währte nicht lange. In Hebron wurden die Bibelstunden 1937 auf nachdrücklichen Wunsch der Gemeinde ausgesetzt, da trotz Hakenkreuzfahnen bei den Fahrten auf der Hebronchaussee der Beschuss durch arabische Freischärler drohte.[1803] In Bethlehem verlegte die Gemeinde die Bibelstunden aus den Abend- in die Nachmittagsstunden, nachdem einige christliche Privathäuser beschossen worden waren und die Gläubigen deshalb den nächtlichen Heimweg fürchteten.

1938 fiel die Schulabschlussfeier in Bethlehem der Sicherheitslage zum Opfer, während sie in Beith Sahour abgehalten werden konnte. Die Schüler führten dort ein Theaterstück mit dem Titel *Hagars Abschied* auf, das den biblischen Streit zwischen Hagar und Sarah wiedergab (Genesis 16). Dieses künstlerisch kaum erwähnenswerte Stück fand bei den arabischen Zuschauern großen Anklang, weil sie „in der mythologischen Begebenheit den Streit zwischen Juden und Arabern abgebildet sahen und das happy end (sic!) des Schauerdramas als gutes Vorzeichen für ihren augenblicklichen Kampf" werteten.[1804]

1938 verhinderten die häufigen Ausgangssperren in Jerusalem und der eingeschränkte Verkehr zwischen Jerusalem und Bethlehem manchen Sonntagsgottesdienst. Da ein arabischer Geistlicher in Jerusalem fehlte, übernahm Jentzsch auch diese vakante Aufgabe. Allerdings konnte er Seelsorgebesuche bei den arabischen Protestanten in Jerusalem nur selten realisieren, da in Bethlehem seit 1937 ab sechs Uhr abends *Curfew*, also die Ausgangssperre, verhängt worden war und der Zeitplan des JV-Pastors also sehr beschränkt wurde. Die abendlichen Bibelstunden in Jerusalem und Bethlehem sowie die Treffen des Frauenvereins in Beit Jala wurden 1937 und 1938 häufig verschoben oder fanden gar nicht statt, ehe Jentzsch sie 1939 aus Sicherheitsgründen ganz aufgab.

Die arabischen Christen in Hebron, zumeist in führenden Stellen der Stadt tätig, schickten in der Hochzeit der palästinensischen Aufstände 1938 aus Angst vor muslimischen Übergriffen ihre Familien zu Verwandten ins christlich geprägte Ramallah oder nach Jerusalem.[1805] Der District Gouverneur von Bethlehem, Nicola Saba, ein

---

[1802] Ebd.
[1803] Vgl. z.B. Jentzschs IV. Quartalsbericht 1937, JVA B 3118. Jentzsch beobachtete, dass bei arabischen Angriffen viele Bürger zu Opfern wurden, die sich politisch nicht oder nur partiell engagierten wie der frühere Bürgermeister und zu diesem Zeitpunkt *Wakf*-Direktor, Ibrahim Bei, der *Muchtar* von Bir-Zeit, Butrus Aranke, der Kirchenälteste der dortigen CMS-Gemeinde war, der Polizeiinspektor Khalil Kary sowie einfache Fellachen, Beduinen, Obsthändler. Der Ingenieur Martin Haddad, Sohn des SyrW-Oberlehrers Haddad, überlebte ein Attentat. Er wurde vor seinem Haus in der Nähe des SyrW angeschossen. Unter den Opfern auf jüdischer Seite nannte Jentzsch Dr. Yellin, den Oberinspektor des jüdischen Schulwesens. Das Attentat auf den Prokuristen der Zentralkasse der Tempelbank, Jakob Weiss, sah er als reinen Raubmord-Versuch an.
[1804] Vgl. Jentzschs II. Quartalsbericht 1938, JVA B 3118.
[1805] Vgl. Jentzschs IV. Quartalsbericht 1938, JVA B 3118.

Absolvent des Syrischen Waisenhauses, gab 1938 seine Wohnung in Bethlehem auf und zog nach Jerusalem, um Angriffen aus fanatischen muslimischen Kreisen zu entgehen.

In der Weihnachtszeit 1938 mussten sich die JV-Prediger Said Abbud, Elias Schehadeh und Schedid Baz Haddad Sonderausweise besorgen, um mit dem Auto zu ihren Gottesdiensten nach Hebron und Jerusalem fahren zu können.[1806] Der Weihnachtsgottesdienst in Hebron fiel dennoch aus. Die Briten hatten für den Heiligen Abend zwar kurzfristig die Ausgangssperre gelockert, doch diese Nachricht erreichte nicht alle Gläubigen beziehungsweise konnte sie nicht zum Gottesdienstbesuch bewegen. Die arabischsprachige Christmette in Bethlehem wurde deshalb nur in kleiner Runde gefeiert, zur deutschsprachigen Mitternachtsfeier kamen aber gar keine deutschen Besucher. In der Heiligen Nacht strahlte Bethlehem nicht; vielmehr patrouillierten britische Panzer vor der Geburtskirche. Die eigentümliche Atmosphäre dieser „Kriegsweihnacht" wirkte auf viele so, als ob „dieses stille, schweigende Bethlehem, über dem damals das ‚Friede auf Erden' erklang, [...] ein stilles erschütterndes Sündenbekenntnis einer friedlosen Menschheit" sei.[1807]

Die eingehenden Kontrollen der Militärbehörden am Jerusalemer Jaffator führten dazu, dass der sonntägliche Gottesdienstbesuch auch in der arabischen Muristankapelle abnahm. Während Frauen relativ ungehindert die Sperren passieren konnten, mussten sich die männlichen Gläubigen Leibesvisitationen unterziehen. Sie empfanden diese Kontrollen als „so peinlich und entwürdigend, dass sie sich oft nicht dazu überwinden können, diese Prozedur auf sich zu nehmen. Und je gehobener sie in ihrer bürgerlichen Stellung sind oder sich fühlen, umso empfindlicher sind sie in diesem Punkte."[1808] In der Konsequenz kamen nur noch die Frauen und die sozial unterprivilegierten Gemeindeglieder, die derartige Hemmungen nicht in gleichem Maße hatten, zum Gottesdienst, während die Männer aus bürgerlichen Kreisen zu Hause blieben. In einer Phase, in der der öffentliche Verkehr aus Sicherheitsgründen zum Erliegen kam, wurde Jentzschs Dienstwagen zu einem immer wichtigeren Instrument der Gemeindearbeit. Mitunter fuhr er einen arabischen Prediger nach Hebron, kehrte nach Bethlehem zurück, um selbst Gottesdienst zu halten und dann den Prediger wieder abzuholen.

In Jerusalem versuchte der junge Geistliche Bahuth 1938 einmal mehr, die Auseinandersetzungen theologisch zu deuten.[1809] Er hielt sich dabei an Römer 13 und die lutherische Zwei-Reiche-Lehre. Den durch regelmäßige Hausdurchsuchungen und Leibesvisitationen der Polizei verunsicherten beziehungsweise gedemütigten Gläubigen rief er zu: „Wir haben uns zu fügen! Ja noch mehr: wir haben als Christen die Pflicht, der Obrigkeit bei solchem Dienst hilfreich zur Hand zu gehen. Gerade weil wir unsere arabische Nation heiß lieben, haben wir dafür zu sorgen, dass ihr Ruf in diesem ihrem Heldenkampf um ihre Freiheit nicht befleckt wird durch

---

[1806] Ebd.

[1807] Ebd.

[1808] Ebd.

[1809] Vgl. die Übersetzung von Bahuths Ansprache vom 30.1.1938, JVA B 412.

die Verbrechen feiger Mörder oder kommunistischer Unruhestifter."[1810] Nach diesen politischen Aussagen spiritualisierte Bahuth seine Zeitanalyse und forderte seine Gemeinde, den Gefahren der ambivalenten modernen Zivilisation dadurch zu trotzen, dass sie mit Luther als „Führer"[1811] sich einem intensiven Studium der Heiligen Schrift widmen. Dabei ließ er es bewenden. Konkrete sozialethische Forderungen zum Verhältnis von Religion und Politik entwickelte Bahuth nicht.

Die Christen beteiligten sich insgesamt nicht oder nur kaum an den Terrorhandlungen im Rahmen des vom Großmufti ausgerufenen *heiligen Krieges*. Sie versuchten aber einem möglichen Dissens oder einer Benachteiligung innerhalb der Nationalbewegung dadurch entgegenzuwirken, indem sie ihre Solidarität für die nationale Sache durch Spenden nachwiesen und sich den Verhaltensweisen der Muslime anpassten.[1812]

Im Februar 1939 musste der neue Propst Johannes Döring feststellen, dass durch die von der Mandatsregierung verhängte Ausgangssperre, aber auch durch zahlreiche Spannungen zwischen lutherischen Familien das Gemeindeleben „völlig zerstört" sei.[1813] Als Hanna Bahuth das Heilige Land in Richtung USA verließ, verlor die Gemeinde eine wichtige Korsettstange zur Stabilisierung ihrer lutherischen Identität. Aushilfsweise übernahmen die Lehrer des Jerusalemsvereins den Predigtdienst; zudem sprangen Rev. Eric Bishop von der Newman School of Mission, der dänische Pfarrer Nielsen und der arabisch-anglikanische Pastor Mansour ein. Auch das Syrische Waisenhaus engagierte sich für die Stadtgemeinde. Der Gottesdienstbesuch war schlecht und stützte sich fast ausschließlich auf Schülerinnen von Talitha Kumi. Der von Kurban sorgsam aufgebaute „Gemeindekern" löste sich auf, die Stadtgemeinde gewann auch im zehnten Jahr ihres Bestehens noch keine Gestalt, während sich der Waisenhausgemeindebezirk stabilisierte. Einer Verschmelzung beider Zweige standen die deutschen Pfarrer jedoch skeptisch gegenüber, befürchteten sie doch eine Vertiefung der Clan-Streitigkeiten, deren Ergebnis nichts anderes als die Abwanderung eines Teils der Gemeinde zur anglikanischen Kirche sein würde. Dörings Beobachtungen zufolge belastete auch die heterogene soziale Zusammensetzung das Gemeindeleben: „Neben kulturell fortgeschrittenen und an der arabischen Nationalbewegung stark interessierten Familien stehen ganz einfache Leute, die kaum imstande sind, das Hocharabisch zu verstehen, an dem bezeichnenderweise die vorher erwähnten Familien hängen."[1814]

Nach Jentzschs Beobachtungen führten in Beith Jala derartige Entwicklungen zu einem Stillstand in der Gemeinde. Er kritisierte scharf die anhaltenden Clan-Streitigkeiten und die „parvenuhafte Halbbildung der städtischen Araber einfacher

---

[1810] Ebd.

[1811] Ebd.

[1812] Vgl. Jentzschs IV. Quartalsbericht 1938, JVA B 3118. Dort heißt es, T. Canaan habe statistisch nachgewiesen, dass die Christen in Jerusalem achtmal mehr Spendengelder aufgebracht hätten als die Muslime.

[1813] Vgl. den zusammen mit H. Schneller und G. Jentzsch abgefassten Bericht Dörings an die E.J.St. vom 16.2.1939, EZA 56/100.

[1814] Ebd.

Herkunft [...]".[1815] Er hielt es 1939 sogar für einen Fehler, der Gemeinde Beith Jala, die sich „zu gut dünkte, um Missionsgemeinde zu heissen", überhaupt den Weg in die Selbständigkeit gestattet zu haben.[1816] Das Fundament der in sich zerstrittenen Gemeinde sei zu brüchig gewesen, es hätte an Persönlichkeiten gefehlt, die als Korsettstangen den Neuaufbau hätten tragen können. Die Entsendung eines neuen Geistlichen war für Jentzsch der letzte Test für die Autonomie der Gemeinde. Entweder werde sie sich endlich kooperationsbereit zeigen und so ihr Recht auf Selbstverwaltung dokumentieren – oder sie müsse den Status einer eigenständigen Gemeinde verlieren und wieder zu einer Missionsgemeinde herabgestuft werden.

Abhilfe schaffen konnte nach Dörings Sicht der Dinge nur die Berufung eines neuen arabischen Geistlichen mit „irenischer Gesinnung", der mit seelsorgerlichen Besuchen für den Wiederaufbau des Gemeindelebens werben sollte. Döring, H. Schneller und Jentzsch planten, einen jungen Geistliche ein bis zwei Jahre in der Gemeinde arbeiten zu lassen. Da die Stadtgemeinde den Pfarrer mindestens ein Jahr nicht würde finanzieren können, sollten die Kosten von der E.J.St., dem JV, dem SyrW und Kaiserswerth geteilt werden. Um die Verzahnung zwischen der Jerusalemer und den Gemeinden der Region Bethlehem voranzutreiben, müsste der neue Stadtpfarrer dem JV-Missionsleiter unterstellt werden. Die deutschen Geistlichen appellierten an die Solidaritätserklärung des D.E.K.A. mit der evangelisch-arabischen Gemeinde Jerusalems von 1930. Sie machten deutlich, dass bei einem Scheitern der konzertierten Aktion aller in Jerusalem aktiven Werke die Stadtgemeinde aufgelöst beziehungsweise das Gemeindeleben auf den Missionsgottesdienst in der Muristankapelle reduziert werden müsste.

Als geeigneten Kandidaten für den Wiederaufbau der desolaten Stadtgemeinde empfahlen die deutschen Theologen den 25jährigen Lehrer Kamil Chalil Musallam. Dass die Wahl ausgerechnet auf Musallam fiel, war entweder ein Akt der Verzweifelung oder böser Wille. Wie bereits erwähnt, war Musallam bei seiner Ausbildung in Bethel und Basel negativ aufgefallen. In einem internen Vermerk empfahl H. Schneller, Musallam an den Jerusalemsverein weiterzuvermitteln und sogar auf die Rückzahlung der Studiengelder zu verzichten, wenn Musallam sich nur vom SyrW trennte, denn: „Schuldner pflegen ja ihre Gläubiger zu meiden."[1817] Allem Anschein nach versuchte also der routinierte H. Schneller dem neuen Propst und dem nicht in alle Details eingeweihten JV-Missionsleiter Jentzsch einen Kandidaten unterzujubeln, von dem er selbst kaum überzeugt war. Jentzsch hielt Musallam für „lenkbarer" als Bahuth. Außerdem gab es keine Alternative, was auf Fehler in der JV-Personalplanung hinweist.[1818]

In Berlin dürfte man von Musallams schwierigem Werdegang nichts gewusst haben. Allerdings lehnten es die Kirchenbehörden aufgrund der unabsehbaren politischen Lage in Palästina und mangelnder Finanzen ab, personelle Verpflichtungen einzugehen. Dass sich die Krise der arabischen Lutheraner damit von einer Lösung

---

[1815] Vgl. Jentzschs Brief an Ulich vom 26.3.1939, JVA B 3118.
[1816] Ebd.
[1817] So im SyrW-Personalbogen vom 13.12.1937, LKA Stuttgart K8/136.
[1818] Vgl. Jentzschs Brief an Ulich vom 26.3.1939, JVA B 3118.

weiter entfernen würde, nahmen die Berliner Kirchenbehörden bewusst in Kauf.[1819]
Politische und innerkirchliche Spannungen belasteten also die Entwicklungen der
Missionsgemeinden am Ende Zwischenkriegszeit sehr.

6.10.3 Politischer Geist und führende Persönlichkeit der arabisch-evangelischen Gemeinden: Der Arzt und Volkskundler Dr. Taufik Canaan

Der Arzt und Volkskundler Dr. Taufik Canaan (24.9.1882 – 15.1.1964) gehörte nicht
nur zu den angesehensten Persönlichkeiten Jerusalems, sondern war ohne Zweifel
auch das bedeutendste Glied der evangelisch-arabischen Gemeinden Palästinas im
20. Jahrhundert.

Während sein politisches, gesellschaftliches und kirchliches Engagement mittlerweile vergessen ist, interessiert sich die Forschung für seine umfangreichen
religions- und volkskundlichen Sammlungen und Publikationen.[1820] Die palästinensische Universität Birzeit hat ihm 1998/1999 eine Ausstellung, das Institut für Ethno-
logie der Universität Leipzig Mitte der 1990er Jahre ein eigenes Forschungsprojekt
gewidmet, doch eine Biographie bleibt ein Desiderat.[1821] Im Zusammenhang dieses
Kapitel interessiert allein sein politisches Engagement.[1822]

Taufik Canaan wurde am 24. September 1882 als zweites Kind des evangelischen
Hilfspredigers der Jerusalemsvereins-Gemeinde Beith Jala, Bischara Canaan (1850–
1899) geboren, der der erste arabisch-lutherische Pastor im gesamten Nahen Osten
war.[1823] Der bereits 1899 verstorbene Vater prägte Taufik durch seine Frömmigkeit
und Bildung, weckte in ihm auch das Interesse für die Geschichte seiner Heimat.[1824]
Taufik besuchte die evangelische Grundschule seines Heimatortes, dann das SyrW-

---

[1819] Vgl. die entsprechenden Vermerke und Stellungnahmen Besigs und Jeremias, EZA 56/100.

[1820] Vgl. z.B. T. Canaan, *Aberglaube und Volksmedizin im Lande der Bibel*, Hamburg 1914; ders., „The Child in Palestine Arab Superstition", in: *The Journal of the Palestine Oriental Society* 7 (1927), 159–186; ders., „The Palestine Arab House: Its Architecture and Folklore", in: *The Journal of the Palestine Oriental Society* 12 (1932), 223–247 und 13 (1933), 1–83; ders., *Mohammedan Saints and Sanctuaries in Palestine*, Faksimile-Reprint der Originalausgabe von 1927, Jerusalem o.J.

[1821] Vgl. K. Nashef (Hg.), *Ya kafi, ya shafi … The Tawfik Canaan Collection of Palestine Amulets: An Exhibition October 30, 1998 – February 25, 1999*, Birzeit 1998 und L. Bohrmann, *Leben und Wirken des palästinensischen Volkskundlers Taufik Canaan (1882–1964)*, Forschungsbericht der Universität Leipzig 1993/94, in: http://www.uni-leipzig.de/forsch95/13000/13240_p.html [Stand: 30.3.2008]. Die unterschiedlichen Schreibweisen seines Namens lassen sich auf unterschiedliche Transliterationen des Arabischen zurückführen. Hier wird – sofern in Zitaten nicht anders ange-geben – sein Name mit Taufik Canaan wiedergegeben. Biographische Skizzen bzw. Würdigungen finden sich auch in *ILB* 1/64; 3/62; 3/66.

[1822] Vgl. folgende Schriften: T. Canaan, *The Arab Palestine Cause* und ders., *Conflict in the Land of Peace*, beide Jerusalem 1936 sowie sein Canaans Memorandum für Rev. William Ross (Edinburgh) vom 29.7.1938, LPL/Lang Papers 53 und PRO FO 371/21885.

[1823] Vgl. M. Raheb, *Das reformatorische Erbe*, 92.

[1824] Vgl. T. Canaan, „Das Elternhaus", in: *ILB* 1 (1961), 14–18.

Seminar, ehe er sich im November 1898 an der *American University* in Beirut für Medizin immatrikulierte. 1905 erhielt er das Arztdiplom mit Auszeichnung.[1825]

Der berufliche Aufstieg durch Bildung gehörte zu den Früchten der westlich-christlichen *pénetration pacifique* des 19. Jahrhundert. Die junge Bildungselite hatte zumeist die Missionsschulen oder die nach westlichem Vorbild umstrukturierten staatlichen Bildungsanstalten durchlaufen. Sie studierte an den neugegründeten, westlich orientierten Universitäten in Kairo, Istanbul oder Beirut. In Palästina gab es bis zur Gründung der Hebräischen Universität in Jerusalem 1918 keine akademische Ausbildungsstätte.[1826]

Die Mitglieder der neuen Bildungselite saugten die politischen Diskurse des Westens auf und entwickelten ein Bewusstsein für neue politische Strukturen, um so die Modernisierung ihrer Länder und Städte voranzutreiben. Integraler Bestandteil ihrer politischen Disposition war der arabische Nationalismus, der sich gegen die europäischen Kolonialmächte, aber vor allem gegen die osmanischen Machthaber richtete.[1827] Canaans Studienzeit von 1899 bis 1905 fiel in die Regierungszeit Sultan Abdul Hamid II. (1876–1909), der die konstitutionellen Reformen gestoppt, das Parlament aufgelöst und Regimegegner verfolgt hatte. In dieser Phase gewannen die nationalistischen Jungtürken an Bedeutung, die 1908 erfolgreich für die Wiederinkraftsetzung der Verfassung kämpften. Mit ihnen solidarisierten anfangs sich die arabischen Nationalisten, ehe die restriktive Turkifizierungspolitik zum Bruch führte.[1828] Diese Phase des *Arab Awakening* dürfte auch Taufik Canaan berührt haben.

Nach seinem Studium fand Canaan seine erste Anstellung als Assistenzarzt im Kaiserswerther Diakonissenhospital in Jerusalem, ehe er 1910 die Leitung einer von einem wohlhabenden Moslem gestifteten städtischen Poliklinik in der Altstadt über-

---

[1825] Vgl. L. Mantoura, „Father, Friend, and Inspiration", in: K. Nashef (Hg.), *Ya kafi, ya shafi …* , 9 sowie B. und M. Canaan, „Dr. Taufic Canaan: Aus dem reichen Leben eines arabischen Arztes", in: *ILB* 3 (1966), 19 f.

[1826] Trotz der Entscheidung des Allgemeinen Islamischen Kongresses von 1931, als Antwort auf dieses jüdische Prestigeprojekt eine Hochschule für die arabische Bevölkerung zu gründen, gab es bis zum Ausbruch des Zweiten Weltkrieges keine derartige Einrichtung in Jerusalem. Vgl. B. Wasserstein, *Jerusalem. Der Kampf um die heilige Stadt*, 122 f.

[1827] Vgl. R. Schulze, *Geschichte der islamischen Welt*, 41–53; A. Hourani, *Geschichte der arabischen Völker*, 378–384 und besonders H. Kayali, *Arabs and Young Turks*, 1–16, bes. 4 f.

[1828] Vgl. R. Schulze, *Geschichte der islamischen Welt*, 54–60, bes. 58: „Die Zentralisierungsbemühungen hatten den arabischen Eliten [...] gezeigt, dass der osmanische Staat seine Zentralverwaltung nun ganz als türkische Angelegenheit betrachtete. Für viele arabische Politiker, die bislang immer einen Weg nach Istanbul zu den obersten Verwaltungsbehörden gefunden hatten, war die zukünftige Karriere plötzlich von ihrem Eintreten für die Turkifizierung abhängig geworden. Diejenigen, die sich hierzu weder kulturell noch sozial in der Lage sahen, beriefen sich zunehmend auf eine neue, lokale Nationalpolitik, die sie durchweg als eine ‚arabische' verstanden." Während Abdülhamid die islamische Religion als integrales Prinzip des Staates verstand, mit dem sich auch die arabischen Eliten identifizieren konnten, trat nun die Religion hinter die nationale Identität zurück. Damit „konnten auch politische islamische Ideen den drohenden Konflikt zwischen einer arabischen und einer türkischen Hegemonie nicht mehr harmonisieren."

nahm. Es war die einzige Arbeitsphase, die er nicht bei einer westlichen Einrichtung verbrachte.[1829]

Canaans Verbindung zu Deutschland wurde dadurch gefestigt, dass er am 4.1.1912 in der Erlöserkirche die Deutsche Margot Eilender heiratete, mit der er vier Kinder hatte. 1923 gehörte er als Internist zu den drei Ärzten, die das gerade in deutsche Hände zurückgekehrte und seit 1926 von Dr. Eberhard Gmelin geleitete Kaiserswerther Diakonissenkrankenhaus wieder aufbauten. Als Spezialist für Infektionskrankheiten blieb er bis 1939 im deutschen Hospital, das mit Kriegsbeginn von den Engländern requiriert wurde. Seine volkskundlichen und archäologischen Forschungen sowie seine medizinische Expertise ließen ihn in der Zwischenkriegszeit schnell in die Führungsschichten des arabischen Protestantismus sowie des Jerusalemer Bildungsbürgertums aufsteigen.[1830] Früh trat er in die *Palestine Oriental Society* ein und wurde 1927 ihr Präsident. Dem YMCA gehörte Canaan jahrelang als Vorstandsmitglied, Vizepräsident, dreimal sogar als Präsident an - und wurde 1954 zum Ehrenmitglied ernannt.[1831] Der YMCA war damals einer der beliebtesten, auch internationalsten, gesellschaftlichen Treffpunkte in Jerusalem. Dass Canaan zum Leitungsgremium des YMCA gehörte, unterstreicht seine lokale Prominenz.

In zeitgenössischen Rückblicken gehen die Beurteilungen der Persönlichkeit Canaans allerdings weit auseinander: Während die deutschen Pröpste Carl Malsch und Ernst Rhein sein Engagement und die Ausgewogenheit seines Urteils lobten,[1832] sah der jüdische Philosoph und Rektor der Hebräischen Universität, Shmuel Hugo Bergmann, in Canaan einen wenig zugänglichen arabischen Nationalisten, dessen „glatte Art etwas Schreckliches" habe.[1833]

In der politischen Öffentlichkeit Palästinas trat Canaan erstmals während der palästinensischen Rebellion zwischen 1936 und 1939 in Erscheinung. Er hielt Reden gegen die Mandatspolitik, die die jüdische Massenimmigration und die fehlenden demokratischen Strukturen beziehungsweise die mangelnde Beteiligung der arabischen Bevölkerung an der Verwaltung ihres Landes kritisierten.[1834]

Seine Frau, seine Schwester und seine Töchter schlossen sich in jener Zeit dem *Arab Women's Council* an, der Erste Hilfe bei anti-britischen Demonstrationen leistete, aber auch in der Wohltätigkeitsarbeit engagiert war. Die Töchter begannen das palästinensische Kopftuch, die *Kufijeh*, als Symbol des arabischen Protests zu tragen.[1835]

[1829] Vgl. B. und M. Canaan, „Dr. Taufic Canaan: Aus dem reichen Leben eines arabischen Arztes", in: *ILB* 3/1966, 19.

[1830] Vgl. S. Hanselmann, *Deutsche evangelische Palästinamission*, 90.

[1831] Vgl. K. Nashef (Hg.), *Ya kafi, ya shafi . . .* , 12 u. 22 f.

[1832] Vgl. C. Malsch, „Propst an der Erlöserkirche 1960–1965. Besondere Aufgaben und Ereignisse", in: Ronecker u.a. (Hg.), *Dem Erlöser der Welt zu Ehren*, 231 und E. Rhein, „Dr. med. Taufik Canaan", in: *ILB* 3 (1962), 26.

[1833] S.H. Bergman, *Tagebücher und Briefe*. Band 1: 1901–1948, Königstein 1985, 419 und auch 350.

[1834] Vgl. z.B. T. Canaan Rede *Zionist ambitions and the Palestine crisis being a lecture recently given at the Newman School of Missions*, Reprint der Erstausgabe Jerusalem 1936, Neudeln 1978.

[1835] Vgl. dazu auch I.M. Okkenhaug, *The Quality of Heroic Living*, 180 und E.L. Fleischmann, *Jerusalem Women's Organisation During the British Mandate, 1920s-1930s*, Jerusalem 1995.

Für seine deutschfreundliche Position wurde Canaan von Hitler mit einem hohen Orden ausgezeichnet.[1836] Ob er sich in propagandistische oder politische Aktionen für das Dritte Reich einspannen ließ, ist umstritten, lässt sich aber aus den mir zugänglichen Quellen nicht ohne weiteres ableiten.[1837] Sicher ist jedoch, dass Canaans Engagement Konsequenzen hatte und es zu einer Entfremdung zwischen ihm und der britischen Führungsschicht kam. Die üblichen Einladungen zu Empfängen blieben aus, Canaan wurde zunehmend gemieden.[1838]

Kurz nach Ausbruch des Zweiten Weltkrieges nahm die britische Polizei Canaan mit seiner Frau Margot und seiner Schwester Badra fest. Er wurde – wie auch Schedid Baz Haddad oder das armenische Gemeinderatsmitglied der arabisch-lutherischen Gemeinde, Hagop Melikan[1839] – wegen seiner Sympathien für das Dritte Reich und seiner Opposition gegen die britische Mandatspolitik neun Wochen lang in Akko interniert, vor Gericht gestellt, aber freigesprochen. Zwischen 1937 und 1939 fanden dort auch 112 Araber den Tod durch den Strang, auch jüdische Aktivisten wurden dort unter menschenunwürdigen Bedingungen festgehalten und hingerichtet.[1840] Die Verhaftung bedeutete einen großen persönlichen Schock, hatte Canaan doch kaum damit gerechnet, dass seine Familie von den Maßregelungen der Regierung getroffen werden könnte. Während die ohnehin introvertierte Mutter sich aus der Öffentlichkeit zurückzog, versuchte der Vater „his anger and frustration" durch seine medizinische und volkskundliche Arbeit zu kompensieren, gab aber sein politisches Engagement auf.[1841]

Canaans wichtigste politische Schriften sind *The Arab Palestine Cause* und *Conflict in the Land of Peace*. Letztere wurde übrigens von der *Syrian Orphanage Press* verlegt. Beide Schriften entstanden 1936, die erste kurz nach Ausbruch des arabischen Generalstreikes, die zweite nach dessen Ende. Beide richteten sich dezidiert an die britische Öffentlichkeit und warben für die politischen Ziele der arabischen Nationalbewegung. Einen an einflussreiche kirchliche Kreise in Großbritannien gerichteten Vermittlungsversuch stellte sein sechsseitiges Memorandum zum Palästina-Konflikt für den schottischen Geistlichen Rev. William Ross dar, auf das nur kurz eingegangen werden soll. Ross war in den 1930er Jahren einige Zeit Chaplain der presbyterianischen *St. Andrews Church* in Jerusalem gewesen, dann nach Edinburgh zurückgekehrt und ein kritischer Beobachter des Palästina-Konflikts geblieben.[1842]

[1836] Vgl. K. Thomas, *Deutschtum in Palästina*, 273 und 394 Anm. 1. Um welchen Orden es genau sich handelte, ließ sich nicht genau feststellen.

[1837] Vgl. W. Abduallah, „Tawfik Canaan: A Biography", in: K. Nashef (Hg.), *Ya kafi, ya shafi . . .*, 24 Anm.3 (mit Lit.!). Vgl. Chr. Bergs Schreiben an seine „Haifaner in der Diaspora" vom November 1939, JVA B 557, der davon berichtet, dass „deutschfreundliche Araber (Dr. Canaan, Obl. Haddad) weniger schön von den Engländern behandelt" würden.

[1838] Vgl. L. Mantoura, „Father, Friend and Inspiration", in: K. Nashef (Hg.), *Ya kafi, ya shafi . . .*, 12.

[1839] Vgl. J. Döring, „Die Arbeit des Jerusalemsvereins seit 1939", in: B. Karnatz (Hg.), *Palästina und wir. Festschrift zum hundertjährigen Bestehen des Jerusalemsvereins*, Berlin 1952, 80.

[1840] Vgl. R. Zucker, *„Im Auftrag für Israel". Meine Jahre als Spion.* München ³1998, 49 f.

[1841] Vgl. L. Mantoura, „Father, Friend and Inspiration", in: K. Nashef (Hg.), *Ya kafi, ya shafi . . .*, 13.

[1842] Vgl. Canaans Memorandum an Rev. William Ross vom 29.7.1938, LPL/Lang Papers 53 und PRO FO 371/21885.

Alle drei Schriften Taufik Canaan zeigen ihn als überzeugten, wenn auch verhältnismäßig moderaten Nationalisten, der die mit der Balfour-Erklärung inaugurierte Schaffung einer jüdischen Heimstätte zwar ablehnte, ein jüdisches Quorum in Palästina aber akzeptierte. Auffallend ist, dass Canaan stets die Ungerechtigkeit der prozionistischen britischen Mandatspolitik kritisierte, niemals aber eine Rücksiedlung der Juden nach Europa oder den Alleinanspruch der Araber auf Palästina – oder wie Amin al-Husaini auf Palästina und Transjordanien – forderte. Als gemäßigter Nationalist besaß er nach dem politischen Scheitern der arabischen Aufstände genug Realitätssinn, um zwischen dem Wünschenswerten und dem Machbaren zu unterscheiden. Das Ende der Einwanderung und des Landverkaufs waren für Canaan der Schlüssel für ein friedliches Miteinander von Juden und Arabern im Heiligen Land. Canaan plädierte für die Einführung eines einheitlichen Staatsangehörigkeitsrechts und eines parlamentarischen Regierungssystems.

Die Quellen zeigen, dass Canaans Lösungsvorschlag nicht nur die Mandatsregierung erreichte, die seine Eingabe als soliden und vernünftigen Vorschlag bewertete. Sein Schreiben wurde von Ross am 14.8.1938 auch an das Außenministerium sowie am 20.8.1938 an den Erzbischof von Canterbury weitergeleitet.[1843] Dass seine Schriften dort wenig Resonanz fanden, sagt nichts über ihre Qualität aus, sondern hat mit der kaum überschaubaren Fülle an Stellungnahmen zu tun, die von 1936 bis 1939 im *Foreign Office* eingingen, die meisten ohne nachhaltigen Einfluss auf die Nahostpolitik Englands.

Eine spezifische politische Philosophie oder gar eine politische Theologie lag Canaans Argumentation nicht zugrunde. Seiner Schriften waren für die politische Praxis, nicht für den theoretischen Diskurs geschrieben, wollten die britische Öffentlichkeit durch eine Mischung aus Emotionen und Statistiken beeinflussen. Canaan scheint in den späten 1930er Jahren erkannt zu haben, dass eine Veränderung der politischen Situation ohne das Einverständnis Großbritanniens nicht zu erzielen war. Damit war er einen Schritt weiter als die Mehrheit der arabischen Nationalisten. Canaans Engagement lässt sich als Versuch eines christlichen Nationalisten deuten, die Marginalisierung der christlichen Minderheit innerhalb der arabischen Gesellschaft durch ein starkes politisches Engagement zu überwinden.[1844] Die Quellen weisen ihn als singuläre Erscheinung der arabisch-lutherischen Gemeinden aus, der als Vordenker die politische Meinungsbildung der arabischen Lutheraner, aber auch einer sozialgeschichtlich weiter zu fassenden palästinensischen Bildungsschicht beeinflusste.

6.10.4 Die arabisch-anglikanischen Gemeinden und der Generalstreik

In den politischen Auseinandersetzungen der späten 1930er Jahre befanden sich die anglikanischen Araber ebenfalls in einer schwierigen Situation. Natürlich sympathisierten auch sie mit der arabischen Nationalbewegung, ohne Gewalt zu befürworten, und sprachen sich gegen die britische Palästinapolitik aus. Gleichzeitig waren sie

---

[1843] Vgl. PRO FO 371/21885 und LPL/Lang Papers 53.

[1844] Vgl. dazu D. Tsimhoni, „The Arab Christians and the Palestine Arab National Movement", 89 f.

Glieder der *Church of England* und mussten ein Mindestmaß an Loyalität gegenüber der britischen Regierung beziehungsweise gegenüber den Missionsbehörden auf der grünen Insel an den Tag legen.

Auch die PNCC-Gemeinden konnten zwischen 1936–1939 ausreichend pastoral versorgt werden – die PNCC-Zentren in Nablus, Jaffa und Gaza befanden sich aber in einem kritischen Zustand. Gottesdienste und Gemeindestunden fielen wegen der Sicherheitslage öfter aus.[1845] Wurden britische Polizisten in umkämpften Gegenden eingesetzt, gab es meist für die anglikanischen Pfarrer kein Durchkommen, weil sie mit der Mandatsmacht identifiziert wurden.

Aufgrund ihres höheren Bildungsniveaus und ihrer besseren Vernetzung besaßen die arabischen Anglikaner allerdings größere politische Spielräume als ihre lutherischen Glaubensgenossen, die (wenn überhaupt) nur im lokalen Bereich öffentlich aktiv wurden. Die Anglikaner standen in einem weitaus engeren Austausch mit der Führungsriege der Nationalbewegung. Das lag nicht zuletzt daran, dass unter den Männern, die zu Verhandlungen nach London entsandt wurden, eine Reihe ehemaliger Schüler der *St. George's School* und mitunter auch Mitglieder der anglikanischen Kirche waren.

Die arabischen Anglikaner sprachen nicht nur fließend Englisch, sondern besaßen eben auch Kontakte zu einflussreichen britischen Persönlichkeiten, von denen sich die Nationalbewegung eine direkte oder indirekte Fürsprache bei der Regierung versprach. Solche Kontakte fehlten den Lutheranern. Zudem konnten sich die Anglikaner auf den Palästina-Konflikt konzentrieren und mussten sich nicht als weitere politische Herausforderung, wie die aus der deutschen Mission erwachsenen Gemeinden, eine Position zum nationalsozialistischen Deutschland einnehmen.

Für die arabischen Anglikaner war es vergleichsweise einfach, das Gehör des Erzbischofs von Canterbury zu finden. Im Juni 1936 schrieb der 3.000 Christen repräsentierende PNCC an den Erzbischof, um ihm seine Sicht der politischen Entwicklungen darzulegen.[1846] Der Brief des PNCC entstand in der Phase des Generalstreiks, in der die Nationalbewegung noch auf einen erfolgreichen Ausgang der Rebellion hoffte.

Das Schreiben der einheimischen Interessenvertretung wurde durch einen Brief des Jerusalemer Archdeacon Stewart flankiert, der dem Erzbischof die psychologische Dimension des politischen Konflikts deutlich zu machen versuchte.[1847] Die arabischen Gemeinden hätten zu erkennen gegeben, dass sie nicht in der Lage seien, ihre religiöse Arbeit weiterzuführen, solange die Mehrheit der arabischen Bevölkerung die britische Mandatspolitik für falsch hielte. Der PNCC identifizierte sich zwar mit der politischen Mehrheitsmeinung der Nationalbewegung, die in der

---

[1845] Vgl. *Bible Lands* Nr. 149 – July 1936.

[1846] Vgl. den Brief des PNCC an Erzbischof Lang vom 6.6.1936, LPL/Lang Papers 52. Zu den Unterzeichnern des Briefes gehörten: E. Marmura, Vicar of St. Paul's Church in Jerusalem und Chairman of the PNCC; S.C. Jamal, Secretary of St. Paul's Church Pastorate Committee und Vice-Chairman of the PNCC; Rev. N. Cubain, Pastor of St. Philips Church in Nablus und Secretary of the PNCC sowie verschiedene Geistliche und Laien aus anderen Gemeinden.

[1847] Vgl. Stewarts Brief an Lang vom 6.6.1936, LPL/Lang Papers 52.

Balfour-Erklärung, dem Mandat, der Bevorzugung der Juden und Diskriminierung der Araber in Palästina bestand. Gegen Gewalt und Blutvergießen setzte der PNCC aber auf eine friedliche Lösung des Konflikts und hoffte auf „mutual goodwill and friendliness that the two people can live and work together peaceably".[1848] Das war aber partiell nur Rhetorik, denn der PNCC verteidigte letztlich doch die arabischen Widerständler: „How can they be blamed for reacting against such a cruel policy? We wonder how the British would look upon a foreign nation turning England into a Jewish State, and putting it under impossible political and economic conditions in order to accomplish this end." [1849]

Da der PNCC befürchtete, dass die verfahrene Situation eskalieren könnte, bat er den Erzbischof um eine Intervention bei der britischen Regierung. Die christlichen Araber forderten eine sechsmonatige Unterbrechung der jüdischen Immigration. In dieser Zeit sollte die aus der Balfour-Erklärung erwachsene Politik überdacht werden. Andernfalls bestehe von arabischer Seite kein Interesse, weitere Verhandlungen aufzunehmen.

Auch wenn der PNCC sich – zumindest im Prinzip - für eine gewaltfreie Lösung einsetzte, lag er grundsätzlich auf einer Linie mit der Politik des *Arab Higher Committee*. Der Brief an den Erzbischof darf deshalb als ein Beispiel politischer Lobbyarbeit betrachtet werden.

Lambeth Palace reagierte auf die Anliegen der einheimischen Christen mit zwei Briefen. Ein persönliches Schreiben ging an Archdeacon Stewart, ein offizielles an den PNCC. Gegenüber Steward erklärte der Erzbischof, dass er politisch weniger einflussreicher sei, als es die arabischen Christen erwarteten; gleichwohl gab er den Brief des PNCC an das *Colonial Office* weiter.[1850] In seiner offiziellen Antwort schrieb Lang dem PNCC, dass er ihren Positionen seine „most sympathetic considerations" entgegenbringe. Er wolle den Colonial Secretary über das Anliegen des PNCC informieren. Lang rief die Anglikaner in Palästina aber auch dazu auf, sich weiter für eine friedvolle Lösung zu engagieren.

Für Colonial Secretary Ormsby Gore besaß der PNCC-Brief keinen Neuigkeitswert. Er wollte zunächst die Arbeit der Peel-Kommission abwarten, ehe er politisch aktiv wurde.[1851] Letztlich hatte die Lobby-Arbeit des PNCC keine praktische Auswirkung auf die britische Palästinapolitik. Sie sollte dennoch als Versuch einer Minderheit gewertet werden, politische Verantwortung für ihr Land zu übernehmen und an einer Religionsgrenzen überschreitenden Nationalbewegung zu partizipieren.

[1848] Vgl. den Brief des PNCC an Erzbischof Lang vom 6.6.1936, LPL/Lang Papers 52. Die arabischen Anglikaner zeigten sich auch davon enttäuscht, dass die englische Regierung das Problem der jüdischen Masseneinwanderung nicht ernsthaft angehe und zeigte sich enttäuscht, dass der Legislation Council – ihrer Ansicht nach auf jüdischen Druck – nicht realisiert wurde. Auch die geplante Einsetzung einer Royal Commission, die die Ursachen der blutigen Auseinandersetzung ergründen sollte, lehnte der PNCC ab.

[1849] Ebd.

[1850] Vgl. den persönlichen Brief des erzbischöflichen Büros an Archdeacon Stewart und den offiziellen Brief an den PNCC beide vom 19.6.1936, LPL/Lang Papers 52.

[1851] Vgl. den Brief des CO an Lambeth Palace vom 9.7.1936, LPL/Lang Papers 52.

6.10.5 Mission und Nationalsozialismus in den JV-Gemeinden

Neben dem arabisch-jüdischen Konflikt beschäftigte auch der Aufstieg des Dritten Reiches die arabischen Missionsgemeinden. Im Herbst 1934 litt die Missionsarbeit unter der starken wirtschaftlichen Depression im Heiligen Land. Die Palästinadeutschen spürten außerdem den jüdischen Boykott deutscher Waren im Ausland. Aus Solidarität mit dem Deutschen Reich, aber auch aus Antipathie gegenüber den Juden starteten die arabischen Lutheraner kleine Gegenmaßnahmen. So wurde etwa eine Art Winterhilfswerk-Aktion in Bethlehem ins Leben gerufen.

Jentzsch wertete dies als großen Erfolg und freute sich besonders daran, dass es dem Jerusalemsverein als Missionsgesellschaft „eigentlich ohne unsere bewusste Tendenz und Agitation" gelungen sei, dass die Herzen der Araber „auch für unser deutsches Vaterland erwärmt und für seine Lebensfragen interessiert worden sind."[1852] Besonderen Eindruck hatte bei Jentzsch der 13. Januar 1935, der Tag der Saarabstimmung, hinterlassen.[1853] Auf das Ergebnis der Abstimmung warteten die einheimischen Pädagogen der JV-Schule in Bethlehem mit „Ungeduld". Als sie von der großen Mehrheit für den Beitritt des Saarlandes zu Deutschland überrascht worden waren, weinten einige der Lehrerinnen vor Freude, eine 60 Jahre alte arabische Lehrerin musste ihre Emotionen in einem „Freudentanz loswerden"[1854], die Lehrer organisierten mit den Schülern eine kurze „Dankesfeier" und läuteten „eine Stunde lang" die Glocken der Weihnachtskirche in Bethlehem.

Jentzsch gewann deshalb den Eindruck, dass er unter einem Volk arbeite, „das uns Deutsche liebt und unsere deutsche Regierung bewundert; - eine Bewunderung und Liebe, die um so höher anzuschlagen ist, als ja die Späne, die in Deutschland beim Hobeln fliegen, gerade hier in ganzen Wolken fliegen; die aus Deutschland vertriebenen Juden kommen wie die Heuschrecken ins Land und fressen es den Arabern Stück für Stück weg [...]".[1855] Für den mit dem Nationalsozialismus sympathisierenden Theologen war die „Bedingungslosigkeit" und „Gefolgstreue" zu Deutschland ein „Ehrentitel" für das arabische Volk, das in einer Situation zu Deutschland halte, in der andere Völker sich von ihm distanzierten.

In einem Dossier über die Arbeit des JV in Palästina für das AA aus dem Frühjahr 1939 sprach sich Jentzsch ebenfalls lobend über das Interesse der von ihm betreuten Araber für den Nationalsozialismus aus. Sie hätten den *„Umbruch 1933"* deshalb begeistert miterlebt, weil sie ihn als „Triumph ihrer eigenen Sache" verstanden - und „bis jetzt begeistern sie sich im Freiheitskampf ihres eigenen Volkes am zielbewussten Vorwärtsdringen des vom Führer erweckten Deutschlands."[1856] Diese Bewunde-

---

[1852] Vgl. Jentzschs IV. Quartalsbericht 1934, JVA B 35.

[1853] Ebd.

[1854] Ebd. Zur politischen Bedeutung der Saarabstimmung vgl. z.B. K.D. Bracher, *Die deutsche Diktatur*, 425 und zu den kirchenpolitischen Planspielen vor der Saarabstimmung und den ihr folgenden Reaktionen vgl. G. Besier, *Die Kirchen und das Dritte Reich*, 43–57.

[1855] Vgl. Jentzschs IV. Quartalsbericht 1934, JVA B 35.

[1856] Jentzschs Stellungnahme „Aus der Arbeit des Jerusalems-Vereins" findet sich im Anhang zu Döhles Schreiben an das AA vom 12. Mai 1939 (Hervorhebungen im Text), BArchBerlin R 153 III F/14764.

rung führe dazu, dass die Araber von Deutschland eine weitreichende Unterstützung ihrer politischen Anliegen erwarteten. Offenkundig lasen also die Araber ihre eigenen Anliegen in die politischen Entwicklungen Deutschlands hinein, ohne allerdings die NS-Ideologie im Detail zu kennen.

In seinem Dossier stellte Jentzsch den JV als wichtiges Instrument zur Förderung der deutsch-arabischen Zusammenarbeit dar: „Der Jerusalems-Verein ist nicht eigentlich Missionsgesellschaft [...] er unterstützte *die Kultur- und Fürsorgearbeit an den sich zum Deutschtum haltenden Arabern.*" [1857] Jentzsch sah die Hauptaufgabe seiner Arbeit darin, dem konfessionell und sozial zerrissenen arabischen Volk, *„die Idee der Volksgemeinschaft zu bringen. Wir wollen keine Moslems oder Orientchristen zu unserer Kirche herüberziehen; wir wollen helfen, dass sie einander verstehen und dulden lernen, nicht sich zu hassen."* [1858]

Betrachtet man die restrikte Haltung des JV gegenüber den arabischen Gemeindegliedern in der Frage der kirchlichen Selbstverwaltungsgremien, so überraschen Jentzschs Worte. Zwar entsprachen seine Ausführungen dem *common sense* unter den protestantischen Missionen, die seit der zweiten Hälfte des 19. Jahrhunderts ja die Proselytenmacherei zugunsten einer *mission civilatrice* aufgegeben hatten. Dennoch sind Jentzschs Stellungnahme kritisch zu lesen, da er sich ja an das AA in der Hoffnung auf finanzielle Förderung wandte. Doch Jentzschs Engagement in der NSDAP-Ortsgruppe Jerusalem, seine Position im Schulvereinigungsstreit und seine vertrauliche Post an den JV-Vorstand in Berlin stimmen in ihrem Grundton mit seinen Ausführungen gegenüber dem AA überein.

Zudem beobachtete Jentzsch genau, ob die wichtigsten arabischen Tageszeitungen gegen die deutsche Missionsarbeit oder das Dritte Reich schrieben. Wenn ein Artikel in eine Richtung ging, die ihm missfiel, schrieb Jentzsch Gegenartikel beziehungsweise verlangte eine Berichtigung. Damit leistete Jentzsch einen Beitrag zur Schaffung einer pro-deutschen beziehungsweise pro-nationalsozialistischen arabischen Öffentlichkeit in Palästina.

Generalkonsul Döhle sprang auf diesen Zug auf und setzte sich gegenüber dem AA für eine Förderung der JV-Einrichtungen ein. Sie würden eine „wertvolle deutsche Propagandaarbeit" leisten, weil ihr Hauptziel nicht die Missionierung, sondern die Kulturarbeit unter den Arabern sei.[1859] Döhle, der Jentzsch Treue zur NSDAP lobte, übernahm also die Hauptintention des Missionsleiters. Es sei im „nationalen Interesse", die JV-Arbeit weiterzuführen und finanziell zu unterstützen, denn eine „billigere deutsche Kulturpropaganda" mit vergleichbarem Erfolg sei kaum vorstellbar. Ob sich dadurch wie Döhle behauptet, „große Erfolge in der arabischen Welt Palästinas" erzielen ließen, darf aus heutiger Sicht bezweifelt werden.[1860] Gegenüber den staatlichen Stellen ließ sich aber aus strategischen Gründen ein solches Bild entwerfen.

[1857] Jentzschs Stellungnahme, BArchBerlin R 153 III F/14764 (Hervorhebungen im Text).
[1858] Ebd (Hervorhebungen im Text).
[1859] Vgl. Döhles Schreiben an das AA vom 12. Mai 1939, BArchBerlin R 153 III F/14764.
[1860] Ebd.

6.10.6 Die arabisch-lutherischen Gemeinden und der Zweite Weltkrieg

Die evangelisch-arabischen Gemeinden waren durch die oben erwähnte Inhaftierung ihrer führenden Köpfe von einer „Art Lähmung"[1861] befallen, die auch nach der Freilassung der Gefangenen anhielt und die eigentlich essentielle Selbstorganisation der Gemeinden behinderte.

Zu einer großen Belastung für die Missionstätigkeit sollten auch die scharfen Devisenausfuhrbestimmungen werden, die im Dritten Reich zu einem effizienten Steuerungselement auswärtiger Kultur- und Kirchenpolitik wurden. Als es im Frühjahr 1939 praktisch unmöglich wurde, Geld nach Palästina zu überweisen, rief der JV-Vorstand Jentzsch nach Deutschland zurück, um mit ihm die Lage zu besprechen. Mit Kriegsausbruch wurde der JV-Vorstand völlig vom Missionsfeld abgetrennt. Kommissarisch übernahm Propst Döring die Aufsicht über die arabischen Gemeinden, die dank der Ordination des Evangelisten Schedid Baz Haddad[1862] und Daoud Haddads im Jahre 1939 auch während des Krieges weiterhin geistlich betreut wurden. So schloss sich ein Kreis: Wie schon in den ersten Jahren nach 1918 lag auch ab 1939 die Verantwortung für die Gemeinde- und Schularbeit auf den Schultern der arabischen Pastoren und Lehrer. Damit wurden also zwei Kriege zum Katalysator einer *Jungen Kirche*. Die Bildung der *Evangelisch-Lutherischen Kirche von Jordanien* gelang aber erst in den 1950er Jahren. Nach weiteren zwei Jahrzehnten in administrativer Abhängigkeit von deutschen, finnischen, norwegischen sowie internationalen lutherischen Kirchenbehörden wurde 1979 ihr erster Bischof, Daoud Haddad, in sein Amt eingeführt.

6.11 Zusammenfassung

Die Zwischenkriegszeit war aus zwei Gründen für das religiöse Mikromilieu der arabischen Gemeinden lutherischen und anglikanischen Bekenntnisses ein „important transitorial stage" ihrer Geschichte:[1863]

Erstens begann in der Mandatszeit der Weg in Richtung eigenständiger *Junger Kirchen*. Sowohl im Blick auf den lutherischen als auch den anglikanischen Sektor lässt sich erkennen, dass das Bedürfnis nach größerer Autonomie beziehungsweise stärkerer Selbstverwaltung aus den Gemeinden selbst erwuchs. Während im deutschen Bereich der Impuls zur Herausbildung von Gemeindekirchenräten aber vor allem von außen, also von deutschen Funktionsträgern kam, zeigten die arabischen Anglikaner ein wesentlich größeres Engagement bei der Etablierung derartiger Gremien. Dies geschah in einem längeren Entwicklungsprozess, der im Kontext der ara-

---

[1861] J. Döring, „Die Arbeit des Jerusalemsvereins seit 1939", in: B. Karnatz (Hg.), *Palästina und wir.* Festschrift zum hundertjährigen Bestehen des Jerusalemsvereins, Berlin 1952, 80.

[1862] Schedid Baz Haddad wurde 1938 in Palästina von Jentzsch, Berg und von Oertzen (und nicht wie geplant in Deutschland) ordiniert. Der JV-Vorsitzende von Meyeren lehnte in einem Brief an Ulich vom 11.8.1938, JVA B 3118 eine Ordination in Deutschland ab, weil diese nicht Schedid Baz Haddads Bildung entspreche und somit eine Bevorzugung gegenüber anderen arabischen Geistlichen gewesen wäre.

[1863] Vgl. R. Khalidi, „Concluding Remarks", 695.

bischen Nationalbewegung gesehen werden muss. Außerdem ebneten auf deutscher Seite ethnisch-nationale Vorbehalte den Weg zur evangelisch-arabischen Gemeinde in Jerusalem: Den arabischen Christen wurde nämlich nicht das Recht zugestanden, Mitglieder der deutschen Erlöserkirchengemeinde zu werden. Pointiert gesagt: Eine diskriminierende deutsche Sicht der Dinge bei den Kirchen- und Missionsbehörden verbunden mit einem erwachenden nationalen Selbstbewusstsein unter den lutherischen Arabern und gefördert von einigen wenigen, weitblickenden, übernational denkenden Vorständen und Theologen führte zur Herausbildung eigener arabisch-evangelischer Gemeinden.

Zweitens wurden die Gemeinden beziehungsweise die Missionsschulen in besonderer Weise von den politischen Entwicklungen herausgefordert. Mit dem Beginn des englischen Mandats waren die Protestanten erstmals gleichberechtigte Bürger in Palästina. An diese neue Situation gewöhnten sich die arabischen Protestanten mit unterschiedlichem Tempo, was nicht zuletzt von ihrer Bildung und ihrer gesellschaftlichen Position abhing: Sie konnten und mussten nun zum arabisch-zionistischen Konflikt Stellung beziehen.

Es ist nicht verwunderlich, dass sich nur ein in der Jerusalemer Oberklasse etablierter Arzt wie Taufik Canaan und die ebenfalls der Bildungsschicht zugehörenden Spitzen des PNCC (auch aufgrund der Protektion durch das Bistum) politisch exponierten.

Betrachten wir Tsimhonis These, dass nur eine Minderheit aus orthodoxen und protestantischen Christen hinter der muslimischen Führungsschicht in der Nationalbewegung stand, so lässt sich für den protestantischen Sektor ein etwas differenzierteres Ergebnis zeigen.[1864] Ohne Zweifel standen die Protestanten in ihrer Mehrheit insofern hinter den Zielen der Nationalbewegung, als sie den Aufbau einer jüdischen Heimstätte, den Landverkauf und die jüdische Masseneinwanderung ablehnten. Die Wege zur Artikulierung ihres Protests waren allerdings unterschiedlich: Sie reichten von Diskussionsabenden in Bethlehem, der Beteiligung an Clubs, über publizistisches Engagement bis zur Mitarbeit in Gremien und Delegationen. Während die Lutheraner – mit der Ausnahme von Canaan – eher eine lokale Öffentlichkeit suchten, engagierten sich gebildete Anglikaner auch in der Nationalbewegung beziehungsweise nutzte die PNCC-Spitze die Vorteile der anglikanischen Weltkirche und bat den Erzbischof von Canterbury um Hilfe. Auf diese Weise leisteten die Protestanten einen Beitrag zur Herausbildung zivilgesellschaftlicher Strukturen in der vor-staatlichen Entität Palästinas.

Trotz der Solidarität mit der Nationalbewegung hatten die Protestanten beider Konfessionen aber auch Angst vor den Auswirkungen der politischen Unruhen in Palästina. Sie sahen mit großer Sorge die schillernde Religionspolitik des Muftis. Als radikaler Volkstribun sammelte er die muslimischen Massen hinter sich, indem er zeitweise eine anti-christliche Polemik förderte, dann wieder die christlich-muslimische Einheit beschwor. Die bürgerkriegsähnlichen Zustände der

---

[1864] Vgl. D. Tsimhoni, *The British Mandate and the Arab Christians in Palestine 1920–1925*, 303.

Jahre 1928/29 und 1936 bis 39 brachten die Gemeinde-, Missions- und auch die Schularbeit zeitweise zum Erliegen.

Der politische Kontext förderte unter den Lutheranern, mitunter auch bei den Anglikanern, „eine gewisse ängstliche Beflissenheit gegenüber den mohammedanischen Nationalisten".[1865] Aus Angst vor Repressalien versuchten die Christen, sich als loyale, manchmal gar als die besseren Nationalisten präsentieren. Allerdings konnten die politischen Aktivitäten – hier ist Daphne Tsimhoni zuzustimmen – die Marginalität der christlichen Minderheit in der arabischen Gesellschaft und in der Nationalbewegung nicht verändern. Die protestantischen Nationalisten wurden von der muslimischen Mehrheit als Instrumente zur internationalen Verbreitung ihrer Anliegen genutzt. Sie nahmen diese Rolle kritiklos an. Hier zeigte sich die Langlebigkeit der aus dem Millet-System erwachsenen Mentalitätsgeschichte einer sozial-religiösen Minderheit.[1866]

Im Blick auf die Identitätsfrage lässt sich aus den zugänglichen Quellen nicht eindeutig ersehen, ob für die arabischen Protestanten die nationale oder die religiöse Identität höhere Bedeutung besaß. Deshalb kann man von einer „situativen Identität" der protestantischen Araber sprechen, bei der nationale und konfessionelle Aspekte durch bestimmte Kontexte unterschiedlich stark in den Vordergrund rückten.

Dabei darf jedoch keinesfalls übersehen werden, dass unter den evangelischen Palästinensern sowohl die nationale als auch die konfessionelle Identität in der Mandatszeit erst im Entstehen begriffen waren. Die nationale Frage beschäftigte die einheimische Bevölkerung durch den sich zuspitzenden arabisch-zionistischen Konflikt mehr als konfessionelle Details. Dies zeigt sich auch daran, dass die arabischen Lutheraner bei einem Dissens über Form oder Struktur des Gemeindelebens schnell dazu neigten, mit dem Übertritt zur anglikanischen Kirche zu drohen. Es scheint, als ob sich die Gemeindeglieder in erster Linie als Protestanten und erst in zweiter Linie als Lutheraner verstanden haben. Inwieweit die Gläubigen die theologischen Differenzen zwischen der lutherischen und der anglikanischen Kirche kannten, muss offen bleiben. Im Blick auf die anglikanische Seite gibt es zwar keine direkten Hinweise, dass unzufriedene Gemeindeglieder mit der Konversion zum Luthertum drohten. Doch zeigen die während der schwierigen *Diocesanisation*-Verhandlungen angestellten Überlegungen der PNCC, eine protestantische Gesamtkirche für Palästina zu gründen, ähnliche Tendenzen. Was die frömmigkeitstheologische Ausprägung anging, besaßen die PNCC-Gemeinden aber ein ausgeprägtes evangelikales Profil, wie es ihnen die CMS vermittelt hatte. Diese Ausrichtung gaben sie in den Verhandlungen mit dem Bistum nicht auf. Zur Verfestigung der evangelikalen Identität führte die Angst vor hochkirchlicher Bevormundung. So wurde das Bistum im Diocesanisation-Streit in gewisser Weise zum identitätsstiftenden *alter ego*.

Vergleicht man den Gang der Entwicklungen in den arabisch-lutherischen und den anglikanischen Gemeinden zum Problem der *Jungen Kirchen*, so befand sich der JV-Vorstand hinter dem Stand der anglikanischen Diskussionen. Für die CMS war

---

[1865] Vgl. Jentzschs IV. Quartalsbericht 1929, JVA B 3114.
[1866] Vgl. D. Tsimhoni, „The Arab Christians and the Palestine Arab National Movement", 74.

es kein grundsätzliches Problem, die Missionsgemeinden als *Jungen Kirche* zu betrachten. Da die CMS grundsätzlich dem Verkirchlichungskonzept der Bischöfe zustimmte, zögerten auch die Engländer den Weg der PNCC-Gemeinden in die völlige Selbständigkeit hinaus. Der Bildung von Selbstverwaltungsorganen wie dem PNCC hatte die CMS zwar schon Jahrzehnte vor dem JV-Vorstand zugestimmt. Mehr Autonomie erlangten aber die einheimischen Araber auch nur stufenweise, nachdem das Diocesanisation-Projekt sowie eine neue anglikanische Verwaltungsstruktur für den gesamten Nahen Osten im Verlauf der Nachkriegszeit abgeschlossen war und 1974 mit Faik I. Haddad (nicht verwandt mit dem ersten arabisch-lutherischen Bischof, Daoud Haddad) ein erster arabisch-anglikanischer Bischof gewählt worden war.[1867]

Dem JV fehlte dagegen jegliche Konzeption, wie mit den entstandenen Missionsgemeinden zu verfahren sei – und er hatte auch versäumt, seinen Gemeinden ‚postkoloniale Kompetenzen‘ zu vermitteln.[1868] Das lag an der konservativ-paternalistischen Grundhaltung des Vorstands, dem geringen Professionalisierungsgrad der extrem kleinen, von Laien getragenen Mission und am Fehlen eines missionstheologischen *think tanks*. Im Grunde arbeitete der JV nach 1918 in Palästina im Stil des 19. Jahrhunderts weiter. Dagegen war die CMS ein missionarischer ‚global player‘ mit Finanz- und Verwaltungsfachleuten sowie missionstheologischen Experten. An der Spitze stand mit W.W. Cash ein Generalsekretär, der selbst in Palästina gearbeitet hatte, die Gemeinden und die Probleme des Landes gut kannte.

Betrachtet man die Entwicklung der arabisch-lutherischen Gemeinden aus einer mentalitätsgeschichtlichen Perspektive, so fallen die schwache konfessionelle Profilierung und der geringe Einfluss der lutherischen Mentalität auf die Gestaltung der Lebenswelt auf. Daraus lässt sich folgern, dass es dem Jerusalemsverein nur bedingt gelungen war, das Luthertum – oder genauer gesagt: das Unionsluthertum preußischer Prägung – in Palästina zu inkulturieren. Bachuths Versuche, das Luthertum stärker im palästinensischen Volk zu implementieren, waren ein Anfang, scheiterten aber an persönlichen und ökonomischen Konstellationen.

Auch die soziale Bindekraft des Luthertums war begrenzt. Das lutherische Teilmilieu besaß eine osmotische Struktur, wobei der Austausch vor allem von den leistungsschwächeren lutherischen zu den besser gerüsteten anglikanischen Gemeinden erfolgte. Den Austausch in die entgegengesetzte Richtung gab es kaum. Das mag auch handfeste ökonomische Gründe gehabt haben, war doch der Kontakt der

---

[1867] Vgl. R.A. Farah, *In troubled warers*, 135–170, bes. 161 f. Faik I. Haddad (1911–2000) wurde in Tul-Karem geboren und entstammte einer Familie, die im 19. Jahrhundert von der Griechisch-Orthodoxen Kirche zum Protestantismus übergetreten war. Er durchlief die Bishop Gobat School in Jerusalem, studierte an der Near East School of Theology und der American University in Beirut, erhielt 1938 die anglikanische Diakons- und 1940 die Priesterweihe durch Bischof Graham-Brown. Als Vicar der St. Peter's Church in Jaffa, floh er mit vielen seiner Mitmenschen nach dem ersten israelisch-arabischen Krieg nach Jordanien, arbeitete dort als Flüchtlingsseelsorger und baute die anglikanische Erlöserkirchengemeinde in Amman auf. 1974 berief ihn der Erzbischof von Canterbury auf den Bischofsstuhl in St. George's in Jerusalem, wo er bis 1984 wirkte. Als Pensionär verließ er das Land und ging mit seiner Frau nach New York, wo sein Sohn Ibrahim als Geistlicher tätig war.

[1868] Vgl. z.B. Vgl. H. Gründer, *Geschichte der deutschen Kolonien*, 242–245.

anglikanischen Kirche zur Mandatsverwaltung mit ihren attraktiven Arbeitsplätzen besser.

Auch das konfessionelle Dach des Protestantismus besaß eine osmotische Grundstruktur. Selbst ein Wechsel von der orthodoxen zur lutherischen, dann zur anglikanischen Kirche und wieder retour zur Orthodoxie war keine Seltenheit, wie es sich am Beispiel mancher Absolventen des Syrischen Waisenhauses belegen lässt.

Der inner-anglikanische Zusammenhalt erwies sich trotz der mentalitäts- und frömmigkeitstheologischen Differenzen zwischen High und Low Church als stark genug, um zu einer Herausbildung eines religiösen Teilmilieus beizutragen.

Blicken wir noch einmal auf die identitätstheoretischen Überlegungen von R. von Thadden und T. van Rahden zurück, so lässt sich für die arabisch-protestantischen Gemeinden folgendes feststellen: In der Zwischenkriegszeit begann sich eine palästinensisch-nationale und eine palästinensisch-protestantische Identität erst herauszubilden. Beide Entwicklungen waren prozesshaft und zukunftsoffen. Die Bildung einer *Jungen Kirche* wurde von den einheimischen Christen trotz oder gerade wegen Widerständen vorangetrieben. Während die lutherische Identität sich erst langsam herausbildete und fragmentarisch blieb, war die arabisch-anglikanische Identität relativ stabil evangelikal geprägt.

Dass Identitäten immer komplex sind, dass Individuen „situativ" stets verschiedenen Milieus und Gruppen angehören, belegt die weiterhin fragmentarische Identität der arabischen Protestanten deutscher oder englischer Prägung bis heute: Sie sind eine Mini-Minderheit innerhalb der christlichen Minderheit im Heiligen Land, und sie tragen als Palästinenser an der Last des fehlenden Nationalstaates.

7 Eine vorläufige Bilanz

Der weite Gang durch die protestantische Konfessionslandschaft Palästinas hat gezeigt, wie sehr höchst unterschiedliche theologiegeschichtliche, theologiepolitische, gesellschaftliche, kirchen- und allgemeinhistorische Faktoren die Mentalitätsgeschichte der deutschen evangelischen und anglikanischen Institutionen prägten.

Theologiegeschichtlich entscheidend für die Rückkehr des Heiligen Landes in die Gedächtnisgeschichte des westlichen Protestantismus war das Aufkommen der chiliastischen Bewegung. Die Idee der *Restoration of the Jews* verband sich mit dem kulturimperialistischen Entwurf eines friedlichen Kreuzzugs ins Heilige Land und der sozial-missionarischen Konzeption einer Rechristianisierung der Gesellschaft durch den Aufbau religiös determinierter Armen- und Waisenschulen. Diese wirkmächtigen frömmigkeitsgeschichtlichen Sonderentwicklungen ließen sich leicht und von den kirchlichen Akteuren auch meist bereitwillig mit den religions- und außenpolitischen Ambitionen der preußischen und englischen Regierung im untergehenden Osmanischen Reich verknüpfen. Ihren Höhepunkt erlebte diese religionspolitische beziehungsweise theologiepolitische Jerusalem-Mentalität in den letzten Tagen des Ersten Weltkriegs, als die englische Regierung mit der Balfour-Erklärung das Projekt einer jüdischen Heimstätte inaugurierte. Damit schienen sich die chiliastischen Hoffnungen auf die Rückkehr der Juden ins Land der Väter zu erfüllen. Auch die Übernahme des Landes durch die christliche Mandatsmacht Großbritannien sorgte in protestantischen Kreisen nicht nur, aber vor allem auf der Insel, für eine kurzzeitige religiöse Euphorie. Nach 1918 dominierte dann allerdings die Realpolitik, weil Palästina von der Auseinandersetzung zweier Nationalbewegungen geprägt wurde und zunehmend auch die internationale Politik beschäftigte.

Die deutsche evangelische Kirche verhielt sich zu diesem Konflikt passiv-neutral. Ihre außenpolitischen Ambitionen lagen – ganz im Sinne der Wilhelmstraße – auf der Revision des Versailler Vertrags und der Bindung der auslandsdeutschen Gemeinden an das Deutsche Reich.

Die Spitze der anglikanischen Kirche versuchte dagegen, sich als Vermittler zwischen den Streitparteien zu profilieren. Betrachtet man die drei Zweige des Anglikanismus im Heiligen Land, nämlich das Bistum, die Institutionen der Judenmission und die aus der Arabermission erwachsenen arabisch-anglikanischen Gemeinden, so zeigt sich, dass ihre politischen Optionen sehr stark von theologischen und pädagogisch-gesellschaftlichen Prämissen abhängig waren. Aufgrund der Arbeit unter den Arabern sympathisierten deshalb die deutschen wie die englischen Protestanten mehrheitlich mit der einheimischen Bevölkerung und entwickelten antizionistische Vorbehalte, während sich lediglich die christlichen Zionisten der Judenmission zu einem pro-jüdischen Standpunkt bekannten.

Der anglikanische Bischof, der von vielen, besonders den christlichen Arabern als zweite britische Autorität im Lande angesehen wurde, changierte religionspolitisch zwischen der Rolle eines Mediators und der eines Advokaten für die christlichen Minderheiten. Er entwickelte Modelle zur Lösung des Konflikts, die theologisch inspiriert waren und auf einer Linie mit der bi-nationalen Idee des liberalen, von Jehudah Magnes inspirierten jüdischen *Berith Schalom* lagen. Der Bischof nutzte sein Prestige sowie seine Kontakte zum britischen Establishment, um seine Anliegen in höchsten Regierungskreisen vorzutragen. Auch wenn seine Vermittlungsversuche nur bedingt erfolgreich waren, erwies er sich dennoch als transnational agierender, religionspolitischer Akteur.

Das kann für die deutsche evangelische Kirche in Palästina nur im Blick auf die Stabilisierung des Deutschtums im Ausland und die Integration der deutschen Schulen in die auswärtige Kulturpolitik gesagt werden. Auf beiden Gebieten erzielte die Kirche in der Phase der Weimarer Republik Erfolge. Ebenfalls, wenn auch in einem politisch etwas anderen Sinne, transnational war die Reaktion der deutschen evangelischen, aber auch der arabisch-lutherischen Gemeinden auf den Aufstieg des Nationalsozialismus: die Entwicklungen im Reich wurden zu einem wichtigen Orientierungspunkt für die Diasporaprotestanten in Jerusalem. Unter nationalen Gesichtspunkten wurde das Dritte Reich vorbehaltlos begrüßt, während ein Eingriff der Parteiorganisationen in die kirchlichen Einrichtungen – besonders das Schulwesen – und auch die sich verändernde auswärtige Kulturpolitik ein geteiltes Echo hervorrief: die Parteigenossen unter den Gemeindegliedern trugen die NS-Gleichschaltungspolitik mit, während ihr konservativ-lutherische, politisch traditioneller denkende Geistliche wie Propst Rhein oder Pfarrer von Oertzen - vom Dissidenten Heinz Kappes ganz zu schweigen - widersprachen. Das provozierte zwar keinen „Kirchenkampf" in Palästina, wohl aber Spannungen zwischen Kirche, NSDAP-Landesgruppe und der Tempelgesellschaft. Neben der grundsätzlichen Zurückhaltung der deutschen Auslandsdiaspora in politischen Fragen des Gastlandes führten auch diese Konstellationen dazu, dass sich die deutschen Protestanten nicht öffentlich zum Palästina-Konflikt äußerten. Sie waren mit eigenen Problemen beschäftigt, die durch die Einmischung in die jüdisch-arabischen Spannungen ungeahnte Folgen hätten haben können.

Trotz der rasanten Veränderungen der internationalen Konstellationen, des Modernisierungsschubs in Palästina während der Mandatszeit und der Last des Konflikts wurden die Protestanten von mentalen Dispositionen des 19. Jahrhunderts geprägt, die trotz der Zäsuren der Jahre 1918 und 1933 fast ungebrochen fortbestanden. Das betraf im deutschen Sektor den Gegensatz zwischen Kirche und Tempelgesellschaft, wie er besonders im Streit um die Schulfusion in Jerusalem wieder aufbrach, gilt aber auch für die kulturpaternalistische Haltung der deutschen Missionen gegenüber den einheimischen Christen und die sozial-missionarische Ausrichtung des Syrischen Waisenhauses.

Auf anglikanischer Seite kann vor allem auf den seit Mitte des 19. Jahrhunderts virulenten Antagonismus zwischen High und Low Church verwiesen werden, der sich auch in Palästina auswirkte und kirchenpolitische, gesellschaftliche und (religions)politische Konsequenzen hatte.

Die tiefer liegenden mentalitätsgeschichtlichen Prägungen im Anglikanismus lassen sich unmittelbar auf die Gründung des Anglo-Preußischen Bistums zurückführen. Die anglikanische Kooperation innerhalb des Bistums mit einer nicht in der apostolischen Sukzession stehenden Kirche war bekanntlich für den Vordenker der hochkirchlichen Oxford-Bewegung, John Henry Newman, ein entscheidender Grund für seinen Übertritt zur Römisch-Katholischen Kirche. Der inner-anglikanische Dissens verband sich also unmittelbar mit Jerusalem. In der Mandatszeit entzweiten aber weniger dogmatische als vielmehr kirchenpolitische Faktoren Anglokatholiken und Evangelikale, stritten sich doch die entgegengesetzten Flügel um die innerkirchliche Macht und sehr viel weniger um die Deutungshoheit in Fragen der Theologiegeschichte. Im Kampf um die Verkirchlichung aller anglikanischen Einrichtungen unter einem Dach zögerten die evangelikalen Missionen beziehungsweise Missionsgemeinden, sich dem hochkirchlichen Bistum unterzuordnen und betonten ihr frömmigkeitstheologisches Profil, während dieses einerseits aus machtpolitischen Gründen die bis dato selbständigen Missionen unter seine Obhut führen wollte, andererseits aber auch die Bündelung der vielen Miniaturorganisationen gerade im Blick auf eine Emanzipation der arabischen Anglikaner als unausweichlichen und sachlich begründeten Schritt ansah.

Diese langlebigen Mentalitäten belegen ebenso wie die sensible Wahrnehmung der politischen Entwicklungen in Deutschland, England und Palästina, dass die protestantischen Minderheiten transnationale Diasporagemeinschaften waren. Sie importierten ihre Identität aus der Heimat – und exportierten ihre Erfahrungen im Heiligen Land zurück in die sozio-religiösen, kirchenpolitisch-theologisch geprägte protestantische Mentalitätsgeschichte ihrer Länder. Das Bedürfnis nach Informationen aus erster Hand dürfte auch damit zu tun gehabt haben, dass sich die von einer protestantischen Bibelfrömmigkeit geprägten Freunde und Förderer der Palästina-Mission in beiden Ländern seit den Tagen der Romantik und Erweckung intensiv mit dem Lande der Heiligen Schrift beschäftigten. Insofern leisten die Hefte und Bücher der Missionen, die Vorträge von Missionaren, Pfarrern, Bischöfen in den Heimatländern einen Beitrag zur Stabilisierung eines zumeist konservativ-konfessionell geprägten Milieus.

Auffallend ist, dass die protestantische Diaspora in Palästina sowohl in ihrer englischen als auch deutschen Ausprägung einen inneren wie äußeren dynamischen Veränderungsprozesses erlebte und dabei eine erkennbare anti-assimilatorische Identität offenbarte. Auch dies kann als Phänomen der *longue durée* interpretiert werden, zumal es auch keine religiös-ethnischen Gruppen im Lande gab, denen sich die deutschen oder englischen Protestanten hätte anpassen können. Zudem brachten die Jahre 1917 bis 1939 gleich zwei zu bewältigende Systemwechseln in Deutschland mit sich, während die Briten sich nach dem Ersten Weltkrieges aus der Position der Stärke heraus immer wieder mit ihrer eigenen Rolle beschäftigten.

Das anglikanische Bistum erlebte eine in der osmanischen Zeit kaum für möglich gehaltene soziale und religionspolitische Aufwertung: St. Georges' Cathedral wurde zu einem imperial-gesellschaftlichen Treffpunkt und zum Ort des Gebets der hochkirchlich geprägten Führungsschicht, während die evangelikalen Gemeinden der CMS den religiös entsprechend geprägten Beamten, Polizisten, Soldaten und ihren Familien Heimat bot.

Auch die arabisch-lutherischen und die arabisch-anglikanischen Missionsgemeinden durchliefen in dieser Phase einen dynamischen, zukunftsoffenen Umgestaltungsprozess. Sie erwiesen sich als religiöse Mikromilieus, die sich partiell erfolgreich um die Herausbildung einer eigenen national-konfessionellen Identität bemühten und ein hohes Maß an Autonomie einforderten. Diese Verbindung von Konfession und Nation war vor allem das Erbe der deutschen, aber auch der englischen Mission und wurde nachhaltig durch das Entstehen der arabischen Nationalbewegung gefördert. Mit den beiden, mitunter konkurrierenden und sich gegenseitig Glieder abwerbenden, protestantisch-arabischen Kirchen entstand eine in ihrer Zusammensetzung völlig neue Form der Nationalkirchen. Das Christentum des Nahen Ostens war und ist bis heute durch die Verquickung der nationalen und konfessionellen Dimension gekennzeichnet. Insofern setzten die arabisch-protestantischen Kirchen diese kirchenhistorische Tradition fort – und schufen dennoch dank ihres je besonderen konfessionellen Profils neue und andere religiöse Entitäten. So klein sie auch heute sein mögen – ihre Existenz ist ohne Zweifel ein Ertrag der über weite Strecken ja erfolglosen Palästinamission. Dass sich weder in Palästina noch im Libanon eine einzige, kirchenpolitisch starke und die konfessionellen Differenzen transzendierende protestantische Kirche herauszubilden verstand, sondern der Protestantismus im Vorderen Orient nach dem Muster der theologisch unterschiedlich geprägten Missionen in eine Reihe kleinerer Kirchen zerfiel, ist eine bedauerliche Entwicklung, die für das lutherische, calvinistische oder auch unierte Bekenntnis mehr Nach- als Vorurteile brachte und auch weiter bringen wird.

So blieben die arabischen Protestanten schon in der Zwischenkriegszeit (wie auch gegenwärtig) sowohl unter den christlichen Kirchen als auch innerhalb der arabischen Nationalbewegung eine marginale Größe. Darüber konnte auch das internationale politische Engagement einzelner arabischer Protestanten nicht hinwegtäuschen. Dennoch sollten man diesen wenigen gesellschaftlich engagierten Christen nicht das Bemühen absprechen, einen Beitrag zu der sich langsam entstehenden arabisch-palästinensischen Zivilgesellschaft zu leisten, wozu nicht zuletzt auch die Missions- und Konfessionsschulen beitrugen.

Die geringe Größe – und damit die relative Erfolglosigkeit der Palästina-Missionen im 19. und 20. Jahrhundert auf religiösem Gebiet – führte auch dazu, dass in den Gemeinden eine verantwortungsbewusste Mittelschicht und theologischer Nachwuchs nur in geringem Umfang vorhanden waren. Da die englische Seite ein weiter gespanntes und vielfältigeres Netz an Schulen als ihr deutsches Gegenüber besaß, war der gesellschaftliche und bildungsspezifische Aufstieg für arabische Anglikaner leichter zu bewältigen als für die arabischen Lutheraner. Das hatte auch Auswirkungen auf das Tempo der Autonomieprozesse in den protestantischen Missionsgemeinden.

Während das Bistum an Bedeutung gewann und sich die Missionsgemeinden zu eigenständigen Kirchen entwickelten, musste sich die anglikanische Judenmission mit einem religionspolitischen Abstieg abfinden. In einer säkular-national imprägnierten jüdischen Heimstätte war für *Hebrew Christians* kein Ort. Sie galten als denationalisierte Juden und wurden von den Zionisten diskriminiert. Da die Judenmission stärker und vor allem nachhaltiger als die anderen Zweige der Palästina-Mission von der chiliastischen Theologie geprägt war und diese Grundausrichtung keineswegs aufzugeben bereit war, überforderte sie die politische und gesellschaftliche Entwicklung der Zwischenkriegszeit sehr. Ihre Vision, christlichen und jüdischen Zionismus miteinander zu verbinden, erwies sich als untauglich und scheiterte kläglich. Ohne Zweifel wird am Beispiel der Judenmission deutlich, welche Problemlagen entstehen, wenn religiöse Milieus versuchen, einzig und allein mit Hilfe theologischer Gedankengerüste auf die politischen Entwicklungen der Zeit zu reagieren. Die englische Judenmission war jedoch kein Einzelfall. Auch den anders ausgerichteten Missionen und kirchlichen Einrichtungen fiel realpolitisches Denken nicht unbedingt leicht, wohl auch deshalb, weil entsprechende *think tanks* fehlten.

Ein weiteres Hindernis für eine klare Politikanalyse auf theologisch-sozialethischer Basis bestand darin, dass, sich der Protestantismus in Deutschland während der Weimarer Republik nicht aus den Fesseln kaiserzeitlich-obrigkeitsstaatlichen Denkens zu lösen verstand und eine große Distanz zur neuen Demokratie entwickelte. Perspektivisches Denken fehlte deshalb auch für die Weiterentwicklung der Missionsarbeit beziehungsweise ihre Überführung in post-imperiale Konstellationen, also: die Förderung eigenständiger Junger Kirchen, die in einem emanzipierten, aber freundlichen Verhältnis zur einstigen Mutterkirche ihren Glauben evangelischer Prägung kontextualisiert lebten und weitergaben.

Die Anpassung an die veränderten Rahmenbedingungen fiel dem Syrischen Waisenhaus als bedeutendstem Exponenten des Sozialen Protestantismus in Palästina etwas leichter als anderen Institutionen, weil es auf dem Felde der Wohlfahrtspflege und Bildung mit der Gesellschaft Palästinas zurecht zu kommen verstand. Die sozial-missionarischen Großeinrichtungen war aus der süddeutsch-schweizerischen Erweckungsbewegung entstanden, hatte die Baseler Armenschulkonzepte auf den Orient übertragen und sich zur größten und wohl prestigeträchtigsten Einrichtung aller protestantischer Missionen im Nahen Osten entwickelt. Auch der Export dieser in Basel und Beuggen schwerpunktmäßig entwickelten Bildungskonzepte ist ein Beleg für den transnationalen Charakter der Mission im 19. und 20. Jahrhundert, der bis in die Tiefen der frömmigkeitstheologischen Mentalitätsgeschichte hineinwirkte.

Das Syrische Waisenhaus profilierte sich als Erneuerer des Bildungs- und Sozialwesens im Heiligen Land – und nicht durch seine Erfolge bei der Anwerbung von Muslimen oder orthodoxen Christen für die evangelische Kirche. Damit steht es exemplarisch für die Palästina-Missionen insgesamt. Während die sozialen und schulischen Einrichtungen eigentlich nur missionarisches Mittel zum Zwecke der Bekehrung seien sollten, wurden sie letztlich zum Markenzeichen des Protestantismus in Palästina und leisteten einen Beitrag zur Modernisierung, nicht aber zur Rechristianisierung des Landes. Auch das in der Erweckungsbewegung entwickelte

Konzept der Reformation der Ostkirchen scheiterte, denn das orthodoxe Erbe und die speziellen, vom osmanischen Millet-System geprägten religionspolitischen und sozialen Mentalitäten erwiesen sich als veränderungsresistent.

Das Beispiel des Syrischen Waisenhauses – das eher eine Anstalt der Inneren Mission im Ausland als ein überseeisches Missionsunternehmen war – zeigt, dass derart ausgerichtete sozial-missionarische Einrichtungen im Verlaufe eines knappen Jahrhunderts einem Transformationsprozess unterworfen waren, wie er in ähnlicher Form auch die diakonischen Einrichtungen in Deutschland erfasste. Als eine der ersten protestantischen Organisationen konstatierten die Schnellerschen Anstalten die Aussichtslosigkeit der Islam-Mission und stellten ihre konzeptionelle Ausrichtung auf die indirekte christliche Beeinflussung der arabischen Zöglinge sowie die Ausbildung einer christlichen Mittelschicht um. Das belegt, dass es Zweige der Mission gab, die - anders als die Judenmission - durchaus als *lernende Institutionen* bezeichnet werden können. Durch die Expansion der Anstalten, die Professionalisierung und gleichzeitige Dechristianisierung der deutschen wie der arabischen Mitarbeiterschaft erlebte das Syrische Waisenhaus aber einen Selbstsäkularisierungsprozess, dem der mentalitätsgeschichtlich traditionell geprägte Vorstand mit religiösen Angeboten eher erfolglos entgegen zu wirken versuchte. Systemtheoretisch erwies sich das Sozial- und Bildungsangebot von Anstalten wie dem Syrischen Waisenhaus als konfessions- und religionsübergreifend attraktive Leistung des gesellschaftlichen Teilsystems Religion/Mission, die für das Gesamtsystem nützlich und sinnvoll war. Die dahinter stehenden theologischen Implikationen ließen sich dagegen schwerer kommunizieren und wurden von anderen gesellschaftlichen Teilsystemen nicht angenommen.

Damit zeigt sich das Hauptproblem der gesamten Palästina-Mission deutscher und englischer Prägung: Ihre theologischen Voraussetzungen konnten nur einem inner-evangelischen Diskurs plausibel gemacht werden. Gesellschaftliche Breitenwirkung erreichte die Mission eigenartigerweise nur in Heimat, wo sich zahlreiche Fördervereine, Stiftungen, Kommissionen und Hilfsorganisationen gründeten, die eine erkennbare Jerusalem-Mentalität ausprägten. An der Peripherie Europas, also im Zentrum der intendierten missionarischen Aktivität, kam es zwar auch zu Institutionalisierungseffekten, die aber nur eine geringe Zahl an Gläubigen erreichte beziehungsweise zur Konversion zu bewegen verstand. Anscheinend waren die frömmigkeitstheologischen und religionspolitischen Mentalitäten der erweckten europäischen Christen mit den arabisch-muslimischen, arabisch-orthodoxen oder jüdisch-zionistischen Mentalitäten nicht kompatibel oder nicht kompatibel zu machen. Gegenüber Muslimen und Juden besaß die protestantische Jerusalem-Mentalität, die im Protestantismus Englands und Deutschland für veritable Veränderungen sorgte, also keine osmotische Kraft. Im Grunde kann dieses Ergebnis nicht überraschen, scheinen doch Hochreligionen eine gewisse Resistenzfähigkeit gegenüber Abwerbungsversuchen anderer Hochreligionen auszubilden. Der Missionsversuch in einer Region, die zwar schon immer in die christliche Erinnerungsgeschichte gehörte und auf eine lange, ungebrochene und lebendige christliche Tradition zurückblicken kann, aber quantitativ und politisch vom Islam dominiert wurde und durch das Aufkommen des Zionismus auch eine neue jüdische Imprägnierung erfuhr, mag deshalb aus heutiger Sicht reichlich naiv erscheinen. Dennoch ist im Rückblick der Beitrag der Missionen zur Wiederentdeckung und zum Wiederaufbau des Heiligen Landes von einer bemerkenswerten Vitalität gekennzeichnet. Ihren Höhepunkt erreichte die mal euphorisch, mal nüchtern von kirchlichen und politischen Trägerschichten in Deutschland und England geförderte Palästinamission – wie bereits erwähnt – kurz vor und kurz nach dem Ersten Weltkrieg, als die Realisierung der geschichtstheologischen Träume zum Greifen nahe schien. Doch die großen Visionen büßten im historischen Prozess und vor allem in politisch schwierigen Zeiten schnell an Wirkungskraft ein. Anglikaner und Lutheraner kämpften deshalb in der Mandatszeit vor allem mit den Mühen der Ebene.

Quellen und Literatur

Abkürzungsverzeichnis

Die im Text bzw. in den Anmerkungen verwendeten Abkürzungen folgen S.M. Schwertner, *Theologische Realenzyklopädie. Abkürzungsverzeichnis*, 2., überarbeitete und erweiterte Auflage, Berlin – New York 1994.
Darüber hinaus werden folgende Abkürzungen verwendet:
AA = Auswärtiges Amt Berlin
AAS = Asian and African Studies
A.O. bzw. AO der NSDAP = Auslandsorganisation der Nationalsozialistischen Deutschen Arbeiterpartei
BArchBerlin = Bundesarchiv Außenstelle Berlin
BaZ = Der Bote aus Zion
BBKL = Biographisch-bibliographisches Kirchenlexikon
BLO = Bodleian Library Oxford
BUL = Birmingham University Library
C.O. = Colonial Office (London)
CMJ = The Church's Mission to the Jews
CMS = Church Mission Society
CERC = Church of England Record Centre
CSGEI = Committee for Supervision of German Educational Institutions
DAI = Deutsches Auslandsinstitut, Stuttgart
DBE = Deutsche Biographische Enzyklopädie
DC/D.C. = Deutsche Christen
DEK = Deutsche Evangelische Kirche
DEKA/D.E.K.A. = Deutscher Evangelischer Kirchenausschuss
DEKB = Deutscher Evangelischer Kirchenbund
DEKT = Deutscher Evangelischer Kirchentag
E.E.F. = Egyptian Expeditionary Forces
EGP = Evangelisches Gemeindeblatt für Palästina
E.J.St. = Evangelische Jerusalem-Stiftung
EOK/E.O.K. = Evangelischer Oberkirchenrat
EvDia = Die Evangelische Diaspora
EvDia.B. = Beihefte der Zeitschrift Die Evangelische Diaspora
EZA = Evangelisches Zentralarchiv
F.O. = Foreign Office London
G.K.R. = Gemeindekirchenrat der Erlöserkirche
GSIUH = Gottlieb-Schumacher-Institut der Universität Haifa
ILB = Im Lande der Bibel

IMC/IMR = International Missionary Council/Internationaler Missionsrat

IRM = International Review of Missions

ISA = Israel State Archive

JbAEvK = Jahrbuch für Auslandsdeutschtum und Evangelische Kirche

JbDEI = Jahrbuch des Deutschen Evangelischen Instituts für Altertumswissenschaften des Heiligen Landes

JEM = Jerusalem and the East Mission

JIDG = Jahrbuch des Instituts für Deutsche Geschichte in Tel Aviv

JIDG.B = Beiheft zum Jahrbuch des Instituts für Deutsche Geschichte in Tel Aviv

JK = Junge Kirche. Zeitschrift der Jungreformatorischen Bewegung

JV = Jerusalemsverein

JVA = Archiv des Jerusalemsvereins im Berliner Missionswerk

KA = Kirchliches Außenamt

KDC = Kirchenbewegung Deutsche Christen

KKL = Jüdischer Nationalfonds, hebräisch: Keren Kayemeth le 'Israel

LJS = London Society for Promoting Christianity among the Jews, kurz: London Jews Society

LKA = Landeskirchliches Archiv

LP = Pfund

LPL = Lambeth Palace Library

MES = Middle Eastern Studies

Mk = Mark

MS = Maschinenschriftliches Manuskript

NAMZ = Neue Allgemeine Missions-Zeitschrift

NNM = Neueste Nachrichten aus dem Morgenlande

NSDAP = Nationalsozialistische Deutsche Arbeiterpartei

OKR = Oberkirchenrat

P. oder Pfr. = Pastor oder Pfarrer

PA = Personalakte

PAAA = Politisches Archiv des Auswärtigen Amtes

PJ = Palästina-Jahrbuch

PRO = Public Record Office

RDC = Reichsbewegung Deutsche Christen

R.G. = Record Group

RM = Reichsmark

Sfr. = Schweizer Franken

SPCK = Society for the Promotion of Christian Knowledge

SyrW = Syrisches Waisenhaus

TAJB = Tel Aviver Jahrbuch für deutsche Geschichte

UNRWA = United Nations Refugee Works Agency

VDA = Verein (später: Volksbund) für das Deutschtum im Ausland

WZ (GS) = Wissenschaftliche Zeitschrift der Ernst-Moritz-Arndt-Universität Greifswald. Gesellschafts- und sprachwissenschaftliche Reihe

ZMR = Zeitschrift für Missionskunde und Religionswissenschaften

ZMiss = Zeitschrift für Mission

Ungedruckte Quellen

Evangelisches Zentralarchiv (EZA)

Evangelischer Ober-Kirchenrat Berlin:
Auslandsdiaspora/Kirchenbundesamt/Kirchliches Außenamt: EZA 5 und 51

5/1947; 5/1969; 5/1970; 5/1972; 5/1973: 5/1989; 5/1994: Beiheft; 5/2001; 5/2018; 5/2024; 5/2025; 5/2027; 5/2028; 5/2029; 5/2031; 5/2032: Beiheft 3; 5/2033: Beiheft 1; 5/2034; 5/3123; 5/3124; 5/3126
5/3562: PA Detwig von Oertzen
51/H II f 3; 51/H II f ; 51/H II f 5

Evangelischer Ober-Kirchenrat Berlin: EZA 7

7/3909; 7/3910; 7/3911; 7/3912; 7/3914: Beiheft 1 und 2; 7/3916; 7/3917

Kuratorium der Evangelischen Jerusalem-Stiftung: EZA 56

56/1; 56/3; 56/11; 56/17; 56/23; 56/38; 56/40; 56/41; 56/43; 56/47; 56/48; 56/49; 56/50; 56/51; 56/52; 56/68; 56/71; 56/72; 56/83; 56/84; 56/85; 56/86; 56/87; 56/94; 56/98; 56/100; 56/101; 56/106; 56/107; 56/110; 56/114; 56/182; 56/188; 56/189; 56/190; 56/262; 56/270; 56/274; 56/281; 56/287; 56/288; 56/341; 56/444; 56/448; 56/450; 56/452; 56/453; 56/455; 56/456; 56/459

Bundesarchiv Berlin (BArchBerlin)

Auswärtiges Amt: R 901

901/69291; 901/69294; 901/69295; 901/69296; 901/69300; 901/69301; 901/69302; 901/69303; 901/69304; 901/69305; 901/69308; 901/69432; 901/69433; 901/69434; 901/69448; 901/69489; 901/69490

Reichskirchenministerium (früher: Ministerium der geistlichen, Unterrichts- u. Medizinal-Angelegenheiten. Geistliche Abteilung): R 5101

5101/21900; 5101/21912; 5101/23108; 5101/24207

Filme

626 und 5267

Personenbezogene Akten/Berlin Document Center

Dr. Kurt Hegele: ZA 5 – 150, 242. Karteikarte NSDAP-Mitgliedsnummer 2.342.439.
Cornelius Schwarz: Karteikarte NSDAP-Mitgliedsnummer 1.587.418.
Gerhardt Jentzsch: ZB 2 – 3484, A. 18.
Felix Moderow: ZB I 1611, 235.

Deutsches Generalkonsulat Jerusalem: R 157 III F (Originale im ISA – verfilmte
Kopie im BArchBerlin, deshalb Doppelangabe: Filmsignatur und Akte)

R 157 III F/14620 bzw. Akte 245; R 157 III F/14620 bzw. 246; R 157 III F/14677
bzw. 887; R 157 III F/14677 bzw. 890B; R 157 III F/14678 bzw. 913; R 157 III
F/14678 bzw. 919B; R 157 III F/14678 bzw. 921A; R 157 III F/14678 bzw. 921B;
R 157 III F/14678 bzw. 926; R 157 III F/14678 bzw. 932B; R 157 III F/14679 bzw.
935; R 157 III F/14679 bzw. 936; R 157 III F/14679 bzw. 940; R 157 III F/14688
bzw. 990; R 157 III F/14688 bzw. 991; R 157 III F/14703 bzw. 1078; R 157 III
F/14703 bzw. 1080; R 157 III F/14740 bzw. 1253; R 157 III F/14740 bzw. 1254; R
157 III F/14755 bzw. 1358; R 157 III F/14755 bzw. 1359; R 157 III F/14755 bzw.
1360; R 157 III F/14756 bzw. 1361; R 157 III F/14756 bzw. 1362; R 157 III F/14756
bzw. 1363; R 157 III F/14757 bzw. 1364; R 157 III F/14757 bzw. 1365; R 157 III
F/14757 bzw. 1366; R 157 III F/14757/1367; R 157 III F/14757 bzw. 1368; R 157
III F/14758 bzw. 1369; R 157 III F/14758 bzw. 1370; R 157 III F/14758 bzw. 1371;
R 157 III F/14758 bzw. 1372; R 157 III F/14758 bzw. 1373; R 157 III F/14758 bzw.
1374; R 157 III F/14759 bzw. 1375; R 157 III F/14759 bzw. 1376; R 157 III F/14759
bzw. 1377; R 157 III F/14759 bzw. 1378; R 157 III F/14759 bzw. 1379; R 157 III
F/14759 bzw. 1380; R 157 III F/14759 bzw. 1381; R 157 III F/14760 bzw. 1382; R
157 III F/14760 bzw. 1383; R 157 III F/14760 bzw. 1384; R 157 III F/14764 bzw.
1422A; R 157 III F/14764 bzw. 1425A; R 157 III F/14764 bzw. 1425B; R 157 III
F/14764 bzw. 1426; R 157 III F/14765 bzw. 1428; R 157 III F/14765 bzw. 1434;
R 157 III F/14768 bzw. 1452A; R 157 III F/14768 bzw. 1452B; R 157 III F/14768
bzw. 1453; R 157 III F/14768 bzw. 1454; R 157 III F/14768 bzw. 1455; R 157 III
F/14768 bzw. 1456; R 157 III F/14768 bzw. 1457A; R 157 III F/14768 bzw. 1457B;
R 157 III F/14768 bzw. 1458A; R 157 III F/14768 bzw. 1458B; R 157 III F/14768
bzw. 1459; R 157 III F/14768 bzw. 1460; R 157 III F/14768 bzw. 1461

Politisches Archiv des Auswärtigen Amtes (PAAA)

R 78353

Landeskirchliches Archiv Karlsruhe (LKA Karlsruhe)

Personalakte (PA) 6223–6225: Martin Heinrich (Heinz) Kappes (zitiert als PA Kappes)

Landeskirchliches Archiv im Württembergischen Oberkirchenrat Stuttgart (LKA Stuttgart)

Personalakten

Bestand A 227–Nr. 118: Daxner, Kurt (zitiert als PA Daxner)
Bestand A 127–S 278: Schneller, Hermann Theodor (zitiert als PA H. Schneller)
Bestand A 127–S 279: Schneller, Ludwig Theodor (zitiert als PA T. Schneller)
PA Weber, Hans (zitiert als PA Weber)
PA Gerber, Eberhard (zitiert als PA Gerber)
PA Dr. Kübler-Sütterlin, Otto (zitiert als PA Kübler-Sütterlin)

Schneller-Archiv

Sitzungsprotokolle
K 8/7; K 8/8; K 8/9; K 8/10
Personalunterlagen
K 8/11; K 8/16; K 8/ 17; K 8/18; K 8/31; K 8/46; K 8/48; K 8/135; K 8/136; K 8/143; K8/164; K 8/173
Korrespondenzen
K 8/19; K 8/20; K 8/21; K 8/22; K 8/23; K 8/24; K 8/25; K 8/27; K 8/47; K 8/54; K 8/87; K 8/89; K 8/131; K 8/155; K 8/168; K 8/170; K 8/180

Landeskirchliches Archiv Berlin-Brandenburg (LABB)

6/P 473: PA Detwig von Oertzen
14/23937 und 1/4–Karton: PA von Rabenau
1/4 Karton 4: PA Ernst Rhein

Archiv des Jerusalemsvereins Berlin (JVA)

Abteilung A: Heimatarbeit, 1852–1945

A 126–128; A 13; A 511; A 53; A 541; A 57; A 61; A 62; A 63; A 71

Abteilung B: Arbeit auf dem Missionsfeld, 1852–1945

B 12; B 131; B 17; B 221; B 236; B 237; B 238; B 239; B 2310; B 2311; B 319; B 3110; B 3111; B 3112; B 3113; B 3114; B 3115; B 3116; B 3117; B 3118; B 326; B 34; B 35; B 411; B 412; B 413; B 42; B 535; B 536; B 555; B 556; B 557; B 621

Abteilung I–III: Organisation, Heimat, Feld, 1945–1974

II, 56: G. Nierenz, *Arbeitsfeld Palästina. Die Geschichte des Jerusalemsvereins. Zum 85. Geburtstag von Dr. Bernhard Karnatz und zu seinem 25jährigen Jubiläum als Vorsitzender des Jerusalemsvereins.* MS Berlin 1967.

Israel State Archiv Jerusalem (ISA)

Deutsche Akten im ISA

R.G. 67/524/1371; 67/525/1374; 67/525/1377A; 67/525/1377 B; 67/525/1382; 67/525/1383; 90/681; 90/682; 90/684; 90/J 76/5;. 90/J 76/6; 90/J 76/10; 90/J 76/11; 90/821/J76/1; 90/821/J 76/8 I; 90/821/J 76/8 II; 90/821/J 76/9; 90/J 76/12 I; 90/J 76/12 II; 90/822/J76/13; 90/822/J76/14; 90/822/J76/20; 90/822/J76/24; 90/823/J76/25; 90/823/J76/26; 90/823/J76/29; 90/823/J76/30; 90/823/J76/32; 90/823/J76/33; 90/899/1; 90/899/2; 90/899/3; 90/899/5

Englische Akten im ISA

R.G. 2/B/2/39; 2/B/2/42; 2/B/2/43; 2/B/2/44; 2/B/17/45; 2/B/28/38; 2/B/50/31; 2/B/57/31; 2/CS 73; R.G. 2/CS 111; 2/E/2/40; 2/SF/58/48; 2/SF/189/40.

Gottlieb-Schuhmacher-Institut der Universität Haifa (GSIUH)

I SW 02: H. Schneller, *„Fürchte Dich nicht, glaube nur¡. Das Leben des Direktors D. Theodor Schneller vom Syrischen Waisenhaus in Jerusalem. 1865–1935.* MS o. O., o.J.

Public Record Office London (PRO)

C.O. 323/1666/4; 733/347/10; 733/411/2; 733/411/3; 733/414/11
F.O. 371/5269; 371/5277; 371/17884; 371/20035; 371/20818; 371/20822; 371/21876; 371/21879; 371/21882; 371/21883; 371/21884; 371/21885; 371/21887; 371/21888; 371/23245

Lambeth Palace Library (LPL), Archiv des Erzbischofs von Canterbury in London

R.T. Davidson Papers 287; 290; 291; 349; 350; 352; 353; 395; 396; 397; 398; 399; 400
J.A. Douglas Papers 13; 14; 15; 35; 69
G.F. Fisher Papers 1
Lang Papers 44; 45; 52; 53; 127; 144; 177; 176, 191
E.J. Palmer Papers, MS. 2989; MS. 2990
Winnington-Ingram Papers 4
MS. 2611–13: Syria and Palestine Relief Fund
MS. 3124: Missionary Council: Africa/Middle East

Birmingham University Library (BUL): Archiv der Church Mission Society (CMS)

CMS/PY P1–23; CMS/G/Y/P 2; CMS/G/Y/P3 (includes G3 p/1914/97; 1929/113; 1930/98,99); CMS/Historical Record (MS der Annual Reports) 1917–1940
CMS/Annual Report (Druckfassung) 1917–1940

Bodleian Library Oxford (BLO): Archiv der London Society for Promoting Christianity among the Jew/Church Missions to Jews (LJS/CMJ)

Dep. C.M.J. c.37; Dep. C.M.J., c.38; Dep. C.M.J., c.39; Dep. C.M.J., c.53; Dep. C.M.J., c.54; Dep. C.M.J., c.92; Dep. C.M.J., c.93; Dep. C.M.J., c.94; Dep. C.M.J., c.95; Dep. C.M.J., c.96; Dep. C.M.J., c.97; Dep. C.M.J., c.98; Dep. C.M.J., c.99; Dep. C.M.J, c.105; Dep. C.M.J., c.105/2; Dep. C.M.J., c.105/17; Dep. C.M.J., c.109; Dep. C.M.J., c.110; Dep. C.M.J., c.250/1–11; Dep. C.M.J., d.30/1–10; Dep. C.M.J., d.53–56/1; Dep. C.M.J., d.55/1–4; Dep. C.M.J., d.56/1–11; Dep. C.M.J., d.57; Dep. C.M.J., d.58/1–19; Dep. C.M.J., d.68/1–17; Dep. C.M.J., d.67/1–12; Dep. C.M.J., d.88/1; Dep. C.M.J., d.88/3; Dep. C.M.J., d.106/1–12; Dep. C.M.J., d.107/1–26; Dep. C.M.J., d.108/1–28; Dep. C.M.J., d.109/1–25; Dep. C.M.J., d.159

Church of England Record Centre (CERC)

MC/COU/D: Motion of the Bishop of Worchester, Report from the Proceedings of the Church Assembly, 1936.

Gedruckte Quellen

Ausgewertete Periodika

Allgemeine Missionszeitschrift 1 (1874) – 48 (1922).
Neue Allgemeine Missionszeitschrift 1 (1924) – 16 (1939).
Auslandsdeutschtum und evangelische Kirche. Jahrbuch. Hg. vom Kirchlichen Außenamt der Deutschen Evangelischen Kirche 1 (1931) – 9 (1940)
Bible Lands. Quarterly paper of the Jerusalem and the East Mission 65 (1915) – 150 (1936)
Der Bote aus Zion. Mitteilungen aus dem Syrischen Waisenhaus Jerusalem 1 (1885) – 54 (1938). 63 (1948) – 84 (1969)
Der Schneller Bote. Nachrichten des Syrischen Waisenhauses 84 (1969) – 106 (1991).
Schneller-Magazin. Informationen aus den Schneller-Schulen und Nahost 106 (1991) ff.
Der Orient 1 (1918) ff.
Die Evangelische Diaspora. Monatshefte des Gustav-Adolf-Vereins. Zeitschrift für die Kenntnis und Pflege der evangelischen Diaspora insbesondere des Auslands-

deutschtums, Leipzig 1.1919/1920. Danach: *Die Evangelische Diaspora. Jahrbuch des Gustav-Adolf-Werkes,* Leipzig 2.1920/21 - 23.1941

Die Evangelische Diaspora. Zeitschrift des Gustav-Adolf-Werkes. Beihefte, Leipzig 1.1921 – 17.1929

Evangelisches Gemeindeblatt für Palästina, Jerusalem 1 (1925) – 15 (1939)

Evangelische Missionszeitschrift 1 (1940) – 31 (1974)

International Review of Missions 1 (1912) ff.

Neueste Nachrichten aus dem Morgenlande. Vereinsschrift des Jerusalems-Vereins 1 (1857) – 85 (1941)

Im Lande Jesu 54 (1938) – 62 (1947) [Fortsetzung des Boten aus Zion]

Im Lande der Bibel. Neue Folge der Neuesten Nachrichten aus dem Morgenland 1 (1955) ff.

Parliamentary Debates (Lords) 5th series, 106–111, London 1937–1939.

Potshauser Chronik. General-Anzeiger, Potshausen o.J., darin: *Friesische Blätter. Heimatkundliche Beilage des General-Anzeiger Rhauderfehn. Anzeiger für Oberledinger- und Saterland/Tageszeitung für Ostfriesland und Oldenburgerland* Nr. 4, 15 Jg. April 1978 und Nr. 6 – 15. Jg. Juni 1978.

Zeitschrift des Deutschen Palästinavereins. Zugleich Organ des Deutschen Evangelischen Instituts für Altertumswissenschaften des Heiligen Landes, Wiesbaden (anfangs: Leipzig) 1, 1878 ff.

Zeitschrift für Mission 1 (1974) ff.

Quellensammlungen

M.S. Anderson (Hg.), *The Great Powers and the Near East 1774–1923. Documents of Modern History,* London 1970.

G.K.A. Bell, *Randall Davidson, Archbishop of Canterbury.* 2 Bde., Oxford 1935.

A. Carmel (Hg.), *Palästina-Chronik 1853–1882. Deutsche Zeitungsberichte vom Krimkrieg bis zur ersten jüdischen Einwanderungswelle,* Ulm 1978.

Ders. (Hg.), *Palästina-Chronik 1883–1914. Deutsche Zeitungsberichte von der ersten jüdischen Einwanderungswelle bis zum Ersten Weltkrieg,* Ulm 1983.

P. Gradenwitz (Hg.), *Das Heilige Land in Augenzeugenberichten,* München 1984.

J.C. Hurewitz (Hg.), *Diplomacy in the Near and Middle East. A Documentray Record, Bd. I: 1535–1914, Bd. II: 1914–1956,* Toronto – Princeton – New York – London 1956.

Die Große Politik der Europäischen Kabinette 1871–1914. Sammlung der Diplomatischen Akten des Auswärtigen Amtes, im Auftrag des Auswärtigen Amtes hg. von J. Lepsius/A. Mendelssohn-Bartholdy/F. Thimme, 40 Bde. in 54, Berlin 1922–1927.

D. Ingrams (Hg.), *Palestine Papers 1917–1922,* London 1972.

W. Laquer (Hg.), *The Israel-Arab Reader.* Revised Edition, London 1970.

N.G. Levin (Hg.), *The Zionist Movement in Palestine and World Politics, 1880–1918,* Lexington – Toronto – London 1974.

Office of the International Missionary Council (Hg.), *Treaties, Acts and Regulations relating to Missionary Freedom*, London 1922.

H. Rückleben/H. Erbacher (Hgg.), *Die Evangelische Landeskirche in Baden im „Dritten Reich". Quellen zu ihrer Geschichte*, Bd. 1–6, hrsg. von H. Rückleben und H. Erbacher sowie G. Schwinge, Karlsruhe 1991, 1992, 1995, 2003, 2004, 2005.

Bibliographien, Lexika und archivalische Hilfsmittel

A Preliminary Guide to the Archives of British Missionary Societies. Compiled by R. Seton & E. Naish, London 1992.

An Arabic-English Lexicon, hg.v. E.-W. Lane, 2 Books, London – Edinburgh 1863–1893.

Biographisch-Bibliographisches Kirchenlexikon, hg.v. F.W. Bautz, Hamm 1975 ff.

Biographical Dictionary of Christian Missions, hg.v. G.H. Anderson, Grand Rapids ²1999.

Biographisches Handbuch der deutschsprachigen Emigration nach 1933/International Biographical Dictionary of Central European Emigrés 1933–1945, hg.v. Institut für Zeitgeschichte, München, und v. der Research Foundation for Jewish Immigration, New York, unter der Gesamtleitung v. W. Röder und H.A. Strauss, 3 Bde., München – New York – London – Paris 1980–1983.

Biographisches Handbuch des deutschen Auswärtigen Dienstes 1871–1945, hg.v. M. Keipert/P. Grupp, Bd.1: A-F, Paderborn – München – Wien - Zürich 2000.

Biographisches Lexikon zum Dritten Reich, hg.v. H. Weiß, Frankfurt/Main 1998.

Britain and Palestine 1914–1948. Archival Sources for the History of the British Mandate, hg.v. P. Jones, Oxford 1979.

Britain in the Middle East. An Annotated Bibliography, Garland Reference Library of Social Scienes, hg.v. V. Ponko, New York 1990.

Brockhaus. Handbuch des Wissens in vier Bänden. Sechste, gänzlich umgearbeitete und wesentlich vermehrte Auflage von Brockhaus' kleinem Konversations-Lexikon, Leipzig 1923–1924.

Deutsche Biographische Enzyklopädie (DBE), hg.v. W. Killy und R. Vierhaus unter Mitarbeit v. D. von Engelhardt, W. Fischer, F.G. Kaltwasser und B. Moeller, 12 Bde, Darmstadt 1995 ff.

Deutsches Biographisches Jahrbuch, Stuttgart 1925 ff.

Die Palästina-Literatur: Bd. A (1878–1894), hg.v. P. Thompson, Berlin 1960; *Bd. 1 (1895–1904)*, 2. Auflage Leipzig 1911; *Bd. 2 (1905–1909)*, Leipzig 1911; *Bd. 3 (1910–1914)*, Leipzig 1916; *Bd. 4 (1915–1924)*, Leipzig 1927; *Bd. 5 (1925–1934)*, Leipzig 1938; *Bd. 6 (1935–1939)*, Berlin 1956; *Bd. 7 (1940–1945)*, Berlin 1972.

Evangelisches Soziallexikon, hg.v. M. Honecker u.a., Neuausgabe, Stuttgart – Berlin – Köln 2001.

J. Eisler/A.G. Krauß (Hgg.), *Bibliographie der Familie Schneller. Das Syrische Waisenhaus in Jerusalem*, Stuttgart 2006.

Handbuch der deutschsprachigen Emigration 1933–1945, hg.v. C.-D. Krohn, P. zur Mühlen, G. Paul und L. Winckler unter redaktioneller Mitarbeit von E. Kohlhaas in Zusammenarbeit mit der Gesellschaft für Exilforschung, Darmstadt 1998.

Historical Dictionary of Zionism, hg.v. R. Medoff/C.I. Waxman, Lanham – London 2000.

Inventar archivalischer Quellen des NS-Staates: Die Überlieferung von Behörden und Einrichtungen des Reiches, der Länder und der NSDAP, hg.v. H. Boberach, Bd. 1: *Die Reichsbehörden*, München 1991.

Inventar staatlicher Akten zum Verhältnis von Staat und Kirche 1933–1945, hg. von der Evangelischen Arbeitsgemeinschaft für Kirchliche Zeitgeschichte und der Kommission für Zeitgeschichte. Bearbeitet von Chr. Abele und H. Boberach, unter Mitwirkung von H. Braun und C. Nicolaisen, 3 Bde., Kassel 1987–1988.

Jerusalem in Pilgrims and Travellers' Accounts. A Thematic Bibliography of Western Christian Itineraries. 1300–1917, hg.v. N. Schur, Jerusalem 1980.

Lexikon missionstheologischer Grundbegriffe, hg.v. K. Müller/T. Sundermeier, Berlin 1987.

Mission Legacies. Biographical Studies of Leaders of the Missionary Movement, hg.v. G.H. Anderson, Maryknoll 1994.

Neues allgemeines Deutsches Adels-Lexicon, hg.v. E.H. Kneschke, 9 Bde., Leipzig 1859–1870.

Ökumene-Lexikon. Kirchen, Religionen, Bewegungen, hg.v. H. Krüger/W. Löser u.a. Frankfurt/Main [2]1987.

Palestine and the Arab-Israeli conflict. An Annotated Bibliography, hg.v. W. Khalidi/J. Khadduri, Beirut 1974.

Personenlexikon Religion und Theologie, hg.v. M. Greschat, Göttingen 1998.

Religion in Geschichte und Gegenwart [1], hg.v. F.M. Schiele/L. Zscharnack/H. Gunkel/O. Scheel, Tübingen 1, 1909 – 5, 1913.

Religion in Geschichte und Gegenwart [2], hg.v. H. Gunkel/L. Zscharnack/A. Bertholet/H. Faber/H. Stephan, Tübingen 1, 1927 – 5, 1931.

Religion in Geschichte und Gegenwart [3], hg.v. K. Galling/H. Frhr. von Campenhausen/E. Dinkler/G. Gloege/K.E. Logstrup, Tübingen 1, 1957 – 6, 1962.

Religion in Geschichte und Gegenwart [4], hg.v. H.D. Betz/D.S. Browning/B. Janowski/E. Jüngel, Tübingen 1, 1999 – 8, 2007.

Theologische Realenzyklopädie, hg.v. G. Müller u.a., Berlin – New York 1, 1976 – 36, 2004

The Encyclopedia of Islam. New edition, 11 Bde., Leiden – London 1960–2002.

The Foreign Vocabulary of the Qur'ân, hg.v. A. Jeffery, Baroda 1938.

The German Consulates in Palestine 1842–1939, hg.v. Prime Minister's Office/State Archives, Jerusalem 1976.

Sonstige Quellen und Literatur

S. Abbud (Hg.), *5000 arabische Sprichwörter aus Palästina:* arabischer Text in der Volkssprache in vokalisierter Schrift aufgenommen, mit schriftlichen Erklärungen versehen und in Zusammenarbeit mit M. Thilo und G. Kampffmeyer hg.v. S. Abbud, Berlin 1933.

H.-J. Abromeit, „Der Beitrag der evangelischen Schularbeit zur Entwicklung Palästinas", in: *ZMiss* 20 (1994), 166–177.

R. Abu El-Assal, „The birth and experience of the Christian church: the Protestant/Anglican perspective: Anglican identity in the Middle East", in: M. Prior/W. Taylor (Hgg.), *Christians in the Holy Land*, London 1994, 131–140.

K.S. Abu Jaber, „The Millet System in the 19th Century Ottoman Empire", in: *Muslim World* 3 (1967), 212–223.

B. Abu-Manneh, „The rise of the sanjak of Jerusalem in the late nineteenth century", in: I. Pappé (Hg.), *The Israel/Palestine Question*, London – New York 1999, 41–51.

A. Adé, *Winston S. Churchill und die Palästina-Frage, 1917–48: Von der Balfour-Erklärung bis zum Unabhängigkeitskrieg*. MS Diss. phil. Universität Zürich 1973.

T. Ahrends, Art. „Missionswissenschaft", in: *ThR* 65 (2000), 38–77.

S. Akel, *Der Pädagoge und Missionar Johann Ludwig Schneller und seine Erziehungsanstalten*, Bielefeld 1978.

A. Alt, *Kleinen Schriften zur Geschichte des Volkes Israel*, München Bd. 1: [4]1968; Bd. 2: [4]1978; Bd. 3: [2]1968.

W. Altgeld, *Katholizismus, Protestantismus, Judentum: Über religiös begründete Gegensätze und nationalreligiöse Ideen in der Geschichte des deutschen Nationalismus*, Mainz 1992.

W. Altmann, *Die Judenfrage in evangelischen und katholischen Zeitschriften zwischen 1918 und 1933*. Diss. theol. Universität Münster 1971.

B. Anderson, *Die Erfindung der Nation. Zur Karriere eines folgenreichen Konzepts.* Aus dem Englischen von B. Burkhard und Chr. Münz, Erweitere Ausgabe, Berlin 1998. [Englische Fassung: *Imagined Communities: Reflections on the Origin and Spread of Nationalism*, London [3]1996.]

M. Anderson, *The Eastern Question 1774–1923. A Study in International Relations*, London 1966.

B. Andresen, *Ernst von Dryander. Eine biographische Studie*, Berlin – New York 1995.

F. Ansprenger, *Juden und Araber in einem Land: Die politischen Beziehungen der beiden Völker im Mandatsgebiet Palästina und im Staat Israel*, München 1978.

G. Antonius, *The Arab Awakening. The Story of the Arab National Movement.* New York [8]1979.

I. Arndt, *Die Judenfrage im Licht der evangelischen Sonntagsblätter von 1918–1933*. MS Diss. theol. Tübingen 1960

J. Assmann, *Das kulturelle Gedächtnis. Schrift, Erinnerung und politische Identität in frühen Hochkulturen*, München [2]1999.

E. Astafieva, „Imaginäre und wirkliche Präsenz Russlands im Nahen Osten in der zweiten Hälfte des 19. Jahrhunderts", in: D. Trimbur (Hg.), *Europäer in der Levante. Zwischen Politik, Wissenschaft und Religion (19.–20. Jahrhundert)/Des Européens au Levant. Entre politique, science et religion (XIXe–XXe siècles)*, München 2004, 161–186.

R. von Albertini (Hg.), *Dekolonisation. Die Diskussion über Verwaltung und Zukunft der Kolonien 1919–1960*, Köln – Opladen 1966.

S. Avineri (Hg.), *Profile des Zionismus: Die geistigen Ursprünge des Staates Israel. 17 Porträts*, Gütersloh 1998.

K.J. Bade, *Friedrich Fabri und der Imperialismus in der Bismarckzeit. Revolution – Depression – Expansion*, Freiburg i.Br. 1975.

Ders., *Imperialismus und Kolonialmission. Kaiserliches Deutschland und koloniales Imperium*, Wiesbaden 1982.

Ders., (Hg.), Deutsche im Ausland – Fremde in Deutschland. Migration in Geschichte und Gegenwart, München 1992.

Badische Landesbibliothek Karlsruhe (Hg.), *Protestantismus und Politik. Zum politischen Handeln evangelischer Männer und Frauen in Baden zwischen 1819 und 1933.* Eine Ausstellung der Badischen Landesbibliothek Karlsruhe in Zusammenarbeit mit der Evangelischen Landeskirche in Baden/Landeskirchliche Bibliothek, dem Generallandesarchiv Karlsruhe und dem Stadtarchiv Karlsruhe aus Anlaß des Kirchenjubiläums 1996: 175 Jahre Evangelische Landeskirche in Baden, Karlsruhe 1996.

C.-E. Bärsch, *Die politische Religion des Nationalsozialismus. Die religiöse Dimension der NS-Ideologie in den Schriften von Dietrich Eckart, Joseph Goebbels, Alfred Rosenberg und Adolf Hitler*, München 1998.

F. Bajohr, „Detlev Peukerts Beiträge zu Sozialgeschichte der Moderne", in: Ders./W. Johe/U. Lohalm (Hgg.), *Zivilisation und Barbarei. Die widersprüchlichen Potentiale der Moderne*, Hamburg 1991, 7–16.

R. Balke, „Die NSDAP in Palästina – Profil einer Auslandsorganisation", in: *TAJB* XXVII (1998), 221–250.

Ders., *Hakenkreuz im Heiligen Land. Die NSDAP-Landesgruppe Palästina*, Erfurt 2001.

Ders., *Die Landesgruppe der NSDAP in Palästina*, MS Diss. phil. Essen 1997.

F.-M. Balzer (Hg.), *Ärgernis und Zeichen. Erwin Eckert – Sozialistischer Revolutionär aus christlichem Glauben*, Bonn 1993.

Ders., „Das Problem der Assoziation nichtproletarischer, demokratischer Kräfte an die Arbeiterbewegung. Das Beispiel von Pfarrer Heinz Kappes", in: *Internationale Dialogzeitschrift* 7 (1974), 170–181.

Ders./K.U. Schnell, *Der Fall Erwin Eckert. Zum Verhältnis von Protestantismus und Faschismus am Ende der Weimarer Republik.* Mit einem Geleitwort v. H. Prolingheuer, Bonn [2]1993.

Ders., *Klassengegensätze in der Kirche. Erwin Eckert und der Bund der Religiösen Sozialisten.* Mit einem Vorwort v. W. Abendroth, Bonn [3]1993.

Ders./G. Wendelborn, *„Wir sind keine stummen Hunde" (Jesaja 56,10). Heinz Kappes (1893–1988). Christ und Sozialist in der Weimarer Republik,* Bonn 1994.

H. Bardtke, „Albrecht Alt. Leben und Wirkung", in: *ThLZ* 81 (1956), 513–522.

F. Barth (Hg.), *Ethnic Groups and Boundaries,* Bergen 1969, 9–38.

J.L. Barton, „Near East Relief: A Moral Force", in: *IRM* 18 (1929), 495–502.

R. Bauckham, Art. „Chiliasmus IV: Reformation und Neuzeit", in: *TRE* 7 (1981), 737–745.

L. Bauer, *Das palästinensische Arabisch: Die Dialekte des Städters und des Fellachen: Grammatik, Übungen und Chrestomathie.* Unveränderter, photomechanischer Nachdruck der 4. Auflage von 1926, Zentralantiquariat der DDR, Leipzig 1970.

Ders., *Deutsch-arabisches Wörterbuch der Umgangssprache in Palästina und im Libanon,* 2. Auflage unter Mitwirkung v. A. Spitaler, Wiesbaden 1957.

Ders., *Lehrbuch zur praktischen Erlernung der arabischen Sprache. Schrift- und Vulgärarabisch,* Jerusalem 1897.

Ders., *Schlüssel zum Lehrbuch der arabischen Sprache,* Jerusalem 1896.

Ders., *Volksleben im Lande der Bibel,* Leipzig [2]1903.

Ders., *Wörterbuch des palästinensischen Arabisch: Deutsch-Arabisch,* Leipzig 1933.

A. Baumann, *Die Apostelstraße. Eine außergewöhnliche Vision und ihre Verwirklichung,* Gießen – Basel 1999.

H. Baumgarten, *Palästina. Befreiung in den Staat. Die palästinensische Nationalbewegung seit 1948,* Frankfurt/Main 1991.

U. Bechmann/M. Raheb (Hgg.), *Verwurzelt im Heiligen Land. Einführung in das palästinensische Christentum,* Frankfurt/Main 1995.

D. Becker/A. Feldtkeller (Hgg.), *Es begann in Halle ... Missionswissenschaft von Gustav Warneck bis heute,* Erlangen 1997.

U. Becker/U. Bohn/P. Löffler/P. von der Osten-Sacken (Hgg.), *Jerusalem – Symbol und Wirklichkeit. Materialien zu einer Stadt,* Berlin [3]1992.

G.K.A. Bell, *Documents on Christian Unity,* 4 Bde., London 1924–1958.

M. Benad (Hg.), *Friedrich v. Bodelschwingh d.J. und die Betheler Anstalten. Frömmigkeit und Weltgestaltung,* Stuttgart – Berlin – Köln 1997.

Y. Ben-Arieh, *Jerusalem in the 19th century.* 2 Bde., Jerusalem 1984/1986.

Ders., *The Rediscovery of the Holy Land in the Nineteenth Century,* Jerusalem – Detroit 1979.

Y. Ben-Artzi, *Mi-Germanyah le-Erets ha-kodesh: hityashut ha-Templerim be-Erets Yisra'el,* Jerusalem 1996.

S. Ben-Chorin, *Ich lebe in Jerusalem. Ein Bekenntnis zu Geschichte und Gegenwart.* Ungekürzte Ausgabe, München [3]1998.

G. Ben-Dor (Hg.), *The Palestinians and the Middle East Conflict.* An International Conference held at the Institute for Middle Eastern Studies, University of Haifa, April 1976, Ramat Gan [2]1979.

Ders. (Hg.), *State and Conflict in the Middle East: Emergence of the Post Colonial State*, New York 1983.

T.H. Benner, *Die Strahlen der Krone. Die religiöse Dimension des Kaisertums unter Wilhelm II. vor dem Hintergrund der Orientreise 1898*, Marburg 2001.

E. Benz, *Bischofsamt und apostolische Sukzession im deutschen Protestantismus*, Stuttgart 1953.

D. Bergen; „‚What God has put asunder let no man join together'. Overseas Missions and the German Christian View of Race, in: D.F. Tobler (Hg.), *Remembrance, Repentance, Reconciliation. The 25th Anniversary Volume of the Annual Scholars' Conference on the Holocaust and the Churches*, Lanham 1998, 5–17.

D.L. Bergen, „Die ‚Deutschen Christen' 1933–1945: ganz normale Gläubige und eifrige Komplizen", in: *GG* 29 (2003), 542–574.

Dies., *Twisted Cross. The German Christian Movement in the Third Reich*, Chapel Hill – London 1996.

S.H. Bergmann, *Tagebücher und Briefe* Bd. 1: 1901–1948, hg.v. M. Sambursky. Mit einer Einleitung von N. Rotenstreich, Königstein, 1985

K.H. Bernhardt, Art. „Dalman, Gustaf", in: *TRE* 8 (1981), 322 f.

G. Besier, *Die Kirchen und das Dritte Reich. Spaltungen und Abwehrkämpfe 1934–1937*, Berlin – München 2001.

Ders. (Hg.), *Zwischen ‚nationaler Revolution' und militärischer Aggression. Transformation in Kirche und Gesellschaft 1934–1939*, München 2001.

Ders., „Die Kirche der altpreußischen Union unter ideologischen und politischem Druck des nationalsozialistischen Staates (1937–1939)", in: Ders./E. Lessing (Hgg.), *Die Geschichte der Evangelischen Kirche der Union. Ein Handbuch*, Bd. 3: Trennung von Staat und Kirche – Kirchlich-politische Krisen – Erneuerung kirchlicher Gemeinschaft (1918–1992), Leipzig 1999, 382–444.

Ders., „Die Kriegsschuldfrage, das Problem unterschiedlicher Staats- und Kirchengrenzen und die Ökumenische Bewegung", in: Ders./E. Lessing (Hgg.), *Die Geschichte der Evangelischen Kirche der Union*, Bd. 3, 118–142.

Ders., „Die Lenkung der APU durch die Kirchenausschüsse (1935–1937)", in: Ders./E. Lessing (Hgg.), *Die Geschichte der Evangelischen Kirche der Union*, Bd. 3, 305–368.

Ders., „Die Auslandsarbeit des Evangelischen Oberkirchenrats", in: J. Rogge/G. Ruhbach (Hgg.), *Die Geschichte der Evangelischen Kirche der Union*, Bd. 2: Die Verselbständigung der Kirche unter dem königlichen Summespiskopat (1850–1918), Leipzig 1994, 457–480.

Ders., *Die evangelische Kirche in den Umbrüchen des 20. Jahrhunderts. Gesammelte Aufsätze*, Bd. 1: *Kirche am Übergang von Wilhelminismus zur Weimarer Republik. Von der Weimarer Republik ins „Dritte Reich" – der „Kirchenkampf"*, Bd. 2: Von der ersten Diktatur in die zweite Demokratie. Kirchlicher Neubeginn in der Nachkriegszeit. Kirchen, Parteien und Ideologien im Zeichen des Ost-West-Konflikts, Neukirchen-Vluyn 1994.

Ders. u.a. (Hgg.), „Einführung der Herausgeber", in: *KZG* 1 (1988), 5.

E. Bethge, *Dietrich Bonhoeffer. Theologe – Christ – Zeitgenosse*, München ^{5}1983.

K. Bieberstein, „Sancta Maria Latina. Ein Erbe, das verpflichtet", in: K.-H. Rone-cker/J. Nieper/T. Neubert-Preine (Hgg.), *Dem Erlöser der Welt zur Ehre.* Fest-schrift zum hundertjährigen Jubiläum der Einweihung der evangelischen Erlö-serkirche in Jerusalem, Leipzig 1998, 17–36.

E.F.F. Bishop, „The Missionary in Middle East Politics (In a tribute to a Palestinian friend)", in: A. Awa/I. Boulatta/S. Nadri (Hgg.), *Arabic and Islamic Garland.* *Historical Educational and Literary Studies* (FS A.-L. Tibawi), London 1977, 68–71.

E. Black, *The Transfer Agreement. The Dramatic Story of the Pact between the Third Reich and Jewish Palestine.* New and updated edition. Preface by E.T. Chase. Afterword by A.H. Foxman, Washington, D.C. 1999.

R. Blake, „The Origins of the Jerusalem Bishopric", in: A.M. Birke/K. Klu-xen (Hgg.), *Kirche, Staat und Gesellschaft im 19. Jahrhundert. Ein deutsch-englischer Vergleich*, München 1984, 87–98.

O. Blaschke/F.-M. Kuhlemann (Hgg.), *Religion im Kaiserreich. Milieus – Mentali-täten – Krisen. Religiöse Kulturen der Moderne*, Gütersloh 1996.

K. Blumenfeld, *Erlebte Judenfrage. Ein Vierteljahrhundert deutscher Zionismus.* Hg. und mit einer Einführung versehen von H. Tramer, Stuttgart 1962.

E. Blyth, *When we lived in Jerusalem*, London 1927.

J. Bocquet, „Missionnaires français et allemands au Levant: les Lazaristes français de Damas et l'Allemagne, du voyage de Guillaume II à l'instauration du Mandat", in: D. Trimbur (Hg.), *Européer in der Levante*, a.a.O., 57–76.

L. Bohrmann, *Leben und Wirken des palästinensischen Volkskundlers Taufik Canaan (1882–1964)*, Forschungsbericht der Universität Leipzig 1993/94, in: http://www.uni-leipzig.de/forsch95/13000/13240_p.html [Stand: 30.3.2008].

K. Böhme, *Texte zur Geschichte der ökumenischen Bewegung. Verlautbarungen der Weltkirchenkonferenzen 1910–1947*, Berlin 1948.

J. Boehmer, „Von Dan bis Beerseba", in: *ZAW* 29 (1909), 134–142.

A. Boyens, *Kirchenkampf und Ökumene*, Bd. 1: 1933–1939, München 1969; Bd. 2: 1939–1945, München 1973.

S.S. Boyle, *Betrayal of Palestine: the Story of George Antonius*, Boulder, CO 2001.

K.-D. Bracher, *Die deutsche Diktatur. Entstehung, Struktur, Folgen des Nationalso-zialismus.* Ungekürzte Auflage auf Grundlage der 7. Auflage, Berlin 1997.

Ders./M. Funke/H.-A. Jacobsen (Hgg.), *Nationalsozialistische Diktatur 1933–1945. Eine Bilanz*, Bonn 1986.

Ders./M. Funke/H.-A. Jacobsen (Hgg.), *Deutschland 1933–1945. Neue Studien zur nationalsozialistischen Herrschaft*, Bonn – Düsseldorf 1992.

G. Brakelmann, Das kirchennahe protestantische Milieu im Ruhrgebiet 1890–1933, in: *Bericht über die 38. Versammlung deutscher Historiker in Bochum vom 26. bis 29. September 1990*, Stuttgart 1991, 175–179.

B. Braude/B. Lewis (Hgg.), *Christians and Jews in the Ottoman Empire. The Func-tioning of a Plural Society*, 2 Bde., New York – London 1982.

R. Breipohl, *Religiöser Sozialismus und bürgerliches Geschichtsbewusstsein zur Zeit der Weimarer Republik*, Zürich 1971.

M. Brenner, *Geschichte des Zionismus*, München 2002.

M. Broszat, *Der Staat Hitlers. Grundlegung und Entwicklung seiner inneren Verfassung*, München [12]1989.

Ders., *Die Machtergreifung. Der Aufstieg der NSDAP und die Zerstörung der Weimarer Republik*, München [3]1990.

Ders./H. Möller (Hgg.), *Das Dritte Reich. Herrschaftsstruktur und Geschichte*, München [2]1985.

R. vom Bruch, *Weltpolitik und Kulturmission: Auswärtige Kulturpolitik und Bildungsbürgertum in Deutschland am Vorabend des Ersten Weltkrieges*, Paderborn – München – Wien – Zürich 1982.

M. Buber, *Israel und Palästina. Zur Geschichte einer Idee*, Zürich 1950.

Ders./J. Magnes, *Arab-Jewish Unity. Testimony Before the Anglo-American Inquiry Commission for the Ihud (Union) Association*, London 1947, Reprint Westport/Connecticut 1976.

Ders., *Ein Land und zwei Völker. Zur jüdisch-arabischen Frage*. Hg.v. P.R. Mendes-Flohr, Frankfurt/Main 1983.

J. Bunzl (Hg.), *Der Nahostkonflikt. Analysen und Dokumente*, Wien – Frankfurt/Main 1981.

J. Burkhardt, „Reformations- und Lutherfeiern. Die Verbürgerlichung der reformatorischen Jubiläumskultur", in: D. Düding/P. Friedemann/P. Münch (Hgg.), *Öffentliche Festkultur. Politische Feste in Deutschland von der Aufklärung bis zum Ersten Weltkrieg*, Hamburg 1988, 212–231.

P. Burke, „Geschichte als soziales Gedächtnis", in A. Assmann/D. Harth (Hgg.), *Mnemosyne. Formen und Funktionen der kulturellen Erinnerung*, Frankfurt/Main 1991, 289–304.

H. Busch, „Reinhard Mumm als Reichstagsabgeordneter", in: *Jahrbuch des Vereins für Westfälische Kirchengeschichte* 65 (1972), 189–217.

N. Busch, *Katholische Frömmigkeit und Moderne. Zur Sozial- und Mentalitätsgeschichte des Herz-Jesu-Kultes in Deutschland zwischen Kulturkampf und Erstem Weltkrieg*, Gütersloh 1997.

E.W. Bußmann, *Evangelische Diasporakunde*, Marburg 1908.

B. und M. Canaan, „Dr. Taufic Canaan: Aus dem reichen Leben eines arabischen Arztes", in: *ILB* 3 (1966), 19 f.

T. Canaan, „Das Elternhaus", in: *ILB* 1 (1961), 14–18.

Ders., *Conflict in the Land of Peace*, Jerusalem 1936.

Ders., *The Palestine Arab Cause*, Jerusalem 1936.

Ders., *Zionist ambitions and the Palestine crisis being a lecture recently given at the Newman School of Missions*, Reprint der Erstausgabe Jerusalem 1936, Neudeln 1978.

Ders., *Mohammedan Saints and Sanctuaries in Palestine*, Faksimile-Reprint der Originalausgabe von 1927, Jerusalem o.J.

Ders., *Studies in the topography and folklore at Petra*, Jerusalem 1930.

Ders., „The Palestine Arab House: Its Architecture and Folklore", in: *The Journal of the Palestine Oriental Society* 12 (1932), 223–247 und 13 (1933), 1–83.

Ders., „The Child in Palestine Arab Superstition", in: *The Journal of the Palestine Oriental Society* 7 (1927), 159–186.

Ders., *Aberglaube und Volksmedizin im Lande der Bibel*, Hamburg 1914.

A. Carmel, „Der christliche Beitrag zum Wiederaufbau Palästinas im 19. Jahrhundert", in: A. Nothnagle/H.-J. Abromeit/F. Foerster (Hgg.), *Seht, wir gehen hinauf nach Jerusalem. Festschrift zum 150jährigen Jubiläum von Talitha Kumi und des Jerusalemsvereins*, Leipzig 2001, 17–30.

Ders., *Die Siedlungen der württembergischen Templer in Palästina 1868–1918. Ihre lokalpolitischen und internationalen Probleme*, Stuttgart ³2000.

Ders., „‚Christlicher Zionismus' im 19. Jahrhundert: Einige Bemerkungen", in: E.W. Stegemann (Hg.), *Hundert Jahre Zionismus. Von der Verwirklichung einer Vision*, Stuttgart – Berlin – Köln 2000, 127–135.

Ders., „Der Kaiser reist ins Heilige Land – Legende und Wirklichkeit", in: U. von der Heyden/J. Becher (Hgg.), *Mission und Gewalt, Der Umgang christlicher Missionen mit Gewalt und die Ausbreitung des Christentums in Afrika und Asien in der Zeit zwischen 1792 bis 1918/19*, Stuttgart 2000, 29–42 und in: K.-H. Ronecker u.a. (Hgg.), *Dem Erlöser der Welt zur Ehre*, a.a.O., 116–135.

Ders./E.J. Eisler, *Der Kaiser reist ins Heilige Land – Die Palästinareise Wilhelms II. 1898*, Stuttgart – Berlin – Köln 1999.

Ders., „Christliche Zukunftshoffnung: Palästina im 19. Jahrhundert", in: H. Haumann (Hg.), *Der Erste Zionistenkongress von 1897 – Ursachen, Bedeutung, Aktualität: ... in Basel habe ich den Judenstaat gegründet*, Basel 1997, 34–41.

Ders., „Der deutsch-evangelische Beitrag zum Wiederaufbau Palästinas im 19. Jahrhundert", in: U. van der Heyden/H. Liebau (Hgg.), *Missionsgeschichte – Kirchengeschichte – Weltgeschichte. Christliche Mission im Kontext nationaler Entwicklungen in Afrika, Asien, Ozeanien*, Stuttgart 1996, 249–257.

Ders., „Research into German Christian Contributions to the Rebuilding of Eretz Israel: A Personal Record", in: M. Davies/Y. Ben-Arieh (Hgg.), *With Eyes Toward Zion* III: *Western Societies and the Holy Land*, New York – Westport – London 1991, 186–188.

Ders., „Der Bankier Johannes Frutiger und seine Zeitgenossen. Entstehen und Untergang der Baseler Firma C.F. Spittler in Jerusalem", in: *PuN* 11 (1985), 139–158.

Ders., „Der Missionar Theodor Fliedner als Pionier deutscher Palästina-Arbeit", in: *JIDG* 14 (1985), 191–220.

Ders., „The Activities of the European Powers in Palestine, 1799–1914", in: *AAS(J)* 19 (1985), 43–91.

Ders., „Wie es zu Conrad Schicks Sendung nach Jerusalem kam", in: *ZDPV* 99 (1983), 204–218.

Ders., *Christen als Pioniere im Heiligen Land. Ein Beitrag zur Geschichte der Pilgermission und des Wiederaufbaus Palästinas im 19. Jahrhundert*, Basel 1981.

Ders., „Christian Friedrich Spittlers Beitrag zum Wiederaufbau Palästinas im 19. Jahrhundert", in: *PuN* 7 (1981) 141–179.

Ders., „Palästina im 19. Jahrhundert – Zur Vorgeschichte der Gründung des Deutschen Palästina-Vereins", in: *ZDPV* 95 (1979), 1–6.

Ders., *Geschichte Haifas in der türkischen Zeit 1516–1918*, Wiesbaden 1975.

Ders., „Die Deutsche Palästinapolitik 1871–1914", in: *JIDG* 4 (1975), 205–255.

Ders., „The German Settlers in Palestine and Their Relation with the Local Arab Population and the Jewish Community 1868–1918", in: M. Ma'oz (Hg.), *Studies on Palestine during the Ottoman Period*, Jerusalem 1975, 442–465.

Ders., „The Political Significance of German Settlement in Palestine 1868–1918", in: J.L. Wallach (Hg.), *Germany and the Middle East 1835–1939*. International Symposium, Tel Aviv 1975, 45–71.

W.W. Cash, *The Missionary Church. A Study in the Contribution of Modern Missions to Oecumenical Christianity*. Foreword by His Grace the Archbishop of Canterbury, London 1939.

O. Chadwick, *The Victorian Church*. Part I: 1829–1859; Part II: 1860–1901, London 1987.

A. Chandler, „Condemnation and Appeasement: The Attitudes of British Christians towards National Socialist Religious and Foreign Policies", in: G. Besier (Hg.), *Zwischen ‚nationaler Revolution' und militärischer Aggression*, a.a.O., 205–216.

Ders., (Hg.), *Brethren in Adversity. Bishop George Bell, the Church of England and the Crisis of German Protestantism, 1933–1939*, Woodbridge – UK-Rochester/NY 1997.

Ders., „Lambeth Palace, the Church of England and the Jews of Germany and Austria in 1938", in: *YBLI* 40 (1995), 225–247.

Ders., „A Question of Fundamental Principles. The Church of England and the Jews of Germany 1933–1937", in: *YBLI* 38 (1993), 221–261.

Ders., *The Church of England and Nazi Germany 1933–1945*, MS Ph.D.-Thesis Cambridge, UK 1991.

J. Cohen, „England und Palästina: Ein Beitrag zur britischen Empire-Politik", in: *Beihefte zur Zeitschrift für Geopolitik* 8, Berlin 1931.

M.J. Cohen, *The Origins and Evolution of the Arab-Zionist Conflict*, Berkeley – Los Angeles – London 1987.

Ders., *Churchill and the Jews*, London 1985.

Ders., *Palestine and the Great Powers, 1945–48*, Princeton 1982.

Ders., *Palestine: Retreat from the Mandate. The Making of British Policy, 1936–1945*, New York 1978.

Ders., *Palestine to Israel. From Mandate to Independence*, London 1988.

R. Cohen, *Global Diasporas*, London 1997.

S.A. Cohen, *English Zionists and British Jews*, Princeton 1982.

S.P. Colbi, *A History of the Christian Presence in the Holy Land*, Lanham – New York – London 1988.

C.S. Coon, „The Impact of the West on Middle Eastern Institutions", in: *Proceedings of the Academy of Political Science* 24 (1952), 443–446.

K.N. Conzen u.a., „The Invention of Ethnicity: A Perspective from the USA", in: *Journal of American Ethnic History* 12 (1992), 3–41.

K. Cragg, „Being Made Disciples – The Middle East", in: K. Ward/B. Stanley (Hgg.), *The Church Missionary Society and World Christianity, 1799–1999. Stu-*

dies in the History of Christian Missions, Grand Rapids – Cambridge – Richmond 2000, 120–146.

V. Cramer, *Ein Jahrhundert deutscher katholischer Palästinamission 1855–1955*, Köln ²1980.

K. Crombie, *Anzacs, Empires and Israel's Restoration. 1798–1948*, Osborne Park, 1998.

Ders., *For the Love of Zion. Christian witness and the restoration of Israel*, London – Sydney – Auckland – Toronto 1991.

Ders., *A Prophetic Property*. The story of one of modern Jerusalem's most famous properties, 82 Prophets Street – The English Mission Hospital – which offered sanctuary to the Palestine Exploration Fund (PEF); where hundreds of Jewish Russian refugees worked in the first aliyah; where General Allenby visited and stayed; where Hadassah Hospital was located; and which today hosts the Anglican International School of Jerusalem. MS Jerusalem 2001.

G. Dalman, *Sitte und Arbeit in Palästina*, 7 Bde., Gütersloh 1928–1942.

Ders., *Hundert deutsche Fliegerbilder aus Palästina*. Ausgewählt und erläutert. Mit Verzeichnis des palästinischen Bildbestandes des Bayerischen Kriegsarchivs von P. Dr. A. E. Mader S.D.S., Bericht über die Fliegerabteilung Nr. 304 von Staatsarchivar Freiherr von Waldenfels und Palästinakarte von Kartograph W. Goering, Gütersloh 1925.

Ders., *Jesus – Jeschua. Die drei Sprachen Jesu. Jesus in der Synagoge, auf dem Berge, beim Passahmahl, am Kreuz*, Leipzig 1922.

Ders., *Palästinischer Diwan*. Als Beitrag zur Volkskunde Palästinas gesammelt und mit Übersetzung und Melodien herausgegeben, Leipzig 1902.

O. Dann (Hg.), *Vereinswesen und bürgerliche Gesellschaft in Deutschland*, München 1984.

U. Dann (Hg.), *The Great Powers in the Middle East 1919–1939*, New York – London 1988.

R.H. Davidson, „The Armenian Crisis 1912–1914", in: *AHR* 3 (1948), 481–505.

M. Davies (Hg.), *With Eyes Toward Zion. Scholars Colloquium on America Holy Land-Studies*. Expanded version of papers presented at the colloquium held at the National Archives Washington, September 1975, with additional material, New York 1977.

Ders. (Hg.), *With Eyes Toward Zion* II: *America Holy Land Studies: Themes and sources in the archives of the United States, Great Britain, Turkey and Israel*. Second International Scholars Colloquium on America Holy Land Studies, New York 1986.

Ders./Y. Ben-Arieh (Hgg.), *With Eyes Toward Zion* III: *Western Societies and the Holy Land*, New York – Westport – London 1991.

Ders. (Hg.), *With Eyes Toward Zion* IV: *America and the Holy Land*, Westport 1994.

Ders./Y. Ben-Arieh (Hgg.), *With Eyes Toward Zion* V: *Jerusalem in the Mind of the Western World, 1800–1848*, Westport, London 1997.

R.W. Davis, *An ecumencial epsicopate: Edwin James Palmer, Seventh Bishop of Bombay and the reunion of the Churches, with special reference to the Church of South India*, Ph.D.-Thesis Oxford 1984.

W.-U. Deetjen, „Ein deutscher Theologe im Kampf gegen Völkermord. D. Dr. Johannes Lepsius (1858–1926), Helfer und Anwalt der Armenier", in: *ThB* 1 (1993), 26–49.

E. von Dessin/U. Ehrbeck/E. Tröger (Hgg.), *Wasser auf dürres Land. 85 Jahre Sudan-Pionier-Mission/Ev. Mission in Oberägypten*, Wiesbaden 1985.

O. Dibelius, „Eine Geschichte evangelischen Lebens in Nord-Amerika", *EvDia* 3 (1922), 130–142.

D. Diner, *Israel in Palästina. Über Tausch und Gewalt im Vorderen Orient*, Königstein/Taunus 1980.

B. Doehring, *Mein Lebensweg zwischen den Vielen und der Einsamkeit*, Gütersloh 1952.

Ders., *Kaiser Wilhelm II.*, Berlin 1926.

H.-D. Döpmann, *Die Orthodoxen Kirchen*, Berlin 1991.

A. Döring-Manteuffel/K. Nowak (Hgg.), *Kirchliche Zeitgeschichte. Urteilsbildung und Methoden*, Stuttgart – Berlin – Köln 1996.

H.-J. Döscher, *Das Auswärtige Amt im Dritten Reich. Diplomatie im Schatten der Endlösung*, Berlin 1987.

B.B. Doumani, „Rediscovering Ottoman Palestine: writing Palestinians into history", in: I. Pappé (Hg.), *The Israel/Palestine Question*, a.a.O., 11–40.

D. Düding/P. Friedemann/P. Münch (Hgg.), *Öffentliche Festkultur. Politische Feste in Deutschland von der Aufklärung bis zum Ersten Weltkrieg*, Hamburg 1988.

K. Düwell, *Deutschlands auswärtige Kulturpolitik 1918–1932. Grundlinien und Dokumente*, Köln – Wien 1976.

M. Dumper, *Islam and Israel. Muslim Religious Endowment and the Jewish State*, Washington, D.C. 1994.

D.L. Edwards, *Christian England.* Revised Edition, 3 Bde., London 1989.

O. Eggenberger, *Die Kirche, Sondergruppen und religiöse Vereinigungen. Ein Handbuch*, Zürich [4]1986.

J. Eisler/D. Reuter (Hgg.), *Deutsche im Heiligen Land. Der deutsche Beitrag zum kulturellen Wandel in Palästina. Ausstellung des Landeskirchlichen Archivs Stuttgart in Verbindung mit dem Verein für württembergische Kirchengeschichte*, Stuttgart 2005.

Ders./N. Haag/S. Holtz (Hgg.), *Kultureller Wandel in Palästina im frühen 20. Jahrhundert. Eine Bilddokumentation. Zugleich ein Nachschlagewerk der deutschen Missionseinrichtungen und Siedlungen von ihrer Gründung bis zum Zweiten Weltkrieg*, Epfendorf 2003.

Ders./A.G. Krauß (Hgg.), *Nach Jerusalem müssen wir fahren. Das Reisetagebuch des Pädagogen und Missionars Johann Ludwig Schneller im Herbst 1854*, Birsfelden 2002.

Ders., „Frauen im Dienste des Jerusalemsvereins im Heiligen Land", in: A. Feldtkeller/A. Nothnagle (Hgg.), *Mission im Konfliktfeld von Islam, Judentum und Chris-*

tentum. Eine Bestandsaufnahme zum 150jährigen Jubiläum des Jerusalemsvereins, Frankfurt/Main 2003, 45–56.

Ders., „Gewalt gegen die protestantische Mission in Nablus und die nachfolgende Versöhnung (1854–1901)", in: U. von der Heyden/J. Becher (Hgg.), *Mission und Gewalt*, a.a.O., 43–54.

Ders., „Charlotte Pilz und die Anfänge der Kaiserswerther Orientarbeit", in: A. Nothnagle/H.-J. Abromeit/F. Foerster (Hgg.), *Seht, wir gehen hinauf nach Jerusalem*, a.a.O., 78–95.

Ders., „‚Kirchler' im Heiligen Land. Die evangelischen Gemeinden in den württembergischen Siedlungen Palästinas (1886–1914)", in: K.-H. Ronecker u.a. (Hgg.), *Dem Erlöser der Welt zur Ehre*, a.a.O., 81–100.

Ders., *Der deutsche Beitrag zum Aufstieg Jaffas 1850–1914*, Wiesbaden 1997.

S. Elan (Hg.), *Deutsche in Jerusalem von der Mitte des 19. Jahrhunderts bis zum ersten Weltkrieg*, Wertheim 1984

M. Eliav, *Die Juden Palästinas in der deutschen Politik. Dokumente aus dem Archiv des deutschen Konsulats in Jerusalem 1842–1914*, Tel Aviv 1973.

Ders., „German Interests and the Jewish Community in Nineteenth Century Palestine", in: M. Ma'oz (Hg.), *Studies on Palestine during the Ottoman Period*, Jerusalem 1975, 423–441.

A. El Sayed, *Palästina in der Mandatszeit. Der palästinensische Kampf um politische Unabhängigkeit und das zionistische Projekt. Zur Dynamik eines Interessenkonflikts vom Zerfall des Osmanischen Reiches bis zur Gründung des Staates Israel 1948*, Frankfurt/Main – Berlin – Bern u.a. 1996.

G. Eley, „Die deutsche Geschichte und die Widersprüche der Moderne. Das Beispiel des Kaiserreichs", in: F. Bajohr/W. Johe/U. Lohalm (Hgg.), *Zivilisation und Barbarei*, a.a.O., 17–65.

S. Erel, *Neue Wurzeln. 50 Jahre Immigration deutschsprachiger Juden in Israel*, Gerlingen 1983.

Th.E. Erikson, *Ethnicity and Nationalism*, London 1993.

M. Erzberger, *Erlebnisse im Weltkrieg*, Stuttgart – Berlin 1920.

T. Faist, „Transnationalization in International Migration: Implications for the Study of Citizenship and Culture", in: *Ethnic and Racial Studies* 23 (2000), 189–222.

R.A. Farah, *In troubled waters. A history of the Anglican Church in Jerusalem 1841–1998*, Leicester 2002.

U. Feigel, *Das evangelische Deutschland und Armenien. Die Armenierhilfe deutscher evangelischer Christen seit dem Ende des 19. Jahrhunderts im Kontext der deutsch-türkischen Beziehungen*, Göttingen 1989.

W. Feilchenfelder/D. Michaelis/L. Pinner, *Haavara-Transfer nach Palästina und Einwanderung deutscher Juden 1933–1939*. Mit einer Einleitung von S. Moses, Tübingen 1972.

A. Feldtkeller, *Die „Mutter der Kirchen" im „Haus des Islam". Gegenseitige Wahrnehmungen von arabischen Christen und Muslimen im West- und Ostjordanland*, Erlangen 1998.

Ders., *Sieben Thesen zur Missionsgeschichte*, Berlin 2000.

Ders./A. Nothnagle (Hg.), *Mission im Konfliktfeld von Islam, Judentum und Christentums. Eine Bestandsaufnahme zum 150jährigen Jubiläum des Jerusalemsvereins*, Frankfurt/Main 2003.

R. Felgentreff, „Diakonisse Theodore Barkhausen", in: Kirchenamt der EKD (Hg.), *Mitteilungen aus Ökumene und Auslandsarbeit 2002*, Hannover – Breklum 2002, 51–56.

Dies., „Bertha Harz und Najla Moussa Sayegh. Zwei Diakonissen – eine Aufgabe, ein Dienst", in: A. Nothnagle/H.-J. Abromeit/F. Foerster (Hgg.), *Seht, wir gehen hinauf nach Jerusalem*, a.a.O., 96–121.

Dies., „Die Folgen einer ungewöhnlichen Begegnung. Kaiserswerther Diakonissen in Jerusalem und anderswo im Morgenland", in: in: K.-H. Ronecker u.a. (Hgg.), *Dem Erlöser der Welt zur Ehre*, a.a.O., 72–80.

S. Flapan, *Die Geburt Israels. Mythen und Realitäten*, München 1988. [Englische Fassung: Ders., *The Birth of Israel: Myths and Realities*, New York 1987.]

J.F. Flattich, „Pädagogische Blicke", in: *Süddeutscher Schulbote. Zeitschrift für das deutsche Schulwesen* 10 (1846).

Ders., *Über Erziehung und Seelsorge*, hg.v. J. Rössle, Metzingen 1966.

T. Fliedner, *Reisen in das heilige Land, nach Smyrna, Beirut, Constantinopel, Alexandrien und Cairo, in den Jahren 1851, 1856 und 1857*, 1. Theil: Reise mit 4 Diakonissen in das h. Land, nach Smyrna, Beirut und Constantinopel im Jahre 1851, Kaiserswerth 1858.

A. Flores, *Nationalismus und Sozialismus im arabischen Osten. Kommunistische Partei und arabische Nationalbewegung in Palästina 1919–1948*, Münster 1980.

Ders., „The Palestine Communist Party during the Mandatory period. An Account of Sources and Recent Research", in *Peuples Méditerranéens* 11 (1980), 57–84.

Ders., „Die Entwicklung der palästinensischen Nationalbewegung bis 1939, in: H. Mejcher (Hg.), *Die Palästina-Frage 1917–1948. Historische Ursprünge und internationale Dimensionen eines Nahostkonflikts*, Paderborn – München – Wien – Zürich ²1993, 89–118.

G. Florey, *Geschichte der Salzburger Protestanten und ihrer Emigration 1731/32*, Wien – Köln – Graz 1977.

R. Föll, *Sehnsucht nach Jerusalem. Zur Ostwanderung schwäbischer Pietisten*, Tübingen 2002.

F. Foerster, „The Journey of Friedrich Adolph Strauss to the Holy Land and the beginnings of German missions in the Middle East", in: M. Marten/M. Tamcke (Hgg.), *Christian Witness Between Continuity and New Beginnings. Modern historical mission the Middle East*, Berlin - Münster 2006, 125–132.

Ders., „Reise in eine multireligiöse Welt. F.A. Strauß: Sinai und Golgatha", in: A. Feldtkeller/A. Nothnagle (Hgg.), *Mission im Konfliktfeld*, a.a.O., 19–33.

Ders., *Christian Carl Josias Bunsen. Diplomat, Mäzen und Vordenker in Wissenschaft, Kirche und Politik,* Bad Arolsen 2001.

Ders., „Mission in der Stille. Die gewaltlose Missionskonzeption Christian Friedrich Spittlers für Jerusalem und Äthiopien", in: U. van der Heyden/J. Becher (Hgg.), *Mission und Gewalt*, a.a.O., 55–66.

Ders., „Sinai und Golgatha – Die Heilsgeschichte als religiöses Erlebnis und die Gründung des Jerusalemsvereins durch Friedrich David Strauss", in: A. Nothnagle/H.-J. Abromeit/F. Foerster (Hgg.), *Seht wir gehen hinauf nach Jerusalem*, a.a.O., 169–184.

Ders., „Frühe Missionsbriefe und Reiseberichte als Quellen der deutschen Palästina-Mission", in: U. Van der Heyden/H. Liebau (Hgg.), *Missionsgeschichte, Kirchengeschichte, Weltgeschichte*, a.a.O., 89–104.

Ders., „Das evangelische Bistum in Jerusalem und die Anfänge des Jerusalems-Vereins zu Berlin. Zum 175. Geburtstag von Friedrich Adolf Strauß", in: *Berlin in Geschichte und Gegenwart. Jahrbuch des Landesarchivs Berlin 1992*, 83–99.

Ders., *Mission im Heiligen Land. Der Jerusalems-Verein zu Berlin 1852–1945*, Gütersloh 1991.

E.L. Fleischmann, „Evangelization or Education: American Protestant Missionaries, the American Board, and the Girls and Women of Syria", in: H. Murre-van den Berg (Hg.), *New Faith in Ancient Lands. Western Missions in the Middle East in the Nineteenth and Early Twentienth Century*, Leiden – Boston 2006, 263–280.

Dies., *The Nation and Its „New" Women. The Palestinian Women's Movement 1920–1948*, Berkeley – Los Angeles – London 2003.

Dies., „‚Our Moslim Sisters‘ Women of Greater Syria in the Eyes of American Protestant Missionary Women", in: *Islam and Christian-Muslim Relations* 9,3 (1998), 307–323.

W. Fleischmann-Bisten, Art. „Deutsche Christliche Studentenvereinigung", in: *RGG*[4] 2 (1999), 703 f.

I. Friedman, „Germany and Zionism, 1897–1918", in: H. Goren (Hg.), *Germany and the Middle East. Past, Present and Future*, Jerusalem 2003, 61–68.

Ders., *Germany, Turkey, and Zionism 1897–1918*, Oxford 1977.

Ders., *The Question of Palestine, 1914–1918: British-Jewish-Arab-Relations*, London - New York 1973.

N. Friedrich/T. Jähnichen (Hgg.), *Sozialer Protestantismus im Kaiserreich: Problemkonstellationen – Lösungsperspektiven – Handlungsprofile,* Münster 2005.

Ders., „‚National, Sozial, Christlich‘. Der Evangelische Reichsausschuss der Deutschnationalen Volkspartei in der Weimarer Republik", in: *KZG* 6 (1993), 290–311.

R. Frieling, *Der Weg des ökumenischen Gedankens. Eine Ökumenekunde*, Göttingen 1992.

H.F. Frischwasser-Ra'anan: *The Frontiers of A Nation. A re-examination of the forces which created the Palestine Mandate and determined its territorial shape*, London 1955.

V. Fritz, „Hundert Jahre Deutsches Evangelisches Institut für Altertumswissenschaft des Heiligen Landes", in: K.-H. Ronecker u.a. (Hgg.), *Dem Erlöser der Welt zur Ehre*, a.a.O., 201–208.

U. Gäbler, Art. „Erweckungsbewegung", in: *EKL*[3] Bd. 1 (1986), 1081–1088.

M. Gailus, „1933 als protestantisches Erlebnis: emphatische Selbsttransformation und Spaltung", in: *GG* 29 (2003), 481–511.

Ders., *Protestantismus und Nationalsozialismus. Studien zur nationalsozialistischen Durchdringung des protestantischen Sozialmilieus in Berlin*, Köln 2001.

Ders. (Hg.), *Kirchengemeinden im Nationalsozialismus. Sieben Beispiele aus Berlin*, Berlin 1990.

K. Galling, Art. „Dalman, Gustaf", *RGG*³ 2 (1958), 21 f.

L.P. Gartner, „Some Reflections on the Present State of Holy Land Studies", in: Ders./Y. Ben Arieh (Hgg.), *With Eyes Toward Zion* III, a.a.O., 245–249.

Gebietsleitung der Tempelgesellschaft in Deutschland (Hg.), *Damals in Palästina. Templer erzählen vom Leben in ihren Gemeinden*, Stuttgart 1990.

E. Geldbach, *Christliche Versammlung und Heilsgeschichte bei John Nelson Darby*, Wuppertal ³1975.

Ders. (Hg.), *Der gelehrte Diplomat. Zum Wirken Christian Carl Josias Bunsens*, Leiden 1980.

Ders., „The German Research Network in the Holy Land", in: M. Davies/Y. Ben-Arieh (Hgg.), *With Eyes Toward Zion* III, a.a.O., 150–169.

G. Geertz (Hg.), *Old Societies and New States*, New York 1963.

E. Gellner, *Nation and Nationalism*, Ithaca 1983.

H.W. Gensichen, *Missionsgeschichte der neueren Zeit*, Göttingen 1961.

Ders., Art. „Missionskonferenzen", in: H. Krüger/W. Löser u.a. (Hgg.), *Ökumene-Lexikon*, a.a.O., 831–836.

K. Gensicke, *Der Mufti von Jerusalem, Amin el-Husseini, und die Nationalsozialisten*, Frankfurt/Main u.a. 1988.

M. Geyer/H. Lehmann (Hgg.), *Religion und Nation. Nation und Religion. Beiträge zu einer unbewältigten Geschichte*, Göttingen 2004.

W.T. Gidney, *The History of the London Society for Promoting Christianity among the Jews 1809–1908*, London 1908.

B. Giesen (Hg.), *Nationale und kulturelle Identität. Studien zur Entwicklung des kollektiven Bewusstseins in der Neuzeit*, Frankfurt/Main 1991.

H. Gollwitzer, „Deutsche Palästinafahrten des 19. Jahrhunderts als Glaubens- und Bildungserlebnis", in: W. Stammler (Hg.), *Lebenskräfte in der abendländischen Geistesgeschichte* (FS W. Goetz), Marburg 1948, 286–324.

H. Goltz, *Dr. Johannes Lepsius. Der Potsdamer Helfer und Anwalt des armenischen Volkes. Ein Zeuge für Wahrheit und Versöhnung* (Der Wiederaufbau des Lepsius-Hauses Potsdam und die Neugründung der Deutsch-Armenischen Akademie), Potsdam 2000.

Ders. (Hg.), *Akten des Internationalen Dr. Johannes-Lepsius-Symposiums an der Martin-Luther-Universität Halle-Wittenberg*, Halle/Saale 1987.

N. Goodall, *A History of the London Missionary Society, 1895–1945*, Oxford 1954.

G. Gordon, „Erhaltungsplan für das Gelände des Syrischen Waisenhauses", in: *Mit Ehren ihr eigen Brot essen. Johann Ludwig Schneller. Begründer des Syrischen Waisenhauses in Jerusalem*. Ausstellungskatalog zur Sonderausstellung im Ostereimuseum Sonnenbühl 2002, 33–35.

H. Goren, *„Zieht hin und erforscht das Land": Die deutsche Palästinaforschung im 19. Jahrhundert*, Göttingen 2003.

Ders. (Hg.), *Germany and the Middle East. Past, Present and Future*, Jerusalem 2003.

Ders., „Vom ‚Flaggenstreit' zum ‚Hospizwettstreit': das katholische Deutschland und Frankreich am Ende des 19. Jahrhunderts", *JbDEI* 7 (2001), 35–50.

Ders., „Du ‚conflict des drapeaux' à la ‚contestation des hospices': L' Allemagne et la France catholiques en Palestine à la fin du XIXesiècle", in: D. Trimbur/R. Aaronsohn (Hgg.), *De Bonaparte à Balfour, La France, l'Europe occidentale et la Palestine 1799–1917*, Jerusalem 2001, 325–344.

Ders., „Carl Ritter's Contribution to Holy Land Research, in": A. Buttimer/S.D. Brunn/U. Wardenga (Hgg.), *Text and Image. Social Construction of Regional Knowledges*, Leipzig 1999, 28–37.

Ders., „The Chase after the Bible: Individuals and Institutions – and the Study of the Holy Land", in: U. Wardenga/W.J. Wilczyñski (Hgg.), *Religion, Ideology and Geographical Thought*, Kielce 1998, 103–115.

Ders., „The German Catholic ‚Holy Sepulchre Society': Activities in Palestine", in: M. Davies/Y. Ben-Arieh (Hgg.), *With Eyes Toward Zion* V, a.a.O., 155–172.

Ders., „Johannes Rudolf Roth: Ein Leben für die Palästinaforschung", in: *JbDEI* 5 (1997), 22–44.

Ders./R. Rubin, „Conrad Schick's Models of Jerusalem and Its Monuments", in: *PEQ* 128 (1996), 103–123.

Ders., „An Imaginary European Concept of Jerusalem in a Late Sixteenth-Century Model", in: *PEQ* 127 (1995), 106–121.

Ders., „Sources for Germany-Holy Land Studies in the Late Ottoman Period: German Libraries and Archives", in: M. Davies/Y. Ben-Arieh (Hgg.), *With Eyes Toward Zion* III, 170–185.

Ders., „Erste Siedlungsversuche der deutschen Templer in der Jesreel-Ebene im 19. Jahrhundert", in: *JbDEI* 1 (1989), 100–130.

Ders., *The German Catholic Activity in Palestine 1838–1910*. M.A.-Thesis, Hebrew University Jerusalem 1986 (Hebräisch).

U. Gräbe, *Kontextuelle palästinensische Theologie. Streitbare und umstrittene Beiträge zum ökumenischen und interreligiösen Gespräch*, Erlangen 1999.

F.-W. Graf, Art. „Erweckungsbewegungen. I. Erweckungsbewegungen in Europa", in: *RGG*[4] 2 (1999), 1490–1495.

S. Graham Brown, *Palestinians and their Society. 1880–1946. A Photographic Essay*, London 1980.

H. Gründer, *Christliche Mission und deutscher Imperialismus. Eine politische Geschichte ihrer Beziehungen während der deutschen Kolonialzeit (1884–1914) unter besonderer Berücksichtigung Afrikas und Chinas*, Paderborn 1984.

Ders. (Hg.), *„Da und dort ein junges Deutschland gründen". Rassismus, Kolonien und kolonialer Gedanke vom 16. bis zum 20. Jahrhundert*, München 1999.

Ders., „Die Kaiserfahrt Wilhelms II. ins Heilige Land 1898. Aspekte deutscher Palästinapolitik im Zeitalter des Imperialismus", in: H. Dollinger/H. Gründer/A. Hanschmidt (Hgg.), *Weltpolitik, Europagedanke, Regionalimus* (FS H. Gollwitzer), Münster 1982, 363–388.

Ders., *Geschichte der deutschen Kolonien*, Paderborn – München – Wien – Zürich ³1995.

Ders., *Welteroberung und Christentum. Ein Handbuch zur Geschichte der Neuzeit*, Gütersloh 1992.

Ders., „„Gott will es'. Eine Kreuzzugsbewegung am Ende des 19. Jahrhunderts", in: *Geschichte in Wissenschaft und Unterricht* 28 (1977), 210–244.

K. Gruhn, „Die Jerusalemabende der Frau Konsulin", in: *ILB* 4/29 (1984), 12–15.

W. Günther, *Von Edinburgh nach Mexiko City. Die ekklesiologischen Bemühungen der Weltmissionskonferenzen 1910–1963*, Stuttgart 1970.

Ders., Art. „Weltmissionskonferenzen", in: K. Müller/Th. Sundermeier (Hgg.), *Lexikon missionswissenschaftlicher Grundbegriffe*, Berlin 1987, 533–539.

W. Gust, *Der Völkermord an den Armeniern 1915/16. Dokumente aus dem Politischen Archiv des deutschen Auswärtigen Amts*, Springe 2005.

Ders., *Der Völkermord an den Armeniern. Die Tragödie des ältesten christlichen Volkes der Welt*, München - Wien 1993.

W. Gutsche, *Ein Kaiser im Exil. Der letzte deutsche Kaiser Wilhelm II. in Holland. Eine kritische Biographie*, Marburg 1991.

U. Haarmann (Hg.), *Geschichte der arabischen Welt*, München ²1991.

Wolfgang Hage, *Das orientalische Christentum*, Stuttgart 2007.

G. Hagenow, „Liste der Stipendiaten des Deutschen Evangelischen Instituts für Altertumswissenschaften des Heiligen Landes in den Jahren 1903–1998", in: *JbDEI* 6 (1999), 33–48.

B. Haider, „Das Generalkommissariat des Heiligen Landes in Wien – eine Wiederentdeckung des 19. Jahrhunderts", in: D. Trimbur (Hg.), *Europäer in der Levante*, a.a.O., 123–159.

Dies. „Zwischen Anspruch und Wirklichkeit. Kirche und Staat in Österreich (-Ungarn) und das Heilige Land 1843/49–1917", in: B.A. Böhler (Hg.), *Mit Szepter und Pilgerstab. Österreichische Präsenz im Heiligen Land seit den Tagen Kaiser Franz Josephs*, Wien 2000, 55–74.

J. Hajjar, *Le Christianisme en Orient: études d'histoire contemporaine 1648–1968*, Librairie du Liban, Beirut 1971.

Ders., *L'Europe et les Destinées du Proche-Orient (1815–1848)*, Paris 1970.

C.F. Hallencreutz, „Third World Church History – An Integral Part of Theological Education", in: *Studia Theologica* 47 (1993), 29–47

B. Hamm, „Frömmigkeit als Gegenstand theologie-geschichtlicher Forschung. Methodisch-historische Überlegungen am Beispiel von Spätmittelalter und Reformation", in: *ZThK* 74 (1977), 464–497.

K. Hammer, „Die christliche Jerusalemsehnsucht im 19. Jahrhundert. Der geistige und geschichtliche Hintergrund der Gründung Johann Ludwig Schnellers", in: *ThZ* 42 (1986), 255–266.

Ders., *Weltmission und Kolonialismus, Sendungsideen des 19. Jahrhunderts im Konflikt*, München 1978.

M.D. Hampson, *The British Response to the German Church Struggle, 1933–1939*, Ph.D.-Thesis Oxford 1973.

Handbook of the Anglican Bishopric in Jerusalem and the East. Issued for the Centenary of the Consecration of the First Anglican Bishop Michael Solomon Alexander (7th November, 1841), Jerusalem 1941.

S. Hanselmann, *Deutsche evangelische Palästinamission. Handbuch ihrer Motive, Geschichte und Ergebnisse*, Erlangen 1971.

C. Hardmeier/T. Neumann (Hgg.), *Palästinawissenschaft in Deutschland. Das Gustaf-Dalman-Institut Greifswald 1920–1995*, Berlin 1995.

W. Hardtwig/H.-U. Wehler, *Kulturgeschichte heute*, Göttingen 1996.

A. Hastings, *A History of English Christianity 1920–2000*, London [4]2001.

S.L. Hattis, *The Bi-national Idea in Palestine during the Mandatory Times*, Haifa 1970.

H. Haumann (Hg.), *Der Erste Zionistenkongress von 1897 – Ursachen, Bedeutung, Aktualität: ... in Basel habe ich den Judenstaat gegründet*, Basel 1997.

B. Hebblethwaite, Art. „Social Gospel", *TRE* 31 (2000), 409–419.

S. Heimann/F. Walter, *Religiöse Sozialisten und Freidenker in der Weimarer Republik*, Bonn 1993.

S. Hering, *„Und das war erst der Anfang": Geschichte und Geschichten bewegter Frauen*, Zürich 1994.

H.-W. Hertzberg, *Blicke in das Land der Bibel*, Berlin [5]1967.

Ders., „Die Stellung Gustaf Dalmans in der Palästinawissenschaft", *WZ (GS)* 4 (1954/55), 367–372

Ders., „Das moderne Palästina", in: *ZMR* 41 (1926), 239–252.

Ders., *Der Deutsche und das Alte Testament: Ein Beitrag zu den Fragen um Deutschtum und Bibel*, Gießen 1934.

Ders., „Deutschtum und Evangelium im Heiligen Land", in: *ThBl* 5 (1926), 93–99.

Ders., „Die Besonderheit der deutschen Palästinamission", in: J. Hermelink/H.J. Margull (Hgg.), *Basileia* (FS W. Freytag), Stuttgart 1959, 91–97.

Ders., „Evangelische Mission im Heiligen Land", in: *NAMZ* 4 (1927), 277–316.

Ders., *Fünfundsiebzig Jahre deutsche-evangelische Gemeinde in Jerusalem*, Leipzig 1927.

Ders., *Palästina einst und jetzt: ein Wegweiser für Palästinareisen*, Göttingen 1936.

Ders., *Prophet und Gott. Eine Studie zur Religiosität des vorexilischen Prophetentums*, Gütersloh 1923.

Ders., „Theologische Bemerkungen zum Israelproblem", in: ders., *Beiträge zur Traditionsgeschichte und Theologie des Alten Testaments*, Göttingen 1962, 134–147.

Ders., *Warum noch Altes Testament?*, Marburg 1934.

Ders., *Werdende Kirche im Alten Testament*, München 1950.

H.-W. Hertzberg/J. Friedrich (Hgg.), *Jerusalem – Geschichte einer Gemeinde*, Jerusalem [2]1990.

T. Herzl, *Der Judenstaat. Versuch einer modernen Lösung der Judenfrage*. Neudruck der Erstausgabe von 1896. Mit einem Vorwort von H.M. Broder und einem Essay von N. Wagner, Augsburg 1986.

G. Hewitt, *The Problems of Success. A History of the Church Missionary Society 1910–1942*. Volume I: In Tropical Africa – The Middle East – At Home, London 1971.

U. van der Heyden/J. Becher (Hgg.), *Mission und Gewalt. Der Umgang christlicher Missionen mit Gewalt und die Ausbreitung des Christentums in Afrika und Asien in der Zeit zwischen 1792 bis 1918/19*, Stuttgart 2000.

Ders./H. Liebau (Hgg.), *Missionsgeschichte-Kirchengeschichte-Weltgeschichte. Christliche Mission im Kontext nationaler Entwicklungen in Afrika, Asien, Ozeanien*, Stuttgart 1996.

F. Heyer, „Die traditionellen Kirchen Jerusalems zur Zeit des Kaiserbesuchs", in: K.-H. Ronecker u.a. (Hgg.), *Dem Erlöser der Welt zur Ehre*, a.a.O., 154–162.

Ders., *Kirchengeschichte des Heiligen Landes*, Stuttgart 1984.

Ders., *2000 Jahre Kirchengeschichte des Heiligen Landes. Märtyrer, Mönche, Kirchenväter, Kreuzfahrer, Patriarchen, Ausgräber und Pilger*, Münster – Hamburg – Berlin 2001.

Ders., „Friedrich Peter Valentiner. Tönning – Jerusalem – Pronstorf – Preetz", in: *SVSHKG*, 2. Reihe, 29/40 (1983/84), 61–73.

Ders., Art. „Jerusalem V.", in: *TRE* XVI (1987), 624–635.

K. Hildebrand, *Vom Reich zum Weltreich. Hitler, NSDAP und Koloniale Frage 1919–1945*, München 1969.

Ders., *Deutsche Außenpolitik 1933–1945. Kalkül oder Dogma?*, Stuttgart [5]1990.

Ders., *Das Dritte Reich*, München [4]1991.

P. Hitti/J. Jabbur, *Die Geschichte der Araber*, Beirut [2]1952.

E. Hobsbawn, *Nationen und Nationalismus. Mythos und Realität seit 1780*. Aus dem Englischen von U. Rennert, Frankfurt/Main – New York [2]1992. [Englische Fassung: Ders., *Nations and Nationalism Since 1780: Programme, Myth, Reality*, Cambridge 1983.]

Ders., *Das imperiale Zeitalter 1875–1914*. Aus dem Englischen von U. Rennert, Frankfurt/Main [3]1999.

J.Chr. Hoekendijk, *Kirche und Volk in der deutschen Missionswissenschaft*. Bearbeitet und hg.v. E.-W. Pollmann, München 1967.

Chr. Hoffmann, *Stimmen der Weissagung über Babel und das Volk Gottes*, Ludwigsburg 1849.

Ders., *Die Aussichten der evangelischen Kirche Deutschlands infolge der Beschlüsse der Reichsversammlung*, Stuttgart 1849.

P.E. Hoffman, „Zusammenbruch und Wiederaufbau – Die Arbeit des Jerusalemsvereins und Kaiserswerths nach dem 2. Weltkrieg", in: A. Nothnagle/H.-J. Abromeit/F. Foerster (Hgg.), *„Seht, wir gehen hinauf nach Jerusalem"*, a.a.O., 231

W.R. Hogg, *Mission und Ökumene. Geschichte des Internationalen Missionsrates und seiner Vorläufer im 19. Jahrhundert*, Stuttgart 1954.

A. Hollerbach, „Die Lateranverträge im Rahmen der neueren Konkordatsgeschichte", in: *RQ* 75 (1980), 51–75.

R. Hosfeld, *Operation Nemesis. Die Türkei, Deutschland und der Völkermord an den Armeniern*, Köln 2005.

S. Holthaus, „Prämillenniarismus in Deutschland, Historische Anmerkungen zur Eschatologie der Erweckten im 19. und 20. Jahrhundert", in: *PuN* 20 (1994), 191–211.

C.H. Hopkins, *John R. Mott, 1865–1955: A Biography*, Grand Rapids 1979.

D. Hopwood, (Hg.), *Arab Nation, Arab Nationalism*, London - Oxford 2000.

Ders., „Die russische Präsenz in Palästina – religiöse Motive, politische Ambitionen", in: Y. Perry/E. Petry (Hgg.), *Das Erwachen Palästinas im 19. Jahrhundert* (FS A. Carmel), Stuttgart – Berlin – Köln 2001, 47–52.

Ders. (Hg.), *Studies in Arab History. The Antonius Lectures, 1978–87*, London - Oxford 1990.

Ders., *The Russian Presence in Syria und Palestine 1843–1914. Church and Politics in the Near East*, London 1969.

E. Hornig, *Der Weg der Weltchristenheit*, Stuttgart [2]1958.

A. Hourani, *Arab Thought in the Liberal Age, 1789–1939*, Oxford 1962.

Ders., *Die Geschichte der arabischen Völker*, Frankfurt/Main [2]1996.

M. Huttner, *Britische Presse und nationalsozialistischer Kirchenkampf. Eine Untersuchung der „Times" und des „Manchester Guardian" von 1930 bis 1939*, Paderborn – München – Wien – Zürich 1995.

G. Hübinger, *Kulturprotestantismus und Politik. Zum Verhältnis von Liberalismus und Protestantismus im wilhelminischen Deutschland*, Tübingen 1994.

Ders., „Kulturprotestantismus, Bürgerkirche und liberaler Revisionismus im wilhelminischen Deutschland", in: Wolfgang Schieder (Hg.), *Religion und Gesellschaft im 19. Jahrhundert*, Stuttgart 1993, 272–299.

P. Hüttenberger, „Nationalsozialistische Polykratie", in: *GG* 2 (1976), 417–442.

T. Hummel, „Between Eastern and Western Christendom: The Anglican Presence in Jerusalem", in: A. O'Mahony (Hgg.), *The Christian Communities of Jerusalem and the Holy Land. Studies in History, Religion and Politics*, Cardiff 2003, 147–170.

K. Hutten, *Seher, Grübler, Enthusiasten. Das Buch der traditionellen Sekten und religiösen Sonderbewegungen*, Stuttgart [12]1982.

International Missionary Council (Hg.), *The Jerusalem meeting of the International Missionary Council, March 24–April 8, 1928*, London – New York 1928.

K. Imberger, *Die deutschen landwirtschaftlichen Kolonien in Palästina*, Öhringen 1938.

M. Jacobs, „Religiöser Sozialismus und Mystik. Ein Blumhardtianer berichtet aus seinem Leben und Werden (Interview mit Heinz Kappes)", in: A. Schindler/R. Dellsperger/M. Brecht (Hgg.), *Hoffnung der Kirche und Erneuerung der Welt. Beiträge zu den ökumenischen, sozialen und politischen Wirkungen des Pietismus* (FS A. Lindt), Göttingen 1985, 318–344.

H.-A. Jacobsen, *Nationalsozialistische Außenpolitik 1933–1938*, Frankfurt/Main 1968.

O. Janz, „Kirche, Staat und Bürgertum in Preußen. Pfarrhaus und Pfarrerschaft im 19. und frühen 20. Jahrhundert", in: L. Schorn-Schütte/W. Sparn (Hgg.), *Evangelische Pfarrer. Zur sozialen und politischen Rolle einer bürgerlichen Gruppe in der deutschen Gesellschaft des 18. bis 20. Jahrhunderts*, Stuttgart – Berlin – Köln 1997, 128–147.

Ders., „Zwischen Bürgerlichkeit und kirchlichem Milieu. Zum Selbstverständnis und sozialem Verhalten der evangelischen Pfarrer in Preußen in der zweiten Hälfte des 19. Jahrhunderts", in: O. Blaschke/F.-M. Kuhlemann (Hgg.), *Religion im Kaiserreich*, a.a.O., 382–406.

R.C.D. Jasper, *George Bell. Bishop of Chichester*, Oxford 1967.

R. Jasper, *Arthur Cayley Headlam: Life and Letters of Bishop*, London 1960.

A. Jepsen, „Das Gustaf-Dalman-Institut für biblische Landes- und Altertumskunde und sein Begründer", in: *Wissenschaftlichen Zeitschrift der Ernst-Moritz-Arndt-Universität Greifswald. Gesellschafts- und sprachwissenschaftliche Reihe [WZ (GS) 4 (1954/55)]*, 70–75.

H. Kaelble/J. Schriewer (Hgg.), *Diskurse und Entwicklungspfade: der Gesellschaftsvergleich in den Geschichts- und Sozialwissenschaften*, Frankfurt/Main – New York 1999.

Ders./M. Kirsch/A. Schmidt-Gernig (Hgg.), *Transnationale Öffentlichkeiten und Identitäten im 20. Jahrhundert*, Frankfurt/Main – New York 2002.

J.-Chr. Kaiser, „Sozialer Protestantismus als kirchliche ‚Zweitstruktur': Entstehungskontext und Entwicklungslinien der Inneren Mission", in: K. Gabriel (Hg.), *Herausforderungen kirchlicher Wohlfahrtsverbände von Wertbindung, Ökonomie und Politik*, Berlin 2001, 27–48.

Ders., „Vorüberlegungen zur Neuinterpretation des sozialen Protestantismus im 19. Jahrhundert", in: M. Friedrich/N. Friedrich/T. Jähnichen/J.-Chr. Kaiser (Hgg.), *Sozialer Protestantismus im Vormärz*, Münster – Hamburg – London 2001, 11–19.

Ders., „Kirchliche Zeitgeschichte. Ein Thema ökumenischer Kirchengeschichtsschreibung", in: B. Jaspert (Hg.), *Ökumenische Kirchengeschichte. Probleme, Visionen, Methoden*, Paderborn – Frankfurt/Main 1998, 197–209.

Ders., (Hg.), *Soziale Arbeit in historischer Perspektive. Zum geschichtlichen Ort der Diakonie in Deutschland* (FS H. Talazko), Stuttgart – Berlin – Köln 1998.

Ders., „Die Formierung des protestantischen Milieus. Konfessionelle Vergesellschaftung im 19. Jahrhundert", in: O. Blaschke/F.-M. Kuhlemann, *Religion im Kaiserreich*, 257–289.

Ders./M. Greschat (Hgg.), *Sozialer Protestantismus und Sozialstaat. Diakonie und Wohlfahrtspflege in Deutschland 1890 bis 1938*, Stuttgart – Berlin – Köln 1996.

Ders., „Freie Wohlfahrtsverbände im Kaiserreich und in der Weimarer Republik. Ein Überblick", in: *Westfälische Forschungen* 43 (1993), 26–57.

Ders., „Die Arbeitsgemeinschaft der diakonischen und missionarischen Werke und Verbände 1934/35", in: *JfWK* 80 (1987), 197–205.

Ders., *Sozialer Protestantismus im 20. Jahrhundert. Beiträge zur Geschichte der Inneren Mission 1914–1945*, München 1989.

J.-Chr. Kaiser, „Evangelische Judenmission im Dritten Reich", in: ders./M. Greschat (Hgg.), *Der Holocaust und die Protestanten. Analyse einer Verstrickung*, Frankfurt/Main 1988, 186–215.

U. Kaminsky, „German ‚Home Mission' Abroad: The *Orientarbeit* of the Deacness Institution Kaiserswerth in the Ottoman Empire", in H. Murre-van den Berg (Hg.), *New Faith in Ancient Lands*, a.a.O., 191–210.

Ders., „Die innere Mission Kaiserswerths im Ausland. Von der Evangelisation zum Bemühen um die Dritte Welt", in: Norbert Friedrich/Traugott Jähnichen (Hgg.), *Sozialer Protestantismus im Kaiserreich*, a.a.O., 355–385.

G. Kampffmeyer, *Glossar zu den 5000 arabischen Sprichwörtern aus Palästina*, Berlin 1933.

Ders., „Bericht über meinen Studienaufenthalt in Palästina April – September 1934", in: *Mitteilungen des Seminars für Orientalische Sprachen*. Abteilung II: Westasiatische Studien. Sonderabdruck, 37. Jahrgang, Berlin 1934, 143–160.

F.-W. Kantzenbach, *Widerstand und Solidarität der Christen 1933–1945*. Eine Dokumentation zum Kirchenkampf aus den Papieren des D. Wilhelm Freiherrn von Pechmann, Neustadt/Aisch 1971.

R. Kark/D. Denecke/H. Goren, „The Impact of Early German Missionary Enterprise in Palestine on Modernization and Environmental and Technological Change, 1820–1914", in: M. Marten/M. Tamcke (Hgg.), *Christian Witness*, a.a.O., 145–176.

Dies./I. Katz „The Greek-Orthodox Patriarchate of Jerusalem and its Congregation: Dissent over Real Estate", in: *International Journal of Middle Eastern Studies* 37.5 (2005), 509–534.

Dies., „Napoleon to Allenby: Processes of Change in Palestine, 1800–1918", in: P. Scham/W. Salem/B. Pogrond (Hgg.), *Shared Histories: A Palestinian Israeli Dialogue*, Jerusalem 2005, 13–61.

Dies., „The Impact of Early Missionary Enterprises on Landscape and Identity in Palestine, 1820–1914", in: *Islam and Christian-Muslim Relations* 15/2 (2004), 209–235.

Dies./N. Thalmann, „Technological Innovation in Palestine: The Role of the German Templers", in: H. Goren (Hg.), *Germany in the Middle East. Past, Present and Future,* Jerusalem 2003, 201–224.

Dies., „Missions and Architecture. Colonial and Post-Colonial Views - The Case of Palestine", in: E.H. Tejirian/R. Spector Simon (Hgg.), *Altruism and Imperialism. Western Cultural and Religious Missions in the Middle East ($19^{th}-20^{th}$ century)*, New York 2002, 183–207.

Dies./H. Dudman, *The American Colony. Scenes from a Jerusalem Saga,* Jerusalem 1998.

Dies./Y. Ariel, „ Messianism, Holiness, Charisma, and Community: The American-Swedish Colony in Jerusalem, 1881–1933", in: *Church History* 65 (1996), 641–657.

Dies./M. Oren-Nordheim, „Colonial Cities in Palestine? Jerusalem Under the British Mandate", in: *Israel Affairs* 3 (1996), 50–94.

Dies., *American Consuls in the Holy Land. 1832–1914*, Jerusalem – Detroit 1994.

Dies., „The Contributions of Nineteenth Century Protestant Missionary Societies to Historical Cartography", in: *Imago Mundi* 45 (1993), 112–119.

Dies., „Land Purchase and Registration by German-American Templers in Nineteenth Century Haifa", in: *International Journal of Turkish Studies* 5 (1990/91), 71–82.

Dies. (Hg.), *The Land that became Israel. Studies in Historical Geography*, New Haven – London – Jerusalem 1990.

Dies., „Changing Patterns of Land Ownership in Nineteenth Century Palestine. The European Influence", in: *Journal of Historical Geography* 10 (1984), 357–384.

B. Karnatz, „Das preußisch-englische Bistum in Jerusalem", in: *JBBKG* 47 (1972), 23–32.

Ders., *Palästina und wir. Festschrift zum hundertjährigen Bestehen des Jerusalemsvereins*, Berlin 1952.

A. Katterfeld, *D. Ludwig Schneller. Ein Vater der Waisen und Künder des Heiligen Landes*, Lahr – Dinglingen 1958.

H. Kayali, *Arabs and Young Turks. Ottomanism, Arabism, and Islamism in the Ottoman Empire, 1908–1918*, Berkeley – Los Angeles – London 1997.

E. Kedourie, *England and the Middle East: The Destruction of the Ottoman Empire, 1914–1921*, Hassocks 1978.

Ders., *In the Anglo-Arab Labyrinth: The McMahon-Husayn-Correspondence and its Interpretations, 1914–1939*, Cambridge 1976.

Ders., *The Chatham House Version and other Middle Eastern Studies*, London 1970.

M. Kent (Hg.), *The Great Powers and the End of the Ottoman Empire*, London 1984.

E. Keith Roach, *Pasha of Jerusalem. Memoirs of a District Commissioner under the British Mandate*. Edited by P. Eedle, London – New York 1994.

R. Khalidi, „Concluding Remarks", in: N. Méouchy/P. Sluglett (Hg.), *The British and French Mandates in Comparative Perspectives/Les mandats français et anglais dans une perspective comparative*, Leiden 2004, 695–704.

Ders., *Palestinian Identity. The Construction of Modern National Consciousness*, New York 1997.

Ders., „Arab Nationalism: Historical Problems in the Literature", in: *AHR* 95 (1991), 1363–1364.

Ders., „The Press as a Source of Modern Arab Political History", in: *Arab Studies Quarterly* 3 (1981), 22–42.

Ders., *British Policy towards Syria and Palestine, 1906–1914: A study in the antecedents of the Hussein-McMahon correspondence, the Sykes Picot Agreement and the Balfour Declaration*, London 1980.

A.T. Khoury, *Christen unterm Halbmond. Religiöse Minderheiten unter der Herrschaft des Islams*, Freiburg – Basel – Wien 1994.

M. Kirchhoff, „Erweiterter Orientalismus. Zu euro-christlichen Identifikationen und jüdischer Gegengeschichte im 19. Jahrhundert", in: R. Gross/Y. Weiss (Hgg.), *Jüdische Geschichte als Allgemeine Geschichte* (FS D. Diner), Göttingen 2006, 99–119.

Ders., *Text zu Land. Palästina im wissenschaftlichen Diskurs 1865–1920*, Göttingen 2005.

Ders., „Surveying the Land. Western Societies for the Exploration of Palestine, 1865–1920", in: B. Stuchtey (Hg.), *Science across the European Empires, 1800–1950*, Oxford 2005, 149–172.

Ders., „Deutsche Palästinawissenschaft im letzten Viertel des 19. Jahrhunderts. Die Anfänge und Programmatik des Deutschen Vereins zur Erforschung Palästinas", in: D. Trimbur (Hg.), *Europäer in der Levante*, a.a.O., 31–55.

Ders., „Konvergierende Topographien – Protestantische Palästinakunde, Wissenschaft des Judentums und Zionismus um 1900", in: *Leipziger Beiträge zur jüdischen Geschichte und Kultur* 1 (2003), 239–262.

Ders., „Text zu Land. Die Palästinawissenschaft 1865–1919", in: *TAJB* 38 (1999), 403–427.

M. Klein, *Westdeutscher Protestantismus und politische Parteien. Anti-Parteien-Mentalität und parteipolitisches Engagement von 1945 bis 1963*, Tübingen 2005.

H. Kleinschmidt, *Geschichte der internationalen Beziehungen. Ein systemgeschichtlicher Abriß*, Stuttgart 1998.

J. Kloosterhuis, *Friedliche Imperialisten. Deutsche Auslandsvereine und auswärtige Politik 1906–1918*, Teil 1 und 2, Frankfurt/Main – Berlin – Bern – New York 1994.

R. Kniebling, Art. „von Pückler, Graf Eduard", in: *RGG*[4] 6 (2003), 1824

F. Kobler, *The Vision was There: A History of the Restoration of the Jews*, London 1956.

E. Koch, „Das Palästinadeutschtum in Vergangenheit und Gegenwart", in: Verband deutscher Vereine im Ausland (Hg.), *Wir Deutschen in der Welt*, Berlin 1938, 187–202.

M. Koch, „Heinz Kappes (1893–1988). Christ und Sozialdemokrat in der Weimarer Republik", in: Badische Landesbibliothek Karlsruhe (Hg.), *Protestantismus und Politik*, a.a.O., 272–286.

O. Kohler, „Mehr als ein Anhängsel … Das Grundstück ‚Dormition' und die katholische Dimension des 31. Oktober 1898", in: K.-H. Ronecker u.a. (Hgg.), *Dem Erlöser der Welt zur Ehre*, a.a.O., 136–153.

G. Krämer, *Geschichte Palästinas. Von der osmanischen Eroberung bis zur Gründung des Staates Israel*, München 2002.

U. Krey, „Von der Religion zur Politik. Der Naumann-Kreis zwischen Protestantismus und Liberalismus", in: O. Blaschle/F.-M. Kuhlemann (Hgg.), *Religion im Kaiserreich*, a.a.O., 350–381.

K. Krimm, „Erwin Eckert, Pfarrer, Sozialdemokrat, Kommunist (1893–1972)", in: Badische Landesbibliothek Karlsruhe (Hg.), *Protestantismus und Politik*, a.a.O., 261–271.

J. Krüger, *Rom und Jerusalem: Kirchenbauvorstellungen der Hohenzollern im 19. Jahrhundert*, Berlin 1995.

Ders., „Die Erlöserkirche – eine protestantische Gedächtniskirche?", in: K.-H. Ronecker u.a. (Hgg.), *Dem Erlöser der Welt zur Ehre*, a.a.O., 163–182.

P. Krüger, *Versailles. Deutsche Außenpolitik zwischen Revisionismus und Friedenssicherung*, München 1986.

Ders., *Die Außenpolitik der Republik von Weimar*, Darmstadt ²1993.

O. Kühl-Freudenstein/P. Noss/C.P. Wagner (Hgg.), *Kirchenkampf in Berlin 1932–1945. 42 Stadtgeschichten*, Berlin 1999.

F.-M. Kuhlemann, „Die neue Kulturgeschichte und die kirchlichen Archive", in: *Der Archivar.* Mitteilungsblatt für das deutsche Archivwesen 53 (2000), 230–237.

Ders., „Glaube, Beruf, Politik. Die evangelischen Pfarrer und ihre Mentalität in Baden 1860–1914", in: L. Schorn-Schütte/W. Sparn (Hgg.), *Evangelische Pfarrer*, a.a.O., 98–127.

Ders., „Mentalitätsgeschichte. Theoretische und methodische Überlegungen am Beispiel der Religion im 19. und 20. Jahrhundert", in: W. Hardtwig/H.-U. Wehler (Hgg.), *Kulturgeschichte heute*, a.a.O., 182–211.

Ders., „Protestantisches Milieu in Baden. Konfessionelle Vergesellschaftung und Mentalität im Umbruch zur Moderne", in: O. Blaschke/Ders., *Religion im Kaiserreich*, a.a.O., 316–349.

A. Kuhn, *Hitlers außenpolitisches Programm. Entstehung und Entwicklung 1919–1939*, Stuttgart 1971.

Th.K. Kuhn, *Religion und neuzeitliche Gesellschaft. Studien zum sozialen und diakonischen Handeln in Pietismus, Aufklärung und Erweckungsbewegung*, Tübingen 2003.

Ders., „Diakonie im Schatten des Chiliasmus. Christian Heinrich Zeller (1779–1860) in Beuggen", in: ders./M. Sallmann (Hgg.), *„Das Fromme Basel". Religion in einer Stadt des 19. Jahrhunderts*, Basel 2002, 93–110.

Ders., „Pädagogik und Religion im ‚Frommen Basel'. Die Gründung des ‚Vereins der freiwilligen Armen-Schullehrer-Anstalt' (1817)", in: H. Klueting/J. Rohls (Hgg.), *Reformierte Retrospektiven. Vorträge der zweiten Emdener Tagung zur Geschichte des reformierten Protestantismus*, Wuppertal 2001, 203–217.

R.-U. Kunze, *Theodor Heckel. 1894–1967. Eine Biographie*, Stuttgart – Berlin – Köln 1997.

U. Kupferschmidt, *The Supreme Muslim Council. Islam under the British Mandate for Palestine*, Leiden 1987.

Ders., „Attempts to Reform The Supreme Muslim Council", in: G. Ben-Dor (Hg.), *The Palestinians and the Middle East*, a.a.O., 35–56.

S. Lagerlöf, *Jerusalem. Roman.* Aus dem Schwedischen von P. Klaiber-Gottschau und S. Angermann. Mit einem Geleitwort von I. Seidel, München 2001.

B. Lamure, "Les pèlerinages français en Palestine au XIXe siècle: croisade catholique et patriotique", in: D. Trimbur (Hg.), *Europäer in der Levante*, a.a.O., 107–122.

W. Laquer, *Der Weg zum Staat Israel*, Wien 1975.

T. Larsen, „Thomas Cook, The Holy Land Pilgrims, and the Dawn of the Modern Tourist Industry", in: R.N. Swanson (Hg.), *The Holy Land, Holy Lands, and Christian History*, Woodbridge 2000, 329–342.

F. Lau, Art. „Diaspora II. Evangelische Diaspora", in: *RGG*³ 2 (1958), 177–180.

A. Lehmann, „Die deutsche evangelische Mission in der Zeit des Kirchenkampfes", in: *EMZ* 31 (1974), Teil I: 53–79; Teil II: 105–128.

H. Lehmann, „Von der Erforschung der Säkularisierung zur Erforschung der Dechristianisierung und der Rechristianisierung im neuzeitlichen Europa", in: ders. (Hg.), *Säkularisierung, Dechristianisierung, Rechristianisierung im neuzeitlichen Europa. Bilanz und Perspektive der Forschung*, Göttingen 1997, 9–16.

E. Leinemeyer/E.-F. von Rabenau, *Warum Bekennende Kirche heute?*, Wuppertal 1936.

V. Lenhart, *Protestantische Pädagogik und der Geist des Kapitalismus*, Frankfurt/Main u.a. 1998.

M.R. Lepsius, *Demokratie in Deutschland. Soziologisch-historische Konstellationsanalysen*, Göttingen 1993.

Ders., „Soziologische Theoreme über die Sozialstruktur der ‚Moderne' und die ‚Modernisierung'", in: R. Kosselleck (Hg.), *Studien zum Beginn der modernen Welt*, Stuttgart 1977, 10–29.

N.G. Levin (Hg.), *The Zionist Movement in Palestine and World Politics, 1880–1918*, Lexington – Toronto – London 1974.

B. Lewis, *Kaiser und Kalifen. Christentum und Islam im Ringen um Macht und Vorherrschaft*. Aus dem Englischen von H. Fliessbach, München – Wien 1996.

Ders., *Die Juden in der islamischen Welt*, München 1987.

Ders., „Palestine: On the History and Geography of a Name", in: *The International History Review* 11 (1980), 1–12.

Ders., *The Middle East and the West*, Bloomington [2]1965.

G. Lindemann, *„Typisch jüdisch". Die Stellung der Ev.-Luth. Landeskirche Hannovers zu Antijudaimus, Judenfeindschaft und Antisemitismus 1919–1949*, Berlin 1998.

A. Lindt (Hg.), *George Bell – Alphons Koechlin. Briefwechsel 1933–1954*, Zürich 1969.

V.D. Lipman, „Britain and the Holy Land: 1830–1914", in: M. Davies/Y. Ben-Arieh (Hgg.), *With Eyes Toward Zion* III, a.a.O. 195–207.

F.H. Littell, „Comment", in: M. Davies/Y. Ben-Arieh (Hgg.), *With Eyes Toward Zion* III, a.a.O., 187–192.

J.G. Lockhart, *Cosmo Gordon Lang*, London 1949.

P. Löffler, „Christliche Präsenz in Palästina. Zur Vielfalt der Konfessionen", in: U. Bechmann/M. Raheb (Hgg.), *Verwurzelt im Heiligen Land*, a.a.O., 13–27.

R. Löffler, „Apostelfahrten und Königserinnerungen. Ludwig Schneller als georeligiöser Reiseschriftsteller und politischer Prediger von der Kaiserzeit bis zum Ende des Zweiten Weltkrieges", in: *ZKG* 118 (2007), 213–245

Ders., „Das Aussätzigenasyl Jesushilfe. Zur Geschichte einer Herrnhuter Wohltätigkeitseinrichtung in Jerusalem", in: Unitas Fratrum 59/60 (2007), 37–89.

Ders., „Fluchtpunkt Jerusalem: Der badische religiöse Sozialist Heinz Kappes in der Emigration", in: *Badisches Jahrbuch für Kirchen- und Religionsgeschichte* 1 (2007), 35–70.

Ders., „Exile ohne Patronage. Der religiöse Sozialist Heinz Kappes in Jerusalem", in: A. Chandler/Katarzyna Stokłosa/J. Vinzent (Hgg.), *Exile and Patronage. Crosscultural negotiations beyond the Third Reich*, Berlin 2006, 127–152. [Englische

Fassung: „Dissent, Exile and Return: the Religious Socialist Heinz Kappes in the Third Reich", in: *Humanitas. The Journal of the George Bell Institute* 7.2 (2006), 129–157].

Ders., „Kritik am türkischen Armenier-Völkermord und Sicherung der eigenen Institutionen. Zur Arbeit der ‚Orient- und Islam-Kommission' des Deutschen Evangelischen Missionsausschusses während des Ersten Weltkrieges", in: *ZMiss* 4 (2005), 332–351.

Ders., „Die langsame Metamorphose einer Missions- und Bildungseinrichtung zu einem sozialen Dienstleistungsbetrieb. Zur Geschichte des Syrischen Waisenhauses der Familie Schneller in Jerusalem 1860–1945", in: D. Trimbur (Hg.), *Die Europäer in der Levante*, a.a.O., 77–106. [Englische Fassung: „The Metamorphosis of a Pietistic Missionary and Educational Institution into a Social Services Enterprise: The Case of the Syrian Orphanage (1860–1945)", in: H. Murre-van den Berg (Hg.), *New Faith in Ancient Lands*, a.a.O., 151–174.]

Ders., „Nationale und konfessionelle Identitätsbildungsprozesse in den arabisch-lutherischen und arabisch-anglikanischen Gemeinden Palästinas während der Mandatszeit", in: A. Feldtkeller/A. Nothnagle (Hgg.), *Mission im Konfliktfeld*, a.a.O., 71–103. [Englische Fassung: „Aggravating circumstances: On the process of national and religious identity within the Arab Lutheran and Anglican congregations of Palestine during the Mandate years", in: M. Marten/M. Tamcke (Hgg.), *Christian Witness*, a.a.O., 99–124.]

Ders., Art. „Palästinawerk", in: *RGG*[4] 6 (2003), 834.

Ders., „Protestantismus und Auslandsdeutschtum in der Weimarer Republik und dem Dritten Reich. Zur Entwicklung von Deutschtumspflege und Volkstumstheologie in Deutschland und den Deutsch-evangelischen Auslandsgemeinden unter besonderer Berücksichtigung des ‚Jahrbuchs für Auslandsdeutschtum und Evangelische Kirche' (1932–1940)", in: M. Geyer/H. Lehmann (Hgg.), *Religion und Nation. Nation und Religion*, a.a.O., 298–335.

Ders., Art. „Schneller, J.L.", in: *RGG*[4] 7 (2004), 945.

Ders., „Sozialer Protestantismus in Übersee – Ein Plädoyer für die Integration der Äußeren in die Historiographie der Inneren Mission", in: N. Friedrich/T. Jähnichen (Hgg.), *Sozialer Protestantismus im Kaiserreich,* a.a.O., 321–354.

Ders., Art. „Syrisches Waisenhaus", in: *RGG*[4] 7 (2004), 2007.

Ders., „Die Gemeinden des Jerusalemsvereins in Palästina im Kontext des kirchlichen und politischen Zeitgeschehens der Mandatszeit", in: A. Nothnagle/H.-J. Abromeit/F. Foerster (Hg.), *Seht, wir gehen hinauf nach Jerusalem*, a.a.O., 185–212.

M. Lückhoff, „Die Wiederentdeckung des Heiligen Landes – Anfänge des Jerusalemer Bistums im Spannungsfeld von Orient und Okzident", in: A. Feldtkeller/A. Nothnagle (Hgg.), *Mission im Konfliktfeld*, a.a.O., 34–44.

Ders., „Voraussetzungen deutscher Gemeindearbeit. Das anglikanische Bistum in Jerusalem", in: K.-H. Ronecker u.a. (Hgg.), *Dem Erlöser der Welt zur Ehre*, a.a.O., 37–51.

Ders., *Anglikaner und Protestanten im Heiligen Land. Das gemeinsame Bistum Jerusalem (1841–1886)*, Wiesbaden 1998.

Ders., „Prussia and Jerusalem: Political and Religious Controversies Surrounding the Foundation of the Jerusalem Bishopric", in: M. Davis/Y. Ben-Arieh (Hgg.), *With Eyes Toward Zion* V, a.a.O., 173–181.

Ders., „Anglikanisierung des deutschen Protestantismus in Palästina. Die Gründung des protestantischen Bistums in der zeitgenössischen Kritik", in: M. Kohlbacher/M. Lesinski (Hgg.), *Horizonte der Christenheit* (FS F. Heyer), Erlangen 1994, 167–175.

Ders., „Bunsen und Jerusalem", in H.-R. Ruppel (Hg.), *Universeller Geist und guter Europäer. Christian Carl Josias von Bunsen 1791–1860. Beiträge zu Leben und Werk des „gelehrten Diplomaten"*, Korbach 1991, 155–166.

N. Luhmann, *Die Religion der Gesellschaft*, hg.v. A. Kieserling, Frankfurt/Main 2002.

Ders., *Funktion der Religion*, Frankfurt/Main [5]1999.

A.L. Macfie, *Orientalism. A Reader*, New York 2001.

J. Männchen, *Gustaf Dalmans Leben und Wirken in der Brüdergemeine, für die Judenmission und an der Universität Leipzig 1855–1902*, Wiesbaden 1987.

Dies., *Gustaf Dalman als Palästinawissenschaftler in Jerusalem und Greifswald 1902–1941*, Wiesbaden 1993.

Dies., „Palästinawissenschaft als theologische Disziplin", in: C. Hardmeier/T. Neumann (Hgg.), *Palästinawissenschaft in Deutschland*, a.a.O., 13–27.

A. Mäkinen, *Der Mann der Einheit. Bischof Friedrich-Wilhelm Krummacher als kirchliche Persönlichkeit in der DDR in den Jahren 1955–1969*, Greifswald 2002.

B. Maiwald, „Eine biographische Notiz: Theodor Heckel", in: W.-D. Hauschild/C. Nicolaisen/D. Wendebourg (Hgg.), *Kirchengemeinschaft – Anspruch und Wirklichkeit* (FS G. Kretschmar), Stuttgart 1986, 189–233.

U. Makdisi, *The Culture of Sectarianism. Community, History, and Violence in Nineteenth-Century Ottoman Lebanon*, Berkeley 2000.

Ders., „Reclaiming the Land of the Bible: Missionaries, Secularism, and Evangelical Modernity", in: *AHR* 102 (1997), 680–713.

K.-M. Mallmann/M. Cüppers, *Halbmond und Hakenkreuz. Das Dritte Reich, die Araber und Palästina*, Darmstadt 2006.

C. Malsch, „Propst an der Erlöserkirche 1960–1965. Besondere Aufgaben und Ereignisse", in: K.-H. Ronecker u.a. (Hgg.), *Dem Erlöser der Welt zur Ehre*, a.a.O., 229–245.

Th. Mann, *Die Buddenbrooks. Verfall einer Familie*, Berlin 1901

M. Ma'oz, *Ottoman Reform in Syria and Palestine 1840–1861. The Impact of the Tanzimat on Politics and Society*, Oxford 1968.

Ders., *Palestinian Leadership on the West Bank. The Changing Role of Arab Mayors under Jordan and Israel*. With a contribution of M. Nisan, London 1984.

Ders. (Hg.), *Studies on Palestine during the Ottoman Period*, Jerusalem 1975.

M. Marten, *Attempting to Bring the Gospel Home: Scottish Missions to Palestine, 1839–1917*, London – New York 2006.

Ders./M. Tamcke (Hgg.), *Christian Witness Between Continuity and New Beginnings. Modern historical mission the Middle East*, Berlin – Münster 2006.

Ders., „Communication home: Scottish missionary publications in the 19th and early 20th century", in: Ders./M. Tamcke (Hgg.), *Christian Witness*, a.a.O., 81–98.

Ders., „Imperialism and evangelism: Scottish missionary methods in late 19th and early 20th century Palestine", in: *Holy Land Studies* 5.2 (2006), 105–186.

Ders., „Anglican and Presbyterian Presence and Theology in the Holy Land", in: *International Journal for the Study of the Christian Church* 5.2 (2005), 182–199.

Ders., „The Free Church of Scotland in 19th century Lebanon", in: *Chronos. Revue d'Histoire de l'Université de Balamand* 5 (2002), 51–106.

J.A.R. Marriott, *The Eastern Question*, Oxford [4]1940.

Ph. Mattar, *Mufti of Jerusalem: Al-Hajj Amin-al Husayni and the Palestinian National Movement*, New York 1988.

J. Matuz, *Das Osmanische Reich. Grundlinien seiner Geschichte*, Darmstadt [2]1990.

Ch. Mauch, Art. „Oldham, Joseph Houldsworth", in: *BBKL* 4 (1993), 1181–1184.

M. Maurer, *Kleine Geschichte Englands*, Stuttgart 1997.

J. Mehlhausen, „Kirchenpolitik. Erwägungen zu einem undeutlichen Wort", in: ders., *Vestigia Verbi. Aufsätze zur Geschichte der evangelischen Theologie*, Berlin – New York 1999, 336–362.

Ders. „Zur Methode kirchlicher Zeitgeschichtsforschung", in: ders., *Vestigia Verbi*, a.a.O., 321–335.

G. Mehnert, *Der englisch-deutsche Zionsfriedhof in Jerusalem und die deutsche evangelische Gemeinde Jerusalem*, Leiden 1971.

Ders., „Jerusalem als religiöses Phänomen in neuerer Zeit", in: G. Müller/W. Zeller (Hgg.), *Glaube, Geist, Geschichte* (FS E. Benz), Leiden 1967, 160–174.

K. Meier, *Die Deutschen Christen. Das Bild einer Bewegung im Kirchenkampf des Dritten Reiches.* Göttingen – Halle/Saale [3]1967.

Ders., *Der evangelische Kirchenkampf. Gesamtdarstellung in drei Bänden, Bd. 1: Der Kampf um die Reichskirche;* Bd. 2: *Gescheiterte Neuordnungsversuche im Zeichen der staatlichen „Rechtshilfe";* Bd. 3: Im Zeichen des Zweiten Weltkrieges, Göttingen – Halle/Saale [2]1984.

Ders., *Die theologischen Fakultäten im Dritten Reich*, Berlin – New York 1996.

H. Meier-Cronemeyer, *Kleine Geschichte des Zionismus. Von den Anfängen bis zum Jahr 1948*, Berlin 1980.

H. Mejcher, „Hitler's Route to Baghdad? Some Aspects of German Oil Policy and Political Thinking on the Middle East in the 1930s and Early 1940s", in: H. Goren (Hg.), *Germany in the Middle East*, a.a.O., 71–83.

Ders., (Hg.), *Die Palästina-Frage 1917–1948. Historische Ursprünge und internationale Dimensionen eines Nahostkonflikts*, Paderborn – München – Wien – Zürich [2]1993.

Ders., „Palästina in der Nahostpolitik europäischer Mächte und der Vereinigten Staaten von Amerika 1918–1948", in: ders. (Hg.), *Die Palästina-Frage 1917–1948*, a.a.O., 187–242.

Ders., *Die Politik und das Öl im Nahen Osten*. Bd. 1: *Der Kampf der Mächte und Konzerne vor dem 2. Weltkrieg*, Stuttgart 1980; Bd. 2: *Die Teilung der Welt 1938–1950*, Stuttgart 1990.

Ders., „Saudi-Arabiens Beziehungen zu Deutschland in der Regierungszeit von König 'Abd al-'Azîz Ibn Saûd", in: L. Schatkowski Schilcher/C. Scharf (Hgg.), *Der Nahe Osten in der Zwischenkriegszeit 1919–1939*, a.a.O., 109–127.

Ders., „Die Bagdad-Bahn als Instrument deutschen wirtschaftlichen Einflusses im Osmanischen Reich", in: *GG* 1 (1975), 447–481.

Ders., „British Middle East Policy, 1917–1921: The Interdepartmental Level", in: *Journal of Contemporary History* 8 (1973), 81–101.

G. Menzel, *Die Bethel-Mission. Aus 100 Jahren Missionsgeschichte*, Neukirchen-Vluyn 1986.

N. Méouchy/P. Sluglett (Hg.), *The British and French Mandates in Comparative Perspectives/Les mandats français et anglais dans une perspective comparative*, Leiden 2004.

P.C. Merkley, *The Politics of Christian Zionism, 1891–1948*, London – Portland 1998.

K. Meyer, *Armenien und die Schweiz*, Bern 1974.

E. Freiherr von Mirbach, *Das deutsche Kaiserpaar im heiligen Lande im Herbst 1898*, Berlin 1899.

N. Möding, „Immigration nach Palästina – Befunde der ,Oral History' aus den 1980ern und 1990ern", in: *TAJB* 27 (1998), 513–528.

H. Möller, *Weimar. Die unvollendete Demokratie*, München [5]1994.

S.A. Morrison, *The Way of Partnership: With the C.M.S. in Egypt and Palestine*, London 1936.

W.J. Mommsen, *Imperialismustheorien. Ein Überblick über die neueren Imperialismus-interpretationen*, Göttingen [3]1987.

E. Monroe, *Britain's Moment in the Middle East*, Baltimore 1981.

B. Morris, *The Birth of the Palestinian Refugee Problem, 1947–1949*, Cambridge 1987.

E. Most, *Großbritannien und der Völkerbund. Studien zur Politik der Friedenssicherung 1925–1934*, Frankfurt/Main – Bern 1981.

H. Murre-van den Berg (Hg.), *New Faith in Ancient Lands. Western Missions in the Middle East in the Nineteenth and Early Twentieth Century*, Leiden – Boston 2006.

Dies., „William Mcclure: Thompson's *The Land and the Book* (1859): Pilgrimage and Mission in Palestine", in: Dies. (Hg), *New Faith in Ancient Lands*, a.a.O., 43–63.

Dies., „The Middle East: Western Missions and the Eastern Churches, Islam and Judaism", in: S. Gilley/B. Stanley (Hgg.), *World Christianities, c. 1815–1914*, Cambridge 2006, 458–472.

Dies., „Nineteenth-century Protestant Missions and Middle Eastern Women: An Overview", in: I.M. Okkenhaug/I. Flaskerud (Hgg.), *Gender, Religion and*

Change in the Middle East. Two Hundred Years of History, Oxford – New York 2005, 103–122.

Dies., „‚Simply by giving to them macaroni …‘ Anti-Roman Catholic polemics in early Protestant missions in the Middle East, 1820–1860“, in: M. Marten/M. Tamcke (Hgg.), *Christian Witness*, a.a.O., 63–80.

Dies., „Why Protestant Churches? The American Board and the Eastern Mission among ‚Nominal‘ Christians (1820–1870)“; in P.N. Holtrop/H. McLeod (Hgg.), *Mission and Missionaries*, Suffolk 2000, 103–122.

K. Müller/W. Ustorf (Hgg.), *Einleitung in die Missionsgeschichte. Tradition, Situation und Dynamik des Christentums*, Stuttgart – Berlin – Köln 1995.

A. Naim, *Manuskript über die Geschichte der Arabisch-Anglikanischen Kirche*, Jerusalem 1985.

U. Nanko, *Die Deutsche Glaubensbewegung. Eine historische und soziologische Untersuchung*, Marburg 1993.

K. Nashef (Hg.), *Ya kafi, ya shafi … The Tawfik Canaan Collection of Palestine Amulets:* An Exhibition October 30, 1998 – February 25, 1999, Birzeit 1998.

S. Neill, *Geschichte der christlichen Mission*, hg. und ergänzt von N-P. Moritzen, Erlangen 1974.

F.R. Neubert, *Die deutsche Politik im Palästinakonflikt 1937–1938*, MS Diss. phil. Universität Bonn 1977.

T. Neubert-Preine, „The struggle over the Muristan in Jerusalem as an example of national-confessional rivalry in the 19th century Middle East“, in: M. Marten/M. Tamcke (Hgg.), *Christian Witness*, a.a.O., 133–144.

Ders., „Fliedners Engagement in Jerusalem. Kaiserswerther Diakonie im Kontext der Orientmission“, in: A. Feldtkeller/A. Nothnagle (Hgg.), *Mission im Konfliktfeld*, a.a.O., 57–70.

Ders., „The Foundation of German Protestant Institutions in Jerusalem during the Reign of Kaiser Wilhelm II.“, in: H. Goren (Hg.), *Germany in the Middle East*, a.a.O., 27–40.

Ders., “La querelle du Muristan et la foundation de l’église du Rédempteur à Jérusalem“, in: D. Trimbur/R. Aaronsohn (Hgg.), *De Bonaparte à Balfour. La France, l’Europe occidentale et la Palestine 1799–1917*, Jerusalem – Paris 2001, 345–360.

Ders., „Diakonie für das Heilige Land – Die Gründung der Kaiserswerther Orientarbeit durch Theodor Fliedner“, in: A. Nothnagle/H.-J. Abromeit/F. Foerster (Hgg.), *Seht, wir gehen hinauf nach Jerusalem*, a.a.O., 31–43.

Ders., „Seine Majestät wünschen selbst zu kaufen … “. Preußen und der Streit um den Muristan in Jerusalem, in: K.-H. Ronecker u.a. (Hgg.), *Dem Erlöser der Welt zur Ehre*, a.a.O., 52–71.

H.W. Neulen, *Feldgrau in Jerusalem. Das Levantekorps des kaiserlichen Deutschland*, München 1991.

T. Neumann, „Die fotografische Sammlung des Gustaf-Dalman-Instituts“, in: C. Hardmeier/T. Neumann (Hgg.), *Palästinawissenschaften in Deutschland*, a.a.O., 61–71.

J. Nevakivi, *Britain, France and the Arab Middle East, 1914–1920*, London 1969.

C. Nicault, „The End of the French Religious Protectorate in Jerusalem (1918–1924)", in: *Bulletin de Centre de recherché français de Jerusalem* 4 (1999), 77–92.

F.R. Nicosia, *The Third Reich and the Palestine-Question*, Austin 1985.

Ders., „Für den Statuts Quo: Deutschland und die Palästinafrage in der Zwischenkriegszeit", in: L. Schatkowski-Schilcher/C. Scharf (Hgg.), *Der Nahe Osten in der Zwischenkriegszeit 1919–1939*, a.a.O., 90–108.

Ders., „Arab Nationalism and National Socialist Germany, 1933–1939: Ideological and Strategic Incompatibility", in: *International Journal of Middle East Studies* 12 (1980), 351–372.

Ders., „National Socialism and the Demise of the German-Christian Communities in Palestine during the Nineteen Thirties", in: *Canadian Journal of History* 14/1 (1979), 235–255.

Ders., *The Third Reich and the Palestine Question*, London 1985.

Ders., „Weimar Germany and the Palestine Question", in: *YLBI* 24 (1979), 321–345.

Ders., „Zionism in National Socialist Jewish Policy in Germany, 1933–1939", in: *JMH*, On-Demand-Supplement 50 (1978), D1253–D1282.

D. Niederland, „Leaving Germany – Emigration Patterns of Jews and Non-Jews during the Weimarer Period", in: *TAJB* 27 (1998), 169–194.

H. Niemann, *Ein Rundgang durch das Syrische Waisenhaus und seine Zweig-Anstalten im heiligen Lande*, Köln, 1929.

Ders., *Von Gottes Hand geleitet. Gedächtnisschrift zum 70jährigen Bestehen des Syrischen Waisenhauses in Jerusalem*, Köln, 1930.

Ders., *Redet mit Jerusalem freundlich! Bilder aus fünfundsiebzig Jahren Geschichte und Arbeit des Syrischen Waisenhauses*, Köln, 1935.

T. Nipperdey, „Verein als soziale Struktur in Deutschland im späten 18. und 19. Jahrhundert", in: ders., *Gesellschaft, Kultur, Theorie*, Göttingen 1976, 174–205.

R. Nisswandt, *Abrahams umkämpftes Erbe: Eine kontextuelle Studie zum Konflikt von Juden, Christen und Muslimen um Israel/Palästina*, Stuttgart 1995.

A. Nothnagle/H.-J. Abromeit/F. Foerster (Hgg.), *Seht, wir gehen hinauf nach Jerusalem. Festschrift zum 150jährigen Jubiläum von Talitha Kumi und des Jerusalemsvereins*, Leipzig 2001.

K. Nowak, „Allgemeine Zeitgeschichte und kirchliche Zeitgeschichte. Überlegungen zur Integration historiographischer Teilmilieus" in: ders., *Kirchliche Zeitgeschichte interdisziplinär. Beiträge 1984–2001*. Hg.v. J.-Chr. Kaiser, Stuttgart 2002, 445–463.

Ders., „Wie theologisch ist die Kirchengeschichte? Über die Verbindung und die Differenz von Kirchengeschichtsschreibung und Theologie", in: ders., *Kirchliche Zeitgeschichte interdisziplinär*, a.a.O., 464–473.

Ders., „Politische Pastoren. Der Evangelische Geistliche als Sonderfall des Staatsbürgers (1862–1932)", in: L. Schorn-Schütte/W. Sparn (Hgg.), *Evangelische Pfarrer*, a.a.O. 148–168.

Ders., *Geschichte des Christentums in Deutschland. Religion, Politik und Gesell-schaft vom Ende der Aufklärung bis zur Mitte des 20. Jahrhunderts*, München 1995.

Ders., „Gottesreich – Geschichte – Politik. Probleme politisch-theologischer Theo-riebildung im Protestantismus der Weimarer Republik", in: *PTh* 77 (1985), 78–97.

Ders., *Kirche und Weimarer Republik. Zum politischen Weg des deutschen Protes-tantismus zwischen 1918 und 1932*, Weimar ²1981.

W. Oehler, *Geschichte der Deutschen Evangelischen Mission.* Bd. 1: Frühzeit und Blüte der deutschen evangelischen Mission 1706–1885, Baden-Baden 1949, Bd. 2: Reife und Bewährung der deutschen evangelischen Mission 1885–1950, Baden-Baden 1951.

Ohne Verfasser, Art. „Abschied von einem Pionier. Zum Tod von Kirchenrat Dr. Christian Berg", in: *Diakonie* 16 (1990), 236.

Ohne Verfasser, „Vom Zionismus", *BaZ* 36. Jg., Heft 3 (1920), 14–24

I.M. Okkenhaug/I. Flaskerud (Hgg.), *Gender, Religion and Change in the Middle East. Two Hundred Years of History*, Oxford – New York 2005.

Dies. (Hg.), *Gender, Race, Religion: Nordic Missions 1860–1940*, Uppsala 2003.

Dies., "Education, Culture and Civilization: Anglican Missionary Women in Pales-tine", in: A. O'Mahony (Hg.), *The Christian Communities of Jerusalem and the Holy Land. Studies in History, Religion and Politics*, Cardiff 2003, 171–199.

Dies., "From Neutrality to Critic of British Mandate Policy: Anglican Women Te-achers and the Arab-Jewish Conflict in Palestine, 1936–48", in: *Chronos. Revue d'Histoire de L'Université de Balamand* 6 (2002), 113–143.

Dies., *The Quality of Heroic Living, of High Endeavour, and Adventure. Anglican Mission, Women and Education in Palestine, 1888–1948*, Leiden – Boston – Köln 2002.

Dies., "She Loves Books & Ideas, & Strides along in Low Shoes Like an Englishwo-man': British models and graduates from the Anglican girls' secondary schools in Palestine, 1918–1948", in: *Islam and Christian-Muslim Relations* 13 (2002), 461–479.

Dies., "Maternal Imperalism or Colonialism as a ‚Multi-Faced Experience'", in: *His-torisk Tidsskrift* 1 (1998), 51–61.

A. O'Mahony (Hgg.), *The Christian Communities of Jerusalem and the Holy Land. Studies in History, Religion and Politics*, Cardiff 2003.

Ders., „The Christian Communities of Jerusalem and the Holy Land: A Historical and Political Survey", in: Ders. (Hgg.), *The Christian Communities of Jerusalem and the Holy Land*, a.a.O., 1–37.

Ders./G. Gunner/K. Hintlian (Hgg.), *The Christian Heritage in the Holy Land*, Lon-don 1995.

Ders., „The Religious, Political and Social Status of the Christian Communities in Palestine c. 1800–1930", in: Ders./G. Gunner/K. Hintlian (Hgg.), *The Christian Heritage in the Holy Land*, a.a.O., 237–265.

Ders., „Church, State and the Christian Communities and the Holy Places of Palestine", in: M. Prior/W. Taylor (Hgg.), *Christians in the Holy Land*, London 1994, XX.

D. von Oertzen, *Ein Christuszeuge im Orient.* Mit einem Geleitwort von K. Heim. Für den Druck bearbeitet und herausgegeben von H.-W. Hertzberg, Gießen – Basel 1961.

J. Ohlemacher, *Das Reich Gottes in Deutschland bauen. Ein Beitrag zur Vorgeschichte und Theologie der Deutschen Gemeinschaftsbewegung,* Göttingen 1986.

E. Otto, *Jerusalem – die Geschichte der Heiligen Stadt. Von den Anfängen bis zur Kreuzfahrerzeit,* Stuttgart – Berlin – Köln – Mainz 1980.

R. Ovendahl, *Britain, the United States and the End of the Palestine Mandate: 1942– 48,* Woodbridge 1989.

I. Pappé (Hg.), *The Israel/Palestine Question,* London – New York 1999.

Ders., *The Making of the Arab-Israeli Conflict, 1947–1951.* Revised edition, London 1994.

Ders., *Britain and the Arab-Israeli Conflict, 1948–1951,* Oxford 1988.

Y. Perry, *British Mission to the Jews in Nineteenth-Century Palestine,* London – Portland 2003 (Deutsche Fassung: Ders., *Juden-Mission: Die Arbeit der „London Society for Promoting Christianity Amongst the Jews" im 19. Jahrhundert in Palästina,* hg.v. E. Petry. Übers. Von G. Quenzer, Basel 2006.)

Ders./E. Petry (Hgg.), *Das Erwachen Palästinas im 19. Jahrhundert* (FS A. Carmel), Stuttgart – Berlin – Köln 2001.

U. Peter, *Christuskreuz und rote Fahne: der Bund religiöser Sozialisten in Westfalen und Lippe während der Weimarer Republik,* Bielefeld 2002.

Ders., *Der Bund der religiösen Sozialisten in Berlin von 1919 bis 1933. Geschichte-Struktur-Theologie und Politik,* Frankfurt/Main 1998.

M. Peters, „Der ‚Alldeutsche Verband'", in: U. Puschner/W. Schmitz/J.H. Ulbricht (Hgg.), *Handbuch der „Völkischen Bewegung" 1871–1918,* München – New Providence – London – Paris 1996, 316–327.

D.J.K. Peukert, *Die Weimarer Republik,* Frankfurt/Main 1987.

A. Pfeiffer, Art. „Religiöse Sozialisten", in: D. Kerbs/J. Reulecke (Hgg.), *Handbuch der deutschen Reformbewegungen,* Wuppertal 1998, 523–536.

R.V. Pierard, „World War I, the Western Allies, and German Protestant Missions", in: U. von der Heyden/H. Liebau (Hgg.), *Missionsgeschichte – Kirchengeschichte – Weltgeschichte,* a.a.O., 361–372.

Ders., „The Preservation of ‚Orphaned' Protestant Missionary Works in India during World War I", in: U. van der Heyde/J. Becher (Hgg.), *Mission und Gewalt,* a.a.O., 495–507.

Ders., „Shaking the Foundations: World War I, the Western Allies, and German Protestant Missions", in: *International Bulletin of Missionary Research Index* 22 (1998), 13–19.

Ders., „John R. Mott and the Rift in the Ecumenical Movement during World War I", in: *Journal of Ecumenical Studies* 23 (1986), 601–620.

K. Poewe, „The Spell of National Socialism. The Berlin Mission's Opposition to, and Compromise with, the Völkisch Movement and National Socialism: Knak, Braun, Weichert", in: U. van der Heyde/J. Becher, *Mission und Gewalt,* a.a.O., 267–290

M. Polowetzky, *Jerusalem Recovered. Victorian Intellectuals and the Birth of Modern Zionism,* London – Westport 1995.

Y. Porath, „The Land Problem as a Factor in the Relations Among Jews, Arabs and the Mandatory Government", in: G. Ben-Dor (Hg.), *The Palestinians and the Middle East conflict,* a.a.O., 507–543.

Ders., *The Emergence of the Palestinian-Arab National Movement,* Bd. 1, *1918–1929,* London 1974; *The Palestinian Arab National Movement. From Riots to Rebellion,* Bd. 2, *1929–1939,* London 1977.

Ders., „Al-Hajj Amin al-Husayni, Mufti of Jerusalem - His Rise to Power and the Consolidation of His Position", in: *AAS* 7 (1971), 121–156.

M. Prior/W. Taylor (Hgg.), *Christians in the Holy Land,* London 1985.

J.H. Proctor, „Scottish Missionaries and the Struggle for Palestine, 1917–1948", in: *MES* 33 (1997), 613–629.

C. Qâsimiyya, „Palästina in der Politik der arabischen Staaten 1918–1948", in H. Mejcher (Hg.), *Die Palästina-Frage,* a.a.O. 123–188.

K. von Rabenau, „Die Schriften von Dr. med. Taufik Canaan", in: *ZDPV* 79 (1964), 1–7.

M. Raheb, „Die evangelische lutherische Kirche in Palästina und Jordanien. Vergangenheit und Gegenwart", in: K.-H. Ronecker u.a. (Hgg.), *Dem Erlöser der Welt zur Ehre,* a.a.O., 183–200.

Ders., *Ich bin Christ und Palästinenser. Israel, seine Nachbarn und die Bibel,* Gütersloh 1994.

Ders., *Das reformatorische Erbe unter den Palästinensern. Zur Entstehung der Evangelisch-Lutherischen Kirche in Jordanien,* Gütersloh 1990.

V. Raheb, „‚Bildung ist ein Weg zur Veränderung'. Der Einfluß der Politik auf das Bildungswesen in Palästina", in: U. Bechmann/M. Raheb (Hgg.), *Verwurzelt im Heiligen Land,* a.a.O., 216–227.

M.-L. Recker, *Die Außenpolitik des Dritten Reiches,* München 1990.

D. van Reeken, *Kirchen im Umbruch zur Moderne. Milieubildungsprozesse im nordwestdeutschen Protestantismus 1849–1914,* Gütersloh 1999.

F. Rendtorff, „Würdigung der Gegenwartslage und Zukunftsaufgaben der deutschen evangelischen Auslandsdiaspora", in: Deutsches Evangelisches Kirchenbundesamt (Hg.), *Deutsche Evangelische Auslands-Diaspora und Deutscher Evangelischer Kirchenbund. Sonderdruck aus den Tätigkeitsberichten des Deutschen Evangelischen Kirchenausschusses und den Verhandlungen der Deutschen Evangelischen Kirchentage von 1924, 1927 und 1930,* Berlin 1930.

Ders., Art. „Diaspora II. Evangelische", in: *RGG* ² 1 (1927), 1916–1920.

K.-H. Rengstorff/W. Müller, „Das Schrifttum Gustaf Dalmans", [*WZ (GS)* 4 (1954/55)], 209–232.

Ders., „Gustaf Dalmans Bedeutung für die Wissenschaft vom Judentum", *WZ (GS)* 4 (1954/55), 373–377.

H. Resasade, *Zur Kritik der Modernisierungstheorien*, Opladen 1984.

D. Reynolds, *Britannia Overruled. British Policy and World Power in the Twentieth Century*, London – New York [5]1996.

Chr. Rhein, „Als Kind des deutschen Propstes in Jerusalem. 1930–1938", in: K.-H. Ronecker u.a. (Hgg.), *Dem Erlöser der Welt zur Ehre*, a.a.O., 222–228.

E. Rhein, „Dr. med. Taufik Canaan", in: *ILB* 3 (1962), 26.

Ders., „... und die deutsche Arbeit in Palästina?", in: *Der Orient* 21 (1939), 1–8.

Ders., „Die jüdische Bewegung in Palästina", in: *Der Orient* 16 (1934), 25–33.

J. Richter, *Junge Kirchen. Auf dem Wege nach Hangtschau*, Gütersloh 1936.

Ders., *Mission und Evangelisation im Orient*, Gütersloh 1908.

F. Rickerts, *Zwischen Kreuz und Hakenkreuz. Untersuchungen zur Religionspädagogik im ,Dritten Reich'*, Neukirchen 1995.

D. Ritschl/W. Ustorf, *Ökumenische Theologie/Missionswissenschaft*, Stuttgart – Berlin – Köln 1994.

R. Röhricht, *Deutsche Pilgerreisen nach dem Heiligen Land*, Innsbruck [2]1900.

K.-H. Ronecker/J. Nieper/T. Neubert-Preine (Hgg.), *Dem Erlöser der Welt zur Ehre*. Festschrift zum hundertjährigen Jubiläum der Einweihung der evangelischen Erlöserkirche in Jerusalem, Leipzig 1998.

T. Ross, „Die Pforte zum Orient. Das neue Europa und das alte Ägypten feiern die Eröffnung des Suezkanals", in: U. Schultz (Hg.), *Das Fest. Eine Kulturgeschichte von der Antike bis zur Gegenwart*, München 1988, 295–305.

E. Roth, *Preußens Gloria im Heiligen Land. Die Deutschen und Jerusalem*, München 1973.

R. Rouse/S.Ch. Neill (Hg.), *Geschichte der Ökumenischen Bewegung 1517–1948*, 2 Bde., Göttingen 1957/1958.

D. Rubinstein, „The Jerusalem Muncipality under the Ottomans, British, and Jordanians", in: J.L. Krämer (Hg.), *Jerusalem. Problems and Prospects*. Introduction by T. Kollek, New York 1980, 72–99.

H.-R. Ruppel (Hg.), *Universeller Geist und guter Europäer. Christian Carl Josias von Bunsen 1791–1860. Beiträge zu Leben und Werk des „gelehrten Diplomaten"*, Korbach 1991.

U. Ryad, „Muslim Response to Missionary Activities in Egypt: With a Special Reference to the Al-Azhar High Corps of 'Ulamâ", in: H. Murre-van den Berg (Hg.), *New Faith in Ancient Lands*, a.a.O., 281–303.

Ders., „Rashîd Ridâ and a Danish Missionary: Alfred Nielsen and the Three Fatwâs from Al-Manâr", in: *IslamoChristiana* 28 (2002), 97–107.

J.D. Sarna, „From Immigrants to Ethnics: Toward a New Theory of 'Ethnicization'", in: *Ethnicity* 5 (1978), 370–378.

K. Schäfer, Art. „Karmelmission, Evangelische", in: *RGG* [4] 4 (2001), 824.

R. Schäfer, *Geschichte der Deutschen Orient-Mission*, Potsdam 1932.

E.W. Said, *Orientalism. Western Conceptions of the Orient*. Reprinted with a new afterword, London – New York 1995.

Ders., *Culture and Imperialism*, London 1994.

Ders., *The Question of Palestine*. With a new preface and epilogue, New York 1992.

Ders., *Zionismus und palästinensische Selbstbestimmung*, Stuttgart 1981.

S. Sapir, „The Anglican Missionary Societies in Jerusalem: Activities and Impact", in: R. Kark (Hg.), *The Land that became Israel*, a.a.O., 105–119.

H. Samuel, *Palestine. Report of the High Commissioner on the Administration of Palestine, 1920–1925*, London 1925.

P. Sauer, *Uns rief das Heilige Land. Die Tempelgesellschaft im Wandel der Zeit*, Stuttgart 1985.

F. Scherer, *Adler und Halbmond. Bismarck und der Orient, 1878–1890*, Paderborn 2001.

A. Schlicht, „Die Rolle der europäischen Missionare im Rahmen der Orientalischen Frage am Beispiel Syriens", in: *NZM* 8 (1982), 187–201.

Ders., *Frankreich und die syrischen Christen 1799–1861. Minoritäten und europäischer Imperialismus im Vorderen Orient*, Berlin 1981.

J. Schlör, *Endlich im Gelobten Land? Deutsche Juden unterwegs in eine neue Heimat*, Berlin 2003.

Ders., *Tel-Aviv. Vom Traum zur Stadt*, Gerlingen 1996.

Ders. (Hg.), *Wenn ich dein vergesse, Jerusalem. Bilder jüdischen Stadtlebens*, Leipzig 1995.

J. Schlumbohm (Hg.), *Mikrogeschichte – Makrogeschichte: komplementär oder inkommensurabel ?*, Göttingen 1998.

M. Schlunk, „Die Bedeutung der Missionstagung in Jerusalem für die Wissenschaft und das Leben der Kirche. Antrittsrede, gehalten in der Universität Tübingen am 25. Oktober 1928", in: *Die deutsche evangelische Heidenmission. Jahrbuch der vereinigten deutschen Missionskonferenzen* 1929,4–13.

Ders., „Die Rückkehr der deutschen Missionen in die früheren deutschen Kolonien. Grundsätzliches und Tatsachen", in: *Die deutsche evangelische Heidenmission. Jahrbuch der vereinigten deutschen Missionskonferenzen* 1926, 1–13.

Ders. (Hg.), *Von den Höhen des Ölbergs. Bericht der deutschen Abordnung über die Missionstagung in Jerusalem*, Stuttgart – Basel – Berlin 1928.

H.D. Schmidt, „The Nazi Party in Palestine and the Levant, 1932–1939", in: *International Affairs* 28 (1952), 460–469.

K.W. Schmidt, *Zur Konstruktion von Sozialität durch Diakonie. Eine Untersuchung zur Systemgeschichte des Diakonischen Werkes*, Bern - Frankfurt/Main - München 1976.

K. Schmidt-Clausen, *Vorweggenommene Einheit. Die Gründung des Bistums Jerusalem im Jahre 1841*, Berlin – Hamburg 1965.

H. Schneller, *Johann Ludwig Schneller, der Gründer des Syrischen Waisenhauses*, Metzingen/Württ. 1971.

Ders., *Laß unsere Liebe ein Zeugnis sein, das Deinen Namen verkündigt! Festschrift zum neunzigsten Jahrestag der Gründung des Syrischen Waisenhauses in Jerusalem*, Köln 1950.

Ders., *Mein Herz freut sich, daß Du so gerne hilfst. (Psalm 13,6). 1860–1960: 100 Jahre Syrisches Waisenhaus in Jerusalem*, St. Georgen 1960.

L. Schneller, *Lasset euch Jerusalem im Herzen sein: Ein Gedenkblatt aus dem Syrischen Waisenhaus*, Köln 1938.

Ders., *Das böse Alte Testament*, Leipzig 1937.

Ders., *Predigt beim Festgottesdienst zum Geburtstag Seiner Majestät des Kaisers am 27. Januar 1933 in Haus Doorn*, Köln 1933.

Ders., *Holt doch den Kaiser wieder!*, Leipzig [2]1933.

Ders., *Unser Kaiser*. Achte Folge der „Weihnachts-Erinnerungen", Leipzig 1927.

Ders., *Allerlei Pfarrherrn*, Leipzig 1925.

Ders., *Das Syrische Waisenhaus in Jerusalem. Seine Entstehung und seine Geschichte*, Köln 1927.

Ders., *Königs-Erinnerungen*, Leipzig 1926.

Ders., *Vater Schneller. Ein Patriarch der evangelischen Mission im Heiligen Land.* Mit einem Lebensbilde von Frau M. Schneller, Leipzig 1925.

Ders., *Die Kaiserfahrt durchs Heilige Land*, Leipzig[2]1899.

Ders.,*Kriegsbriefe aus Palästina*, Köln 1915

Ders., *Evangelische Mission im Heiligen Lande. Entstehungsgeschichte, Arbeit und Missionsziele des Syrischen Waisenhauses in Jerusalem*, Münster 1914.

Ders., *Wünschet Jerusalem Glück! Festschrift zum 50jährigen Jubiläum des Syrischen Waisenhauses in Jerusalem*, Münster 1911.

Ders., *Tröstet Jerusalem. Tagebuchblätter über eine Inspektionsreise zu den Anstalten des Syrischen Waisenhauses im Heiligen Lande*, Köln 1906

T. Schneller, *Evangelische Mission im Heiligen Lande. Entstehungsgeschichte, Arbeit und Missionsziele des Syrischen Waisenhauses in Jerusalem*, Münster [2]1914.

A. Schölch, „Europa und Palästina 1838–1917", in: H. Mejcher (Hg.), *Die Palästina-Frage 1917–1948*, a.a.o., 13–48.

Ders., *Palästina im Umbruch 1856–1882. Untersuchung zur wirtschaftlichen und sozio-politischen Entwicklung*, Stuttgart 1986.

Ders., „Das Dritte Reich, die zionistische Bewegung und der Palästina-Konflikt", in: *VZG* 30 (1982), 646–674. [Nachdruck in: D. Wetzel (Hrsg.), *Die Verlängerung von Geschichte. Deutsch, Juden und der Palästinakonflikt*, Frankfurt/Main 1983, 65–92].

G. Schöllgen, *Imperialismus und Gleichgewicht. Deutschland, England und die orientalische Frage 1871–1914*, München [3]2000.

H.-J. Schoeps, *Preußen. Geschichte eines Staates. Bilder und Zeugnisse*, Berlin 1992.

G. Scholem, *Von Berlin nach Jerusalem. Jugenderinnerungen.* Aus dem Hebräischen von M. Brocke und A. Schatz. Erweiterte Ausgabe, Frankfurt/Main 1997.

K. Scholder, *Die Kirchen und das Dritte Reich. Bd. 1: Vorgeschichte und Zeit der Illusionen 1918–1934; Bd. 2: Das Jahr der Ernüchterung 1934. Barmen und Rom*, München 2000.

L. Schorn-Schütte/W. Sparn (Hgg.), *Evangelische Pfarrer. Zur sozialen und politischen Rolle einer bürgerlichen Gruppe in der deutschen Gesellschaft des 18. bis 20. Jahrhunderts*, Stuttgart – Berlin – Köln 1997.

G. Schulz, *Deutschland seit dem Ersten Weltkrieg 1918–1945*, Göttingen [2]1982.

H. Schulze, *Weimar. Deutschland 1917–1933*, Berlin 1982.

R. Schulze, *Geschichte der islamischen Welt im 20. Jahrhundert*, München 1994.

N. Schwake, *Die Entwicklung des Krankenhauswesens der Stadt Jerusalem vom Ende des 18. bis zum Beginn des 20.* Jahrhunderts, 2 Bde., Herzogenrath 1983.

G. Schwinghammer, „Im Exil zur Ohnmacht verurteilt. Deutsche Politiker und Parteien in der Emigration 1933 bis 1945", in: Bundeszentrale für politische Bildung (Hg.), *Widerstand und Exil 1933–1945*, Bonn [2]1986, 239–254.

B. Schwegmann, *Die Protestantische Mission und die Ausdehnung des Britischen Empires*, Würzburg 1990.

F. Schweitzer, *Pädagogik und Religion. Eine Einführung*, Stuttgart 2003.

E. Schuppau (Hg.), *Wider jede Verfälschung des Evangeliums. Gemeinden in Berlin-Brandenburg 1933–1945*, Berlin 1998.

U. Seeger, Leonhard Bauer (1865–1964), http://www.seeger.uni-hd.de/bauer.htm [Stand: 30.3.2008].

T. Segev, *Es war einmal in Palästina. Juden und Araber vor der Staatsgründung Israels*, München 2005.

T. Segev, *One Palestine, Complete. Jews and Arabs under the British Mandate*. Translated by H. Watzman, New York 2001.

H. Seibt, *Moderne Kolonisation in Palästina,* I. Teil: *Die Kolonisation der Templer, Jerusalem 1933;* II. Teil: *Die Kolonisation der Zionisten*, Stuttgart-Degerloch 1933.

R. Shamir, *The Colonies of Law. Colonialism, Zionism and Law in Early Mandate Palestine*, Cambridge 2000.

N. Shepherd, *Ploughing Sand. British Rule in Palestine 1917–1948*, New Brunswick 2000.

Q. Shomali, „Palestinian Christians: Politics, Press and Religious Identity 1900–1948", in: A. O'Mahony/G. Gunner/K. Hintlian (Hgg.), *The Christian Heritage in the Holy Land*, a.a.O. 225–265.

G. Sheffer, „Bilanz der strategischen, politischen und wirtschaftlichen Interessen Großbritanniens in Palästina und im Nahen Osten", in: L. Schatkowski/C. Scharf (Hgg.), *Der Nahe Osten in der Zwischenkriegszeit 1919–1939*, a.a.O., 29–51.

Ders., „Principles of Pragmatism: A Reevaluation of British Politics toward Palestine in the 1930s", in: U. Dann (Hg), *The Great Powers in the Middle East*, a.a.O., 109–127.

Ders., (Hg.), *Modern Diasporas in International Politics*, New York 1986.

Ders., „British Colonial Policy Making towards Palestine", in: *MES* 14 (1978), 59–78.

A.J. Sherman, *Mandate Days. British Lives in Palestine, 1918–1948*, Baltimore and London 2001.

A. Shlaim, „The debate about 1948", in: I. Pappé (Hg.), *The Israel/Palestine Question*, a.a.O., 171–192.

Ders., *The Politics of Partition. King Abdullah, the Zionists and Palestine 1921–1951*, Oxford 1998.

Ders., *Collusion across the Jordan: King Abdullah, the Zionist Movement, and the Partition of Palestine*, Oxford 1988.

A.-R. Sinno, *Deutsche Interessen in Syrien und Palästina 1841–1898. Aktivitäten religiöser Institutionen, wirtschaftliche und politische Einflüsse*, Berlin 1982.

M. Småberg, *Ambivalent Friendship. Anglican Conflict Handlings and Education for Peace in Jerusalem 1920–1948*, MS Diss.-Phil., Lund 2005.

G.A. Smith, *Historical Geography of the Holy Land*, London [1]1894, Reprint der 25. Auflage von 1931, New York 1966.

P.A. Smith, *Palestine and the Palestinians 1876–1983*, London 1984.

W. Sollors, „Konstruktionsversuche nationaler und ethnischer Identität in der amerikanischen Literatur", in: B. Giesen (Hg.), *Nationale und kulturelle Identität*, a.a.O., 537–569.

Ders., *The Invention of Ethnicity*, New York 1989.

Ders., *Beyond Ethnicity*, New York 1986.

K. Sontheimer, *Antidemokratisches Denken in der Weimarer Republik. Die politischen Ideen des deutschen Nationalismus zwischen 1918 und 1933*, 4. Auflage der gekürzten Studienausgabe, München 1994.

Chr. Späti, „Katholizismus und Zionismus 1920–1945. Zwischen päpstlichem Antizionismus und eidgenössischer Sympathie für die freiheitsliebenden Zionisten", in: *ZSKG* 93 (1999), 41–63.

E. Staehlin, *Die Christentumsgesellschaft in der Zeit von der Erweckung bis zur Gegenwart*. Texte aus Briefen, Protokollen und Publikationen, Basel 1974.

D. Starnitzke, *Diakonie als soziales System*, Stuttgart 1996.

E.W. Stegemann (Hg.), *Hundert Jahre Zionismus. Von der Verwirklichung einer Vision*, Stuttgart – Berlin – Köln 2000.

K.W. Stein, „The Jewish National Fund: land purchase methods and priorities, 1920–1939", *MES* 20 (1984), 190–205.

Ders., *The Land Question in Palestine, 1917–1939*, Chapell Hill 1984.

L. Stein, *The Balfour Declaration*, London 1961.

H. Steinkamp, *Solidarität und Parteilichkeit. Für eine neue Praxis in Kirche und Gemeinde*, Mainz 1994.

F. Steppart, „Das Jahr 1933 und seine Folgen für die arabischen Länder des Vorderen Orients", in: G. Schulz (Hg.), *Die Große Krise der dreißiger Jahre*, Göttingen 1985, 261–278.

N. Stockdale, „An Imperialist Failure: English Missionary Women and Palestinian Orphan Girls in Nazareth, 1864–1899", in: M. Marten/M. Tamcke (Hgg.), *Christian Witness*, a.a.O., 213–232.

Dies., „Danger and the Missionary Encounter: The Murder of Miss Matilda Creasy" in: H. Murre-van den Berg (Hg.), *New Faith in Ancient Lands*, a.a.O., 113–132.

Dies., *Gender and Colonialism in Palestine, 1800–1948: Encounters Among English, Arab, and Jewish Women*, MS PhD-Thesis University of California, Santa Barbara 200.

R. Storrs, *Orientations*, London 1937.

A. Strobel, *Deine Mauern stehen allezeit vor mir. Bauten und Denkmäler der deutschen Siedlungs- und Forschungsgeschichte im Heiligen Land*, Gießen 1998.

Ders., *Die Hand des Herrn auf dem Berge. Texte zur Geschichte der Kaiserin Auguste-Victoria-Stiftung. Gesammelt und zusammengestellt aus Anlass der Wiedereinweihung der Evangelischen Himmelfahrtkirche auf dem Ölberg in Jerusalem am 24. Mai 1990*, Fürth 1992.

Ders., *Conrad Schick. Ein Leben für Jerusalem. Zeugnisse über einen erkannten Auftrag*. Mit einem Geleitwort von T. Kollek, Fürth 1988.

S. Sturm, *Sozialstaat und christlich-sozialer Gedanke. J.H. Wicherns Sozialtheologie und ihre neuere Rezeption in systemtheoretischer Perspektive*, Stuttgart 2007.

Ders., „Soziale Reformation: J.H. Wicherns Sozialtheologie als christentumspolitisches Programm", in: M. Friedrich/N. Friedrich/T. Jähnichen/J.-Chr. Kaiser (Hgg.), *Sozialer Protestantismus im Vormärz*, a.a.O., 67–93.

T. Swedenburg, „The role of the Palestinian peasantry in the Great Revolt (1936–39)", in: I. Pappé (Hg.), *The Israel/Palestine Question*, a.a.O., 129–167.

Chr. Sykes, *Kreuzwege nach Israel. Die Vorgeschichte des jüdischen Staates*, München 1967.

W. Sziel, *Zeugendienst im Heiligen Lande und Nahen Osten. Die Evangelische Karmelmission, ihr Werden und Wachsen*, Schorndorf [2]1956.

J.E. Taylor, *Christians and the Holy Places: The Myth of Jewish-Christian Origins*, Oxford 1993.

K. Tenfelde, „Historische Milieus – Erblichkeit und Konkurrenz", in: M. Hettling/P. Nolte (Hgg.), *Nation und Gesellschaft in Deutschland. Historische Essays,* München 1996, 247–268.

G. Tergit, *Im Schnellzug nach Haifa*. Mit Fotos aus dem Archiv A. Pisarek, hg.v. J. Brüning und mit einem Nachwort versehen von J. Schlör, Frankfurt/Main 1998.

N. Thalmann, *The Character and Development of the Farm Economy in the Templer Colonies in Palestine, 1869–1939*, MS Diss. phil. Hebrew University (hebr.) 1991.

H.-U. Thamer, *Verführung und Gewalt. Deutschland 1933–1945*, Berlin 1986.

K. Thomas, *Das Deutschtum in Palästina*, MS Diss. phil. Universität Berlin 1940.

A.L. Tibawi, *Anglo-Arab Relations and the Question of Palestine, 1914–1921*, London [2]1978.

Ders., *British Interests in Palestine 1800–1901. A Study of Religious and Educational Enterprise*, London 1961.

Ders., *Arab Education in Mandatory Palestine. A Study in Three Decades of British Administration. With a map and a bibliography*, London 1956.

Ders., *A Modern History of Syria Including Lebanon and Palestine*, London 1969.

B. Tibi, *Der Islam und das Problem der kulturellen Bewältigung sozialen Wandels*, Frankfurt/Main [3]1991.

Ders., *Vom Gottesreich zum Nationalstaat. Islam und panarabischer Nationalismus*, Frankfurt/Main ²1991.

Chr. Tichy, *Deutsche evangelische Auslandsgemeinden in Frankreich 1918–1944*, Stuttgart – Berlin – Köln 2000.

W. Tilgner, *Volksnomostheologie und Schöpfungsglaube. Ein Beitrag zur Geschichte des Kirchenkampfes*, Göttingen 1966.

P. Tillich, „Der Sozialismus als Kirchenfrage", in: Ders., *Gesammelte Werke*. Bd. II: *Christentum und soziale Gestalt. Frühe Schriften zum Religiösen Sozialismus*, Stuttgart 1962, 13–20.

H. Tillmann, *Deutschlands Araberpolitik im Zweiten Weltkrieg*, Ost-Berlin 1965.

S. Timm, Art. „Dalman (eigentlich Marx), Hermann Gustav" (sic!), *RGG* ⁴ 2 (1999), 524.

M. Trensky (Hg.), *Evangelische Himmelfahrtskirche und Hospiz der Kaiserin Auguste Viktoria Stiftung auf dem Ölberg in Jerusalem*, Hannover 1990.

D. Trimbur (Hg.), *Europäer in der Levante. Zwischen Politik, Wissenschaft und Religion (19.–20. Jahrhundert)/Des Européens au Levant. Entre politique, science et religion (XIXᵉ–XXᵉ siècles)*, München 2004.

Ders., „Les Français et les communautés nationales de Palestine au temps du mandat britannique", in N. Méouchy/P. Sluglett (Hg.), *The British and French Mandates in Comparative Perspectives*, a.a.O., 269–301.

Ders., „Une université juive allemande? L'Allemagne et l'Université hébraïque dans les premières années", in M. Zimmermann (Hg.), *L'Allemagne et la Palestine – Une rencontre culturelle*, Jerusalem 2004, 55–73.

Ders., „*Entre émancipation et entrisme : l'Allemagne et l'édification de la culture sioniste*", à paraître dans les actes du colloque Les usages du passé juif, Institut interuniversitaire d'études et de culture juives, Aix-en-Provence 2004.

Ders., „*Une lecture politique de la mission pour l'Union : la France et la mise en place de la Sacrée Congrégation Orientale, 1917–1922*", à paraître dans les actes des journées d'études „Littératures missionnaires, missions et littératures", Groupe de recherches interdisciplinaires sur les écritures missionnaires de l'Institut catholique de Paris, Paris, 2004.

Ders., „L'ambition culturelle française en Palestine dans l'entre-deux-guerres", in: ders. (Hg.), *Entre rayonnement et réciprocité – contributions à l'histoire de la diplomatie culturelle*, Paris 2002, 41–72.

Ders./R. Aaronsohn (Hgg.), *De Bonaparte à Balfour. La France, l'Europe occidentale et la Palestine 1799–1917*, Jerusalem – Paris 2001.

Ders., „La politique culturelle extérieure de l'Allemagne, 1920–1939: le Cas de la Palestine", in: *Francia* 28/3 (2001), 35–73.

W. Troxler, Art. „Kahl, Wilhelm", in: *BBKL* 15 (1999), 779–782.

U. Trumpener, „German Officers in the Ottoman Empire, 1880–1918: Some Comments on their Backgrounds, Functions, and Accomplishments", in: J.L. Wallach (Hg.), *Germany and the Middle East 1835–1939*, a.a.O., 30–44.

Ders., *Germany and the Ottoman Empire, 1914–1918*, Princeton 1968.

D. Tsimhoni, „The Status of the Arab Christians under the British Mandate", in: *MES* 20 (1984), 166–192.

Dies., „The Arab Christians and the Palestine Arab National Movement During the Formative Stage", in: G. Ben-Dor (Hg.), *The Palestinians and the Middle East conflict*, 73–98.

Dies., „The Greek Orthodox Patriarchate of Jerusalem during the Formative Years of the British Mandate in Palestine", in: *AAS* 12 (1978), 77–121.

Dies., *The British Mandate and the Arab Christians in Palestine 1920–1925*, MS Ph.D.-Thesis, School of Oriental and Asian Studies, University of London 1976.

B. Tuchman, *Bibel und Schwert. Palästina und der Westen. Vom Frühen Mittelalter bis zur Balfour-Erklärung*, Frankfurt/Main 1983.

G. Turner, „Archbishop Lang's Visit to the Holy Land in 1931", in: R.N. Swanson (Hg.), *The Holy Land, Holy Lands, and Christian History*, Woodbridge 2000, 343–357.

J.H. Ulbricht, „Deutschchristliche und deutschgläubige Gruppierungen", in: D. Krebs/J. Reulecke (Hgg.), *Handbuch der deutschen Reformbewegungen*, Wuppertal 1998, 499–511.

A. Ullmann, *Israels Weg zum Staat*, München 1964.

W. Ustorf, *Sailing on the Next Tide. Missions, Missiology, and the Third Reich*, Frankfurt/Main – Bern 2000.

Ders., „Global Topographies: The Spiritual, the Social and the Geographical in the Missionary Movement from the West", in: C.J. Finer (Hg.), *Transnational Social Policy*, Oxford 1999, 139–152.

Ders., „ ,Survival of the Fittest': German Protestant Missions, Nazism and Neocolonialism, 1933–1945", in: *Journal of Religion in Africa* XXVIII (1998), 93–114.

Ders., „The Documents that Reappeared. The Minute-Books of Council and Federation of German Protestant Mission 1924–1949", in: L. Price/J. Sepúlveda/G. Smith (Hgg.), *Mission Matters*, Frankfurt/Main – Berlin – Bern 1997, 63–82.

Ders., „Dornröschen, oder die Missionsgeschichte wird neu entdeckt", in: U. van der Heyden/H. Liebau (Hgg.), *Missionsgeschichte – Kirchengeschichte – Weltgeschichte*, a.a.O., 19–37.

Ders., *Die Missionsmethode Franz Michael Zahns und der Aufbau kirchlicher Strukturen in Westafrika. Eine missionsgeschichtliche Untersuchung*, Erlangen 1989.

A. Uzulis, *Nachrichtenagenturen im Nationalsozialismus*, Frankfurt/Main 1995.

Chr. van der Leest, „The Protestant Bishopric of Jerusalem and the Missionary Activities in Nazareth: The Gobat years, 1846–1899", in: M. Marten/M. Tamcke, *Christian Witness*, a.a.O., 199–212.

L. L. Vander Werff, *Christian Mission to Muslims. Anglican and Reformed Approaches in India and the Near East, 1800–1938*, South Pasadena, CA 1977.

D. Vieweger, *Archäologie der biblischen Welt*, Göttingen 2003.

T. van Rahden, *Juden und andere Breslauer. Die Beziehungen zwischen Juden, Protestanten und Katholiken in einer deutschen Großstadt von 1860 bis 1925*, Göttingen 2000.

Ders., „Weder Milieu noch Konfession. Die situative Ethnizität der deutschen Juden im Kaiserreich in vergleichender Perspektive", in: O. Blaschke/F.-M. Kuhlemann (Hgg.), *Religion im Kaiserreich*, a.a.O., 409–434.

M. Vereté, *From Palmerston to Balfour.* Collected Essays of Mayir Vereté, London 1992.

Ders., „A Plan for the Internationalization of Jerusalem, 1840–1841", in: *AAS(J)* 12 (1978), 13–31.

Ders., „The Restoration of the Jews in English Protestant Thought, 1790–1840", in: *MES* 9 (1973), 2–50.

Ders., The Balfour Declaration and Its Makers, in: *MES* 6 (1970), 48–76.

Ders., „Why was a British Consulate established in Jerusalem?", in: *EHR* 85 (1970), 316–345.

L.I. Vogel, *To See a Promised Land. Americans and the Holy Land in the Nineteenth Century*, University Park 1993.

D. Vorländer (Hg.), *Libanon – Land der Gegensätze. Ein Handbuch zu Geschichte und Gegenwart, Religionen und Kirchen des Libanon*, Erlangen 1980.

U. Wagner-Lux/K.J.H. Vriezen, „Die Entwicklungsgeschichte des Ortes, auf dem die Erlöserkirche erbaut worden ist", in: K.-H. Ronecker u.a. (Hgg.), *Dem Erlöser der Welt zur Ehre*, a.a.O., 4–16.

M. Waiblinger, „Johann Ludwig Schneller und das Syrische Waisenhaus in Jerusalem", in: *Jahrbuch Mission* 2000, 102–109.

J.L. Wallach, *Anatomie einer Militärhilfe: Die preußisch-deutschen Militärmissionen in der Türkei 1835–1919*, Düsseldorf 1976.

Ders. (Hg.), *Germany and the Middle East, 1835–1939*. International Symposium, April 1975, Tel Aviv 1975.

K. Ward/B. Stanley (Hgg.), *The Church Missionary Society and World Christianity, 1799–1999*, Grand Rapids – Cambridge – Richmond 2000.

R. Ward, *Kirchengeschichte Großbritanniens vom 17. bis zum 20. Jahrhundert*. Mit einer Einführung von U. Gäbler, Leipzig 2000.

G. Warneck, *Abriß einer Geschichte der protestantischen Mission*, Berlin [8]1905.

G. Wassermann-Deininger, *Wir haben hier keine bleibende Stadt. Geschichte der Familie Deiniger in Palästina (1868–1948)*, o.O., o.J.

B. Wasserstein, *Israel und Palästina. Warum kämpfen sie und wie können sie aufhören?* Aus dem Englischen von S. Langhaeuser, München 2003.

Ders., *Jerusalem. Der Kampf um die Heilige Stadt.* Aus dem Englischen von H.J. Bußmann, München 2002.

Ders., *Herbert Samuel. A Political Life*, Oxford 1992.

Ders., *The British in Palestine. The Mandatory Government and the Arab-Jewish Conflict 1917–1929*, London [2]1991.

Ders., „Herbert Samuel and the Palestine Problem", in: *English Historical Review* 91/361 (1976), 753–775.

Ders., *Wyndham Deeds in Palestine*, London 1973.

E. Watson/H. Wright (Hgg.), *Heinz Kappes (1893–1988): Led by the spirit. My life and work. His autobiography, some letters, speeches and sermons, radio inter-*

views, tributes and obituaries. Translated from the German by his daughters, E. Watson and H. Wright, MS o. O., o.J.

G. Watson, „,In a filial and obedient spirit': George Bell and the Anglican response to crisis, 1937–1949", in: *Humanitas. The Journal of the George Bell Institute* 1 (1999), 4–24.

H. Wawrzyn, *Ham and Eggs in Palestine. The Auguste Victoria Foundation 1898–1939*, Marburg 2005.

M. Weber, *Wirtschaft und Gesellschaft. Grundriß der verstehenden Soziologie*. Fünfte, revidierte Auflage, besorgt von J. Winckelmann. Studienausgabe, Tübingen 1980.

Ders., *Soziologie – Universalgeschichtliche Analysen – Politik*, Stuttgart 1973.

H.-U. Wehler, *Die Herausforderung der Kulturgeschichte*, München 1998.

Ders., *Modernisierungstheorie und Geschichte*, Göttingen 1975.

Ders., *Geschichte als Historische Sozialwissenschaft*, Göttingen 1973.

G. Weidenfeller, *VDA. Verein für das Deutschtum im Ausland. Allgemeiner Schulverein (1881–1918). Ein Beitrag zur Geschichte des Deutschen Nationalismus und Imperialismus im Kaiserreich*, Frankfurt/Main – Bern 1976.

H. Weigelt, „Der Pietismus im Übergang vom 18. zum 19. Jahrhundert: 2. Die Christentumsgesellschaft", in: M. Brecht/K. Deppermann u.a. (Hgg.), *Geschichte des Pietismus. Bd. 2: Der Pietismus im achtzehnten Jahrhundert*, Göttingen 1995, 710–718.

M. Weippert Art. „Alt, Albrecht", in: *TRE* 2 (1978), 303–305.

T. Weiß, „Die deutschen evangelischen Missionen in der Zeit des Nationalsozialismus. Eine Bestandsaufnahme", in: *VF* 42/1 (1997), 1–19.

B. Wellnitz, *Deutsche evangelische Gemeinden im Ausland. Ihre Entstehungsgeschichte und die Entwicklung ihrer Rechtsbeziehungen zur Evangelischen Kirche in Deutschland*, Tübingen 2003.

H. Werner, *Deutsche Schule im Ausland. Bd.1: Werdegang und Gegenwart*, Berlin – Bonn 1988.

J. Wesenick, „Die Entstehung des Deutschen Evangelischen Missionstages", in: K.D. Schmidt (Hg.), *Zur Geschichte des Kirchenkampfes*. Gesammelte Aufsätze I, Göttingen 1965, 258–324.

D. Wetzel (Hg.), *Die Verlängerung von Geschichte. Deutsche, Juden und der Palästinakonflikt*, Frankfurt/Main 1983.

S. Wild, „Zum Selbstverständnis palästinensisch-arabischer Nationalität", in: H. Mejcher (Hg.), *Die Palästina-Frage*, a.a.O., 75–88.

Ders., „National Socialism in the Arab Near East between 1933 and 1939", in: *Die Welt des Islam* 25 (1985), 126–173.

H. Wildrotter/K.-D. Pohl (Hgg.), *Der letzte Kaiser. Wilhelm II. im Exil* (Ausstellungskatalog im Auftrag des Deutschen Historischen Museums), Gütersloh – München 1991.

R.L. Wilken, *The Land called Holy: Palestine in Christian History & Thought*, Hartford 1992.

H.A. Winkler, *Weimar 1918–1933. Die Geschichte der ersten deutschen Demokratie*, München 1993.

G. Wirsing, *Engländer, Juden, Araber in Palästina*, Jena 1942.

J.K. Wright, *Human Nature in Geography*, Cambridge 1965.

J.R.C. Wright, *„Über den Parteien". Die politische Haltung der evangelischen Haltung der evangelischen Kirchenführer 1918–1933*, Göttingen 1977.

World Missionary Conference (Hg.), *Edinburgh, 1910 (to consider missionary problems in relation to the non-Christian world)*, Edinburgh/New York 1910.

M. Wolfes, Art. „Axenfeld, Karl Theodor Georg", in: *BBKL* 18 (2001), 98–115.

T. Wurm, *Erinnerungen aus meinem Leben*, Stuttgart [2]1953.

D. Yisraeli, „Germany and Zionism", in: J. Wallach (Hg.), *Germany and the Middle East 1835–1939*, Tel Aviv – Ramat Gan 1975, 142–166.

Ders., „The Third Reich and the Transfer-Agreement", in: *Journal of Contemporary History* 6 (1971), 129–148.

Ders., „The Third Reich and the Palestine Question", in: *MES* 7 (1971), 343–206.

Ders., „The Foreign Policy of the ‚Third Reich' Toward Eretz Isarel", in: M. Kaddari (Hg.), *Bar Ilan Volumes in Humanities and Social Sciences II*, Ramat Gan 1969, 186–206.

W. Zadek, *Araber, Juden und Engländer. Fotographien aus den Jahren 1935–41*. Hg. und ausgew. von H. Lewy, Berlin 1986.

E. Zechlin, *Die deutsche Politik und die Juden im Ersten Weltkrieg*. Unter Mitarbeit von H.-J. Bieber, Göttingen 1969.

Chr.H. Zeller, *Lehren der Erfahrung für christliche Land- und Armen-Schullehrer. Eine Anleitung zunächst für die Zöglinge und Lehrschüler der freiwilligen Armen-Schullehrer-Anstalt in Beuggen*, 3 Bde., Basel 1827/1828.

R. Zimmer-Winkel (Hg.), *Hadj Amin al-Husseini. Mufti von Jerusalem*, Trier 1999.

M. Zimmermann, *Die deutschen Juden 1914–1945*, München 1997.

R. Zippelius, *Staat und Kirche. Eine Geschichte von der Antike bis zur Gegenwart*, München 1997.

H.-J. Zobel, „95 Jahre Deutsches Evangelisches Institut für Altertumswissenschaften des Hl. Landes (75 Jahre Gustaf-Dalman-Institut Greifswald)", in: C. Hardmeier/T. Neumann (Hgg.), *Palästinawissenschaft in Deutschland*, a.a.O., 1–11.

Ders., „Geschichte des Deutschen Evangelischen Instituts für Altertumswissenschaften des Heiligen Landes von den Anfängen bis zum Zweiten Weltkrieg", in: *ZD-PV* 97 (1981), 1–11.

R. Zucker, *„Im Auftrag für Israel". Meine Jahre als Spion*. München [3]1998.

R.W. Zweig, *Britain and Palestine during the Second World War*, Woodbridge 1986.

Personenregister

Konfession und Gesellschaft

Band 1: J.-Chr. Kaiser/M. Greschat (Hgg.), Holocaust und die Protestanten. Analysen einer Verstrickung. Frankfurt a. M. 1988

Band 2: J.-Chr. Kaiser/A. Doering-Manteuffel (Hgg.), Christentum und politische Verantwortung. Kirchen im Nachkriegsdeutschland. 1990

Band 3: W. Loth (Hg.), Deutscher Katholizismus im Umbruch zur Moderne. 1991

Band 4: M. Greschat/J.-Chr. Kaiser (Hgg.), Christentum und Demokratie im 20. Jahrhundert. 1992

Band 5: M. Greschat/ W. Loth (Hgg.), Die Christen und die Entstehung der Europäischen Gemeinschaft. 1994

Band 6: M. Häusler, „Dienst an Kirche und Volk". Die Deutsche Diakonenschaft zwischen beruflicher Emanzipation und kirchlicher Formierung (1913–1947). 1995

Band 7: I. Götz von Olenhusen u. a., Frauen unter dem Patriarchat der Kirchen. Katholikinnen und Protestantinnen im 19. und 20. Jahrhundert. 1995

Band 8: A. Doering-Manteuffel/K. Nowak (Hgg.), Kirchliche Zeitgeschichte. Urteilsbildung und Methoden. 1996

Band 9: A. Doering-Manteuffel/J. Mehlhausen (Hgg.), Christliches Ethos und der Widerstand gegen den Nationalsozialismus in Europa. 1995

Band 10: S. Rink, Der Bevollmächtigte. Propst Grüber und die Regierung der DDR. 1996

Band 11: J.-Chr. Kaiser/W. Loth (Hgg.), Soziale Reform im Kaiserreich. Protestantismus, Katholizismus und Sozialpolitik. 1997

Band 12: L. Schorn-Schütte/W. Sparn (Hgg.), Evangelische Pfarrer. Zur sozialen und politischen Rolle einer bürgerlichen Gruppe in der deutschen Gesellschaft des 18. bis 20. Jahrhunderts. 1997

Band 13: R.-U. Kunze, Theodor Heckel. 1894–1967. Eine Biographie. 1997

Band 14: N. Friedrich, „Die christlich-soziale Fahne empor!" Reinhard Mumm und die christlich-soziale Bewegung. 1997

Band 15: J. Köhler/D. van Melis (Hgg.), Siegerin in Trümmern. Die Rolle der katholischen Kirche in der deutschen Nachkriegsgesellschaft. 1998

Band 16: M. Pöhlmann, Kampf der Geister. Die Publizistik der „Apologetischen Centrale" (1921–1937). 1998

Band 17: Chr. Tichy, Deutsche Evangelische Auslandsgemeinden in Frankreich 1918–1944. 2000

Band 18: C. Hiepel, Arbeiterkatholizismus an der Ruhr. August Brust und der Gewerkverein christlicher Bergarbeiter. 1999

Band 19: M. Greschat (Hg.), Deutsche und polnische Christen. Erfahrungen unter zwei Diktaturen. 1999

Band 20: K. Kunter, Die Kirchen im KSZE-Prozeß 1968–1978. 2000

Band 21: Th. Sauer (Hg.), Katholiken und Protestanten in den Aufbaujahren der Bundesrepublik. 2000

Band 22: R. J. Treidel, Evangelische Akademien im Nachkriegsdeutschland. Gesellschaftspolitisches Engagement in kirchlicher Öffentlichkeitsverantwortung. 2001

Band 23: St. Sturm, Sozialstaat und christlich-sozialer Gedanke. Johann Hinrich Wicherns Sozialtheologie und ihre neue Rezeption in systemtheoretischer Perspektive. 2007

Band 24: T. Bendikowski, „Lebensraum für Volk und Kirche". Kirchliche Ostsiedlung in der Weimarer Republik und im „Dritten Reich". 2002

Band 25: K. Nowak, Kirchliche Zeitgeschichte interdisziplinär. Beiträge 1984–2001. 2002

Band 26: F.-M. Kuhlemann/H.-W. Schmuhl (Hgg.), Beruf und Religion im 19. und 20. Jahrhundert. 2003

Band 27: E. Ueberschär, Junge Gemeinde im Konflikt. Evangelische Jugendarbeit in SBZ und DDR 1945–1961. 2003

Band 28: F. Lüdke, Diakonische Evangelisation. Die Anfänge des Deutschen Gemeinschafts-Diakonieverbandes 1899–1933. 2003

Band 29: Th. A. Seidel, Im Übergang der Diktaturen. Eine Untersuchung zur kirchlichen Neuordnung in Thüringen 1945–1951. 2003

Band 30: C. Hiepel/M. Ruff (Hgg.), Christliche Arbeiterbewegung in Europa 1850–1950. 2003

Band 31: M. Greschat/J.-Chr. Kaiser (Hgg.), Die Kirchen im Umfeld des 17. Juni 1953. 2003

Band 32: J.-Chr. Kaiser (Hg.), Zwangsarbeit in Kirche und Diakonie 1939–45. 2005

Band 33: M. Bachem-Rehm, Die katholischen Arbeitervereine im Ruhrgebiet 1870–1914. Katholisches Arbeitermilieu zwischen Tradition und Emanzipation. 2004

Band 34: A. Holzem/Chr. Holzapfel (Hgg.), Zwischen Kriegs- und Diktaturerfahrung. Katholizismus und Protestantismus in der Nachkriegszeit. 2005

Band 35: V. Mihr/F. Tennstedt/H. Winter (Hgg.), Sozialreform als Bürger- und Christenpflicht. Aufzeichnungen, Briefe und Erinnerungen des leitenden Ministerialbeamten Robert Bosse aus der Entstehungszeit der Arbeiterversicherung und des BGB (1878–1892). 2005

Band 36: Axel Töllner, Eine Frage der Rasse? Die Evangelisch-lutherische Kirche in Bayern, der Arierparagraf und die bayerischen Pfarrerfamilien mit jüdischen Vorfahren im „Dritten Reich". 2007

Band 38: Heinz-Elmar Tenorth u. a. (Hgg.), Friedrich Siegmund-Schultze (1885–1969). Ein Leben für Kirche, Wissenschaft und soziale Arbeit. 2007

Band 39: Joachim Garstecki (Hg.), Die Ökumene und der Widerstand gegen Diktaturen. Nationalsozialismus und Kommunismus als Herausforderung an die Kirchen. 2007

Band 40: Sabine Voßkamp, Katholische Kirche und Vertriebene in Westdeutschland. Integration, Identität und ostpolitischer Diskurs 1945–1972. 2007

Band 41: Daniel Bormuth, Die Deutschen Evangelischen Kirchentage in der Weimarer Republik. 2007